F.F.

W0270928

E-Book inside.

Mit folgendem persönlichen Code
können Sie die E-Book-Ausgabe
dieses Buches downloaden.

80180-s3x6p-
56r14-101sy

Registrieren Sie sich unter
www.hanser-fachbuch.de/ebookinside
und nutzen Sie das E-Book
auf Ihrem Rechner*, Tablet-PC
und E-Book-Reader.

* Systemvoraussetzungen: Internet-Verbindung und Adobe® Reader®

Schwichtenberg

Windows PowerShell 4.0

Holger Schwichtenberg

Windows PowerShell 4.0

Das Praxisbuch

HANSER

MIX
Papier aus verantwortungsvollen Quellen
FSC® C013736
www.fsc.org

Bibliografische Information der Deutschen Nationalbibliothek:

Die Deutsche Nationalbibliothek verzeichnet diese Publikation in der Deutschen Nationalbibliografie; detaillierte bibliografische Daten sind im Internet über http://dnb.d-nb.de abrufbar.

Lektorat: Brigitte Bauer-Schiewek
Copy editing: Petra Kienle, Fürstenfeldbruck
Herstellung: Irene Weilhart
Umschlagdesign: Marc Müller-Bremer, www.rebranding.de, München
Umschlagrealisation: Stephan Rönigk
Gesamtherstellung: Kösel, Krugzell
Ausstattung patentrechtlich geschützt. Kösel FD 351, Patent-Nr. 0748702
Printed in Germany

Print-ISBN: 978-3-446-44070-8
E-Book-ISBN: 978-3-446-44120-0

Inhalt

Vorwort zur vierten Auflage 2014

Liebe Leserin, lieber Leser,

willkommen zur vierten Auflage dieses PowerShell-Buchs! Das vor Ihnen liegende Buch behandelt die Windows-PowerShell-Version 4.0 von Microsoft sowie ergänzende Werkzeuge von Microsoft und Drittanbietern (z. B. PowerShell Community Extensions, PowerShellPack, PowerShellPlus).

Wer bin ich?

Mein Name ist Holger Schwichtenberg, ich bin derzeit 40 Jahre alt und habe im Fachgebiet Wirtschaftsinformatik promoviert. Ich lebe (in Essen, der europäischen Kulturhauptstadt 2010) davon, dass mein Team und ich im Rahmen unserer Firma *www.IT-Visions.de* anderen Unternehmen bei der Entwicklung von .NET- und PowerShell-Anwendungen beratend und schulend zur Seite stehen. Zudem entwickeln wir im Rahmen der 5minds IT-Solutions GmbH & Co. KG Software im Auftrag von Unternehmen.

Es ist mein Hobby und „Nebenberuf", IT-Fachbücher zu schreiben. Dieses Buch ist, unter Mitzählung aller nennenswerten Neuauflagen, das 59. Buch, das ich allein oder mit Co-Autoren geschrieben habe. Meine weiteren Hobbys sind Mountain Biking, Fotografie und Reisen.

Natürlich verstehe ich das Bücherschreiben auch ein wenig als Werbung für die Arbeit unseres Unternehmens und wir hoffen, dass der ein oder andere von Ihnen uns beauftragen wird, Sie durch Beratung, Schulung und Auftragsentwicklung zu unterstützen.

Wer sind Sie?

Damit Sie den optimalen Nutzen aus diesem Buch ziehen können, möchte ich – so genau es mir möglich ist – beschreiben, an wen sich dieses Buch richtet. Hierzu habe ich einen Fragebogen ausgearbeitet, mit dem Sie schnell erkennen können, ob das Buch für Sie geeignet ist.

Sind Sie Systemadministrator in einem **homogenen** Windows-Netzwerk?	○ Ja ○ Nein
Laufen die für Sie relevanten Computer mit den von PowerShell 4.0 unterstützten Betriebssystemen? (Windows 7, Windows 8/8.1, Windows Server 2008 R2/2012/2012 R2)	○ Ja ○ Nein
Sie besitzen zumindest rudimentäre Grundkenntnisse im Bereich des (objektorientierten) Programmierens?	○ Ja ○ Nein
Wünschen Sie einen kompakten Überblick über die Architektur, Konzepte und Anwendungsfälle der PowerShell?	○ Ja ○ Nein
Sie können auf Schritt-für-Schritt-Anleitungen verzichten?	○ Ja ○ Nein
Sie können auf formale Syntaxbeschreibungen verzichten und lernen lieber an aussagekräftigen Beispielen?	○ Ja ○ Nein
Sie erwarten nicht, dass in diesem Buch alle Möglichkeiten der PowerShell detailliert beschrieben werden?	○ Ja ○ Nein
Sind Sie, nachdem Sie ein Grundverständnis durch dieses Buch gewonnen haben, bereit, Detailfragen in der Dokumentation der PowerShell, von .NET und WMI nachzuschlagen, da das Buch auf 1000 Seiten nicht alle Details erläutern kann?	○ Ja ○ Nein

Wenn Sie alle obigen Fragen mit „Ja“ beantwortet haben, ist das Buch richtig für Sie. In anderen Fällen sollten Sie sich erst mit einführender Literatur beschäftigen.

Was ist neu in diesem Buch?

Gegenüber der vorherigen Auflage zur PowerShell 3.0 wurde das Buch um die neuen Funktionen in PowerShell 4.0 erweitert (z. B. ein Kapitel zur Desired State Configuration) und an einigen Stellen inhaltlich optimiert. Neu ist der Verlag: Die ersten drei Auflagen dieses Buchs erschienen bei Addison-Wesley. Dieser Verlag hat aber zum 31.12.2013 seinen Betrieb eingestellt. Nun hat das Buch beim Carl Hanser Verlag eine schöne neue Heimat gefunden.

Wem ist zu danken?

Folgenden Personen möchte ich meinen Dank für ihre Mitwirkung an diesem Buch aussprechen:

- meinem Kollegen und Freund Peter Monadjemi, der rund 100 Seiten mit Beispielen zu diesem Buch beigetragen hat (Themen: Workflows, Bitlocker, ODBC, Hyper-V, DNS-Client, Firewall und SQL-Server-Administration),

- Frau Bauer-Schiewek, die dieses Buchprojekt beim Carl Hanser Verlag koordiniert und vermarktet,
- Frau Petra Kienle, die meine Tippfehler gefunden und sprachliche Ungenauigkeiten eliminiert hat,
- meiner Frau und meinen Kindern dafür, dass sie mir das Umfeld geben, um neben meinem Hauptberuf an Büchern wie diesem zu arbeiten.

Woher bekommen Sie die Beispiele aus diesem Buch?

Unter *http://www.powershell-doktor.de/leser* biete ich ein **ehrenamtlich betriebenes** Webportal für Leser meiner Bücher an. In diesem Portal können Sie

- die Codebeispiele aus diesem Buch herunterladen,
- eine PowerShell-Kurzreferenz „Cheat Sheet" (zwei DIN-A4-Seiten als Hilfe für die tägliche Arbeit) kostenlos herunterladen,
- Feedback zu diesem Buch geben (Bewertung abgeben und Fehler melden) und
- technische Fragen in einem Webforum stellen.

Alle registrierten Leser erhalten auch Einladungen zu kostenlosen Community-Veranstaltungen sowie Vergünstigungen bei unseren öffentlichen Seminaren zu .NET und zur PowerShell. Bei der Registrierung müssen Sie das Kennwort **Aeon Flux** angeben.

Wo kann ich mich schulen oder beraten lassen?

Unter der E-Mail-Adresse *buero@IT-Visions.de* stehen mein Team und ich für Anfragen bezüglich Schulung, Beratung und Entwicklungstätigkeiten zur Verfügung.

Zum Schluss des Vorworts ...

wünsche ich Ihnen viel Spaß und Erfolg mit der PowerShell 4.0!

Dr. Holger Schwichtenberg

Essen-Byfang im Januar 2014

Über den Autor Dr. Holger Schwichtenberg

- Studienabschluss Diplom-Wirtschaftsinformatik an der Universität Essen
- Promotion an der Universität Essen im Gebiet komponentenbasierter Softwareentwicklung
- Seit 1996 selbstständig als unabhängiger Berater, Dozent, Softwarearchitekt und Fachjournalist
- Leiter des Berater- und Dozententeams bei *www.IT-Visions.de*
- Leitung der Softwareentwicklung im Bereich Microsoft/.NET bei der 5minds IT-Solutions GmbH & Co. KG (www.5minds.de)
- 59 Fachbücher beim Carl Hanser Verlag, bei Microsoft Press und Addison-Wesley sowie mehr als 750 Beiträge in Fachzeitschriften
- Gutachter in den Wettbewerbsverfahren der EU gegen Microsoft (2006–2009)
- Ständiger Mitarbeiter der Zeitschriften iX (seit 1999), dotnetpro (seit 2000) und Windows Developer (seit 2010) sowie beim Online-Portal *heise.de* (seit 2008)
- Regelmäßiger Sprecher auf nationalen und internationalen Fachkonferenzen (z. B. TechEd, Microsoft IT Forum, BASTA, BASTA-on-Tour, Advanced Developers Conference, .NET-Entwicklerkonferenz, OOP, VS One, Wirtschaftsinformatik, Net.Object Days, Windows Forum, DOTNET-Konferenz, XML-in-Action)
- Zertifikate und Auszeichnungen von Microsoft:
  - Microsoft Most Valuable Professional (MVP)
  - Microsoft Certified Solution Developer (MCSD)

- Thematische Schwerpunkte:
  - Microsoft .NET Framework, Visual Studio, C#, Visual Basic
  - .NET-Architektur/Auswahl von .NET-Technologien
  - Einführung von .NET Framework und Visual Studio/Migration auf .NET
  - Webanwendungsentwicklung mit IIS, ASP.NET und JavaScript/AJAX
  - Enterprise .NET, verteilte Systeme/Webservices mit .NET
  - Relationale Datenbanken, XML, Datenzugriffsstrategien
  - Objektrelationales Mapping (ORM), insbesondere ADO.NET Entity Framework
  - Windows PowerShell (WPS) und Windows Management Instrumentation (WMI)
- Ehrenamtliche Community-Tätigkeiten:
  - Vortragender für die International .NET Association (INETA)
  - Betrieb diverser Community-Websites: *www.dotnetframework.de, www.entwickler-lexikon.de, www.windows-scripting.de, www.aspnetdev.de u. a.*
- Firmenwebsites: *http://www.IT-Visions.de* und *http://www.5minds.de*
- Weblog: *http://www.dotnet-doktor.de*
- Kontakt: *hs@IT-Visions.de* sowie *Telefon 02 01-64 95 90-90*

Über den Co-Autor Peter Monadjemi

Peter Monadjemi ist freiberuflicher Trainer und Autor mit den Schwerpunkten PowerShell, Windows-Server-Administration und Software-Entwicklung auf der Grundlage des .NET Framework. Er kennt die PowerShell bereits seit der Zeit, in der sie als Vorabversion noch unter dem Projektnamen „Monad“ lief – ein Codename, der für ihn eine Art „Wink des Schicksals“ war. Seitdem hat er viel Zeit mit der PowerShell verbracht und Hunderte von Skripten geschrieben. Er lebt in Esslingen am Neckar.

Teil A: PowerShell-Basiswissen

Dieser Buchteil informiert über die Basiskonzepte der PowerShell, insbesondere Commandlets, Pipelines, Navigation und Skripte. Außerdem werden am Ende dieses Teils Werkzeuge vorgestellt.

1 Erste Schritte mit der Windows PowerShell

Das DOS-ähnliche Kommandozeilenfenster hat viele Windows-Versionen in beinahe unveränderter Form überlebt. Mit der Windows PowerShell (WPS) besitzt Microsoft nun endlich einen Nachfolger, der es mit den Unix-Shells aufnehmen kann und diese in Hinblick auf Eleganz und Robustheit in einigen Punkten auch überbieten kann. Die PowerShell ist eine Adaption des Konzepts von Unix-Shells auf Windows unter Verwendung des .NET Frameworks und mit Anbindung an die Windows Management Instrumentation (WMI).

1.1 Was ist die Windows PowerShell?

In einem Satz: Die Windows PowerShell (WPS) ist eine neue, .NET-basierte Umgebung für interaktive Systemadministration und Scripting auf der Windows-Plattform.

Die Kernfunktionen der PowerShell sind:

- Zahlreiche eingebaute Befehle, die „Commandlets" genannt werden
- Zugang zu allen Systemobjekten, die durch COM-Bibliotheken, das .NET Framework und die Windows Management Instrumentation (WMI) bereitgestellt werden
- Robuster Datenaustausch zwischen Commandlets durch Pipelines basierend auf typisierten Objekten
- Ein einheitliches Navigationsparadigma für verschiedene Speicher (z.B. Dateisystem, Registrierungsdatenbank, Zertifikatsspeicher, Active Directory und Umgebungsvariablen)
- Eine einfach zu erlernende, aber mächtige Skriptsprache mit wahlweise schwacher oder starker Typisierung
- Ein Sicherheitsmodell, das die Ausführung unerwünschter Skripte unterbindet
- Integrierte Funktionen für Ablaufverfolgung und Debugging
- Die PowerShell kann um eigene Befehle erweitert werden.
- Die PowerShell kann in eigene Anwendungen integriert werden (Hosting).

1.2 Geschichte der Windows PowerShell

Das Active Scripting ist einigen Administratoren zu komplex, weil es viel Wissen über objektorientiertes Programmieren und das Component Object Model (COM) voraussetzt. Die vielen Ausnahmen und Ungereimtheiten im Active Scripting erschweren das Erlernen von Windows Script Host (WSH) und der zugehörigen Komponentenbibliotheken.

Schon im Zuge der Entwicklung des Windows Server 2003 gab Microsoft zu, dass man Unix-Administratoren zum Interview über ihr tägliches Handwerkszeug gebeten hatte. Das kurzfristige Ergebnis war eine große Menge zusätzlicher Kommandozeilenwerkzeuge. Langfristig setzt Microsoft jedoch auf eine Ablösung des DOS-ähnlichen Konsolenfensters durch eine neue Scripting-Umgebung.

Mit dem Erscheinen des .NET Frameworks im Jahre 2002 wurde lange über einen WSH.NET spekuliert. Microsoft stellte jedoch die Neuentwicklung des WSH für das .NET Framework ein, als abzusehen war, dass die Verwendung von .NET-basierten Programmiersprachen wie C# und Visual Basic .NET dem Administrator nur noch mehr Kenntnisse über objektorientierte Softwareentwicklung abverlangen würde.

Microsoft beobachtete in der Unix-Welt eine hohe Zufriedenheit mit den dortigen Kommandozeilen-Shells und entschloss sich daher, das Konzept der Unix-Shells, insbesondere das Pipelining, mit dem .NET Framework zusammenzubringen und daraus eine .NET-basierte Windows Shell zu entwickeln. Diese ist so einfach wie eine Unix-Shell, aber kann so mächtig wie das .NET Framework sein.

In einer ersten Beta-Version wurde die neue Shell schon unter dem Codenamen „Monad" auf der Professional Developer Conference (PDC) im Oktober 2003 in Los Angeles vorgestellt. Nach den Zwischenstufen „Microsoft Shell (MSH)" und „Microsoft Command Shell" trägt die neue Skriptumgebung seit Mai 2006 den Namen „Windows PowerShell".

Die PowerShell 1.0 erschien am 6.11.2006 zeitgleich mit Windows Vista, war aber dort nicht enthalten, sondern muss heruntergeladen und nachinstalliert werden.

Die PowerShell 2.0 ist zusammen mit Windows 7/Windows Server 2008 R2 erschienen am 22.7.2009.

Die PowerShell 3.0 ist zusammen mit Windows 8/Windows Server 2012 erschienen am 15.8.2012.

Die PowerShell 4.0 ist zusammen mit Windows 8.1/Windows Server 2012 R2 am 9.9.2013 erschienen.

1.3 Motivation zur Windows PowerShell

Falls Sie eine Motivation brauchen, sich mit der PowerShell zu beschäftigen, wird dieses Kapitel sie Ihnen liefern. Es stellt die Lösung für eine typische Scripting-Aufgabe sowohl im „alten" Windows Script Host (WSH) als auch in der „neuen" Windows PowerShell vor.

Zur Motivation, sich mit der Windows PowerShell zu beschäftigen, soll folgendes Beispiel aus der Praxis dienen. Es soll ein Inventarisierungsskript für Software erstellt werden, das die installierten MSI-Pakete mit Hilfe der Windows Management Instrumentation (WMI) von mehreren Computern ausliest und die Ergebnisse in einer CSV-Datei *(softwareinventar.csv)* zusammenfasst. Die Namen (oder IP-Adressen) der abzufragenden Computer sollen in einer Textdatei *(computernamen.txt)* stehen.

Die Lösung mit dem WSH benötigt 90 Codezeilen (inklusive Kommentare und Parametrisierungen). In der Windows PowerShell lässt sich das Gleiche in nur 13 Zeilen ausdrücken. Wenn man auf die Kommentare und die Parametrisierung verzichtet, dann reicht sogar genau eine Zeile.

Listing 1.1: Softwareinventarisierung - Lösung 1 mit dem WSH [3_Einsatzgebiete/Software/Software_Inventory.vbs]

```
' -----------------------------------------
' Skriptname: Software_inventar.vbs
' Autor: Dr. Holger Schwichtenberg 2004-2007
' -----------------------------------------
' Dieses Skript erstellt eine Liste
' der installierten Software
' Version 1.02 (28.1.2007)
' -----------------------------------------
Option Explicit

' --- Vorgabewerte
Const Trennzeichen = ";" ' Trennzeichen für Spalten in der Ausgabedatei
Const Eingabedateiname = "computernamen.txt"
Const Ausgabedateiname = "softwareinventar.csv"
Const Bedingung = "SELECT * FROM Win32_Product where not Vendor like '%Microsoft%'"

Dim objFSO' Dateisystem-Objekt
Dim objTX    ' Textdatei-Objekt für die Liste der zu durchsuchenden computer
Dim i  ' Zähler für Computer
Dim computer ' Name des aktuellen computers
Dim Eingabedatei' Name und Pfad der Eingabedatei
Dim Ausgabedatei' Name und Pfad der Ausgabedatei

' --- Startmeldung
WScript.Echo "Softwareinventar.vbs"
WScript.Echo "(C) Dr. Holger Schwichtenberg, http://www.Windows-Scripting.de"

' --- Global benötigtes Objekt
Set objFSO = CreateObject("Scripting.FileSystemObject")

' --- Ermittlung der Pfade
Eingabedatei = GetCurrentPfad & "\" & Eingabedateiname
Ausgabedatei = GetCurrentPfad & "\" & Ausgabedateiname

' --- Auslesen der computerliste
Set objTX = objFSO.OpenTextFile(Eingabedatei)

' --- Meldungen
WScript.Echo "Eingabedatei: " & Eingabedatei
WScript.Echo "Ausgabedatei: " & Ausgabedatei
```

```
' --- Überschriften einfügen
Ausgabe _
"computer" & Trennzeichen & _
"Name" & Trennzeichen & _
    "Beschreibung" & Trennzeichen & _
    "Identifikationsnummer" & Trennzeichen & _
    "Installationsdatum" & Trennzeichen & _
    "Installationsverzeichnis" & Trennzeichen & _
    "Zustand der Installation" & Trennzeichen & _
    "Paketzwischenspeicher" & Trennzeichen & _
    "SKU Nummer" & Trennzeichen & _
    "Hersteller" & Trennzeichen & _
    "Version"

' --- Schleife über alle computer
Do While Not objTX.AtEndOfStream
    computer = objTX.ReadLine
    i = i + 1
    WScript.Echo "=== Computer #" & i & ": " & computer

GetInventar computer

Loop

' --- Eingabedatei schließen
objTX.Close
' --- Abschlußmeldung
WScript.echo "Softwareinventarisierung beendet!"

' === Softwareliste für einen computer erstellen
Sub GetInventar(computer)

Dim objProduktMenge
Dim objProdukt
Dim objWMIDienst

' --- Zugriff auf WMI
Set objWMIDienst = GetObject("winmgmts:" &_
    "{impersonationLevel=impersonate}!\\" & computer &_
    "\root\cimv2")
' --- Liste anfordern
Set objProduktMenge = objWMIDienst.ExecQuery _
    (Bedingung)
' --- Liste ausgeben
WScript.echo "Auf " & computer & " sind " & _
objProduktMenge.Count & " Produkte installiert."
For Each objProdukt In objProduktMenge
    Ausgabe _
    computer & Trennzeichen & _
    objProdukt.Name & Trennzeichen & _
    objProdukt.Description & Trennzeichen & _
    objProdukt.IdentifyingNumber & Trennzeichen & _
    objProdukt.InstallDate & Trennzeichen & _
    objProdukt.InstallLocation & Trennzeichen & _
    objProdukt.InstallState & Trennzeichen & _
    objProdukt.PackageCache & Trennzeichen & _
    objProdukt.SKUNumber & Trennzeichen & _
    objProdukt.Vendor & Trennzeichen & _
```

```
    objProdukt.Version
WScript.Echo     objProdukt.Name
Next
End Sub

' === Ausgabe
Sub Ausgabe(s)
Dim objTextFile
' Ausgabedatei öffnen
Set objTextFile = objFSO.OpenTextFile(Ausgabedatei, 8, True)
objTextFile.WriteLine s
objTextFile.Close
'WScript.Echo s
End Sub

' === Pfad ermitteln. in dem das Skript liegt
Function GetCurrentPfad
GetCurrentPfad = objFSO.GetFile (WScript.ScriptFullName).ParentFolder
End Function
```

Listing 1.2: Softwareinventarisierung – Lösung 2 als Windows PowerShell-Skript [3_Einsatzgebiete/Software/SoftwareInventory_WMI_Script.ps1]

```
# Settings
$InputFileName = "computers.txt"
$OutputFileName = "softwareinventory.csv"
$Query = "SELECT * FROM Win32_Product where not Vendor like '%Microsoft%'"

# Read computer list
$Computers = Get-Content $InputFileName

# Loop over all computers and read WMI information
$Software = $Computers | foreach { Get-CimInstance -query $Query -computername $_ }
# Export to CSV
$Software | select Name, Description, IdentifyingNumber, InstallDate, InstallLocation,
InstallState, SKUNumber, Vendor, Version | export-csv $OutputFileName -notypeinformation
```

Listing 1.3: Softwareinventarisierung – Lösung 3 als Windows PowerShell-Pipeline-Befehl [3_Einsatzgebiete/Software/SoftwareInventory_WMI_Pipeline.ps1]

```
Get-Content "computers.txt" | foreach {Get-CimInstance -computername $_ -query
"SELECT * FROM Win32_Product where not Vendor like '%Microsoft%'" } | export-csv
"Softwareinventory.csv" -notypeinformation
```

1.4 Betriebssysteme mit vorinstallierter PowerShell

Die folgende Tabelle zeigt, in welchen Betriebssystemen welche Version der PowerShell mitgeliefert wird bzw. wo sie nachträglich installierbar ist.

Tabelle 1.1: Verfügbarkeit der Windows PowerShell auf verschiedenen Windows-Betriebssystemen

Betriebssystem	Mitgelieferte PowerShell	Nachträglich installierbare PowerShell
Windows 2000, Windows 9x, Windows ME, Windows NT 4.0	PowerShell nicht enthalten	Nachträgliche Installation nicht von Microsoft unterstützt
Windows XP	PowerShell nicht enthalten	PowerShell 1.0 und PowerShell 2.0
Windows Server 2003	PowerShell nicht enthalten	PowerShell 1.0 und PowerShell 2.0
Windows Server 2003 R2	PowerShell nicht enthalten	PowerShell 1.0 und PowerShell 2.0
Windows Vista	PowerShell nicht enthalten	PowerShell 1.0 und PowerShell 2.0
Windows Vista	PowerShell 1.0 enthalten	PowerShell 2.0
Windows Server 2008	PowerShell 1.0 enthalten als optionales Features	PowerShell 2.0, PowerShell 3.0
Windows Server 2008	PowerShell 1.0 enthalten	PowerShell 2.0, PowerShell 3.0
Windows 7	PowerShell 2.0 enthalten	PowerShell 3.0, PowerShell 4.0
Windows Server 2008 R2	PowerShell 2.0 enthalten	PowerShell 3.0, PowerShell 4.0
Windows Server 2008 Core	PowerShell nicht enthalten	PowerShell 3.0
Windows Server 2008 R2 Core	PowerShell 2.0 enthalten als optionales Feature	
Windows 8	PowerShell 3.0 enthalten	PowerShell 4.0 kann nur durch ein Update auf Windows 8.1 nachgerüstet werden.
Windows Server 2012	PowerShell 3.0 enthalten	PowerShell 4.0
Windows Server 2012 Core	PowerShell 3.0 enthalten als optionales Feature	PowerShell 4.0
Windows 8.1	PowerShell 4.0 enthalten	
Windows Server 2012 R2	PowerShell 4.0 enthalten	
Windows Server 2012 R2 Core	PowerShell 4.0 enthalten als optionales Feature	

1.5 PowerShell herunterladen und installieren auf anderen Betriebssystemen

Die PowerShell 4.0 ist in Windows 8.1 oder Windows Server 2012 R2 bereits im Standard installiert. In Windows Server 2012 R2 Core ist sie ein optionales Installationsfeature.

Wenn Sie nicht Windows 8.1 oder Windows Server R2 2012 benutzen, müssen Sie die PowerShell 4.0 erst installieren.

Die nachträgliche Installation der PowerShell 4.0 ist möglich auf folgenden Betriebssystemen:

- Windows 7 Service Pack 1 und .NET Framework 4.5 (mit Installationspaket)
- Windows Server 2008 R2 SP1 und .NET Framework 4.5 (mit Installationspaket)
- Windows Server 2012 (mit Installationspaket)
- Windows 8 (nur durch komplette Aktualisierung auf Windows 8.1!)

Die PowerShell 4.0 wird auf Windows 7 und Windows Server 2008 R2 sowie Windows Server 2012 installiert als Teil des Windows Management Framework 4.0 (WMF) – [*http://www.microsoft.com/en-us/download/details.aspx?id=40855*].

Bei der Installation auf Windows 7 und Windows Server 2008 R2 ist zu beachten, dass jeweils das .NET Framework 4.5 vorhanden sein muss, sonst erscheint die lapidare, wenig hilfreiche Meldung: „Dieses Update ist nicht für Ihren Computer geeignet."

Das Installationspaket betrachtet sich als Update für Windows (KB2819745 für Windows 7 und Windows Server 2008 R2 bzw. KB279888 für Windows Server 2012).

Installationsordner

Die Windows PowerShell installiert sich in folgendes Verzeichnis: *%systemroot%\system32\WindowsPowerShell\V1.0* (für 32-Bit-Systeme).

ACHTUNG: Dabei ist das „V1.0" im Pfad tatsächlich richtig: Microsoft hat dies seit Version 1.0 nicht verändert. Geplant war wohl eine „Side-by-Side"-Installationsoption wie beim .NET Framework. Doch später hat sich Microsoft dann entschieden, dass eine neue PowerShell immer die alte überschreibt.

Auf 64-Bit-Systemen gibt es die PowerShell zweimal, einmal als 64-Bit-Version in *%systemroot%\system32\WindowsPowerShell\V1.0* und einmal als 32-Bit-Version. Letztere findet man unter *%systemroot%\Syswow64\WindowsPowerShell\V1.0*. Die 32-Bit-Version braucht man, wenn man eine Bibliothek nutzen will, für die es keine 64-Bit-Version gibt, z. B. den Zugriff auf Microsoft-Access-Datenbanken.

Es handelt sich auch dabei nicht um einen Tippfehler: Die 64-Bit-Version ist in einem Verzeichnis, das „32" im Namen trägt, und die 32-Bit-Version in einem Verzeichnis mit „64" im Namen!

Die 32-Bit-Version der PowerShell und die 64-Bit-Version der PowerShell sieht man im Startmenü: Die 32-Bit-Version hat den Zusatz „(x86)“. Die 64-Bit-Version hat keinen Zusatz. Auch den Editor „ISE“ gibt es in einer 32- und einer 64-Bit-Version.

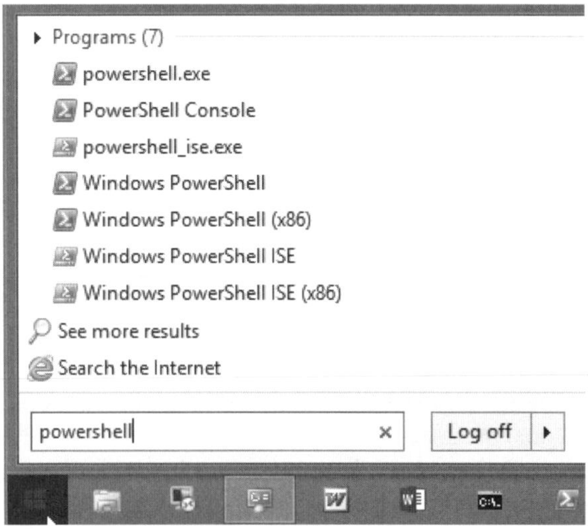

Abbildung 1.1: PowerShell-Einträge im Windows 8.1-Startmenü (unter Verwendung der Windows-Erweiterung „Classic Shell“ *(http://www.classicshell.net/)*

TIPP: Im obigen Screenshot kommt mit Classic Shell eine kostenlose Erweiterung zum Einsatz, die das klassische Startmenü in Windows 8.x zurückbringt. Der Rückgriff auf ein Startmenü hat nicht nur mit Nostalgie zu tun, sondern auch ganz handfeste praktische Gründe: Der kachelbasierte Startbildschirm von Windows 8.x findet leider zum Suchbegriff „PowerShell“ weder die ISE noch die 32-Bit-Variante der PowerShell.

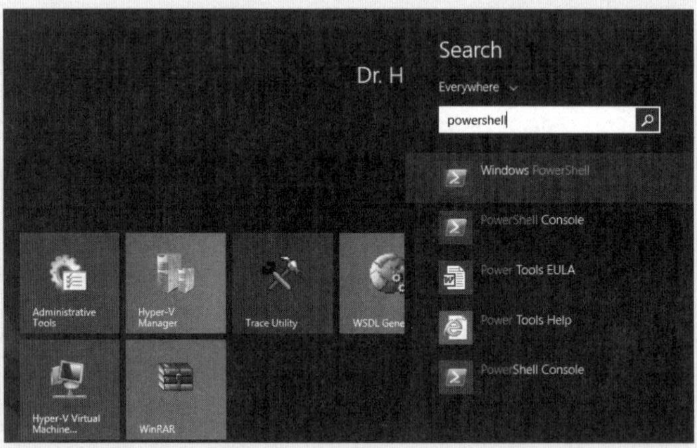

Abbildung 1.2: Versagen auf ganzer Linie: Der kachelbasierte Startbildschirm von Windows 8.1 findet leider zum Suchbegriff „PowerShell“ weder die ISE noch die 32-Bit-Variante der PowerShell.

Ereignisprotokoll „PowerShell"

Durch die Installation der PowerShell wird in Windows auch ein neues Ereignisprotokoll „PowerShell" angelegt, in dem die PowerShell wichtige Zustandsänderungen der PowerShell protokolliert.

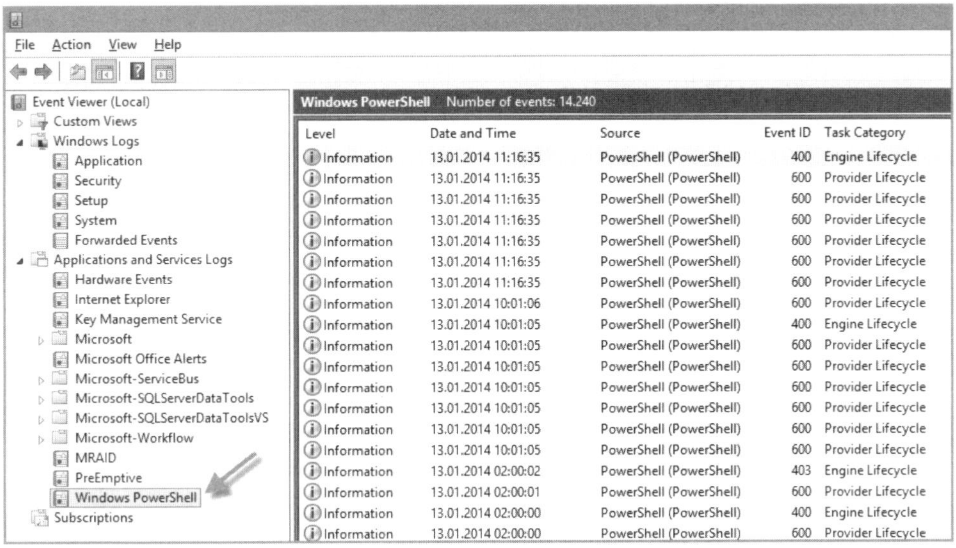

Abbildung 1.3: Ereignisprotokoll „Windows PowerShell"

Deinstallation

Falls man die PowerShell 4.0 deinstallieren möchte, muss man dies in der Systemsteuerung unter „Programme und Funktionen/Installierte Updates anzeigen" tun und dort das „Microsoft Windows Management Framework" deinstallieren.

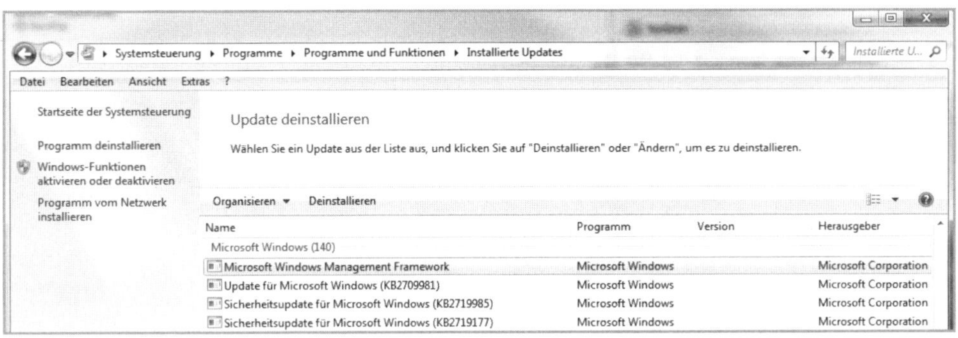

Abbildung 1.4: Deinstallation des WMF

1.6 Die Windows PowerShell testen

Dieses Kapitel stellt einige Befehle vor, mit denen Sie die PowerShell-Funktionalität ausprobieren können. Die PowerShell verfügt über zwei Modi (interaktiver Modus und Skriptmodus), die hier getrennt behandelt werden.

PowerShell im interaktiven Modus

Der erste Test verwendet die PowerShell im interaktiven Modus.

Starten Sie bitte die Windows PowerShell. Es erscheint ein leeres PowerShell-Konsolenfenster. Auf den ersten Blick ist kein großer Unterschied zur herkömmlichen Windows-Konsole zu erkennen. Allerdings steckt in der PowerShell mehr Kraft im wahrsten Sinne des Wortes.

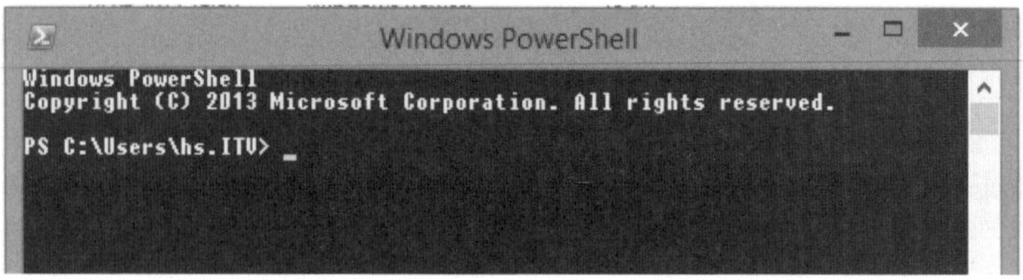

Abbildung 1.5: Leeres PowerShell-Konsolenfenster

Geben Sie an der Eingabeaufforderung „Get-Process“ ein und drücken Sie dann die `Enter`-Taste. Es erscheint eine Liste aller Prozesse, die auf dem lokalen Computer laufen. Dies war Ihre erste Verwendung eines einfachen PowerShell-Commandlets.

HINWEIS: Beachten Sie bitte, dass die Groß-/Kleinschreibung keine Rolle spielt, da PowerShell keine Unterschiede zwischen groß- und kleingeschriebenen Commandlet-Namen macht.

Geben Sie an der Eingabeaufforderung „Get-service i*“ ein. Jetzt erscheint eine Liste aller installierten Dienste auf Ihrem Computer, deren Namen mit dem Buchstaben „i“ beginnen. Hier haben Sie ein Commandlet mit Parametern verwendet.

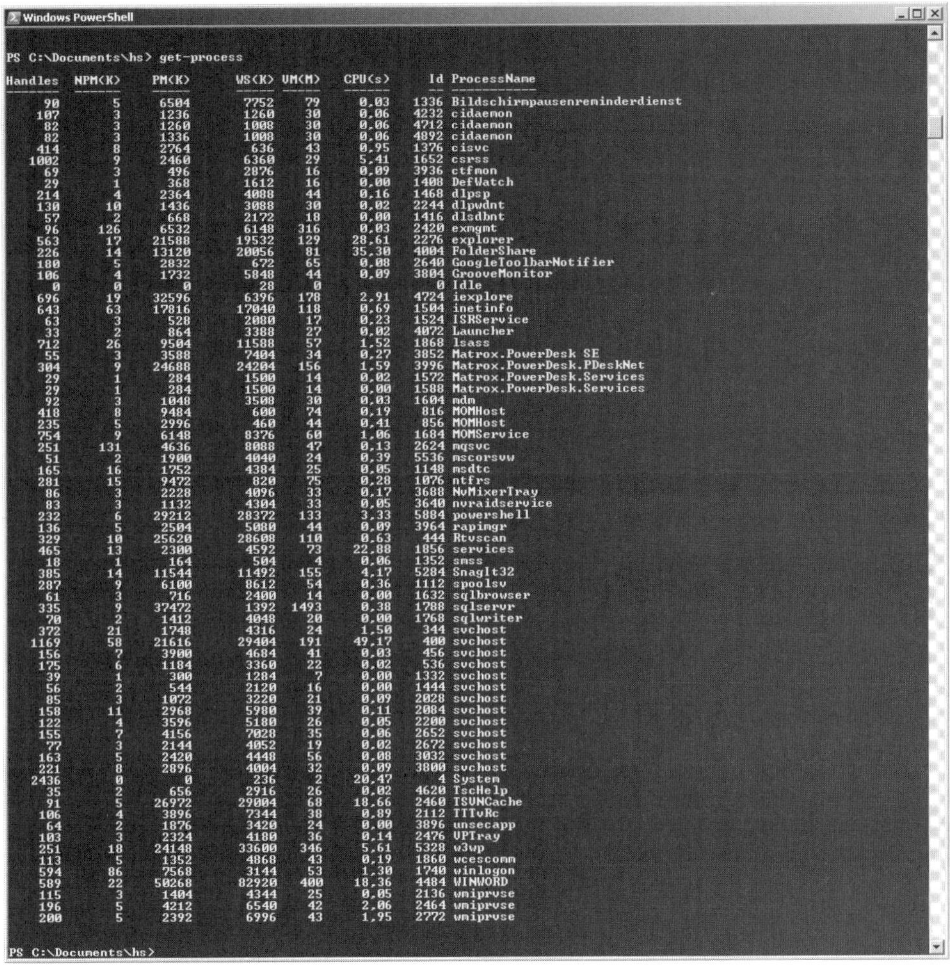

```
Windows PowerShell

PS C:\Documents\hs> get-process

Handles  NPM(K)    PM(K)      WS(K) VM(M)   CPU(s)     Id ProcessName
-------  ------    -----      ----- -----   ------     -- -----------
     90       5     6504       7752    79     0,03   1336 Bildschirmpausenreminderdienst
    107       3     1236       1260    30     0,06   4232 cidaemon
     82       3     1260       1008    30     0,06   4712 cidaemon
     82       3     1336       1008    30     0,06   4892 cidaemon
    414       8     2764        636    43     0,95   1376 cisvc
   1002       9     2460       6360    29     5,41   1652 csrss
     69       3      496       2876    16     0,09   3936 ctfmon
     29       1      368       1612    16     0,00   1408 DefWatch
    214       4     2364       4088    44     0,16   1468 dlpsp
    130      10     1436       3088    30     0,02   2244 dlpwdnt
     57       2      668       2172    18     0,00   1416 dlsdbnt
     96     126     6532       6148   316     0,03   2420 exmgmt
    563      17    21588      19532   129    28,61   2276 explorer
    226      14    13120      20056    81    35,30   4004 FolderShare
    180       5     2832        672    65     0,08   2640 GoogleToolbarNotifier
    106       4     1732       5848    44     0,09   3804 GrooveMonitor
      0       0        0         28     0               0 Idle
    696      19    32596       6396   178     2,91   4724 iexplore
    643      63    17816      17040   118     0,69   1504 inetinfo
     63       3      528       2080    17     0,23   1524 ISRService
     33       2      864       3388    27     0,02   4072 Launcher
    712      26     9504      11588    57     1,52   1868 lsass
     55       3     3588       7404    34     0,27   3852 Matrox.PowerDesk SE
    304       9    24688      24204   156     1,59   3996 Matrox.PowerDesk.PDeskNet
     29       1      284       1500    14     0,02   1572 Matrox.PowerDesk.Services
     29       1      284       1500    14     0,00   1588 Matrox.PowerDesk.Services
     92       3     1048       3508    30     0,03   1604 mdm
    418       8     9484        600    74     0,19    816 MOMHost
    235       5     2996        460    44     0,41    856 MOMHost
    754       9     6148       8376    60     1,06   1684 MOMService
    251     131     4636       8088    47     0,13   2624 mqsvc
     51       2     1900       4040    24     0,39   5536 mscorsvw
    165      16     1752       4384    25     0,05   1148 msdtc
    281      15     9472        820    75     0,28   1076 ntfrs
     86       3     2228       4096    33     0,17   3688 NvMixerTray
     83       3     1132       4304    33     0,05   3640 nvraidservice
    232       6    29212      28372   133     3,33   5884 powershell
    136       5     2504       5080    44     0,09   3964 rapimgr
    329      10    25620      28608   110     0,63    444 Rtvscan
    465      13     2300       4592    73    22,88   1856 services
     18       1      164        504     4     0,06   1352 smss
    385      14    11544      11492   155     4,17   5284 SnagIt32
    287       9     6100       8612    54     0,36   1112 spoolsv
     61       3      716       2400    14     0,00   1632 sqlbrowser
    335       9    37472       1392  1493     0,38   1788 sqlservr
     70       2     1412       4048    20     0,00   1768 sqlwriter
    372      21     1748       4316    24     1,50    344 svchost
   1169      58    21616      29404   191    49,17    400 svchost
    156       7     3900       4684    41     0,03    456 svchost
    175       6     1184       3360    22     0,02    536 svchost
     39       1      300       1284     7     0,00   1332 svchost
     56       2      544       2120    16     0,00   1444 svchost
     85       3     1072       3220    21     0,09   2028 svchost
    158      11     2968       5980    39     0,11   2084 svchost
    122       4     3596       5180    26     0,05   2200 svchost
    155       7     4156       7028    35     0,06   2652 svchost
     77       3     2144       4052    19     0,02   2672 svchost
    163       5     2420       4448    56     0,08   3032 svchost
    221       8     2896       4004    32     0,09   3800 svchost
   2436       0        0        236     2    20,47      4 System
     35       2      656       2916    26     0,02   4620 TscHelp
     91       5    26972      29004    68    18,66   2460 TSVNCache
    106       4     3896       7344    38     0,89   2112 TTTvRc
     64       2     1876       3420    24     0,00   3896 unsecapp
    103       3     2324       4180    36     0,14   2476 VPTray
    251      18    24148      33600   346     5,61   5328 w3wp
    113       5     1352       4868    43     0,19   1860 wcescomm
    594      86     7568       3144    53     1,30   1740 winlogon
    589      22    50268      82920   400    18,36   4484 WINWORD
    115       3     1404       4344    25     0,05   2136 wmiprvse
    196       5     4212       6540    42     2,06   2464 wmiprvse
    200       5     2392       6996    43     1,95   2772 wmiprvse

PS C:\Documents\hs>
```

Abbildung 1.6: Die Liste der Prozesse ist das Ergebnis nach Ausführung des Commandlets „Get-Process".

```
Windows PowerShell
PS C:\Documents\hs> get-service i*

Status   Name               DisplayName
------   ----               -----------
Stopped  idsvc              Windows CardSpace
Running  IISADMIN           IIS Admin Service
Stopped  ImapiService       IMAPI CD-Burning COM Service
Stopped  IsmServ            Intersite Messaging
Running  ISRService         FirstDefense-ISR Service

PS C:\Documents\hs> _
```

Abbildung 1.7: Eine gefilterte Liste der Windows-Dienste

Geben Sie „Get-" ein und drücken Sie dann mehrmals die Tab-Taste. Die PowerShell zeigt nacheinander alle Commandlets an, die mit dem Verb „get" beginnen. Microsoft bezeichnet diese Funktionalität als „Tabulatorvervollständigung". Halten Sie bei „Get-Eventlog" an. Wenn Sie Enter drücken, fordert die PowerShell einen Parameter namens „LogName" an.

Bei „LogName“ handelt es sich um einen erforderlichen Parameter (Pflichtparameter). Nachdem Sie „Application“ eingetippt und die Enter-Taste gedrückt haben, erscheint eine lange Liste der aktuellen Einträge in Ihrem Anwendungsereignisprotokoll.

Abbildung 1.8: Die PowerShell fragt einen erforderlichen Parameter ab.

Der letzte Test bezieht sich auf die Pipeline-Funktionalität der PowerShell. Auch geht es darum, die Listeneinträge aus dem Windows-Ereignisprotokoll aufzulisten, doch dieses Mal sind nur bestimmte Einträge interessant. Die Aufgabe besteht darin, die letzten zehn Ereignisse abzurufen, die sich auf das Drucken beziehen. Geben Sie den folgenden Befehl ein, der aus drei Commandlets besteht, die über Pipes miteinander verbunden sind:

```
Get-EventLog system | Where-Object { $_.source -eq "print" } | Select-Object -first 10
```

Die PowerShell scheint einige Sekunden zu hängen, nachdem die ersten zehn Einträge ausgegeben wurden. Dieses Verhalten ist korrekt, da das erste Commandlet (`Get-EventLog`) alle Einträge empfängt. Dieses Filtern geschieht durch aufeinanderfolgende Commandlets (`Where-Object` und `Select-Object`). Leider besitzt `Get-EventLog` keinen integrierten Filtermechanismus.

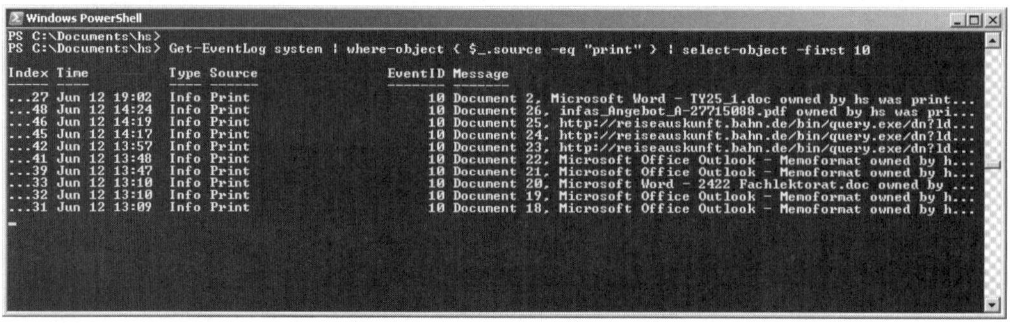

Abbildung 1.9: Die Einträge des Ereignisprotokolls filtern

PowerShell im Skriptmodus

Die zweite Serie von PowerShell-Beispielen beinhaltet ein PowerShell-Skript. Bei einem PowerShell-Skript handelt es sich um eine Textdatei, die Commandlets und/oder Elemente der PowerShell-Skriptsprache (PSL) umfasst. Das Skript erstellt ein neues Benutzerkonto auf Ihrem lokalen Computer.

Script eingeben

Öffnen Sie den Windows-Editor „Notepad“ (oder einen anderen Texteditor) und geben Sie die folgenden Skriptcodezeilen ein, die aus Kommentaren, Variablendeklarationen, COM-Bibliotheksaufrufen und Shell-Ausgabe bestehen:

Listing 1.4: Ein Benutzerkonto erstellen [3_Einsatzgebiete/Benutzer/LocalUser_Create.ps1]

```
### PowerShell-Script
### Create local User Account

# Variables
$Name = "Dr. Holger Schwichtenberg"
$Accountname = "HolgerSchwichtenberg"
$Description = "Author of this book / Website: www.powershell24.com"
$Password = "secret+123"
$Computer = "localhost"

"Creating User on Computer $Computer"

# Access to Container using the COM library "Active Directory Service Interface"
$Container = [ADSI] "WinNT://$Computer"

# Create User
$objUser = $Container.Create("user", $Accountname)
$objUser.Put("Fullname", $Name)
$objUser.Put("Description", $Description)
# Set Password
$objUser.SetPassword($Password)
# Save Changes
$objUser.SetInfo()

"User created: $Name"
```

Speichern Sie die Textdatei unter dem Namen „createuser.ps1“ im Ordner *c:\temp*. Beachten Sie, dass die Dateierweiterung „.ps1“ lauten muss.

Script starten

Starten Sie die Windows PowerShell. Versuchen Sie, das Skript zu starten. Geben Sie dazu „c:\temp\createuser.ps1“ ein. Für die Ordner- und Dateinamen können Sie die Tabulatorvervollständigung verwenden! Der Versuch scheitert zunächst wahrscheinlich, da die Skriptausführung auf den meisten Windows-Betriebssystemversionen standardmäßig in der PowerShell nicht zulässig ist. Dies ist kein Fehler, sondern eine Sicherheitsfunktionalität. Denken Sie an den „Love Letter“-Wurm für den Windows Script Host!

HINWEIS: Bisher war die PowerShell-Skriptausführung auf allen Betriebssystemen im Standard verboten. Erstmals in Windows Server 2012 R2 hat Microsoft sie im Standard erlaubt, sofern das Skript auf der lokalen Festplatte liegt. Entfernte Skripte können nur mit digitaler Signatur gestartet werden. Diese Einstellung nennt sich „RemoteSigned“. In anderen Betriebssystemen gibt es aber keine Änderung des Standards, der „Restricted“ lautet.

Skriptausführungsrechte ändern

Eventuell benötigt Ihr Konto auch administrative Rechte, um diese Aktion durchzuführen. Starten Sie dazu die PowerShell als Administrator. Ab Windows Vista wählen Sie dazu aus dem Startmenü die PowerShell mit der rechten Maustaste aus und klicken auf „Als Administrator ausführen“.

Abbildung 1.10: Die Skriptausführung ist standardmäßig verboten.

Für den ersten Test wird die Sicherheit ein wenig abgeschwächt, aber wirklich nur ein wenig. Man lässt die Ausführung von Skripten zu, die sich auf dem lokalen System befinden. Allerdings braucht man für Skripte, die von Netzwerkressourcen (das Internet eingeschlossen) kommen, eine digitale Signatur von einem vertrauenswürdigen Skriptautor. Dies entspricht dem Standardzustand von Windows Server 2012 R2. Später in diesem Buch lernen Sie, wie Sie PowerShell-Skripte digital signieren. Außerdem erfahren Sie, wie Sie Ihr System auf Skripte beschränken, die Sie oder Ihre Kollegen signiert haben.

Um die Ausführung des lokalen Skripts wie oben beschrieben zuzulassen, geben Sie folgenden Befehl ein:

```
Set-ExecutionPolicy RemoteSigned
```

Überprüfen Sie die vorgenommenen Änderungen mit dem Commandlet `Get-ExecutionPolicy`.

Starten Sie nun das Skript erneut. Jetzt sollte die Nachricht erscheinen, dass das Benutzerkonto erstellt worden ist.

Abbildung 1.11: Führen Sie Ihr erstes Skript aus, um ein Benutzerkonto zu erstellen.

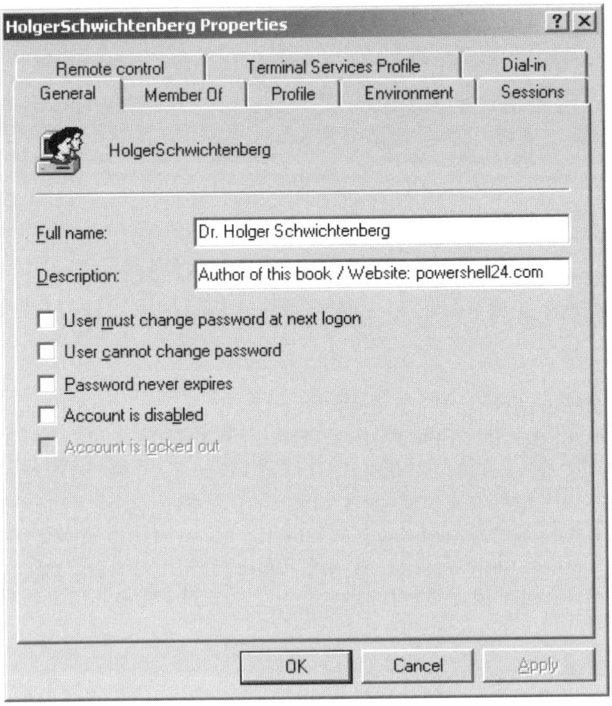

Abbildung 1.12:
Das neu erstellte Benutzerkonto

1.7 Woher kommen die Commandlets?

Die Windows PowerShell umfasste im Kern in der Version 1.0 nur 129 Commandlets. In PowerShell 2.0 waren es 236, in PowerShell 3.0 waren es 322 und in PowerShell 4.0 sind es auch immer noch „nur" 328.

Was heißt hier „nur", werden Sie fragen. „Nur" bezieht sich darauf, dass es in Windows viel mehr Funktionen gibt. Die wichtigsten Commandlets sind die, die mit den Verben „get" und „set" beginnen. Und die Anzahl dieser Commandlets ist sehr klein im Vergleich zu der riesigen Anzahl von Objekten, die das Windows-Betriebssystem zu bieten hat. Alle anderen Commandlets beziehen sich – mehr oder weniger – auf die PowerShell-Infrastruktur, z. B. Filtern, Formatieren und Exportieren.

Mittlerweile gibt es auch viel mehr Commandlets, diese gehören aber nicht zur Windows PowerShell im engeren Sinne, sondern zu optionalen Erweiterungen oder dem jeweiligen Betriebssystem.

Schon kurz nach Version 1.0 der Windows PowerShell gab es erste Erweiterungen wie zum Beispiel die PowerShell Community Extensions (siehe nächstes Kapitel).

Mit Windows 7 bzw. Windows Server 2008 R2 hat Microsoft begonnen, Zusatzmodule direkt mit dem Betriebssystem auszuliefern. Diese Zusatzmodule bringen in Windows 8.1 die Anzahl der Commandlets auf über 1000.

ACHTUNG: Anders als die Erweiterungsmodule, die es oft für mehrere (auch ältere) PowerShell-Versionen gibt, kann man die zum Betriebssystem gehörenden Module nicht in einem älteren Betriebssystem verwenden.

1.8 PowerShell Community Extensions (PSCX) herunterladen und installieren

Bei „PowerShell Community Extensions“ (kurz PSCX) handelt es sich um ein OpenSource-Projekt, das zusätzliche Funktionalität mit Commandlets für alle Betriebssysteme realisiert, wie zum Beispiel `Get-DhcpServer`, `Get-DomainController`, `Get-MountPoint`, `Get-TerminalSession`, `Ping-Host`, `Write-GZip` und viele weitere. Das Projekt steht unter Führung von Microsoft, aber jeder .NET-Softwareentwickler ist eingeladen, daran mitzuwirken. In regelmäßigen Abständen werden neue Versionen veröffentlicht. Mittlerweile ist die Version 3.1 für PowerShell 3.0 und 4.0 als aktuelles stabiles Release erschienen.

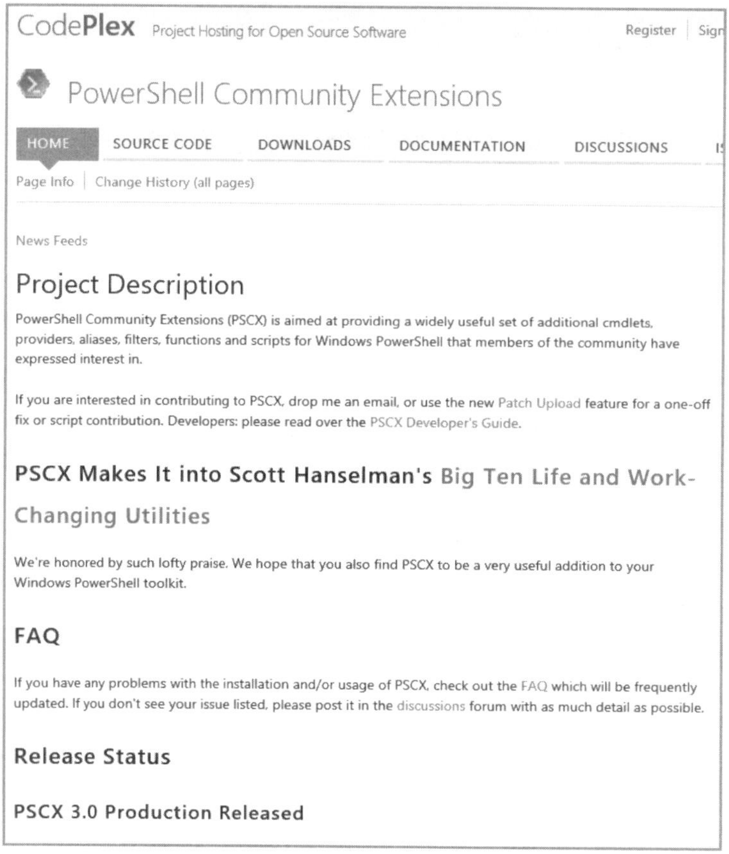

Abbildung 1.13: Website für die PowerShell Community Extensions

HINWEIS WWW: Die PowerShell Community Extensions finden Sie unter *http://pscx.codeplex.com/*.

Die PowerShell Community Extensions werden als Setup-Routine bereitgestellt, die Sie installieren sollten, nachdem Sie die Windows PowerShell erfolgreich installiert haben.

Starten Sie die PowerShell und geben Sie `Get-DomainController` ein (wenn Ihr Computer Mitglied eines Active Directory ist) oder testen Sie die PSCX mit dem Befehl `Ping-Host`, der auf jedem Computer im Netzwerk funktioniert. Wie Sie in der Bildschirmabbildung am Beispiel Ping-Host lesen können: Für einige der dort mitgelieferten Commandlets gibt es mittlerweile in der PowerShell eigene festeingebaute Commandlets (hier: `Test-Connection`). Als die PSCX zu Zeiten von PowerShell 1.0 begonnen wurden, gab es `Test-Connection` noch nicht!

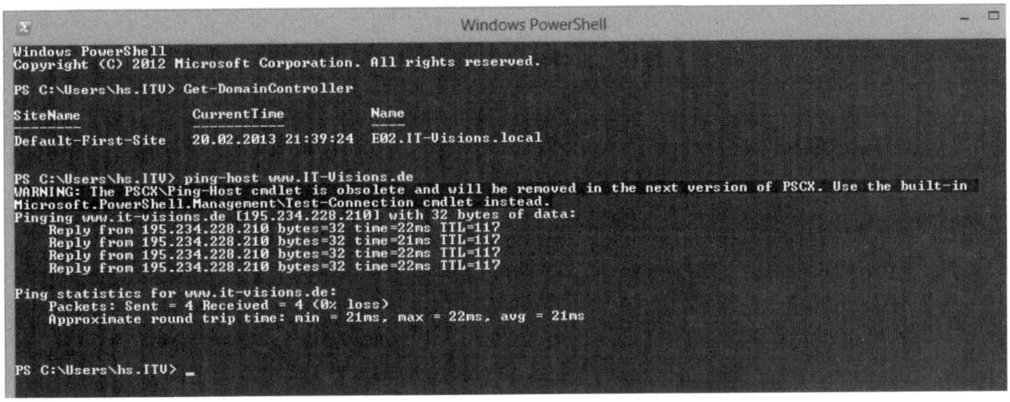

Abbildung 1.14: Die PSCX-Befehle Get-DomainController und Ping-Host testen

1.9 Den PowerShell-Editor „ISE“ verwenden

Integrated Scripting Environment (ISE) ist der Name des Skripteditors, den Microsoft seit der PowerShell 2.0 mitliefert und der in PowerShell 3.0 nochmals erheblich verbessert wurde. Die ISE startet man mit dem Symbol „PowerShell ISE“ oder indem man in der PowerShell den Befehl „ise“ ausführt.

Die ISE verfügt über zwei Fenster: ein Skriptfenster (im Standard oben, alternativ über „View“-Menü einstellbar rechts) und ein interaktives Befehlseingabefenster (unten bzw. links). Optional kann man ein drittes Fenster einblenden, das „Command Add-On“, in dem man Befehle suchen kann und eine Eingabehilfe für Befehlsparameter erhält.

Geben Sie unten im interaktiven Befehlseingabefenster in der ISE ein:

```
Get-Process
```

Nachdem Sie mindestens einen Buchstaben eingegeben haben, können Sie die Eingabe mit der Tabulatortaste vervollständigen. Alternativ können Sie `STRG` + `Leertaste` drücken für eine Eingabehilfe mit Auswahlfenster (IntelliSense). Die Ausgaben des interaktiven Bereichs erscheinen dann direkt unter den Befehlen, wie bei der PowerShell-Konsole. Einen dedizierten Ausgabebereich wie in der ISE in PowerShell 2.0 gibt es nicht mehr.

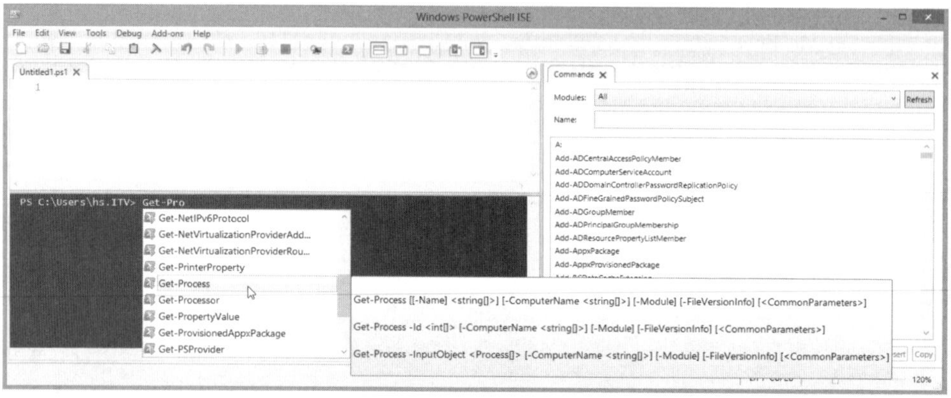

Abbildung 1.15: IntelliSense-Eingabehilfe

Um die ISE im Skriptmodus zu verwenden, erstellen Sie eine neue Skriptdatei (Menü „File/New") oder öffnen Sie eine vorhandene *.ps1*-Datei (Menü „File/Open"). Öffnen Sie als Beispiel die Skriptdatei *CreateUser.ps1*, die Sie zuvor erstellt haben. Es sind Zeilennummern zu sehen. Die verschiedenen Bestandteile des Skripts sind in unterschiedlichen Farben dargestellt. Auch hier funktioniert die Eingabeunterstützung mit der Tabulatortaste und IntelliSense.

Um das Skript auszuführen, klicken Sie auf das Start-Symbol in der Symbolleiste (siehe die Screenshots) oder drücken Sie `F5`. Auch hier wird das Ergebnis im interaktiven Bereich angezeigt.

TIPP: Stellen Sie sicher, dass Sie die ISE als Administrator ausführen und dass das Benutzerkonto noch nicht existiert, bevor Sie das Skript ausführen.

Ein interessantes Feature ist das Debugging, mit dem Sie ein Skript Zeile für Zeile durchlaufen und währenddessen den Zustand der Variablen betrachten können.

Setzen Sie dazu den Cursor auf eine beliebige Zeile in Ihrem Skript und tippen Sie dann auf `F9` (oder wählen Sie „Toogle Breakpoint" im Kontextmenü oder im Menü „Debug"). Daraufhin erscheint die Zeile in Rot – ein sogenannter „Haltepunkt".

Starten Sie das Skript nun mit `F5`. Die ISE stoppt in der Zeile mit dem Haltepunkt und diese wird orange. Mit der Taste `F10` springen Sie zum nächsten Befehl. Diese wird dann gelb und die Zeile mit dem Haltepunkt wird wieder rot.

HINWEIS: Die gelbe Zeile ist immer die nächste Zeile, die ausgeführt wird.

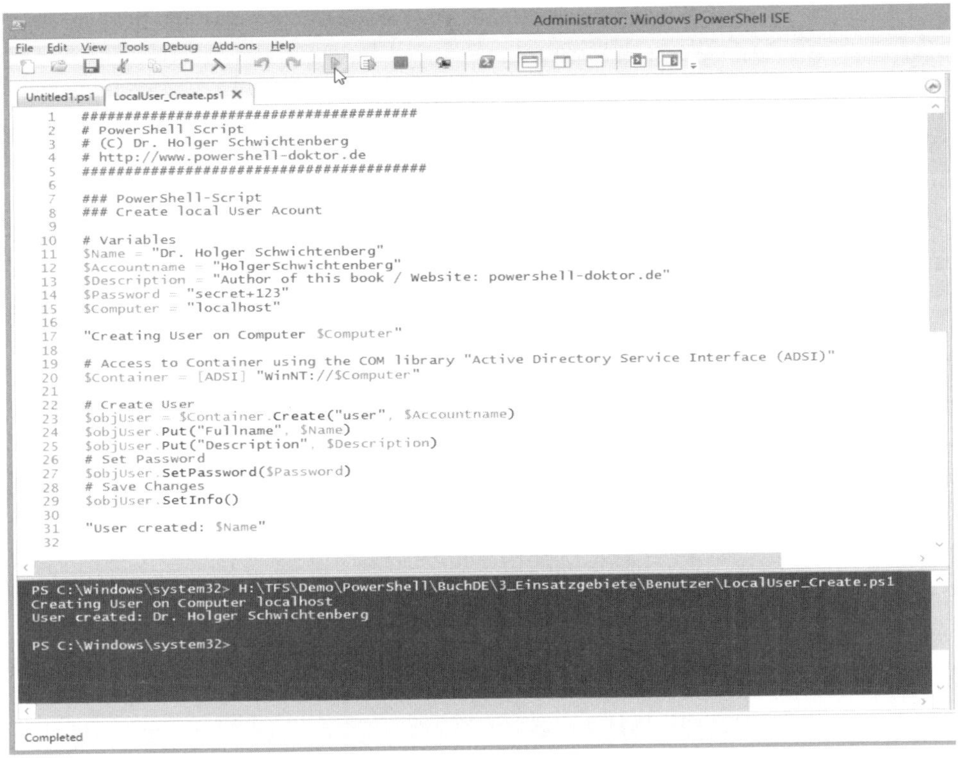

Abbildung 1.16: Die ISE im Skriptmodus

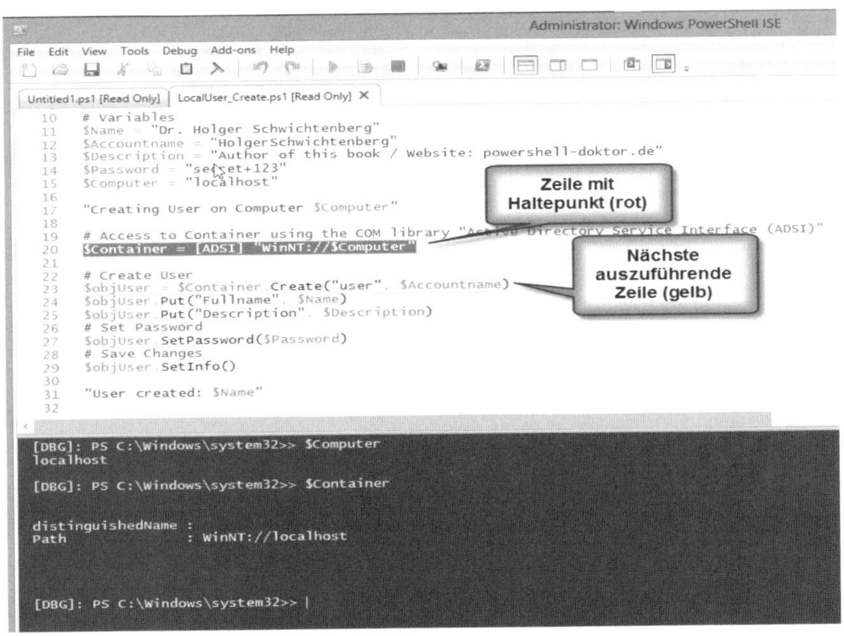

Abbildung 1.17: Skript-Debugging mit der ISE

Im interaktiven Bereich können Sie im Haltemodus den aktuellen Zustand der Variablen abfragen, indem Sie dort z. B. eingeben

```
$Computer
```

oder

```
$Container
```

Man kann auch Werte interaktiv ändern. Um das Skript fortzusetzen, drücken Sie wieder [F5]. Über das Menü „Debug" sind weitere Steuerbefehle möglich.

HINWEIS: Sie müssen den Debugger beenden („Debug/Stop Debugger"), wenn Sie das Skript ändern möchten.

2 Architektur der Windows PowerShell

Die Windows PowerShell ist eine Symbiose aus:

- dem DOS-Kommandozeilenfenster,
- den bekannten Skript- und Shell-Sprachen wie Perl, Ruby, ksh und bash,
- dem .NET Framework und
- der Windows Management Instrumentation (WMI).

Die PowerShell ist implementiert auf dem .NET Framework. Sie ist jedoch kein .NET Runtime Host mit der Möglichkeit, Befehle der Common Intermediate Language (CIL) auf der Common Language Runtime (CLR) auszuführen.

Die PowerShell verwendet ein völlig anderes Host-Konzept mit Commandlets, Objekt-Pipelines und einer neuen Sprache, die von Microsoft als PowerShell Language (PSL) bezeichnet wird. Sie ist Perl, Ruby, C# und einigen Unix-Shell-Sprachen sehr ähnlich, aber mit keiner Unix-Shell kompatibel. Nutzer der WMI Command Shell *(wmic.exe)*, die mit Windows XP eingeführt wurde, werden sich in der PowerShell schnell zurechtfinden.

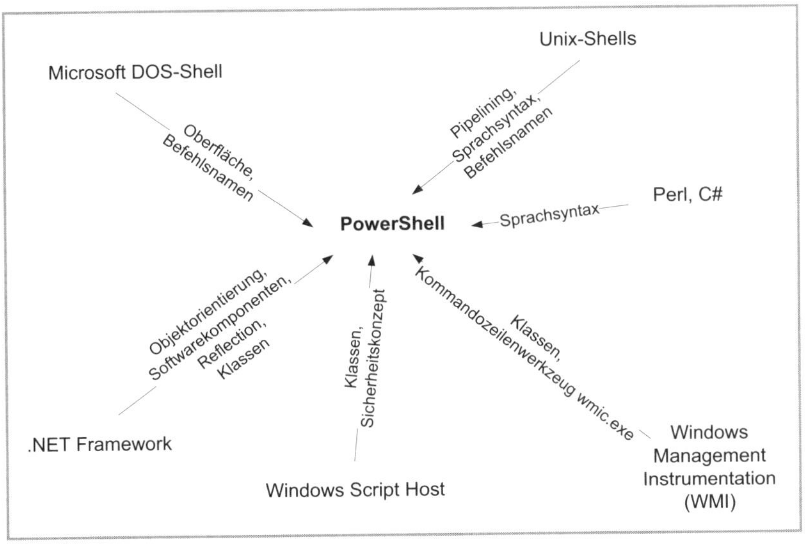

Abbildung 2.1: Einflussfaktoren auf die Architektur und die Umsetzung der PowerShell

ACHTUNG: Die PowerShell ist angetreten, vom Administrator weniger Kenntnisse in Objektorientierung und über Softwarekomponenten zu verlangen, als dies der Vorgänger Windows Script Host (WSH) tat. Tatsächlich kann man in der PowerShell viel erreichen, ohne sich mit dem zu Grunde liegenden .NET Framework zu beschäftigen. Dennoch: Wer alle Möglichkeiten der PowerShell nutzen will, braucht dann aber doch etwas Verständnis für objektorientiertes Programmieren und Erfahrung mit dem .NET Framework.

Wenn Sie sich hier noch nicht auskennen, lesen Sie bitte zuerst in diesem Buch Anhang A *„Crashkurs „Objektorientierung“ und* Anhang B *„Crashkurs „.NET Framework“.*

Anbindung an Klassenbibliotheken

Die Version 1.0 der PowerShell enthielt sehr viele Commandlets für die Pipelining-Infrastruktur, aber nur sehr wenige Befehle, die tatsächlich Bausteine des Betriebssystems in die Pipeline werfen. Prozesse, Systemdienste, Dateien, Zertifikate und Registrierungsdatenbankeinträge sind die magere Ausbeute beim ersten Blick in die Commandlet-Liste. Drei Commandlets eröffnen der PowerShell aber neue Dimensionen: `New-Object` (für .NET- und COM-Objekte) und `Get-Wmiobject` bzw. `Get-CimInstance` (für WMI-Objekte). Seit Version 2.0 gibt es – zumindest in Verbindung mit neueren Betriebssystemen – mehr PowerShell-Befehle, die tatsächlich auf das Betriebssystem zugreifen.

HINWEIS: Die Option, nicht nur alle WMI-Klassen, sondern auch alle .NET-Klassen direkt benutzen zu können, ist Segen und Fluch zugleich. Ein Segen, weil dem Skriptentwickler damit mehr Möglichkeiten als jemals zuvor zur Verfügung stehen. Ein Fluch, weil nur der Skriptentwickler die PowerShell-Entwicklung richtig beherrschen kann, der auch das .NET Framework kennt. Um die Ausmaße von .NET zu beschreiben, sei die Menge der Klassen genannt. In .NET 2.0 waren es 6358, in .NET 3.5 sind es rund 10.758, in .NET 4.5 sind es rund 13.524.

PowerShell versus WSH

Administratoren fragen sich oft, wie sich die PowerShell im Vergleich zum Windows Script Host (WSH) positioniert, womit man neue Scripting-Projekte beginnen sollte und ob der WSH bald aus Windows verschwinden wird. Die folgende Tabelle trägt Fakten zusammen und bewertet auch die beiden Scripting-Plattformen.

Tabelle 2.1: Vergleich WSH und PowerShell

	Windows Script Host (WSH)	Windows PowerShell (WPS)
Erstmals erschienen	1998	2006
Aktueller Versionsstand	5.8	4.0
Basisplattform	COM	.NET

	Windows Script Host (WSH)	Windows PowerShell (WPS)
Derzeitiger Funktionsumfang	Sehr umfangreich	Funktionsumfang in Form von Commandlets abhängig vom Betriebssystem: ▪ nur wenige Commandlets vor Windows 7, ▪ bessere Unterstützung ab Windows 7, ▪ sehr umfangreich erst (ab Windows 8 bzw. Windows Server 2012). Wichtig: Auch ohne Commandlets steht auf den älteren Betriebssystemen aber ein hoher Funktionsumfang zur Verfügung, wenn man COM- oder .NET-Komponenten nutzt, was aber mehr Wissen voraussetzt.
Weiterentwicklung der Laufzeitumgebung	Nein, nicht mehr geplant	Ja
Weiterentwicklung der Bibliotheken	Ja, umfangreich (COM wird auch in Zukunft noch eine wichtige Rolle spielen)	Ja, zahlreiche Commandlet-Erweiterungen erscheinen mit kommenden Microsoft-Produkten.
Weiterentwicklung der Werkzeuge	Nein	Ja
Plattformen	Alle Windows-Betriebssysteme ab Windows 95/NT 4.0	Windows 7, Windows 8.x, 2008 R2, 2012, 2012 R2 (ältere PowerShell-Versionen laufen auch ab Windows XP!)
Basissyntax	Mächtig	Sehr mächtig
Direkte Scripting-Möglichkeiten	Alle COM-Komponenten mit IDispatch-Schnittstelle	Alle .NET-Komponenten, alle COM-Komponenten
Scripting-Möglichkeiten über Wrapper	Alle Betriebssystemfunktionen	Alle Betriebssystemfunktionen
Werkzeuge von Microsoft	Scriptgeneratoren, Debugger	Bislang keine (*)
Werkzeuge von Drittanbietern	Editoren, Debugger, Scriptgeneratoren	Editoren, Debugger, Scriptgeneratoren
Erfahrung der Nutzer	Einige Administratoren kennen sich gut aus, es gibt aber immer noch viele, die jetzt erst mit WSH beginnen, was sich daran zeigt, dass sich das Schwesterbuch zu WSH mit Visual Basic Script noch gut verkauft.	Bisher kaum Erfahrung im Markt vorhanden

Tabelle 2.1: Vergleich WSH und PowerShell *(Fortsetzung)*

	Windows Script Host (WSH)	Windows PowerShell (WPS)
Einarbeitungsaufwand	Hoch	Mittel bis hoch (je nach Art der PowerShell-Nutzung)
Migrationsoptionen	Gering	Keine
Informationsverfügbarkeit	Hoch zur Laufzeitumgebung, gering zu spezielleren Themen	Gering, aber wachsend
Zu erwartender Zeitraum mit breitem Einsatz des Produkts	ca. 2020	Mindestens 2030 (vgl. DOS-Shell)

HINWEIS: Hinweise zur Umstellung von WSH/VBScript auf die PowerShell finden Sie unter [TNET03]. ■

3 Einzelbefehle der PowerShell

Die PowerShell kennt folgende Arten von Einzelbefehlen:

- Commandlets (inkl. Funktionen)
- Aliase
- Ausdrücke
- Externe Befehle
- Dateinamen

3.1 Commandlets

Ein „normaler" PowerShell-Befehl heißt *Commandlet* (kurz: *Cmdlet*) oder *Funktion (Function)*. Eine Funktion ist eine Möglichkeit, in der PowerShell selbst wieder einen Befehl zu erstellen, der funktioniert wie ein Commandlet. Da die Unterscheidung zwischen Commandlets und Funktionen aus Nutzersicht zum Teil akademischer Art ist, erfolgt hier zunächst keine Differenzierung: Das Kapitel spricht allgemein von Commandlets und meinte damit auch Funktionen.

Ein Commandlet besteht typischerweise aus drei Teilen:

- einem Verb,
- einem Substantiv und
- einer (optionalen) Parameterliste.

Verb und Substantiv werden durch einen Bindestrich „-" voneinander getrennt, die optionalen Parameter durch Leerzeichen. Daraus ergibt sich der folgende Aufbau:

```
Verb-Substantiv [-Parameterliste]
```

Die Groß- und Kleinschreibung ist bei den Commandlet-Namen nicht relevant.

Ein einfaches Beispiel ohne Parameter lautet:

```
Get-Process
```

Dieser Befehl liefert eine Liste aller laufenden Prozesse im System.

Ein zweites Beispiel ist:

```
Get-ChildItem
```

Dieser Befehl liefert Unterelemente des aktuellen Standorts auf. Meist ist der aktuelle Standort ein Dateisystempfad. In der PowerShell kann der aktuelle Standort aber auch in der Registrierungsdatenbank, dem Active Directory und vielen anderen (persistenten) Speichern liegen.

Ein drittes Beispiel ist

```
Get-Service
```

Dieser Befehl liefert alle Windows-Systemdienste.

Das waren alles Dienste, die Informationen liefern. Dienste, die Aktionen ausführen (z. B. Prozesse beenden, Dateien löschen, Dienste anhalten) kommen in der Regel nicht ohne Parameter aus, da sie sonst ja global alle Dateien löschen würden. Das ist absichtlich nicht implementiert. Solche Befehle kommen daher erst im nächsten Unterkapitel vor.

TIPP: Die Tabulatorvervollständigung in der PowerShell-Konsole funktioniert bei Commandlets, wenn man das Verb und den Strich bereits eingegeben hat, z. B. `Export-` [Tab]. Auch Platzhalter kann man dabei verwenden. Die Eingabe `Get-?e*` [Tab] liefert `Get-Help` [Tab] `Get-Member` [Tab] `Get-Service`. Andere Editoren wie das ISE bieten auch IntelliSense-Eingabeunterstützung für Commandlet-Namen an.

Commandlet-Parameter

Durch Angabe eines Parameters können die Commandlets Informationen für die Befehlsausführung erhalten, z. B. ist bei `Get-Process` ein Filtern über den Prozessnamen möglich.

Durch

```
Get-Process  i*
```

werden nur diejenigen Prozesse angezeigt, deren Name auf das angegebene Muster (Name beginnt mit dem Buchstaben „i") zutrifft:

Ein weiteres Beispiel für einen Befehl mit Parameter ist:

```
Get-ChildItem c:\daten
```

`Get-ChildItem` listet alle Unterobjekte des angegebenen Dateisystempfads *(c:\daten)* auf, also alle Dateien und Ordner unterhalb dieses Dateiordners.

Ein drittes Beispiel ist

```
Stop-Service BITS
```

Dieser Befehl führt eine Aktion aus: Der Windows-Hintergrundübertragungsdienst (BITS) wird angehalten.

Ein viertes Beispiel ist:

```
Remove-Item c:\temp\*.log
```

Dieser Befehl löscht alle Dateien mit der Dateinamenserweiterung „log“ aus dem Ordner c:\temp.

Parameter werden als Zeichenkette aufgefasst – auch wenn sie nicht explizit in Anführungszeichen stehen. Die Anführungszeichen sind optional. Man muss Anführungszeichen um den Parameterwert nur dann verwenden, wenn Leerzeichen vorkommen, denn das Leerzeichen dient als Trennzeichen zwischen Parametern:

```
Get-ChildItem "C:\Program Files"
```

Commandlets haben aber in der Regel nicht nur einen, sondern zahlreiche Parameter, die durch Position oder einen Parameternamen voneinander unterschieden werden. Ohne die Verwendung von Parameternamen werden vordefinierte Standardattribute belegt, d. h., die Reihenfolge ist entscheidend.

Beispiel: Auflisten von Dateien in einem Dateisystempfad, die eine bestimmte Datennamenserweiterung besitzen. Dies erfüllt der Befehl:

```
Get-ChildItem C:\temp *.doc
```

Wenn ein Commandlet mehrere Parameter besitzt, ist die Reihenfolge der Parameter entscheidend oder der Nutzer muss die Namen der Parameter mit angeben. Bei der Angabe von Parameternamen kann man die Reihenfolge der Parameter ändern:

```
Get-ChildItem -Filter *.doc -Path C:\temp
```

Alle folgenden Befehle sind daher gleichbedeutend:

```
Get-ChildItem C:\temp *.doc
Get-ChildItem -Path C:\temp -Filter *.doc
Get-ChildItem -Filter *.doc -Path C:\temp
```

Hingegen ist Folgendes falsch und funktioniert nicht wie gewünscht, weil die Parameter nicht benannt sind und die Reihenfolge falsch ist:

```
Get-ChildItem *.doc C:\temp
```

Diesen Versuch beantwortet die PowerShell mit einer Fehlermeldung („Das zweite Pfadfragment darf kein Laufwerk oder UNC-Name sein.“) in roter Schrift (siehe Abbildung 3.1).

Schalter-Parameter (engl. Switch) sind Parameter, die keinen Wert haben. Durch die Verwendung des Parameternamens wird die Funktion aktiviert, z. B. das rekursive Durchlaufen durch einen Dateisystembaum mit `–recurse`:

```
Get-ChildItem h:\demo\powershell –recurse
```

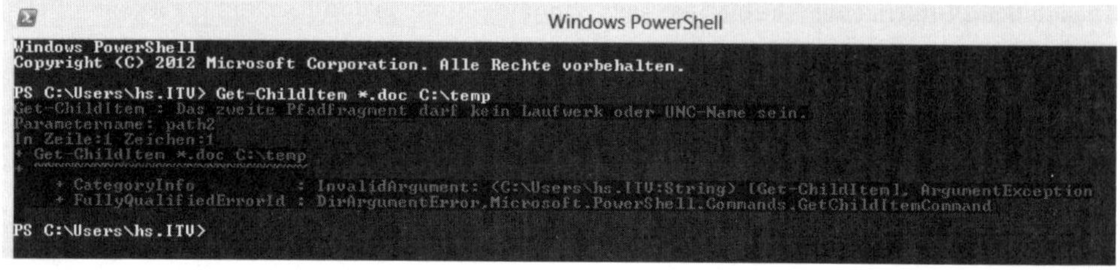

Abbildung 3.1: Fehlermeldung bei falscher Parameterreihenfolge

TIPP: Wenn man einen Schalter deaktivieren möchte, weil er im Standard aktiv ist oder weil man sehr explizit darauf hinweisen möchte, dass er nicht aktiv sein soll, kann man `$false` mit Doppelpunkt getrennt angeben, z. B.

```
GET-CHILDITEM h:\demo\powershell –recurse:$false
```

Parameter können berechnet, d. h. aus Teilzeichenketten zusammengesetzt sein, die mit einem Pluszeichen verbunden werden. (Dies macht insbesondere Sinn in Zusammenhang mit Variablen, die aber erst später in diesem Buch eingeführt werden.)

Der folgende Ausdruck führt jedoch nicht zum gewünschten Ergebnis, da auch hier das Trennzeichen vor und nach dem + ein Parametertrenner ist.

```
Get-ChildItem "c:\" + "Windows" *.dll –Recurse
```

Auch ohne die beiden Leerzeichen vor und nach dem + geht es nicht. In diesem Fall muss man durch eine runde Klammer dafür sorgen, dass die Berechnung erst ausgeführt wird:

```
Get-ChildItem ("c:\" + "Windows") *.dll –Recurse
```

Es folgt dazu noch ein Beispiel, bei dem Zahlen berechnet werden. Der folgende Befehl liefert den Prozess mit der ID 2900:

```
Get-Process -id (2800+100)
Get-Service -exclude "[k-z]*"
```

zeigt nur diejenigen Systemdienste an, deren Name nicht mit den Buchstaben „k" bis „z" beginnt.

Auch mehrere Parameter können der Einschränkung dienen. Der folgende Befehl liefert nur die Benutzereinträge aus einem bestimmten Active-Directory-Pfad. (Das Beispiel setzt die Installation der PSCX voraus.)

```
Get-ADObject -dis "LDAP://E02/ou=Geschäftsführung,
OU=www.IT-Visions.de,dc=IT-Visions,dc=local" -class user
```

TIPP: Tabulatorvervollständigung klappt auch bei Parametern. Versuchen Sie einmal folgende Eingabe an der PowerShell-Konsole: `Get-ChildItem -` [Tab]

An vielen Stellen sind Platzhalter bei den Parameterwerten erlaubt.

Ein Stern steht für beliebig viele Zeichen. Eine Liste aller Prozesse, die mit einem „i“ anfangen, erhält man so:

```
Get-Process i*
```

Eine Liste aller Prozesse, die mit einem „i“ anfangen und auf „ore“ enden, erhält man so:

```
Get-Process i*ore
```

Ein Fragezeichen steht für genau ein beliebiges Zeichen. Eine Liste aller Prozesse, die mit einem „v“ anfangen, gefolgt von einem einzigen beliebigen Zeichen und auf „mms“ enden, erhält man so:

```
Get-Process v?mms
```

Eine eckige Klammer steht für ein Zeichen aus einer Auswahl. Alle Prozesse, die mit s oder t anfangen, erhält man so:

```
Get-Process [st]*
```

Eine eckige Klammer steht für ein Zeichen. Alle Prozesse, die mit s oder t anfangen, erhält man so:

```
Get-Process [st]*
```

Alle Prozesse, die mit s oder t anfangen und bei denen dann ein v oder f folgt, erhält man so:

```
Get-Process [st][vf]*
```

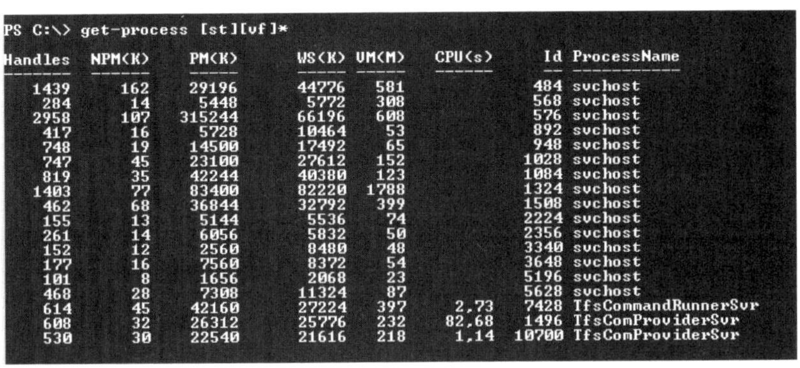

```
PS C:\> get-process [st][vf]*

Handles  NPM(K)    PM(K)      WS(K) VM(M)   CPU(s)     Id ProcessName
-------  ------    -----      ----- -----   ------     -- -----------
   1439     162    29196      44776   581              484 svchost
    284      14     5448       5772   308              568 svchost
   2958     107   315244      66196   608              576 svchost
    417      16     5728      10464    53              892 svchost
    748      19    14500      17492    65              948 svchost
    747      45    23100      27612   152             1028 svchost
    819      35    42244      40380   123             1084 svchost
   1403      77    83400      82220  1788             1324 svchost
    462      68    36844      32792   399             1508 svchost
    155      13     5144       5536    74             2224 svchost
    261      14     6056       5832    50             2356 svchost
    152      12     2560       8480    48             3340 svchost
    177      16     7560       8372    54             3648 svchost
    101       8     1656       2068    23             5196 svchost
    468      28     7308      11324    87             5628 svchost
    614      45    42160      27224   397     2,73   7428 TfsCommandRunnerSvr
    608      32    26312      25776   232    82,68   1496 TfsComProviderSvr
    530      30    22540      21616   218     1,14  10700 TfsComProviderSvr
```

Abbildung 3.2: Beispiele für das Ergebnis des obigen Befehls mit Platzhaltern

Allgemeine Parameter (Common Parameters)

Es gibt einige Parameter, die in vielen (aber nicht allen) Commandlets vorkommen. Es folgt eine vollständige Liste dieser Parameter. Eine genauere Beschreibung folgt aber aus didaktischen Gründen an geeigneter Stelle im Buch, da viele allgemeine Parameter mit dem Pipelining und der Fehlerbehandlung zu tun haben, die erst in späteren Kapiteln besprochen wird.

- `-Force`: Eine Aktion wird erzwungen, z. B. eine Datei wird mit `Remove-Item` gelöscht, obwohl die Datei einen Schreibschutz gesetzt hat. Ein weiteres Beispiel: `Remove-SmbShare` fragt immer vor dem Löschen nach, wenn `–force` nicht gesetzt ist.
- `-Whatif` („Was wäre wenn"): Die Aktion wird nicht ausgeführt, es wird nur ausgegeben, was passieren würde, wenn man die Aktion ausführt. Das ist z. B. in einem Befehl mit Platzhaltern wie dem Folgenden sinnvoll, damit man weiß, welche Dienste nun gestoppt würden:

```
Get-Service | Where {$_.servicename -like "A*"}
| Foreach { stop-service $_.servicename -whatif}
```

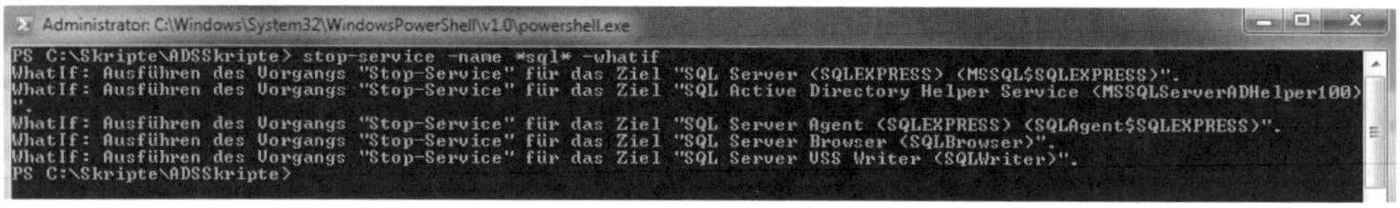

Abbildung 3.3: Operationen mit Platzhaltern können schlimme Konsequenzen haben – whatif zeigt, welche Dienste betroffen wären.

- `-Confirm`: Der Benutzer erhält eine Nachfrage für jede Änderungsaktion (siehe Bildschirmabbildung), z. B.

```
get-service | where {$_.servicename -like "A*"}
| foreach { stop-service $_.servicename –confirm }.
```

Innerhalb der Nachfrage kann der Benutzer in einen Suspend-Modus gehen, in dem er andere Befehle eingeben kann, z. B. um zu prüfen, ob er nun ja oder nein antworten will. Der Suspend-Modus wird mit drei Pfeilen >>> angezeigt und ist durch exit zu verlassen (siehe Bildschirmabbildung).

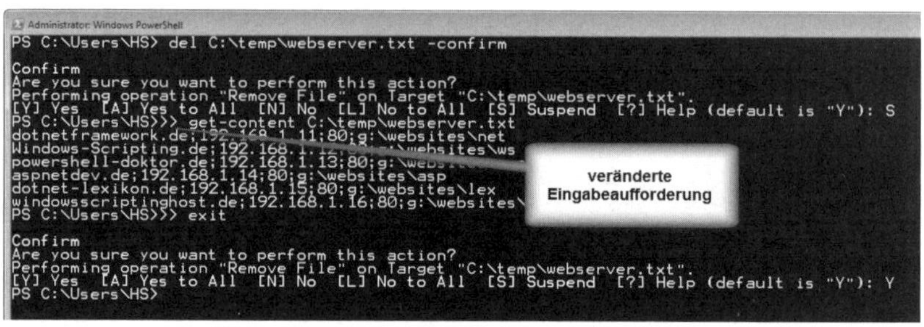

Abbildung 3.4: Confirm und Suspend

- `-ErrorAction` (abgekürzt `-ea`) und `-WarningAction` (`-wa`): Festlegung, wie ein Skript sich verhalten soll, wenn es auf einen Fehler trifft. Diese Parameter werden im Kapitel „PowerShell-Skriptsprache" näher erklärt.
- `-Verbose`: Das Commandlet liefert eine detaillierte Bildschirmausgabe.
- `-Debug`: Das Commandlet liefert eine sehr detaillierte Bildschirmausgabe.

- `-OutVariable`: Das Commandlet liefert alle Objekte nicht nur in die Pipeline, sondern legt sie zusätzlich auch in einer Variablen ab.
- `-PipelineVariable`: Das Commandlet liefert das aktuelle Objekt nicht nur in die Pipeline, sondern legt es zusätzlich auch in einer Variablen ab.
- `-ErrorAction`: Festlegung, wie sich das Commandlet bei Fehlern verhält
- `-ErrorVariable`: speichert eine Fehlermeldung des Commandlets zusätzlich in einer Variablen
- `-WarningAction`: Festlegung, wie sich das Commandlet bei Warnungen verhält
- `-WarningVariable`: speichert eine Warnung des Commandlets zusätzlich in einer Variablen
- `-OutBuffer`: stellt ein, dass die angegebene Anzahl von Objekten in der Pipeline gepuffert werden soll, bevor sie in der Pipeline weitergegeben werden. Normalerweise werden alle Objekte sofort in der Pipeline weitergegeben.

```
    -Debug (db)
    -ErrorAction (ea)
    -ErrorVariable (ev)
    -OutVariable (ov)
    -OutBuffer (ob)
    -PipelineVariable (pv)
    -Verbose (vb)
    -WarningAction (wa)
    -WarningVariable (wv

The risk mitigation parameters are:
    -WhatIf (wi)
    -Confirm (cf)
```

ACHTUNG: Leider gibt es bei den PowerShell-Commandlets, die gravierende Aktionen ausführen, einige Unterschiede im Grundverhalten und in der Verwendung der obigen Commandlets. Einige Commandlets führen im Standard die Aktion aus (z. B. `Remove-Item`). Andere Commandlets (z. B. `Remove-ADUser` und `Remove-SmbShare`) fragen immer nach vor dem Löschen. Das ist bei automatisierten Skripten natürlich unsinnig und daher gibt es auch eine Möglichkeit, diesen Commandlets das abzugewöhnen. Diese sieht jedoch oftmals verschieden aus. Bei `Remove-ADUser` muss man `-confirm:$false` als Parameter angeben; bei `Remove-SmbShare` ist es hingegen ein `–force`. Schade, dass Microsoft hier nicht einheitlich sein konnte. ■

Module

Schon seit PowerShell 2.0 sind die Commandlets und Funktionen in Modulen organisiert. Während der Benutzer in PowerShell 2.0 ein Modul noch explizit mit `Import-Module` aktivieren musste, bevor man die Befehle aus dem Modul nutzen konnte, erledigt dies die PowerShell seit Version 3.0 bei Bedarf automatisch (Module Auto-Loading). Sowohl Konsole als auch ISE zeigen alle verfügbaren Commandlets und Funktionen aller vorhandenen

Module in der Vorschlagsliste und beim Aufruf von `Get-Command` bereits an. Der eigentliche Import des Moduls erfolgt dann beim ersten Aufruf eines Befehls aus einem Modul.

In der PowerShell sind auch alle Kernbefehle der PowerShell in Modulen organisiert, diese zeigt die folgende Tabelle.

Tabelle 3.1: Die vier wichtigsten Module der PowerShell 4.0 mit Beispielen für Commandlets in diesem Modul

Modul	Beispiele für Commandlets in diesem Modul
Microsoft.PowerShell.Diagnostics	Get-WinEvent, Get-Counter, Import-Counter, Export-Counter ...
Microsoft.PowerShell.Management	Add-Content, Clear-Content, Clear-ItemProperty, Join-Path, Get-Process, Get-Service ...
Microsoft.PowerShell.Security	Get-Acl, Set-Acl, Get-PfxCertificate, Get-Credential ...
Microsoft.PowerShell.Utility	Format-List, Format-Custom, Format-Table, Format-Wide, Where-Object ...

Prozessmodell

Die PowerShell erzeugt beim Start einen einzigen Prozess. In diesem Prozess laufen alle Commandlets. Dies ist ein Unterschied zum DOS-ähnlichen Windows-Kommandozeilenfenster, bei dem die ausführbaren Dateien (*.exe*) in eigenen Prozessen laufen.

TIPP: Mit STRG + C kann man einen laufenden Befehl abbrechen. ■

Namenskonventionen

Beachten Sie, dass bei den Commandlets das Substantiv im Singular steht, auch wenn eine Menge von Objekten abgerufen wird. Das Ergebnis muss nicht immer eine Objektmenge sein. Beispielsweise liefert

```
Get-Location
```

nur ein Objekt mit dem aktuellen Pfad.

Mit

```
Set-Location c:\windows
```

wechselt man den aktuellen Pfad. Diese Operation liefert gar kein Ergebnis.

HINWEIS: Die Groß- und Kleinschreibung der Commandlet-Namen und der Parameternamen ist irrelevant. ■

Gemäß der PowerShell-Konventionen soll es nur eine begrenzte Menge wiederkehrender Verben geben: Get, Set, Add, New, Remove, Clear, Push, Pop, Write, Export, Select, Sort, Update, Start, Stop, Invoke usw. Außer diesen Basisoperationen gibt es auch Ausgabekommandos wie Out und Format. Auch Bedingungen werden durch diese Syntax abgebildet (Where-Object).

3.2 Aliase

Durch sogenannte Aliase kann die Eingabe von Commandlets verkürzt werden. So ist ps als Alias für Get-Process oder help für Get-Help vordefiniert. Statt Get-Process i* kann also auch geschrieben werden: ps i*.

Aliase auflisten

Durch Get-Alias (oder den entsprechenden Alias aliases) erhält man eine Liste aller vordefinierten Abkürzungen in Form von Instanzen der Klasse System.Management.Automation.AliasInfo.

Durch Angabe eines Namens bei Get-Alias erhält man die Bedeutung eines Alias:

```
Get-Alias pgs
```

Möchte man zu einem Commandlet alle Aliase wissen, muss man allerdings schreiben:

```
Get-Alias | Where-Object { $_.definition -eq "Get-Process" }
```

Dies erfordert schon den Einsatz einer Pipeline, die erst im nächsten Kapitel besprochen wird.

Tabelle 3.2: Vordefinierte Aliase in der PowerShell 4.0

Alias	Commandlet
%	ForEach-Object
?	Where-Object
ac	Add-Content
asnp	Add-PSSnapIn
cat	Get-Content
cd	Set-Location
chdir	Set-Location
clc	Clear-Content
clear	Clear-Host
clhy	Clear-History
cli	Clear-Item
clp	Clear-ItemProperty

Tabelle 3.2: Vordefinierte Aliase in der PowerShell 4.0 *(Fortsetzung)*

Alias	Commandlet
cls	Clear-Host
clv	Clear-Variable
cnsn	Connect-PSSession
compare	Compare-Object
copy	Copy-Item
cp	Copy-Item
cpi	Copy-Item
cpp	Copy-ItemProperty
cvpa	Convert-Path
dbp	Disable-PSBreakpoint
del	Remove-Item
diff	Compare-Object
dir	Get-ChildItem
dnsn	Disconnect-PSSession
ebp	Enable-PSBreakpoint
echo	Write-Output
epal	Export-Alias
epcsv	Export-Csv
epsn	Export-PSSession
erase	Remove-Item
etsn	Enter-PSSession
exsn	Exit-PSSession
fc	Format-Custom
fl	Format-List
foreach	ForEach-Object
ft	Format-Table
fw	Format-Wide
gal	Get-Alias
gbp	Get-PSBreakpoint
gc	Get-Content
gci	Get-ChildItem
gcm	Get-Command
gcs	Get-PSCallStack
gdr	Get-PSDrive
ghy	Get-History
gi	Get-Item
gjb	Get-Job

Alias	Commandlet
gl	Get-Location
gm	Get-Member
gmo	Get-Module
gp	Get-ItemProperty
gps	Get-Process
group	Group-Object
gsn	Get-PSSession
gsnp	Get-PSSnapIn
gsv	Get-Service
gu	Get-Unique
gv	Get-Variable
gwmi	Get-WmiObject
h	Get-History
history	Get-History
icm	Invoke-Command
iex	Invoke-Expression
ihy	Invoke-History
ii	Invoke-Item
ipal	Import-Alias
ipcsv	Import-Csv
ipmo	Import-Module
ipsn	Import-PSSession
irm	Invoke-RestMethod
ise	powershell_ise.exe
iwmi	Invoke-WMIMethod
iwr	Invoke-WebRequest
kill	Stop-Process
lp	Out-Printer
ls	Get-ChildItem
man	help
md	mkdir
measure	Measure-Object
mi	Move-Item
mount	New-PSDrive
move	Move-Item
mp	Move-ItemProperty
mv	Move-Item
nal	New-Alias

Tabelle 3.2: Vordefinierte Aliase in der PowerShell 4.0 *(Fortsetzung)*

Alias	Commandlet
ndr	New-PSDrive
ni	New-Item
nmo	New-Module
npssc	New-PSSessionConfigurationFile
nsn	New-PSSession
nv	New-Variable
ogv	Out-GridView
oh	Out-Host
popd	Pop-Location
ps	Get-Process
pushd	Push-Location
pwd	Get-Location
r	Invoke-History
rbp	Remove-PSBreakpoint
rcjb	Receive-Job
rcsn	Receive-PSSession
rd	Remove-Item
rdr	Remove-PSDrive
ren	Rename-Item
ri	Remove-Item
rjb	Remove-Job
rm	Remove-Item
rmdir	Remove-Item
rmo	Remove-Module
rni	Rename-Item
rnp	Rename-ItemProperty
rp	Remove-ItemProperty
rsn	Remove-PSSession
rsnp	Remove-PSSnapin
rujb	Resume-Job
rv	Remove-Variable
rvpa	Resolve-Path
rwmi	Remove-WMIObject
sajb	Start-Job
sal	Set-Alias
saps	Start-Process
sasv	Start-Service

Alias	Commandlet
sbp	Set-PSBreakpoint
sc	Set-Content
select	Select-Object
set	Set-Variable
shcm	Show-Command
si	Set-Item
sl	Set-Location
sleep	Start-Sleep
sls	Select-String
sort	Sort-Object
sp	Set-ItemProperty
spjb	Stop-Job
spps	Stop-Process
spsv	Stop-Service
start	Start-Process
sujb	Suspend-Job
sv	Set-Variable
swmi	Set-WMIInstance
tee	Tee-Object
trcm	Trace-Command
type	Get-Content
where	Where-Object
wjb	Wait-Job
write	Write-Output

Neue Aliase anlegen

Einen neuen Alias definiert der Nutzer mit `Set-Alias` oder `New-Alias`, z. B.:

```
Set-Alias procs Get-Process
New-Alias procs Get-Process
```

Der Unterschied zwischen `Set-Alias` und `New-Alias` ist marginal: `New-Alias` erstellt einen neuen Alias und liefert einen Fehler, wenn der zu vergebende Alias schon existiert. `Set-Alias` erstellt einen neuen Alias oder überschreibt einen Alias, wenn der zu vergebende Alias schon existiert. Mit dem Parameter `–description` kann man jeweils auch einen Beschreibungstext setzen.

Man kann einen Alias nicht nur für Commandlets, sondern auch für klassische Anwendungen vergeben, z. B.:

```
Set-Alias np notepad.exe
```

ACHTUNG: Beim Anlegen eines Alias wird nicht geprüft, ob das zugehörige Commandlet bzw. die Anwendung überhaupt existiert. Der Fehler würde erst beim Aufruf des Alias auftreten.

Man kann in Aliasdefinitionen keinen Parameter mit Werten vorbelegen. Möchten Sie zum Beispiel definieren, dass die Eingabe von „Temp" die Aktion „Get-ChildItem c:\Temp" ausführt, brauchen Sie dafür eine Funktion. Mit einem Alias geht das nicht.

```
Function Temp { Get-Childitem c:\temp }
```

Funktionen werden später (siehe Kapitel *„PowerShell-Skripte"*) noch ausführlich besprochen. Die Windows PowerShell enthält zahlreiche vordefinierte Funktionen, z. B. `c:`, `d:`, `e:` sowie `mkdir` und `help`.

Die neu definierten Aliase gelten jeweils nur für die aktuelle Instanz der PowerShell-Konsole. Man kann die eigenen Alias-Definitionen exportieren mit `Export-Alias` und später wieder importieren mit `Import-Alias`. Als Speicherformate stehen das CSV-Format und das PowerShell-Skriptdateiformat (*.ps1* – siehe spätere Kapitel) zur Verfügung. Bei dem PS1-Format ist zum späteren Reimport der Datei das Skript mit dem Punktoperator (engl. „Dot Sourcing") aufzurufen.

	Dateiformat CSV	Dateiformat .ps1
Speichern	`Export-Alias c:\meinealias.csv`	`Export-Alias c:\meinealias.ps1 -as script`
Laden	`Import-Alias c:\meinealias.csv`	`. c:\meinealias.ps1`

Die Anzahl der Aliase ist im Standard auf 4096 beschränkt. Dies kann durch die Variable `$MaximumAliasCount` geändert werden.

Aliase sind auch auf Ebene von Eigenschaften definiert. So kann man statt

```
Get-Process processname, workingset
```

auch schreiben:

```
Get-Process  name, ws
```

Diese Aliase der Attribute sind definiert in der Datei *types.ps1xml* im Installationsordner der PowerShell.

types.ps1xml - Notepad

File Edit Format View Help

```
    <Type>
        <Name>System.Diagnostics.Process</Name>
        <Members>
            <MemberSet>
                <Name>PSStandardMembers</Name>
                <Members>
                    <NoteProperty>
                        <Name>SerializationDepth</Name>
                        <Value>1</Value>
                    </NoteProperty>
                    <PropertySet>
                        <Name>DefaultDisplayPropertySet</Name>
                        <ReferencedProperties>
                            <Name>Id</Name>
                            <Name>Handles</Name>
                            <Name>CPU</Name>
                            <Name>Name</Name>
                        </ReferencedProperties>
                    </PropertySet>
                </Members>
            </MemberSet>
            <PropertySet>
                <Name>PSConfiguration</Name>
                <ReferencedProperties>
                    <Name>Name</Name>
                    <Name>Id</Name>
                    <Name>PriorityClass</Name>
                    <Name>FileVersion</Name>
                </ReferencedProperties>
            </PropertySet>
            <PropertySet>
                <Name>PSResources</Name>
                <ReferencedProperties>
                    <Name>Name</Name>
                    <Name>Id</Name>
                    <Name>Handlecount</Name>
                    <Name>WorkingSet</Name>
                    <Name>NonPagedMemorySize</Name>
                    <Name>PagedMemorySize</Name>
                    <Name>PrivateMemorySize</Name>
                    <Name>VirtualMemorySize</Name>
                    <Name>Threads.Count</Name>
                    <Name>TotalProcessorTime</Name>
                </ReferencedProperties>
            </PropertySet>
            <AliasProperty>
                <Name>Name</Name>
                <ReferencedMemberName>ProcessName</ReferencedMemberName>
            </AliasProperty>
            <AliasProperty>
                <Name>Handles</Name>
                <ReferencedMemberName>Handlecount</ReferencedMemberName>
            </AliasProperty>
            <AliasProperty>
                <Name>VM</Name>
                <ReferencedMemberName>VirtualMemorySize</ReferencedMemberName>
            </AliasProperty>
            <AliasProperty>
                <Name>WS</Name>
                <ReferencedMemberName>WorkingSet</ReferencedMemberName>
            </AliasProperty>
            <AliasProperty>
                <Name>PM</Name>
                <ReferencedMemberName>PagedMemorySize</ReferencedMemberName>
            </AliasProperty>
            <AliasProperty>
                <Name>NPM</Name>
                <ReferencedMemberName>NonpagedSystemMemorySize</ReferencedMemberName>
            </AliasProperty>
            <ScriptProperty>
                <Name>Path</Name>
                <GetScriptBlock>$this.Mainmodule.FileName</GetScriptBlock>
```

Abbildung 3.5: types.ps1xml

3.3 Ausdrücke

Ebenfalls als Befehl direkt in die PowerShell eingeben kann man Ausdrücke, z. B. mathematische Ausdrücke wie

```
10* (8 + 6)
```

oder Zeichenkettenausdrücke wie

```
"Hello "+ " " + "World"
```

Microsoft spricht hier vom Expression Mode der PowerShell im Kontrast zum Command Mode, der verwendet wird, wenn man

```
Write-Output 10* (8 + 6)
```

aufruft.

Die PowerShell kennt zwei Verarbeitungsmodi für Befehle: einen Befehlsmodus (Command Mode) und einen Ausdrucksmodus (Expression Mode). Im Befehlsmodus werden alle Eingaben als Zeichenketten behandelt. Im Ausdrucksmodus werden Zahlen und Operationen verarbeitet. Als Faustregel gilt: Wenn eine Zeile mit einem Buchstaben oder den Sonderzeichen kaufmännisches Und (&), Punkt (.) oder Schrägstrich („\“) beginnt, dann ist die Zeile im Befehlsmodus. Wenn die Zeile mit einer Zahl, einem Anführungszeichen („ oder '), einer Klammer („(„) oder dem @-Zeichen („Klammeraffe“) beginnt, dann ist die Zeile im Ausdrucksmodus.

Befehls- und Ausdrucksmodus können gemischt werden. Dabei muss man in der Regel runde Klammern zur Abgrenzung verwenden. In einen Befehl kann ein Ausdruck durch Klammern eingebaut werden. Außerdem kann eine Pipeline mit einem Ausdruck beginnen. Die folgende Tabelle zeigt verschiedene Beispiele zur Erläuterung.

Tabelle 3.3: Ausdrücke in der Windows PowerShell

Beispiel	Bedeutung
2+3	Ein Ausdruck – die PowerShell führt die Berechnung aus und liefert 5.
echo 2+3	Ein reiner Befehl. „2+3“ wird als Zeichenkette angesehen und ohne Auswertung auf dem Bildschirm ausgegeben.
echo (2+3)	Ein Befehl mit integriertem Ausdruck. Auf dem Bildschirm erscheint 5.
2+3 | echo	Eine Pipeline, die mit einem Ausdruck beginnt. Auf dem Bildschirm erscheint 5.
echo 2+3 | 7+6	Eine unerlaubte Eingabe. Ausdrücke dürfen in der Pipeline nur als erstes Element auftauchen.
$a = Get-Process	Ein Ausdruck mit integriertem Befehl. Das Ergebnis wird einer Variablen zugewiesen.

Beispiel	Bedeutung
`$a | Get-Process`	Eine Pipeline, die mit einem Ausdruck beginnt. Der Inhalt von `$a` wird als Parameter an `Get-Process` übergeben.
`Get-Process | $a`	Eine unerlaubte Eingabe. Ausdrücke dürfen in der Pipeline nur als erstes Element auftauchen.
„Anzahl der laufenden Prozesse: (Get-Process). Count“	Es ist wohl nicht das, was gewünscht ist, denn die Ausgabe ist: Anzahl der laufenden Prozesse: `(Get-Process).Count`
„Anzahl der laufenden Prozesse: $((Get-Process). Count)“	Jetzt ist die Ausgabe „Anzahl der laufenden Prozesse: 95“, weil `$( ... )` einen Unterausdruck (Subexpression) einleitet und dafür sorgt, dass `Get-Process` ausgeführt wird.

3.4 Externe Befehle

Alle Eingaben, die nicht als Commandlets oder mathematische Formeln erkannt werden, werden als externe Anwendungen behandelt. Es können sowohl klassische Kommandozeilenbefehle (wie *ping.exe*, *ipconfig.exe* und *netstat.exe*) als auch Windows-Anwendungen ausgeführt werden.

Die Eingabe `c:\Windows\Notepad.exe` ist daher möglich, um den „beliebten“ Windows-Editor zu starten. Auf gleiche Weise können auch WSH-Skripte aus der PowerShell heraus gestartet werden.

Die folgende Bildschirmabbildung zeigt den Aufruf von *netstat.exe*. Zuerst wird die Ausgabe nicht gefiltert. Im zweiten Beispiel kommt zusätzlich das Commandlet `Select-String` zum Einsatz, das nur die Zeilen ausgibt, die das Wort „LDAP“ enthalten.

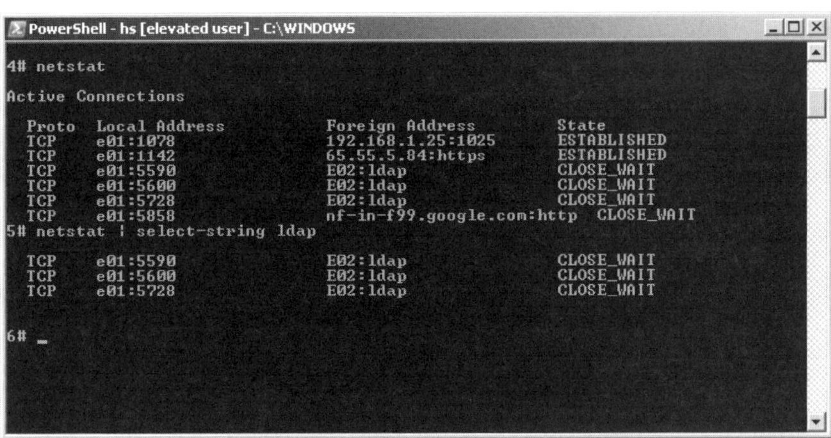

Abbildung 3.6: Ausführung von netstat

Wenn ein Leerzeichen im Pfad zu einer .exe-Datei vorkommt, dann kann man die Datei so nicht aufrufen (hier wird nach einem Befehl „T:\data\software\Windows“ gesucht):

```
T:\data\software\Windows Tools\ImageEditor.exe
```

Auch die naheliegende Lösung der Verwendung von Anführungszeichen funktioniert nicht (hier wird die Zeichenkette ausgegeben):

```
"T:\data\software\Windows Tools\ImageEditor.exe"
```

Korrekt ist die Verwendung des kaufmännischen Und (&), das dafür sorgt, dass der Inhalt der Zeichenkette als Befehl betrachtet und ausgeführt wird:

```
& "T:\data\software\Windows Tools\ImageEditor.exe"
```

ACHTUNG: Grundsätzlich könnte es passieren, dass ein interner Befehl der PowerShell (Commandlet, Alias oder Function) genauso heißt wie ein externer Befehl. Die PowerShell warnt in einem solchen Fall nicht vor der Doppeldeutigkeit, sondern die Ausführung erfolgt nach folgender Präferenzliste:

- Aliase
- Funktionen
- Commandlets
- Externe Befehle

3.5 Dateinamen

Beim direkten Aufruf von Datendateien (z.B. .doc-Dateien) wird entsprechend den Windows-Einstellungen in der Registrierungsdatenbank die Standardanwendung gestartet und damit das Dokument geladen.

HINWEIS: Dateinamen und Ordnerpfade müssen nur in Anführungszeichen (einfache oder doppelte) gesetzt werden, wenn sie Leerzeichen enthalten.

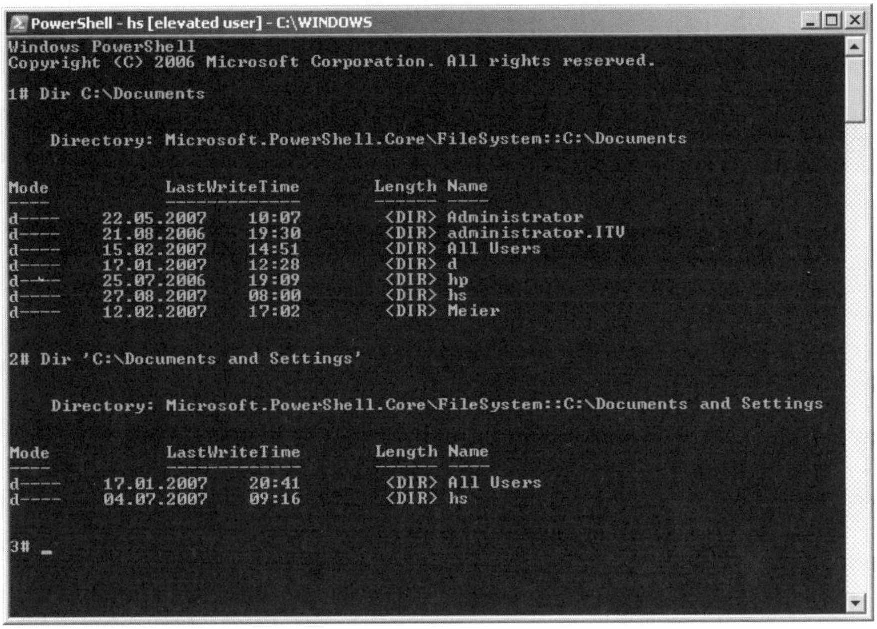

Abbildung 3.7: Anführungszeichen bei Pfadangaben

4 Hilfefunktionen

Dieses Kapitel beschreibt die Hilfefunktionen der Windows PowerShell.

4.1 Auflisten der verfügbaren Befehle

Die Liste aller verfügbaren Befehle (PowerShell-Commandlets, PowerShell-Funktionen, Aliase und klassische ausführbare Dateien) erhält man in der PowerShell auch durch

```
Get-Command
```

Dabei sind auch Muster erlaubt.

- `Get-Command Get-*` liefert alle Befehle, die mit „get“ anfangen.
- `Get-Command [gs]et-*` liefert alle Befehle, die mit „get“ oder „set“ anfangen.
- `Get-Command *-Service` liefert alle Befehle, die das Substantiv „Service“ besitzen.
- `Get-Command –noun Service` liefert ebenfalls alle Befehle, die das Substantiv „Service“ besitzen.
- `Get-Command *wmi*` liefert alle Befehle, die die Buchstabenfolge „wmi“ enthalten (und mutmaßlich mit der Windows Management Instrumentation zu tun haben).
- `Get-Command | Where-Object { $_.name -like "*cim*" -or $_.name -like "*wmi*" }` liefert alle Befehle, die die Buchstabenfolge „wmi“ oder „cmi“ enthalten. Ohne ein weiteres Commandlet `Where-Object`, das erst im nächsten Kapitel näher erläutert wird, ist diese Abfrage nicht machbar.

Das Commandlet `Get-Command` kann auch verwendet werden, um die Information zu erhalten, was die PowerShell unter einem Befehl versteht. `Get-Command` sucht nach angegebenen Namen in Commandlets, Aliasen, Funktionen, Skriptdateien und ausführbaren Dateien (siehe Abbildung 4.1).

Gibt man nach `Get-Command` den Namen einer *.exe*-Datei an, zeigt die PowerShell, in welchem Pfad die ausführbare Datei gefunden werden kann. Gesucht wird dabei nur in den Pfaden gemäß der Umgebungsvariablen `%Path%`.

Abbildung 4.1: Beispiele zum Einsatz von Get-Command

```
Get-Command *.exe
```

zeigt eine Liste aller direkt aufrufbaren ausführbaren Dateien.

Die PowerShell 4.0 enthält in der Grundausstattung 1134 Commandlets und Funktionen (gemessen auf Windows 8.1) und 1376 Commandlets und Funktionen auf Windows Server 2012 R2. Die rasante Fortentwicklung der Funktionalität der PowerShell, aber auch die gravierende Abhängigkeit ihrer Mächtigkeit von dem installierten Betriebssystem, zeigt die folgende Tabelle.

Tabelle 4.1: Wachstum der Mächtigkeit der Windows PowerShell

PowerShell-Version	Betriebssystem	Anzahl der Commandlets und Funktionen
PowerShell 4.0	Windows Server 2012 R2	1376
PowerShell 4.0	Windows 8.1	1132
PowerShell 4.0	Windows 7	573

PowerShell-Version	Betriebssystem	Anzahl der Commandlets und Funktionen
PowerShell 3.0	Windows 8	945
PowerShell 3.0	Windows 7	561
PowerShell 2.0	Windows 7	273
PowerShell 1.0	Alle	163

Ermitteln kann man diese Zahlen mit:

```
(Get-Command) | group commandtype
```

`Get-Command` liefert unter Windows PowerShell seit 2.0 sowohl Commandlets als auch eingebaute Funktionen (deren Handhabung oft der von Commandlets entspricht, nur die Art der Implementierung ist anders). Unter PowerShell 1.0 musste man die Funktionen separat zählen mit:

```
(dir function:).count
```

Wenn Sie wissen möchten,

- welche Commandlets zwischen zwei Versionen hinzugekommen sind oder
- hinsichtlich welcher Commandlets sich zwei Systeme unterscheiden,

können Sie dies wie folgt ermitteln.

Auf dem einen System exportieren Sie eine Liste der Commandlets in eine Textdatei.

Auf einem System mit PowerShell 3.0 führen Sie folgende Befehle aus, um Commandlets und Funktionen zu exportieren:

```
Get-Command | ft name -hide | out-file h:\wps3_commandlets.txt
dir function: | ft Name -hide | out-file h:\wps3_commandlets.txt -Append
```

Auf einem System mit PowerShell ab Version 4.0 brauchen Sie nur einen Befehl (dieser exportiert Commandlets und Funktionen):

```
Get-Command | ft name -hide | out-file h:\wps\wps4_commandlets.txt
```

Dann führt man beide Textdateien auf einem System zusammen und führt dort aus:

```
$wps1 = Get-content H:\wps3_Commandlets.txt | sort
$wps2 = Get-content H:\wps4_Commandlets.txt | sort
compare-object $wps2 $wps4  -syncwindow 2000 | foreach {
[string]$_.Inputobject).Trim() } | out-file h:\wps4_Commandlets_neu.txt
```

4.2 Erläuterungen zu den Befehlen

Einen Hilfetext zu einem Commandlet bekommt man über `Get-Help commandletname`, z. B.:

```
Get-Help Get-Process
```

Dabei kann man durch die Parameter `-detailed` und `-full` mehr Hilfe erhalten.

Hingegen listet `Get-Help get` alle Commandlets auf, die das Verb `Get` verwenden.

Die Hilfe erscheint abhängig von der installierten Sprachversion der Windows PowerShell. Der Autor dieses Buchs verwendet jedoch primär englische Betriebssysteme und Anwendungen.

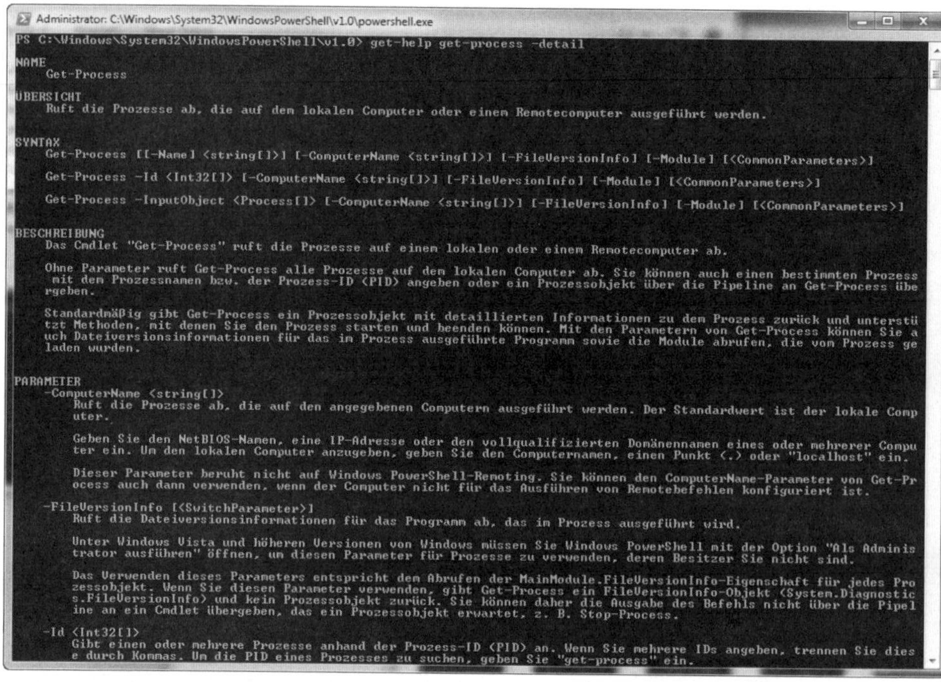

Abbildung 4.2: Ausschnitt aus dem Hilfetext zum Commandlet Get-Process

> **TIPP:** Alternativ zum Aufruf von `Get-Help` kann man auch den allgemeinen Parameter `-?` an das Commandlet anhängen, z. B. `Get-Process -?`. Dann erhält man die Kurzversion der Hilfe, hat aber keine Option für die ausführlicheren Versionen.

4.3 Hilfe zu Parametern

Um zu sehen, welche Parameter ein Befehl bietet, kann man `Get-Help` mit dem Parameter `-Parameter` verwenden:

```
Get-Help Get-Process -parameter "*" | ft name, type
```

Einige Commandlets (z. B. `New-Button` aus dem WPK (Windows Presentation Foundation (WPF) PowerShell Kit), siehe Kapitel *„Grafische Benutzeroberflächen"*) haben sehr viele Parameter (in diesem Fall 180!). Hier kann man auch filtern:

```
Get-Help New-Button -parameter "on_*" | ft name, type
```

4.4 Hilfe mit Show-Command

Die Windows PowerShell ist kommandozeilenorientiert. Vor der PowerShell 3.0 gab es in der Windows PowerShell nur zwei Befehle, die eine grafische Benutzeroberfläche zeigten: `Out-GridView` (zur Ausgabe von Objekten in einer filter- und sortierbaren Tabelle) und `Get-Credential` (zur Abfrage von Benutzername und Kennwort). Seit PowerShell 3.0 kann sich der PowerShell-Nutzer mit dem Commandlet `Show-Command` für jedes PowerShell-Commandlet und jede Function eine grafische Eingabemaske zeigen lassen.

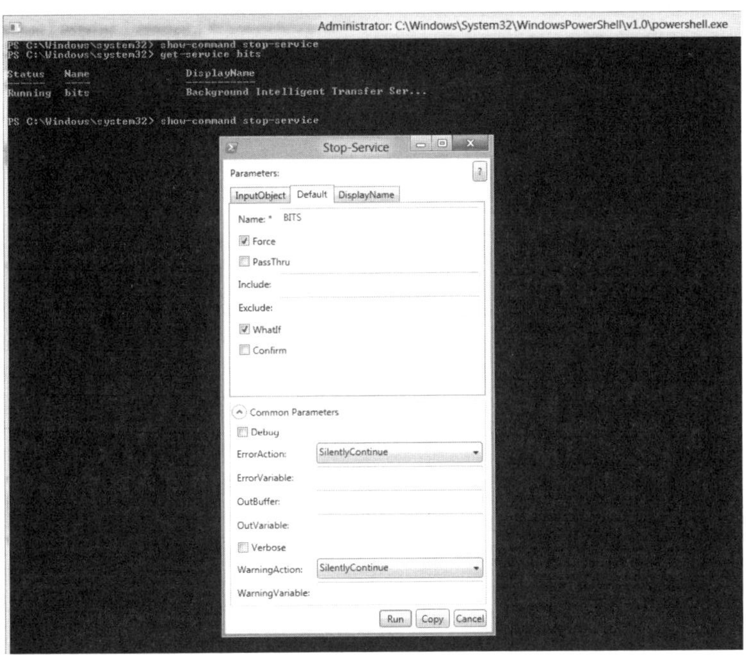

Abbildung 4.3: Show-Command bietet Eingabehilfen für Einsteiger.

Die vorherige Abbildung zeigt dies für das Commandlet `Stop-Service`. Ziel von `Show-Command` ist es, insbesondere Einsteigern die Erfassung der Parameter zu erleichtern. Pflichtparameter sind mit einem Stern gekennzeichnet. Ein Klick auf die „Copy“-Schaltfläche legt den erzeugten Befehl in die Zwischenablage, ohne ihn auszuführen.

> **TIPP:** Das Fenster „Befehls-Add-On“ in dem ISE ist eine modifizierte Version von `Show-Command`.

4.5 Hilfefenster

Seit PowerShell 3.0 kann man auch aus der PowerShell-Konsole heraus ein eigenständiges Hilfefenster starten, indem man bei `Get-Help` den Parameter `–ShowWindow` verwendet.

```
Get-Help "Set-PrintConfiguration" –ShowWindow
```

Das Hilfefenster nutzt zur Hervorhebung fette Schrift, bietet eine Zoomfunktion und eine Volltextsuche an (vgl. Abbildung 4.4).

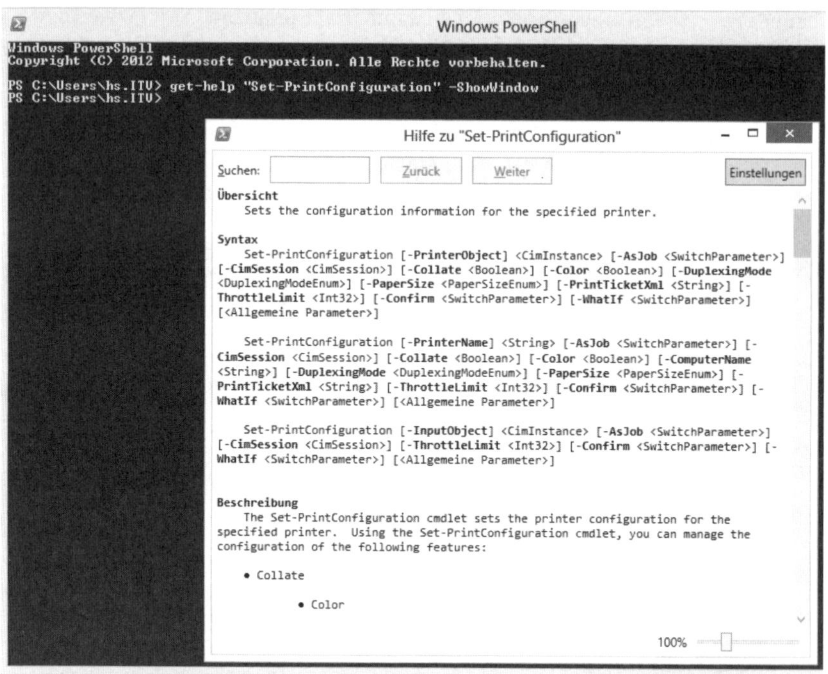

Abbildung 4.4: Hilfefenster, das Get-Help durch dem Parameter -ShowWindow startet

Eine grafische Hilfedatei im *.chm*-Dateiformat zur PowerShell gab es nur für die PowerShell 1.0 und 2.0 als Zusatz.

Die PowerShell-1.0-Hilfedatei [MS01] ist für einige weiterhin relevant, denn sie enthält im Gegensatz zu ihrem Nachfolger auch Hinweise zur manuellen Übersetzung von VBScript in Windows PowerShell.

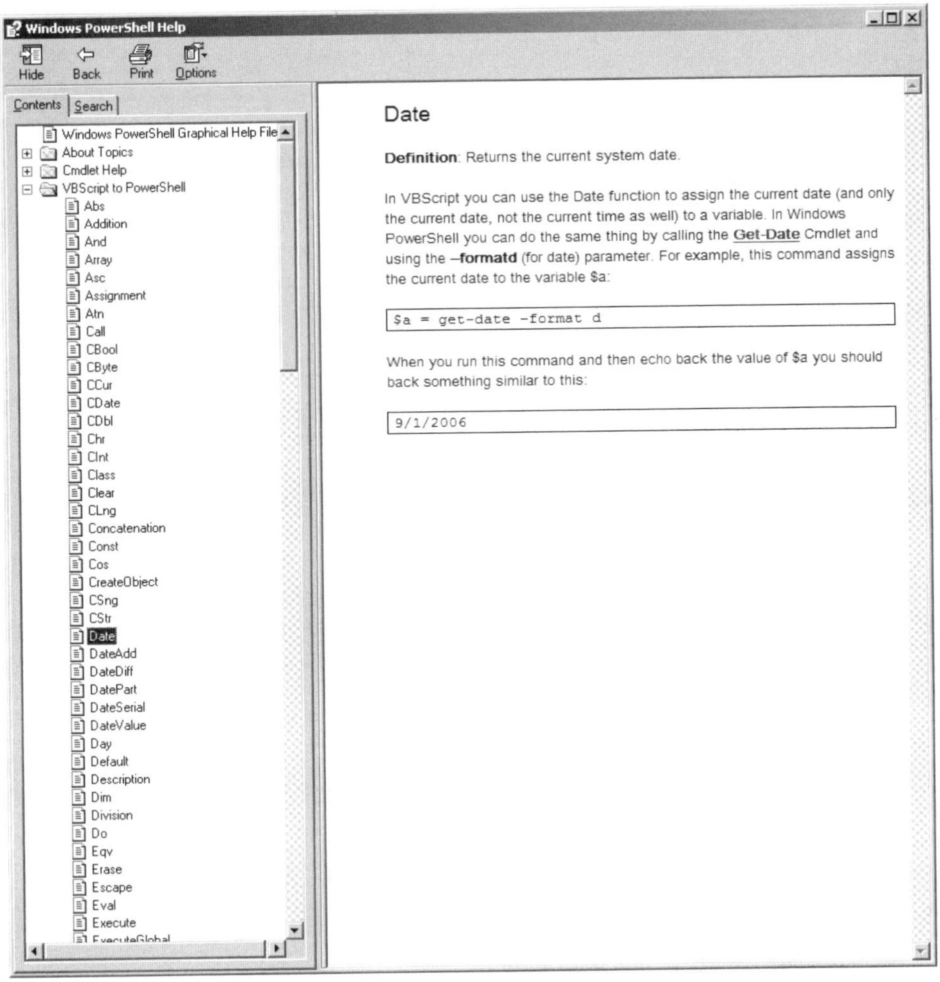

Abbildung 4.5: Hilfe zum Transfer von VBScript nach PowerShell

4.6 Aktualisieren der Hilfedateien

Die Hilfeinformationen, die durch `Get-Help` ausgelesen werden können, sind in XML-Dateien gespeichert. Das verwendete XML-Format heißt Microsoft Assistance Markup Language (MAML). Die Hilfe-Dateien sind den einzelnen Modulen zugeordnet.

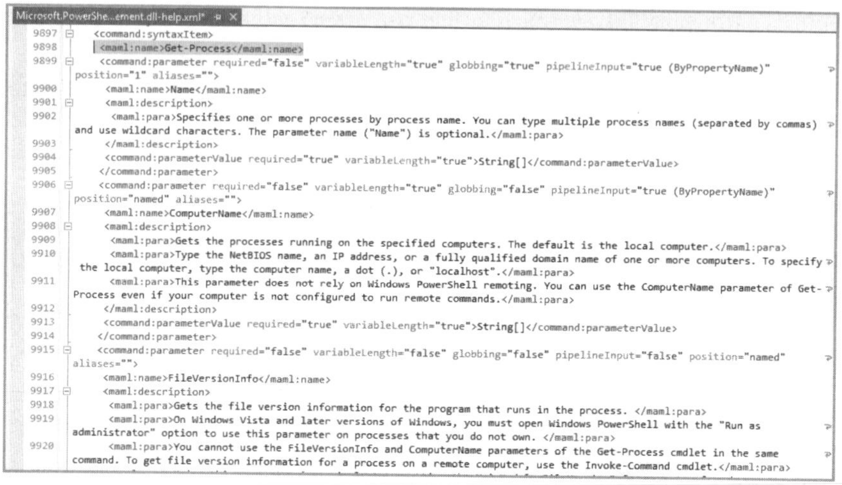

```
Microsoft.PowerShe...ement.dll-help.xml*
<command:syntaxItem>
 <maml:name>Get-Process</maml:name>
  <command:parameter required="false" variableLength="true" globbing="true" pipelineInput="true (ByPropertyName)" position="1" aliases="">
   <maml:name>Name</maml:name>
   <maml:description>
    <maml:para>Specifies one or more processes by process name. You can type multiple process names (separated by commas) and use wildcard characters. The parameter name ("Name") is optional.</maml:para>
   </maml:description>
   <command:parameterValue required="true" variableLength="true">String[]</command:parameterValue>
  </command:parameter>
  <command:parameter required="false" variableLength="true" globbing="false" pipelineInput="true (ByPropertyName)" position="named" aliases="">
   <maml:name>ComputerName</maml:name>
   <maml:description>
    <maml:para>Gets the processes running on the specified computers. The default is the local computer.</maml:para>
    <maml:para>Type the NetBIOS name, an IP address, or a fully qualified domain name of one or more computers. To specify the local computer, type the computer name, a dot (.), or "localhost".</maml:para>
    <maml:para>This parameter does not rely on Windows PowerShell remoting. You can use the ComputerName parameter of Get-Process even if your computer is not configured to run remote commands.</maml:para>
   </maml:description>
   <command:parameterValue required="true" variableLength="true">String[]</command:parameterValue>
  </command:parameter>
  <command:parameter required="false" variableLength="false" globbing="false" pipelineInput="false" position="named" aliases="">
   <maml:name>FileVersionInfo</maml:name>
   <maml:description>
    <maml:para>Gets the file version information for the program that runs in the process. </maml:para>
    <maml:para>On Windows Vista and later versions of Windows, you must open Windows PowerShell with the "Run as administrator" option to use this parameter on processes that you do not own. </maml:para>
    <maml:para>You cannot use the FileVersionInfo and ComputerName parameters of the Get-Process cmdlet in the same command. To get file version information for a process on a remote computer, use the Invoke-Command cmdlet.</maml:para>
```

Abbildung 4.6: Ausschnitt aus der Hilfedatei Microsoft.PowerShell.Commands.Management.dll-help.xml

Mit PowerShell 3.0 hatte Microsoft die Möglichkeit eingeführt, die Hilfe-Dateien aus der laufenden PowerShell heraus zu aktualisieren („Updatable Help System"). Die Ausführung des Commandlets `Update-Help` kontaktiert den Microsoft-Downloadserver (download.microsoft.com) und aktualisiert im laufenden Betrieb die Hilfedateien. Auch wenn es sich um relativ kleine Dateien handelt (aktuell insgesamt nur rund 10 MB), dauert der Download über eine 50-MBit-Leitung zwei bis drei Minuten. Der Download besteht für jedes PowerShell-Modul aus einer sogenannten Help-Info-Datei, die als wesentliche Information die Sprache und die Versionsnummer enthält, sowie einer komprimierten Datei (ZIP-Format, Dateinamenserweiterung ist aber CAB), die nur heruntergeladen wird, wenn die lokalen Hilfeinformationen nicht auf dem aktuellen Stand sind.

HINWEIS: Die Aktualisierung der Hilfedateien für alle Standardmodule, die sich im c:\Windows\System32\WindowsPowerShell-Verzeichnis befinden, ist nur mit administrativen Rechten möglich.

Listing 4.1: Beispiel für eine Help-Info-Datei

```
<?xml version="1.0" encoding="utf-8"?>
<HelpInfo xmlns="http://schemas.microsoft.com/powershell/help/2010/05">
<HelpContentURI>http://go.microsoft.com/fwlink/?linkid=210601</HelpContentURI>
  <SupportedUICultures>
    <UICulture>
      <UICultureName>en-US</UICultureName>
      <UICultureVersion>3.1.0.0</UICultureVersion>
    </UICulture>
  </SupportedUICultures>
</HelpInfo>
```

`Update-Help` kann durch Angabe eines Modulnamens im Parameter `-Module` die Hilfe für ein einzelnes Modul aktualisieren.

`Update-Help` kann durch Angabe eines Pfads im Parameter `-SourcePath` die Hilfedateien von einem lokalen Dateisystempfad oder Netzwerkpfad laden. Zu diesem Zweck kann man mit `Save-Help` die Help-Info-Dateien und die CAB-Dateien herunterladen. Größere Unternehmen können so die Hilfedateien zentral für alle Nutzer im Unternehmensnetzwerk bereitstellen.

TIPP: Die Aktualisierung der Hilfedateien kann auch im Editor „ISE“ im Menü „Hilfe“ ausgelöst werden.

4.7 Online-Hilfe

Die Dokumentation der PowerShell 4.0 findet man hier:

http://technet.microsoft.com/en-us/library/bb978526.aspx

Die zusätzlichen PowerShell-Module in Windows 8.x und Windows Server 2012 bzw. 2012 R2 sind hier dokumentiert:

http://technet.microsoft.com/en-us/library/hh801904.aspx

Sie werden aber feststellen, dass dort jedes Commandlet einzeln beschrieben ist. Es gibt keine Dokumente, die das komplexere Zusammenspiel von Commandlets erklären oder die Vorgehensweise anhand von Praxisgebieten beschreiben wie in diesem Buch.

HINWEIS: Neu seit PowerShell 3.0 ist auch der Parameter `–Online` beim Commandlet `Get-Help`, der für ein Commandlet direkt die passende Seite in der Online-Hilfe öffnet. Allerdings funktioniert dies nur für die Kern-Commandlets der PowerShell, die sich in der Hilfe unterhalb des Eintrags *http://technet.microsoft.com/en-us/library/bb978526.aspx* befinden. Für Befehle aus Zusatzmodulen, die nur in Windows 8.x und Windows Server 2012 (inkl. R2) verfügbar sind (dokumentiert unter *http://technet.microsoft.com/en-us/library/hh801904.aspx*), findet `Get-Help` nicht die passende Seite. Beispiel: `get-help get-smbshare -Online` führt zur allgemeinen Startseite der PowerShell-Hilfe, nicht zur Seite über das Commandlet `Get-SmbShare`.

4.8 Dokumentation der .NET-Klassen

Informationen zu den .NET-Klassen, mit denen die Windows PowerShell arbeitet, finden Sie an folgenden Stellen:

- PowerShell-Dokumentation für den Namensraum `System.Management.Automation`

- Dokumentation der .NET-Framework-Klassenbibliothek in der Microsoft Developer Network Library (MSDN Library). Diese gibt es offline in Verbindung mit Microsoft Visual Studio oder online unter *[http://msdn.microsoft.com/en-us/library/gg145045.aspx]*.
- Produktspezifische Dokumentationen, z.B. Exchange-Server-Dokumentation oder System-Center-Dokumentation

Die Dokumentation zeigt die verfügbaren Klassenmitglieder (Attribut, Methoden, Ereignisse, Konstruktoren) (siehe Abbildung 4.7).

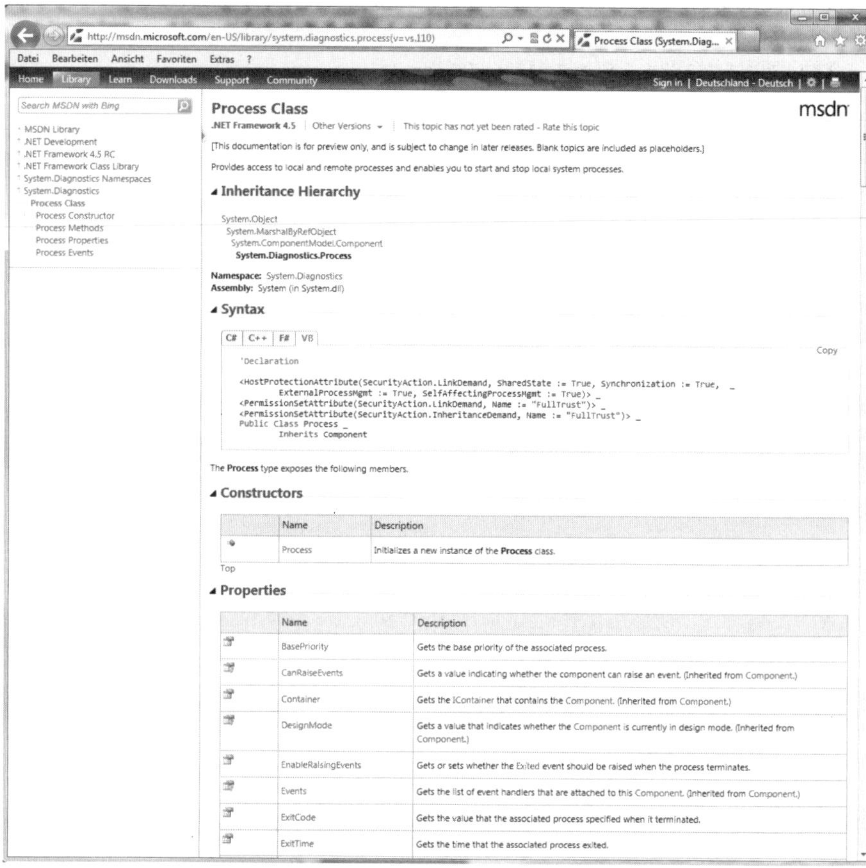

Abbildung 4.7: Ausschnitt aus der Dokumentation der .NET-Klasse System.Diagnostics.Process (hier in der Online-Variante)

Die folgenden Abbildungen zeigen die Dokumentation der Klasse `Process` im Namensraum `System.Diagnostics`. In dem Baum links erkennt man die verschiedenen Arten von Mitgliedern: *Methoden* (Methods), *Eigenschaften* (Properties) und *Ereignisse* (Events).

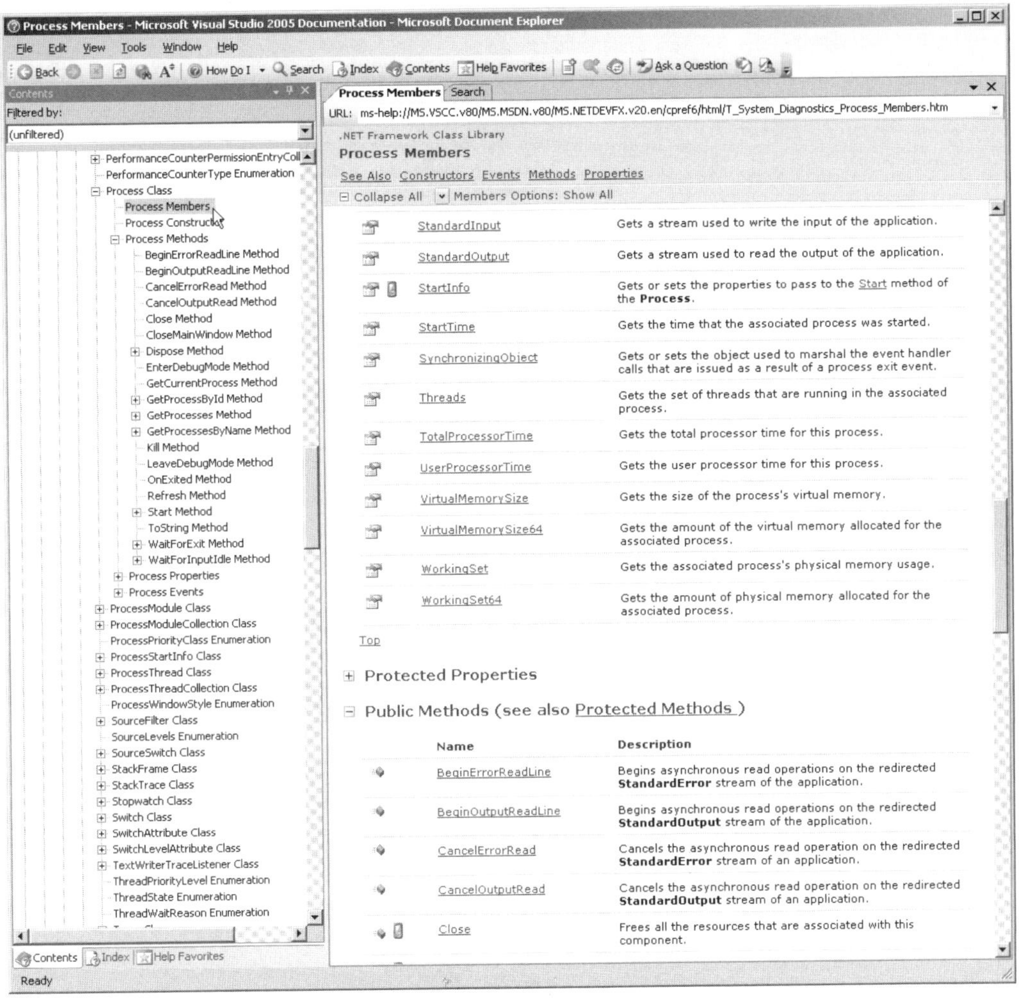

Abbildung 4.8: Ausschnitt aus der Dokumentation der .NET-Klasse System.Diag-nostics.Process (hier in der Offline-Variante, die mit Visual Studio mitgeliefert wird)

HINWEIS: Da die Dokumentation der .NET-Klassen für Softwareentwickler geschrieben wurde, ist sie häufig zu detailliert für PowerShell-Anwender. Leider ist derzeit noch keine für die Bedürfnisse von Administratoren angepasste Version absehbar.

TIPP: Die englische Dokumentation ist der deutschen vorzuziehen, weil es in den deutschen Übersetzungen viele Übersetzungsfehler gibt, die das Verständnis erschweren.

5 Objektorientiertes Pipelining

Ihre Mächtigkeit entfaltet die PowerShell erst durch das objektorientierte Pipelining, also durch die Weitergabe von strukturierten Daten von einem Commandlet zum anderen.

HINWEIS: Dieses Kapitel setzt ein Grundverständnis des Konzepts der Objektorientierung voraus. Wenn Sie diese Grundkenntnisse nicht besitzen, lesen Sie bitte zuvor im Anhang den Crashkurs „Objektorientierung" sowie den Crashkurs „.NET Framework" oder vertiefende Literatur.

5.1 Pipeline-Operator

Für eine Pipeline wird – wie auch in Unix-Shells üblich und in der normalen Windows-Konsole möglich – der vertikale Strich „|" (genannt „Pipe" oder „Pipeline Operator") verwendet.

```
Get-Process | Format-List
```

bedeutet, dass das Ergebnis des `Get-Process`-Commandlets an `Format-List` weitergegeben werden soll. Die Standardausgabeform von `Get-Process` ist eine Tabelle. Durch `Format-List` werden die einzelnen Attribute der aufzulistenden Prozesse untereinander statt in Spalten ausgegeben.

Die Pipeline kann beliebig lang sein, d.h., die Anzahl der Commandlets in einer einzigen Pipeline ist nicht begrenzt. Man muss aber jedes Mal den Pipeline-Operator nutzen, um die Commandlets zu trennen.

Ein Beispiel für eine komplexere Pipeline lautet:

```
Get-ChildItem h:\daten –r -filter *.doc
| Where-Object { $_.Length -gt 40000 }
| Select-Object Name, Length
| Sort-Object Length
| Format-List
```

`Get-ChildItem` ermittelt alle Microsoft-Word-Dateien im Ordner *h:\Daten* und in seinen Unterordnern. Durch das zweite Commandlet (`Where-Object`) wird die Ergebnismenge auf diejenigen Objekte beschränkt, bei denen das Attribut `Length` größer ist als 40 000. `Select-Object` beschneidet alle Attribute aus `Name` und `Length`. Durch das vierte Commandlet in der Pipeline wird die Ausgabe nach dem Attribut `Length` sortiert. Das letzte Commandlet schließlich erzwingt eine Listendarstellung.

Nicht alle Aneinanderreihungen von Commandlets ergeben einen Sinn. Einige Aneinanderreihungen sind auch gar nicht erlaubt. Die Reihenfolge der einzelnen Befehle in der Pipeline ist nicht beliebig. Keineswegs kann man im obigen Befehl die Sortierung hinter die Formatierung setzen, weil nach dem Formatieren zwar noch ein Objekt existiert, dieses aber einen Textstrom repräsentiert. `Where-Object` und `Sort-Object` könnte man vertauschen; aus Gründen des Ressourcenverbrauchs sollte man aber erst einschränken und dann die verringerte Liste sortieren. Ein Commandlet kann aus vorgenannten Gründen erwarten, dass es bestimmte Arten von Eingabeobjekten gibt. Am besten sind aber Commandlets, die jede Art von Eingabeobjekt verarbeiten können.

Eine automatische Optimierung der Befehlsfolge wie in der Datenbankabfrage SQL gibt es bei PowerShell nicht.

Seit PowerShell-Version 3.0 hat Microsoft für den Zugriff auf das aktuelle Objekt der Pipeline zusätzlich zum Ausdruck `$_` den Ausdruck `$PSItem` eingeführt. `$_` und `$PSItem` sind synonym. Microsoft hat `$PSItem` eingeführt, weil einige Benutzer das Feedback gaben, dass `$_` zu (Zitat) „magisch" sei.

ACHTUNG: Die PowerShell erlaubt beliebig lange Pipelines und es gibt auch Menschen, die sich einen Spaß daraus machen, möglichst viel durch eine einzige Befehlsfolge mit sehr vielen Pipes auszudrücken. Solche umfangreichen Befehlsfolgen sind aber meist für andere Menschen extrem schlecht lesbar. Bitte befolgen Sie daher den folgenden Ratschlag: Schreiben Sie nicht alles in eine einzige Befehlsfolge, nur weil es geht. Teilen Sie besser die Befehlsfolgen nach jeweils drei bis vier Pipe-Symbolen durch den Einsatz von Variablen auf (wird in diesem Kapitel auch beschrieben!) und lassen Sie diese geteilten Befehlsfolgen dann besser als PowerShell-Skripte ablaufen (siehe nächstes Kapitel).

5.2 .NET-Objekte in der Pipeline

Objektorientierung ist die herausragende Eigenschaft der Windows PowerShell: Commandlets können durch Pipelines mit anderen Commandlets verbunden werden. Anders als Pipelines in Unix-Shells tauschen die Commandlets der PowerShell keine Zeichenketten, sondern typisierte .NET-Objekte aus. Das objektorientierte Pipelining ist im Gegensatz zum in den Unix-Shells und in der normalen Windows-Shell *(cmd.exe)* verwendeten zeichenkettenbasierten Pipelining nicht abhängig von der Position der Informationen in der Pipeline.

Ein Commandlet kann auf alle Attribute und Methoden der .NET-Objekte, die das vorhergehende Commandlet in die Pipeline gelegt hat, zugreifen. Die Mitglieder der Objekte können entweder durch Parameter der Commandlets (z. B. in `Sort-Object Length`) oder durch den expliziten Verweis auf das aktuelle Pipeline-Objekt ($_) in einer Schleife oder Bedingung (z. B. `Where-Object { $_.Length -gt 40000 }`) genutzt werden.

In einer Pipeline wie

```
Get-Process | Where-Object {$_.name -eq "iexplore"} | Format-Table ProcessName,
WorkingSet64
```

ist das dritte Commandlet daher nicht auf eine bestimmte Anordnung und Formatierung der Ausgabe von vorherigen Commandlets angewiesen, sondern es greift über den sogenannten Reflection-Mechanismus (den eingebauten Komponentenerforschungsmechanismus des .NET Frameworks) direkt auf die Eigenschaften der Objekte in der Pipeline zu.

HINWEIS: Genau genommen bezeichnet Microsoft das Verfahren als „Extended Reflection" bzw. „Extended Type System (ETS)", weil die PowerShell in der Lage ist, Objekte um zusätzliche Eigenschaften anzureichern, die in der Klassendefinition gar nicht existieren. ■

Im obigen Beispiel legt `Get-Process` ein .NET-Objekt der Klasse `System.Diagnostics.Process` für jeden laufenden Prozess in die Pipeline. `System.Diagnostics.Process` ist eine Klasse aus der .NET-Klassenbibliothek. Commandlets können aber jedes beliebige .NET-Objekt in die Pipeline legen, also auch einfache Zahlen oder Zeichenketten, da es in .NET keine Unterscheidung zwischen elementaren Datentypen und Klassen gibt. Eine Zeichenkette in die Pipeline zu legen, wird aber in der PowerShell die Ausnahme bleiben, denn der typisierte Zugriff auf Objekte ist wesentlich robuster gegenüber möglichen Änderungen als die Zeichenkettenauswertung mit regulären Ausdrücken.

Deutlicher wird der objektorientierte Ansatz, wenn man als Attribut keine Zeichenkette heranzieht, sondern eine Zahl. `WorkingSet64` ist ein 64 Bit langer Zahlenwert, der den aktuellen Speicherverbrauch eines Prozesses repräsentiert. Der folgende Befehl liefert alle Prozesse, die aktuell mehr als 20 Megabyte verbrauchen:

```
Get-Process | Where-Object {$_.WorkingSet64 -gt 20*1024*1024 }
```

Anstelle von 20*1024*1024 hätte man auch das Kürzel „20MB" einsetzen können. Außerdem kann man `Where-Object` mit einem Fragezeichen abkürzen. Die kurze Variante des Befehls wäre dann also:

```
ps | ? {$_.ws -gt 20MB }
```

Wenn nur ein einziges Commandlet angegeben ist, dann wird das Ergebnis auf dem Bildschirm ausgegeben. Auch wenn mehrere Commandlets in einer Pipeline zusammengeschaltet sind, wird das Ergebnis des letzten Commandlets auf dem Bildschirm ausgegeben. Wenn das letzte Commandlet keine Daten in die Pipeline wirft, erfolgt keine Ausgabe.

■ 5.3 Pipeline Processor

Für die Übergabe der .NET-Objekte zwischen den Commandlets sorgt der *PowerShell Pipeline Processor* (siehe folgende Grafik). Die Commandlets selbst müssen sich weder um die Objektweitergabe noch um die Parameterauswertung kümmern.

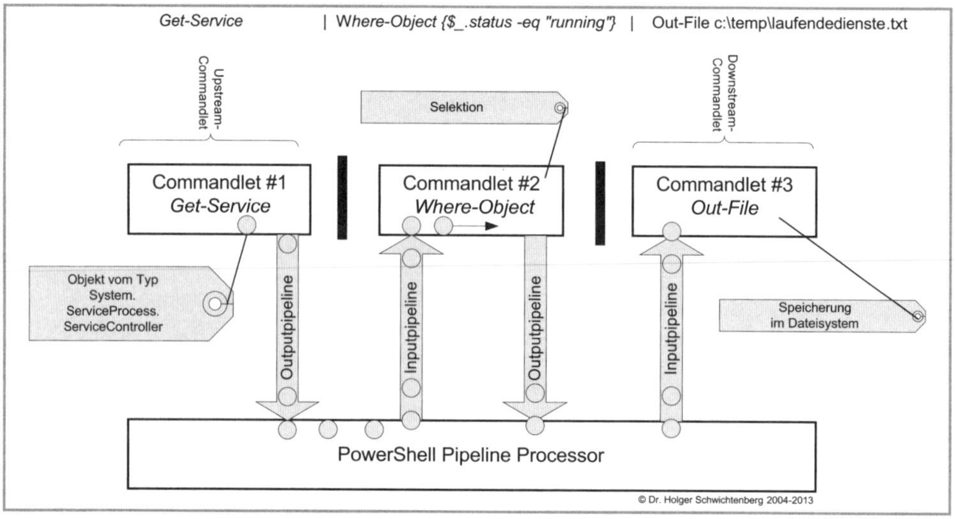

Abbildung 5.1: Der Pipeline Processor befördert die Objekte vom Downstream-Commandlet zum Upstream-Commandlet. Die Verarbeitung ist in der Regel asynchron.

Wie das obige Bild schon zeigt, beginnt ein nachfolgendes Commandlet mit seiner Arbeit, sobald es ein erstes Objekt aus der Pipeline erhält. Es kann also sein, dass das erste Commandlet noch gar nicht alle Objekte erzeugt hat, bevor die folgenden Commandlets schon die ersten Objekte asynchron weiterverarbeiten. Ein Commandlet wird sofort aufgerufen, sobald das erste Objekt bereitsteht. Man nennt dies „Streaming-Verarbeitung". Streaming-Verarbeitung ist viel schneller als die klassische sequentielle Verarbeitung, weil die folgenden Commandlets in der Pipeline nicht auf vorhergehende warten müssen.

Aber nicht alle Commandlets beherrschen die asynchrone Streaming-Verarbeitung. Commandlets, die alle Objekte naturgemäß erst mal kennen müssen, bevor sie überhaupt ihren Zweck erfüllen können (z. B. `Sort-Object` zum Sortieren und `Group -Object` zum Gruppieren), blockieren die asynchrone Verarbeitung.

HINWEIS: Es gibt auch einige Commandlets, die zwar asynchron arbeiten könnten, aber leider nicht so programmiert wurden, um dies zu unterstützen. ■

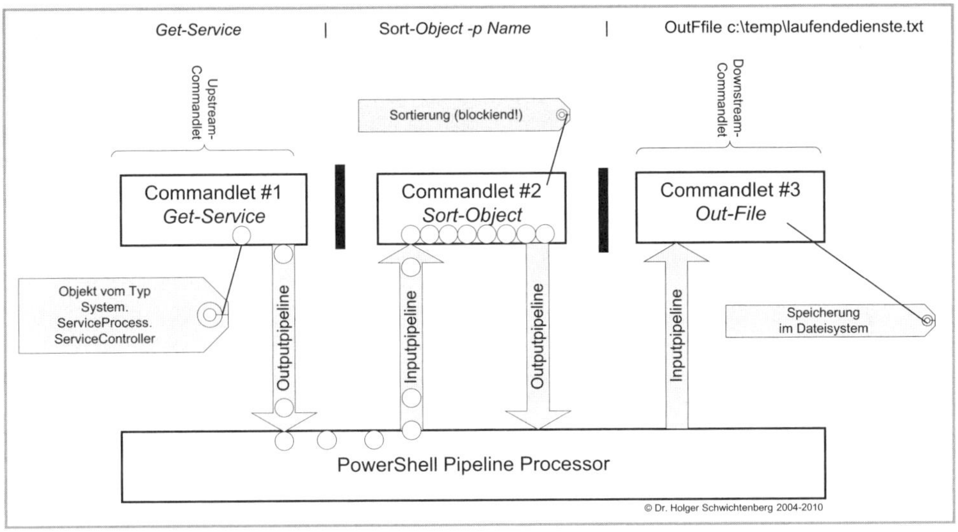

Abbildung 5.2: Sort-Object blockiert die direkte Weitergabe. Erst wenn alle Objekte angekommen sind, kann das Commandlet sortieren.

5.4 Pipelining von Parametern

Die Pipeline kann jegliche Art von Information befördern, auch einzelne elementare Daten. Einige Commandlets unterstützen es, dass auch die Parameter aus der Pipeline ausgelesen werden. Der folgende Pipeline-Befehl führt zu einer Auflistung aller Windows-Systemdienste, die mit dem Buchstaben „I" beginnen.

```
"i*" | Get-Service
```

Die folgende Bildschirmabbildung zeigt einige Parameter des Commandlets `Get-Service`. Diese Liste erhält man durch den Befehl `Get-Help Get-Service -Parameter *`.

Interessant sind die mit gelbem Pfeil markierten Stellen. Nach „Accept pipeline Input" kann man jeweils nachlesen, ob der Parameter des Commandlets aus den vorhergehenden Objekten in der Pipeline „befüttert" werden kann.

Bei „`-Name`" steht `ByValue` und `ByPropertyName`. Dies bedeutet, dass der Name sowohl das ganze Objekt in der Pipeline sein darf als auch Teil eines Objekts.

Im Fall von

```
"BITS" | Get-Service
```

ist der Pipeline-Inhalt eine Zeichenkette (ein Objekt vom Typ `String`), die als Ganzes auf `Name` abgebildet werden kann.

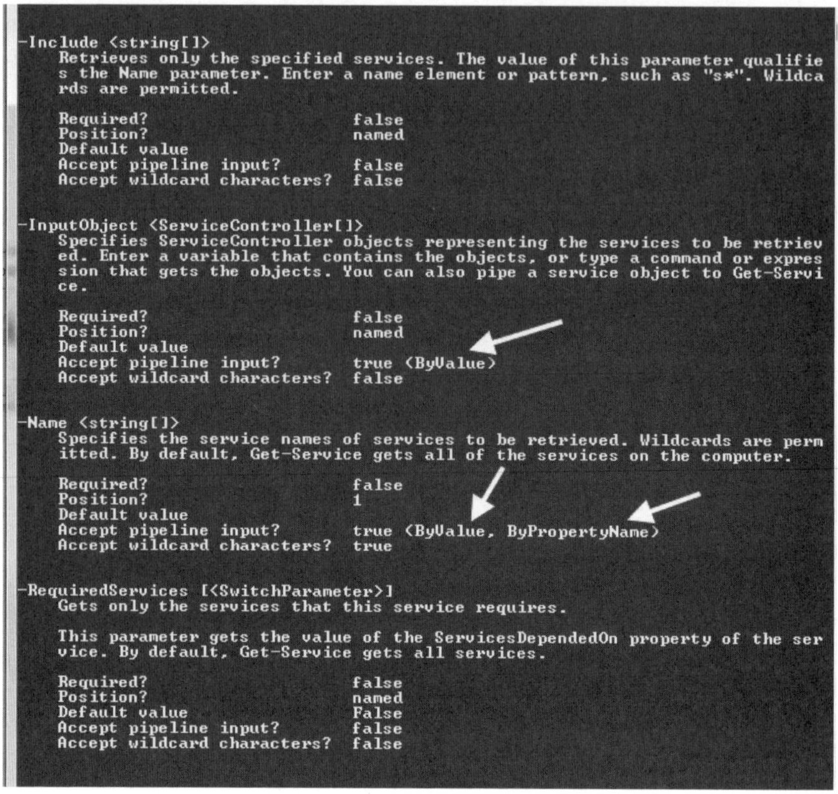

```
-Include <string[]>
    Retrieves only the specified services. The value of this parameter qualifie
    s the Name parameter. Enter a name element or pattern, such as "s*". Wildca
    rds are permitted.

    Required?                    false
    Position?                    named
    Default value
    Accept pipeline input?       false
    Accept wildcard characters?  false

-InputObject <ServiceController[]>
    Specifies ServiceController objects representing the services to be retriev
    ed. Enter a variable that contains the objects, or type a command or expres
    sion that gets the objects. You can also pipe a service object to Get-Servi
    ce.

    Required?                    false
    Position?                    named
    Default value
    Accept pipeline input?       true (ByValue)
    Accept wildcard characters?  false

-Name <string[]>
    Specifies the service names of services to be retrieved. Wildcards are perm
    itted. By default, Get-Service gets all of the services on the computer.

    Required?                    false
    Position?                    1
    Default value
    Accept pipeline input?       true (ByValue, ByPropertyName)
    Accept wildcard characters?  true

-RequiredServices [<SwitchParameter>]
    Gets only the services that this service requires.

    This parameter gets the value of the ServicesDependedOn property of the ser
    vice. By default, Get-Service gets all services.

    Required?                    false
    Position?                    named
    Default value                False
    Accept pipeline input?       false
    Accept wildcard characters?  false
```

Abbildung 5.3: Hilfe zu den Parametern des Commandlets Get-Service

Es funktioniert aber auch folgender Befehl, der alle Dienste ermittelt, deren Name genauso lautet wie der Name eines laufenden Prozesses:

```
Get-Process | Get-Service -ea silentlycontinue | ft name
```

Dies funktioniert über die zweite Option (`ByPropertyName`), denn `Get-Process` liefert Objekte des Typs `Process`, die ein Attribut namens `Name` haben. Der Parameter `Name` von `Get-Service` wird auf dieses `Name`-Attribut abgebildet.

Beim Parameter `–InputObject` ist hingegen nur „ByValue" angegeben. Hier erwartet `Get-Service` gerne Instanzen der Klasse `ServiceController`. Es gibt aber keine Objekte, die ein Attribut namens `InputObject` haben, in dem dann `ServiceController`-Objekte stecken.

Zahlreiche Commandlets besitzen einen Parameter `–InputObject`, insbesondere die allgemeinen Verarbeitungs-Commandlets wie `Where-Object`, `Select-Object` und `Measure-Object`, die Sie im nächten Kapitel kennenlernen werden. Der Name `–InputObject` ist eine Konvention.

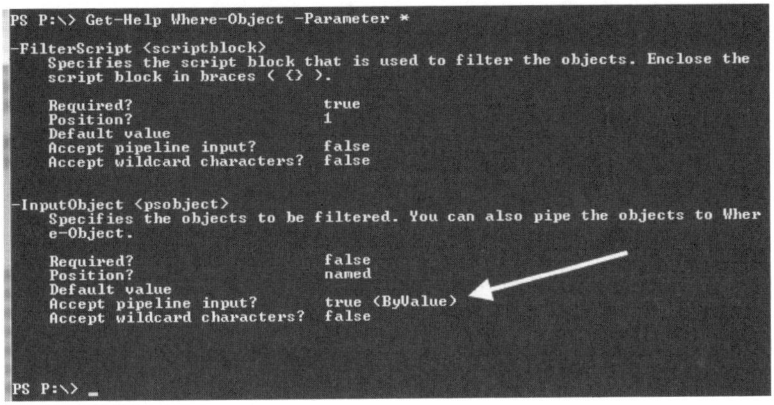

```
PS P:\> Get-Help Where-Object -Parameter *

-FilterScript <scriptblock>
    Specifies the script block that is used to filter the objects. Enclose the
    script block in braces ( {} ).

    Required?                    true
    Position?                    1
    Default value
    Accept pipeline input?       false
    Accept wildcard characters?  false


-InputObject <psobject>
    Specifies the objects to be filtered. You can also pipe the objects to Wher
    e-Object.

    Required?                    false
    Position?                    named
    Default value
    Accept pipeline input?       true (ByValue)
    Accept wildcard characters?  false


PS P:\> _
```

Abbildung 5.4: Parameter des Commandlets Where-Object

5.5 Pipelining von klassischen Befehlen

Grundsätzlich dürfen auch klassische Kommandozeilenanwendungen in der PowerShell verwendet werden. Wenn man einen Befehl wie *netstat.exe* oder *ping.exe* ausführt, dann legen diese eine Menge von Zeichenketten in die Pipeline: Jede Ausgabezeile ist eine Zeichenkette.

Diese Zeichenketten kann man sehr gut mit dem Commandlet `Select-String` auswerten. `Select-String` lässt nur diejenigen Zeilen die Pipeline passieren, die auf den angegebenen regulären Ausdruck zutreffen.

In dem folgenden Beispiel werden nur diejenigen Zeilen der Ausgabe von *netstat.exe* gefiltert, die ein großes „E" gefolgt von zwei Ziffern enthalten.

TIPP: Die Syntax der regulären Ausdrücke in .NET wird in Kapitel *„PowerShell-Skriptsprache"* noch etwas näher beschrieben werden.

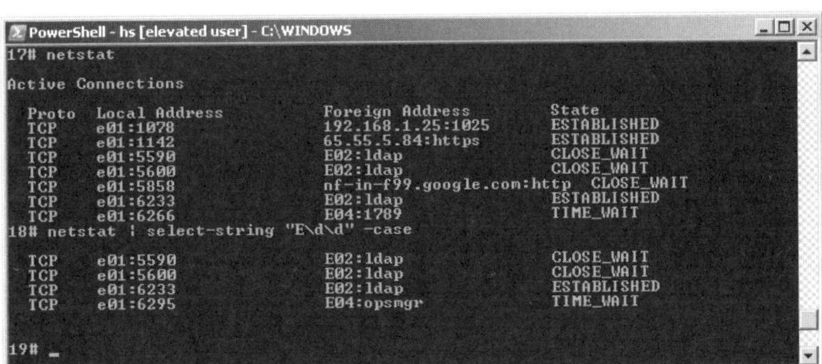

```
PowerShell - hs [elevated user] - C:\WINDOWS
17# netstat

Active Connections

  Proto  Local Address          Foreign Address        State
  TCP    e01:1078               192.168.1.25:1025      ESTABLISHED
  TCP    e01:1142               65.55.5.84:https       ESTABLISHED
  TCP    e01:5590               E02:ldap               CLOSE_WAIT
  TCP    e01:5600               E02:ldap               CLOSE_WAIT
  TCP    e01:5858               nf-in-f99.google.com:http  CLOSE_WAIT
  TCP    e01:6233               E02:ldap               ESTABLISHED
  TCP    e01:6266               E04:1789               TIME_WAIT
18# netstat | select-string "E\d\d" -case

  TCP    e01:5590               E02:ldap               CLOSE_WAIT
  TCP    e01:5600               E02:ldap               CLOSE_WAIT
  TCP    e01:6233               E02:ldap               ESTABLISHED
  TCP    e01:6295               E04:opsmgr             TIME_WAIT

19# _
```

Abbildung 5.5: Einsatz von Select-String zur Filterung von Ausgaben klassischer Kommandozeilenwerkzeuge

5.6 Anzahl der Objekte in der Pipeline

Die meisten Commandlets legen ganze Mengen von Objekten in die Pipeline (z. B. `Get-Process` eine Liste der Prozesse und `Get-Service` eine Liste der Dienste). Einige Commandlets legen aber nur einzelne Objekte in die Pipeline. Ein Beispiel dafür ist `Get-Date`, das ein einziges Objekt des Typs `System.DateTime` in die Pipeline legt. Es kann aber auch sein, dass ein Commandlet, das normalerweise eine Liste von Objekten liefert, im konkreten Fall nur ein einzelnes Objekt liefert (z. B. `Get-Process idle`). In diesem Fall liefert die PowerShell dem Benutzer nicht eine Liste mit einem Objekt, sondern direkt das ausgepackte Objekt.

Bis Version 2.0 war es so, dass man eine Liste durch Zugriff auf `Count` oder `Length` nach der Anzahl der Elemente fragen konnte, nicht aber ein einzelnes Objekt.

Das war also erlaubt:

```
(Get-Process).count
```

Das führte aber zu keinem Ergebnis:

```
(Get-Process idle).count
(Get-Date).count
```

Nun seit PowerShell-Version 3.0 ist dieser Unterschied aufgehoben, man kann immer `Count` und `Length` abfragen und die PowerShell liefert dann eben bei Einzelobjekten eine „1" zurück. Allerdings schlägt die Eingabehilfe der PowerShell-Konsole und der PowerShell ISE weiterhin weder `Count` noch `Length` als Möglichkeit vor!

Praxisbeispiel: Wie viele Prozesse gibt es, die mehr als 20 MB Speicher verbrauchen?

```
(Get-Process | where-object { $_.WorkingSet64 -gt 20mb }).Count
```

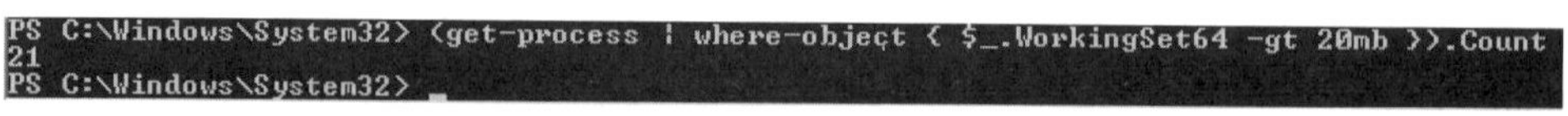

Abbildung 5.6: Aufruf von Count für eine Pipeline

5.7 Zugriff auf einzelne Objekte aus einer Menge

Ruft man ein Commandlet auf, das ein einzelnes Objekt liefert, hat man direkt dieses Objekt in Händen. Ruft man z. B. `Get-Date` ohne Weiteres auf, werden das aktuelle Datum und die aktuelle Zeit ausgegeben.

Bei einer Objektmenge kann man, wie oben bereits gezeigt, mit `Where-Object` filtern. Es ist aber auch möglich, gezielt einzelne Objekte über ihre Position (Index) in der Pipeline anzusprechen. Die Positionsangabe ist in eckige Klammern zu setzen und die Zählung beginnt bei 0. Der Pipeline-Ausdruck ist in runde Klammern zu setzen.

Abbildung 5.7: Das aktuelle Datum mit Zeit

Beispiele:

Der erste Prozess:

```
(Get-Process)[0]
```

Der dreizehnte Prozess:

```
(Get-Process)[12]
```

Alternativ kann man dies auch mit `Select-Object` unter Verwendung der Parameter `-First` und `-Skip` ausdrücken:

```
(Get-Process i* | Select-Object -first 1).name
(Get-Process i* | Select-Object -skip 12 -first 1).name
```

HINWEIS: Während `(Get-Date)[0]` in PowerShell vor Version 3.0 zu einem Fehler führt („Unable to index into an object of type System.DateTime."), weil `Get-Date` keine Menge liefert, ist der Befehl seit PowerShell-Version 3.0 in Ordnung und liefert das gleiche Ergebnis wie `Get-Date`, da die PowerShell seit Version 3.0 ja aus Benutzersicht ein einzelnes Objekt und eine Menge von Objekten gleich behandelt. `(Get-Date)[1]` liefert dann natürlich kein Ergebnis, weil es kein zweites Objekt in der Pipeline gibt.

Die Positionsangaben kann man natürlich kombinieren mit Bedingungen. So liefert dieser Befehl den dreizehnten Prozess in der Liste der Prozesse, die mehr als 20 MB Hauptspeicher brauchen:

```
(Get-Process | where-object { $_.WorkingSet64 -gt 20mb } )[12]
```

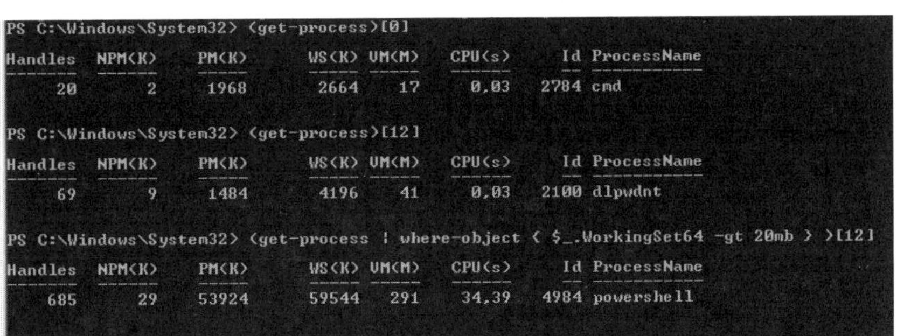

Abbildung 5.8: Zugriff auf einzelne Prozessobjekte

5.8 Zugriff auf einzelne Werte in einem Objekt

Manchmal möchte man nicht ein komplettes Objekt bzw. eine komplette Objektmenge verarbeiten, sondern nur eine einzelne Eigenschaft.

Oben wurde bereits gezeigt, wie man mit `Format-Table` auf einzelne Eigenschaften zugreifen kann:

```
Get-Process | Format-Table ProcessName, WorkingSet64
```

Hat man nur ein einzelnes Objekt in Händen, geht das ebenfalls:

```
(Get-Process)[0] | Format-Table ProcessName, WorkingSet64
```

`Format-Table` liefert aber immer eine bestimmte Ausgabe, eben in Tabellenform mit Kopfzeile. Wenn man wirklich nur einen bestimmten Inhalt einer Eigenschaft eines Objekts haben möchte, so verwendet man die in objektorientierten Sprachen übliche Punktnotation, d.h., man trennt das Objekt und die abzurufende Eigenschaft durch einen Punkt (Punktnotation).

Beispiele:

```
(Get-Process)[0].Processname
```

Die Ausgabe ist eine einzelne Zeichenkette mit dem Namen des Prozesses.

```
(Get-Process)[0].WorkingSet64
```

Die Ausgabe ist eine einzelne Zahl mit der Speichernutzung des Prozesses.

Mit den Einzelwerten kann man weiterrechnen, z.B. errechnet man so die Speichernutzung in Megabyte:

```
(Get-Process)[0].WorkingSet64 / 1MB
```

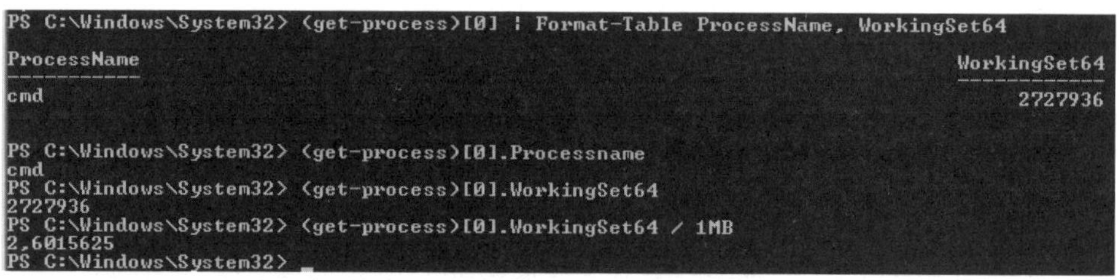

Abbildung 5.9: Ausgabe zu den obigen Beispielen

Weitere Anwendungsfälle seien am Beispiel `Get-Date` gezeigt. `Year`, `Day`, `Month`, `Hour` und `Minute` sind einige der zahlreichen Eigenschaften der Klasse `DateTime`, die `Get-Date` liefert.

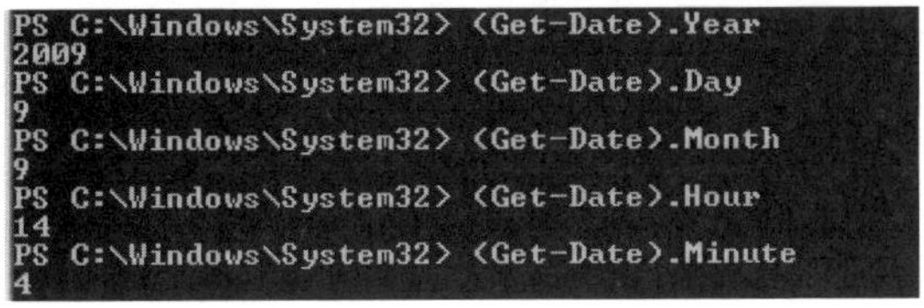

Abbildung 5.10:
Zugriff auf einzelne Werte aus dem aktuellen Datum/der aktuellen Zeit

Einzelne Werte aus allen Objekten einer Objektmenge

Wenn man einen einzelnen Wert aus allen Objekten aus einer Objektmenge ausgeben wollte, so konnte man das bis PowerShell 2.0 nur über ein nachgeschaltetes `Foreach-Object` lösen, wobei innerhalb von `Foreach-Object` mit `$_` auf das aktuelle Objekt der Pipeline zu verweisen war:

```
Get-Process | foreach-object {$_.Name }
```

Das geht seit PowerShell-Version 3.0 wesentlich prägnanter und eleganter:

```
(Get-Process).Name
```

Oder

```
(Get-Process).WorkingSet
```

Weiterhin `Foreach-Object` anwenden muss man für eine kombinierte Ausgabe:

```
Get-Process | foreach-object {$_.Name + ": " + $_.Workingset }
```

Mancher könnte denken, dass

```
(Get-Process).Name + ":" + (Get-Process).WorkingSet
```

auch als Schreibweise möglich wäre. Das liefert aber weder optisch noch inhaltlich ein korrektes Ergebnis, denn die Prozessliste wird zweimal abgerufen und könnte sich in der Zwischenzeit geändert haben!

5.9 Methoden ausführen

Der folgende PowerShell-Pipeline-Befehl beendet alle Instanzen des Internet Explorers auf dem lokalen System, indem das Commandlet `Stop-Process` die Instanzen des betreffenden Prozesses von `Get-Process` empfängt.

```
Get-Process iexplore | Stop-Process
```

Die Objekt-Pipeline der PowerShell hat noch weitere Möglichkeiten: Gemäß dem objektorientierten Paradigma haben .NET-Objekte nicht nur Attribute, sondern auch Methoden. In einer Pipeline kann der Administrator daher auch die Methoden der Objekte aufrufen. Objekte des Typs `System.Diagnostics.Process` besitzen zum Beispiel eine Methode

`Kill()`. Der Aufruf dieser Methode ist in der PowerShell gekapselt in der Methode `Stop-Process`.

Wer sich mit dem .NET Framework gut auskennt, könnte die `Kill()`-Methode auch direkt aufrufen. Dann ist aber eine explizite `ForEach`-Schleife notwendig. Die Commandlets iterieren automatisch über alle Objekte der Pipeline, die Methodenaufrufe aber nicht.

```
Get-Process iexplore | Foreach-Object { $_.Kill() }
```

Durch den Einsatz von Aliasen geht das auch kürzer:

```
ps | ? { $_.name -eq "iexplore" } | % { $_.Kill() }
```

Und seit PowerShell-Version 3.0 kann man auf das `Foreach-Object` bzw. % verzichten, also

```
(Get-Process iexplore).Kill()
```

oder

```
(ps iexplore).Kill()
```

schreiben.

Der Einsatz der Methode `Kill()` diente hier nur zur Demonstration, dass die Pipeline tatsächlich Objekte befördert. Eigentlich ist die gleiche Aufgabe besser mit dem eingebauten Commandlet `Stop-Process` zu lösen.

ACHTUNG: Vergessen Sie beim Aufruf von Methoden nicht die runden Klammern, auch wenn die Methoden keine Parameter besitzen. Ohne die Klammern erhalten Sie Informationen über die Methode, es erfolgt aber kein Aufruf.

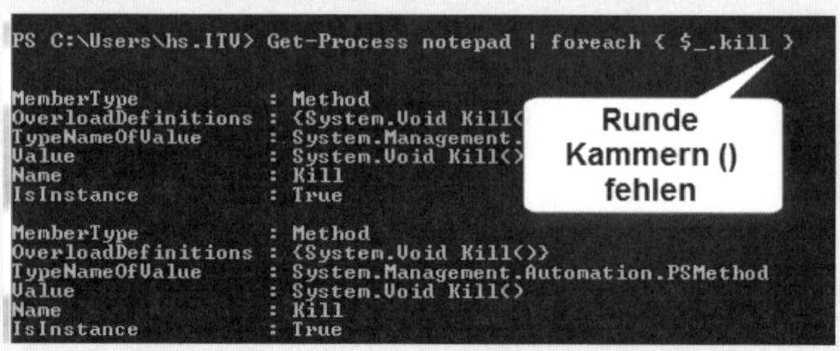

Abbildung 5.11: Folgen des vergessenen Klammernpaars

Dies funktioniert aber nur dann gut, wenn es auch Instanzen des Internet Explorers gibt. Wenn alle beendet sind, meldet `Get-Process` einen Fehler. Dies kann das gewünschte Verhalten sein. Mit einer etwas anderen Pipeline wird dieser Fehler jedoch unterbunden:

```
Get-Process | Where-Object { $_.Name -eq "iexplore" } |
Stop-Process
```

Die zweite Pipeline unterscheidet sich von der ersten dadurch, dass das Filtern der Prozesse aus der Prozessliste nun nicht mehr von `Get-Process` erledigt wird, sondern durch ein eigenes Commandlet mit Namen `Where-Object` in der Pipeline selbst durchgeführt wird. `Where-Object` ist toleranter als `Get-Process` in Hinblick auf die Möglichkeit, dass es kein passendes Objekt gibt.

`ps` ist ein Alias für `Get-Process`, `Kill` für `Stop-Process`. Außerdem hat `Get-Process` eine eingebaute Filterfunktion. Um alle Instanzen des Internet Explorers zu beenden, kann man also statt

```
Get-Process | Where-Object { $_.Name -eq "iexplore" } |
Stop-Process
```

auch schreiben:

```
ps -name "iexplore" | kill
```

Weitere Beispiele für die Aufrufe von Methoden seien am Beispiel von `Get-Date` gezeigt, das ja nur ein Objekt der Klasse `DateTime` liefert. Die Klasse `DateTime` bietet zahlreiche Methoden an, um Datum und Zeit auf bestimmte Weise darzustellen, z. B. `GetShortDateString()`, `GetLongDateString()`, `GetShortTimeString()` und `GetLongTimeString()`. Die Ausgaben zeigt die Bildschirmabbildung.

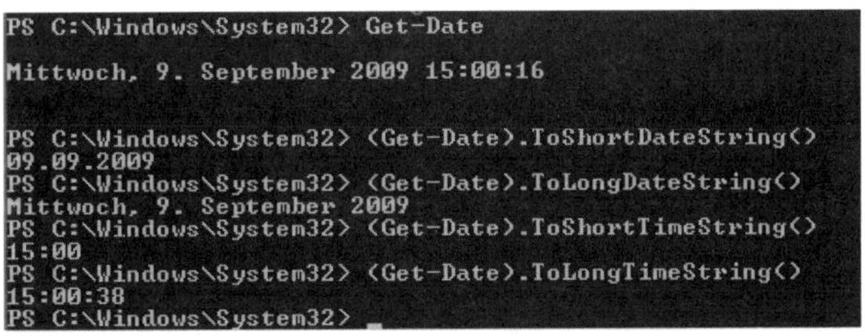

Abbildung 5.12: Ausgaben der Methoden der Klasse DateTime

5.10 Analyse des Pipeline-Inhalts

Zwei der größten Fragestellungen bei der praktischen Arbeit mit der PowerShell sind:

- Welchen Typ haben die Objekte, die ein Commandlet in die Pipeline legt?
- Welche Attribute und Methoden haben diese Objekte?

Die Hilfe der Commandlets ist hier nicht immer hilfreich. Bei `Get-Service` kann man lesen:

```
RETURN TYPE
   System.ServiceProcess.ServiceController
```

Aber bei `Get-Process` heißt es nur wenig hilfreich:

```
RETURN TYPE
   Object
```

In keinem Fall sind in der PowerShell-Benutzerdokumentation ([MS01] und [MS02]) die Attribute und die Methoden der resultierenden Objekte genannt. Diese findet man nur in der MSDN-Dokumentation des .NET Frameworks.

Im Folgenden werden zwei hilfreiche Commandlets sowie eine Methode aus dem .NET Framework vorgestellt, die im Alltag helfen, zu erforschen, was man in der Pipeline hat:

- `GetType()`
- `Get-PipelineInfo`
- `Get-Member`

Methode GetType()

Da jede PowerShell-Variable eine Instanz einer .NET-Klasse ist, besitzt jedes Objekt in der Pipeline die Methode `GetType()`, die es von der Mutter aller .NET-Klassen (`System.Object`) erbt. `GetType()` liefert ein `System.Type`-Objekt mit zahlreichen Informationen. Meistens interessiert man sich nur für den Klassennamen, den man aus `Fullname` (mit Namensraum) oder `Name` (ohne Namensraum) auslesen kann. `GetType()` ist eine Methode und daher muss der Pipeline-Inhalt in runden Klammern stehen.

Beispiele zeigt die folgende Bildschirmabbildung.

```
PS C:\Users\HS> (Get-Date).GetType()

IsPublic IsSerial Name                                     BaseType
-------- -------- ----                                     --------
True     True     DateTime                                 System.ValueType

PS C:\Users\HS> (Get-Process).GetType()

IsPublic IsSerial Name                                     BaseType
-------- -------- ----                                     --------
True     True     Object[]                                 System.Array

PS C:\Users\HS> (Get-Process)[0].GetType()

IsPublic IsSerial Name                                     BaseType
-------- -------- ----                                     --------
True     False    Process                                  System.ComponentModel.Component

PS C:\Users\HS> (Get-Process)[0].GetType().Fullname
System.Diagnostics.Process
PS C:\Users\HS> _
```

Abbildung 5.13: Einsatz von GetType()

Erläuterung: „Name" ist der Name der Klasse, zu der die Objekte in der Pipeline gehören. „BaseType" ist der Name der Oberklasse. .NET unterstützt Vererbung, d.h., eine Klasse kann von einer anderen erben (höchstens von einer anderen Klasse; Mehrfachvererbung gibt es nicht!). Dies ist für die PowerShell meist aber irrelevant und Sie können diese Information ignorieren.

Bei `Get-Date()` ist ein `DateTime`-Objekt in der Pipeline. Der zweite Aufruf liefert nur die Information, dass eine Menge von Objekten in der Pipeline ist. Bei der Anwendung von `GetType()` auf eine Objektmenge in der Pipeline kann man leider noch nicht den Typ erkennen. Hintergrund ist, dass in einer Pipeline Objekte verschiedener Klassen sein können. Der dritte Aufruf, bei dem gezielt ein Objekt (das erste) herausgenommen wird, zeigt dann wieder an, dass es sich um `Process`-Objekte handelt. Den ganzen Klassennamen inklusive des Namensraums bekommt man nur, wenn man explizit die Eigenschaft `FullName` abfragt.

Get-PipelineInfo

Das Commandlet `Get-PipelineInfo` aus den PowerShell Extensions von *www.IT-Visions.de* liefert drei wichtige Informationen über die Pipeline-Inhalte:

- Anzahl der Objekte in der Pipeline (die Objekte werden durchnummeriert)
- Typ der Objekte in der Pipeline (ganzer Name der .NET-Klasse)
- Zeichenkettenrepräsentation der Objekte in der Pipeline

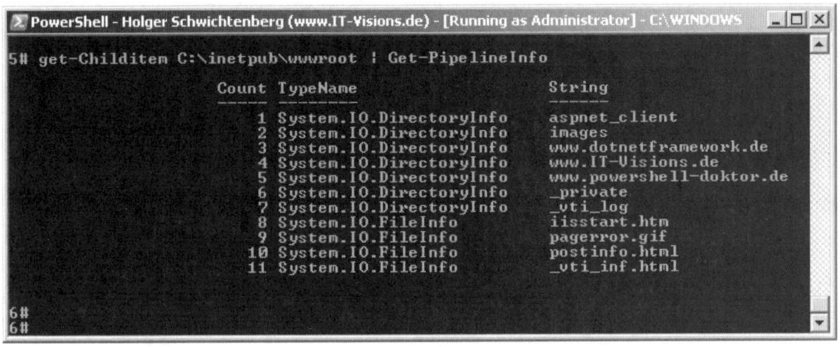

Abbildung 5.14: Get-PipelineInfo liefert Informationen, dass sich in dem Dateisystemordner elf Objekte befinden. Davon sind sieben Unterordner (Klasse DirectoryInfo) und vier Dateien (Klasse FileInfo).

Das Stichwort Zeichenkettenrepräsentation (Spalte „String" in der Bildschirmabbildung) ist erklärungsbedürftig: Jedes .NET-Objekt besitzt eine Methode `ToString()`, die das Objekt in eine Zeichenkette umwandelt, denn `ToString()` ist in der „Mutter aller .NET-Klassen" `System.Object` implementiert und wird an alle .NET-Klassen und somit auch deren Instanzen weitergegeben. Ob `ToString()` eine sinnvolle Ausgabe liefert, hängt von der jeweiligen Klasse ab. Im Fall von `System.Diagnostics.Process` werden der Klassenname und der Prozessname ausgegeben. Dies kann man leicht mit `gps | foreach { $_.ToString () }` ermitteln (siehe nächste Abbildung). Bei der Klasse `System. ServiceProcess. ServiceController`, deren Instanzen von `Get-Service` geliefert werden, ist die Konvertierung hingegen nicht so gut, denn die Zeichenkette enthält nur den Klassennamen, so dass die einzelnen Instanzen gar nicht unterschieden werden können.

HINWEIS: Die Konvertierung in den Klassennamen ist das Standardverhalten, das von `System.Object` geerbt wird, und dieses Standardverhalten ist leider auch üblich, da sich die Entwickler der meisten .NET-Klassen bei Microsoft nicht die „Mühe" gemacht haben, eine sinnvolle Zeichenkettenrepräsentanz zu definieren.

`ToString()` ist üblicherweise keine Serialisierung des kompletten Objektinhalts, sondern im besten Fall nur der „Primärschlüssel" des Objekts. Theoretisch kann eine .NET-Klasse bei `ToString()` alle Werte liefern. Das macht aber keine Klasse im .NET Framework. Bei vielen .NET-Klassen liefert `ToString()` nur den Klassennamen.

■

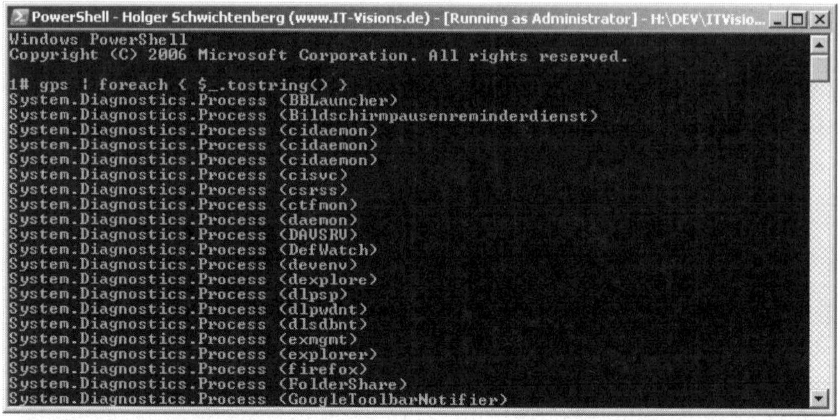

Abbildung 5.15: Anwendung von ToString() auf Instanzen der Klasse System.Diagnostics.Process

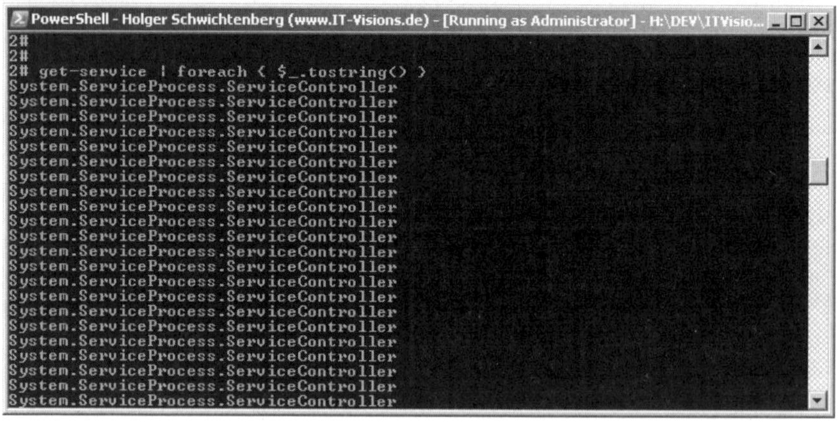

Abbildung 5.16: Anwendung von ToString() auf Instanzen der Klasse System.ServiceProcess.ServiceController

Get-Member

Das eingebaute Commandlet `Get-Member` (Alias: `gm`) ist sehr hilfreich: Es zeigt den .NET-Klassennamen für die Objekte in der Pipeline sowie die Attribute und Methoden dieser Klasse. Für `Get-Process | Get-Member` ist die Ausgabe so lang, dass man dazu zwei Bildschirmabbildungen braucht.

HINWEIS: Wenn sich mehrere verschiedene Objekttypen in der Pipeline befinden, werden die Mitglieder aller Typen ausgegeben, gruppiert durch die Kopfsektion, die mit „TypeName:“ beginnt.

```
Administrator: Windows PowerShell
PS C:\> Get-Process | Get-Member

   TypeName: System.Diagnostics.Process

Name                       MemberType     Definition
----                       ----------     ----------
Handles                    AliasProperty  Handles = Handlecount
Name                       AliasProperty  Name = ProcessName
NPM                        AliasProperty  NPM = NonpagedSystemMemorySize
PM                         AliasProperty  PM = PagedMemorySize
VM                         AliasProperty  VM = VirtualMemorySize
WS                         AliasProperty  WS = WorkingSet
Disposed                   Event          System.EventHandler Disposed(System.Object, System.EventArgs)
ErrorDataReceived          Event          System.Diagnostics.DataReceivedEventHandler ErrorDataReceived(System.Objec...
Exited                     Event          System.EventHandler Exited(System.Object, System.EventArgs)
OutputDataReceived         Event          System.Diagnostics.DataReceivedEventHandler OutputDataReceived(System.Obje...
BeginErrorReadLine         Method         System.Void BeginErrorReadLine()
BeginOutputReadLine        Method         System.Void BeginOutputReadLine()
CancelErrorRead            Method         System.Void CancelErrorRead()
CancelOutputRead           Method         System.Void CancelOutputRead()
Close                      Method         System.Void Close()
CloseMainWindow            Method         bool CloseMainWindow()
CreateObjRef               Method         System.Runtime.Remoting.ObjRef CreateObjRef(type requestedType)
Dispose                    Method         System.Void Dispose()
Equals                     Method         bool Equals(System.Object obj)
GetHashCode                Method         int GetHashCode()
GetLifetimeService         Method         System.Object GetLifetimeService()
GetType                    Method         type GetType()
InitializeLifetimeService  Method         System.Object InitializeLifetimeService()
Kill                       Method         System.Void Kill()
Refresh                    Method         System.Void Refresh()
Start                      Method         bool Start()
ToString                   Method         string ToString()
WaitForExit                Method         bool WaitForExit(int milliseconds), System.Void WaitForExit()
WaitForInputIdle           Method         bool WaitForInputIdle(int milliseconds), bool WaitForInputIdle()
__NounName                 NoteProperty   System.String __NounName=Process
BasePriority               Property       System.Int32 BasePriority {get;}
Container                  Property       System.ComponentModel.IContainer Container {get;}
EnableRaisingEvents        Property       System.Boolean EnableRaisingEvents {get;set;}
ExitCode                   Property       System.Int32 ExitCode {get;}
ExitTime                   Property       System.DateTime ExitTime {get;}
Handle                     Property       System.IntPtr Handle {get;}
HandleCount                Property       System.Int32 HandleCount {get;}
HasExited                  Property       System.Boolean HasExited {get;}
Id                         Property       System.Int32 Id {get;}
MachineName                Property       System.String MachineName {get;}
MainModule                 Property       System.Diagnostics.ProcessModule MainModule {get;}
MainWindowHandle           Property       System.IntPtr MainWindowHandle {get;}
MainWindowTitle            Property       System.String MainWindowTitle {get;}
MaxWorkingSet              Property       System.IntPtr MaxWorkingSet {get;set;}
MinWorkingSet              Property       System.IntPtr MinWorkingSet {get;set;}
Modules                    Property       System.Diagnostics.ProcessModuleCollection Modules {get;}
```

Abbildung 5.17: Teil 1 der Ausgabe von Get-Process | Get-Member

```
Auswählen Administrator: Windows PowerShell
NonpagedSystemMemorySize    Property       System.Int32 NonpagedSystemMemorySize {get;}
NonpagedSystemMemorySize64  Property       System.Int64 NonpagedSystemMemorySize64 {get;}
PagedMemorySize             Property       System.Int32 PagedMemorySize {get;}
PagedMemorySize64           Property       System.Int64 PagedMemorySize64 {get;}
PagedSystemMemorySize       Property       System.Int32 PagedSystemMemorySize {get;}
PagedSystemMemorySize64     Property       System.Int64 PagedSystemMemorySize64 {get;}
PeakPagedMemorySize         Property       System.Int32 PeakPagedMemorySize {get;}
PeakPagedMemorySize64       Property       System.Int64 PeakPagedMemorySize64 {get;}
PeakVirtualMemorySize       Property       System.Int32 PeakVirtualMemorySize {get;}
PeakVirtualMemorySize64     Property       System.Int64 PeakVirtualMemorySize64 {get;}
PeakWorkingSet              Property       System.Int32 PeakWorkingSet {get;}
PeakWorkingSet64            Property       System.Int64 PeakWorkingSet64 {get;}
PriorityBoostEnabled        Property       System.Boolean PriorityBoostEnabled {get;set;}
PriorityClass               Property       System.Diagnostics.ProcessPriorityClass PriorityClass {get;set;}
PrivateMemorySize           Property       System.Int32 PrivateMemorySize {get;}
PrivateMemorySize64         Property       System.Int64 PrivateMemorySize64 {get;}
PrivilegedProcessorTime     Property       System.TimeSpan PrivilegedProcessorTime {get;}
ProcessName                 Property       System.String ProcessName {get;}
ProcessorAffinity           Property       System.IntPtr ProcessorAffinity {get;set;}
Responding                  Property       System.Boolean Responding {get;}
SessionId                   Property       System.Int32 SessionId {get;}
Site                        Property       System.ComponentModel.ISite Site {get;set;}
StandardError               Property       System.IO.StreamReader StandardError {get;}
StandardInput               Property       System.IO.StreamWriter StandardInput {get;}
StandardOutput              Property       System.IO.StreamReader StandardOutput {get;}
StartInfo                   Property       System.Diagnostics.ProcessStartInfo StartInfo {get;set;}
StartTime                   Property       System.DateTime StartTime {get;}
SynchronizingObject         Property       System.ComponentModel.ISynchronizeInvoke SynchronizingObject {get;set;}
Threads                     Property       System.Diagnostics.ProcessThreadCollection Threads {get;}
TotalProcessorTime          Property       System.TimeSpan TotalProcessorTime {get;}
UserProcessorTime           Property       System.TimeSpan UserProcessorTime {get;}
VirtualMemorySize           Property       System.Int32 VirtualMemorySize {get;}
VirtualMemorySize64         Property       System.Int64 VirtualMemorySize64 {get;}
WorkingSet                  Property       System.Int32 WorkingSet {get;}
WorkingSet64                Property       System.Int64 WorkingSet64 {get;}
PSConfiguration             PropertySet    PSConfiguration {Name, Id, PriorityClass, FileVersion}
PSResources                 PropertySet    PSResources {Name, Id, Handlecount, WorkingSet, NonPagedMemorySize, PagedM...
Company                     ScriptProperty System.Object Company {get=$this.Mainmodule.FileVersionInfo.CompanyName;}
CPU                         ScriptProperty System.Object CPU {get=$this.TotalProcessorTime.TotalSeconds;}
Description                 ScriptProperty System.Object Description {get=$this.Mainmodule.FileVersionInfo.FileDescri...
FileVersion                 ScriptProperty System.Object FileVersion {get=$this.Mainmodule.FileVersionInfo.FileVersion;}
Path                        ScriptProperty System.Object Path {get=$this.Mainmodule.FileName;}
Product                     ScriptProperty System.Object Product {get=$this.Mainmodule.FileVersionInfo.ProductName;}
ProductVersion              ScriptProperty System.Object ProductVersion {get=$this.Mainmodule.FileVersionInfo.Product...

PS C:\> _
```

Abbildung 5.18: Teil 2 der Ausgabe von Get-Process | Get-Member

Die Ausgabe zeigt, dass aus der Sicht der PowerShell eine .NET-Klasse sieben Arten von Mitgliedern hat:

1. Method (Methode)
2. Property (Eigenschaft)
3. PropertySet (Eigenschaftssatz)
4. NoteProperty (Notizeigenschaft)
5. ScriptProperty (Skripteigenschaft)
6. CodeProperty (Codeeigenschaft)
7. AliasProperty (Aliaseigenschaft)

HINWEIS: Von den oben genannten Mitgliedsarten sind nur „Method" und „Property" tatsächliche Mitglieder der .NET-Klasse. Alle anderen Mitgliedsarten sind Zusätze, welche die PowerShell mittels des bereits erwähnten Extended Type System (ETS) dem .NET-Objekt hinzugefügt hat. ■

Die Ausgabe von `Get-Member` kann man verkürzen, indem man nur eine bestimmte Art von Mitgliedern ausgeben lässt. Diese erreicht man über den Parameter `–Membertype` (kurz: `–m`). Der folgende Befehl listet nur die Properties auf:

```
Get-Process | Get-Member -Membertype Properties
```

Außerdem ist eine Filterung beim Namen möglich:

```
Get-Process  | Get-Member *set*
```

Der obige Befehl listet nur solche Mitglieder der Klasse `Process` auf, deren Name das Wort „set" enthält.

Methoden (Mitgliedsart Method)

Methoden (Mitgliedsart Method) sind Operationen, die man auf dem Objekt aufrufen kann und die eine Aktion auslösen, z.B. beendet `Kill()` den Prozess. Methoden können aber auch Daten liefern oder Daten in dem Objekt verändern.

ACHTUNG: Beim Aufruf von Methoden sind immer runde Klammern anzugeben, auch wenn es keine Parameter gibt. Ohne die runden Klammern erhält man Informationen über die Methode, man ruft aber nicht die Methode selbst auf. ■

Eigenschaften (Mitgliedsart Property)

Eigenschaften (Mitgliedsart Property) sind Datenelemente, die Informationen aus dem Objekt enthalten oder mit denen man Informationen an das Objekt übergeben kann, z.B. `MaxWorkingSet`.

ACHTUNG: In PowerShell 1.0 sah die Aussage von `Get-Member` noch etwas anders aus (siehe nächste Bildschirmabbildung). Man sieht dort, dass es zu jedem Property zwei Methoden gibt, z. B. `get_MaxWorkingSet()` und `set_MaxWorkingSet()`. Die Ursache dafür liegt in den Interna des .NET Frameworks: Dort werden Properties (nicht aber sogenannte Fields, eine andere Art von Eigenschaften) durch ein Methodenpaar abgebildet: eine Methode zum Auslesen der Daten (genannt „Get-Methode" oder „Getter"), eine andere Methode zum Setzen der Daten (genannt „Set-Methode" oder „Setter"). Einige Anfänger störte die „Aufblähung" der Liste durch diese Optionen. Seit PowerShell 2.0 zeigte `Get-Member` die Getter-Methoden (`get_`) und Setter-Methoden (`set_`) nur noch an, wenn man den Parameter `–force` verwendet.

Abbildung 5.19: Anzeige der Getter und Setter in PowerShell 1.0

Fortgeschrittene Benutzer bevorzugen die Auflistung der Getter und Setter. Man kann erkennen, welche Aktionen auf einem Property möglich sind. Fehlt der Setter, kann die Eigenschaft nicht verändert werden (z. B. `StartTime` bei der Klasse `Process`). Fehlt der Getter, kann man die Eigenschaft nur setzen. Dafür gibt es kein Beispiel in der Klasse `Process`. Dieser Fall kommt auch viel seltener vor, wird aber z. B. bei Kennwörtern eingesetzt, die man nicht wiedergewinnen kann, weil sie nicht im Klartext, sondern nur als Hash-Wert abgespeichert werden.

Für den PowerShell-Nutzer bedeutet die Existenz von Gettern und Settern, dass er zwei Möglichkeiten hat, Daten abzurufen. Über die Eigenschaft (`Property`):

```
Get-Process | Where-Object { $_.name -eq "iexplore" } | Foreach-Object
{ $_.PriorityClass }
```

oder die entsprechende "Get"-Methode:

```
Get-Process | Where-Object { $_.name -eq "iexplore" } | Foreach-Object
{ $_.get_PriorityClass() }
```

Analog gibt es für das Schreiben die Option über die Eigenschaft:

```
Get-Process | Where-Object { $_.name -eq "iexplore" } | Foreach-Object
{ $_.PriorityClass = "High" }
```

oder die entsprechende "Set"-Methode:

```
Get-Process | Where-Object { $_.name -eq "iexplore" } | Foreach-Object
{ $_.set_PriorityClass("High") }
```

TIPP: Auch hier kann man wieder grundsätzlich die verkürzte Schreibweise seit PowerShell-Version 3.0 anwenden, also:

```
(Get-Process | Where-Object { $_.name -eq "iexplore" }).PriorityClass
(Get-Process | Where-Object { $_.name -eq "iexplore" }).get_PriorityClass()
(Get-Process | Where-Object { $_.name -eq "iexplore" }).set_
PriorityClass("High")
```

Syntaktisch nicht erlaubt ist aber:

```
(Get-Process | Where-Object { $_.name -eq "iexplore" }).PriorityClass = "High"
```

Hier geht nur die o. g. Schreibweise mit `Foreach-Object`..

Eigenschaftssätze (PropertySet)

Eigenschaftssätze (PropertySet) sind eine Zusammenfassung einer Menge von Eigenschaften unter einem gemeinsamen Dach. Beispielsweise umfasst der Eigenschaftssatz `psRessources` alle Eigenschaften, die sich auf den Ressourcenverbrauch eines Prozesses beziehen. Dies ermöglicht es, dass man nicht alle diesbezüglichen Eigenschaften einzeln nennen muss, sondern schreiben kann:

```
Get-Process | Select-Object psResources | Format-Table
```

Die Eigenschaftssätze gibt es nicht im .NET Framework; sie sind eine Eigenart der PowerShell und definiert in der Datei *types.ps1xml* im Installationsordner der PowerShell.

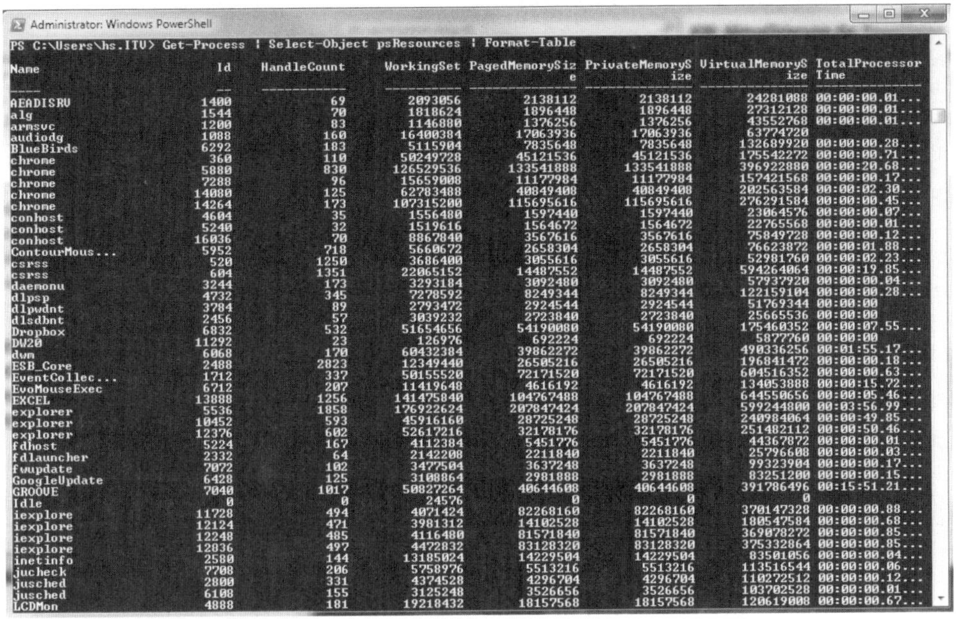

Administrator: Windows PowerShell

```
PS C:\Users\hs.ITV> Get-Process | Select-Object psResources | Format-Table
```

Name	Id	HandleCount	WorkingSet	PagedMemorySize	PrivateMemorySize	VirtualMemorySize	TotalProcessorTime
AEADISRV	1400	69	2093056	2138112	2138112	24281088	00:00:00.01...
alg	1544	70	1818624	1896448	1896448	27312128	00:00:00.01...
armsvc	1200	83	1146880	1376256	1376256	43552768	00:00:00.01...
audiodg	1088	160	16400384	17063936	17063936	63774720	
BlueBirds	6292	183	5115904	7835648	7835648	132689920	00:00:00.28...
chrome	360	110	50249728	45121536	45121536	175542272	00:00:00.71...
chrome	5880	830	126529536	133541888	133541888	396922880	00:00:20.68...
chrome	7288	96	15659008	11177984	11177984	157421568	00:00:00.17...
chrome	14080	125	62783488	40849408	40849408	202563584	00:00:02.30...
chrome	14264	173	107315200	115695616	115695616	276291584	00:00:00.45...
conhost	4604	35	1556480	1597440	1597440	23064576	00:00:00.07...
conhost	5240	32	1519616	1564672	1564672	22765568	00:00:00.01...
conhost	16036	70	8867840	3567616	3567616	75849728	00:00:00.12...
ContourMous...	5952	718	5660672	2658304	2658304	76623872	00:00:01.88...
csrss	520	1250	3686400	3055616	3055616	52981760	00:00:02.23...
csrss	604	1351	22065152	14487552	14487552	594264064	00:00:19.85...
daemonu	3244	173	3293184	3092480	3092480	57937920	00:00:00.04...
dlpsp	4732	345	7278592	8249344	8249344	122159104	00:00:00.28...
dlpwdnt	3784	89	2793472	2924544	2924544	51769344	00:00:00
dlsdbnt	2456	57	3039232	2723840	2723840	25665536	00:00:00
Dropbox	6832	532	51654656	54190080	54190080	175460352	00:00:07.55...
DW20	11292	23	126976	692224	692224	5877760	00:00:00
dwm	6068	170	60432384	39862272	39862272	490336256	00:01:55.17...
ESB_Core	2488	2823	12349440	26505216	26505216	196841472	00:00:00.18...
EventCollec...	1712	337	50155520	72171520	72171520	604516352	00:00:00.63...
EvoMouseExec	6712	207	11419648	4616192	4616192	134053888	00:00:15.72...
EXCEL	13888	1256	141475840	104767488	104767488	644550656	00:00:05.46...
explorer	5536	1858	176922624	207847424	207847424	599244800	00:03:56.99...
explorer	10452	593	45916160	28725248	28725248	240984064	00:00:49.85...
explorer	12376	602	52617216	32178176	32178176	251482112	00:00:50.46...
fdhost	5224	167	4112384	5451776	5451776	44367872	00:00:00.01...
fdlauncher	2332	64	2142208	2211840	2211840	25796608	00:00:00.03...
fwupdate	7072	102	3477504	3637248	3637248	99323904	00:00:00.17...
GoogleUpdate	6428	125	3108864	2981888	2981888	83251200	00:00:00.15...
GROOVE	7040	1017	50827264	40644608	40644608	391786496	00:15:51.21...
Idle	0	0	24576	0	0	0	
iexplore	11728	494	4071424	82268160	82268160	370147328	00:00:00.88...
iexplore	12124	471	3981312	14102528	14102528	180547584	00:00:00.68...
iexplore	12248	485	4116480	81571840	81571840	369078272	00:00:00.85...
iexplore	12836	497	4472832	83128320	83128320	375332864	00:00:00.85...
inetinfo	2580	144	13185024	14229504	14229504	83501056	00:00:00.04...
jucheck	7708	206	5758976	5513216	5513216	113516544	00:00:00.06...
jusched	2800	331	4374528	4296704	4296704	110272512	00:00:00.12...
jusched	6108	155	3125248	3526656	3526656	103702528	00:00:00.01...
LCDMon	4888	181	19218432	18157568	18157568	120619008	00:00:00.67...

Abbildung 5.20: Verwendung des Eigenschaftssatzes „psRessources“

```
<PropertySet>
    <Name>PSConfiguration</Name>
    <ReferencedProperties>
        <Name>Name</Name>
        <Name>Id</Name>
        <Name>PriorityClass</Name>
        <Name>FileVersion</Name>
    </ReferencedProperties>
</PropertySet>
<PropertySet>
    <Name>PSResources</Name>
    <ReferencedProperties>
        <Name>Name</Name>
        <Name>Id</Name>
        <Name>Handlecount</Name>
        <Name>WorkingSet</Name>
        <Name>NonPagedMemorySize</Name>
        <Name>PagedMemorySize</Name>
        <Name>PrivateMemorySize</Name>
        <Name>VirtualMemorySize</Name>
        <Name>Threads.Count</Name>
        <Name>TotalProcessorTime</Name>
    </ReferencedProperties>
</PropertySet>
```

Abbildung 5.21: Definition der Eigenschaftssätze für die Klasse System.Diagnostics.Process in types.ps1ml

Notizeigenschaften (NoteProperty)

Notizeigenschaften (NoteProperties) sind zusätzliche Datenelemente, die nicht dem .NET-Objekt entstammen, sondern welche die PowerShell-Infrastruktur hinzugefügt hat. Im Beispiel der Ergebnismenge des Commandlets `Get-Process` ist dies `__NounName`, der einen Kurznamen der Klasse liefert. Andere Klassen haben zahlreiche Notizeigenschaften. Notizeigenschaften gibt es nicht im .NET Framework; sie sind eine Eigenart der PowerShell.

HINWEIS: Man kann einem Objekt zur Laufzeit eine Notizeigenschaft hinzufügen, siehe Kapitel 16 *„Dynamische Objekte“*. ■

Skripteigenschaften (ScriptProperty)

Eine **Skripteigenschaft (ScriptProperty)** ist eine berechnete Eigenschaft, also eine Information, die nicht im .NET-Objekt selbst gespeichert ist. Dabei muss die Berechnung nicht notwendigerweise eine mathematische Berechnung sein; es kann sich auch um den Zugriff auf die Eigenschaften eines untergeordneten Objekts handeln. Der Befehl

```
Get-Process | Select-Object name, product
```

listet alle Prozesse mit den Produkten auf, zu denen der Prozess gehört (siehe folgende Bildschirmabbildung). Dies ist gut zu wissen, wenn man auf seinem System einen Prozess sieht, den man nicht kennt und von dem man befürchtet, dass es sich um einen Schädling handeln könnte.

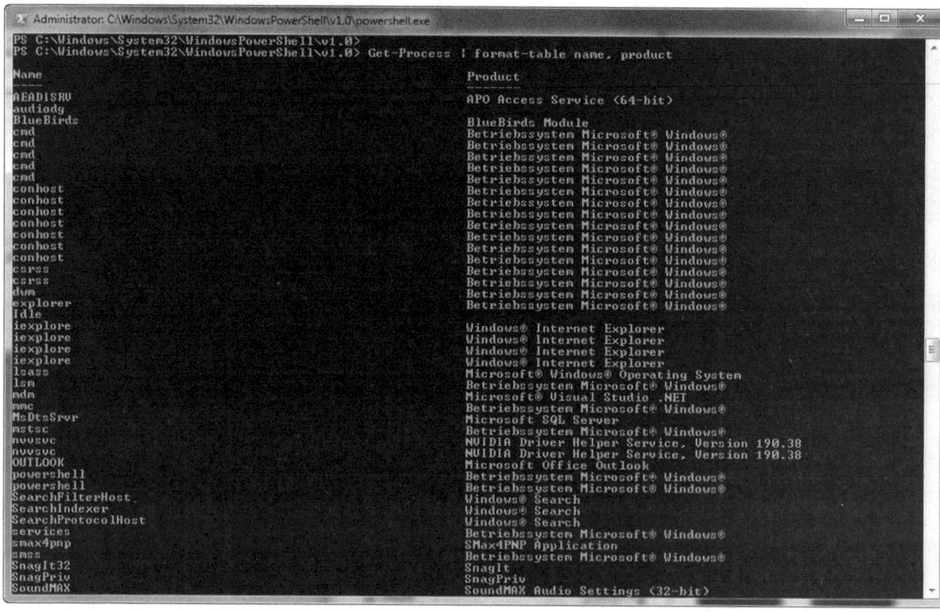

Abbildung 5.22: Auflistung der berechneten Eigenschaft „Product"

Die Information über das Produkt steht nicht in dem Prozess (Windows listet diese Information im Taskmanager ja auch nicht auf), aber in der Datei, die den Programmcode für den Prozess enthält. Das .NET Framework bietet über die `MainModule.FileversionInfo.ProductName` einen Zugang zu dieser Information. Anstelle des Befehls

```
Get-Process | Select-Object name, Mainmodule.FileVersionInfo.ProductName
```

bietet Microsoft durch die Skripteigenschaft eine Abkürzung an. Diese Abkürzung ist definiert in der Datei *types.ps1xml* im Installationsordner der PowerShell.

```
<ScriptProperty>
    <Name>Product</Name>
    <GetScriptBlock>$this.Mainmodule.FileVersionInfo.ProductName</GetScriptBlock>
</ScriptProperty>
```

Abbildung 5.23: Definition einer Skripteigenschaft in der types.ps1xml

Skripteigenschaften gibt es nicht im .NET Framework; sie sind eine Eigenart der PowerShell.

Man kann einem Objekt zur Laufzeit eine Skripteigenschaft hinzufügen, siehe Kapitel 16 *„Dynamische Objekte"*.

Codeeigenschaften (Code Property)

Eine **Codeeigenschaft (CodeProperty)** entspricht einer Script Property, allerdings ist der Programmcode nicht als Skript in der PowerShell-Sprache, sondern als .NET-Programmcode hinterlegt.

Aliaseigenschaft (AliasProperty)

Eine **Aliaseigenschaft** (AliasProperty) ist eine verkürzte Schreibweise für ein Property. Dahinter steckt keine Berechnung, sondern nur eine Verkürzung des Namens. Beispielsweise ist `WS` eine Abkürzung für `WorkingSet`. Auch die Aliaseigenschaften sind in der Datei *types.ps1xml* im Installationsordner der PowerShell definiert. Aliaseigenschaften sind ebenfalls eine PowerShell-Eigenart.

Hintergrundwissen: Extended Type System (ETS)

Wie bereits dargestellt, zeigt die PowerShell für viele .NET-Objekte mehr Mitglieder an, als eigentlich in der .NET-Klasse definiert sind. In einigen Fällen werden aber auch Mitglieder ausgeblendet. In beiden Fällen kommt das Extended Type System (ETS) zum Einsatz.

Die Ergänzung von Mitgliedern per ETS wird verwendet, um bei einigen .NET-Klassen, die Metaklassen für die eigentlichen Daten sind (z.B. `ManagementObject` für WMI-Objekte, `ManagementClass` für WMI-Klassen, `DirectoryEntry` für Einträge in Verzeichnisdiensten und `DataRow` für Datenbankzeilen), die Daten direkt ohne Umweg dem PowerShell-Nutzer zur Verfügung zu stellen.

Mitglieder werden ausgeblendet, wenn sie in der PowerShell nicht nutzbar sind oder es bessere Alternativen durch die Ergänzungen gibt.

In der Dokumentation nimmt das PowerShell-Entwicklungsteam dazu wie folgt Stellung: „Some .NET Object members are inconsistently named, provide an insufficient set of public members, or provide insufficient capability. ETS resolves this issue by introducing the ability to extend the .NET object with additional members." [MSDN54] Dies heißt im Klartext, dass das PowerShell-Team mit der Arbeit des Entwicklungsteams der .NET-Klassenbibliothek nicht ganz zufrieden ist.

Das Extended Type System (ETS) verpackt grundsätzlich jedes Objekt, das von einem Commandlet in die Pipeline gelegt wird, in ein PowerShell-Objekt des Typs `PSObject`. Die Implementierung der Klasse `PSObject` entscheidet dann, was für die folgenden Commandlets und Befehle sichtbar ist.

Diese Entscheidung wird beeinflusst durch verschiedene Instrumente:

- PowerShell-Objektadapter, die für bestimmte Typen wie `ManagementObject`, `ManagementClass`, `DirectoryEntry` und `DataRow` implementiert wurden,
- die Deklarationen in der *types.ps1xml*-Datei,
- in den Commandlets hinzugefügte Mitglieder,
- mit dem Commandlet `Add-Member` hinzugefügte Mitglieder.

5.11 Filtern

Nicht immer will man alle Objekte weiterverarbeiten, die ein Commandlet liefert. Einschränkungskriterien sind Bedingungen (z. B. nur Prozesse, bei denen der Speicherbedarf größer ist als 10 000 000 Byte) oder die Position (z. B. nur die fünf Prozesse mit dem größten Speicherbedarf). Zur wertabhängigen Einschränkung verwendet man das Commandlet `Where-Object` (Alias `where`).

```
Get-Process | Where-Object {$_.ws -gt 10000000 }
```

Einschränkungen über die Position definiert man mit dem `Select-Object` (in dem nachfolgenden Befehl für das oben genannte Beispiel ist zusätzlich noch eine Sortierung eingebaut, damit die Ausgabe einen Sinn ergibt):

```
Get-Process | Sort-Object ws -desc | Select-Object -first 5
```

Analog dazu sind die kleinsten Speicherfresser zu ermitteln mit:

```
Get-Process | Sort-Object ws -desc | Select-Object -last 5
```

Etwas gewöhnungsbedürftig ist die Schreibweise der Vergleichsoperatoren: Statt >= schreibt man `–ge` (siehe Tabelle). Die Nutzung regulärer Ausdrücke ist möglich mit dem Operator `–Match`.

Dazu zwei Beispiele:

1. Der folgende Ausdruck listet alle Systemdienste, deren Beschreibung aus zwei durch ein Leerzeichen getrennten Wörtern besteht.

```
Get-Service | Where-Object { $_.DisplayName -match "^\w* \w*$" }
```

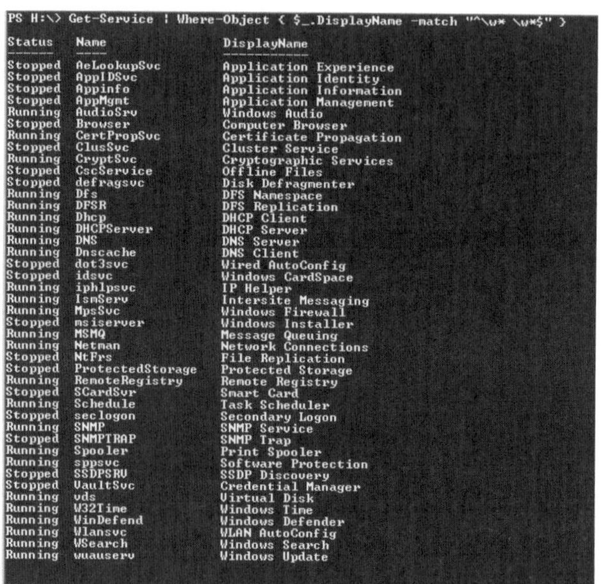

Abbildung 5.24: Ausgabe zu obigem Beispiel

2. Der folgende Ausdruck listet alle Prozesse, deren Namen mit einem "i" starten und danach aus drei Buchstaben bestehen.

```
Get-Process | Where-Object { $_.ProcessName -match "^i\w{3}$" }
```

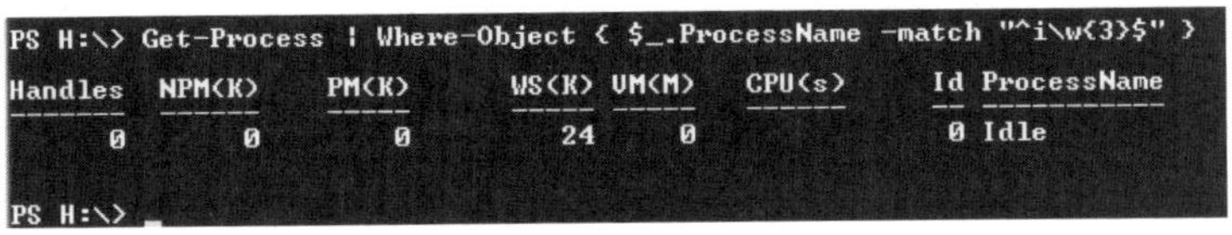

Abbildung 5.25: Ausgabe zu obigem Beispiel

Tabelle 5.1: Vergleichsoperatoren der PowerShell

Vergleich unter Ignorierung der Groß-/Kleinschreibung	Vergleich unter Berücksichtigung der Groß-/Kleinschreibung	Bedeutung
`-lt / -ilt`	`-clt`	Kleiner
`-le / -ile`	`-cle`	Kleiner oder gleich
`-gt / -igt`	`-cgt`	Größer
`-ge / -ige`	`-cge`	Größer oder gleich
`-eq / -ieq`	`-ceq`	Gleich
`-ne / -ine`	`-cne`	Nicht gleich
`-like / -ilike`	`-clike`	Ähnlichkeit zwischen Zeichenketten, Einsatz von Platzhaltern (* und ?) möglich
`-notlike / -inotlike`	`-cnotlike`	Keine Ähnlichkeit zwischen Zeichenketten, Einsatz von Platzhaltern (* und ?) möglich
`-match / -imatch`	`-cmatch`	Vergleich mit regulärem Ausdruck
`-notmatch / -inotmatch`	`-cnotmatch`	Stimmt nicht mit regulärem Ausdruck überein
`-is`		Typvergleich, z. B. (Get-Date) -is [DateTime]
`-in` `-contains`		Ist enthalten in Menge
`-notin` `-notcontains`		Ist nicht enthalten in Menge

Tabelle 5.2: Logische Operatoren in der PowerShell-Sprache

Logischer Operator	Bedeutung
`-not` oder `!`	Nicht
`-and`	Und
`-or`	Oder

Vereinfachte Schreibweise von Bedingungen seit PowerShell-Version 3.0

Microsoft hat versucht, die Schreibweise von Bedingungen nach `Where-Object` seit PowerShell-Version 3.0 zu vereinfachen.

Die Bedingung

```
Get-Service | where-object { $_.status -eq "running" }
```

kann der Nutzer seitdem vereinfacht schreiben als

```
Get-Service | where-object status -eq "running".
```

Dass auch

```
Get-Service | where-object -eq status "running"
```

und

```
Get-Service | where-object status "running" -eq
```

zum gleichen Ergebnis führen, wirkt befremdlich.

Allerdings funktioniert die neue Syntaxform nur in den einfachsten Fällen. Bei der Verwendung von `–and` und `–or` ist die Verkürzung nicht möglich.

So sind folgende Befehl **nicht** erlaubt:

```
Get-Process | Where-Object Name -eq "iexplore" -or name -eq "Chrome" -or name -eq
"Firefox"  | Stop-Process
Get-Service | where-object status -eq running -and name -like "a*"
```

Korrekt muss es heißen:

```
Get-Process | Where-Object { $_.Name -eq "iexplore" -or $_.name -eq "Chrome" -or
$_.name -eq "Firefox"  } | Stop-Process
Get-Service | where-object { $_.status -eq "running" -and $_.name -like "a*" }
```

Grund für das Versagen bei komplexeren Ausdrücken ist, dass Microsoft die Syntaxvereinfachung über die Parameter abgebildet hat. So wird in der einfachsten Form –eq als Parameter von `where-object` betrachtet. Microsoft hätte da lieber den Parser grundsätzlich überarbeiten sollen.

5.12 Zusammenfassung von Pipeline-Inhalten

Die Menge der Objekte in der Pipeline kann heterogen sein, d. h. verschiedenen .NET-Klassen angehören. Dies ist zum Beispiel automatisch der Fall, wenn man `Get-ChildItem` im Dateisystem ausführt: Die Ergebnismenge enthält sowohl `FileInfo`- als auch `DirectoryInfo`-Objekte.

Man kann auch zwei Befehle, die beide Objekte in die Pipeline senden, zusammenfassen, so dass der Inhalt in einer Pipeline wie folgt aussieht:

```
$( Get-Process  ; Get-Service )
```

Dies ist aber nur sinnvoll, wenn die nachfolgenden Befehle in der Pipeline korrekt mit heterogenen Pipeline-Inhalten umgehen können. Die Standardausgabe der PowerShell kann dies. In anderen Fällen bedingt der Typ des ersten Objekts in der Pipeline die Art der Weiterverarbeitung (z. B. bei `Export-Csv`).

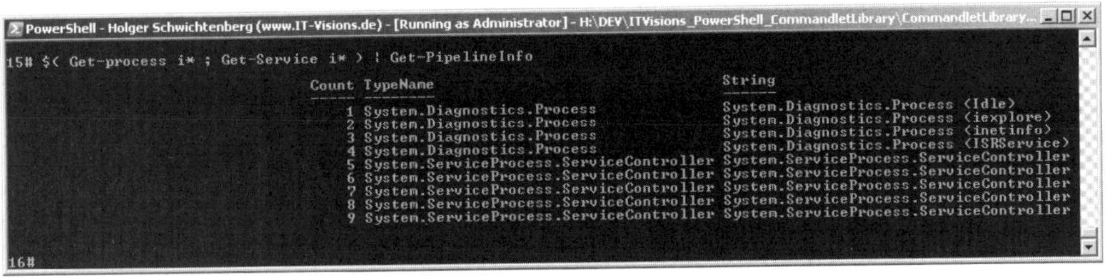

Abbildung 5.26: Anwendung von Get-PipelineInfo auf eine heterogene Pipeline

5.13 „Kastrierung“ von Objekten in der Pipeline

Die Analyse des Pipeline-Inhalts zeigt, dass es oftmals sehr viele Mitglieder in den Objekten in der Pipeline gibt. In der Regel braucht man aber nur wenige. Nicht nur aus Gründen der Leistung und Speicherschonung, sondern auch in Bezug auf die Übersichtlichkeit lohnt es sich, die Objekte in der Pipeline hinsichtlich ihrer Datenmenge zu beschränken.

Mit dem Befehl `Select-Object` (Alias: `Select`) kann ein Objekt in der Pipeline „kastriert“ werden, d. h., (fast) alle Mitglieder des Objekts werden aus der Pipeline entfernt, mit Ausnahme der hinter `Select-Object` genannten Mitglieder.

Beispiel:

```
Get-Process | Select-Object processname, get_minworkingset, ws | Get-Member
```

lässt von den `Process`-Objekten in der Pipeline nur die Mitglieder `processname` (Eigenschaft), `get_minworkingset` (Methode) und `workingset` (Alias) übrig (siehe folgende Bildschirmabbildung). Wie die Abbildung zeigt, ist das „Kastrieren“ mit drei Wermutstropfen verbunden:

- `Get-Member` zeigt nicht mehr den tatsächlichen Klassennamen an, sondern `PSCustomObject`, eine universelle Klasse der PowerShell.
- Alle Mitglieder sind zu Notizeigenschaften degradiert.

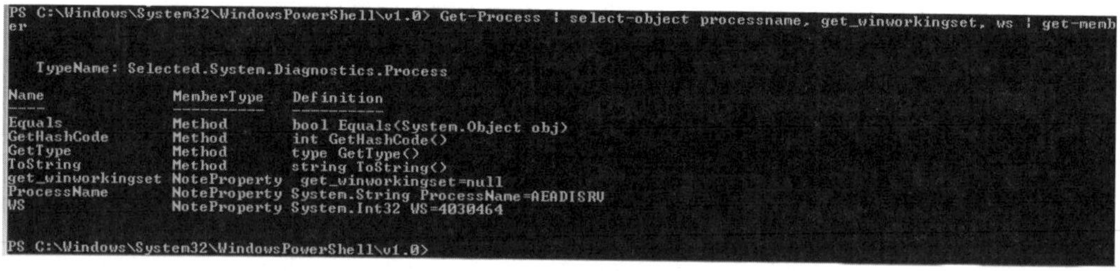

```
PS C:\Windows\System32\WindowsPowerShell\v1.0> Get-Process | select-object processname, get_winworkingset, ws | get-memb
er


   TypeName: Selected.System.Diagnostics.Process

Name              MemberType   Definition
----              ----------   ----------
Equals            Method       bool Equals(System.Object obj)
GetHashCode       Method       int GetHashCode()
GetType           Method       type GetType()
ToString          Method       string ToString()
get_winworkingset NoteProperty  get_winworkingset=null
ProcessName       NoteProperty System.String ProcessName=AEADISRV
WS                NoteProperty System.Int32 WS=4030464

PS C:\Windows\System32\WindowsPowerShell\v1.0>
```

Abbildung 5.27: Wirkung der Anwendung von Select-Object

> **TIPP:** Mit dem Parameter `–exclude` kann man in `Select-Object` auch Mitglieder einzeln ausschließen.

Dass es neben den drei gewünschten Mitgliedern noch vier weitere in der Liste gibt, ist auch einfach erklärbar: Jedes, wirklich jedes .NET-Objekt hat diese vier Methoden, weil diese von der Basisklasse `System.Object` an jede .NET-Klasse vererbt und damit an jedes .NET-Objekt weitergegeben werden.

5.14 Sortieren

Mit `Sort-Object` (Alias `Sort`) sortiert man die Objekte in der Pipeline nach den anzugebenden Eigenschaften. Die Standardsortierrichtung ist aufsteigend. Mit dem Parameter –`descending` (kurz: `-desc`) legt man die absteigende Sortierung fest.

Der folgende Befehl sortiert die Prozesse absteigend nach ihrem Speicherverbrauch:

```
Get-Process | Sort-Object ws –desc
```

Mit Komma getrennt kann man mehrere Eigenschaften aufführen, nach denen sortiert werden soll. In folgendem Beispiel werden die Systemdienste erst nach Status und innerhalb eines Status dann nach Displayname sortiert.

```
Get-Service | Sort-Object Status, Displayname
```

5.15 Duplikate entfernen

`Get-Unique` entfernt Duplikate aus einer Liste.

Achtung: Die Liste muss vorher sortiert sein!

Richtig ist daher:

```
1,5,7,8,5,7 | Sort-Object | Get-Unique
```

Falsch wäre:

```
1,5,7,8,5,7 | Get-Unique
```

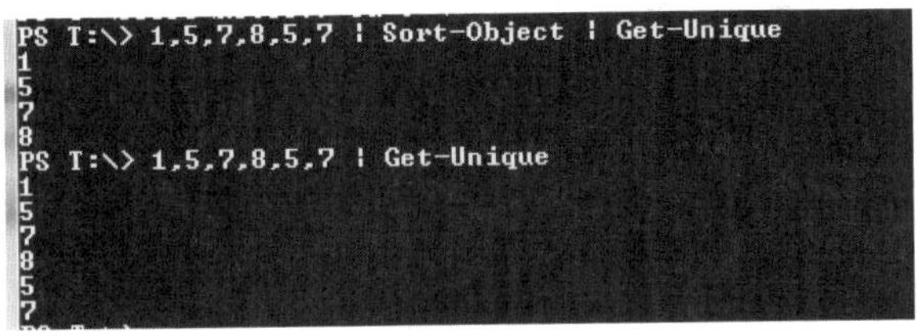

Abbildung 5.28: Richtiger und falscher Einsatz von Get-Unique

TIPP: `Get-Unique` arbeitet nicht nur auf elementaren Datentypen wie Zahlen und Zeichenketten, sondern auch auf komplexen Objekten, z. B. `Get-process | Sort-Object | Get-Unique`.

Praxisbeispiel: Microsoft-Office-Wörterbücher zusammenfassen

Wer auf mehreren Rechnern arbeitet und kein Roaming-Profile nutzen kann oder will, kennt das Problem: Auf jedem PC gibt es ein eigenes benutzerdefiniertes Wörterbuch für Microsoft Word, Outlook etc. (.dic-Datei mit Namen benutzer.dic bzw. custom.dic). .Dic-Dateien sind einfache ASCII-Dateien und man kann natürlich mit jedem beliebigen Texteditor oder einem Merge-Werkzeug die Wörterbücher zusammenführen. Ganz elegant ist die Zusammenführung aber mit einem Windows-PowerShell-Einzeiler möglich. Der Befehl geht davon aus, dass sich im Ordner d:\Woerterbuecher mehrere .dic-Dateien befinden. Die Ausgabe ist ein konsolidiertes Wörterbuch MeinWoerterbuch.dic. Doppelte Einträge werden natürlich mit `Get-Unique` eliminiert.

```
Dir "T:\Woerterbuecher" -Filter *.dic | Get-Content | Sort-Object | Get-Unique |
Set-Content "T:\Woerterbuecher\MeinWoerterbuch.dic"
```

5.16 Gruppierung

Mit `Group-Object` (Alias: `Group`) kann man Objekte in der Pipeline nach Eigenschaften gruppieren.

Mit dem folgenden Befehl ermittelt man, wie viele Systemdienste laufen und wie viele gestoppt sind:

```
PS B:\Scripte> Get-Service | Group-Object status
Count Name                      Group
----- ----                      -----
   64 Running                   {AeLookupSvc, ALG, AppMgmt, appmgr...}
   54 Stopped                   {Alerter, aspnet_state, ClipSrv, clr_optimiz...
```

Das zweite Beispiel gruppiert die Dateien im *System32*-Verzeichnis nach Dateierweiterung und sortiert die Gruppierung dann absteigend nach Anzahl der Dateien in jeder Gruppe.

```
Get-ChildItem c:\windows\system32 | Group-Object extension |
Sort-Object count -desc
```

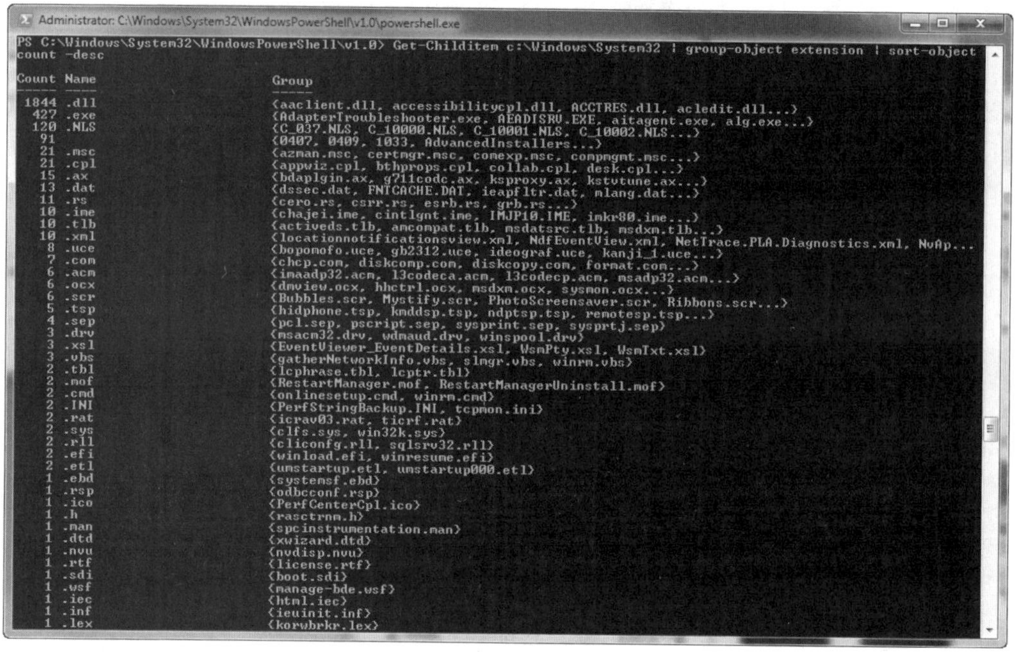

Abbildung 5.29: Einsatz von Group-Object und Sort-Object

TIPP: Wenn es nur darum geht, die Gruppen zu ermitteln und nicht die Häufigkeit der Gruppenelemente, dann kann man auch `Select-Object` mit dem Parameter `–unique` zum Gruppieren einsetzen:

```
GET-CHILDITEM | Select-Object extension -Unique
```

TIPP: Man kann bei `Group-Object` auch einen Ausdruck angeben, der wahr oder falsch liefert, und dadurch zwei Gruppen bilden. Beispiel:

```
Get-Childitem c:\Windows | Where { !$_.PsIsContainer } |
Group-Object { $_.Length -gt 1MB}
```

teilt alle Dateien im aktuellen Verzeichnis in zwei Gruppen ein: solche, die größer als 1 MByte sind, und solche, die es nicht sind (Verzeichnisse werden bereits vorher ausgeschlossen, auch wenn dies nicht erforderlich wäre, da sie die Größe 0 besitzen).

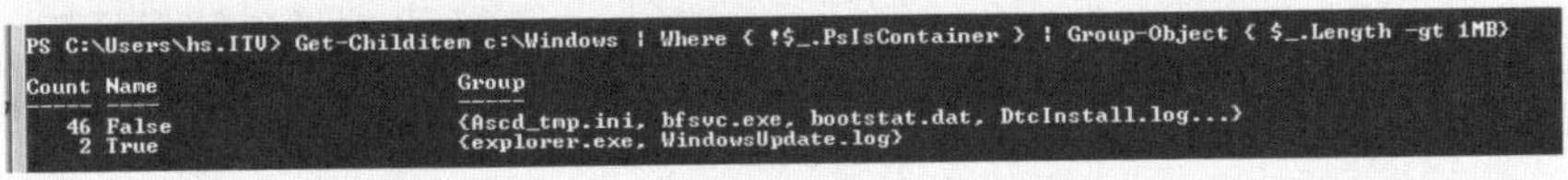

Abbildung 5.30: Ergebnis des obigen Befehls (Zahlen können in Abhängigkeit vom Betriebssystem abweichen)

5.17 Berechnungen

`Measure-Object` (Alias: `measure`) führt verschiedene Berechnungen (Anzahl, Durchschnitt, Summe, Minimum, Maximum) für Objekte in der Pipeline aus. Dabei sollte man die Eigenschaft nennen, über welche die Berechnung ausgeführt werden soll. Sonst wird die erste Eigenschaft verwendet, die aber häufig ein Text ist, den man nicht mathematisch verarbeiten kann.

`Measure-Object` liefert im Standard nur die Anzahl. Mit den Parametern `–sum`, `-min`, `-max` und `–average` muss man weitere Berechnungen explizit anstoßen.

Beispiel: Informationen über die Dateien in *c:\Windows*

```
Get-ChildItem c:\windows | Measure-Object -Property length -min -max -average -sum
```

Abbildung 5.31: Beispiel für den Einsatz von Measure-Object

5.18 Zwischenschritte in der Pipeline mit Variablen

Ein Befehl mit Pipeline kann beliebig lang und damit auch beliebig komplex werden. Wenn der Befehl unübersichtlich wird oder man Zwischenschritte genauer betrachten möchte, bietet es sich an, den Inhalt der Pipeline zwischenzuspeichern. Die PowerShell ermöglicht es, den Inhalt der Pipeline in Variablen abzulegen. Variablen werden durch ein vorangestelltes Dollarzeichen ($) gekennzeichnet. Anstelle von

```
Get-Process  | Where-Object {$_.name -eq "iexplore"} | Foreach-Object { $_.ws }
```

kann man die folgenden Befehle nacheinander in getrennte Zeilen eingeben:

```
$x = Get-Process
$y = $x | Where-Object {$_.name -eq "iexplore"}
$y | Foreach-Object { $_.ws }
```

Das Ergebnis ist in beiden Fällen gleich.

Der Zugriff auf Variablen, die keinen Inhalt haben, führt so lange nicht zum Fehler, wie man später in der Pipeline keine Commandlets verwendet, die unbedingt Objekte in der Pipeline erwarten.

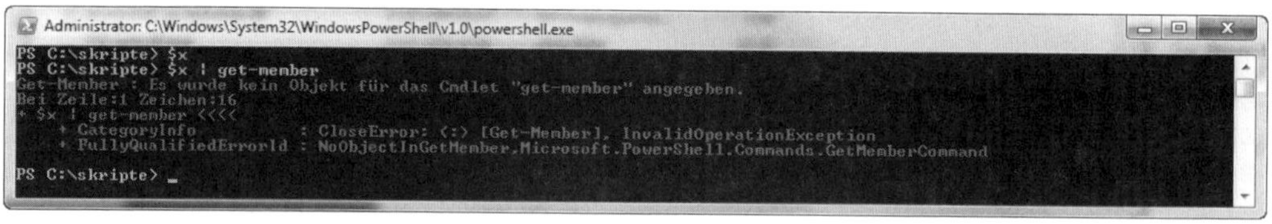

Abbildung 5.32: Zugriff auf Variablen ohne Inhalt

> **ACHTUNG:** Wenn ein Pipeline-Befehl keinen Inhalt liefert, dann erhält die Variable den Wert `$null`, der für „kein Wert" steht.
>
> Beispiel:
>
> ```
> $x = Get-Service x*
> ```
>
> Die Ausgabe für `$null` ist nichts.

5.19 Verzweigungen in der Pipeline

Manchmal möchte man innerhalb einer Pipeline das Ergebnis nicht nur in der Pipeline weiterreichen, sondern auch in einer Variablen oder im Dateisystem zwischenspeichern. PowerShell bietet dafür verschiedene Möglichkeiten.

TIPP: Verzweigungen in der Pipeline lassen sich ganz einfach abbilden, indem man die Zwischenschritte in verschiedenen Variablen ablegt, auf die man später wieder zugreifen kann. Die in diesem Unterkapitel gezeigten Techniken sind für Leute gedacht, die unbedingt möglichst viel in einem einzigen Pipeline-Befehl unterbringen wollen.

Tee-Object

Der Verzweigung innerhalb der Pipeline dient das Commandlet `Tee-Object`, wobei hier das „Tee" für „verzweigen" steht. `Tee-Object` reicht den Inhalt der Pipeline unverändert zum nächsten Commandlet weiter, bietet aber an, den Inhalt der Pipeline wahlweise zusätzlich in einer Variablen oder im Dateisystem abzulegen.

Der folgende Pipeline-Befehl verwendet `Tee-Object` gleich zweimal für beide Anwendungsfälle:

```
Get-Service | Tee-Object -var a | Where-Object { $_.Status -eq "Running" } | select
name | Tee-Object -filepath t:\dienste.txt | ft name
```

Die erste Verwendung von `Tee-Object` speichert die Liste der Dienste-Objekte in der Variablen `$a` und gibt die Objekte aber gleichzeitig weiter in die Pipeline.

Die zweite Verwendung speichert die Liste der laufenden Dienste in der Textdatei `g:\dienste.txt` und gibt sie zusätzlich an die Standardausgabe aus.

Nach der Ausführung des Befehls steht in der Variablen `$a` eine Liste aller Dienste und in der Textdatei *dienste.txt* eine Liste der laufenden Dienste.

ACHTUNG: Bitte beachten Sie, dass man bei `Tee-Object` beim Parameter `–variable` den Namen der Variablen ohne den üblichen Variablenkennzeichner `"$"` angeben muss.

Parameter OutVariable

Alternativ zum Commandlet `Tee-Object` kann man den allgemeinen Parameter `-OutVariable` (kurz: `-ov`) einsetzen, der das Ergebnis eines Commandlets in einer Variable ablegt und dennoch das Ergebnis in der Pipeline weiterreicht. Das Beispiel aus dem vorherigen Unterkapitel kann man so umformulieren:

```
Get-Service -OutVariable a | Where-Object { $_.Status -eq "Running" } | select name |
Set-Content t:\dienste.txt -PassThru | ft name
```

Anders als Tee-Object kann `-OutVariable` nichts direkt in einer Datei speichern. Zum Speichern kommt daher hier `Set-Content` zum Einsatz mit `-PassThru`, was ein zusätzliches Durchleiten der Ergebnisse bewirkt.

> **ACHTUNG:** Nach `–OutVariable` ist von der Variablen nur der Name anzugeben. Das Dollarzeichen muss weggelassen werden.

Parameter PipelineVariable

Der mit PowerShell-Version 4.0 eingeführte allgemeine Parameter `–PipelineVariable` (kurz: `-pv`) sorgt dafür, dass das jeweils aktuelle Objekt nicht nur in der Pipeline weitergereicht wird, sondern zusätzlich auch in einer Variablen abgelegt wird. Dies ist immer dann sinnvoll, wenn die Pipeline ein Objekt in seiner Struktur verändert (z. B. `Select-Object`), man aber später noch auf den früheren Zustand zugreifen will. Nach `–PipelineVariable` ist von der Variablen nur der Name anzugeben. Das Dollarzeichen muss weggelassen werden.

Das folgende Beispiel setzt dies ein, um am Ende eine Liste von Ausgaben aus zwei verschiedenen Objekten zu liefern: den Namen und das Workingset eines Prozesses von `Get-Process` und den Namen und den zugehörigen Security Identifier des Benutzers, unter dem der Prozess läuft. Die Pipeline beginnt mit dem Holen der laufenden Prozesse unter Einbeziehung der Benutzeridentität, die in der Form „Domäne\Benutzername" geliefert wird. Dabei wird das aktuelle `Process`-Objekt mit `–pv` auch in der Variablen `$p` abgelegt. Im zweiten Schritt wird für den Benutzernamen das zugehörige WMI-Objekt `Win32_User` geholt. Im dritten Pipeline-Schritt werden dann zuerst die zwei Informationen aus dem `Process`-Objekt ausgegeben (das sich in `$p` befindet) sowie die Informationen aus dem `Win32_User`-Objekt, die sich nun in der Pipeline befinden (`$_`).

```
Get-Process -IncludeUserName -pv p | % { Get-WmiObject win32_useraccount -filter
"name='$(($_.username -split "\\")[1])'" } | % { $p.name + ":" + $p.ws + ":" +
$_.Name + ";" + $_.SID }
```

> **ACHTUNG:** Der Parameter `–PipelineVariable` funktioniert nicht wie gewünscht, wenn Commandlets in der Pipeline sind, die die Ergebnisse puffern (z. B. `Sort-Object`, `Group-Object`), da der Parameter `–PipelineVariable` sich ja immer nur auf das aktuelle Objekt bezieht, was in diesen Fällen also immer das letzte Objekt ist.

5.20 Vergleiche zwischen Objekten

Mit `Compare-Object` kann man den Inhalt von zwei Pipelines vergleichen. Mit der folgenden Befehlsfolge werden alle zwischenzeitlich neu gestarteten Prozesse ausgegeben:

```
$ProzesseVorher = Get-Process
# Hier einen Prozess starten
$ProzesseNacher = Get-Process
Compare-Object $ProzesseVorher $ProzesseNacher
```

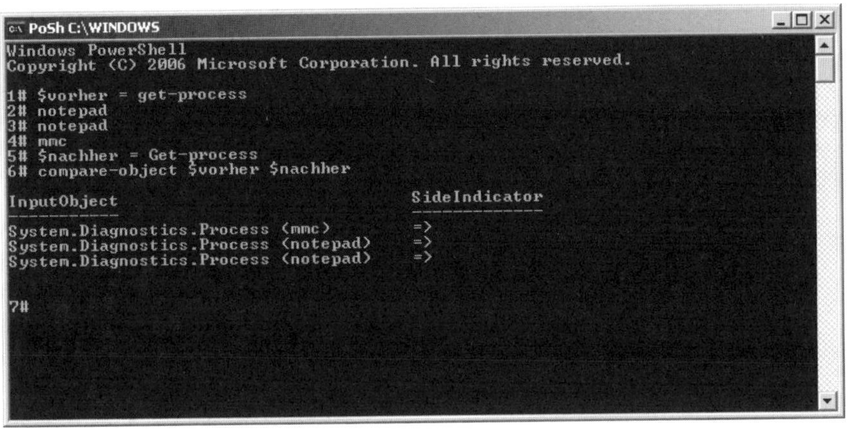

Abbildung 5.33: Vergleich von zwei Pipelines

5.21 Praxisbeispiele

Dieses Kapitel enthält einige Beispiele für die Anwendung von Pipelining und Ausgabebefehlen:

- Beende durch Aufruf der Methode `Kill()` alle Prozesse, die „chrome" heißen, wobei die Groß-/Kleinschreibung des Prozessnamens irrelevant ist.

  ```
  Get-Process | Where { $_.processname -ieq "chrome" } | foreach { $_.Kill() }
  ```

  oder synonym und kürzer:

  ```
  (Get-Process "chrome").Kill()
  ```

- Sortiere die Prozesse, die das Wort „chrome" im Namen tragen, gemäß ihrer CPU-Nutzung und beende den Prozess, der in der aufsteigenden Liste der CPU-Nutzung am weitesten unten steht (also am meisten Rechenleistung verbraucht).

  ```
  Get-Process  | Where { $_.processname -ilike "*chrome*" } | Sort-Object –property
  cpu | Select-Object -last 1 | foreach { $_.Kill() }
  ```

- Gib die Summe der Speichernutzung aller Prozesse aus.

```
ps | Measure-Object workingset
```

- Gruppiere die Einträge im System-Ereignisprotokoll nach Benutzernamen.

```
Get-EventLog -logname system | Group-Object username
```

- Zeige die letzten zehn Einträge im System-Ereignisprotokoll.

```
Get-EventLog -logname system | Select-Object –last 10
```

- Zeige für die letzten zehn Einträge im System-Ereignisprotokoll die Quelle an.

```
Get-EventLog -logname system | Select-Object –first 10 | Select-Object -p source
```

- Importiere die Textdatei `test.txt`, wobei die Textdatei als eine CSV-Datei mit dem Semikolon als Trennzeichen zu interpretieren ist und die erste Zeile die Spaltennamen enthalten muss. Zeige daraus die Spalten *ID* und *Url*.

```
Import-Csv d:\_work\test.txt -delimiter ";" | Select-Object -p ID,Url
```

- Ermittle aus dem Verzeichnis `System32` alle Dateien, die mit dem Buchstaben „a" beginnen. Beschränke die Menge auf diejenigen Dateien, die größer als 40 000 Byte sind, und gruppiere die Ergebnismenge nach Dateinamenerweiterungen. Sortiere die gruppierte Menge nach dem Namen der Dateierweiterung.

```
Get-ChildItem c:\windows\system32 -filter a*.* | Where-Object {$_.Length –gt  40000}
| Group-Object Extension | Sort-Object name | Format-Table
```

- Ermittle aus dem Verzeichnis `System32` alle Dateien, die mit dem Buchstaben „b" beginnen. Beschränke die Menge auf diejenigen Dateien, die größer als 40 000 Byte sind, und gruppiere die Ergebnismenge nach Dateierweiterungen. Sortiere die Gruppen nach der Anzahl der Einträge absteigend und beschränke die Menge auf das oberste Element. Gib für alle Mitglieder dieser Gruppe die Attribute `Name` und `Length` aus und passe die Spaltenbreite automatisch an.

```
Get-ChildItem c:\windows\system32 -filter b*.* | Where-Object {$_.Length –gt 40000}
| Group-Object Extension | Sort-Object count -desc | Select-Object -first 1 |
Select-Object group | foreach {$_.group} | Select-Object name,length | Format-Table
-autosize
```

6 PowerShell-Skripte

Dieses Kapitel behandelt die Erstellung von PowerShell-Skripten aus Commandlets und der PowerShell-Skriptsprache. Beide Formen können in einem Skript beliebig gemischt werden. Zunächst werden der allgemeine Aufbau und der Start der Skripte erläutert. Die Befehle der Skriptsprache folgen im nächsten Kapitel.

ACHTUNG: Bereits im Kapitel 1 *„Erste Schritte mit der Windows PowerShell"* haben Sie gelernt, dass die PowerShell im Standard gar keine Skriptausführung erlaubt. Wenn Sie den dort genannten Befehl `Set-ExecutionPolicy remotesigned` noch nicht ausgeführt haben, führen Sie ihn jetzt aus, um die Skriptausführung auf Ihrem System zu erlauben. Details dazu erfahren Sie im Abschnitt 6.6 *„Sicherheitsfunktionen für PowerShell-Skripte"*.

6.1 Skriptdateien

Befehlsabfolgen (Commandlets und/oder Elemente der Skriptsprache) können als PowerShell-Skripte im Dateisystem abgelegt und später (unbeaufsichtigt) ausgeführt werden. Diese Skripte sind reine Textdateien und haben die Dateinamenerweiterung *.ps1*. Die Zahl 1 steht dabei ursprünglich für die Version 1.0 der PowerShell. Microsoft hat in Hinblick auf die Langlebigkeit vieler Skripte vorgesehen, dass verschiedene Versionen der PowerShell auf einem System koexistieren können.

ACHTUNG: ps1 gilt auch noch für PowerShell 4.0. Man kann .ps1 nun also als „erste Version des PowerShell-Dateiformats" verstehen.

Beispiel

Das folgende Listing zeigt ein Skript, das verschiedene Informationen über den Computer ausgibt. Die Informationen werden aus den Commandlets `Get-Date`, `Get-Service` und `Get-`

Process ermittelt. Dabei werden nur jeweils einzelne Werte durch den Aufruf von Methoden ToShortDateString() bzw. ToLongTimeString() sowie das Property Count extrahiert. Zudem gibt es statische Ausgaben (Zeichenkettenliterale), die durch das Pluszeichen (+) mit den Ergebnissen der Commandlets verbunden werden. Die Raute (#) leitet Kommentare ein, die nicht ausgegeben werden.

Die einzelnen Befehle sind jeweils durch Zeilenumbrüche getrennt. Alternative Möglichkeiten der Befehlstrennung lernen Sie im Kapitel *„PowerShell-Skriptsprache“* kennen.

```
# Mein erstes Skript
# Beispiel aus dem Buch "Windows PowerShell 4.0 - Das Praxishandbuch"
"Informationen über diesen Computer:"
"Datum:" + (Get-Date).ToShortDateString()
"Zeit:" + (Get-Date).ToLongTimeString()
"Anzahl laufender Prozesse: " + (Get-Process).Count
"Anzahl gestarteter Dienste: " + (Get-Service | where { $_.Status
-eq "running" } ).Count
```

Das Skript können Sie in einem beliebigen Texteditor (z.B. Notepad, Textpad) oder einem speziellen PowerShell-Editor (z.B. ISE, PowerShellPlus, PowerGUI) erfassen und im Dateisystem speichern. Details über die Editoren erfahren Sie im Kapitel *„PowerShell-Werkzeuge“*.

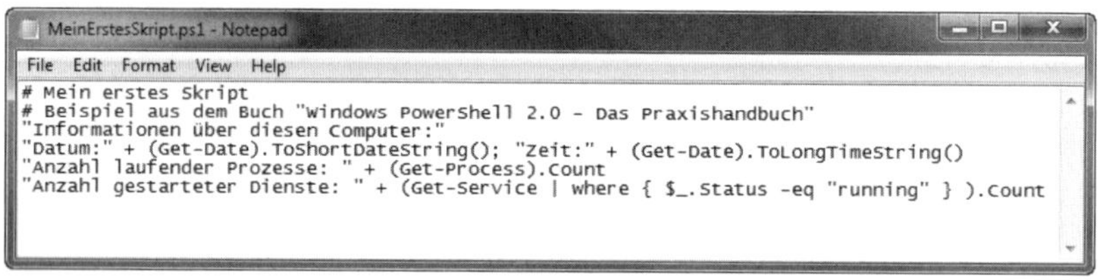

Abbildung 6.1: Das Skript im Notepad

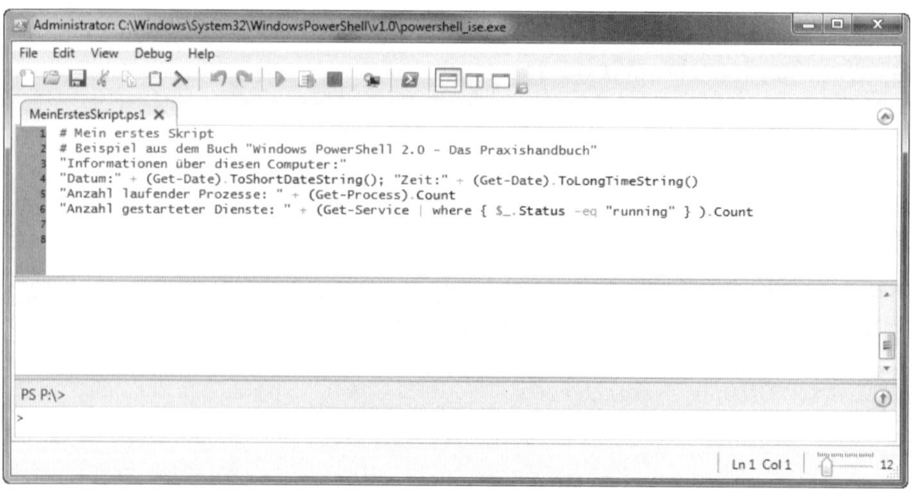

Abbildung 6.2: Das Skript im „Integrated Scripting Environment“ (ISE), das Microsoft bei PowerShell mitliefert

6.2 Start eines Skripts

Jeffrey Snover, der maßgebliche Architekt der Windows PowerShell, nannte als „Top-Sicherheitsfunktion“ der Windows PowerShell die Tatsache, dass man ein PowerShell-Skript nicht durch Doppelklick auf das Symbol in Windows starten kann. Grundsätzlich könnte man diese Startart definieren, sie ist aber nicht im Standardumfang der PowerShell-Installation enthalten. Ein PowerShell-Skript wird gestartet durch Eingabe des Namens mit oder ohne Dateierweiterung bzw. mit oder ohne ein vorangestelltes Commandlet in der PowerShell-Konsole.

```
.\MeinErstesSkript.ps1
```

oder

```
&.\MeinErstesSkript.ps1
```

oder

```
Invoke-Expression .\MeinErstesSkript.ps1
```

HINWEIS: Wichtig ist, dass ein Skript immer eine Pfadangabe braucht, selbst wenn es nur ein „.\“ für den lokalen Pfad ist. Das „.ps1“ ist jeweils optional.

Wenn der Skriptpfad ein Leerzeichen enthält, muss man folgende Syntax wählen: & „c:\Skripte\Skriptname mit Leerzeichen.ps1“.

Wenn in dem eingebundenen Skript „freie“ Befehle enthalten sind, also Befehle, die nicht Teil einer Funktion sind, dann werden diese Befehle sofort ausgeführt.

Damit in einem Skript enthaltene Funktionen auch noch nach der Skriptausführung zur Verfügung stehen, muss man das „Dot Sourcing“ anwenden (siehe Kapitel 24.3).

Die folgende Bildschirmabbildung zeigt den Start des Skripts an der PowerShell-Konsole mit absolutem Pfad („P:\...“) und relativem Pfad („.\“).

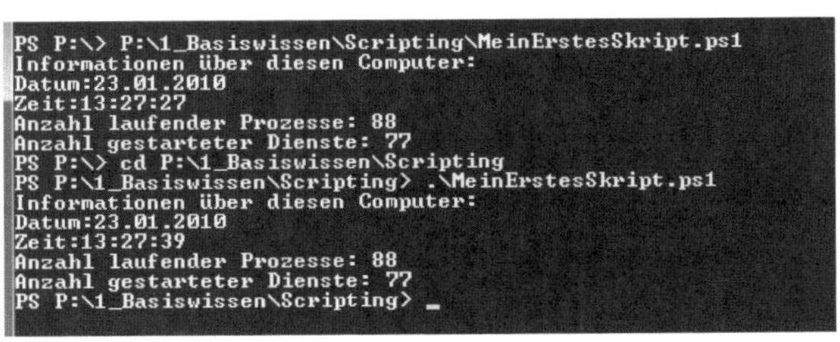

Abbildung 6.3: Start des Skripts an der PowerShell-Konsole mit absolutem Pfad und relativem Pfad

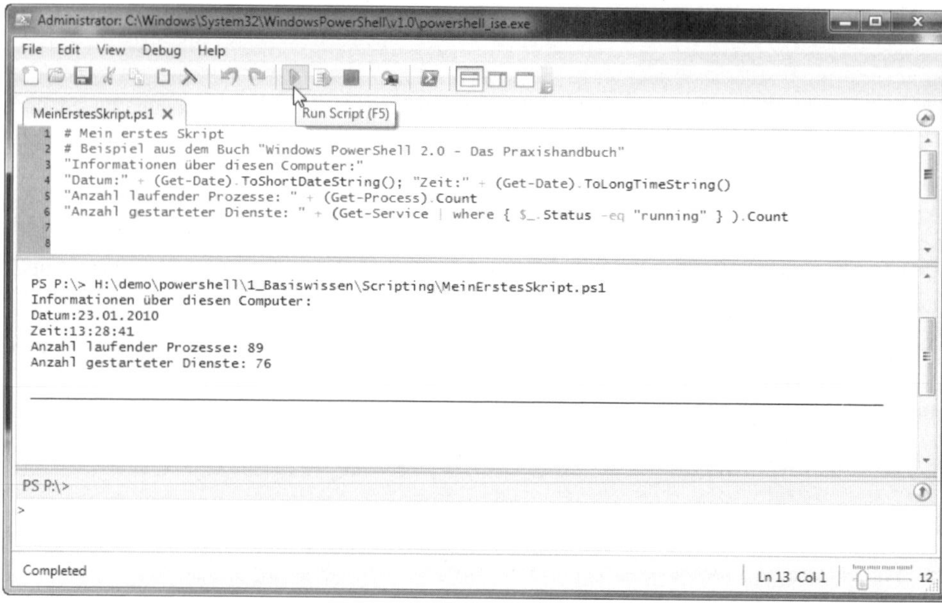

Abbildung 6.4: Start des Skripts in der ISE mit dem Symbolleistenbefehl „Run Script" oder der Taste F5

Alternativ kann man ein PowerShell-Skript aus dem normalen Windows-Kommandozeilenfenster (cmd.exe) durch eine Verknüpfung aus dem Windows-Desktop oder als Anmeldeskript starten, indem man `powershell.exe` voranstellt:

```
powershell.exe p:\Skripte\MeinErstesSkript.ps1
```

ACHTUNG: Für PowerShell-Skripte gelten seit Windows Vista hinsichtlich der Benutzerkontensteuerung (User Account Control - UAC) die gleichen Einschränkungen und Lösungen wie für WSH-Skripte, d.h. Sie müssen die PowerShell-Konsole explizit mit dem Kontextmenüeintrag „Run as Administrator" ausführen, um volle administrative Rechte zu erhalten.

6.3 Aliase für Skripte verwenden

Man kann Aliase auch für Skriptdateien inklusive Pfadangabe vergeben, z.B.

```
Set-Alias Get-ComputerInfo P:\1_Basiswissen\Scripting\MeinErstesSkript.ps1
```

Danach kann man dieses Skript über `Get-ComputerInfo` aufrufen, als wäre es ein Commandlet.

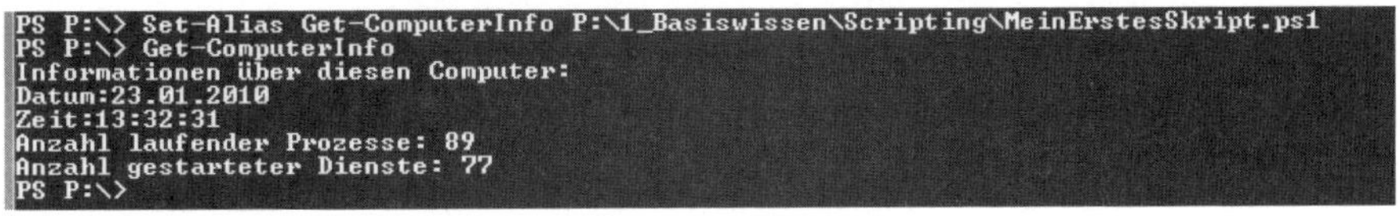

```
PS P:\> Set-Alias Get-ComputerInfo P:\1_Basiswissen\Scripting\MeinErstesSkript.ps1
PS P:\> Get-ComputerInfo
Informationen über diesen Computer:
Datum:23.01.2010
Zeit:13:32:31
Anzahl laufender Prozesse: 89
Anzahl gestarteter Dienste: 77
PS P:\>
```

Abbildung 6.5: Setzen eines Alias für ein Skript

6.4 Parameter für Skripte

Das oben gezeigte „MeinErstesSkript“ fragt immer die Dienste und Prozesse des lokalen Systems ab. Schön wäre es, wenn man auch entfernte Computersysteme abfragen könnte. Sowohl `Get-Process` als auch `Get-Service` bieten dazu einen Parameter `–ComputerName`, bei dem man ein entferntes System angeben kann. Details zur Fernausführung (Remoting) erfahren Sie in Teil B *„PowerShell-Aufbauwissen“*. An dieser Stelle soll der Computername ein Parameter des Skripts werden.

Beim Aufruf eines Skripts kann man Parameter genauso übergeben wie beim Aufruf von Commandlets, d. h. ohne Klammern und getrennt durch Leerzeichen:

```
.\Skriptname.ps1 Parameter1 Parameter2 Parameter3
```

Ein Skript kann Parameter auf zwei Weisen verarbeiten:

- Über die Variable `$args`, die ein Array (Liste) der Parameter enthält. Die Zählung beginnt bei 0. Der erste Parameter steht in `$args[0]`, der zweite in `$args[1]`, der dritte in `$args[2]` usw.
- Durch eine explizite Deklaration einer Parameterliste mit Zuweisung von Variablennamen und optional Datentypen. Die Parameterliste definiert man am Beginn des Skripts mit `param($name1, $name2, $name3, usw.)` oder `param([Typ] $name1,[Typ] $name2,[Typ] $name3, usw.)`. Im Skript kann man dann über `$name1` etc. Bezug auf die Werte nehmen.

Die folgenden Listings zeigen beide Varianten am Beispiel von `Get-ComputerInfo.ps1`, einer modifizierten Form von `MeinErstesSkript.ps1`. Der Aufruf erfolgt mit:

```
.\Get-ComputerInfo.ps1 E21
```

ACHTUNG: Wenn Sie den Computernamen vergessen sollten, beschwert sich das Skript selbst nicht. Es findet keinen Parameter und setzt den Wert `$null`. `$null` (nicht zu verwechseln mit der Zahl 0!) steht für „kein Wert“. Das ist in Ordnung für das Skript, aber die Commandlets `Get-Process` und `Get-Service` mögen es nicht, wenn man als `–ComputerName $null` übergibt, und beschweren sich: „The argument is null or empty.“.

Listing 6.1: Get-ComputerInfo.ps1 Variante 1 unter Verwendung von args[x]

```
# Get-ComputerInfo
# Skript mit Parametern
# Beispiel aus dem Buch "Windows PowerShell 4.0 - Das Praxishandbuch"
"Informationen über den Computer: " + $args[0]
"Datum:" + (Get-Date).ToShortDateString(); "Zeit:" + (Get-Date).ToLongTimeString()
"Anzahl laufender Prozesse: " + (Get-Process -computername $args[0]).Count
"Anzahl gestarteter Dienste: " + (Get-Service -computername $args[0]| where
{ $_.Status -eq "running" } ).Count
```

Listing 6.2: Get-ComputerInfo.ps1 Variante 2 unter Verwendung von param[$x]

```
# Get-ComputerInfo
# Skript mit Parametern
# Beispiel aus dem Buch "Windows PowerShell 4.0 - Das Praxishandbuch"
param([string] $Computer)
"Informationen über den Computer: " + $Computer
"Datum:" + (Get-Date).ToShortDateString(); "Zeit:" + (Get-Date).ToLongTimeString()
"Anzahl laufender Prozesse: " + (Get-Process -computername $Computer).Count
"Anzahl gestarteter Dienste: " + (Get-Service -computername $Computer| where
{ $_.Status -eq "running" } ).Count
```

6.5 Skripte dauerhaft einbinden (Dot Sourcing)

Als „Dot Sourcing" wird eine Möglichkeit bezeichnet, eine Skriptdatei aufzurufen und permanent in die aktuelle Instanz der PowerShell einzubinden. Der Unterschied zu den oben genannten Möglichkeiten ist, dass nach dem „Dot Sourcing" alle in dem Skript deklarierten Variablen und alle dort enthaltenen Funktionen der PowerShell-Konsole sowie alle nachfolgend aufgerufenen Skripte zur Verfügung stehen. „Dot Sourcing" ist also eine Möglichkeit, die Funktionalität der PowerShell zu erweitern.

„Dot Sourcing" wird durch einen vorangestellten Punkt mit Leerzeichen aktiviert:

```
. Softwareinventar.ps1
```

Es kann ein relativer oder ein absoluter Pfad angegeben werden.

ACHTUNG: Wenn in dem eingebundenen Skript „freie" Befehle enthalten sind, also Befehle, die nicht Teil einer Funktion sind, dann werden diese Befehle sofort ausgeführt. Deklarierte Funktionen werden nicht ausgeführt, stehen aber dem einbindenden Skript und den folgenden eingebundenen Skripten zur Verfügung.

Man kann mit „Dot Sourcing" auch Skripte in andere einbinden. Die Einbindung erfolgt auch hier mit dem Punktoperator (.).

Listing 6.3: Beispiel für ein PowerShell-Skript, das nur besteht, um andere Skripte einzubinden und aufzurufen [3_Einsatzgebiete/Benutzer/Run Demos.ps1]

```
# Demo User Management

. ("H:\demo\PowerShell\Benutzer\Localuser_Create.ps1")
. ("H:\demo\PowerShell\Benutzer\LocalGroup.ps1")
. ("H:\demo\PowerShell\Benutzer\Localuser_Delete.ps1")
```

6.6 Sicherheitsfunktionen für PowerShell-Skripte

Die bisherige Active-Scripting-Architektur im Internet Explorer, in Outlook und im Windows Script Host (WSH) hatte mit Sicherheitsproblemen zu kämpfen. Laut der Dokumentation ist die PowerShell „in der Grundeinstellung eine sichere Umgebung“ [MS02]. Dass nicht jedes beliebige Skript zur Ausführung gebracht werden kann, zeigt sich, wenn man versucht, die PowerShell-Konsole nicht nur interaktiv, sondern zum Start eines Skripts zu verwenden. Die Standardausführungsrichtlinie (Execution Policy) lässt überhaupt keine Skripte zu.

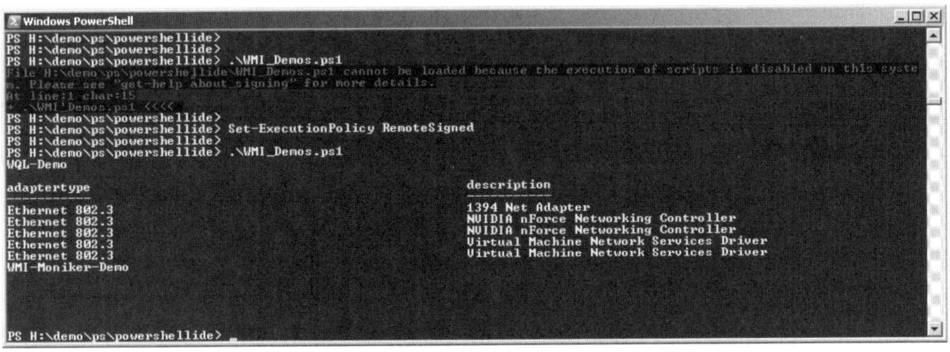

Abbildung 6.6: Die Skriptausführung muss man in der PowerShell erst explizit aktivieren.

Sicherheitsrichtlinien

Ein Benutzer kann die Shell zunächst nur interaktiv verwenden, bis er die Ausführungsrichtlinie mit dem Commandlet `Set-Executionpolicy` auf eine niedrigere Sicherheitsstufe herabsetzt:

- Modus „Restricted“: Es werden keine Konfigurationsdateien geladen und keine Skripts ausgeführt. „Restricted“ ist der Standardwert.
- Modus „AllSigned“: Nur signierte Skripte starten und signierte Skripte von nichtvertrauten Quellen starten auf Nachfrage.
- Modus „RemoteSigned: Eine vertraute Signatur ist nur für Skripte aus dem Internet (via Browser, Outlook, Messenger) erforderlich; lokale Skripte starten auch ohne Signatur.

- Modus „Unrestricted“: Alle Skripte laufen.
- Modus „Bypass“: Keine Blockierung findet statt und es werden keine Warnungen oder Eingabeaufforderungen ausgegeben.
- Modus „Undefined“: Entfernt die gerade zugewiesene Ausführungsrichtlinie aus dem aktuellen Bereich. Mit diesem Parameter wird aber keine Ausführungsrichtlinie entfernt, die in einer Gruppenrichtlinie festgelegt wurde.

Neu in der PowerShell-Version 2 ist die Möglichkeit, einen Gültigkeitsbereich für die Ausführungsrichtlinie festzulegen. Der Standardwert ist „LocalMachine“.

Gültige Werte sind:

- „Process“: Die Ausführungsrichtlinie wirkt sich nur auf den aktuellen Windows-PowerShell-Prozess aus.
- „CurrentUser“: Die Ausführungsrichtlinie wirkt sich nur auf den aktuellen Benutzer aus.
- „LocalMachine“: Die Ausführungsrichtlinie wirkt sich auf alle Benutzer des Computers aus.

Zum Entfernen einer Ausführungsrichtlinie aus einem bestimmten Bereich legen Sie die Ausführungsrichtlinie für diesen Bereich auf „Undefined“ fest.

ACHTUNG: „Unrestricted“ sollte man nicht wählen, weil dies „bösen“ Skripten, die z. B. als E-Mail-Anhänge übermittelt werden, die Tür öffnen würde. Wenn man sich nicht die Arbeit mit digitalen Signaturen machen will, ist die Option „RemoteSigned“ ein Kompromiss. Noch vor dem endgültigen Erscheinen der PowerShell gab es die ersten angeblichen PowerShell-Viren. Diese waren aber nur eine Bedrohung, wenn man sie explizit gestartet hat (siehe [MSSec01]).

Die Sicherheitsrichtlinie wird in der Registrierungsdatenbank auf System- oder Benutzerebene abgespeichert im Schlüssel: *HKEY_CURRENT_USER\Software\Microsoft\PowerShell\1\ShellIds\Microsoft.PowerShell\ExecutionPolicy* bzw. *HKEY_LOCAL_MACHINE\SOFTWARE\Microsoft\PowerShell\1\ShellIds\Microsoft.PowerShell\ExceutionPolicy.*

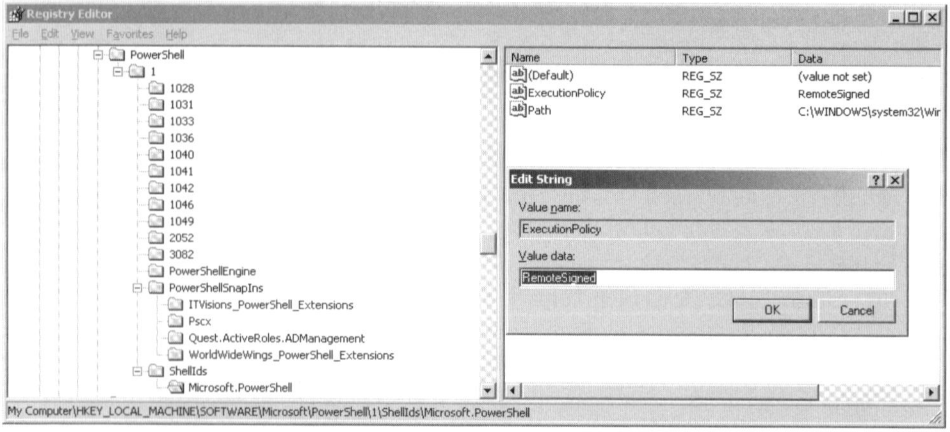

Abbildung 6.7: Persistierung der Sicherheitsrichtlinien in der Registrierungsdatenbank

ACHTUNG: Bitte beachten Sie, dass durch die Speicherung in der Registrierungsdatenbank die Sicherheitsrichtlinie bei aktivierter Windows-Benutzerkontensteuerung (User Account Control) nur geändert werden kann, wenn die PowerShell-Konsole unter vollen Rechten läuft.

Bitte beachten Sie, dass die Ausführungsrichtlinie für die 64- und die 32-Bit-PowerShell getrennt gesetzt werden muss. ■

Skripte signieren

Im Unternehmenseinsatz sollte man digitale Signaturen verwenden. Zum Signieren von Skripten bietet die Shell das Commandlet `Set-AuthenticodeSignature`. Um ein Skript zu signieren, müssen Sie die folgenden Schritte ausführen:

- Wenn Sie kein digitales Zertifikat zum Signieren von Code besitzen, legen Sie sich ein Zertifikat an (z. B. mit dem Kommandozeilenwerkzeug *makecert.exe*).
- Lassen Sie sich Ihre eigenen Windows-Zertifikate in der PowerShell-Konsole auflisten:

```
dir cert:/currentuser/my
```

- Ermitteln Sie die Position des Zertifikats, das Sie verwenden wollen, und speichern Sie dieses Zertifikat in einer Variablen (Achtung: Die Zählung beginnt bei 0!):

```
$cert = @(dir "cert:/currentuser/my/")[1]
```

- Signieren Sie das Skript:

```
Set-AuthenticodeSignature Softwareinventar3.ps1 $cert
```

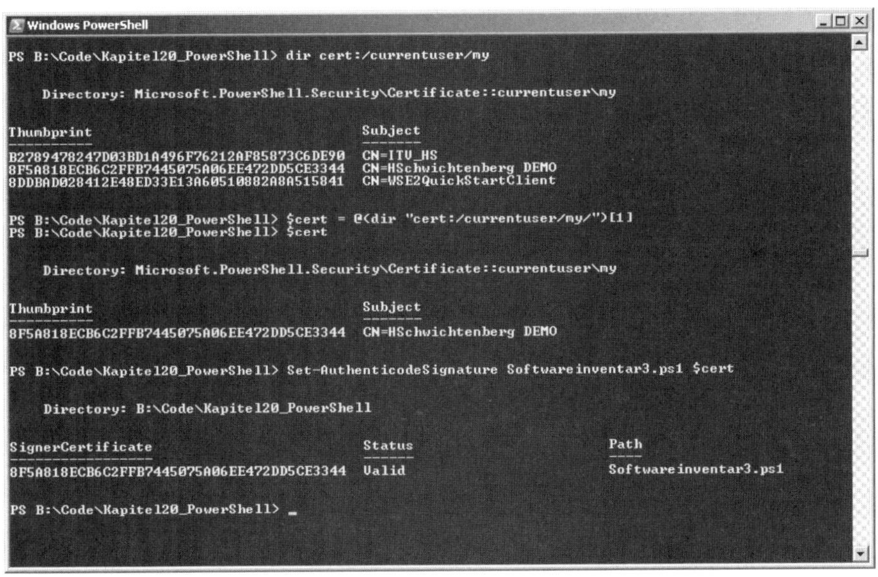

Abbildung 6.8: Signieren eines PowerShell-Skripts

Wenn Sie nun `Set-AuthenticodeSignature AllSigned` eingeben, sollte das von Ihnen signierte PowerShell-Skript laufen, alle anderen Skripte aber nicht.

ACHTUNG: Falls die PowerShell beim Start des Skripts noch einmal nachfragt, ob Sie das Skript wirklich laufen lassen wollen, dann bedeutet dies, dass das Skript zwar von jemandem signiert ist und Sie die Zertifizierungsstelle, die das Zertifikat ausgestellt hat, in Ihrer Stammzertifizierungsstelle kennen, aber dass Sie diesem Skriptautor noch nicht explizit vertrauen. Durch die Option *„Always Run“* würde der Skriptautor unter die „Vertrauenswürdigen Herausgeber“ in die Zertifikatsverwaltung aufgenommen werden.

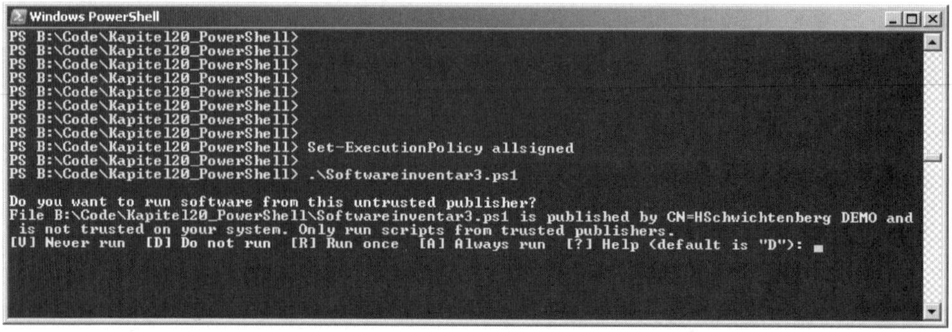

Abbildung 6.9: Nachfrage beim Skriptstart

6.7 Skripte anhalten

Ein PowerShell-Skript kann man eine Zeitlang anhalten. Die Zeit bemisst sich in Millisekunden oder Sekunden.

So wartet das Skript 10 Millisekunden:

```
Start-Sleep -m 10
```

So wartet das Skript 10 Sekunden:

```
Start-Sleep -s 10
```

7 PowerShell-Skriptsprache

Neben der Commandlet-Infrastruktur bietet die PowerShell auch eine eigene Skriptsprache zur Erstellung von Befehlsabfolgen im klassischen imperativen Programmierstil. Die PowerShell Language (PSL) kennt nicht nur Variablen, sondern auch übliche Programmkonstrukte wie Schleifen und Bedingungen. In der PSL kann man komplexe Befehlsabfolgen definieren und diese zu Skripten zusammenfassen.

Microsoft greift dabei nicht auf eine bestehende Skriptsprache zurück, sondern hat sich für die Neuschöpfung nach eigenen Worten „inspirieren lassen" von Unix-Shell-Sprachen, PERL, PHP, Python und C#. Folglich verwendet die Sprache auch geschweifte Klammern; Semikola braucht man jedoch als Befehlstrenner nicht.

7.1 Hilfe zur PowerShell-Skriptsprache

Die Sprachkonstrukte der PowerShell sind genauso wie die PowerShell-Commandlets in einfachen, rein textbasierten Hilfedokumenten erklärt, die mit der PowerShell installiert werden. Die Hilfedokumente zu den Sprachkonstrukten beginnen mit dem Wort „About", z. B. liefert der Befehl

```
Get-Help About_for
```

Hilfe zur for-Schleife.

Der Befehl

```
Get-Help About
```

zeigt eine Liste aller „About"-Dokumente.

7.2 Befehlstrennung

Jede Zeile ist ein Befehl. Ein Befehl kann aus mehreren Commandlets bestehen, die durch das „Pipe-Symbol" (|) getrennt sind. Man kann mehrere Befehle durch ein Semikolon (;) getrennt in eine Zeile setzen. Man kann Semikola auch wie in C++ und C# am Ende jeder Zeile verwenden – man muss es aber nicht.

```
Get-Process ; Get-Service
```

Wenn sich ein Befehl über mehrere Zeilen erstrecken soll, kann man am Ende einer Zeile mit einem Gravis (`), ASCI-Code 96, bewirken, dass die nächste Zeile mit zum Befehl hinzugerechnet wird.

```
Get-Process | `
Format-List
```

7.3 Kommentare

Grundsätzlich sollte man bei der Programmierung dem eigentlichen Programmcode zusätzliche Kommentare hinzufügen, um das Programm für sich selbst und andere verständlich zu machen. Ein gutes Skript zeichnet sich dadurch aus, dass es gut lesbar ist, dass der Code also entsprechend kommentiert wurde. Zwar kann man anhand des Programmcodes oft schon sehen, was innerhalb eines Skripts geschieht, allerdings wird diese Lesbarkeit durch Kommentare wesentlich verbessert.

Kommentare werden in der PowerShell-Skriptsprache durch eine Raute # gekennzeichnet. Kommentare werden von der PowerShell komplett ignoriert. Hier kann jeder beliebige Text stehen.

```
# Ein beliebiger Kommentar
```

HINWEIS: Die Raute gilt immer nur für den Rest der Zeile. Man kann nach einem Befehl einen Kommentar schreiben, z. B.

```
$s = Get-Service | where { $_.Status -eq "running" } # holt die gestarteten
Dienste
```

Aber man kann nicht in die gleiche Zeile nach der Raute noch einen Befehl schreiben, der ausgeführt werden soll.

```
$s = Get-Service # holt die gestarten Dienste Get-Process
```

Hier wird „Get-Process" ignoriert.

Seit der PowerShell 2.0 gibt es auch mehrzeilige Kommentare. Hier ist alles, was zwischen <# und #> steht, ein Kommentar, auch wenn es Zeilenumbrüche gibt.

Listing 7.1: Ein- und mehrzeilige Kommentare im Einsatz

```
<#
-----------------------------------
PowerShell Script
HTTP-Download und Ausgabe am Bildschirm
(C) Dr. Holger Schwichtenberg
http://www.powershell-doktor.de
-----------------------------------
#>

# Instanz erzeugen
$wc = new-object System.Net.WebClient # Es werden keine Parameter benötigt
# HTML herunterladen aus ausgeben
$wc.DownloadString("http://www.powershell-doktor.de")
# Zusätzliche Ausgaben
"Zusätzliche Header-Informationen:"
$wc.ResponseHeaders.ToString() # Liefert eine Liste aller HTTP-Header
```

7.4 Variablen

Variablen sind Speicher für einzelne Werte, für ganze Objekte oder für Objektmengen. Variablen beginnen mit dem Variablenkennzeichner $. Ein Variablenbezeichner (der Name der Variable) kann aus Buchstaben und Zahlen sowie einem Unterstrich bestehen. Nicht erlaubt sind Namen, die bereits vordefinierten Variablen zugewiesen wurden, insbesondere nicht der Name "$_".

Die Zuweisung des Inhalts an Variablen erfolgt mit dem Gleichheitszeichen:

```
$x = 5 # Zuweisung der Zahl 5 an die Variable $x
```

Bei der Verwendung (Auslesen des Inhalts) ist nichts weiter zu beachten:

```
"Die Zahl ist " + $x # Verwendung der Variablen
```

Man kann einer Variablen den Inhalt einer Pipeline zuweisen:

```
$laufendeDienste = Get-Service | where { $_.Status -eq "running" }
```

Und dann später darauf zugreifen, z. B.:

```
"Anzahl der laufenden Dienste: " + $laufendeDienste.Count
"Liste der Dienste: "
$laufendeDienste | ft Name, Status
```

HINWEIS: Die Zuweisung an Variablen und das Auslesen kann alternativ mit den Commandlets `Set-Variable` bzw. `Get-Variable` erfolgen. Dabei ist jeweils zu beachten, dass in diesem Fall der Variablenname ohne „$" anzugeben ist. Ebenso ist bei der Zuweisung kein Gleichheitszeichen zu verwenden. Die Verwendung dieser Commandlets ist jedoch umständlicher als der direkte Zugriff, da zusätzliche Klammerungen notwendig sind, um `Set-Variable` bzw. `Get-Variable` in Ausdrücken zu verwenden. Ebenso muss man bei `Get-Variable` immer noch auf `.Value` zugreifen, da `Get-Variable` nicht den Wert liefert, sondern ein Objekt vom Typ `PSVariable`, das den Wert verpackt.

```
Set-Variable x 5
"Die Zahl ist " + (Get-Variable x).Value # Verwendung der Variablen

Set-Variable laufendeDienste  $(Get-Service | where { $_.Status -eq "running" })
"Anzahl der laufenden Dienste: " + (Get-Variable laufendeDienste).Value.Count
"Liste der Dienste: "
(Get-Variable laufendeDienste).Value | ft Name, Status
```

TIPP: Eine befüllte Variable kann man wieder leeren mit dem Commandlet `Clear-Variable`. Dabei ist aber der Name der Variablen ohne *$* anzugeben, z. B.:

```
Clear-Variable x
```

Typisierung

Variablen sind entweder untypisiert

```
$a = 5
```

oder typisiert auf einen PowerShell-Datentyp oder eine beliebige .NET-Klasse

```
$a = [int] 5
$a = [System.DateTime] "1.8.1972"
```

Als Typbezeichner können alle .NET-Klassennamen verwendet werden sowie einige vordefinierte Typbezeichner (sogenannte „Accelerators") der PowerShell. Beispielsweise sind `[int]`, `[System.Int32]` und `[int32]` völlig gleichbedeutend. `[int]` ist der eingebaute PowerShell-Typbezeichner für Ganzzahlen mit 32 Bit Länge. Dieser Typ wird abgebildet auf die .NET-Klassen `[System.Int32]`. Dieser Name kann wiederum mit `[int32]` abgekürzt werden. Wie viel man tippen möchte, ist also Geschmackssache.

TIPP: Das Voranstellen des Typnamens

```
[int] $a = 5
```

bewirkt, dass die Variable nur Daten dieses Typs aufnehmen kann, und entspricht damit der klassischen Typisierung in Hochsprachen wie C++, Java und C#.

Es ist nicht möglich, eine Variablentypisierung ohne Wertinitialisierung durchzuführen. Der Ausdruck

```
[int] $a
```

typisiert nicht die Variable, sondern ruft den Wert ab und konvertiert ihn in eine Ganzzahlvariable.

Die Tabelle zeigt die wichtigsten Datentypen.

Tabelle 7.1: Die wichtigsten Datentypen der PowerShell

PowerShell-Typ (Accelerator)	Äquivalente .NET-Klasse	Bedeutung
[byte]	[System.Byte]	Ganzzahl mit Länge 8 Bit, nur negative Werte (0 bis 255)
[byte[]]	[System.Byte[]]	Liste von Ganzzahlen mit Länge 8 Bit, nur negative Werte (0 bis 255)
[int]	[System.Int32]	Ganzzahl mit Länge 32 Bit, negative und positive Werte
[int[]]	[System.Int32[]]	Liste von Ganzzahlen mit Länge 32 Bit, negative und positive Werte
[long]	[System.Int64]	Ganzzahl mit Länge 64 Bit, negative und positive Werte
[long[]]	[System.Int64[]]	Liste von Ganzzahlen mit Länge 64 Bit, negative und positive Werte
[string]	[System.String]	Zeichenkette, beliebige Länge
[string[]]	[System.String[]]	Liste beliebiger Länge von Zeichenketten beliebiger Länge
[char]	[System.Char]	Ein Zeichen
[char[]]	[System.Char[]]	Eine Liste von Zeichen
[bool]	[System.Boolean]	Ja-Nein-Wert ($true oder $false)

Tabelle 7.1: Die wichtigsten Datentypen der PowerShell *(Fortsetzung)*

PowerShell-Typ (Accelerator)	Äquivalente .NET-Klasse	Bedeutung
[bool[]]	[System.Boolean[]]	Liste von Ja-Nein-Werten
[float] und [single]	[System.Single]	Zahl mit Nachkommastellen, Länge 32 Bit
[double]	[System.Double]	Zahl mit Nachkommastellen, Länge 64 Bit
[double[]]	[System.Double[]]	Liste von Double-Werten
[decimal]	[System.Decimal]	Zahl mit Nachkommastellen, Länge 86 Bit
[decimal[]]	[System.Decimal[]]	Liste von Decimal-Werten
[regex]	[System.Text.RegularExpression.Regex]	Regulärer Ausdruck
[array]	[System.Array]	Array von beliebigen Objekten
[xml]	[System.Xml.XmlDocument]	XML-Dokument
[scriptblock]	[System.Management.Automation.ScriptBlock	PowerShell-Skriptblock
[hashtable]	[System.Collections.Hashtable]	Hash-Tabelle (Name-Wert-Paare) von beliebigen Objekten
[psobject]	[System.Management.Automation.PSObject]	PowerShell-Objekt. Ein PowerShell ist ein .NET-Objekt mit Erweiterungen wie NoteProperties, ScriptProperties etc.
[type]	[System.Type]	Metadaten zu einer Klasse
[type[]]	[System.Type[]]	Liste von Metadaten zu Klassen
[wmi]	[System.Mangement.ManagementObject]	WMI-Objekt
[wmiclass]	[System.Management.ManagementClass]	WMI-Klasse
[wmisearcher]	[System.Management.ManagementObject Searcher]	WMI-Suchabfrage
[adsi]	[System.DirectoryService.DirectoryEntry]	Verzeichnisdienstobjekt
[adsisearcher]	[System.DirectoryServices.DirectorySearcher]	LDAP-Suchanfrage in einem Verzeichnisdienst

Typisierungszwang

Variablen müssen nicht explizit deklariert werden und es besteht bei Schreibfehlern die Gefahr, dass es unerwünschte Effekte gibt. Mit der Anweisung `Set-PSDebug –Strict` können Sie erreichen, dass die PowerShell einen Fehler meldet, wenn man eine Variable ausliest, der man zuvor keinen Wert zugewiesen hat. Seit PowerShell 2.0 gibt es zusätzlich `Set-StrictMode`. Im Gegensatz zu `Set-PSDebug` wirkt sich `Set-StrictMode` nur auf den aktuellen Gültigkeitsbereich einschließlich der untergeordneten Bereiche aus und kann deshalb in einem Skript oder in einer Funktion verwendet werden, ohne globalen Einfluss zu haben.

`Set-StrictMode` hat einen Pflichtparameter `–Version`, der sich auf die PowerShell-Version bezieht und unterschiedliche Regeln mit sich bringt.

Wert für Version	Bedeutung
1.0	Verhindert Verweise auf nicht initialisierte Variablen, mit Ausnahme nicht initialisierter Variablen in Zeichenfolgen
2.0 oder 3.0 oder 4.0	Verhindert Verweise auf nicht initialisierte Variablen (einschließlich nicht initialisierter Variablen in Zeichenfolgen) Verhindert Verweise auf nicht vorhandene Eigenschaften eines Objekts Verhindert Funktionsaufrufe mit der Syntax für aufrufende Methoden Verhindert eine Variable ohne Namen (${})

Die Angabe des Parameters `-Latest` bewirkt, dass der jeweils aktuelle Regelsatz verwendet wird.

Gültigkeitsbereiche

Eine Variable wird durch eine Zuweisung auch direkt deklariert und gilt dann innerhalb des entsprechenden Gültigkeitsraums, in dem sie deklariert wurde (z. B. einem Block, einer Unterroutine oder dem ganzen Skript). Mit `Remove-Variable` kann man eine Variablendeklaration wieder aufheben.

In dem folgenden Beispiel meldet die PowerShell beim letzten Befehl einen Fehler, weil `$y` nur innerhalb des durch die geschweiften Klammern deklarierten Blocks gültig ist:

```
Set-PSDebug -Strict
$x = 5
{
$y = 5
$x
}
$y
```

Unabhängig davon, ob eine Variable typisiert wurde oder nicht, kann man den Datentyp jederzeit ermitteln. Bei untypisierten Variablen hat die Variable automatisch den Datentyp des zuletzt zugewiesenen Typs.

Den Datentyp liefert die Methode `GetType()` in Form eines .NET-Objekts vom Typ `System.Type`. Da jede PowerShell-Variable eine Instanz einer .NET-Klasse ist, besitzt jede PowerShell-Variable die Methode `GetType()`, die jedes .NET-Objekt von der Mutter aller .NET-Klassen (`System.Object`) erbt. Meistens interessiert man sich nur für den Klassennamen, den man aus `Fullname` (mit Namensraum) oder `Name` (ohne Namensraum) auslesen kann.

```
$b = [System.DateTime] "1.8.1972"
"$b hat den Typ: " + $b.GetType().Fullname
```

Vordefinierte Variablen

Die PowerShell kennt zahlreiche vordefinierte Variablen (alias eingebaute Variablen alias interne Variablen). Die nachstehende Tabelle zeigt nur eine Auswahl dieser Variablen.

Tabelle 7.2: Vordefinierte PowerShell-Variablen (Auswahl)

Variable	Bedeutung
`$true`	Wert „wahr“
`$false`	Wert „falsch“
`$OFS`	Trennzeichen für die Ausgabe von Objektmengen
`$Home`	Heimatordner des angemeldeten Benutzers
`$PSHome`	Installationsordner des PowerShell-Hosts
`$Args`	Parameter (zur Verwendung in Funktionen)
`$Input`	Aktueller Inhalt der Pipeline (zur Verwendung in Funktionen)
`$_`	Aktuelles Objekt der Pipeline (zur Verwendung in Schleifen)
`$StackTrace`	Aktuelle Aufrufreihenfolge
`$Host`	Informationen über den PowerShell-Host und Einstellmöglichkeiten, z. B. Farbe
`$LastExitCode`	Rückgabewert der zuletzt ausgeführten externen Windows- oder Konsolenanwendung
`$Error`	Komplette Liste aller aufgetretenen Fehler seit Start der PowerShell (die maximal gespeicherte Anzahl ist durch $MaximumErrorCount festgelegt)

Mit `$host` kann man die Farben der PowerShell-Konsole für die ganze aktuelle Sitzung verändern, z. B.:

```
$host.UI.RawUI.BackgroundColor = "darkgreen"
```

Das Trennzeichen für Objektmengen kann man mit `$OFS` verändern:

Der Befehl

```
$OFS="/" ; [string] ("a","b","c")
```

liefert die Ausgabe:

```
a/b/c
```

TIPP: Alle deklarierten Variablen, sowohl die eingebauten als auch die selbst definierten, erhält man durch den Befehl `Get-ChildItem Variable:` alias `Dir Variable:`.

`Dir Variable:p*` listet alle Variablen auf, die mit „p“ oder „P“ beginnen. `Get-Variable p*` hat den gleichen Effekt.

Einige der eingebauten Variablen können nicht geändert werden. Für eigene Variablen kann man diesen Zustand erreichen mit:

```
Set-Variable variablenname -Option readonly
```

ACHTUNG: Dabei ist der Variablenname ohne das Dollarzeichen zu verwenden!

7.5 Variablenbedingungen

Seit PowerShell 3.0 erlaubt es Microsoft, zu einer Variablen Bedingungen abzulegen, die diese erfüllen muss. Die Bedingung wird bei jeder Zuweisung geprüft. Fehlerhafte Zuweisungen werden mit Fehlerausgaben von der PowerShell quittiert; die PowerShell bricht in der Standardeinstellung das Skript aber nicht ab.

Achtung: Wichtig ist, dass schon bei der Initialisierung Werte gesetzt werden, da sonst die Variable nicht korrekt typisiert wird und auch die Annotationen nicht wirken.

Mögliche Bedingungen sind:

- die Länge einer Zeichenkette: `[ValidateLength(1,5)]`
- der Aufbau einer Zeichenkette, beschrieben durch einen regulären Ausdruck: `[ValidatePattern("[0-9A-F]*")]`
- ein Ausdruck, der wahr sein muss: `[ValidateScript({$_.Starts With("A")})]`
- dass ein Zahlenwert aus einem Wertebereich stammen muss: `[ValidateRange(0,100)]`

HINWEIS: In .NET heißen die Ausdrücke in eckigen Klammern „Attribute", wobei dies kein guter Begriff ist, weil Attribute in anderen objektorientierten Programmiersprachen/-frameworks die Eigenschaften eines Objekts sind. Besser wäre „Annotation" (vgl. Java). Die genannten Annotationen wurden schon mit PowerShell 2.0 eingeführt, konnten dort aber zunächst nur auf Parameter einer Funktion angewendet werden. Neu seit PowerShell-Version 3.0 ist die Anwendung auf jede beliebige Variable.

In dem folgenden Beispiel werden zunächst gültige Werte zugewiesen, dann aber ungültige.

```
"gültige Zuweisungen bei Initialisierung"
[ValidateRange(0,1000)] [int] $BenuterAnzahl = 0
[ValidateLength(1,15)] [string] $benutzername = "HSchwichtenberg"
[ValidateScript({$_.StartsWith("I")})] [string] $Domain = "ITV"
[ValidatePattern("(\w[-._\w]*\w@\w[-._\w]*\w\.\w{2,3})")] [string]
$BenutzerEMail = "hs@IT-Visions.de"

"weitere gültige Zuweisungen"
```

```
$benutzername = "HolgerS"
$BenuterAnzahl = 1
$BenutzerEMail = "H.Schwichtenberg@IT-Visions.de"
$Domain = "ITV-Schulungen"

"ungültige Zuweisungen"
$benutzername = "HolgerSchwichtenberg"
$BenuterAnzahl = -1
$BenutzerEMail = "Unsinn"
$Domain = "unsinn"
```

7.6 Zahlen

Zahlen können in der PowerShell entweder als einfache Zahlen, als Formeln oder als Wertebereiche angegeben werden. Hexadezimalzahlen können durch ein vorangestelltes 0x ausgedrückt (z.B. `0Xff = 255`) und dann verwendet werden wie Dezimalzahlen (z.B. `0Xff+1 = 256`).

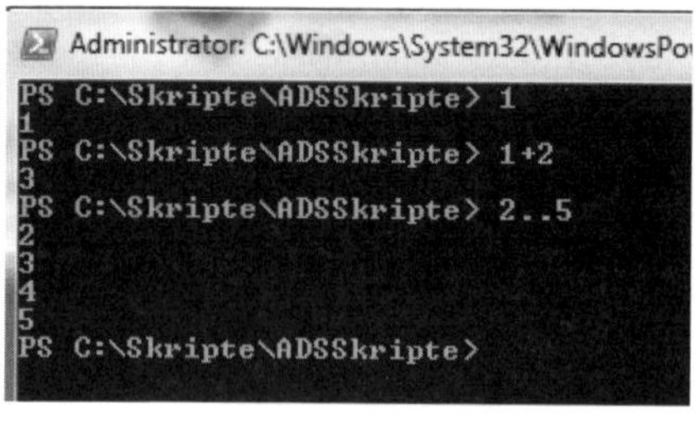

Abbildung 7.1:
Zahlen in der PowerShell

Bei der Zuweisung eines Zahlenliterals zu einer untypisierten Variablen erzeugt die PowerShell im Standard eine Instanz des Typs `System.Int32`. Reicht der Wertebereich von `Int32` nicht aus, werden `Int64` oder `Decimal` erzeugt. Wenn das Zahlenliteral eine gebrochene Zahl ist (mit einem Punkt zur Trennung der Nachkommastellen), dann erzeugt die PowerShell `Double` oder `Decimal`.

Möchte man Kontrolle über den Datentyp der Variablen, muss man die Variable explizit typisieren, z.B. mit `[Byte]` oder `[Decimal]`. Für `Decimal` gibt es eine weitere Möglichkeit, indem man ein „d" an das Literal anhängt (z.B. 5.1d).

```
# Implicit Integer
$i = 5
$i.GetType().Name

# Implicit Long
$i = 5368888888888888
$i.GetType().Name

# Implicit Decimal
$i = 53688888888888888888888888888
$i.GetType().Name
```

```
# Explicit Long
[Int64] $l = 5
$l.GetType().Name

# Explicit Byte
[Byte] $b = 5
$b.GetType().Name

# Implicit Double
$d = 5.1
$d.GetType().Name

# Implicit Decimal
$d = 5.1d
$d.GetType().Name

# Explicit Decimal
[Decimal] $d = 5.1
$d.GetType().Name
```

Beim expliziten Typisieren kann man wahlweise die PowerShell-Typen `[int]` und `[long]` oder die korrespondierenden .NET-Klassennamen `[int32]` und `[int64]` verwenden.

Mit den Kürzeln `KB`, `MB`, `GB`, `TB` und `PB` können die Maßeinheiten Kilobyte, Megabyte, Gigabyte, Terabyte und Petabyte komfortabel verwendet werden, z. B. steht die Eingabe `5MB` für die Zahl 5242880 (5 * 1024 * 1024).

Zufallszahlen

Eine Zufallszahl kann man mit dem Commandlet `Get-Random` (seit PowerShell 2.0) oder in PowerShell 1.0 in den PowerShell Community Extensions [CODEPLEX01] erzeugen. `Get-Random` liefert eine Zahl zwischen 0 und 1. Mit den Parametern `–Min` und `–Max` kann man den Wertebereich beeinflussen (siehe Bildschirmabbildung).

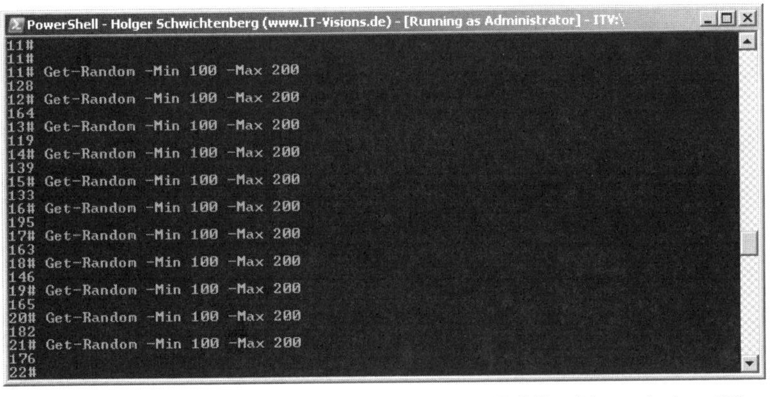

Abbildung 7.2: Einsatz von Get-Random zur Erzeugung von Zufallszahlen zwischen 100 und 200

Alternativ kann man Zufallszahlen mit der .NET-Klasse `System.Random` erzeugen.

Listing 7.2: Zufallszahlen erzeugen mit der .NET-Klasse System.Random

```
$rnd = New-Object System.Random
$zufallszahl = $rnd.next(100)+100
$zufallszahl
```

7.7 Zeichenketten

Zeichenketten sind in der PowerShell Instanzen der .NET-Klasse `System.String`. Sie werden begrenzt durch einfache (') oder doppelte Anführungszeichen („) oder '@ @'. Die letzte Variante, die auch Zeilenumbrüche in der Zeichenkette erlaubt, nennt Microsoft „Here-String".

Listing 7.3: Beispiel für einen Here-String [1_Basiswissen/PowerShell Language/strings.ps1]

```
#Here-String
@'
Eine lange Zeile
kann in spezielle
Begrenzer
verpackt werden
'@
```

ACHTUNG: Bei der Parameterübergabe an Commandlets sind Zeichenketten nur in Anführungszeichen zu schreiben, wenn die Parameterabgrenzung sonst nicht mehr klar wäre, also wenn ein Leerzeichen darin vorkommt.

Beispiel:

```
Dir c:\Windows
Dir "C:\Program Files"
```

Es wäre hier sehr falsch, die Anführungszeichen wegzulassen, denn dann würden C:\Program und Files jeweils als eigener Parameter interpretiert werden.

Variablenauflösung in Zeichenketten

Variablen werden nicht nur in Ausdrücken, sondern auch innerhalb von Zeichenketten aufgelöst.

Wenn Folgendes deklariert ist

```
[int] $count = 1
[string] $Computer = "SERVER01"
```

dann kann man statt

```
$count.ToString() +". Zugriff auf Computer " + $Computer
```

auch einfacher schreiben:

```
"$count. Zugriff auf Computer $Computer"
```

In beiden Fällen ist das Ergebnis gleich:

```
"1. Zugriff auf Computer SERVER01"
```

Die Variablenauflösung funktioniert auch in Parametern von Commandlets. Auch die beiden folgenden Befehle sind gleichbedeutend, d. h., in beiden Fällen wird der Verzeichnispfad `WinNT://SERVER01` angesprochen:

```
Get-DirectoryEntry ("WinNT://" + $Computer)
Get-DirectoryEntry "WinNT://$Computer"
```

Die Variablenauflösung ist genau genommen keine Variablenauflösung, sondern eine Ausdruckauflösung. Das **Dollarzeichen** kann auch einen beliebigen Ausdruck einleiten. Dafür drei Beispiele:

```
"1+3=$(1+3)"
"Aktuelle Uhrzeit: $((Get-Date).ToShortTimeString())"
"Anzahl der laufenden Prozesse: $((Get-Process).Count)"
```

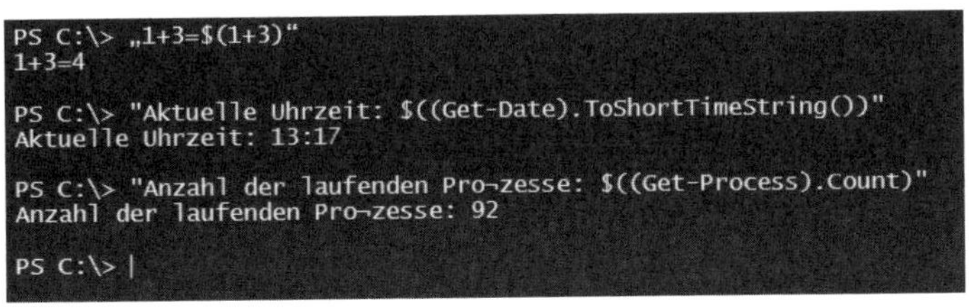

Abbildung 7.3: Ausgabe der obigen Beispiele

ACHTUNG: Eine Variablenauflösung findet nicht statt, wenn die Zeichenkette in einfachen Anführungszeichen steht:

```
'$count. Zugriff auf Computer $Computer'.
```

■

Sonderzeichen

Sonderzeichen werden in PowerShell mit dem Gravis (`) eingeleitet.

Wichtige Sonderzeichen sind:

- `` `a `` Ton (Beep)
- `` `b `` Backspace
- `` `f `` Form Feed (für Drucker)
- `` `n `` New Line
- `` `r `` Carriage Return

`` `r`n `` Carriage Return und New Line

`` `t `` Tabulator

Ein Beispiel für den Einsatz zeigt das folgende Skript.

Listing 7.4: Nutzung von New Line und Tabulator

```
$Name = "Holger Schwichtenberg"
$Status1 = "OK"
$Status2 = "3 Fehler in den letzten 24 Stundnen"
$Begruessung = "Guten Tag, Herr $Name,`nder aktuelle Systemstatus ist:
`nServer1`t`t$Status1`nServer2`t`t$Status2."
Write-Host $Begruessung  -ForegroundColor Yellow
```

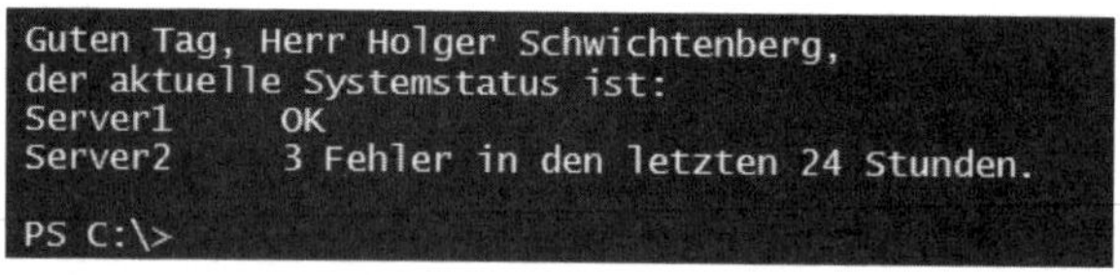

Abbildung 7.4: Ausgabe des obigen Listings

ACHTUNG: Sonderzeichen werden nicht ausgewertet, wenn die Zeichenkette in einfachen Anführungszeichen steht!

Bearbeitungsmöglichkeiten

Für Zeichenketten in der PowerShell stehen alle Bearbeitungsmöglichkeiten der Klasse `System.String` in der PowerShell zur Verfügung.

Folgende Methoden stehen zur Verfügung:

- `Clone()`
- `CompareTo()`
- `Contains()`
- `CopyTo()`
- `EndsWith()`
- `Equals()`
- `IndexOf()`
- `IndexOfAny()`
- `Insert()`
- `LastIndexOf()`
- `LastIndexOfAny()`
- `Length()`
- `PadLeft()`
- `PadRight()`
- `Remove()`
- `Replace()`

- `Split()`
- `StartsWith()`
- `Substring()`
- `ToCharArray()`
- `ToLower()`
- `ToLowerInvariant()`
- `ToString()`
- `ToUpper()`
- `ToUpperInvariant()`
- `Trim()`
- `TrimEnd()`
- `TrimStart()`

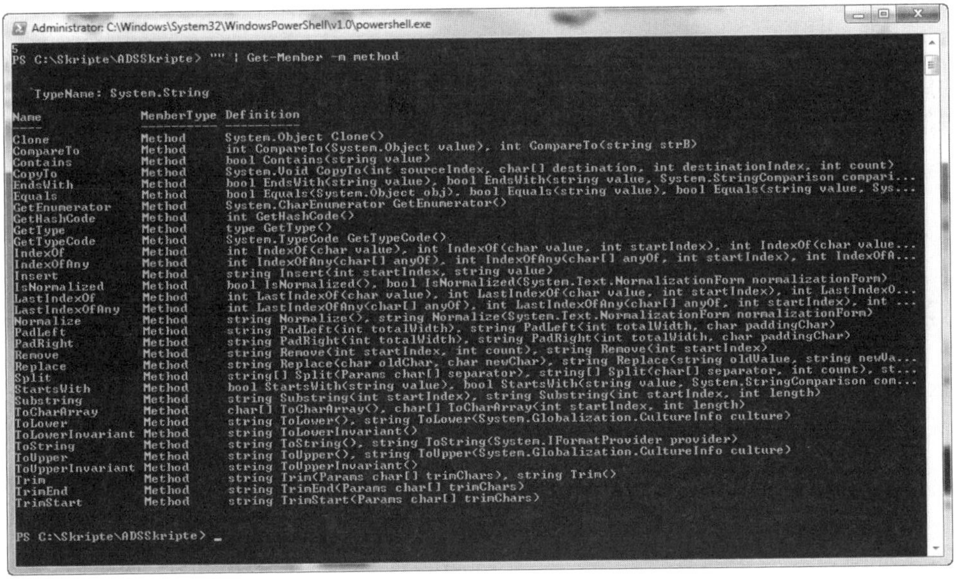

Abbildung 7.5: Methoden der Klasse System.String

Beispiel

Das nächste Beispiel zeigt folgende Zeichenkettenoperationen:

- Umwandlung in Großbuchstaben
- Einfügen eines Textes
- Extrahieren eines Textteils als einzelne Zeichen

Listing 7.5: Beispiel für die Veränderung von Zeichenketten [1_Basiswissen/PowerShell Language/strings.ps1]

```
# Umwandlung in Großbuchstaben
$a = "Dr. Schwichtenberg"
```

```
$a.ToUpper()


# Einfügen eines Textes
$a = $a.Insert(4, "Holger ")
$a

# Extrahieren eines Textteils
$c = $a[4..9]
$c
```

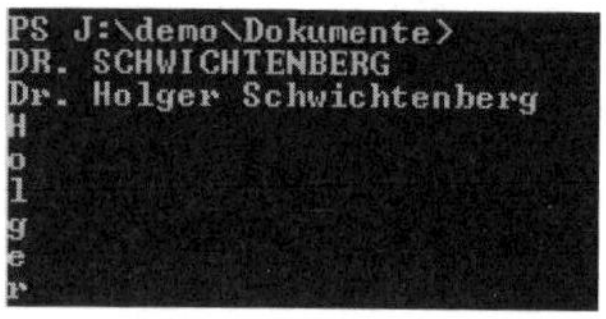

Abbildung 7.6:
Ausgabe des obigen Skripts

Zeichenketten trennen und verbinden

Manchmal muss man eine Zeichenkette trennen, z. B.:

```
"Holger;Schwichtenberg;Essen;Germany;www.IT-Visions.de"
```

Das .NET Framework stellt dazu die Methode `Split()` in der Klasse `System.String` bereit.

Listing 7.6: Einsatz der Methode Split() [1_Basiswissen/PowerShell Language/Strings.ps1]

```
[String] $CSVString = "Holger;Schwichtenberg;Essen;Germany;www.IT-Visions.de"
$CSVArray = $CSVString.Split(";")
$Surname = $CSVArray[1]
$Surname
```

Alternativ kann man seit PowerShell 2.0 den eingebauten Operator `-Split` verwenden. Das macht es ein wenig kürzer:

Listing 7.7: Einsatz des Operators -Split [1_Basiswissen/PowerShell Language/Strings.ps1]

```
[String] $CSVString = "Holger;Schwichtenberg;Essen;Germany;www.IT-Visions.de"
$CSVArray = $CSVString -Split ";"
$Surname = $CSVArray[1]
$Surname
```

Verbinden

Das Gegenstück zum Verbinden von Zeichenketten sind die Methoden `Join()` und der Operator `-Join`. Bei `Join()` ist zu beachten, dass dies eine statische Methode der Klasse `System.String` ist.

Listing 7.8: Einsatz der statischen Methode Join() [1_Basiswissen/PowerShell Language/Strings.ps1]

```
$Array = "Holger", "Schwichtenberg", "Essen", "Germany", "www.IT-Visions.de"
$CSVString = [System.String]::Join(";", $Array)
$CSVString
```

Listing 7.9: Einsatz des Operators -Join [1_Basiswissen/PowerShell Language/Strings.ps1]

```
$Array = "Holger", "Schwichtenberg", "Essen", "Germany", "www.IT-Visions.de"
$CSVString = $Array -Join ";"
$CSVString
```

Weiteres Beispiel

Es folgt ein weiteres Beispiel zum Einsatz von –`Split` und –`Join`.

Listing 7.10: Beispiele zum Einsatz der Operatoren -split und -join

```
$CSV = "www.powershell-doktor.de;Dr. Holger Schwichtenberg;Essen"

$Einzelwerte = $CSV -split ";"
$Name = $Einzelwerte[1]
$Name # liefert "Dr. Holger Schwichtenberg"

$Einzelwerte = $Einzelwerte | Sort-Object
$AlleWerteGetrenntDurchKomma = $Einzelwerte -join ","
$AlleWerteGetrenntDurchKomma # liefert "Dr. Holger Schwichtenberg,Essen,
www.powershell-doktor.de"
```

7.8 Reguläre Ausdrücke

Das Microsoft .NET Framework und die PowerShell enthalten eine gute Unterstützung für Mustererkennung in Texten durch reguläre Ausdrücke. Reguläre Ausdrücke sind eine komplexe Sprache, die hier nicht vollständig beschrieben werden kann. Dazu gibt es komplette Bücher. Sie finden eine gute Dokumentation dazu auch im WWW unter [MSDN58].

Ein regulärer Ausdruck ist eine Zeichenkette, die mit Platzhaltern ein Muster beschreibt. Man kann nach dieser Musterdefinition eine Zeichenkette mit dem Muster vergleichen und erhält als Ergebnis, ob die Zeichenkette auf das Muster passt. Dabei kann das Muster auch auf einen Teil der Zeichenkette zutreffen. Mit regulären Ausdrücken kann man auch Teile von Zeichenketten durch andere Zeichenketten ersetzen (Austauschfunktion).

In der PowerShell prüft man mit folgenden Operatoren auf ein Muster:

- Mustervergleich ohne Unterscheidung zwischen Groß- und Kleinschrift: `-match` und `–imatch`
- Mustervergleich mit Unterscheidung zwischen Groß- und Kleinschrift: `-cmatch`
- Prüfung, ob ein Muster NICHT enthalten ist, ohne Unterscheidung zwischen Groß- und Kleinschrift: `-notmatch` und `-inotmacht`
- Prüfung, ob ein Muster NICHT enthalten ist, ohne Unterscheidung zwischen Groß- und Kleinschrift: `-cnotmatch`

Die Anwendung sieht so aus:

```
$Ergebnis = $Zeichenkette –match $Muster
```

Das Ergebnis ist `$true` oder `$false`.

Beispiel: Prüfung einer E-Mail-Adresse

Ein erstes Beispiel dient der Verdeutlichung. Geprüft werden soll, ob die eingegebenen Zeichenketten den Aufbau einer E-Mail-Adresse haben. Die Zeichenketten werden in diesem Fall im Quellcode des Skripts hinterlegt. Die Entgegennahme der Eingabe mit `Read-Host` wird im Kapitel *„Eingabefunktionen“* später behandelt.

Listing 7.11: RegEx.ps1

```
"Bitte geben Sie eine E-Mail-Adresse ein:"
$Muster = "^[A-Z0-9._%+-]+@[A-Z0-9.-]+\.[A-Z]{2,4}$"
#$Muster = "[a-z0-9!#$%&'*+/=?^_`{|}~-]+(?:\.[a-z0-9!#$%&'*+/=?^_`{|}~-]+)
*@(?:[a-z0-9](?:[a-z0-9-]*[a-z0-9])?\.)+[a-z0-9](?:[a-z0-9-]*[a-z0-9])?"
$Eingabe1 = "hs@IT-Visions.de"
$Eingabe2 = "hs@IT-Visionsde"

$Ergebnis1 = $Eingabe1 -match $Muster
$Ergebnis2 = $Eingabe2 -match $Muster
"Auswertung: {0} ist eine E-Mail-Adresse: {1}" -f $Eingabe1, $Ergebnis1
"Auswertung: {0} ist eine E-Mail-Adresse: {1}" -f $Eingabe2, $Ergebnis2
```

Die Ausgabe sieht so aus:

```
Auswertung: hs@IT-Visions.de ist eine E-Mail-Adresse: True
Auswertung: hsIT-Visionsde ist eine E-Mail-Adresse: False
```

Die Interpretation von „^[A-Z0-9._%+-]+@[A-Z0-9.-]+\.[A-Z]{2,6}$“ sieht so aus:

- ^ steht für den Anfang und $ für das Ende der Zeichenkette.
- Eine eckige Klammer beschreibt eine Menge von Zeichen, wobei Abkürzungen erlaubt sind, also A-Z steht für A, B, C, D usw. bis Z. [A-Z0-9._%+-] umfasst alle Buchstaben, alle Zahlen sowie die Sonderzeichen Punkt, Unterstrich, Prozentzeichen, Plus und Minus. Wichtig ist, dass eine eckige Klammer nicht für eine Zeichenfolge steht, sondern nur für ein einzelnes Zeichen. Es darf also nur ein Zeichen aus der Liste vorkommen.
- Ein „+“ außerhalb von eckigen Klammern steht für „ein oder mehrmalige Wiederholung“ und bezieht sich auf die eckige Klammer davor.
- „@“ ist ein Literal. Es steht tatsächlich für den „Klammeraffen“.
- [A-Z0-9.-]+ beschreibt die Second-Level-Domäne und bedeutet dann also mindestens einmaliges Vorkommen eines der Zeichen aus der Liste in eckigen Klammern.
- \. steht für einen Punkt, der vorkommen muss. „\“ ist das „Escape“-Zeichen. Ein Punkt in regulären Ausdrücken steht eigentlich für „beliebiges Zeichen“. In diesem Fall geht es aber darum, dass wirklich nur ein Punkt vorkommen darf, daher \.
- [A-Z]{2,6} beschreibt die Top-Level-Domäne. Diese besteht nur aus Buchstaben (daher: [A-Z]) und ist immer mindestens zwei Zeichen lang. Es gibt aber auch längere Top-Level-Domänen (z. B. „museum“). Hier wird erlaubt, dass die Top-Level-Domäne zwischen 2 und 6 Zeichen lang ist.

HINWEIS: Der oben genannte reguläre Ausdruck ist noch nicht perfekt, denn er trifft auch auf Fälle zu, in denen die E-Mail-Adresse unsinnig ist, z. B. `abc@abc.unsinn`. Es gibt hier zahlreiche Möglichkeiten, genauer zu prüfen, z. B. ^[a-z0-9!#$%&,*+/=?^_`{|}~-]+(?:\.[a-z0-9!#$%&'*+/=?^_`{|}~-]+)*@(?:[a-z0-9](?:[a-z0-9-]*[a-z0-9])?\.)+(?:[A-Z]{2}|com| org|net|gov|mil|biz|info|mobi|name|aero|jobs|museum)$.

Dieser Ausdruck ist aber schwerer verständlich.

Allgemeiner Aufbau von regulären Ausdrücken

Reguläre Ausdrücke sind Zeichenketten, in denen sowohl übliche Buchstaben als auch viele Sonderzeichen zur Musterbeschreibung eingesetzt werden. Allgemein besteht ein regulärer Ausdruck aus fünf Arten von Musterelementen:

- Zeichenklasse: zum Beispiel Buchstaben oder Zahlen
- Quantifizierer (alias Quantoren): beschreibt, wie oft sich eine Zeichenklasse wiederholen muss oder darf, z. B. dreimal oder beliebig oft oder zwischen zwei- und sechsmal
- Ankerelemente (Positionselemente): z. B. Anfang und Ende einer Zeichenkette
- Runde Klammern: dienen der Gruppierung von Elementen
- Das Escape-Zeichen „\", das einem Sonderzeichen wieder zu seiner ursprünglichen Bedeutung verhilft, z. B. „\." oder „\$"

Die Elemente der Sprache für reguläre Ausdrücke

Die folgenden Tabellen geben die wichtigsten Sprachelemente für reguläre Ausdrücke wieder.

Tabelle 7.3: Zeichenklassen. Diese Tabelle ist aus der MSDN-Entwicklerbibliothek entnommen. (Quelle: *http://msdn.microsoft.com/de-de/library/3206d374.aspx*)

Zeichenklasse	Erläuterung
[character_group]	(Positive Zeichengruppe) Entspricht einem beliebigen Zeichen in der angegebenen Zeichengruppe. Die Zeichengruppe besteht aus einem oder mehreren Literalzeichen, Escapezeichen, Zeichenbereichen oder Zeichenklassen, die miteinander verkettet sind. Zur Angabe aller Vokale verwenden Sie z. B. `[aeiou]`. Wenn Sie die gesamte Interpunktion und alle Dezimalziffern angeben möchten, codieren Sie `[\p{P}\d]`.
[^character_group]	(Negative Zeichengruppe) Entspricht einem beliebigen Zeichen, das sich nicht in der angegebenen Zeichengruppe befindet. Die Zeichengruppe besteht aus einem oder mehreren Literalzeichen, Escapezeichen, Zeichenbereichen oder Zeichenklassen, die miteinander verkettet sind. Das führende Zirkumflexzeichen (^) ist obligatorisch und gibt an, dass es sich bei der Zeichengruppe um eine negative und nicht um eine positive Zeichengruppe handelt.

Tabelle 7.3: Zeichenklassen. Diese Tabelle ist aus der MSDN-Entwicklerbibliothek entnommen. (Quelle: *http://msdn.microsoft.com/de-de/library/3206d374.aspx*) *(Fortsetzung)*

Zeichenklasse	Erläuterung
	Zur Angabe aller Zeichen mit Ausnahme von Vokalen verwenden Sie z. B. `[^aeiou]`. Wenn Sie alle Zeichen außer Interpunktion und Dezimalziffern angeben möchten, verwenden Sie `[^\p{P}\d]`.
[firstCharacter-lastCharacter**]**	(Zeichenbereich) Entspricht einem beliebigen Zeichen in einem Zeichenbereich. Ein Zeichenbereich ist eine Folge zusammenhängender Zeichen, die definiert wird, indem das erste Zeichen in der Folge, ein Bindestrich (-) und das letzte Zeichen in der Folge angegeben werden. Zwei Zeichen sind zusammenhängend, wenn sie benachbarte Unicode-Codepunkte haben. Es können zwei oder mehr Zeichenbereiche miteinander verkettet werden. Wenn Sie beispielsweise den Bereich der Dezimalziffern von '0' bis '9', den Bereich der Kleinbuchstaben von 'a' bis 'f' und den Bereich der Großbuchstaben von 'A' bis 'F' angeben möchten, verwenden Sie `[0-9a-fA-F]`.
.	(Punkt) Entspricht allen Zeichen mit Ausnahme von **\n**. Bei Modifikation durch die Singleline-Option entspricht ein Punkt einem beliebigen Zeichen. Beachten Sie, dass ein Punkt in einer positiven oder negativen Zeichengruppe (Punkt in eckigen Klammern) als Literalzeichen und nicht als Zeichenklasse behandelt wird.
\p{name**}**	Entspricht einem beliebigen Zeichen in der allgemeinen Unicode-Kategorie oder einem durch name angegebenen benannten Block (z. B. Ll, Nd, Z, IsGreek und IsBoxDrawing).
\P{name**}**	Entspricht einem beliebigen Zeichen, das sich nicht in der allgemeinen Unicode-Kategorie oder einem in name angegebenen benannten Block befindet.
\w	Entspricht einem beliebigen Wortzeichen. Entspricht den allgemeinen Unicode-Kategorien `[\p{Ll}\p{Lu}\p{Lt}\p{Lo}\p{Nd}\p{Pc}\p{Lm}]`. Wenn mit der ECMAScript-Option ECMAScript-konformes Verhalten angegeben wurde, ist **\w** gleichbedeutend mit `[a-zA-Z_0-9]`.
\W	Entspricht einem beliebigen Nichtwortzeichen. Entspricht den allgemeinen Unicode-Kategorien `[^\p{Ll}\p{Lu}\p{Lt}\p{Lo}\p{Nd}\p{Pc}\p{Lm}]`. Wenn mit der ECMAScript-Option ECMAScript-konformes Verhalten angegeben wurde, ist **\W** gleichbedeutend mit `[^a-zA-Z_0-9]`.
\s	Entspricht einem beliebigen Leerraumzeichen. Entspricht den Escapesequenzen und den allgemeinen Unicode-Kategorien `[\f\n\r\t\v\x85\p{Z}]`. Wenn mit der ECMAScript-Option ECMAScript-konformes Verhalten angegeben wurde, ist **\s** gleichbedeutend mit `[ \f\n\r\t\v]`.
\S	Entspricht einem beliebigen Nicht-Leerraumzeichen. Entspricht den Escapesequenzen und den allgemeinen Unicode-Kategorien `[^\f\n\r\t\v\x85\p{Z}]`. Wenn mit der ECMAScript-Option ECMAScript-konformes Verhalten angegeben wurde, ist **\S** gleichbedeutend mit `[^ \f\n\r\t\v]`.

Zeichenklasse	Erläuterung
\d	Entspricht einer beliebigen Dezimalziffer. Entspricht \p{Nd} für Unicode und [0-9] für Nicht-Unicode mit ECMAScript-Verhalten.
\D	Entspricht einer beliebigen Nichtziffer. Entspricht \P{Nd} für Unicode und [^0-9] für Nicht-Unicode mit ECMAScript-Verhalten.

Tabelle 7.4: Quantifizierer. Diese Tabelle ist aus der MSDN-Entwicklerbibliothek entnommen. (Quelle: *http://msdn.microsoft.com/de-de/library/3206d374.aspx*)

Quantifizierer	Erläuterung
*	Stimmt mit dem vorangehenden Element nicht oder mehrmals überein. Ist äquivalent zu **{0,}**. * ist ein gieriger Quantifizierer, dessen nicht gieriges Äquivalent *? ist. Der reguläre Ausdruck \b91*9*\b sucht beispielsweise nach Entsprechungen der Ziffer 9, die auf eine Wortgrenze folgen. Auf die 9 können keine oder mehrere Instanzen der Ziffer 1 folgen, auf die ihrerseits keine oder mehrere Instanzen der Ziffer 9 folgen können. Im folgenden Beispiel wird dieser reguläre Ausdruck veranschaulicht. Von den neun Ziffern in der Eingabezeichenfolge stimmen fünf mit dem Muster überein und vier nicht (95, 929, 9129 und 9919).
+	Stimmt mit dem vorangehenden Element mindestens einmal überein. Ist äquivalent zu {1,}. + ist ein gieriger Quantifizierer, dessen nicht gieriges Äquivalent +? ist. Der reguläre Ausdruck \ba(n)+\w*?\b sucht beispielsweise nach ganzen Wörtern, die mit dem Buchstaben a beginnen, auf den mindestens eine Instanz des Buchstabens n folgt. Im folgenden Beispiel wird dieser reguläre Ausdruck veranschaulicht. Der reguläre Ausdruck liefert die Wörter `an`, `annual`, `announcement` und `antique` als Ergebnis und erkennt erwartungsgemäß keine Übereinstimmung bei den Wörtern `autumn` und `all`.
?	Stimmt mit dem vorangehenden Element nicht oder einmal überein. Ist äquivalent zu {0,1}. ? ist ein gieriger Quantifizierer, dessen nicht gieriges Äquivalent ?? ist. Der reguläre Ausdruck \ban?\b sucht beispielsweise nach ganzen Wörtern, die mit dem Buchstaben a beginnen, auf den keine oder eine Instanz des Buchstabens n folgt. Er sucht also nach den Wörtern a und an. Im folgenden Beispiel wird dieser reguläre Ausdruck veranschaulicht.
{*n*}	Stimmt mit dem vorangehenden Element genau *n*-mal überein. {n} ist ein gieriger Quantifizierer, dessen nicht gieriges Äquivalent {n}? ist. Der reguläre Ausdruck \b\d+\,\d{3}\b sucht beispielsweise nach Übereinstimmungen einer Wortgrenze, auf die mindestens eine Dezimalziffer, drei Dezimalziffern und eine weitere Wortgrenze folgen. Im folgenden Beispiel wird dieser reguläre Ausdruck veranschaulicht.
{*n*,}	Stimmt mit dem vorangehenden Element mindestens *n*-mal überein. {n,} ist ein gieriger Quantifizierer, dessen nicht gieriges Äquivalent {n}? ist. Der reguläre Ausdruck \b\d{2,}\b\D+ sucht beispielsweise nach Übereinstimmungen einer Wortgrenze, auf die mindestens zwei Ziffern, eine

Tabelle 7.4: Quantifizierer. Diese Tabelle ist aus der MSDN-Entwicklerbibliothek entnommen. (Quelle: *http://msdn.microsoft.com/de-de/library/3206d374.aspx*) *(Fortsetzung)*

Quantifizierer	Erläuterung
	Wortgrenze und ein weiteres Zeichen folgen, bei dem es sich nicht um eine Ziffer handelt. Im folgenden Beispiel wird dieser reguläre Ausdruck veranschaulicht. Der reguläre Ausdruck liefert kein Ergebnis für den Ausdruck `7 days`, da dieser nur eine Dezimalziffer enthält, er erkennt jedoch erfolgreich Übereinstimmungen mit den Ausdrücken `10 weeks` und `300 years`.
{*n*,*m*}	Stimmt mit dem vorangehenden Element mindestens *n*-mal, jedoch nicht mehr als *m*-mal überein. {n,m} ist ein gieriger Quantifizierer, dessen nicht gieriges Äquivalent {n,m}? ist. Der reguläre Ausdruck (00\s){2,4} sucht beispielsweise nach zwei bis vier Vorkommen zweier 0-Ziffern, auf die ein Leerzeichen folgt. Im folgenden Beispiel wird dieser reguläre Ausdruck veranschaulicht. Beachten Sie, dass der letzte Abschnitt der Eingabezeichenfolge dieses Muster fünf Mal und nicht maximal vier Mal enthält. Der Anfangsabschnitt dieser Teilzeichenfolge (bis zum Leerzeichen und dem fünften Nullenpaar) stimmt mit dem regulären Ausdrucksmuster jedoch überein.
***?**	Stimmt mit dem vorangehenden Element nicht oder mehrmals, jedoch so wenige Male wie möglich überein. Dies ist ein träger Quantifizierer, der das Gegenstück zum gierigen Quantifizierer * darstellt. Der reguläre Ausdruck `\b\w*?oo\w*?\b` sucht beispielsweise alle Wörter, die die Zeichenfolge oo enthalten. Im folgenden Beispiel wird dieser reguläre Ausdruck veranschaulicht.
+?	Stimmt mit dem vorangehenden Element einmal oder mehrmals, jedoch so wenige Male wie möglich überein. Dies ist ein träger Quantifizierer, der das Gegenstück zum gierigen Quantifizierer + darstellt. Der reguläre Ausdruck `\b\w+?\b` sucht beispielsweise ein oder mehrere durch Wortgrenzen getrennte Zeichen. Im folgenden Beispiel wird dieser reguläre Ausdruck veranschaulicht.
??	Stimmt mit dem vorangehenden Element nicht oder mehrmals, jedoch so wenige Male wie möglich überein. Dies ist ein träger Quantifizierer, der das Gegenstück zum gierigen Quantifizierer ? darstellt. Beispielsweise sucht der reguläre Ausdruck ^(\s)*(System.)?? Console.Write(Line)??\(?? nach Übereinstimmungen mit den Zeichenfolgen `Console.Write` oder `Console.WriteLine`. Die Zeichenfolge kann auch `System.` vor `Console` enthalten und eine öffnende Klammer kann auf sie folgen. Die Zeichenfolge muss am Anfang einer Zeile stehen, ihr kann jedoch ein Leerzeichen vorangehen. Im folgenden Beispiel wird dieser reguläre Ausdruck veranschaulicht.
{*n*}?	Stimmt genau n-mal mit dem vorangehenden Element überein. Dies ist ein träger Quantifizierer, der das Gegenstück zum gierigen Quantifizierer {n}+ darstellt. Der reguläre Ausdruck `\b(\w{3,}?\.){2}?\w{3,}?\b` sucht beispielsweise nach genau zwei Sätzen von Zeichen, auf die ein Punkt an einer Wort grenze folgt. Auf diesen folgen dann ein weiterer Satz von Zeichen und eine Wortgrenze. Dieser reguläre Ausdruck soll eine Website-Adresse iden-

Quantifizierer	Erläuterung
	tifizieren. Im folgenden Beispiel wird der reguläre Ausdruck veranschaulicht. Beachten Sie, dass Übereinstimmungen mit `www.microsoft.com` und `mdsn.microsoft.com` erkannt werden, jedoch nicht mit `mywebsite` oder `mycompany.com`.
{*n*,}?	Stimmt mit dem vorangehenden Element mindestens n-mal, jedoch so wenige Male wie möglich überein. Dies ist ein träger Quantifizierer, der das Gegenstück zum gierigen Quantifizierer {n,} darstellt. Beachten Sie zur Veranschaulichung das Beispiel für den {n}?-Quantifizierer. Der reguläre Ausdruck in diesem Beispiel verwendet den {n,}-Quantifizierer, um nach einer Zeichenfolge zu suchen, die mindestens drei Zeichen enthält, auf die ein Punkt folgt.
{*n*,*m*}?	Stimmt mit dem vorangehenden Element n-mal bis m-mal, jedoch so wenige Male wie möglich, überein. Dies ist ein träger Quantifizierer, der das Gegenstück zum gierigen Quantifizierer {n,m} darstellt. Der reguläre Ausdruck \b[A-Z](\w*?\s*?){1,10}[.!?] sucht beispielsweise nach Sätzen, die zwischen einem und zehn Wörtern enthalten. Er sucht nach einer Wortgrenze gefolgt von einem Großbuchstaben, auf den ein bis zehn Wiederholungen von keinen oder mehreren Wortzeichen und optional ein Leerzeichen folgen. Die Übereinstimmung wird dann von einem Punkt, einem Ausrufezeichen oder einem Fragezeichen beendet. Im folgenden Beispiel wird dieser reguläre Ausdruck veranschaulicht. Er liefert alle Sätze der Eingabezeichenfolge als Ergebnis mit Ausnahme eines einzigen Satzes, der 18 Wörter enthält.

Tabelle 7.5: Wichtige Ankerelemente für reguläre Ausdrücke

Sonstige Zeichen	Erläuterung
^	Anfang der Zeichenfolge
$	Ende der Zeichenfolge
\b	Ende eines Worts
\Z	Satzende

Beispiele

Die folgende Tabelle nennt noch weitere Beispiele für reguläre Ausdrücke.

Beispiel	Bedeutung
`\{[0-9a-fA-F]{8}-[0-9a-fA-F]{4}-[0-9a-fA-F]{4}-[0-9a-fA-F]{4}-[0-9|a-f|A-F]{12}\}`	GUID (Global Unique Identifier)
`(25[0-5]|2[0-4][0-9]|[01]?[0-9][0-9]?)\.(25[0-5]|2[0-4][0-9]|[01]?[0-9][0-9]?)\.(25[0-5]|2[0-4][0-9]|[01]?[0-9][0-9]?)\.(25[0-5]|2[0-4][0-9]|[01]?[0-9][0-9]?)`	IP-Adresse
href\s*=\s*(?:""(?<1>[^""]*)""|(?<1>\S+))	HREF=-Parameter in HTML-Seiten

Es gibt im Internet Websites, die reguläre Ausdrücke zur Wiederverwendung sammeln, z. B. *www.regexlib.com/* und *www.regular-expressions.info/*.

7.9 Datum und Uhrzeit

Das Commandlet `Get-Date` liefert eine Instanz der .NET-Klasse `System.DateTime`, die das aktuelle Datum und die aktuelle Uhrzeit enthält.

```
Get-Date
```

Die Anzeige reduziert man wie folgt auf das Datum:

```
Get-Date -displayhint date
```

Die Anzeige reduziert man so auf die Zeit:

```
Get-Date -displayhint time
```

`Get-Date` kann auch dazu genutzt werden, ein spezielles Datum zu erzeugen und dieses in einer Variablen zu speichern:

```
$a = Get-Date "8/1/1972 12:11:10"
```

Die Differenz zwischen dem aktuellen Datum und einem in einer Variablen gespeicherten Datum errechnet man durch den Aufruf der Methode `Subtract()`:

```
(Get-Date).Subtract((Get-Date "8/1/1972 12:11:10"))
```

oder durch die einfache Verwendung des Minuszeichens:

```
(Get-Date) - (Get-Date "8/1/1972 12:11:10")
```

Dies führt zu folgender Ausgabe:

```
Days              : 12662
Hours             : 11
Minutes           : 56
Seconds           : 57
Milliseconds      : 927
Ticks             : 10940398179276185
TotalDays         : 12662,4978926808
TotalHours        : 303899,949424338
TotalMinutes      : 18233996,9654603
TotalSeconds      : 1094039817,92762
TotalMilliseconds : 1094039817927,62
```

Timespan

Intern verarbeitet die PowerShell Zeiträume als Instanzen der Klasse System.TimeSpan. Man kann auch selbst Zeiträume mit dem Commandlet New-TimeSpan anlegen und mit diesen rechnen, z. B.:

```
$Dauer = New-TimeSpan -Days 10 -hours 4 -minutes 3 -seconds 50
$jetzt = Get-Date
$zukunft = $jetzt + $Dauer
```

HINWEIS: Bei New-TimeSpan kann man die Dauer nur in Tagen, Stunden, Minuten und Sekunden angeben. Eine Angabe in Monaten oder Jahren ist nicht möglich.

Entfernte Zeit

Die Zeit von einem entfernten System kann man nicht mit dem Commandlet Get-Date abfragen, sondern nur unter Zuhilfenahme der WMI-Klasse Win32_Currenttime.

```
Get-CimInstance Win32_currenttime -computername E02
```

Das Ergebnis der Operation ist dann aber kein .NET-Objekt vom Typ System.DateTime, sondern ein .NET-Objekt vom Typ System.Management.ManagementObject, das ein WMI-Objekt vom Typ root\cimv2\Win32_LocalTime enthält.

Uhrzeit setzen

Die aktuelle Systemzeit kann man mit Set-Date setzen.

7.10 Arrays und assoziative Arrays (Hash-Tabelle)

Arrays sind Mengen von Variablen, die eine frei wählbare Anzahl von Werten aufnehmen können. Ein Array deklariert man durch die Zuweisung einer durch Kommata getrennten Wertemenge:

```
$a = 01,08,72,13,04,76
```

Das Array kann auch explizit mit [array] deklariert werden:

```
[array] $b
$b = 01,08,72,13,04,76
```

TIPP: Eine Zahlenreihe kann man auch abkürzen: `$b = 1..10` ist gleichbedeutend mit `$b = 1,2,3,4,5,7,8,9,10`.

Um auf die Elemente zuzugreifen, hat man drei Möglichkeiten:

- Zugriff auf ein einzelnes Element mit dem Index in eckigen Klammern (bei 0 beginnend), z. B. ist `$b[3]` das vierte Element.
- Zugriff auf mehrere Elemente, hier wird der Index durch ein Komma getrennt, z. B. bedeutet `$b[1,3,5]` das zweite, vierte und sechste Element.
- Zugriff auf einen Indexbereich. Der Indexbereich ist durch zwei Punkte zu trennen, z. B. `$a[1..5]`. Dies bedeutet das zweite bis sechste Element.

Der Operator += ergänzt ein Element am Ende eines Arrays (siehe folgende Bildschirmabbildung). Das Entfernen von Elementen ist nicht möglich (nur das Umkopieren in ein anderes Array).

Möchte man ein Array mit nur einem Element definieren, muss man die Liste mit einem Komma beginnen oder das Array explizit deklarieren:

```
$a = ,"Nur ein Element"
[Array] $a = "Nur ein Element"
```

Zum Auflisten eines Arrays ist `Foreach-Object` nicht zwingend notwendig. Wenn ein Array am Ende der Pipeline steht, wird das Array ausgegeben (siehe Bildschirmabbbildung). Das Attribut `Count` liefert die Anzahl der Elemente im Array.

```
[array] $b
$b = 1,2,3
$b.Count
```

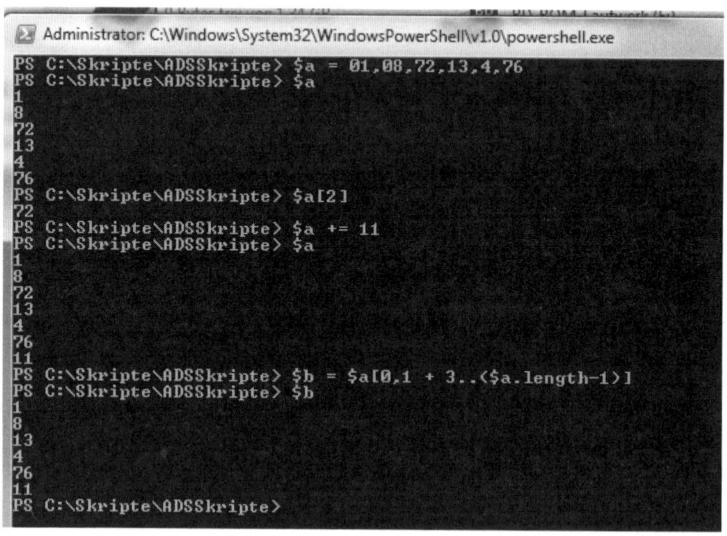

Abbildung 7.7: Arbeit mit Arrays

Zwei Arrays kann man durch den Plus-Operator verbinden:

```
$DomainControllers = "E01", "E02", "E03"
$MemberServers = "E04", "E05", "E06"
$AllServers = $DomainControllers + $MemberServers
$AllServers.Count # Ergebnis: 6 !
```

Mehrdimensionale Arrays sind möglich, indem man die Elemente mit runden Klammern zusammenfasst. In dem folgenden Beispiel entsteht ein zweidimensionales Array. Die Elemente der ersten Dimension enthalten jeweils Arrays mit drei Elementen. Auch hier kann man mit dem Plus-Operator die Menge ergänzen.

```
$DomainControllers = ("E01", "192.168.1.10", "Building 1"), ("E02", "192.168.1.20",
"Building 2"), ("E03", "192.168.1.30", "Building 3")
"Number of Computers: " + $DomainControllers.Count
"IP Address of Computer 2: " + $DomainControllers[1][1] # 192.168.1.20
"Building of Computer 2: " + $DomainControllers[1][2] # Building 3
$DomainControllers += ("E04", "192.168.1.40", "Building 4")
"Building of Computer 4: " + $DomainControllers[3][2] # Building 4
```

Neben den Arrays unterstützt die PowerShell auch benannte (assoziative) Elementmengen in Form sogenannter Hash-Tabellen. In einer Hash-Tabelle werden die Elemente nicht durch die Position, sondern durch einen eindeutigen Bezeichner identifiziert. Dieses Konzept existiert auch in anderen Sprachen und wird dort oft „assoziatives Array" genannt. Das zu Grunde liegende Basiskonzept ist die .NET-Klasse `System.Collections.Hashtable`.

Bei der Definition einer Hash-Tabelle ist das @-Zeichen zu verwenden, gefolgt von der Elementmenge in geschweiften Klammern. Die einzelnen Elemente sind durch Semikola zu trennen. Jedes Element besteht aus einem Elementnamen und einem Elementwert, wobei Elementname und Elementwert durch ein Gleichheitszeichen zu trennen sind. Der Elementname darf nicht in Anführungszeichen stehen. Möchte man den Datentyp explizit angeben, ist `[Hashtable]` zu verwenden.

```
# Implicit Hashtable
$Computers = @{ E01 = "192.168.1.10"; E02 = "192.168.1.20"; E03 = "192.168.1.30"; }

# Explicit Hashtable
[Hashtable] $Computers = @{ E01 = "192.168.1.10"; E02 = "192.168.1.20"; E03 =
"192.168.1.30"; }
```

Auf eine solche Hash-Tabelle kann man nicht nur wie bei den einfachen Arrays über die Notation mit eckigen Klammern zugreifen, sondern auch direkt über den Punkt-Operator. Dies macht die Arbeit mit Hash-Tabellen sehr elegant:

```
# Get IP Address of Computer E02
$Computers["E02"]
$Computers.E02
```

Man kann die Elemente auch direkt beschreiben.

```
# Change on Element
$Computers.E02 = "192.168.1.21"
```

Sehr komfortabel ist, dass beim Beschreiben eines bisher nicht existierenden Elements das Element neu angelegt wird. Auf diese Weise kann man auch eine Hash-Tabelle schrittweise anlegen, d. h. mit einer leeren Liste starten. Eine leere Hash-Tabelle wird ausgedrückt durch @{ }.

```
# Add a new Element
$Computers.E04 = "192.168.1.40"

# Start with an empty list
$MoreComputers = @{ }
$MoreComputers.E05 = "192.168.1.50"
$MoreComputers.E06 = "192.168.1.60"
$MoreComputers.Count # Result = 2
```

Zwei Hash-Tabellen kann man verbinden wie zwei Arrays. Dies funktioniert aber nur, wenn in beiden Listen zusammen jeder Elementname nur einmal vorkommt. Falls es Duplikate gibt, wird ein Fehler erzeugt und das Ergebnis ist eine leere Menge.

```
# Add two Hashtables
$AllComputers = $Computers + $MoreComputers
$AllComputers.Count # Result = 6
```

Hash-Tabellen kann man nicht nur für echte Listen, sondern auch zur einfachen Definition eigener Datenstrukturen verwenden, z. B. um Informationen über eine Person zu speichern.

```
# Use a Hashtable as a custom data structure
$Author = @{ Name="Dr.Holger Schwichtenberg"; Age=40; Country="Germany" }
$Author.Name
$Author.Age
$Author.Country
```

7.11 Operatoren

Die Windows PowerShell unterstützt die elementaren arithmetischen Operatoren +, -, *, / und % (Modulo-Operation alias Divisionsrest). Das Pluszeichen verwendet man sowohl zur Addition von Zahlen als auch zur Verkettung von Zeichenketten. Sogar Mengen (Arrays und Hash-Tabellen) kann man verbinden. Auch der Stern (*) für die Multiplikation hat noch andere Bedeutung: Sowohl eine Zeichenkette als auch ein Array kann man damit multiplizieren. Dadurch werden die Zeichen bzw. Elemente so oft wiederholt wie angegeben. In der Natur einer Hash-Tabelle liegt es, dass man die Elemente nicht vervielfachen kann, da dies zu doppelten Elementnamen führen würde, was nicht erlaubt ist.

```
# Multiply a string
$String = "abcdefghijklmnopqrstuvwxyz"
$LongString = $String * 20
"Count: " + $LongString.Length # = 520

# Multiply an Array
```

```
$a = 1,2,3,4,5
$b = $a * 10
"Count: " + $b.Count # = 50
```

Als Zuweisungsoperator wird das Gleichheitszeichen verwendet. Interessant sind Kreuzzuweisungen, mit denen auf elegante Weise die Inhalte zweier Variablen vertauscht werden können. Normalerweise braucht man dafür eine Zwischenvariable. In der PowerShell kann man aber einfach schreiben: `$x, $y = $y, $x` (siehe folgende Bildschirmabbildung).

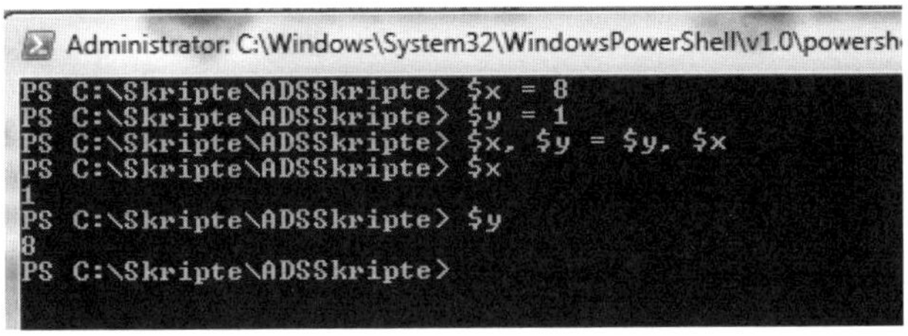

Abbildung 7.8: Kreuzzuweisung zur Variableninhaltsvertauschung in der PowerShell

Ein interessanter Operator ist auch das kaufmännische Und („&"). Damit kann man eine Zeichenkette als einen Befehl ausführen. Dies ist eine Möglichkeit, dynamischen und selbst modifizierenden Programmcode zu schreiben. Dazu ein Beispiel:

```
$What = "Process"
& ("Get-"+$What)
```

Die obige Befehlsabfolge führt zur Ausführung des Commandlets `"Get-Process "`. Nun könnte man den Inhalt der Variablen `$What` auch aus einer anderen Quelle, z. B. einer Benutzereingabe, bekommen. Alternativ kann man statt des Operators `&` auch das Commandlet `Invoke-Expression` verwenden:

```
$What = "Process"
invoke-expression("Get-"+$What)
```

ACHTUNG: Unbedingt zu beachten ist, dass dynamische Codeausführung ein Sicherheitsrisiko birgt, wenn man Benutzereingaben direkt in den Befehlen verarbeitet. Man könnte meinen, dass in dem obigen Beispiel das Risiko beschränkt ist, weil immer der „Get"-Befehl ausgeführt wird.

```
$What = "Process; Get-Service"
invoke-expression("Get-"+$What)
```

■

7.12 Überblick über die Kontrollkonstrukte

Als Kontrollstrukturen kennt die PowerShell-Skriptsprache die folgenden Konstrukte:

- `if (Bedingung) {…} else {…}`
- `switch ($var) {Wert {…} Wert {…} default {..} } }`
- `for(Initialisierung;Bedingung;Schrittweite) { … }`
- `while (Bedingung) { … }`
- `do { … } while (Bedingung)`
- `do { … } until (Bedingung)`
- `foreach ($var in $menge) {…}`
- `function name {…}`
- `break`
- `continue`
- `return`
- `exit`
- `trap Fehlerklasse { … } else { … }`
- `throw "Fehlertext"`
- `throw Fehlerklasse`

HINWEIS: Details zu den Befehlen finden Sie in der Hilfe zur PowerShell. Hier wird zu Gunsten anderer Inhalte auf eine detaillierte Darstellung dieser Grundkonstrukte verzichtet – zumal ihre Funktionsweise anderen Programmiersprachen sehr ähnlich ist. `Throw` und `Trap` werden im Kapitel *„Fehlerbehandlung“* separat behandelt.

7.13 Schleifen

Bei Schleifen handelt es sich um Konstrukte zur wiederholten Verarbeitung eines oder mehrerer Befehle. Wenn ein bestimmter Befehl beispielsweise fünfmal aufgerufen werden soll, so könnte man natürlich rein theoretisch den Befehl fünfmal nacheinander in das Skript schreiben. Der PowerShell ist das egal (sie macht brav, was ihr befohlen wird), aber guter Stil wäre das nicht und bei einer großen Anzahl von Wiederholungen wäre das sehr aufwendig. Und diese Vorgehensweise versagt natürlich dann, wenn die Anzahl der Wiederholungen nicht konstant ist, sondern sich aus dem Programmablauf variabel ergibt. Eine Schleife dagegen kann an eine bestimmte Bedingung gebunden werden. Im Fall einer konstanten Menge von Schleifendurchläufen setzt man den Befehl in eine Schleife und lässt diese alle Werte zwischen einem unteren Wert (z. B. 1) und einem oberen Wert (z. B. 5) durchlaufen.

Dadurch wird der gewünschte Befehl fünfmal aufgerufen. Allerdings sind Schleifen noch viel flexibler und es existieren unterschiedliche Formen für verschiedene Ansprüche.

Die PowerShell kennt folgende Formen von Schleifen:

- zählergesteuerte Schleifen,
- bedingungsgesteuerte Schleifen.

Im einfachen Fall der zählergesteuerten Schleifen gibt es eine genau definierte Anzahl von Durchläufen und somit wird der enthaltene Code entsprechend oft ausgeführt. Diese Form von Schleifen ist relativ einfach zu handhaben. Man definiert einen Start- und einen Endwert. Alle Werte einschließlich der beiden angegebenen Werte werden durchlaufen. Zusätzlich ist es möglich, eine bestimmte Schrittweite anzugeben, z. B. eine Schrittweite von zwei. Dadurch wird nur jeder zweite Wert der Schleife durchlaufen.

Im Gegensatz dazu gibt es Schleifen, deren Fortsetzung bzw. Abbruch von einer ganz bestimmten Bedingung abhängig ist. Eine genaue Anzahl von Durchläufen ist deshalb nicht von vornherein steuerbar. Eine solche Bedingung könnte beispielsweise eine bestimmte Zahl innerhalb einer Variablen sein, z. B. „Die Schleife wird so lange durchlaufen, bis der Inhalt der Variablen `eingegebeneZahl` kleiner als 100 ist". Somit kann beispielsweise eine Benutzereingabe so lange wiederholt werden, bis der Benutzer einen korrekten Wert eingegeben hat.

Die For-Schleife

Diese Schleife beginnt bei einem bestimmten Startwert und endet bei einem Endwert. Bei jedem Durchlaufen der Schleife wird der Zähler um einen bestimmten Wert hochgezählt, bis die gewünschte Obergrenze erreicht ist. In der Regel wird der Zähler bei jedem Durchlauf um eins erhöht. Allerdings ist es auch möglich, jede andere ganzzahlige Schrittweite zu verwenden.

```
for(Initialisierung;Bedingung;Schrittweite) { … }
```

Die Konfiguration der Schleife steht in runden Klammern, die pro Durchlauf auszuführenden Anweisungen stehen in geschweiften Klammern. Im Konfigurationsteil „Initialisierung" belegt man die Laufvariable mit einem Anfangswert. Die Bedingung vergleicht die Laufvariable mit einem Endwert. Im Teil „Schrittweite" wird die Laufvariable hochgezählt (oder heruntergezählt). Jeweils eine Zahl vor oder zurück kommt man mit `$i++` bzw. `$i--`. Andere Schrittweiten kann man anstelle des zweiten Operators angeben. So zählt `$i+5` um jeweils fünf hoch und `$+-5` um fünf herunter.

Das erste Beispiel gibt die Zahlen von 1 bis 5 aus, unter Verwendung der Laufvariablen i und einer Schrittweite von 1:

```
# Schleife von 1 bis 5
for ($i = 1; $i -lt 6; $i++) { $i }
```

Abbildung 7.9: Ausgabe der ersten For-Schleife

Das folgende Beispiel fragt eine Zahl ab und berechnet daraus deren Fakultät. Dies geschieht durch eine Schleife, die von eins bis zur eingegebenen Zahl durchlaufen wird und alle auftretenden Werte dieser Schleife multipliziert.

Listing 7.12: Fakultätsberechnung mit einer For-Schleife

```
"Bitte eine Zahl eingeben:"
$Fakultaet = Read-Host
$FakultaetErgebnis = 1
for ($i = 1; $i -lt $Fakultaet; $i++)
{
$FakultaetErgebnis = $FakultaetErgebnis * $i
}
"Die Fakultät von " + $Fakultaet + " ist " + $FakultaetErgebnis
```

Eine `For`-Schleife kann man mit der Anweisung `continue` vorzeitig fortsetzen und mit `break` vorzeitig verlassen. Das folgende Beispiel zeigt, wie man „zu aufwendige" Berechnungen (die hier mehr als 32-Bit-Zahlen benötigen) unterbinden kann.

Listing 7.13: Fakultätsberechnung mit einer For-Schleife und vorzeitiger Abbruchbedingung

```
"Bitte eine Zahl eingeben:"
$Fakultaet = Read-Host
$FakultaetErgebnis = 1
$Abbruch = $false
for ($i = 1; $i -lt $Fakultaet; $i++)
{
$FakultaetErgebnis = $FakultaetErgebnis * $i
if ($FakultaetErgebnis -gt [System.Int32]::MaxValue) { $Abbruch = $true; break; }
}
if ($Abbruch) { "Werteüberlauf!" }
else { "Die Fakultät von " + $Fakultaet + " ist " + $FakultaetErgebnis }
```

Die Do/While/Until-Schleifenfamilie

Rund um die Schlüsselwörter `Do/While/Until` gibt es drei Arten von Schleifen, die jeweils über Bedingungen gesteuert werden. In Abhängigkeit davon, ob die Bedingung erfüllt ist oder nicht, wird die Schleife abgebrochen oder fortgesetzt.

Die Bedingung kann entweder vor dem ersten Durchlauf der Befehle zum ersten Mal ausgeführt werden (eine sogenannte kopfgesteuerte Schleife) oder nach dem ersten Durchlauf (eine sogenannte fußgeprüfte Schleife).

HINWEIS: Im Vergleich zur For-Schleife hat man bei der `Do/While/Until`-Schleifenfamilie mehr Flexibilität.

Eine kopfgeprüfte Schleife beginnt man mit `While`. Die Bedingung steht hier vor dem Anweisungsblock, man prüft also eine Bedingung vor dem ersten Durchlaufen ab. Die Bedingung steht in runden Klammern, der Anweisungsblock in geschweiften Klammern. Die Initialisierung erfolgt vor der Schleife. Die Schrittweite steht im Anweisungsblock.

Listing 7.14: Einfaches Zählen bis fünf mit der While-Schleife

```
"While:"
$i = 0 # Initialisierung
while($i -lt 5) # Bedingung
{
$i++ # Schrittweite
$i # Aktion
}
```

Bei der fußgeprüften Schleife steht die Bedingung erst am Ende. Das hat zur Folge, dass die Schleife mindestens einmal durchlaufen wird, bevor die Bedingung überprüft wird.

Die PowerShell-Skriptsprache kennt hier zwei Varianten, die äquivalent zueinander verwendet werden können.

- Die `Do...While`-Schleife: Tue etwas, solange etwas gilt.
- Die `Do...Until`-Schleife: Tue etwas, bis etwas gilt.

Das folgende Listing zeigt das Zählen von 1 bis 5 mit beiden Schleifenformen. Zu beachten ist der Unterschied bei der Bedingung. Würde man auch bei `Do...Until` statt `$i –eq 5` `$i –lt 5` schreiben, würde die Schleife schon bei der Zahl 4 enden.

Listing 7.15: Einfaches Zählen bis fünf mit der Do...-Schleife

```
"Do While:"
$i = 0
do
{ $i++
$i
}while($i -lt 5)

"Do Until:"
$i = 0
do
{ $i++
$i
}until($i -eq 5)
```

Die ForEach-Schleife

Die `ForEach`-Schleife ähnelt zwar der `For`-Schleife, allerdings werden bei dieser kein Start- und Endwert benötigt. Diese Schleife verwendet man zum Durchlaufen von Objektmengen. Für jedes Element in einer bestimmten Menge wird die Schleife einmal durchlaufen. Bei einer solchen Menge kann es sich beispielsweise um alle Dateien eines bestimmten Verzeichnisses handeln. Grundsätzlich kann man jede Menge in der PowerShell mit `ForEach` durchlaufen.

Die `ForEach`-Schleife ist kaum geeignet, um damit zu zählen, denn man muss die zu durchlaufenden Zahlen zunächst in einem Array ablegen.

Listing 7.16: Einfaches Zählen bis fünf mit der ForEach ...-Schleife

```
# Schleife von 1 bis 5
"Foreach:"
```

```
$menge = 1,2,3,4,5
foreach ($i in $menge)
{ $i }
```

HINWEIS: Das obige Skript könnte man noch etwas optimieren, indem man `$menge = 1,2,3,4,5` mit `$menge = 1...5` abkürzt.

Wirklich interessant ist die `ForEach`-Schleife, wenn man die Anzahl der zu durchlaufenden Objekte zur Entwicklungszeit noch nicht kennt. Jede PowerShell-Pipeline kann mit `ForEach` durchlaufen werden.

Listing 7.17: Durchlaufen des Pipeline-Ergebnisses mit ForEach-Schleife

```
$dienste = Get-Service –ComputerName F111
foreach ($dienst in $dienste)
{
"{0,-20}: {1}" -f  $dienst.Name ,  $dienst.Status
}
```

HINWEIS: Es stellt sich die Frage, wie sich das Commandlet `Foreach-Object` und die `ForEach`-Schleife voneinander unterscheiden. Zunächst einmal kann man mit beiden eine jede Objektmenge durchlaufen. Die `ForEach`-Schleife orientiert sich syntaktisch an den Konzepten der prozeduralen Programmierung, während sich das Commandlet `Foreach-Object` in das Pipeline-Konzept einreiht. Unter der Haube gibt es einen wesentlichen Unterschied, den man bei größeren Objektmengen auch bemerkt. Die Pipelines arbeiten asynchron, d.h., `Foreach-Object` beginnt schon mit der Arbeit, sobald das erste Objekt vorliegt. Die `ForEach`-Schleife beginnt hingegen erst, wenn alle Objekte vorliegen.

Wenn man den Pipeline-basierten Befehl

```
Get-ChildItem c:\Windows -Recurse -Filter "*.txt"  |
ForEach-Object { "{0,-20}: {1}" -f  $_.Name , $_.length }
```

mit der skriptbasierten Befehlsfolge

```
$Dateien = Get-ChildItem c:\Windows -Recurse -Filter "*.txt"
foreach ($datei in $Dateien)
{
"{0,-20}: {1}" -f  $datei.Name ,  $dienst.length
}
```

vergleicht, wird man zwei Konsequenzen feststellen:

- Der Pipeline-Befehl beginnt sofort mit der Ausgabe der Dateiliste. Die skriptbasierte Lösung braucht einige Zeit vor der ersten Ausgabe.
- Der Pipeline-Befehl meldet zwischen den Ausgaben Fehler über Pfade, für die es kein Zutrittsrecht gibt. Die skriptbasierte Lösung zeigt erst alle Fehlermeldungen, die ja von `Get-ChildItem` kommen, und dann erst die Dateiausgabe, die aus der `ForEach`-Schleife stammt.

ACHTUNG: Ein Kuriosum bei der ForEach-Schleife war in PowerShell 1.0 und 2.0 zu beachten: Wenn an Stelle der zu durchlaufenden Objektmenge `$null` steht, wird die Schleife dennoch einmal durchlaufen.

```
"Foreach über $null"
foreach ($x in $null) {  "Versuch 1: $x" }
"Foreach über eine leere Menge"
$dienste = (Get-Service x*)
foreach ($x in $dienste) {  "Versuch 2: $x" }
foreach ($x in (Get-Service x*)) {  "Versuch 3: $x" }
```

In den obigen Beispielen wird die Schleife in Versuch 1 und 2 jeweils einmal durchlaufen. `Get-Service x*` liefert auf den meisten Systemen kein Ergebnis, weshalb die Variable `$null` erhält. Daher sind Versuch 1 und 2 aus Sicht der Schleife gleichbedeutend. In Versuch 3 wird die Schleife aber keinmal durchlaufen, denn `Get-Service x*` liefert eine leere Menge und die behandelt `ForEach` tatsächlich so, wie man es auch von `$null` erwarten würde.

Als Verbesserung seit PowerShell-Version 3.0 wird eine Schleife nicht mehr durchlaufen, wenn die Menge `$null` ist. Dies kann aber zu überraschenden Verhaltensänderungen führen, wenn man ein PowerShell-2.0-Skript, das diesen Seiteneffekt genutzt hat, nun in einer neueren PowerShell laufen lässt. ■

Kein Problem für die `ForEach`-Schleife und das `Foreach-Object`-Commandlet ist übrigens die Frage, ob die Pipeline ein einzelnes Objekt oder eine Menge enthält. Auch im Fall des einzelnen Objekts wird die Schleife genau einmal durchlaufen.

7.14 Bedingungen

Die PowerShell-Skriptsprache beherrscht, wie fast alle anderen Programmiersprachen auch, die bedingte Programmausführung. Von einer bedingten Programmausführung spricht man, wenn in Abhängigkeit von bestimmten Bedingungen nicht alle Befehle in einem Skript ausgeführt, sondern ein oder mehrere Befehle übersprungen werden. Genau genommen heißt dies für das Skript, dass abhängig davon, ob eine bestimmte Bedingung erfüllt ist oder nicht, ein bestimmter Codeabschnitt verarbeitet bzw. nicht verarbeitet wird.

Innerhalb der PowerShell-Skriptsprache gibt es zwei grundsätzliche Formen für die bedingte Programmausführung. Durch eine Fallunterscheidung wird es ermöglicht, den Programmablauf abhängig von bestimmten Bedingungen zu steuern:

- `if (Bedingung) {…} else {…}`
- `switch ($var) {Wert {…} Wert {…} default {..} } }`

If...Else-Bedingung

Das Basiskonstrukt für eine Bedingung ist `If...Else`. Die Bedingung steht in runden Klammern, der Anweisungsblock in geschweiften Klammern. Eine „Else"-Anweisung ist optional.

ACHTUNG: Man darf weder die geschweiften noch die runden Klammern weglassen.

Das erste Beispiel zeigt drei einfache `If`-Anweisungen ohne `Else`.

Listing 7.18: Drei Bedingungen unter Einsatz von If

```
"Bitte geben Sie eine Zahl ein"
$Wert1 = Read-Host
"Bitte geben Sie noch eine Zahl ein"
$Wert2 = Read-Host

if ($Wert1 -gt $Wert2) { "Der erste Wert ist größer als der zweite." }
if ($Wert1 -lt $Wert2) { "Der zweite Wert ist kleiner als der erste." }
if ($Wert1 -eq $Wert2) { "Beide Werte sind gleich groß." }
```

Diese Bedingungen könnte man alternativ mit `Else` schreiben, um dann zwei `If`-Bedingungen zu verschachteln.

Listing 7.19: Drei Bedingungen unter Einsatz von If und Else

```
if ($Wert1 -gt $Wert2)
{ "Der erste Wert ist größer als der zweite." }
else
{
if ($Wert1 -lt $Wert2) { "Der zweite Wert ist kleiner als der erste." }
else { "Beide Werte sind gleich groß." }
}
```

Noch etwas prägnanter geht es mit `ElseIf`. Hinter `ElseIf` kann man eine weitere Bedingung angeben.

Listing 7.20: Drei Bedingungen unter Einsatz von If, ElseIf und Else

```
if ($Wert1 -gt $Wert2)
{ "Der erste Wert ist größer als der zweite." }
elseif ($Wert1 -lt $Wert2)
 { "Der zweite Wert ist kleiner als der erste." }
else { "Beide Werte sind gleich groß." }
```

TIPP: Statt für eine Aktion (bisher immer: eine Ausgabe) kann man `If...Else` auch für Wertzuweisungen nutzen. In dem folgenden Beispiel erhält `$Anzeige` abhängig von der Bedingung einen anderen Wert:

```
[DateTime]::Now.Second
$Bedingung = [DateTime]::Now.Second % 2 -eq 0
$Bedingung
$Anzeige = if ($Bedingung) { "gerade" } else { "ungerade" }
$Anzeige
```

Switch-Bedingung

Mit einer Switch-Bedingung kann man auf elegante Weise viele Fälle unterscheiden, weil man übersichtlich Bedingungen und Anweisungsblöcke aneinanderreihen kann.

Listing 7.21: Drei Bedingungen unter Einsatz von Switch

```
switch ()
{
 {$Wert1 -gt $Wert2} { "Der erste Wert ist größer als der zweite." }
 {$Wert1 -lt $Wert2} { "Der erste Wert ist kleiner als der zweite." }
 default { "Beide Werte sind gleich groß." }
}
```

Das runde Klammernpaar hinter Switch deutet schon an, dass hier noch mehr Potenzial ist. Man kann auch eine Variable mit einer festen Wertemenge vergleichen.

Listing 7.22: Viele Bedingungen mit Switch

```
"Welche Note geben Sie diesem Buch?"
$note = Read-Host
switch ($note)
{
    1 {"sehr gut"}
    2 {"gut"}
    3 {"befriedigend"}
    4 {"ausreichend"}
    5 {"ungenügend"}
    default { "Ungültige Note" }
}
```

7.15 Unterroutinen (Prozedur/Funktionen)

Um die Übersichtlichkeit eines Skripts zu verbessern und Wiederholungen von Programmcode an mehreren Stellen im Skript zu vermeiden, besteht die Möglichkeit, wiederkehrende Programmzeilen in sogenannte Unterroutinen zu kapseln und anstelle der wiederkehrenden Befehle nur noch die Unterroutinen aufzurufen. Dadurch erhöht sich einerseits die Lesbarkeit; es werden nicht mehr alle Befehle, sondern nur noch eine Funktion aufgerufen. Des Weiteren schlägt sich eine Änderung an der Funktion sofort im gesamten Skript nieder.

Prozedur versus Funktion

Eine Unterroutine, die keinen Wert als Ergebnis ihrer Ausführung zurückliefert, wird oft auch als „Prozedur“ bezeichnet. Im Kontrast dazu heißen Unterroutinen mit Rückgabewert „Funktion“.

Die PowerShell macht keinen großen Unterschied. In beiden Fällen wird die Unterroutine definiert durch:

```
function Name { Anweisungsblock }
```

Es gibt in der PowerShell-Skriptsprache, wie in vielen anderen Sprachen, das Schlüsselwort `return`, um eine Unterroutine vorzeitig zu verlassen. Dabei kann man einen Wert übergeben, der dem Aufruf zurückgesendet werden soll.

```
function Name { Anweisungsblock … return xy }
```

ACHTUNG: Anders als in vielen anderen Programmiersprachen ist `return` aber nicht die einzige Möglichkeit, einen Rückgabewert zu liefern. Vielmehr wird alles zum Rückgabewert, was nicht explizit mit `Write-Host`, `Write-Debug` oder `Write-Warning` (sowie direkt über die Standardausgabe, z. B. von klassischen Konsolenanwendungen) ausgegeben wird.

Prozeduren

Das erste Beispiel zeigt eine Prozedur. Die Prozedur macht zwei Ausgaben und eine Berechnung. Die Rückgabe an den Aufrufer ist `$null` (repräsentiert „Kein Wert").

Listing 7.23: Dies ist eine echte Prozedur.

```
function Get-AltersProzedur()
{
Write-Host "Dieser Funktion wurde übergeben: $($args[0]) und $($args[1])"
$Tage = [int] ([System.DateTime]::now - [DateTime]$Args[1]).TotalDays
Write-Host "$($args[0]) ist $Tage Tage alt!"
}
```

Der Aufruf würde so aussehen:

```
# Normaler Aufruf
Get-AltersProzedur "Max Müller" 08.09.1970
# Test, ob wirklich $null zurückkommt --> Erfüllt!
if ((Get-AltersProzedur "Max Müller" 08.09.1970) -eq $null) { "$null!" }
```

HINWEIS: Beim Aufruf einer PowerShell-Funktion verwendet man keine runden Klammern und kein Komma zur Parametertrennung. Hier ist ein Unterschied zum Aufruf von Methoden in Objekten (siehe Anhang A *„Crashkurs ‚Objektorientierung'"*). Der Aufruf von Funktionen unterscheidet sich nicht vom Aufruf von Commandlets. Dies ist auch das Ziel: Man will Commandlets und Funktionen äquivalent benutzen können. Tatsächlich sind einige Commandlets in Form von Funktionen implementiert. Es ist durchaus guter Stil, Funktionen nach denselben Namenskonventionen wie Commandlets (Verb-Substantiv) aufzubauen.

Der Umgang mit Rückgabewerten

Bei der nachstehenden PowerShell-Unterroutine könnte man auf den ersten Blick geneigt sein zu sagen, dass es sich auch um eine Prozedur ohne Rückgabewert handelt.

Listing 7.24: Dies ist eine Funktion mit zwei Rückgabewerten.

```
function Get-AltersFunktion1()
{
"Dieser Funktion wurde übergeben: $($args[0]) und $($args[1])"
$Tage = [int] ([System.DateTime]::now - [DateTime]$Args[1]).TotalDays
"$($args[0]) ist $Tage Tage alt!"
}
```

Das ist aber nicht korrekt, denn

```
if ((Get-Altersfunktion1 "Max Müller" 08.09.1970) -eq $null) { "null!" } else
{ "nicht null!"}
```

liefert „nicht null!". Die obige Unterroutine ist eine Funktion, die zwei Zeichenketten zurückliefert. In Kapitel *„Ausgaben"* steht zwar, dass „lose" Literale und Variablen ausgegeben werden, aber wenn solch ein „loser" Ausdruck in einer Unterroutine steht, dann wird der Wert des Ausdrucks **zusätzlich** zum Rückgabewert der Methode. Die Ausgabe wird unterdrückt, wenn der Aufrufer den Rückgabewert weiterverarbeitet. Die Ausgabe findet nur statt, wenn der Aufrufer den Rückgabewert ignoriert. Gleiches gilt für Pipelines.

Eine Testfunktion hilft dem Verständnis. Diese Routine erzeugt zwei Ausgaben direkt mit `Write-Host` zu Beginn und zum Ende der Verarbeitung. Dazwischen gibt es vier Zeilen, die eine Ausgabe erzeugen, die zum Rückgabewert wird.

Listing 7.25: Testfunktion für die folgende Tabelle

```
function TestFunktion()
{
Write-Host "Beginn der Funktion..."
Get-Service d*
Get-Date | foreach { $_.ToShortDateString() }
2+2
$name="Holger"
$name
Write-Host "Ende der Funktion!"
}
```

Tabelle 7.6: Verschiedene Aufrufformen und deren Ausgabe

<table>
<tr><th>Art des Aufrufs</th><th>Ausgabe</th></tr>
<tr><td>TestFunktion</td><td>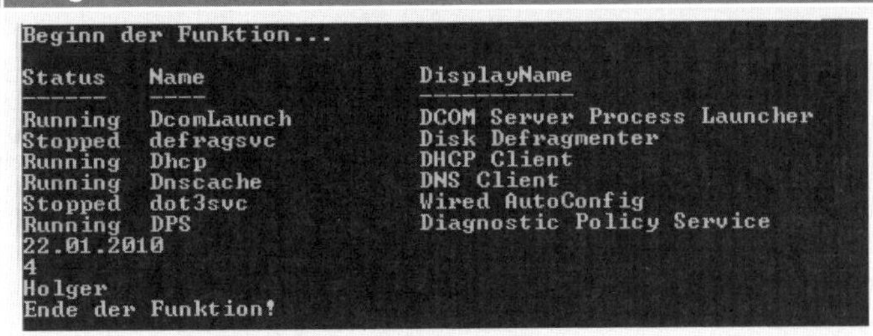

Erläuterung: Der Aufrufer verwendet die Rückgabewerte nicht. Daher gibt die Funktion sie direkt aus, was man daran erkennt, dass die Werte zwischen „Beginn" und „Ende" stehen.</td></tr>
</table>

Tabelle 7.6: Verschiedene Aufrufformen und deren Ausgabe *(Fortsetzung)*

Art des Aufrufs	Ausgabe

$x = TestFunktion	`Beginn der Funktion...`
	`Ende der Funktion!`
	
	Erläuterung: Der Aufrufer verwendet die Rückgabewerte, indem er sie in einer Variablen speichert. Daher gibt die Funktion nichts aus.

TestFunktion | foreach { $_.GetType() }	`Beginn der Funktion...`
	
	`IsPublic IsSerial Name`
	`-------- -------- ----`
	`True     False    ServiceController`
	`True     False    ServiceController`
	`True     False    ServiceController`
	`True     False    ServiceController`
	`True     False    ServiceController`
	`True     False    ServiceController`
	`True     True     String`
	`True     True     Int32`
	`True     True     String`
	`Ende der Funktion!`
	
	Erläuterung: Der Aufrufer sendet die Objekte über die Pipeline an `Foreach-Object`. Nun mag überraschen, dass die Ausgaben zwischen „Beginn" und „Ende" stehen, was darauf hindeuten würde, dass die Funktion die Ausgaben macht. Das ist aber nicht so, weil der Aufrufer das Ergebnis ja verarbeitet. Der Grund dafür, dass die Werte zwischen „Beginn" und „Ende" stehen, liegt an der asynchronen Verarbeitung der Pipeline. `Foreach-Object` verarbeitet die von der Unterroutine gelieferten Objekte schon, bevor diese überhaupt fertig ist. An der Ausgabe sieht man genau, dass die Unterroutine eine heterogene Menge von Werten liefert.

TestFunktion | sort | foreach { $_.GetType() }	`Beginn der Funktion...`
	`Ende der Funktion!`
	
	`IsPublic IsSerial Name`
	`-------- -------- ----`
	`True     False    ServiceController`
	`True     False    ServiceController`
	`True     False    ServiceController`
	`True     False    ServiceController`
	`True     False    ServiceController`
	`True     False    ServiceController`
	`False    False    FormatStartData`
	`False    False    GroupStartData`
	`False    False    FormatEntryData`
	`False    False    GroupEndData`
	`False    False    FormatEndData`
	`True     True     Int32`
	`True     True     String`
	
	Erläuterung: Nun steht die Ausgabe nach dem „Ende", denn das `Sort-Object` verhindert die asynchrone Verarbeitung.

$x = TestFunktion
 	
$x | foreach { $_.GetType() }
	`Beginn der Funktion...`
	`Ende der Funktion!`
	
	`IsPublic IsSerial Name`
	`-------- -------- ----`
	`True     True     String`
	`True     True     Int32`
	`True     True     String`
	`True     False    ServiceController`
	`True     False    ServiceController`
	`True     False    ServiceController`
	`True     False    ServiceController`
	`True     False    ServiceController`
	`True     False    ServiceController`
	
	Erläuterung: Die Ausgabe steht nach dem „Ende", weil der Aufrufer die Werte erst in einer Variablen speichert und dann an die Pipeline sendet. Zwischen zwei Zeilen findet keine asynchrone Verarbeitung statt.

HINWEIS: „Return xy" ist äquivalent zu `xy; return`.

Art der Rückgabewerte

Bei der PowerShell sind alle Datentypen als Rückgabewerte erlaubt. Anders als in anderen Programmiersprachen ist eine beliebige Anzahl von Rückgabewerten erlaubt, die in eine Liste (vom Typ `Array` von `Object`, in der PowerShell-Notation: `Object[]`) geliefert werden. Eine Unterscheidung gibt es noch, ob ein oder mehrere Werte zurückgegeben werden. Wenn nur ein Wert zurückgegeben wird, dann ist der Rückgabewert keine Liste mit einem Element, sondern genau dieser eine Wert. Dies beweist das folgende Skript. Zu bedenken ist, dass `Count` kein Ergebnis liefert, wenn `$x` keine Liste ist.

```
function Get-ReturnValues([int] $Anz) # Anz legt die Anzahl der Rückgabewerte fest
{
for([int] $i=0;$i -lt $Anz;$i++) { $i }
}

$x = (Get-ReturnValues 1)
"Get-ReturnValues 1 --> Typ: {0}, Anzahl {1}" -f $x.GetType(), $x.Count
$x = (Get-ReturnValues 2)
"Get-ReturnValues 2 --> Typ: {0}, Anzahl {1}" -f $x.GetType(), $x.Count
$x = (Get-ReturnValues 1000000)
"Get-ReturnValues 1000000 --> Typ: {0}, Anzahl {1}" -f $x.GetType(), $x.Count
```

Testskript zum Prüfen der Art der Rückgabewerte

```
PS P:\> . 'h:\demo\powershell\1_basiswissen\powershell language\functions_returnvalues.ps1'
Get-ReturnValues 1 --> Typ: System.Int32, Anzahl
Get-ReturnValues 2 --> Typ: System.Object[], Anzahl 2
Get-ReturnValues 1000000 --> Typ: System.Object[], Anzahl 1000000
```

Abbildung 7.10: Ausgabe des obigen Skripts

Parameterübergabe

Zwischen Funktion und Prozedur gibt es also in der PowerShell nur einen marginalen Unterschied. Ein interessanterer Unterschied sind die verschiedenen Formen der Parameterübergabe. Im Beispiel `Get-AltersFunktion1()` waren die Parameter weder explizit benannt noch typisiert. Dies hat den Vorteil, dass man leicht beliebig viele Parameter in beliebiger Form übergeben kann. Der Nachteil ist jedoch, dass die PowerShell nicht prüfen kann, ob Anzahl und Art der Parameter stimmen. Folgender Aufruf führt zu einem Abbruch in dem Moment, wo eine Rechenoperation mit dem Datum stattfinden soll:

```
Get-Altersfunktion1 "Max Müller" "unsinn"
```

Es gibt drei andere Formen der Parameterübergabe (siehe auch Listing):

- Benannte Parameter: `Get-Altersfunktion2($Name, $Geb) { … }`
- Benannte und typisierte Parameter im Funktionskopf: `Get-Altersfunktion3([string] $Name, [DateTime] $Geb) { … }`

- Benannte und typisierte Parameter im Funktionsrumpf: `Get-Altersfunktion4{ param([string] $Name, [DateTime] $Geb) … }`

Listing 7.26: Vergleich der verschiedenen Parameterformen

```
# Parameter unbenannt
function Get-Altersfunktion1()
{
"Dieser Funktion wurde übergeben: $($args[0]) und $($args[1])"
$Tage = [int] ([System.DateTime]::now - [DateTime]$Args[1]).TotalDays
return  "$($args[0]) ist $Tage Tage alt!"
}

# Parameter benannt
function Get-Altersfunktion2($Name, $Geb)
{
"Dieser Funktion wurde übergeben: $name und $geb"
$Tage = [int] ([System.DateTime]::now - [DateTime]$Geb).TotalDays
return  "$Name ist $Tage Tage alt!"
}

# Parameter benannt und typisiert
function Get-Altersfunktion3([string] $Name, [DateTime] $Geb)
{
"Dieser Funktion wurde übergeben: $name und $geb"
$Tage = [int] ([System.DateTime]::now - $Geb).TotalDays
return  "$Name ist $Tage Tage alt!"
}

# Parameter benannt und typisiert - andere Syntaxform
function Get-Altersfunktion4
{
param([string] $Name, [DateTime] $Geb)
"Dieser Funktion wurde übergeben: $name und $geb"
$Tage = [int] ([System.DateTime]::now - $Geb).TotalDays
return  "$Name ist $Tage Tage alt!"
}
```

Der Aufruf ist in allen vier Fällen gleich. Der Unterschied ist nur, dass im Fall der typisierten Parameter der Fehler schon beim Aufruf der Unterroutine auffällt (`cannot process argument transformation on parameter 'Geb'. Cannot convert value "unsinn" to type "System.DateTime"`), so dass die Routine gar nicht erst gestartet wird.

ACHTUNG: Eine falsche Anzahl von Parametern moniert die PowerShell in keinem Fall. `$args[x]` kann man immer zum Zugriff auf die übergebenen Parameter verwenden.

Dies bedeutet auch, dass es in der PowerShell keine Überladung von Unterroutinen geben kann. Überladung bedeutet in anderen Sprachen, dass es mehrere gleichnamige Unterroutinen geben darf, die sich nur hinsichtlich der Parameterzahl oder Parameterart unterscheiden. Beim Aufruf wird anhand der übergebenen Parameter entschieden, welche Unterroutine aufgerufen wird. In der PowerShell hingegen wird – falls es mehrere gleichnamige gibt – immer die erste verfügbare Unterroutine mit allen Parametern aufgerufen.

Es gibt aber Überladungen in der .NET-Klassenbibliothek und bei Aufrufen von Methoden in .NET-Klassen berücksichtigt die PowerShell dies und ruft die passende Methode auf.

7.16 Eingebaute Funktionen

Wie schon erwähnt sind einige Commandlets als PowerShell-Funktion realisiert (z.B. `Clear-Host`). Die Ausführung des Befehls `dir function:` listet alle Funktionen auf und zeigt, dass auch einige als Kompatibilität zur klassischen Windows-Konsole erhalten gebliebene Anweisungen wie C: und `more` als eingebaute Funktionen der PowerShell realisiert sind.

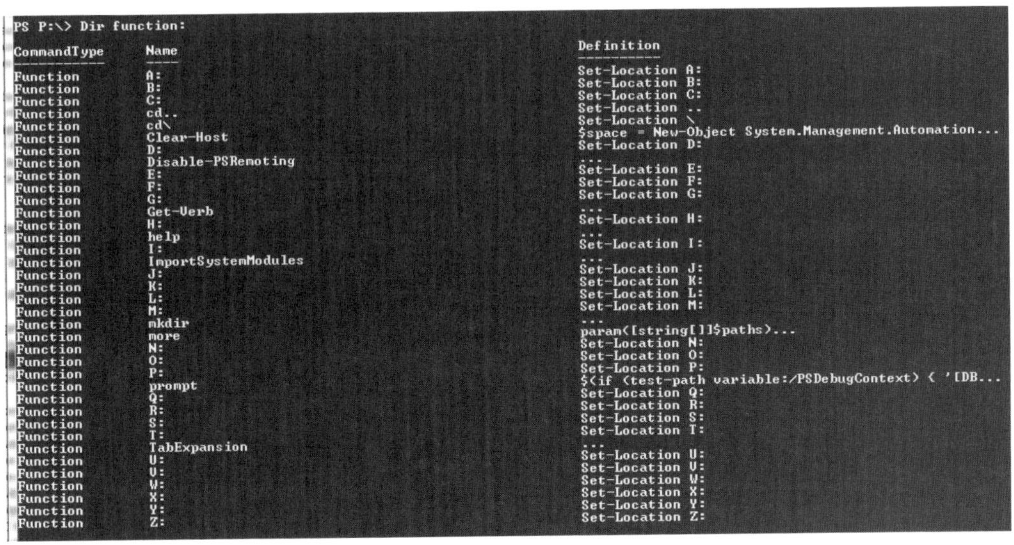

```
PS P:\> Dir function:

CommandType     Name                          Definition
-----------     ----                          ----------
Function        A:                            Set-Location A:
Function        B:                            Set-Location B:
Function        C:                            Set-Location C:
Function        cd..                          Set-Location ..
Function        cd\                           Set-Location \
Function        Clear-Host                    $space = New-Object System.Management.Automation...
Function        D:                            Set-Location D:
Function        Disable-PSRemoting            ...
Function        E:                            Set-Location E:
Function        F:                            Set-Location F:
Function        G:                            Set-Location G:
Function        Get-Verb                      ...
Function        H:                            Set-Location H:
Function        help                          ...
Function        I:                            Set-Location I:
Function        ImportSystemModules           ...
Function        J:                            Set-Location J:
Function        K:                            Set-Location K:
Function        L:                            Set-Location L:
Function        M:                            Set-Location M:
Function        mkdir                         ...
Function        more                          param([string[]]$paths)...
Function        N:                            Set-Location N:
Function        O:                            Set-Location O:
Function        P:                            Set-Location P:
Function        prompt                        $(if (test-path variable:/PSDebugContext) { '[DB...
Function        Q:                            Set-Location Q:
Function        R:                            Set-Location R:
Function        S:                            Set-Location S:
Function        T:                            Set-Location T:
Function        TabExpansion                  ...
Function        U:                            Set-Location U:
Function        V:                            Set-Location V:
Function        W:                            Set-Location W:
Function        X:                            Set-Location X:
Function        Y:                            Set-Location Y:
Function        Z:                            Set-Location Z:
```

Abbildung 7.11: Eingebaute Funktionen der PowerShell 4.0

7.17 Fehlerbehandlung

Die PowerShell bietet zwei Arten der Fehlerbehandlung im Skriptcode:

- `Trap` (seit PowerShell 1.0)
- `Try-Catch-Finally` (seit PowerShell 2.0)

Fehlerbehandlung mit Trap

Die Windows PowerShell unterscheidet zwischen Fehlern, die unbedingt ein Ende der Ausführung des Befehls/des Skripts erfordern (Terminating Error), und Fehlern, die es erlauben, dass die Ausführung beim nächsten Befehl fortgesetzt wird (Non-Terminating Error). Abbrechende Fehler können durch `Trap`-Anweisungen abgefangen werden. Nichtabbrechende Fehler können zu abbrechenden Fehlern gemacht werden.

`Trap` fängt aufgetretene abbrechende Fehler ab und führt den angegebenen Code aus. `$_` enthält dann Informationen zu dem Fehler in Form einer Instanz von `System.Management.Automation.ErrorRecord`. Das Unterobjekt `$_.Exception` ist der eigentliche Fehler in Form einer Instanz einer Klasse, die von `System.Exception` erbt. Über `$_.Exception.GetType().FullName` erhält man den Fehlertyp, durch `$_.Exception.Message` den Fehlertext.

`Break` oder `Continue` entscheiden, ob das Skript nach dem Fehler fortgesetzt wird. Das Standardverhalten ist `Continue`. Mit `Exit` kann ein definitives sofortiges Skriptende herbeigeführt werden.

Mit dem folgenden Beispiel können Sie selbst das Fehlerverhalten der PowerShell testen und mit den verschiedenen Reaktionsmöglichkeiten experimentieren. Der Fehler wird aufgelöst durch den Aufruf `Copy-Item` mit falschem Pfad (ein nichtabbrechender Fehler) und „Get-Dir“ (das Commandlet gibt es nicht, ein abbrechender Fehler).

Listing 7.27: Trap5_Copy.ps1 [1_Basiswissen/PowerShell Language/TrapDemo_Copy.ps1]

```
# Beispiel zum Testen von Fehlerabfangen
trap {
Write-Host ("### ABGEFANGENER FEHLER: " + $_.Exception.Message)
#Write-Error ("Fehler: " + $_.Exception.Message)
#continue
#break
#exit
#throw "test"
}

"Beispiel zum Testen von Fehlerabfangen"
"Erst geht alles gut..."
copy g:\daten\lieferanten c:\temo\Daten
"Dann läuft es nicht mehr so gut (falscher Pfad)"
copy g:\daten\lieferanten k:\daten\lieferanten
"Und dann folgt Unsinn (falsches Commandlet)"
Get-Dir k:\daten\lieferanten
"Ende des Scripts"
```

Tabelle 7.7: Verhalten der PowerShell im Fehlerfall bei der Verwendung von Trap

<table>
<tr><th>Trap</th><th>Reaktion</th></tr>
<tr><td>Nicht vorhanden</td><td>PowerShell zeigt Fehlermeldungen für <code>Copy-Item</code> („drive does not exists“) und <code>Get-Dir</code> („not recognized as a cmdlet, function, program oder script file“) und setzt die Ausführung bis zum Ende fort.

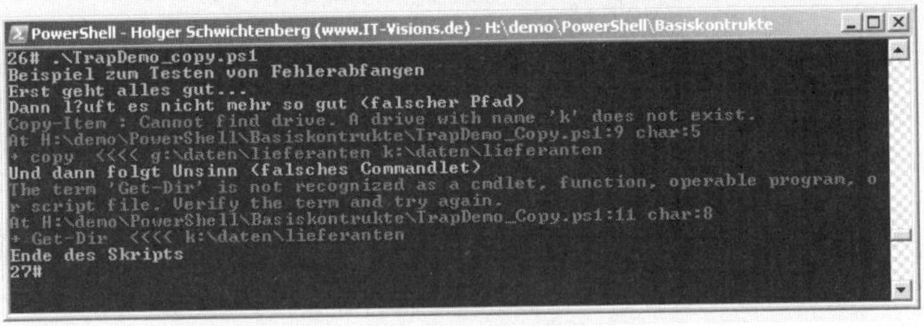
</td></tr>
<tr><td>Vorhanden, nur mit Write-Host</td><td>Es erscheint für den abbrechenden Fehler zusätzlich zu der PowerShell-Fehlermeldung auch der eigene Fehlertext aus dem Trap-Block.

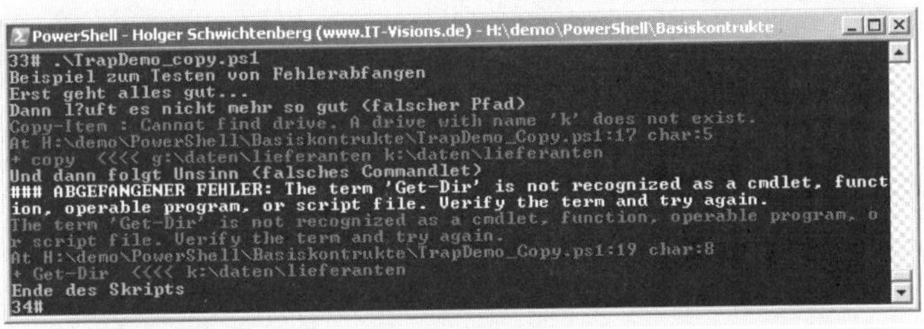
</td></tr>
<tr><td>Vorhanden, mit continue</td><td>Es erscheint für den abbrechenden Fehler nur der eigene Fehlertext aus dem Trap-Block.

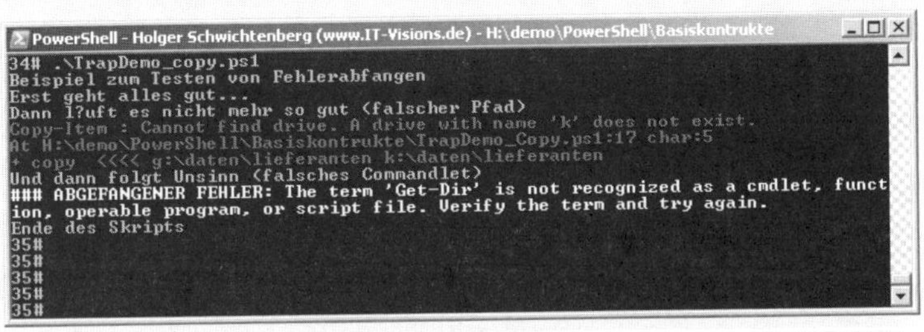
</td></tr>
<tr><td>Vorhanden, mit break</td><td>Nach dem abbrechenden Fehler erscheinen der eigene Fehlertext und dann die Fehlermeldung der PowerShell. Danach bricht das Skript ab (d. h., die Ausgabe „Ende des Skripts“ wird nicht mehr erzeugt).

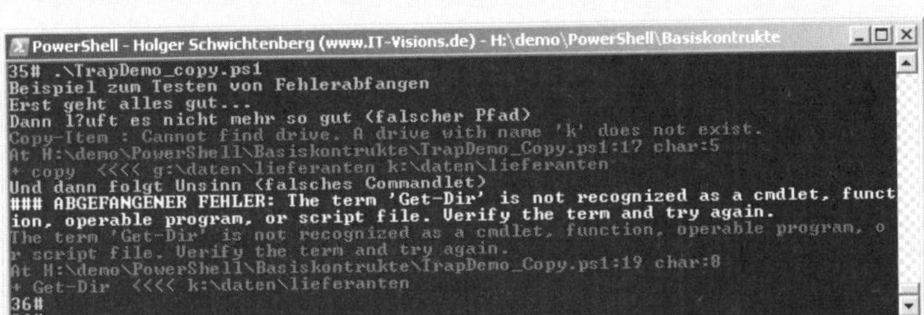
</td></tr>
</table>

Tabelle 7.7: Verhalten der PowerShell im Fehlerfall bei der Verwendung von Trap *(Fortsetzung)*

<table>
<tr><th>Trap</th><th>Reaktion</th></tr>
<tr><td>Vorhanden, mit exit</td><td>Nach dem abbrechenden Fehler erscheint der eigene Fehlertext. Dann bricht die Ausführung sofort ab.
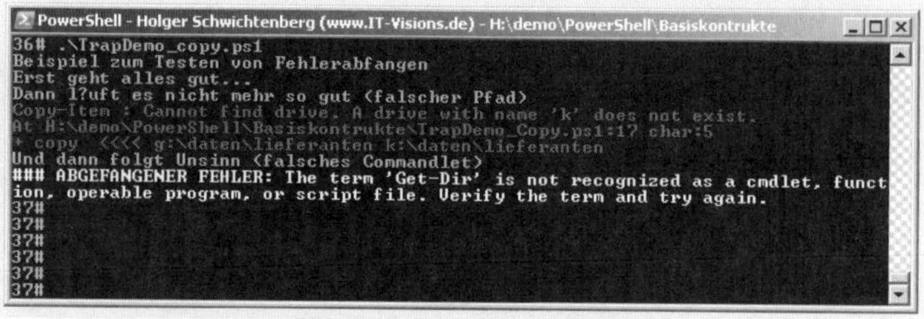

</td></tr>
</table>

Konfiguration des Fehlerverhaltens

Die Möglichkeiten werden noch vielfältiger, weil jedes einzelne Commandlet über die Parameter `-ErrorAction` (kurz `-ea`) und `-WarningAction` (`-wa`) zudem bestimmen kann, wie mit Fehlern (oder Warnungen) umgegangen werden soll:

- `Stop`: Der Fehler wird ausgegeben und die Ausführung bricht ab. (Alle Non-Terminating-Fehler werden damit zu Terminating-Fehlern.)
- `Continue`: Der Fehler wird ausgegeben und die Ausführung wird fortgesetzt.
- `SilentlyContinue`: Der Fehler wird nicht ausgegeben und die Ausführung wird fortgesetzt.
- `Inquire`: Der Benutzer wird gefragt, ob er die Ausführung trotz des Fehlers fortsetzen möchte.

Alle möglichen Kombinationen von `-ErrorAction` und `Trap` durchzuspielen, würde den Rahmen dieses Buchs sprengen. Daher werden im Folgenden nur einige ausgewählte Fälle beschrieben.

HINWEIS: Die Anwendung von `-ErrorAction` hat nur Auswirkung auf existierende Commandlets. Das in dem Beispiel verwendete, nicht vorhandene Commandlet `"Get-Dir"` kann darauf nicht reagieren. ■

Tabelle 7.8: Verhalten der PowerShell im Fehlerfall bei der Verwendung von Trap und -ErrorAction

<table>
<tr><th>Trap</th><th>-ErrorAction</th><th>Reaktion</th></tr>
<tr><td>Nicht vorhanden</td><td><code>silently-continue</code></td><td>Es erscheint keine Fehlermeldung mehr für den Pfadfehler bei <code>Copy-Item</code>. Weiterhin wird das Problem mit <code>Get-Dir</code> gemeldet.

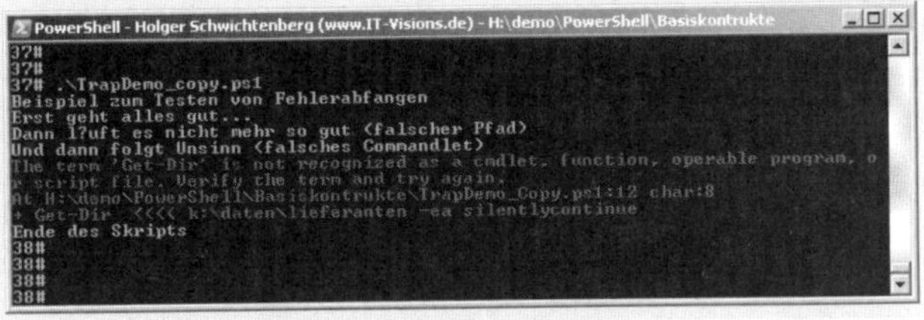
</td></tr>
<tr><td>Vorhanden, mit continue</td><td><code>silently-continue</code></td><td>Es erscheinen überhaupt keine Standardfehlermeldungen der Power-Shell mehr, sondern nur noch die benutzerdefinierte Meldung aus dem Trap-Block für das nicht existierende Commandlet.

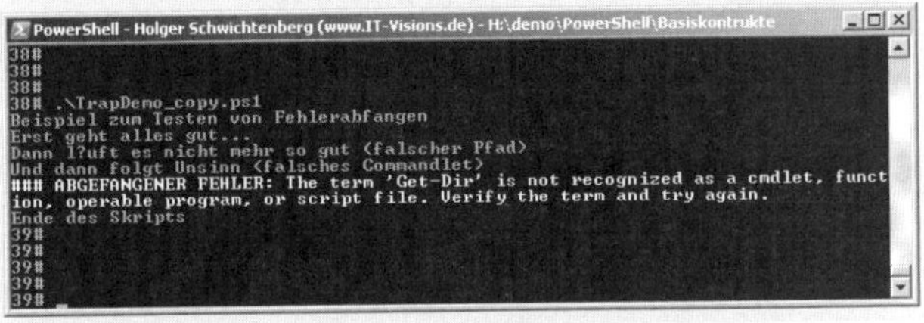
</td></tr>
<tr><td>Nicht vorhanden</td><td><code>stop</code></td><td>Die Ausführung bricht mit einer PowerShell-Fehlermeldung nach dem ersten nicht ausführbaren Copy-Befehl ab.

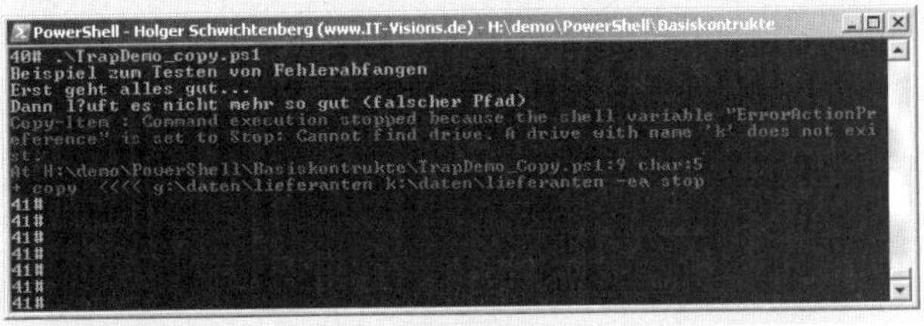
</td></tr>
<tr><td>Vorhanden, mit continue</td><td><code>stop</code></td><td>Für beide Fehler erscheint nur der eigene Fehlertext aus dem Trap-Block.

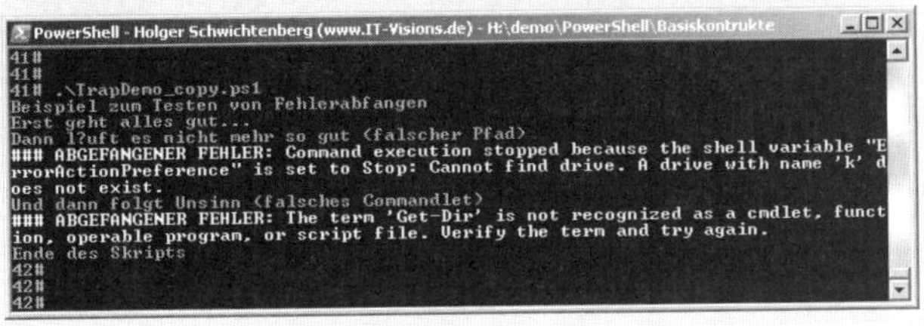
</td></tr>
</table>

$ErrorActionPreference

Über die globale eingebaute Variable `$ErrorActionPreference` kann man das Standardverhalten für `-ErrorAction` für alle Commandlets setzen. Der Wert muss als Zeichenkette übergeben werden. Die Standardeinstellung ist „Continue“.

Es folgt ein Beispiel, in dem mehrfach eine Division durch die Zahl 0 ausgeführt wird, um einen Fehler zu erzeugen. Dabei wird jeweils die `$ErrorActionPreference` geändert.

Listing 7.28: Beispiel für den Einsatz von $ErrorActionPreference

```
"Regulärer Programmstart"

"Aktueller Fehlerbehandlungsstandard: $ErrorActionPreference"

"1. Versuch"
# Fehler machen
write-host (1 / $null)

"2. Versuch"
$ErrorActionPreference = "silentlycontinue"
# Fehler machen
write-host (1 / $null)

"3. Versuch"
# Fehler machen
$ErrorActionPreference = "stop"
write-host (1 / $null)

"Reguläres Programmende"
```

Das Beispiel führt zu folgender Ausgabe. Man beachte, dass das Programm beim ersten Versuch mit Fehlermeldung fortgesetzt wird, beim zweiten keine Fehlermeldung erfolgt und beim dritten Versuch das Programm mit Fehlermeldung abbricht.

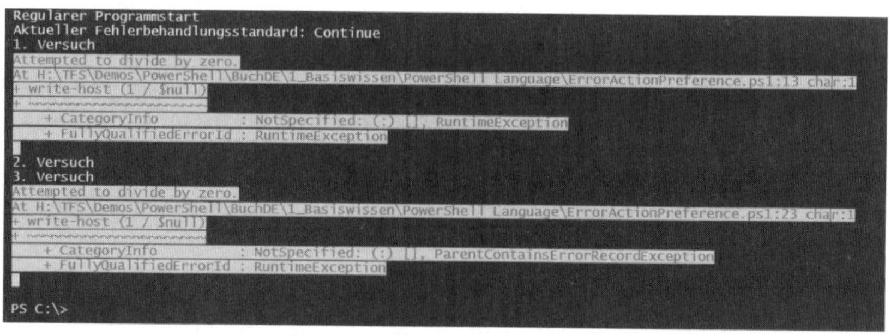

Abbildung 7.12: Ausgabe des obigen Beispiels

Weitere Möglichkeiten

Das war aber immer noch nicht alles, was die PowerShell in Sachen Fehlerbehandlung zu bieten hat:

- `$Error` enthält die gesamte Geschichte der aufgetretenen Fehler in Form von Objekten, die zu Fehlerklassen gehören, z. B. `System. Management.Automation.CommandNotFound Exception`.

- Trap-Blöcke können durch Angabe eines Fehlertyps in eckigen Klammern (Fehlerklasse) auf bestimmte Fehlerarten beschränkt werden. Daher kann es mehrere Trap-Blöcke in einem Skript geben.
- Mit Throw kann man innerhalb und außerhalb von Trap-Blöcken beliebige eigene Fehler erzeugen. Throw erzeugt einen abbrechenden Fehler der Klasse System.Management.Automation.RuntimeException. Man kann aber auch eine andere Fehlerklasse in eckigen Klammern angeben. Die angegebene Klasse muss von System.Exception abgeleitet sein.

```
throw "Fehlertext"
throw [System.ApplicationException] "Fehlertext"
```

Fehlerbehandlung mit Try-Catch-Finally

Die Trap-Anweisung fängt alle Fehler im aktuellen Gültigkeitsbereich ab. Eine Trap-Anweisung in einer Funktion gilt für den ganzen Programmcode in der Funktion. Eine Trap-Anweisung in globalem Programmcode gilt für den ganzen globalen Code. Es ist unerheblich, wo die Trap-Anweisung steht (am Anfang, in der Mitte, am Ende), sie gilt immer für den gesamten Gültigkeitsbereich.

Seit PowerShell 2.0 hat Microsoft das aus den .NET-Sprachen bekannte Try-Catch-Finally als zweite Alternative der Fehlerbehandlung mit Trap eingeführt. Try enthält den Codeblock, der fehlschlagen könnte. Catch behandelt auftretende Fehler, wobei der erste abbrechende Fehler die Kontrolle in den Catch-Block verlagert. Finally (als optionaler Block) wird in jedem Fall am Ende ausgeführt.

HINWEIS: Während man mit einer Trap-Anweisung alle Fehler in dem aktuellen Gültigkeitsbereich abfängt, bezieht sich Try-Catch immer nur auf Fehler im Try-Block. Die Frage, ob man Trap oder Try-Catch bevorzugt, ist eine Geschmackssache.

Listing 7.29: Beispiel für den Einsatz von Try-Catch-Finally

```
########################################
# PowerShell-Skript
# (C) Dr. Holger Schwichtenberg
#########################################

# Beispiel zum Testen von Fehlerabfangen

try
{
"Beispiel zum Testen von Fehlerabfangen"
"Erst geht alles gut ..."
copy c:\data\projects c:\temp\Projects -Force
"Dann laeuft es nicht mehr so gut (falscher Pfad) (aber wir machen weiter:
continue)"
copy c:\data\customers c:\temp\customers -ea continue
Und dann folgt Unsinn: falsches Commandlet (da wird -continue ignoriert!)"
```

```
Get-Dir c:\temp\customers -ea continue
"Kopiervorgang abgeschlossen!"
}

catch
{
$fehler = $_
Write-Host ("### ABGEFANGENER FEHLER: " + $_.Exception.Message) -ForegroundColor yellow
}
finally
{
"Ende des Skripts"
}
```

Innerhalb des `Catch`-Blocks ist `$_` eine Instanz der Klasse `System. Management.Automation.ErrorRecord`, wobei über das Attribut `Exception` zu der aus dem .NET Framework bekannten Instanz eine .NET-Fehlerklasse kommt. Details über den Umfang der bereitgestellten Fehlerinformationen zeigt die nachstehende Bildschirmabbildung.

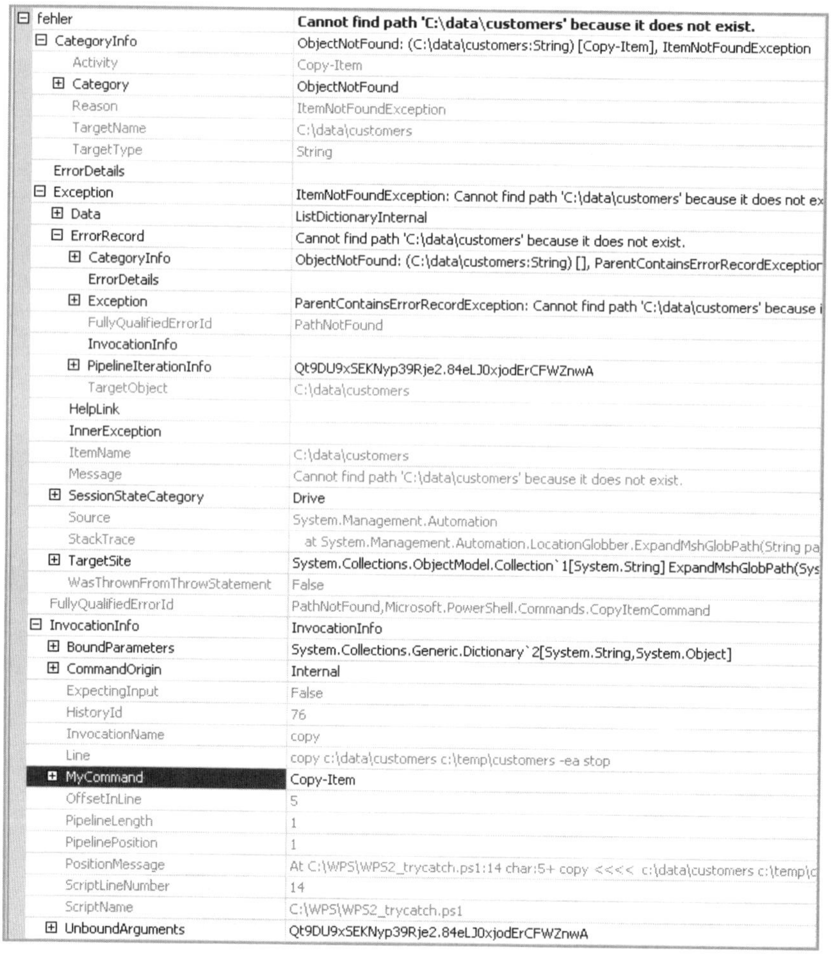

Abbildung 7.13: Inhalt eines ErrorRecord-Objekts

8 Ausgaben

Dieses Kapitel behandelt die verschiedenen Möglichkeiten zur Erzeugung bzw. Beeinflussung von Ausgaben in der PowerShell.

8.1 Ausgabe-Commandlets

Ein normales Commandlet sollte keine eigene Bildschirmausgabe erzeugen, sondern allenfalls eine Menge von Objekten in die Pipeline legen. Es ist bestimmten Commandlets vorbehalten, eine Ausgabe zu erzeugen. Beispiele für diese Commandlets sind:

- `Out-Default`: Standardausgabe gemäß der PowerShell-Konfiguration *(DotNetTypes.Format.ps1xml)*, siehe folgendes Kapitel
- `Out-Host` (kurz: `oh`): wie `Out-Default` mit zusätzlicher Option zur seitenweisen Ausgabe

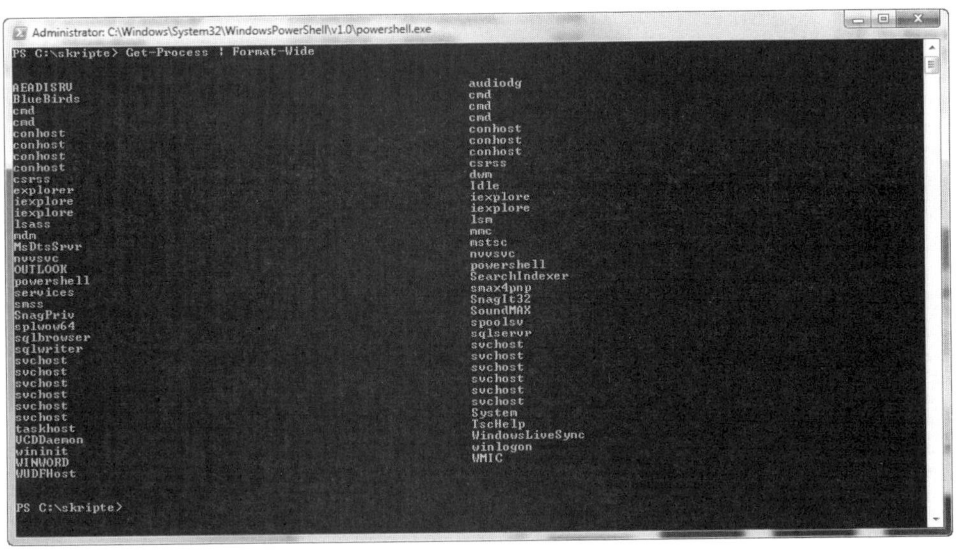

Abbildung 8.1: Ausgabe mit Format-Wide

- Out-Null: Die Objekte der Pipeline werden nicht weitergegeben.
- Out-GridView (kurz: ogv): Ausgabe in grafischer Tabelle mit Such- und Filterfunktionen (vorhanden seit PowerShell 2.0)
- Format-Wide (kurz: fw): zweispaltige Liste
- Format-List (kurz: fl): detaillierte Liste
- Format-Table (kurz: ft): Tabellenausgabe

Abbildung 8.2: Ausgabe mit Format-List

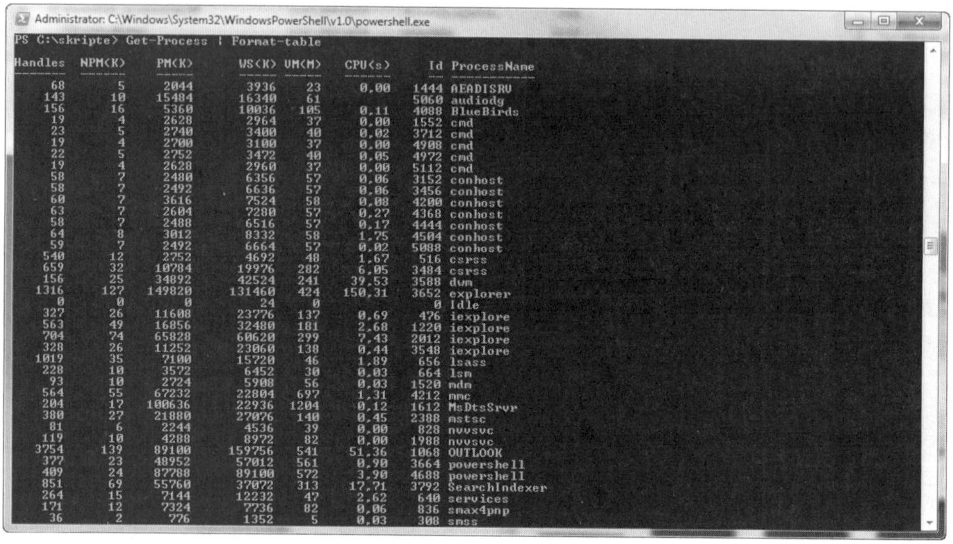

Abbildung 8.3: Ausgabe mit Format-Table

HINWEIS: Bei den Ausgabe-Commandlets können Sie jeweils die auszugebenden Attribute mit dem Parameter –`Property` (kurz –p) festlegen. Dieser Parameter ist immer der erste erwartete Parameter und daher entfällt der Name in der Regel. Beispiele:

```
Get-Service | Format-Table Name, Status
Get-Service | Format-List Name, Status
```

Bei `Format-Wide` kann man nur ein Attribut nennen:

```
Get-Service | Format-Wide -Property Name
```

■

TIPP: In vielen Fällen geben Ausgabe-Commandlets nicht alle Attribute eines Objekts aus. Dies liegt an der Standardausgabe (siehe gleichnamiges Kapitel). Sie können alle Attribute sehen, wenn Sie statt des Parameters –`Property` einen Stern (*) angeben.

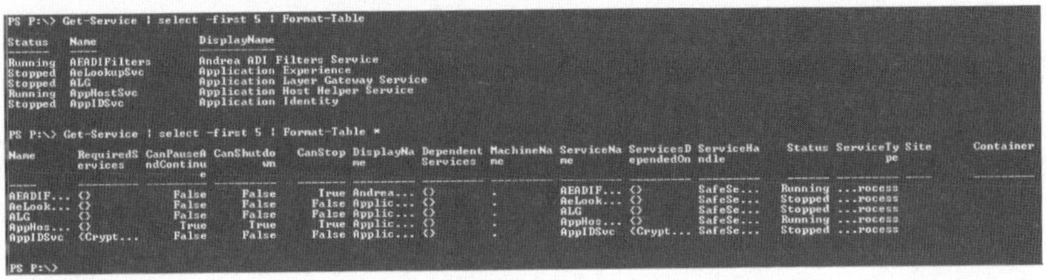

Abbildung 8.4: Format-Table für Get-Service ohne und mit Stern

■

8.2 Out-GridView

Das Commandlet `Out-GridView` gab es schon einmal in der Beta-Version der PowerShell 1.0, es schaffte es dann aber nicht in das endgültige Produkt. In PowerShell 2.0 kehrt es dann zurück. `Out-GridView` zeigt den aktuellen Inhalt der Pipeline in einem separaten Fenster in einer grafischen Tabelle an und bietet dort Filtermöglichkeiten.

Beispiel: `Get-Process | Out-GridView`

Suchen

Eine Eingabe im Text „Filter" führt eine Volltextsuche über alle Spalten aus. Über die Funktion „Kriterien hinzufügen" kann man grundsätzlich auch komplexere Abfragen über einzelne Spalten definieren. Aus dem darüber erreichbaren Drop-down-Feld können Sie eine Auswahl aus allen Eigenschaften treffen. In der daraus resultierenden Zeile können die Bedingungen definiert werden.

ACHTUNG: Leider gibt es aber nur Filterkriterien für Zeichenketten, nicht aber Vergleichsoperationen wie größer und kleiner für Zahlen (siehe Bildschirmabbildung: für den Zahlenwert „WorkingSet“ (WS) wird kein größer oder kleiner angeboten).

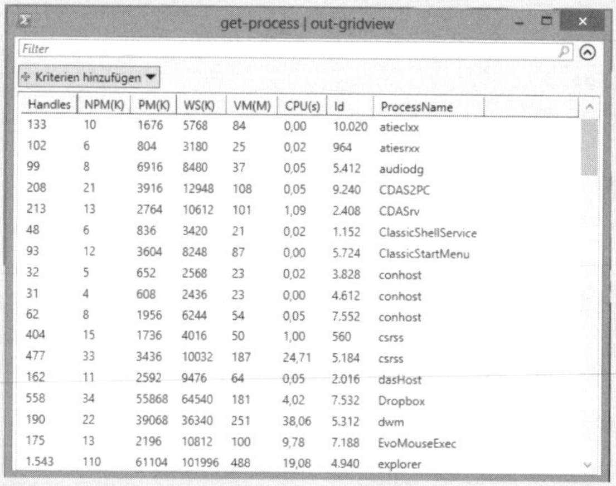

Abbildung 8.5: Anzeige der Prozessliste mit Out-GridView

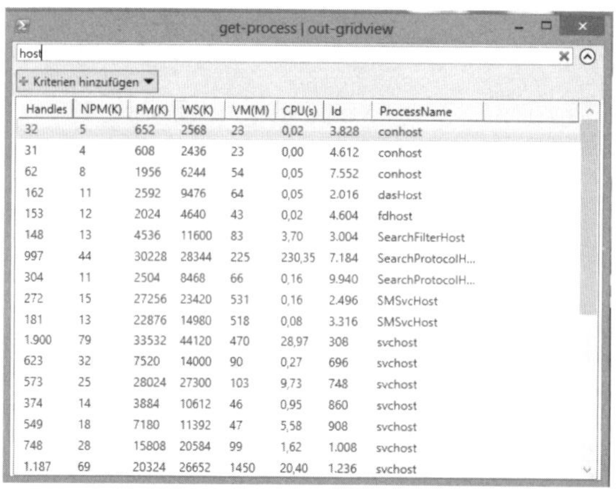

Abbildung 8.6: Volltextsuche in der Prozessliste mit Out-GridView

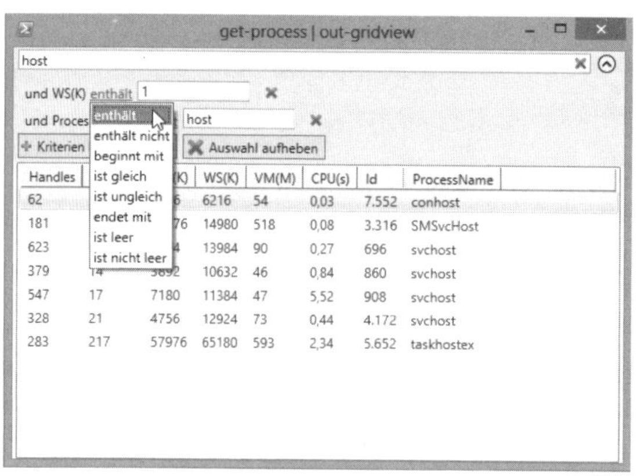

Abbildung 8.7: Definition einer Abfrage im Out-GridView-Fenster

8.3 Standardausgabe

Wenn am Ende einer Pipeline keine Ausgabefunktion genannt ist, verwendet die PowerShell automatisch das Commandlet `Out-Default`. `Out-Default` bedient sich bei der Ausgabe einer Standardvorgabe („View"), die in der Datei *DotNetTypes.Format.ps1xml* im Installationsordner der PowerShell abgelegt ist. Dort kann man beispielsweise für den Typ `System.Diagnostics.Process` nachlesen, dass die Ausgabe in einer achtspaltigen Tabelle erfolgen soll (siehe folgende Bildschirmabbildung).

Wenn dort keine Standardvorgabe existiert, verwendet die PowerShell folgende Regeln:

- Alle Attribute (inkl. Noteproperties) werden ausgegeben.
- Die Ausgabe erfolgt mit `Format-Table`, solange es wenig Spalten sind.
- Bei mehr Spalten wird `Format-List` verwendet.

```
<View>
    <Name>process</Name>
    <ViewSelectedBy>
        <TypeName>System.Diagnostics.Process</TypeName>
        <TypeName>Deserialized.System.Diagnostics.Process</TypeName>
    </ViewSelectedBy>
    <TableControl>
        <TableHeaders>
            <TableColumnHeader>
                <Label>Handles</Label>
                <Width>7</Width>
                <Alignment>right</Alignment>
            </TableColumnHeader>
            <TableColumnHeader>
                <Label>NPM(K)</Label>
                <Width>7</Width>
                <Alignment>right</Alignment>
            </TableColumnHeader>
            <TableColumnHeader>
                <Label>PM(K)</Label>
                <Width>8</Width>
                <Alignment>right</Alignment>
            </TableColumnHeader>
            <TableColumnHeader>
                <Label>WS(K)</Label>
                <Width>10</Width>
                <Alignment>right</Alignment>
            </TableColumnHeader>
            <TableColumnHeader>
                <Label>VM(M)</Label>
                <Width>5</Width>
                <Alignment>right</Alignment>
            </TableColumnHeader>
            <TableColumnHeader>
                <Label>CPU(s)</Label>
                <Width>8</Width>
                <Alignment>right</Alignment>
            </TableColumnHeader>
            <TableColumnHeader>
                <Width>6</Width>
                <Alignment>right</Alignment>
            </TableColumnHeader>
            <TableColumnHeader />
        </TableHeaders>
        <TableRowEntries>
            <TableRowEntry>
                <TableColumnItems>
                    <TableColumnItem>
                        <PropertyName>HandleCount</PropertyName>
                    </TableColumnItem>
                    <TableColumnItem>
                        <ScriptBlock>[int]($_.NPM / 1024)</ScriptBlock>
                    </TableColumnItem>
                    <TableColumnItem>
                        <ScriptBlock>[int]($_.PM / 1024)</ScriptBlock>
                    </TableColumnItem>
                    <TableColumnItem>
                        <ScriptBlock>[int]($_.WS / 1024)</ScriptBlock>
                    </TableColumnItem>
                    <TableColumnItem>
                        <ScriptBlock>[int]($_.VM / 1048576)</ScriptBlock>
                    </TableColumnItem>
                    <TableColumnItem>
                        <ScriptBlock>
if ($_.CPU -ne $())
{
    $_.CPU.ToString("N")
}
                        </ScriptBlock>
                    </TableColumnItem>
                    <TableColumnItem>
                        <PropertyName>Id</PropertyName>
```

Abbildung 8.8: Ausschnitt aus der Beschreibung der Standardausgabe für den Typ System.Diagnostics.Process in DotNetTypes.Format.ps1xml

Die in `DotNetTypes.Format.ps1xml` abgelegten Views kann man mit dem Commandlet `Get-ViewDefinition` aus den PSCX ausgeben. Dabei ist zu beachten, dass die Views für .NET-Klassen und WMI-Klassen definiert sind, nicht für Commandlets. Anstelle von `Get-Process` muss man also den Rückgabetyp `System.Diagnostics.Process` angeben.

Beispiel:

```
Get-ViewDefinition.ps1 System.Diagnostics.Process
```

Bei der Ausführung werden Sie feststellen, dass es Views für diese Klasse gibt: „process“, „starttime“ und „priority“ für die Tabellenausgabe und „process“ für das Ausgabeformat „wide“. In den Ausgabe-Commandlets wie `Format-Table` kann man die verschiedenen Views aufrufen. `Get-Process | Format-Table –view priority` liefert eine nach Prioritäten gruppierte Prozessliste.

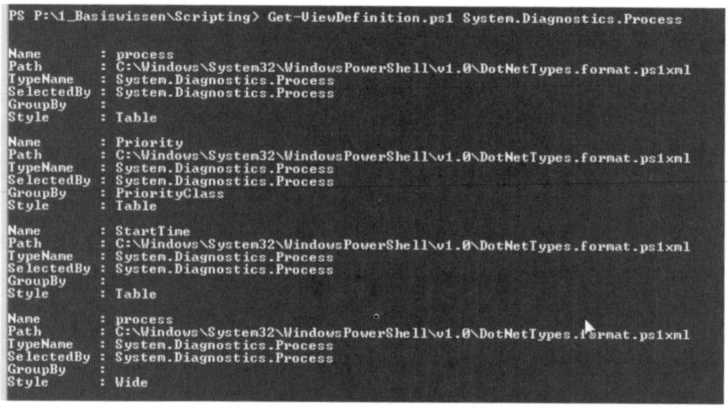

Abbildung 8.9: Views für die Klasse „Process“

ACHTUNG: Die PowerShell gerät in einigen Situationen in Schwierigkeiten, wenn die verschiedenen Ausgabeformen miteinander kombiniert werden. Die folgende Befehlsfolge in einem Skript

```
Get-Service d*
Get-Process d* | ft
```

führt zum Fehler (siehe Bildschirmabbildung).

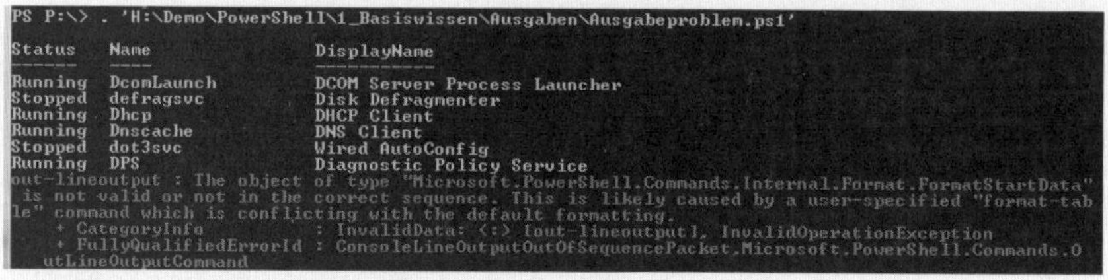

Abbildung 8.10: Ausgabeproblem

Die Lösung besteht in diesem Fall darin, `Format-Table` (`ft`) beide Male explizit zu nennen.

```
Get-Service d* | ft
Get-Process d* | ft
```

8.4 Einschränkung der Ausgabe

Die Ausgabebefehle erlauben die Spezifikation der Objektattribute, die ausgegeben werden sollen, z. B.:

```
Get-Process | Format-Table -p id,processname,workingset
```

erzeugt eine Tabelle der Prozesse mit Prozess-ID, Name des Prozesses und Speichernutzung. Attributnamen können dabei auch durch den Platzhalter * abgekürzt werden, z. B.:

```
Get-Process | Format-Table -p id,processn*,working*
```

HINWEIS: Die gleiche Ausgabe können Sie auch erzielen, wenn Sie `Select-Object` einsetzen:

```
Get-Process | Select-Object id, processname, workingset | Format-Table
```

8.5 Seitenweise Ausgabe

Viele Ausgaben sind zu lang, um sie auf einer Bildschirmseite darstellen zu können. Manche Ausgaben sind sogar länger als der Puffer des PowerShell-Fensters (z. B. `Get-Command Get-Help`). Die seitenweise Ausgabe erzwingt man mit dem Parameter `–paging` (kurz `-p`) im `Out-Host`-Commandlet.

Beispiel:

```
Get-Service | Out-Host -p
```

HINWEIS: Es gibt alternativ auch eine Funktion `more`, die die gleiche Aufgabe zu erfüllen scheint. Allerdings ist die Nutzung im Einzelfall nicht so schön. `more` basiert nämlich auf dem alten `more.com`-Befehl und ist blockierend, d. h., Sie sehen die erste Ausgabeseite erst, wenn das letzte Objekt angekommen ist. `Out-Host –p` arbeitet hingegen asynchron. Versuchen Sie mal:

```
Get-ChildItem c:\ -Recurse | Out-Host -p
```

im Vergleich zu:

```
Get-ChildItem c:\ -Recurse | more
```

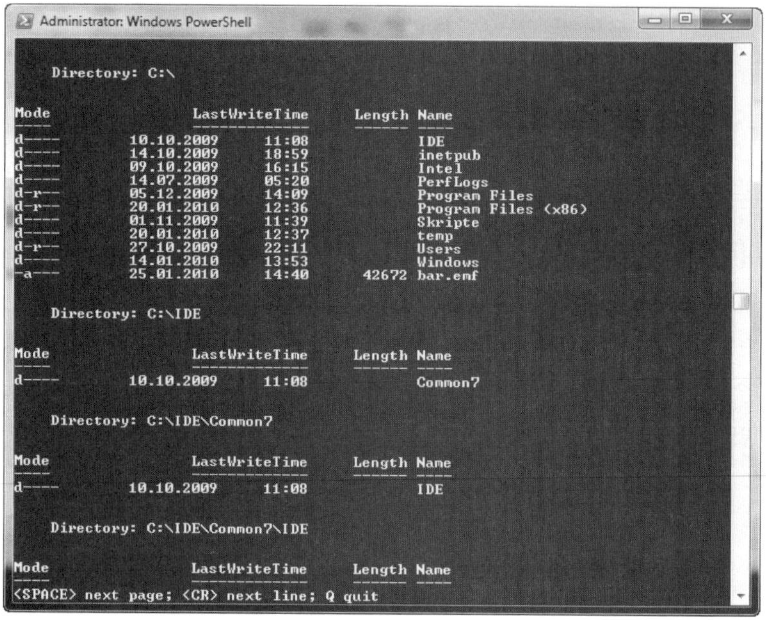

Abbildung 8.11: Seitenweise Ausgabe mit Out-Host

8.6 Ausgabe einzelner Werte

Um ein bestimmtes Literal oder den Inhalt einer Variablen auszugeben, muss man diesen nur an der Konsole eingeben (siehe folgende Bildschirmabbildung). Auch alle Literale und Variablen, die „lose" in einem Skript stehen, zum Beispiel in der zweiten Zeile dieser Befehlsfolge:

```
$name = "Holger"
$name
```

Alternativ kann man für eine Ausgabe von Literalen und Variablen explizit die Commandlets `Write-Host`, `Write-Warn` und `Write-Error` verwenden. `Write-Warn` und `Write-Error` erzeugen die Ausgabe hervorgehoben (im Standard gelb und rot).

Abbildung 8.12: Ausgabe von Konstanten und Variablen

Bei `Write-Host` kann man die Farben genau angeben:

```
Write-Host "Hallo Holger" -foregroundcolor red -backgroundcolor white
```

Um in einer Ausgabe Literale und Variablen zu mischen, muss man diese entweder mit + verknüpfen:

```
$a + " ist erreichbar unter " + $b + ". Diese Information hat den Stand: " + $c + "."
```

oder aber die Variablen direkt in die Zeichenkette einbetten. Im Gegensatz zu anderen Sprachen wertet die PowerShell die Zeichenkette aus und sucht dort nach dem Zeichen $ (Variablenauflösung):

```
"$a ist erreichbar unter $b. Diese Information hat den Stand: $c."
```

Zur Zusammensetzung von Zeichenketten kann man in der PowerShell auch die in .NET gebräuchlichen Platzhalter und Formatkennzeichner (z. B. d = Datum in Langform) verwenden. Dafür ist nach der Zeichenkette der Ausgabeoperator `–f` zu benutzen. Diese Ausgabeoption ist aufgrund der Formatierungsmöglichkeiten die mächtigste:

```
"{0} ist erreichbar unter {1}. Diese Information hat den Stand: {2:d}." -f $a, $b, $c
```

Das folgende Listing fasst die drei äquivalenten Möglichkeiten zusammen.

Listing 8.1: Formatierte Ausgabe [Ausgabe.ps1]

```
$a = "Holger Schwichtenberg"
$b = "hs@IT-Visions.de"
$c = Get-Date

# Möglichkeit 1
$a + " ist erreichbar unter " + $b + ". Diese Information hat den Stand: " + $c + "."

# Möglichkeit 2
"$a ist erreichbar unter $b. Diese Information hat den Stand: $c."

# Möglichkeit 3
"{0} ist erreichbar unter {1}. Diese Information hat den Stand: {2:D}." -f $a, $b, $c
```

Das obige Skript gibt Folgendes aus:

```
Holger Schwichtenberg ist erreichbar unter hs@IT-Visions.de. Diese Information hat
den Stand: 14.09.2013 16:53:13.
Holger Schwichtenberg ist erreichbar unter hs@IT-Visions.de. Diese Information hat den
Stand: 14.09.2013 16:53:13.
Holger Schwichtenberg ist erreichbar unter hs@IT-Visions.de. Diese Information hat den
Stand: Donnerstag, 14. September 2013.
```

8.7 Details zum Ausgabeoperator

Der Ausgabeoperator `-f` ist die mächtigste Form der Zusammensetzung von Zeichenketten aus verschiedenen Werten. Innerhalb der Zeichenkette legt man in geschweiften Klammern Platzhalter fest, wobei die Zählung mit 0 beginnt. Nach dem Operator `-f` führt man dann die einzelnen Werte auf.

Beispiel: „Sehr geehrter Herr {0}, wir freuen uns, Sie in {1} zu begrüßen!" -f $Name, $Ort

Platzhalter dürfen sich wiederholen. Dies bedeutet, dass aus

```
$Name = "Müller"
$Ort = "Essen"
"Sehr geehrter Herr {0}, wir freuen uns, Sie in {1} zu begrüßen! Herr {0}, Sie werden
in {1} vieles erleben!" -f $Name, $Ort
```

folgender Text entsteht:

```
Sehr geehrter Herr Müller, wir freuen uns, Sie in Essen zu begrüßen! Herr Müller, Sie
werden in Essen vieles erleben!
```

Im Platzhalter kann man Formatierungen festlegen.

Der folgende Ausdruck würde eigentlich dies ausgeben:

Ausdruck	Ausgabe
$Name = „Müller" $Geb = [DateTime] „8.9.1970" „Herr {0}, geboren am {1}, ist {2} Tage alt!" -f $Name, $Geb, [INT] ([DateTime]::Now-$Geb).TotalDays	Herr Müller, geboren am 09.08.1970 00:00:00, ist 14411 Tage alt!

Eine andere Formatierung könnte so aussehen:

Ausdruck	Ausgabe
$Name = „Müller" $Geb = [DateTime] „8.9.1970" „Herr {0,-10}, geboren am {1:d}, ist {2:0,000} Tage alt!" -f $Name, $Geb, [INT] ([DateTime]::Now-$Geb). TotalDays	Herr Müller, geboren am 09.08.1970, ist 14.411 Tage alt!

Zur Erläuterung: „:-10" sorgt für eine linksbündige Ausgabe mit einem Platz von mindestens 10 Zeichen (positive Zahlen sorgen für rechtsbündige Ausgaben), „:d" reduziert die Anzeige auf das Datum und „:0,000" erzeugt das Tausendertrennzeichen.

Ein weiteres Beispiel für die Ausgabe der Prozessliste mit `Foreach-Object` (alias %):

```
Get-Process | % { "{0,-40} | {1:0,000.00}MB}" -f $_.Name, ($_.ws/1MB)}
```

ACHTUNG: Bitte beachten Sie: Der Einsatz von Komma und Punkten in den Formatbeschreibungen ist hier kein Fehler. Die Syntax orientiert sich an amerikanischen Standards. Dort ist der Punkt das Nachkommastellentrennzeichen und das Komma das Tausendertrennzeichen.

Die daraus resultierende Ausgabe orientiert sich aber immer an der aktuellen Systemeinstellung bzw. anderslautenden Vorgaben innerhalb der PowerShell.

Tabelle 8.1: Vordefinierte Formatierungen

Symbol	Beschreibung	Beispiel	Ergebnis
C	Währung	{0:c} -f 10000000	1.000.000,00
D	Dezimalzahl	{0:d} -f 10000000	1000000
E	Wissenschaftlich	{0:e} -f 10000000	1,000000e+006
F	Festkommazahl	{0:f} -f 10000000	1000000,00
G	Generisch	{0:g} -f 10000000	1000000
N	Tausendertrennzeichen	{0:n} -f 10000000	1.000.000,00
X	Hexadezimal	{0:x4} -f 10000000	f4240
D	Kurzes Datumsformat	{0:d} -f [DateTime] „1.22.2010 00:44:15“	22.01.2010
D	Langes Datumsformat	{0:D} -f [DateTime] „1.22.2010 00:44:15“	Freitag, 22. Januar 2010
T	Kurzes Zeitformat	{0:t} -f [DateTime] „1.22.2010 00:44:15“	00:44
T	Langes Zeitformat	{0:T} -f [DateTime] „1.22.2010 00:44:15“	00:44:15
F	Datum und Uhrzeit komplett (kurz)	{0:f} -f [DateTime] „1.22.2010 00:44:15“	Freitag, 22. Januar 2010 00:44
F	Datum und Uhrzeit komplett (lang)	{0:F} -f [DateTime] „1.22.2010 00:44:15“	Freitag, 22. Januar 2010 00:44:15
G	Standarddatum (kurz)	{0:g} -f [DateTime] „1.22.2010 00:44:15“	22.01.2010 00:44
G	Standarddatum (lang)	{0:G} -f [DateTime] „1.22.2010 00:44:15“	22.01.2010 00:44:15
M	Tag des Monats	{0:M} -f [DateTime] „1.22.2010 00:44:15“	22 Januar
Y	Monat und Jahr	{0:Y} -f [DateTime] „1.22.2010 00:44:15“	Januar 2010
R	Datumsformat nach RFC1123	{0:r} -f [DateTime] „1.22.2010 00:44:15“	Fri, 22 Jan 2010 00:44:15 GMT

Tabelle 8.1: Vordefinierte Formatierungen *(Fortsetzung)*

Symbol	Beschreibung	Beispiel	Ergebnis
S	Sortierbares Datumsformat	{0:s} -f [DateTime] „1.22.2010 00:44:15"	2010-01-22T00:44:15
U	Universell sortierbares Datumsformat	{0:u} -f [DateTime] „1.22.2010 00:44:15"	2010-01-22 00:44:15Z
U	Universell sortierbares GMT-Datumsformat	{0:U} -f [DateTime] „1.22.2010 00:44:15"	Donnerstag, 21. Januar 2010 23:44:15

Tabelle 8.2: Individualformatierungen

Symbol	Beschreibung	Aufruf	Ergebnis
0	0-Platzhalter	{0:00.0000} -f 10000000	1000000,0000
#	Zahl-Platzhalter	{0:(#).##} -f 10000000	(1000000)
.	Nachkommastellentrennzeichen	{0:0.0} -f 10000000	1000000,0
,	Tausendertrennzeichen	{0:0,0} -f 10000000	1.000.000
,.	Ganzzahliges Vielfaches von 1.000	{0:0,.} -f 10000000	1000
%	Prozentwert	{0:0%} -f 10000000	100000000%
E	Exponenten-Platzhalter	{0:00e+0} -f 10000000	10e+5
Dd	Tag	{0:dd} -f [DateTime] „1.22.2010 00:44:15"	22
Ddd	Tagname (kurz)	{0:ddd} -f [DateTime] „1.22.2010 00:44:15"	Fr
Dddd	Tagname (lang)	{0:dddd} -f [DateTime] „1.22.2010 00:44:15"	Freitag
Gg	Zeitalter	{0:gg} -f [DateTime] „1.22.2010 00:44:15"	n. Chr.
Hh	Stunde zweistellig	{0:hh} -f [DateTime] „1.22.2010 00:44:15"	12
HH	Stunde zweistellig (24 Stunden)	{0:HH} -f [DateTime] „1.22.2010 00:44:15"	00
Mm	Minute	{0:mm} -f [DateTime] „1.22.2010 00:44:15"	44
MM	Monat	{0:MM} -f [DateTime] „1.22.2010 00:44:15"	01
MMM	Monatsname (Kürzel)	{0:MMM} -f [DateTime] „1.22.2010 00:44:15"	Jan
MMMM	Monatsname (ausgeschrieben)	{0:MMMM} -f [DateTime] „1.22.2010 00:44:15"	Januar
Ss	Sekunde	{0:ss} -f [DateTime] „1.22.2010 00:44:15"	15

Symbol	Beschreibung	Aufruf	Ergebnis
Yy	Jahr zweistellig	{0:yy} –f [DateTime] „1.22.2010 00:44:15“	10
Yyyy	Jahr vierstellig	{0:YY} –f [DateTime] „1.22.2010 00:44:15“	2010
Zz	Zeitzone (kurz)	{0:zz} –f [DateTime] „1.22.2010 00:44:15“	+01
Zzz	Zeitzone (lang)	{0:zzz} –f [DateTime] „1.22.2010 00:44:15“	+01:00

8.8 Benutzerdefinierte Tabellenformatierung

Bei `Format-Table` kann man mit Hash-Tabellen angeben, wie die Spalten formatiert werden sollen. Für jede Spalte kann man eine Hash-Tabelle mit folgenden Angaben angeben:

- `Label`: Spaltenüberschrift
- `Expression`: beliebiger PowerShell-Ausdruck, der die Werte liefert, auch Berechnung
- `Width`: Spaltenbreite
- `Format`: Formatierungsbefehl

Es folgt ein Beispiel einer Tabelle mit drei Spalten:

- 5 Zeichen für die Prozessnummer in der ersten Spalte
- 20 Zeichen für den Prozessnamen
- 11 Zeichen für die Speichernutzung, wobei die Angabe in Megabyte erfolgt und mit maximal einer Nachkommastelle

```
Get-Process | sort workingset64 -desc | ft @{Label="Nr"; Expression={$_.ID};
Width=5}, @{Label="Name"; Expression={$_.Processname}; Width=20 }, @{Label="Speicher
MB"; Expression={$_.WorkingSet64 / 1MB}; Width=11; Format="{0:00000.0}" }
```

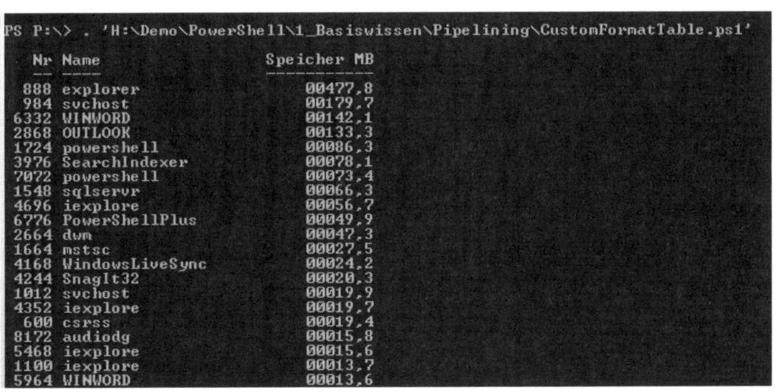

Abbildung 8.13: Ausgabe des obigen Befehls

8.9 Ausgabe von Methodenergebnissen und Unterobjekten in Pipelines

Manchmal bekommt man Daten nicht aus direkten Eigenschaften (Attributen), sondern aus Methoden eines Objekts oder aus Attributen eines Unterobjekts. Ein häufiger Fall ist `GetType()`, das Typinformationen über die .NET-Klasse in Form eines `System.Type`-Objekts liefert. Nun kann man in den Ausgabe-Commandlets aber eigentlich nur Attribute angeben.

Die folgende Syntax ist nicht erlaubt:

```
Get-ChildItem c:\windows\w* | ft Name, GetType()
```

Stattdessen muss man etwas umständlicher den Aufruf von `GetType()` in einen Ausdruckblock verpacken und schreiben:

```
Get-ChildItem c:\windows\w* | ft Name, { $_.GetType() }
```

```
<ScriptProperty>
    <Name>Product</Name>
    <GetScriptBlock>$this.Mainmodule.FileVersionInfo.ProductName</GetScriptBlock>
</ScriptProperty>
```

Abbildung 8.14: Aufruf von GetType() innerhalb von Format-Table (ft)

Ein weiteres Beispiel ist der Zugriff auf die Stundenzahl (Attribut `Hours`) im Attribut `TotalProcessorTime` der `Process`-Klasse. `TotalProcessorTime` ist ein Unterobjekt, das selbst wieder Eigenschaften besitzt.

Falsch:

```
Get-Process | ft ProcessName, .TotalProcessorTime.Hours
```

Richtig:

```
Get-Process | ft ProcessName, { $_.TotalProcessorTime.Hours }
```

8.10 Ausgabe von Methodenergebnissen und Unterobjekten in Zeichenketten

Wenn man eine Zeichenkette konstruieren möchte, dann ist die Syntax bei der Ausgabe von Unterobjekten und Methodenergebnissen etwas anders. Man muss den Ausdruck in `$( ... )` einbetten.

Gegeben sei folgendes Beispiel:

Listing 8.2: Anwendung von $(...)

```
# Der Prozess, der am meisten Speicher braucht
$p = Get-Process | Sort-Object -Property WorkingSet64 -Descending | Select-Object
-First 1
# Ausgabe Versuch 1: falsch
"Der Prozess $p.name braucht am meisten Speicher, nämlich [INT] ($p.WorkingSet64 /
1MB) !"
# Ausgabe Versuch 2: falsch
"Der Prozess {$p.name} braucht am meisten Speicher, nämlich {[INT] ($p.WorkingSet64 /
1MB)} !"
# Ausgabe Versuch 3: richtig
"Der Prozess $($p.name) braucht am meisten Speicher, nämlich $([INT]
($p.WorkingSet64 / 1MB)) MB !"
```

Hier liefert nur der dritte Versuch das gewünschte Ergebnis. Bei Versuch 1 und 2 wird der Ausdruck ausgegeben statt ausgewertet.

HINWEIS: Die abweichende Schreibweise zwischen Pipelines (siehe vorheriges Unterkapitel) und Zeichenketten ist notwendig, da `{..}` in Zeichenketten schon Platzhalter für den Formatoperator darstellt. In folgendem Fall (Einsatz von –f) ist `$(...)` nicht notwendig:

```
# Ausgabe Versuch 4
"Der Prozess {0} braucht am meisten Speicher, nämlich {1} MB !" -f  $p.name,
[INT] ($p.WorkingSet64 / 1MB)
```

8.11 Unterdrückung der Ausgabe

Die Existenz der Standardausgabe sorgt dafür, dass alle Rückgabewerte von Commandlet-Pipelines auch ausgegeben werden. Dies ist nicht immer erwünscht.

Es gibt vier Alternativen, die Ausgabe zu unterdrücken:

- Am Ende der Pipeline wird `Out-Null` verwendet:

  ```
  Commandlet | Commandlet | Out-Null
  ```

- Das Ergebnis der Pipeline wird einer Variablen zugewiesen:

  ```
  $a = Commandlet | Commandlet
  ```

- Das Ergebnis der Pipeline wird auf den Typ `[void]` konvertiert:

  ```
  [void] (Commandlet | Commandlet)
  ```

- Das Ergebnis der Pipeline wird an `$null` zugewiesen:

  ```
  $null = Commandlet | Commandlet
  ```

8.12 Ausgaben an Drucker

Ausgaben zum Drucker sendet man mit dem Commandlet `Out-Printer`. Bei `-Name` muss der vollständige Druckername des Druckers, der zur Ausgabe verwendet werden soll, angegeben werden. Ohne diesen Parameter erfolgt die Ausgabe auf dem Standarddrucker.

Beispiele:

- Ausgabe der Prozessliste auf den Standarddrucker:

```
Get-Process | Out-Printer
```

- Ausgabe der Prozessliste auf einen bestimmten Drucker:

```
Get-Process | Out-Printer "HP LaserJet on E02"
```

- Ausgabe der Liste der angehaltenen Windows-Systemdienste auf einen bestimmten Drucker (PDF-Generator):

```
Get-Service | Where-Object status -eq stopped | Out-Printer -Name "PDF redirect v2"
```

HINWEIS: In PowerShell 1 und 2 würde die letzte Befehlszeile nicht laufen, weil hier die verkürzte Schreibweise für einfache Bedingungen bei `Where-Object` zum Einsatz kommt, die Microsoft erst mit PowerShell 3 eingeführt hat.

8.13 Ausgaben in Dateien

Mit `Out-File` schreibt man den Inhalt in eine Datei. Alternativ kann man Ausgaben an Dateien durch Umleitung senden (siehe nächster Abschnitt).

Beispiele:

- Ausgabe der Prozessliste in eine Textdatei (mit Überschreiben des bisherigen Inhalts):

```
Get-Process | Out-File "c:\temp\prozessliste.txt"
```

- Ausgabe der Prozessliste in eine Textdatei (Anhängen an bisherigen Inhalt):

```
Get-Process | Out-File "c:\temp\prozessliste.txt" -Append
```

8.14 Umleitungen (Redirection)

Zusätzlich zu den Ausgabe-Commandlets besitzt die PowerShell (wie andere Shell-Sprachen) die Möglichkeit, Ausgaben umzuleiten. Der Umleitungsoperator ist > (Ersetzen) bzw. >> (Anhängen) und kann in verschiedenen Varianten verwendet werden:

>	Umleitung der Pipeline-Ausgabe
2>	Umleiten der Ausgabe von Fehlern
3>	Umleiten der Ausgabe von Warnungen (seit PowerShell-Version 3.0!)
4>	Umleiten der Ausgabe von Verbose-Texten (seit PowerShell-Version 3.0!)
5>	Umleiten der Ausgabe von Debug-Texten (seit PowerShell-Version 3.0!)
*>	Umleiten aller Ausgaben (seit PowerShell-Version 3.0!)

TIPP: Die nach > gezeichnete Datei wird von dem neuen Inhalt überschrieben. Wenn Sie den Inhalt anhängen wollen, so verwenden Sie >>.

Die Dateiliste von u:\Daten wird als Tabelle formatiert in eine Datei ausgegeben. Eventuell auftretende Fehler (z. B. Verzeichnis nicht vorhanden) werden an eine andere Datei angehängt.

```
dir u:\Daten 2>> t:\fehler.txt | Format-Table >T:\prozessliste.txt
```

TIPP: Man kann auch einen Ausgabestrom auf einen anderen Strom umleiten. Dies erfolgt mit der Syntax x>&y, wobei x die Nummer des sendenden Streams und y die Nummer des empfangenen Streams ist. Beispiel: Alle Fehlerausgaben werden in die Pipe-Ausgabe umgeleitet und landen daher mit in `Prozessliste.txt`:

```
dir u:\Daten 2>&1 | Format-Table >T:\prozessliste.txt
```

9 Benutzereingaben

Dieses Kapitel behandelt Eingabefunktionen, mit denen während des Skriptablaufs Eingaben des Benutzers entgegengenommen werden.

9.1 Read-Host

Texteingaben vom Benutzer kann die PowerShell während des Skriptablaufs durch `Read-Host` entgegennehmen.

```
PS T:\> $name = read-host "Bitte Benutzernamen eingeben"
Bitte Benutzernamen eingeben: HS
PS T:\> $kennwort_verschluesselt = read-host -assecurestring "Bitte Kennwort eingeben"
Bitte Kennwort eingeben: ****
```

TIPP: Bei der Verwendung des Parameters `–assecurestring` sieht man auf dem Bildschirm nur Sternchen. Aber auch intern gibt es Unterschiede: Während man normalerweise ein Objekt vom Typ `System.String` bekommt, gibt es dann eine Instanz von `System.Security.SecureString`, in der die Zeichenkette im Hauptspeicher verschlüsselt vorliegt. Einen solchen SecureString muss man dann etwas umständlich zurückkonvertieren:

```
[String]$kennwort_unverschluesselt = [Runtime.InteropServices.Marshal]::
PtrToStringAuto([Runtime.InteropServices.Marshal]::SecureStringToBSTR
($kennwort_verschluesselt))
"Kennwort: " + $kennwort_unverschluesselt
```

9.2 Grafischer Eingabedialog

Ein einfaches Eingabefeld stellt die bereits aus Visual Basic/VBScript bekannte Funktion `InputBox()` dar. Diese Funktion existiert auch noch im .NET Framework in der Klasse `Microsoft.VisualBasic.Interaction`. Zur Nutzung der Funktion muss erst die *Assembly Microsoft.VisualBasic.dll* geladen werden.

Listing 9.1: Einfache grafische Dateneingabe in der PowerShell [2_Aufbauwissen/DOTNET/InputBox1.ps1]

```
[System.Reflection.Assembly]::LoadWithPartialName("Microsoft.Visual Basic")
$eingabe = [Microsoft.Visual Basic.Interaction]::InputBox("Bitte geben Sie Ihren Namen
ein!")
"Hallo $Eingabe!"
```

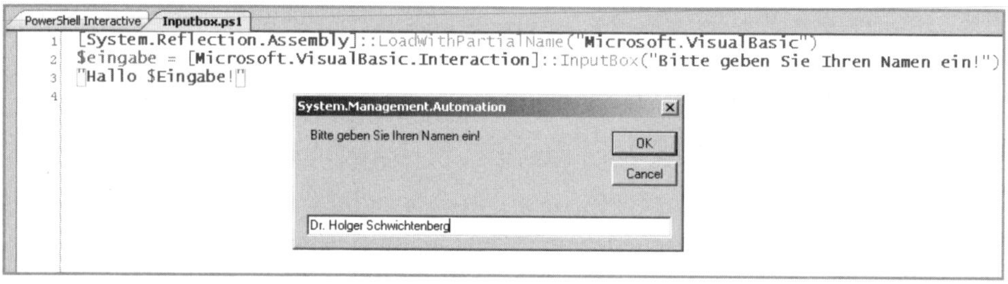

Abbildung 9.1: Start des PowerShell-Skripts aus der PowerShell-IDE heraus

9.3 Dialogfenster

Für Dialogfenster kann man auf .NET-Klassen zurückgreifen. Das folgende Skript bittet den Anwender über ein Dialogfenster um eine Entscheidung (Ja/Nein):

Listing 9.2: Nutzung der Klasse MessageBox in der PowerShell [2_Aufbauwissen/DOTNET/MessageBox.ps1]

```
[System.Reflection.Assembly]::LoadWithPartialName("System.windows.forms")
[System.Console]::Beep(15440, 30)
[System.Windows.Forms.MessageBox]::Show("Gleich kommt eine Frage","Vorwarnung",
[System.Windows.Forms.MessageBoxButtons]::OK)

$antwort = [System.Windows.Forms.MessageBox]::Show("Nachricht","Ueberschrift",
[System.Windows.Forms.MessageBoxButtons]::YesNo)
if ($antwort -eq "Yes")
{ "Sie haben zugestimmt!" }
else
{ "Sie haben abgelehnt!" }
```

9.4 Authentifizierungsdialog

Einen Windows-Authentifizierungsdialog (siehe folgende Bildschirmabbildung) öffnet die PowerShell mit `Get-Credential`. Das Ergebnis ist eine Instanz von `System.Management.Automation.PSCredential` mit dem Benutzernamen im Klartext in `UserName` und dem Kennwort verschlüsselt in `Password`.

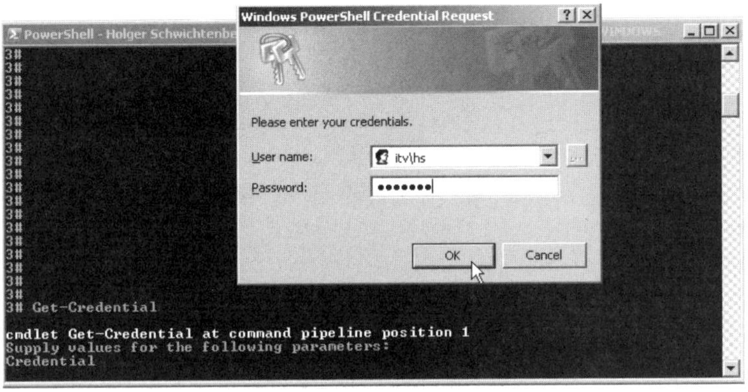

Abbildung 9.2: Einsatz von Get-Credential

ACHTUNG: Sie bekommen auch dann ein `PSCredential`-Objekt, wenn die Eingabe falsch war. Zur konkreten Nutzung der Daten zur Authentifizierung sind andere Verfahren notwendig. Insbesondere werden Commandlets und Klassen benötigt, welche die verschlüsselten Kennwörter verarbeiten können.

10 Das PowerShell-Navigationsmodell

Neben dem Objekt-Pipelining wartet die PowerShell noch mit einem interessanten Administrationskonzept auf: dem einheitlichen Navigationsparadigma für alle Arten von Datenmengen. Beim Aufruf des Befehls `Get-PSDrive` zeigen sich nicht nur die erwarteten Laufwerke, sondern auch Umgebungsvariablen (`env`), die Registrierungsdatenbank (`HKCU`, `HKLM`), der Windows-Zertifikatsspeicher (`cert`), die PowerShell-Aliase (`Alias`), PowerShell-Variablen (`Variable`) und PowerShell-Funktionen (`Function`). Die PowerShell fasst auch diese Daten als Laufwerke auf. Konsequenterweise muss man beim Aufruf auch einen Doppelpunkt verwenden: `Get-ChildItem Alias:` listet genau wie `Get-Alias` alle definierten Aliase auf.

10.1 Einführungsbeispiel: Navigation in der Registrierungsdatenbank

In der Registrierungsdatenbank kann der Administrator somit mit den gleichen Befehlen wie im Dateisystem arbeiten. Beispiele für gültige Registrierungsdatenbankbefehle sind:

- Navigation zu *HKEY_LOCAL_MACHINE/Software*:

  ```
  cd hklm:\software
  ```

  Kurzform für:

  ```
  Set-Location hklm:\software
  ```

- Auflisten der Unterschlüssel des aktuellen Schlüssels:

  ```
  Dir
  ```

  Kurzform für:

  ```
  Get-ChildItem
  ```

- Erzeugen eines Unterschlüssels mit Namen „IT-Visions“:

  ```
  md IT-Visions
  ```

- Erzeugen eines Unterschlüssels mit einem Standardwert:

```
New-Item -Name "Website" -Value "www.IT-Visions.de" -type String
```

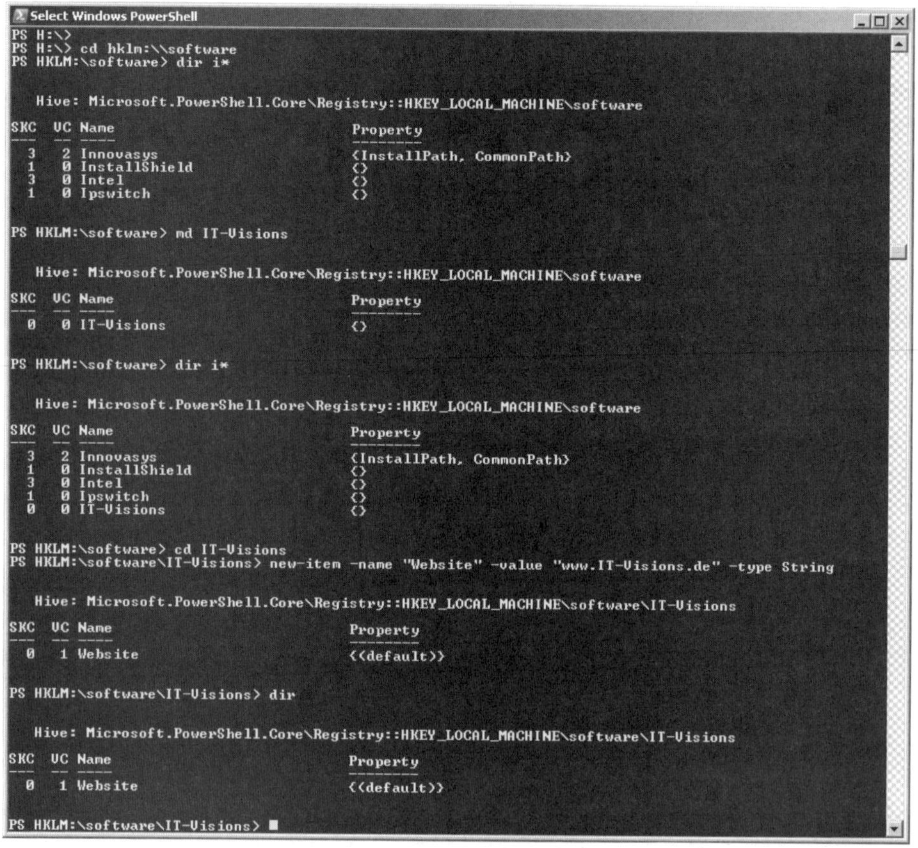

Abbildung 10.1: Navigation in und Manipulation der Registrierungsdatenbank

10.2 Provider und Laufwerke

`Get-PSDrive` zeigt an, dass es verschiedene „Laufwerk"-Provider gibt. Die Festplatten gehören zum Provider „FileSystem" (FS). Microsoft nennt die Provider „Navigation Provider" oder „Commandlet Provider" und will alle Datenmengen, egal ob flach oder hierarchisch, mit den gleichen Basisverben (`Get`, `Set`, `New`, `Remove` etc.) behandeln. Sowohl die Menge der Provider als auch die Menge der Laufwerke sind erweiterbar.

In der PowerShell 4.0 sind folgende Laufwerke im Standard enthalten:

- Windows-Dateisystem (`A:`, `B:`, `C:`, `D:`, `E:` etc.)
- Windows-Registrierungsdatenbank (`HKCU:`, `HKLM:`)

- Windows-Umgebungsvariablen (`env:`)
- Windows-Zertifikatsspeicher (`cert:`)
- Funktionen der PowerShell (`function:`)
- Variablen der PowerShell (`variable:`)
- Aliase der PowerShell (`alias:`)
- WSMan-Konfiguration für den WS-Management-Dienst (`wsman:`)

Optional durch Zusatzmodule gibt es zum Beispiel folgende Laufwerke:

- Active Directory (`ad:`) – wenn das Active-Directory-PowerShell-Modul aktiv ist (siehe dazu Kapitel „Active Directory“ in Buchteil III)
- IIS-Webserver (`iis:`) – wenn das Modul „WebAdministration“ aktiv ist (siehe dazu Kapitel „Internet Information Server (IIS)“ in Buchteil III)
- Microsoft SQL Server (`sqlserver:`) – wenn das Modul „SQLPS“ aktiv ist (siehe dazu Kapitel „Microsoft SQL Server-Administration“ in Buchteil III)

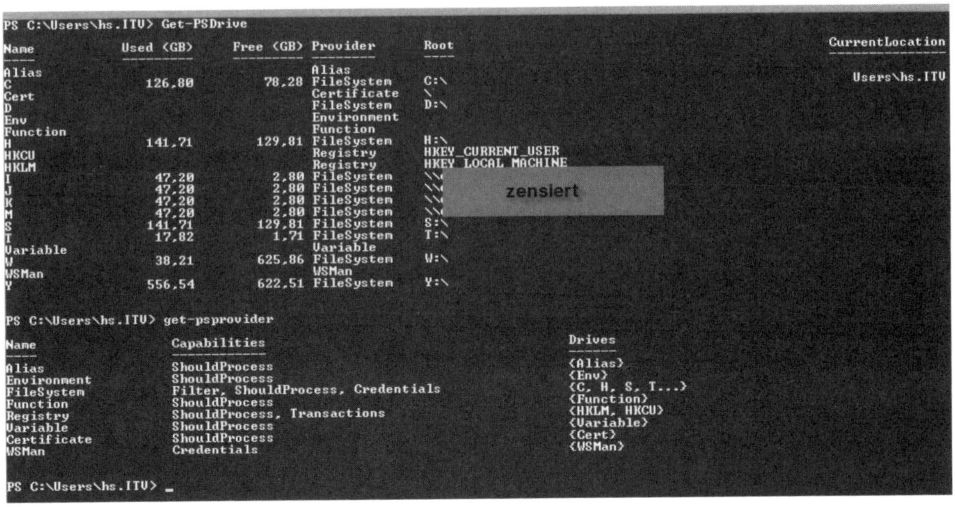

```
PS C:\Users\hs.ITV> Get-PSDrive

Name           Used (GB)     Free (GB) Provider      Root                                CurrentLocation
----           ---------     --------- --------      ----                                ---------------
Alias                                  Alias
C                 126,80         78,28 FileSystem    C:\                                   Users\hs.ITV
Cert                                   Certificate   \
D                                      FileSystem    D:\
Env                                    Environment
Function                               Function
H                 141,71        129,81 FileSystem    H:\
HKCU                                   Registry      HKEY_CURRENT_USER
HKLM                                   Registry      HKEY_LOCAL_MACHINE
I                  47,20          2,80 FileSystem    \\
J                  47,20          2,80 FileSystem    \\     zensiert
K                  47,20          2,80 FileSystem    \\
M                  47,20          2,80 FileSystem    \\
S                 141,71        129,81 FileSystem    S:\
T                  17,82          1,71 FileSystem    T:\
Variable                               Variable
W                  38,21        625,86 FileSystem    W:\
WSMan                                  WSMan
Y                 556,54        622,51 FileSystem    Y:\

PS C:\Users\hs.ITV> get-psprovider

Name                 Capabilities                                  Drives
----                 ------------                                  ------
Alias                ShouldProcess                                 {Alias}
Environment          ShouldProcess                                 {Env}
FileSystem           Filter, ShouldProcess, Credentials            {C, H, S, T...}
Function             ShouldProcess                                 {Function}
Registry             ShouldProcess, Transactions                   {HKLM, HKCU}
Variable             ShouldProcess                                 {Variable}
Certificate          ShouldProcess                                 {Cert}
WSMan                Credentials                                   {WSMan}

PS C:\Users\hs.ITV> _
```

Abbildung 10.2: Aus Sicht der PowerShell sind Laufwerke auch die Umgebungsvariablen, die Aliase und die Registrierungsdatenbankeinträge.

Auch das Active Directory kann man diesem Navigationsparadigma unterwerfen. In den frühen Beta-Versionen der PowerShell war ein Provider dafür auch enthalten; er hat es aber nicht in die endgültige Version geschafft. Der Active-Directory-Provider ist jetzt aber als Modul über die Remote Server Administration Tools (RSAT) bzw. als Bestandteil der Serverrolle Active Directory Directory Services (AD DS) enthalten bzw. für das alte PowerShell 1.0 als Teil der PowerShell Community Extensions (PCSX) erhältlich.

TIPP: Die installierten Provider sieht man mit `Get-PSProvider`.

■

Tabelle 10.1: Verfügbare PowerShell-Provider

Provider	Quelle	Laufwerke
Alias	PowerShell seit 1.0	Alias
Environment	PowerShell seit 1.0	Env
Filesystem	PowerShell seit 1.0	A, B, C, D etc.
Function	PowerShell seit 1.0	Function
Registry	PowerShell seit 1.0	HKLM, HKCU
Variable	PowerShell seit 1.0	Variable
Certificate	PowerShell seit 1.0	cert
RSS-Feedstore	PCSX [CODEPLEX01]	Feed
Assemblycache	PCSX [CODEPLEX01]	Gac
Directoryservices	PCSX [CODEPLEX01]	(NT-4.0-kompatbiler Name der Domäne)
Active Directory	Active-Directory-PowerShell-Modul in Windows Server seit Version 2008 bzw. im Microsoft Remote Server Administration Tools (RSAT) für Windows 7/8	AD:
WebAdministration (Internet Information Server)	Active-Directory-PowerShell-Modul in Windows Server seit Version 2008 R2 bzw. im Microsoft Remote Server Administration Tools (RSAT) für Windows 7/8	IIS :
SQLPS (Microsoft SQL Server)	Microsoft SQL Server seit Version 2008, Modul SQLPS	SQLSERVER:
SharePoint (Windows SharePoint Services oder SharePoint Portal Server)	PowerShell SharePoint Provider [CODEPLEX02].	(Beliebiger Name)

10.3 Navigationsbefehle

Zur Navigation stehen folgende Befehle zur Verfügung:

Tabelle 10.2: Navigationsbefehle

Commandlet (mit Aliase(n))	Funktion
Get-Location (pwd)	Abrufen des aktuellen Standorts
Set-Location (cd)	Festlegung des aktuellen Standorts
Get-Item (gi)	Holt ein Element

Commandlet (mit Aliase(n))	Funktion
Get-ChildItem (dir, ls, gpi)	Auflisten der Unterelemente
Get-Content (type, cat, gc)	Abruf eines Elementinhalts
Set-Content (sc)	Elementinhalt festlegen
Add-Content (ac)	Elementinhalt ergänzen
New-Item (ni, mkdir)	Erstellen eines Elements (Ast oder Blatt)
Get-ItemProperty (gp)	Attribut abrufen
Set-ItemProperty (sp)	Attribut eines Elements festlegen bzw. anlegen, wenn nicht vorhanden
Remove-Item (del, ri, rmdir, rm, erase)	Element löschen
Move-Item (move, mv)	Element verschieben
Copy-Item (copy, cp, cpi)	Element kopieren
Rename-Item (rni, ren)	Element umbenennen

10.4 Pfadangaben

Pfadangaben in der PowerShell unterstützen verschiedene Platzhalter, insbesondere:

- Ein Punkt (`.`) steht für den aktuellen Ordner.
- Zwei Punkte (`..`) stehen für den übergeordneten Ordner.
- Die Tilde (~) steht für das Profilverzeichnis des aktuellen Benutzers (siehe folgende Bildschirmabbildung).
- Eine eckige Klammer steht für eines der Zeichen in der Klammer.

Beispiel: Der folgende Befehl listet alle Dateien aus dem Windows-Verzeichnis auf, die mit a, b, c oder w beginnen: `Get-ChildItem c:\windows\[abcw]*.*`.

Alternativ kann man dies auch schreiben: `Get-ChildItem c:\windows\[a-cw]*.*`.

Es gibt mehrere Commandlets, die Unterstützung bei der Navigation in PowerShell-Laufwerken bieten.

`Test-Path` prüft, ob es einen Pfad gibt. Das Ergebnis ist `True` oder `False` (`System.Boolean`).

```
Test-Path c:\temp
Test-Path HKLM:\software\IT-Visions
```

`Resolve-Path` löst Platzhalter in Pfadangaben auf und gibt den resultierenden Pfad als ein Objekt vom Typ `System.Management.Automation.PathInfo` zurück.

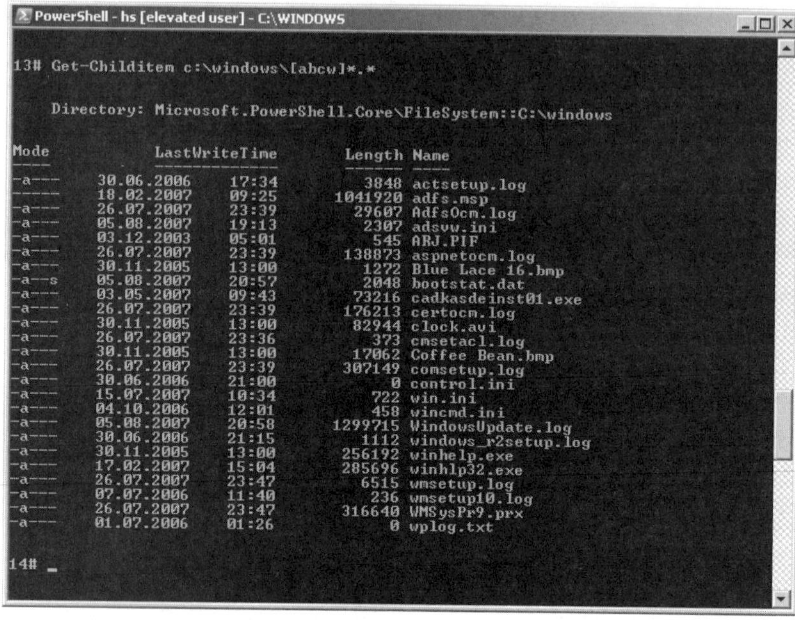

Abbildung 10.3: Einsatz von Platzhaltern

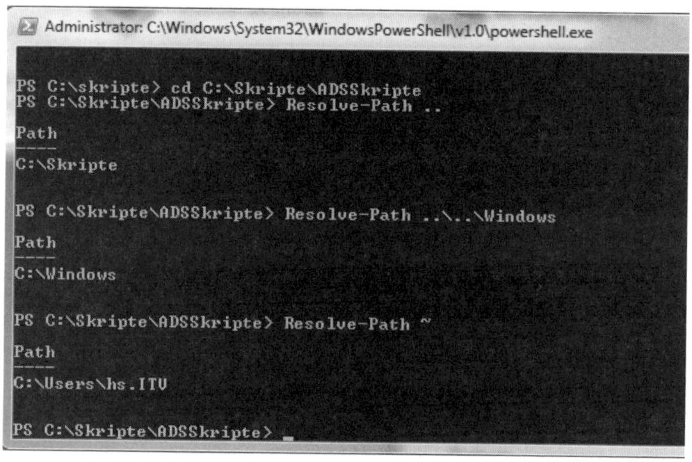

Abbildung 10.4: Einsatz von Resolve-Path

Viele Commandlets geben Pfadangaben des Typs `System.Management.Automation.PathInfo` aus. Um dies in eine einfache Zeichenkette (die allerdings dann providerspezifisch ist) umzusetzen, steht das Commandlet `Convert-Path` zur Verfügung.

10.5 Beispiel

Das nachstehende Listing zeigt ein Skript, das eine Hierarchie von Schlüsseln in der Registrierungsdatenbank ablegt. Dabei wird absichtlich die einfache Addition von Zahlen in eine Unterroutine gekapselt, um die Rückgabe von Werten an den Aufrufer mit der return-Anweisung zu zeigen. Literale und Ausdrücke, die ohne Commandlet im Skript enthalten sind, werden an der Konsole ausgegeben.

Listing 10.1: Ein PowerShell-Skript zur Manipulation der Registrierungsdatenbank [3_Einsatzgebiete/Registry/Registry_Commandlets.ps1]

```
#########################################
# PowerShell-Skript
# Das Skript legt eine Schlüsselhierarchie in der Registrierungsdatenbank an.
# (C) Dr. Holger Schwichtenberg
#########################################

# === Unterroutine, die eine Addition ausführt
function Addition
{
return $args[0] + $args[1]
}

# === Unterroutine, die einen Schlüssel in der Registrierungsdatenbank anlegt
function CreateEntry
{
"Eintrag anlegen..."

New-Item -Name ("Eintrag #{0}" -f $args[0]) -value $args[1] -type String

}

# === Hauptroutine
"PowerShell-Registrierungsdatenbank-Skript (C) Dr. Holger Schwichtenberg 2006"

# Navigation in die Registrierungsdatenbank
cd hklm:\software

# Prüfe, ob Eintrag \software\IT-Visions vorhanden
$b = Get-Item IT-Visions
if ($b.childName -eq "IT-Visions")
{ # Lösche vorhandenen Eintrag mit allen Unterschlüsseln
"Schluessel existiert bereits, loesche..."
cd hklm:\software
del IT-Visions -force -recurse
}
# Erzeuge neuen Eintrag "IT-Visions"
"Erzeuge IT-Visions..."
md IT-Visions
cd IT-Visions

# Lege Unterschlüssel an
for($a=1;$a -lt 5;$a++)
{
$ergebnis =  Addition $a $a
```

```
CreateEntry $a $ergebnis
}
```

10.6 Eigene Laufwerke definieren

Das Navigationsmodell der PowerShell erlaubt die Definition eigener Laufwerke, die dann als Abkürzung verwendet werden können.

Der folgende Befehl definiert ein neues Laufwerk „Skripte:" als Alias für einen Dateisystempfad:

```
New-PSDrive -Name Skripte -PSProvider FileSystem -Root "h:\Skripte\ps\"
```

Danach kann man mit

```
Dir Skripte:
```

auf den Pfad zugreifen.

> **ACHTUNG:** Das neu definierte Laufwerk funktioniert nur innerhalb der PowerShell und ist nicht in sonstigen Windows-Anwendungen verfügbar. Genau genommen funktioniert das neue Laufwerk sogar nur innerhalb der aktuellen Instanz der PowerShell. Zwei PowerShell-Fenster teilen sich nicht solche Deklarationen!

Auch für die Registrierungsdatenbank kann man solche Abkürzungen definieren:

```
New-PSDrive -Name Software -PSProvider Registry -Root HKLM:\SOFTWARE\Microsoft\
Windows\CurrentVersion\Uninstall
```

Die Anzahl der Laufwerke ist im Standard auf 4096 beschränkt. Dies kann durch die Variable `$MaximumDriveCount` geändert werden.

11 PowerShell-Werkzeuge

Dieses Kapitel bespricht die von Microsoft gelieferte PowerShell-Standardkonsole, das Integrated Scripting Environment (ISE) sowie nützliche Werkzeuge anderer Anbieter.

11.1 PowerShell-Standardkonsole

Die PowerShell-Standardkonsole basiert auf der normalen Windows-Konsole („Eingabeaufforderung"). Sie bietet etwas mehr Eingabeunterstützung als das Kommandozeilenfenster, vom Komfort des ISE ist die PowerShell-Konsole aber weit entfernt.

Funktionsumfang der Standardkonsole

Die PowerShell-Konsole bietet folgende Funktionen:

- Größe und Aussehen des Fensters können über die Eigenschaften gesteuert werden (siehe folgende Bildschirmabbildung).
- Die Zwischenablage steht genauso umständlich wie seit jeher nur über das Menü zur Verfügung (siehe folgende Bildschirmabbildung) bzw. den sogenannten „Quick Edit Mode". Die Tastenkombinationen [STRG]+[C]/[X]/[V] funktionieren nicht.
- Befehls- und Pfadeingaben sowie Objektattribute können mit der [Tab]-Taste vervollständigt werden.
- Ein Rücksprung zu den letzten Befehlen (Anzahl änderbar) ist möglich mit den Pfeiltasten (hoch/runter).
- Die letzten Befehle werden durch die Taste [F7] angezeigt.
- Aufruf des letzten Befehls durch die Taste [F3] bzw. zeichenweise durch [F1]
- Der Abbruch eines laufenden Befehls ist mit [STRG]+[C] möglich.

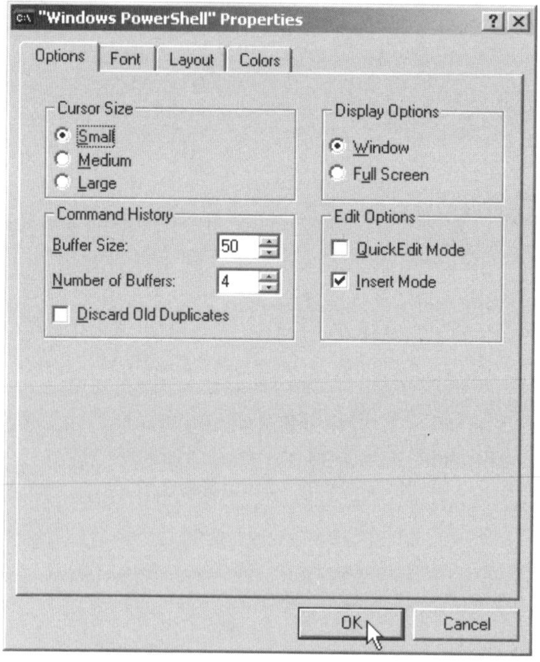

Abbildung 11.1: Fenstereigenschaften für das PowerShell-Konsolenfenster

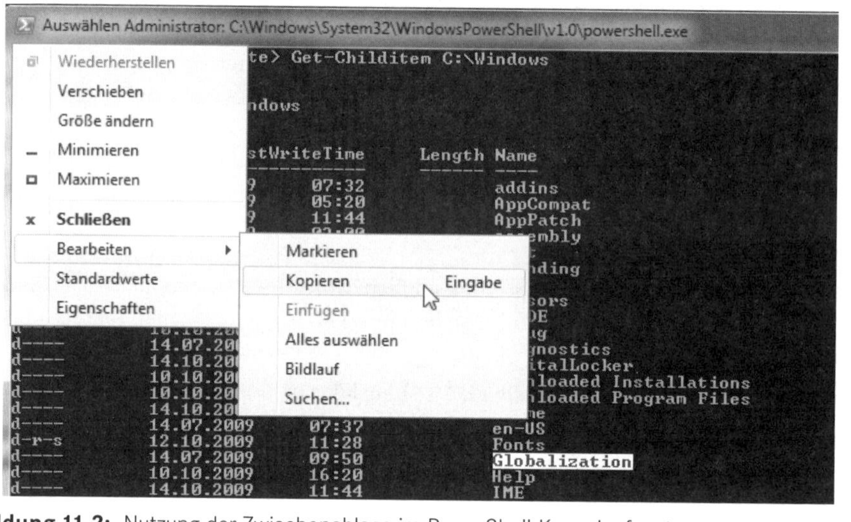

Abbildung 11.2: Nutzung der Zwischenablage im PowerShell-Konsolenfenster

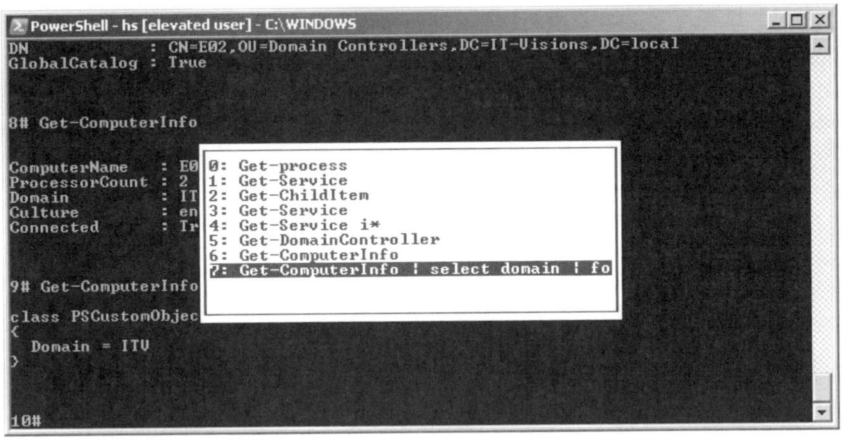

Abbildung 11.3: Anzeige der Befehlsgeschichte mit F7

Tabulatorvervollständigung

Die PowerShell kennt eine bereits im klassischen Kommandozeilenfenster verfügbare tabulatortastenbasierte Eingabehilfe auch für Commandlets, Parameter und Objektattribute. Im DOS-Kommandozeilenfenster kann man nach Eingabe eines oder mehrerer Buchstaben die erreichbaren Dateien und Unterverzeichnisse mit der Tabulatortaste Tab durchlaufen (in der Entwicklersprache „Tab Completion" genannt). In der PowerShell funktioniert das auch bei den Commandlets, deren Parametern und den Attributen von Objekten in der Pipeline (siehe folgende Bildschirmabbildungen).

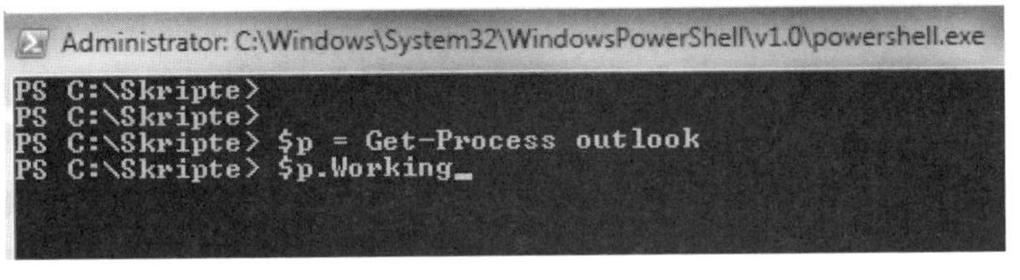

Abbildung 11.4: Eingabe des Wortanfangs

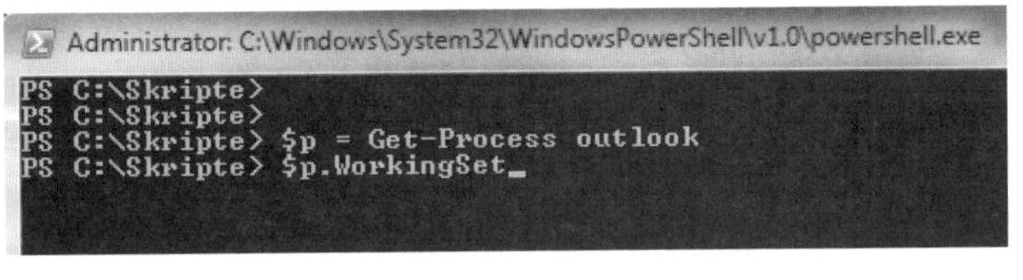

Abbildung 11.5: Nach dem Drücken der Tabulator-Taste erscheint die erste Alternative.

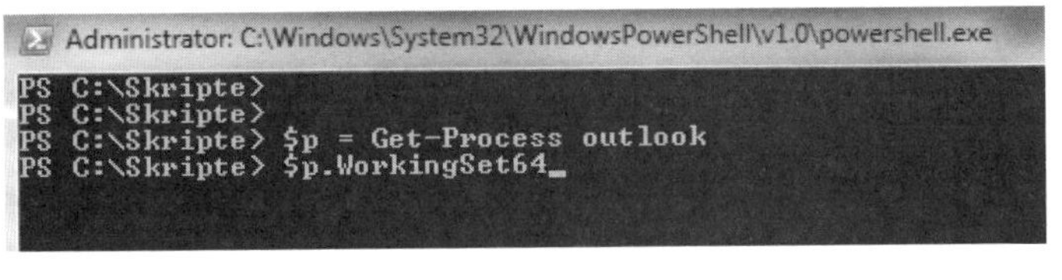

Abbildung 11.6: Nach nochmaligem Drücken erscheint die zweite Alternative.

Kommandomodus versus Interpretermodus

Normalerweise führt die Konsole alle Befehle nach dem Drücken der Taste [Enter] sofort aus. Wenn man allerdings einen unvollständigen Befehl eingibt (z. B. einen Befehl, der auf das Pipeline-Symbol | endet), dann geht die Konsole in den sogenannten Interpretermodus, bei dem die Befehle nicht mehr sofort ausgeführt werden. Der Interpretermodus wird durch die Eingabeaufforderung [>>] (siehe folgende Bildschirmabbildung) angezeigt. Der Interpretermodus gilt so lange, bis man eine leere Eingabe macht. Dann wird der Befehl ausgeführt.

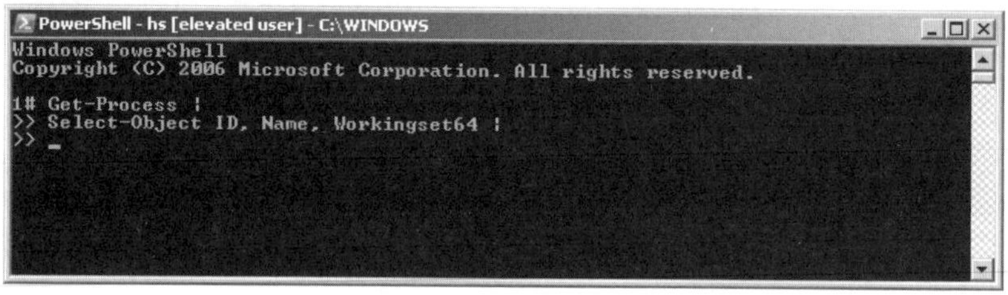

Abbildung 11.7: Die Konsole ist im Interpretermodus.

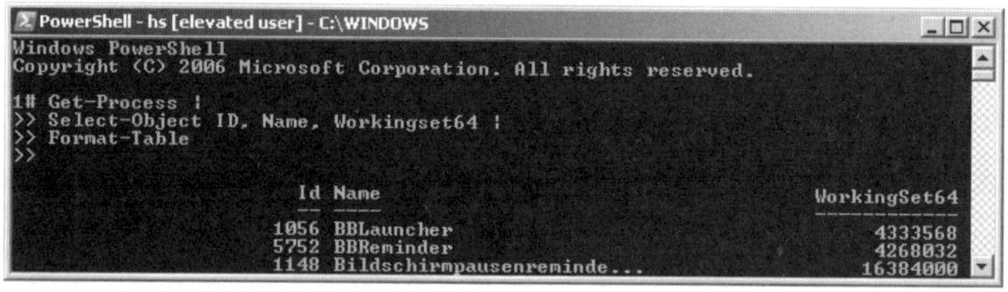

Abbildung 11.8: Der Interpretermodus wurde durch eine leere Eingabe wieder verlassen.

Benutzerkontensteuerung/Administratorrechte

Die Windows PowerShell unterliegt wie alle anderen Anwendungen auch der Benutzerkontensteuerung in den neueren Windows-Versionen und wird daher unter eingeschränkten Rechten gestartet. Das heißt: Auch wenn Sie als Administrator angemeldet sind am System, kann die PowerShell nicht alle administrativen Aufgaben ausführen.

Wie die Einschränkung wirkt und wie man sie wieder aufhebt, hängt dabei stark von dem verwendeten Betriebssystem ab.

Feststellen, unter welchen Rechten die PowerShell wirklich läuft

Windows 7/Windows Server 2008 R2 und neuere Betriebssysteme zeigen in der Titelleiste der PowerShell durch den Zusatz „Administrator“ an, ob die PowerShell unter kompletten administrativen Rechten läuft oder nicht.

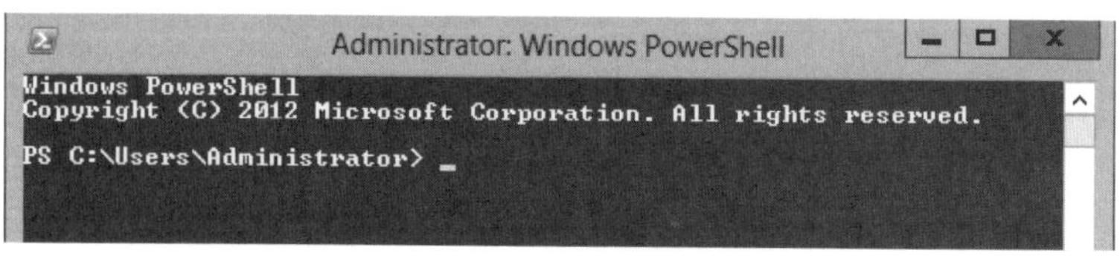

Abbildung 11.9: Eine PowerShell-Konsole mit kompletten Administratorrechten

Abbildung 11.10: Eine PowerShell-Konsole mit eingeschränkten Rechten (obwohl der angemeldete Benutzer Administrator ist)

ACHTUNG: Unter Windows Vista und Windows Server 2008 zeigt die PowerShell-Konsole leider nicht „Administrator:" an. Um in der Titelleiste der PowerShell-Konsole den Rechtestatus anzuzeigen und gegebenenfalls weitere Anpassungen der Anzeige vorzunehmen, wie man dies in der folgenden Bildschirmabbildung sieht, kann man sich ein PowerShell-Profilskript schreiben. Die Erstellung eines solchen Skripts und das Skript zur Anzeige des Rechtestatus in der Titelleiste finden Sie im Abschnitt *„Profileinstellungen für die PowerShell-Konsole"*.

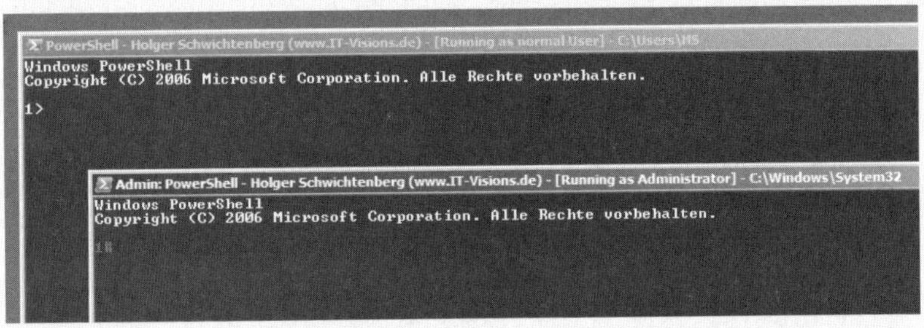

Abbildung 11.11: Zwei PowerShell-Instanzen mit verschiedenen Rechten

■

TIPP: Um bei einer laufenden Konsole ohne Titelanzeige festzustellen, welche Rechte diese besitzt, können Sie das in Windows mitgelieferte Kommandozeilenwerkzeug *whoami.exe* mit der Option `/all` verwenden. Im Fall der vollen Administratorrechte sieht man dort eine Liste von ca. 20 Berechtigungen. Bei eingeschränkten Rechten sieht man nur fünf:

- SeShutdownPrivilege
- SeChangeNotifyPrivilege
- SeUndockPrivilege
- SeIncreaseWorkingSetPrivilege
- SeTimeZonePrivilege

■

Erhöhen der Rechte

Unter Windows Server 2012 läuft die PowerShell-Konsole immer als Administrator.

In anderen Betriebssystemen mit Benutzerkontensteuerung muss man die PowerShell mit Hilfe des Kontextmenüeintrags ALS ADMINISTRATOR AUSFÜHREN starten. Je nach Einstellung der Benutzerkontensteuerung (siehe Systemsteuerung) kommt danach eine Nachfrage.

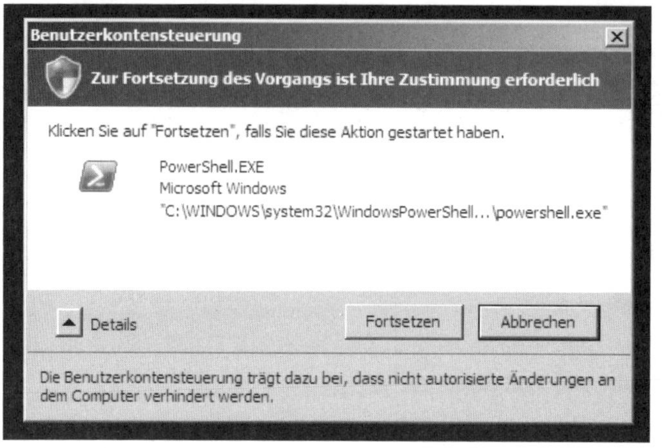

Abbildung 11.12: Zustimmung zur Rechteerhöhung der PowerShell (hier in Windows Vista)

HINWEIS: Man kann die Benutzerkontensteuerung komplett ausschalten, damit die PowerShell immer unter vollen Rechten läuft. Man muss sich aber bewusst sein, dass man damit ein wesentliches Sicherheitsfeature von Windows abschaltet.

11.2 PowerShell Integrated Scripting Environment (ISE)

Die PowerShell 1.0 bot damals als einziges Werkzeug zum Eingeben und Ausführen von PowerShell-Befehlen und -Skripten die PowerShell-Standardkonsole. Ein komfortabler Editor fehlte und rief Drittanbieter auf den Plan, z.B. PowerShellPlus und PowerGUI. Das **PowerShell Integrated Scripting Environment (ISE)**, in den ersten Alpha-Versionen der PowerShell 2.0 noch „Graphical PowerShell" genannt, ist eine WPF-basierte Windows-Anwendung, die einen Editor und eine Ausführungsumgebung für die PowerShell-Einzelbefehle und -Skripte bereitstellt.

In der PowerShell-Version 3.0 ist dieser Editor wesentlich besser geworden und den Drittanbieterprodukten in vielen Punkten ebenbürtig. Windows PowerShell ISE ist eine modernere Anwendung mit Eingabeunterstützung in Vorschlagslisten (IntelliSense).

ACHTUNG: Windows PowerShell ISE ist naturgemäß nicht verfügbar auf Windows Server Core, wo es keine grafische Benutzeroberfläche gibt. Auf Windows Server Core gibt es nur die normale PowerShell-Konsole.

Start der ISE

Zum Start der ISE ruft man entweder das Symbol im Startmenü, die ausführbare Datei *PowerShell_ise.exe* oder in der PowerShell den Alias „ise" auf.

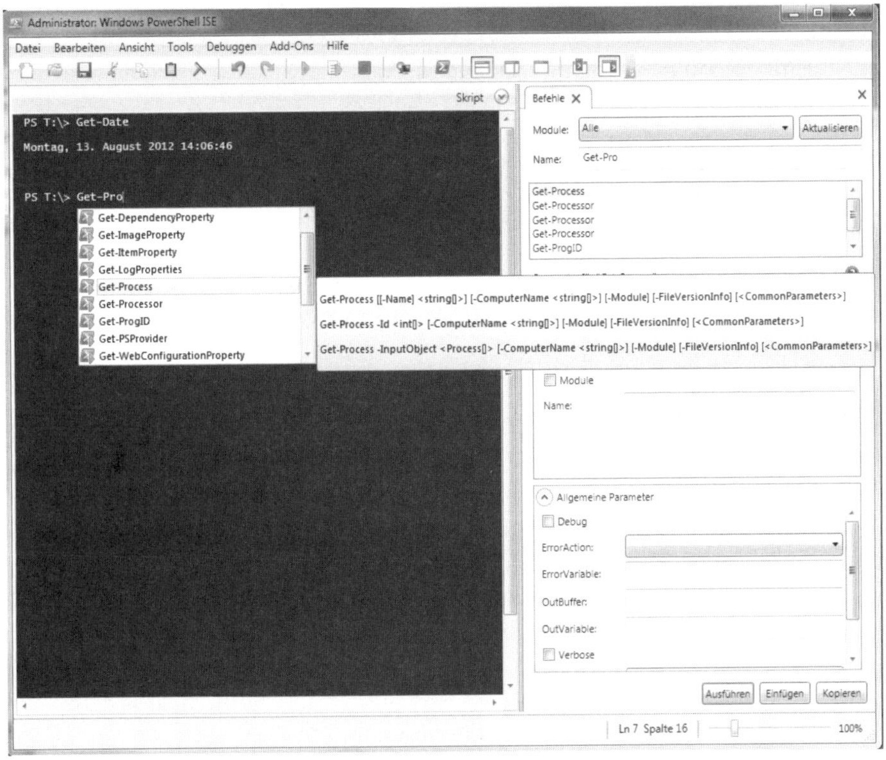

Abbildung 11.13: Befehlsvorschläge in der ISE-Konsole

HINWEIS: Auch die ISE gibt es (genau wie die Standardkonsole) in einer 32- und einer 64-Bit-Version. Die 32-Bit-Version (siehe *%systemroot%\SysWOW64\WindowsPowerShell\V1.0)* ist notwendig, wenn man auf 32-Bit-Komponenten wie den Microsoft-Access-32-Bit-Datenbanktreiber zugreifen will.

Konsolenbereich

Die PowerShell-ISE-Konsole bietet wie die normale PowerShell-Konsole einen interaktiven Eingabebereich für Befehle. Anders als bei der normalen PowerShell-Standardkonsole gibt es hier aber Vorschlagslisten in Form von Drop-down-Menüs (IntelliSense-Eingabeunterstützung) sowohl für Commandlets und deren Parameter als auch für .NET-Klassen und Klassenmitglieder sowie für Dateisystempfade.

In der PowerShell ISE gibt es zudem rechts einen „Befehls-Add-on" genannten Bereich, in dem man nach den Namen von PowerShell-Commandlets suchen kann und die Parameter dieser Befehle als Eingabemaske erhält. Zudem bietet die PowerShell-ISE weitere nützliche Befehle:

- Über eine „Remote PowerShell-Registerkarte" (siehe „Datei"-Menü) kann man Befehle auf einem entfernten System ausführen (sofern dort PowerShell installiert und die Fernausführung mit dem Befehl `Enable-PSRemoting` zugelassen ist).
- Die Schriftgröße kann man nahtlos zoomen (siehe Regler am unteren rechten Rand, alternativ auch mit Strg+Mausrad möglich).
- In den Einstellungen (TOOLS/OPTIONEN) kann man sehr genau die Farben und Schriftarten für verschiedene Ausgabearten einstellen.
- Direkte Unterstützung für Copy/Paste und Cut/Paste mit Tastatur (Strg+X/C/V) und Kontextmenüeinträgen
- Die PowerShell ISE erlaubt die Entwicklung und Nutzung von Add-ons (z. B. Rechtschreibprüfung), vgl. *[http://social.technet.microsoft.com/wiki/contents/articles/2969.windows-powershell-ise-add-on-tools-en-us.aspx]*.

Skriptbereich

Über das Menü ANSICHT/SKRIPTBEREICH kann man den ISE-Skripteditor einblenden, der sich über den Konsolenbereich legt.

In diesem lassen sich Skripte mit Eingabehilfen erfassen, Skripte starten und Skripte im Debugger schrittweise durchlaufen. Die Ausgaben der Skripte landen in dem darunterliegenden Konsolenbereich. Einen dedizierten Ausgabebereich wie in der PowerShell 2.0 ISE gibt es seit PowerShell 3.0 ISE nicht mehr.

Ebenso gibt es im ISE-Skripteditor vorgefertigte Codeausschnitte („Snippets") (siehe Menü EDIT/AUSSCHNITT starten. Darüber hinaus bietet die neue ISE auch viele andere Komfortfunktionen, die man von anderen Code-Editoren kennt, zum Beispiel:

- Fehlerhervorhebung während der Eingabe (Error indication),
- Klammernpaarhervorhebung (brace matching),
- Übernahme der Codefarben in die Zwischenablage (rich text copy and paste),
- Einklappen von Bereichen (Outlining),
- kontextsensitive Hilfe (mit Taste F1, zum Beispiel auf dem Namen eines Commandlets),
- eine Liste der zuletzt verwendeten Dateien.

TIPP: Die PowerShell ISE ruft das Show-Command-Fenster für ein Commandlet auf, wenn man das Commandlet im Editor oder Konsolenbereich markiert und dann Strg+F1 aufruft.

TIPP: Über das Menü ANZEIGEN kann man Skriptbereich und Konsolenbereich alternativ auch vertikal anordnen.

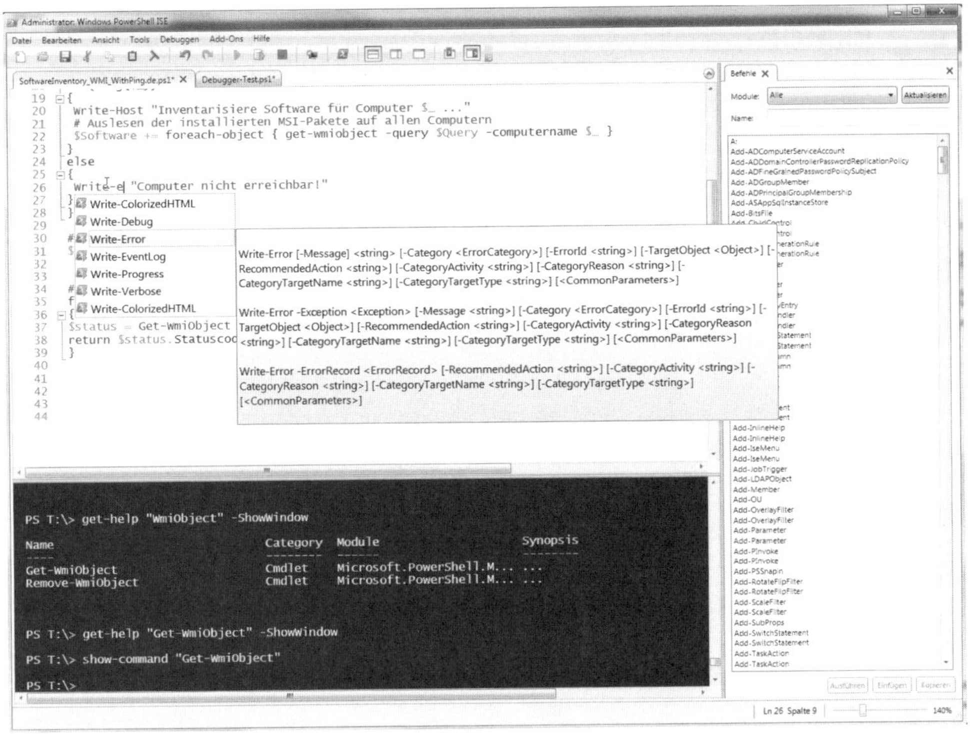

Abbildung 11.14: PowerShell ISE mit Skriptbereich (oben) und Konsolenbereich (unten)

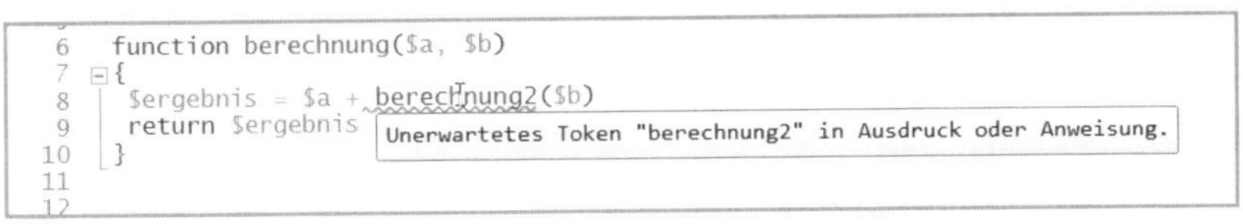

Abbildung 11.15: Hervorhebung von Fehlern schon bei der Eingabe

ISE-Debugger

Der ISE-Debugger erlaubt es, ein Skript bei der Ausführung anzuhalten, um Variableninhalte zu betrachten oder das Skript in Einzelschritten weiterlaufen zu lassen.

Um das Skript während der Ausführung anzuhalten, setzt man in der Skriptzeile einen Haltepunkt mit der Taste F9. Die Zeile wird dadurch rot hinterlegt. Es kann in einem Skript mehrere Haltepunkte geben. Das Skript startet man innerhalb der ISE ganz normal über die Taste F5 oder den Pfeil in der Symbolleiste.

Die Ausführung des Skripts stoppt dann beim Erreichen eines Haltepunkts. Der erreichte Haltepunkt ist orange hinterlegt und im Konsolenbereich findet man eine Meldung „Treffer Zeilenhaltepunkt". Nun kann man im Konsolenbereich die aktuellen Variableninhalte betrachten, indem man die Variablen abruft (siehe folgende Abbildung). Dass man sich im Debugger befindet, zeigt der Konsolenbereich mit „[DBG]" an.

> **HINWEIS:** Die aktuell gelb markierte Zeile ist noch nicht ausgeführt. Wenn darin eine Variable gesetzt wird, steht der neue Wert im Konsolenbereich noch nicht zur Verfügung.

Um das Skript weiterlaufen zu lassen, gibt es drei Optionen:

- [F5]: Das Skript läuft normal weiter bis zum nächsten Haltepunkt oder Programmende.
- [F11]: Ausführung der aktuellen Zeile und Sprung zur nächsten Zeile; es wird gegebenenfalls in eine Unterroutine gesprungen.
- [F10]: Ausführung der aktuellen Zeile und Sprung zur nächsten Zeile; Unterroutinenaufrufe werden „in einem Rutsch“, also nicht schrittweise, ausgeführt.

> **HINWEIS:** Bitte beachten Sie, dass Sie den Debugger mit [Umschalt]+[F5] beenden müssen, bevor Sie eine Skriptdatei bearbeiten oder das Skript neu starten können.

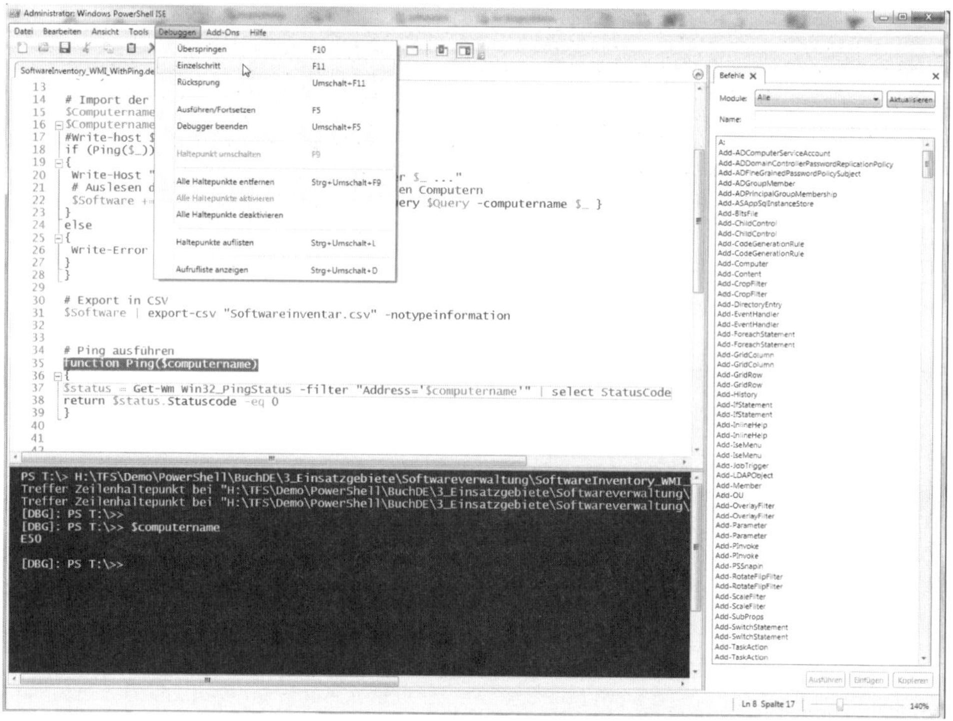

Abbildung 11.16: PowerShell ISE beim Debugging

Unterschiede zur normalen PowerShell-Konsole

Es gibt ein paar beachtenswerte Unterschiede zwischen ISE und der normalen PowerShell-Konsole.

Interaktive klassische Konsolenanwendungen wie ftp.exe werden durch die ISE nicht unterstützt. Kein Problem gibt es dagegen mit interaktiven PowerShell-Commandlets und -Skripten.

Das Blättern in Ausgaben mit „more“ funktioniert nicht.

Man kann die Farbe der Konsole nicht über die .NET-Klasse `[System. Console]` setzen. Nicht möglich ist also:

```
[console]::BackgroundColor  = 'red'
```

Richtig ist stattdessen die Verwendung des Objektmodells der ISE, das man über `$psISE` erreicht:

```
$psISE.Options.ConsolePaneBackgroundColor = "red"
```

Alternativ:

```
$host.ui.RawUI.BackgroundColor = "red"
```

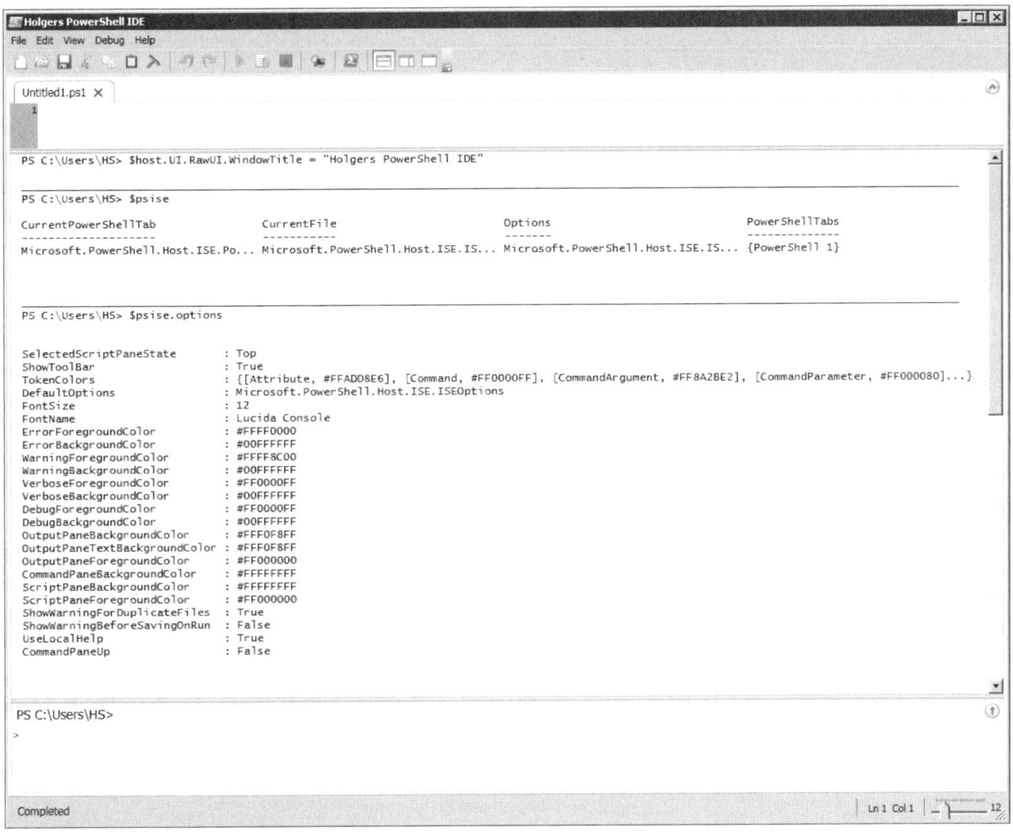

Abbildung 11.17: Inhalt der eingebauten Variablen $psISE

Für den Skriptbereich kann man aber nur `$psISE` verwenden:

```
$psISE.Options.ScriptPaneBackgroundColor = "red";
```

Auch der Zugang über `$host.UI.RawUI` ist eingeschränkt. Möglich ist hierüber aber z. B. die Veränderung des Titels:

```
$host.UI.RawUI.WindowTitle = "Holgers PowerShell IDE".
```

Die ISE hat ein eigenes Startprofilskript: `Microsoft.PowerShellISE_profile.ps1`.

TIPP: Eventuell existiert diese Datei auf Ihrem System noch nicht. Geben Sie zu ihrer Erstellung innerhalb der ISE (!) den Befehl

```
ise $Profile
```

ein.

In der Windows PowerShell ISE können die folgenden Profile erstellt und verwendet werden. Jedes Profil wird in einem eigenen spezifischen Pfad gespeichert.

Profiltyp	Profilpfad
Aktueller Benutzer, PowerShell ISE	$profile.CurrentUserCurrentHost oder $profile
Alle Benutzer, PowerShell ISE	$profile.AllUsersCurrentHost
Aktueller Benutzer, alle Hosts	$profile.CurrentUserAllHosts
Alle Benutzer, alle Hosts	$profile.AllUsersAllHosts

TIPP: Zum Starten der PowerShell ISE ohne Laden des Profils gibt es die Kommandozeilenoption `PowerShell_ise.exe -NoProfile`.

11.3 CIM Explorer for PowerShell ISE

Mit dem CIM Explorer für PowerShell Integrated Scripting Environment, den bei PowerShell mitgelieferten Editor, können PowerShell-Nutzer die vielen tausend WMI-Klassen in Windows erforschen und einfache PowerShell-Skripte zum Abrufen von WMI-Metadaten und WMI-Instanzen erzeugen lassen.

Den CIM-Explorer gibt es kostenfrei in der Microsoft TechNet Gallery. Voraussetzung sind PowerShell 3.0 oder 4.0 und .NET Framework 4.5 oder 4.5.1. In der Vergangenheit konnte man diese Klassen mit den WMI Administrative Tools erforschen. Allerdings laufen diese als ActiveX-Steuerelemente für den Internet Explorer entwickelten Werkzeuge nicht mehr einwandfrei unter Windows 8.x.

CIM Explorer for PowerShell ISE	
Hersteller:	Microsoft
Preis:	Kostenfrei
URL:	*http://gallery.technet.microsoft.com/PoweShell-ISE-Addon-CIM-5c9af37a/*

Die folgende Abbildung zeigt die Generierung eines PowerShell-Skripts im CIM Explorer, nachdem man WMI-Namensraum und WMI-Klasse gewählt hat.

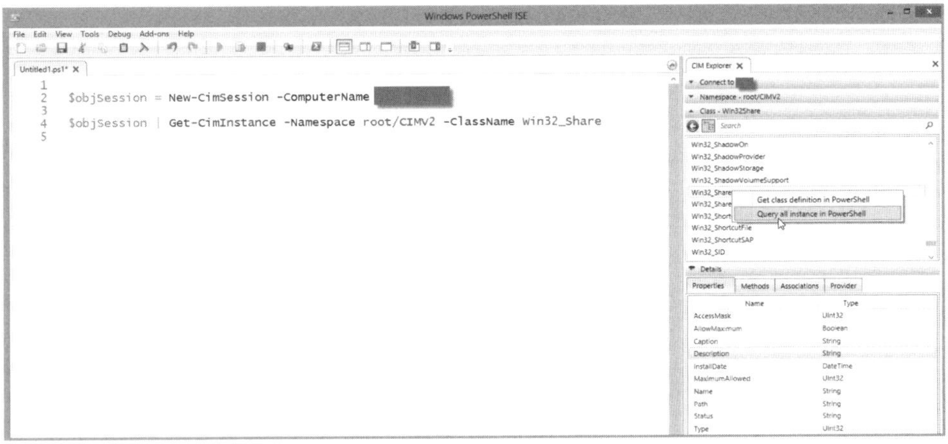

Abbildung 11.18: CIM Explorer

11.4 PowerShell Web Access (PSWA)

Seit Windows Server 2012 gibt es neben der Standard-PowerShell-Konsole und der ISE eine webbasierte Konsole für die PowerShell unter dem Namen „Windows PowerShell Web Access" (PSWA). Administratoren können hier auf einer zugangsgeschützten Website PowerShell-Befehle eingeben und das Ergebnis wie in der lokalen Konsole betrachten. Da die Website nicht auf Silverlight, sondern auf HTML basiert, kann sie auch von Smartphones genutzt werden. Ein Administrator muss also nun auch im Urlaub am Strand befürchten, dass sein Chef ihn anruft und bittet „mal eben" etwas umzukonfigurieren.

TIPP: Mit PSWA kann man nicht nur den Server verwalten, auf dem PSWA läuft, sondern jeden Rechner mit aktiviertem PowerShell-Remoting im Netzwerk.

Installation von PSWA

Für die Nutzung der PSWA ist diese zuerst zu installieren, da sie nicht zum Standardinstallationsumfang von Windows Server 2012 gehört.

Schritt 1: Installation der Rollen und Features

Im Server Manager sind folgende optionalen Bausteine des Windows Server 2012 zu aktivieren:

- Rolle „Web Server (IIS)“
- Feature „Windows PowerShell/Windows PowerShell Web Access“

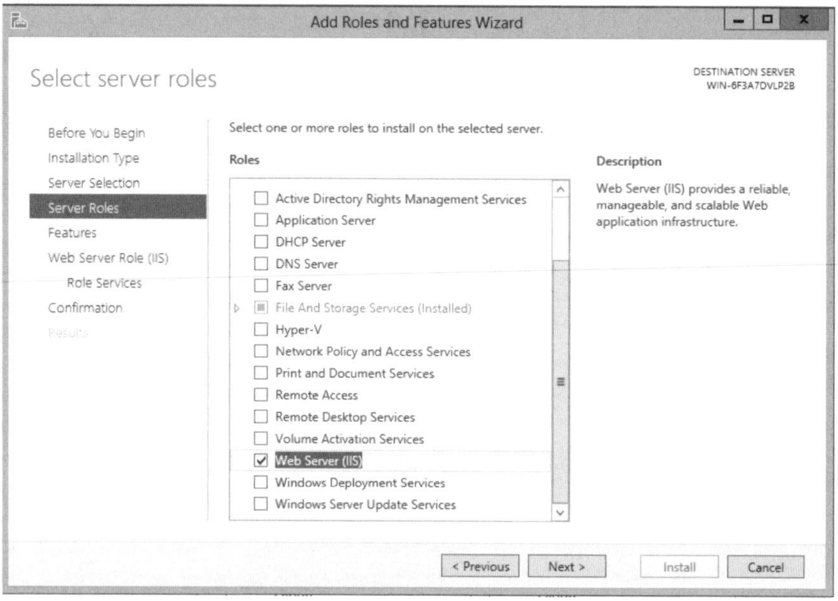

Abbildung 11.19: Hinzufügen der Rolle „Web Server (IIS)“

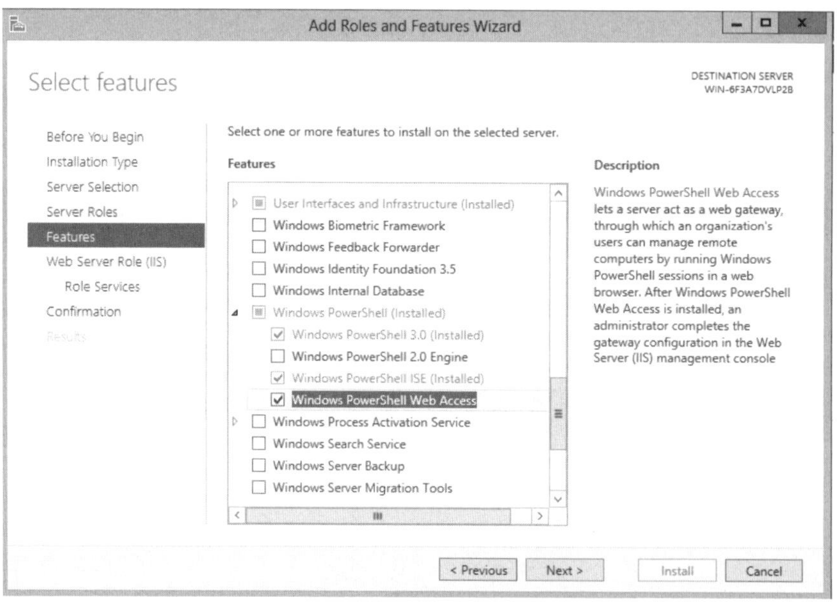

Abbildung 11.20: Einfügen des Features „Windows PowerShell/Windows PowerShell Web Access“

TIPP: PSWA kann auch über die PowerShell selbst installiert werden mit dem Commandlet `Install-WindowsFeature` aus dem Modul „ServerManager“:

```
Install-WindowsFeature -name web-server, windowspowershellwebaccess
```

Schritt 2: Anlegen der Webanwendung im IIS

Durch die Installation der Rollen und Features wurde die PSWA-Webanwendung noch nicht im IIS angelegt, wohl aber gibt es nun ein PowerShell-Modul „PowerShellWebAccess“ mit dem Commandlet `Install-PswaWebApplication`, das dies ermöglicht.

Mit dem Parameter `-WebSiteName` kann man eine bestehende IIS-Website angeben, in der PSWA installiert werden soll. Dabei lässt sich dann mit `-WebApplicationName` der Name der IIS-Anwendung innerhalb dieser Website festlegen.

Wünscht man eine Standardeinrichtung in der Standardwebsite unter dem Standardnamen „PSWA“, kann man einfach Folgendes ausführen:

```
Install-PswaWebApplication -UseTestCertificate
```

Die Website ist dann erreichbar unter

```
https://localhot/pswa
```

Die Verwendung von `UseTestCertificate` sorgt dafür, dass die Website mit einem selbst erstellten SSL-Zertifikat ausgestattet wird. Dies kann man später durch ein offizielles Zertifikat ersetzen.

TIPP: Die Verwendung von SSL ist dringend empfohlen, da sonst Benutzername und Kennwort sowie alle Befehle unverschlüsselt übertragen würden. Wenn PSWA mit SSL installiert würde, kommt es beim Versuch des Aufrufs über http ohne SSL zur Fehlermeldung: „This website uses the Secure Sockets Layer (SSL) protocol, and requires an HTTPS address. Please update the URL in your browser.“

Wenn ein Testzertifikat verwendet wurde, warnt der Browser beim Aufruf mit HTTPS: „The security certificate presented by this website was not issued by a trusted certificate authority“.

HINWEIS: Falls Sie den IIS manuell konfigurieren möchten, sei hier auf das Dokument *[http://technet.microsoft.com/en-us/library/hh831611.aspx]* verwiesen.

Schritt 3: Zugriffsrechte vergeben

Im Standard darf sich niemand bei PSWA anmelden. Mit dem Commandlet `Add-PswaAuthorizationRule` vergibt man Zugriffsrechte, z.B. erlaubt es die nachstehende Regel allen Administratoren der Domäne „FBI", über die PSWA-Instanz auf diesem Computer eine Verbindung zu allen Computern mit allen PowerShell-Konfigurationen aufzunehmen.

```
Add-PswaAuthorizationRule -usergroupname FBI\administrators -ComputerName *
-ConfigurationName *
```

Mit `-UserName` kann man Rechte für einzelne Benutzer vergeben. Mit `-ComputerGroupName` lassen sich die Zugriffsrechte auf Basis von Active-Directory-Computergruppen vergeben. Mit `Test-PswaAuthorizationRule` kann man prüfen, ob ein Benutzer Zugang zu einem bestimmten Computer über PSWA haben wird.

Mit dem Commandlet `Get-PswaAuthorizationRule` listet man die vergebenen Rechte auf. Mit `Remove-PswaAuthorizationRule` lassen sich Rechte wieder löschen.

HINWEIS: Neu seit Windows Server 2012 R2 ist, dass man die Zugriffsrechte unter Angabe des `-Credential`-Parameters auch von einem entfernten System aus verwalten kann.

Schritt 4: Konfigurationsänderungen (optional)

Im Standard dürfen sich nur drei Benutzer gleichzeitig an PSWA anmelden. Diese Einstellung muss man in der Datei *C:\Windows\Web\PowerShellWebAccess\wwwroot\web.config* vornehmen. Dort gibt es den Eintrag:

```
<appSettings>
<add key="maxSessionsAllowedPerUser" value="3"/>
</appSettings>
```

Die PSWA hat zudem eine Timeout-Zeit von 20 Minuten. Diese Einstellung ändert man über:

```
<sessionState timeout="20"      />
```

Anmelden an PSWA

Die folgende Bildschirmabbildung zeigt die PSWA-Anmeldeseite.

ACHTUNG: Die Angabe eines Computernamens des zu verwaltenden Computers ist Pflicht. Die PSWA eröffnet dann eine PowerShell-Session auf dem genannten Computer.

Die Angabe „localhost" ist erlaubt, um den Computer zu verwalten, auf dem PSWA gehostet wird.

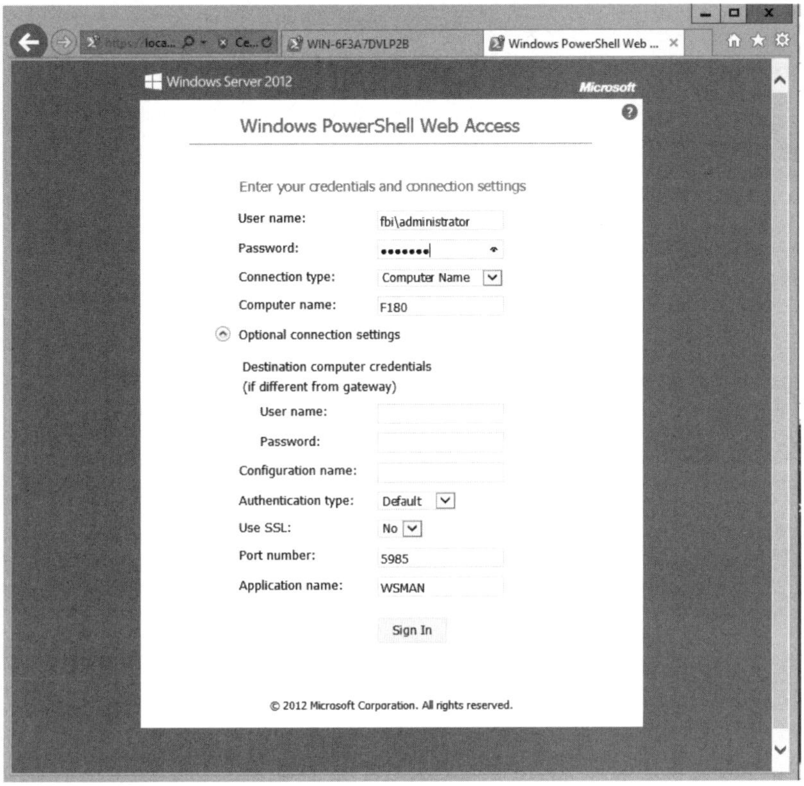

Abbildung 11.21: Anmeldung bei PSWA

Verwenden der PSWA

Die PSWA-Webseite zeigt sich nach der Anmeldung im gewohnten Blau mit weißer Schrift. In Gelb erscheinen die eingegebenen Befehle. Die Befehlseingabe erfolgt nicht direkt nach dem Prompt (>) wie bei der Standardkonsole, sondern in einer eigenen Zeile darunter.

ACHTUNG: Mehrzeilige Befehle erzeugt man in der PSWA durch Drücken von `Shift`+`Enter`, während dies ja in der Standardkonsole durch `Enter` erfolgt, wenn der Befehl noch nicht abgeschlossen ist. In der PSWA löst `Enter` allein immer die Befehlsausführung aus!

Abbildung 11.22: Mehrzeilige Befehlseingabe in der PSWA-Konsole

TIPP: Die Farben der PSWA kann man wie in der Standardkonsole bei `Write-Host` setzen, z. B. `Write-Host "Hallo Holger" -foregroundcolor red -backgroundcolor white`.

Auch die Veränderung der Farben für die ganze aktuelle Sitzung ist möglich, über eine eingebaute Variable `$host`:

```
$host.UI.RawUI.BackgroundColor = "darkgreen"
```

Die `$host`-Variable enthält wie bei den anderen Konsolen auch eine Instanz von `ServerRemoteHost`. Die Instanz nennt sich „ServerRemoteHost“, Version 1.0.0.0.

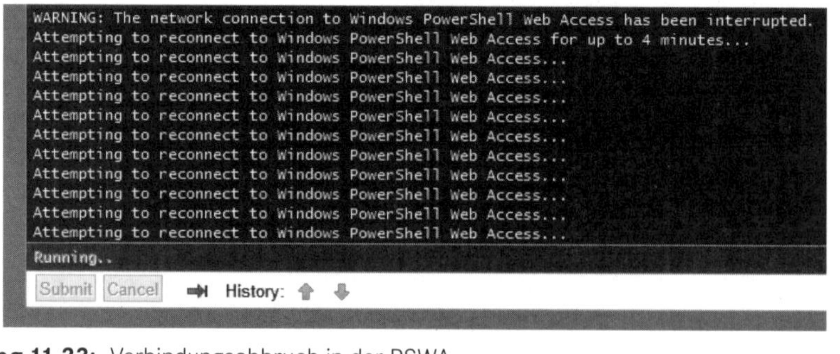

Abbildung 11.23: Verbindungsabbruch in der PSWA

Falls es zu einem Verbindungsabbruch kommt, bemüht sich die PSWA, die Verbindung ohne Neuanmeldung wieder aufzubauen.

HINWEIS: Neu seit Windows Server 2012 R2 sind folgende Funktionen:

- Man kann mehrere PSWA-Sitzungen in verschiedenen Registerkarten eines Browsers öffnen. Vorher musste man mehrere Browserinstanzen dafür starten.
- Man kann den Zustand einer PSWA-Sitzung abspeichern (Schaltfläche „Save" rechts unten im Bildschirm) und sich später wieder verbinden.

11.5 PowerShellPlus

PowerShellPlus besteht aus einer verbesserten PowerShell-Konsole (PowerShellPlus Host), die IntelliSense unterstützt, und einem damit verbundenen Editor (PowerShellPlus Editor). PowerShellPlus war der erste Editor und die erste PowerShell-Konsole mit IntelliSense. Inzwischen ist aber die PowerShell ISE von Microsoft fast ebenbürtig.

PowerShellPlus war ein kommerzielles Produkt, ist aber seit 2012 kostenfrei.

PowerShellPlus	
Hersteller:	Idera
Preis:	Kostenfrei
URL:	*http://www.idera.com/Products/PowerShell/*

Bemerkenswerte Funktionen im Vergleich zur ISE sind:

- Die Konsole ist eine Weiterentwicklung der normalen Windows-Konsole und versteht daher alle Befehle, welche die von Microsoft gelieferte PowerShell-Konsole auch versteht, also auch interaktive klassische Befehle wie `ftp.exe`.
- Mitschneiden von Eingaben in der Konsole, die über Tastenkürzel wieder aufgerufen werden können
- Anzeige aller aktuellen Variablen und Details zu ihren Inhalten
- Transparente Darstellung des Konsolenfensters möglich
- Direkter Zugriff auf PowerShell-Profilskripte

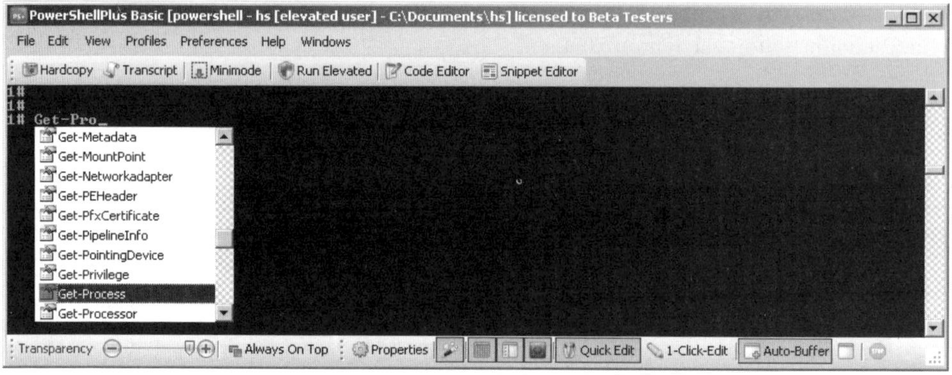

Abbildung 11.24: IntelliSense für Commandlet-Namen

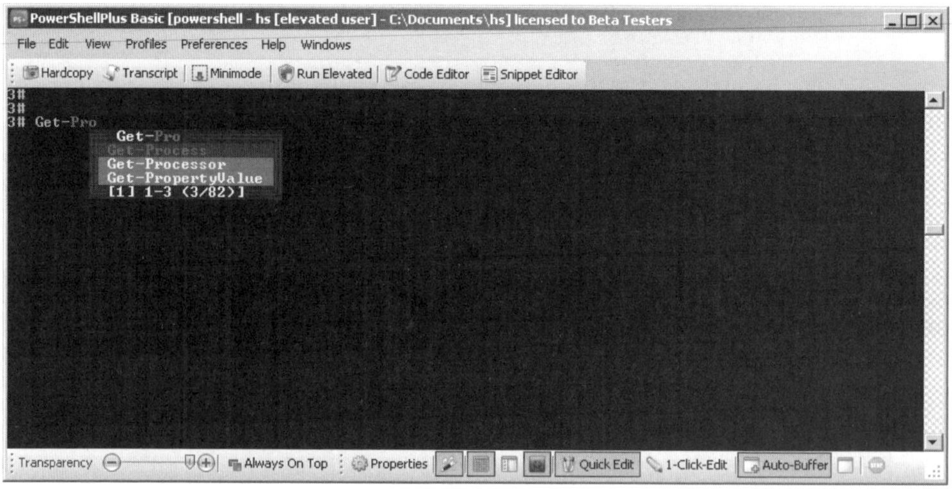

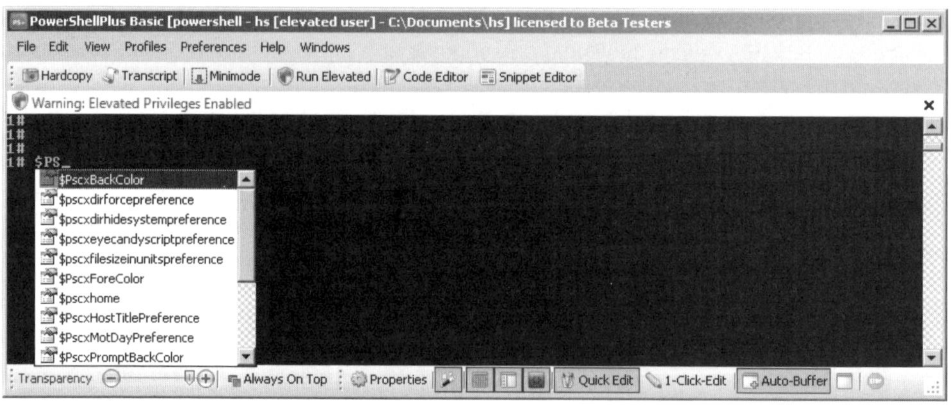

Abbildung 11.25: Eine Variante von IntelliSense für Commandlet-Namen

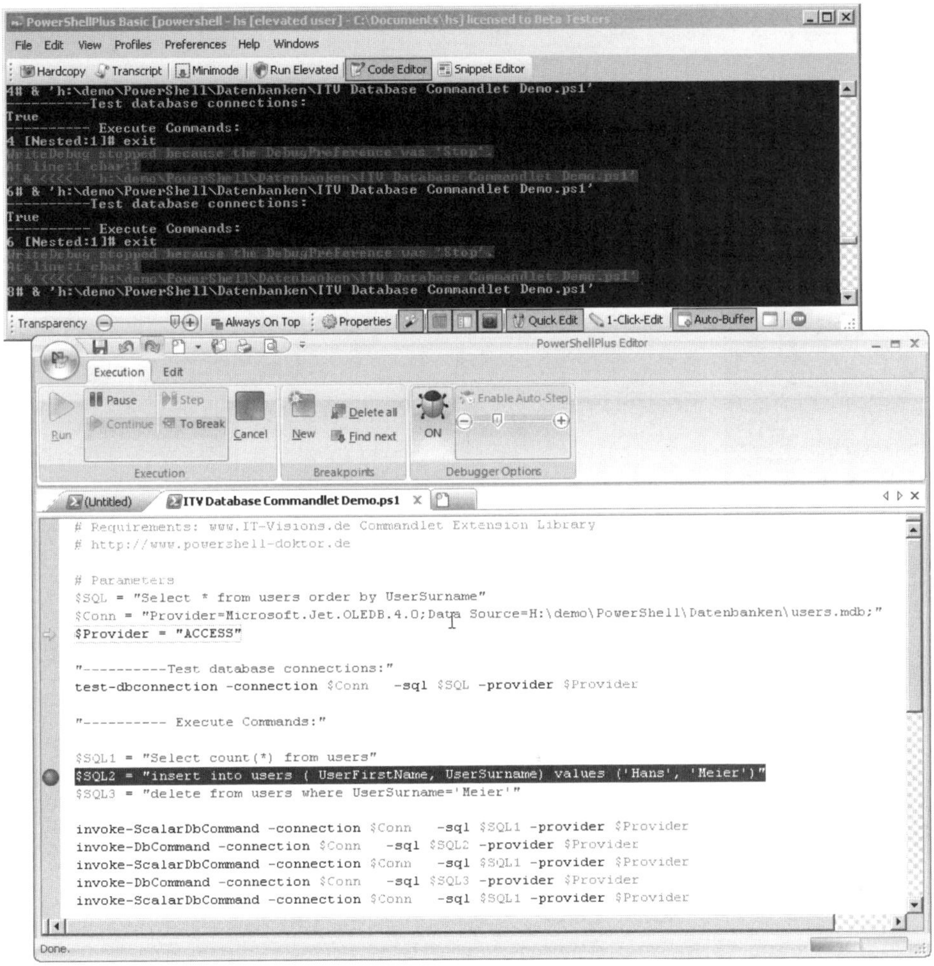

Abbildung 11.26: Debugging mit Einzelschrittmodus

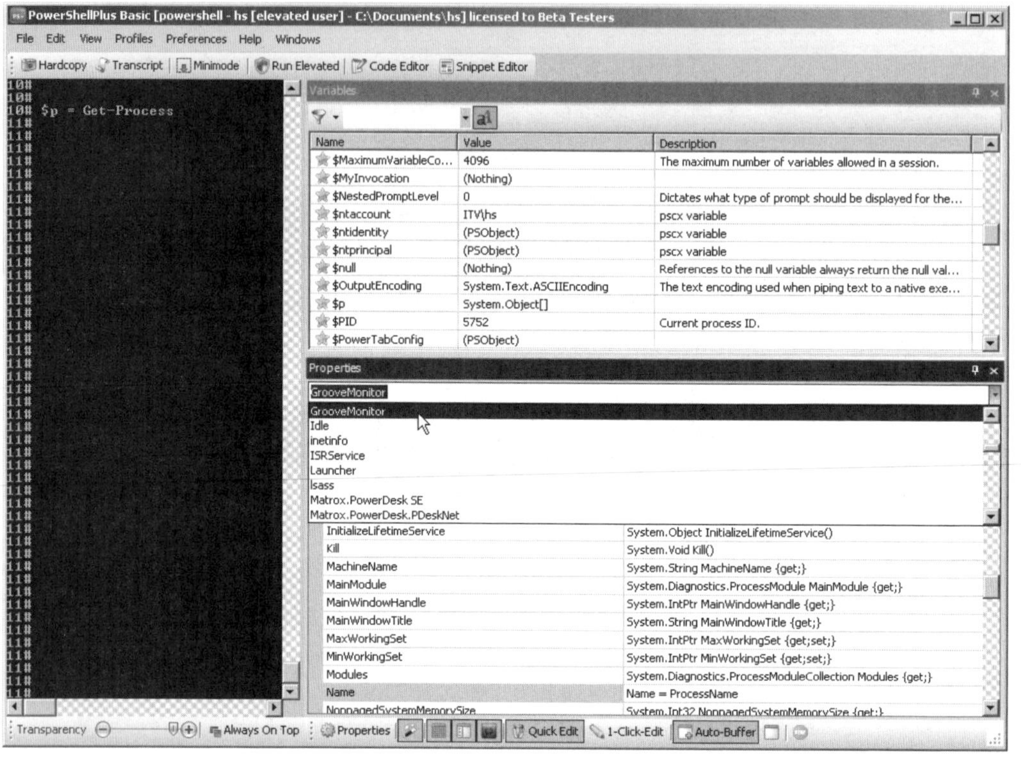

Abbildung 11.27: Anzeige aller aktuellen Variablen und Details zu ihren Inhalten

11.6 PoshConsole

PoshConsole ist eine grafische Konsole für die PowerShell, die mit Hilfe der neuen .NET-GUI-Technik „Windows Presentation Foundation“ geschrieben ist. In der PoshConsole kann man direkt Grafiken ausgeben (siehe Abbildung 11.28).

PoshConsole	
Hersteller:	Joel Bennett
Preis:	Kostenfrei
URL:	*http://poshconsole.codeplex.com/*

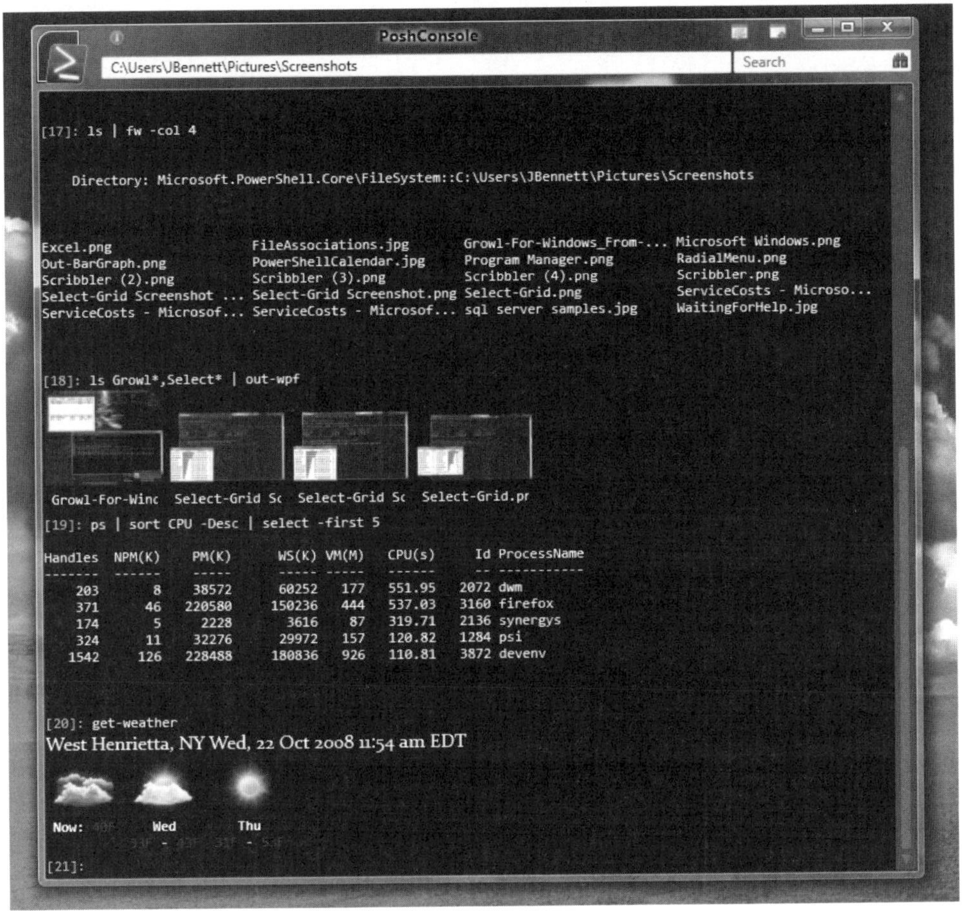

Abbildung 11.28: Grafische Möglichkeiten der PoshConsole
(Quelle: *http://poshconsole.codeplex.com/*)

11.7 PowerGUI

PowerGUI ist neben PowerShellPlus und dem ISE der dritte bedeutende Editor für PowerShell.

PowerGUI	
Hersteller:	Quest Software
Preis:	Kostenfrei
URL:	*http://www.powergui.org*

11.8 PowerShell Analyzer

Der PowerShell Analyzer von Karl Prosser bietet gegenüber PowerShellPlus noch zwei zusätzliche Funktionen:

- Mehrere getrennte Ablaufumgebungen (sogenannte Runspaces)
- Visualisierung der Objekte in der Pipeline in einer Tabelle (siehe Abbildung 11.29) oder einem Diagramm

Allerdings fehlen auch zwei wichtige Funktionen: IntelliSense für Klassen und Klassenmitglieder sowie ein Debugger.

PowerShell Analyzer	
Hersteller:	Shell Tools, LLC
Preis:	Kostenfrei
URL:	*http://www.powershellanalyzer.com*

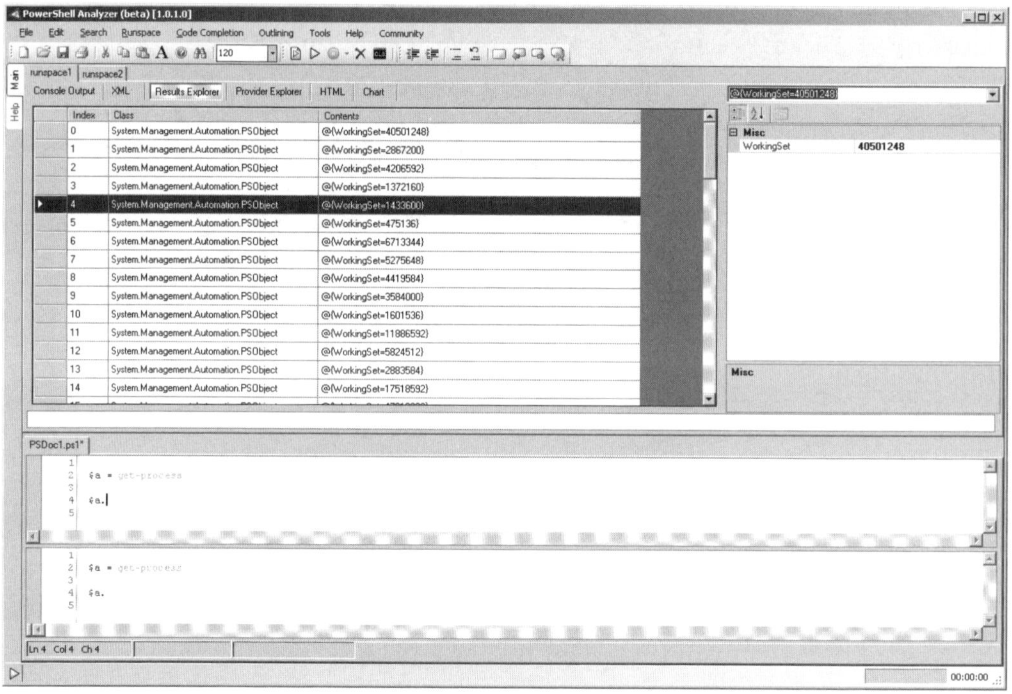

Abbildung 11.29: PowerShell Analyzer

11.9 PrimalScript

Der Universaleditor PrimalScript enthält seit Version 4.1 Unterstützung für die Erfassung von PowerShell-Skripten.

PrimalScript 206	
Hersteller:	Sapien
Preis:	349 Dollar
URL:	*http://www.primalscript.com/*

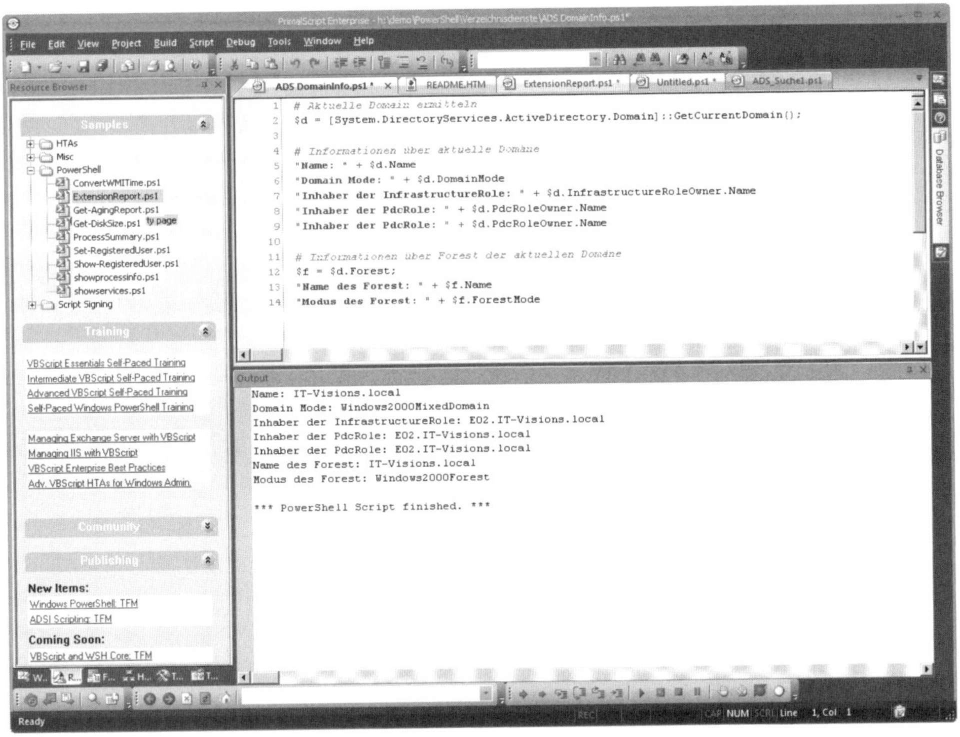

Abbildung 11.30: Ausgabe eines PowerShell-Skripts in PrimalScript

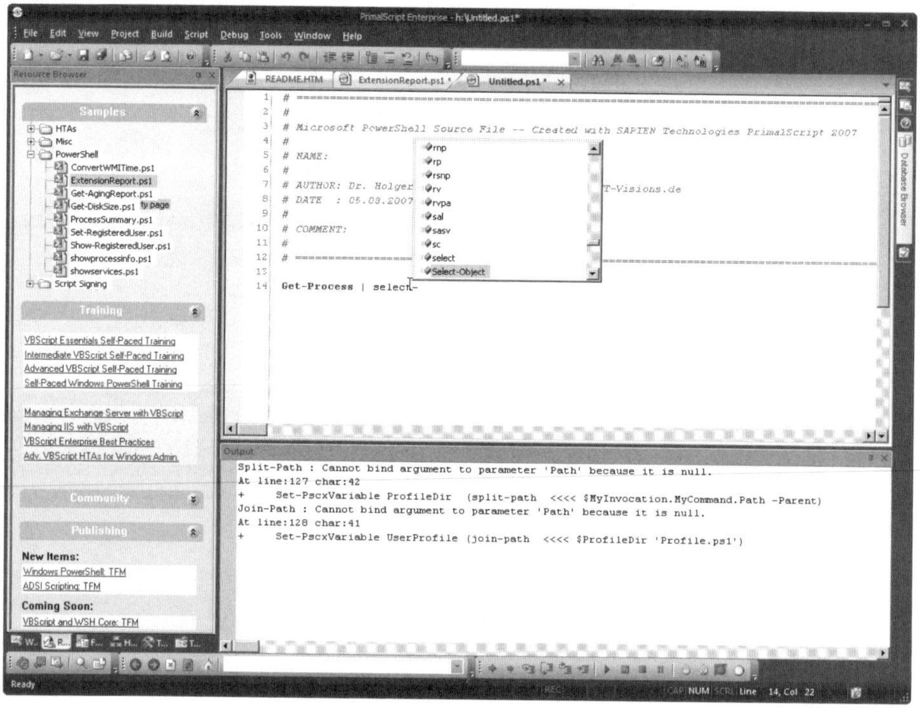

Abbildung 11.31: IntelliSense für Commandlets

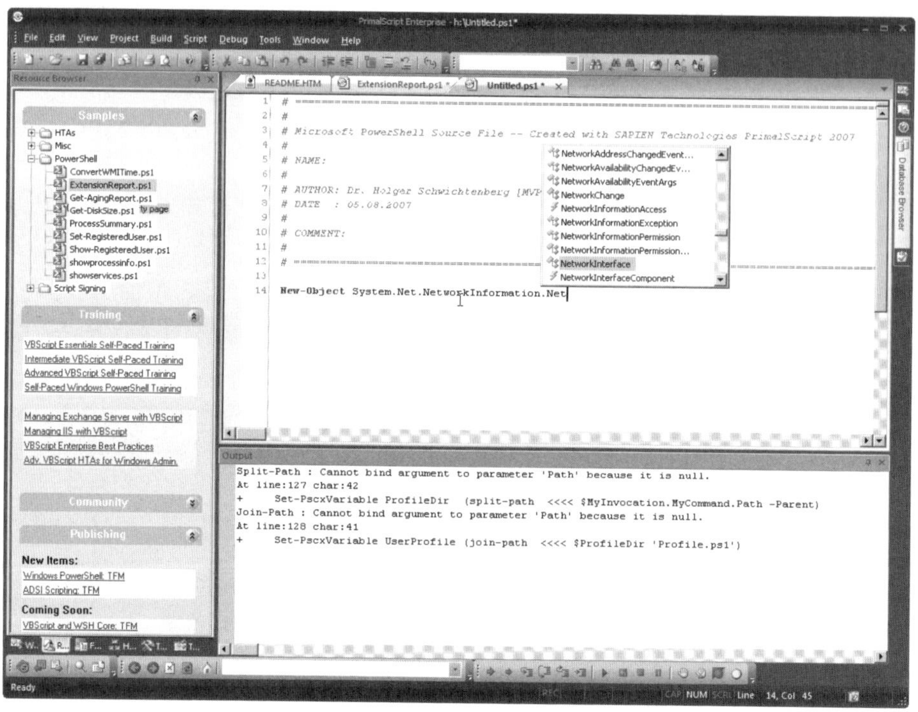

Abbildung 11.32: IntelliSense für Klassennamen

11.10 PowerShell Help

PowerShell Help ist ein einfaches Werkzeug zur Anzeige von Hilfetexten zu Commandlets.

PowerShell Help	
Hersteller:	Sapien
Preis:	Kostenlos
URL:	*http://www.primaltools.com/downloads/communitytools/*

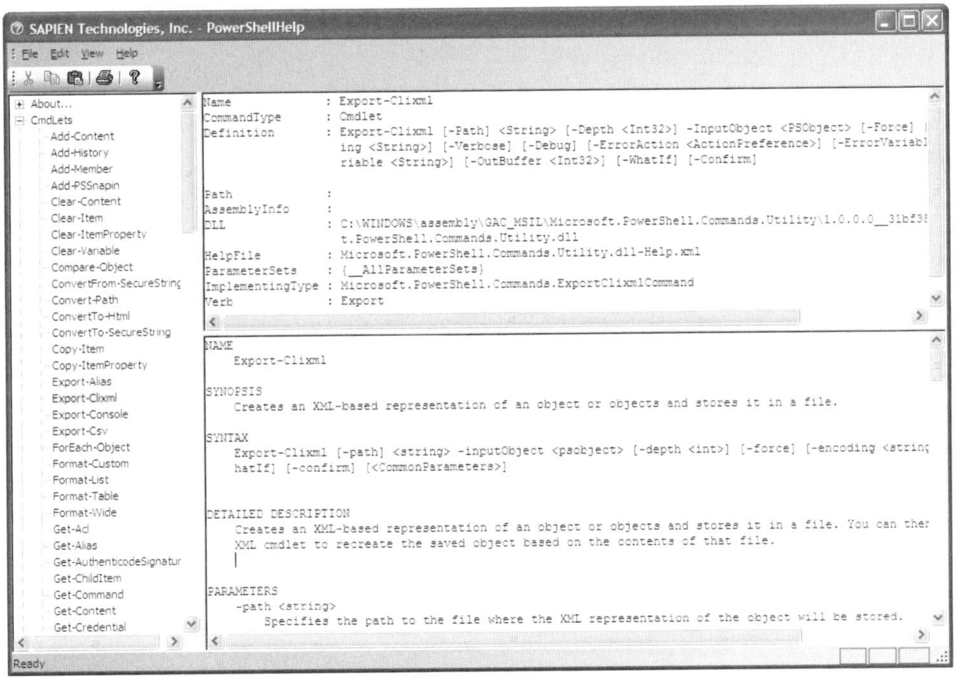

Abbildung 11.33: PowerShell Help

11.11 PowerShell Help Reader

PowerShell Help Reader ist ein weiteres Werkzeug zur Anzeige von Hilfetexten zu Commandlets.

PowerShell Help Reader	
Hersteller:	PowerShellTools
Preis:	29,47 $
URL:	*http://powershelltools.com*

11.12 PowerTab

PowerTab erweitert die Fähigkeiten der PowerShell-Konsole, dem Benutzer Vorschläge für mögliche Befehle durch Drücken der Tabulatortaste zu machen. Insbesondere liefert PowerTab Vorschläge für Mitglieder von .NET-Klassen.

PowerTab	
Hersteller:	Marc van Orsouw (der sich als „MoW“ abkürzt)
Preis:	Kostenlos
URL:	*http://thepowershellguy.com/blogs/posh/pages/powertab.aspx*

11.13 NuGet Package Manager

Der NuGet Package Manager ist ein Teil von Visual Studio ab Version 2012 (bzw. eine kostenfreie Erweiterung für Visual Studio 2010) zum Verwalten von Erweiterungspaketen. Der NuGet Package Manager basiert auf der PowerShell und unterstützt alle PowerShell-Befehle, nicht nur diejenigen für die Paketverwaltung.

TIPP: In älteren Visual-Studio-Versionen kann man die VS Command Shell verwenden, die ebenfalls PowerShell-Befehle zulässt.

HINWEIS: Diese Add-ins laufen nur in den kommerziellen Versionen von Visual Studio, nicht in den Express-Varianten, da diese keine Erweiterungen unterstützen.

NuGet Package Manager	
Hersteller:	Microsoft/
Preis:	Kostenlos
URL:	*http://visualstudiogallery.msdn.microsoft.com/27077b70-9dad-4c64-adcf-c7cf6bc9970c*

VS Command Shell	
Hersteller:	Microsoft/Open-Source-Community-Projekt
Preis:	Kostenlos
URL:	*http://www.codeplex.com/VSCmdShell*

11.14 PowerShell Tools for Visual Studio

Die PowerShell Tools for Visual Studio sind eine Erweiterung für Visual Studio ab Version 2012. Mit dieser Erweiterung kann man PowerShell-Skriptdateien in Visual Studio komfortabel bearbeiten (mit Farbhervorhebung, IntelliSense-Eingabeunterstützung und einklappbaren Regionen) und ausführen. Mehrere Skriptdateien können zu einem PowerShell-Projekt zusammengefasst werden (Projektvorlage „PowerShell Script Project"). Die Skriptausgaben laden im Output-Fenster von Visual Studio. Das Debugging wird unterstützt.

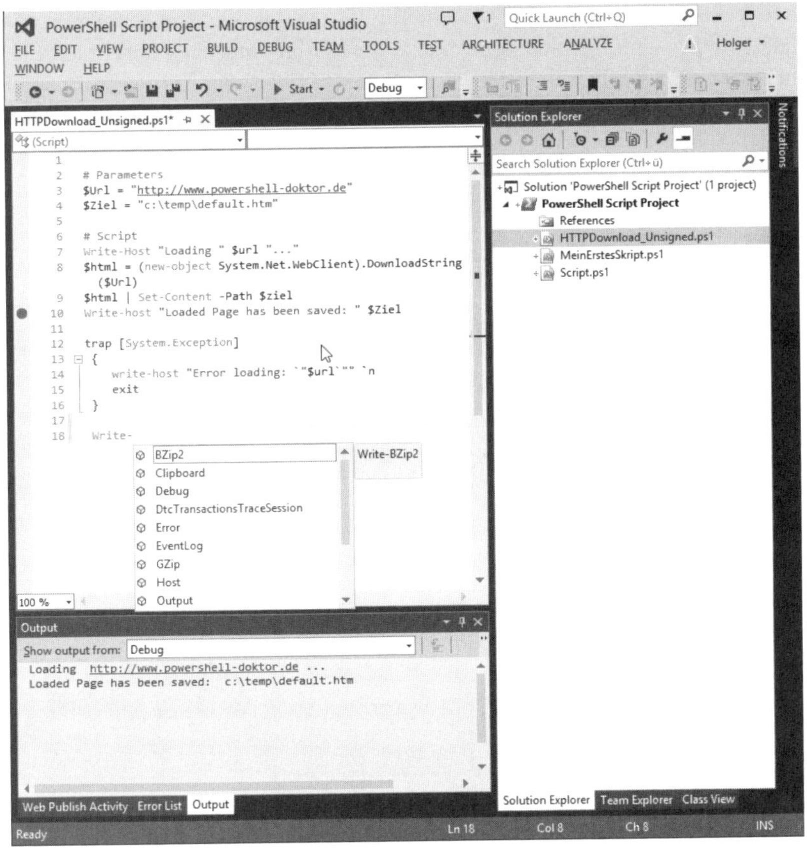

Abbildung 11.34: Bearbeiten einer PowerShell-Skript-Datei in einem PowerShell-Projekt in Visual Studio 2013

PowerShell Tools for Visual Studio	
Hersteller:	Microsoft
Preis:	Kostenlos
URL:	*http://visualstudiogallery.msdn.microsoft.com/c9eb3ba8-0c59-4944-9a62-6eee37294597*

TIPP: Für Visual Studio 2010 gibt es als Alternative das weniger mächtige PowerStudio (*http://visualstudiogallery.msdn.microsoft.com/9b3272d4-6d13-4c1c-93bc-3ec74614508e*).

11.15 PowerShell Remoting

PowerShell Remoting erlaubt die Verbindung mit einer entfernten Instanz der alten PowerShell 1.0 (d. h. einer Instanz auf einem anderen Computer), um dort Skripte auszuführen. Damit wird eine Begrenzung der PowerShell 1.0 überwunden, die Commandlets und Skripte nur lokal ausführen kann. Fernausführung ist in der PowerShell 1.0 sonst nur über WMI möglich.

HINWEIS: Seit PowerShell 2.0 ist diese Erweiterung nicht mehr notwendig, da Fernausführung zum Standardumfang der PowerShell gehört.

PowerShell Remoting	
Hersteller:	Microsoft/Open-Source-Community-Projekt
Preis:	Kostenlos
URL:	*http://www.codeplex.com/powershellremoting*

11.16 Vergleich der Skripteditoren

Die folgende Tabelle vergleicht die ISE mit PowerShellPlus, PowerGUI und PrimalScript.

Tabelle 11.1: Vergleich der wichtigsten PowerShell-Editoren

	ISE in PowerShell 4.0	PowerShell Plus 4.5	PowerGUI 3.2	PrimalScript 2012 (6.5)
Hersteller	Microsoft	Idera	Quest	Sapien
Website	Keine	*www.idera.com/Products/PowerShell/PowerShell-Plus*	*www.powergui.org*	*www.primalscript.com*
Preis	Kostenlos	Kostenlos	Kostenlos	349 US-Dollar

	ISE in PowerShell 4.0	PowerShell Plus 4.5	PowerGUI 3.2	PrimalScript 2012 (6.5)
Konsole für interaktive Eingabe	Ja	Ja	Ja	Nein
Syntaxfarbhervorhebung	Ja	Ja	Ja	Ja
Skripteditor	Ja	Ja	Ja	Ja
Codeschnippsel (Snippets)	Ja	Ja	Ja	Ja
IntelliSense für Commandlets	Ja	Ja	Ja	Ja
IntelliSense für Alias	Ja	Ja	Ja	Ja
IntelliSense für Parameter	Ja	Ja	Ja.	Ja
IntelliSense für Klassennamen (nach New-Object)	Ja	Ja	Ja	Ja
IntelliSense für Klassennamen (in eckigen Klammern)	Ja	Ja	Ja	Ja
IntelliSense für .NET-Klassenmitglieder	Ja	Ja	Nein	Ja (außer Mitglieder statischer Klassen)
IntelliSense für Variablennamen	Ja	Ja	Ja	Ja
IntelliSense für Mitglieder der Variablen	Ja	Ja, erfordert aber tlw. vorherige Ausführung des Skripts	Nein	Ja
IntelliSense für Pfadangaben	Ja	Ja	Ja	Nein
Variablenbrowser	Nein	Ja	Ja	Nein
Debugging	Ja	Ja	Ja	Ja
Skripte signieren	Nein	Ja	Nein	Nein
Bearbeitung anderer Codearten	Nein	C#, XML, VBScript, Batch, VB.NET, HTML	Nein	WSH, ActionScript, AWK, AutoIt, Batch, HTA, Kixtart, Lotus Script, Perl, Python, Rebol, REXX, Ruby, SQL, Tcl, WinBatch, ASP, HTML, JSP, PHP, XML, XLST, XSD, C#, C++, VB, ColdFusion u.a.

B Teil B: PowerShell-Aufbauwissen

Inhalte dieses Buchteils sind die erweiterten Möglichkeiten der PowerShell, insbesondere der Zugriff auf Klassenbibliotheken (.NET, COM und WMI) sowie die Einbindung von Commandlet-Erweiterungen (PowerShell Snap-Ins).

12 Fernausführung (Remoting)

Eine der schmerzlich vermissten Funktionen in der alten Windows PowerShell 1.0 war die generelle Unterstützung für Fernzugriffe auf andere Systeme bzw. Fernverwaltung von entfernten Systemen. Mit den Bordmitteln der PowerShell 1.0 konnte man im Wesentlichen nur über WMI via Distributed COM (DCOM) Daten von anderen Systemen abrufen. Eine generelle Möglichkeit zur Fernausführung von Commandlets und Skripten gab es nicht. Hier hat Microsoft nun in der Version 2.0 deutlich nachgebessert.

Seit PowerShell 2.0 gibt es über das Protokoll WS-Management (kurz: WS-Man) die Fernausführungsmöglichkeit („PowerShell Remoting") für einzelne Commandlets und ganze Skripte.

WS-Management ist ein Netzwerkprotokoll auf Basis von XML-Webservices unter Verwendung des Simple Object Access Protocol (SOAP). WS-Management dient dem Austausch von Verwaltungsinformationen zwischen (heterogenen) Computersystemen. WS-Management ist ein Standard der Desktop Management Task Force (DMTF), der im Jahr 2006 verabschiedet wurde.

WS-Management bietet eine enge Verbindung zum Web Based Enterprise Management (WBEM) alias Windows Management Instrumentation (WMI).

Microsoft bietet eine Implementierung von WS-Management unter dem Namen „Windows Remote Management (WinRM)" für Windows XP, Windows Server 2003, Vista, Windows 7/8 und Windows Server 2008/2008 R2/2012.

In Vista und Windows Server 2008 ist die Version 1.1 der Implementierung enthalten. Windows 7 und Windows Server 2008 R2 enthalten Version 2.0. Für Windows XP, Windows Vista sowie Windows Server 2003 (inkl. R2) und Windows Server 2008 gibt es ein Add-On für WinRM v2 mit Namen „Windows Management Framework". Windows 8.x und Windows Server 2012 (inkl. R2) enthalten WinRM 3.0, das es auch als Add-On für Windows 7 und Windows Server 2008/2008 R2 gibt *[http://www.microsoft.com/en-us/download/details.aspx?id=34595]*.

Für einen Fernaufruf müssen sowohl der lokale (der Aufrufer, der Client) als auch der entfernte Computer (der Aufgerufene, der Server) Windows Remote Management (WinRM) ab Version 2.0 unterstützen. Außerdem muss die PowerShell (ab Version 2.0) auf beiden Systemen installiert sein. WinRM benutzt (seit Version 2.0) im Standard die Ports 5985 (HTTP) und 5986 (HTTPS). Die Authentifizierung erfolgt im Normalfall über Kerberos, alternativ sind auch Basisauthentifizierung, Digest und NTLM möglich.

Die Verbindung zwischen Client und Server kann permanent oder temporär sein.

In PowerShell ist nicht nur ein Fernaufruf eines Computers, sondern auch gleichzeitig mehrerer Computer möglich. So kann man z. B. ein Skript gleichzeitig auf mehreren entfernten Systemen starten.

12.1 Fernabfrage ohne WS-Management

Einige Commandlets in der PowerShell besitzen eingebaute Fernabfragemöglichkeiten abseits von WS-Management. Diese Commandlets haben einen Parameter „-Computername" und die Fernaufrufmöglichkeiten des Betriebssystems, die auf einem Remote Procedure Call (RPC) basieren.

Folgende Commandlets besitzen den Parameter „-Computername" und arbeiten mit DCOM:

- `Clear-EventLog`
- `Limit-EventLog`
- `Get-Counter`
- `New-EventLog`
- `Get-EventLog`
- `Remove-EventLog`
- `Get-HotFix`
- `Restart-Computer`
- `Get-Process`
- `Show-EventLog`
- `Get-Service`
- `Show-Service`
- `Get-WinEvent`
- `Stop-Computer`
- `Get-WmiObject` (schon in PowerShell 1.0 vorhanden)
- `Write-EventLog`

Der Fernaufruf mit vorgenannten Commandlets funktioniert auch, wenn WS-Management nicht installiert und konfiguriert ist.

TIPP: Derartige Commandlets findet man mit:

```
Get-Command | where { $_.parameters.keys -contains "ComputerName" -and
$_.parameters.keys -notcontains "Session"}
```

Der folgende Befehl ermittelt vom Computer „F170" alle Dienste, die mit dem Buchstaben „i" beginnen.

```
Get-Service -ComputerName F170 i*
```

Die Abfrage mehrerer Computer ist nur nacheinander durch Übergabe in der Pipeline möglich, da man bei diesen Commandlets bei `Computername` kein Array als solchen übergeben kann.

Falsch:

```
Get-Service -ComputerName F173, F170 i*
```

Richtig:

```
"F171", "F172", "F173" | % { Get-Service i* -ComputerName $_ }| ft Name, status,
machinename
```

Über das Attribut `MachineName` kann man jeweils sehen, welcher der abgefragten Computer das Ergebnis geliefert hat.

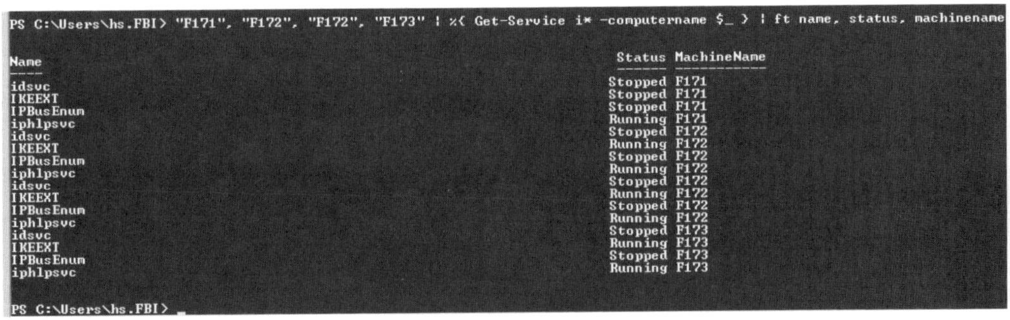

Abbildung 12.1: Abfrage der Dienste auf zwei Computern

12.2 Anforderungen

Für einen Fernaufruf müssen sowohl der lokale (der Aufrufer, der Client) als auch der entfernte Computer (der Aufgerufene, der Server) folgende Voraussetzungen erfüllen:

- Microsoft .NET Framework 2.0 oder höher
- Windows PowerShell 2.0 oder höher
- Windows Remote Management (WinRM) 2.0

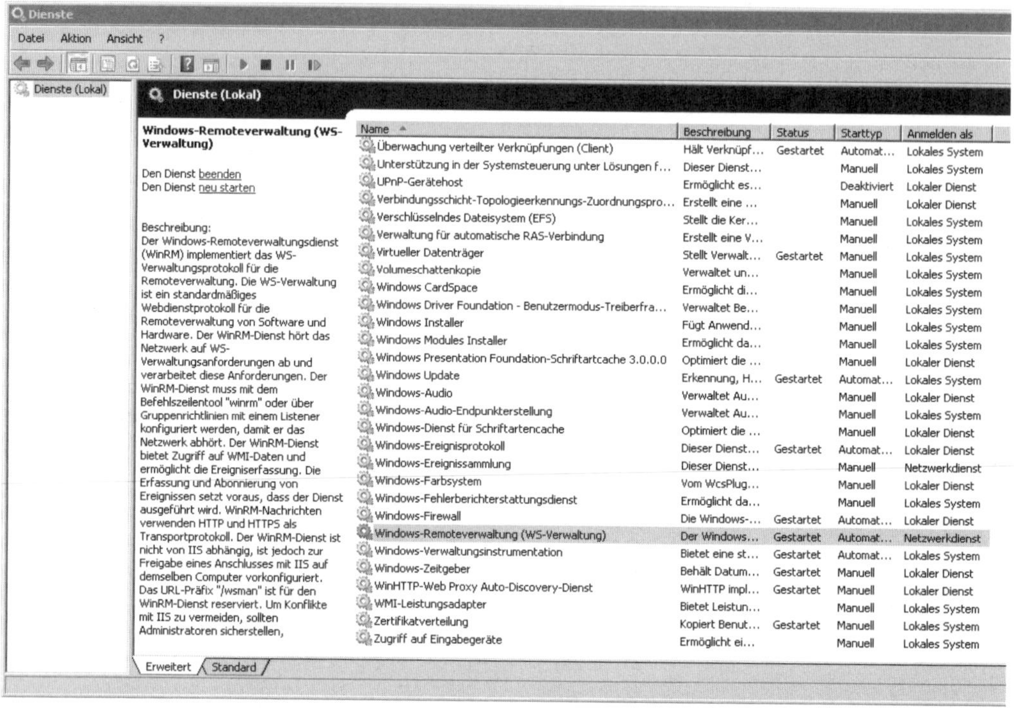

Abbildung 12.2: Der WinRM-Dienst in der Diensteliste

12.3 Rechte für Fernaufrufe

Fernaufrufe sind sowohl domänenintern als auch domänenübergreifend (durch Vertrauensstellungen oder gleiche Benutzername-Kennwort-Kombination) möglich, im zweiten Fall allerdings nur unter expliziter Angabe von Benutzernamen und Kennwort, selbst wenn auf dem Zielsystem eine zu dem aufrufenden System identische Benutzername-Kennwort-Kombination existiert. Fernaufrufe können nur Benutzer ausführen, die auf dem Zielsystem zur Administratorengruppe gehören. Man kann das Recht zum Fernaufruf durch Änderung der sogenannten Sitzungskonfigurationen steuern.

Auch auf dem lokalen Computer werden Administratorrechte für einige Aktionen im Zusammenhang mit dem Fernaufruf benötigt. Dies sind insbesondere die Einrichtung von WS-Management und die Konfiguration von PowerShell-Sitzungen. Auch ein Fernaufruf gegen den eigenen Computer („Loopback-Aufruf") erfordert Administratorrechte.

12.4 Einrichten von WinRM

Im Auslieferungszustand der PowerShell sind PowerShell-Fernaufrufe deaktiviert. Mit `Enable-PSRemoting` konfiguriert man einen Computer zum Empfang von Fernaufrufen von anderen Rechnern. Dieser Befehl startet den WinRM-Systemdienst, konfiguriert die Windows PowerShell und trägt das Protokoll WS-Management als Ausnahme in der Windows Firewall ein. `Enable-PSRemoting` ist nicht notwendig auf Computern, die nur (!) PowerShell-Befehle an andere Rechner senden wollen. Zum Ausführen von `Enable-PSRemoting` muss man auf dem System Administrator sein.

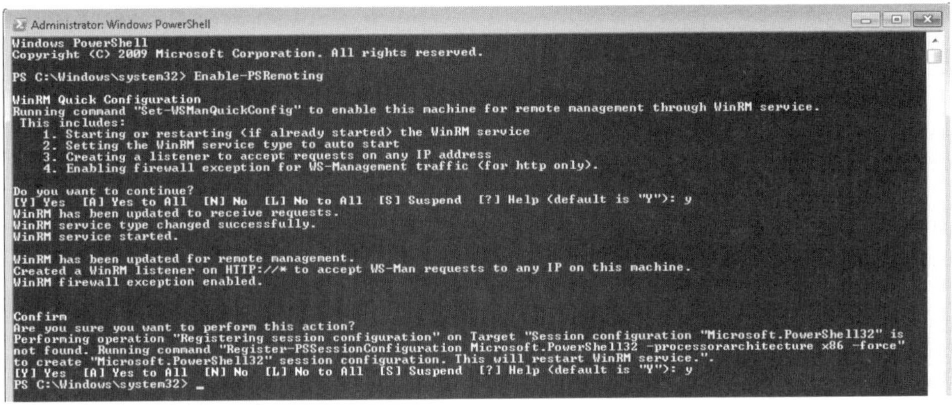

Abbildung 12.3: Erstkonfiguration von PowerShell Remoting

TIPP: Zum Unterdrücken der Nachfragen geben Sie ein:

```
Enable-PSRemoting -force
```

Zum Testen der Einrichtung geben Sie ein:

```
New-PSSession
```

Dann sollte das nachstehende Ergebnis erscheinen.

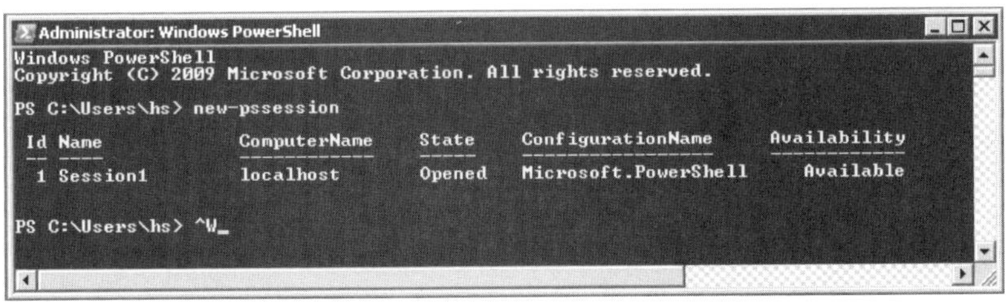

Abbildung 12.4: Testen der Fernverbindungskonfiguration mit New-PSSession

HINWEIS: In Domänen kann WinRM über die Gruppenrichtlinie „Computer Configuration\Administrative Templates\Windows Components\Windows Remote Management (WinRM)\WinRM service" konfiguriert werden.

Ein Problem bei der Einrichtung könnte sein, das diese mit der Fehlermeldung „Set-WSMan-QuickConfig : WinRM firewall exception will not work since one of the network connection types on this machine is set to Public. Change the network connection type to either Domain or Private and try again." abbricht. Ein Blick in das Netzwerkcenter von Windows wird dann zeigen, dass es tatsächlich ein „Public"-Netzwerk gibt (siehe Beispiel in der Abbildung).

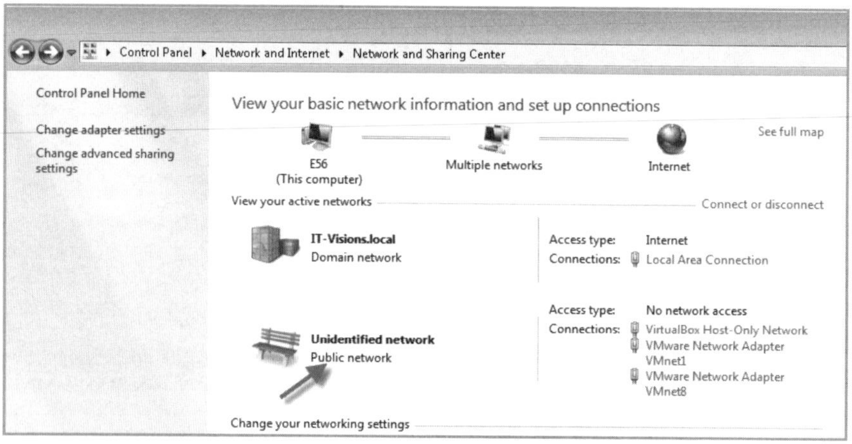

Abbildung 12.5: Ein „Public Network" verhindert die Einrichtung des PowerShell Remoting.

Lösen kann man dies über secpol.msc (siehe Abbildung).

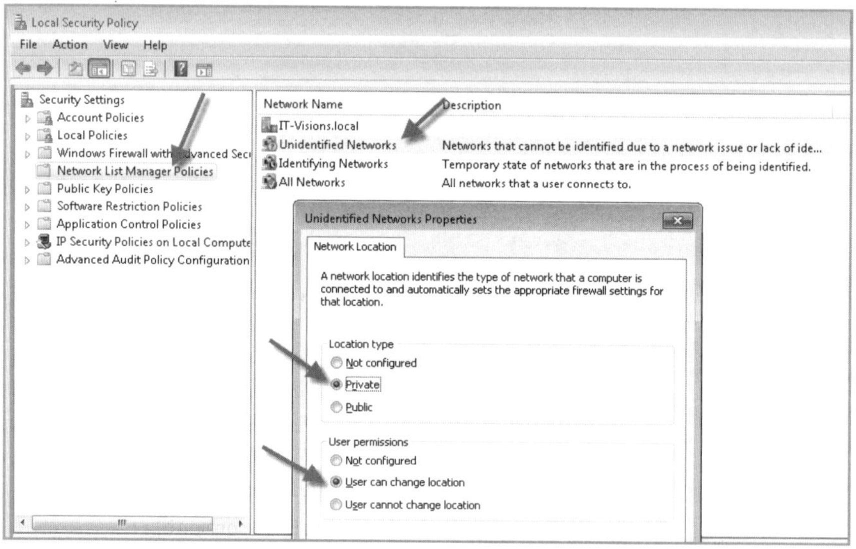

Abbildung 12.6: Lösung des „Public Network"-Problems

TIPP: Seit PowerShell-Version 4.0 kann man alternativ beim `Enable-PSRemoting`-Commandlet auch den Parameter `SkipNetworkProfileCheck` angeben, wodurch die Prüfung auf das Netzwerkprofil entfällt.

Zum Deaktivieren des PowerShell Remoting gibt es das Commandlet:

```
Disable-PSRemoting
```

12.5 Überblick über die Fernausführungs-Commandlets

Die wichtigsten Commandlets für die Fernausführung sind:

- `Enter-PSSession`: Starten einer Fernausführungssitzung im Telnet-Stil
- `Invoke-Command`: Fernausführung eines einzelnen PowerShell-Commandlets oder eines Skripts
- `New-PSSession`: Erstellen einer permanenten Verbindung für die Fernausführung

Alle oben genannten Commandlets bieten ein Attribut `–Computername`. Bei `Enter-PSSession` kann man nur einen Computer angeben, bei `Invoke-Command` und `New-PSSession` auch ein Array mehrerer Computer.

HINWEIS: Im Standard vorgesehen ist die Angabe von Computernamen. IP-Adressen können alternativ verwendet werden, erfordern aber ein anderes Authentifizierungsverfahren, da das im Standard verwendete Kerberos keine IP-Adressen unterstützt (siehe Kapitel zur Sicherheit bei PowerShell Remoting).

12.6 Interaktive Fernverbindungen im Telnet-Stil

Mit dem Commandlet `Enter-PSSession` eröffnet man eine interaktive Sitzung zu einem entfernten System im Stil des Telnet-Protokolls. Anzugeben ist der Computername, z. B.

```
Enter-PSSession –Computername F170
```

Nach erfolgreicher Ausführung des Befehls wird der Computername vor der PowerShell-Eingabeaufforderung angezeigt. Alle eingegebenen Befehle werden nun auf dem entfernten System ausgeführt. Alle Ausgaben landen auf dem lokalen System.

Testen kann man zum Beispiel, indem man mit `[System.Environment]::MachineName` den Computernamen abruft.

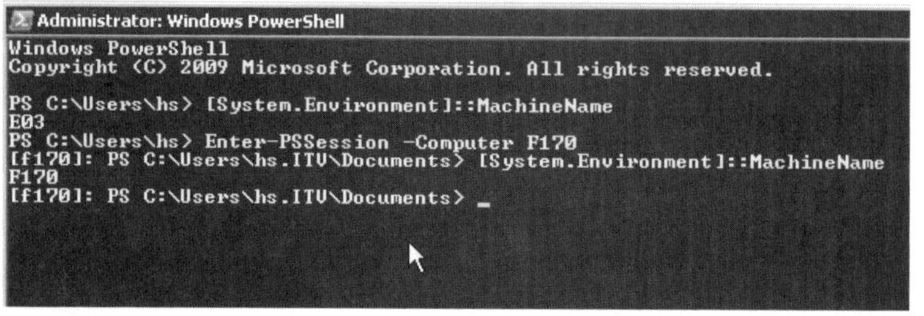

Abbildung 12.7: Aufbau einer interaktiven Fernsitzung

HINWEIS: Man kann sich in einer interaktiven Sitzung immer nur mit genau einem entfernten System verbinden. Man kann aber auf einem System mehrere PowerShell-Fenster öffnen und sich darin mit jeweils einem anderen entfernten System verbinden.

Möglichkeiten einer Fernsitzung

In einer Fernsitzung kann jegliche Form von Änderungen durchgeführt werden, sowohl durch Ausführung von Commandlets, z. B.

```
(Get-service BITS) | start-service
```

als auch durch den Aufruf von Methoden

```
(Get-service BITS).Start()
```

Man kann auch Windows-Prozesse starten. Zu beachten ist jedoch, dass man auf dem entfernten System Benutzeroberflächen von diesen Prozessen nicht sehen kann, selbst wenn man dort lokal angemeldet ist.

Zum Verlassen der Fernsitzung gibt man ein:

```
Exit-PSSession
```

12.7 Fernausführung von Befehlen

Um einen einzelnen Befehl auf einem entfernten System auszuführen, kann man auch das Commandlet `Invoke-Command` mit dem Parameter `–Computername` verwenden. Beim Parameter `–ScriptBlock` kann man einen oder mehrere (durch Zeilenumbruch oder Semikolon getrennte) Befehle angeben und auch Pipelines nutzen. Nicht nur Commandlets, auch klassische Kommandozeilenbefehle sind möglich.

```
Invoke-Command -ComputerName F170 -scriptblock { Get-Service b* }
Invoke-Command -ComputerName F170 -scriptblock { Get-Service | sort status | ft name,
status }
Invoke-Command -computer F170 -Script { "Computername: " + [System.
Environment]::MachineName ; "Zeit: " + [DateTime]::Now ; "Sprache: " +
(Get-Culture) }
Invoke-Command -computer F170 -Script { ping www.it-visions.de }
```

HINWEIS: Alle Commandlets oder Anwendungen, die in dem Skriptblock gestartet werden, müssen auf dem Zielsystem verfügbar sein.

Auch hier wird das Ergebnis auf dem lokalen System angezeigt, oft mit der zusätzlichen Spalte „PSComputerName“, die den Namen des aufgerufenen Computers enthält.

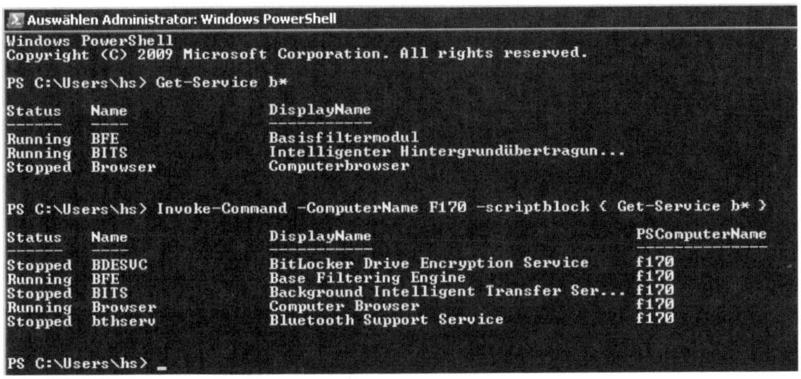

Abbildung 12.8: Lokaler Aufruf versus entfernter Aufruf

Allerdings muss man beachten, dass die Ergebnismenge keineswegs die gleiche Struktur wie bei einem lokalen Aufruf hat. Die Objekte in der Pipeline sind nicht vom Typ `System.ServiceProcess.ServiceController`, sondern `Deserialized.System.ServiceProcess.ServiceController`. Zwischen den Rechnergrenzen hat, für den Transport über das Netzwerk, eine Serialisierung/Deserialisierung der Objekte stattgefunden. Dabei sind die Methoden der Objekte „verloren“ gegangen. Methodenaufrufe wie

```
(Invoke-Command -ComputerName F170 -scriptblock { Get-Service bits }).Start()
```

sind also nicht möglich!

Abbildung 12.9: Get-Member nach einem lokalen und einem entfernten Aufruf von Get-Service

ACHTUNG: Beim Pipelining kann man in eine sehr tiefe Falle tappen. Ein Benutzer, der merkt, dass

```
(Invoke-Command -ComputerName F170 -scriptblock { Get-Service Bits }).Start()
```

nicht funktioniert, würde wohl auf

```
(Invoke-Command -ComputerName F170 -scriptblock { Get-Service Bits }) |
Start-Service
```

ausweichen wollen.

Dieser Befehl würde ohne Fehlermeldung abgeschlossen – er hätte aber nicht getan, was gewünscht war. In diesem Fall würde der „BITS"-Dienst auf dem lokalen System, nicht auf dem entfernten System gestartet. Der Grund liegt darin, dass `Start-Service` das `PSComputerName`-Attribut ignoriert und nur den Namen des Dienstes berücksichtigt. Die folgende Bildschirmabbildung liefert den Beweis.

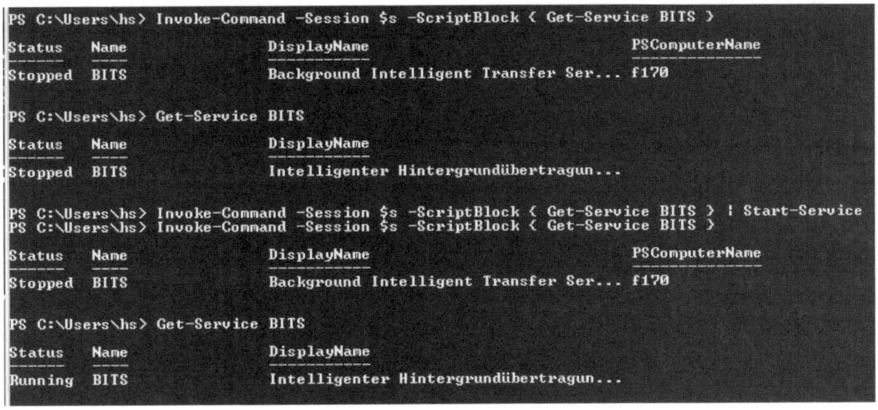

Abbildung 12.10: Unerwartetes Verhalten beim Fernaufruf

Viele Commandlets funktionieren so, auch weitreichende wie `Remove-Item`. Der folgende Befehl löscht also nicht Textdateien auf dem entfernten, sondern gleichnamige Dateien auf dem lokalen System!

```
Invoke-Command -ComputerName F170 -scriptblock { Get-Item d:\Daten\*.txt } | remove-Item
```

Richtig ist hier, den Befehl `Remove-Item` mit in den Skriptblock zu nehmen:

```
Invoke-Command -ComputerName F170 -scriptblock { Get-Item d:\Daten\*.txt | remove-Item }
```

Grund für diese Falle ist, dass die von `Get-Item` gelieferten Dateiobjekte zwar von der PowerShell um den Parameter `PSComputername` angereichert wurden, aber das Commandlet `Remove-Item` diese Zusatzinformation leider ignoriert.

HINWEIS: Einige Commandlets in der PowerShell, darunter `Get-Process` und `Get-Service`, bieten auch noch einen kürzeren Weg für die Fernabfrage an. Bei diesen Commandlets kann man ein einzelnes entferntes System über den Parameter `–Computer` angeben, z. B. `Get-Process -Computer F111` (Details siehe Kapitel „Fernausführung/Fernabfrage ohne WS Management“).

Vorteil dieser Methode ist, dass man dafür nicht WS-Management braucht, also auch ältere Betriebssysteme abfragen kann, für die es kein WS-Management gibt. Nachteil ist, dass sich die Fernabfrage immer nur auf den einzelnen Befehl bezieht. Man kann weder Befehlsfolgen noch Skripten angeben. Außerdem kann man immer nur ein einzelnes entferntes System ansprechen. ■

12.8 Fernausführung von Skripten

Mit `Invoke-Command` kann man natürlich ein auf dem entfernten System vorhandenes Skript starten, z. B.:

```
Invoke-Command -computer F170 -scriptblock { d:\Skripte\WPS2_Computername.ps1 }
```

Voraussetzung ist natürlich, dass auf dem entfernten System die Skriptausführung erlaubt ist und alle für das Skript benötigten Dateien dort sind.

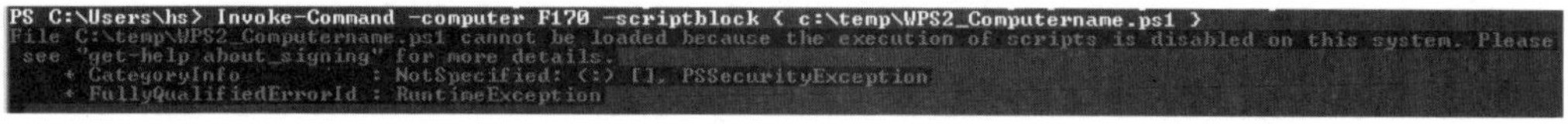

Abbildung 12.11: Fehlermeldung, wenn das Starten des Skripts auf einem entfernten System nicht erlaubt ist

Mit folgendem Befehl kann man die Skriptausführung auf einem entfernten System aktivieren:

```
Invoke-Command -computer F170 -scriptblock { Set-executionpolicy unrestricted }
```

Das folgende Listing zeigt ein Beispiel, bei dem man die Skriptausführung aktiviert, ein Skript kopiert, dann ausführt und anschließend das Skript löscht und die Skriptausführung wieder deaktiviert.

Listing 12.1: Entfernte Skriptausführung durch Skriptkopieren [2_Aufbauwissen/Remoting/WPS2_Remoting_Script.ps1]

```
"Start Session..."
$a = New-PSSession  -ComputerName F170

"Enable Script Execution on remote System..."
Invoke-Command -Session $s -scriptblock { Set-executionpolicy unrestricted }

"Copy Script..."
Copy-Item H:\WPS2_Computername.ps1 \\f170\c$\temp\wps2_Computername.ps1

"Start Script..."
Invoke-Command -Session $s -scriptblock { c:\temp\WPS2_Computername.ps1 }

"Delete Script..."
Remove-Item \\f170\c$\temp\wps2_Computername.ps1

"Disable Script Execution on remote System..."
Invoke-Command -Session $s -scriptblock { Set-executionpolicy default }

"End Session!"
Remove-PSSession $s
```

Das gleiche Ergebnis kann man aber auch viel einfacher haben, denn das Commandlet `Invoke-Command` bietet auch die Möglichkeit, ein lokales Skript auf den entfernten Computer zu übertragen und dort zu starten:

```
Invoke-Command -computer F170 -FilePath H:\WPS2_Computername.ps1
```

12.9 Ausführung auf mehreren Computern

Das Commandlet `Invoke-Command` bietet auch die Möglichkeit, mehrere Computer in Form eines Arrays (eine durch Komma getrennte Liste) anzugeben.

Beispiel 1: Setzen von Datum und Uhrzeit auf mehreren Computern:

```
Invoke-Command -computer F170, F171, F172, F173 -Script { Set-date -date }
```

```
PS C:\> Invoke-Command -computer F170, F171, F172, F173  -Script { set-date -date "24.6.2009 15:10:00"
 -cred $cred

Mittwoch, 24. Juni 2009 15:10:00
Mittwoch, 24. Juni 2009 15:10:00
Mittwoch, 24. Juni 2009 15:10:00
Mittwoch, 24. Juni 2009 15:10:00
```

Abbildung 12.12: Ausführen von Set-Date auf mehreren Computern

Beispiel 2: Auslesen von c:\Temp auf mehreren Computern

```
$computer = F170, F171, F172, F173, F174
Invoke-Command –computer $computer { Get-childitem c:\temp }
```

TIPP: Für den lokalen Computer kann man „localhost" oder „." verwenden.

Das Ergebnis ist eine Gesamtliste der Ergebnisse von allen genannten Computern. Die Objekte in der Menge besitzen ein zusätzliches Attribut (NoteProperty) `PSComputerName`, das den Namen des Computers zeigt, der das Objekt geliefert hat. Dadurch ist ein Filtern/Sortieren/Gruppieren auf dem aufrufenden Computer möglich.

HINWEIS: Die PowerShell fragt bei den einzelnen Computern in der Reihenfolge an, wie sie im Array angegeben sind. Die Reihenfolge der Ergebnisse ist jedoch abhängig davon, wann die Ergebnisse eintreffen.

```
PS C:\Users\HS> invoke-command -computer F171,F172,F173 -scriptblock { get-service i* } | ft name, status, PSComputer*

Name                                     Status                                   PSComputerName
----                                     ------                                   --------------
idsvc                                    Stopped                                  f173
IKEEXT                                   Running                                  f173
IPBusEnum                                Stopped                                  f173
iphlpsvc                                 Running                                  f173
idsvc                                    Stopped                                  f171
IKEEXT                                   Stopped                                  f171
IPBusEnum                                Stopped                                  f171
iphlpsvc                                 Running                                  f171
idsvc                                    Stopped                                  f172
IKEEXT                                   Running                                  f172
IPBusEnum                                Stopped                                  f172
iphlpsvc                                 Running                                  f172

PS C:\Users\HS> _
```

Abbildung 12.13: Ergebnismenge eines Abrufs von Dienst-Objekten von drei Computern

TIPP: Bei der Ausgabe von einigen Klassen (z. B. auch bei ServiceController) wird `PSComputerName` automatisch ausgegeben. Dies kann man durch `–HideComputername` unterdrücken.

```
Invoke-Command -Computer F170, F171 -ScriptBlock { Get-Service I* }
-HideComputername
```

Abbrechen eines Fernbefehls

Zum Abbrechen eines entfernt ausgeführten Befehls kann man wie bei lokalen Befehlen die Tastenkombination STRG + C verwenden.

12.10 Sitzungen

`Invoke-Command` erzeugt im Standard eine temporäre Verbindung. Alle Definitionen (Variablen und Funktionen), die im Rahmen der Ausführung von `Invoke-Command` auf einem entfernten System erzeugt wurden, sind nach Ende des Befehls wieder ungültig.

Die Alternative ist eine permanente Verbindung (Sitzung). Eine Sitzung (engl. Session, alias „PSSession") ist Host für die PowerShell, in der die PowerShell Befehle ausführt. Aus der Sicht von Windows ist eine Session ein Prozess.

Eine Sitzung gestaltet man durch das Laden von Snap-Ins und Modulen sowie durch die Definition von Variablen, Funktionen und Aliasen. Alle diese Einstellungen leben so lange, wie die Sitzung dauert.

Beim Start der PowerShell durch PowerShell.exe wird automatisch eine Sitzung erzeugt (Default Session). Durch Commandlets kann man weitere Sitzungen auf dem lokalen Computer oder entfernten Computern erzeugen.

HINWEIS: Alle Fernaufrufe der PowerShell erfolgen im Rahmen einer Sitzung. Die PowerShell unterscheidet temporäre Sitzungen (mit `Invoke-Command` unter Angabe eines Computernamens) und permanente Sitzungen (mit `Invoke-Command` unter Angabe eines Sitzungsobjekts, das vorher mit `New-PSSession` erzeugt wurde).

Commandlets zur Sitzungsverwaltung

Es folgt ein Überblick über die Commandlets zur Sitzungsverwaltung:

- `New-PSSession`: Erzeugen einer neuen Sitzung auf dem lokalen oder einem entfernten Computer
- `Get-PSSession`: Liste aller Sitzungen, die aus der aktuellen Sitzung heraus gestartet wurden (zeigt aber nicht Sitzungen, die andere Computer auf dem lokalen Computer geöffnet haben)

- Remove-PSSession: entfernt eine Session oder alle Sessions (Remove-PSSession *)
- Enter-PSSession: Start einer interaktiven Sitzung auf dem lokalen oder einem entfernten Computer
- Exit-PSSession: Ende einer interaktiven Sitzung
- Disable-PSSessionConfiguration: Sperren einer/aller Sitzungskonfigurationen
- Enable-PSSessionConfiguration: Entsperren einer/aller Sitzungskonfigurationen
- Get-PSSessionConfiguration: Auflisten der Sitzungskonfigurationen
- Register-PSSessionConfiguration: permanente Registrierung einer Sitzungskonfiguration
- Set-PSSessionConfiguration: Setzen von Eigenschaften einer Sitzungskonfiguration
- Unregister-PSSessionConfiguration: Löschen einer Sitzungskonfiguration

Sitzungen erstellen

Eine Sitzung erzeugt man über New-PSSession:

```
$s = New-PSSession  -computername F171
```

Auf diese offene Sitzung muss man im Commandlet Invoke-Command Bezug nehmen. Ein Computername ist dann nicht mehr erforderlich.

```
Invoke-Command -session $s -scriptblock {$p = Get-Process }
```

Man kann auch permanente Sitzungen zu mehreren Computern aufbauen, indem man bei New-PSSession mehrere Computer angibt:

```
$s = New-PSSession  -computername S1, S2, S3
Invoke-Command -session $s -scriptblock {Get-culture}
```

Alternativ kann man auch mehrere einzelne Sitzungen erstellen und diese bei Invoke-Command angeben.

```
"Sitzungen erstellen..."
$s1 = New-PSSession  -ComputerName F173
$s2 = New-PSSession  -ComputerName E04
$s3 = New-PSSession  -ComputerName E05

"Fernzugriff auf alle drei Rechner..."
Invoke-Command -Session $s1, $s2, $s3 -ScriptBlock { Get-Service spooler }
```

Die PowerShell-Profilskripte werden weder in temporären noch in permanenten Verbindungen automatisch auf dem entfernten System geladen. Bei Bedarf müssen sie explizit gestartet werden, z. B.:

```
Invoke-Command -session $s {. "$home\Documents\WindowsPowerShell\Microsoft.
PowerShell_profile.ps1"}
```

Schließen von Sitzungen

Sitzungen werden automatisch geschlossen, wenn die Sitzung (Elternsitzung) beendet wird, aus der heraus die Sitzung (Kindsitzung) gestartet wurde. Entfernte Sitzungen enden zudem automatisch, wenn entfernte Computer für vier Minuten lang nicht mehr erreichbar sind. Manuell kann man eine Sitzung mit `Remove-PSSession` schließen.

Sitzungskonfigurationen

Eine Sitzungskonfiguration legt durch zahlreiche Einstellungen fest, wer eine Sitzung aufbauen darf und welche Befehle in der Sitzung zur Verfügung stehen. Typische Einstellungen sind:

- Benutzer, die sich mit dem Computer entfernt verbinden dürfen
- Größe der Objekte, die die entfernten Benutzer übertragen dürfen
- Festlegung der verfügbaren Commandlets und Funktionen

HINWEIS: Die Konfiguration einer Sitzung ist nur möglich, wenn die PowerShell als Administrator gestartet wurde.

Die Standardkonfiguration trägt den Namen „Microsoft.PowerShell“. Auf 64-Bit-Computern gibt es zusätzlich „Microsoft.PowerShell32“. Auf Windows Server 2008 R2/2012 gibt es außerdem „Microsoft.ServerManager“.

Die verfügbaren Konfigurationen mit zahlreichen Details zeigt:

```
Get-PSSessionconfiguration | fl
```

oder alternativ

```
dir wsman:localhost/plugin
```

Zugriffsrechte für Fernaufrufe

Im Standard können nur Administratoren Fernaufrufe ausführen. Man kann aber die Zugriffsrechteliste (Access Control List - ACL) der Sitzungskonfiguration ändern.

```
Set-PSSessionConfiguration Microsoft.PowerShell -ShowSecurityDescriptorUI
```

Etwas kurios für eine kommandozeilenbasierte Shell ist, dass sich dadurch ein Windows-Fenster öffnet, wie man es von den Zugriffsrechtelisten von Windows Explorer und der Windows-Registrierungsdatenbank kennt. Rein kommandozeilenbasiert kann man arbeiten, indem man im Parameter `SecurityDescriptorSDDL` eine SDDL-Zeichenkette (SDDL = Security Descriptor Definition Language) übergibt.

HINWEIS: Das Commandlet `Disable-PSSessionConfiguration` verändert die Zugriffsrechtelisten für eine oder alle vorhandenen Sitzungskonfigurationen so, dass kein Benutzer mehr Rechte für den Fernaufruf hat.

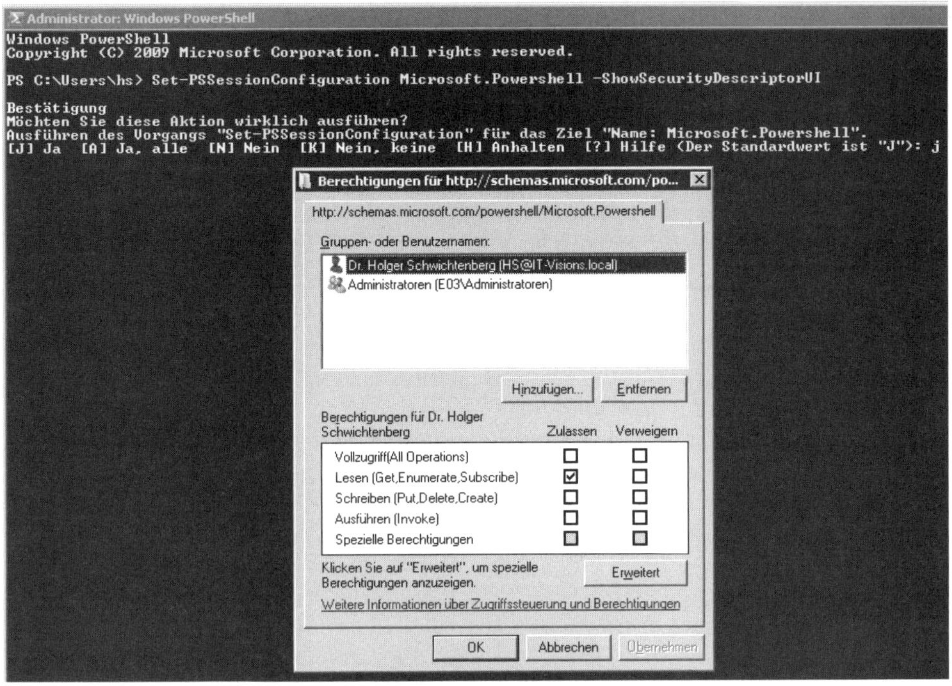

Abbildung 12.14: Ändern der ACL für die PowerShell-Sitzungskonfiguration

Beispiel:

```
disable-PSSessionConfiguration -name Microsoft.PowerShell
```

Die Blockade kann man rückgängig machen mit `Enable-PSSsessionConfiguration`.

Mit `Register-PSSessionConfiguration` kann man eine neue Konfiguration erzeugen. Diese wird permanent auf dem Computer gespeichert. Der erforderliche Neustart des WS-Management-Dienstes wird auf Nachfrage ausgeführt.

Der folgende Befehl legt eine neue Konfiguration unter dem Namen „FBIConfig" an mit einer Erhöhung der Datenmenge auf 200 MB (Standard sind 50 MB) und einem Skript, das beim Starten der Sitzung ausgeführt werden soll.

```
register-PSSessionConfiguration -name FBIConfig
-MaximumReceivedDataSizePerCommandMB 200
-StartupScript h:\Skripte\WPS2_Remoting_SessionStartSkript.ps1
```

Anschließend kann man eine Sitzung mit Bezug auf diese Konfiguration starten:

```
$s = New-PSSession  -ConfigurationName FBIConfig
```

Auch `Invoke-Command` hat den Parameter `–ConfigurationName`:

```
Invoke-Command -ConfigurationName "FBIConfig" -scriptblock { Start-Service BITS }
-computer F173
```

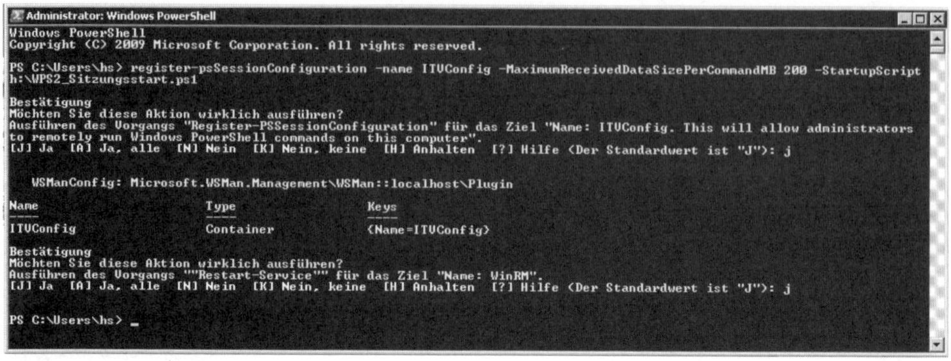

Abbildung 12.15: Ablauf der Registrierung einer Sitzungskonfiguration

In `$PSSessionConfigurationName` ist der Name der Konfiguration abgelegt, die verwendet wird, wenn man den Parameter `–ConfigurationName` nicht angibt. Den Inhalt dieser Variablen kann man ändern.

Zum Löschen einer Konfiguration verwendet man:

```
Unregister-PSSessionConfiguration -name FBIConfig
```

12.11 Zugriff auf entfernte Computer außerhalb der eigenen Domäne

Der Zugriff auf entfernte Computer außerhalb der eigenen bzw. einer vertrauenden Domäne ist möglich.

Grundsätzlich gibt es zwei Möglichkeiten für den domänenübergreifenden Zugriff:

- Expliziter Eintrag des Zielsystems in die Liste vertrauter Systeme
- Einrichten von Secure Socket Layer (SSL) für die HTTP-Kommunikation alias HTTPS

Herleitung des Problems

Wenn man einen domänenübergreifenden Aufruf versucht (z. B. `Enter-PSSession F171`), wird man auf folgende Fehler stoßen:

„Die Anforderung kann von WinRM nicht verarbeitet werden. Bei Verwendung der Kerberos-Authentifizierung ist der folgende Fehler aufgetreten: Der Netzwerkpfad wurde nicht gefunden. Mögliche Ursachen:

Der angegebene Benutzername oder das angegebene Kennwort ist ungültig.

- Kerberos wird verwendet, wenn keine Authentifizierungsmethode und kein Benutzername angegeben werden.

Kerberos akzeptiert Domänenbenutzernamen, aber keine lokalen Benutzernamen.

Der Dienstprinzipalname (Service Principal Name, SPN) für den Remotecomputernamen und -port ist nicht vorhanden.

Der Clientcomputer und der Remotecomputer befinden sich in unterschiedlichen Domänen, zwischen denen keine Vertrauensbeziehung besteht.

Wenn Sie die oben genannten Ursachen überprüft haben, probieren Sie folgende Aktionen aus:

- Suchen Sie in der Ereignisanzeige nach Ereignissen im Zusammenhang mit der Authentifizierung.

Ändern Sie die Authentifizierungsmethode; fügen Sie den Zielcomputer der Konfigurationseinstellung ‚TrustedHosts' für WinRM hinzu, oder verwenden Sie den HTTPS-Transport. Beachten Sie, dass Computer in der TrustedHosts-Liste möglicherweise nicht authentifiziert sind.“

Dieser ausführliche Fehlertext liefert schon recht genaue Hinweise auf das Problem: Die Authentifizierungsmethode Kerberos funktioniert nur in Domänen. Es ist also eine andere Authentifizierungsmethode zu wählen.

Verfügbare Standardauthentifizierungsmethoden sind Default (= Kerberos), Basic, Negotiate (= Aushandlung zwischen Client und Server mit dem Simple and Protected GSSAPI Negotiation Mechanism – SPNEGA), NegotiateWithImplicitCredential, Credssp, Digest, Kerberos.

Ein neuer Versuch könnte dann also Digest oder Basic sein, also:

```
Enter-PSSession F171 -Authentication Digest
```

oder

```
Enter-PSSession F171 -Authentication Basic
```

Nun lautet der Fehlertext in beiden Fällen:

„Der WinRM-Client kann die Anforderung nicht verarbeiten. Wenn der Basic- oder Digest-Authentifizierungsmechanismus verwendet wird, müssen Anforderungen den Benutzernamen und das Kennwort enthalten. Fügen Sie den Benutzernamen oder das Kennwort hinzu, oder ändern Sie den Authentifizierungsmechanismus, und wiederholen Sie die Anforderung.“

Dies bedeutet also, dass die Daten des am lokalen System angemeldeten Benutzers nicht automatisch übermittelt werden (selbst wenn es auf dem Zielsystem eine gleiche Kombination aus Benutzername und Kennwort gibt).

Nun ein dritter Versuch, wobei man Client und Server die Authentifizierung aushandeln lässt:

```
Enter-PSSession F171 -Authentication Negotiate -credential Get-credential
```

Die PowerShell zeigt den Authentifizierungsdialog ...

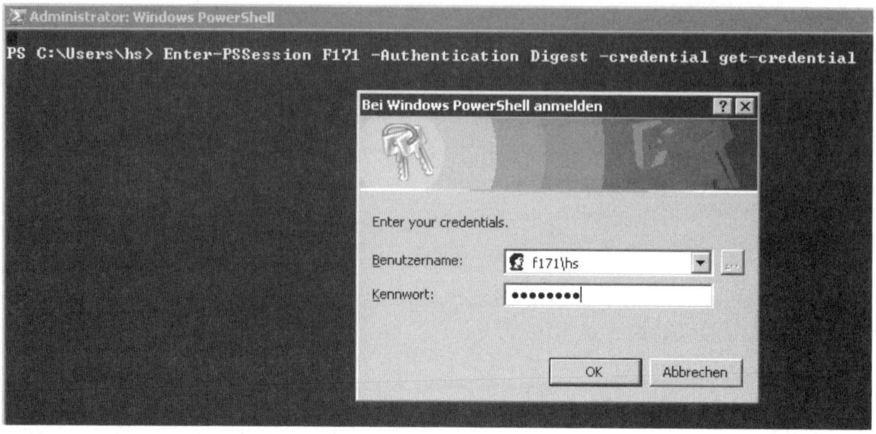

Abbildung 12.16: Authentifizierungsdialog

und dann wieder einen Fehler:

> *Der WinRM-Client kann die Anforderung nicht verarbeiten. Wenn das Authentifizierungsschema nicht Kerberos ist oder der Clientcomputer nicht Mitglied einer Domäne ist, muss der HTTPS-Datentransport verwendet werden, oder der Zielcomputer muss der TrustedHosts-Konfigurationseinstellung hinzugefügt werden. Verwenden Sie winrm.cmd, um TrustedHosts zu konfigurieren. Beachten Sie, dass Computer in der TrustedHosts-Liste möglicherweise nicht authentifiziert sind.*

Auch hier ist die Anweisung klar: Entweder ist HTTPS zu verwenden oder aber ein Eintrag in TrustedHosts vorzunehmen. Letzteres ist einfacher.

Eintrag in die Liste vertrauter Systeme

Diesen Eintrag kann man über den WSMan-Navigationsprovider der PowerShell recht elegant vornehmen:

```
cd WSMan:\localhost\Client
Set-Item trustedhosts "F170, F171, F172, F173, F174, F175" -force
Restart-Service winrm
```

Die Veränderungen der Eigenschaft „TrustedHost" erfordern eigentlich eine Rückbestätigung, daher das `-force`. TrustedHost ist eine Liste der zu vertrauenden Rechner (Rechnername oder IP-Adresse). Das Skript muss mit Administratorrechten gestartet werden.

Danach kann man dann mit einem Befehl wie folgt einen Fernzugriff ausführen, wobei die PowerShell explizit nach Benutzername und Kennwort fragen wird, selbst wenn auf dem Zielsystem die gleiche Benutzername-Kennwort-Kombination existiert.

```
Invoke-Command F170 { Get-ChildItem c:\ } -authentication negotiate -credential
Get-Credential
```

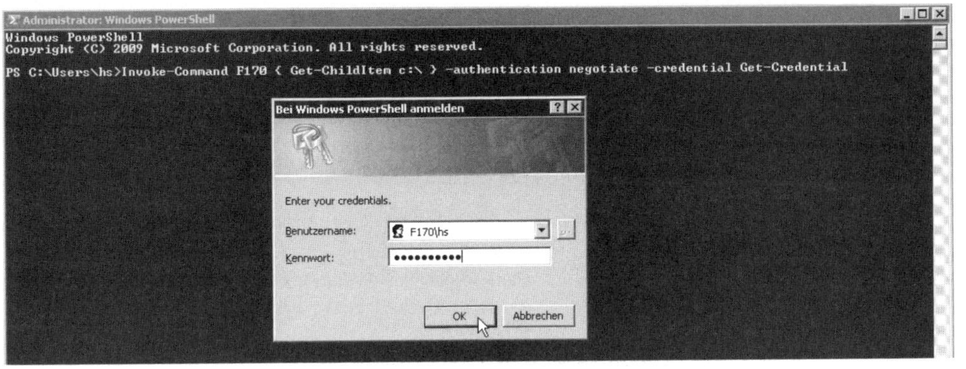

Abbildung 12.17: Nachfrage der PowerShell beim Zugriff auf Computer, die nicht zur (vertrauten) Domäne gehören

Man kann auch eine dauerhafte Sitzung zu einem entfernten Computer, der nicht zur Domäne gehört, erstellen:

```
$s = New-PSSession  F170 -authentication negotiate -credential Get-Credential
```

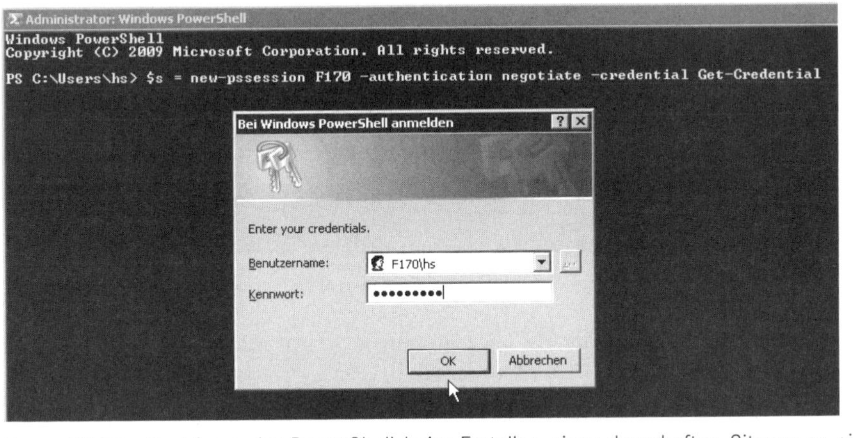

Abbildung 12.18: Nachfrage der PowerShell beim Erstellen einer dauerhaften Sitzung zu einem Computer, die nicht zur (vertrauten) Domäne gehören

TIPP: Die Anmeldedaten immer wieder eingeben zu müssen, kann man vermeiden, indem man sich die Anmeldedaten in einer Variablen merkt:

```
$cred = Get-Credential
```

Hinweis: Man muss die Anmeldedaten nicht pro Computer eingeben. Sofern Benutzername und Kennwort auf allen Systemen gleich sind, kann man auch Folgendes schreiben:

Listing 12.2: Setzen des Datums mit Set-Date auf mehreren Nicht-Domänencomputern, die die gleiche Benutzername-Kennwort-Kombination haben [WPS2_Remoting_MultiComputer_SetDate.ps1

```
$cred = Get-Credential
$s = New-PSSession  -auth negotiate -cred $cred -computer F170, F171, F171,
F173, F174
Invoke-Command -Script { Set-date -date "24.6.2009 15:20:00" } -session $s
```

12.12 Verwaltung des WS-Management-Dienstes

In PowerShell ist der WS-Management-Dienst (WS-Man) über einen PowerShell-Provider (mit Namen „WSMan") administrierbar. Im Standard erscheint in der Liste das Laufwerk „WSMan".

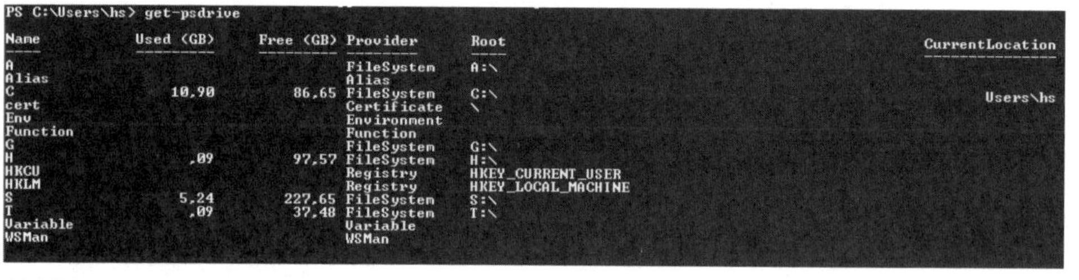

Abbildung 12.19: Liste der PowerShell-Provider in PowerShell

In diesem Laufwerk kann man wie bei anderen Providern mit den Standard-Navigations-Commandlets wie `Get-ChildItem` (`dir`) und `Get-Item`/`Set-Item` arbeiten.

Abbildung 12.20: Auflisten von WSMan:/localhost

Im Standard erscheint unterhalb der Laufwerkswurzel WSMan: nur „localhost". Durch das Commandlet `Connect-WSMan` unter Angabe eines Computernamens kann man hier aber weitere Computer integrieren und im Folgenden ansteuern.

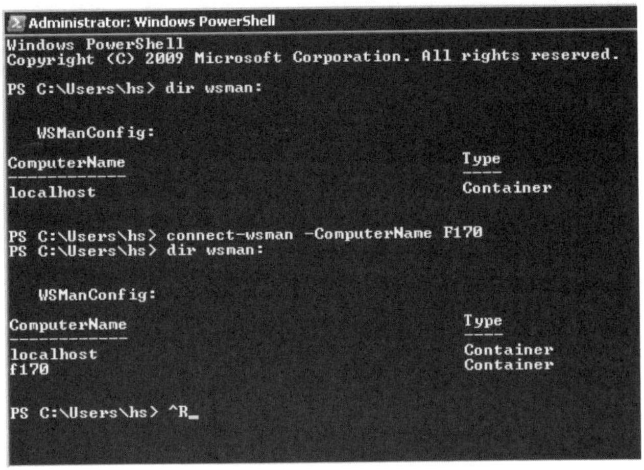

Abbildung 12.21:
Einsatz von Connect-WSMan

Setzen der vertrauenswürdigen Computer, zu denen eine Authentifizierung mit Basisauthentifizierung oder Digest toleriert werden soll.

```
cd WSMan:\localhost\Client
Set-Item trustedhosts "F170, F171, F172, F173, F174, F175" -force
Restart-Service winrm
```

13 Verwendung von .NET-Klassen

Mit der Windows PowerShell kann man jede .NET-Klasse aus der .NET Framework-Klassenbibliothek „FCL“ oder aus anderen .NET-Bibliotheken von Microsoft oder Drittanbietern verwenden.

13.1 Microsoft Developer Network (MSDN)

Extrem wichtig bei der Verwendung von .NET-Klassen ist, dass Sie die Dokumentation der .NET-Klassen in der Microsoft Developer Network Library (MSDN Library) nutzen. Die Dokumentation der .NET-Klassen findet man aktuell unter folgender URL (wobei sich diese URL in der Vergangenheit leider schon häufiger geändert hat, aber „.net class library“ hilft meistens): *[http://msdn.microsoft.com/en-us/library/gg145045.aspx]*.

Die Dokumentation richtet sich zwar an Softwareentwickler und bietet daher nur Beispiele für die Verwendung der .NET-Klassen in C#, F#, C++ und Visual Basic .NET, aber ist dennoch unerlässlich für das Verständnis, was Sie als PowerShell-Nutzer mit einer bestimmten .NET-Klasse machen können und wie sie diese zu verwenden haben.

Die folgende Bildschirmabbildung zeigt die Startseite der Dokumentation, die einen Überblick über die Namensräume gibt. Die 13524 .NET-Klassen (Stand .NET 4.5) sind in Namensräume gruppiert. Innerhalb dieses Kapitels finden Sie immer wieder Bildschirmabbildungen aus der MSDN-Dokumentation, die Ihnen helfen, die im Buch besprochenen Konstrukte/Fälle in der Dokumentation zu erkennen.

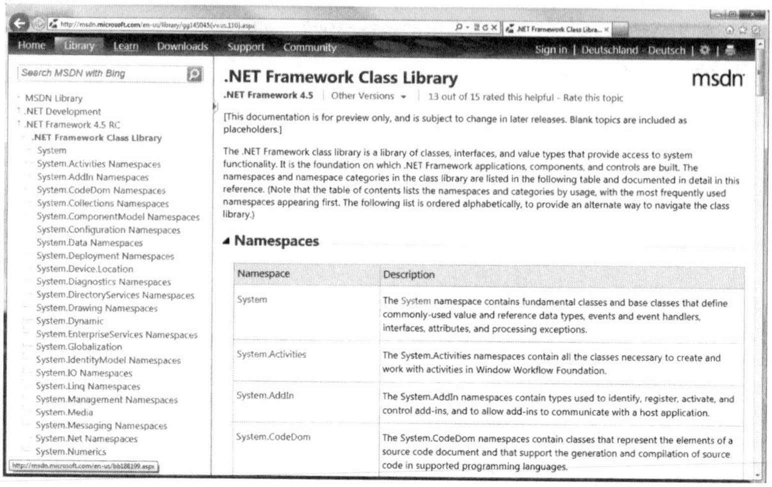

Abbildung 13.1: Startseite der MSDN-Dokumentation der .NET-Klassenbibliothek

■ 13.2 Erzeugen von Instanzen

Mit dem Commandlet `New-Object` kann der PowerShell-Nutzer jede beliebige .NET-Klasse (oder eine COM-Klasse, siehe nächstes Kapitel) instanziieren und so eine Instanz der Klasse (also ein Objekt) erhalten.

Beispiel:

```
$w = New-Object System.Net.WebClient
```

oder

```
$zufallszahlgenerator = New-Object System.Random
```

oder

```
$guid = New-Object System.Guid
```

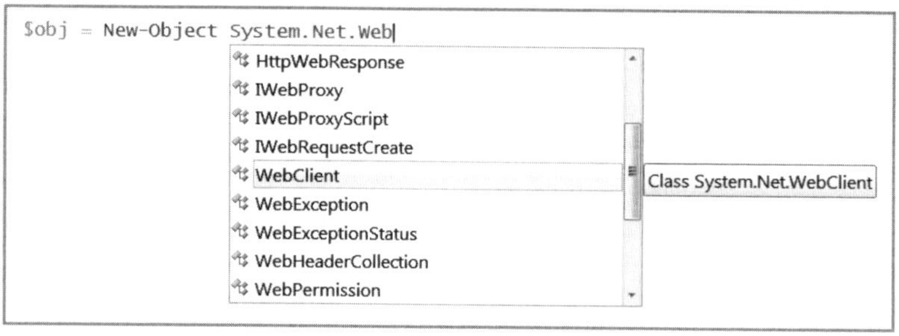

Abbildung 13.2: Das PowerShell-3.0-ISE bietet Eingabeunterstützung für .NET-Klassennamen nach New-Object.

TIPP: Die PowerShell bietet eine besondere Behandlung für WMI (`System.Management`), ADSI (`System.DirectoryServices`) und ADO.NET (`System.Data`). Objekte aus diesen Bibliotheken werden über Objektadapter dem Nutzer vereinfacht dargestellt. Dies wird später im Buch besprochen.

Praxisbeispiel

Das folgende Praxisbeispiel verwendet die .NET-Klasse `System.Random`, um eine PowerShell-Funktion zu realisieren, die ein beliebig langes Kennwort generiert.

Listing 13.1: [New-Password.ps1]

```
Function New-Password([int] $Anzahl)
{
$kennwort = ""
$zufallszahlgenerator = New-Object System.Random
for($i=0;$i -lt $Anzahl;$i++) { $kennwort = $kennwort +[char]$zufallszahlgenerator.
next(33,127) }
return $kennwort
}


New-Password 12
```

Als Ergebnis erhält man z. B.

- New-Password 10

```
6BLoL!EGLi
```

- New-Password 20

```
$`cE!"8_dhXWN,<u?`u<
```

13.3 Parameterbehaftete Konstruktoren

Ein Konstruktor ist der Programmcode, der in der Klasse beim Instanziieren der Klasse aufgerufen wird. .NET-Klassen können in den Konstruktoren Parameter erwarten. Diese kann man mit oder ohne runde Klammern nach dem Klassennamen beim Instanziieren angeben.

Beispiele:

```
$o = New-Object System.Directoryservices.DirectoryEntry("LDAP://ServerF112")
```

oder

```
$o = New-Object System.Directoryservices.DirectoryEntry "LDAP://ServerF112"
```

Ganz ausführlich kann man den Befehl auch so schreiben:

```
$o = New-Object -typename System.Directoryservices.DirectoryEntry -ArgumentList
"LDAP://E10"
```

ACHTUNG: Einige Klassen erlauben den Aufruf ohne Konstruktorparameter (z. B. `System.Net.WebClient`). Man sagt, dass sie einen „parameterlosen Konstruktor“ haben. Andere Klassen (z. B. `System.Directoryservices.DirectoryEntry`) erfordern aber zwingend die Angaben von einem oder mehreren Parametern. Es gibt auch Klassen, die sowohl einen parameterlosen Konstruktor haben als auch einen Konstruktor mit Parameter, z. B. `System.Random` oder `System.DateTime`.

Ein Beispiel anhand der Klasse `System.Random`:

```
# Ohne Konstruktorparameter
$zufallszahlgenerator = New-Object System.Random
# Mit Konstruktorparameter (Ausgangszahl für die "Berechnung" der Zufallszahl)
$zufallszahlgenerator = New-Object System.Random(100)
```

Ein weiteres Beispiel anhand der Klasse `System.DateTime`:

```
# Montag, 1. Januar 0001 00:00:00
$obj = new-Object System.DateTime
# Montag, 13. August 2012 20:10:59
$obj = new-Object System.DateTime(2012,8,13, 20,10,59)
```

13.4 Initialisierung von Objekten

Neu seit PowerShell-Version 3.0 ist die Möglichkeit, Objektinstanzen schon bei der Erzeugung mit Werten aus einer Hash-Tabelle zu initialisieren

```
@ { Name1=Wert; Name2=Wert; usw. },
```

auch wenn diese keinen Konstruktor oder keinen geeigneten Konstruktor besitzen. Dass ein entsprechender Konstruktor fehlt, kommt bei .NET-Klassen nur selten vor. Mit etwas Suchen findet man dann doch eine Klasse wie `System.Data.SqlClient.SqlConnection`. Diese besitzt im Konstruktor nur die Übergabemöglichkeit einer Verbindungszeichenfolge. Das Einschalten der Verbindungsstatistik muss man nachher erledigen. Das folgende Listing zeigt die zwei bisher möglichen Varianten (ohne Konstruktorparameter und mit Konstruktorparameter) sowie die neue Variante mit einer Initialisierung durch eine Hashtable. Es schont die Fingerkuppen, ist aber meist weniger übersichtlich.

Listing 13.2: Initialisierungsoptionen für die Klasse SqlClient [dotnet.ps1]

```
# Bisher: ohne Konstruktorparameter
$dbconnection = New-Object System.Data.Sqlclient.SqlConnection
$dbconnection.ConnectionString = "Data Source=.\SQLEXPRESS;Initial catalog=wwwings6;
Integrated Security=True;"
```

```
$dbconnection.StatisticsEnabled   = $true
$dbconnection.open()
$dbconnection.State

# Bisher: mit Konstruktorparameter
$dbconnection = New-Object System.Data.Sqlclient.SqlConnection("Data Source=.\
SQLEXPRESS;Initial catalog=wwwings6;Integrated Security=True;")
$dbconnection.StatisticsEnabled   = $true
$dbconnection.open()
$dbconnection.State

# Seit PowerShell-Version 3.0: mit Objektinitialisierung
$dbconnection = [System.Data.Sqlclient.SqlConnection] @{
ConnectionString = "Data Source=.\SQLEXPRESS;Initial catalog=wwwings6;Integrated
Security=True;";
StatisticsEnabled   = $true }
$dbconnection.open()
$dbconnection.State
```

13.5 Nutzung von Attributen und Methoden

Attribute und Methoden eines mit `New-Object` erzeugten .NET-Objekts nutzt man genauso wie Attribute und Methoden eines .NET-Objekts, das von einem Commandlet über die Punktnotation erzeugt wurde (Trennung von Objekt und Mitglied durch einen Punkt „.“).

Das Beispiel zeigt das Herunterladen einer HTML-Seite von einer HTTP-Adresse mit Hilfe der Methode `DownloadString()` und der Eigenschaft `ResponseHeaders` in der Klasse `System.Net.WebClient`.

Listing 13.3: Herunterladen einer HTML-Seite von einer HTTP-Adresse

```
$wc = (new-object System.Net.WebClient)
$wc.DownloadString("http://www.powershell-doktor.de")
"Zusätzliche Header-Informationen:"
$wc.ResponseHeaders.ToString()
```

Ein weiteres Beispiel sei gegeben anhand einer Instanz der Klasse `System.DateTime`, wo zu einem Datum eine Eigenschaft ausgegeben wird und dann eine Konvertierungsroutine aufgerufen wird:

```
$obj = new-Object System.DateTime(2012,1,26)
$obj.Day
$obj.ToLongDateString()
```

Ob der Konstruktor einen Parameter erwartet oder nicht, macht nur bei `New-Object` einen Unterschied. Die weitere Verwendung über die Punktnotation ist gleich.

	DownloadFile(Uri, String)	Downloads the resource with the specified URI to a local file.
	DownloadFileAsync(Uri, String)	Downloads, to a local file, the resource with the specified URI. This method does not block the calling thread.
	DownloadFileAsync(Uri, String, Object)	Downloads, to a local file, the resource with the specified URI. This method does not block the calling thread.
	DownloadFileTaskAsync(String, String)	
	DownloadFileTaskAsync(Uri, String)	
	DownloadString(String)	Downloads the requested resource as a String. The resource to download is specified as a String containing the URI.
	DownloadString(Uri)	Downloads the requested resource as a String. The resource to download is specified as a Uri.
	DownloadStringAsync(Uri)	Downloads the resource specified as a Uri. This method does not block the calling thread.
	DownloadStringAsync(Uri, Object)	Downloads the specified string to the specified resource. This method does not block the calling thread.
	DownloadStringTaskAsync(String)	

Abbildung 13.3: Informationen über die verfügbaren Attribute und Methoden eines Objekts (inkl. deren Parameter) liefert die MSDN-Dokumentation, hier am Beispiel der Klasse System.Net.Webclient.

Listing 13.4: Informationen von einem Active-Directory-Domänencontroller

```
$o = New-Object System.Directoryservices.DirectoryEntry("LDAP://ServerF112")
"Beschreibungstext: " + $o.description
"Ganzer Name: " + $o.distinguishedName
```

Das obige Skript liefert zum Beispiel folgende Ausgabe:

```
Beschreibungstext: www.IT-Visions.de Windows Network
Ganzer Name: DC=IT-Visions,DC=local
```

Eigenschaften kann man auch setzen. Das folgende Beispiel zeigt, wie man die Bezeichnung eines Laufwerks ändert, indem man einfach einen neuen Wert in die Eigenschaft `VolumeLabel` schreibt.

```
$drive = New-Object System.IO.DriveInfo("c:\")
"Bezeichnung des Laufwerks C: vorher: " + $drive.VolumeLabel
$drive.VolumeLabel = "Systemlaufwerk"
"Bezeichnung des Laufwerks C: nachher: " + $drive.VolumeLabel
```

In manchen Fällen reicht das Beschreiben der Eigenschaft nicht und man muss zur Bestätigung noch eine Methode aufrufen. Dies zeigt das folgende Beispiel, indem man den Beschreibungstext einer Active-Directory-Domäne setzt. In diesem Fall ist zur tatsächlichen physikalischen Speicherung der Aufruf `CommitChanges()` notwendig. Ob ein Methodenaufruf notwendig ist oder nicht, sagt die MSDN-Dokumentation typischerweise im Beschreibungstext der Klasse.

```
$o = New-Object System.Directoryservices.DirectoryEntry("LDAP:// ServerF112")
$o.description = "Windows Domäne des FBI"
$o.CommitChanges()
```

Bei der Klasse SoundPlayer muss man zum Abspielen einer Tonfolge (.wav-Datei) ebenfalls eine Eigenschaft setzen und dann eine Methode aufrufen. Alternativ kann man den Standort der Audiodatei auch schon im Konstruktor übergeben.

```
"Sound abspielen:"
$sound = new-Object System.Media.SoundPlayer
$sound.SoundLocation="c:\WINDOWS\Media\notify.wav";
$sound.Play();

"Sound abspielen:"
$sound = new-Object System.Media.SoundPlayer("c:\WINDOWS\Media\notify.wav")
$sound.Play();
```

13.6 Statische Mitglieder in .NET-Klassen und statische .NET-Klassen

.NET-Klassen besitzen das Konzept der statischen Mitglieder (Klassenmitglieder). Diese Mitglieder kann man aufrufen, ohne eine Instanz zu erzeugen.

Für den Fall der statischen Mitglieder gibt es in der PowerShell ein anderes Konstrukt, bei dem man den .NET-Klassennamen in eckige Klammern setzt und dann den Namen des Mitglieds mit zwei Doppelpunkten abtrennt.

Beispiel:

`GetDrives()` ist ein statisches Mitglied der Klasse `System.IO.DriveInfo`:

```
[System.IO.DriveInfo]::GetDrives()
```

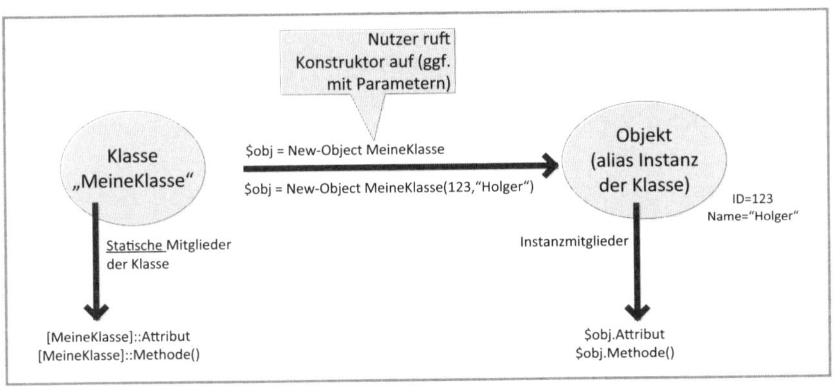

Abbildung 13.4: Aufruf von Attributen und Methoden: statische Mitglieder versus Instanzmitglieder

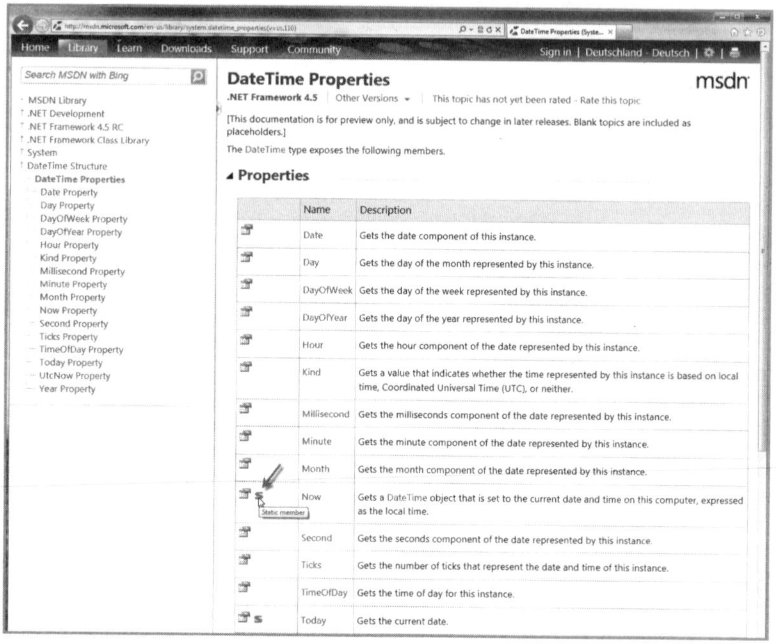

Abbildung 13.5: Statische Klassemitglieder sind in der MSDN-Dokumentation mit einem „s" gekennzeichnet.

Auch die Klasse `System.DateTime` besitzt ein statisches Mitglied, das Property `Now`, das das aktuelle Datum und die aktuelle Zeit liefert:

```
[System.DateTime]::Now
```

Anstelle der Notation mit eckigen Klammern kann man auch den eingebauten PowerShell-Typ `[Type]` verwenden, der auf Basis einer Zeichenkette ein .NET-Typobjekt erzeugt. Damit kann man das obige Beispiel auch so schreiben:

```
([Type] "System.IO.DriveInfo")::GetDrives()
([Type] "System.DateTime")::Now
```

Eine statische Klasse ist eine Klasse, die nur statische Mitglieder besitzt. Beispiele dafür sind `System.Environment`. Hier kann man sich sehr gut merken, dass es keinen Sinn macht, mehrere „Umgebungen" zu haben. Es gibt genau eine. Solche Klassen besitzen keinen Konstruktor.

Beispiele:

```
[System.Environment]::UserName
[System.Environment]::MachineName
[System.Environment]::OSVersion
```

Der folgende Befehl nutzt die statische Methode `Beep()` in der statischen Klasse `System.Console` zur Ausgabe eines Tons:

```
[System.Console]::Beep(800, 500)
```

Von statischen Klassen kann man keine Instanzen erzeugen, sondern nur die statischen Mitglieder nutzen. Folglich kann man das Commandlet `New-Object` auf statische Klassen nicht anwenden.

```
# Das geht nicht:
#(New-Object System.Console).Beep(800,500)
```

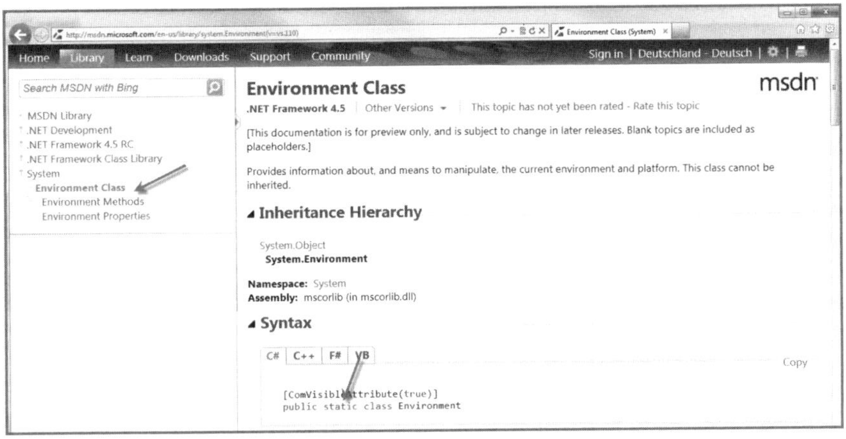

Abbildung 13.6: In der MSDN-Dokumentation erkennt man eine statische Klasse an dem fehlenden Ast „Constructors" und an dem Eintrag „static" bei C#.

Auch auf statische Mitglieder einer Klasse kann man über Variablen zugreifen. Dabei wird der Variablen nicht mit `New-Object` eine Instanz der Klasse zugewiesen, sondern die Klasse selbst über die Schreibweise in eckigen Klammern.

```
PS C:\Users\HS> $env = [System.Environment]
PS C:\Users\HS> $env
IsPublic IsSerial Name              BaseType
-------- -------- ----              --------
True     False    Environment       System.Object

PS C:\Users\HS> $env::MachineName
F174
```

■ 13.7 Zugriff auf bestehende Objekte

Während es bei WMI (siehe Kapitel zu WMI) den Gedanken gibt, dass Instanzen bereits existieren für Ressourcen im System (z. B. Benutzer) und man diese bestehenden Instanzen mit `Get-WmiObject` abrufen kann, geht man bei .NET in der Regel davon aus, dass man Objekte neu erzeugt, gegebenenfalls für vorhandene Ressourcen. Eine allgemeine Möglichkeit zum Abruf bestehender Instanzen gibt es daher nicht.

Einige Klassen bieten aber statische Mitglieder, die Instanzen liefern, z. B. `GetDrives()` in der Klasse `System.IO.DriveInfo`.

Der folgende Befehl listet alle CD/DVD-Laufwerke auf.

```
[System.IO.DriveInfo]::GetDrives()  | where { $_.DriveType -eq
[System.IO.DriveType]::CDRom} | fl Name, DriveType, IsReady
```

13.8 Laden von Assemblies

.NET-Klassen können über `New-Object` oder die Notation in eckigen Klammern nur genutzt werden, wenn die Softwarekomponente (Assembly), in der sich die jeweilige .NET-Klasse befindet, auch in die aktuelle PowerShell-Instanz geladen ist. Die PowerShell lädt einige Assemblies des .NET Frameworks automatisch, aber bei weitem nicht alle. In solchen Fällen muss man das Laden der Assembly über die Klasse `System.Reflection.Assembly` erst anstoßen.

Beispiel:

Um ein Dialogfenster auszugeben, muss man erst die Assembly *System.Windows.Forms.dll* laden. Da sich diese Assembly im sogenannten Global Assembly Cache (GAC) von .NET befindet, muss man keinen Pfad dahin angeben.

```
[System.Reflection.Assembly]::LoadWithPartialName("System.Windows.Forms")
[System.Windows.Forms.MessageBox]::Show("Text","Ueberschrift", [System.Windows.Forms.
MessageBoxButtons]::OK)
```

Ohne das Laden der Assembly würde der Befehl in der zweiten Zeile auf einen Fehler laufen: „Der Typ [System.Windows.Forms.MessageBox] wurde nicht gefunden: Vergewissern Sie sich, dass die Assembly, die diesen Typ enthält, geladen ist."

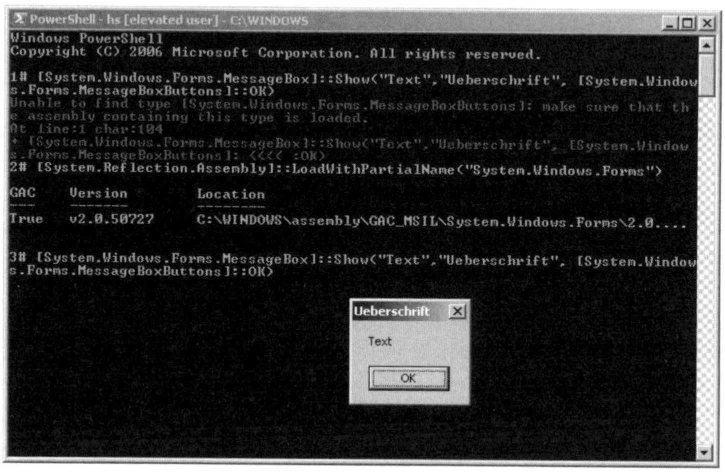

Abbildung 13.7: Die Nutzung der Klasse MessageBox ist erst erfolgreich, wenn die zugehörige Assembly geladen wurde.

TIPP: Das Laden einer Assembly gilt nur bis zum Beenden der Instanz der aktuellen PowerShell-Konsole. Der Befehl ist daher ein guter Kandidat für die *profile.ps1*-Datei (siehe Kapitel „Tipps & Tricks").

TIPP: Eine Vereinfachung ist möglich über das Commandlet `Add-Type` mit Parameter `–AssemblyName`, das eine Assembly aus dem Global Assembly Cache (GAC) lädt:

```
Add-type -assembly "System.windows.forms"
 [System.Windows.Forms.MessageBox]::Show("Text","Ueberschrift",
[System.Windows.Forms.MessageBoxButtons]::OK)
```

Falls eine Assembly nicht im GAC liegt, kann man sie über `Add-Type` mit Parameter `–Path` von einem beliebigen Standort laden.

13.9 Objektanalyse

Mit Hilfe des Commandlets `Get-Member`, das im ersten Teil des Buchs schon zur Analyse von Pipeline-Inhalten verwendet wurde, kann man übrigens auch den Inhalt einer Variablen analysieren, die eine Objektinstanz erhält. Zu beachten ist dabei nur, dass das Objekt entweder über die Pipeline an `Get-Member` zu schicken ist (also `$Variable | Get-Member`) oder aber der Parametername `–InputObject` zu verwenden ist (`Get-Member –InputObject $Variable`). Nicht nur `Get-Member`, sondern den meisten Commandlets ist es egal, ob sich in der Pipeline eine Objektmenge oder ein einzelnes Objekt befindet.

TIPP: Die statischen Mitglieder einer Klasse kann man ganz allgemein erforschen mit `Get-Member`. Dazu sendet man den Klassennamen in eckigen Klammern an `Get-Member` mit dem Zusatz `-static`:

```
[System.Net.WebClient] | gm -static
```

Das Innenleben einer .NET-Klassenbibliothek in einer .NET-Assembly kann man mit dem kostenfreien OpenSource-Tool *ILSpy* (Download unter *http://www.ilspy.net*) erforschen, das das „Innenleben" einer Assembly anzeigt (und damit auch alle in der Assembly enthaltenen Klassen) und eine Suchfunktion bietet, über die sich z. B. einzelne Klassen auffinden lassen.

13.10 Auflistungen (Enumerationen)

Eine Auflistung (Enumeration) ist eine .NET-Klasse, die eine Menge statischer Werte enthält, die andere Klassen nutzen. Zum Beispiel hat die Klasse `System.IO.DriveInfo` ein Attribut mit Namen `DriveType`, das den Datentyp `System.IO.DriveType` besitzt.

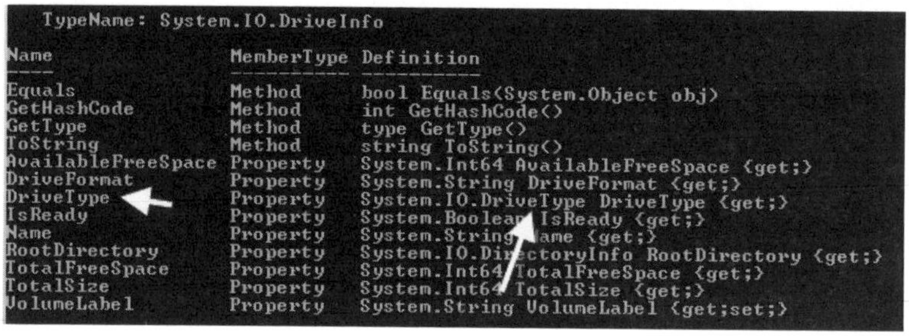

Abbildung 13.8: Mitglieder der Klasse System.IO.DriveInfo

`System.IO.DriveInfo` ist eine Aufzählung (Enumerationsklasse), die folgende Werte als möglich definiert:

- Unknown
- NoRootDirectory
- Removable
- Fixed
- Network
- CDRom
- Ram

Intern sind diesen Werte Zahlen zugeordnet, aber im Programmcode und in der PowerShell kann man diese Werte als sprechenden Namen verwenden.

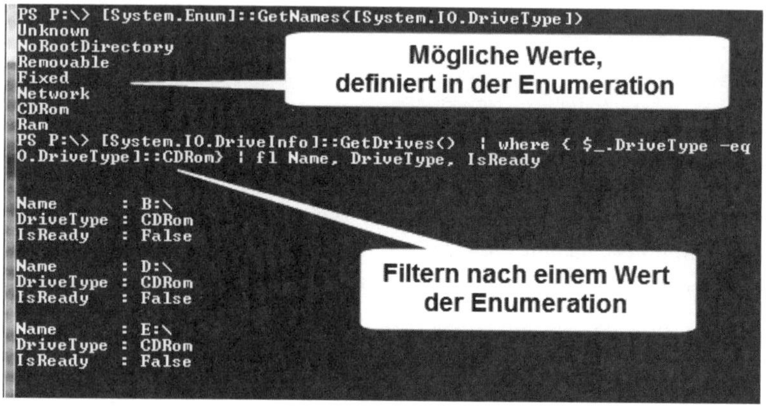

Abbildung 13.9: Arbeit mit Enumerationen

Der folgende Befehl filtert also alle CD-ROM-Laufwerke:

```
[System.IO.DriveInfo]::GetDrives()  | Where-Object { $_.DriveType -eq
[System.IO.DriveType]::CDRom} | Format-List Name, DriveType, IsReady
```

TIPP: Die Liste der möglichen Werte erhält man über die statische Methode `GetNames()` der Klasse `System.Enum`, der man den Namen einer Enumerationsklasse übergeben kann, z. B. `[System.Enum]::GetNames([System.IO.DriveType])`.

13.11 Verknüpfen von Aufzählungswerten

Bei der Benutzung einiger .NET-Klassen, z. B. `FileSystemRights` für Rechte im Dateisystem, muss man verschiedene Flags durch ein binäres Oder miteinander verknüpfen. Wenn man bei jedem Flag den Namen der Aufzählung, in der das Flag definiert ist, wiederholen müsste, würden die Fingerkuppen strapaziert.

Die PowerShell ist in der Lage, aus einer Zeichenkette mit Kommatrennung die entsprechenden Flagwerte in der Enumeration zu suchen und miteinander durch ein binäres Oder zu verknüpfen. Anstelle von

```
$Rights= [System.Security.AccessControl.FileSystemRights]::Read `
-bor [System.Security.AccessControl.FileSystemRights]::ReadExtendedAttributes `
-bor [System.Security.AccessControl.FileSystemRights]::ReadAttributes `
-bor [System.Security.AccessControl.FileSystemRights]::ReadPermissions
```

kann man also verkürzt schreiben:

```
$Rights = [System.Security.AccessControl.FileSystemRights] "ReadData,
ReadExtendedAttributes, ReadAttributes, ReadPermissions"
```

14 Verwendung von COM-Klassen

Die Windows PowerShell basiert komplett auf dem Microsoft .NET Framework. Dennoch kann die PowerShell nicht nur .NET-Klassen, sondern auch Klassen aus dem Vorgänger von .NET, dem Component Object Model (COM), verwenden. .NET sollte eigentlich COM komplett ablösen, aber Microsoft hat viele Funktionen in seinem Betriebssystem und die Anwendungen (z. B. Microsoft Office) wurden niemals in .NET, sondern nur über COM bereitgestellt. In Windows 8 hat COM sogar eine Renaissance erfahren, weil das neue Betriebssystem API „Windows Runtime" auf COM basiert.

Die Handhabung von COM-Objekten unterscheidet sich in folgenden Punkten von der von .NET-Objekten:

- Es gibt keine Konstruktoren mit Parametern.
- Es gibt keine statischen Klassenmitglieder.
- Die Meta-Informationen, die Get-Member liefert, sind nicht so vollständig und so akkurat wie bei .NET.

14.1 Erzeugen von Instanzen

Bei der Instanziierung von COM-Klassen kommt ebenfalls das Commandlet `New-Object` zum Einsatz. Dem Namen der COM-Klasse ist aber der Parameter `-comobject` (kurz: `-com`) voranzustellen. Als Name ist der Programmatic Identifier (ProgID) anzugeben. Die COM-Klasse muss auf dem lokalen System in der Registrierungsdatenbank verzeichnet sein. `New-Object` entspricht `CreateObject()` in Visual Basic/VBScript.

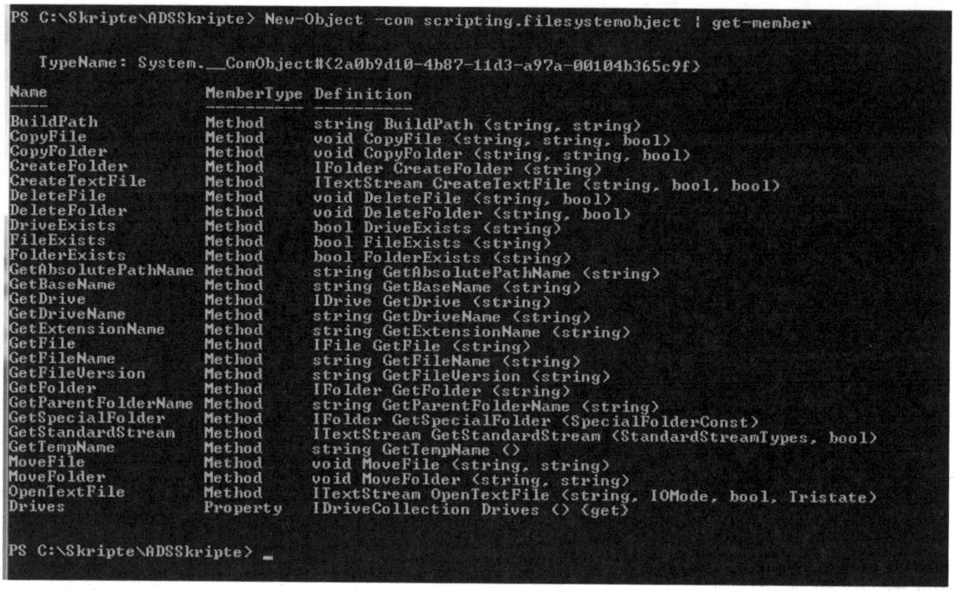

Abbildung 14.1: Instanziierung des COM-Objekts „Scripting.FileSystemObject“ in der PowerShell

14.2 Nutzung von Attributen und Methoden

Die Nutzung von Attributen und Methoden erfolgt wie bei .NET-Klassen über die Punktnotation. Fälle, in denen zwei Doppelpunkte („::“) zu verwenden wären, gibt es nicht.

Das folgende Beispiel zeigt den Aufruf der Methode `GetTempName()` aus der COM-Klasse `Scripting.FileSystemObject`. Diese Methode liefert einen Namen für eine temporäre Datei.

Listing 14.1: [COM CreateObject.ps1]

```
$fso = New-Object -com "Scripting.Filesystemobject"
$fso.GetTempName()
```

Mit dem zweiten auf einer COM-Komponente basierenden Skript öffnet man den Internet Explorer mit einer bestimmten Seite mit Hilfe der COM-Klasse `InternetExplorer.Application`.

Listing 14.2: [COM CreateObject.ps1]

```
$ie = New-Object -com "InternetExplorer.Application"
$ie.Navigate("http://www.powershell-doktor.de")
$ie.visible = $true
```

Das dritte Skript verwendet die COM-Klasse „Shell.Application“, um den Papierkorb des angemeldeten Benutzers zu leeren.

Listing 14.3: [COM Papierkorb leeren.ps1]

```
# COM-Objekt für Shell erzeugen
$objShell = New-Object -ComObject "Shell.Application"

# Zugriff auf Papierkorb
$ssfBITBUCKET = 0x0a # Konstante für den Papierkorb
$objFolder = $objShell.Namespace($ssfBITBUCKET)

# Liste der Elemente in dem Ordner, rekursiv löschen
$objFolder.items() | %{ remove-item $_.path -Recurse -Confirm:$false -verbose }
```

14.3 Holen bestehender Instanzen

In der COM-Welt gibt es darüber hinaus eine globale Liste, in der sich laufende Instanzen bzw. im Dateisystem existierende Objekte verzeichnen können. Diese Running Objects Table spricht man in vielen Programmiersprachen über `GetObject()` an. Ein direktes Äquivalent für das `GetObject()` gibt es in der PowerShell nicht. Hier gibt es nur die Möglichkeit, die Assembly für Visual Basic .NET zu laden und die dortige Methode `GetObject()` zu nutzen.

Das folgende Beispiel zeigt ein Word-Dokument (.doc) in Microsoft Word auf dem Bildschirm an und schreibt einen Text in das Dokument.

Listing 14.4: [COM GetObject.ps1]

```
Add-Type -assemblyname microsoft.visualbasic
$doc = [microsoft.visualbasic.interaction]::GetObject("w:\daten\text.doc")
$doc.application.visible = $true
$doc.application.selection.typetext("Erfolgreicher Start von Word!")
```

15 Zugriff auf die Windows Management Instrumentation (WMI)

Mehrere Commandlets (z.B. `Get-WmiObject`, `Get-CimInstance`, `Get-CimClass`) sowie die eingebauten PowerShell-Typen `[WMI]`, `[WMICLASS]` und `[WMISEARCHER]` eröffnen die Welt der Windows Management Instrumentation (WMI), die in den modernen Windows-Betriebssystemen fast mit mehreren tausend Klassen jeden Baustein des Betriebssystems objektorientiert anbietet. Auch einige Anwendungen können über WMI verwaltet werden.

15.1 Einführung in WMI

Dieses Unterkapitel bietet eine Einführung in WMI für Leser, die bisher nicht mit WMI vertraut sind. Wenn Sie WMI schon aus dem Windows Script Host (WSH) oder anderen Programmierumgebungen kennen, können Sie dieses Unterkapitel übergehen.

Was ist WMI?

Die *Windows Management Instrumentation (WMI)* ist ein Windows-Systembaustein zum Zugriff auf System- und Netzwerkinformationen. Mit WMI kann man:

- Systeminformationen über einzelne Systembausteine oder ganze Mengen von Systembausteinen auslesen,
- Systeminformationen verändern,
- Aktionen ausführen,
- sich über Veränderungen im System informieren lassen.

WMI ist die Microsoft-Implementierung des *Web Based Enterprise Management (WBEM)*. WBEM ist ein Standard der Desktop Management Task Force (DMTF) für das Netz- und Systemmanagement, also zur Verwaltung von Netzwerk- und Systemressourcen (z.B. Hardware, Software, Benutzer). WBEM wurde ursprünglich von BMC Software, Cisco Systems, Compaq, Intel und Microsoft entwickelt und später an die DMTF übergeben. Aus historischen Gründen findet man in WMI-Werkzeugen häufig noch die Bezeichnung WBEM.

Kern von WBEM ist das *Common Information Model (CIM)*, das die durch WBEM zu verwaltenden Ressourcen durch objektorientierte Methoden modelliert. CIM ist ein Framework zur Beschreibung sowohl physischer als auch logischer Objekte (alias Managed Objects). Die DMTF versteht CIM als eine Vereinigung bestehender Managementarchitekturen wie dem OSI Management Framework X.700 (Common Management Information Protocol - CMIP) und dem Simple Network Management Protocol (zu CMIP und SNMP siehe [STA93]).

Ein Managed Object (MO) ist eine von WMI/WBEM verwaltete und im CIM beschriebene Ressource in einem System oder einem Netzwerk.

ACHTUNG: Der Name *Web Based Enterprise Management* ist irreführend, weil er nahelegt, dass es sich bei WBEM um eine grafische Benutzerschnittstelle auf Webbasis für das Management von Systeminformationen handelt. WBEM ist jedoch lediglich eine Architektur mit Programmierschnittstelle, also weder Werkzeug noch Anwendung. ■

Versionszählung

WMI ist fester Bestandteil von Windows schon seit Windows ME. Bisher orientierte sich die Versionszählung an der internen Betriebssystemversionsnummer. In Windows Vista trägt WMI die Versionsnummer 6.0, in Windows 7 WMI 6.1 und in Windows 8.x ist WMI 6.2 enthalten. Zwischen Windows 2000 und Windows XP hatte Microsoft einen Versionssprung von 1.5 auf 5.1 gemacht.

Im Zuge von Windows 8/Windows Server 2012 entwickelte Microsoft auch eine neue Implementierung von WMI. Microsoft nennt diese Version „WMI 2". Damit bezieht Microsoft sich aber auf die grundlegende WMI-Infrastruktur, während die Versionszählung 6.x sich an den Inhalten im WMI-Repository orientiert. Microsoft knüpft für die WMI-Infrastruktur an die alte Versionszählung (1.5) bei Windows 2000 an.

WMI 2 ist für alle Betriebssysteme verfügbar, auf denen auch PowerShell ab Version 3.0 verfügbar ist (also ab Windows 7 und Windows Server 2008), und wird zusammen mit PowerShell als Teil des „Windows Management Framework" installiert.

WMI-Funktionsumfang

Die Informationsfülle, die WMI auf modernen Betriebssystemen (XP, 2003, Vista, 2008, Windows 7, Windows 8) liefert, ist riesig. Windows 8 mit Office-2010-Installation bietet mehr als 25.114 (!) WMI-Klassen.

Beispiele für Bereiche, aus denen WMI Informationen liefert, zeigt die folgende Tabelle.

Tabelle 15.1: Überblick über WMI-Informationen

Grundkonfiguration	▪ BIOS ▪ Boot-Konfiguration ▪ Installiertes Betriebssystem (z. B. Betriebssystemname, Build-Version, Installationsdatum, Datum und Uhrzeit des letzten Boot-Vorgangs) ▪ Umgebungsvariablen ▪ Performance-Monitor-Daten ▪ SNMP-Daten ▪ Eingerichtete Zeitzonen ▪ Drucker und Druckerwarteschlangen ▪ Auslagerungsdateien ▪ Datum und Uhrzeit ▪ Clustering
Hard- und Software	▪ Installierte Software ▪ Installierte Updates und Hotfixes ▪ Installierte Hardware (z. B. Netzwerkkarten, Grafikkarten) einschließlich Treiber und deren Zuordnung zu LoadOrderGroups, belegter Ressourcen (IRQ, Port, DMA), Konfiguration (z. B. Druckereinstellungen) ▪ Installierte COM-Komponenten einschließlich Zuordnung zu Komponentenkategorien und DCOM-Einstellungen ▪ Laufende Prozesse ▪ Geplante Vorgänge (Zeitplandienst) ▪ Programmgruppen im Startmenü ▪ Windows-Systemdienste
Sicherheit	▪ Benutzerkonten (inklusive deren Gruppenzuordnung, Desktop-Einstellungen und Ereignisprotokolleinträge) ▪ Security Configuration Editor (SCE)
Dateisystem und Datenspeicher	▪ Ordner und Dateien des Dateisystems ▪ Netzlaufwerksverbindungen ▪ Dateisicherheit, Freigabesicherheit ▪ Registrierungsdatenbank ▪ Ereignisprotokoll ▪ ODBC-Einstellungen ▪ Disk Quotas ▪ Ausführung von CHKDSK ▪ Distributed File System (DFS)
Netzwerk	▪ IP-Routing ▪ Ausführung eines Ping ▪ Netzwerkverbindungen und Sitzungen

Tabelle 15.1: Überblick über WMI-Informationen *(Fortsetzung)*

Netzwerk *(Forts.)*	▪ Terminal Services ▪ Active Directory ▪ DNS-Server ▪ Network Load Balancing (NLB) ▪ Microsoft Exchange Server ▪ Internet Information Server (IIS) ▪ ASP.NET ▪ Windows Communication Foundation (WCF)

ACHTUNG: Einige Schwierigkeiten mit WMI resultieren daraus, dass WMI mit jeder Windows-Version (stark) erweitert wurde, die erweiterten WMI-Klassen und -Funktionen aber nicht als Add-on für ältere Windows-Versionen bereitgestellt werden. Viele Skripte laufen daher nur auf den jeweils neuesten Windows-Versionen, auf älteren Plattformen erhält man nichtssagende Fehlermeldungen wie „Automatisierungsfehler".

WMI-Klassen und WMI-Objekte

WMI ist ein objektorientiertes Konzept, bei dem alle Informationen in Form von strukturierten Objekten bereitgestellt werden, die Instanzen von Klassen sind. Eine Klasse beschreibt eine Informationsart (z. B. Datei), ein Objekt enthält die Informationen eines konkreten Vorkommens dieser Informationsart (z. B. *c:\Daten\Computerliste.txt*).

WMI-Klassen besitzen Informationen in Attributen und erlauben die Ausführung von Aktionen durch Methoden. Klassen können von anderen Klassen erben.

WMI 6.2 in Windows 8 Ultimate mit Office 2010 enthält 25.114 WMI-Klassen, die – aus Gründen der Übersichtlichkeit – in 140 sogenannte Namensräume gegliedert sind. Ältere Windows-Versionen besitzen deutlich weniger WMI-Klassen.

Durch die Installation von Zusatzdiensten (z. B. Internet Information Services) und von Zusatzprodukten (z. B. Microsoft Office) kommen Dutzende weiterer Klassen hinzu, da heute viele Produkte einen WMI-Provider mitliefern.

Arten von WMI-Klassen

WMI-Klassen beginnen meistens mit der Vorsilbe „Win32" oder „CIM". Spezielle Systemklassen beginnen mit einem doppelten Unterstrich „__".

CIM-Klassen sind eine sehr allgemeine, betriebssystemunabhängige Beschreibung von Ressourcen. *Win32-Klassen* sind eine konkrete, in der Windows-Umgebung implementierte Repräsentation von Ressourcen. Die meisten Win32-Klassen sind von CIM-Klassen abgeleitet und erweitern den Standard. Einige Ressourcen in einem Windows-System können auch direkt durch CIM-Klassen abgebildet werden.

Es gibt drei Arten von Klassen in WMI:

- Abstrakte Klassen, von denen es keine Instanzen geben kann und die nur der Vererbung dienen
- Statische Klassen: Instanzen dieser Klassen werden im WMI-Repository gespeichert.
- Dynamische Klassen: Instanzen dieser Klassen werden dynamisch von einem WMI-Provider geliefert.

Tabelle 15.2: Beispiele für WMI-Klassen

WMI-Klassennamen	Bedeutung
`Win32_OperatingSystem`	Klasse für das installierte Betriebssystem
`Win32_CDRomDrive`	CD-ROM-Laufwerk
`Win32_Networkadapter`	Netzwerkadapter
`Win32_LogicalDisk`	Laufwerk
`Win32_VideoController`	Grafikkarte
`CIM_DataFile`	Datei
`CIM_Directory` und `Win32_Directory`	Verzeichnis/Ordner
`Win32_Product`	Installierte Software
`Win32_Process`	Laufender Prozess
`Win32_WordDocument`	Ein Dokument für Microsoft Word
`Win32_NTLogEvent`	Ereignisprotokolleintrag
`Win32_UserAccount`	Benutzerkonto (lokales Konto oder Domänenkonto)
`Win32_Share`	Verzeichnisfreigabe im Netzwerk
`Win32_PingStatus`	Klasse zur Ausführung eines Pings

WMI definiert eine Reihe von Systemklassen, die der Verwaltung von WMI selbst und insbesondere dem Ereignissystem dienen. Die Systemklassen sind in jedem Provider implementiert; sie sind daran erkennbar, dass der Name mit einem doppelten Unterstrich beginnt. Beispiele für Systemklassen zeigt die nachstehende Tabelle.

Tabelle 15.3: Beispiele für WMI-Systemklassen

WMI-Klassennamen	Bedeutung
__Namespace	WMI-Namensraum
__Event	Basisklasse für WMI-Ereignisse
__InstanceDeletionEvent	Konkretes Ereignis, das ausgelöst wird, wenn ein WMI-Objekt gelöscht wurde
__EventConsumer	Konsument eines WMI-Ereignisses

Besondere Klassenformen

Es gibt in WMI auch Singleton-Klassen. Eine Singleton-Klasse ist in der objektorientierten Programmierung eine Klasse, von der es nur eine Instanz geben kann. In WMI wird eine Singleton-Klasse mit dem Qualifier `Singleton = True` gekennzeichnet.

Es gibt auch abstrakte Klassen in WMI, von denen keine Instanzen erzeugt werden können. Hierfür heißt der Qualifier `abstract`.

Klassenmitglieder

Wie in anderen objektorientierten Konzepten auch, bestehen WMI-Klassen aus Attributen (Eigenschaften, Daten) und Methoden (Operationen, Aktionen, Programmcode). WMI-Klassen besitzen jedoch keine Ereignisse. Ereignisse sind in WMI selbst wieder Klassen.

WMI-Klassen können sogenannte statische Methoden implementieren, die direkt auf einer Klasse ausgeführt werden können, ohne dass eine Instanz der Klasse benötigt würde. Statische Methoden sind z. B. Konstruktormethoden wie die Methode `Create()` auf der Klasse `Win32_Process`.

Schlüsselattribute

Schlüsselattribute *(Keys)* sind besondere Attribute, die der eindeutigen Identifizierung einer Instanz innerhalb einer Klasse dienen. Ein Key entspricht dem Primärschlüssel einer Tabelle in einer relationalen Datenbank. Ebenso wie ein Primärschlüssel aus mehreren Spalten einer Datenbanktabelle bestehen kann, kann sich auch ein Key in WMI aus mehreren Attributen zusammensetzen. Einen Schlüsselwert darf es innerhalb aller Instanzen einer Klasse nur einmal geben. Wenn der Key aus mehreren Attributen besteht, müssen nur alle Attributwerte zusammen eindeutig sein. Welche Attribute Schlüsselattribute sind, wird in der Klassendefinition festgelegt, damit alle Instanzen einer Klasse die gleichen Schlüsselattribute besitzen.

Singleton-Klassen besitzen keine Schlüsselattribute (z. B. */root/default:__cimomidentification* und */root/cimv2:NetDiagnostics*).

An Stelle eines Paars aus Schlüsselattributname und Schlüsselwert wird zur Identifizierung des einen Objekts das Zeichen [@] verwendet.

Systemattribute

Alle WMI-Klassen und damit auch alle Instanzen dieser Klassen besitzen eine Reihe von Systemattributen. Die Namen dieser Systemattribute beginnen mit einem doppelten Unterstrich (__).

Tabelle 15.4: WMI-Systemeigenschaften

Attribut	Erläuterung
`__Class`	Name der Klasse, zu der das WMI-Objekt gehört
`__Derivation`	Eine Zeichenkettenliste, welche die Vererbungshierarchie wiedergibt. Der erste Eintrag ist die direkte Oberklasse.

Attribut	Erläuterung
`__Dynasty`	Name der obersten Klasse der Vererbungshierarchie. Bei der obersten Klasse steht hier keine leere Zeichenkette, sondern der gleiche String wie bei `__Class`.
`__Genus`	1 = Eintrag ist eine Klasse. 2 = Eintrag ist ein WMI-Objekt, d. h. die Instanz einer WMI-Klasse.
`__Namespace`	WMI-Namensraum, in dem die Klasse registriert ist
`__Path`	Vollständiger WMI-Pfad einschließlich Server und WMI-Namensraum
`__Property_Count`	Anzahl der Attribute der Klasse. Dabei werden diese Systemattribute nicht mitgezählt.
`__Relpath`	WMI-Pfad ohne Server und WMI-Namensraum
`__Server`	Name des Servers
`__Superclass`	Name der direkten Oberklasse

Datentypen

WMI definiert sechzehn Standarddatentypen für Zahlen, Zeichenketten, Datumsangaben, Ja/Nein und Verweise auf Objekte (siehe Tabelle).

Tabelle 15.5: CIM-Standarddatentypen

Datentyp	Bedeutung
`wbemCimtypeSint8`	Ganzzahl mit Vorzeichen, 8 Bit
`wbemCimtypeUint8`	Ganzzahl ohne Vorzeichen, 8 Bit
`wbemCimtypeSint16`	Ganzzahl mit Vorzeichen, 16 Bit
`wbemCimtypeUint16`	Ganzzahl ohne Vorzeichen, 16 Bit
`wbemCimtypeSint32`	Ganzzahl mit Vorzeichen, 32 Bit
`wbemCimtypeUint32`	Ganzzahl ohne Vorzeichen, 32 Bit
`wbemCimtypeSint64`	Ganzzahl mit Vorzeichen, 64 Bit
`wbemCimtypeUint64`	Ganzzahl ohne Vorzeichen, 64 Bit
`wbemCimtypeReal32`	Zahl mit Nachkommastellen, 32 Bit
`wbemCimtypeReal64`	Zahl mit Nachkommastellen, 64 Bit
`wbemCimtypeBoolean`	Ja/Nein
`wbemCimtypeString`	Zeichenkette
`wbemCimtypeDatetime`	Zeitpunkt
`wbemCimtypeReference`	Verweis auf Objekt
`wbemCimtypeChar16`	Einzelnes Zeichen
`wbemCimtypeObject`	Unterobjekt

Datum und Uhrzeit werden als Zeichenkette der Form yyyy mmddHHMMSS.mmmmmmsUUU gespeichert, wobei neben dem selbst erklärenden Kürzel anzumerken ist, dass mmmmmm die Anzahl der Millisekunden ist und UUU die Anzahl der Minuten, um welche die lokale Zeit von der Universal Coordinated Time (UTC) abweicht. Das s ist das Vorzeichen. In Deutschland steht daher für UUU der Wert *+060*.

WMI kennt auch ein eigenes Format für Zeitintervalle: dddddddd HHMMSS.mmmmmm:000. Auch ein Zeitintervall wird als Zeichenkette abgelegt. Dabei repräsentiert dddddddd die Anzahl der Tage. Die Zeichenkette endet immer auf :000.

Metadaten mit Qualifizierer (Qualifier)

Qualifizierer (engl. Qualifier) sind Zusatzinformationen, die in WMI eine Klasse, ein Objekt, ein Attribut, eine Methode oder einen Parameter näher beschreiben. Qualifier dienen im derzeitigen WMI nur der Informationsversorgung des Nutzers. Sie ermöglichen keine verbindlichen Einstellungen für die WMI-Provider. (Beispiel: Ein Attribut, das einen Qualifier read-only besitzt, muss nicht notwendigerweise wirklich schreibgeschützt sein.) Durch den Qualifier Key wird festgelegt, ob ein Attribut ein Schlüsselattribut ist.

An einem Qualifier erkennt man auch die Art einer Klasse: Die Existenz der Qualifier abstract und dynamic weist auf die entsprechenden Typen hin. Ist keiner dieser Qualifier vorhanden, ist die Klasse statisch. Eine Assoziationsklasse hat einen association-Qualifier.

Weitere interessante Qualifier sind:

- Provider zeigt für eine Klasse den Namen des WMI-Providers an, der die Klasse bereitstellt.
- EnumPrivileges legt eine Liste von Privilegien fest, die gesetzt sein müssen, um diese Klasse zu nutzen.
- Singleton kennzeichnet eine WMI-Klasse, von der es nur eine Instanz geben kann.

Objektassoziationen

WMI-Objekte können durch Assoziationen miteinander verbunden sein (z. B. ein Verzeichnis enthält eine Datei). Eine Objektassoziation ist selbst eine Instanz einer WMI-Klasse. Ein Beispiel für eine Assoziation ist CIM_DirectoryContainsFile. Diese Klasse stellt eine Assoziation zwischen CIM_Directory und CIM_DataFile dar.

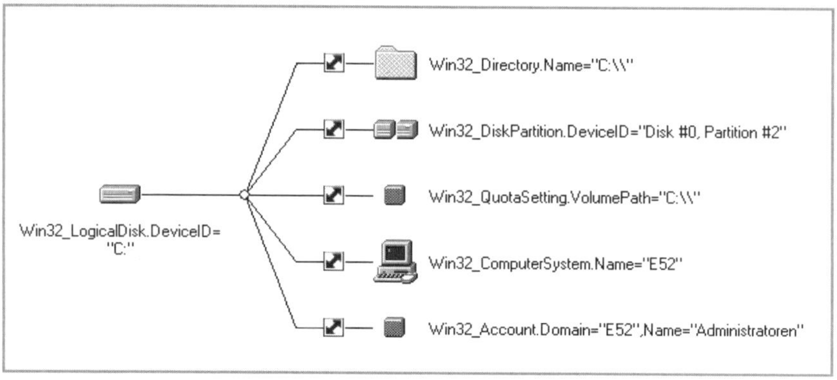

Abbildung 15.1: Assoziationshierarchie (Objektbaum) für die Instanz „C:" der Klasse Win32_LogicalDisk

Durch die Assoziationen entsteht eine Assoziationshierarchie (Objektbaum), die man mit geeigneten WMI-Werkzeugen auch visualisieren kann.

WMI-Namensräume (Namespaces)

Ein WMI-Namensraum ist ein Instrument zur Gruppierung von WMI-Klassen und deren Instanzen in logische Einheiten. Ein Namensraum ist der Startpunkt sowohl für eine Vererbungshierarchie von WMI-Klassen als auch für eine Assoziationshierarchie von WMI-Objekten. Jeder Namensraum hat also sein eigenes Schema. Klassennamen in zwei Namensräumen dürfen theoretisch gleich sein, sollten es aber nicht, da in zukünftigen WMI-Versionen geplant ist, namensraumübergreifende Operationen zu ermöglichen. Es sind keine Objektassoziationen zwischen verschiedenen Namensräumen möglich. Um gleiche Klassennamen zu vermeiden, gibt es die Konvention, dass dem Klassennamen stets der Namensraumname vorangestellt werden soll. Ein Namensraum ist selbst eine Klasse, die direkt oder indirekt von der Systemklasse `__Namespace` geerbt hat.

Namensräume können hierarchisch angeordnet werden, so dass eine Namensraumhierarchie entsteht. Diese Hierarchie dient aber nur der Übersichtlichkeit; sie impliziert keine Vererbung von Klassen. Ein bestimmter Namensraum wird über einen hierarchischen Pfad der Form *Wurzelnamensraum\Namensraum1\Namensraum2\...* usw. angesprochen.

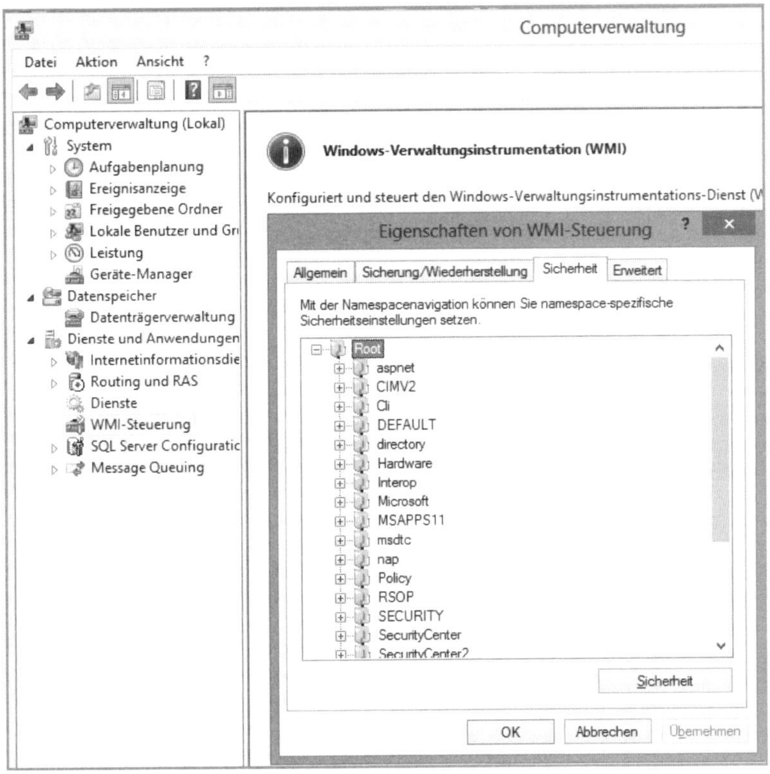

Abbildung 15.2: WMI-Namensräume in Windows 8 Enterprise mit Office-2010-Installation

HINWEIS: Namensräume sind nicht gleichzusetzen mit Providern. Ein Provider kann mehrere Namensräume realisieren, ebenso wie ein Namensraum Klassen aus mehreren Providern enthalten kann.

Lokalisierung

WMI erlaubt die Lokalisierung (d. h. landesspezifische Anpassung) von Schemainformationen und die Speicherung mehrerer lokalisierter Versionen eines Namensraums innerhalb des WMI-Repository. WMI speichert dazu die sprachneutralen Teile der Klassendefinition getrennt von den landesspezifischen Teilen. Landesspezifische Informationen sind insbesondere die Hilfeinformationen zu den Klassen und Eigenschaften.

Die landesspezifischen Informationen werden in Unter-Namensräumen gespeichert. Jedes Land hat eine *LocaleID*.

- *ms_407* steht für Deutsch.
- *ms_409* steht für amerikanisches Englisch.

Der Namensraum *\root\CIMV2\ms_407* ist also der *\root\CIMV2*-Namensraum mit deutschen Hilfeinformationen, *root\CIMV2\ms_409* der gleiche mit englischen Texten.

Beim Zugriff auf den übergeordneten Namensraum *root\CIMV2* ist die Sprache abhängig von Ihren Computereinstellungen.

In einigen Werkzeugen werden diese Unter-Namensräume durch eine Weltkugel angezeigt, in anderen Werkzeugen gibt es keinen Unterschied zu den normalen Namensräumen.

WMI-Pfade

Sowohl einzelne WMI-Objekte als auch WMI-Klassen werden durch WMI-Pfade adressiert.

Ein WMI-Pfad ist folgendermaßen aufgebaut:

- Aufbau eines WMI-Pfads für eine WMI-Klasse

```
\\Computer\Namensraum:Klasse
```

- Aufbau eines WMI-Pfads für ein WMI-Objekt

```
\\Computer\Namensraum:Klasse.Schluessel='wert'
```

Dabei bedeuten die Elemente Folgendes:

- `Computer` steht für den Namen des anzusprechenden Computers. Ein Punkt in Anführungszeichen (`"."`) steht dabei für den lokalen Computer, auf dem das Skript läuft.
- `Namensraum` ist der Namensraum, in dem die anzusprechende Klasse registriert wurde. Diese Angabe ist optional, wenn der Standardnamensraum angesprochen werden soll.
- `Klasse` ist der Name der Klasse, die angesprochen werden soll.
- Mit `Schluessel='wert'` wird optional festgelegt, welche Instanz der Klasse angesprochen werden soll. Dabei ist `Schluessel` der Name des Schlüsselattributs der Klasse und `Wert` der Wert dieses Schlüsselattributs in der gesuchten Instanz.

HINWEIS: Es gibt WMI-Klassen, die einen Schlüssel besitzen, der aus mehreren Attributen besteht. In diesem Fall sind die Schlüsselattribute durch ein Komma zu trennen, z. B.:

```
\\F111\ROOT\CIMV2:Win32_UserAccount.Domain="FBI",Name="hs"
```

Die folgende Tabelle zeigt Beispiele für den Zugriff auf WMI-Objekte am Beispiel der Klassen `Win32_LogicalDisk`, die ein Laufwerk repräsentiert, und `Win32_UserAccount`, die ein Benutzerkonto repräsentiert. Beide Klassen liegen im Namensraum `\root\cimv2`.

Wie Sie der Tabelle entnehmen können, sind viele Bestandteile der Pfadangabe optional.

Tabelle 15.6: Beispiele für WMI-Zugriffe

WMI-Pfad	Beschreibung
`\\.\root\cimv2:Win32_LogicalDisk.DeviceID='D:'`	Die Instanz der Klasse `Win32_LogicalDisk` aus dem Namensraum `\root\cimv2:` mit dem Namen „D:" auf dem lokalen Computer
`\\ServerF112\root\cimv2:Win32_LogicalDisk.DeviceID='D:'`	Die Instanz der Klasse `Win32_LogicalDisk` aus dem Namensraum `\root\cimv2:` mit dem Namen „D:" auf dem Computer *Server_ServerF112*
`Win32_LogicalDisk.DeviceID='D:'`	Die Instanz der Klasse `Win32_LogicalDisk` aus dem Standardnamensraum mit dem Namen „D:" auf dem lokalen Computer
`\\ServerF112\root\cimv2:Win32_LogicalDisk`	Alle Instanzen der Klasse `Win32_LogicalDisk` auf dem Computer *Server_ServerF112*
`\\ServerF112\root\cimv2:Win32_UserAccount.Domain="FBI",Name="hs"`	Das Benutzerkonto „FBI\hs" auf dem Rechner *Server_ServerF112*

TIPP: Der sogenannte Standardnamensraum, wo die Klasse gesucht wird, wenn kein Namensraum explizit genannt wurde, ist in der Registrierungsdatenbank festgelegt (*HKEY_LOCAL_MACH INE \Software\Microsoft\WBEM\Scripting\Default Namespace*). Die Standardeinstellung ist `\root\cimv2` und kann über die MMC-Konsole „WMI-Steuerung" geändert werden. Man sollte diese Einstellung aber nicht ändern.

WMI-Schema

Das WMI-Schema (alias CIM-Schema) definiert die Klassen mit ihren Attributen und Methoden, die Vererbungshierarchie und die Objektassoziationen. Zur Laufzeit existieren von diesen Klassen Instanzen (WMI-Objekte). Managed Objects können durch Assoziationen miteinander verbunden sein, so dass eine Assoziationshierarchie entsteht. WMI-Klassen erlauben Vererbung (Einfachvererbung), so dass die Klassen auch in einer Vererbungshierarchie zueinander stehen können.

Genau genommen besitzt WMI mehrere Schemata, da jeder WMI-Namensraum ein eigenes Schema hat. Ein WMI-Schema ist oft sehr umfangreich und enthält auch Hilfeinformationen, wahlweise in verschiedenen Sprachen. Das Schema für Windows heißt „Win32 Schema Version 2“ und ist eine Microsoft-Erweiterung des CIM-Schemas Version 2.

HINWEIS: Auch der Aufbau des Schemas ist Teil des Schemas. Dieser Teil des Schemas wird als *Metamodell* bezeichnet.

WMI-Repository

Das WMI-Repository (alias CIM-Repository) ist der Datenspeicher/die Datenbank von WMI. Im Repository werden das Schema und auch Daten über die Instanzen gespeichert. WMI erzeugt einige Instanzen ad hoc, wenn diese angefragt werden, weil es keinen Sinn machen würde, diese zwischenzuspeichern (z. B. Daten über die laufenden Prozesse). Andere Daten werden im Repository abgelegt, weil diese sich selten oder nie ändern (z. B. Hardwaredaten).

Das WMI-Repository liegt in einem gleichnamigen Verzeichnis unterhalb von *%SystemRoot%\System32\WBEM\Repository*. Mit der MMC-Konsole „WMI-Steuerung“ kann man diese Datenbank sichern und wiederherstellen.

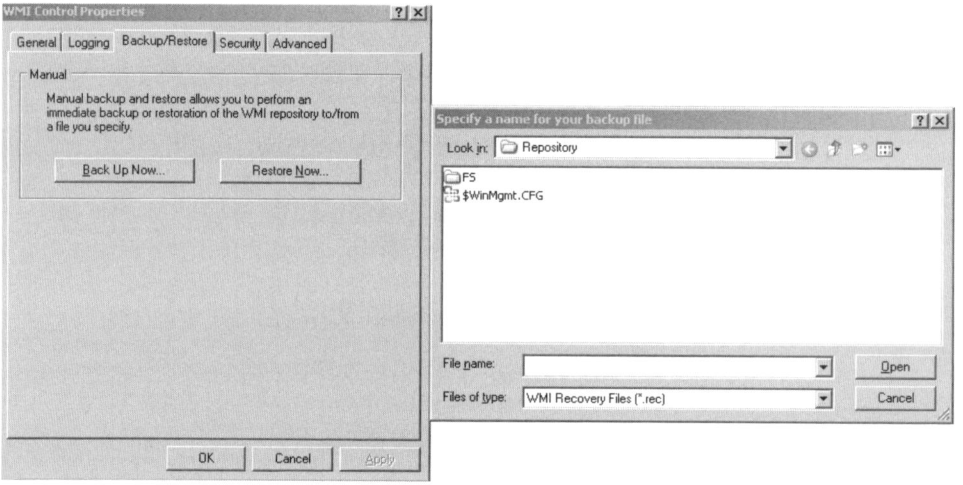

Abbildung 15.3: Sichern und Wiederherstellen des WMI-Repository in der Computerverwaltung von Windows

WMI-Systemdienst

Das WMI-Repository wird durch die ausführbare Datei *WinMgmt.exe* betrieben. *WinMgmt.exe* läuft unter allen NT-basierten Windows-Systemen als Systemdienst unter dem Namen „WinMgmt (Windows-Verwaltungsinstrumentation)“. Auf Windows 9x/Windows ME wird *WinMgmt.exe* beim ersten WMI-Aufruf als normaler Prozess gestartet, wenn ein Aufruf erfolgt.

WMI-Netzwerkprotokoll

WMI kann Fernzugriffe auf andere Computer realisieren, wenn auf dem anderen Computer auch WMI installiert ist, der WMI-Dienst dort läuft und der Zugang zu dem anderen Computer über DCOM-Protokoll möglich ist. Seit Windows Server 2003 Release 2 ist alternativ auch eine Kommunikation über HTTP/SOAP möglich. Das Protokoll nennt sich im Standard WS-Management (WS-Man). Windows Remote Management (WinRM) ist die Microsoft-Implementierung von WS-Man als Aufsatz auf WMI.

WMI 2 ist nicht mehr von dem Distributed Component Objekt Model (DCOM) abhängig, sondern erlaubt den Fernzugriff direkt über das Webservice-basierte Windows Remote Management (WinRM) ohne den Aufsatz WinRM.

WMI-Provider

WinMgmt.exe stellt nur das Repository bereit, nicht aber die WMI-Klassen und WMI-Objekte. Diese sind in getrennten DLLs realisiert. WMI ist nicht in einer einzigen DLL realisiert. Für unterschiedliche Systembausteine gibt es unterschiedliche sogenannte WMI-Provider. Für jeden WMI-Provider existiert eine DLL.

Tabelle 15.7: Ausgewählte WMI-Provider

WMI-Provider	Erläuterung
Directory Services Provider	Zugriff auf die ADSI-Informationen aus Verzeichnisdiensten
Event Log Provider	Zugriff auf die Windows-Ereignisprotokolle (nur NT-Produktfamilie)
Exchange Queue Provider, Exchange Routing TableProvider, ExchangeClusterProvider	Zugriff auf Microsoft Exchange Server ab Version 2000
Microsoft Windows Installer Provider	Zugriff auf Software, die durch den Windows Installer (MSI) installiert wurde
Performance Counters Provider	Zugriff auf rohe Leistungsindikatordaten
Performance Monitor Provider	Zugriff auf Leistungsdaten, wie sie der Windows-Leistungsmonitor sieht
Power Management Event Provider	Ereignisse aus dem Bereich Power Management
Registry Event Provider	Ereignisse bei Änderungen in der Registrierungsdatenbank
Registry Provider	Zugriff auf die Registrierungsdatenbank
Security Provider	Zugriff auf Sicherheitsinformationen im NTFS-Dateisystem
SMS Provider	Zugriff auf Microsoft System Management Server
SNA Provider	Zugriff auf Microsoft SNA Server
SNMP Provider	Zugriff auf SNMP-Daten
View Provider	Dient der Erzeugung neuer Klassen
Windows Installer Provider	Softwareinstallation/-deinstallation
WDM Provider	Zugriff auf Gerätetreiber via Windows Driver Model (WDM)
Win32 Provider	Zugriff auf das Win32-Subsystem

HINWEIS: Nicht alle WMI-Provider werden automatisch registriert und im CIM Repository eingetragen. In der MSDN-Entwicklerbibliothek finden Sie die Informationen darüber, wie die einzelnen Provider registriert werden.

Managed Object Format (MOF)

Das *Managed Object Format (MOF)* ist eine Sprache zur Definition von Managed Objects für WMI. MOF basiert auf der Interface Definition Language (IDL) und ist ein Textformat. MOF-Dateien können mit Hilfe des MOF-Compilers *(mofcomp.exe)* in das CIM-Repository übernommen werden.

Das nachfolgende Listing zeigt Ausschnitte aus der Datei *msioff9.mof*, welche die MOF-Beschreibung für Informationen über Microsoft Office liefert. Die dort definierten Klassen entsprechen den im „MSInfo" anzeigbaren Daten. Das MOF-File definiert zunächst einen neuen Namensraum *MSAPPS* und dann über eine CLSID den Provider, der die Funktionalität der im Folgenden definierten Klassen implementiert.

Listing 15.1: Ein kleiner Ausschnitt aus dem MOF-File MSIOff9.mof

```
//****************************************************************
//* File: MSIOff9.mof - Office Extension MOF File for MSInfo 5.0
//****************************************************************
//***Creates namespace for MSAPPS
#pragma namespace ("\\\\.\\Root")
instance of __Namespace
{
    Name = "MSAPPS";
};
//* Declare an instance of the __Win32Provider so as to "register" the
//* Office provider.
instance of __Win32Provider as $P
{
    Name = "OffProv";
    ClsId = "{D2BD7935-05FC-11D2-9059-00C04FD7A1BD}";
};

//* Class: Win32_WordDocument
//* Derived from:
[dynamic: ToInstance, provider("OffProv")]
class Win32_WordDocument
{
    [key, read: ToInstance ToSubClass] string Name;
    [read: ToInstance ToSubClass] string Path;
    [read: ToInstance ToSubClass] real32 Size;
    [read: ToInstance ToSubClass] datetime CreateDate;
};
//* Class: Win32_AccessDatabase
//* Derived from:
 [dynamic: ToInstance, provider("OffProv"), Singleton: DisableOverride ToInstance
ToSubClass]
class Win32_AccessDatabase
{
    [read: ToInstance ToSubClass] string Name;
```

```
    [read: ToInstance ToSubClass] string Path;
    [read: ToInstance ToSubClass] real32 Size;
    [read: ToInstance ToSubClass] datetime CreateDate;
    [read: ToInstance ToSubClass] string User;
    [read: ToInstance ToSubClass] string JetVersion;
};
```

TIPP: Einige Provider werden nicht automatisch in das WMI-Repository eingebunden. In diesen Fällen muss man die zugehörige MOF-Datei erst „kompilieren" mit dem Befehl:

```
mofcomp.exe Dateiname.mof
```

Auch Instanzen können in MOF beschrieben werden, dabei werden die Attribute mit ihren Werten angeführt. Nachstehend sieht man die MOF-Repräsentation einer Instanz der Klasse `Win32_ComputerSystem`.

```
instance of Win32_ComputerSystem
{
    AdminPasswordStatus = 3;
    AutomaticResetBootOption = TRUE;
    AutomaticResetCapability = TRUE;
    BootROMSupported = TRUE;
    BootupState = "Normal boot";
    Caption = "F108";
    ChassisBootupState = 3;
    CreationClassName = "Win32_ComputerSystem";
    CurrentTimeZone = 120;
    DaylightInEffect = TRUE;
    Description = "AT/AT COMPATIBLE";
    Domain = "FBI.net";
    DomainRole = 1;
    EnableDaylightSavingsTime = TRUE;
    FrontPanelResetStatus = 3;
    InfraredSupported = FALSE;
    KeyboardPasswordStatus = 3;
    Manufacturer = "System Manufacturer";
    Model = "System Name";
    Name = "BYFANG";
    NetworkServerModeEnabled = TRUE;
    NumberOfProcessors = 1;
    OEMStringArray = {"0", "0"};
    PartOfDomain = TRUE;
    PauseAfterReset = "-1";
    PowerOnPasswordStatus = 3;
    PowerState = 0;
    PowerSupplyState = 3;
    PrimaryOwnerName = "www.IT-Visions.de";
    ResetCapability = 1;
    ResetCount = -1;
    ResetLimit = -1;
    Roles = {"LM_Workstation", "LM_Server", "Print", "NT", "Potential_Browser"};
    Status = "OK";
    SystemStartupDelay = 30;
```

```
    SystemStartupOptions = {"\"Microsoft Windows XP Professional\"
       /fastdetect"};
    SystemStartupSetting = 0;
    SystemType = "X86-based PC";
    ThermalState = 3;
    TotalPhysicalMemory = "536309760";
    UserName = "FBI\\hs";
    WakeUpType = 6;
};
```

WMI-Sicherheit

WMI basiert auf COM und verwendet die COM-Sicherheitsfunktionen und die entsprechend verfügbaren Security Provider. Sicherheitseinstellungen können auf der Ebene eines jeden WMI-Namensraums festgelegt werden. Diese Einstellung erfolgt im WMI-Snap-In in der MMC. Ein COM-Client, der auf ein WMI-Objekt zugreifen will, wird zunächst gegen die Sicherheitseinstellung des Namensraums geprüft, zu dem das Objekt gehört. Die Vergabe von Zugriffsrechten auf Objekt- oder Klassenebene unterstützt WMI bislang nicht.

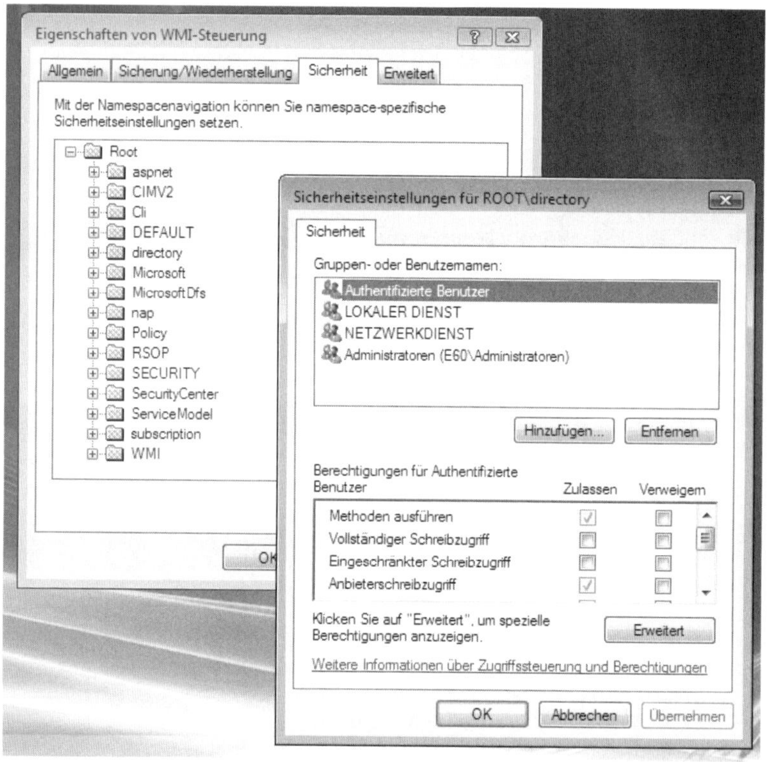

Abbildung 15.4: Einstellen der Zugriffsberechtigungen in der MMC „WMI-Steuerung"

WMI unterstützt Impersonifizierung für den Zugriff auf entfernte Rechner. Es ist also möglich, beim Aufruf von WMI-Objekten auf einem entfernten Rechnersystem den Benutzerkontext zu wechseln und als ein anderer Benutzer aufzutreten als der, unter dem der COM-

Client läuft. Dies ist allerdings beim Zugriff auf das lokale WMI nicht möglich. Ein Versuch, den Benutzerkontext vor dem Zugriff auf lokale WMI-Objekte zu wechseln, wird von WMI mit dem Fehler 80041064 quittiert: „Benutzeranmeldeinformationen können für lokale Verbindungen nicht verwendet werden."

Im Gegensatz zu anderen Komponenten erlaubt WMI Vorgaben für die COM-Sicherheit durch den Client. Sowohl Impersonifizierungs- als auch Authentifizierungsmodus können beim Verbindungsaufbau eingestellt werden. Der Client kann ab Windows 2000 auch den Security Service Provider (SSPI) zwischen der NT-4.0-LAN-Manager-(NTLM-) und der Kerberos-Authentifizierung wählen. Wird kein SSPI explizit angegeben, verhandelt WMI den SSPI beim Verbindungsaufbau. Es wird zunächst versucht, Kerberos zu verwenden. Kerberos kann allerdings nie für lokale Aufrufe verwendet werden.

Privilegien sind Zusatzrechte, die bei Nutzung einiger WMI-Klassen benötigt werden und bei der Instanziierung gesetzt werden müssen. Ohne diese Zusatzangaben ist die Klasse nicht nutzbar. Die Zusatzangaben werden entweder im WMI-Pfad gesetzt oder über das Objektmodell, mit dem man auf WMI zugreift.

WMI-Ereignissystem

WMI bietet ein komplexes System für Ereignisse, durch die sich ein WMI-Nutzer über Veränderungen in einem beliebigen Managed Object informieren lassen kann.

Es gibt zwei Gruppen von Ereignissen:

- **Intrinsic Events** sind Ereignisse, die direkt Klassen oder Objekte im WMI-Repository verändern oder betreffen, z.B. das Löschen einer Instanz (`__InstanceDeletionEvent`), das Verändern einer Instanz (`__InstanceModificationEvent`) oder der Aufruf einer Methode (`__MethodInvocationEvent`). Zu den Intrinsic Events gehören auch Zeitgeberereignisse (Timer Events), z.B. `__AbsoluteTimerInstruction` und `__IntervallTimerInstruction`. Der Name dieser Ereignisse beginnt mit einem doppelten Unterstrich. Alle Klassen sind direkt oder indirekt abgeleitet von `__Event`.
- **Extrinsic Events** sind speziellere Ereignisse, die von irgendeinem Teil des Systems ausgelöst werden, aber nicht direkt auf das CIM-Repository wirken müssen, z.B. Ändern eines Schlüssels in der Registrierungsdatenbank (`RegistryValueChangeEvent`), Ändern der Systemkonfiguration (`Win32_SystemConfigurationChangeEvent`) und Herunterfahren des Computers (`Win32_ComputerShutdownEvent`). Alle diese Klassen sind abgeleitet von `__ExtrinsicEvent`.

WMI-Ereignisse werden ausgelöst von *Ereignisprovidern (Event Provider)*, die im WMI-Repository einmalig registriert werden müssen.

WMI-Ereigniskonsumenten

WMI-Ereignisse werden behandelt von *Ereigniskonsumenten (Event Consumers)*. Ereigniskonsumenten registrieren sich bei WMI für bestimmte Ereignisse. Der Ereigniskonsument führt beim Eintritt eines Ereignisses eine bestimmte Aktion aus.

WMI unterscheidet zwei Arten von Ereigniskonsumenten: *temporäre Event Consumer* und *permanente Event Consumer*. Der Unterschied zwischen den beiden Typen ist, dass ein temporärer Event Consumer nur Ereignisbenachrichtigungen erhält, wenn er aktiv ist. Ein temporärer Event Consumer wird durch ein Skript oder ein Programm implementiert. Nach Beendigung des Skripts/Programms ist der Konsument nicht mehr vorhanden. Dagegen ist ein permanenter Konsument in Form eines Managed Objects im Repository gespeichert und kann zu jedem Zeitpunkt Ereignisbenachrichtigungen empfangen, da WMI den Consumer bei Bedarf selbst startet und dann das Ereignis übermittelt.

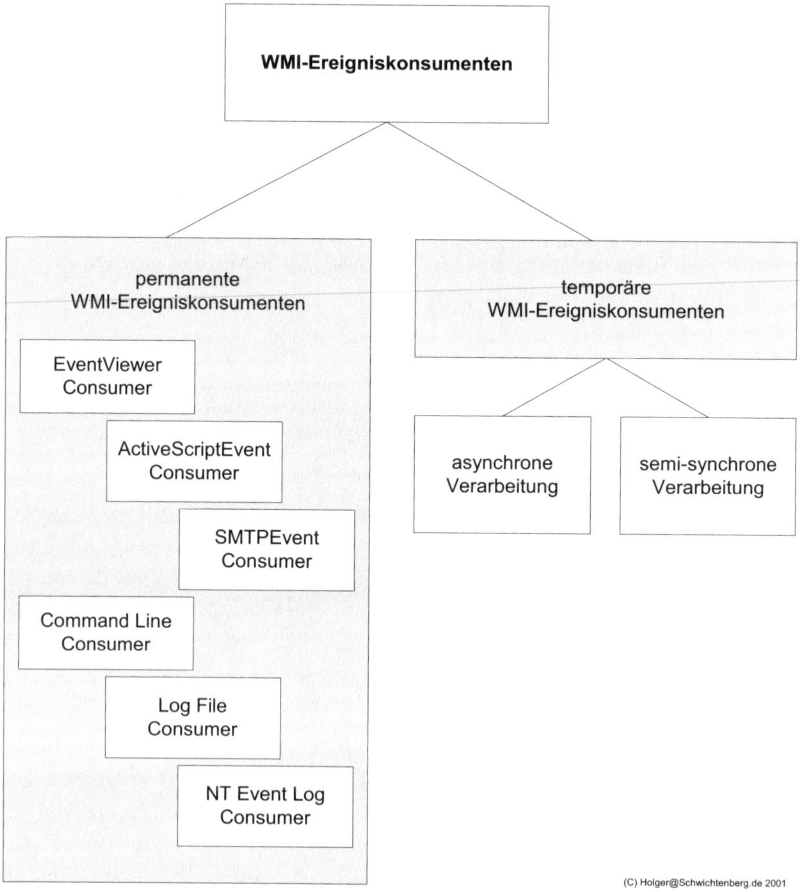

Abbildung 15.5: Überblick über die Ereigniskonsumenten

Permanente Ereigniskonsumenten sind z. B.:

- Der `EventViewerConsumer` (im Namensraum */root/cimv2*), der die aufgetretenen Ereignisse in einem Bildschirmfenster, dem WMI Event Viewer, darstellt. Der Event Viewer wird im Kapitel „WMI-Werkzeuge " vorgestellt.
- Der `ActiveScriptEventConsumer` (im Namensraum */root/default*), der bei Auftreten eines Ereignisses ein Active Script ausführt
- Mit Hilfe des `SMTPEventConsumer` können bei Ereignissen E-Mails über den Microsoft SMTP-Server (der Bestandteil des Internet Information Server ab Version 4.0 ist) versendet werden. Der `SMTPEventConsumer` ist standardmäßig nicht registriert. Um ihn benutzen zu können, muss die Datei *smtpcons.mof*, die sich im Verzeichnis *%System-Root%*

Winnt\wbem befindet, mit Hilfe des MOF-Compilers *(mofcomp.exe)* kompiliert und ins WMI-Repository aufgenommen werden. Der Provider wird im Namensraum *root\default* registriert.

Seit Windows XP gibt es drei weitere permanente Ereigniskonsumenten:

- `Command Line Event Consumer`: Start einer Anwendung
- `NT Event Log Event Consumer`: Eintrag in das NT-Ereignisprotokoll
- `Log File Event Consumer`: Eintrag in eine Protokolldatei

Der Ereigniskonsument definiert sein Interesse gegenüber WMI in Form eines WMI-Filters. Ein WMI-Filter ist im Wesentlichen eine *WQL Event Query* (vgl. Unterkapitel zu WQL-Abfragen).

Ein Ereigniskonsument ist eine Instanz einer von der Systemklasse `__EventConsumer` erbenden Klasse. Ein WMI-Filter ist eine Instanz der Systemklasse `__EventFilter`. Die Bindung zwischen einem Consumer und einem Filter ist als Instanz von `__FilterToConsumerBinding` gespeichert.

Es gibt zwei Möglichkeiten, Ereigniskonsument und Filter zu definieren und aneinander zu binden:

- Über das Werkzeug *WMI Event Registration* aus dem *WMI Administrative Tools*
- Über Programmcode. Dadurch, dass Consumer, Filter und Bindungen selbst wieder als WMI-Objekte gespeichert werden, können diese leicht auch per WMI automatisiert verwaltet werden.

Kern des Ereignissystems ist der *Event Provider*. Er informiert WMI über Veränderungen in der Managementumgebung oder im Repository. WMI leitet die Ereignisse an die für dieses Ereignis registrierten Konsumenten weiter.

WMI Query Language (WQL)

WMI erlaubt Suchanfragen in einer Syntax, die auf der ANSI Standard Structured Query Language (SQL) basiert. Der SQL-Dialekt ist bei der DNTF als „CIM Query Language" (CQL) standardisiert. Die etwas abgewandelte Implementierung von Microsoft heißt WMI Query Language kurz: WQL.

Bei CQL/WQL wird nur Lesezugriff mit dem SQL-Befehl `SELECT` unterstützt. Weder DDL (Data Definition Language) noch DML (Data Manipulation Language) werden unterstützt.

Das WQL-`SELECT` unterstützt neben den Standardschlüsselwörtern `FROM`, `WHERE`, `GROUP BY`, `HAVING` und `WITHIN` auch die nicht in ADSI-SQL definierten Schlüsselwörter `ASSOCIATORS OF` und `REFERENCES OF`.

Unterstützte Operatoren sind =, <, >, <=, >=, != (alternativ: <>) sowie `IS NULL`, `IS NOT NULL` und `ISA`. Der `ISA`-Operator ermöglicht die Abfrage nach Unterklassen einer bestimmten Klasse. Wenn `Großstadt` eine Unterklasse von `Stadt` ist, dann erfüllt ein Objekt `München` vom Typ `Großstadt` auch die Bedingung `ISA Stadt`. Der `like`-Operator für den Zeichenketten-Mustervergleich wird erst ab Windows XP unterstützt.

Typen von WQL-Anfragen

WMI unterstützt drei Typen von WQL-Anfragen:

- Anfragen nach Instanzen *(Data Queries)*
- Anfragen nach Schemainformationen *(Schema Queries)*
- Definitionen von Ereignisfiltern *(Event Queries)*, die nach Änderungen von Klassen und Instanzen fragen

Datenabfragen (Data Queries)

Eine Datenabfrage hat die allgemeine Form:

```
SELECT attributliste FROM class WHERE bedingung
```

Dabei ist `Class` ein beliebiger WMI-Klassenname. Die Ergebnismenge lässt sich durch die Angabe von Attributnamen und die Verwendung einer `FROM`-Klausel hinsichtlich der Breite und Länge einschränken. Andere Schlüsselwörter werden nicht unterstützt.

Beispiele für Datenabfragen zeigt die folgende Tabelle.

Tabelle 15.8: Beispiele für WQL-Datenabfragen

WQL	Erläuterung
`SELECT * FROM Win32_Service WHERE state='running' and startmode='manual'`	Alle Windows-Dienste, die laufen, aber manuell gestartet wurden
`SELECT Name, CategoryId FROM Win32_ComponentCategory`	Name und CATID aller Komponentenkategorien
`SELECT IPAddress FROM Win32_NetworkAdapterConfiguration WHERE IPEnabled=TRUE`	Das mehrwertige Attribut `IPAddress` einer Netzwerkkarte, die für das IP-Protokoll zugelassen ist
`SELECT RecordNumber, Message FROM Win32_NTLogEvent WHERE Logfile='Application'`	Eintragsnummer und Nachricht aller Einträge in das Ereignisprotokoll „Anwendung“

Schemaabfragen (Schema Queries)

Anfragen zum Schema haben die Form:

```
SELECT attributliste FROM META_CLASS WHERE bedingung
```

wobei `META_CLASS` hier ein feststehender Ausdruck ist. Andere Schlüsselwörter werden nicht unterstützt. Mit der `WHERE`-Klausel werden das zu beobachtende Managed Object (MO) und die in ihm zu beobachtenden Attribute definiert. Schemaabfragen können mit `WMI_PrintQuery(WQL)` ausgegeben werden.

Tabelle 15.9: Beispiele für Schemaabfragen

WQL	Erläuterung
`SELECT * FROM meta_class WHERE __Class = "Win32_LogicalDisk"`	Zugriff auf die WMI-Klasse `Win32_LogicalDisk`
`SELECT * FROM meta_class WHERE __this ISA "Win32_LogicalDisk"`	Zugriff auf alle von `Win32_LogicalDisk` abgeleiteten Klassen

Ereignisabfragen (Event Queries)

Eine Ereignisabfrage bezieht sich immer auf eine Ereignisklasse.

Mit der `WHERE`-Klausel werden die zu suchenden Klassen entweder direkt über ihren Namen (`__Class =`) oder über den Namen einer Oberklasse (`__this ISA`) festgelegt.

```
SELECT * FROM eventklasse WHERE bedingung
```

Alle Ereignisklassen sind Unterklassen eines Ereignistyps. Die Ereignistypen wiederum sind Unterklassen der Klasse `__Event`. Sie sind in der Regel an dem führenden doppelten Unterstrich und der Endung auf `Event` erkennbar. WMI unterscheidet vier Typen von Ereignissen (siehe Tabelle).

Tabelle 15.10: WMI-Ereignisklassen. Die Ereignistypen sind die Oberklassen zu den rechts genannten Ereignisklassen.

Ereignistyp (Oberklasse)	Ereignisklasse

`__ClassOperationEvent`	`__ClassCreationEvent`
	`__ClassDeletionEvent`
	`__ClassModificationEvent`

`__ExtrinsicEvent`	`__SystemEvent` `Win32_PowerManagementEvent`

`__InstanceOperationEvent`	`__InstanceCreationEvent`
	`__InstanceDeletionEvent`
	`__InstanceModificationEvent`

`__NamespaceOperationEvent`	`__NamespaceCreationEvent`
	`__NamespaceDeletionEvent`
	`__NamespaceModificationEvent`

HINWEIS: Bitte beachten Sie, dass das Ereignis `__InstanceModificationEvent` wirklich nur ausgeführt wird, wenn sich ein Attributwert ändert. Wenn Sie beispielsweise die Prozessorlast auf die Überschreitung der 80%-Grenze prüfen, dann bekommen Sie ein Ereignis beim Überschreiten der Grenze. Wenn danach der Wert konstant bei 100% liegt, bekommen Sie keine weiteren Ereignisse. Sie erhalten erst wieder ein Ereignis, wenn der Wert sich nochmals ändert (z.B. von 100% auf 99%).

Ereignisabfragen unterstützen als zusätzliche SQL-Schlüsselwörter `WITHIN`, `GROUP BY` und `HAVING`:

- Dabei gibt `WITHIN 10` das Abfrageintervall in Sekunden an (wird immer gebraucht, wenn es keinen speziellen Ereignissender gibt!).
- `GROUP` bündelt eine Anzahl von Einzelereignissen zu einem Gesamtereignis.
- `HAVING` dient der Definition einer Bedingung innerhalb der Gruppierung.

Tabelle 15.11: Beispiele für Ereignisabfragen

WQL	Erläuterung
`SELECT * FROM __InstanceModificationEvent WITHIN 5 WHERE TargetInstance ISA "Win32_Service" AND TargetInstance. State="Stopped"`	Alle fünf Sekunden wird geprüft, ob ein Dienst den Status *Stopped* bekommen hat.
`SELECT * FROM EmailEvent GROUP WITHIN 600 HAVING NumberOfEvents > 5`	Wenn innerhalb von zehn Minuten mehr als fünf E-Mail-Ereignisse auftreten, wird dieses Ereignis ausgelöst.
`SELECT * FROM __InstanceCreationEvent WHERE TargetInstance ISA "Win32_NTLogEvent" AND TargetInstance.Logfile="Application" OR TargetInstance.Logfile="System"`	Jeder neue Eintrag in den Ereignisprotokollen *System* und *Application* löst ein Ereignis aus.

WMI-Werkzeuge

WMI kann man z.B. mit folgenden Werkzeugen verwenden:

- MMC-Konsole für WMI
- WMIC-Kommandozeilenwerkzeug *(wmic.exe)*
- Die kostenlosen Werkzeuge im Rahmen der WMI Administrative Tools
- Windows PowerShell (WPS) über Commandlet wie `Get-CimInstance` und `Get-WmiObject` und die eingebauten PowerShell-Typen `[WMI]`, `[WMICLASS]` und `[WMISEARCHER]`
- Systemmanagementwerkzeuge wie Microsoft System Center oder HP OpenView

Die MMC-Konsole für WMI (z.B. enthalten in der „Computerverwaltung“) dient nicht dem Zugang zu WMI-Informationen, sondern nur der Sicherheitskonfiguration (wer hat Zugang zu den Informationen?) sowie der Sicherung und Wiederherstellung des WMI-Repository.

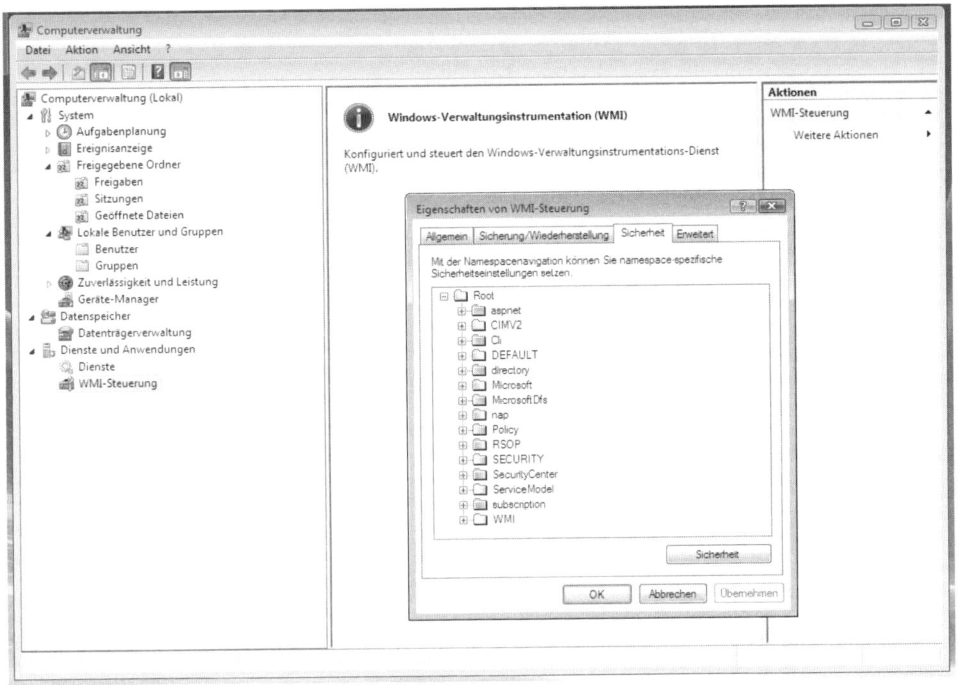

Abbildung 15.6: WMI-Steuerung in der MMC „Computerverwaltung“

HINWEIS: Daran, dass es in Windows kein mitgeliefertes grafisches Werkzeug für den Zugang zu den eigentlichen Daten in WMI gibt, sieht man schon, dass WMI als Plattform für Scripting und nicht für die GUI-basierte Administration betrachtet wird. ■

WMI Object Browser

Der WMI Object Browser ist eines der Werkzeuge in den WMI Administrative Tools. Er ermöglicht es, die auf dem lokalen oder einem entfernten System vorhandenen WMI-Objekte zu betrachten und entlang der Hierarchie der Objekte das System zu erforschen, mit dem Ziel, Objekte und Attribute zu finden, welche die gewünschten Systeminformationen enthalten. An vielen Stellen können WMI-Objekte auch verändert werden (z. B. Name eines Laufwerks ändern) oder es ist möglich, Aktionen auf den Objekten zu initiieren (z. B. Festplatte prüfen).

ACHTUNG: Das Werkzeug *WMI Object Browser* läuft als ActiveX-Komponente innerhalb des Internet Explorers. Sie müssen ActiveX zulassen, um das Werkzeug nutzen zu können. Eine deutsche Version ist nicht verfügbar. Da die Hilfetexte zu den WMI-Klassen aber im WMI-Repository stehen, sind zumindest davon viele in Deutsch verfügbar. ■

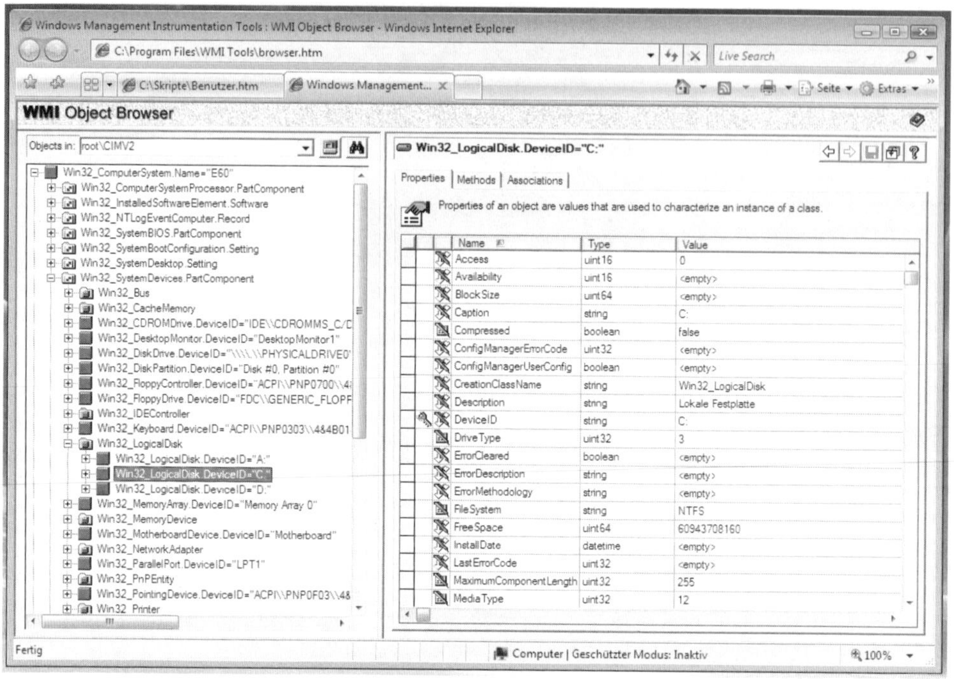

Abbildung 15.7: Der WMI Object Browser zeigt an, dass der Computer drei Laufwerke besitzt. Die Details zu Laufwerk „C“ werden hier dargestellt.

Weitere Werkzeuge

Weitere Werkzeuge in den WMI Administrative Tools sind:

- Das WMI CIM Studio setzt im Gegensatz zum WMI Object Browser auf der Klassenebene an und stellt die Vererbungshierarchie der CIM-Klassen dar. Diese wird in der linken Fensterhälfte, dem Class Explorer, gezeigt. Die rechte Fensterhälfte (genannt Class Viewer) ähnelt der Ansicht des WMI Object Browsers: Hier werden die Attribute, Methoden und Beziehungen angezeigt.
- Das WMI Event Registration Tool ist ein GUI zur Konfiguration von Ereigniskonsumenten.
- Der WMI Event Viewer ist das einzige unter den WMI Administrative Tools, das keine HTML-Anwendung, sondern eine ausführbare Datei (wbemeventviewer.exe) ist. Der Event Viewer ist ein permanenter WMI-Ereigniskonsument, der durch eine `__EventFilter`-Instanz definierte Ereignisse auf dem Bildschirm darstellt. Der Event Viewer wird über die WMI-Klasse `Event ViewerConsumer` konfiguriert. Diese Konfiguration können Sie über das WMI Event Registration Tool oder über den Event Viewer selbst durchführen.

WMI-Programmierschnittstellen

Microsoft stellt für WMI drei Programmierschnittstellen bereit:

- Die COM-basierte Softwarekomponente *SWbemDisp.dll* mit dem WMI-COM-Objektmodell, in dessen Zentrum die Klasse `WbemScripting.SWbemObject` steht. Fernzugriff ist über DCOM möglich.

- Die COM-basierte Softwarekomponente *WsmAuto.dll*, die einen Fernzugriff über WS-Management (HTTP und SOAP) ermöglicht
- Die .NET-basierte Softwarekomponente *System.Management.dll* mit einem Objektmodell, in dessen Zentrum die Klassen `System.Management.ManagementObject` und `System.Management.ManagementClass` stehen

HINWEIS: Alle oben genannten Komponenten sind **Metaobjektmodelle**, d. h., es gibt dort nicht für jede der unzähligen WMI-Klassen eine Entsprechung, sondern es gibt einige wenige Klassen, deren Instanzen durch Abgabe von WMI-Pfaden auf die eigentlichen WMI-Objekte abgebildet werden.

System.Management

Die Windows PowerShell verwendet primär die .NET-Komponente *System.Management.dll* mit dem Namensraum `System.Management`. Ein Zugriff auf die COM-Komponenten ist aber auch möglich, nur umständlicher und wird in diesem Buch nicht gezeigt.

Zentrale Klassen des Objektmodells (siehe folgende Grafik) von `System.Management` sind:

- `ManagementObject`

  Diese Klasse repräsentiert ein WMI-Objekt.
- `ManagementClass`

  Diese Klasse repräsentiert eine WMI-Klasse. `ManagementClass` ist von `ManagementObject` abgeleitet.
- `ManagementBaseObject`

  Beide Klassen sind von `ManagementBaseObject` abgeleitet. Diese Klasse ist nicht abstrakt, sondern wird an verschiedenen Stellen im Objektmodell auch verwendet.

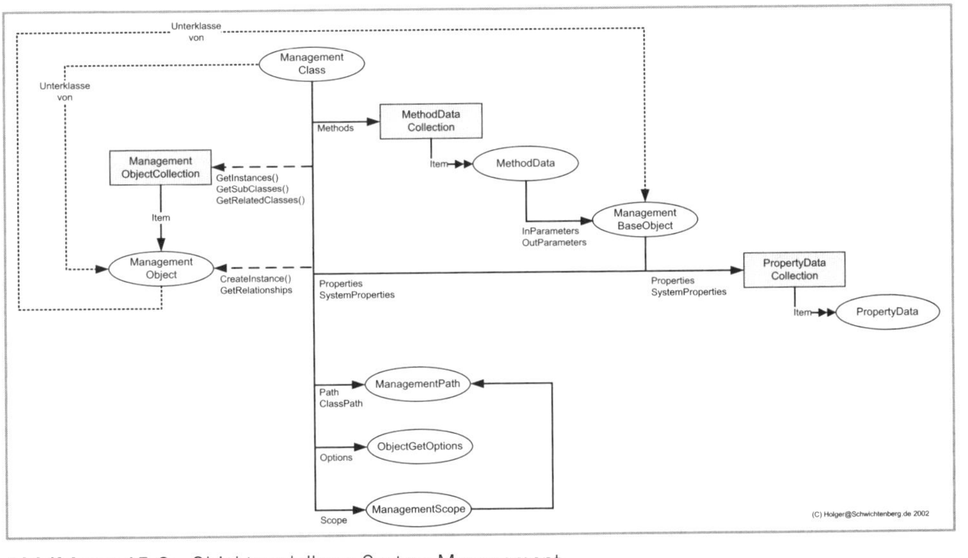

Abbildung 15.8: Objektmodell von System.Management

Bei *System.Management.dll* dient die Klasse `ManagementObject` als Metaklasse für alle WMI-Klassen, d. h., eine Instanz von `ManagementObject` wird bei seiner Erzeugung durch Verwendung eines WMI-Pfads an ein WMI-Objekt gebunden und bildet dieses ab. Leider ist die Abbildung nicht so leicht zu verwenden, wie man es sich wünschen würde, denn man muss alle Attribute über die `PropertyDataCollection` ansteuern (siehe obige Abbildung des Objektmodells) und die Methodenaufrufe umständlich durch `InvokeMethod()` ausführen.

HINWEIS: Im Folgenden werden Sie sehen, dass die Windows PowerShell den Zugriff auf dieses komplexe Objektmodell stark vereinfacht.

Weitere Neuerungen in WMI Version 2

Neben dem Verzicht auf DCOM schafft Microsoft in WMI 2 die Möglichkeit, aus den vielen Tausend WMI-Klassen direkt PowerShell-Commandlets zu generieren. So erklärt sich auch die plötzliche Flut von administrativen Commandlets seit Windows Client Version 8 und Windows Server Version 2012.

Microsoft geht mit WMI 2 und PowerShell so weit, dass einige Bereiche des Betriebssystems, z.B. das Server Message Block (SMB)-Protokoll 2.2, das Microsoft mit Windows 8 ausliefern wird, zukünftig nur noch über WMI und die PowerShell verwaltbar sind (siehe Abbildung). Das bisherige Network Share Management API *[http://msdn.microsoft.com/en-us/library/bb525393(VS.85).aspx]* für Entwickler und das Werkzeug net.exe für Administratoren werden nicht verschwinden, aber auf dem bisherigen Stand verharren. WMI v2-Provider kann man künftig auch mit der PowerShell schreiben.

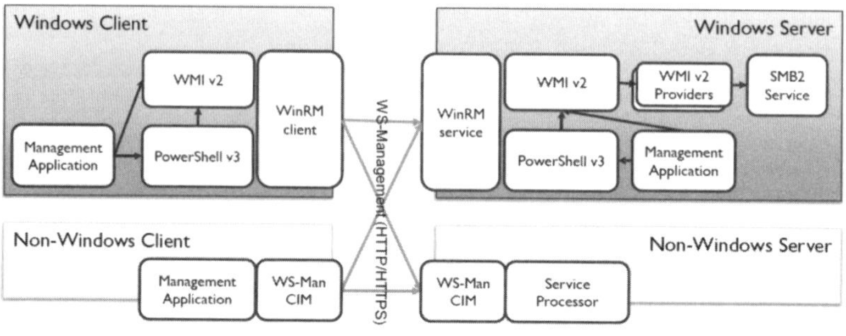

Abbildung 15.9: Verwaltung von Windows File Servern über WMI, WinRM und PowerShell (Quelle: *http://www.snia.org/sites/default/files2/SDC2011/presentations/wednesday/JoseBarreto_WindowsServer_8_SMB2_Management_v3.pdf)*

Um Windows für andere Betriebssysteme weiter zu öffnen, entwickelt Microsoft unter dem Namen „NanoWBEM" auch eine WBEM-Implementierung für andere Betriebssysteme, die laut Aussage von PowerShell-Chefarchitekt Jeffrey Snoover *[http://channel9.msdn.com/Events/BUILD/BUILD2011/SAC-644T?format=auto]* um den Faktor 76 schneller sein soll als die DMTF-Referenzimplementierung „OpenPegasus" *[http://www.openpegasus.org/]*. Zudem soll NanoWBEM auch auf SmartPhones laufen, um diese Geräte ebenfalls überwachbar zu machen.

15.2 WMI in der Windows PowerShell

Die Windows PowerShell bietet die Möglichkeit zum Zugriff auf das lokale WMI-Repository und auch WMI-Repositories auf entfernten Systemen.

Dafür bietet die PowerShell folgende Konzepte:

- Die Commandlets `Get-WmiObject` (seit PowerShell 1.0), `Remove-WmiObject`, `Set-WmiInstance` und `Invoke-WmiMethod` (seit PowerShell 2.0)
- Seit PowerShell-Version 3.0 gibt es eine neue Familie von WMI-Befehlen, die nun „Cim" im Namen tragen, u.a. `Get-CimAssociatedInstance`, `Get-CimClass`, `Get-CimInstance`, `Invoke-CimMethod`, `New-CimInstance`, `Register-CimIndicationEvent`, `Set-CimInstance` und `Remove-CimInstance`.
- Die eingebauten PowerShell-Typen `[WMI]`, `[WMICLASS]` und `[WMISEARCHER]`
- Den PowerShell-WMI-Objektadapter, der den Zugriff auf WMI-Objekte vereinfacht

Diese Konzepte werden in den folgenden Abschnitten aufgabenorientiert erläutert.

Den Unterschied zwischen den alten und neuen WMI-Commandlets zeigt die folgende Tabelle.

Tabelle 15.12: Alte versus neue WMI-Commandlets

	Alte Commandlets mit „WMI" im Namen	Neue Commandlets mit „CIM" im Namen
Verfügbar in	PowerShell ab 1.0	PowerShell ab 3.0
WMI-Version	1 und 2	2
Protokoll für lokale Zugriffe	DCOM	DCOM
Protokoll für Fernzugriffe	DCOM	Webservices mit WS-Management (WS-Man) Optional: DCOM
.NET-Klasse für WMI-Instanz	`System.Management.ManagementObject`	`Microsoft.Management.Infrastructure.CimInstance`
.NET-Klasse für WMI-Klasse	`System.Management.ManagementClass`	`Microsoft.Management.Infrastructure.CimClass`
Eingabeunterstützung in PowerShell-Konsole und ISE	Nein	Ja

TIPP: Der wesentliche Vorteil der neueren Commandlets gegenüber den älteren (z. B. `Get-CimInstance` im Vergleich zu `Get-WmiObject`) ist, dass die PowerShell-Konsole und die ISE Eingabeunterstützung für die WMI-Klassennamen gewähren. Allerdings bezieht sich die Vorschlagsliste immer auf die auf dem lokalen System vorhandenen WMI-Klassen. Auf einem eventuell angesprochenen entfernten System zusätzliche Klassen sieht man nicht. Zudem kann es sein, dass die vorgeschlagene WMI-Klasse auf dem entfernten System nicht existiert.

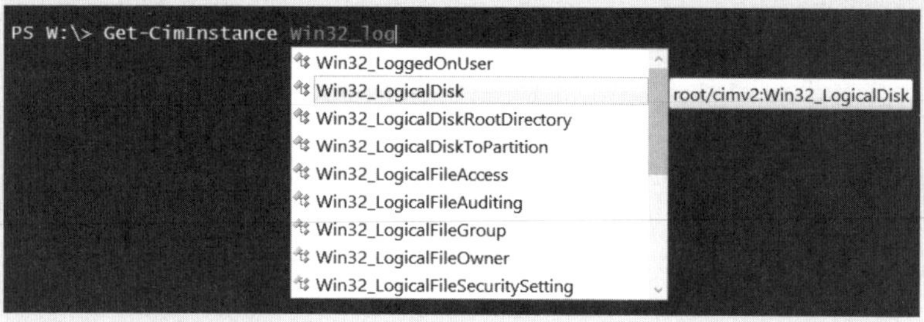

Abbildung 15.10: Vorschlagsliste bei Get-CimInstance

15.3 Abruf von WMI-Objektmengen

Die Verwendung von `Get-CimInstance oder Get-WmiObject` in Verbindung mit einem WMI-Klassennamen in der Form

```
Get-CimInstance WMIKlassenname
```

liefert alle Instanzen der angegebenen WMI-Klasse (sofern es die angesprochene WMI-Klasse auf dem lokalen System gibt).

Beispiel:

```
# Name und Treiberdatei für alle Grafikkarten in diesem Computer
Get-CimInstance Win32_VideoController
```

liefert alle installierten Grafikkarten.

Dies ist eine Kurzform für

```
Get-CimInstance -ClassName Win32_VideoController
```

Sofern die Klasse nicht im Standardnamensraum `"root\cimv2"` liegt, muss man den Namensraum mit dem Parameter `–Namespace` explizit benennen:

```
Get-CimInstance -Namespace root/WebAdministration -ClassName Site
```

TIPP: Mit folgendem Befehl fragen Sie die Versionsnummer des WMI-Repository ab:

```
Get-CimInstance __cimomidentification -Namespace root/default
```

Unter Windows 8 sollte hier die Nummer 6.2.9200.xxxxx erscheinen.

15.4 Fernzugriffe

Man kann sowohl bei `Get-CimInstance` als auch `Get-WmiObject` mit dem Parameter `–Computer` auf entfernte Systeme zugreifen:

```
Get-CimInstance -class Win32_VideoController -Computer ServerF112
```

Allerdings ist zu beachten, dass `Get-CimInstance` dafür im Standard immer per SOAP-Webservice (WS-Management-Protokoll) redet. Wenn das entfernte System ein älteres System ohne WS-Management ist, dann muss man über eine explizite CIM-Sitzung die Kommunikation auf DCOM umschalten. Dafür verwendet man die Commandlets `New-CimSessionOption` und `New-CimSession`.

Listing 15.2: [WP3_CIMSession.ps1]

```
$so = New-CimSessionOption -Protocol DCOM
$s = New-CimSession -ComputerName ServerF112 -SessionOption $so
Get-CimClass -cimsession $s -class Win32_VideoController
```

HINWEIS: `Get-WmiObject` verwendet immer DCOM, so dass dieses Commandlet in Szenarien mit älteren Betriebssystemen einfacher in der Verwendung sein wird.

15.5 Filtern und Abfragen

Wenn man nicht alle Instanzen, sondern nur ausgewählte Instanzen ermitteln möchte, die bestimmten Kriterien entsprechen, kann man eine der folgenden alternativen Möglichkeiten nutzen:

- Verwendung des Commandlets `Get-CimInstance` oder `Get-Wmiobject` mit einem Filter
- Verwendung von WQL-Abfragen mit dem Parameter `–Query` in den Commandlets `Get-CimInstance` oder `Get-WmiObject`

- Auf einzelne, per WMI-Pfad identifizierte WMI-Objekte oder WMI-Klassen kann man zudem durch Verwendung der eingebauten PowerShell-Typen `[WMI]` und `[WMIClass]` zugreifen.
- Direkte Instanziierung der Klassen `System.Management.ManagementObject` bzw. `System. Management.ManagementClass` jeweils unter Angabe eines WMI-Pfads im Konstruktor
- Verwendung von WQL-Abfragen mit dem Typ `[WMISEARCHER]`
- Verwendung von WQL-Abfragen mit der .NET-Klasse `System. Management.Management ObjectSearcher`

Filtern mit Get-WmiObject

Die Commandlets `Get-CimInstance` und `Get-Wmiobject` bieten die Möglichkeit, schon beim Abruf die Objekte zu filtern. Der Filter ist nach dem Parameter `-Filter` in einer Zeichenkette anzugeben.

Beispiele:

- Alle Benutzerkonten aus der Domäne „FBI":

```
Get-CimInstance Win32_account -filter "domain='FBI'"
```

- Alle Benutzerkonten aus der Domäne „FBI", deren Benutzerkontenname mit „H" beginnt:

```
Get-CimInstance Win32_account -filter "domain='FBI' and name like 'h%'"
```

HINWEIS: Wichtig ist, dass bei WMI-Filtern die Operatoren wie bei SQL (z. B. =, <>, <, >, like, and, or) anzugeben sind und nicht wie bei PowerShell-Ausdrücken (z. B. -eq, -ne, -lt, -gt, -like, -and, -or).

Zugriff auf einzelne WMI-Objekte

Um auf ein bestimmtes WMI-Objekt gezielt zuzugreifen, zeigt die nachstehende Tabelle verschiedene Möglichkeiten.

Tabelle 15.13: Beispiele für den Zugriff auf einzelne WMI-Objekte

	Get-WmiObject oder Get-CimInstance mit Filter	Eingebaute PowerShell-Typen	Direkte Instanziierung der .NET-Klasse
WMI-Objekt aus einer WMI-Klasse mit einem Schlüsselattribut	Get-CimInstance Win32_ LogicalDisk -Filter "DeviceID='C:'"	`[WMI] "\\.\root\cimv2: Win32_LogicalDisk. DeviceID='C:'"`	`New-Object System. Management.Management Object("\\.\root\ cimv2: Win32_LogicalDisk. DeviceID='C:'")`

	Get-WmiObject oder Get-CimInstance mit Filter	Eingebaute PowerShell-Typen	Direkte Instanziierung der .NET-Klasse
WMI-Objekt aus einer WMI-Klasse mit zwei Schlüssel-attributen	Get-CimInstance Win32_UserAccount -filter "name='hs' and domain='FBI'"	`[WMI] "\\.\root\cimv2:Win32_UserAccount.Domain='FBI',Name='hs'"`	`New-Object System.Management.ManagementObject("\\.\root\cimv2:Win32_UserAccount.Domain='FBI',Name='hs'")`
WMI-Objekt auf einem entfernten System	Get-CimInstance Win32_LogicalDisk -Filter "DeviceID='C:'" -computer "ServerF112"	`WMI] "\\ServerF112\root\cimv2:Win32_UserAccount.Domain='FBI',Name='hs'"`	`New-Object System.Management.ManagementObject("\\ServerF112\root\cimv2:Win32_UserAccount.Domain='FBI',Name='hs'")`
WMI-Klasse	Nicht möglich	`[WMICLASS] "\\.\root\cimv2:Win32_UserAccount"`	`New-Object System.Management.ManagementClass("\\SERVERF112\root\cimv2:Win32_UserAccount")`

TIPP: Klassen, von denen es sowieso nur immer eine Instanz geben kann, lassen sich ohne Filter aufrufen:

```
Get-CimInstance Win32_ComputerSystem
Get-CimInstance Win32_OperatingSystem
Get-CimInstance __cimomidentification -Namespace root/default
```

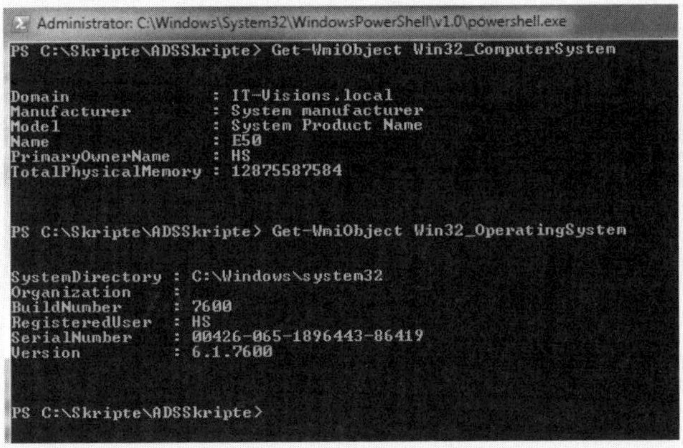

Abbildung 15.11: Win32_Computersystem und Win32_OperatingSystem gibt es sowieso immer nur einmal im WMI-Repository.

ACHTUNG: Bei der Verwendung der Typbezeichner `[WMI]` und `[WMIClass]` wird häufig übersehen, den Pfadnamen zu klammern, wenn dieser zusammengesetzt wird. In diesem Beispiel wird PC170 aufgefordert, PC171 „anzupingen".

Falsch:

```
$Computer = "PC170"
[WMI] "\\." + $Computer + "\root\cimv2:Win32_PingStatus.Address='PC171'"
```

Richtig:

```
$Computer = "PC170"
[WMI] ("\\" + $Computer + "\root\cimv2:Win32_PingStatus.Address='PC171'")
```

WQL-Abfragen

Abfragen in der Windows Management Instrumentation Query Language (WQL) kann man in der PowerShell mit dem Parameter `–Query` in den Commands `Get-CimInstance` und `Get-WmiObject` oder mit dem eingebauten Typ `[WMISEARCHER]` ausführen.

Der folgende Befehl selektiert alle Netzwerkkarten, in denen die Zahl „802" im Netzwerkkartentyp vorkommt.

```
Get-CimInstance -query "Select * from Win32_Networkadapter where adaptertype like
'%802%'" | select adaptertype,description
```

Alternativ kann man auch diese Abfrage mit dem eingebauten PowerShell-Typ `[WMISEARCHER]` ausführen:

```
([WMISEARCHER] "Select * from Win32_Networkadapter where adaptertype like '%802%'").
get()| select adaptertype,description
```

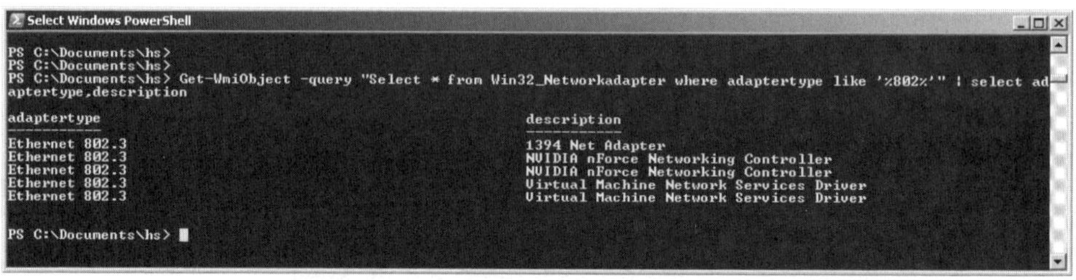

Abbildung 15.12: Ausführung einer WQL-Abfrage

HINWEIS: `Get-CimInstance` erlaubt es, mit dem Parameter `–QueryDialect` alternativ zu WQL auch Abfragen in CQL zu senden. Allerdings macht das nur Sinn bei der Abfrage von Nicht-Windows-Systemen. Auch aktuelle Windows-Systeme wie Windows 8 und Windows Server 2012 antworten mit „not implemented" auf das Senden einer CQL-Abfrage.

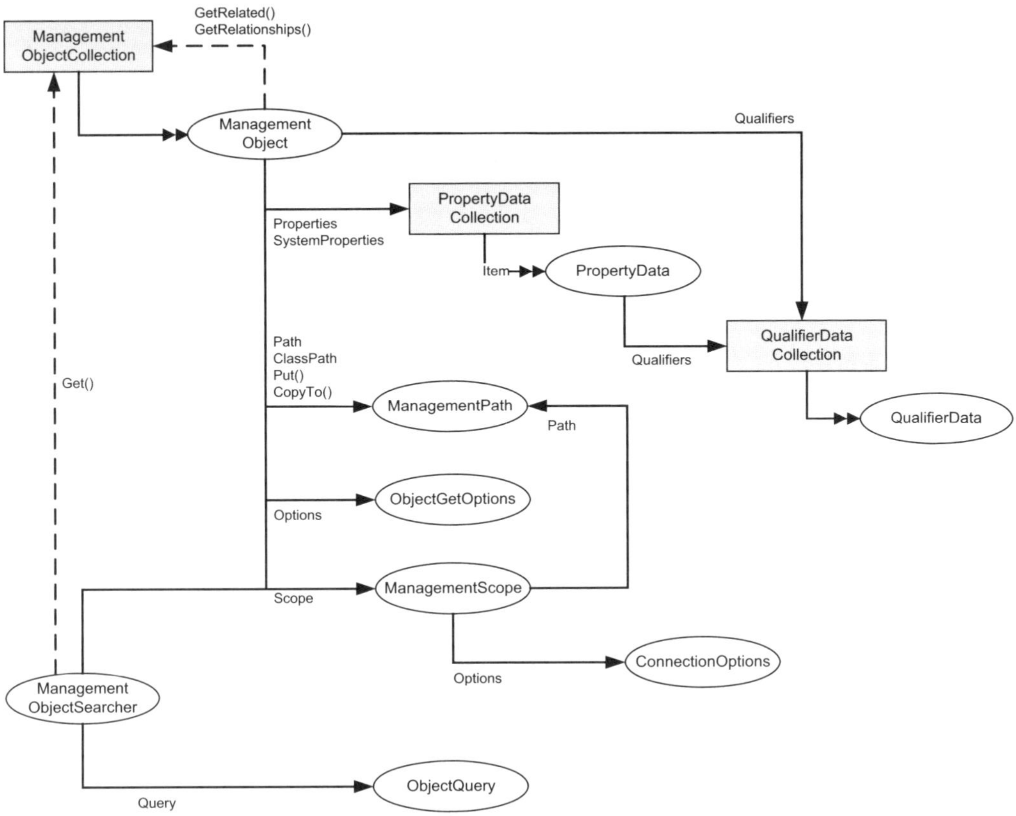

Abbildung 15.13: Objektmodell für Suchfunktionen über [WMISearcher] bzw. System. Management. ManagementObjectSearcher

15.6 Liste aller WMI-Klassen

Eine Liste aller verfügbaren WMI-Klassen auf einem System erhält man mit `Get-CimClass`. Dabei sind Platzhalter möglich, z. B.

```
Get-CimClass *disk*
```

Alternativ bekommt man eine Liste von `Get-WmiObject` mit dem Parameter `–List`. Ein Filter darf dabei nicht angegeben werden.

```
Get-Wmiobject –list
```

Wenn nichts angegeben wird, wird immer der Namensraum `"root\cimv2"` verwendet. Ein Namensraum lässt sich auch explizit angeben:

```
Get-CimClass *ftp* -Namespace root/WebAdministration
```

Man kann ebenso auf das WMI-Repository eines bestimmten entfernten Computers zugreifen, da die Menge der Klassen vom Betriebssystem und von den installierten Anwendungen abhängig ist.

```
Get-Wmiobject -list -Computer F171
```

bzw.

```
Get-CimClass *ftp* -Namespace root/WebAdministration -ComputerName F171
```

15.7 Hintergrundwissen: WMI-Klassenprojektion mit dem PowerShell-WMI-Objektadapter

Auf den ersten Blick erscheinen die von den WMI-Commandlets gelieferten Objekte ganz normale .NET-Objekte zu sein. Aber „unter der Haube" tut sich hier einiges, denn es gibt gar nicht eine .NET-Klasse für jede WMI-Klasse. Vielmehr werden die vielen WMI-Klassen in sehr wenige .NET-Metaklassen mit Hilfe eines sogenannten PowerShell-Objektadapters projiziert.

HINWEIS: Auf die Frage, wozu man als fortgeschrittener PowerShell-Nutzer diesen Mechanismus überhaupt kennen muss und wissen muss, was im Hintergrund passiert, gibt es drei Antworten:

- Damit Sie in der Lage sind, Codebeispiele, die mit dem WSH oder .NET arbeiten, auf die PowerShell zu übertragen
- Damit Sie verstehen, in welcher Dokumentation Sie suchen müssen
- Damit Sie auch verstehen, woran es liegen könnte, wenn etwas nicht funktioniert

WMI ist nicht die einzige Komponente, für welche die PowerShell einen solchen PowerShell-Objektadapter bereitstellt. Der Zugriff auf Verzeichnisdienste, Datenbanken und XML-Dokumente funktioniert ähnlich.

Die wenigen .NET-Metaklassen sind insbesondere in der „alten" WMI-Welt:

- `System.Management.ManagementObjectCollection`
- `System.Management.ManagementObject`
- `System.Management.ManagementClass`
- `System.Management.PropertyDataCollection`

Und in der neueren WMI-Welt ab PowerShell-Version 3.0:

- `Microsoft.Management.Infrastructure.CimInstance`
- `Microsoft.Management.Infrastructure.CimClass`
- `Microsoft.Management.Infrastructure.CimInstanceProperties`
- `Microsoft.Management.Infrastructure.CimClassProperties`
- `Microsoft.Management.Infrastructure.CimProperty`

Die folgende Abbildung veranschaulicht diese Projektion anhand der „alten" WMI-Klassen.

Diese Abbildung führt aber eigentlich dazu, dass der Zugriff auf WMI-Objekte über .NET nicht gerade „geschmeidig" ist, weil immer umständlich die `PropertyDataCollection` anzusprechen ist. Hier bietet die Windows PowerShell auf Basis des Extended Type System

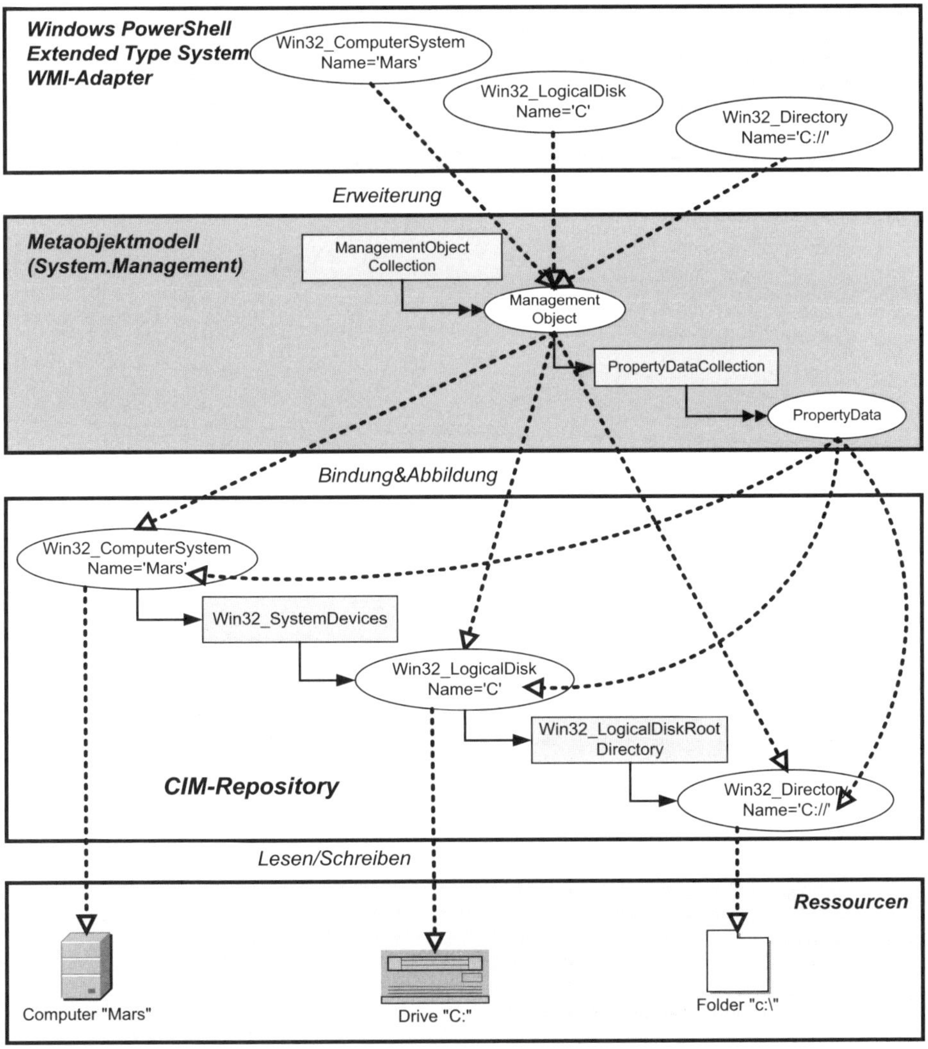

Abbildung 15.14: Abbildung von WMI-Objekten in der PowerShell

(ETS) eine Vereinfachung, denn die PowerShell erstellt durch den eingebauten WMI-Objektadapter dynamisch wieder Objekte, die den WMI-Klassen entsprechen. Diesen komplexen Zusammenhang veranschaulicht nachstehende Grafik ebenfalls.

Die Menge der verfügbaren Attribute und Methoden ermittelt man wie bei normalen .NET-Objekten mit `Get-Member`. Obwohl die Mitglieder einer WMI-Klasse (z.B. `Win32_LogicalDisk`) nicht auch gleichzeitig Mitglieder der die WMI-Klasse verpackenden .NET-Metaklasse (`System. Management.ManagementObject` bzw. `Microsoft.Management.Infrastructure.CimInstance`) sind, listet `Get-Member` dennoch die Mitglieder aus beiden Abstraktionsebenen auf.

Abbildung 15.15: Auflisten des Pipeline-Inhalts mit Get-Member, wenn sich WMI-Objekte in der Pipeline befinden

ACHTUNG: Wenn Sie Hilfeinformationen zu den Objekten in der Pipeline suchen, müssen Sie also in die Dokumentation des WMI-Schemas [MSDN55] schauen, nicht in die Dokumentation von `System.Management` [MSDN56].

Die Windows PowerShell hat ihre eigene Art und Weise, die durch den WMI-Objektadapter erzeugten Klassen zu benennen. Sie verwendet den Namen der .NET-Metaklasse (`System.Management.ManagementObject`) und den Pfad der WMI-Klasse getrennt durch das Zeichen „#“:

```
System.Management.ManagementObject#root\cimv2\Win32_LogicalDisk
```

bzw. in der neuen WMI-Welt:

```
Microsoft.Management.Infrastructure.CimInstance#root/cimv2/Win32_LogicalDisk
```

15.8 Beschränkung der Ausgabeliste bei WMI-Objekten

Beim Zugriff auf einzelne Objekte sowie Objektmengen erhält man eine lange Ausgabeliste. Im Standard werden mit `Format-List` die zahlreichen Eigenschaften der ermittelten WMI-Objekte ausgegeben (siehe folgende Bildschirmabbildung am Beispiel `Win32_Videocontroller`).

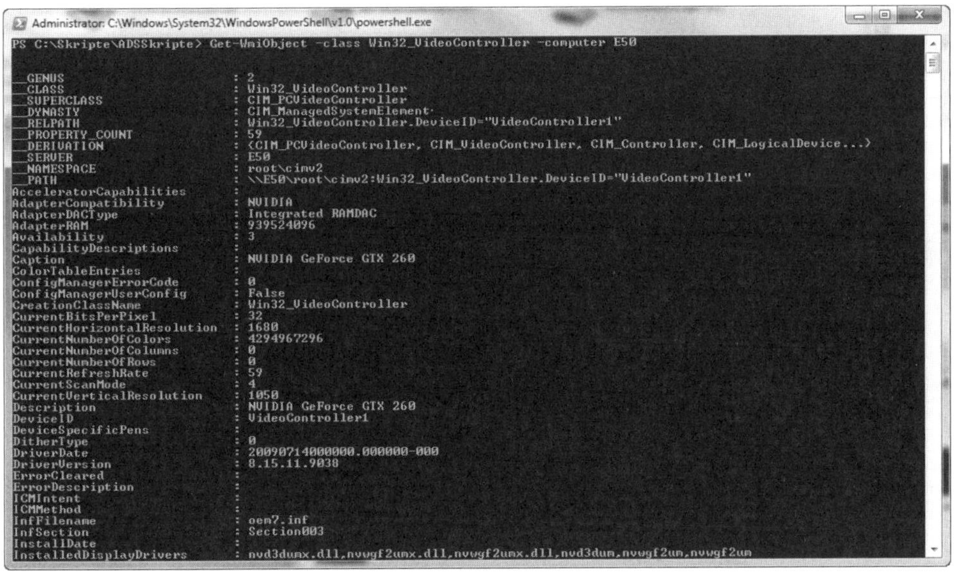

Abbildung 15.16: Eigenschaften der Klasse Win32_VideoController

Auch eine Ausgabe mit dem Commandlet `Format-Table` hilft nicht. Dies macht die Ausgabe zwar kürzer, aber viel breiter. Gut wäre es, das resultierende Objekt mit `Select-Object` auf die interessanten Eigenschaften zu „beschneiden“:

```
Get-CimInstance Win32_VideoController |
Select-Object name,installeddisplaydrive
```

Auch für einige WMI-Klassen ist in der *types.ps1xml*-Datei festgelegt, welche Attribute ausgegeben werden. Für `Win32_Videocontroller` gibt es eine solche Festlegung nicht; daher werden alle Attribute ausgegeben. Die folgenden Bildschirmabbildungen zeigen aber die Wirkung der Deklarationen für `Win32_CDRomDrive`.

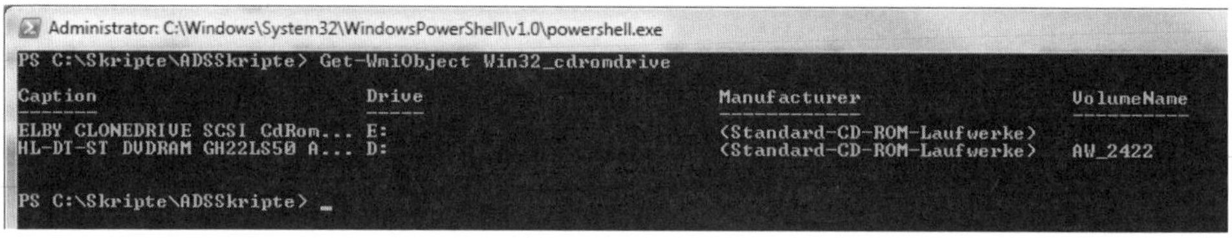

Abbildung 15.17: Standardausgabe des Befehls Get-CimInstance Win32_CDRomDrive

```
<Type>
    <Name>System.Management.ManagementObject#root\cimv2\Win32_CDROMDrive</Name>
    <Members>
        <PropertySet>
            <Name>PSStatus</Name>
            <ReferencedProperties>
                <Name>Availability</Name>
                <Name>Drive</Name>
                <Name>ErrorCleared</Name>
                <Name>MediaLoaded</Name>
                <Name>NeedsCleaning</Name>
                <Name>Status</Name>
                <Name>StatusInfo</Name>
            </ReferencedProperties>
        </PropertySet>
        <MemberSet>
            <Name>PSStandardMembers</Name>
            <Members>
                <PropertySet>
                    <Name>DefaultDisplayPropertySet</Name>
                    <ReferencedProperties>
                        <Name>Caption</Name>
                        <Name>Drive</Name>
                        <Name>Manufacturer</Name>
                        <Name>VolumeName</Name>
                    </ReferencedProperties>
                </PropertySet>
            </Members>
        </MemberSet>
    </Members>
</Type>
```

Abbildung 15.18: Festlegung der auszugebenden Attribute für die WMI-Klasse Win32_CDRomDrive

Das folgende Listing zeigt Beispiele zum Einsatz des neueren WMI-Commandlets `Get-CimInstance` in Zusammenarbeit mit Commandlets zur Pipeline-Steuerung:

```
# Name und freie Bytes auf allen Laufwerken
Get-CimInstance Win32_logicaldisk | Select-Object deviceid,freespace

# Name und Domain der Benutzerkonten, deren Kennwort niemals verfällt
Get-CimInstance Win32_account | Where-Object {$_.Kennwortexpires -eq 0 } |
Select-Object Name,Domain
```

15.9 Zugriff auf einzelne Mitglieder von WMI-Klassen

Auf die Attribute und auch auf die Methoden von WMI-Klassen kann man zugreifen wie auf die Mitglieder von .NET-Klassen. Die PowerShell abstrahiert von der Metaobjektmodellimplementierung durch den Objektadapter, so dass man die einzelnen Eigenschaften der WMI-Klasse über die Punktnotation (`$Objektvariable.PropertyName`) ansprechen kann.

Listing 15.3: Zugriff auf ein Instanzmitglied: Ausgabe der Laufwerksbezeichnung (VolumeLabel) mit der WMI-Klasse Win32_LogicalDisk

```
# Instanzmitglied abrufen aus Instanz
$laufwerk = [WMI] "\\F171\root\cimv2:Win32_LogicalDisk.DeviceID='C:'"
"Die aktuelle Bezeichnung von Laufwerk C ist: " + ($laufwerk.Volumename)
```

Anders als bei .NET-Objekten macht die PowerShell bei WMI keine syntaktischen Unterschiede zwischen statischen Mitgliedern (Klassenmitglied) und Instanzmitgliedern, d. h., es ist immer nur der einfache Punktoperator zu verwenden (in .NET-Objekten ist der doppelte Doppelpunkt für statische Methoden zu verwenden). Bei WMI ist nur zu beachten, dass mit dem PowerShell-Typ `[WMIClass]` auf den WMI-Pfad der WMI-Klasse, nicht einer konkreten Instanz verwiesen wird.

Beispiel: Abruf des Namens des aktuellen Computers

Listing 15.4: Zugriff auf ein Klassenmitglied: Ausgabe des Computernamens (PSComputerName) mit der WMI-Klasse Win32_OperatingSystem

```
# statisches Mitglied abrufen aus Klasse
$os = ([WMIClass] "Win32_OperatingSystem")
$os.PSComputerName
```

15.10 Werte setzen in WMI-Objekten

Um Werte in Objekten zu setzen, kann man schreibend auf eine Eigenschaft zugreifen. Die Werte werden aber erst gespeichert, wenn man die Methode `Put()` in der Metaklasse aufruft.

Beispiel:

Listing 15.5: Werte setzen in WMI-Objekten mit Put()

```
# Instanzmitglied abrufen aus Instanz
$laufwerk = [wmi]  "\\.\root\cimv2:Win32_LogicalDisk.DeviceID='C:'"
# Zugriff auf aktuellen Wert
"Die aktuelle Bezeichnung von Laufwerk C ist: " + ($laufwerk.Volumename)
# Änderung des Wertes
"Laufwerksname wird geändert"
$laufwerk.Volumename = "Sys"
$laufwerk.Put()
"Die aktuelle Bezeichnung von Laufwerk C ist nun: " + ($laufwerk.Volumename)
```

ACHTUNG: Put() liefert leider keine sprechenden Fehlermeldungen. Man sieht als Fehlermeldung immer nur „Ausnahme beim Aufrufen von „Put“ mit 0 Argument(en)“.

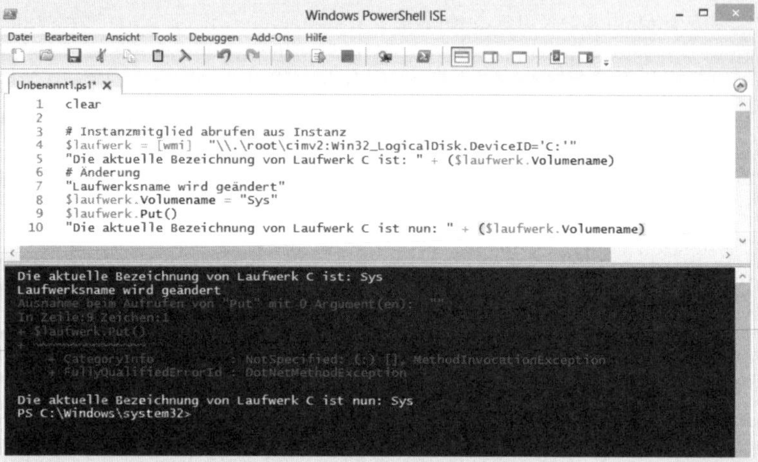

Abbildung 15.19: Nichtssagende Fehlermeldung bei Put()

Dies suggeriert, dass man Put() einen Parameter übergeben müsste. Aber das ist nicht so! Die Fehlermeldung kann so ziemlich alles heißen, z. B., ungültige Werte wurden gesetzt oder es gibt nicht ausreichend Rechte für die Änderung. Im konkreten Fall der Änderung der Laufwerksbezeichnung braucht man volle Administratorrechte. Dann geht es (siehe Bildschirmabbildung).

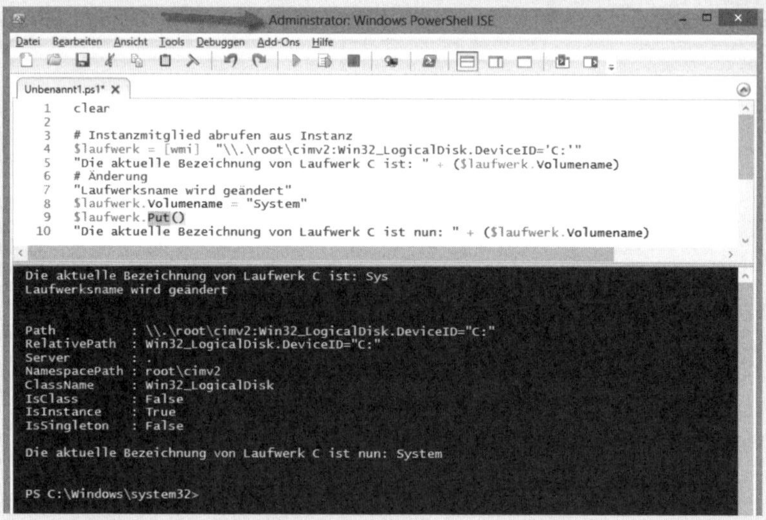

Abbildung 15.20: Erfolgreiche Ausführung von Put() mit vollen Administratorrechten

Alternativ kann man Werte in WMI-Objekten mit den WMI-Commandlets setzen.

Mit dem Commandlet `Set-WmiInstance` lassen sich seit PowerShell 2.0 Werte in WMI-Objekten setzen:

Beispiel: Ändern des Namens des Laufwerks C auf dem Computer „F171“:

```
Set-WmiInstance -path "\\F171\root\cimv2:Win32_LogicalDisk.DeviceID='c:'" -Arguments
@{ VolumeName="System" }
```

Alternativ kann man seit PowerShell-Version 3.0 auch `Set-CimInstance` verwenden:

```
Get-CimInstance  -namespace "root\cimv2" -class "Win32_LogicalDisk" -Filter
"DeviceID='c:'" | Set-CimInstance -property @{ VolumeName="System2" }
```

Vorteil von `Set-CimInstance` ist, dass es dort sprechende Fehlermeldungen gibt (siehe Bildschirmabbildungen).

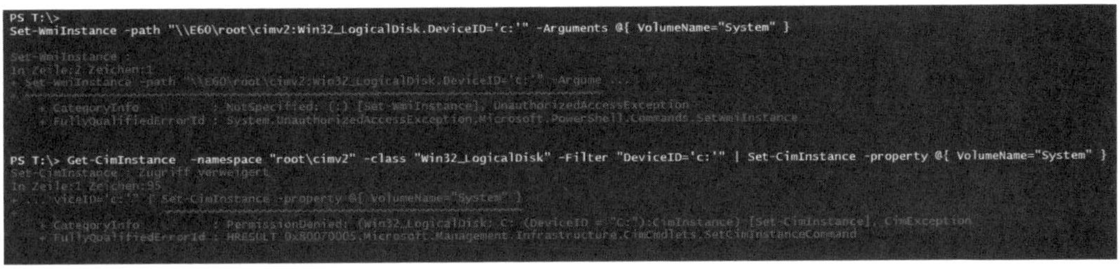

Abbildung 15.21: Nur Set-CimInstance liefert „Zugriff verweigert“

15.11 Umgang mit WMI-Datumsangaben

Die neuen WMI-Commandlets verarbeiten die Datumsangaben als normale .NET-Objekte (siehe Bildschirmabbildung). `Get-WMiObject` liefert die Datumsangaben aber als Zeichenkette der Form `yyyymmddHHMMSS.mmmmmmsUUU` gespeichert, wobei neben dem selbst erklärenden Kürzel anzumerken ist, dass `mmmmmm` die Anzahl der Millisekunden ist und `UUU` die Anzahl der Minuten, welche die lokale Zeit von der Universal Coordinated Time (UTC) abweicht. Das s ist das Vorzeichen. In Deutschland steht daher für `UUU` der Wert *+060*.

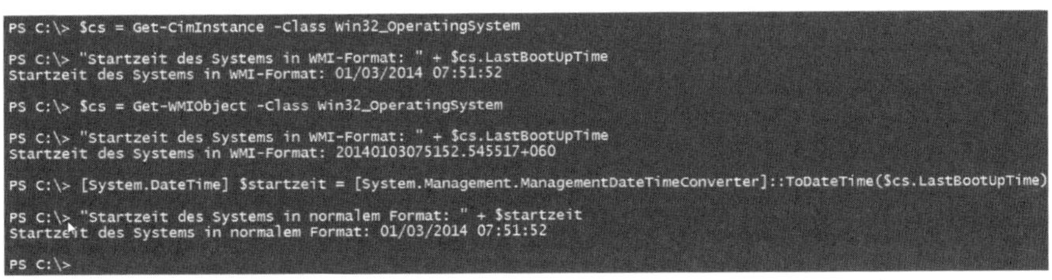

Abbildung 15.22: Datumsangabe mit Get-CIMInstance und Get-WMiObject

Konvertierung des WMI-Formats in normale Datumsobjekte

Zur Konvertierung eines WMI-Datumsformats in das normale Datumsformat der PowerShell (Klasse `System.DateTime`) steht die statische Methode `ToDateTime()` in der Klasse `System.Management.ManagementDateTimeConverter` zur Verfügung.

Listing 15.6: Umwandlung von WMI-Datumsformaten in System.DateTime [WMI_Date.PS1]

```
$cs = Get-WMIObject -Class Win32_OperatingSystem
"Startzeit des Systems in WMI-Format: " + $cs.LastBootUpTime
[System.DateTime] $startzeit = [System.Management.ManagementDateTimeConverter]::ToDateTime
($cs.LastBootUpTime)
"Startzeit des Systems in normalem Format: " + $startzeit
```

Wenn die PowerShell Community Extensions installiert sind, verfügt die Klasse `ManagementObject` über eine zusätzliche Methode `ConvertToDateTime()`, welche die Konvertierung erledigen kann:

```
$cs = Get-CimInstance -Class Win32_OperatingSystem -property LastBootUpTime
$cs.ConvertToDateTime($cs.LastBootUpTime)
```

15.12 Methodenaufrufe

Auch Methodenaufrufe sind in WMI-Klassen möglich über die Punktnotation, sowohl für Instanzmethoden als auch statische Klassenmethoden.

Listing 15.7: WMI-Methodenaufrufe

```
# Instanzmethode aufrufen
([WMI] "\\F171\root\cimv2:Win32_LogicalDisk.DeviceID='c:'").Chkdsk($false,$false,
$false,$false,$false,$false)
# Statische Klassemethode aufrufen
([WMIClass] "Win32_Product").Install("c:\install\meinSetup.msi")
```

Invoke-WmiMethod

Seit PowerShell 2.0 gibt es das Commandlet `Invoke-WmiMethod`, mit dem man WMI-Methoden direkt aufrufen kann.

Beispiel: Aufruf der Methode `Chkdsk()` in der WMI-Klasse `Win32_LogicalDisk` mit sechs Parametern (auf Computer F171):

```
Invoke-WmiMethod -Path "\\F171\root\cimv2:Win32_LogicalDisk.DeviceID='c:'" -Name
"Chkdsk" -ArgumentList $false,$false,$false,$false,$false
```

Weitere Beispiele

Umbenennen eines Computers mit der Methode `Rename(NeuerName)` aus der Klasse `Win32_Computersystem`:

```
Invoke-WmiMethod -Path "\\F171\root\cimv2:Win32_Computersystem.Name= F171" -Name
"Rename" -ArgumentList "F172"
```

Neustart eines Computers mit der Methode `Reboot()` aus der Klasse `Win32_OperatingSystem`:

```
Invoke-WmiMethod -Path "\\F171\root\cimv2:Win32_OperatingSystem=@" -Name "Reboot"
```

Invoke-CimMethod

Seit PowerShell-Version 3.0 kann man alternativ `Invoke-CimMethod` verwenden. Hier ist zu beachten, dass die Instanz, auf der der Befehl ausgeführt werden soll, zunächst mit `Get-CimInstance` geholt wird und die Parameter als Hash-Tabellen mit Name-Wert-Paaren anzugeben sind.

```
Get-CimInstance  -computername F171 -namespace "root\cimv2" -class "Win32_
LogicalDisk" -Filter "DeviceID='t:'" | Invoke-CimMethod -MethodName "Chkdsk"
-Arguments @{ FixErrors=$false; VigorousIndexCheck=$false; SkipFolderCycle=$false;
ForceDismount=$false; RecoverBadSectors=$false; OKToRunAtBootUp=$false }
```

15.13 Neue WMI-Instanzen erzeugen

Viele WMI-Klassen sind so gestaltet, dass zum Anlegen neuer Systemelemente (Managed Objects) eine Instanz der WMI-Klasse erzeugt werden muss. Dafür werden auf Klassenebene statische Methoden angeboten mit Namen `Create()`, vgl. siehe folgende Bildschirmabbildung. Alternativ kann man seit PowerShell-Version 3.0 das Commandlet `New-CimInstance` verwenden.

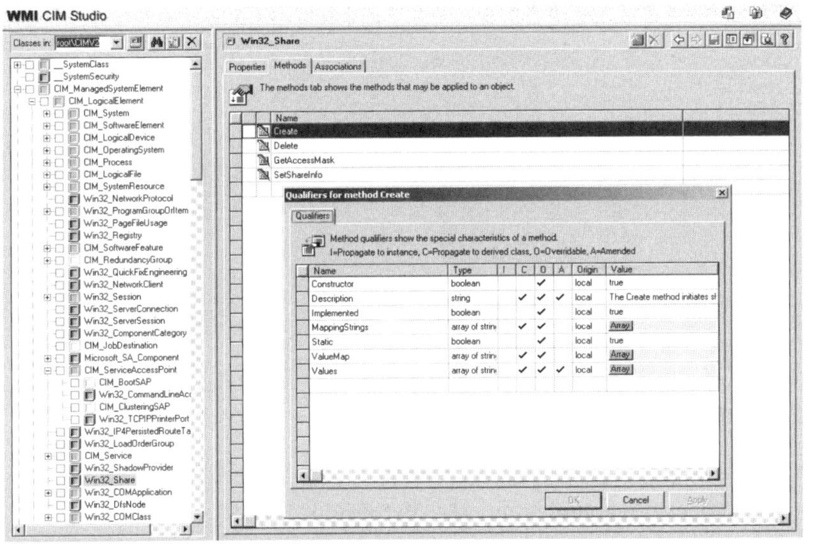

Abbildung 15.23: Methoden der Klasse Win32_Share

Das folgende Beispiel zeigt das Anlegen einer Freigabe mit Standardrechten. Die Vergabe von Rechten ist ein komplexeres Thema, das später noch behandelt wird.

Listing 15.8: New-Share-WithoutPermissions.ps1

```
# Create Win32_Share
$pfad = "w:\Temp"
$Sharename = "TempDateien"
$Comment = "Freigabe von w:\Temp"
$class = [WMIClass] "ROOT\CIMV2:Win32_Share"
$Access = $Null

$R = $class.Create($pfad, $Sharename, 0, 10, $Comment, "", $Access)
if ( $R.ReturnValue -ne 0) { Write-Error ("Fehler beim Anlegen: " + $R.ReturnValue);}
else {"Freigabe wurde angelegt!" }
```

15.14 Instanzen entfernen

Mit `Remove-WmiObject` (seit PowerShell 2.0) kann man ein WMI-Objekt löschen, z. B. einen Dateisystemordner auf einem entfernten System:

```
Remove-WmiObject -path "\\F171\root\cimv2:Win32_Directory.Name='c:\\temp'"
```

Mit dem neuen (seit PowerShell-Version 3.0) `Remove-CimInstance` sieht es so aus:

```
Get-CimInstance -computername F171 -class "Win32_Directory" -Filter "Name='W:\\temp'"
| Remove-CimInstance
```

HINWEIS: Diese Aktion könnte man ohne Einsatz von WMI alternativ ausdrücken:

```
Invoke-Command -ComputerName F171 { Remove-Item "c:\temp" }
```

Der Unterschied ist: Der erste Befehl verwendet nur WMI-Klassen, die es auf jedem Windows-System (zumindest seit Windows 2000) gibt. Der zweite Befehl erfordert auf dem Zielsystem die PowerShell ab Version 2.0 und dort aktiviertes PowerShell-Remoting.

15.15 Commandlet Definition XML-Datei (CDXML)

Die PowerShell ist schon 2006 erschienen und bot in der ersten Version zwar eine Menge Grundinfrastruktur zur Datenverarbeitung mit Import, Export, Filtern, Sortieren, Gruppieren und Zählen, aber wenig administrative Commandlets für den Zugriff auf Systembausteine. Erst mit Windows 7 und Windows Server 2008 R2 führte Microsoft mehr administrative Commandlets ein, aber weiterhin nur für einige ausgewählte Bereiche wie das Active Directory. Mit Windows 8 und Windows Server 2012 steigt die Anzahl der Commandlets fast explosionsartig. Während Microsoft bisher alle Commandlets explizit implementiert hatte, steckt ein Trick hinter der neuen Produktivität der Entwickler in Redmond: Die meisten der vielen neuen Commandlets sind als WMI-Klassen automatisch generiert worden.

Mit Windows 8 und Windows Server 2012 führt Microsoft eine neue Version ein, die viele WMI-Klassen einfacher realisiert als bisher und es zudem erlaubt, aus den WMI-Metadaten ein PowerShell-Commandlet zu generieren. Dabei wird kein Programmcode erzeugt, sondern lediglich eine „Commandlet Definition XML"-Datei (CDXML), die die PowerShell verwendet, um ad-hoc passende Commandlets bereitzustellen, wenn man solche CDXML-Dateien mit Import-Modulen einliest.

Listing 15.9: Ausschnitte aus der Datei SmbShare.cdxml

```
<?xml version="1.0" encoding="utf-8"?>
<PowerShellMetadata xmlns="http://schemas.microsoft.com/cmdlets-over-objects/2009/11">

  <Class ClassName="ROOT/Microsoft/Windows/SMB/MSFT_SMBShare">
    <Version>1.0</Version>

    <DefaultNoun>SmbShare</DefaultNoun>
    <InstanceCmdlets>

      <!--
      // Get-SmbShare
      -->
      <GetCmdletParameters>
        <QueryableProperties>
          <Property PropertyName="Name">
            <Type PSType="string" />
            <RegularQuery AllowGlobbing="true">
              <CmdletParameterMetadata IsMandatory="false" Position="1"
ValueFromPipelineByPropertyName="true" />
            </RegularQuery>
          </Property>
          <Property PropertyName="ScopeName">
            <Type PSType="string" />
            <RegularQuery AllowGlobbing="false">
              <CmdletParameterMetadata IsMandatory="false" Position="2"
ValueFromPipelineByPropertyName="true" />
            </RegularQuery>
          </Property>
...
      </Cmdlet>
```

```
    </InstanceCmdlets>
    <StaticCmdlets>
      <!--
      // New-SmbShare
      -->
      <Cmdlet>
        <CmdletMetadata Verb="New" ConfirmImpact="Medium" HelpUri="http://go.microsoft.
com/fwlink/?LinkID=241957" Aliases="nsmbs"/>
        <Method MethodName="CreateShare">
          <ReturnValue>
            <Type PSType="uint32" />
            <CmdletOutputMetadata>
              <ErrorCode />
            </CmdletOutputMetadata>
          </ReturnValue>
          <Parameters>
            <Parameter ParameterName="Description">
              <Type PSType="string" />
              <CmdletParameterMetadata>
                <AllowEmptyString />
                <ValidateNotNull />
              </CmdletParameterMetadata>
            </Parameter>
            <Parameter ParameterName="ConcurrentUserLimit">
              <Type PSType="Uint32" />
              <CmdletParameterMetadata>
                <AllowEmptyString />
                <ValidateNotNull />
              </CmdletParameterMetadata>
...
```

16 Dynamische Objekte

In den meisten Programmiersprachen ist der Aufbau von Objekten durch Klassendefinitionen zur Entwicklungszeit festgelegt. Die Klasse definiert die Mitglieder (Attribute, Methoden und Ereignisse) und die Instanzen dieser Klasse erhalten genau die in der Klasse definierten Mitglieder. Einige Programmiersprachen erlauben die Erweiterungen von Objekten zur Laufzeit um neue Mitglieder. Die PowerShell gehört zu diesen Programmierumgebungen, die diese Möglichkeit besitzen.

Zentrales Instrument ist dafür das Commandlet `Add-Member`, mit dem man ein bestehendes Objekt um Mitglieder erweitern kann. Ein zusätzliches Attribut sind ein „NoteProperty", eine zusätzliche Methode eine „ScriptMethod" (weil man sie in der PowerShell-Skriptsprache implementiert).

`Add-Member` erwartet folgende Angaben:

- `InputObject`: das zu erweiternde Objekt
- `MemberType`: NoteProperty oder ScriptMethode
- `Name`: Bezeichner des neuen Mitglieds
- `Value`: bei einem NoteProperty der Wert, bei einer ScriptMethod der Skriptblock

16.1 Erweitern bestehender Objekte

Eine Schwäche in der .NET-Klassenbibliothek ist sicherlich, dass die Klasse `System.IO.DirectoryInfo`, die Ordner im Dateisystem repräsentiert, kein Attribut besitzt, das die Größe aller Dateien in diesem Ordner wiedergibt. Es gibt lediglich für einzelne Dateien (`System.IO.FileInfo`) das Attribut `Length`. Die nachstehend dokumentierte Funktion `Get-DirSize` ermittelt ausgehend von einem beliebigen Ordner die Größe der Unterordner, indem rekursiv die Größe aller Dateien ermittelt wird. Die ermittelte Größe könnte man in einer separaten Datenstruktur halten. Es ist aber viel eleganter, diese Größe an die bestehenden DirectoryInfo-Objekte für die Ordner anzuheften.

Listing 16.1: Ermitteln der Ordnergrößen und Anheften der Informationen an die Klasse DirectoryInfo

```
# DirSize.ps1
# Erweitern der Klasse DirectoryInfo um Attribut Size

function Get-DirSize($Path)
{
# Zugriff auf Unterverzeichnisse des Wurzelverzeichnises
$WurzelVerzeichnisse = Get-ChildItem $Path -Force  | where { $_.GetType().Name -eq
"DirectoryInfo" }

# Iteration über die Unterordner
foreach ($AktuellesVerzeichnis in $WurzelVerzeichnisse)
{
# Ermitteln der Größe aller Dateien in dem Ordner und seinen Unterordnern
$groesse = ($AktuellesVerzeichnis | Get-ChildItem -Recurse -ea silentlycontinue  |
where { $_.GetType().Name -ne "DirectoryInfo" } |  Measure-Object length -Sum)
# Anfügen des Mitglieds "Size" an das DirectoryInfo-Objekt
Add-Member -InputObject $AktuellesVerzeichnis -Value $groesse.Sum -Name "Size"
-MemberType "NoteProperty"
}
# Sortierte Ausgabe der Größen
$WurzelVerzeichnisse | sort Size -desc
}
```

Diese Funktion kann man beispielsweise benutzen, um die Größe der Benutzerprofile auf einem System zu ermitteln.

```
Get-DirSize c:\users | ft Name, Size
```

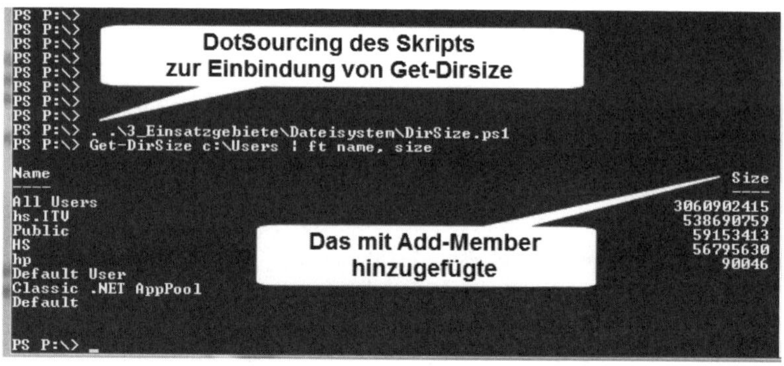

Abbildung 16.1: Ausgabe der Ordnergrößen von c:\users

ACHTUNG: Bitte beachten Sie, dass der Standort der Profilordner vom Betriebssystem abhängig ist.

```
PS P:\> Get-DirSize c:\Users | gm

   TypeName: System.IO.DirectoryInfo

Name                      MemberType     Definition
----                      ----------     ----------
Mode                      CodeProperty   System.String Mode{get=Mode;}
Create                    Method         System.Void Create(System.Security....
CreateObjRef              Method         System.Runtime.Remoting.ObjRef Crea...
CreateSubdirectory        Method         System.IO.DirectoryInfo CreateSubdi...
Delete                    Method         System.Void Delete(), System.Void D...
Equals                    Method         bool Equals(System.Object obj)
GetAccessControl          Method         System.Security.AccessControl.Direc...
GetDirectories            Method         System.IO.DirectoryInfo[] GetDirect...
GetFiles                  Method         System.IO.FileInfo[] GetFiles(), Sy...
GetFileSystemInfos        Method         System.IO.FileSystemInfo[] GetFileS...
GetHashCode               Method         int GetHashCode()
GetLifetimeService        Method         System.Object GetLifetimeService()
GetObjectData             Method         System.Void GetObjectData(System.Ru...
GetType                   Method         type GetType()
InitializeLifetimeService Method         System.Object InitializeLifetimeSer...
MoveTo                    Method         System.Void MoveTo(string destDirName)
Refresh                   Method         System.Void Refresh()
SetAccessControl          Method         System.Void SetAccessControl(System...
ToString                  Method         string ToString()
PSChildName               NoteProperty   System.String PSChildName=All Users
PSDrive                   NoteProperty   System.Management.Automation.PSDriv...
PSIsContainer             NoteProperty   System.Boolean PSIsContainer=True
PSParentPath              NoteProperty   System.String PSParentPath=Microsof...
PSPath                    NoteProperty   System.String PSPath=Microsoft.Powe...
PSProvider                NoteProperty   System.Management.Automation.Provid...
Size                      NoteProperty   System.Double Size=3060902415
Attributes                Property       System.IO.FileAttributes Attributes...
CreationTime              Property       System.DateTime CreationTime {get;s...
CreationTimeUtc           Property       System.DateTime CreationTimeUtc {ge...
Exists                    Property       System.Boolean Exists {get;}
Extension                 Property       System.String Extension {get;}
FullName                  Property       System.String FullName {get;}
LastAccessTime            Property       System.DateTime LastAccessTime {get...
LastAccessTimeUtc         Property       System.DateTime LastAccessTimeUtc {...
LastWriteTime             Property       System.DateTime LastWriteTime {get;...
LastWriteTimeUtc          Property       System.DateTime LastWriteTimeUtc {g...
Name                      Property       System.String Name {get;}
Parent                    Property       System.IO.DirectoryInfo Parent {get;}
Root                      Property       System.IO.DirectoryInfo Root {get;}
BaseName                  ScriptProperty System.Object BaseName {get=$this.N...

PS P:\>
```

Abbildung 16.2: Der Einsatz von Get-Member beweist, dass System.IO.DirectoryInfo tatsächlich erweitert wurde.

16.2 Komplett dynamische Objekte

Man kann auch eigene Objekte komplett neu aufbauen. Immer notwendige Basis ist dabei lediglich die Klasse `PSCustomObject`. Die Klasse erbt direkt von `System.Object`. Von `System.Object` erhält `PSCustomObject` die vier öffentlichen Mitglieder, die jedes .NET-Objekt besitzt.

```
   TypeName: System.Management.Automation.PSCustomObject

Name        MemberType Definition
----        ---------- ----------
Equals      Method     bool Equals(System.Object obj)
GetHashCode Method     int GetHashCode()
GetType     Method     type GetType()
ToString    Method     string ToString()
```

Abbildung 16.3: Die vier Standardmitglieder eines jeden .NET-Objekts

Beispiel

Das Beispiel zeigt die Erstellung eines Person-Objekts, das die Attribute `Geschlecht`, `Titel`, `Vorname` und `Name` besitzt, sowie eine ScriptMethod `GetAnrede()`, die diese beiden Zeichenketten korrekt zu einer Anrede zusammenfügt.

Listing 16.2: DynamischeObjekte.ps1

```
[PSCustomObject] $person = new-object PSCustomObject

Add-Member -InputObject $person -MemberType NoteProperty -Name Geschlecht "M"
Add-Member -InputObject $person -MemberType NoteProperty -Name Name "Schwichtenberg"
Add-Member -InputObject $person -MemberType NoteProperty -Name Vorname "Holger"
Add-Member -InputObject $person -MemberType NoteProperty -Name Titel "Dr."
Add-Member -InputObject $person -MemberType ScriptMethod -Name GetAnrede -Value {

if ($Geschlecht -eq "W") { $Anrede = "Frau"}
else { $Anrede = "Herr" }
if ($Titel -ne "") { $Anrede = $Anrede + " " + $this.Titel}
return $Anrede + " " + $this.Vorname + " " + $this.Name

}

$person.GetAnrede() # liefert: "Herr Dr. Holger Schwichtenberg"
```

HINWEIS: Innerhalb einer ScriptMethod nimmt man mit `$this` Bezug auf die übrigen Mitglieder des aktuellen Objekts. Dies ist wohl zu unterscheiden von `$_` (alias `$PSItem`), mit dem man das aktuelle Objekt in der Pipeline adressiert. Natürlich kann man innerhalb einer ScriptMethod auch Pipeline-Befehle verwenden.

Es ist eine verkürzte Schreibweise möglich, indem man die Eigenschaften des selbst definierten Objekts in einer Hashtable speichert und diese dann in ein `PSCustomObject` überführt:

```
$person2 = new-object psobject @{ Geschlecht="M"; Name="Schwichtenberg";
Vorname="Holger"; Titel="Dr." }
```

oder

```
$person3 = [PSCustomObject] @{ Geschlecht="M"; Name="Schwichtenberg";
Vorname="Holger"; Titel="Dr." }
```

Es ist dabei aber nicht möglich, eine ScriptMethod festzulegen. Hierzu braucht man weiterhin `Add-Member`.

Listing 16.3: DynamischeObjekte.ps1

```
$person3 = [PSCustomObject] @{ Geschlecht="M"; Name="Schwichtenberg";
Vorname="Holger"; Titel="Dr." }
Add-Member -InputObject $person3 -MemberType ScriptMethod -Name GetAnrede -Value {

if ($this.Geschlecht -eq "W") { $Anrede = "Frau"}
else { $Anrede = "Herr" }
if ($this.Titel -ne "") { $Anrede = $Anrede + " " + $this.Titel}
return $Anrede + " " + $this.Vorname + " " + $this.Name
}
```

17 Einbinden von C# und VB.NET

Das seit PowerShell 2.0 neu eingeführte Commandlet Add-Type erlaubt die dynamische Kompilierung einer .NET-Klasse. Dabei kann der Quelltext in einer externen Datei liegen oder in ein PowerShell-Skript eingebettet sein. Erlaubte Programmiersprachen sind C# („cs"), Visual Basic .NET („VisualBasic") und JScript .NET („js").

In der alten PowerShell 1.0 konnte man Programmcode aus einer der drei vorgenannten Sprachen nur verwenden, indem man den Programmcode statisch kompiliert und dann die entstandene Assembly in die PowerShell geladen hat. Mit Add-Type kann man nun mit den .NET-Sprachen umgehen wie mit Skriptsprachen.

Das folgende Listing zeigt am Beispiel einer „HelloWorld"-Anwendung verschiedene Möglichkeiten, C#-Programmcode aufzurufen.

Listing 17.1: Hello World in C#, eingebettet in ein PowerShell-Skript [WPS2_CSClass.ps1]

```
# CSharp-Code eingebettet in PowerShell-Skripte
$CSKlasseCode = @"
  // Statische Methode mit Parameter
  public static string Hallo1(string name)
  {
  return "Hallo " + name + "!";
  }

  // Instanz-Methode mit Parameter
      public string Hallo2(string name)
  {
  return "Hallo " + name + "!";
  }

  public string Name;

  // Instanz-Methode ohne Parameter
  public string Hallo3()
  {
  return "Hallo " + this.Name + "!";
  }

"@

# Dynamisches Kompilieren
```

```
$CSKlasse = Add-Type -MemberDefinition $CSKlasseCode -Name "Welt" -language csharp
-UsingNamespace "System.Reflection","System.Diagnostics" -PassThru

# Testen
$CSKlasse::Hallo1("Holger")
$o = New-Object $CSKlasse
$o.Hallo2("Holger")
$o.Name = "Holger"
$o.Hallo3()
```

Listing 17.2: Hello World in Visual Basic .NET, eingebettet in ein PowerShell-Skript [WPS2_VBClass.ps1

```
$MeineKlasse= @"

' Statische Methode mit Parameter
Public Shared Function Hallo1(ByVal name As String) As String
    Return "Hallo " & name & "!"
End Function

' Instanz-Methode mit Parameter
Public Function Hallo2(ByVal name As String) As String
    Return "Hallo " & name & "!"
End Function

Public _Name As String

' Instanz-Methode ohne Parameter
Public Function Hallo3() As String
    Return "Hallo " & Me._Name & "!"
End Function
"@


$myclass = Add-Type -MemberDefinition $MeineKlasse-Name "MeineKlasse" -language
VisualBasic -UsingNamespace "System.Reflection","System.Diagnostics" -PassThru

$myclass::Hallo1("Holger")

$o = New-Object $myclass
$o.Hallo2("Holger")

$o.Name = "Holger"
$o.Hallo3()
```

18 Win32-API-Aufrufe

Man kann aus der PowerShell heraus direkt auf .NET-Klassen, COM-Klassen und WMI-Klassen zugreifen. Es gibt aber keine unmittelbare Zugriffsmöglichkeit auf die Win32-API-Funktionen. Auch schon zu Zeiten von PowerShell 1.0 gab es einen Trick mit der FCL, um Win32-API-Aufrufe über den in das .NET Framework eingebauten Mechanismus „Plattform Invoke“ (kurz: PInvoke) aufzurufen. Seit PowerShell 2.0 ist dies stark vereinfacht durch die Möglichkeit, C#- oder Visual Basic.NET-Code direkt in PowerShell-Skriptcode einzubetten. So kann man dort PInvoke in die Win32-API-Aufrufe kapseln.

Das Beispiel zeigt eine in ein PowerShell-Skript eingebettete C#-Klasse, die Zugriff auf die Bildschirmschonereinstellungen über die Win32-API-Methode `SystemParametersInfo` bietet.

Listing 18.1: Die in das PowerShell-Skript eingebettete Klasse „ScreenSaver“ kapselt den Zugriff auf eine Win32-API-Funktion. [WPS2_Win32API._ Screensaver.ps1]

```
$CSharpKlassenDefinition = @"

        [DllImport("user32.dll", CharSet = CharSet.Auto)]
        private static extern bool SystemParametersInfo(
           int uAction, int uParam, ref bool lpvParam,
           int flags);

private const int SPI_GETSCREENSAVERACTIVE = 16;
private const int SPI_SETSCREENSAVERACTIVE = 17;
private const int SPIF_SENDWININICHANGE = 2;
private const int SPI_GETSCREENSAVERTIMEOUT = 14;
        private const int SPI_SETSCREENSAVERTIMEOUT = 15;

 public static bool GetStatus()
        {
            bool isActive = false;

            SystemParametersInfo(SPI_GETSCREENSAVERACTIVE, 0,
               ref isActive, 0);

            return isActive;
        }
```

```
        public static void TurnOn()
        {
            int nullVar = 0;

            bool result = SystemParametersInfo(SPI_SETSCREENSAVERACTIVE,
               1, ref nullVar, SPIF_SENDWININICHANGE);

            if (!result)
            {
               throw new System.ComponentModel.Win32Exception(Marshal.GetLastWin32Error());
            }
        }


        public static void TurnOff()
        {
            int nullVar = 0;

            bool result = SystemParametersInfo(SPI_SETSCREENSAVERACTIVE,
               0, ref nullVar, SPIF_SENDWININICHANGE);

            if (!result)
            {
               throw new System.ComponentModel.Win32Exception(Marshal.GetLastWin32Error());
            }
        }

 public static Int32 GetTimeout()
        {
            Int32 value = 0;

            bool res = SystemParametersInfo(SPI_GETSCREENSAVERTIMEOUT, 0,
               ref value, 0);
            if (!res)
            {
               throw new  System.ComponentModel.Win32Exception(Marshal.GetLastWin32Error());
            }
            return value;
        }


        public static void SetTimeout(Int32 Value)
        {
            int nullVar = 0;

            bool res = SystemParametersInfo(SPI_SETSCREENSAVERTIMEOUT,
               Value, ref nullVar, SPIF_SENDWININICHANGE);
            if (!res)
            {
               throw new  System.ComponentModel.Win32Exception(Marshal.GetLastWin32Error());
            }

        }
   "@

$Klasse = Add-Type -MemberDefinition $CSharpKlassenDefinition -Name "ScreenSaver"
-UsingNamespace "System.Reflection","System.Diagnostics" -PassThru
$Klasse::GetStatus()
```

```
$Klasse::GetTimeout()
$Klasse::TurnOff()
$Klasse::GetStatus()
$Klasse::GetStatus()
$Klasse::SetTimeout(800)
$Klasse::GetStatus()
```

19 Fehlersuche

Dieses Kapitel zeigt verschiedene Optionen zur Fehlersuche bei Commandlets und in Skripten auf.

19.1 Detailinformationen

Detailinformationen über die Arbeit eines einzelnen Commandlets erhält man durch den Standardparameter `-verbose`. Das Gleiche für ganze Skripte erreicht man durch `Set-PsDebug -trace 1` oder `Set-PsDebug -trace 2`. Die nachfolgende Bildschirmabbildung zeigt die Ausgaben bei `–trace 1`. Bei `–trace 2` wäre die Ausgabe noch detaillierter.

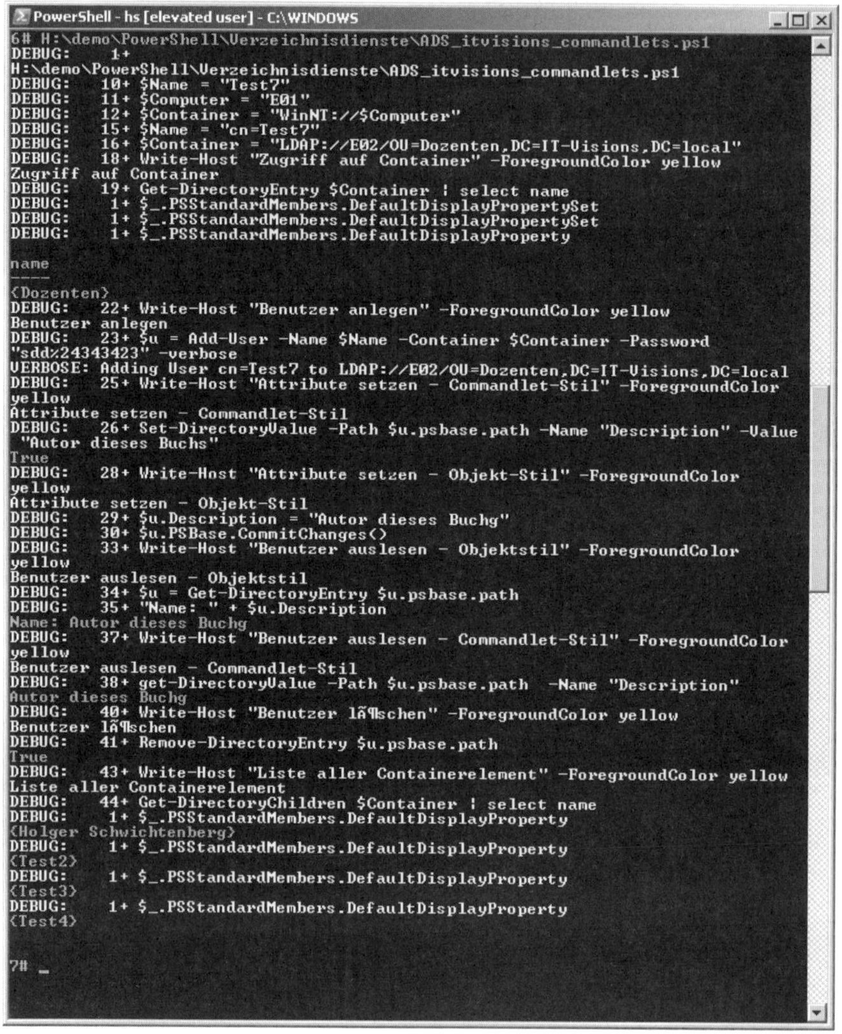

Abbildung 19.1: Protokollieren eines Skriptablaufs

19.2 Einzelschrittmodus

Mit dem Commandlet `Set-PsDebug -step` kann man Skripte schrittweise durchlaufen, d. h., die PowerShell gibt die Schritte nicht nur aus, sondern fragt auch noch nach jedem Schritt, ob die Ausführung fortgesetzt werden soll.

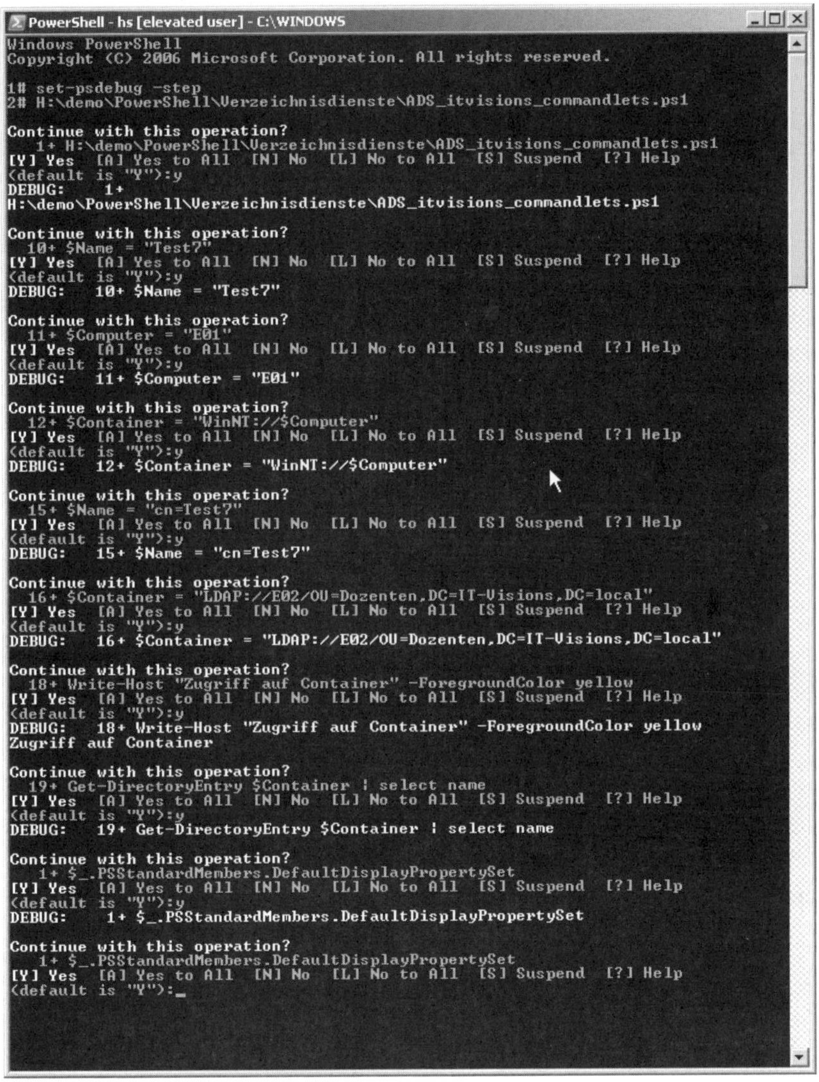

Abbildung 19.2: Durchlaufen eines Skripts in Einzelschritten

19.3 Zeitmessung

Das Commandlet `Measure-Command` liefert die Angabe, wie lange ein Befehl zur Ausführung braucht – in Form eines `TimeSpan`-Objekts.

Beispiel:

```
Measure-Command { Get-Process  | Foreach-Object { $_.ws } }
```

19.4 Ablaufverfolgung

Mit dem Commandlet `Set-TraceSource` kann man eine Ablaufverfolgung aktivieren, die detaillierte Informationen über jeden Verarbeitungsschritt liefert. `Get-TraceSource` listet alle überwachbaren Protokollquellen auf. Im Standard sind es 176. Damit wird die Komplexität des Themas deutlich, das den Rahmen dieses Buchs sprengen würde.

ACHTUNG: Beim Experimentieren mit `Set-TraceSource` können Sie schnell zu einem Punkt kommen, wo Sie vor lauter Protokollausgaben die eigentlichen Aktionen nicht mehr sehen. Um die Protokollierung wieder zu deaktivieren, verwendet man `Set-TraceSource` mit dem Parameter `–RemoveListener`.

19.5 Kommandozeilenbasiertes Script-Debugging

Neben dem Script-Debugger innerhalb der ISE gibt es für Puristen und Situationen, wo die ISE nicht zur Verfügung steht, auch ein kommandozeilenbasiertes Script-Debugging. Dies initiiert man an der Kommandozeile mit `Set-PSBreakpoint` unter Angabe eines Skriptnamens und zusätzlich einer Zeilennummer (`-line`), bei der gehalten werden soll, oder eines Namens einer Variablen (`-variable`), bei deren Vorkommen gehalten werden soll. Auch die Angabe eines Befehls, bei dem abgebrochen werden soll, ist mit `–command` möglich.

Nach dem tatsächlichen Start dieses Skripts ist die PowerShell-Konsole dann im Debug-Modus (angezeigt durch den Zusatz [DBG] vor der Eingabeaufforderung). Hier stehen neben allen PowerShell-Befehlsmöglichkeiten auch zusätzliche spezielle Befehle zur Verfügung (siehe Tabelle). Die Groß-/Kleinschreibweise ist dabei irrelevant.

Neu seit PowerShell-Version 4.0 ist, dass man das kommandozeilenbasierte Script-Debugging auch für fernausgeführte Skripte nutzen kann, indem man `Set-PSBreakpoint` im Rahmen einer mit `Enter-PSSession` erstellten Sitzung oder im Rahmen von `Invoke-Command` nutzt (vgl. *[http://blogs.technet.com/b/heyscriptingguy/archive/2013/11/17/remote-script-debugging-in-windows-powershell.aspx]*.

Tabelle 19.1: Spezielle Befehle im Rahmen des kommandozeilenbasierten Script-Debuggings

Befehl	Abkürzung	Bedeutung
`stepOver`	v	Nächster Befehl auf dieser Befehlsebene. Unterroutinen werden komplett ausgeführt.
`stepInto`	s	Nächster Befehl. Debugger springt dazu ggf. in Unterroutinen.
`stepOut`	o	Debugger kehrt zum nächsten Befehl auf der übergeordneten Ebene im Call Stack zurück.

Befehl	Abkürzung	Bedeutung
`continue`	c	Skript läuft weiter bis zum nächsten Haltepunkt, ggf. bis zum Ende.
`List`	l	Zeigt das Listing des aktuellen Teils des Skripts
`Get-PSCallStack`	k	Zeigt den Call Stack
	h	Hilfe für die speziellen Debugger-Befehle
`Quit`	Q	Beenden des Debuggers. Die Skriptausführung wird dadurch abgebrochen.

TIPP: Die Eingabetaste wiederholt den letzten Befehl.

Die folgende Bildschirmabbildung zeigt ein Beispiel für den Einsatz des kommandozeilenbasierten Script-Debuggings mit dem Skript `LocalUser_Create.ps1`. `Set-PSBreakpoint` wird eingestellt, sodass das Skript bei Verwendung der Variablen `$container` hält. Nach Start des Skripts hält dieses dann auch wirklich im Debugger. Es wird der Inhalt der Varia-

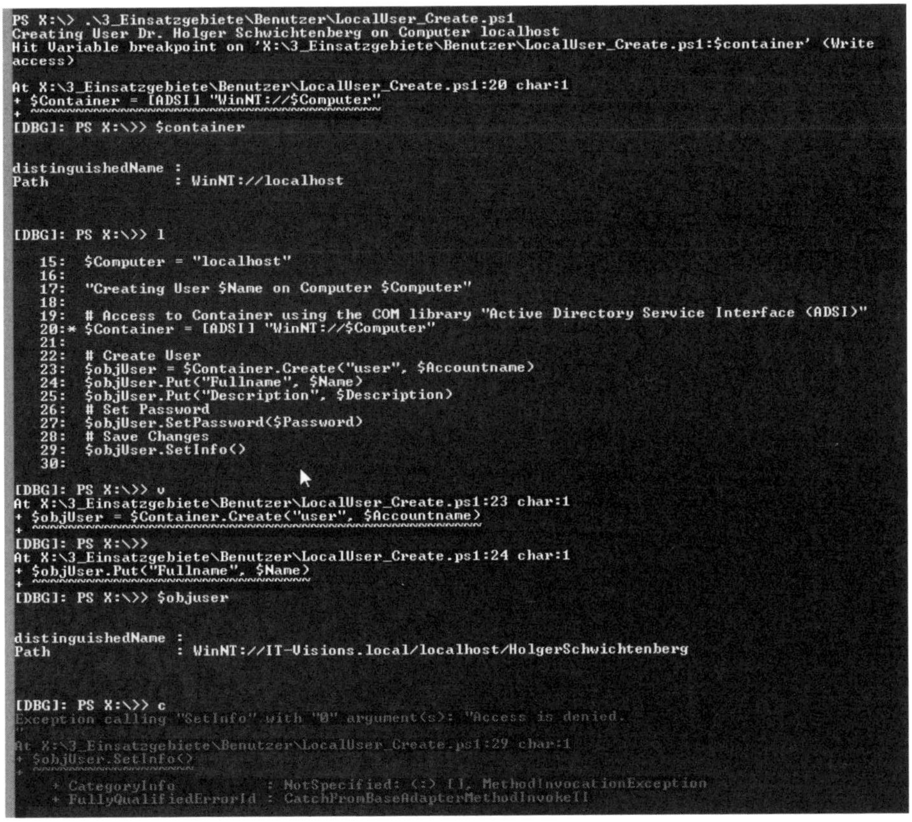

```
PS X:\> .\3_Einsatzgebiete\Benutzer\LocalUser_Create.ps1
Creating User Dr. Holger Schwichtenberg on Computer localhost
Hit Variable breakpoint on 'X:\3_Einsatzgebiete\Benutzer\LocalUser_Create.ps1:$container' (Write
access)

At X:\3_Einsatzgebiete\Benutzer\LocalUser_Create.ps1:20 char:1
+ $Container = [ADSI] "WinNT://$Computer"
+
[DBG]: PS X:\>> $container

distinguishedName :
Path              : WinNT://localhost


[DBG]: PS X:\>> l

   15:  $Computer = "localhost"
   16:
   17:  "Creating User $Name on Computer $Computer"
   18:
   19:  # Access to Container using the COM library "Active Directory Service Interface (ADSI)"
   20:* $Container = [ADSI] "WinNT://$Computer"
   21:
   22:  # Create User
   23:  $objUser = $Container.Create("user", $Accountname)
   24:  $objUser.Put("Fullname", $Name)
   25:  $objUser.Put("Description", $Description)
   26:  # Set Password
   27:  $objUser.SetPassword($Password)
   28:  # Save Changes
   29:  $objUser.SetInfo()
   30:

[DBG]: PS X:\>> v
At X:\3_Einsatzgebiete\Benutzer\LocalUser_Create.ps1:23 char:1
+ $objUser = $Container.Create("user", $Accountname)

[DBG]: PS X:\>>
At X:\3_Einsatzgebiete\Benutzer\LocalUser_Create.ps1:24 char:1
+ $objUser.Put("Fullname", $Name)
+
[DBG]: PS X:\>> $objuser

distinguishedName :
Path              : WinNT://IT-Visions.local/localhost/HolgerSchwichtenberg


[DBG]: PS X:\>> c
Exception calling "SetInfo" with "0" argument(s): "Access is denied.
"
At X:\3_Einsatzgebiete\Benutzer\LocalUser_Create.ps1:29 char:1
+ $objUser.SetInfo()
+
    + CategoryInfo          : NotSpecified: (:) [], MethodInvocationException
    + FullyQualifiedErrorId : CatchFromBaseAdapterMethodInvokeTI
```

Abbildung 19.3: Kommandozeilenbasiertes Script-Debugging

blen abgefragt und das Listing des aktuellen Programmcodebereichs ausgegeben. Die aktuelle Zeile ist mit einem Stern (`*`) gekennzeichnet. Mit `SetOver` (`v`) werden dann zwei Schritte übersprungen. Anschließend wird der Inhalt von `$objuser` ausgegeben. Zum Schluss wird das Skript fortgesetzt, es läuft aber leider auf einen Fehler.

HINWEIS: Haltepunkte bleiben aktiv, solange die PowerShell-Sitzung läuft. Alle aktiven Haltepunkte kann man mit `Get-PSBreakpoint` auflisten. Mit `Remove-PSBreakpoint` kann man einzelne Haltepunkte unter Angabe der ID löschen. `Get-PSBreakpoint | Remove-PSBreakpoint` löscht alle Haltepunkte.

20 Transaktionen

Die PowerShell seit Version 2.0 unterstützt Transaktionen. Dies bedeutet, dass von einer Reihe von Befehlen entweder alle oder keiner ausgeführt werden. Ein Aufruf von `Get-PSProvider` zeigt in der Spalte `Capabilities`, welche PowerShell-Provider Transaktionen unterstützen. In der Basisausstattung der PowerShell ist dies aber leider nur der Registry Provider.

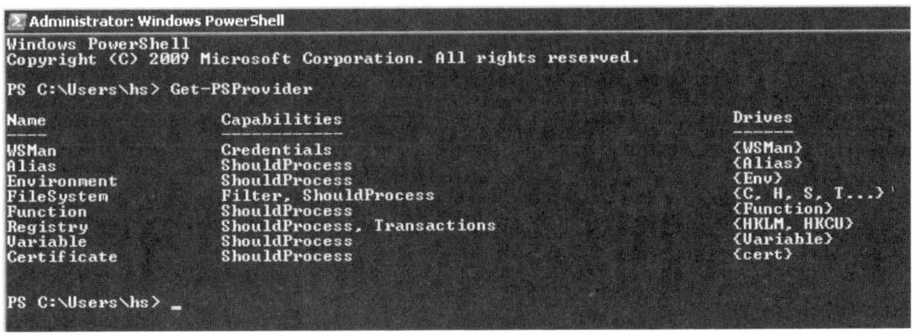

Abbildung 20.1: In PowerShell unterstützt bisher nur der Registrierungsdatenbankprovider die PowerShell-Transaktionen.

■ 20.1 Commandlets für Transaktionen

Zur Transaktionssteuerung gibt es vier Commandlets:

- `Start-Transaction`: Beginn einer neuen Transaktion
- `Get-Transaction`: zeigt den Status der laufenden Transaktion
- `Complete-Transaction`: Erfolgreiches Ende der Transaktion, d. h., alle Änderungen werden wirksam.
- `Undo-Transaction`: Rücksetzen auf den Zustand vor der Transaktion

20.2 Start und Ende einer Transaktion

Eine Transaktion wird eingeleitet mit Start-Transaction und erfolgreich beendet mit Complete-Transaction. Parameter sind dabei keine notwendig.

Eine Transaktion darf beliebig viele Schritte enthalten. Alle Befehle, die Teil der Transaktion sein sollen, benötigen den Zusatzparameter -useTransaction. Man sieht nur ein Zwischenergebnis bei Lesebefehlen, die auch -useTransaction verwenden; alle Befehle ohne diesen Zusatz arbeiten auf dem Stand vor der Transaktion.

In dem folgenden Beispiel wird ein Registrierungsdatenbankschlüssel mit zwei Werten in einer Transaktion erzeugt.

Listing 20.1: Transaktionsbeispiel [2_Aufbauwissen/Transaktionen/WPS2_Transaktion__Registry.ps1]

```
# WPS2 / Transaktionen / Registry

$parent =  "HKCU:\Software\"
$keyname = "www.IT-Visions.de"
$key =  "HKCU:\Software\" + $keyname
$ErrorActionPreference = "continue"

if (Test-Path $key )
{ remove-Item $key  -Force }

"Transaktion starten..."
Start-Transaction

"Transaktionsstatus: " + (Get-Transaction).Status
Test-Path $key -usetransaction

New-Item -Path $parent -Name $keyname -UseTransaction -ItemType key

New-ItemProperty -path $key -name Name -value "www.IT-Visions.de - Softwareentwicklung,
Technologieberatung, Schulung" -useTransaction
New-ItemProperty -path $key -name Inhaber -value "Dr. Holger Schwichtenberg"
-useTransaction

# So sieht man den Schlüssel nicht
Test-Path $key
Get-Item $key #führt zu Fehler, der aber Transaktion nicht abbricht!
Get-ItemProperty $key "Inhaber" #führt zu Fehler, der aber die Transaktion nicht abbricht!

Unsinn #führt zu Fehler, der aber Transaktion nicht abbricht!

#Get-Item "HCCU:/Unsinn" -UseTransaction #würde zu Abbruch der Transaktion führen!

# So sieht man den Schlüssel!
Test-Path $key -UseTransaction
Get-Item $key -UseTransaction
Get-ItemProperty $key "Website" -UseTransaction

"Transaktion abschließen..."
Complete-Transaction
```

```
# So sieht man den Schlüssel jetzt auch!
Test-Path $key
Get-Item $key
Get-ItemProperty $key "Inhaber"

"Transaktionsstatus: " + (Get-Transaction).Status
```

20.3 Zurücksetzen der Transaktion

Ein Zurücksetzen auf den Ursprungszustand (Rollback, Abort, Undo) findet statt, wenn `Undo-Transaction` aufgerufen wird, die bei `Start-Transaction` im Parameter `-TimeOut` angegebene Zeit abgelaufen ist oder eines der an der Transaktion beteiligten Commandlets einen Fehler verursacht. Mit dem Parameter `–Rollbackpreference` in `Start-Transaction` kann man das Verhalten im Fehlerfall aber ändern. Mögliche Zustände sind:

- `Error`: Rücksetzen der Transaktion bei jeder Art von Fehler in einem der Commandlets, die `–ustransaction` verwenden (Standardeinstellung)
- `Terminating`: Rücksetzen der Transaktion nur bei Fehlern, die zum Abbruch des Befehls führen („Terminating Errors")
- `Never`: Die Transaktion wird niemals automatisch zurückgesetzt.

Wichtig: Bei der Frage, ob ein Fehler aufgetreten ist, geht es hier immer nur um die Commandlets, die `–ustransaction` verwenden. In dem folgenden Beispiel wird die Transaktion erfolgreich beendet, obwohl „unsinn" einen Fehler lieferte.

Listing 20.2: Beispiel für Fehler in Transaktionen [2_Aufbauwissen/Transaktionen/WPS2_Transaktion_Fehler.ps1]

```
$key = "HKCU:\Software\ix"

$parent = "HKCU:\Software\"
$keyname = "iX"
$key = "HKCU:\Software\" + $keyname

"Transaktion starten..."
Start-Transaction
if (Test-Path $key) { remove-Item $key -UseTransaction }
New-Item -Path $parent -Name $keyname -UseTransaction -ItemType key

New-ItemProperty -path $key -name Name -value "iX - Magazin für professionelle
Informationstechnik" -useTransaction
New-ItemProperty -path $key -name Website -value "www.ix.de" -useTransaction

Unsinn #führt zu fehler

"Transaktion abschließen..."
Complete-Transaction
```

20.4 Mehrere Transaktionen

Man kann Start-Transaction mehrfach aufrufen, dies führt aber nicht zu unabhängigen Transaktionen. Vor Ende einer Transaktion gestartete Transaktionen sind Untertransaktionen (Teiltransaktionen, eingebettete Transaktionen) der übergeordneten Transaktion.

Die Anzahl der Ebenen sieht man bei Get-Transaction in der Anzahl „SubscriberCount".

Ein Aufruf von Complete-Transaction in einer Situation mit Untertransaktion führt zum erfolgreichen Ende der Untertransaktion. Ein Aufruf von Undo-Transaction in einer Situation mit Untertransaktion führt zum Abbruch der Gesamttransaktion (siehe Bildschirmabbildung).

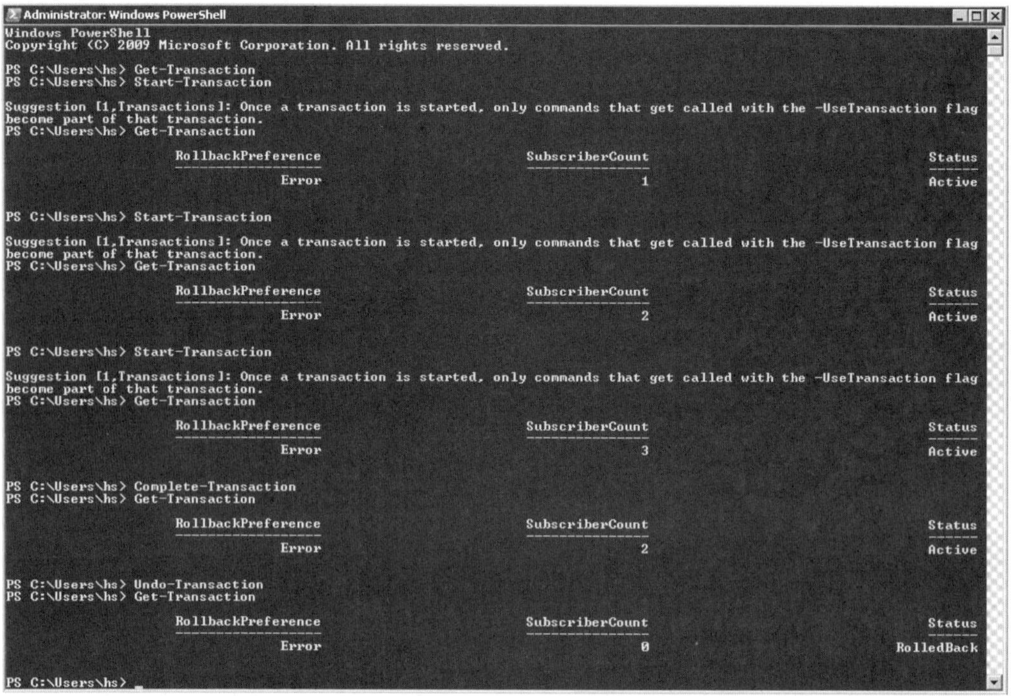

```
Administrator: Windows PowerShell
Windows PowerShell
Copyright (C) 2009 Microsoft Corporation. All rights reserved.

PS C:\Users\hs> Get-Transaction
PS C:\Users\hs> Start-Transaction

Suggestion [1,Transactions]: Once a transaction is started, only commands that get called with the -UseTransaction flag
become part of that transaction.
PS C:\Users\hs> Get-Transaction

                    RollbackPreference                        SubscriberCount                                    Status
                    ------------------                        ---------------                                    ------
                                 Error                                      1                                    Active

PS C:\Users\hs> Start-Transaction

Suggestion [1,Transactions]: Once a transaction is started, only commands that get called with the -UseTransaction flag
become part of that transaction.
PS C:\Users\hs> Get-Transaction

                    RollbackPreference                        SubscriberCount                                    Status
                    ------------------                        ---------------                                    ------
                                 Error                                      2                                    Active

PS C:\Users\hs> Start-Transaction

Suggestion [1,Transactions]: Once a transaction is started, only commands that get called with the -UseTransaction flag
become part of that transaction.
PS C:\Users\hs> Get-Transaction

                    RollbackPreference                        SubscriberCount                                    Status
                    ------------------                        ---------------                                    ------
                                 Error                                      3                                    Active

PS C:\Users\hs> Complete-Transaction
PS C:\Users\hs> Get-Transaction

                    RollbackPreference                        SubscriberCount                                    Status
                    ------------------                        ---------------                                    ------
                                 Error                                      2                                    Active

PS C:\Users\hs> Undo-Transaction
PS C:\Users\hs> Get-Transaction

                    RollbackPreference                        SubscriberCount                                    Status
                    ------------------                        ---------------                                    ------
                                 Error                                      0                                RolledBack

PS C:\Users\hs> _
```

Abbildung 20.2: Beispiel mit mehreren Aufrufen von Start-Transaction

21 Hintergrundaufträge („Jobs“)

Windows PowerShell bietet ab Version 2.0 die Möglichkeit, Befehle und Skripte im Hintergrund auszuführen, ohne dass es während der Ausführungszeit eine Interaktion mit der aktuellen PowerShell-Sitzung gibt. Hintergrundaufträge blockieren die aktuelle PowerShell-Sitzung nicht, d.h., der Benutzer kann währenddessen andere Befehle eingeben. Hintergrundaufträge bieten sich also insbesondere für lang dauernde Befehle und Skripte an.

Folgende Commandlets sind seit PowerShell 2.0 für die Handhabung der Hintergrundaufträge implementiert:

- `Start-Job`: Start eines Hintergrundauftrags
- `Get-Job`: Liste aller laufenden und abgeschlossenen Hintergrundaufträge
- `Receive-Job`: Zugriff auf das Ergebnis eines Hintergrundauftrags
- `Stop-Job`: Beenden eines Hintergrundauftrags
- `Wait-Job`: Warten auf das Ende eines Hintergrundauftrags
- `Remove-Job`: Entfernen eines Hintergrundauftrags

21.1 Voraussetzungen

Die Windows PowerShell muss für die Fernausführung konfiguriert sein, auch wenn die Hintergrundaufträge auf dem gleichen Rechner laufen. Hintergrund ist, dass die Kommunikation zwischen Hauptprozess und den Hintergrundprozessen für die Hintergrundaufträge auch über WS-Management erfolgt.

Details lesen Sie bitte im Kapitel *„Fernausführung (Remoting)“*.

21.2 Architektur

Jobs laufen grundsätzlich in einem eigenen Prozess *(PowerShell.exe)*. Die Kommunikation zwischen aufrufendem PowerShell-Prozess und dem ausführenden PowerShell-Prozess erfolgt über WinRM (siehe Kapitel „Fernausführung“). Bei lokalen Hintergrundaufträgen erfolgt die Kommunikation zwischen aufrufendem PowerShell-Prozess und dem ausführenden PowerShell-Prozess durch den IPC-Kanal, im entfernten Fall über HTTP.

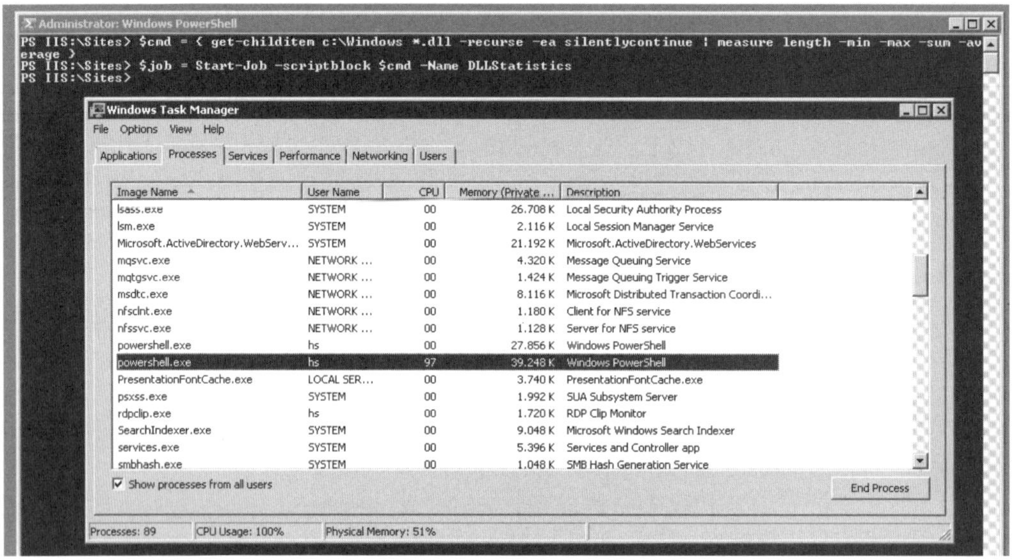

Abbildung 21.1: Durch den Start des Hintergrundauftrags wurde eine neue Instanz der PowerShell.exe gestartet.

21.3 Starten eines Hintergrundauftrags

Einen Hintergrundauftrag startet der Administrator über `Start-Job` oder `Invoke-Command -AsJob`.

```
start-job -scriptblock { Get-childitem  c:\Windows -recurse}
```

`Start-Job` liefert als Ergebnis eine Instanz der Klasse `System.`

```
Management.Automation.PSRemotingJob.
```

Beispiel:

Der folgende Befehl erstellt eine Statistik über alle DLLs im Windows-Installationsverzeichnis und dauert in der Regel mehrere Sekunden:

```
Get-childitem c:\Windows *.dll -recurse -ea silentlycontinue | measure length
-min -max -sum -average
```

Es bietet sich an, diesen Befehl als Job zu starten:

```
$cmd = { Get-childitem c:\Windows *.dll -recurse -ea silentlycontinue | measure
length -min -max -sum -average }
$job = Start-Job -scriptblock $cmd -Name DLLStatistics
```

21.4 Hintergrundaufträge abfragen

Das von `Start-Job` gelieferte `PSRemotingJob`-Objekt dient der weiteren Nutzung des Auftrags.

`$job = Start-Job -scriptblock $cmd -Name DLLStatistics` `Get-Job` liefert den Zustand aller Hintergrundaufträge. Es gibt die Status: Running, Failed, Stopped und Completed.

Das Ergebnis des Hintergrundauftrags, also den Inhalt der Pipeline nach der Ausführung, kann man abrufen über:

```
Receive-Job $job
```

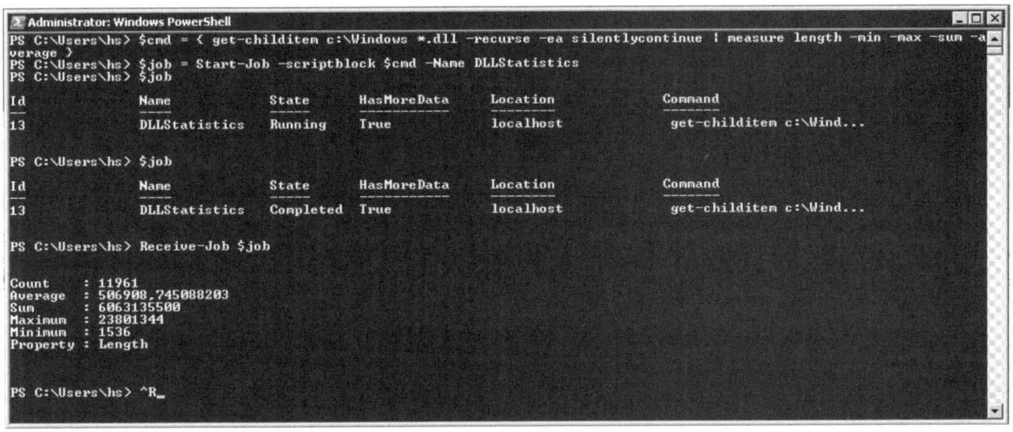

Abbildung 21.2: Ausführen und Auswerten eines Hintergrundauftrags

HINWEIS: Genau wie bei der Fernausführung findet auch bei Hintergrundaufträgen eine Serialisierung/Deserialisierung statt, so dass die Ergebnisobjekte keine Methoden mehr besitzen.

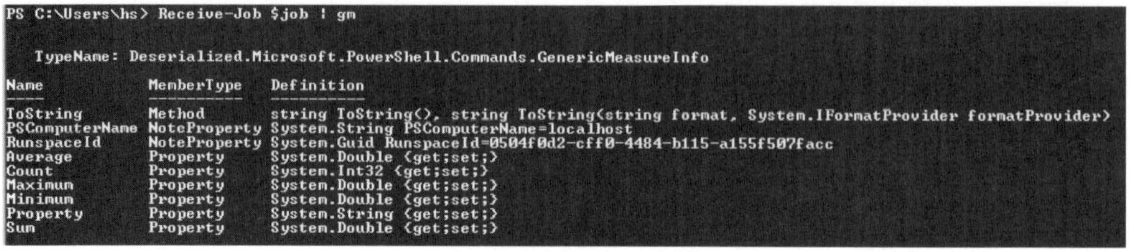

```
PS C:\Users\hs> Receive-Job $job | gm

   TypeName: Deserialized.Microsoft.PowerShell.Commands.GenericMeasureInfo

Name           MemberType   Definition
----           ----------   ----------
ToString       Method       string ToString(), string ToString(string format, System.IFormatProvider formatProvider)
PSComputerName NoteProperty System.String PSComputerName=localhost
RunspaceId     NoteProperty System.Guid RunspaceId=0504f0d2-cff0-4484-b115-a155f507facc
Average        Property     System.Double {get;set;}
Count          Property     System.Int32 {get;set;}
Maximum        Property     System.Double {get;set;}
Minimum        Property     System.Double {get;set;}
Property       Property     System.String {get;set;}
Sum            Property     System.Double {get;set;}
```

Abbildung 21.3: Inhalt der Pipeline nach Receive-Job

`Receive-Job` kann auch ausgeführt werden, wenn der Auftrag noch läuft. `Receive-Job` liefert dann alle bis dahin von dem Auftrag erzeugten Ergebnisobjekte. Bei weiteren Aufrufen von `Receive-Job` werden dann nur noch die verbliebenen Objekte geliefert.

TIPP: Mit dem Parameter –keep in `Receive-Job` kann man erreichen, dass bereits abgerufene Ergebnisse erneut abgerufen werden können.

21.5 Warten auf einen Hintergrundauftrag

Mit `Wait-Job` kann man auf die Fertigstellung eines Hintergrundauftrags warten. Dabei kann man optional angeben, wie lange man warten möchte (Timeout in Sekunden):

```
Wait-Job -ID 10 -timeout 60
```

21.6 Abbrechen und Löschen von Aufträgen

Einen Hintergrundauftrag kann man mit `Stop-Job` vorzeitig beenden:

```
Stop-Job -id 23 # Abbrechen des Auftrags Nummer 23
Stop-Job $job # Abbrechen anhand des Auftragsobjekts
```

Der Auftrag wird dann in der Auftragsliste als „Stopped“ angezeigt.

Mit `Remove-Job` kann man Aufträge aus der Auftragsliste löschen:

```
Remove-Job -job 23
Remove-Job $job
```

HINWEIS: Man kann Aufträge nur löschen, wenn diese im Status „Stopped“ oder „Completed“ sind.

21.7 Analyse von Fehlermeldungen

Die Ursache für einen fehlgeschlagenen Hintergrundauftrag kann man auslesen über:

```
$job.ChildJobs[0].JobStateInfo.Reason
```

In vielen Fällen sieht man den Fehler aber auch über `Receive-Job`.

21.8 Fernausführung von Hintergrundaufträgen

Auch Fernaufrufe kann man als Hintergrundaufträge starten. Gerade bei langsamen Verbindungen bzw. vielen abzufragenden Computern bietet sich dies an. Hier kommt `Invoke-Command` mit dem Parameter `-AsJob` (und optional `–JobName`) zum Einsatz.

```
Invoke-Command -computername F170 -scriptblock { Get-childitem c:\windows *.dll
-recurse } -asjob -JobName "DLL_List"
```

Wahlweise kann man hier über `–ComputerName` eine temporäre Sitzung öffnen oder über `Start-PSSession` vorher eine permanente Sitzung.

Den Status des Hintergrundauftrags kann man, wie bei lokalen Aufträgen, über `Get-Job` abfragen. Das Attribut `Location` zeigt dann den entfernten Rechnernamen. Auch die Steuerung über `Receive-Job`, `Stop-Job` und `Remove-Job` steht zur Verfügung.

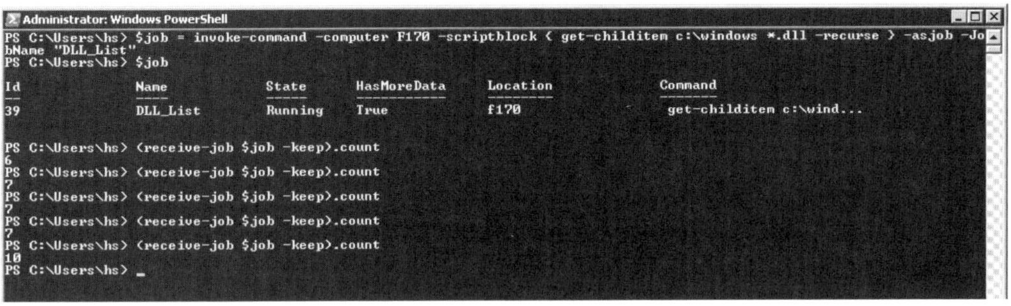

Abbildung 21.4: Fernausführung eines Hintergrundauftrags

22 Geplante Aufgaben und zeitgesteuerte Jobs

von Peter Monadjemi

Eine geplante Aufgabe ermöglicht das Ausführen von Aufgaben, wie das Durchführen eines Backups oder die Defragmentierung eines Laufwerks, zu bestimmten Zeitpunkten und/oder in festgelegten Intervallen. Geplante Aufgaben (im Original „Scheduled Tasks") sind seit Windows NT 4 eine Eigenschaft des Betriebssystems. In der Vergangenheit war das automatisierte Anlegen von geplanten Aufgaben mit Hilfe der PowerShell nur auf Umwegen möglich. Seit Windows Server 2012 und Windows 8 gibt es dafür das Modul `ScheduledTasks` mit dessen Commandlets der Umgang mit geplanten Aufgaben sehr einfach wird.

Ein zeitgesteuerter Job ist ein regulärer PowerShell-Job, der auf einer geplanten Aufgabe basiert und damit ebenfalls zu einem bestimmten Zeitpunkt und/oder in festgelegten Intervallen ausgeführt wird. Für den Umgang mit zeitgesteuerten Jobs gibt es seit Windows 8 und Windows Server 2012 das Modul `PSScheduledJob`.

Beide Module erfüllen unterschiedliche Anforderungen, wenngleich es Überschneidungen gibt. Über eine geplante Aufgabe wird eine beliebige Windows-Anwendung zeitgesteuert ausgeführt – das kann natürlich auch die PowerShell sein, die auf diese Weise ein Skript unter einem bestimmten Benutzerkonto ausführt. Über einen zeitgesteuerten Job wird ein PowerShell-Job (auf der Grundlage einer geplanten Aufgabe) zeitgesteuert ausgeführt. Das werden in der Regel Commandlets, Funktionen und andere PowerShell-Befehle sein, wobei ein Job, z. B. über das `Start-Process`-Commandlet, natürlich auch eine beliebige Windows-Anwendung starten kann. Geplante Aufgaben werden auf der Ebene des Betriebssystems eingesetzt, zeitgesteuerte Jobs sind zwar stets Teil eines PowerShell-Skripts, doch auch sie werden vom Betriebssystem verwaltet, da sie auf geplanten Aufgaben basieren, die eine PowerShell-Sitzung starten, um den Job ausführen zu können. Die PowerShell-Konsole muss daher nicht ausgeführt werden, damit ein zeitgesteuerter Job laufen kann.

22.1 Geplante Aufgaben (Scheduled Tasks)

Eine geplante Aufgabe (engl. „Scheduled Tasks") ist eine Funktion des Windows-Betriebssystems. Bis zur PowerShell-Version 3.0 wurden geplante Aufgaben in erster Linie manuell über das Verwaltungsprogramm *Aufgabenplanung* angelegt. Als Alternativen standen in der Vergangenheit benutzerdefinierte Commandlets, die auf COM-Schnittstellen basieren, oder das Befehlszeilentool *Schtasks.exe* zur Verfügung. Unter Windows Server 2012/R2 und Windows 8.x spielen diese Varianten im Zusammenhang mit der PowerShell künftig keine Rolle mehr, denn für den Umgang mit geplanten Aufgaben gibt es das Modul `ScheduledTasks` mit insgesamt 19 Commandlets.

HINWEIS: Das Modul `ScheduledTasks` steht nur bei Windows Server 2012/R2 und Windows 8.x zur Verfügung.

Geplante Aufgaben anlegen

Das Anlegen einer geplanten Aufgabe ist in der Regel ein mehrstufiger Prozess. Im ersten Schritt wird mit dem `New-ScheduledTaskAction`-Commandlet die Aktion festgelegt, die später im Rahmen der geplanten Aufgabe ausgeführt werden soll.

BEISPIEL: Der folgende Befehl legt über `New-ScheduledTaskAction` eine Aktion an, die die PowerShell startet, um ein vorbereitetes Skript auszuführen. Das Ergebnis wird einer Variablen zugewiesen. Damit der Befehl ausgeführt werden kann, muss der Pfad der Ps1-Datei entsprechend angepasst werden.

```
$TaskAction = New-ScheduledTaskAction -Execute PowerShell.exe -Argument
"-NoProfile -File C:\2013\Projekte\PowerShell\Allgemein\PsWriteFile.ps1"
```

Im zweiten Schritt wird mit dem `New-ScheduledTaskTrigger`-Commandlet ein Task-Trigger angelegt, der den Zeitpunkt festgelegt, an dem die geplante Aufgabe ausführen soll. Das resultierende Objekt wird wieder einer Variablen zugewiesen:

```
$TaskTrigger = New-ScheduledTaskTrigger -At (Get-Date).AddMinutes(1) –Once
```

Soll die Aufgabe unter einem anderen Benutzerkonto ausführen, kann der erforderliche „Security Principal“ über das `New-ScheduledTaskPrincipal`-Commandlet angelegt werden. Benutzername und das dazugehörige Kennwort können aber auch direkt angegeben werden.

Im dritten und letzten Schritt wird die geplante Aufgabe über das `Register-ScheduledTask`-Commandlet registriert:

```
Register-ScheduledTask -TaskName PSTest -Trigger $TaskTrigger -Action $TaskAction
-User "\PsUser" -Password "Pa`$`$w0rd
```

BEISPIEL: Das folgende Skript fasst die einzelnen Schritte zum Anlegen einer geplanten Aufgabe noch einmal zusammen. Vorsorglich wird die Aufgabe „PsTest“ zu Beginn über `Unregister-ScheduledTask` entfernt.

```
<#
 .Synopsis
 Anlegen einer geplanten Aufgabe
#>
```

```
# Für alle Fälle Task durch Abmelden entfernen
Unregister-ScheduledTask -TaskName PsTest -ErrorAction SilentlyContinue
-Confirm:$False

$Ps1Path = "C:\2013\Projekte\PowerShell\Allgemein\PsWriteFile.ps1"

$TaskAction = New-ScheduledTaskAction -Execute "PowerShell.exe
  -Argument -NoProfile -File $Ps1Path -WorkingDirectory $(Split-Path -Path
$Ps1Path)"

$TaskTrigger = New-ScheduledTaskTrigger -At (Get-Date).AddMinutes(1) –Once

Register-ScheduledTask -TaskName PSTest -Trigger $TaskTrigger -Action
$TaskAction
```

Die neue geplante Aufgabe erscheint danach in der Aufgabenplanung. Da beim Anlegen über den TaskPath-Parameter kein Pfad angegeben wurde, erscheint sie auf der obersten Ebene unter „Aufgabenplanungsbibliothek". Da der Sicherheitskontext bei der Ausführung der geplanten Aufgaben keine Rolle spielt, hätte das Beispiel auch mit einem zeitgesteuerten Job umgesetzt werden können.

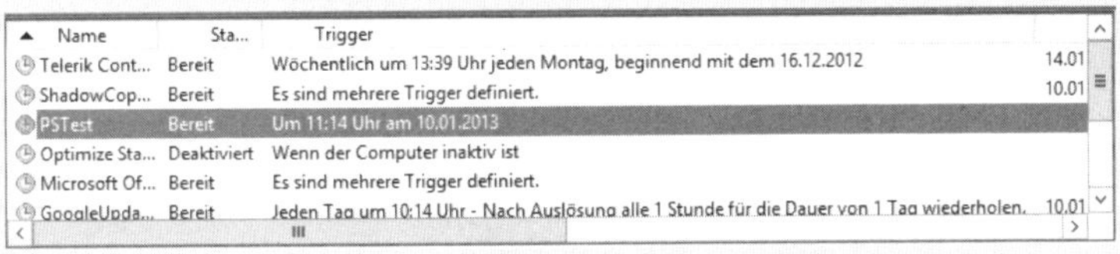

Abbildung 22.1: Die geplante Aufgabe wurde angelegt.

Spezielle Einstellungen festlegen

Über das Commandlet `New-ScheduledTaskSettingsSet` werden spezielle Einstellungen festgelegt, die die Ausführung der geplanten Aufgabe betreffen. Das resultierende Objekt wird dem `Settings`-Parameter von `Register-ScheduledTask` übergeben. Es stehen eine Fülle von Einstellungen zur Auswahl, die alle ein Pendant in den Eigenschaften einer Aufgabe im Rahmen der Aufgabenplanung besitzen. Die folgende Tabelle stellt einige der Einstellungen, die über gleichnamige Parameter gesetzt werden, zusammen.

Tabelle 22.1: Einige der Einstellungen, die für eine geplante Aufgabe festgelegt werden können

Einstellung	Bedeutung
`AllowStartIfOnBatteries`	Die Aufgabe startet auch dann, wenn der Computer nicht am Stromnetz angeschlossen ist.
`DisallowDemandStart`	Die Aufgabe kann nicht explizit (z. B. im Rahmen der Aufgabenverwaltung) gestartet werden.
`DisallowHardTerminate`	Die Aufgabe kann nicht über den Task-Manager beendet werden.
`DontStopIfGoingOnBatteries`	Die Aufgabe soll nicht angehalten werden, wenn der Computer nicht mehr am Stromnetz angeschlossen ist.

Tabelle 22.1: Einige der Einstellungen, die für eine geplante Aufgabe festgelegt werden können *(Fortsetzung)*

Einstellung	Bedeutung
`Hidden`	Die Aufgabe wird in der Aufgabenplanung nicht angezeigt.
`NetworkName`	Spielt im Zusammenspiel mit dem RunOnlyIfNetwork Available eine Rolle und legt den Namen eines Netzwerkprofils fest, das herangezogen wird, um festzustellen, ob die Ausgabe ausführen kann.
`Priority`	Legt eine Prioritätsstufe von 1 (niedrig) bis 10 für die Aufgabe fest. Der Default-Wert ist 7.
`RunOnlyIfNetworkAvailable`	Die Aufgabe wird nur bei einer aktiven Netzwerkverbindung gestartet.

Vorhandene geplante Aufgaben verwalten

Über das `Get-ScheduledTask`-Commandlet erhält man alle geplanten Aufgaben zurück (natürlich auch jene, die außerhalb der PowerShell angelegt wurden). Da der `TaskName`-Parameter Platzhalter akzeptiert, lassen sich Aufgaben über ihren Namen einfach lokalisieren.

BEISPIEL: Der folgende Befehl listet alle Aufgaben auf, die mit der Silbe „PS“ beginnen.

```
Get-ScheduledTask -TaskName PS*
```

Die Details zu einem einzelnen Task liefert das `Get-ScheduledTaskInfo`-Commandlet. Der folgende Befehl gibt Details wie die letzte Ausführungszeit einer geplanten Aufgabe zurück:

```
Get-ScheduledTaskInfo -TaskName PSTest
```

Geplante Aufgaben auf einem ausfallsicheren Rechnerverbund („fail over cluster“) ausführen

Eine geplante Aufgabe kann auch auf einem ausfallsicheren Rechnerverbund („failover cluster“) ausgeführt werden. Dazu wird die Aufgabe mit dem `Register-ClusteredScheduledTask`-Commandlet registriert. Der Name des Clusters wird über den `Cluster`-Parameter festgelegt. Über den `TaskType`-Parameter wird die Art des Rechnerverbunds bestimmt. Zur Auswahl stehen „ResourceSpecific“, „AnyNode“ und „ClusterWide“.

22.2 Zeitgesteuerte Jobs

Ein zeitgesteuerter Job (engl. „Scheduled Job") unterscheidet sich von einem regulären Job dadurch, dass er zu einem festgelegten Zeitpunkt und/oder in einem festgelegten Intervall startet. Die Grundlage dafür ist (natürlich) eine geplante Aufgabe. Sie legt eine neue PowerShell-Sitzung über den Start von *Powershell.exe* an und führt über den `Command`-Parameter das Skript bzw. den Skriptblock aus. Zeitgesteuerte Jobs und geplante Aufgaben sind damit zwar eng verwandt, decken aber trotzdem verschiedene Anforderungsbereiche ab. Für den Umgang mit zeitgesteuerten Jobs stellt die PowerShell (ab Windows 7 und Windows Server 2008/R2) das Modul `PSScheduledJob` mit insgesamt 16 Commandlets zur Verfügung. Sechs davon kümmern sich um das Verwalten zeitgesteuerter Jobs (Tabelle 22.2), sieben Commandlets um den Umgang mit Job-Triggern und die restlichen drei um Optionen, die bei einem zeitgesteuerten Job zusätzlich gesetzt werden können.

Tabelle 22.2: Die Commandlets für den Umgang mit zeitgesteuerten Jobs

Commandlet	Bedeutung
`Disable-ScheduledJob`	Deaktiviert einen zeitgesteuerten Job.
`Enable-ScheduledJob`	Aktiviert einen nicht aktiven zeitgesteuerten Job.
`Get-ScheduledJob`	Holt alle vorhandenen zeitgesteuerten Jobs.
`Register-ScheduleJob`	Legt einen neuen zeitgesteuerten Job an.
`Set-ScheduledJob`	Ändert einzelne Einstellungen eines zeitgesteuerten Jobs.
`Unregister-ScheduleJob`	Entfernt einen zeitgesteuerten Job.

Die Rolle der Job-Trigger

Grundlage für einen zeitgesteuerten Job ist der sog. „Job-Trigger" (Trigger = „Schalter"). Dieser wird über das Commandlet `New-JobTrigger` angelegt. Ein Job-Trigger steht für einen bestimmten Zeitpunkt und/oder ein Zeitintervall und wird einem zeitgesteuerten Job beim Registrieren zugeordnet. Für den Umgang mit Job-Triggern enthält das Modul `ScheduleJobs` sieben Commandlets (Tabelle 22.3). Praktisch ist, dass sich ein Job-Trigger vorübergehend deaktivieren lässt. Damit kann man erreichen, dass ein Job vorübergehend nicht zu einem festgelegten Zeitpunkt gestartet wird. Um einen zeitgesteuerten Job anzulegen, legt man zuerst per `New-JobTrigger`-Commandlet einen oder mehrere Job-Trigger an und weist diese einem Job zu, der per `Register-ScheduledJob`-Commandlet angelegt wird.

Tabelle 22.3: Die Commandlets aus dem Modul ScheduledJobs für den Umgang mit Job-Trigger

Commandlet	Bedeutung
`Add-JobTrigger`	Fügt einem zeitgesteuerten Job einen weiteren Job-Trigger hinzu.
`Disable-JobTrigger`	Deaktiviert einen Job-Trigger bei einem zeitgesteuerten Job.
`Enable-JobTrigger`	Aktiviert einen Job-Trigger bei einem zeitgesteuerten Job.

Tabelle 22.3: Die Commandlets aus dem Modul ScheduledJobs für den Umgang mit Job-Trigger *(Fortsetzung)*

Commandlet	Bedeutung
`Get-JobTrigger`	Holt alle Job-Trigger, die bereits zeitgesteuerten Jobs zugeordnet wurden.
`New-JobTrigger`	Legt einen neuen Job-Trigger an.
`Remove-JobTrigger`	Entfernt einen Job-Trigger von einem zeitgesteuerten Job.
`Set-JobTrigger`	Ändert einzelne Einstellungen eines vorhandenen Job-Triggers.

BEISPIEL: Der folgende Befehl legt einen Job-Trigger für die Uhrzeit 15:00 an. Über den Switch-Parameter `Once` wird angegeben, dass der Job-Trigger nur einmal aktiv werden soll. Das resultierende Objekt (vom Typ `ScheduledJobTrigger`) wird einer Variablen zugewiesen, damit diese später beim Registrieren des zeitgesteuerten Jobs angegeben werden kann:

```
$Tr23Uhr = New-JobTrigger -At 23:00 –Once
```

BEISPIEL: Der folgende Befehl legt einen Job-Trigger an, der jeden Sonntag um 0 Uhr aktiv wird. Der Switch-Parameter `Weekly` sorgt dafür, dass der Job wöchentlich ausgeführt wird.

```
$SoNacht = New-JobTrigger -At 00:00 -DaysOfWeek Sunday -Weekly
```

Dank der Auswahllisten der PowerShell ISE (seit Version 3.0) ist die Auswahl der Parameterwerte wie z. B. die der Wochentage beim Parameter `DaysOfWeek` sehr einfach.

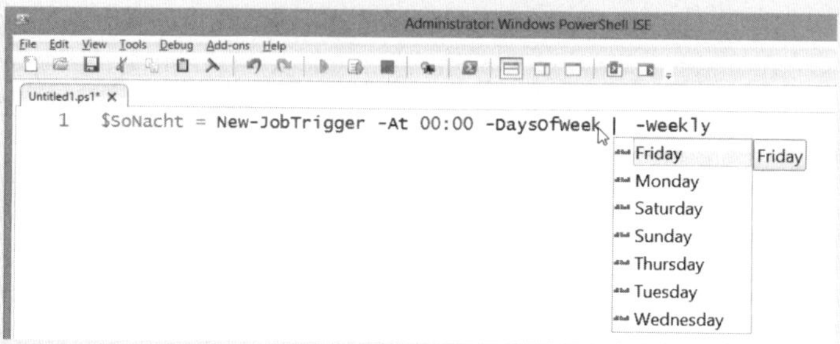

Abbildung 22.2: Die Auswahllisten der PowerShell ISE erleichtern die Auswahl für einen Parameterwert.

Grundsätzlich können einem zeitgesteuerten Job mehrere Job-Trigger zugewiesen werden, wenn dieser zu unterschiedlichen Zeitpunkten und/oder in unterschiedlichen Intervallen starten soll.

Das Auflisten aller Job-Trigger, die bereits einem zeitgesteuerten Job zugeordnet wurden, erledigt das `Get-JobTrigger`-Commandlet. Jene Job-Trigger, die einem Job zugeordnet wurden, erhält man über dessen `JobTriggers`-Eigenschaft.

BEISPIEL: Der folgende Befehl listet die Job-Trigger des zeitgesteuerten Jobs mit der Id 1 auf.

```
Get-ScheduledJob -Id 1 | Select-Object -ExpandProperty JobTriggers
```

■

Jobs sofort starten

Neu seit PowerShell-Version 4.0 ist bei den Commandlets `Register-ScheduledJob` und `Set-ScheduledJob` der Parameter `–RunNow`, der einen Job sofort startet. Ein Trigger ist optional zusätzlich möglich.

```
$SoNacht = New-JobTrigger -At 00:00 -DaysOfWeek Sunday -Weekly
$SB = {  "Dieser Job läuft unter Thread-ID: $([System.Threading.Thread]::CurrentThread.
ManagedThreadId)" | Set-Content c:\temp\job.txt }
$SJob = Register-ScheduledJob -ScriptBlock $SB -Name TestJob2 -RunNow -Trigger
$SoNacht
```

Zeitgesteuerte Jobs anlegen

Ein zeitgesteuerter Job wird über das Commandlet `Register-ScheduledJob` angelegt (und entsprechend über das Commandlet `Unregister-ScheduledJob` wieder entfernt). Dabei werden ein Name, ein oder mehrere Job-Trigger und entweder der Pfad einer Skriptdatei oder ein Skriptblock als Parameterwerte übergeben. Das Ergebnis ist ein Objekt vom Typ `ScheduledJobDefinition` (im Namensraum `Microsoft.PowerShell.ScheduledJob`). Damit der Job auch dann starten kann, wenn die PowerShell-Sitzung längst beendet wurde (und sich der Computer eventuell im Ruhezustand befindet), wird eine geplante Aufgabe („Scheduled Task“) angelegt, die in der Aufgabenplanung (MMC „Task Scheduler“) von Windows im Pfad `\Microsoft\Windows\PowerShell\ScheduledJobs\` erscheint. Zum festgelegten Zeitpunkt wird der Job über die geplante Aufgabe gestartet und kann danach über die Job-Commandlets wie `Get-Job` oder `Receive-Job` angesprochen werden. Ausgeführt werden können alle Befehle, die keine interaktive Shell erfordern. Nicht möglich ist daher das Starten von Windows-Anwendungen (der Prozess wird gestartet, das Anwendungsfenster wird aber nicht angezeigt) oder das Anzeigen von Meldungsboxen.

HINWEIS: Beim Ausgeben von Meldungen während der Ausführung eines Jobs muss berücksichtigt werden, dass die Anzeige von Mitteilungsboxen über `[System.Windows.Forms.Messagebox]::Show()` nicht möglich ist.

■

BEISPIEL: Im folgenden Beispiel wird ein zeitgesteuerter Job angelegt, der eine Minute später eine Meldung (und die interne Thread-ID) ausgibt. Um die Befehlsfolge ausführen zu können, muss die PowerShell explizit als Administrator gestartet werden.

```
$TrGleich = New-JobTrigger -At ((Get-Date) + (New-TimeSpan -Minutes 1)) –Once
$SB = { "Thread-ID: $([System.Threading.Thread]::CurrentThread.
ManagedThreadId)" }
$SJob = Register-ScheduledJob -ScriptBlock $SB -Trigger $TrGleich -Name Meldung
```

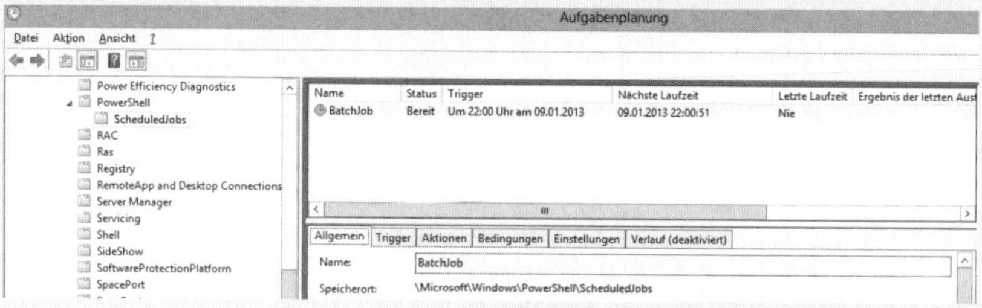

Abbildung 22.3: Für einen zeitgesteuerten Job wird eine geplante Aufgabe angelegt. ■

BEISPIEL: Im folgenden Beispiel wird ein zeitgesteuerter Job angelegt, der (jeden Sonntag um Mitternacht) ein Skript ausführt, das alle .ps1-Dateien in einem Verzeichnis in eine Netzwerkfreigabe sichert.

```
$SoNacht = New-JobTrigger -At 00:00 -DaysOfWeek Sunday -Weekly $SJob1 =
Register-ScheduledJob –FilePath C:\Backup.ps1-Trigger $SoNacht -Name
Ps1Backup
```

Das Skript `Backup.ps1` soll, auch wenn es nicht direkt zum Thema des Kapitels passt, der Vollständigkeit halber vollständig abgedruckt werden. Damit es ausführen kann, müssen die Variablen `$PS1Path`, `$PS1SharePath` und `$ShareUserName` angepasst werden. Das Skript geht davon aus, dass die Freigabe durch ein Kennwort geschützt ist, das während der Ausführung des Skripts abgefragt wird. Außerdem muss das Skript explizit als Administrator ausgeführt werden.

```
<#
 .Synopsis
 Sichern aller Ps1-Dateien auf eine Netzwerkfreigabe
#>

$VerbosePreference = "Continue"

$PS1Path = "C:\PowerShell"
$ShareUserName = "Admin"

$PS1SharePath = "\\192.168.2.138\\PowerShellSkripte\\PS1Backup"

$PSEventSourceName = "PS1Backup"
```

```
# Wenn die Eventquelle PSBackup nicht existiert dann anlegen
if (![System.Diagnostics.Eventlog]::SourceExists($PSEventSourceName))
{
  New-EventLog -LogName Application -Source $PSEventSourceName
}

# Wenn Netzwerklaufwerk nicht existiert dann anlegen
if (-Not (Get-PSDrive -Name PS1Share -ErrorAction SilentlyContinue))
{
  New-PSDrive -Name PS1Share -Root $PS1SharePath -PSProvider FileSystem
-Credential $ShareUserName | Out-Null
}

Write-EventLog -LogName Application -Source $PSEventSourceName -EntryType
Information -EventId 100 -Message "Backup wird gestartet."
Write-Verbose -Message "Backup wird gestartet."

$CopyResult = Get-ChildItem -Path $PS1Path -File -Include *.ps1 -Recurse |
Copy-item -Destination PS1Share: -PassThru

Write-EventLog -LogName Application -Source $PSEventSourceName -EntryType
Information -EventId 100 -Message "Backup wurde abgeschlossen -
$($CopyResult.Count) Skripte wurden gesichert."
Write-Verbose -Message "Backup wurde beendet"

$VerbosePreference = "SilentlyContinue"
```

Spezielle Optionen bei zeitgesteuerten Jobs

Über das Commandlet New-ScheduledJobOption werden einem zeitgesteuerten Job eine Reihe von „Spezialeinstellungen" mit auf den Weg gegeben, die in Tabelle 22.4 anhand der Parameter dieses Commandlets zusammengestellt sind. Diese Parameter sind notwendig, da z. B. nicht vorausgesetzt werden kann, dass der Computer zum Zeitpunkt, wenn ein zeitgesteuerter Job starten soll, eingeschaltet ist oder eine Netzwerkverbindung zur Verfügung steht. Auch der Umstand, dass ein mobiler Computer nicht an das Stromnetz angeschlossen sein muss, wird durch einen Parameter berücksichtigt.

BEISPIEL: Der folgende Befehl startet einen Job so, dass die dem Job zugrunde liegende Aufgabe in der Aufgabenverwaltung von Windows ausgeblendet wird.

```
$TrGleich = New-JobTrigger -At ((Get-Date) + (New-TimeSpan -Minutes 1)) –Once
$SB = { Del C:\Temp }
$SesOpt = New-ScheduledJobOption –HideInTaskScheduler
$J1 = Register-ScheduledJob -ScriptBlock $SB - Name TestJob -Trigger $TrGleich
-ScheduledJobOption $SesOpt
```

Tabelle 22.4: Die wichtigsten Parameter des Commandlets New-ScheduledJobOption

Parameter	Bewirkt, dass ...
RunElevated	... der Job mit erweiterten Administratorberechtigungen ausgeführt wird. Dazu muss dem Credential-Parameter eine Administratorbenutzerkennung übergeben werden.
HideInTaskScheduler	... der Job in der Aufgabenplanung als „ausgeblendete Aufgabe" geführt wird und daher nur dann erscheint, wenn die Einstellung „Ausgeblendete Aufgaben einblenden" gesetzt ist.
RestartOnIdleResume	... der Job fortgesetzt wird, wenn die CPU in den Ruhezustand eintritt.
MultipleInstancePolicy	... eine Regel aktiv wird, die festlegt, was passiert, wenn derselbe Job ein weiteres Mal gestartet wird. Die Voreinstellung bewirkt, dass der weitere Job ignoriert wird.
RequireNetwork	... der Job nur gestartet wird, wenn eine Netzwerkverbindung zur Verfügung steht.
StopIfGoingOffIdle	... der Job angehalten wird, wenn die CPU ihren Ruhezustand verlässt.
WakeToRun	... der Computer den Ruhezustand verlässt, damit der Job gestartet werden kann.
ContinueIfGoingOnBattery	... der Job nicht angehalten wird, wenn der Computer auf Batteriebetrieb geht (was ansonsten der Fall wäre).
StartIfOnBattery	... der Job auch dann gestartet wird, wenn der Computer auf Batteriebetrieb ist (was ansonsten der Fall wäre).
IdleTimeOut	... der Job erst nach dem Ablauf einer über diesen Timespan-Parameter festgelegten Ruhezeitspanne startet, wenn der Parameter StartIfIdle gesetzt wird. Befindet sich die CPU nicht lange genug im Ruhezustand, wird der Job nicht gestartet.
IdleDuration	... der Job erst nach dem über den TimeSpan-Wert festgelegten Zeitraum der Ruhephase gestartet wird. Spielt nur eine Rolle, wenn der Parameter StartIfIdle gesetzt wird.
StartIfIdle	... der Job gestartet wird, wenn sich die CPU die über den Parameter IdleDuration festgelegte Zeitspanne im Ruhezustand befunden hat.

23 PowerShell-Workflows

von Peter Monadjemi

Ein Workflow fasst eine Folge von Arbeitsschritten, die in diesem Zusammenhang Aktivitäten genannt werden, zusammen und führt diese nacheinander aus. Damit unterscheidet sich ein Workflow zunächst nicht von einem Skript oder einer Anwendung. Das Besondere an einem Workflow ist, dass die Aktivitäten nicht programmiert werden müssen, sondern mit Hilfe eines Designers zusammengestellt werden können. Eine weitere Besonderheit ist der Umstand, dass ein Workflow nach einem Neustart des Rechners automatisch fortgesetzt wird und sich daher Abläufe abbilden lassen, die über einen längeren Zeitraum ausführen sollen. Das .NET Framework unterstützt die Ausführung solcher Workflows seit der Version 3.0, mit der Version 4.0 wurde die „Workflow-Engine" grundlegend verbessert und in Version 4.5 nochmals erweitert. Seit PowerShell-Version 3.0 lassen sich Workflows erstmals mit PowerShell-Befehlen umsetzen. Damit besteht die Möglichkeit, mit Hilfe von PowerShell-Skripten Automatisierungsszenarien abzubilden, die auf mehreren Computern im Netzwerk über einen längeren Zeitraum ausführen und nach einem Neustart eines entfernten Computers automatisch fortgesetzt werden. Der Umstand, dass einzelne Aktivitäten im Rahmen eines Workflow auf Wunsch auch parallel ausgeführt werden können, eröffnet weitere Anwendungsbereiche.

23.1 Ein erstes Beispiel

Workflow klingt zunächst nach einer technisch anspruchsvollen Angelegenheit. Das ist bei der PowerShell aber zum Glück nicht der Fall. Dem Entwicklungsteam der PowerShell kam es darauf an, die Workflow-Funktionalität so einfach und (aus der Perspektive von PowerShell-Anwendern) so „natürlich" wie möglich zur Verfügung zu stellen. Die Anwender sollten beim Umgang mit Workflows keine neue Syntax lernen müssen. Ein Workflow wird durch das neue PowerShell-Befehlswort `workflow` definiert. Es folgt ein Skriptblock, der als Workflow-Aktivität ausgeführt wird. Der neue Workflow, der intern als `WorkflowInfo`-Objekt vorliegt, wird durch Eingabe seines Namens ausgeführt. Wie bei einer Funktion gibt es Parameter, denen beim Aufruf Argumente übergeben werden.

BEISPIEL: Das folgende Beispiel zeigt einen Workflow, der per WMI ein paar Eckdaten über das Betriebssystem abfragt.

```
workflow w1
{
  $WMI = Get-WmiObject -Class Win32_OperatingSystem
  $OS = New-Object -Typename PSObject -Property @{Name=$WMI.
Caption;Version=$WMI.Version; SP=$WMI.CSDVersion }
  $OS
}
```

■

Der Workflow wird durch Eingabe des Namens „w1" in der PowerShell zur Ausführung gebracht.

Soll der Workflow auf anderen Computer ausführen, müssen die Namen der Computer auf den Parameter `PSComputerName` folgen:

```
w1 -PSComputerName Server1, Server2
```

Außerhalb einer Domäne ist eine Authentifizierung über den `PSCredential`-Parameter erforderlich. Auf dem Remote-Computer muss lediglich das .NET Framework und nur die PowerShell ab Version 2.0 installiert sein (sofern der Workflow `InlineScript`-Aktivitäten umfasst, die im Rahmen einer PowerShell-Session ausgeführt werden).

Im Moment unterscheidet sich ein Workflow rein äußerlich durch nichts von einer Funktion. Es gibt aber wichtige Unterschiede, die in Kürze deutlich werden.

Ein

```
Get-Command –Name W1 | Get-Member
```

ergibt, dass hinter einem Workflow ein Objekt vom Typ `WorkflowInfo` steht, das eine Vielzahl von Members besitzt, die den Workflow definieren.

HINWEIS: Die nahe Verwandtschaft eines Workflow zu einer Funktion wird durch den Umstand unterstrichen, dass sich die `WorkflowInfo`-Klasse, auf der ein Workflow basiert, von der `FunctionInfo`-Klasse ableitet, auf der eine Funktion basiert (das lässt sich über ein `(Get-Command –Name w1).psobject.Typenames` herausfinden, wenn „w1" der Name eines Workflow ist). Es gibt allerdings kein Workflow-Laufwerk, auf dem alle Workflows zusammengefasst werden, und damit keine Möglichkeit, einen Workflow aus der aktuellen PowerShell-Session zu entfernen. ■

Interessanter ist der Umstand, dass ein Workflow, genau wie ein Commandlet, automatisch einen Satz von Standardparametern besitzt:

```
Get-Command –Name W1 –Syntax

w1 [<AllgmeineWorkflowparameter>] [<CommonParameters>]
```

Die allgemeinen Workflow-Parameter sind in Tabelle 23.1 zusammengestellt.

Tabelle 23.1: Die allgemeinen Workflow-Parameter

Parameter	Bedeutung
AsJob	Bewirkt, dass das Job-Objekt für den Job, durch den der Workflow ausgeführt wird, sofort zurückgegeben wird, so dass die Ausführung des Workflow die PowerShell-Session nicht blockiert. Ohne diesen Parameter muss man auf die Beendigung des Jobs warten.
JobName	Optionaler Name für den Job, durch den der Workflow ausgeführt wird.
PSAllowRedirection	Erlaubt, dass bei der Verwendung des ConnectionURI-Parameters die Verbindung auf einen anderen Computer umgelenkt werden kann, der vom ausgewählten Endpunkt zurückgegeben wird. Die Anzahl der maximal erlaubten Umleitungen kann im Rahmen der Sessionoptionen eingestellt werden.
PSApplicationName	Legt den Namen der „Anwendung" fest, die über die ConnectionURI angesprochen wird. Die Voreinstellung ist der Wert der Variablen $PSSessionApplicationName („wsman"). Spielt nur in Ausnahmefällen eine Rolle.
PSAuthentication	Legt die Art der Authentifzierung fest, wenn ein Workflow remote ausgeführt werden soll. Die Voreinstellung ist hier Default.
PSAuthenticationLevel	Legt die Art der Authentifizierung bei der Ausführung einer WMI-Aktivität auf einem anderen Computer fest. Die Voreinstellung ist hier Default (Windows-Authentifizierung).
PSCertificateThumbprint	Legt den „Daumenabdruck" eines Zertifikats fest, mit dem sich ein lokaler Benutzer authentifizieren kann, wenn der Zugriff nicht innerhalb der Domäne erfolgt. Spielt nur selten eine Rolle.
PSComputerName	Gibt den oder die Computer an, auf denen der Workflow ausgeführt werden soll.
PSConfigurationName	Legt den Namen der Workflow-Session-Konfiguration fest. Der Standardname ist „PowerShell.Workflow". Muss ebenfalls nur in Ausnahmefällen geändert werden.
PSConnectionRetryCount	Anzahl der Versuche, die der Workflow unternehmen soll, um mit einem Remote-Computer eine Verbindung herzustellen.
PSConnectionRetryIntervalSec	Zeitspanne in Sekunden, die zwischen zwei Versuchen liegen soll, um mit einem Remote-Computer eine Verbindung herzustellen.
PSConnectionURI	Legt über eine URI im allgemeinen Format „<Transportprotokoll>://<Computername>:<Port>/<Anwendungsname>" den Endpunkt einer Remote-Verbindung fest. Die Voreinstellung ist *http://localhost:5985/wsman* und muss nur in Ausnahmefällen geändert werden.

Tabelle 23.1: Die allgemeinen Workflow-Parameter *(Fortsetzung)*

Parameter	Bedeutung
PSCredential	Führt eine Authentifizierung über Benutzername und Kennwort als SecureString durch.
PSElapsedTimeoutSec	Entspricht der PSRunningTimeoutSec-Property, nur dass hier auch die Zeit berücksichtigt wird, die der Workflow unterbrochen wird.
PSParameterCollection	Steht für eine Hashtable, die pro Computer, auf denen der Workflow ausgeführt werden soll, wiederum eine Hashtable enthält, in der die Parameterwerte für diesen speziellen Workflow untergebracht sind. Diese Hashtable besitzt den Aufbau: @{PSComputerName="Server1";Parameter1=Wert;Parameter2=Wert},@{PSComputerName="Server2";Parameter1=Wert; Parameter2=Wert}
PSPersist	Legt fest, ob und in welchem Umfang der Workflow seinen Zustand speichert. Der Parameter kann drei Werte annehmen: $True (der Zustand wird nach jeder Aktivität gespeichert), $False (der Zustand wird nie gespeichert) und „Undefiniert". Letzterer ist die Voreinstellung und bewirkt, dass der Workflow seinen Zustand zu Beginn und am Ende speichert.
PSPrivateMetadata	Ermöglicht es dem Workflow, direkt zusätzliche Daten für die Ausführung in Gestalt einer Hashtable zu übergeben.
PSRunningTimeoutSec	Anzahl Sekunden, die ein Workflow maximal ausführen darf, bevor die Ausführung mit einem TimeOut abbricht.
PSSessionOption	Ermöglicht eine Reihe von knapp zwei Dutzend von speziellen Einstellungen, die die Remote-Verbindung betreffen. Eine davon ist „SkipCACheck", durch die bei einem selbst ausgestellten Zertifikat auf die Überprüfung des Herausgeberzertifikats verzichtet wird.
PSUseSSL	Gibt an, dass eine HTTPS-Verbindung verwendet wird (setzt ein Serverzertifikat voraus).

Die Rolle der Aktivitäten

Ein Workflow besteht aus einzelnen Aktivitäten. Eine Aktivität steht für einen Abschnitt während der Ausführung des Workflows, der wiederum andere Aktivitäten enthalten kann. Der Umstand, dass ein Workflow „reguläre" Commandlets enthält, bedeutet aber nicht, dass diese von der PowerShell ausgeführt werden. Wie es im nächsten Abschnitt kurz erläutert wird, werden die Commandlets vor der Ausführung des Workflows in entsprechende Aktivitäten umgesetzt, die der Reihe nach abgearbeitet werden. Dies bedeutet, dass nicht jedes Commandlet und jede „Befehlskonstruktion" für einen Workflow in Frage kommt. Mehr zu den Unterschieden in einem der folgenden Abschnitte.

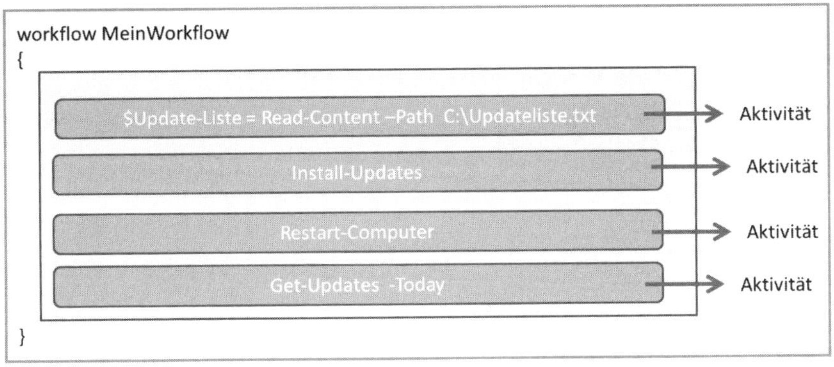

Abbildung 23.1: Ein Workflow besteht aus Aktivitäten.

Die PowerShell 4.0 umfasst knapp 200 verschiedene Aktivitäten. Dazu gehören neben den wichtigsten Commandlets auch eine Reihe von „Spezialaktivitäten“ wie z. B. `Suspend-Workflow`, durch das die Ausführung eines Commandlets unterbrochen wird. Tabelle 23.2 stellt diese Aktivitäten zusammen.

Tabelle 23.2: Spezielle Aktivitäten für die Ablaufsteuerung

Aktivität	Bedeutung
Suspend-Workflow	Unterbricht die Ausführung des Workflows.
Inlinescript	Bewirkt, dass der folgende Skriptblock von der PowerShell ausgeführt wird.
Checkpoint-Workflow	Bewirkt, dass der Workflow seinen aktuellen Zustand speichert.

Ein Blick hinter die Kulissen

Um die Ausführung von Workflows zu ermöglichen, hat das PowerShell-Team die PowerShell auf eine neue Grundlage gestellt. Während die Version 2.0 auf einem klassischen Interpreter basierte, bei jedem die Befehle eines Skripts der Reihe nach interpretiert und ausgeführt werden, wird ein PowerShell-Befehl intern von einem sog. Compiler in einen abstrakten Syntaxbaum (kurz AST für „Abstract Syntax Tree“) umgesetzt, der anschließend „abgearbeitet“ wird. Die direkte Umsetzung eines Befehls unmittelbar nach seiner Eingabe besitzt den (in der Regel) angenehmen Nebeneffekt, dass Fehler wie eine vergessene Klammer, unmittelbar nach der Eingabe in der PowerShell ISE angezeigt werden.

Vor der Ausführung eines Workflows wird dieser in eine XML-Struktur umgewandelt, die auf der Beschreibungssprache *XAML (Extensible Application Markup Language)* basiert, die von Microsoft auch in anderen Zusammenhängen, etwa als Beschreibungssprachen für Fenster und Benutzeroberflächen auf der Basis von WPF *(Windows Presentation Foundation)*, verwendet wird. Auf der Grundlage der XAML-Definition generiert die PowerShell eine Proxy-Funktion, über die der Workflow als Job zur Ausführung gebracht wird. Wird beim Aufruf des Workflows der `AsJob`-Parameter übergeben, wird das resultierende Job-Objekt zurückgegeben und der Anwender kann über das `Receive-Job`-Commandlet die vom Workflow in die Pipeline gelegten Daten abrufen. Ansonsten wartet die Proxy-Funktion darauf, dass der Workflow fertig ist, und ruft danach das `Receive-Job`-Commandlet auf.

Über den Befehl

```
Get-Command –Name Workflowname | Format-List ScriptBlock
```

wird der Inhalt dieser Proxy-Funktion ausgegeben.

23.2 Unterschiede zu einer Function bzw. einem Skript

Auch wenn die Beschreibung eines Workflows der einer Funktion bzw. eines Skripts sehr ähnlich ist, gibt es natürlich wichtige Unterschiede. Der wichtigste Unterschied zwischen einem Workflow und einem PowerShell-Skript ist, dass ein Workflow, der auf einem Computer im Netzwerk ausgeführt wird, einen Neustart des Computers „überlebt" und seine Arbeit nach dem Neustart an dem Punkt fortsetzt, an dem er unterbrochen wurde. Damit ergibt sich auch der typische Anwendungsbereich für Workflows: Automatisierungsszenarien, bei denen eine Folge von Schritten auf einer beliebigen Anzahl von Rechnern im Netzwerk ausgeführt werden soll, die eventuell einen Neustart erforderlich machen, und bei denen externe Parameter, wie z. B. eine explizite Bestätigung durch einen „menschlichen Operator", einbezogen werden sollen. Diese Szenarien lassen sich durch ein einfaches PowerShell-Skript nicht abbilden.

Weitere Unterschiede sind:

- Workflows werden nicht von der PowerShell, sondern von der Workflow-Laufzeit ausgeführt.
- Ein remote ausgeführter Workflow, dessen Ausführung durch einen Neustart des Computers unterbrochen wurde, wird nach dem Neustart automatisch fortgesetzt.
- Ein Workflow kann jederzeit seinen Zustand (u. a. die Werte der in dem Workflow definierten Variablen) speichern. Dieser Umstand ist immer dann von Bedeutung, wenn ein Workflow nach einem Neustart fortgesetzt werden soll. Er kann dadurch die Arbeit an dem Punkt fortsetzen, an dem er unterbrochen wurde.
- Workflow-Aktivitäten können in Visual Studio mit Hilfe eines komfortablen Designers definiert und von der PowerShell ausgeführt werden. PowerShell-Workflow-Aktivitäten können mit allgemeinen Workflow-Aktivitäten kombiniert werden.

23.3 Einschränkungen bei Workflows

Auch wenn eine Workflow-Definition einer Funktionsdefinition ähnelt, gibt es wichtige Unterschiede, was ihren Inhalt angeht. Eine Vielzahl von Commandlets und Befehlstechniken sind in einer Workflow-Definition nicht erlaubt. Zum einen, weil sie technisch nicht oder nur sehr aufwendig umgesetzt werden können. Zum anderen, weil sie keinen Sinn ergeben würden. Das klassische Beispiel ist das `Start-Transcript`-Commandlet, das die Mitprotokollierung der Ein- und Ausgaben einer PowerShell-Session startet. Da ein Workflow nicht in einer interaktiven PowerShell-Session ausgeführt wird, ergibt dieses Commandlet genauso wenig einen Sinn wie z. B. das `Read-Host`-Commandlet. Weniger einleuchtend dürfte der Umstand sein, dass die folgende Befehlsfolge innerhalb eines Workflows nicht erlaubt ist:

```
$P = Get-Process -Name Calc
$P.Kill()
```

Der Grund ist, dass der direkte Aufruf von Methoden nicht erlaubt ist (in diesem Fall wäre ein `Stop-Process` eine naheliegende Alternative). Möchte man die `Kill()`-Methode unbedingt aufrufen, muss die Befehlsfolge lediglich in eine `inlinescript`-Aktivität gesetzt werden:

```
inlinescript {
 $P = Get-Process -Name Calc
 $P.Kill()
}
```

Es ist interessant, dass der Aufruf von Methoden nicht grundsätzlich unterbunden wird. Wird eine Methode mit Argumenten aufgerufen und der Rückgabewert der Methode einer Variablen zugewiesen, hat die PowerShell nichts dagegen. Der folgende Aufruf ist innerhalb eines Workflows erlaubt:

```
$Wochentag = (Get-Date).AddDays(1)
"Morgen ist $Wochentag
```

Der Aufruf von

```
(Get-Date).AddDays(1)
```

führt dagegen zu dem inzwischen bekannten Fehler, der innerhalb der ISE bereits unmittelbar nach der Eingabe angezeigt wird.

Natürlich sind alle Unterschiede zwischen einem Workflow und einem „regulären" PowerShell-Skriptblock dokumentiert – einige werden bereits unmittelbar nach der Eingabe innerhalb der ISE angezeigt. Zum Beispiel innerhalb des TechNet-Portals unter der folgenden Adresse:

http://technet.microsoft.com/en-us/library/jj574194%28d=printer%29.aspx

Die folgende Aufzählung, die keinen Anspruch auf Vollständigkeit erhebt, fasst die wichtigsten Unterschiede zusammen:

- Ein Workflow kann keine „interaktiven" Befehle enthalten, wie z. B. Read-Host, Write-Host oder Start-Transcript.
- Bei Commandlets sind keine Positionsparameter erlaubt. Jedem Parameterwert muss daher sein Name vorausgehen.
- Ein Workflow darf keinen Begin-, Process- und End-Bereich enthalten.
- Ein Parameter kann nicht mit dem Attributwert `ValueFromPipeline` versehen werden. Einem Workflow können daher keine Werte über die Pipeline übergeben werden.

- Direkte Methodenaufrufe (ohne Argumente) sind nicht erlaubt.
- Variablennamen müssen mit einem Buchstaben beginnen und dürfen nur Buchstaben, Ziffern und die Zeichen „-“ und „_“ enthalten.

Viele dieser Einschränkungen lassen sich umgehen, indem der oder die Befehle in eine `inlinescript`-Aktivität gesetzt werden.

23.4 Workflows in der Praxis

Auf den folgenden Seiten werden die verschiedenen grundlegenden Eigenschaften von Workflows an kleinen Beispielen vorgestellt.

Workflows mit Parametern

Einem Workflow werden auf die gleiche Weise wie bei einer Funktion Parameter übergeben.

BEISPIEL: Das folgende Beispiel definiert einen Workflow, der über einen Parameter eine Aktivität eine bestimmte Anzahl oft ausführt.

```
workflow w2
{
  param([Int]$Anzahl)
  1..$Anzahl | Foreach-Object -Process {
    "Aktivität..."
  }
}

w2 -Anzahl 10
```

Auch bei diesem einfachen Beispiel tritt wieder ein „Spezialfall“ auf. Beim `Foreach-Object`-Commandlet muss der `Process`-Parameter explizit angegeben werden, da in einem Workflow keine Positionsparameter (also Parameter, die ihren Wert über die Position des Arguments erhalten) zulässig sind.

Workflow mit Rückgabewerten

Workflows werden intern als Jobs ausgeführt. Eine interaktive PowerShell steht während ihrer Ausführung nicht zur Verfügung. Direkte Ein- und Ausgaben per `Read-Host` und `Write-Host` sind daher nicht möglich. Ausgaben, die ein Workflow tätigen soll, werden, wie bei einem „regulären“ Job, direkt in die Pipeline gelegt, so dass ein Workflow, genau wie eine Function, direkt einer Variablen zugewiesen werden kann. Eine Ausnahme liegt vor, wenn der Workflow mit dem `AsJob`-Parameter gestartet wurde. In diesem Fall werden die Rückgabewerte über das `Receive-Job`-Commandlet abgeholt.

BEISPIEL: Das folgende Beispiel zeigt einen Workflow, der prüft, ob ein Hotfix installiert ist, dessen ID als Parameterwert übergeben wird. Der Rückgabewert (`$true` oder `$false`) wird in die Pipeline gelegt.

```
workflow w3
{
   param([String]$HotfixID)
   (Get-Hotfix -ID $HotfixID -ErrorAction SilentlyContinue) -ne $null
}

w3 -HotfixID KB98630
```

Gültigkeitsbereich von Variablen innerhalb eines Workflows

In einem Workflow gelten andere Gesetze, was den Gültigkeitsbereich von Variablen angeht, als innerhalb einer Function. Der wichtigste Unterschied ist, dass ein Workflow, genau wie ein Job, eine abgeschlossene Einheit darstellt und daher nicht auf Variablen zugreifen kann, die außerhalb des Workflows definiert sind. Auch für eine `inlineScript`-Aktivität gelten andere Gesetze. Ein Befehl muss über die neuen Befehlswörter `using` und `workflow` auf eine Variable zugreifen, die außerhalb der Aktivität (aber noch innerhalb des Workflows) definiert ist.

BEISPIEL: Das folgende Beispiel zeigt einen Workflow, in dem über das sequence-Schlüsselwort eine eigene Aktivität definiert wird:

```
workflow w1
{
  $Anzahl = 1
  sequence {
   $Anzahl
  }
}
```

Für den Wert von `$Anzahl` wird innerhalb der Aktivität der Wert 1 ausgegeben, da die Variable in diesem Bereich sichtbar ist.

Anders sieht es aus, wenn innerhalb der `sequence`-Aktivität der Wert der Variablen geändert werden soll. Eine harmlose Zuweisung wie

```
$Anzahl = 2
```

führt zu einem Fehler, da die Variable `$Anzahl` bereits definiert wurde. Soll ihr Wert geändert werden, kommt das neue Befehlswort `workflow` zum Einsatz:

```
$workflow:Anzahl = 2
```

Um deutlich zu machen, dass sich diese Zuweisung auf eine bereits im Workflow definierte Variable bezieht, musste das PowerShell-Team dem Befehl `workflow` eine zweite Bedeutung geben. Auch wenn es nicht zu Verwechslungen kommen kann, ganz optimal ist diese Doppelbelegung natürlich nicht.

Eine weitere Variante, was den Gültigkeitsbereich von Variablen betrifft, liegt immer dann vor, wenn eine inlinescript-Aktivität im Spiel ist. In dieser Aktivität müssen Workflow-Variablen lesend über das Befehlswort using und schreibend, wie bereits gezeigt, über das Befehlswort workflow angesprochen werden.

BEISPIEL: Das folgende Beispiel ist etwas umfangreicher. Es durchsucht die ersten n Zeilen aller Ps1-Dateien in einem vorgegebenen Verzeichnis auf das Kommentarzeichen „#“. Am Ende wird die Anzahl der gefundenen Zeilen ausgegeben. Die Anzahl der pro Datei zu untersuchenden Zeilen wird über die Variable $AnzahlZeilen festgelegt. Damit diese Variable innerhalb des inlinescript-Bereichs angesprochen werden kann, wird das Befehlswort using verwendet.

```
workflow w1
{
  $AnzahlZeilen = 1
  $AnzahlTreffer = 0
  inlinescript {
    Get-ChildItem -Path $PsHome -Include *.ps1 -Recurse | Foreach-Object {
      Write-Verbose "Prüfe $($_.Fullname)"
      if ((Get-Content -Path $_.FullName -TotalCount $Using:AnzahlZeilen |
Out-String -Stream) -like "*#")
      { $AnzahlTreffer++ }
    }
  }
  "$AnzahlTreffer Kommentarzeilen gefunden"
}
```

Wird der Workflow mit dem Verbose-Parameter aufgerufen, wird zwar deutlich, dass eine Reihe von Ps1-Dateien durchsucht werden, die Variable $AnzahlTreffer besitzt am Ende aber den Wert 0, da innerhalb der Aktivität inlinescript eine neue Variable $AnzahlTreffer definiert wird, die außerhalb der Aktivität nicht mehr zur Verfügung steht. Die Lösung besteht darin, das Ergebnis der inlinescript-Aktivität der Workflow-Variablen $AnzahlTreffer zuzuweisen:

```
workflow w1
{
  $AnzahlZeilen = 2
  $AnzahlTreffer = 0
  $AnzahlTreffer = inlinescript {
    Get-ChildItem -Path $PsHome -Include *.ps1 -Recurse | Foreach-Object {
      Write-Verbose "Prüfe $($_.Fullname)"
      if ((Get-Content -Path $_.FullName -TotalCount $Using:AnzahlZeilen |
Out-String -Stream) -like "*#")
      { $AnzahlTreffer++ }
    }
    $AnzahlTreffer
  }
  "$AnzahlTreffer Kommentarzeilen gefunden"
}
```

Auch wenn die Variable $AnzahlTreffer zwei Mal vorkommt, handelt es sich um zwei unterschiedliche Variablen, da sie in unterschiedlichen Gültigkeitsbereichen definiert sind.

■

Zugriff auf Variablen außerhalb des Workflows

Ein Workflow kann grundsätzlich nicht auf Variablen zugreifen, die außerhalb des Workflows gültig sind. Auch die Übergabe einer Variablen als Referenz an einen Workflow ist nicht möglich. Soll ein Workflow dem aufrufenden Skript Werte zurückgeben, legt er diese ganz einfach in die Pipeline. Eine Alternative ist eine gemeinsame Umgebungsvariable, die über `[System.Environment]::SetEnvironmentVariable()` auf Benutzer- oder Maschinenebene angelegt wird.

BEISPIEL: Das folgende Beispiel zeigt eine Workflow-Definition, der ein Parameterwert übergeben wird, den sie in eine Umgebungsvariable einträgt, die wiederum nach Beendigung des Workflows abgefragt wird.

```
workflow w4
{
  param([Int]$Wert)
  inlinescript
  {
   "Der Wert ist: $using:Wert"
   [System.Environment]::SetEnvironmentVariable("TestWert", $Wert, "User")
  }
}

[System.Environment]::SetEnvironmentVariable("TestWert", 1000, "User")

w4 -Wert 3000

[System.Environment]::GetEnvironmentVariable("TestWert","User")
```

■

Verschachtelte Workflows

Wie Funktionen können auch Workflows verschachtelt sein. In diesem Fall wird der „innere" Workflow als Teil des äußeren Workflows ausgeführt. Jeder Workflow bildet eine eigene Aktivität und damit auch einen eigenen Gültigkeitsbereich für Variablen und Funktionen. Eine Funktion, die im äußeren Workflow definiert ist, existiert für einen inneren Workflow daher nicht.

BEISPIEL: Das folgende Beispiel ist absichtlich sehr einfach gehalten. Es definiert innerhalb des Workflows w1 einen weiteren Workflow w2, der innerhalb von w1 aufgerufen wird.

```
workflow w1
{
  $ID = 1
  "w1 wird ausgeführt..."
  workflow w2
  {
   "w2 wird ausgeführt - der Wert (ID=$ID)"
  }
  w2
}
```

Die Variable $ID steht innerhalb des Workflows w2 nicht zur Verfügung. Sie müsste als Parameter an den Workflow übergeben werden.

Ein Spezialfall liegt vor, wenn der innere Workflow im Rahmen einer weiteren Aktivität aufgerufen werden soll. Das Problem: Im Rahmen dieser Aktivität ist der Workflow nicht bekannt und kann daher nicht aufgerufen werden. Ein „Workaround" besteht darin, den Workflow einer Skriptblock-Variablen zuzuweisen und diese Variable innerhalb der Aktivität über `using` anzusprechen.

BEISPIEL: Das folgende Beispiel ruft innerhalb eines Workflows einen „inneren" Workflow im Rahmen einer `ForEach-Object`-Aktivität mehrfach auf und benutzt dazu den Umweg über eine Skriptblock-Variable, die den Workflow repräsentiert und auf die der innere Workflow dank der Verwendung von `using` zugreifen kann.

```
workflow w1
{
  workflow w2
  { "Worfklow w2..." }
  $SB = { w2 }
  inlinescript {
  1..3 | ForEach-Object -process { $using:SB }
  }
}
```

Parallele Aktivitäten

Einzelne Befehle innerhalb eines Workflows können auch parallel ausgeführt werden. Das bedeutet konkret, dass die einzelnen Aktivitäten auf allen vorhandenen Kernen der CPU gleichzeitig ausgeführt werden. Dazu wird innerhalb eines Workflows ein neuer Skriptblock definiert, dem das Befehlswort `parallel` vorausgeht.

BEISPIEL: Das folgende Bespiel definiert einen Workflow, in dem drei Aktivitäten, jeweils bestehend aus einem `ForEach-Object`-Commandlet, parallel ausgeführt werden. Zum „Beweis" dafür, dass die Ausführung tatsächlich gleichzeitig stattfindet, wird die Nummer der Aktivität mit ausgegeben. Bei der Ausgabe wird deutlich, dass die drei Aktivitäten durcheinander ausgeführt werden. Außerdem wird durch die Ausgabe der sog. Thread-ID deutlich, dass jede Aktivität auf ihrem eigenen „Ausführungsfaden" (engl. „thread") innerhalb des Prozesses ausführt.

```
workflow w1
{
  parallel {
    1..10 | Foreach-Object -Process {
    $ThreadID = [System.Threading.Thread]::CurrentThread.ManagedThreadId
    "Aktivität 1: Laufe auf Thread-Nr. $ThreadID"
```

```
Start-Sleep -Milliseconds 500
 }
1..10| Foreach-Object -Process {
$ThreadID = [System.Threading.Thread]::CurrentThread.ManagedThreadId
"Aktivität 2: Laufe auf Thread-Nr. $ThreadID"
Start-Sleep -Milliseconds 500
 }
1..10| Foreach-Object -Process {
$ThreadID = [System.Threading.Thread]::CurrentThread.ManagedThreadId
"Aktivität 3: Laufe auf Thread-Nr. $ThreadID"
Start-Sleep -Milliseconds 500
 }
}
}
```

Sollen die Befehle eines Skriptblocks innerhalb eines Workflows explizit sequenziell ausgeführt werden, muss ihnen das Befehlswort `sequential` vorausgehen. Bezogen auf das obige Beispiel würde sich die Ausgabe dahingehend unterscheiden, dass die drei Aktivitäten streng in Reihenfolge ihres Auftretens abgearbeitet werden (und dass zwei Aktivitäten auf demselben Thread ausführen können).

Spezialfall foreach-Befehl

Für den `foreach`-Befehl der PowerShell steht innerhalb eines Workflows (und leider nur dort) der Parameter `parallel` zur Verfügung. Er bewirkt, dass die Befehle des folgenden Schleifen-Skriptblocks parallel ausgeführt werden.

BEISPIEL: Das folgende Beispiel definiert einen Workflow, der eine Reihe von Befehlen im Rahmen des `foreach`-Befehls parallel ausführt.

```
workflow w1
{
    foreach -parallel ($i in 1..10)
    {
     $ThreadID = [System.Threading.Thread]::CurrentThread.ManagedThreadId
     "Aktivität $($i): Laufe auf Thread-Nr. $ThreadID"
     Start-Sleep -Milliseconds 500
     }
}
```

Der „Beweis", dass die Befehle tatsächlich parallel ausgeführt werden, besteht auch bei diesem Beispiel darin, dass die Nummern der Aktivitäten durcheinander ausgegeben werden. Ohne den `parallel`-Parameter werden sie nacheinander ausgegeben.

Die Speicherung des Workflow-Zustands (Persistenz)

Unter dem allgemeinen Begriff „Zustand" (engl. „state") wird bei einem Workflow sein Ist-Zustand in einem bestimmten Moment während seiner Ausführung zusammengefasst. Dazu gehören u. a. die Werte der Variablen und der aktuell ausgeführte Befehl. Der Umstand, dass ein Workflow seinen Zustand, z. B. über die Aktivität `Checkpoint-Workflow`, jederzeit speichern kann, ist eine Voraussetzung dafür, dass ein Workflow nach einer Unterbrechung nahtlos fortgesetzt werden kann. Eine solche Unterbrechung ist im Allgemeinen ein Neustart des Computers, auf dem der Remote-Workflow ausgeführt wird.

Die Fähigkeit eines Workflows, seinen Zustand speichern zu können, heißt *Persistenz*.

HINWEIS: Die PowerShell speichert den Zustand eines Workflows im Dateisystem im Benutzerprofilverzeichnis. Zu den gespeicherten Informationen gehören die Workflow-Definition, die Workflow-Parameter, der Zustand des ausführenden Jobs, weitere interne Zustandsinformationen und Metadaten, die mit dem Workflow in Beziehung stehen. ■

Möchte man erreichen, dass der Workflow seinen Zustand nach jeder Aktivität speichert, muss beim Aufruf der `PSPersist`-Parameter mit dem Wert `$True` gesetzt werden.

Workflows unterbrechen und fortsetzen

Der wichtigste Unterschied zwischen einem Workflow und einem Skript besteht darin, dass ein Workflow über die `Suspend-Workflow`-Aktivität unterbrochen und zu einem späteren Zeitpunkt über das Commandlet `Resume-Job` fortgesetzt werden kann. Das klassische Beispiel ist ein Arbeitsablauf, in dem „mittendrin" eine E-Mail verschickt wird und die Abarbeitung des Arbeitsablaufs danach unterbrochen wird, damit sie zu einem späteren Zeitpunkt fortgesetzt werden kann. Die Fortführung des Arbeitsablaufs muss entweder durch einen „menschlichen Eingriff" oder über ein systemweites Ereignis, etwa das Starten eines bestimmten Prozesses, fortgesetzt werden.

Bezogen auf den beschriebenen Arbeitsablauf muss der Empfänger der E-Mail entscheiden, ob der Workflow fortgesetzt wird oder nicht (was natürlich ebenfalls, z. B. über eine Posteingangsregel, automatisiert werden kann). Ob der Empfänger dies nach einigen Minuten oder nach einem längeren Urlaub tut, spielt für die Ausführung des Workflows keine Rolle, da er seinen Zustand entweder implizit (nach wichtigen Operationen), über den Workflow-Parameter `PSPersist:$True` nach jeder Aktivität oder über die `Checkpoint-Workflow`-Aktivität gezielt sichert.

BEISPIEL: Das folgende Beispiel definiert einen Workflow, der nach Ausgabe einer Meldung die Ausführung anhält. Der Zustand besteht aus dem Wert der Variable `$State`. Dabei wird ein Job-Objekt angelegt, dessen Eckdaten wie üblich ausgegeben werden. Über das `Resume-Job`-Commandlet wird der Workflow unter Angabe seiner Job-Id fortgesetzt. Die resultierende Ausgabe muss, wie bei Jobs üblich, über das `Receive-Job`-Commandlet abgeholt werden.

```
workflow w1
{
    $State = 1000
    Suspend-Workflow
    "Der aktuelle Zustand: $State"
}
```

```
Id  Name    PSJobTypeName   State      HasMoreData   Location    Command
--  ----    -------------   -----      -----------   --------    -------
120 Job120  PSWorkflowJob   Suspended  True          localhost   w1

Receive-Job -id 120
Der aktuelle Zustand: 1000
```

Fehlersuche in Workflows (Debugging)

Genau wie die Ausführung eines Jobs kann auch ein Workflow leider nicht debuggt, also unter der Steuerung des PowerShell-Debuggers ausgeführt, werden. Ein Haltepunkt innerhalb einer Workflow-Definition besitzt keine Wirkung.

Ein praktischer Tipp, um diese Einschränkung zu umgehen, besteht darin, die Befehle zuerst außerhalb des Workflows zu testen und sie erst danach in den Workflow einzubauen. Das Testen umfangreicherer Workflows kostet aber generell Zeit.

23.5 Workflows in Visual Studio erstellen

Ein PowerShell-Workflow kann alternativ innerhalb der Microsoft-Entwicklungsumgebung Visual Studio (ab Version 2010 Professional Edition) mit Hilfe eines Designers, auf dem die einzelnen Aktivitäten angeordnet werden, erstellt werden. Das Ergebnis ist eine Textdatei im XAML-Format *(Extensible Application Markup Language)*, die den Workflow definiert. Ausgeführt wird der Workflow durch das `Import-Module`-Commandlet, auf das der Pfad der XAML-Datei folgt (das Commandlet hat mit der PowerShell eine erweiterte Bedeutung erhalten). Dieser Typ von Workflow wird *XAML-Workflow* genannt und unterscheidet sich von einem Skript-Workflow nur durch die Art der Umsetzung, nicht aber durch seine Möglichkeiten.

Ein XAML-Workflow bietet den Vorteil, dass er von Anwendern erstellt werden kann, die nur geringe PowerShell-Kenntnisse besitzen und sich nicht mit den Details während der Eingabe eines Skript-Workflows beschäftigen möchten, wenngleich die Umsetzung ganz ohne PowerShell-Kenntnisse nicht gelingen wird und zudem gewisse Grundkenntnisse im Umgang mit .NET-Datentypen voraussetzt. Ein weiterer Vorteil ist, dass der Workflow innerhalb des Designers in einer visuellen Notation vorliegt, die ausgedruckt und/oder als Grundlage für eine Diskussion über die Aufgaben des Workflows dienen kann.

HINWEIS: Über die Eigenschaft `XamlDefinition` des `WorkflowInfo`-Objekts erhält man die XAML-Definition eines Skript-Workflows:

```
Get-Command -Name W1 | Format-List XamlDefinition
```

Die XAML-Definition eines Workflows, der (über `Write-Output`) lediglich das Literal „Hallo, Welt“ in die Pipeline legt und damit ausgibt, sieht stark vereinfacht (u.a. wurden alle Namensraum-Deklarationen weggelassen) wie folgt aus:

```
<Activity
  x:Class="Microsoft.PowerShell.DynamicActivities.Activity_1331639546"
   xmlns=http://schemas.microsoft.com/netfx/2009/xaml/activities
>
  <Sequence>
    <ns1:WriteOutput>
       <ns1:WriteOutput.InputObject>
          <InArgument x:TypeArguments="ns4:PSObject[]">
           <ns2:PowerShellValue x:TypeArguments="ns4:PSObject[]"
Expression="&quot;Hallo,Welt&quot;" />
          </InArgument>
       </ns1:WriteOutput.InputObject>
      </ns1:WriteOutput>
      <Sequence.Variables>
         <Variable Name="WorkflowCommandName" x:TypeArguments="ns0:String" Default =
"w1" />
      </Sequence.Variables>
   </Sequence>
</Activity>
```

Es wird deutlich, dass der Workflow durch das <Activity>-Element definiert wird und aus einem <Sequence>-Element als Stammelement besteht. Die Ausgabe des Literals übernimmt die WriteOut-Aktivität, die im Namespace Microsoft.PowerShell.Utility.Activities und in der Assembly Microsoft.PowerShell.Utility.Activities.dll definiert ist. Die auszugebende Zeichenkette wird dem InputObject-Parameter als Array von PSObject-Werten übergeben.

Für die Umsetzung eines XAML-Workflows wird Visual Studio ab Version 2010 benötigt. Erforderlich ist mindestens die Professional Edition, die kostenlosen Express Editionen gehen nicht, da es hier keinen Workflow-Designer gibt. Dass Visual Studio als Werkzeug verwendet wird, bedeutet nicht, dass für die Umsetzung Programmierkenntnisse benötigt werden, denn bei der Umsetzung ist keine Programmierung im Spiel. Allerdings muss man sich mit dem Konzept der Datentypen und wie diese aus verschiedenen Assembly-Bibliotheken ausgewählt werden, auseinandersetzen. Dies ist z. B. Voraussetzung, um den Output eines Commandlets dem nächsten Commandlet als Input zuweisen zu können. Die Ausdrücke werden nicht in der PowerShell-Syntax, sondern in C# oder Visual Basic definiert.

Die Vorgehensweise bei der Umsetzung besteht darin, ein neues Projekt vom Typ „Konsolenanwendung für Workflows“ in der Kategorie „Workflow“ anzulegen, den Workflow mit Hilfe eines Designers zusammenzustellen und die daraus resultierende XAML-Datei über das Import-Module-Commandlet zu laden. Anschließend steht der Workflow auf die exakt gleiche Art und Weise zur Verfügung wie ein innerhalb der PowerShell definierter Skript-Workflow.

Was im letzten Absatz im Schnelldurchlauf zusammengefasst wurde, soll im Folgenden an einem kleinen Beispiel Schritt für Schritt umgesetzt werden. Das Beispiel wurde absichtlich sehr einfach eingehalten und ist damit zwangsläufig praxisfern, da bereits die Umsetzung eines aus sechs einfachen Aktivitäten bestehenden Workflows aus mehreren Dutzend Teilschritten besteht. Der Workflow schreibt die Anzahl der laufenden Prozesse in eine Textdatei, startet den Computer neu und fügt anschließend erneut die Anzahl der laufenden Prozesse in dieselbe Textdatei ein und gibt am Ende eine kurze Meldung aus. Es versteht sich von selbst, dass dafür kein Workflow benötigt wird. Die Beschreibung soll Sie in die

Lage versetzen, einen Workflow für ein praxisnahes Szenario umzusetzen. Hat man die Grundregeln bei der Umsetzung verstanden, ist man in der Lage, beliebig komplexe Abläufe abzubilden.

Schritt 1

Starten Sie Visual Studio 2010 oder höher, legen Sie ein neues Projekt vom Typ „Konsolenanwendung für Workflows“ an und geben Sie dem Projekt den Namen „DemoWorkflow“.

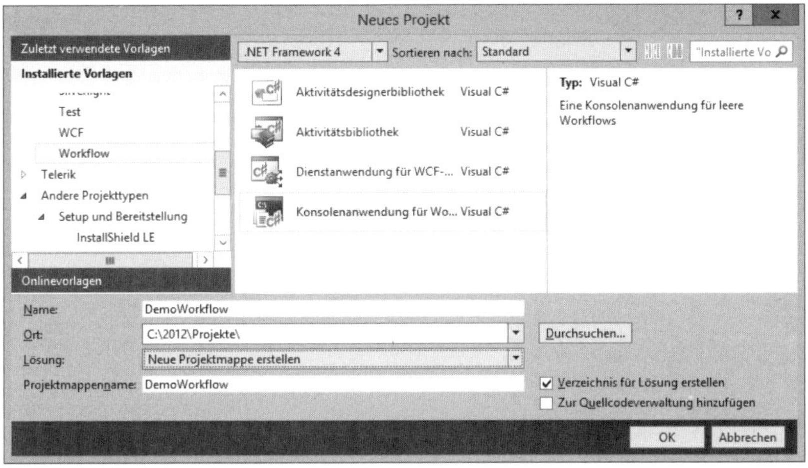

Abbildung 23.2: Das Workflow-Projekt wird angelegt.

Schritt 2

Eine lästige Kleinigkeit muss bei Visual Studio bei jedem neuen Projekt erledigt werden. In den Projekteigenschaften muss für das Ziel-Framework das voreinstellte „.NET Framework 4 Client Profile“ gegen das „.NET Framework 4“-Profil, das die komplette Laufzeit repräsentiert, ausgetauscht werden. Wählen Sie dazu im Projekt-Menü den Eintrag „DemoWorkflow-Eigenschaften…“ („DemoWorkflow“ ist der Name des Projekts) und wählen Sie in der Auswahlliste „Zielframework“ den Eintrag „.NET Framework 4“. Damit die Einstellung wirksam wird, muss das Projekt danach geschlossen und erneut geöffnet werden, was automatisch geschieht.

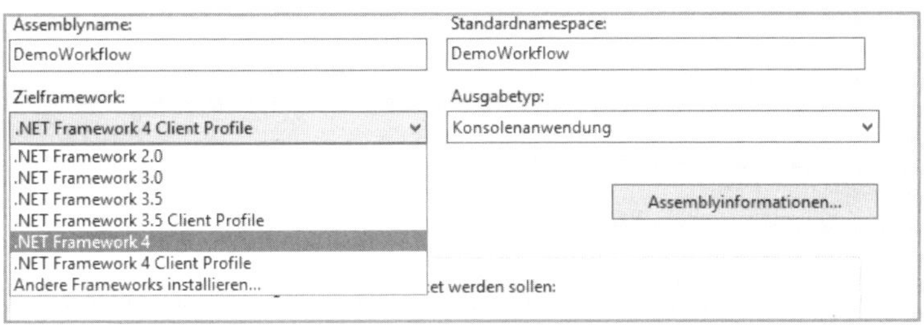

Abbildung 23.3: In den Projekteigenschaften muss das .NET Framework 4-Profil eingestellt werden.

Schritt 3

Zu Beginn sehen Sie eine leere Designerfläche. Hier sollen in Kürze die einzelnen Aktivitäten abgelegt werden.

Abbildung 23.4:
Zu Beginn ist die Designerfläche noch leer.

Machen Sie über das *Ansicht*-Menü die Toolbox sichtbar. Hier werden alle zur Verfügung stehenden Aktivitäten angeboten. Am Anfang dürften in der Kategorie „Allgemein“ noch keine Aktivitäten angeboten werden, sie ist daher ebenfalls noch relativ leer.

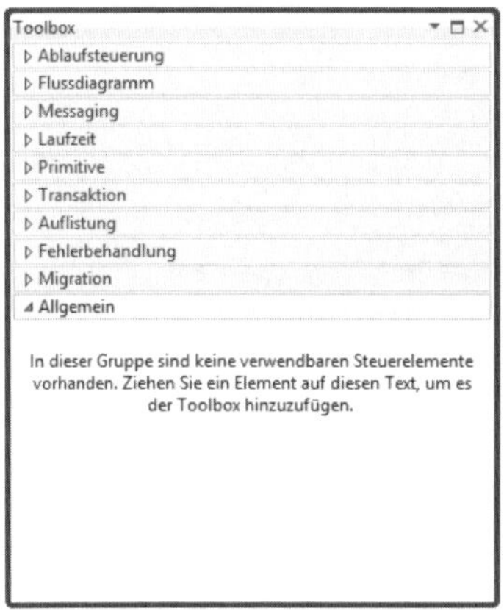

Abbildung 23.5:
In der Toolbox werden noch keine PowerShell-Aktivitäten angezeigt.

Schritt 4

Gehen Sie wie folgt vor, um alle PowerShell-Aktivitäten hinzuzufügen

1. Klicken Sie die Toolbox mit der rechten Maustaste an und wählen Sie den Eintrag „Elemente auswählen“.

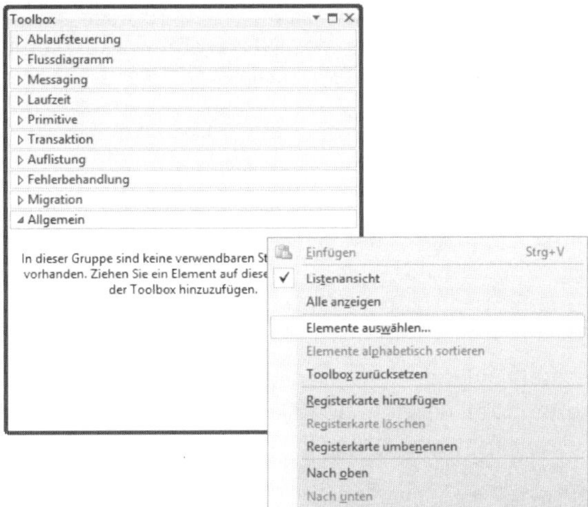

Abbildung 23.6:
Zur Toolbox werden weitere Elemente hinzugefügt.

Wechseln Sie in das Register „System.Activities-Komponenten“. Alle Aktivitäten, die noch nicht angekreuzt sind, die aber Teil der Toolbox sein sollen, müssen angekreuzt werden.

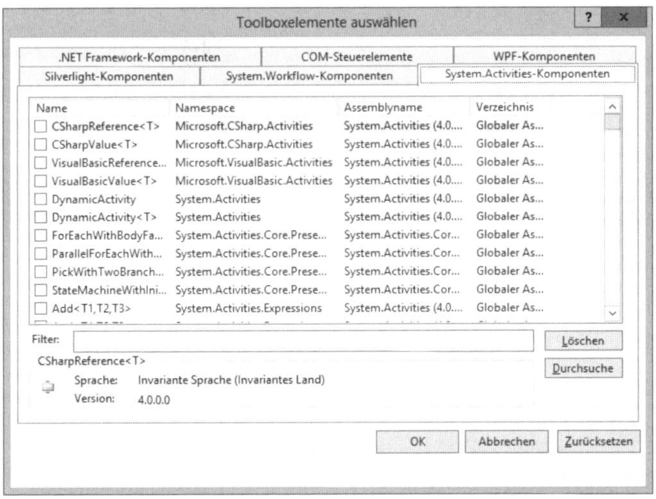

Abbildung 23.7:
Nicht alle Aktivitäten werden am Anfang in der Toolbox angezeigt.

Am Anfang werden Sie in der Liste aber keine PowerShell-Aktivitäten finden, da noch keine hinzugefügt wurden. Das muss einmalig nachgeholt werden. Die einzelnen PowerShell-Aktivitäten sind auf die folgenden sechs Assembly-Bibliotheken verteilt:

- Microsoft.PowerShell.Activities.dll
- Microsoft.Powershell.Core.Activities.dll
- Microsoft.PowerShell.Utility.Activities.dll
- Microsoft.PowerShell.Management.Activities.dll
- Microsoft.PowerShell.Diagnostics.Activities.dll
- Microsoft.PowerShell.Security.Activities.dll

Die ersten vier Bibliotheken sollten auf alle Fälle hinzugefügt werden, am besten alle sechs. Die Dateien befinden sich im „GAC“ (Global Assembly Cache) des .NET Frameworks. Dahinter steckt eine Verzeichnishierarchie im Verzeichnis *C:\Windows\Microsoft.NET\Assembly\GAC_MSIL*.

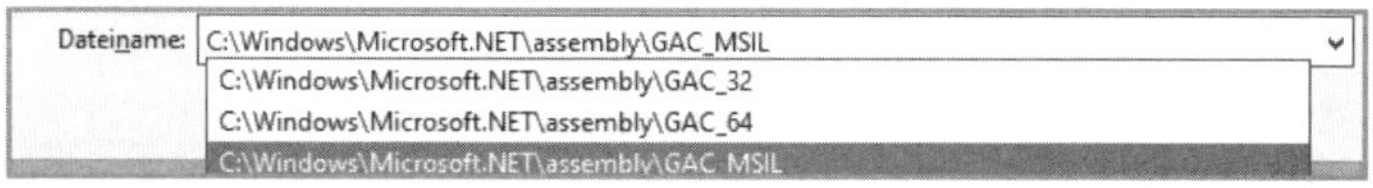

Abbildung 23.8: Die PowerShell-Aktivitäten befinden sich im GAC-Verzeichnis des :NET Frameworks.

Sie müssen daher für jede einzelne Assembly auf den *Durchsuchen*-Button klicken, die Dll-Datei in ihrem jeweiligen Unterverzeichnis lokalisieren und sie auswählen. Dadurch werden die in der Datei enthaltenen Aktivitäten in die Liste der für die Toolbox verfügbaren Aktivitäten aufgenommen.

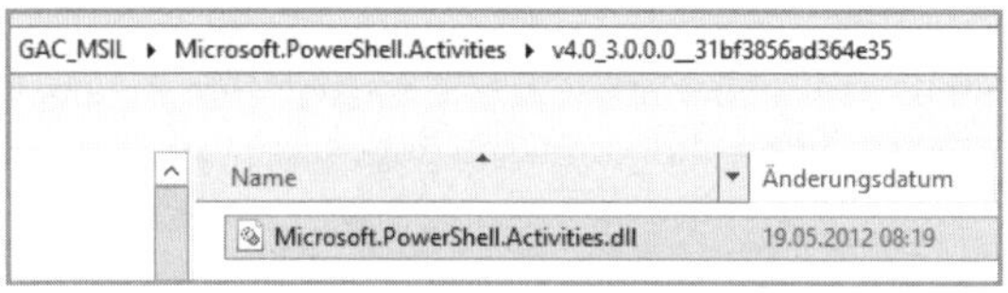

Abbildung 23.9: Eine Assembly mit PowerShell-Aktivitäten wird ausgewählt.

Zwar wird es durch das Hinzufügen aller zur Verfügung stehenden PowerShell-Aktivitäten in der Toolbox recht voll, doch ersparen Sie sich so eine Suche nach einer Aktivität, deren Assembly-Bibliothek nicht geladen wurde.

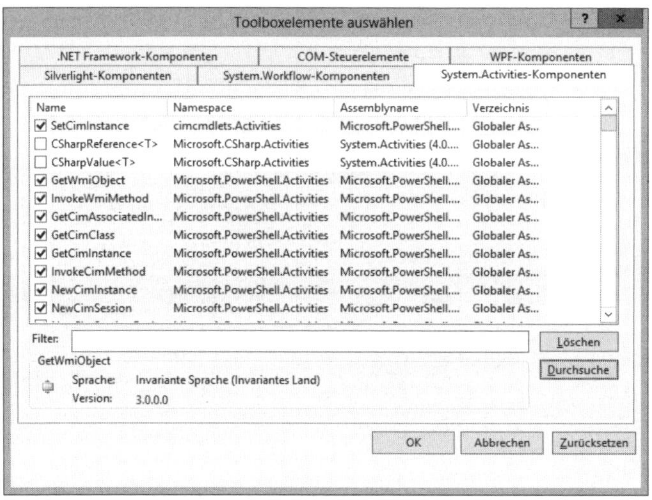

Abbildung 23.10: Die PowerShell-Aktivitäten werden ausgewählt…

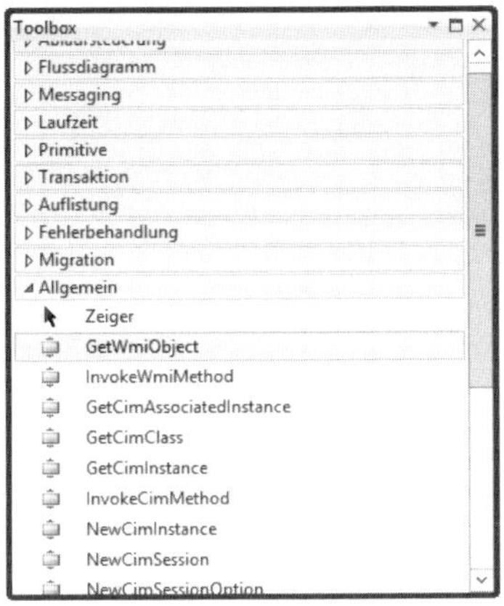

Abbildung 23.11:
... und sind danach Teil der Toolbox.

TIPP: Werden die Toolbox-Elemente alphabetisch sortiert, lassen sich einzelne Elemente leichter lokalisieren.

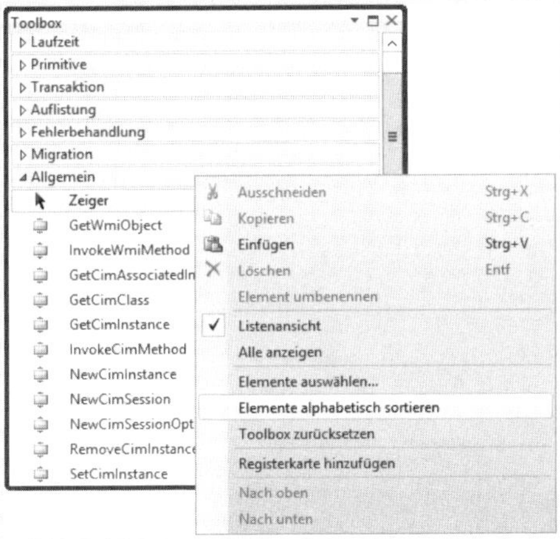

Abbildung 23.12:
Die Toolbox-Elemente können sortiert werden.

Schritt 5

Als letzte Formalität muss in das Projekt ein Verweis auf die PowerShell-Assembly *System.Management.Automation.dll* eingefügt werden, denn sie enthält jene Datentypen, die später über die Definition einer Variablen und die Parameterübergabe benötigt werden. Klicken Sie im Projektmappen-Explorer, der über das *Ansicht*-Menü gegebenenfalls sichtbar gemacht werden muss, den Eintrag „Verweise" mit der rechten Maustaste an und wählen Sie „Verweis hinzufügen". Auch diese Datei befindet sich im GAC unter *C:\Windows\Microsoft.Net\Assemblies\GAC_MSIL* und dort im Verzeichnis *System.Management.Automation*. Wählen Sie in dem Unterverzeichnis dieses Verzeichnisses die Datei aus und bestätigen Sie die Auswahl, um den Verweis hinzuzufügen.

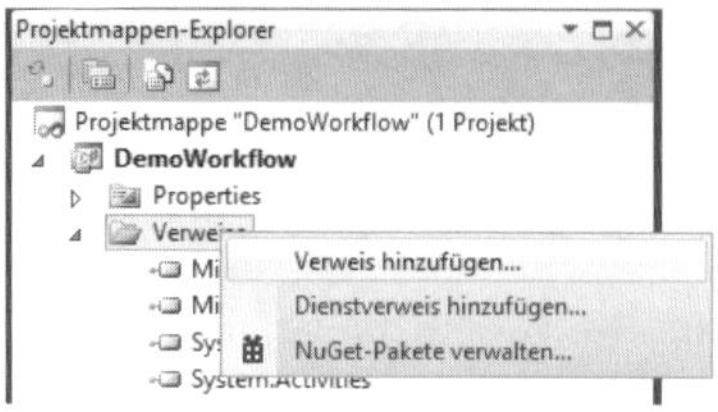

Abbildung 23.13:
In das Projekt muss ein Verweis ...

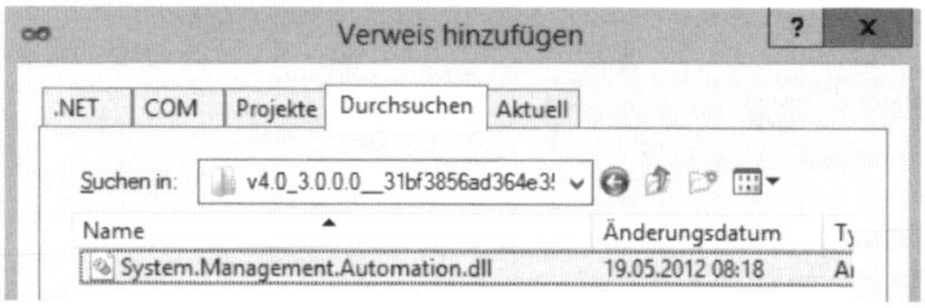

Abbildung 23.14:
... auf die Assembly System.Management.Automation.dll hinzugefügt werden.

Schritt 6

Im nächsten Schritt wird der Workflow mit seinen Aktivitäten umgesetzt. Ordnen Sie als Erstes eine Sequence-Aktivität aus dem Abschnitt „Ablaufsteuerung“ auf der Designerfläche an. Hier werden die einzelnen Aktivitäten platziert.

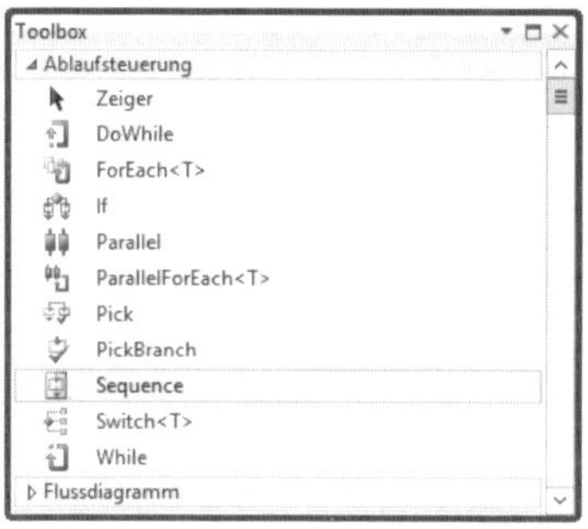

Abbildung 23.15:
Die Sequence-Aktivität ist Teil der Kategorie „Ablaufsteuerung“.

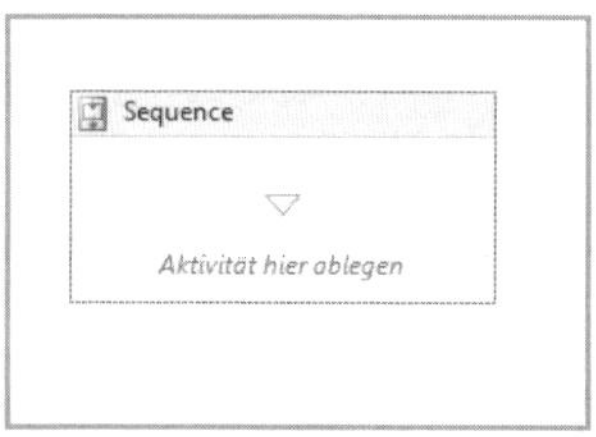

Abbildung 23.16:
Der Workflow beginnt mit einer Sequence.

Schritt 7

Platzieren Sie in der Sequence-Aktivität die Aktivität „Get-Process“, die damit als erste Aktivität in den Workflow aufgenommen wird.

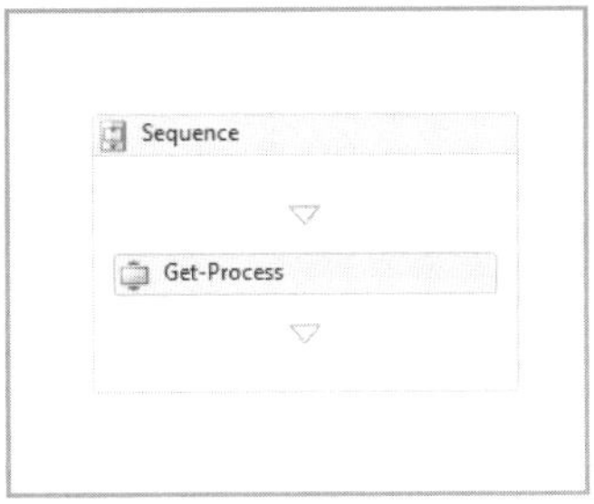

Abbildung 23.17:
In den Workflow wurde die Get-Process-Aktivität aufgenommen.

Schritt 8

Das Ergebnis von `Get-Process` soll einer Variablen zugewiesen werden. Drücken Sie [F4], um die Eigenschaften der Aktivität anzuzeigen, und tragen Sie in der Zeile „Result“ in das Eingabefeld auf der linken Seite „Prozesse“ ein. Das ist der Name einer Variablen, die aktuell noch nicht definiert ist. Alternativ können Sie den Wert über den Ausdruckseditor eingeben, der durch einen Klick auf den Button mit den drei Punkten geöffnet wird.

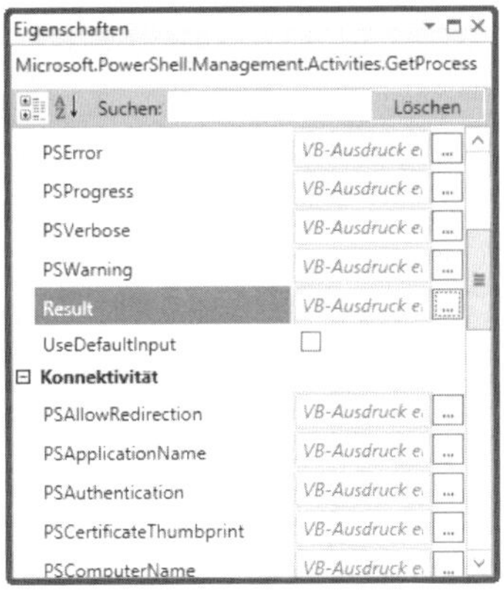

Abbildung 23.18:
Im Eigenschaftendialog werden die Commandlet-Parameter als Eigenschaften der Aktivität angeboten.

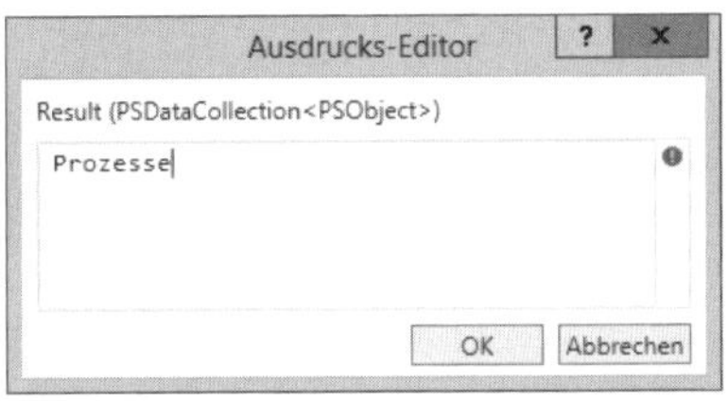

Abbildung 23.19:
Im Ausdrucks-Editor erhält die Property Result einen Wert.

Da es die Variable `Prozesse` noch nicht gibt, ist eine Fehlermeldung die Folge, die durch ein rotes Ausrufezeichen angezeigt wird.

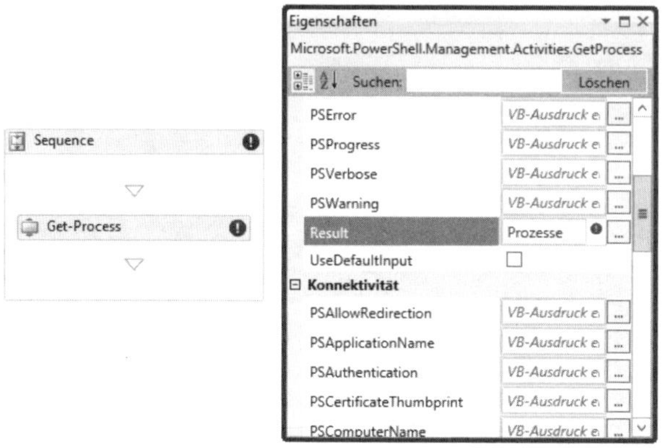

Abbildung 23.20:
Der Workflow enthält einen Fehler.

Schritt 9

In diesem Schritt wird die Variable `Prozesse` definiert. Im unteren Bereich des Workflow-Designers werden die Kategorien „Variablen", „Argumente" und „Importe" angeboten. Selektieren Sie „Variablen", um den Bereich zu öffnen, in dem Workflow-Variablen angezeigt und angelegt werden können. Sollte in der Spalte „Name" keine Eingabe möglich sein, muss die `Sequence`-Aktivität selektiert werden.

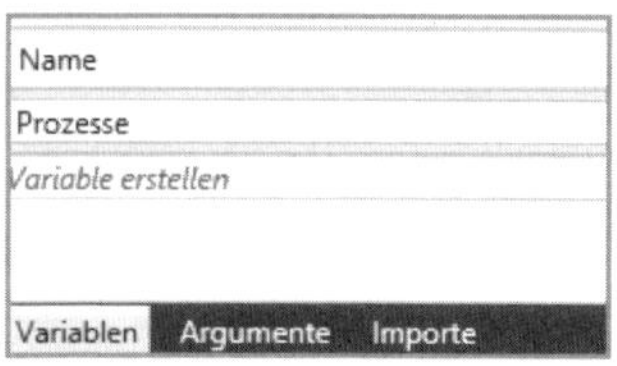

Abbildung 23.21:
Die Variable „Prozesse" wird definiert.

Tragen Sie für den Namen „Prozesse" ein. Als Variablentyp wird „String" voreingestellt. Dies ist aber der falsche Datentyp. Damit `Get-Process` seine Ausgabe in die Variable ablegen kann, muss diese vom Typ „PSDataCollection<PSObject>" sein. Dieser Typ wird aber noch nicht in der Liste angeboten, er muss daher über den Eintrag „Nach Typen suchen ..." hinzugefügt werden.

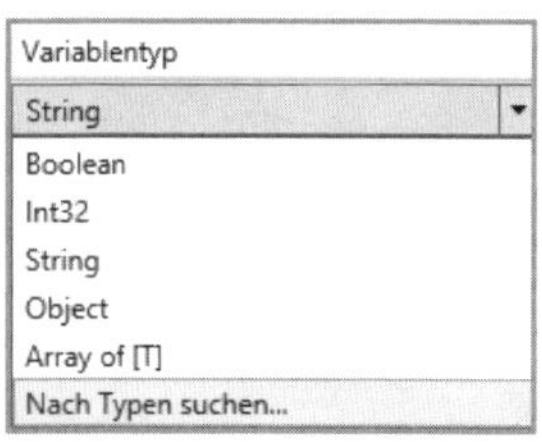

Abbildung 23.22:
Nicht jeder Datentyp wird am Anfang in der Auswahlliste angeboten.

Nach Auswahl von „Nach Typen suchen ..." erscheint ein weiterer Auswahldialog. Hier kann einer Variablen oder einem Parameter ein bestimmter Datentyp zugeordnet werden.

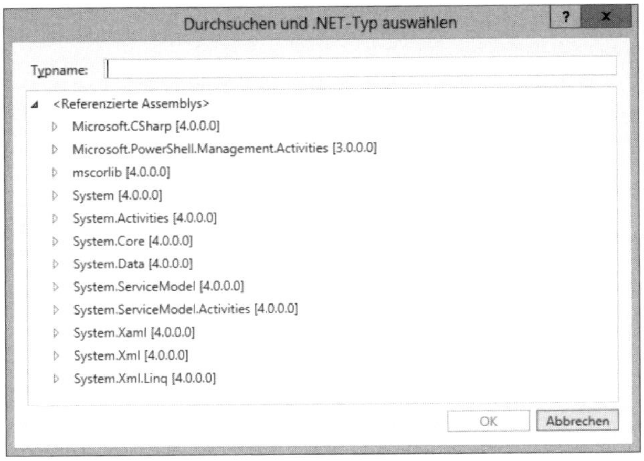

Abbildung 23.23:
In diesem Auswahldialog werden Datentypen für eine Variable oder einen Parameter lokalisiert.

Geben Sie den Datentyp „PSDataCollection" in das Eingabefeld „Typname" ein. Sie werden feststellen, dass er kurz danach in der Liste der referenzierten Assemblies aufgeführt wird. Sollte dies nicht der Fall sein, wurde noch kein Verweis auf die Assembly *System.Management. Automation* hinzugefügt und Sie müssen Schritt 5 wiederholen.

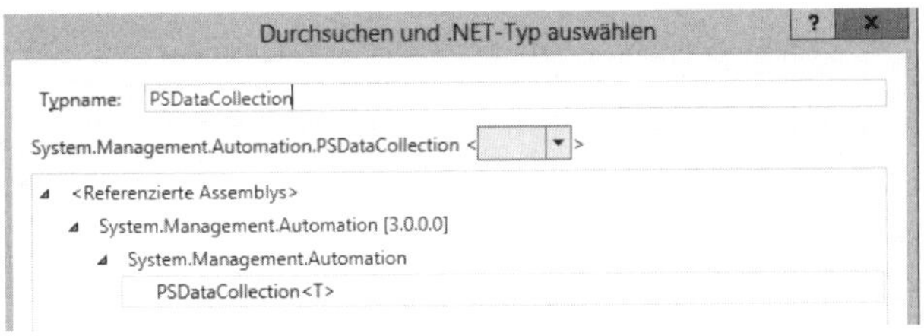

Abbildung 23.24:
Der Datentyp PSDataCollection wurde gefunden.

Schritt 10

Das Einfügen des Datentyps geht aber noch nicht, es erscheint eine Fehlermeldung. Der Grund ist, dass auch für den Typplatzhalter T ein Typ ausgewählt werden muss. Öffnen Sie die Auswahlliste neben „System.Management.Automation.PSDataCollection" und lokalisieren Sie dieses Mal den Typ „PSObject".

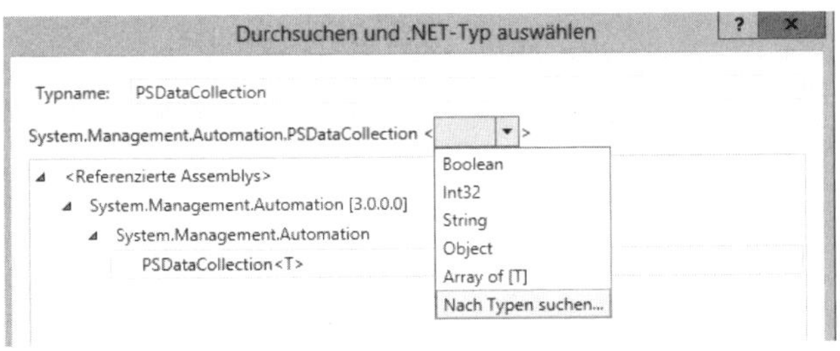

Abbildung 23.25:
Auch der Typ „PSObject" muss zuerst lokalisiert werden.

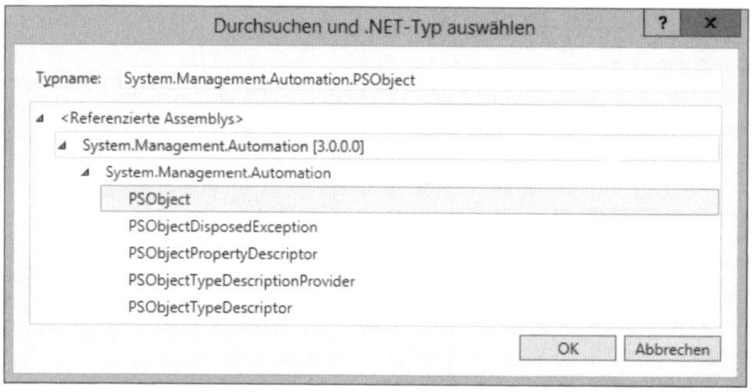

Abbildung 23.26:
PSObject wird für den Typ-Platzhalter T ausgewählt.

Damit kann `Get-Process` seinen Output der Variablen `Prozesse` zuweisen. Im Workflow-Designer werden keine Fehler mehr angezeigt.

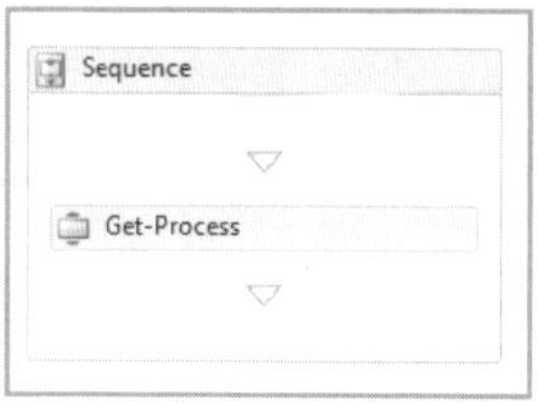

Abbildung 23.27:
Der Workflow-Designer zeigt keine Fehler mehr an.

Schritt 11

Fügen Sie als zweite Aktivität `Set-Content` hinzu und platzieren Sie sie unterhalb von `Get-Process`.

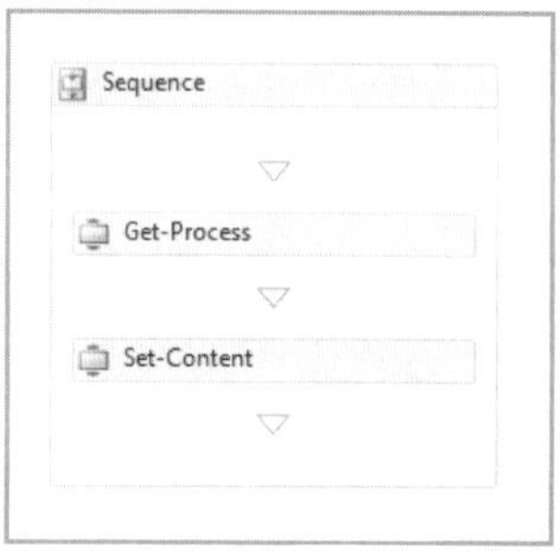

Abbildung 23.28:
Der Workflow umfasst eine zweite Aktivität.

Schritt 12

Tragen Sie für den `Path`-Parameter den Pfad „C:\Users\Administrator\WFOutput.txt" ein (der Pfad muss natürlich existieren – ansonsten tragen Sie einen beliebigen Pfad ein, für den der Besitzer des ausführenden PowerShell-Prozesses, in dem der Workflow gestartet wird, Schreibberechtigungen besitzt). Doch auch hier ist es im Ausdrucks-Editor mit einem simplen String nicht getan. Wie es die Parameterbeschreibung bereits vorgibt, muss hier ein `String`-Array angegeben werden, da dies der Datentyp des `Path`-Parameters ist.

Der Workflow-Designer erwartet, dass der Typ entweder als C#- oder als Visual-Basic-Ausdruck angegeben wird. Geben Sie in den Ausdrucks-Designer den folgenden Ausdruck ein:

```
New String() { "C:\Users\Administrator\WFOutput.txt" }
```

Auf diese Weise wird in Visual Basic ein String-Array mit einem String definiert.

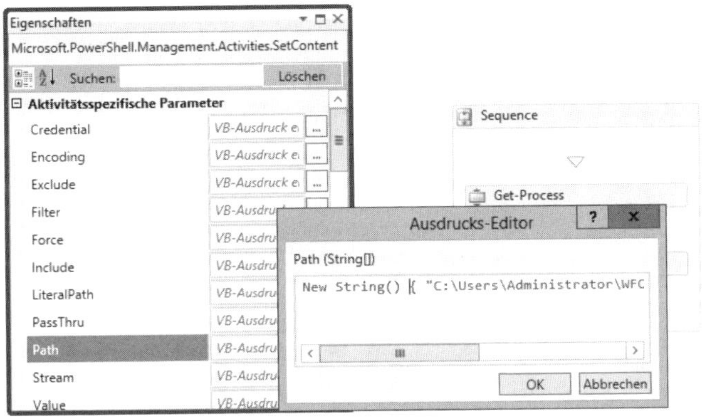

Abbildung 23.29: Im Ausdrucks-Designer wird der Wert für den Path-Parameter festgelegt.

Schritt 13

Das, was `Set-Content` bei der Ausführung des Workflows in die Datei schreiben soll, wird über den `Value`-Parameter festgelegt. Da eine Zeichenkette geschrieben werden soll, geben Sie in den Ausdrucks-Editor für diesen Parameter den folgenden Ausdruck ein:

```
New Object() { String.Format("Anzahl Prozesse: {0}", Prozesse.Count) }
```

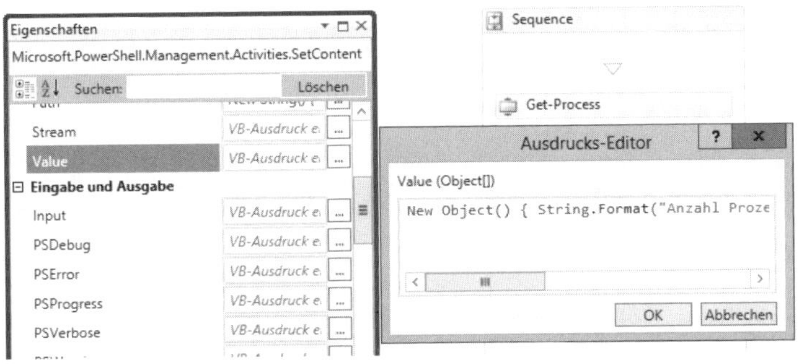

Abbildung 23.30: Im Ausdrucks-Designer wird der Wert für den Value-Parameter festgelegt.

Schritt 14

Platzieren Sie unterhalb der `Set-Content`-Aktivität die Aktivität `Restart-Computer`. Sie soll den Computer neu starten.

Schritt 15

Setzen Sie bei `Restart-Computer` sowohl den `Wait`- als auch den `Force`-Parameter auf den Wert „True“.

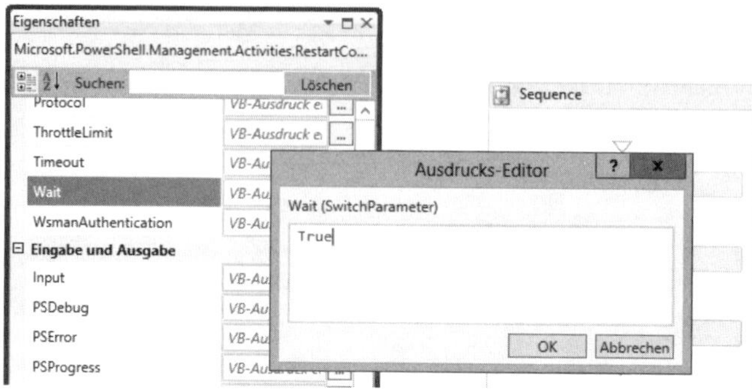

Abbildung 23.31: Im Ausdrucks-Designer wird der Wert für den Wait-Parameter festgelegt.

Schritt 16

Platzieren Sie unterhalb der `Restart-Computer`-Aktivität die Aktivität `Get-Process`. Tragen Sie im Ausdrucks-Editor für den Parameter `Result` erneut die Variable `Prozesse` ein.

Schritt 17

Platzieren Sie unterhalb der `Get-Process`-Aktivität die Aktivität `Add-Content`. Tragen Sie für den `Path`-Parameter den Pfad „C:\Users\Administrator\WFOutput.txt“ ein und für den `Value`-Parameter erneut den folgenden Wert im Ausdrucks-Editor ein:

```
New Object() { String.Format("Anzahl Prozesse: {0}", Prozesse.Count) }
```

Dieser Ausdruck bewirkt, dass die Anzahl der laufenden Prozesse als Teil der Zeichenkette in die Datei geschrieben wird. Dies ist keine PowerShell-Syntax, sondern, wie bereits erwähnt, ein Visual-Basic-Ausdruck.

Schritt 18

Platzieren Sie unterhalb der `Add-Content`-Aktivität die Aktivität `Write-Output`. Tragen Sie im Ausdrucks-Editor für den Parameter `InputObject` den folgenden Ausdruck ein:

```
New PSObject() { "Fertig..." }
```

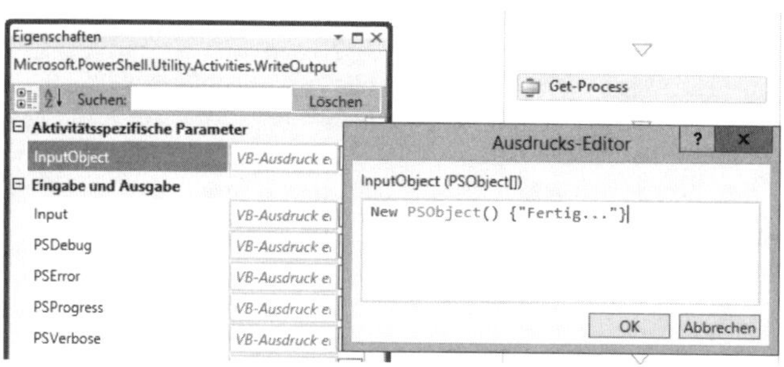

Abbildung 23.32: Im Ausdrucks-Editor erhält der Parameter InputObject seinen Wert.

Damit ist der Workflow fertig. Im Workflow-Designer sollten keine Fehler angezeigt werden.

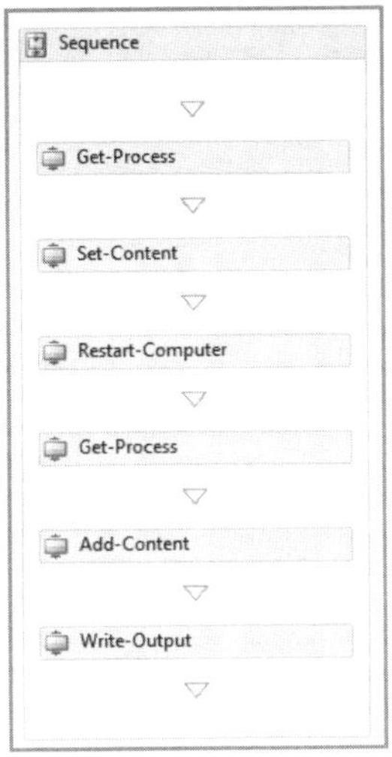

Abbildung 23.33:
Der Workflow umfasst insgesamt sieben Aktivitäten.

Schritt 19

Ändern Sie im Projektmappen-Explorer den Namen der Datei „Workflow1.xaml“ in „PSDemoWorkflow.xaml“.

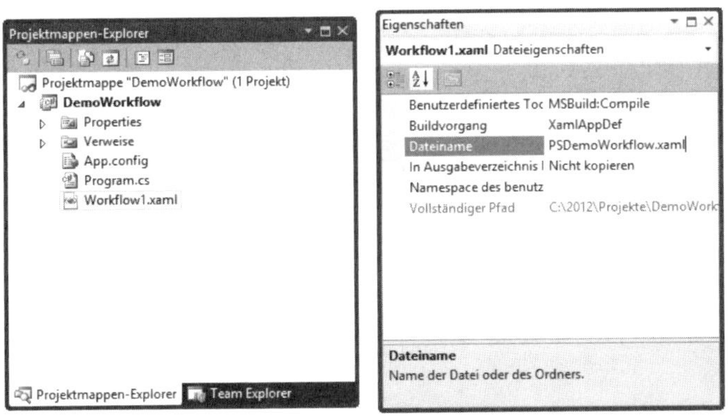

Abbildung 23.34:
Der Name der Workflow-Datei wird geändert.

Schritt 20

Dieser Schritt ist optional. Erstellen Sie das Projekt über das Menü *Erstellen* und dort über den Eintrag „DemoWorkflow neu erstellen“. Beim Erstellen wird ein Fehler resultieren. Die Fehlermeldung besagt, dass die Assembly `Microsoft.PowerShell.Workflow.ServiceCore` nicht gefunden werden kann. Fügen Sie diese Assembly-Bibliothek, wie unter Schritt 5 für `System.Management.Automation` beschrieben, dem Projekt aus dem GAC als Verweis hinzu.

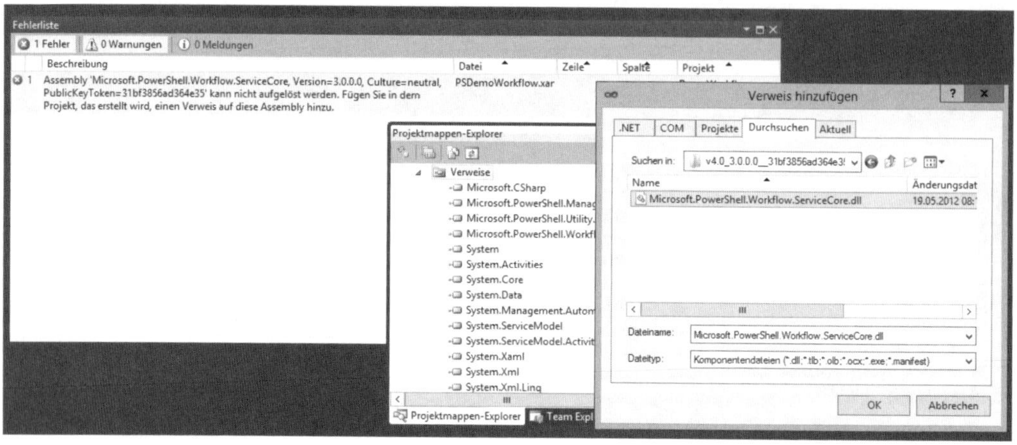

Abbildung 23.35: Die Assembly Microsoft.PowerShell.Workflow.ServiceCore.dll wird aus dem GAC als Verweis hinzugefügt.

Damit sollte sich das Projekt fehlerfrei erstellen lassen.

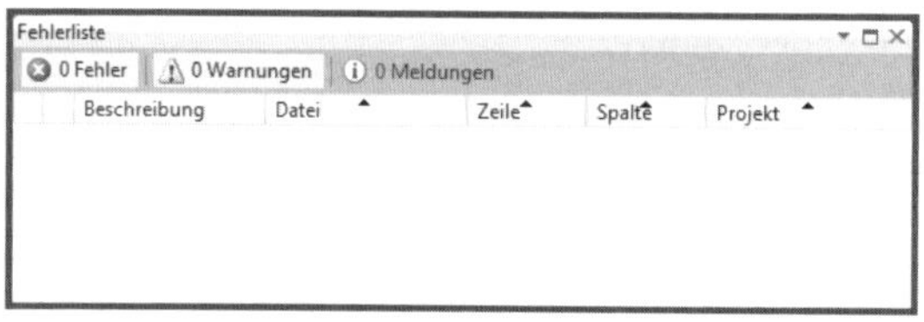

Abbildung 23.36: Beim Erstellen erscheinen in der Fehlerliste keine Fehler mehr.

Schritt 21

Damit ist der Workflow endlich fertig und kann in der PowerShell ausgeführt werden. Sie benötigen dazu lediglich den Pfad der XAML-Datei.

Diesen erhalten Sie z. B. aus der XAML-Definition des Workflows, die Sie sich anschauen können, indem Sie die Innenfläche des Workflow-Designers selektieren, F7 drücken und die Abfrage mit „Ja" bestätigen.

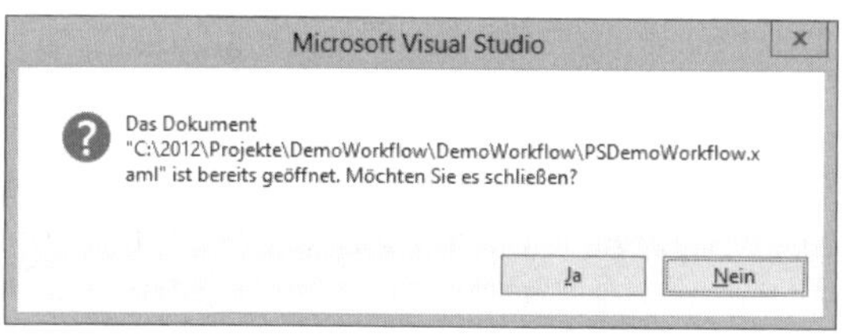

Abbildung 23.37: Umschalten auf den XAML-Code-Editor

In der XAML-Definition ist u. a. der Pfad der XAML-Datei enthalten.

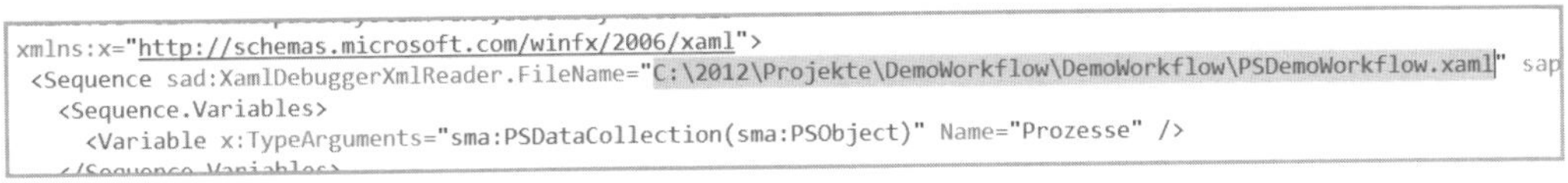

Abbildung 23.38: Der Pfad der XAML-Datei ist Teil der XAML-Definition.

Schritt 22

Laden Sie die XAML-Definition über das `Import-Module`-Commandlet:

```
Import-Module –Name C:\2012\Projekte\DemoWorkflow\DemoWorkflow\PSDemoWorkflow.xaml
```

Schritt 23

Ein `Get-Module` zeigt an, dass das Modul und damit der Workflow mit dem Namen „PSDemoWorkflow“ geladen wurden.

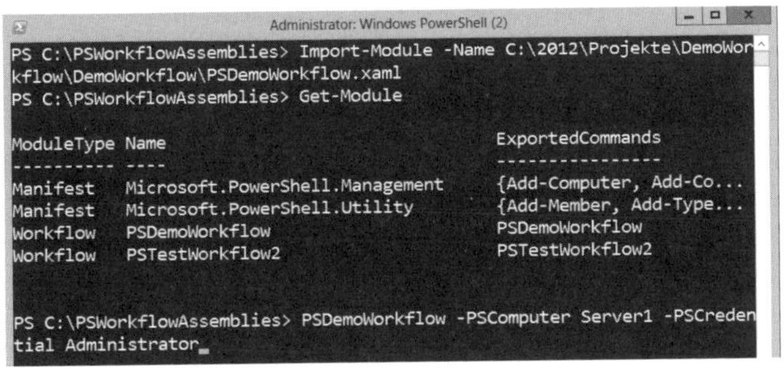

Abbildung 23.39: Das Modul mit dem Workflow PSDemoWorkflow wurde geladen.

Schritt 24

Führen Sie den Workflow unbedingt auf einem Remote-Computer aus, da ansonsten der aktuelle Computer heruntergefahren wird: PSDemoWorkflow –PSComputer Server1 –Credential Administrator

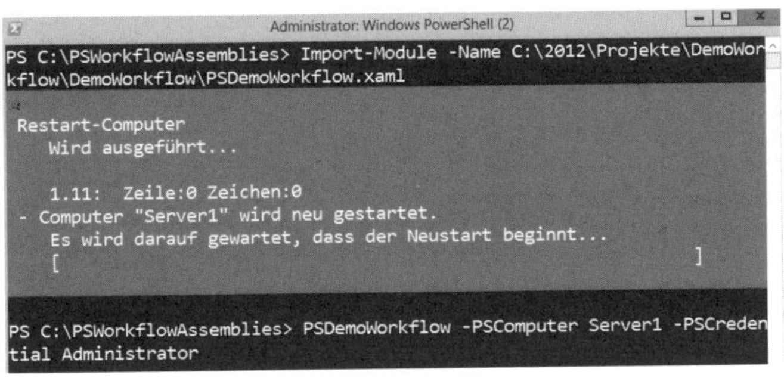

Abbildung 23.40: Der Workflow wird ausgeführt.

Schritt 25

Verbinden Sie sich im Rahmen einer Remote-Session mit dem Server, auf dem der Workflow ausgeführt wurde, und sehen Sie nach, ob die Datei „WFOutput.txt“ angelegt wurde, was der Fall sein sollte.

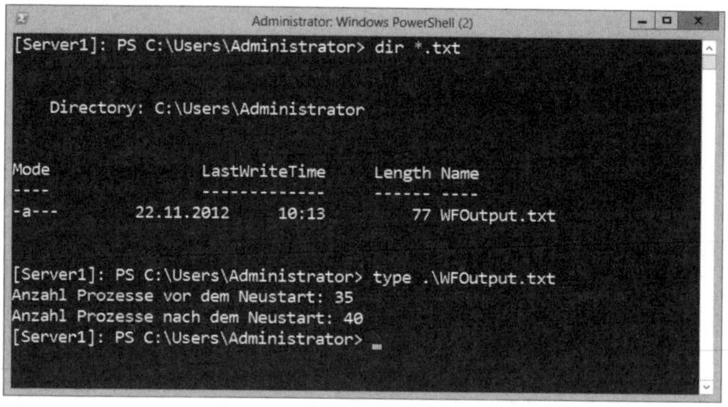

Abbildung 23.41: Im Rahmen des Workflows wurde auf dem Server eine Datei angelegt.

Das war sehr viel Aufwand für ein einfaches Resultat. Bei der Übung ging es in erster Linie darum, die Umsetzung eines PowerShell-Workflows mit Visual Studio zu demonstrieren. Man muss kein Entwickler sein, da keine Programmierung vorkommt. Ganz ohne jegliche Grundkenntnisse aus dem Bereich der Programmierung geht es aber nicht, da die Auswahl der Datentypen oder das Festlegen eines Parameterwerts gewisse Kenntnisse voraussetzt. Das sind aber Kenntnisse, die man sich relativ einfach aneignen kann, zumal die Art und Weise, wie ein Ausdruck im Ausdrucks-Editor zusammengestellt wird, immer dieselbe ist und die angezeigten Fehlermeldungen sehr hilfreich sind.

24 Ereignissystem

In der Windows-(Programmier-)Welt gibt es verschiedene Formen von Ereignissen. Es gibt Einträge im Windows-Ereignisprotokoll, .NET-Objekte können Ereignisse auslösen und die Windows Management Instrumentation (WMI) kann Ereignisse auslösen. Auch die PowerShell kennt eigene Ereignisse.

Das Ereignissystem in PowerShell bildet einen gemeinsamen Rahmen, in dem sich alle vier vorgenannten Ereignisarten behandeln lassen. Dabei werden die Windows-Ereignisprotokolle unter WMI-Ereignissen erfasst.

24.1 WMI-Ereignisse

Die Windows Management Instrumentation (WMI) bietet eine Ereignisinfrastruktur, die den Administrator über jegliche Veränderung im WMI-Repository (z. B. Erzeugen einer neuen Instanz, Löschen einer Instanz, Ändern des Werts einer Instanz) informieren kann. Auf diese Weise kann sich ein Administrator über Änderungen informieren lassen, z. B. das Starten oder Ende eines Prozesses oder Dienstes, das Erzeugen einer neuen Datei in einem bestimmten Pfad oder das Hinzufügen eines USB-Geräts. Den Ereignisauslöser spezifiziert man dabei durch eine sogenannte WMI-Ereignisabfrage.

24.2 WMI-Ereignisabfragen

WMI-Ereignisabfrage sind genau wie normale WMI-Abfragen in der WMI Query Language (WQL) verfasst, die SQL ähnlich ist, aber Unterschiede aufweist.

Eine WMI-Ereignisabfrage bezieht sich immer auf eine WMI-Ereignisklasse. Mit der `WHERE`-Klausel werden das zu beobachtende Managed Object (MO) und die in dem MO zu beobachtenden Attribute definiert.

```
SELECT * FROM eventklasse WHERE bedingung
```

Alle Ereignisklassen sind Unterklassen eines Ereignistyps. Die Ereignistypen wiederum sind Unterklassen der Klasse `__Event`. Sie sind in der Regel an dem führenden doppelten Unterstrich und der Endung auf `Event` erkennbar. WMI unterscheidet vier Arten von Ereignissen (siehe Tabelle).

Tabelle 24.1: WMI-Ereignisklassen. Die Ereignistypen sind die Oberklassen zu den rechts genannten Ereignisklassen.

Ereignisart (Oberklasse)	Ereignisklasse
__ClassOperationEvent	__ClassCreationEvent
	__ClassDeletionEvent
	__ClassModificationEvent
__ExtrinsicEvent	__SystemEvent
	RegistryValueChangeEvent
	Win32_ComputerShutdownEvent
	Win32_ProcessStartTrace
	Win32_SystemConfigurationChangeEvent
	Win32_PowerManagementEvent
	u. a.
__InstanceOperationEvent	__InstanceCreationEvent
	__InstanceDeletionEvent
	__InstanceModificationEvent
__NamespaceOperationEvent	__NamespaceCreationEvent
	__NamespaceDeletionEvent
	__NamespaceModificationEvent

ACHTUNG: Bitte beachten Sie, dass das Ereignis `__InstanceModificationEvent` wirklich nur ausgeführt wird, wenn sich ein Attributwert ändert. Wenn Sie beispielsweise die Prozessorlast auf die Überschreitung der 80 %-Grenze prüfen, dann bekommen Sie ein Ereignis beim Überschreiten der Grenze. Wenn danach der Wert konstant bei 100 % liegt, bekommen Sie keine weiteren Ereignisse. Sie erhalten erst wieder ein Ereignis, wenn der Wert sich nochmals ändert (z. B. von 100 % auf 99 %).

Ereignisabfragen unterstützen als zusätzliche SQL-Schlüsselwörter `WITHIN`, `GROUP BY` und `HAVING`:

- Dabei gibt `WITHIN 10` das Abfrageintervall in Sekunden an (wird immer gebraucht, wenn es keinen speziellen Ereignissender gibt!).
- `GROUP` bündelt eine Anzahl von Einzelereignissen zu einem Gesamtereignis.
- `HAVING` dient der Definition einer Bedingung innerhalb der Gruppierung.

Tabelle 24.2: Beispiele für WMI-Ereignisabfragen

WQL	Erläuterung
`Select * From __InstanceCreationEvent within 3 Where TargetInstance ISA 'Win32_Process'`	Alle drei Sekunden wird geprüft, ob ein Prozess gestartet wurde.
`Select * From __InstanceDeletionEvent within 2 Where TargetInstance ISA 'Win32_Process'`	Alle zwei Sekunden wird geprüft, ob ein Prozess beendet wurde.
`SELECT * FROM __InstanceCreationEvent WITHIN 30 WHERE TargetInstance ISA 'Win32_Process' AND TargetInstance.Name = 'notepad.exe'`	Alle dreißig Sekunden wird geprüft, ob der Editor Notepad gestartet wurde.
`SELECT * FROM __InstanceModificationEvent WITHIN 5 where TargetInstance ISA 'Win32_Service`	Alle fünf Sekunden wird geprüft, ob sich etwas an einem Systemdienst geändert hat.
`SELECT * FROM __InstanceModificationEvent WITHIN 5 WHERE TargetInstance ISA "Win32_Service" AND TargetInstance.State="Stopped"`	Alle fünf Sekunden wird geprüft, ob ein Systemdienst den Status *Stopped* bekommen hat.
`SELECT * FROM __InstanceCreationEvent WHERE TargetInstance ISA "Win32_NTLogEvent" AND TargetInstance. Logfile="Application" OR TargetInstance.Logfile="System"`	Jeder neue Eintrag in den Ereignisprotokollen *System* und *Application* löst ein Ereignis aus.
`SELECT * from Win32_SystemConfiguration-ChangeEvent`	Es wird ständig geprüft, ob sich die Systemkonfiguration ändert (z. B. Anstecken eines USB-Sticks).

■ 24.3 WMI-Ereignisse ab PowerShell 1.0

Grundsätzlich war es schon in PowerShell 1.0 möglich, eine WMI-Ereignisabfrage über die .NET-Klasse `System.Management.Management EventWatcher` zu nutzen (siehe Listing).

Listing 24.1: Skript zum Warten auf WMI-Ereignisse [2_Aufbauwissen/WMI/WMI_EventListener.wps]

```
$scope = New-Object System.Management.ManagementScope("\\.\root\cimV2")
$query = "SELECT * FROM __InstanceModificationEvent WITHIN 5 where TargetInstance ISA
'Win32_Service' AND TargetInstance.State='Stopped'"
$watcher = New-Object System.Management.ManagementEventWatcher($scope,$query)
do
    {
        $b = $watcher.WaitForNextEvent()
        "Ereignis: Dienst gestoppt: " + $b.TargetInstance.Name
    }
while ($true) # Endlosschleife
```

24.4 Registrieren von WMI-Ereignisquellen seit PowerShell 2.0

Seit PowerShell 2.0 ist die Unterstützung für WMI-Ereignisabfragen nun wesentlich komfortabler. Durch ein einziges Commandlet (`Register-WMIEvent`) kann der Administrator die WMI-Ereignisabfrage und die gewünschte Reaktion festlegen.

Das Commandlet `Register-WMIEvent` erzeugt ein Ereignis-Abonnement für WMI-Ereignisse. Parameter des Commandlets sind:

- `query`: Text der WMI-Ereignisabfrage
- `computer`: System, auf dem die WMI-Ereignisabfrage ausgeführt werden soll. Standard ist das lokale System.
- `sourceIdentifier`: Name für das Abonnement. Dieser Name muss in der aktuellen PowerShell-Sitzung eindeutig sein.
- `messageData`: Text, der beim Auslösen des Ereignisses in die WMI-Ereignisliste geschrieben wird
- `action`: auszuführende Aktion in Form eines PowerShell-Befehls

Es folgen einige Beispiele.

Beispiel 1: Beobachten, ob sich der Status eines Dienstes ändert:

```
Register-WMIEvent -query "SELECT * FROM __InstanceModificationEvent WITHIN 5 where
TargetInstance ISA 'Win32_Service'" -sourceIdentifier "Dienst:Status" -messageData
"Der Status eines Dienstes hat sich geändert!"
```

Beispiel 2: Beobachten, ob ein Prozess gestartet wird:

```
Register-WMIEvent -query "Select * From __InstanceCreationEvent within 3 Where
TargetInstance ISA 'Win32_Process'" -sourceIdentifier "Prozessende" -MessageData
"Ein neuer Prozess wurde gestartet!"
```

Beispiel 3: Beobachten, ob ein Prozess beendet wird:

```
Register-WMIEvent -query "Select * From __InstanceDeletionEvent within 3 Where
TargetInstance ISA 'Win32_Process'" -sourceIdentifier "Prozessstart" -messageData
"Ein Prozess wurde beendet!"
```

Es ist sehr einfach, ein entferntes System zu überwachen, sofern der Benutzer, der die Registrierung einleitet, dort Administrationsrechte hat. Da der Fernzugriff auf WMI basiert, ist PowerShell Remoting hier nicht erforderlich.

```
Register-WMIEvent -ComputerName F171 -query "Select * From __InstanceCreationEvent
within 1 Where TargetInstance ISA 'Win32_Process'" -sourceIdentifier "F171 Neuer
Prozess" -messageData "Ein neuer Prozess wurde gestartet auf F171"
```

Zum Anzeigen aller registrierten Abonnements führt man aus:

```
Get-EventSubscriber
```

Zum Löschen eines Abonnements mit `Unregister-Event` muss man Bezug auf den beim Erzeugen angegebenen Namen nehmen, z. B.:

```
Unregister-Event "Dienst:Status "
```

24.5 Auslesen der Ereignisliste

Das Commandlet `Get-Event` listet alle aufgetretenen Ereignisse auf. Filtern ist möglich mit dem Parameter `–SourceIdentifier` oder natürlich mit dem Commandlet `Where-Object`. Jedes ausgelöste Ereignis hat einen eindeutigen EventIdentifier.

Beispiel 1:

```
Get-Event –sourceIdentifier "Dienst:Status"
```

Beispiel 2:

```
Get-Event | Where-Object {$_.MessageData -like "*Prozess*"}
```

Beispiel 3:

```
Get-event -eventidentifier 15
```

Um Details über das ausgelöste Ereignis zu erfahren, muss man das Attribut `SourceEventArgs` und dessen Unterattribute betrachten.

Der Zugriff auf `SourceEventArgs.NewEvent` liefert eine Instanz einer WMI-Ereignisklasse (z. B. `root/CIMV2\__InstanceCreationEvent`), verpackt in das .NET-Objekt `Management BaseObject`.

```
(Get-event -eventidentifier 15).SourceEventArgs.NewEvent
```

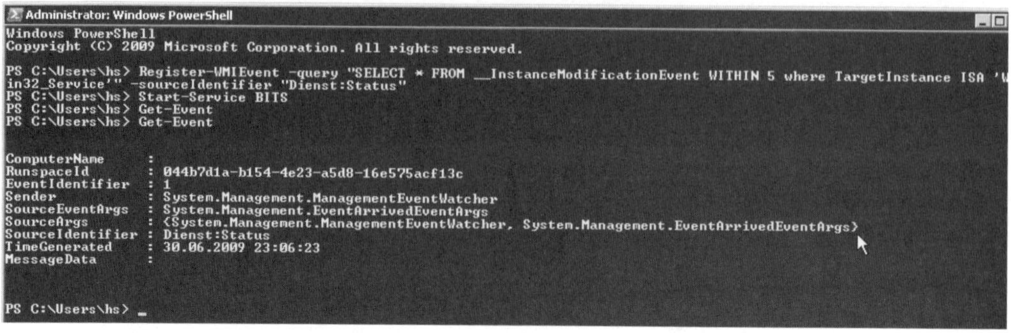

Abbildung 24.1: Registrieren eines Ereignisses und Auslesen der Ereignisliste

Um zu erfahren, welches WMI-Objekt das Ereignis ausgelöst hat, greift man auf `TargetInstance` zu:

```
(Get-event -eventidentifier 1).SourceEventArgs.NewEvent.Targetinstance
```

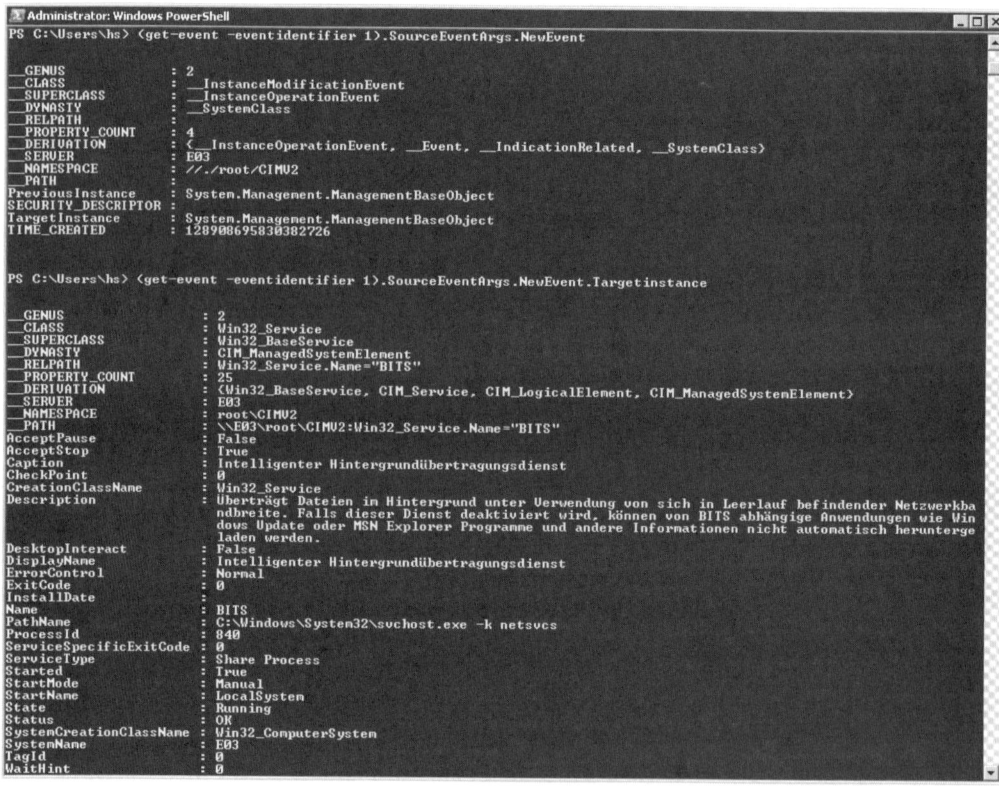

Abbildung 24.2: Ausgabe von Details zu einem Ereignis

HINWEIS: Sie können nur aus der aktuellen PowerShell-Sitzung auf die Ereignisliste zugreifen. Ein Zugriff von einer zweiten Instanz der Power-Shell ist nicht möglich!

Die Ereignisse verbleiben so lange in der Liste, bis sie explizit gelöscht werden oder die aktuelle PowerShell-Sitzung geschlossen wird.

Beispiel: Löschen des Ereignisses 123

```
Remove-Event –EventIdentifier 123
```

Beispiel: Löschen aller Ereignisse von der Ereignisquelle „Neuer Prozess"

```
Remove-Event –Source "Neuer Prozess"
```

ACHTUNG: `Remove-Event` ohne Angabe eines Parameters löscht die gesamte Ereignisliste.

24.6 Reagieren auf Ereignisse

Mit dem Parameter `–action` kann man `Register-Event` auch eine direkte Vorgabe für eine Reaktion auf ein Ereignis in Form eines PowerShell-Skriptblocks mitgeben. In dem Skriptblock kann man über `$eventArgs` auf die gleichen Informationen zugreifen, die man bei `Get-Event` über `SourceEventArgs` erhält, z.B. bei einem WMI-Ereignis des Typs `InstanceOperationEvent`:

```
$eventArgs.NewEvent.TargetInstance.Name
```

Beispiel 1

Einfache Ausgabe, wenn ein Prozess gestartet wird:

```
Register-WMIEvent -query "Select * From __InstanceCreationEvent within 3 Where
TargetInstance ISA 'Win32_Process'" -sourceIdentifier "Neuer Prozess mit Aktion"
-messageData "Ein neuer Prozess wurde gestartet" -action { Write-Host "Neuer Prozess: "
$eventArgs.NewEvent.TargetInstance.Name }
```

Beispiel 2

Einfache Ausgabe, wenn ein Dienst sich ändert:

```
Register-WMIEvent -query "SELECT * FROM __InstanceModificationEvent WITHIN 5 where
TargetInstance ISA 'Win32_Service'" -sourceIdentifier "Dienst:Status:Aktion" -action
{ Write-Host  "Der Status des Dienstes" $eventArgs.NewEvent.TargetInstance.Name " hat
sich geändert. Status ist jetzt: " $eventArgs.NewEvent.TargetInstance.State }
```

Beispiel 3

Einfache Ausgabe, wenn auf einem entfernten System ein Prozess startet:

```
Register-WMIEvent -ComputerName F171 -query "Select * From __InstanceCreationEvent
within 1 Where TargetInstance ISA 'Win32_Process'" -sourceIdentifier "F171 Neuer
Prozess: Aktion" -messageData "Ein neuer Prozess wurde auf F171 gestartet " -action
{ Write-Host "Neuer Prozes auf F171: " $eventArgs.NewEvent.TargetInstance.Name }
```

Der Skriptblock kann aber auch komplexer sein.

Listing 24.2: Versuch, einen gestoppten Dienst neu zu starten [2_Aufbauwissen/Events/WPS2_WMIEvents_Service_Restart.ps1]

```
$Aktion = {
[console]::beep(440,10)
$dienst = $eventArgs.NewEvent.TargetInstance
Write-Host  -ForegroundColor yellow
Write-Host "Dienst " $dienst.Name ": Der Status hat sich geändert. Status ist nun:
" $dienst.State  "!"  -ForegroundColor yellow
if ($dienst.State -eq "Stopped")
{
Write-Host "Neustart des Dienstes..."   -ForegroundColor yellow
Start-Service $dienst.Name
}
}
Register-WMIEvent -query "SELECT * FROM __InstanceModificationEvent WITHIN 1 where
TargetInstance ISA 'Win32_Service'" -sourceIdentifier "Dienst:Status:Aktion" -action
$Aktion
```

Das obige Skript registriert bei Änderungen an Diensten einen Skriptblock, der prüft, ob ein Dienst nun beendet ist, und diesen dann neu startet. Wie die folgende Bildschirmabbildung zeigt, wird durch den Neustart ein weiteres Ereignis ausgelöst.

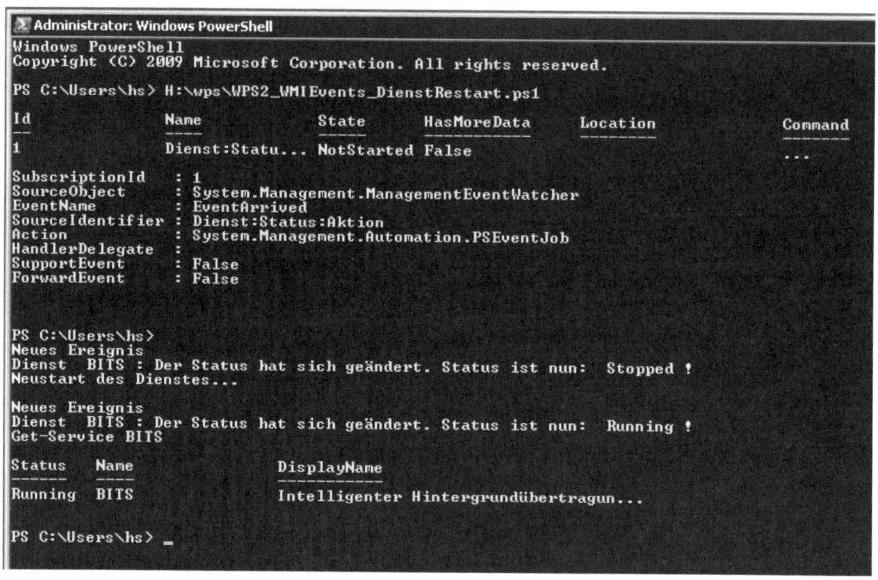

Abbildung 24.3: Ablauf des Skripts WPS2_WMIEvents_DienstRestart.ps1

24.7 WMI-Ereignisse ab PowerShell-Version 3.0

Seit PowerShell-Version 3.0 gibt es als Alternative zu `Register-WmiEvent` auch `Register-CimIndicationEvent` – mit den gleichen Parametern.

Listing 24.3: Ablauf des Skripts WPS3_WMIEvents_DienstRestart.ps1

```
$Aktion = {
[system.console]::beep(1540,30)
$dienst = $eventArgs.NewEvent.TargetInstance
Write-Host  -ForegroundColor yellow
Write-Host "Dienst " $dienst.Name ": Der Status hat sich geändert. Status ist nun:
" $dienst.State  "!"  -ForegroundColor yellow
if ($dienst.State -eq "Stopped")
{
Write-Host "Neustart des Dienstes..."   -ForegroundColor yellow
Start-Service $dienst.Name
}
}
Register-CimIndicationEvent -query "SELECT * FROM __InstanceModificationEvent WITHIN 1
where TargetInsta
```

24.8 Registrieren von .NET-Ereignissen

Auch viele .NET-Klassen besitzen Ereignisse, für die man sich in der PowerShell 2.0 registrieren kann. Das Beispiel zeigt die Registrierung für die Ereignisse `Created`, `Changed` und `Deleted` für die Klasse `System.IO.FileSystemWatcher`, mit der man Veränderungen im Dateisystem überwachen kann.

Listing 24.4: Warten auf Ereignisse im Dateisystem [WPS2_DOTNETEvents_Filesystemobject.ps1]

```
$fsw = New-Object System.IO.FileSystemWatcher
$fsw.Path = "c:\temp"

$aktion = {
[console]::beep(440,10)
Write-Host "Dateisystemereignis: " $eventArgs.FullPath ": " $eventArgs.ChangeType
Write-Host
    }

Register-ObjectEvent -InputObject $fsw -EventName Created -Action $aktion
Register-ObjectEvent -InputObject $fsw -EventName Changed -Action $aktion
Register-ObjectEvent -InputObject $fsw -EventName Deleted -Action $aktion
```

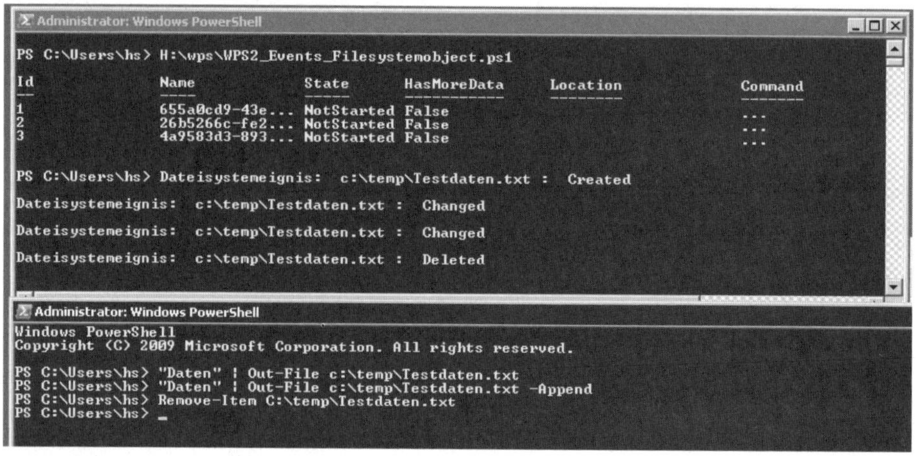

Abbildung 24.4: Einsatz des obigen Skripts zur Datensystemüberwachung. Das obere PowerShell-Fenster registriert die Änderungen, die das untere am Dateisystem vornimmt.

TIPP: Die Ereignisbindung für mehrere Ereignisse kann man auch elegant in einer Schleife erledigen:

Trick: Alle Ereignisse auf einmal binden

```
foreach ($o in @("Created", "Deleted", "Changed", "Renamed"))
{
    Register-ObjectEvent $fsw $o -Action $aktion
}
```

24.9 Erzeugen von Ereignissen

Die Ereignisinfrastruktur der PowerShell kann man auch unabhängig von WMI verwenden. Die PowerShell bietet hierfür das Commandlet `New-Event` zum Erzeugen eigenständiger Ereignisse.

```
New-Event -SourceIdentifier "Import beendet" -sender "Datenimportskript" -MessageData
"Der Datenimport ist beendet" -eventarguments "Anzahl: 23345", "Dauer: 12 sek"
```

Diese Ereignisse wandern auch in die Ereignisliste, die man mit `Get-Event` einsehen kann. Auch diese Ereignisse gelten aber nur für die aktuelle Sitzung.

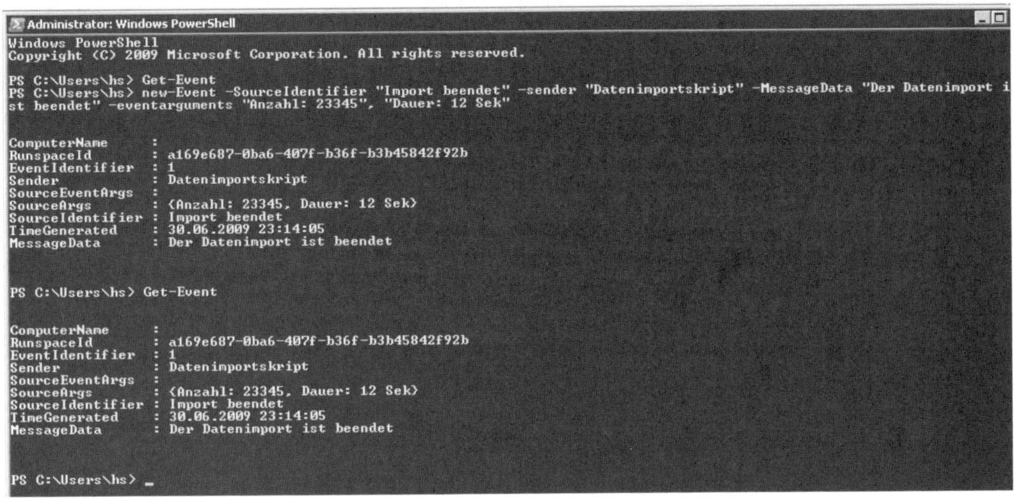

Abbildung 24.5: Erzeugen eigener Ereignisse

25 Datenbereiche und Datendateien

Windows PowerShell unterstützt (schon seit Version 2.0) Datenbereiche in Skripten bzw. in externen Dateien, mit denen man Daten und Programmcode besser voneinander trennen kann. Die Daten können in mehreren Sprachen vorliegen, damit sich mehrsprachige Skripte einfacher erstellen lassen.

HINWEIS: Bei einer kompilierten Anwendung würde kein Softwareentwickler auf die Idee kommen, Daten, die sich ändern können, direkt in den Quellcode einzubetten, denn jede Änderung der Daten würde eine Neukompilierung der Anwendung nach sich ziehen. Bei Skripten, die im Quellcode ausgeliefert werden und die dann beim Start interpretiert werden, ist es aber oftmals durchaus ein adäquates Mittel, die Daten direkt in das Skript einzubetten. Die Skriptdatei kann man schnell mit jedem Texteditor ändern.

Sofern die Datenmenge nicht zu groß ist, ist der Vorteil bei der Kombination von Daten und Skript in einer Datei, dass man eine bessere Übersicht hat und es nicht passieren kann, dass die Datendatei verloren geht bzw. bei einem Kopier- oder Verschiebevorgang von dem Skript getrennt wird.

25.1 Datenbereiche

Ein PowerShell-Datenbereich beginnt mit dem Befehlswort `Data`. Danach folgen in geschweiften Klammern die Daten, jeweils eine Information pro Zeile. Der Datenbereich darf Kommentare beinhalten (beginnend mit dem Zeichen „#“, siehe Listing); diese müssen in eigenen Zeilen stehen. Der Datenbereich wird einer Variablen zugewiesen, deren Name in PowerShell immer mit einem Dollarzeichen beginnen muss.

Über den Variablennamen erfolgt die Nutzung der Daten. Ein Zugriff auf den Variablennamen liefert alle Daten ohne die Kommentare. Der Zugriff auf den Index `$Variable[x]` liefert die x-te Information, wobei auch hier alle Kommentare ignoriert werden. Wenn man sich den Typ der Variablen mit `Get-Member` ansieht, so erkennt man, dass PowerShell den

Datenbereich als ein `Object`-Array ablegt und darin jede einzelne Information entweder mit ihrem jeweiligen Standarddatentyp (z. B. die 1 wird als `System.Int32` abgelegt) oder gemäß des explizit angegebenen Datentyps wie im Fall [system.datetime] „1.7.2013" speichert. Ein Zugriff auf ein Element über die Obergrenze hinaus liefert keine Fehlermeldung, sondern den Null-Wert.

Listing 25.1: Definition und Nutzung eines Datenbereichs in Windows-PowerShell-Skripten

```
# ------ 1. Datenbereich
$Intro =  Data {
            # Erste Information
            "Beispiel für einen PowerShell-Datenbereich"
            # Autor
            "Dr. Holger Schwichtenberg"
            # Blog
            "www.dotnet-doktor.de"
            # Erstellungstermin
            [system.datetime] "1.7.2013"
            # Version
            1
        }

# ------ Zugriff auf alle Daten aus dem 1. Datenbereich
$intro | gm

# ------ Zugriff auf einzelne Daten aus dem 1. Datenbereich
"Skriptbeschreibung $($intro[0])"
"Autor: $($intro[1])"
"Blog: $($intro[2])"
"Version: $($intro[4])"
"Datum: $($intro[3])"
"Sonstiges: $($intro[5])"
```

Der Zugriff über die Position ist nicht sehr erquicklich, daher unterstützt die PowerShell auch Datenbereiche mit Hashtabellen. Auch dort ist jede Zeile ein Element, wobei die Zeile jeweils Namen und Wert enthält, getrennt durch ein Gleichheitszeichen. Die Name-Wert-Paare müssen in eine mehrzeilige Zeichenkette (im PowerShell-Jargon „Here-String") eingebettet sein (`@'`...`'@`).

Das Commandlet `ConvertFrom-StringData` sorgt für die Aufspaltung der Name-Wert-Paare. Es muss, wie das nächste Listing zeigt, in der Data-Sektion eingesetzt werden. Das Listing umfasst zwei Datenbereiche mit den Elementen Startmeldung, Endemeldung und Fehlermeldung.

Im Programmcode kann man dann über „$Datenbereichname.Elementname" (z. B. `$Texte.Startmeldung`) auf die Elemente zugreifen. Auch dies zeigt das nächste Listing.

Listing 25.2: Datenbereiche mit Hashtable in Windows-PowerShell-Skripten

```
# ------ 2. Datenbereich
$Texte = Data {
ConvertFrom-StringData @'
# Standardmeldungen
Startmeldung = Skript beginnt
Endemeldung = Skript beendet!
'@}
```

```
# ------ 3. Datenbereich
$Fehlertexte = Data {
ConvertFrom-StringData @'
# Besondere Meldungen
Fehlermeldung = Es ist ein Fehler aufgetreten: Arbeiten Sie nicht nach 17 Uhr!
'@}

# ------ Verwendung des 2. Datenbereichs
$Texte.Startmeldung

# ------ Verwendung des 3. Datenbereichs
if ([DateTime]::Now.Hour -ge 17) { Write-Host $Fehlertexte.Fehlermeldung }

# ------ Verwendung des 2. Datenbereichs
$Texte.Endemeldung
```

Die folgende Abbildung zeigt, dass der mitgelieferte Editor „PowerShell Integrated Scripting Environment" (ISE) auch in der aktuellen Version in PowerShell 4.0 die Farbunterscheidung zwischen Elementen und Kommentarzeilen bei Daten in Here-Strings im Gegensatz zu einfachen Datensektionen nicht mehr leistet.

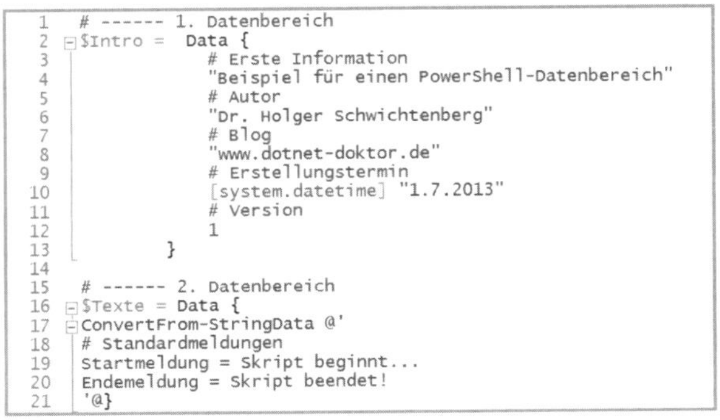

Abbildung 25.1: Die Farbhervorhebung versagt bei Datensektionen mit Here-Strings.

25.2 Datendateien

In Skripte eingebettete Daten sind aber sicherlich auch Geschmackssache. Viele Entwickler werden für eine klare Trennung zwischen Programmcode und Daten votieren. Einen PowerShell-Datenbereich kann man auch in einer eigenständigen Datei mit der Dateinamenerweiterung .psd1 speichern, siehe Listing. Die Datendateien müssen etwas anders aufgebaut sein; es darf hier keine Variablendeklaration geben.

Listing 25.3: Externe Datendatei als .psd1-Datei

```
ConvertFrom-StringData @'
# Standardmeldungen
Startmeldung = Skript beginnt
Endemeldung = Skript beendet!
# Besondere Meldungen
```

```
Fehlermeldung = Es ist ein Fehler aufgetreten: Arbeiten Sie nicht nach 17 Uhr!
'@
```

Den Inhalt dieser Datei lädt man dann mit `Import-LocalizedData` (siehe nächstes Listing) und weist ihn damit einer Variablen zu. Das Commandlet lädt automatisch eine `.psd1`-Datei, die im gleichen Verzeichnis liegt und den gleichen Namen besitzt (aber eine andere Dateinamenserweiterung: also `Skriptdaten abc.ps1` lädt `abc.psd1`).

Listing 25.4: Nutzung der .psd1-Datei

```
# ------ Verwendung des 1. Datenbereichs
$Texte.Startmeldung

# ------ Verwendung des 2. Datenbereichs
if ([DateTime]::Now.Hour -ge 17) { Write-Host $Texte.Fehlermeldung }

# ------ Verwendung des 1. Datenbereichs
$Texte.Endemeldung
```

Alternativ kann man natürlich auch mit dem Parameter `–FileName` einen anderen Namen angeben. Wenn die Datendatei auch noch in einem anderen Verzeichnis liegt, darf man den Verzeichnisnamen aber nicht vor dem Dateinamen angeben, sondern muss den Parameter `–BaseDirectory` dazu bemühen, z. B.

```
$Texte = Import-LocalizedData -BaseDirectory D:\Datafiles\ -FileName WPS_DataFile.psd1
$Texte = Import-LocalizedData
```

25.3 Mehrsprachigkeit/Lokalisierung

Die Windows PowerShell unterstützt (seit Version 2.0) die Lokalisierung von Skripten durch das Anlegen von mehreren Datendateien für unterschiedliche Sprachregionen. Dabei verwendet die PowerShell ein Verfahren, das angelehnt ist an das im .NET Framework verwendete Lokalisierungsverfahren.

Sprachen unterscheidet die PowerShell wie das .NET Framework mit Sprachkürzeln, z. B. „de“ für die deutsche Sprache und „en“ für die englische Sprache. Man kann auch genauer nach Regionen differenzieren, z. B. „de-DE“ für die deutsche Sprache in Deutschland, „de-CH“ für die deutsche Sprache in der Schweiz, „en-GB“ für Englisch in England und „en-US“ für Englisch in den USA.

Sofern im Skript keine andere Weisung erfolgt, orientiert sich die PowerShell an der für die Windows-Benutzeroberfläche eingestellten Anzeigesprache (UI Culture), die immer aus Sprache und Region besteht. Wird die Kombination (z. B. „de-DE“) nicht gefunden, wird nur nach der Sprache (z. B. „de“) gesucht. Wird auch diese nicht gefunden, sucht die PowerShell nach einer Standardsprache (neutrale Sprache).

Zunächst legt man für jedes Sprachkürzel ein Unterverzeichnis relativ zum Pfad des Skripts an. Jedes Unterverzeichnis erhält eine sprachspezifische Kopie der .psd1-Datendatei, siehe Abbildung sowie folgende Listings.

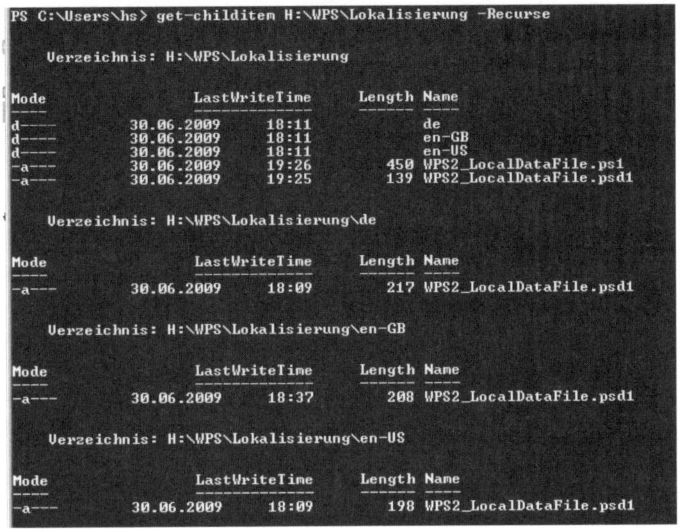

Abbildung 25.2: Verzeichnisstruktur für Lokalisierung mit Deutsch, britischem Englisch und amerikanischem Englisch sowie einer „neutralen" Sprache

Listing 25.5: Datendatei Data/en-GB/WPS2_LocalDataFile.psd1 - etwas höflicher als im Amerikanischen

```
ConvertFrom-StringData @'
# Standardmeldungen
Startmeldung = Script starts...
Endemeldung = Script finished!
# Besondere Meldungen
Fehlermeldung = An error occured: Don't work after 5 p.m.!
'@
Listing 5: Datendatei Data/en-US/WPS2_LocalDataFile.psd1
ConvertFrom-StringData @'
# Standardmeldungen
Startmeldung = Script starts...
Endemeldung = Script finished!
# Besondere Meldungen
Fehlermeldung = An error occured: Don't work after five o'clock, please!
'@
```

Bei `Import-LocalizedData` gibt man dann das Wurzelverzeichnis an. Die konkret zu ladende Datendatei richtet sich nach der aktuellen UICulture, die man mit dem Commandlet `Get-UICulture` oder der globalen Variablen `$PSUICulture` auslesen kann. `$PSUICulture` ist die eingestellte „Anzeigesprache". $PSCulture ist die „Formatsprache" für Datum, Uhrzeit und Währung.

Leider kann man auf `$PSUICulture` nicht schreibend zugreifen, um die Sprache im laufenden Programmcode zu ändern. Man kann aber, wie man es in .NET gewohnt ist, das Property `CurrentUICulture` im Objekt `[System.Threading.Thread]::CurrentThread` ändern (siehe Listing 6). Nach einem Ändern der Thread-Sprache muss man Import-LocalizedData (erneut) aufrufen! Alternativ kann man bei Import-LocalizedData auch den zusätzlichen Parameter -UICulture de-de angeben.

Listing 25.6: Umschalten der Sprache im Ablauf einer Skriptdatei

```
[System.Threading.Thread]::CurrentThread.CurrentUICulture = New-Object
System.Globalization.CultureInfo("de-de")
$texte = Import-LocalizedData –BaseDirectory d:\Datafiles $Texte.Startmeldung
if ([DateTime]::Now.Hour -le 17) { Write-Host $Texte.Fehlermeldung }
$Texte.Endemeldung
```

Aber Achtung: Nach einem Umschalten mit CurrentUICulture aktualisieren sich die Werte, die `Get-UICulture` und `$PSUICulture` liefern, leider nicht, siehe Abbildung.

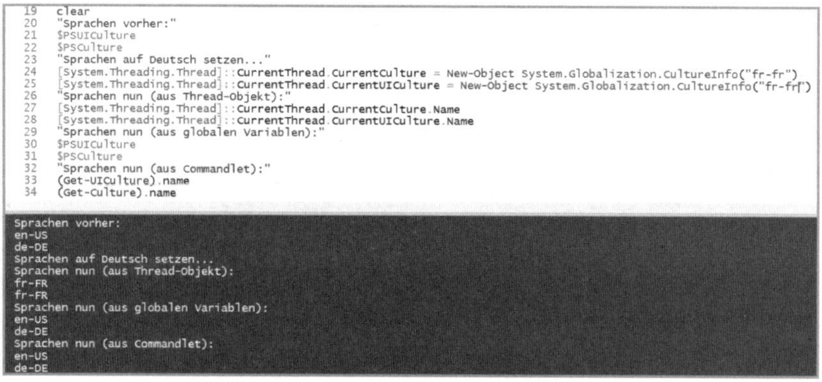

Abbildung 25.3: Get-UICulture und $PSUICulture liefern keine aktuelle Werte.

26 Desired State Configuration (DSC)

Desired State Configuration (DSC) ist ein neues deklaratives Verfahren zur Systemkonfiguration, das Microsoft mit der PowerShell Version 4.0 neu eingeführt hat.

HINWEIS: Auch wenn viele im Internet jubeln, dass DSC das „Killer Feature" von PowerShell 4.0 wäre, ist dieser Neuheit in diesem Buch ganz bewusst kein ganz großer Raum eingeräumt. Der Grund dafür ist, dass man DSC aktuell fast gar nicht sinnvoll einsetzen kann, denn es gibt bisher viel zu wenige Ressourcen, die man auf diese Weise konfigurieren kann. DSC läuft nur auf Betriebssystemen, auf denen es PowerShell 4.0 gibt (also ab Windows 7 und ab Windows Server 2008 R2). Außerdem gibt es noch einige Handhabungsherausforderungen, die die Arbeit mit DSC erschweren. Diese werde natürlich in diesem Kapitel erwähnt.

Das Interesse an DSC ist dementsprechend gering. Das sieht man gut an den Download-Zahlen: Am 20.1.2014, einen Monat nach Erscheinen des DSC-Erweiterungsmoduls „ComputerManagement", gab es weltweit (!) gerade mal 84 Downloads dieses Moduls. Das wird

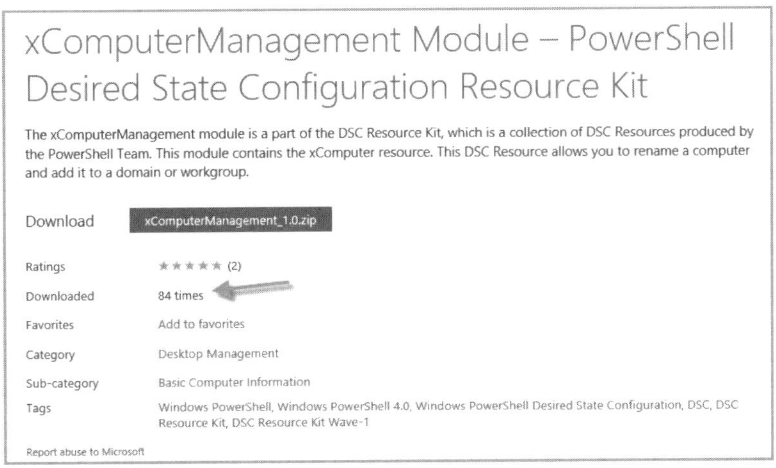

Abbildung 26.1: Das Interesse an DSC ist gering: nur 84 Downloads in einem Monat.

auch daran liegen, dass DSC auch fast ein halbes Jahr nach dem Erscheinen von PowerShell 4.0 von Microsoft immer noch extrem schlecht dokumentiert ist. Die wenigen Hilfeseiten *[http://technet.microsoft.com/en-us/library/dn249912.aspx]* lassen ganz viele Fragen offen. Zitat eines Benutzers: „As you might know the documentation is lacking a lot around DSC." *[http://blog.cosmoskey.com/uncategorized/a-look-at-the-dsc-script-resource/]*.

26.1 Grundprinzipien

Bei klassischer scriptbasierter Konfiguration legt der Administrator die einzelnen Schritte zur Zielkonfiguration fest. Er muss in der Regel vor Beginn eines Konfigurationsschritts prüfen, ob die Konfiguration schon vorhanden ist, bevor er sie ausführt. Auch das Rückgängigmachen einer Konfiguration muss er durch einzelne Schritte realisieren.

Bei DSC beschreibt der Administrator deklarativ nur das Ziel einer Konfiguration. DSC ist selbst in der Lage, den aktuellen Zustand zu prüfen, einen nicht notwendigen Schritt zu überspringen, eine aus (vielen) Teilen bestehende Konfiguration durchzusetzen und auch diese Schritte wieder rückgängig zu machen.

HINWEIS: Aus der Sicht von DSC ist es kein Fehler, wenn eine Konfiguration schon vorhanden ist (idempotente Ausführung).

Alle DSC-Prozesse werden ausgeführt von einem Baustein namens „Local Configuration Manager".

26.2 Ressourcen

DSC kennt „Ressourcen". Für eine Ressource (z. B. Benutzer, Gruppen, Dienste, Umgebungsvariablen, Prozesse, Registry) definiert der Administrator den Zielzustand. Zu jeder konfigurierbaren Ressource gibt es in der PowerShell einen DSC-Ressourcentyp (z. B. `User`, `Group`, `Service`, `Environment`, `Process`, `Registry`).

Eine sehr universelle Ressource ist die „Script"-Ressource. Mit dieser kann man beliebige PowerShell-Skripte in einer DSC-Datei verwenden und so auch Aktionen ermöglichen, die nicht durch eine der bestehenden Ressourcen abgedeckt sind.

TIPP: Die Ressourcentypen sind erweiterbar. Zusätzliche Ressourcentypen gibt es z. B. hier: *http://gallery.technet.microsoft.com* und *https://github.com/smurawski/DSC-Contrib*. Man kann auch selbst eigene Ressourcentypen schreiben.

26.3 Eigenschaften eines Ressourcentyps

Ressourcentypen haben Eigenschaften, die die Arbeit der Ressource steuern. Die Eigenschaften werden gemäß der Syntax `Name="Wert"` zugewiesen.

Alle Ressourcentypen haben folgende gemeinsamen Eigenschaften:

- `Ensure="Present"` oder `"Absent"`: Diese Eigenschaft sorgt dafür, dass eine Konfiguration durchgesetzt (wenn sie nicht vorhanden ist) oder rückgängig gemacht wird (wenn sie vorhanden ist).
- `DependsOn="[Ressourcentypename]RessourceName"` ist ein Verweis auf einen Ressourcenblock in derselben DSC-Datei. Die dortige Bedingung muss erfüllt sein, bevor dieser Ressourcenblock ausgeführt werden kann. Leider kann man hier nicht mehrere Ressourcenblöcke angeben (zumindest ist bei Microsoft nicht dokumentiert, wie es gehen soll, und zahlreiche Versuche mit verschiedenen Syntaxformen haben nicht zum Ziel geführt).

26.4 Aufbau einer DSC-Datei

Eine DSC-Datei beginnt mit dem Schlüsselwort `configuration`, gefolgt von dem im Rahmen der gültigen PowerShell-Bezeichner frei wählbaren Namen der Konfiguration. In geschweiften Klammern folgt ein DSC-Knoten (engl. Nodes) mit Verweis auf einen Rechner. Innerhalb der DSC-Knoten gibt es einen oder mehrere DSC-Ressourcenblöcke. Jeder Ressourcenblock bezieht sich auf einen Ressourcentyp und legt deren Eigenschaften fest. Der Ressourcenblock beginnt mit Ressourcennamen und dann einem im Rahmen der gültigen PowerShell-Bezeichner frei wählbaren Namen für den Block. Ein DSC-Knoteneintrag kann fehlen, d. h., die `configuration { }` kann direkt DSC-Ressourcenblöcke enthalten. Es darf auch mehrere DSC-Knoteneinträge in einer Datei geben. Es darf innerhalb einer Konfiguration und innerhalb eines DSC-Knoteneintrags mehrere Einträge für den gleichen Ressourcentyp geben. Jeder Ressourcenblock muss einen eindeutigen Namen haben, sonst kommt es zum Fehler „duplicate resource identifier".

26.5 Ein erstes DSC-Beispiel

Das folgende Listing zeigt ein minimales Beispiel für eine DSC-Datei mit dem Konfigurationsnamen „DSCErstesBeispiel“ mit einem DSC-Knoten und zwei DSC-Ressourcenblöcken mit Namen „RegEintrag1Erzeugen“ und „RegEintrag2Erzeugen“ für den Ressourcentyp `Registry`, die dafür sorgen, dass es zwei Windows-Registrierungsdatenbankeinträge „Inhaber“ und „Produkte“ im Schlüssel „HKEY_LOCAL_MACHINE\SOFTWARE\www.IT-Visions.de“ gibt. Diese Datei kann man unter beliebigem Namen ablegen, gefolgt von der Dateinamenserweiterung .ps1. Es bietet sich an, die Datei wie die Konfiguration zu benennen, also DSCErstesBeispiel.ps1.

Listing 26.1: /2_Aufbauwissen/DSC/DSCErstesBeispiel.ps1

```
"Lade DSC..."
configuration DSCErstesBeispiel
{
node Server114
{
    Registry RegEintrag1Erzeugen
    {
    Ensure ="Present"
    Key ="HKEY_LOCAL_MACHINE\SOFTWARE\www.IT-Visions.de"
    ValueName="Inhaber"
    ValueData="Dr. Holger Schwichtenberg"
    }
    Registry RegEintrag2Erzeugen
    {
    Ensure ="Present"
    Key ="HKEY_LOCAL_MACHINE\SOFTWARE\www.IT-Visions.de"
    ValueName="Produkte"
    ValueData="Schulung,Beratung,Support"
    }
}
}
"DSC ist geladen!"
```

26.6 Anwendung einer DSC-Datei

Um die DSC-Datei anzuwenden, sind vier Schritte notwendig:

1. Die DSC-Datei muss ausgeführt werden wie eine normale PowerShell-Skriptdatei (in der ISE oder an der Kommandozeile). Normalerweise erhält man dabei keine Ausgabe. In dem Fall des obigen ersten Beispiels erhält man eine Ausgabe, weil vor und nach dem configuration-Block noch Ausgabebefehle stehen.
2. Nun kompiliert man die Konfiguration aus, indem man den Namen der Konfiguration an der Konsole wie den Namen einer PowerShell-Funktion ausführt. Das Ergebnis ist eine WMI-MOF-Datei. Die PowerShell antwortet mit dem Namen der erzeugten MOF-Datei.

Dies ist im obigen Fall, wo es keinen dedizierten DSC-Knoten gibt, der Name „localhost.mof“. Die Datei landet in einem Unterverzeichnis, das so heißt wie die Konfiguration. Man sollte dabei aufpassen, wo man mit dem aktuellen Verzeichnis steht, denn die Datei wird relativ zum aktuellen Standort abgelegt.

3. Im letzten Schritt wird nun die kompilierte MOF-Datei ausgeführt und damit die Konfiguration angewendet. Dies erfolgt mit dem Commandlet `Start-DscConfiguration` erneut unter Angabe des Konfigurationsnamens.

```
Start-DscConfiguration DSCErstesBeispiel
-Wait –Verbose.
```

Normalerweise wird die Konfiguration in einem Hintergrundjob ausgeführt, sodass der Benutzer nichts davon sieht, sondern nur den Job-Status abfragen kann. Mit `–Wait` wird bestimmt, dass die Konfiguration interaktiv gestartet wird. `–Verbose` sorgt wie immer für eine detaillierte Ausgabe.

Die folgende Bildschirmabbildung zeigt die Ausgabe des obigen Ablaufs. Die Verbose-Ausgabe zeigt an, dass der Schlüssel noch nicht existierte.

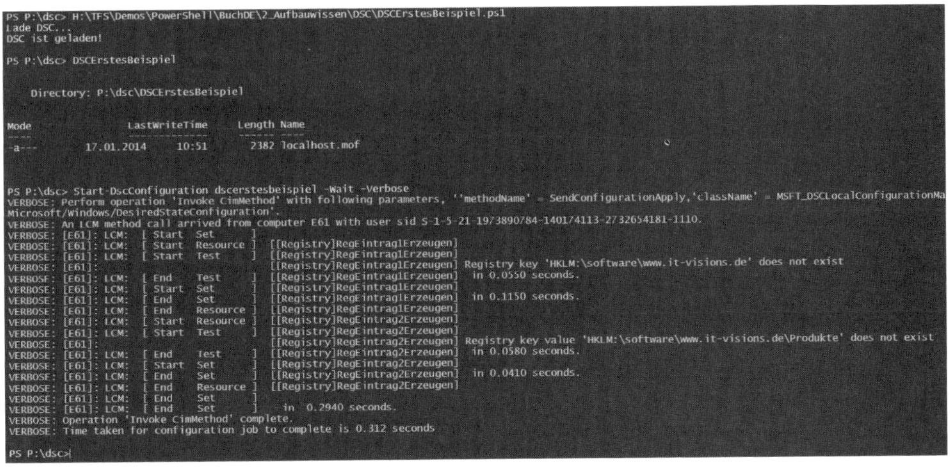

Abbildung 26.2: Ablauf des ersten Beispiels

Um die gleiche Konfiguration noch mal auszuführen, muss man nur den dritten Schritt wiederholen. Wenn die Windows-Registrierungsdatenbankeinträge schon vorhanden sind, lautet die Meldung `Found registry key value 'HKLM:\software\www.it-visions.de\Produkte' with type 'String' and data 'Schulung,Beratung,Support'`.

Dies ist aber keine Fehlermeldung. Aus der Sicht von DSC ist es eben im Sinne einer idempotenten Ausführung kein Fehler, wenn eine Konfiguration schon vorhanden ist.

TIPP: Man kann die Ausführungsschritte 2 und 3 natürlich automatisieren, indem man sie mit in die DSC-Konfigurationsdatei packt, da dort beliebige PowerShell-Befehle vor und nach dem `configuration {}`-Block möglich sind.

Listing 26.2: /2_Aufbauwissen/DSC/DSCErstesBeispiel.ps1 mit automatischer Ausführung

```
"Lade DSC..."
configuration DSCErstesBeispiel
{
    Registry RegEintrag1Erzeugen
    {
    Ensure ="Present"
    Key ="HKEY_LOCAL_MACHINE\SOFTWARE\www.IT-Visions.de"
    ValueName="Inhaber"
    ValueData="Dr. Holger Schwichtenberg"
    }
    Registry RegEintrag2Erzeugen
    {
    Ensure ="Present"
    Key ="HKEY_LOCAL_MACHINE\SOFTWARE\www.IT-Visions.de"
    ValueName="Produkte"
    ValueData="Schulung,Beratung,Support"
    }
}
"DSC ist geladen!"
DSCErstesBeispiel
"DSC ist kompiliert"
Start-DscConfiguration DSCErstesBeispiel -verbose -wait
```

26.7 Parameter für DSC-Dateien

DSC-Dateien können Parameter besitzen, die festgelegt werden wie Parameter von PowerShell-Funktionen in `param()`-Blöcken, siehe nächstes Listing. Die Werte für die Parameter müssen beim Kompilieren der MOF-Datei angegeben werden. Wenn Pflichtparameter fehlen, wird die PowerShell den Benutzer um interaktive Eingabe bitten.

Das folgende Listing zeigt eine Variante des ersten Beispiels nun mit vier Parametern: einen für den Rechnernamen und drei für die Windows-Registrierungsdatenbankeinträge.

Listing 26.3: /2_Aufbauwissen/DSC/DSCZweitesBeispielMitParametern.ps1

```
"Lade DSC..."
configuration DSCZweitesBeispielMitParametern
{
param(
[Parameter(mandatory)][string]$Rechner,
[Parameter(mandatory)][string]$Firma,
[Parameter(mandatory)][string]$Inhaber,
[Parameter(mandatory)][string]$Produkte)
```

```
node $Rechner
{
    Registry RegEintrag1Erzeugen
    {
    Ensure ="Present"
    Key ="HKEY_LOCAL_MACHINE\SOFTWARE\$Firma"
    ValueName="Inhaber"
    ValueData=$Inhaber
    }
    Registry RegEintrag2Erzeugen
    {
    Ensure ="Present"
    Key ="HKEY_LOCAL_MACHINE\SOFTWARE\$Firma"
    ValueName="Produkte"
    ValueData=$Produkte
    }
}
}
"DSC ist geladen!"
DSCZweitesBeispielMitParametern -Rechner E61 -Firma "www.IT-Visions.de" -Inhaber
"Dr. Holger Schwichtenberg" -Produkte "Schulung, Beratung, Support"
"DSC ist kompiliert"
Start-DscConfiguration DSCZweitesBeispielMitParametern -verbose -wait
```

26.8 Verfügbare DSC-Ressourcentypen

Die Tabelle zeigt die mit PowerShell 4.0 ausgelieferten DSC-Ressourcentypen sowie ausgewählte DSC-Ressourcentypen aus anderen Quellen.

Tabelle 26.1: DSC-Ressourcentypen

Ressourcentyp	Bedeutung und wichtige Eigenschaften	Quelle
`Archive`	Entpacken von ZIP-Dateien. Die Quelle ist bei `Path` anzugeben, das Ziel bei `DestinationPath`.	PowerShell 4.0
`Environment`	Einstellen einer Umgebungvariablen, die durch `Name` und `Value` festgelegt ist	PowerShell 4.0
`File`	Verwaltung von Dateien und Ordnern. Mit `Type` unterscheidet man `File` und `Directory`. `DestinationPath` legt den Zielpfad fest. `Contents` den Inhalt. `SourcePath` ist die Quelle. `Recurse=$true` oder `$false` die Rekursion.	PowerShell 4.0
`Group`	Erstellen von Benutzergruppen. `GroupName` ist der Name der Gruppe, `Members` legt die Mitglieder fest.	PowerShell 4.0
`Log`	Eintrag im Ereignisprotokoll. Einzige Eigenschaft ist `Message`.	PowerShell 4.0

Tabelle 26.1: DSC-Ressourcentypen *(Fortsetzung)*

Ressourcentyp	Bedeutung und wichtige Eigenschaften	Quelle
`Package`	Installationspakete (MSI oder setup.exe). `Name` ist der Paketname, `Pfad` die Herkunft. Pflichtangabe ist auch die GUID `ProductID`. Mit `Arguments` kann man Parameter übergeben. `ReturnCode` spezifiziert den erwarteten Rückgabewert.	PowerShell 4.0
`WindowsProcess`	Start von Prozessen. Die Herkunft wird über `Path` festgelegt, die Parameter über `Arguments`. `WorkingDirectory` ist das Arbeitsverzeichnis.	PowerShell 4.0
`Registry`	Erstellen von Registry-Einträgen mit `Key`, `ValueName`, `ValueType` und `ValueData`	PowerShell 4.0
`WindowsFeature`	Installieren von Windows-Server-Rollen (vgl. `Add-WindowsFeature`). Die zu installierende Rolle wird durch `Name` festgelegt. Dies ist nur möglich auf Windows-Server-Betriebssystemen.	PowerShell 4.0
`Script`	Allgemeiner Ressourcentyp, um beliebige PowerShell-Skripte auszuführen. Dabei sind drei Skripte anzugeben: `TestScript` prüft, ob die Konfiguration vorhanden ist. `SetScript` führt die Konfiguration aus, wenn `TestScript` den Rückgabewert `$false` lieferte. `GetScript` liefert eine Hashtable mit der Konfiguration.	PowerShell 4.0
`Service`	Zustandsänderung von Windows-Systemdiensten. `Name` ist der Dienstname, `State` der gewünschte Zustand (`Running` oder `Stopped`). Auch `StartType` und ein Konto (`BuildInAccount` oder `Credentials`) kann man angeben.	PowerShell 4.0
`User`	Anlegen eines lokalen Benutzers, der durch `UserName`, `Description`, `Fullname` und `Password` festgelegt wird. Außerdem kann man `PasswordChangeNotAllowed`, `PasswordChangeRequired` und `PasswordNeverExpires` jeweils auf `$true` oder `$false` setzen.	PowerShell 4.0
`Computer`	Benennen eines Computers und Hinzufügen zu einer Domäne oder Arbeitsgruppe. Eigenschaften sind `Name`, `Domain` und `Workgroup`.	DSC Resource Kit
`VHD`	Anlegen von VHD-Dateien	DSC Resource Kit
`VMHyperV`	Anlegen von virtuellen Systemen in HyperV	DSC Resource Kit
`VMSwitch`	Anlegen eines virtuellen Netzwerkswitch in HyperV	DSC Resource Kit
`DNSServerAddress`	Festlegen von DNS-Servern in der Netzwerkkonfiguration	DSC Resource Kit

Ressourcentyp	Bedeutung und wichtige Eigenschaften	Quelle
`Website`	Verbreiten und Konfigurieren einer Website (`Name`, `PhysicalPath`, `State`, `Protocol`, `BindingInfo`, `ApplicationPool`)	DSC Resource Kit
`IPAdress`	Festlegen der IP-Adresse einer Netzwerkverbindung	DSC Resource Kit

26.9 Commandlets für die Arbeit mit DSC

Für die Nutzung von DSC gibt es einige Commandlets.

Tabelle 26.2: DSC-Commandlets

Commandlet	Beschreibung
`Get-DscConfiguration`	Liest alle für einen Computer vorhandenen DSC-Konfigurationen aus.
`Get-DscLocalConfigurationManager`	Auslesen der Konfiguration des „Local Configuration Manager"
`Get-DscResource`	Liste aller local installierten DSC-Ressourcentypen in Form von Instanzen von `DscResourceInfo` Dieses Commandlet findet auch die selbst erstellten und bereits kompilierten Konfigurationen.
`New-DscCheckSum`	Erzeugt Prüfsummen für DSC-Dateien und DSC-Ressourcentypen
`Restore-DscConfiguration`	Setzt einen Computer auf einen vorherigen Zustand zurück
`Set-DscLocalConfigurationManager`	Ändern der Konfiguration des „Local Configuration Manager"
`Start-DscConfiguration`	Ausführen einer Konfiguration
`Test-DscConfiguration`	Prüft, ob auf einem Computer alle gewünschten DSC-Konfigurationen vorhanden sind

26.10 DSC-Interna

Ein DSC-Ressourcentyp ist in Form eines PowerShell-Moduls implementiert. Diese Module liegen im Dateisystem unter

C:\Windows\System32\WindowsPowerShell\v1.0\Modules\PSDesiredStateConfiguration\DSCResources.

In jedem Modul müssen drei Commandlets realisiert sein:

- `Test-TargetResource`: Prüft, ob die Ressource den gewünschten Zustand hat und liefert dafür `$true` oder `$false` zurück. Das Commandlet muss sowohl die Einstellung des Zustands (Ensure="Present") als auch die Rückgängigmachung des Zustands (Ensure="Absent") abdecken.
- `Set-TargetResource`: Bringt die Ressource in den gewünschten Zustand, falls `Test-TargetResource` den Wert `$false` geliefert hat. Das Commandlet muss sowohl die Einstellung des Zustands (Ensure="Present") als auch die Rückgängigmachung des Zustands (Ensure="Absent") abdecken. Die Zustandsänderung darf auch einen Neustart des Systems erfordern. Dies ist durch `$DSCMachineStatus.IsRestartRequired = $true` anzuzeigen. Das Commandlet muss aber selbst dafür sorgen, nach einem Reboot an der richtigen Stelle weiterzumachen.
- `Get-TargetResource`: Liefert den aktuellen Zustand der Ressource in Form einer Hashtable zur Ablage im CIM Repository.

26.11 DSC-Praxisbeispiel 1: IIS installieren

In dem folgenden Beispiel wird auf dem Rechner „Server114" per DSC Folgendes erledigt:

- Installation der Internet Information Services (Windows Features „Web-Server")
- Installation des Webserverframework ASP.NET 4.5 (Windows Features „Web-Asp-Net45")
- Die Dienste WAS (Windows Activation Service) und Windows Update werden gestartet.

Listing 26.4: /2_Aufbauwissen/DSC/DSCIIS.ps1

```
"Lade DSC..."
configuration Website_wwwITVisionsde
{

    WindowsFeature IISVorhanden
    {
    Ensure ="Present"
    Name="Web-Server"
    }
    WindowsFeature IISASPNETVorhanden
    {
    Ensure ="Present"
    Name="Web-Asp-Net45"
    DependsOn="[WindowsFeature]IISVorhanden"
    }
   Service DienstWAS
    {
    Name ="WAS"
    State="Running"
    StartupType="Automatic"
    DependsOn="[WindowsFeature]IISVorhanden"
    }
   Service DienstIIS
```

```
        {
        Name ="wuauserv"
        State="Running"
        StartupType="Automatic"
        }
    }
"DSC ist geladen!"
Website_wwwITVisionsde
"DSC ist kompiliert"
Start-DscConfiguration Website_wwwITVisionsde -verbose -wait
```

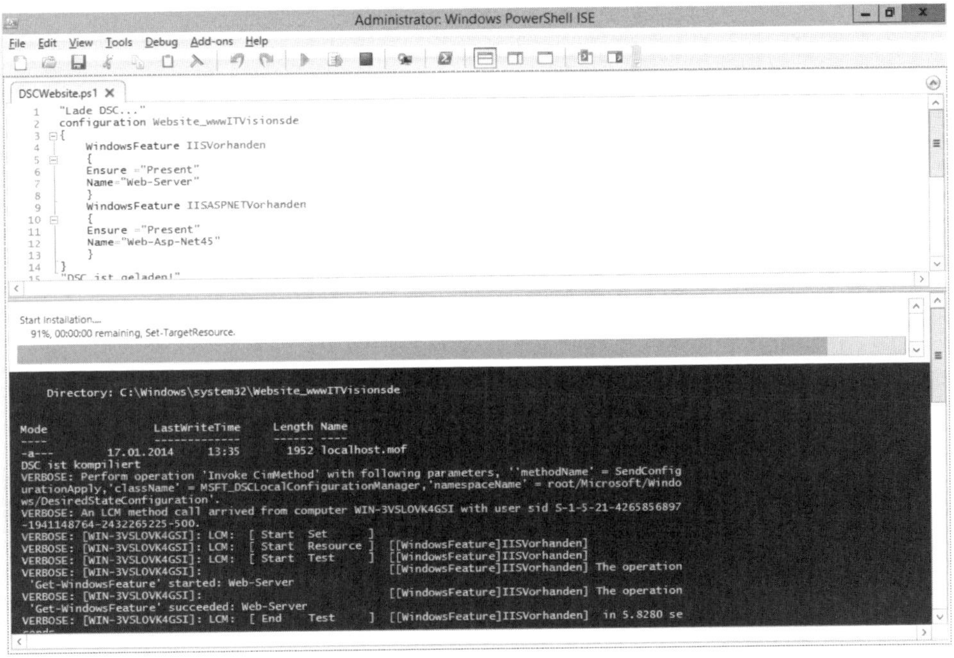

Abbildung 26.3: Ablauf der Installation von Windows-Features per DSC in der ISE

26.12 DSC-Praxisbeispiel 2: Software installieren

In dem folgenden Beispiel wird per DSC Folgendes erledigt:

- Kopieren von Setup-Dateien von einem Netzlaufwerk ins c:\Temp-Verzeichnis
- Installieren einer Anwendung per MSI-Paket
- Löschen der Setup-Dateien im c:\Temp-Verzeichnis
- Erstellen eines Ereignisprotokolleintrags

ACHTUNG: In dem folgenden Listing ist ganz bewusst der `DestinationPath` beim Ressourcenblock „File SetupKopieren“ mit umgekehrtem Schrägstrich und bei „File SetupLoeschen“ ohne diesen angegeben. Ohne dies würde sich DSC beschweren: „The key properties combination ‚C:\temp\HelloWorld‘ is duplicated for keys ‚DestinationPath‘ of resource ‚File‘ in node ‚localhost‘. Please make sure key properties are unique for each resource in a node. “

Listing 26.5: /2_Aufbauwissen/DSC/DSCSoftwareInstallieren.ps1

```
"Lade DSC..."
configuration HelloWorldInstallieren
{

File SetupKopieren
  {
  Ensure = "Present"
  SourcePath = "H:\Install\HelloWorld\Setup_for_Hello World VBNET NET 4.5"
  DestinationPath = "C:\temp\HelloWorld\"
  Recurse = $true
  Type = "Directory"
  }

Package HelloWorldInstallieren
{
  Ensure = "Present"
  Path  = "C:\temp\HelloWorld\Hello World VB.NET.msi"
  Name = "HelloWorld"
  ProductId = "111B8A9D-0B16-46A6-8F3A-C83E80D199CD"
  DependsOn="[File]SetupKopieren"
}

File SetupLoeschen
  {
  Ensure = "Absent"
  DestinationPath = "C:\temp\HelloWorld"
  Recurse = $true
  Force=$true
  Type = "Directory"
  DependsOn="[Package]HelloWorldInstallieren"
  }


Log Protokolleintrag
{
   Message = "Hello World installiert!"
   DependsOn="[File]SetupLoeschen"
}
}

"DSC ist geladen!"
HelloWorldInstallieren
"DSC ist kompiliert"
Start-DscConfiguration HelloWorldInstallieren -verbose -wait -force
```

26.13 DSC-Praxisbeispiel 3: Software deinstallieren

In dem folgenden Beispiel wird per DSC Folgendes erledigt:

- Deinstallieren eines MSI-Pakets
- Löschen der Setup-Dateien im c:\Temp-Verzeichnis
- Erstellen eines Ereignisprotokolleintrags

Listing 26.6: \2_Aufbauwissen\DSC\DSCSoftwareDeinstallieren.ps1

```
"Lade DSC..."
configuration HelloWorldDeinstallieren
{

Package DeInstallieren
{
  Ensure = "Absent"
  Path   = "C:\temp\HelloWorld\Hello World VB.NET.msi"
  Name = "HelloWorld"
  ProductId = "111B8A9D-0B16-46A6-8F3A-C83E80D199CD"
}

File SetupLoeschen
  {
  Ensure = "Absent"
  DestinationPath = "C:\temp\HelloWorld\"
  Recurse = $true
  Force=$true
  Type = "Directory"
  DependsOn="[Package]DeInstallieren"
 }


Log Protokolleintrag
{
   Message = "Hello World deinstalliert!"
   DependsOn="[File]SetupLoeschen"
}
}

"DSC ist geladen!"
HelloWorldDeinstallieren
"DSC ist kompiliert"
Start-DscConfiguration HelloWorldDeinstallieren -verbose -wait -force
```

27 PowerShell-Snap-Ins

Die Windows PowerShell besitzt keinen festen Satz von Commandlets. Zusätzliche Commandlets können beim Start der PowerShell oder jederzeit beim Betrieb hinzugefügt werden. Zusätzliche Commandlets sind entweder als Skriptdateien implementiert, die über das „Dot Sourcing“ hinzugefügt werden (vgl. Abschnitt „Start eines Skripts“) oder durch die Installation eines Snap-In (im Folgenden beschrieben).

27.1 Einbinden von Snap-Ins

Commandlet-Erweiterungen, die in Form einer Snap-In-DLL vorliegen, müssen in zwei Schritten in die PowerShell eingebunden werden:

- Registrieren der DLL (alias Assembly), welche die Commandlets enthält
- Hinzufügen des Snap-In zur PowerShell-Konsole

Registrieren der DLL

Das Registrieren der DLL erfolgt mit dem Kommandozeilenwerkzeug *installutil.exe*, das mit dem .NET Framework mitgeliefert wird. Das Werkzeug finden Sie im Installationsordner des .NET Framework (in der Regel *c:\Windows\Microsoft .NET\Framework\v x.y*). Die Windows PowerShell hat diesen Pfad automatisch als Suchpfad eingebunden.

Bei *installutil.exe* ist der Dateiname zu der Erweiterungs-DLL anzugeben, inklusive Pfad (sofern die PowerShell-Konsole genau diesen Pfad nicht schon als aktuellen Pfad hat).

```
installutil.exe G:\PowerShell_Commandlet_Library\bin\Debug\PowerShell_Command
```

Die folgende Bildschirmabbildung zeigt, wie das Werkzeug die erfolgreiche Installation quittiert.

PowerShell - Holger Schwichtenberg (www.IT-Visions.de) - [Running as Administrator] - C:\WINDOWS

```
Windows PowerShell
Copyright (C) 2006 Microsoft Corporation. All rights reserved.

1# installutil.exe G:\PowerShell_Commandlet_Library\bin\Debug\PowerShell_Command
let_Library.dll
Microsoft (R) .NET Framework Installation utility Version 2.0.50727.832
Copyright (c) Microsoft Corporation.  All rights reserved.


Running a transacted installation.

Beginning the Install phase of the installation.
See the contents of the log file for the G:\PowerShell_Commandlet_Library\bin\De
bug\PowerShell_Commandlet_Library.dll assembly's progress.
The file is located at G:\PowerShell_Commandlet_Library\bin\Debug\PowerShell_Com
mandlet_Library.InstallLog.
Installing assembly 'G:\PowerShell_Commandlet_Library\bin\Debug\PowerShell_Comma
ndlet_Library.dll'.
Affected parameters are:
   logtoconsole =
   assemblypath = G:\PowerShell_Commandlet_Library\bin\Debug\PowerShell_Commandl
et_Library.dll
   logfile = G:\PowerShell_Commandlet_Library\bin\Debug\PowerShell_Commandlet_Li
brary.InstallLog

The Install phase completed successfully, and the Commit phase is beginning.
See the contents of the log file for the G:\PowerShell_Commandlet_Library\bin\De
bug\PowerShell_Commandlet_Library.dll assembly's progress.
The file is located at G:\PowerShell_Commandlet_Library\bin\Debug\PowerShell_Com
mandlet_Library.InstallLog.
Committing assembly 'G:\PowerShell_Commandlet_Library\bin\Debug\PowerShell_Comma
ndlet_Library.dll'.
Affected parameters are:
   logtoconsole =
   assemblypath = G:\PowerShell_Commandlet_Library\bin\Debug\PowerShell_Commandl
et_Library.dll
   logfile = G:\PowerShell_Commandlet_Library\bin\Debug\PowerShell_Commandlet_Li
brary.InstallLog

The Commit phase completed successfully.

The transacted install has completed.
2#
```

Abbildung 27.1: Ausgabe von InstallUtil.exe

Das Registrieren führt dazu, dass die DLL in der Registrierungsdatenbank unter *HKEY_LOCAL_MACHINE\SOFTWARE\Microsoft\PowerShell\1\PowerShellSnapIns* eingetragen wird.

Hinzufügen des Snap-In zur PowerShell-Konsole

Zum Aktivieren des Snap-In muss man in der PowerShell-Konsole das Commandlet `Add-PSSnapin` verwenden. Dieses Commandlet lädt die Erweiterung:

```
Add-PSSnapin PowerShell_Commandlet_Library
```

Laden des Snap-In

Während das Registrieren der DLL nur einmal notwendig ist, verwirft die PowerShell-Konsole bei jedem Beenden alle geladenen Snap-Ins. Wenn man möchte, dass die PowerShell immer mit bestimmten Erweiterungen geladen wird, gibt es zwei Möglichkeiten:

- Aufnehmen der entsprechenden `Add-PSSnapIn`-Anweisungen in Ihre systemweite oder benutzerspezifische Profildatei

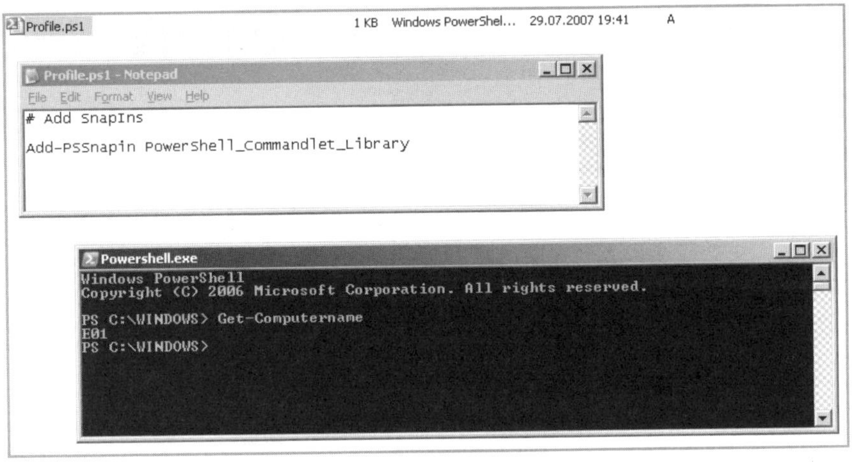

Abbildung 27.2: Laden eines Snap-In in der Profildatei

- Exportieren einer Konsolenkonfigurationsdatei mit `Export-Console`. Sie müssen allerdings vorher erst das Snap-In in der aktuellen Konsole hinzufügen und dann diese aktuelle Konsole exportieren. Dabei entsteht eine XML-Datei mit der Dateinamenserweiterung *.psc1*. Diese *.psc1*-Datei muss dann beim Starten der PowerShell mit dem Kommandozeilenparameter *-PSConsoleFile* übergeben werden.

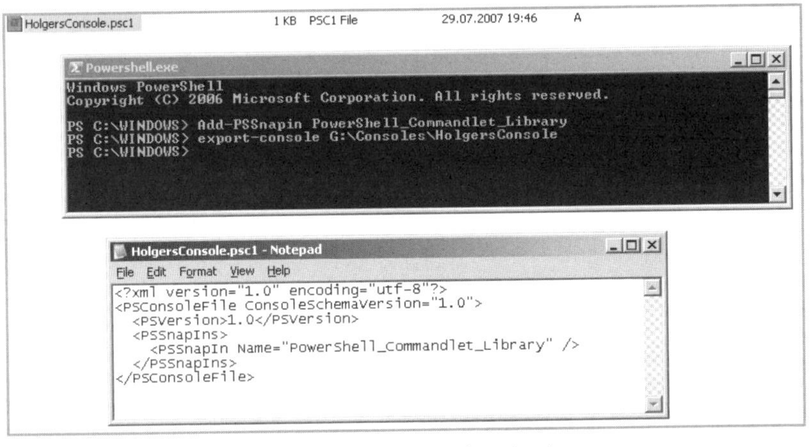

Abbildung 27.3: Exportieren einer Konsolenkonfigurationsdatei

Am besten legt man sich eine Verknüpfung im Dateisystem mit folgendem Ziel an:

```
%SystemRoot%\system32\WindowsPowerShell\v1.0\powershell.exe -PSConsoleFile
"G:\Consoles\HolgersConsole.psc1"
```

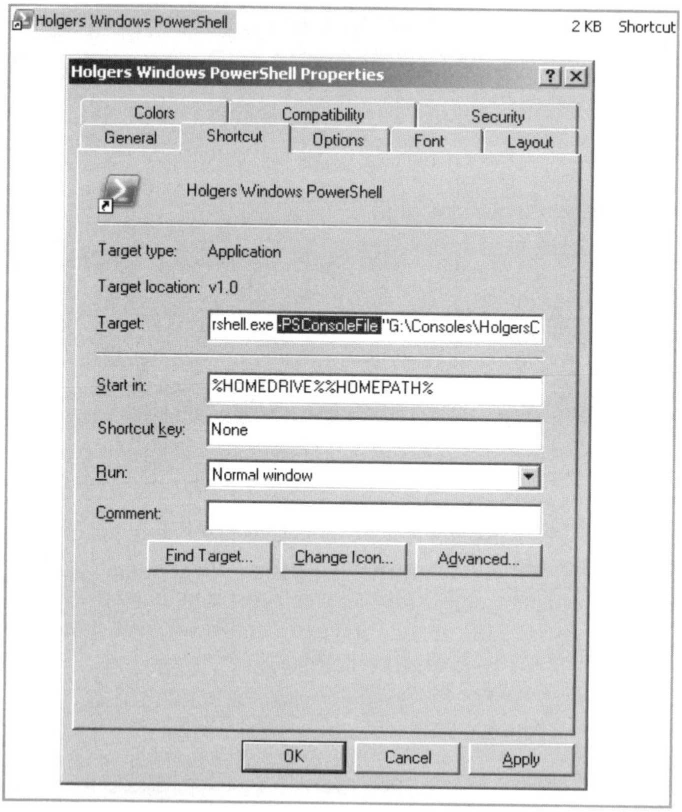

Abbildung 27.4: Anlegen einer Verknüpfung zur PowerShell-Konsole, die automatisch eine bestimmte Konsolenkonfigurationsdatei mitlädt

Liste der Snap-Ins

HINWEIS: Das Commandlet `Get-PSSnapIn` listet im Normalfall nur die Snap-Ins auf, die bereits der PowerShell mit `Add-PSSnapIn` hinzugefügt wurden. Darunter findet man auch die Standard-Commandlet-Pakete, die mit `Microsoft.PowerShell.*` beginnen (siehe folgende Bildschirmabbildung).

Mit `Get-PSSnapin –registered` listet man hingegen alle registrierten Snap-Ins auf, unabhängig davon, ob diese in der aktuellen Konsole aktiv sind. In der folgenden Bildschirmabbildung sieht man die WorldWideWings_PowerShell_Extensions, die nicht in der Konsole aktiv sind (siehe folgende Bildschirmabbildung).

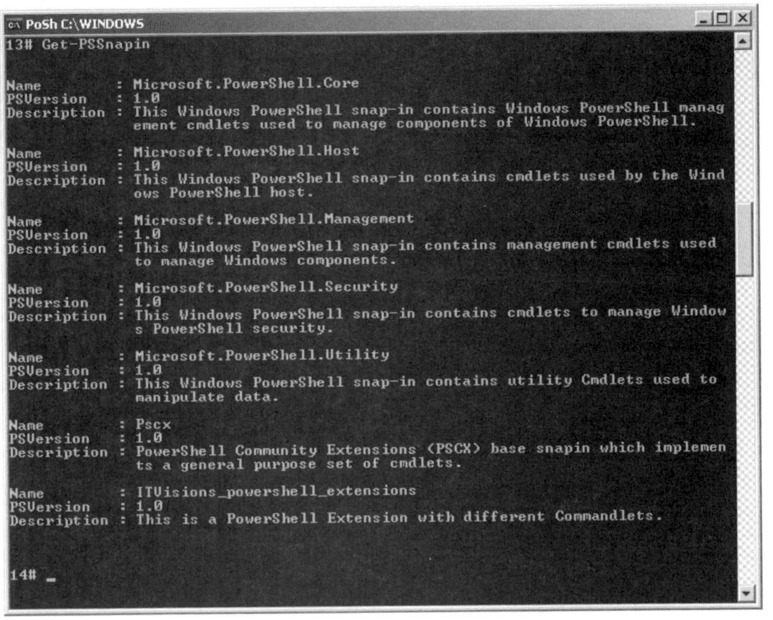

Abbildung 27.5: Aktive PowerShell-Snap-Ins

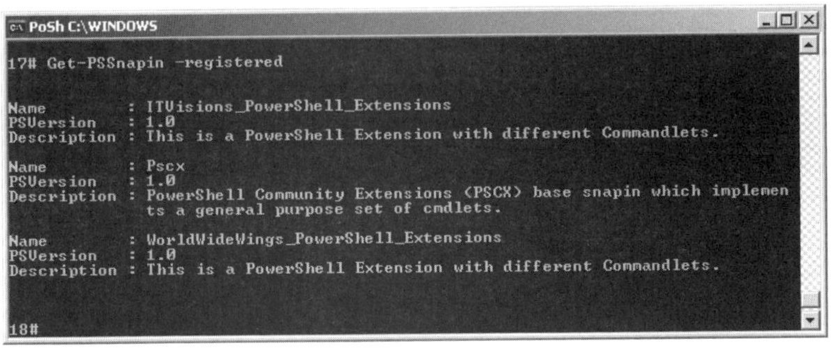

Abbildung 27.6: Alle auf dem System registrierten Commandlets

27.2 Liste der Commandlets

Um sich alle Commandlets einer bestimmten Erweiterung auflisten zu lassen, können Sie nach dem Attribut PSSnapIn in der Klasse CmdletInfo filtern, z. B.:

```
Get-command | where { $_.pssnapin -like „Pscx" }
```

oder

```
Get-command | where { $_.pssnapin -like "ITVisions_PowerShell_Extensions" }
```

oder

```
Get-command | where { $_.pssnapin -like "quest.activeroles.admanagement" }
```

27.3 Doppeldeutige Namen

Es ist möglich, dass Sie verschiedene Commandlet-Erweiterungen aktivieren, die gleichnamige Commandlets definieren, denn es gibt keine zentrale Registrierungsstelle für Commandlets. Wenn Sie auf dieses Problem stoßen, wird die PowerShell einen Aufruf eines doppeldeutigen Commandlets mit einem Fehler quittieren (siehe folgende Bildschirmabbildung).

> **ACHTUNG:** Bitte beachten Sie, dass der Fehler tatsächlich erst im Betrieb auftritt, nicht schon beim Start der PowerShell-Konsole.

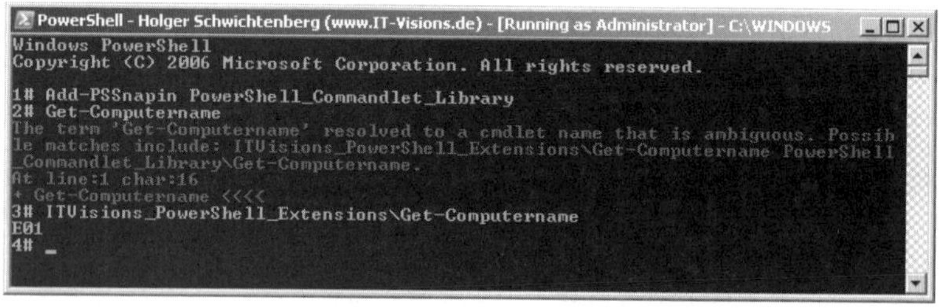

Abbildung 27.7: Ein Commandlet-Name ist doppelt vergeben.

Die Lösung zur Unterscheidung zwischen den beiden gleichnamigen Commandlets besteht darin, den Namen des Snap-In dem Commandlet voranzustellen (getrennt durch einen Schrägstrich), z. B.:

```
ITVisions_PowerShell_Extensions\Get-Computername
```

28 PowerShell-Module

PowerShell-Module sind Softwarepakete, die die PowerShell durch Funktionalität erweitern. Module können aus Navigationsprovidern, Commandlets, Funktionen, Workflows, vordefinierten Variablen und Aliasen bestehen. Auch Typformatierungsdateien (.ps1xml) und Dateidateien (z. B. Textdateien, XML-Datei, Datenbankdateien) können enthalten sein.

Durch Module können Entwickler bzw. Administratoren Funktionalität zur Wiederverwendung an andere Personen weitergeben. Der Empfänger muss das Modul importieren und kann die darin enthaltene Funktionalität dann nutzen wie die Kernfunktionalität der PowerShell.

HINWEIS: Seit Version 3.0 importiert die PowerShell Module automatisch bei Bedarf.

Die bereits in PowerShell 1.0 eingeführten Snap-Ins sind .NET-Komponenten (Assemblies), die nur Navigationsprovider und Commandlets enthalten können. Module sind ein übergeordnetes Konzept, in dem neben Snap-Ins auch PowerShell-Skripte liegen können.

28.1 Überblick über die Commandlets

Folgende Commandlets sind für PowerShell-Module wichtig:

- `Get-Module` liefert eine Liste der installierten bzw. importierten Module.
- `New-Module` erzeugt ein neues sogenanntes dynamisches Modul im Hauptspeicher.
- `Export-ModuleMember` legt innerhalb eines Moduls fest, welche Funktionen von außen verfügbar sein sollen.
- `Import-Module` lädt ein Modul in die aktuelle PowerShell-Sitzung. Nach dem Ende der Sitzung ist das Modul nicht mehr verfügbar. Das Commandlet kann im Profilskript verwendet werden.
- `Remove-Module` entfernt ein Modul aus der aktuellen Sitzung.

28.2 Modularchitektur

Ein Modul ist im installierten Zustand ein Dateisystemverzeichnis, das die Moduldateien enthält. Systemmodule werden vom Betriebssystem installiert unter

\Windows\System32\WindowsPowerShell\v1.0\Modules.

Benutzer können Module installieren unter

$home\Documents\WindowsPowerShell\Modules.

Tipp: Die Umgebungsvariable `PSModulePath` liefert den Pfad zu den Benutzermodulen. Man kann diesen Pfad ändern oder auch weitere Pfade hinzufügen, z. B.:

```
$env:psmodulepath = $env:psmodulepath + ";h:\WPSModules"
```

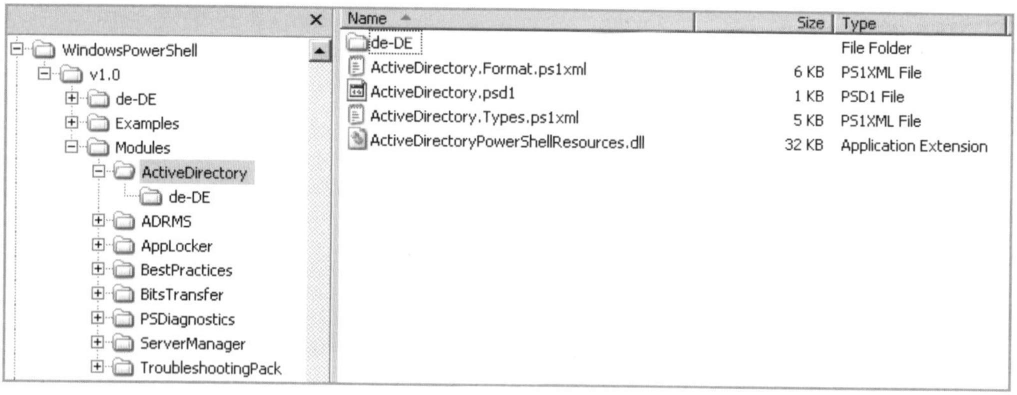

Abbildung 28.1: Systemmodulverzeichnis und Inhalt des Moduls „ActiveDirectory" in Windows Server 2008

Ein Modul besitzt ein Modul-Manifest (.psd1-Datei), in dem die zu dem Modul gehörenden Dateien festgelegt sind.

Listing 28.1: Modul-Manifest für das Modul „ActiveDirectory"

```
@{
GUID="{43c15630-959c-49e4-a977-758c5cc93408}"
Author="Microsoft Corporation"
CompanyName="Microsoft"
ModuleVersion="1.0.0.0"
Description="Active Directory Module"
PowerShellVersion="2.0"
CLRVersion="2.0.50727"
NestedModules="Microsoft.ActiveDirectory.Management"
RequiredAssemblies="Microsoft.ActiveDirectory.Management"
TypesToProcess="ActiveDirectory.Types.ps1xml"
FormatsToProcess="ActiveDirectory.Format.ps1xml"
}
```

Mit dem Commandlet `Test-ModuleManifest` kann man prüfen, ob ein Manifest korrekt ist und alle dort genannten Dateien in dem Modulverzeichnis existieren.

Beispiel:

```
Test-ModuleManifest
C:\windows\system32\WindowsPowerShell\v1.0\Modules\ActiveDirectory\ActiveDirectory.psd1
```

Der in der PowerShell-Hilfe angegebene Link zum Artikel „Writing a Windows PowerShell Module“ *(http://go.microsoft.com/fwlink? LinkId =144916)* führt (bis zum Redaktionsschluss dieses Buchs) leider nicht zum gewünschten Ziel. Unter diesem Link finden Sie aber trotzdem die notwendigen Informationen: *http://msdn.microsoft.com/en-us/library/dd878310(VS.85).aspx.*

28.3 Module installieren

Zum Installieren eines PowerShell-Moduls kopiert man alle Dateien des Moduls in eines der PowerShell-Modulverzeichnisse. Wichtig ist, dass die Dateien nicht direkt in dem PowerShell-Modulverzeichnis liegen, sondern in einem seiner Unterordner.

Falsch:

```
C:\windows\system32\WindowsPowerShell\v1.0\Modules\ ActiveDirectory.psd1
```

Richtig:

```
C:\windows\system32\WindowsPowerShell\v1.0\Modules\ActiveDirectory\ActiveDirectory.psd1
```

TIPP: Oftmals werden PowerShell-Module durch Setup-Routinen (z. B. die Windows Server Remote Administration Tools) automatisch in die passenden Verzeichnisse installiert.

28.4 Auflisten der verfügbaren Module

Der Befehl

```
Get-Module -listAvailable
```

zeigt alle auf dem System installierten Module. Zur Verwendung eines Moduls muss dieses aber nicht nur installiert, sondern auch in der aktuellen PowerShell-Sitzung importiert sein.

`Get-Module` ohne Parameter liefert eine Liste der aktuell importierten Module.

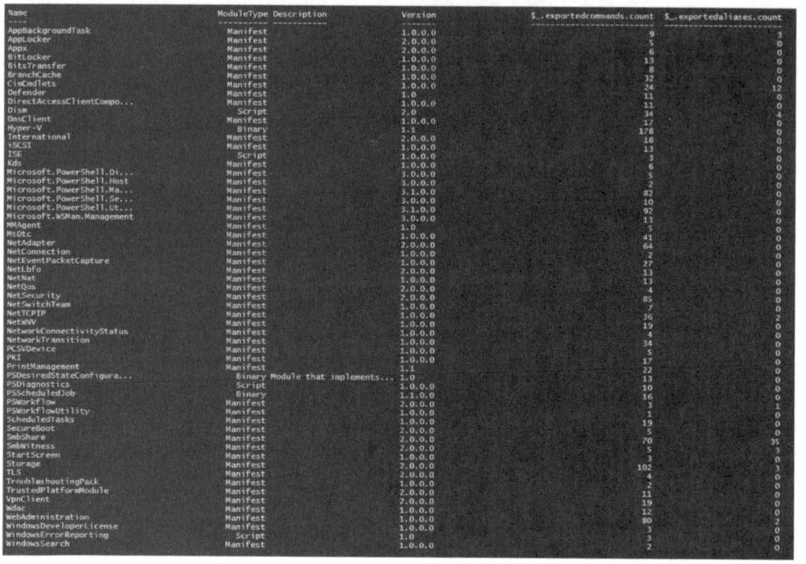

Abbildung 28.2: Liste der 59 mit Windows 8.1 (Grundinstallation von Windows 8.1 Enterprise) mitgelieferten PowerShell-Module – mit insgesamt 1269 zusätzlichen Befehlen. In Windows 8.0 waren es 53 Module.

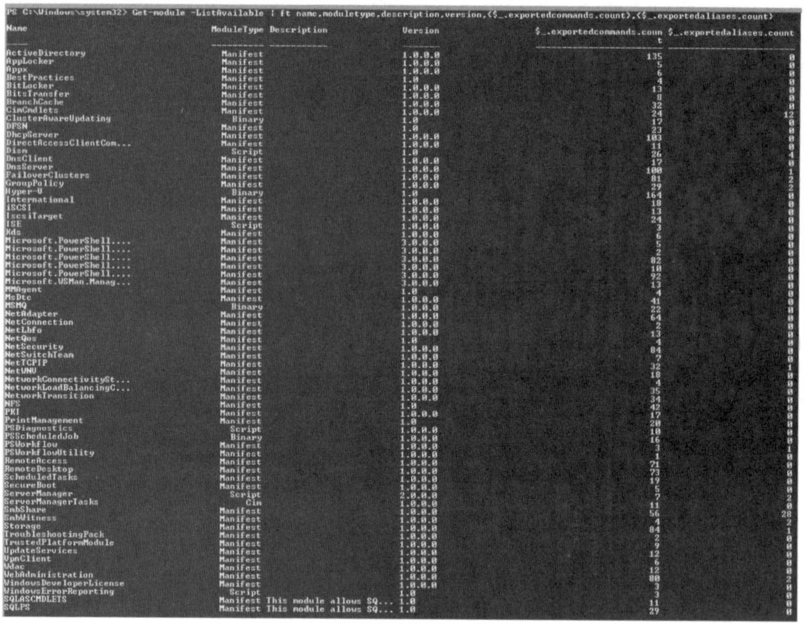

Abbildung 28.3: Durch die Installation der „Remote Server Administration Tools" erhöht sich in Windows 8.1 die Zahl der PowerShell-Module auf 69 – mit insgesamt 2036 zusätzlichen Befehlen.

28.5 Importieren von Modulen

In PowerShell 2.0 war es notwendig, ein Modul explizit zu importieren, bevor man einen Befehl daraus verwenden konnte. Seit PowerShell-Version 3.0 macht dies die PowerShell bei Bedarf automatisch. Die PowerShell zeigt sowohl in der ISE als auch in der Konsole alle Commandlets und Funktionen in der Vorschlagsliste und beim Aufruf von `Get-Command` bereits an. Der eigentliche Import des Moduls erfolgt dann beim ersten Aufruf eines Befehls aus einem Modul.

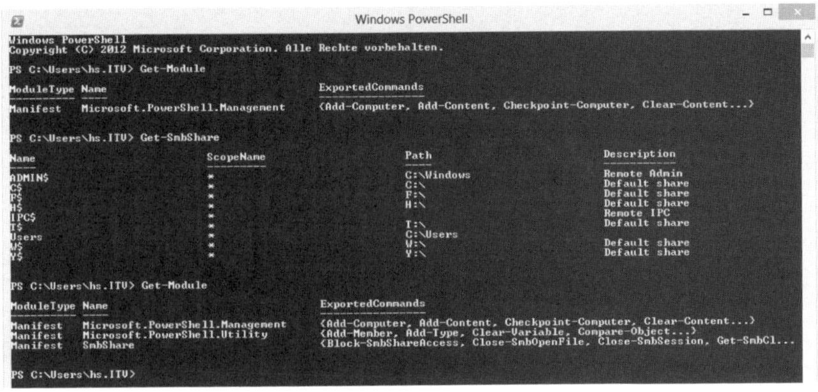

Abbildung 28.4: Automatischer Modulimport in PowerShell (ab Version 3.0)

Weiterhin besteht die Möglichkeit, ein Modul explizit zu importieren. Zum expliziten Importieren eines Moduls nutzt man `Import-Module` gefolgt von dem Modulnamen (aus der Liste der installierten Module), z. B.:

```
Import-Module ActiveDirectory
```

Eine Liste der neuen Befehle (im Fall des Active-Directory-Moduls sind dies z. B. 135) kann man auf einfache Weise erhalten, da der Typ `System.Management.Automation.CmdletInfo`, den `Get-Command` liefert, seit PowerShell 2.0 ein neues Attribut `ModuleName` besitzt:

```
(Get-Command) | where { $_.ModuleName -eq "ActiveDirectory" } | ft name, modulename,
pssnapin
```

`Get-Command` hat auch ein Filterattribut für Module, so dass man alternativ schreiben kann:

```
Get-Command -module ActiveDirectory | ft name, modulename, pssnapin
```

```
PS C:\Users\hs> (get-command) | where { $_.ModuleName -eq "ActiveDirectory" } | ft name, modulename, pssnapin

Name                                          ModuleName                     PSSnapIn
----                                          ----------                     --------
Add-ADComputerServiceAccount                  activeDirectory
Add-ADDomainControllerPasswordReplic...       activeDirectory
Add-ADFineGrainedPasswordPolicySubject        activeDirectory
Add-ADGroupMember                             activeDirectory
Add-ADPrincipalGroupMembership                activeDirectory
Clear-ADAccountExpiration                     activeDirectory
Disable-ADAccount                             activeDirectory
Disable-ADOptionalFeature                     activeDirectory
Enable-ADAccount                              activeDirectory
Enable-ADOptionalFeature                      activeDirectory
Get-ADAccountAuthorizationGroup               activeDirectory
Get-ADAccountResultantPasswordReplic...       activeDirectory
Get-ADComputer                                activeDirectory
Get-ADComputerServiceAccount                  activeDirectory
Get-ADDefaultDomainPasswordPolicy             activeDirectory
Get-ADDomain                                  activeDirectory
Get-ADDomainController                        activeDirectory
Get-ADDomainControllerPasswordReplic...       activeDirectory
Get-ADDomainControllerPasswordReplic...       activeDirectory
Get-ADFineGrainedPasswordPolicy               activeDirectory
Get-ADFineGrainedPasswordPolicySubject        activeDirectory
Get-ADForest                                  activeDirectory
Get-ADGroup                                   activeDirectory
Get-ADGroupMember                             activeDirectory
Get-ADObject                                  activeDirectory
Get-ADOptionalFeature                         activeDirectory
Get-ADOrganizationalUnit                      activeDirectory
Get-ADPrincipalGroupMembership                activeDirectory
```

Abbildung 28.5: Eine Auswahl der Commandlets aus dem Active-Directory-Modul im Windows Server 2012

```
PS C:\Users\hs> import-module servermanager
PS C:\Users\hs> (get-command) | where { $_.ModuleName -eq "servermanager" } | ft name, modulename, pssnapin

Name                                          ModuleName                     PSSnapIn
----                                          ----------                     --------
Add-WindowsFeature                            servermanager
Get-WindowsFeature                            servermanager
Remove-WindowsFeature                         servermanager
```

Abbildung 28.6: Das Modul „ServerManager" umfasst nur drei Commandlets.

TIPP: Durch den Zusatz –verbose erhält man eine genaue Liste der Auswirkungen des Moduls.

```
PS IIS:\Sites> import-module servermanager -verbose
VERBOSE: Loading module from path
'C:\Windows\system32\WindowsPowerShell\v1.0\Modules\servermanager\servermanager.psd1'.
VERBOSE: Loading 'FormatsToProcess' from path
'C:\Windows\system32\WindowsPowerShell\v1.0\Modules\servermanager\Feature.format.ps1xml'.
VERBOSE: Importing cmdlet 'Get-WindowsFeature'.
VERBOSE: Importing cmdlet 'Add-WindowsFeature'.
VERBOSE: Importing cmdlet 'Remove-WindowsFeature'.
VERBOSE: Exporting cmdlet 'Get-WindowsFeature'.
VERBOSE: Exporting cmdlet 'Add-WindowsFeature'.
VERBOSE: Exporting cmdlet 'Remove-WindowsFeature'.
VERBOSE: Importing cmdlet 'Add-WindowsFeature'.
VERBOSE: Importing cmdlet 'Get-WindowsFeature'.
VERBOSE: Importing cmdlet 'Remove-WindowsFeature'.
PS IIS:\Sites> _
```

Abbildung 28.7: Parameter - verbose für Import-Module

TIPP: Ein Modul, das sich nicht in einem der Standardverzeichnisse befindet, muss man unter Angabe des ganzen Pfads importieren, z. B.:

```
Import-Module c:\ITVModule\Basismodul
```

Einen Modulimport kann man auch beim Start der PowerShell an der Kommandozeile angeben, z. B.:

```
PowerShell.exe -noexit -command import-module ActiveDirectory
```

Man kann auch anordnen, alle Systemmodule zu laden:

```
PowerShell.exe -NoExit -ImportSystemModules
```

■

HINWEIS: Da die Namen für Commandlets weltweit nicht eindeutig vergeben werden, kann es doppelte Namen in zwei Modulen geben. PowerShell verwendet dann immer das zuletzt importierte Commandlet. PowerShell 1.0 gab beim Import von Snap-Ins in dieser Situation einen Fehler aus. Seit PowerShell 2.0 ist auch dieses Verhalten geändert auf die Verwendung des zuletzt importierten Commandlets.

■

ACHTUNG: Zu beachten ist, dass einige der von Microsoft gelieferten Module auf 64-Bit-Systemen nur im 64-Bit-Modus der PowerShell verfügbar sind. Die nachfolgende Bildschirmabbildung beweist, dass einige der Module in der 32-Bit-PowerShell nicht verfügbar sind.

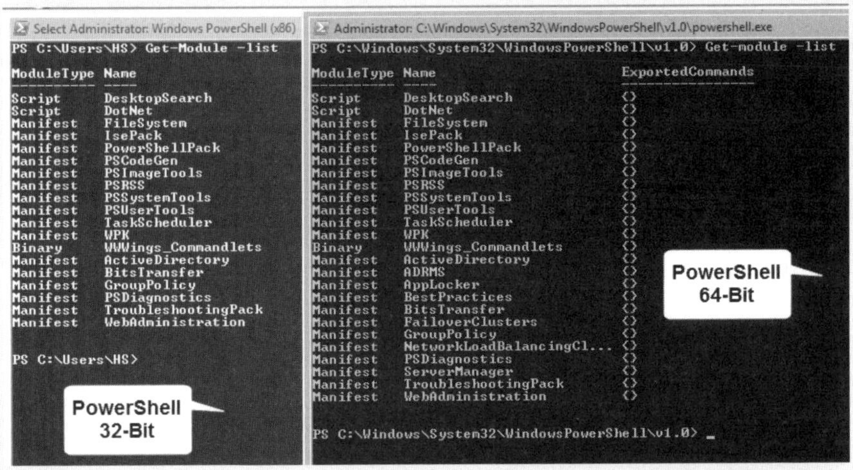

Abbildung 28.8: Verfügbare Module auf einem Windows Server 2008 R2 mit installiertem PowerShellPack und WWWings_Commandlets (links: 32-Bit-PowerShell, rechts: 64-Bit-PowerShell auf dem gleichen System)

■

28.6 Entfernen von Modulen

Zum Entfernen eines Moduls aus der aktuellen PowerShell-Sitzung kann man das Modul mit `remove-module` entfernen, z. B.:

```
Remove-Module activedirectory
```

HINWEIS: Hinweise zum Erstellen von eigenen Modulen finden Sie in Teil D *„Profiwissen – Erweitern der PowerShell“*.

29 Ausgewählte PowerShell-Erweiterungen

Einige wichtige am Markt verfügbare kostenlose und kostenpflichtige Commandlet-Erweiterungen sind:

1. PowerShell-Module in Windows 7 und Windows Server 2008 R2
2. PowerShell-Module in Windows 8.x und Windows Server 2012 (inkl. R2)
3. PowerShell Community Extensions von Microsoft
4. PowerShell Extensions von *www.IT-Visions.de*
5. Quest bietet Commandlets zum Active Directory Scripting.
6. Gruppenrichtlinienverwaltung mit der PowerShell ermöglicht die Firma FullArmor.
7. Commandlets zum Netzwerkmanagement mit der PowerShell bietet die Firma /n Software.
8. Die Firma PowerGadget bietet unter dem gleichen Namen eine Sammlung von zusätzlichen Commandlets zur Visualisierung des Inhalts der PowerShell-Pipeline.

29.1 PowerShell-Module in Windows 7 und Windows Server 2008 R2

Windows 7 und Windows Server 2008 Release 2 enthalten Erweiterungsmodule für die PowerShell, die Sammlungen von Commandlets für verschiedene Funktionsbereiche darstellen (vgl. allgemeine Einführung in PowerShell-Module in diesem Buch). In Windows Server 2008 Release 2 sind die Module zum Teil erst nach dem Installieren der entsprechenden Serverrollen bzw. Serverfeatures verfügbar.

Tabelle 29.1: PowerShell-Module in Windows 7 und Windows Server 2008 R2

PowerShell-Modul	Hinweise	Windows 7	Windows Server 2008 R2	In diesem Buch beschrieben in Kapitel ...
Active Directory		Durch Installation der Microsoft Remote Server Administration Tools (RSAT)	X	Verzeichnisdienste
ADRMS	Active Directory Rights Management Services (AD RMS)		X	
AppLocker		X	X	Softwareverwaltung
BestPractices			X	Optimierungen und Problemlösungen
BitsTransfer	Hintergrunddateitransfer	X	X	
FailoverClusters			X	
GroupPolicy	Gruppenrichtlinien	Durch Installation der Microsoft Remote Server Administration Tools (RSAT)	X	Gruppenrichtlinien
NetworkLoad Balancing-Clusters			X	
PSDiagnostics		X	X	
RemoteDesktop-Services			X	
ServerManager			X	Softwareverwaltung
Troubleshooting-Pack		X	X	Optimierungen und Problemlösungen
WebAdministration		X (nach Installieren des IIS 7.0 als optionales Windows-Feature)	X	Internet Information Services

29.2 PowerShell-Module in Windows 8.x und Windows Server 2012/2012 R2

Die folgende Tabelle zeigt die verfügbaren Windows-PowerShell-3.0-Module und die Anzahl der jeweils darin enthaltenen Befehle in verschiedenen Systemkonfigurationen. Die erste Spalte ist ein Windows 7 mit Server Tools, auf dem das Windows Management Framework 3.0 nachinstalliert wurde. Spalte 2 ist ein „nacktes" Windows 8 Enterprise direkt nach der Grundinstallation. In Windows 8 lässt sich der Umfang der verfügbaren PowerShell-Befehle durch das Erweiterungspaket „Remote Server Administration Tools for Windows 8" (Installationspaketnummer KB2693643, *http://www.microsoft.com/en-us/download/details.aspx?id=28972*) deutlich vergrößern (Spalte 3 in Tabelle 1). Zu beachten ist aber, dass diese Fernwartungswerkzeuge auf Windows Server 2012 ausgerichtet sind. Einige der Werkzeuge und damit auch einige der mitgelieferten PowerShell-Commandlets arbeiten nicht mit Windows Server 2003 oder 2008 zusammen.

Spalte 5 und 6 zeigen den Modulumfang in Windows Server 2012. In Windows Server 2012 gibt es zahlreiche optionale Rollen und Funktionsbausteine; fast jede dieser optionalen Installationen bringt neue PowerShell-Module mit (Spalte 5). Auch in Windows 8 gibt es Installationsoptionen, z. B. Hyper-V und die Internet Information Services (IIS), die weitere PowerShell-Module beinhalten. Diese sind in der Tabelle nicht ausgeführt.

Zu beachten ist auch, dass es die Windows PowerShell auf 64-Bit-Systemen zweimal gibt: einmal als 64-Bit-Variante und einmal als 32-Bit-Variante. Letztere wird benötigt, wenn man auf eine 32-Bit-Softwarekomponente zugreifen muss, z. B. auf einen Treiber für Microsoft-Access-32-Bit-Datenbanken. Zu beachten ist, dass einige der von Microsoft gelieferten Module auf 64-Bit-Systemen nur im 64-Bit-Modus der PowerShell verfügbar sind (siehe Spalte 3 im Vergleich zu Spalte 4).

Seit PowerShell-Version 3.0 sind auch alle Kernbefehle der PowerShell in Modulen organisiert, diese tragen „Microsoft.PowerShell" im Namen. Diese Module sind mit der gleichen Anzahl von Befehlen in allen Konfigurationen verfügbar.

Tabelle 29.2: Verfügbare Module mit Anzahl der enthaltenen PowerShell-Befehle in verschiedenen Konfigurationen von Windows 8 und Windows Server 2012

	1	2	3	4	5	6
Name des PowerShell-Moduls	Windows 7 Ultimate (64-Bit PowerShell) mit Server-Tools	Windows 8 Enterprise (64-Bit PowerShell) ohne Server-Tools	Windows 8 Enterprise (64-Bit PowerShell) mit Server-Tools	Windows 8 Enterprise (32-Bit PowerShell) mit Server-Tools	Windows Server 2012 (64-Bit PowerShell) ohne Rollen	Windows Server 2012 (64-Bit PowerShell) mit allen Rollen
ActiveDirectory	76		135	135		135
ADDSDeployment (ActiveDirectory-Installation)						10

Tabelle 29.2: Verfügbare Module mit Anzahl der enthaltenen PowerShell-Befehle in verschiedenen Konfigurationen von Windows 8 und Windows Server 2012 *(Fortsetzung)*

	1	2	3	4	5	6
Name des PowerShell-Moduls	Windows 7 Ultimate (64-Bit PowerShell) mit Server-Tools	Windows 8 Enterprise (64-Bit PowerShell) ohne Server-Tools	Windows 8 Enterprise (64-Bit PowerShell) mit Server-Tools	Windows 8 Enterprise (32-Bit PowerShell) mit Server-Tools	Windows Server 2012 (64-Bit PowerShell) ohne Rollen	Windows Server 2012 (64-Bit PowerShell) mit allen Rollen
ADFS (Active Directory Federation services)						54
ADRMS (Active Directory Rights Management)						6
ADRMSADMIN (Active Directory Rights Management)						21
AppLocker (Softwarebeschränkung)	5	5	5	5	5	5
Appx (Softwareverteilung)		6	6	6	6	6
BestPractices			4		4	4
BitLocker (Dateisystemverschlüsselung)		13	13			13
BitsTransfer (Hintergrunddateitransfer)	8	8	8	8	8	8
BranchCache (Dateireplikation)		32	32	32	32	32
CimCmdlets (WMI)	24	24	24	24	24	24
ClusterAwareUpdating			17			17
DcbQos (Data Center Bridging Quality of Service)						10
DFSN (Distributed File System Namespaces)			23			23
DhcpServer			103	103		103
DirectAccessClientComponents		11	11	11	11	11
Dism (Deployment Image Servicing and Management)		26	26	26	26	26
DnsClient		17	17	17	17	17
DnsServer			100	100		100
FailoverClusters	69		81			81
GroupPolicy	25		29	29		29
Hyper-V						164
International		18	18		18	18

	1	2	3	4	5	6
Name des PowerShell-Moduls	Windows 7 Ultimate (64-Bit PowerShell) mit Server-Tools	Windows 8 Enterprise (64-Bit PowerShell) ohne Server-Tools	Windows 8 Enterprise (64-Bit PowerShell) mit Server-Tools	Windows 8 Enterprise (32-Bit PowerShell) mit Server-Tools	Windows Server 2012 (64-Bit PowerShell) ohne Rollen	Windows Server 2012 (64-Bit PowerShell) mit allen Rollen
IpamServer (IP Address Management)						10
iSCSI		13	13	13	13	13
IscsiTarget			24	24	24	24
ISE (Integrated Scripting Environment)	3	3	3	3	3	3
Kds (Key Distribution Service)		6	6	6	6	6
Microsoft.PowerShell.Diagnostics	5	5	5	5	5	5
Microsoft.PowerShell.Host	2	2	2	2	2	2
Microsoft.PowerShell.Management	82	82	82	82	82	82
Microsoft.PowerShell.Security	10	10	10	10	10	10
Microsoft.PowerShell.Utility	92	92	92	92	92	92
Microsoft.WSMan.Management	13	13	13	13	13	13
MMAgent (Memory Management)		4	4		4	4
MPIO (Multipath I/O)						13
MsDtc (Distributed Transaction Coordinator)		41	41	41	41	41
MSMQ						22
NetAdapter		64	64	64	64	64
NetConnection		2	2	2	2	2
NetLbfo		13	13	13	13	13
NetQos		4	4	4	4	4
NetSecurity		84	84	84	84	84
NetSwitchTeam		7	7	7	7	7
NetTCPIP		32	32	32	32	32
NetworkConnectivityStatus		4	4	4	4	4
NetworkLoadBalancingClusters	35		35			35
NetworkTransition		34	34	34	34	34
NFS (Network File System)			42		42	42
Nps (Network Policy Server)						13
PKI (Public Key Infrastructure)		17	17	17	17	17

Tabelle 29.2: Verfügbare Module mit Anzahl der enthaltenen PowerShell-Befehle in verschiedenen Konfigurationen von Windows 8 und Windows Server 2012 *(Fortsetzung)*

	1	2	3	4	5	6
Name des PowerShell-Moduls	Windows 7 Ultimate (64-Bit PowerShell) mit Server-Tools	Windows 8 Enterprise (64-Bit PowerShell) ohne Server-Tools	Windows 8 Enterprise (64-Bit PowerShell) mit Server-Tools	Windows 8 Enterprise (32-Bit PowerShell) mit Server-Tools	Windows Server 2012 (64-Bit PowerShell) ohne Rollen	Windows Server 2012 (64-Bit PowerShell) mit allen Rollen
PrintManagement (Drucker)		20	20	20	20	20
PSDiagnostics	10	10	10	10	10	10
PSScheduledJob (geplante Vorgänge)	16	16	16	16	16	16
PSWorkflow	3	3	3		3	3
PSWorkflowUtility	1	1	1		1	1
RemoteAccess			71	71		71
RemoteDesktop			73		73	73
RemoteDesktopServices						4
ScheduledTasks (geplante Vorgänge)		19	19	19	19	19
SecureBoot		5	5	5	5	5
ServerCore					2	2
ServerManager			7		7	7
ServerManagerTasks			11		11	11
SmbShare (Dateisystemfreigaben)		56	56		56	56
SmbWitness (SMB Witness Server im Cluster)		4	4		4	4
SMISConfig (Storage Management Initiative Specification)						3
Storage		84	84	84	84	84
TroubleshootingPack	2	2	2	2	2	2
TrustedPlatformModule		9	9	9	9	9
UpdateServices			12	12		12
UserAccessLogging					14	14
VpnClient		6	6	6	6	6
Wdac (Windows Data Access Components)		12	12	12	12	12
WebAdministration (IIS Webserver)						80

	1	2	3	4	5	6
Name des PowerShell-Moduls	Windows 7 Ultimate (64-Bit PowerShell) mit Server-Tools	Windows 8 Enterprise (64-Bit PowerShell) ohne Server-Tools	Windows 8 Enterprise (64-Bit PowerShell) mit Server-Tools	Windows 8 Enterprise (32-Bit PowerShell) mit Server-Tools	Windows Server 2012 (64-Bit PowerShell) ohne Rollen	Windows Server 2012 (64-Bit PowerShell) mit allen Rollen
Whea (Windows Hardware Error Architecture)					2	2
WindowsDeveloperLicense		3	3	3	3	3
WindowsErrorReporting		3	3	3	3	3
WindowsServerBackup						49
Summe verfügbare PowerShell- Befehle	**481**	**945**	**1712**	**1320**	**1111**	**2189**

29.3 BITSTransfer

Das Modul „BITSTransfer" (verfügbar seit Windows 7 und Windows Server 2008 R2) unterstützt mit acht Commandlets das Herunterladen von Dateien über den Dienst Background Intelligent Transfer Service (BITS), den es seit Windows XP gibt.

ACHTUNG: BITS transferiert Daten über HTTP und HTTPS in Zeiten, in denen es freie Netzwerkleitungskapazitäten gibt. Die Übertragung erfolgt asynchron, d. h. ohne Blockierung der den Download initiierenden Anwendung.

Die Commandlets in diesem Modul sind:

- `Add-BitsFile`
- `Complete-BitsTransfer`
- `Get-BitsTransfer`
- `Remove-BitsTransfer`
- `Resume-BitsTransfer`
- `Set-BitsTransfer`
- `Start-BitsTransfer`
- `Suspend-BitsTransfer`

29.4 Windows Server Backup

Die Unterstützung für Windows Server Backup war nicht in Form eines Moduls, sondern eines Snap-In „Windows.Serverbackup“ in Windows Server 2008 R2 enthalten. In Windows Server 2012 ist es ein Modul mit Namen WindowsServerBackup. Dort gibt es folgende Commandlets:

- `Add-WBBackupTarget`
- `Add-WBVolume`
- `Get-WBBackupTarget`
- `Get-WBDisk`
- `Get-WBPolicy`
- `Get-WBSchedule`
- `Get-WBSummary`
- `Get-WBVolume`
- `New-WBBackupTarget`
- `New-WBPolicy`
- `Remove-WBBackupTarget`
- `Remove-WBPolicy`
- `Remove-WBVolume`
- `Set-WBPolicy`
- `Set-WBSchedule`

Das Snap-In aktiviert man mit dem Befehl:

```
Add-Pssnapin Windows.serverbackup
```

In Windows Server 2012 muss man das Modul WindowsServerBackup nicht explizit laden.

HINWEIS: In dem Commandlet werden die Backup-Aufträge kurioserweise als „Policy“ bezeichnet. `WBPolicy` listet also die geplanten Aufträge.

29.5 PowerShell Diagnostics

Das Modul „PSDiagnostics“ (seit Windows 7 und Windows Server 2008 R2) enthält Commandlets zur Ablaufverfolgung der internen Vorgänge der PowerShell.

- `Disable-PSTrace`
- `Disable-PSWSManCombinedTrace`
- `Disable-WSManTrace`

- `Enable-PSTrace`
- `Enable-PSWSManCombinedTrace`
- `Enable-WSManTrace`
- `Get-LogProperties`
- `Set-LogProperties`
- `Start-Trace`
- `Stop-Trace`

Leider war zu diesen Commandlets in den zum Redaktionsschluss dieses Buchs verfügbaren Hilfedateien keine Dokumentation verfügbar (Beweis: siehe nachstehende Abbildung).

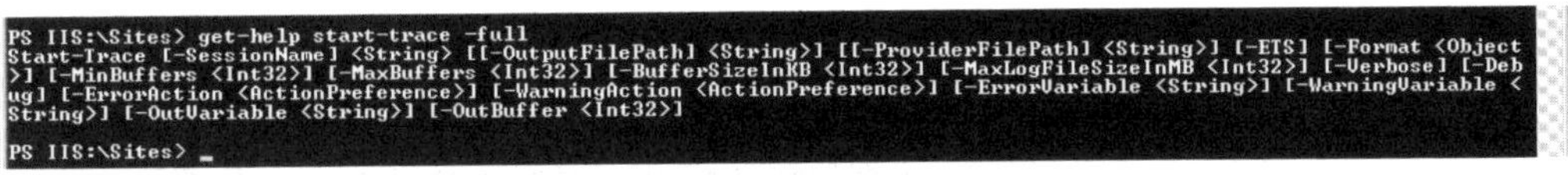

Abbildung 29.1: Absolut keine Hilfe verfügbar für die PSDiagnostics-Commandlets

29.6 Windows PowerShell Community Extensions

Die PowerShell Community Extensions (PSCX) mit zusätzlichen Commandlets und Providern gibt es schon seit PowerShell 1.0. Aktuell für Windows PowerShell 3.0/4.0 ist die Version 3.1 der PSCX. Während die PSCX früher ein PowerShell-Snap-In waren, sind sie nun ein PowerShell-Script-Modul mit Namen „PSCX".

Windows PowerShell Community Extensions	
Hersteller:	Microsoft/Open-Source-Community-Projekt
Preis:	Kostenlos
URL:	*http://www.codeplex.com/PowerShellCX*

PSCX 3.1 enthalten folgende Commandlets:

`Add-PathVariable`

`Clear-MSMQueue`

`ConvertFrom-Base64`

`ConvertTo-Base64`

`ConvertTo-MacOs9LineEnding`

`ConvertTo-Metric`

`ConvertTo-UnixLineEnding`

`ConvertTo-WindowsLineEnding`

```
Convert-Xml
Disconnect-TerminalSession
Expand-Archive
Export-Bitmap
Format-Byte
Format-Hex
Format-Xml
Get-ADObject
Get-AdoConnection
Get-AdoDataProvider
Get-Clipboard
Get-DhcpServer
Get-DomainController
Get-DriveInfo
Get-EnvironmentBlock
Get-FileTail
Get-FileVersionInfo
Get-ForegroundWindow
Get-Hash
Get-HttpResource
Get-LoremIpsum
Get-MountPoint
Get-MSMQueue
Get-OpticalDriveInfo
Get-PathVariable
Get-PEHeader
Get-Privilege
Get-PSSnapinHelp
Get-ReparsePoint
Get-RunningObject
Get-ShortPath
Get-TerminalSession
Get-TypeName
Get-Uptime
Import-Bitmap
Invoke-AdoCommand
Invoke-Apartment
```

```
Join-String
New-Hardlink
New-Junction
New-MSMQueue
New-Shortcut
New-Symlink
Out-Clipboard
Ping-Host
Pop-EnvironmentBlock
Push-EnvironmentBlock
Read-Archive
Receive-MSMQueue
Remove-MountPoint
Remove-ReparsePoint
Resolve-Host
Send-MSMQueue
Send-SmtpMail
Set-BitmapSize
Set-Clipboard
Set-FileTime
Set-ForegroundWindow
Set-PathVariable
Set-Privilege
Set-VolumeLabel
Skip-Object
Split-String
Stop-TerminalSession
Test-AlternateDataStream
Test-Assembly
Test-MSMQueue
Test-Script
Test-UserGroupMembership
Test-Xml
Write-BZip2
Write-Clipboard
Write-GZip
Write-Tar
```

```
Write-Zip
Add-DirectoryLength
Add-ShortPath
Dismount-VHD
Edit-File
Edit-HostProfile
Edit-Profile
Enable-OpenPowerShellHere
Get-ExecutionTime
Get-Help
Get-Parameter
Get-ScreenCss
Get-ScreenHtml
Get-ViewDefinition
help
Import-VisualStudioVars
Invoke-BatchFile
Invoke-Elevated
Invoke-GC
Invoke-Method
Invoke-NullCoalescing
Invoke-Ternary
less
Mount-VHD
New-HashObject
Out-Speech
QuoteList
QuoteString
Resolve-ErrorRecord
Resolve-HResult
Resolve-WindowsError
Set-LocationEx
Set-ReadOnly
Set-Writable
Show-Tree
Start-PowerShell
Stop-RemoteProcess
```

29.7 PowerShellPack

Das PowerShellPack ist eine massive Erweiterung zur Windows PowerShell, die Microsoft als freien Download unter *http://code.msdn.microsoft.com/PowerShellPack* anbietet. Leider ist nach dem 16. 10. 2009 keine neue Version mehr erschienen. Ein Teil der Funktionen aus dem PowerShellPack gehört seit PowerShell-Version 3.0 zum Standard.

PowerShellPack	
Hersteller:	Microsoft
Preis:	Kostenlos
URL:	*http://code.msdn.microsoft.com/PowerShellPack*

PowerShellPack beinhaltet rund 800 neue Befehle, aufgeteilt in zehn Module.

- Modul „WPK": Das größte Modul im PowerShellPack ermöglicht die Erstellung von grafischen Benutzeroberflächen mit der Windows Presentation Foundation (WPF). WPK steht für WPF PowerShell Kit.
- IsePack: mehr als 35 Erweiterungen für die ISE, hauptsächlich Shortcuts
- TaskScheduler: geplante Vorgänge einrichten und löschen. ACHTUNG: Diese Funktionen gehören seit PowerShell-Version 3.0 in geänderter Form zum Standard des Produkts.
- FileSystem: Handhabung von ZIP-Dateien (z.B. `New-Zip`, `Copy-ToZip`), Laufwerken (`Rename-Drive`), Dateisystemüberwachung (`Start-FileSystemWatcher`) und Suche nach doppelten Dateien (`Get-DuplicateFile`)
- DotNet: Zugriff auf die geladenen Typen, herausfinden, welche Befehle auf die Typen angewendet werden können, sowie erarbeiten, wie PowerShell, DotNet und COM zusammenarbeiten können
- PSImageTools: Umwandeln, Drehen, Beschneiden bzw. Vergrößern oder Verkleinern von Bildern sowie Zugriff auf die Metadaten
- PSRSS: Befehle, um mit dem FeedStore für RSS-Feeds zu arbeiten
- PSSystemTools: Auslesen von Betriebssystem- und Hardwareinformationen
- PSUserTools: Zugriff auf die Benutzerkonten des lokalen Systems, Prüfung auf „elevation" und Starten von Prozessen als Administrator
- PSCodeGen: Erzeugen von PowerShell-Skripten sowie C#-Code und PInvoke-Aufrufe

Diese Module kann man einzeln importieren mit `Import-Module` oder man kann alle Module zusammen importieren mit `Import-Module PowerShellPack`.

Zahlreiche der PowerShellPack-Commandlets werden in Teil C *„PowerShell im Praxiseinsatz"* besprochen.

Die Module des PowerShellPack sind als Skript-Module implementiert, d.h., man kann sich die Implementierung ansehen und davon lernen. Das PowerShellPack installiert sich in das benutzerspezifische Modulverzeichnis.

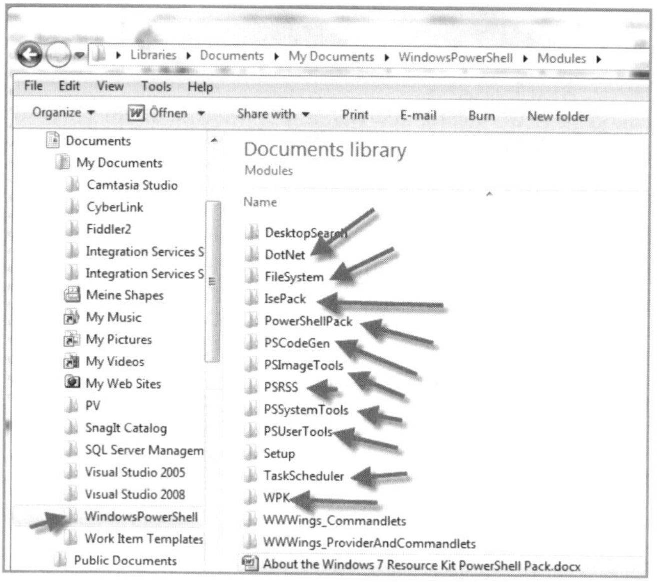

Abbildung 29.2: Module des PowerShellPack im benutzerspezifischen Modulverzeichnis in Windows 7

Wenn Sie beim Importieren eines PowerShellPack-Moduls oder bei einzelnen Commandlets dieser Erweiterung auf Fehlermeldungen stoßen, könnte das daran liegen, dass Sie die PowerShell Community Extensions ebenfalls geladen haben. Leider sind diese beiden Erweiterungen nicht vollkompatibel zueinander, weil sie gleichnamige Commandlets definieren.

29.8 www.IT-Visions.de PowerShell Extensions

Die PowerShell-Erweiterungen, die von der Firma des Buchautors kostenlos bereitgestellt werden, bieten Funktionen aus den Bereichen

- Verzeichnisdienstverwaltung (`Get-DirectoryEntry`, `Get-DirectoryChildren`, `Add-DirectoryEntry`, `Remove-DirectoryEntry` ...)
- Hardwareinformationen (`Get-Processor`, `Get-Memorydevice`, `Get-NetworkAdapter`, `Get-CDRomDrive`, `Get-Videocontroller`, `Get-USBController` ...)
- Datenbankzugriff (`Get-DBTable`, `Get-DBRow`, `Set-DBTable`, `Invoke-DBCommand`, `Get-DBConnection`, ...)

www.IT-Visions.de PowerShell Extensions	
Hersteller:	*www.IT-Visions.de*
Preis:	Kostenlos
URL:	*http://www.dotnetframework.de/scripting/powershell/PowerShellCommandletExtensions.aspx*

Die Erweiterung muss manuell mit `installutil.exe` installiert werden:

```
installutil.exe ITVisions_PowerShell_Extensions.dll
```

Anschließend muss die Erweiterung in die Konsole geladen werden (dies am besten in *Profil.ps1* eintragen):

```
Add-PSSnapin ITVisions_PowerShell_Extensions
```

29.9 Quest Management Shell for Active Directory

Die Firma Quest stellt Commandlets zur Active-Directory-Verwaltung sowie eine angepasste PowerShell-Konsole (Quest Management Shell for Active Directory) zur Verfügung. Der Vorteil dieser Commandlets gegenüber dem Active-Directory-Modul von Microsoft ist, dass sie auch auf älteren Betriebssystemen laufen. Das Active-Directory-Modul von Microsoft läuft erst seit Windows 7 und Windows Server 2008 R2.

Quest Management Shell for Active Directory	
Hersteller:	Quest
Preis:	Kostenlos
URL:	*http://www.quest.com/activeroles-server/arms.aspx*

Die Quest-Commandlets können auch unabhängig von der Quest-Management-Konsole in die normale PowerShell durch den Befehl `Add-Pssnapin quest.activeroles.admanagement` eingebunden werden.

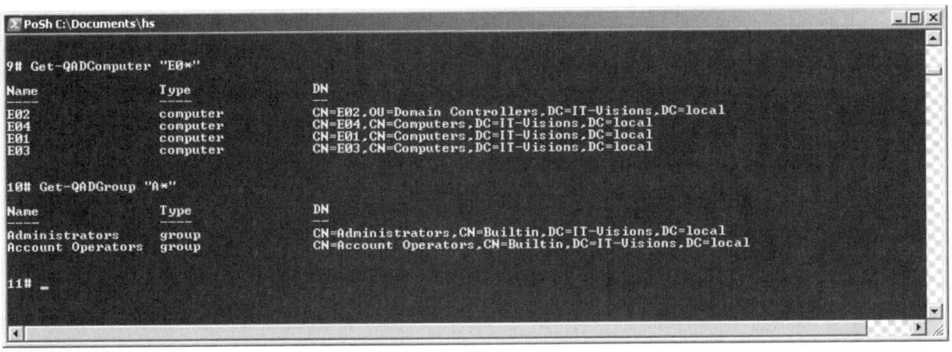

Abbildung 29.3: Quest Management Shell for Active Directory

Die Quest-Erweiterungen enthalten in der aktuellen Version folgende Commandlets:

- `Add-QADGroupMember`

- `Connect-QADService`
- `Disconnect-QADService`
- `Get-QADComputer`
- `Get-QADGroup`
- `Get-QADGroupMember`
- `Get-QADObject`
- `Get-QADUser`
- `New-QADGroup`
- `New-QADObject`
- `New-QADUser`
- `Remove-QADGroupMember`
- `Set-QADObject`
- `Set-QADUser`

29.10 Microsoft Exchange Server

Der Microsoft Exchange Server 2007 war das erste Microsoft-Produkt, das die PowerShell zur Administration einsetzt. Die mit dem Exchange Server mitgelieferte Exchange Management Shell (eine angepasste Version der PowerShell) sowie zahlreiche zugehörige Commandlets ermöglichen es, alle administrativen Aufgaben des Exchange Servers von der Kommandozeile auszuführen.

U. a. folgende Commandlets werden dort bereitgestellt:

- `Get-ExchangeServer`
- `Enable-Mailcontact`
- `Enable-Mailbox`
- `Disable-Mailbox`
- `Get-Mailbox`
- `Get-MailboxStatistics`
- `New-SystemMessage`
- `Get-Recipient`
- `Get-UMMailbox`
- `New-MailboxDatabase`
- `New-StorageGroup`
- `New-SendConnector`
- `Suspend-Queue`
- `Resume-Queue`

- Set-RecipientFilterConfig
- New-JournalRule

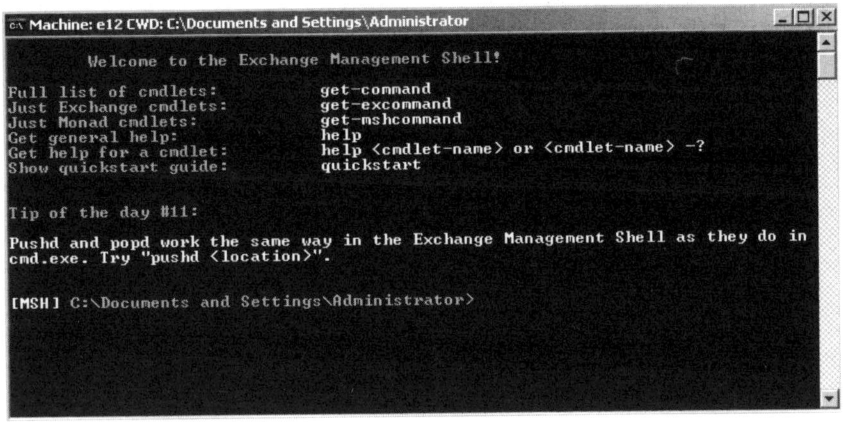

Abbildung 29.4: Exchange Server Management Shell

Weitere Informationen finden Sie unter [TNET01] und [TNET02].

29.11 System Center Virtual Machine Manager

System Center Virtual Machine Manager (SCVMM) ist ein Verwaltungswerkzeug für virtuelle Systeme auf Basis von Virtual Server. Auch diese Verwaltungskonsole basiert im Hintergrund komplett auf PowerShell-Commandlets, so dass alle Aktionen des SCVMM auch per Skript ausgeführt werden können.

U.a. werden dort folgende Commandlets bereitgestellt:

- New-VirtualNetworkAdapter
- New-VirtualDVDDrive
- New-HardwareProfile
- Get-VirtualHardDisk
- Add-VirtualHardDisk
- New-VM
- Get-VMHost
- Get-FloppyDrive
- Get-DVDDrive
- u.a.

29.12 PowerShell Management Library for Hyper-V (pshyperv)

Diese bei Codeplex.com verfügbare Commandlets-Bibliothek bietet Commandlets zur Verwaltung von Virtuellen Maschinen (VM) im Virtualisierungsdienst Hyper-V in Windows Server 2008. Ab Windows 8 und Windows Server 2012 gibt es dafür ein Modul von Microsoft (siehe Kapitel „Hyper-V“)!

PowerShell Management Library for Hyper-V (pshyperv)	
Hersteller:	OpenSource-Projekt
Preis:	Kostenfrei
URL:	*http://pshyperv.codeplex.com*

Die folgende Liste zeigt die verfügbaren Commandlets
(Quelle: *http://pshyperv.codeplex.com*).

- Auffinden einer Virtuellen Maschine

  Get-VM, Choose-VM, Get-VMHost
- Zu einer Virtuellen Maschine verbinden

  New-VMConnectSession
- Verändern einer Virtuellen Maschine

  Get-VMState, Set-VMState, Convert-VmState,

  Ping-VM, Test-VMHeartBeat, Shutdown-VM, Start-VM, Stop-VM, Suspend-VM

  Get-VMKVP, Add-KVP, Remove-KVP, Get-VMJPEG
- Sichern und Exportieren einer Virtuellen Maschine, Erstellen von Momentaufnahmen (Snapshots)

  Export-VM, Import-VM, Get-VMSnapshot, Choose-VMSnapshot, Apply-VMSnapshot, New-VMSnapshot, Remove-VMSnapshot, Rename-VMSnapShot, Update-VMSnapshot, Get-VMSnapshotTree, Get-VmBackupScript
- Virtuelle Maschine erstellen und löschen

  New-VM, Remove-VM, Set-VM, Get-VMCPUCount, Set-VMCPUCount, Get-VMMemory, Set-VMMemory, Set-VMSerialPort
- Laufwerk erstellen

  Get-VMDiskController

  Add-VMSCSIController, Remove-VMSCSIcontroller

  Get-VMDriveByController, Add-VMDRIVE, Remove-VMdrive

  Get-VMDiskByDrive, Add-VMDISK, Set-VMDisk, Get-VMDisk

  Get-VMFloppyDisk, Add-VMFloppyDisk

  Add-VMNewHardDisk

- Network Interface Cards erstellen

  Get-VMNic, List-VMNic, Choose-VMNIC, Add-VMNIC, Remove-VMNIC, Set-VMNICAddress, Set-VMNICConnection, Get-VMNicport

  Get-VMnicSwitch, Choose-VMSwitch, New-VMSwitchPort, Get-VMByMACaddress, Choose-VMExternalEthernet

  New-VMExternalSwitch, New-VMInternalSwitch, New-Vm PrivateSwitch
- Mit VHD-Dateien arbeiten

  Get-VHDDefaultPath, Get-VHDInfo, New-VHD, Compact-VHD, Test-VHD, Convert-VHD, Merge-VHD, Mount-VHD, Unmount-VHD

29.13 Powershell Outlook Account Manager

Diese Erweiterung bietet drei Commandlets zur Verwaltung von E-Mail-Konten in Microsoft Outlook: `Get-MAPIProfile`, `Get-MAPIAccount`, `Set-MAPIAccount`. Gleichzeitig ist diese Erweiterung auch eine Klassenbibliothek für .NET (OutlookAccountManager.dll), die die Account Management API als .NET-Komponenten verpackt.

Powershell Outlook Account Manager	
Hersteller:	OpenSource-Projekt
Preis:	Kostenfrei
URL:	*http://psoutlookmanager.codeplex.com/*

29.14 PowerShell Configurator (PSConfig)

PSConfig bietet eine Sammlung von Commandlets in Form eines PowerShell-Moduls für verschiedene Konfigurationsaufgaben in Windows. Die Bibliothek ist laut der Website insbesondere gedacht für die Verwaltung von Windows-Server-Core-Installationen. Die Commandlets sind aber auch nützlich auf vollständigen Windows-Server-Systemen.

- Software, Updates und Treiber

  Add-Driver, Get-Driver

  Add-HotFix

  Add-InstalledProduct, Get-InstalledProduct, Remove-InstalledProduct

  Add-WindowsFeature, Get-WindowsFeature, Remove-WindowsFeature

  Add-WindowsUpdate, Get-WindowsUpdateConfig, Set-WindowsUpdateConfig
- Windows Firewall

  Get-FirewallConfig, Set-FirewallConfig, Get-FirewallProfile, Get-FireWallRule

- Netzwerkkonfiguration

  Get-NetworkAdapter, Get-IpConfig, New-IpConfig, Remove-IpConfig, Set-IpConfig
- Lizensierung/Aktivierung

  Get-Registration, Register-Computer
- Auslagerungsdatei (Page File)

  Get-ShutDownTracker, Set-ShutDownTracker
- Remote Desktop

  Get-RemoteDesktopConfig, Set-RemoteDesktop
- Sonstige

  Get-WinRMConfig

  Rename-Computer

  Set-iSCSIConfig

  Set-RegionalConfig

  Out-Tree

  Test-Admin

  Get-FirstAvailableDriveLetter

PowerShell Configurator (PSConfig)	
Hersteller:	Microsoft/James O'Neill
Preis:	Kostenfrei
URL:	*http://psconfig.codeplex.com/*

29.15 Weitere Erweiterungen

Die Tabelle listet einige weitere Commandlet-Bibliotheken auf.

Tabelle 29.3: Commandlet-Erweiterungen

Name	URL
PowerShell Provider BizTalk	*http://psbiztalk.codeplex.com/*
PowerShell Cmdlets for Visual Studio Team System	*http://pscmdlets4teamsystem.codeplex.com/*
SharePoint PowerShell Module (SPoshMod)	*http://sposhmod.codeplex.com/*
PowerShell VMWare Toolkit	*http://vmware.com/go/powershell*

30 Tipps und Tricks zur PowerShell

30.1 Befehlsgeschichte

Die PowerShell-Konsole speichert im Standard die letzten 64 eingegebenen Befehle in einer Befehlsgeschichte (History). Diese lassen sich mit `Get-History` auflisten.

Durch den Parameter `Count` kann man eine bestimmte Anzahl von Befehlen ansehen (jeweils die letzten n Befehle werden gezeigt).

```
Get-History –count 10
```

Einen Befehl aus der Befehlsgeschichte kann man gezielt über die Position aufrufen:

```
Invoke-History 9
```

Die Anzahl der gespeicherten Befehle kann durch die Variable `$MaximumHistoryCount` erhöht werden.

Die Befehlsgeschichte kann man exportieren, entweder als Skriptdatei oder als XML-Datei. Eine Skriptdatei verwendet man, wenn man die eingegebenen Befehle wieder automatisch in der Reihenfolge der Eingabe ablaufen lassen will. Das XML-Dateiformat verwendet man, wenn man die Befehlsgeschichte einer früheren Sitzung wiederherstellen will, ohne die Befehle gleichzeitig auch alle auszuführen.

	Skriptdatei (.ps1)	XML-Format
Exportieren	`Get-History -Count 10 | format-table commandline -HideTableHeader | Out-file "c:\meinSkript.ps1"`	`Get-History | Export-CliXml "b:\Skripte\geschichte.xml"`
Importieren (bzw. Ausführen)	`. "c:\meinSkript.ps1"`	`Import-CliXml "b:\Skripte\geschichte.xml" | Add-History`

Mit `Clear-History` (seit PowerShell-Version 2.0) kann man die Befehlsliste löschen.

30.2 System- und Hostinformationen

Das Commandlet `Get-Host` und die eingebaute Variable `$Host` liefern Informationen über die aktuelle PowerShell-Umgebung. Sowohl das Commandlet als auch die Variable liefern die gleiche Instanz der Klasse `System.Management.Automation.Internal.Host.InternalHost`. `InternalHost` enthält Informationen und erlaubt über sein Unterobjekt `UI.RawUI` auch Modifikationen, z. B.:

- `$Host.Name`: Name des Hosts (damit ist eine Unterscheidung der Umgebung möglich, z. B. liefert hier der PowerShellPlus Host einen anderen Wert als die normale PowerShell-Konsole)
- `$Host.Version`: Versionsnummer der Ablaufumgebung
- `$Host.UI.RawUI.WindowTitle = "Titel"`: Setzen der Titelzeile des Fensters
- `$Host.UI.RawUI.ForeGroundColor = [System.ConsoleColor]::White`: Setzen der Textfarbe
- `$Host.UI.RawUI.BackgroundColor = [System.ConsoleColor]::DarkBlue`: Setzen der Texthintergrundfarbe

Das folgende Beispiel erzeugt eine Kopfzeile, in der neben dem Namen des aktuellen Benutzers auch gezeigt wird, ob dieser ein Administrator ist oder nicht. Der Code eignet sich hervorragend zur Verwendung im Profilskript.

Listing 30.1: Beispiel für ein Profilskript für eine aussagekräftige Titelzeile [2_Aufbauwissen/Profile/Profile_Title.ps1]

```
# PowerShell Profile Script
# Holger Schwichtenberg 2007

# ------------- Window Title

$WI = [System.Security.Principal.WindowsIdentity]::GetCurrent()
$WP = New-Object System.Security.Principal.WindowsPrincipal($wi)
if ($WP.IsInRole([System.Security.Principal.WindowsBuiltInRole]::Administrator))
{
 $Status = "[elevated user]"
}
else
{
 $Status = "[normal User]"
}

$Host.UI.RawUI.WindowTitle  = "PowerShell - " + [System.Environment]::UserName  + "
" + $Status
```

`Get-Culture` (oder `$Host.CurrentCulture`) und `Get-UICulture` (oder `$Host.CurrentUICulture`) liefern die Informationen über die aktuelle Sprache auch einzeln in Form von Instanzen der .NET-Klasse `System.Globalization.CultureInfo`. `Get-Culture` bezieht sich auf die Ausgaben von Datum, Uhrzeit und Währungen (vgl. regionale Einstellungen der Windows-Systemsteuerung). `Get-UICulture` bezieht sich auf die Sprache der Benutzeroberfläche. In der Regel sind zwar beide Einstellungen gleich, ein Benutzer kann diese jedoch auch abweichend festlegen.

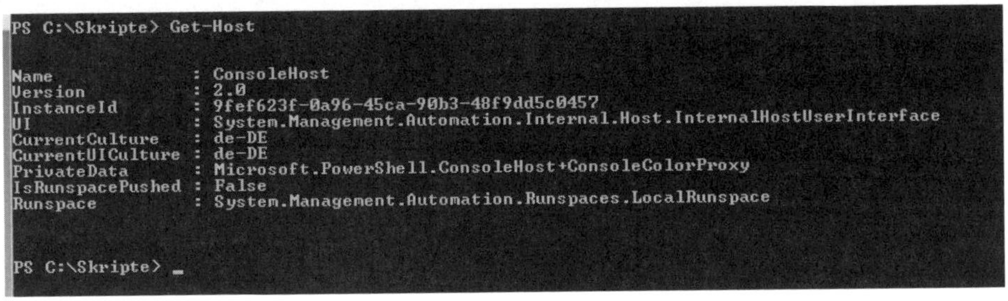

Abbildung 30.1: Ausführung von Get-Host

30.3 Alle Anzeigen löschen

`Clear-Host` (Alias `clear`) löscht die Anzeige in der PowerShell-Konsole, löscht aber nicht die Befehlsgeschichte.

30.4 Anpassen der Eingabeaufforderung (Prompt)

Die Anzeige, mit der die PowerShell zur Eingabe von Befehlen auffordert, z. B. „PS C:\Users\hs>", wird als „Prompt" bezeichnet. Der Aufbau des Prompts ist nicht in der PowerShell-Konsole starr festgelegt, sondern wird durch die eingebaute Funktion `Prompt` erzeugt. Diese Funktion kann man abändern, z. B. so, dass die aktuelle Uhrzeit als Eingabeaufforderung erscheint.

```
Function Prompt { [System.DateTime]::Now.ToShortTimeString()  +">"}
```

Die folgende Bildschirmabbildung zeigt die Standardimplementierung der Funktion `Prompt` und ihre Abänderungen.

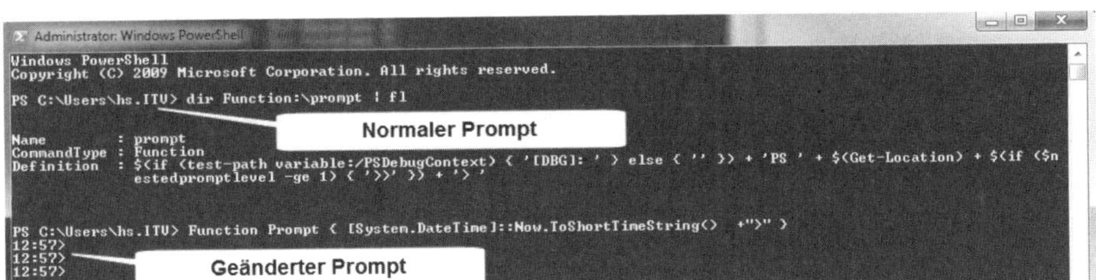

Abbildung 30.2: Änderung der Eingabeaufforderung

> **ACHTUNG:** Eine Funktion zum Zurücksetzen auf den alten Wert gibt es nicht. Innerhalb einer PowerShell-Sitzung bekommen Sie die normale Eingabeaufforderung nur dann wieder, wenn Sie sich die alte Implementierung in einer Variablen merken. Mit dem Ende der PowerShell-Sitzung (Schließen der Konsole) ist das Überschreiben der Prompt-Funktion aber wieder gelöscht. Wenn Sie die Eingabeaufforderung für alle PowerShell-Sitzungen ändern wollen, müssen Sie die eigene `Prompt`-Funktion in die Profildatei eintragen (siehe nächstes Kapitel).

30.5 Profileinstellungen für die PowerShell-Konsole

Beim Beenden der PowerShell-Konsole vergisst diese alle Einstellungen (z.B. geladene Snap-Ins, definierte Aliase, definierte Funktionen, eingebundene PowerShell-Provider und die Befehlsgeschichte). Mit Hilfe sogenannter Profildateien kann man der PowerShell-Konsole beim Start ihr Gedächtnis zurückgeben. Profile sind PowerShell-Skripte mit dem Namen „Profile" und mit der Dateinamenserweiterung *.ps1*.

Eine *Profile.ps1* kann es auf zwei Ebenen geben:

- Global für alle Benutzer im PowerShell-Installationsordner (i.d.R. *C:\WINDOWS\system32\windowspowershell\v1.0*)
- Benutzerbezogen im Dateisystemverzeichnis (ab Windows Vista normalerweise in *c:\Benutzer\(Benutzername)\Dokumente\Windows PowerShell*, auf älteren Systemen unter *c:\Dokumente und Einstellungen\(Benutzername)\Eigene Dateien\WindowsPowerShell)*

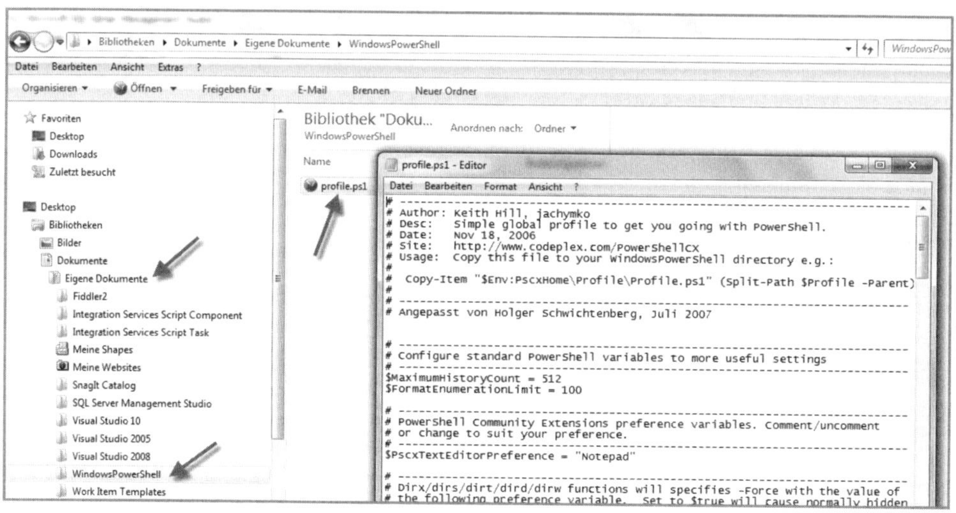

Abbildung 30.3: Ablage der Profildatei (hier in Windows Vista)

HINWEIS: Die PowerShell Extensions (PSCX) legen bei ihrer Installation eine solche Profildatei mit zahlreichen Einstellungen (u. a. Ändern der Titelzeile und der Eingabeaufforderung) benutzerbezogen ab, siehe nachfolgendes Listing.

Listing 30.2: Leicht angepasste Version der Profildatei aus den PowerShell Extensions (PSCX) [2_Aufbauwissen/Profile/Profile.ps1]

```
# ---------------------------------------------------------------------------
# Author: Keith Hill, jachymko
# Desc:   Simple global profile to get you going with PowerShell.
# Date:   Nov 18, 2006
# Site:   http://www.codeplex.com/PowerShellCX
# Usage:  Copy this file to your WindowsPowerShell directory e.g.:
#
#  Copy-Item "$Env:PscxHome\Profile\Profile.ps1" (Split-Path $Profile -Parent)
#
# ---------------------------------------------------------------------------
# Angepasst von Holger Schwichtenberg, Juli 2007

# ---------------------------------------------------------------------------
# Configure standard PowerShell variables to more useful settings
# ---------------------------------------------------------------------------
$MaximumHistoryCount = 512
$FormatEnumerationLimit = 100

# ---------------------------------------------------------------------------
# PowerShell Community Extensions preference variables. Comment/uncomment
# or change to suit your preference.
# ---------------------------------------------------------------------------
$PscxTextEditorPreference = "Notepad"

# ---------------------------------------------------------------------------
# Dirx/dirs/dirt/dird/dirw functions will specifies -Force with the value of
# the following preference variable.  Set to $true will cause normally hidden
# items to be returned.
# ---------------------------------------------------------------------------
$PscxDirForcePreference = $true

# ---------------------------------------------------------------------------
# Dirx/dirs/dirt/dird/dirw functions filter out files with system attribute set.
# The performance may suffer on high latency networks or in folders with
# many files.
# ---------------------------------------------------------------------------
## $PscxDirHideSystemPreference = $true

# ---------------------------------------------------------------------------
# Display file sizes in KB, MB, GB multiples.
# ---------------------------------------------------------------------------
$PscxFileSizeInUnitsPreference = $false

# ---------------------------------------------------------------------------
# The Send-SmtpMail default settings.
# ---------------------------------------------------------------------------
## $PscxSmtpFromPreference = 'john_doe@example.net'
## $PscxSmtpHostPreference = 'smtp.example.net'
```

```
## $PscxSmtpPortPreference = 25

# ---------------------------------------------------------------------------
# Uncomment this to create a transcript of the entire PowerShell session.
# ---------------------------------------------------------------------------
## $PscxTranscribeSessionPreference = $true

# ---------------------------------------------------------------------------
# You can modify every aspect of the PSCX prompt appearance by
# creating your own eye-candy script.
# ---------------------------------------------------------------------------
## $PscxEyeCandyScriptPreference = '.\EyeCandy.Jachym.ps1'
$PscxEyeCandyScriptPreference = '.\EyeCandy.Keith.ps1'

# ---------------------------------------------------------------------------
# The following functions are used during processing of the PSCX profile
# and are deleted at the end of loading this profile.
# !! Do not modify or remove the functions below !!
# ---------------------------------------------------------------------------
function Set-PscxVariable($name, $value)
{
Set-Variable $name $value -Scope Global -Option AllScope,ReadOnly -Description "PSCX
variable"
}
function Set-PscxAlias($name, $value, $type = 'cmdlet', [switch]$force)
{
Set-Alias $name $value -Scope Global -Option AllScope -Force:$force -Description "PSCX
$type alias"
}

function Test-PscxPreference($name)
{
if (Test-Path "Variable:$name")
{
(Get-Variable $name).Value
}
else
{
$false
}
}
# ---------------------------------------------------------------------------
# !! Do not modify or remove the functions above !!
# ---------------------------------------------------------------------------

if (!(Test-Path Variable:__PscxProfileRanOnce))
{
# ---------------------------------------------------------------------------
# This should only be run once per PowerShell session
# ---------------------------------------------------------------------------
Add-PSSnapin Pscx
Start-TabExpansion

# ---------------------------------------------------------------------------
# Load ps1xml files which override built-in PowerShell defaults.
# ---------------------------------------------------------------------------
Update-FormatData -PrependPath "$Env:PscxHome\FormatData\FileSystem.ps1xml"
Update-FormatData -PrependPath "$Env:PscxHome\FormatData\Reflection.ps1xml"
```

```
# ---------------------------------------------------------------------------
# Create $UserProfile to point to the user's non-host specific profile script
# ---------------------------------------------------------------------------
Set-PscxVariable ProfileDir  (split-path $MyInvocation.MyCommand.Path -Parent)
Set-PscxVariable UserProfile (join-path $ProfileDir 'Profile.ps1')

# ---------------------------------------------------------------------------
# Create PSCX convenience variables, identity variables used by EyeCandy.*.ps1
# ---------------------------------------------------------------------------
Set-PscxVariable PscxHome    ($env:PscxHome)
Set-PscxVariable PscxVersion ([Version](Get-FileVersionInfo
(Get-PSSnapin Pscx).ModuleName).ProductVersion)
Set-PscxVariable Shell       (New-Object -com Shell.Application)
Set-PscxVariable NTIdentity  ([Security.Principal.WindowsIdentity]::GetCurrent())
Set-PscxVariable NTAccount   ($NTIdentity.User.Translate([Security.Principal.
NTAccount]))
Set-PscxVariable NTPrincipal (New-Object Security.Principal.WindowsPrincipal
$NTIdentity)
Set-PscxVariable IsAdmin     ($NTPrincipal.IsInRole([Security.Principal.
WindowsBuiltInRole]::Administrator))
}
else
{
# ---------------------------------------------------------------------------
# This should be run every time you want apply changes to your type and format
# files.
# ---------------------------------------------------------------------------
Update-FormatData
Update-TypeData
}

# ---------------------------------------------------------------------------
# PowerShell Community Extensions utility functions and filters.
# Comment out or remove any dot sourced functionality that you don't want.
# ---------------------------------------------------------------------------
Push-Location (Join-Path $Env:PscxHome 'Profile')
. '.\TabExpansion.ps1'
. '.\GenericAliases.ps1'
. '.\GenericFilters.ps1'
. '.\GenericFunctions.ps1'
. '.\PscxAliases.ps1'
. '.\Debug.ps1'
. '.\Environment.VirtualServer.ps1'
. '.\Environment.VisualStudio2005.ps1'
. '.\Cd.ps1'
. '.\Dir.ps1'
. '.\TranscribeSession.ps1'
. $PscxEyeCandyScriptPreference
Pop-Location

# ---------------------------------------------------------------------------
# Add PSCX Scripts dir to Path environment variable to allow scripts to be executed.
# ---------------------------------------------------------------------------
Add-PathVariable Path $env:PscxHome,$env:PscxHome\Scripts

# ---------------------------------------------------------------------------
# Remove functions only required for the processing of the PSCX profile.
```

```
# ------------------------------------------------------------------------------
Remove-Item Function:Set-PscxAlias
Remove-Item Function:Set-PscxVariable
# ------------------------------------------------------------------------------
# Keep track of whether or not this profile has ran already and remove the
# temporary functions
# ------------------------------------------------------------------------------
Set-Variable __PscxProfileRanOnce


# ------------------------------------------------------------------------------
# Ergänzungen von Dr. Holger Schwichtenberg
# ------------------------------------------------------------------------------

# Snap-Ins laden
Add-PSSnapin ITVisions_PowerShell_Extensions

# Title
$Wi = [System.Security.Principal.WindowsIdentity]::GetCurrent()
$wp = New-Object System.Security.Principal.WindowsPrincipal($wi)
if ($wp.IsInRole([System.Security.Principal.WindowsBuiltInRole]::Administrator))
{
 $Status = "[elevated user]"
}
else
{
 $Status = "[normal User]"
}
$PscxWindowTitlePrefix  = "PowerShell - " + [System.Environment]::UserName  + "
" + $Status + " - "
```

TIPP: Um die Profildateien übersichtlicher zu gestalten, darf man sie auf mehrere Dateien aufteilen und die einzelnen Dateien dann mit dem Punkt-Operator über das sogenannte „Dot Sourcing" aus dem Hauptskript (das immer *Profile.ps1* heißen muss) aufrufen.

30.6 PowerShell als Gruppenrichtlinien-Skripte

Ab Windows 7 bzw. Windows Server 2008 R2 gibt es bei den Skripten in Gruppenrichtlinien die Möglichkeit, PowerShell-Skripte für folgende Fälle zu hinterlegen:

- Systemstart (Computer Configuration/Windows Settings/Scripts/Startup)
- Systemende (Computer Configuration/Windows Settings/Scripts/Shutdown)
- Benutzeranmeldung (User Configuration/Windows Settings/Scripts/Logon)
- Benutzerabmeldung (User Configuration/Windows Settings/Scripts/Logoff)

Die auszuführenden PowerShell-Skripte sind in den entsprechenden Sysvol-Ordner der Domäne zu kopieren. Den Pfad dahin findet man über die Funktion „Show Files“ auf der Registerkarte „PowerShell Scripts“ der o.g. Gruppenrichtlinieneinträge. Nach dem Ablegen der Skriptdateien sind diese zusätzlich über „Add“ in den Dialog einzubinden. Dabei kann optional ein Parameter an das Skript übergeben werden (siehe folgende Abbildung).

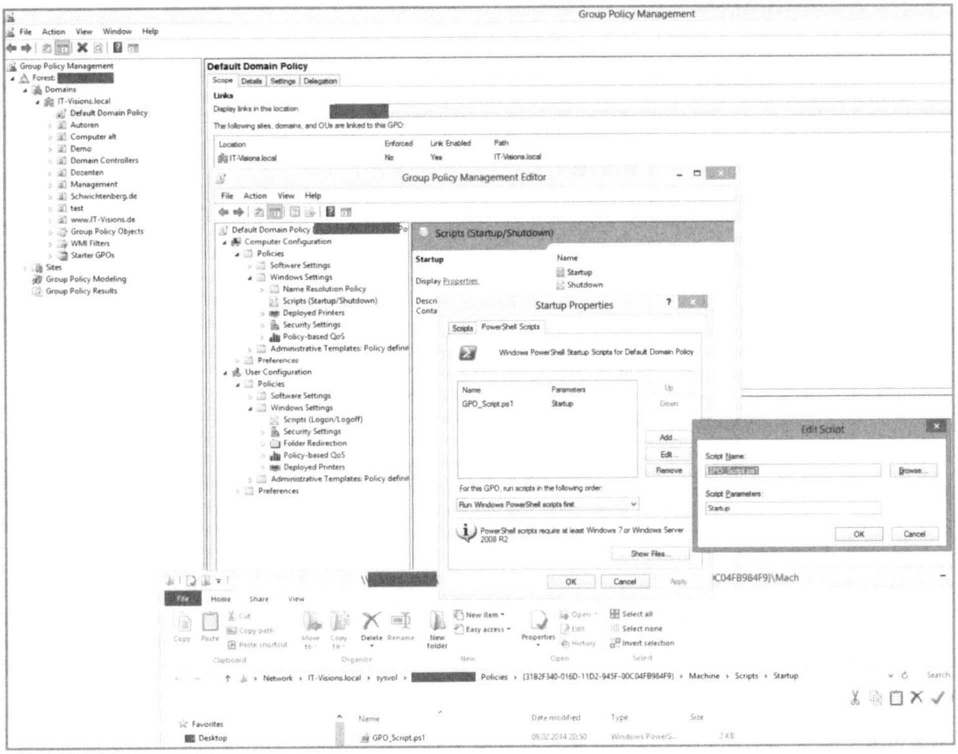

Abbildung 30.4: Einbinden von PowerShell-Skripten in Gruppenrichtlinien

Das folgende Listing zeigt ein universell für alle vier Fälle einsetzbares PowerShell-Skript, das bei Systemstart, Systemende, Benutzeranmeldung und Benutzerabmeldung einen Webservice informiert, der diese Information dann in einer Datenbank protokolliert. Die optionale Protokollierung in eine lokale Textdatei dient nur zur Diagnose, falls der Webservice nicht aufgerufen werden kann. Die Art des Ereignisses wird als Parameter übergeben und als `$args[0]` ausgelesen.

Listing 30.3: Protokollierungs-Skript, das im Rahmen der Gruppenrichtlinien ausgeführt wird

```
### GPO-Protokoll-Skript
### (C) Dr. Holger Schwichtenberg 2014

$Version = "1.0"
$LogToFile = $false

## Protokollieren in c:\temp zur Diagnose (optional)
function Write-Log($text)
```

```
{
if (!$LogToFile) { return; }
$text = (Get-Date).ToString() + ": " + $text
Add-Content "c:\temp\GPO-Skript.txt" $text
}

$ereignis = $args[0]
Write-Log "GPO-Skript $Version Parameter: $ereignis"
Write-Log "MachineName=$([System.Environment]::MachineName)"
Write-Log "UserName=$([System.Environment]::UserName)"

## Protokollieren über Webservice
function Log-Global([string] $Anwendung, [string] $teil, [string] $ereignis, [string]
$Text, [string] $details, [int] $grad)
{
if ($Anwendung -eq "") { $anwendung = split-path $MyInvocation.ScriptName -leaf }
$ws2 = New-WebServiceProxy https://Server113/Log.svc -UseDefaultCredential
$ws2.Write([System.Environment]::MachineName,$anwendung,$teil,$ereignis,$grad,$text,
$details,0,[System.Environment]::UserName)
}

$text = $ereignis

if ([String]::IsNullOrEmpty($ereignis)) { $ereignis = "unbekannt"; $text = "Aufruf von
GPO_Script.ps1 ohne Parameter!" }

Write-Log "Webservice-Auruf..."
try
{
# Grad: 1 = Information
Log-Global "MeineDomaene" ([System.Environment]::MachineName) $ereignis $text  "" 1
Write-Log "Webservice-Auruf: OK!"
}
catch
{
Write-log "Webservice-Auruf: Fehler: " + $error[0]
}
```

HINWEIS: PowerShell-Skripte in älteren Betriebssystemen für Startup, Shutdown, Logon und Logoff zu verwenden ist nicht so schön: Hier können PowerShell-Skripte nicht direkt ausgeführt werden, sondern eine Batch-Datei (.bat) oder WSH-Datei (.vbs/.js) muss verwendet werden, um die PowerShell selbst und dann das Skript zu starten (vgl. *http://www.computerperformance.co.uk/powershell/powershell_logon_script.htm*).

30.7 Einblicke in die Interna der Pipeline-Verarbeitung

Wenn Sie genauer wissen wollen, wie der Pipeline Processor der PowerShell arbeitet, weil etwas nicht so funktioniert, wie Sie es erwarten, oder weil Sie einfach „wissbegierig" sind, dann können Sie `Trace-Command` nutzen. Bei `Trace-Command` können Sie nach `–expression` eine Pipeline angeben und dann sehen Sie sehr genau (oft viel zu genau), was passiert. Zu beachten sind insbesondere die Stellen, wo eine Bindung von Parametern als erfolgreich „Successful" dokumentiert wird.

An dem folgenden Beispiel erkennt man, dass in der Pipeline

```
Get-Childitem c:\temp -filter *.txt | select -First 1 | Get-Content
```

die Übergabe zwischen `Get-ChildItem` und `Select-First` über den Parameter „InputObject" erfolgt, während `Get-Content` sich nur für die Eigenschaft „LiteralPath" interessiert und den Rest des Objekts gar nicht erhält.

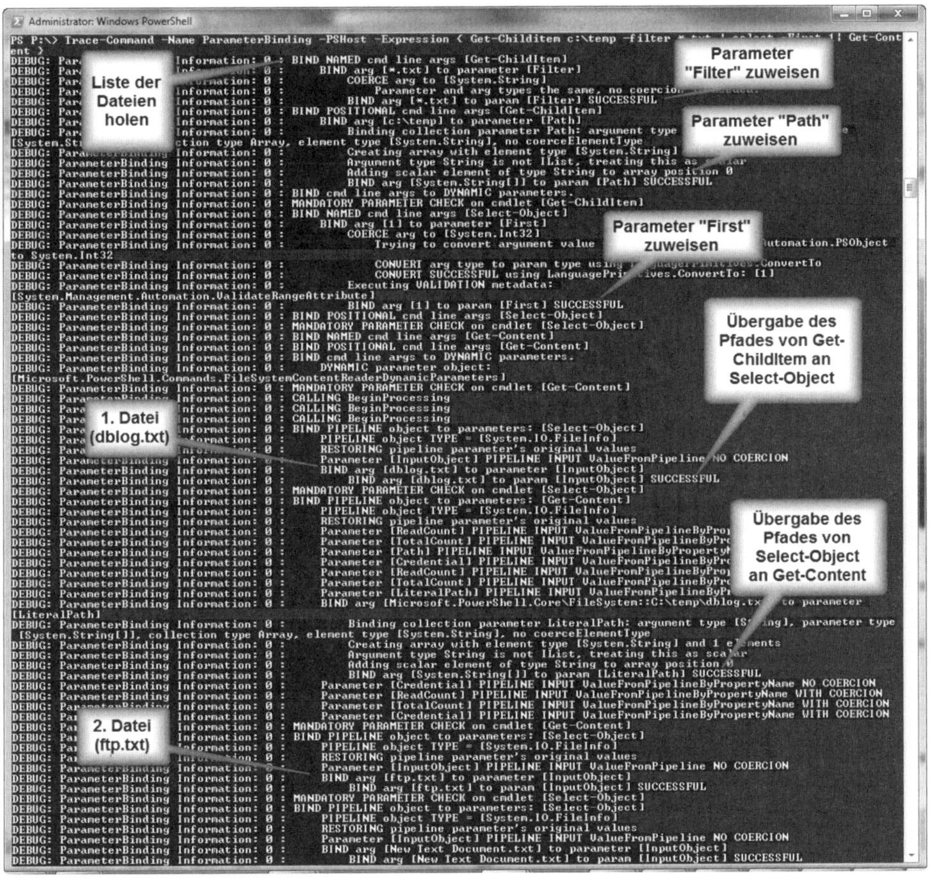

Abbildung 30.5: Beispiel für den Einsatz von TraceCommand

C

Teil C: PowerShell im Praxiseinsatz

Dieser Buchteil enthält zahlreiche praktische Anwendungsbeispiele für die Windows PowerShell.

31 Dateisystem

Das Dateisystem kann über das PowerShell-Navigationsmodell mit dem Provider „Filesystem“ angesprochen werden. Die folgende Tabelle zeigt wichtige Commandlets zur Arbeit mit dem Dateisystem sowie ähnliche Befehle in der klassischen Windows-Konsole und der Unix-Shell „sh“.

Tabelle 31.1: Wichtige Commandlets für die Arbeit mit dem Dateisystem

PowerShell-Commandlet	PowerShell-Alias	Befehl Klassische Windows-Kommandozeile	Befehl Unix „sh“	Beschreibung
`Clear-Item`	`Cli`	–	–	Inhalt leeren
`Copy-Item`	`Cpi, cpp, cp, copy`	`Copy`	`Cp`	Kopieren von Elementen
`Get-Content`	`Gc`	`Type`	`Cat`	Holt den Inhalt
`Get-Location`	`Gl, pwd`	`Pwd`	`Pwd`	Holt das aktuelle Verzeichnis
`Move-Item`	`Mi, move, mv, mi`	`Move`	`Mv`	Bewegen von Elementen
`New-Item`	`Ni (Funktion md)`	–	–	Element anlegen
`Remove-Item`	`Ri, rp, rm, rmdir, del, erase, rd`	`del, rd`	`rm, rmdir`	Löschen von Elementen
`Rename-Item`	`Rni, ren`	`Rn`	`Ren`	Umbenennen eines Elements
`Set-Content`	`Sc`	`(Umleitungen >)`	`(Umleitungen >)`	Festlegen des Inhalts
`Set-Item`	`Si`	–	–	Inhalt festlegen
`Set-Location`	`Sl, cd, chdir`	`cd, chdir`	`cd, chdir`	Setzt das aktuelle Verzeichnis

31.1 Laufwerke

Dieses Kapitel behandelt den Umgang mit Dateisystemlaufwerken.

Auflisten der Laufwerke

Für den Zugriff auf die Dateisystemlaufwerke hat man fünf Möglichkeiten:

- Verwendung des Commandlets `Get-PSDrive` (Commandlet der PowerShell-Version 1.0)
- Statische Methode `GetDrives()` der .NET-Klasse `System.IO.DriveInfo`
- Ermitteln der Instanzen der WMI-Klasse `Win32_LogicalDisk`
- Verwendung des Commandlets `Get-Disk` (Commandlet von *www.IT-Visions.de*)
- `Get-LogicalDiskInventory` (aus dem Modul „PSSystemTools", enthalten im PowerShell-Pack). Dieses Commandlet verwendet `Win32_LogicalDisk`, beschränkt sich aber auf den Laufwerkstyp 3 (lokale Laufwerke).

Eine Liste der Dateisystemlaufwerke erhält man von `Get-PSDrive` durch Einschränkung auf den Provider „Filesystem":

```
Get-PSDrive -psprovider filesystem
```

Das Ergebnis sind Objekte des Typs `System.Management.Automation.PSDriveInfo`. Zu den Eigenschaften dieser Klasse gehört auch `Root`, welches das Wurzelverzeichnis zu jedem Laufwerk enthält.

> **ACHTUNG:** Die PowerShell-Klasse `PSDriveInfo` enthält keine Informationen über Größe und Füllstand der Laufwerke, da es sich um ein generisches Konzept für alle Arten von Mengen handelt und solche Werte für einige Laufwerke (z. B. Umgebungsvariablen) keinen Sinn machen würden.

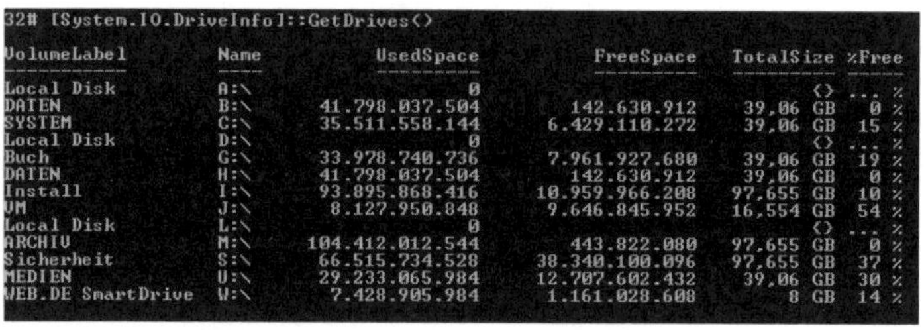

```
32# [System.IO.DriveInfo]::GetDrives()

VolumeLabel         Name       UsedSpace        FreeSpace  TotalSize %Free
-----------         ----       ---------        ---------  --------- -----
Local Disk          A:\                0                          () ... %
DATEN               B:\   41.798.037.504      142.630.912   39,06 GB    0 %
SYSTEM              C:\   35.511.558.144    6.429.110.272   39,06 GB   15 %
Local Disk          D:\                0                          () ... %
Buch                G:\   33.978.740.736    7.961.927.680   39,06 GB   19 %
DATEN               H:\   41.798.037.504      142.630.912   39,06 GB    0 %
Install             I:\   93.895.868.416   10.959.966.208   97,655 GB  10 %
VM                  J:\    8.127.950.848    9.646.845.952   16,554 GB  54 %
Local Disk          L:\                0                          () ... %
ARCHIV              M:\  104.412.012.544      443.822.080   97,655 GB   0 %
Sicherheit          S:\   66.515.734.528   38.340.100.096   97,655 GB  37 %
MEDIEN              U:\   29.233.065.984   12.707.602.432   39,06 GB   30 %
WEB.DE SmartDrive   W:\    7.428.905.984    1.161.028.608       8 GB   14 %
```

Abbildung 31.1: Einsatz der Methode GetDrives()

Laufwerk anlegen

Die Windows PowerShell ermöglicht das Anlegen logischer Laufwerke im Dateisystem, die auf vorhandene Pfade abgebildet werden. Dazu kann `New-PSDrive` mit `–PSProvider FileSystem` eingesetzt werden. Der Laufwerksname darf mehr als einen Buchstaben umfassen. Beispiel:

```
New-PSDrive -PSProvider FileSystem -name M -Root t:\data\marketing
```

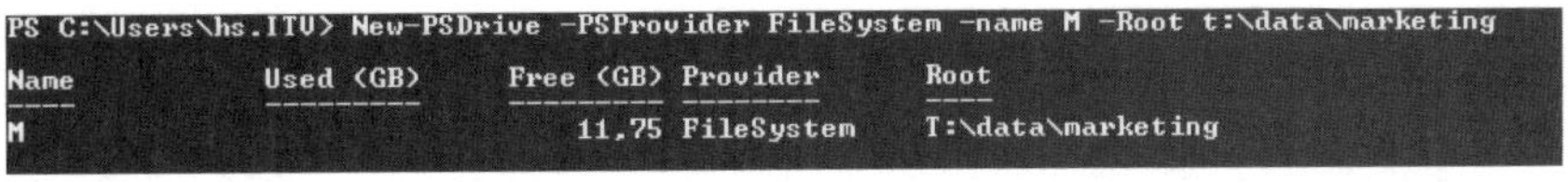

Abbildung 31.2: Ausführung des obigen Beispiels

ACHTUNG: Zu beachten ist, dass die logischen Laufwerke nur innerhalb der PowerShell sichtbar sind und an die PowerShell-Sitzung gebunden sind. Sie werden nach dem Beenden der PowerShell-Konsole also wieder entfernt. ■

Das Commandlet `Mount-SpecialFolder` erstellt logische Laufwerke für alle Windows-Sonderordner (System, Programs, MyComputer, MyMusic, Desktop etc.). Die Liste aller Sonderordner erhält man mit

```
[Enum]::GetValues([Environment+SpecialFolder]) | foreach { "$_  = " + [System.
Environment]::GetFolderPath($_) }
```

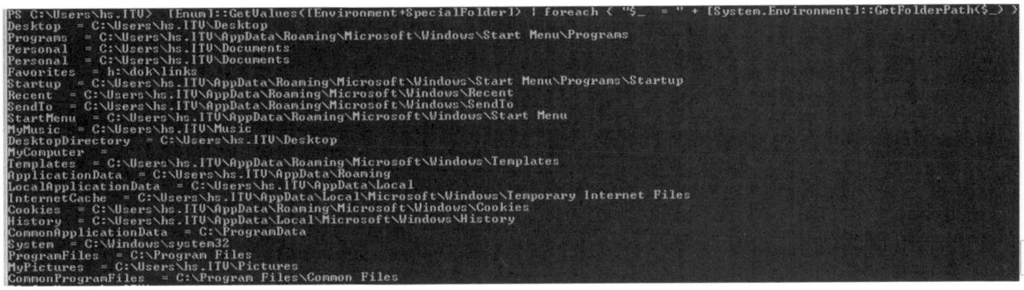

Abbildung 31.3: Liste der Sonderordner

Die nächste Bildschirmabbildung zeigt die verfügbaren Laufwerke nach der Ausführung von `Mount-SpecialFolder`.

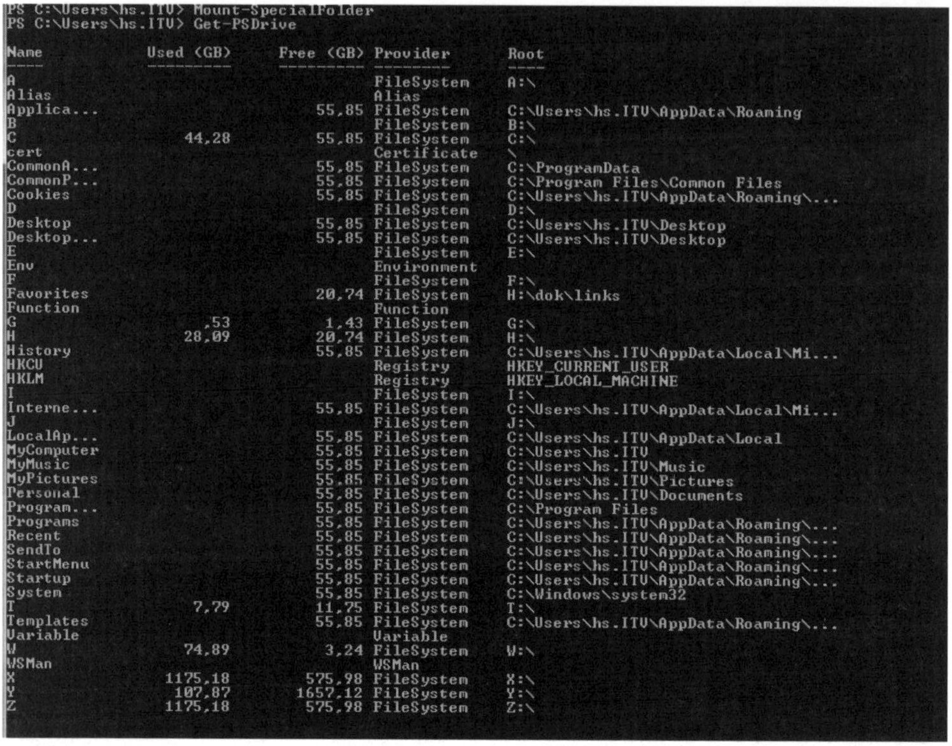

```
PS C:\Users\hs.ITV> Mount-SpecialFolder
PS C:\Users\hs.ITV> Get-PSDrive

Name           Used (GB)     Free (GB) Provider      Root
----           ---------     --------- --------      ----
A                                      FileSystem    A:\
Alias                                  Alias
Applica...                       55,85 FileSystem    C:\Users\hs.ITV\AppData\Roaming
B                                      FileSystem    B:\
C                  44,28         55,85 FileSystem    C:\
cert                                   Certificate   \
CommonA...                       55,85 FileSystem    C:\ProgramData
CommonP...                       55,85 FileSystem    C:\Program Files\Common Files
Cookies                          55,85 FileSystem    C:\Users\hs.ITV\AppData\Roaming\...
D                                      FileSystem    D:\
Desktop                          55,85 FileSystem    C:\Users\hs.ITV\Desktop
Desktop...                       55,85 FileSystem    C:\Users\hs.ITV\Desktop
E                                      FileSystem    E:\
Env                                    Environment
F                                      FileSystem    F:\
Favorites                        20,74 FileSystem    H:\dok\links
Function                               Function
G                    ,53          1,43 FileSystem    G:\
H                  28,09         20,74 FileSystem    H:\
History                          55,85 FileSystem    C:\Users\hs.ITV\AppData\Local\Mi...
HKCU                                   Registry      HKEY_CURRENT_USER
HKLM                                   Registry      HKEY_LOCAL_MACHINE
I                                      FileSystem    I:\
Interne...                       55,85 FileSystem    C:\Users\hs.ITV\AppData\Local\Mi...
J                                      FileSystem    J:\
LocalAp...                       55,85 FileSystem    C:\Users\hs.ITV\AppData\Local
MyComputer                       55,85 FileSystem    C:\Users\hs.ITV
MyMusic                          55,85 FileSystem    C:\Users\hs.ITV\Music
MyPictures                       55,85 FileSystem    C:\Users\hs.ITV\Pictures
Personal                         55,85 FileSystem    C:\Users\hs.ITV\Documents
Program...                       55,85 FileSystem    C:\Program Files
Programs                         55,85 FileSystem    C:\Users\hs.ITV\AppData\Roaming\...
Recent                           55,85 FileSystem    C:\Users\hs.ITV\AppData\Roaming\...
SendTo                           55,85 FileSystem    C:\Users\hs.ITV\AppData\Roaming\...
StartMenu                        55,85 FileSystem    C:\Users\hs.ITV\AppData\Roaming\...
Startup                          55,85 FileSystem    C:\Users\hs.ITV\AppData\Roaming\...
System                           55,85 FileSystem    C:\Windows\system32
T                   7,79         11,75 FileSystem    T:\
Templates                        55,85 FileSystem    C:\Users\hs.ITV\AppData\Roaming\...
Variable                               Variable
W                  74,89          3,24 FileSystem    W:\
WSMan                                  WSMan
X                1175,18        575,98 FileSystem    X:\
Y                 107,87       1657,12 FileSystem    Y:\
Z                1175,18        575,98 FileSystem    Z:\
```

Abbildung 31.4: Mount-SpecialFolder hat zahlreiche Laufwerke für Sonderordner angelegt, z. B. Desktop: und Recent:.

Füllstand

Um den Füllstand der Dateisystemlaufwerke auszugeben, hat man vier Möglichkeiten:

- Attribut `TotalFreeSpace` in der .NET-Klasse `System.IO.DriveInfo`
- Attribut `Freespace` in der WMI-Klasse `Win32_LogicalDisk`
- Verwendung des Commandlets `Get-Disk` (Commandlet von *www.IT-Visions.de*), das intern WMI verwendet
- Verwendung des Commandlets `Get-FreeDiskSpace` aus dem Modul „FileSystem" in dem PowerShellPack. Das Commandlet verwendet intern die Leistungsindikatoren von Windows.

Listing 31.1: Auslesen des Füllstands von C unter Einsatz der .NET-Klasse System.IO.DriveInfo

```
$drive = New-Object System.IO.DriveInfo("C")
$drive.TotalFreeSpace
```

Listing 31.2: Auslesen des Füllstands von C unter Einsatz der WMI-Klasse Win32_LogicalDisk

```
Get-CimInstance Win32_Logicaldisk -Filter "DeviceID = 'c:'" | Select FreeSpace
```

Listing 31.3: Auslesen des Füllstands aller Laufwerke unter Einsatz der WMI-Klasse Win32_LogicalDisk

```
Get-CimInstance Win32_Logicaldisk | Select-Object deviceid,size,freespace
```

Das folgende Skript zeigt eine Möglichkeit, diese Daten besser formatiert auszugeben:

Listing 31.4: Ausgabe des Füllstands der Laufwerke [Freespace.ps1]

```
$Computer = "localhost"
$laufwerke = Get-CimInstance Win32_LogicalDisk -computer $computer
" Laufwerk        Groesse(MB)    Freier Platz(MB)"
ForEach ($laufwerk in $laufwerke)
{
"    {0}        {1,15:n}      {2,15:n}" -f $laufwerk.DeviceID,
   ($laufwerk.Size/1m), $($laufwerk.freespace/1m)
}
```

Der Einsatz der WMI-Klasse `Win32_LocigalDisk` bietet zwei Vorteile:

- Man kann selbst unter PowerShell-Version 1.0 entfernte Systeme abfragen (siehe Beispiel).
- Man kann auch gezielt mit Hilfe einer WQL-Abfrage filtern (siehe Beispiel).

Listing 31.5: Auslesen des Füllstands von Laufwerk C von einem entfernten Computer unter Einsatz der WMI-Klasse Win32_LogicalDisk

```
Get-CimInstance Win32_logicaldisk -Filter "DeviceID = 'c:'" -Computer E02 | Select
DeviceID, FreeSpace
```

Listing 31.6: Ermitteln der Laufwerke mit wenig freiem Speicherplatz unter Einsatz einer WQL-Abfrage über die WMI-Klasse Win32_LogicalDisk

```
([WMISearcher] "Select * from Win32_LogicalDisk where Freespace < 1000000000").Get()
| Select DeviceID, FreeSpace
```

Mit `Get-FreeDiskSpace` kann man alle Laufwerke und einzelne Laufwerke auf dem lokalen oder entfernten Computern abfragen. Eine Besonderheit ist, dass man eine periodische Abfrage einrichten kann.

Abbildung 31.5: Ausgabe von GetFreediskSpace

Listing 31.7: Periodische Abfrage (alle 30 Sekunden) des freien Speichers auf Laufwerk C auf dem System E02

```
Get-FreeDiskSpace -drive c: -con -sampleinterval 30 -computername E02
```

Laufwerksbezeichnungen

Zum Auslesen und Verändern der Laufwerksbezeichnungen kann man `VolumeLabel` aus der Klasse `DriveInfo` verwenden.

Listing 31.8: Ändern der Laufwerksbezeichnung [ChangeVolumeLabel.ps1]

```
$drive = New-Object System.IO.DriveInfo("C")
"Alte Bezeichnung:" + $drive.VolumeLabel
$drive.VolumeLabel = "SYSTEM"
"Neue Bezeichnung:" + $drive.VolumeLabel
Alternativ kann man das Commandlet Set-Volumelabel aus den PSCX einsetzen (wobei es
noch kein Gegenstück „Get-VolumeLabel" gibt).
Set-VolumeLabel c: "Systemlaufwerk"
```

Ebenfalls kann man `Rename-Drive` aus dem FileSystem-Modul des PowerShellPack einsetzen:

```
Rename-Drive t: "Systemlaufwerk"
```

Netzlaufwerke

Informationen über die verbundenen Netzwerklaufwerke des angemeldeten Benutzers liefert die WMI-Klasse `Win32_MappedLogicalDisk`:

```
Get-CimInstance Win32_MappedLogicalDisk | select caption, providername
```

31.2 Ordnerinhalte

Den Inhalt eines Dateisystemordners listet man mit `Get-ChildItem` (Alias: `dir`) auf.

Ohne Parameter listet `Get-ChildItem` den aktuellen Pfad auf. Man kann auch einen Pfad explizit angeben:

```
Get-ChildItem t:\Scripte
```

Die Ergebnismenge besteht aus .NET-Objekten der Typen `System.IO.DirectoryInfo` (für Unterverzeichnisse) und `System.IO.FileInfo` (für Dateien).

Filtern

Der Parameter `–Filter` beschränkt die Ausgabemenge auf Dateien mit einem bestimmten Namensmuster:

```
Get-ChildItem t:\skripte -filter "*.ps1"
```

Alternativ kann man –include zum Filtern verwenden und dabei auch mehrere Dateiextensionen angeben:

```
Get-Childitem t:\skripte -include *.ps1,*.vbs
```

Rekursion

Das Commandlet arbeitet normalerweise nur auf der angegebenen Verzeichnisebene. Es kann auch rekursiv die Unterordner durchsuchen:

```
Get-ChildItem t:\skripte -filter "*.ps1" -recurse
```

ACHTUNG: Seit PowerShell-Version 3.0 gibt es eine Verhaltensänderung: Wenn –recurse angegeben ist und der Pfad nicht existiert, wird das ganze übergeordnete Verzeichnis durchsucht. Der Befehl `dir c:\Unsinn -recurse -filter *.txt` wird also sehr lange suchen, wenn es `c:\Unsinn` nicht gibt, weil dann das ganze C-Laufwerk durchsucht wird.

Filtern nach Inhaltstyp

Zum Filtern nach Art des Inhalts (nur Unterverzeichnisse oder nur Dateien) musste man bisher `Where-Object` einsetzen. Seit PowerShell-Version 3.0 gibt es dazu Parameter in `Get-ChildItem` mit Namen `–Directory` und `–File`.

```
# Nur Unterverzeichnisse
get-Childitem t:\skripte | where-object { $_.psiscontainer }
# Nur Unterverzeichnisse neu seit PowerShell-Version 3.0
get-Childitem t:\skripte -Directory

# Nur Dateien
get-Childitem t:\skripte | where-object { -not $_.psiscontainer }
# Nur Dateien neu seit PowerShell-Version 3.0
get-Childitem t:\skripte -File
```

Dateiattribute

Auch die neue Einschränkungsmöglichkeit auf Dateiattribute seit PowerShell-Version 3.0 ist sehr schön. Der folgende Befehl ermittelt alle Dateien („nicht Ordner"), die versteckt sind, die nur gelesen werden und die weder komprimiert noch verschlüsselt sind.

```
Get-Childitem C:\Windows\ -Attributes !Directory+Hidden+Readonly+!
Compressed+!Encrypted
```

Berechnungen

Mit Measure-Object kann man Berechnungen über eine Objektmenge ausführen. Der folgende Befehl zeigt die Anzahl der Dateien in c:\Windows sowie die Gesamtgröße aller Dateien, die Größe der größten und kleinsten Datei sowie die Durchschnittsgröße.

```
Get-ChildItem t:\Skripte | Measure-Object -Property length -min -max -average –sum
```

Mit dem folgenden Befehl erzeugt man eine Liste von großen Word-Dateien auf dem Laufwerk „T“ und seiner Unterverzeichnisse und exportiert eine Liste der Namen und Größe sortiert nach Größe in eine CSV-Datei:

```
Get-ChildItem t:\ -filter *.doc | Where-Object { $_.Length -gt 40000 } | Select-Object
Name, Length | Sort-Object Length  | export-csv p:\GrosseWordDateien.csv -notype
```

Das -notype am Ende sorgt dafür, dass der Name der .NET-Klasse nicht exportiert wird. Würde man den Namen exportieren, so könnte man später mit einem Import-CSV die Daten wieder als Objekt-Pipeline weiterverarbeiten.

31.3 Kurznamen

Den Kurznamen einer Datei oder eines Ordners gemäß der alten 8+3-Notation kann man mit dem Commandlet Get-ShortPath aus den PSCX ermitteln.

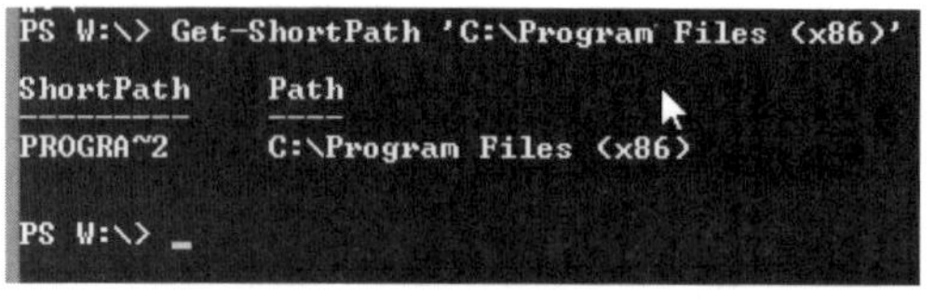

Abbildung 31.6:
Einsatz von Get-ShortPath

31.4 Dateisystemoperationen

Zum Kopieren von Dateien und Ordnern verwendet man Copy-Item (Aliase copy oder cp):

```
Copy-Item j:\demo\dokumente\profil.pdf c:\temp\profil_HSchwichtenberg.pdf
```

Zum Bewegen (Verschieben) von Dateisystemobjekten kommt Move-Item (Alias move) zum Einsatz:

```
Move-Item j:\demo\dokumente\profil.pdf c:\temp\profil_HSchwichtenberg.pdf
```

Das Commandlet Rename-Item (Alias Rename) benennt ein Dateisystemobjekt um:

```
Rename-Item profil.pdf profil_HS.pdf
```

Zum Löschen einer Datei verwendet man das Commandlet `Remove-Item` (Alias `del`):

```
Remove-Item j:\demo\profil_HSchwichtenberg.pdf
```

TIPP: Für `Remove-Item` ist die Simulation des Verhaltens mit `-whatif` eine sehr nützliche Funktion.

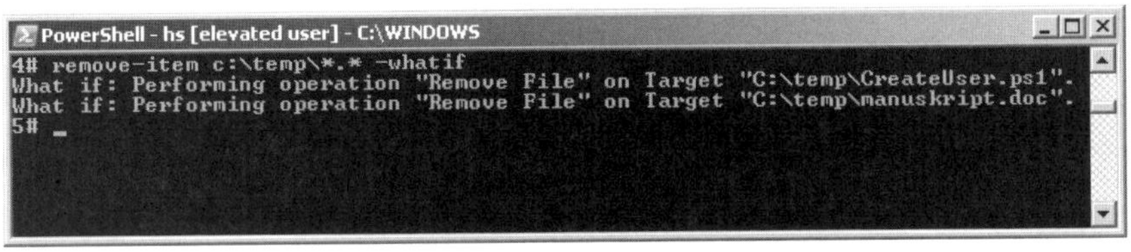

Abbildung 31.7: Einsatz von -whatif bei Remove-Item

Der folgende Befehl löscht alle Dateien, die älter als 30 Tage sind:

```
Get-ChildItem c:\temp -recurse | Where-Object {($now - $_.LastWriteTime).Days -gt 30}
| remove-Item
```

31.5 Dateieigenschaften lesen

Informationen über ein Dateisystemobjekt (z.B. Name, Größe, letzte Veränderung, Attribute) erhält man mit `Get-Item`:

```
Get-Item j:\demo\profil_HSchwichtenberg.pdf
```

Für eine Datei erhält man damit eine Instanz von `System.IO.FileInfo`.

Den gleichen Effekt hat auch:

```
Get-ItemProperty j:\demo\profil_HSchwichtenberg.pdf
```

Einzelne Daten kann man so abfragen:

```
Get-ItemProperty daten.txt -name length
Get-ItemProperty daten.txt -name attributes
```

31.6 Datei-Hash

Einen Hash-Wert (alias Fingerabdruck) zur Feststellung, ob der Inhalt einer Datei verändert wurde, kann man mit dem Commandlet `Get-SHA1` aus dem Modul „FileSystem" (PowerShellPack) ermitteln. Ab PowerShell-Version 4.0 gibt es dafür auch das Commandlet `Get-FileHash` im Kern von Windows PowerShell. Anders als bei Get-SHA1 kann man verschiedene Hash-Algorithmen angeben (SHA1, SHA256, SHA384, SHA512, MD5, RIPEMD160, MACTripleDES). Das Ergebnis ist ein Objekt des Typs mit der Eigenschaft `Hash`. Microsoft. Powershell.Utility.FileHash.

```
PS C:\Users\hs.ITV> Get-SHA1 t:\data\marketing\Notes.jnt
File                                                                    SHA1
----                                                                    ----
T:\data\marketing\Notes.jnt                                             BvfndkuG+6uWOP
```

Abbildung 31.8: Beispiel zum Einsatz von Get-SHA1

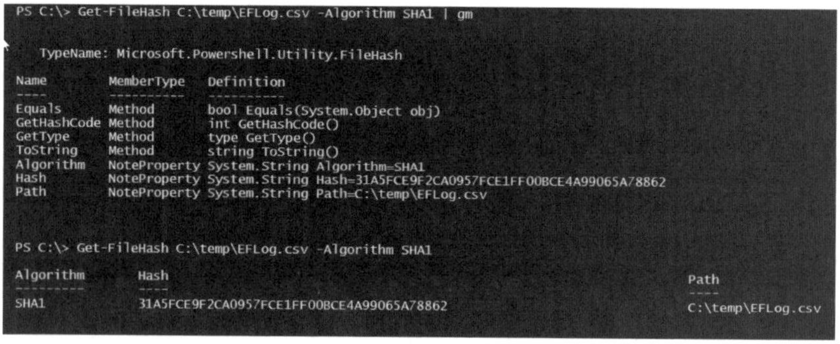

```
PS C:\> Get-FileHash C:\temp\EFLog.csv -Algorithm SHA1 | gm

   TypeName: Microsoft.Powershell.Utility.FileHash

Name        MemberType   Definition
----        ----------   ----------
Equals      Method       bool Equals(System.Object obj)
GetHashCode Method       int GetHashCode()
GetType     Method       type GetType()
ToString    Method       string ToString()
Algorithm   NoteProperty System.String Algorithm=SHA1
Hash        NoteProperty System.String Hash=31A5FCE9F2CA0957FCE1FF00BCE4A99065A78862
Path        NoteProperty System.String Path=C:\temp\EFLog.csv


PS C:\> Get-FileHash C:\temp\EFLog.csv -Algorithm SHA1

Algorithm     Hash                                                       Path
---------     ----                                                       ----
SHA1          31A5FCE9F2CA0957FCE1FF00BCE4A99065A78862                   C:\temp\EFLog.csv
```

Abbildung 31.9: Beispiel zum Einsatz von Get-FileHash

31.7 Finden von Duplikaten

`Get-DuplicateFile` setzt auf der zuvor beschriebenen Funktion `Get-SHA1` auf, um Dateien gleichen Inhalts (Duplikate, Dubletten) zu finden.

Beispiel: Der folgende Befehl sucht rekursiv im Verzeichnis „t:\Data" nach Duplikaten.

```
Get-DuplicateFile t:\data –Recurse
```

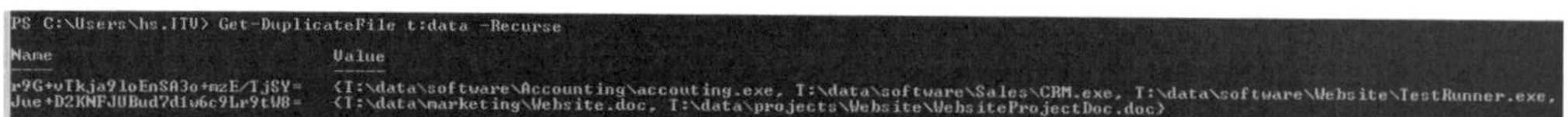

```
PS C:\Users\hs.ITV> Get-DuplicateFile t:data -Recurse
Name                            Value
----                            -----
r9G+vTkja9loEnSA3o+mzE/TjSY=    {T:\data\software\Accounting\accouting.exe, T:\data\software\Sales\CRM.exe, T:\data\software\Website\TestRunner.exe,
Jue+D2KNFJUBud7div6c9Lr9tW8=    {T:\data\marketing\Website.doc, T:\data\projects\Website\WebsiteProjectDoc.doc}
```

Abbildung 31.10: Ergebnis der Duplikatsuche

Die Implementierung dieses Commandlets ist so schön kurz, dass man sie als ein gutes Anschauungsbeispiel für die Prägnanz der PowerShell hier abdrucken und erläutern sollte.

- Im `Begin`-Block wird eine leere Hash-Tabelle angelegt.
- Im `Process`-Block wird eine Liste aller Dateien mit `Get-ChildItem` erzeugt. Für jede Datei wird der Hashwert ermittelt mit `Get-SHA1`. Dann wird jeweils geschaut, ob der Hashwert bereits in der Hashtabelle existiert. Wenn nicht, wird er angelegt. Anschließend wird der Dateipfad in der Hashtabelle dem Hashwert zugeordnet.
- Im End-Block muss man dann nur noch prüfen, welche Einträge in der Hashtabelle mehr als einen Wert (also mehr als einen Pfad) besitzen.

Listing 31.9: Quellcode von Get-DuplicateFile (Quelle: Module „FileSystem" aus dem PowerShellPack)

```
function Get-DuplicateFile {
    <#
    .Synopsis
    Finds files that have identical file contents.

    .Description
    The Get-DuplicateFile function detects files in a drive
    or directory that have identical file content by comparing
    an SHA1 cryptographic hash of the file contents.

    .Outputs
    Returns a System.Collections.DictionaryEntry for each
    collection
    of duplicate files. The key is the hash and the value is
    the fully
    qualified path to the duplicate files.

    .Notes
    To get the cryptographic hash of each file, Get-
    DuplicateFile uses
    the Get-SHA1 functions.

    .Parameter Directory

    Enter the path to a file system drive or directory, such as
    "C:" or "d:\test". The default is the local directory.

    You can enter only one directory with the Directory
    parameter. To submit multiple directories, pipe the
    directories
    to the Get-DuplicateFile function.

    .Parameter Recurse

    Searches recursively for duplicate files in all
    subdirectories
    of the specified directory.

    .Parameter HideProgress

    Hides the progress bar that Get-DuplicateFile displays by
    default.
```

```
    .Example
    Get-DuplicateFile

    .Example
    Get-DuplicateFile c:\users -recurse

    .Example
    get-item c:\ps-test, d:\testing | get-duplicateFile -
    hideprogress

    .Link
    Get-SHA1
    #>

    param(
    [Parameter(ValueFromPipelineByPropertyName=$true)]
    [Alias("FullName")]
    [String]
    $Directory,

    [Switch]
    $Recurse,

    [Switch]
    $HideProgress
    )

    Begin {
        $duplicateFinder = @{}
    }

    Process {
        Get-ChildItem $directory -Recurse:$recurse |
            Get-SHA1 |
            ForEach-Object {
                $file = $_.File
                $sha1 = $_.SHA1
                if (-not $hideProgress) {
                    Write-Progress "Finding Duplicate Files" $file
                }
                if (-not $duplicateFinder.$sha1) {
                    $duplicateFinder.$sha1 = @()
                }
                $duplicateFinder.$sha1 += $file
            }
    }

    end {
        $duplicateFinder.GetEnumerator() |
            Where-Object {
                $_.Value.Count -gt 1
            }
    }
}
```

31.8 Dateieigenschaften verändern

Zum Ändern von Eigenschaften von Dateisystemeinträgen kann man auf die Attribute der `FileInfo`- und `DirectoryInfo`-Objekte direkt schreibend zugreifen. Ein expliziter Speichervorgang ist nicht vorgesehen.

Das folgende Beispiel zeigt, wie man das Erzeugungsdatum eines Dateisystemordners nachträglich ändert und nachher überprüft, ob es auch wirklich geändert wurde.

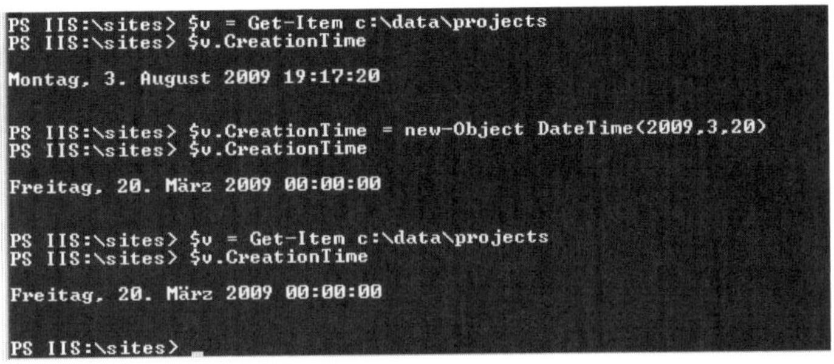

Abbildung 31.11: Beim Ändern von Attributen in Dateisystemobjekten werden die Änderungen sofort wirksam.

Eine Alternative ist die Veränderung von Eigenschaften mit `Set-ItemProperty`. Mit dem folgenden Befehl werden die in `Attributes` gespeicherten Bitflags gesetzt. Die .NET-Klassenbibliothek definiert die möglichen Flags in der Aufzählung `System.IO.FileAttributes`. Wichtig ist, dass die Elemente der Aufzählung wie statische Mitglieder angesprochen (also mit dem `::`-Operator) und mit einem binären exklusiven Oder (`-bxor`) verknüpft werden.

```
Set-ItemProperty daten.txt -name attributes -value ([System.
IO.FileAttributes]::ReadOnly -bxor [System.IO.FileAttributes]::Archive)
```

Die `FileInfo`-Klasse bietet Informationen über das Erstellungsdatum und das Datum des letzten Zugriffs.

```
dir $dir | select name, creationtime, lastaccesstime, lastwritetime
```

Mit `Set-FileTime` (enthalten in den PSCX) kann man diese Daten manipulieren, z. B. wenn man nicht möchte, dass jemand sieht, wie alt eine Datei wirklich ist.

Listing 31.10: Setzen aller Zeiten aller Dateien in einem Verzeichnis auf das aktuelle Datum und die aktuelle Uhrzeit [/Dateisystem/Filetime.ps1]

```
$dir = "c:\temp"
$time = [DateTime]::Now
dir $dir | Set-FileTime -Time $time -SetCreatedTime -SetModifiedTime
dir $dir | select name, creationtime, lastaccesstime, lastwritetime
```

Eigenschaften ausführbarer Dateien

Für ausführbare Dateien bieten die PSCX einige spezielle Commandlets an:

- `Test-Assembly`: liefert `true`, wenn die Datei eine .NET-Assembly ist (nur anwendbar auf Dateien des Typs *.dll*)

- Get-FileVersionInfo: liefert Informationen über die Produkt- und Dateiversion
- Get-PEHeader: liefert die Kopfinformationen des Portable-Executable-Formats (PE) für beliebige ausführbare Dateien
- Get-ExportedType: liefert für eine .NET-Assembly die Liste der von außen instanziierbaren Klassen

Das folgende PowerShell-Skript ermittelt alle mit .NET geschriebenen ausführbaren DLLs im Windows-Verzeichnis und zeigt zu diesen DLLs die Versionsinformationen an.

Listing 31.11: Suche nach .NET-Assemblies [/Dateisystem/AssemblySearch.ps1]

```
"Suche .NET-Assemblies"

foreach ( $d in (Get-childitem c:\Windows\ -include "*.dll" -recurse))
{
$a = $d.Fullname | Test-assembly -ErrorAction SilentlyContinue
if ($a) { Get-FileVersionInfo $d.Fullname }
}
```

Das folgende Beispiel liefert die PE-Kopfinformationen über den Windows Editor:

```
Get-PEHeader C:\windows\system32\notepad.exe
```

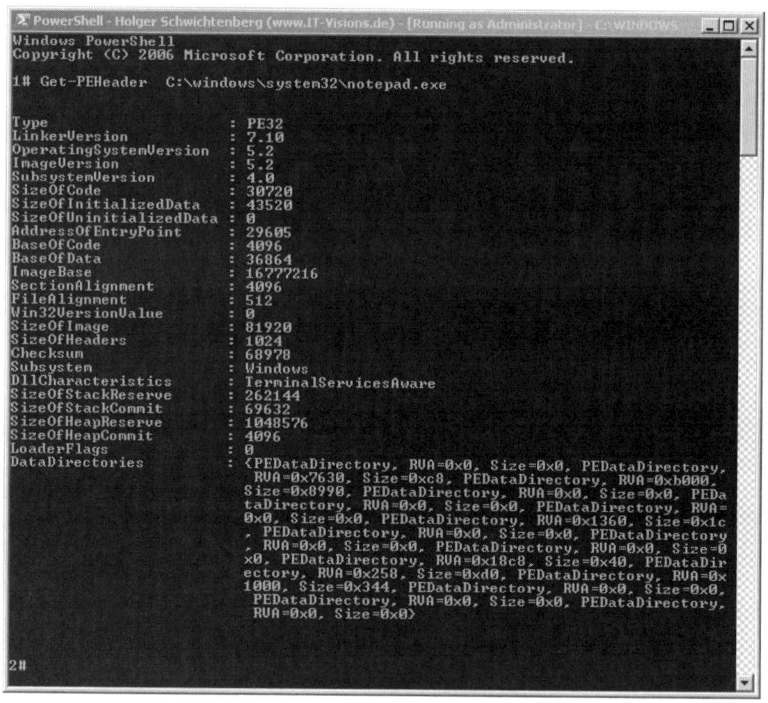

Abbildung 31.12: Ausgabe der PE-Kopfinformationen

Mit dem Commandlet Resolve-Assembly kann man prüfen, welche Versionen einer .NET-Softwarekomponente vorliegen bzw. ob eine bestimmte Version vorliegt.

```
# Zeige alle Versionen dieser Assembly
Resolve-Assembly System.Windows.Forms
# Prüfe, ob Version 3.0 verfügbar ist
Resolve-Assembly System.Windows.Forms -Version 3.0.0.0
```

31.9 Verknüpfungen im Dateisystem

Commandlets zur Erstellung von Verknüpfungen findet man in den PSCX.

Explorer-Verknüpfungen

Seit Windows 95 unterstützt der Windows Explorer Verknüpfungen im Dateisystem durch *.lnk*-Dateien. *.lnk*-Dateien enthalten als Verknüpfungsziel entweder eine Datei oder ein Verzeichnis. Sie werden erstellt im Windows Explorer durch die Kontextmenüfunktionen „Verknüpfung erstellen" oder „Neu/Verknüpfung". Windows zeigt die Dateinamenserweiterung von *.lnk*-Dateien nicht an. Stattdessen sieht man im Windows Explorer das Symbol des Zielobjekts mit einem Pfeil. Ein Doppelklick leitet den Windows Explorer oder einen Dateidialog, der *.lnk*-Dateien unterstützt, zum Ziel.

Diese Explorer-Verknüpfungen erstellt man mit dem Commandlet `New-Shortcut`, wobei der erste Parameter der Pfad zu der zu erstellenden *.lnk*-Datei ist und der zweite Parameter der Zielpfad:

```
New-Shortcut "c:\Kundendaten" "g:\Daten\Kunden"
```

ACHTUNG: Falls die Verknüpfung bereits existiert, wird sie ohne Vorwarnung überschrieben. `New-Shortcut` kann keine Verknüpfungen zu HTTP-Adressen (*.url*-Dateien) herstellen.

URL-Verknüpfungen

URL-Verknüpfungen legt Windows in .url-Dateien ab.

```
[{000214A0-0000-0000-C000-000000000046}]
Prop3=19,2
[InternetShortcut]
URL=http://www.it-visions.de/
IDList=
```

Abbildung 31.13:
Innereien einer .url-Datei

Das Commandlet `Resolve-ShortcutFile` (Modul „FileSystem" im PowerShellPack) extrahiert die URL aus einer solchen *.url*-Datei.

```
Resolve-ShortcutFile t:\ITVWebsite.url
```

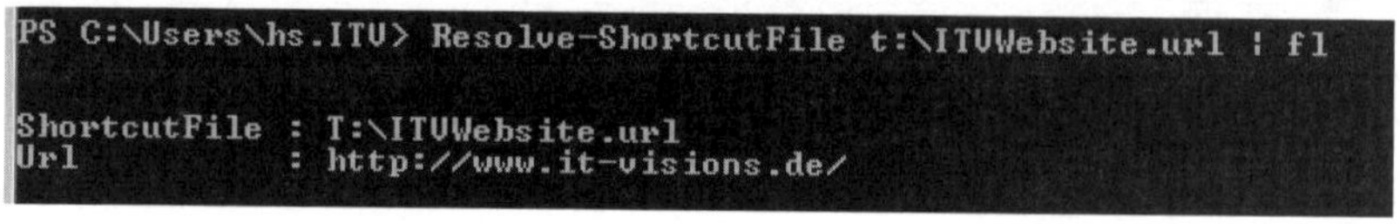

Abbildung 31.14: Ausgabe von Resolve-ShortcutFile

Zum Erstellen von *.url*-Dateien gibt es noch kein Commandlet. Ein Commandlet `New-UrlShortcut` zu erstellen, ist aber nicht schwer, denn es gibt im Windows Script Host (WSH) ein COM-Objekt „WScript.Shell“, das eine Methode `CreateShortcut()` anbietet, die wahlweise *.url*- oder *.lnk*-Dateien erstellt.

Listing 31.12: Implementierung und Test von New-UrlShortcut

```
function New-UrlShortcut
{ param(
    [Parameter(
        ValueFromPipeline=$true,
        ValueFromPipelineByPropertyName=$true)]
    [Alias("FullName")]
    [string] $Filename,
[string] $URL)

process {
$shell = New-Object -ComObject WScript.Shell
$us = $shell.CreateShortcut($Filename)
$us.TargetPath = $URL
$us.Save()
}
}

# Zum Testen
New-UrlShortcut "t:\PowerShellWebsite.url" "http://www.powershell-doktor.de
```

Hardlinks

Leider gibt es drei gravierende Nachteile bei auf *.lnk*-Dateien basierenden Explorer-Verknüpfungen:

- Der Windows Explorer zeigt Verknüpfungen zu Ordnern nicht in der Ordnerhierarchie (links) an, sondern sortiert sie in die Dateiliste (rechts) ein.
- Die Verknüpfungen funktionieren nicht an der Kommandozeilenebene.
- Windows verfolgt das Ziel nicht beim Umbenennen/Verschieben, sondern sucht stets erst danach, wenn das Ziel nicht mehr auffindbar ist, wobei nicht immer das richtige Ziel gefunden wird.

Nutzer von Unix kennen hingegen bessere Verknüpfungsarten in Form von Hardlinks und symbolischen Links (Symbolic Links/Symlinks). Unter Windows können Nutzer von NTFS-Dateisystemen ähnliche Konzepte nutzen. Das NTFS-Dateisystem unterstützt feste Verknüpfungen zu Dateien in Form sogenannter Hardlinks und zu Ordnern in Form von Junction Points. Leider werden beide Funktionen nicht direkt im Windows Explorer, sondern nur durch Kommandozeilen- oder Drittanbieterwerkzeuge unterstützt.

Ein Hardlink ist eine feste Verknüpfung zu einer Datei. Microsoft liefert dazu in Windows XP und Windows Server 2003 das Kommandozeilenwerkzeug *fsutil.exe*. In den PowerShell Extensions findet man das Commandlet `New-Hardlink`.

Die Syntax zum Erstellen eines Hardlinks lautet:

```
New-Hardlink <neuer Dateiname> <vorhandener Dateiname>
```

Beispiel:

```
New-Hardlink "g:\Kunden.csv" "g:\Daten\Kunden\Kundenliste.csv"
```

Danach erscheint die Datei in beiden Verzeichnissen – ohne dass ein Verknüpfungspfeil angezeigt würde. Es handelt sich dennoch nicht um eine Kopie; beide Einträge im Verzeichnisbaum weisen auf die gleiche Stelle auf der Festplatte und daher kann die Datei nun an beiden Stellen manipuliert werden. Ein Verschieben der Datei macht überhaupt keine Probleme. Der Dateiinhalt ist erst dann verloren, wenn beide Einträge im Verzeichnisbaum gelöscht wurden.

Zwei Wermutstropfen:

- Es können keine Ordnerverknüpfungen erstellt werden.
- Es können nur Verknüpfungen zu Dateien auf dem gleichen Laufwerk erstellt werden.

HINWEIS: Einen Hardlink löscht man, indem man die Linkdatei entfernt. Die Zieldatei bleibt dabei unangetastet:

```
Remove-Item "g:\Kunden.csv"
```

Junction Points

Junction Points sind das Äquivalent zu Hardlinks für Ordner. Im Gegensatz zu Hardlinks funktionieren Junction Points auch laufwerkübergreifend. Als Commandlet kommt hier das Commandlet `New-Junction` zum Einsatz, das jedoch leider nur mit den Ressource Kits der verschiedenen Windows-Versionen ausgeliefert wird. Bei *linkd.exe* sind im Gegensatz zu *fsutil.exe* erst die Quelle und dann das Ziel zu nennen.

Beispiel:

Die Anweisung

```
New-Junction "h:\Kunden" "g:\Daten\Kunden\"
```

erstellt folglich hier eine Verknüpfung, die das Verzeichnis *g:\Daten\Kunden* als Unterverzeichnis *Kunden* im Ordner *h:* einblendet. Junction Points funktionieren auch an der Kommandozeile. So zeigt der Befehl

```
dir h:\Kunden
```

den Inhalt von *g:\Daten\Kunden*.

Der Windows Explorer sortiert einen Junction Point wie einen Ordner in die Ordnerhierarchie auf der linken Seite ein.

Das Ziel eines Junction Point kann man mit dem Commandlet `Get-ReparsePoint` betrachten, z. B.:

```
Get-ReparsePoint c:\Kunden
```

Zum Löschen eines Junction Point verwendet man:

```
Remove-ReparsePoint "c:\Kunden"
```

ACHTUNG: Wird der eigentliche Zielordner vor dem Junction Point gelöscht, entsteht ein verwaister Junction Point. Leider bemerkt Windows das Verschieben eines Ordners nicht, so dass auch in diesem Fall der Junction Point ins Nirwana führt.

Symbolische Verknüpfungen ab Windows Vista

Die neuen symbolischen Verknüpfungen (Symbolic Links), die Microsoft mit Windows Vista eingeführt hat, kann man mit dem Commandlet `New-Symlink` erstellen.

31.10 Komprimierung

Commandlets zum Komprimieren von Dateien in Archive findet man in den PSCX und im Modul „FileSystem“ im PowerShellPack.

In den PSCX gibt es Commandlets für vier verschiedene Komprimierungsformate (ZIP, GZIP, TAR und BZIP2):

- `Write-Zip`
- `Write-GZip`
- `Write-Tar`
- `Write-BZip2`

Das PowerShellPack bietet:

- `New-Zip`: Erstellen eines neuen ZIP-Archivs
- `Copy-ToZip`: Erstellen eines ZIP-Archivs oder Hinzufügen von Dateien zu einem Archiv

Im Folgenden finden Sie einige aussagekräftige Praxisbeispiele, welche die Syntax der Befehle erläutern. Alle Beispiele verwenden einheitlich das ZIP-Format. Alle anderen Formate funktionieren analog mit dem entsprechenden Commandlet aus den PSCX.

Tabelle 31.2: Anwendungsbeispiele für Write-Zip

`Write-zip Kundenliste.csv`
Komprimiert die Datei Kundenliste.csv in das Archiv Kundenliste.csv.zip
`Write-zip Kundenliste.csv Kundenliste.zip`
Komprimiert die Datei Kundenliste.csv zu Kundenliste.zip
`"Kundenliste.csv", "Preisliste.doc", "Projektrichtlinien.doc" | Write-Zip`
Komprimiert die drei angegebenen Dateien einzeln in „Kundenliste.csv.zip“, „Preisliste.doc.zip“ und „Projektrichtlinien.doc.zip“
`"Kundenliste.csv", "Preisliste.doc", "Projektrichtlinien.doc" | Write-Zip -Outputpath G:\daten\kunden.zip`
Komprimiert die drei angegebenen Dateien zusammen in Kunden.zip
`Write-Zip g:\daten\kunden -Outputpath G:\daten\kunden.zip`
Komprimiert den ganzen Inhalt des Ordners g:\daten\kunden nach kunden.zip
`dir g:\daten -Filter *.doc -Recurse | Write-zip -Output g:\Daten\docs.zip`
Sucht im Ordner g:\Daten und allen seinen Unterordnern nach Microsoft-Word-Dateien und komprimiert diese zusammen in g:\Daten\docs.zip
`Copy-ToZip g:\daten\kunden G:\daten\kunden.zip`
Komprimiert den Inhalt eines Verzeichnisses

HINWEIS: Wenn die Zieldatei bereits existiert, werden die neuen Dateien mit in das Archiv aufgenommen. Die bestehenden Dateien werden nicht gelöscht. ■

Die Komprimierungs-Commandlets in den PSCX besitzen noch einige interessante Optionen, von denen beispielhaft zu nennen sind:

- `RemoveOriginal`: Löschen der Originaldatei nach Aufnahme der Datei in das Archiv
- `Level`: Komprimierungsrate von 1 bis 9 (Standard ist 5)
- `FlattenPaths`: In dem Archiv werden keine Pfadinformationen gespeichert.

Komprimierung ohne Zusatzkomponenten

Eine ZIP-Datei können Sie auch ganz ohne eine zusätzliche Commandlet-Bibliothek erstellen, indem man auf das COM-Objekt „Shell.Application“ zurückgreift (siehe folgendes Listing).

Listing 31.13: Komprimieren mit dem COM-Objekt „Shell.Application“ (ZIPWithCOM.ps1)

```
$Path = "t:\markting.zip"
# Erzeuge leere ZIP-Datei
Set-Content $path ("PK" + [char]5 + [char]6 + ("$([char]0)" * 18))
# Shell-Objekt
$ShellApplication = New-Object -ComObject Shell.Application
# Zugriff auf Paket
$ZipPackage =$ShellApplication.Namespace($Path)
```

```
# Zwei Dateien kopieren
$ZipPackage.CopyHere("T:\Data\marketing\Website.doc", 0)
$ZipPackage.CopyHere("T:\Data\marketing\Notes.jnt", 0)
```

31.11 Dateisystemfreigaben

Die scriptbasierte Verwaltung von Dateisystemfreigaben war traditionell immer eine sehr umständliche Aufgabe in Windows, insbesondere hinsichtlich des Festlegens oder Änderns von Zugriffsrechtelisten. Im Microsoft .NET Framework gibt es gar keine Klassen für das Anlegen von Dateisystemfreigaben. In COM konnte man Freigaben nur mit Standardberechtigungen anlegen. Einziger Weg war bisher WMI. Dort ist die Vorgehensweise aber sehr komplex, weil man neben der WMI-Klasse Win32_Share noch eine Reihe von weiteren Klassen (Win32_Trustee, Win32_ACE, Win32_SecurityDescriptor) instanziieren und in bestimmter Weise miteinander verbinden muss.

Erst ab Windows 8 und Windows Server 2012 hat Microsoft mit dem PowerShell-Modul „SmbShare" hier Abhilfe geschaffen. Da das Modul „SmbShare" nur ab Windows 8 und Windows Server 2012 verfügbar ist, werden in diesem Kapitel sowohl der alte als auch der neue Weg beschrieben.

WMI-Klassen

Sowohl der alte als auch der neue Weg basieren auf WMI-Klassen, wobei man beim alten Weg direkt mit den WMI-Klassen arbeitet und im neuen Weg diese komfortabler in Commandlets verpackt sind.

Der alte Weg verwendet die WMI-Klasse `root/cimv2/Win32_Share`.

Der neue Weg verwendet die WMI-Klasse `root/Microsoft/Windows/SMB/MSFT_SmbShare`.

Wichtige Mitglieder der Klasse `Win32_Share` sind:

- `Name`: Name der Freigabe
- `Path`: Pfad im Dateisystem, zu dem die Freigabe führt
- `Description`: Beschreibungstext zu der Freigabe
- `MaximumAllowed`: Maximalanzahl der gleichzeitigen Benutzer
- `SetShareInfo()`: Setzen der Eigenschaften `Description`, `MaxiumAllowed` und der Berechtigungen für die Freigabe
- `GetAccessMask()`: Auslesen der Berechtigungen für die Freigabe
- `Create()`: `Create` ist eine statische Methode der Klasse `Win32_Share` zum Anlegen neuer Freigaben.

ACHTUNG: Das Attribut `AccessMask` ist immer leer (siehe Bildschirmabbildung), weil es von Microsoft als „veraltet" deklariert wird. Das Setzen und Lesen der Berechtigungen erfolgt über die Methoden `Create()`, `SetShareInfo()` und `GetAccessMask()`. Diese Methoden legen entsprechende Assoziationen an.

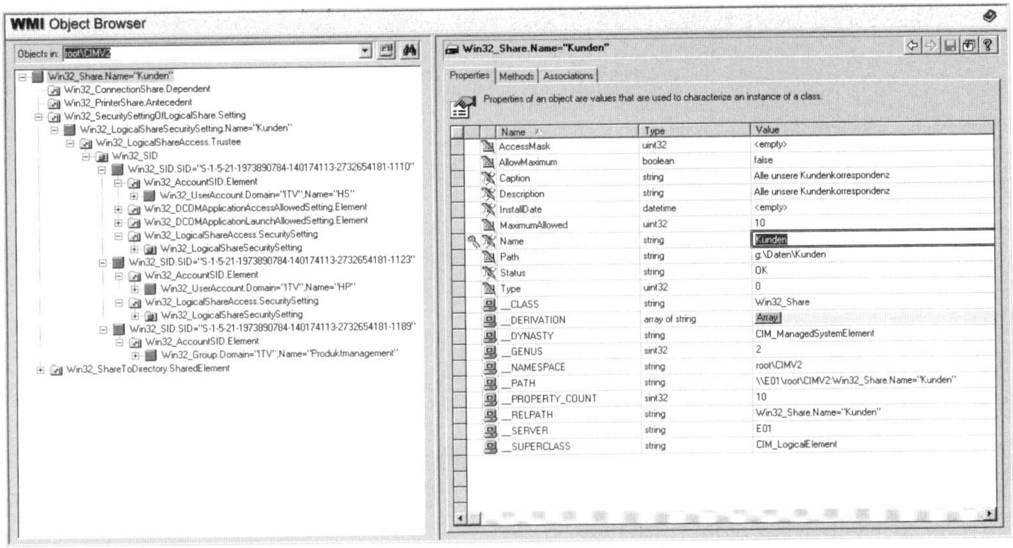

Abbildung 31.15: Darstellung einer Instanz der Klasse Win32_Share im WMI Object Browser

Bei den Freigaben sind die Berechtigungen der komplizierteste Teil, wie schon die Assoziationen im WMI Object Browser andeuten.

- `Name`: Name der Freigabe
- `Path`: Pfad im Dateisystem, zu dem die Freigabe führt
- `Description`: Beschreibungstext zu der Freigabe
- `ConcurrentUserLimit`: Maximalanzahl der gleichzeitigen Benutzer
- `CurrentUsers`: Anzahl der aktuellen Benutzer
- `SecurityDescriptor`: Zugriffsberechtigungen für die Freigabe in Textform (Security Descriptor Definition Language (SDDL))

Freigaben auflisten

Zum Auflisten der Freigaben muss man in älteren Betriebssystemen direkt auf die Instanzen der WMI-Klasse `Win32_Share` zurückgreifen:

```
Get-Wmiobject Win32_Share
```

Ab Windows 8 und Windows Server 2012 kann man auch das Commandlet `Get-SmbShare` verwenden. `Get-SmbShare` liefert die Liste der Netzwerkfreigabe auch als WMI-Objekt, aber mit dem neuen Typ „Microsoft.Management.Infrastructure.CimInstance#ROOT/Microsoft/Windows/SMB\MSFT_SmbShare".

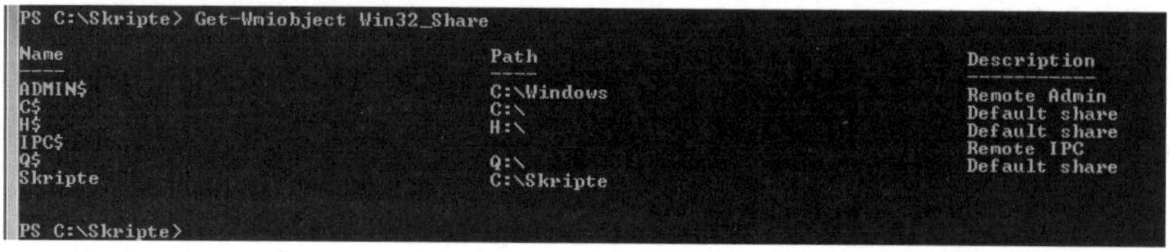

Abbildung 31.16: Auflisten der freigegebenen Dateisystemverzeichnisse

Über den Namen der Freigabe kann man eine Freigabe (auch auf entfernten Systemen) gezielt ansprechen:

```
Get-CimInstance Win32_Share -Filter "Name='C$'" -computer E02 | Select Name, Path,
Description, MaximumAllows | Format-List
```

Das Auflisten der vorhandenen Verzeichnisfreigaben mit Anzahl der aktuell verbundenen Benutzer erledigt:

```
Get-SmbShare | ft name, path, description, currentusers
```

Freigaben anlegen (ältere Form)

Wie schon eingangs des Hauptkapitels erwähnt, ist das scriptbasierte Anlegen einer Freigabe auf Betriebssystemen vor Windows 8 und Windows Server 2012 eine aufwendigere Angelegenheit – zumindest dann, wenn man auch die Zugriffsrechteliste setzen will. Leider kann man hier nicht auf die .NET-Klassen für die Berechtigungsvergabe zurückgreifen, sondern muss entsprechende WMI-Klassen verwenden.

Aus didaktischen Gründen folgt zunächst erst einmal ein Skript, bei dem die Berechtigungen nicht explizit gesetzt werden. Die Freigabe erhält dadurch die Standardrechte (Vollzugriff für jedermann). Zum Anlegen der Freigabe wird die statische Methode `Create()` der Klasse `Win32_Share` aufgerufen. Für `AccessMask` wird dabei `$null` übergeben. Das Skript prüft beim Start, ob es die Freigabe schon gibt, und löscht diese gegebenenfalls, damit eine Neuanlage möglich ist.

Listing 31.14: Anlegen einer Freigabe mit Standardberechtigungen [New-Share-withoutPermissions.ps1]

```
###########################################
# New-Share (without Permissions)
# (C) Dr. Holger Schwichtenberg
###########################################

# Parameters
$Computer = "."
$ShareName = "Kunden"
$Pfad = "g:\Daten\Kunden"
$Comment = "Alle unsere Kundenkorrespondenz"

"Vorher:"
Get-CimInstance Win32_Share -Filter "Name='$ShareName'"
```

```
Get-CimInstance Win32_Share -Filter "Name='$ShareName'" | foreach-Object { $_.Delete() }

# Win32_Share
$MC = [WMIClass] "ROOT\CIMV2:Win32_Share"
$Access = $Null
$R = $mc.Create($pfad, $Sharename, 0, 10, $Description, "", $Access)

if ( $R.ReturnValue -ne 0) { Write-Error "Fehler beim Anlegen: "+ $R.ReturnValue; Exit}
"Freigabe wurde angelegt!"

"Nachher:"
Get-CimInstance Win32_Share -Filter "Name='$ShareName'"
```

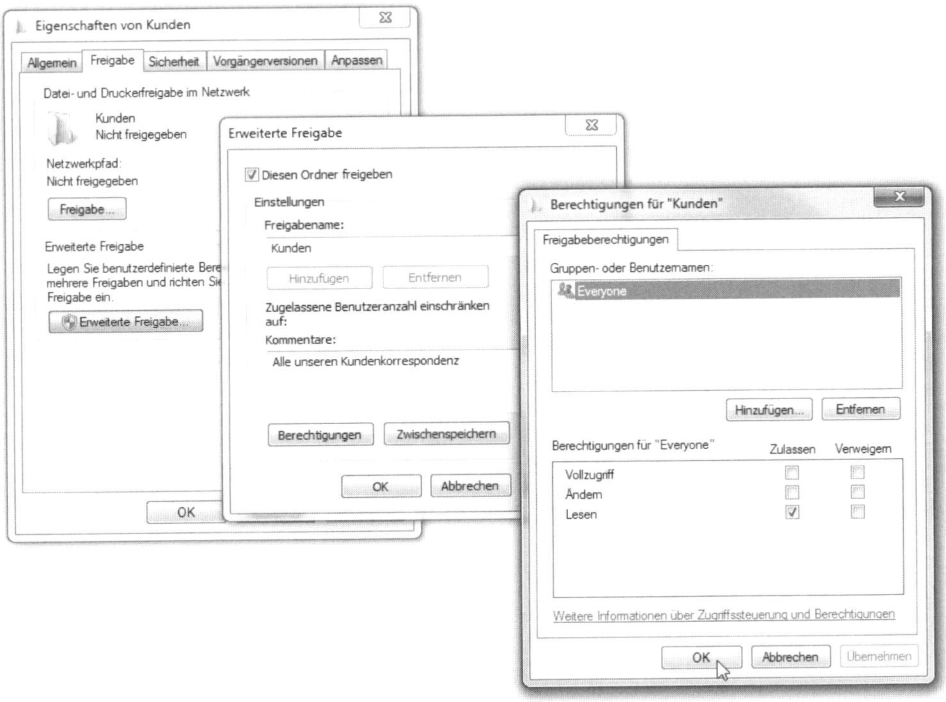

Abbildung 31.17: Eine mit Standardrechten angelegte Freigabe

Berechtigungen auf Freigaben setzen

Um beim Anlegen einer Dateisystemfreigabe die Zugriffsrechte zu setzen, sind folgende Schritte zusätzlich notwendig:

- Ermitteln des Security Identifier für jeden Benutzer/jede Gruppe, die Rechte erhalten soll
- Erstellen einer Instanz von `Win32_Trustee` für jeden Benutzer/jede Gruppe, die Rechte erhalten soll
- Instanziieren der Klasse `Win32_ACE` für jeden Rechteeintrag
- Befüllen von `Win32_ACE` mit dem `Win32_Trustee`-Objekt, den Rechten und den Rechteeigenschaften

- Erstellen einer Instanz von `Win32_SecurityDescriptor`
- Befüllen des `Win32_SecurityDescriptor`-Objekts mit einer Discretionary Access Control List (DACL)
- Zusammenbauen der DACL aus einzelnen Rechteeinträgen (Access Control Entries – ACE), also Instanzen von `Win32_ACE`

Listing 31.15: Anlegen einer Freigabe mit expliziten Rechten [New-Share-withPermission.ps]

```
############################################
# New-Share (with Permissions)
# (C) Dr. Holger Schwichtenberg
############################################

# Parameters
$Computer = "."
$ShareName = "Kunden"
$Pfad = "g:\Daten\Kunden"
$Comment = "Alle unsere Kundenkorrespondenz"

# Constants
$SHARE_READ = 1179817
$SHARE_CHANGE = 1245462
$SHARE_FULL = 2032127
$SHARE_NONE = 1

$ACETYPE_ACCESS_ALLOWED = 0
$ACETYPE_ACCESS_DENIED = 1
$ACETYPE_SYSTEM_AUDIT = 2

$ACEFLAG_INHERIT_ACE = 2
$ACEFLAG_NO_PROPAGATE_INHERIT_ACE = 4
$ACEFLAG_INHERIT_ONLY_ACE = 8
$ACEFLAG_INHERITED_ACE = 16
$ACEFLAG_VALID_INHERIT_FLAGS = 31
$ACEFLAG_SUCCESSFUL_ACCESS = 64
$ACEFLAG_FAILED_ACCESS = 128

# Get Trustee
function New-Trustee($Domain, $User)
{
$Account = New-Object system.security.principal.ntaccount("itv\hs")
$SID = $Account.Translate([system.security.principal.securityidentifier])
$useraccount = [ADSI] ("WinNT://" + $Domain + "/" + $User)
$mc = [WMIClass] "Win32_Trustee"
$t = $MC.CreateInstance()
$t.Domain = $Domain
$t.Name = $User
$t.SID = $useraccount.Get("ObjectSID")
return $t
}
# Create ACE
function New-ACE($Domain, $User, $Access, $Type, $Flags)
{
$mc = [WMIClass] "Win32_Ace"
$a = $MC.CreateInstance()
$a.AccessMask = $Access
```

```
$a.AceFlags = $Flags
$a.AceType = $Type
$a.Trustee = New-Trustee $Domain $User
return $a
}

# Create SD
function Get-SD
{
$mc = [WMIClass] "Win32_SecurityDescriptor"
$sd = $MC.CreateInstance()
$ACE1 = New-ACE "ITV" "HP" $SHARE_READ  $ACETYPE_ACCESS_ALLOWED $ACEFLAG_INHERIT_ACE
$ACE2 = New-ACE "ITV" "HS" $SHARE_FULL $ACETYPE_ACCESS_ALLOWED $ACEFLAG_INHERIT_ACE
$ACE3 = New-ACE "ITV" "Produktmanagement" $SHARE_FULL $ACETYPE_ACCESS_ALLOWED
$ACEFLAG_INHERIT_ACE
[System.Management.ManagementObject[]] $DACL = $ACE1 , $ACE2, $ACE3

$sd.DACL = $DACL
return $sd
}

# before
"Vorher:"
Get-CimInstance Win32_Share -Filter "Name='$ShareName'"

Get-CimInstance Win32_Share -Filter "Name='$ShareName'" | foreach-Object { $_.Delete()
}

# Win32_Share anlegen
$MC = [WMIClass] "ROOT\CIMV2:Win32_Share"
$Access = Get-SD
$R = $mc.Create($pfad, $Sharename, 0, 10, $Comment, "", $Access)

if ( $R.ReturnValue -ne 0) { Write-Error "Fehler beim Anlegen: "+ $R.ReturnValue;
Exit}
"Freigabe wurde angelegt!"

# after
"Nachher:"

Get-CimInstance Win32_Share -Filter "Name='$ShareName'" | foreach { $_.GetAccessMask()
} | gm
```

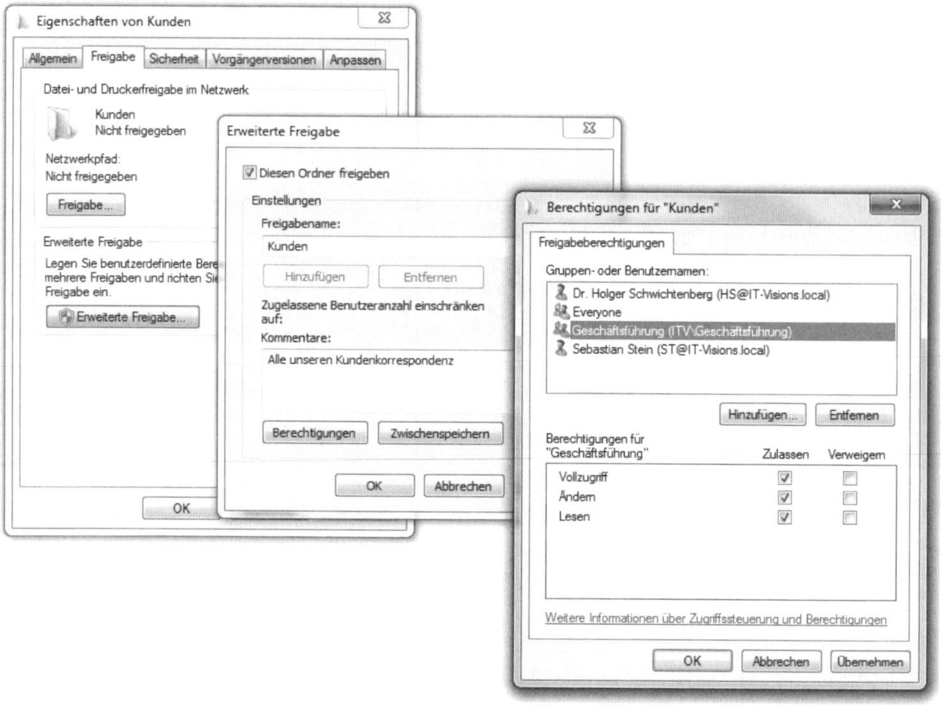

Abbildung 31.18: Ergebnis des obigen Skripts zum Anlegen einer Freigabe mit expliziten Rechten

HINWEIS: `Create()` besitzt einige Fehlercodes, z. B. 22 = Freigabename existiert bereits oder 21 = Falsche Parameter.

Freigaben anlegen (Windows 8.x/Windows Server 2012/2012 R2)

Ab Windows 8 und Windows Server 2012 ist durch das neue PowerShell-Modul das Anlegen einer Freigabe auch mit Berechtigungen ein Kinderspiel mit dem Commandlet `New-SmbShare`.

Das Anlegen einer Freigabe mit Standardberechtigungen (Jeder/Lesen) erfolgt so:

```
new-smbshare –Path w:\SourceFiles -Name Quellcode -Description "Zentrale Freigabe für Quellcode" -ConcurrentUserLimit 10 -FolderEnumerationMode AccessBased
```

HINWEIS: Voraussetzungen für die Ausführung dieses Befehls sind, dass man als Administrator angemeldet ist und die PowerShell-Konsole auch wirklich mit vollen Administratorrechten läuft. Bei aktivierter Benutzerkontensteuerung muss man also „Als Administrator ausführen“ im Kontextmenü wählen.

`Get-SmbShare` liefert die Liste der Netzwerkfreigaben auch als WMI-Objekt mit dem neuen Typ „`Microsoft.Management.Infrastructure.CimInstance#ROOT/Microsoft/Windows/SMB\MSFT_SmbShare`".

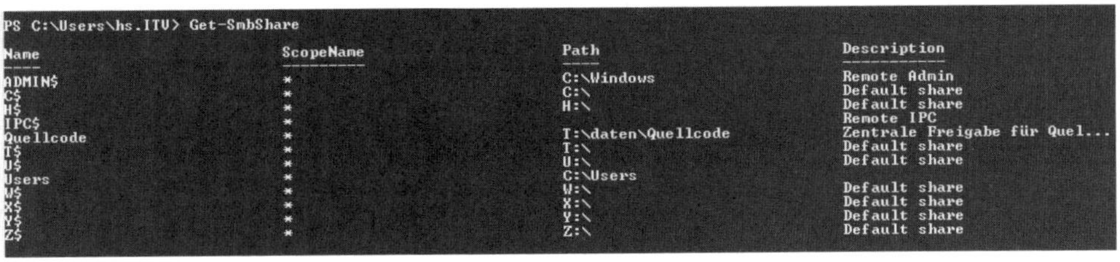

PS C:\Users\hs.ITV> Get-SmbShare

Name	ScopeName	Path	Description
ADMIN$	*	C:\Windows	Remote Admin
C$	*	C:\	Default share
H$	*	H:\	Default share
IPC$	*		Remote IPC
Quellcode	*	T:\daten\Quellcode	Zentrale Freigabe für Quel...
T$	*	T:\	Default share
U$	*	U:\	Default share
Users	*	C:\Users	
W$	*	W:\	Default share
X$	*	X:\	Default share
Y$	*	Y:\	Default share
Z$	*	Z:\	Default share

Abbildung 31.19: Standardausgabe von Get-SmbShare

Zum Löschen einer Freigabe kann man `Remove-SmbShare` verwenden:

```
Remove-SmbShare -Name Quellcode -Force
```

Möchte man nun noch Berechtigungen für die Freigabe setzen, bietet das Commandlet `New-SmbShare` dafür vier selbst erklärende Parameter:

- *FullAccess*
- *ChangeAccess*
- *ReadAccess*
- *NoAccess*

Diesen übergibt man jeweils eine Liste von Benutzeridentitäten (Gruppen oder einzelne Benutzerkonten, wahlweise lokale Konten oder Active-Directory-Konten).

Das nächste Listing zeigt Commandlets in Aktion, um eine Netzwerkfreigabe mit Rechten neu anzulegen.

Listing 31.16: Anlegen einer Netzwerkfreigabe mit Rechten. Falls eine Freigabe dieses Namens schon existiert, wird sie vorweg gelöscht.

```
$share = Get-SmbShare -Name Quellcode -ea SilentlyContinue
if ($share -ne $null) { "Vorhandene Freigabe wird gelöscht..." ; Remove-SmbShare -Name
Quellcode -Force }
"Neue Freigabe wird angelegt..."
new-smbshare -Name Quellcode -Description "Zentrale Freigabe für Quellcode"
-ConcurrentUserLimit 10 -FolderEnumerationMode AccessBased `
-Path T:\daten\Quellcode -FullAccess administrators -ChangeAccess
itv\Softwareentwickler -ReadAccess itv\gf,itv\softwaretester -NoAccess itv\Besucher
```

Die folgende Abbildung zeigt das erwartete Ergebnis.

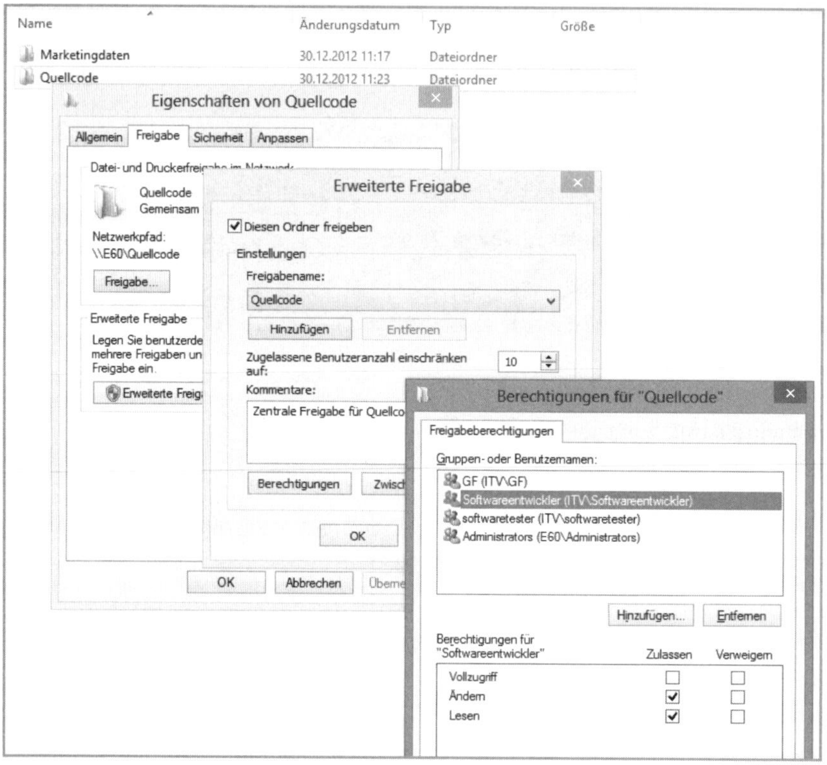

Abbildung 31.20: Angelegte Freigabe

Mit Grant-SmbShareAccess kann man nachträglich weitere Rechte vergeben. Das Entziehen von Rechten läuft über Revoke-SmbShareAccess. Das Commandlet Get-SmbShareAccess liefert eine Liste der aktuellen Rechte in Form von Instanzen der WMI-Klasse MSFT_SmbShareAccessControlEntry.

Listing 31.17: Rechte auf einer Freigabe ändern und ausgeben

```
"Rechte werden nun noch erweitert..."
Grant-SmbShareAccess Quellcode -AccountName itv\softwaretester -AccessRight Change
-Force  | Out-Null
"Ausgabe der Rechte"
Get-SmbShareAccess Quellcode | ft
"Rechte werden nun wieder reduziert..."
Revoke-SmbShareAccess Quellcode -AccountName itv\softwaretester -Force  | Out-Null
"Ausgabe der Rechte"
Get-SmbShareAccess Quellcode | ft
```

31.12 Überwachung des Dateisystems

Das .NET Framework stellt im Namensraum `System.IO` eine Klasse `FileSystemWatcher` bereit, die beim Eintreten von Veränderungen im Dateisystem ein Ereignis auslösen kann. Überwachbare Veränderungen sind das Anlegen, Umbenennen und Löschen von Dateien und Ordnern sowie die Änderungen von Eigenschaften an diesen Objekten.

TIPP: Man kann sowohl lokale Ordner als auch Netzlaufwerke und UNC-Pfade überwachen. In Tests hat die Überwachung sogar mit Freigaben auf Linux-Systemen, die SAMBA verwenden, funktioniert.

Das folgende Listing zeigt die Instanziierung und Konfiguration des `FileSystemWatcher` inklusive der Ereignisbindung mit `Register-ObjectEvent`.

Listing 31.18: Einsatz des FileSystemWatcher zur Überwachung eines Verzeichnisses

```
"Starte Überwachung der Word-Dateien in t:\Data ..."

$fsw = New-Object System.IO.FileSystemWatcher
$fsw.Path = "t:\data"
$fsw.IncludeSubdirectories = $true
$fsw.filter = "*.doc"

$aktion = {
[console]::beep(440,10)
Write-Host
Write-Warning "Dateisystemereignis: " $eventArgs.FullPath ": " $eventArgs.ChangeType
    }

Register-ObjectEvent -InputObject $fsw -EventName Created -Action $aktion
Register-ObjectEvent -InputObject $fsw -EventName Changed -Action $aktion
Register-ObjectEvent -InputObject $fsw -EventName Deleted -Action $aktion
Register-ObjectEvent -InputObject $fsw -EventName Renamed -Action $aktion

"Überwachung läuft!"
```

Mit dem Commandlet `New-FileSystemWatcher` aus dem PowerShellPack (Modul „FileSystem“) kann man etwas prägnanter arbeiten.

Listing 31.19: Einsatz von New-FileSystemWatcher

```
Import-Module FileSystem
"Starte Überwachung der Word-Dateien in t:\Data ..."
$aktion = {
        [console]::beep(440,10)
        Write-Host
Write-Host "Dateisystemereignis: " $eventArgs.FullPath ": " $eventArgs.ChangeType
    }
Start-FileSystemWatcher -Filter *.doc -file "t:\data" -do $aktion -recurse
"Überwachung läuft!"
```

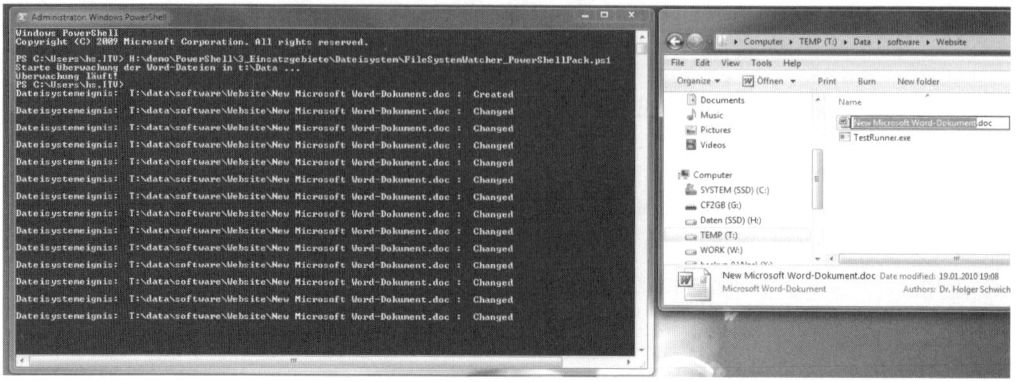

Abbildung 31.21: Ereignisse nach dem Anlegen einer Word-Datei im Windows Explorer

32 Festplattenverschlüsselung mit Bitlocker

von Peter Monadjemi

BitLocker ist der Name der Verschlüsselungstechnik, die bereits mit Windows Vista eingeführt und mit den Nachfolgeversionen Windows 7, 8 und 8.1 bzw. Windows Server 2012 und R2 weiter verbessert wurde. Zu den Neuerungen der aktuellen Version gehört u. a., dass *BitLocker* bereits vor der Installation von Windows 8 im Rahmen von *WinPE* („Windows Pre Installation Environment") aktiviert werden kann und damit nicht nachträglich aktiviert werden muss. Außerdem lässt sich nur der belegte Speicherplatz auf einem Laufwerk verschlüsseln, was die Verschlüsselung beschleunigt. Eine praktische Neuerung ist ferner, dass sich ein *BitLocker*-Laufwerk auch über das (kabelgebundene) Netzwerk entsperren lässt. Falls ein Benutzer seine PIN für den Zugriff auf ein Laufwerk vergessen hat, kann das Helpdesk sein Laufwerk auf diese Weise entsperren (eine Liste aller Neuerungen gibt es bei *TechNet* unter *http://technet.microsoft.com/de-de/library/hh831412.aspx*).

War *BitLocker* in der ersten Version auf die Unterstützung der TPM-Hardware *(Trusted Platform Module)* des Computers zur Sicherung des Verschlüsselungskennworts angewiesen, funktioniert es seit Windows 7 auch ohne eine solche Hardwareunterstützung. Für die Verschlüsselung eines Laufwerks genügt ein Kennwort (das bei der PowerShell als *Secure String*-Objekt übergeben wird). Ein herausragendes Merkmal von *BitLocker* ist das, ebenfalls bereits mit Windows 7 eingeführte, „BitLocker to go", mit dessen Hilfe sich z. B. USB-Laufwerke verschlüsseln lassen. In der Vergangenheit musste die BitLocker-Funktionalität in einem Skript mit Hilfe des Befehlszeilenwerkzeugs *Manage-Bde.exe* (im Verzeichnis *System32*) angesprochen werden. Seit Windows Server 2012 und Windows 8 Professional gibt es mit dem *BitLocker*-Modul eine praktische Alternative, mit der sich *BitLocker*-Laufwerke komfortabel administrieren lassen. Damit lassen sich Laufwerke u. a. verschlüsseln, entschlüsseln und der Status eines *BitLocker*-Laufwerks ausgeben. Bei Windows Server 2012 muss *BitLocker* (z. B. über das `Add-Feature`-Commandlet) als Feature nachträglich installiert werden (danach ist ein Server-Neustart erforderlich).

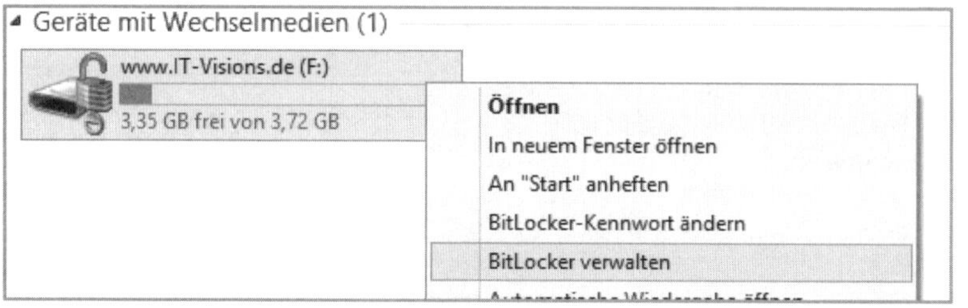

Abbildung 32.1: Die BitLocker-Funktionalität wird im Kontextmenü eines verschlüsselten Laufwerks angeboten.

32.1 Übersicht über das BitLocker-Modul

Mit seinen 13 Funktionen ist das *BitLocker*-Modul überschaubar (Tabelle 32.1). Die (auf WMI basierende) Funktion `Get-BitLockerVolume` listet alle Laufwerke mit einer BitLocker-Verschlüsselung auf. Der Parameter `MountPoint` gibt das oder die Laufwerke an.

BEISPIEL: Der folgende Befehl listet die *BitLocker*-Informationen für das Laufwerk E: auf.

```
Get-BitLockerVolume -MountPoint E:
```

Zu zurückgegebenen Details gehört u. a. die Bezeichnung der verwendeten Verschlüsselungsmethode. Dieser Aufruf entspricht dem Aufruf von `Manage-bde –Status`.

HINWEIS: Um die BitLocker-Funktionen ausführen zu können, muss die PowerShell als Administrator gestartet werden.

Tabelle 32.1: Die Funktionen aus dem BitLocker-Modul

Commandlet	Bedeutung
`Add-BitLockerKeyProtector`	Fügt zu einem BitLocker-Laufwerk einen „Schlüsselschutz" hinzu, der z. B. aus einem Secure String besteht, der über den PIN-Parameter angegeben wird.
`Backup-BitLockerKeyProtector`	Sichert den Schlüsselschutz für ein BitLocker-Laufwerk.
`Clear-BitLockerAutoUnlock`	Entfernt die Schlüssel, die für eine automatische Laufwerksentsperrung verwendet werden.
`Disable-BitLocker`	Deaktiviert den BitLocker-Schutz für die angegebenen Laufwerke.
`Disable-BitLockerAutoUnlock`	Deaktiviert die automatische Laufwerksentsperrung.

Commandlet	Bedeutung
`Enable-BitLocker`	Aktiviert den BitLocker-Schutz für die angegebenen Laufwerke und verschlüsselt den Inhalt. Für den für die Verschlüsselung verwendeten Schlüssel muss ein „Schutz" z. B. in Gestalt eines SecureString über den PIN-Parameter angegeben werden.
`Enable-BitLockerAutoUnlock`	Aktiviert die automatische Laufwerksentsperrung.
`Get-BitLockerVolume`	Gibt Informationen über ein BitLocker-Laufwerk aus.
`Lock-BitLocker`	Sperrt ein Bitlocker-Laufwerk, so dass kein Zugriff möglich ist.
`Remove-BitLockerKeyProtector`	Entfernt einen einzelnen Schlüsselschutz.
`Resume-BitLocker`	Setzt die Verschlüsselung für ein Laufwerk fort.
`Suspend-BitLocker`	Unterbricht die Verschlüsselung für ein Laufwerk.
`Unlock-BitLocker`	Entsperrt ein BitLocker-Laufwerk.

32.2 Verschlüsseln eines Laufwerks

Das Verschlüsseln eines oder mehrerer Laufwerke (in diesem Zusammenhang „MountPoints" genannt) übernimmt die `Enable-BitLocker`-Funktion. Neben den Laufwerksbuchstaben muss ein Schlüsselschutz ausgewählt werden. Die Art des Schutzes wird über einen entsprechenden Switch-Parameter festgelegt. Möchte man den Schlüssel über ein Kennwort schützen, ist dies der `PasswordProtector`-Parameter.

BEISPIEL: Das folgende Beispiel verschlüsselt Laufwerk F: und verwendet als Schlüsselschutz ein Kennwort, das als SecureString übergeben wird. Der Parameter `UsedSpaceOnly` legt fest, dass nur die belegten Bereiche verschlüsselt werden.

```
$Pw = Read-Host -Prompt "Passwort?" –AsSecureString Enable-BitLocker
-MountPoint F: -EncryptionMethod Aes256 -UsedSpaceOnly -Password $Pw
–PasswordProtector
```

Über `Enable-BitLocker` wird die Verschlüsselung lediglich gestartet. Je nach Größe und Belegung des Laufwerks kann sie eine Weile dauern. Der aktuelle Zustand wird über die Funktion `Get-BitLockerVolume` abgefragt.

Wird ein per BitLocker verschlüsseltes USB-Laufwerk angeschlossen, ist der Zugriff zunächst gesperrt. Ist die automatische Entsperrung nicht aktiv, führt ein `Get-ChildItem` zu einer Fehlermeldung, die lediglich besagt, dass das Laufwerk nicht gefunden werden kann. Über `Get-BitLockerVolume` lässt sich das Laufwerk aber abfragen. Um tatsächlich auf den Inhalt zugreifen zu können, muss die Funktion `Unlock-BitLocker` ausgeführt werden.

BEISPIEL: Der folgende Befehl entsperrt ein Laufwerk F:, dessen Schlüssel durch ein Kennwort gesichert ist.

```
Unlock-BitLocker -MountPoint F -Password (Read-Host -Prompt "Pw?"
-AsSecureString)
```

■

33 Dokumente

Dieses Kapitel behandelt die Erstellung und Nutzung verschiedener Dokumententypen: Textdateien, Binärdateien, CSV-Dateien und XML-Dateien.

33.1 Textdateien

Zum Einlesen von Dateien stellt die PowerShell das Commandlet `Get-Content` zur Verfügung. `Get-Content` liest im Standard die gesamte Datei ein.

Das folgende Listing zeigt das Einlesen einer Textdatei und die zeilenweise Ausgabe:

Listing 33.1: Zeilenweises Einlesen einer Textdatei [Textfile_Read.ps1]

```
$datei = Get-Content j:\demo\dokumente\benutzerliste.csv
$a = 0
$datei | Foreach-Object { $a++; "Zeile" + $a + ": " + $_ }
"Gesamtzahl der Zeilen: " + $a
```

Wenn es nur darum geht, die Anzahl der Zeilen zu ermitteln, dann geht das auch kürzer:

```
Get-Content j:\demo\dokumente\benutzerliste.csv | Measure-Object
```

Das Beschreiben einer Textdatei im Dateisystem erfolgt mit `Set-Content` und `Add-Content`. `Set-Content` tauscht den Inhalt aus, `Add-Content` ergänzt Inhalte.

Listing 33.2: Erstellen und Ergänzen einer Textdatei [Textfile_Write.ps1]

```
$datei = "j:\demo\dokumente\protokoll.txt"
"Neubeginn der Protokolldatei " | Set-Content $datei

"Neuer Eintrag " | Add-Content $datei
"Neuer Eintrag " | Add-Content $datei
"Neuer Eintrag " | Add-Content $datei

"Inhalt der Datei jetzt:"

Get-Content $datei
```

Clear-Content löscht den Inhalt einer Datei, belässt die Datei aber leer im Dateisystem.

Eine andere Möglichkeit zum Erstellen einer Textdatei ist die Verwendung von New-Item:

```
New-Item . -name Daten.txt -type "file" -value "Dies ist der Inhalt!" –force
```

In diesem Fall gibt es aber nur die Option, die Datei neu anzulegen (ohne –force) oder eine bestehende Datei zu überschreiben (mit -force).

Eine dritte Möglichkeit zum Beschreiben einer Datei ist das Commandlet Out-File.

Das Durchsuchen von Textdateien ist möglich mit dem Commandlet Select-String. Die folgende Anweisung liefert Informationen dazu, in welchen Skriptdateien in einer Verzeichnishierarchie das Wort „Where" vorkommt:

```
Get-ChildItem h:\demo\powershell -Filter *.ps1 -Recurse | Select-String "Where"
```

33.2 Binärdateien

Auch Binärdateien kann man mit Get-Content auslesen und mit Set-Content bzw. Add-Content beschreiben. Jeweils ist als Parameter –encoding Byte anzugeben.

Listing 33.3: Lesen und Schreiben einer Binärdatei [BinaryFile_ReadWrite.ps1]

```
# Binärdatei lesen
$a = Get-Content H:\demo\PowerShell\Registry\www.IT-Visions.de_Logo.jpg -encoding byte

# Binärdatei schreiben
$a | Set-Content "g:\Daten\Logo.jpg" -encoding byte
```

33.3 CSV-Dateien

Zum Importieren und Exportieren von Daten im CSV (Comma-Separated Values)-Format bietet die PowerShell die Commandlets Import-CSV und Export-CSV.

ACHTUNG: Im Standard verwenden diese Commandlets als Trennzeichen ein Komma („,"), nicht wie in Deutschland üblich ein Semikolon. Um das Semikolon zu nutzen, müssen Sie -Delimiter „;" als Parameter angeben. Um deutsche Umlaute zu exportieren, müssen Sie einen entsprechenden Zeichensatz angeben, z. B. -Encoding UTF8.

Neben der Frage des Trennzeichens ist noch zu entscheiden, ob man eine normale CSV-Datei oder eine CSV-Datei mit Metainformationen über den exportierten Typ erzeugen möchte.

Man kann eine normale CSV-Datei ohne Metadaten erstellen lassen:

```
Get-Service | Where-Object {$_.status -eq "running"} | export-csv c:\temp\dienste.csv
-NoTypeInformation
```

Alternativ dazu kann man eine CSV-Datei erzeugen, bei der in der ersten Zeile nach „#Type“ hinterlegt ist, welche Objekttypen in der Datei persistiert sind. Dies hat den Vorteil, dass man bei dem späteren Import wieder Objekte dieses Typs erhält. Allerdings versteht kein Werkzeug außer der PowerShell diese Syntax.

```
Get-Service | Where-Object {$_.status -eq "running"} | export-csv c:\temp\dienste.csv
```

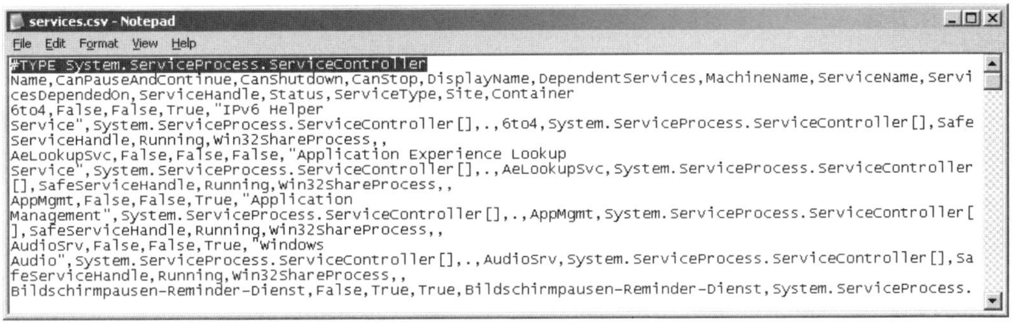

Abbildung 33.1: Exportierte CSV mit Typinformationen in der ersten Zeile

Beim Import einer CSV-Datei mit

```
Import-csv c:\temp\dienste.csv | where { $_.Status -eq "Running" }
```

entscheidet die Typinformation darüber, welcher Objekttyp konstruiert wird. Mit Typinformationen wird der entsprechende Typ erstellt, mit dem Zusatz „CSV“ (siehe Bildschirmabbildung).

ACHTUNG: Das Exportieren/Importieren entspricht einer Serialisierung/Deserialisierung von Objekten. Die deserialisierten Objekte haben zwar alle Attribute (also Daten) des Ursprungobjekts, nicht aber deren spezifische Methoden.

Ohne Typinformationen entstehen Instanzen der Klasse `System. Management.Automation.PSCustomObject`.

`ConvertTo-CSV` (seit PowerShell 2.0) erzeugt genau wie `Export-CSV` ein CSV-Dokument (Comma-Separated Values) aus einer Objektmenge. Der Unterschied ist aber, dass `ConvertTo-CSV` die Ausgabe nicht in ein Dokument schreibt, sondern innerhalb der PowerShell als Zeichenkette zur Weiterverarbeitung anbietet. Beispiel:

```
Get-Service I* | ConvertTo-Csv
```

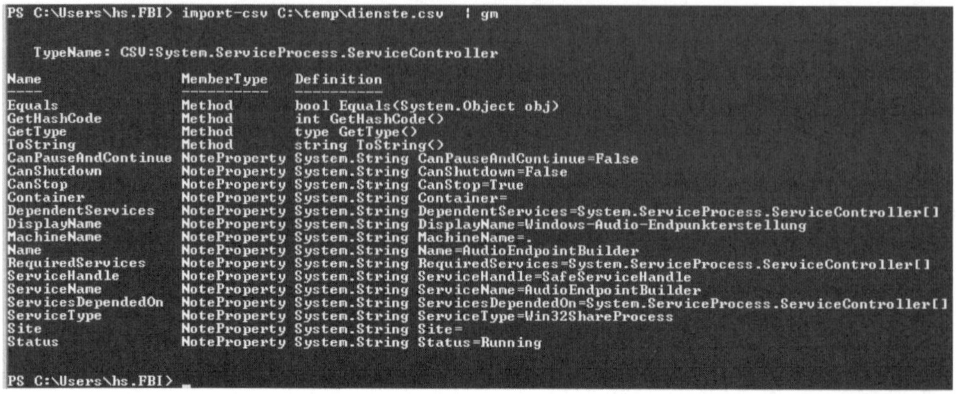

Abbildung 33.2: Deserialisierte Dienst-Objekte

Abbildung 33.3: Ausgabe von ConvertTo-CSV nach dem Befüttern mit Instanzen von System.ServiceProcess.ServiceController

33.4 INI-Dateien

Zum Einlesen von „alten" INI-Dateien kann man auf `Import-INIFile` aus dem PowerShell-Pack (Modul `PSSystemTools`) zurückgreifen. `Import-INIFile` erzeugt aus der INI-Datei ein `PSCustomObject` mit den Einträgen der INI-Datei als Attribute (`NoteProperty`).

Abbildung 33.4: Zugriff auf INI-Dateien am Beispiel der Application.ini-Datei von Firefox

33.5 XML-Dateien

Die PowerShell bietet eine sehr komfortable Möglichkeit, XML-Dokumente auszuwerten, denn die XML-Elementnamen können wie Attribute eines .NET-Objekts angesprochen werden. Wenn `$doc` das in der nachstehenden Abbildung gezeigte XML-Dokument enthält, dann liefert `$doc.Websites.Website` die Menge von XML-Knoten, die *<Website>* heißen.

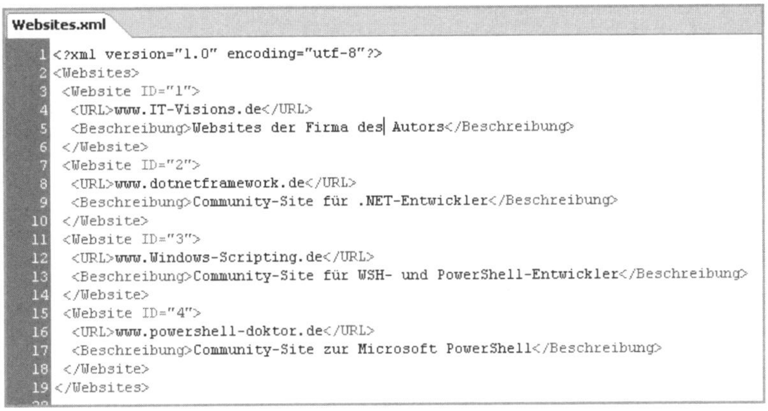

Websites.xml

```
<?xml version="1.0" encoding="utf-8"?>
<Websites>
 <Website ID="1">
  <URL>www.IT-Visions.de</URL>
  <Beschreibung>Websites der Firma des Autors</Beschreibung>
 </Website>
 <Website ID="2">
  <URL>www.dotnetframework.de</URL>
  <Beschreibung>Community-Site für .NET-Entwickler</Beschreibung>
 </Website>
 <Website ID="3">
  <URL>www.Windows-Scripting.de</URL>
  <Beschreibung>Community-Site für WSH- und PowerShell-Entwickler</Beschreibung>
 </Website>
 <Website ID="4">
  <URL>www.powershell-doktor.de</URL>
  <Beschreibung>Community-Site zur Microsoft PowerShell</Beschreibung>
 </Website>
</Websites>
```

Abbildung 33.5: Beispiel für ein XML-Dokument

Das obige Dokument kann so ausgewertet werden:

Listing 33.4: Auslesen einer XML-Datei [XML_Document.ps1]

```
$doc = [xml] (Get-Content -Path h:\demo\dokumente\websites.xml)
$Sites = $doc.Websites.Website
$Sites | select URL, Beschreibung
```

HINWEIS: Um die besondere XML-Unterstützung der PowerShell nutzen zu können, muss die PowerShell wissen, welche Variablen ein XML-Dokument enthält. Daher ist die Typzuweisung mit `[xml]` in der ersten Zeile sehr wichtig.

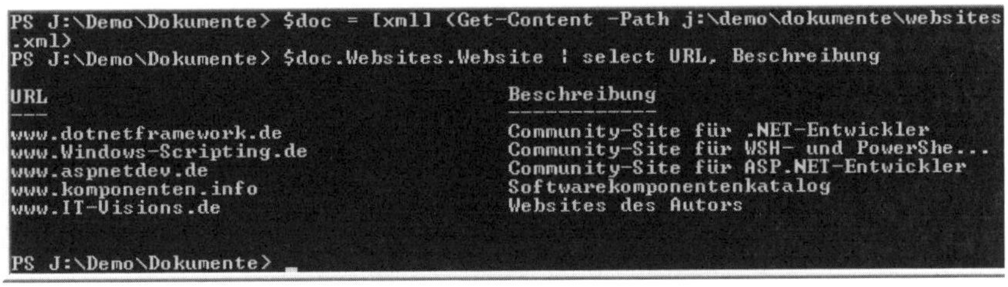

```
PS J:\Demo\Dokumente> $doc = [xml] (Get-Content -Path j:\demo\dokumente\websites
.xml)
PS J:\Demo\Dokumente> $doc.Websites.Website | select URL, Beschreibung

URL                                     Beschreibung
---                                     ------------
www.dotnetframework.de                  Community-Site für .NET-Entwickler
www.Windows-Scripting.de                Community-Site für WSH- und PowerShe...
www.aspnetdev.de                        Community-Site für ASP.NET-Entwickler
www.komponenten.info                    Softwarekomponentenkatalog
www.IT-Visions.de                       Websites des Autors


PS J:\Demo\Dokumente> _
```

Abbildung 33.6: Ergebnis der Auswertung des XML-Dokuments

Prüfung von XML-Dokumenten

Den Versuch, ein nicht gültiges XML-Dokument (in dem z. B. ein schließendes Tag fehlt) in den Typ [Xml] zu konvertieren, quittiert die PowerShell mit einem Fehler (siehe folgende Bildschirmabbildung).

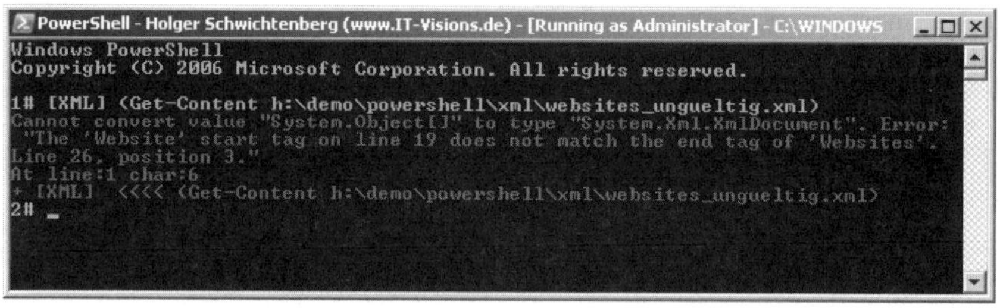

Abbildung 33.7: Fehlermeldung, wenn ein schließendes Tag fehlt

Mit dem Commandlet `Test-Xml` (aus den PSCX) kann man vorher prüfen, ob ein Dokument gültig ist. `Test-Xml` liefert `True` oder `False`.

```
Test-Xml h:\demo\powershell\xml\websites_ungueltig.xml
```

`Test-Xml` prüft im Standard nur die Gültigkeit. Optional ist eine Validierung gegen ein XML-Schema möglich. Hierbei ist nach `–SchemaPath` der Pfad zu der XML-Schema-Datei *(.xsd)* anzugeben. Alternativ kann dort auch ein Array mit mehreren Pfaden angegeben werden.

```
Test-Xml h:\demo\powershell\xml\websites.xml -SchemaPath h:\demo\powershell\xml\
websites.xsd
```

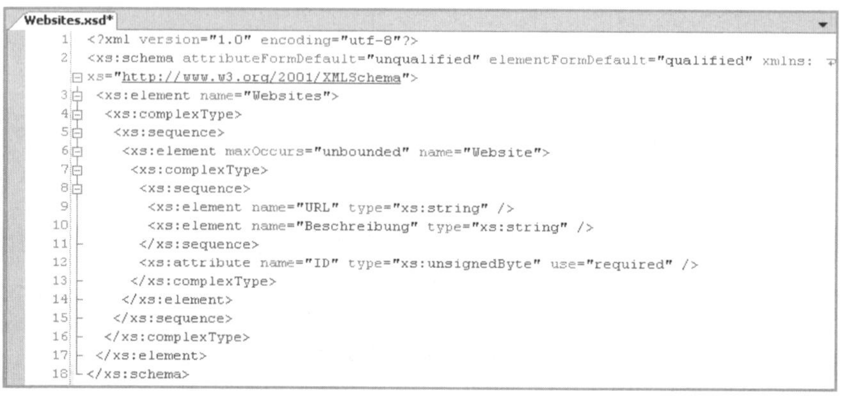

Abbildung 33.8: XML-Schema für die Websites-Datei

Formatierte Ausgabe

XML-Dokumente müssen nicht formatiert sein, d. h., Einrückungen der XML-Elemente entsprechend der Ebene sind nicht notwendig. In den PSCX gibt es eine Möglichkeit, mit dem Commandlet `Format-Xml` nicht formatierte XML-Dokumente formatiert auszugeben bzw. die Formatierung der Ausgabe anzupassen.

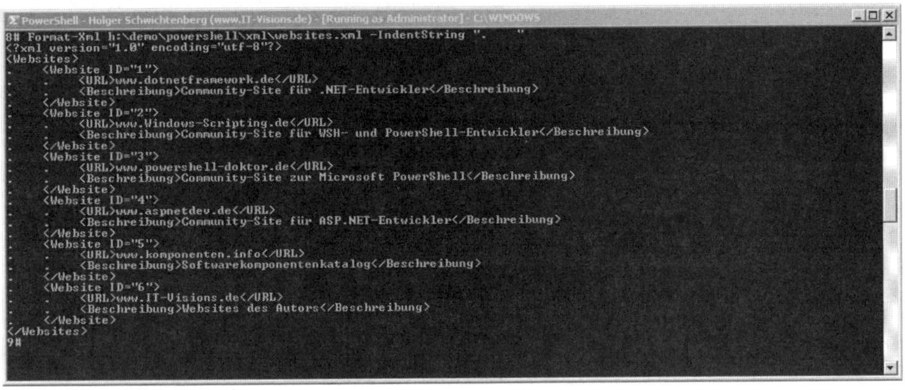

Abbildung 33.9: Einsatz von Format-Xml

Der folgende Befehl liefert eine formatierte Ausgabe eines XML-Dokuments, bei der jede Ebene mit einem Punkt und vier Leerzeichen eingerückt wird (siehe Abbildung 33.9).

```
Format-Xml h:\demo\powershell\xml\websites.xml -IndentString ".    "
```

XPath-Anweisungen

Zur Suche in XML-Dokumenten mit Hilfe von XPath (XPath ist ein W3C-Standard, siehe [W3C01]) unterstützt die Klasse `XmlDocument` die Methoden `SelectNodes()` und `SelectSingleNode()`. In den PSCX gibt es das Commandlet `Select-Xml`.

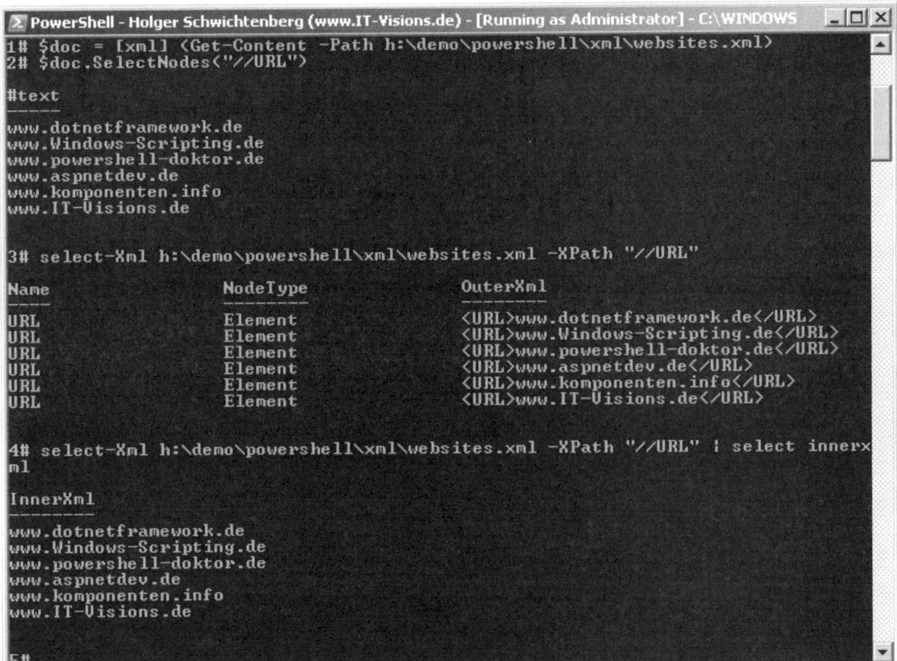

Abbildung 33.10: Ausgabe von SelectNodes() und Select-Xml im Vergleich

> **ACHTUNG:** `SelectNodes()` und `SelectSingleNode()` liefern Instanzen der Klassen `System.Xml.Xml-Element` und `System.Xml.XmlAttribute`. `Select-Xml` hingegen liefert Instanzen von `MS.Internal.Xml.Cache.XPathDocumentNavigator`. Die Ausgabe ist daher sehr verschieden. Um bei beiden Befehlen zur gleichen Ausgabe zu kommen, muss man das Ergebnis von `Select-Xml` an `Select-Object InnerXml` senden (siehe Abbildung 33.10).

Es folgen einige Beispiele.

Tabelle 33.1: Beispiele zur Anwendung von XPath

```
$doc.SelectNodes("//URL")
```

Oder

```
select-Xml h:\demo\powershell\xml\websites.xml -XPath "//URL" | select innerxml
```

Liefert alle <URL>-Elemente.

```
$doc.SelectNodes("//Website/@ID")
```

Oder

```
select-Xml h:\demo\powershell\xml\websites.xml -XPath "//Website/@ID" | select innerxml
```

Liefert alle ID-Attribute aller <Website>-Elemente.

```
$doc.SelectSingleNode("//Website[@ID=3]/URL")
```

Oder

```
select-Xml h:\demo\powershell\xml\websites.xml -XPath "//Website[@ID=3]/URL" | select innerxml
```

Liefert das <URL>-Element des <Website>-Elements mit dem Attributwert 3 im Attribut ID.

`Select-Xml` hat den Vorteil, dass dort auch eine einfache Unterstützung für XML-Namensräume geboten wird. Der folgende Befehl liest aus einer Visual-Studio-Projektdatei die Namen aller eingebundenen C#-Quellcodedateien aus. Dabei muss Bezug genommen werden auf den entsprechenden Namensraum des Kommandozeilenwerkzeugs MSBuild, das für die Übersetzung der Projekte zuständig ist.

```
Select-Xml "H:\demo\PowerShell\_Eigene Commandlets\PowerShell_Commandlet_Library\
PowerShell_Commandlet_Library.csproj" -Namespace 'dns=http://schemas.microsoft.com/
developer/msbuild/2003' -XPath "//dns:Compile/@Include"
```

Beispiel

```
<Project DefaultTargets="Build" xmlns="http://schemas.microsoft.com/developer/msbuild/2003">
  ...
  <ItemGroup>
    <Compile Include="Test-Dauer.cs" />
    <Compile Include="Get-Disk3.cs" />
    <Compile Include="Get-Computername.cs" />
    <None Include="Get-Disk2.cs" />
    <None Include="Get-Disk1.cs" />
    <Compile Include="Properties\AssemblyInfo.cs" />
    <Compile Include="PSSnapin.cs">
      <SubType>Component</SubType>
    </Compile>
  </ItemGroup>
  ...
</Project>
```

Abbildung 33.11: Dieses Fragment aus der Visual-Studio-Projektdatei zeigt die zu selektierenden Elemente und deren Namensraumdeklaration.

XML-Dateien verändern

Das nächste Skript ergänzt einen Eintrag in einer XML-Datei unter Verwendung der Methoden `CreateElement()` und `AppendChild()`. Dieses Beispiel zeigt, dass es aber auch Ecken in der PowerShell gibt, die etwas komplizierter sein können. Weil die Unterelemente eines XML-Knotens als Attribute der .NET-Klasse, welche die PowerShell verarbeitet, dargestellt werden, können – zur Vermeidung von Namenskonflikten – die Attribute der Metaklasse `System.Xml.Node` (bzw. abgeleiteter Klassen) nicht mehr direkt dargestellt werden. Diese Attribute sind nur über ihre Getter und Setter verfügbar. Dies bedeutet, dass man mit dem PowerShell-Skript den Inhalt eines Knotens nicht über `$knoten.Innertext = "xyz"` setzen kann, sondern etwas umständlicher über `$knoten. _set_Innertext("xyz")` aufrufen muss.

Listing 33.5: Ergänzen einer XML-Datei [XML_Modify.ps1]

```
"Vorher"
$doc = [xml] (Get-Content -Path h:\demo\buch\websites.xml)
$doc.Websites.Website | select URL,Beschreibung
"Nachher"
$site = $doc.CreateElement("Website")
$url =  $doc.CreateElement("URL")
$url.set_Innertext("www.powershell-doktor.de")
$beschreibung =  $doc.CreateElement("Beschreibung")
$beschreibung.set_Innertext("Community-Website zur PowerShell")
$site.AppendChild($url)
$site.AppendChild($Beschreibung)
$doc.Websites.AppendChild($site)
$doc.Websites.Website | select URL,Beschreibung
$doc.Save("h:\demo\buch\websites_neu.xml")
"Dokument gespeichert!"
```

XML-Dateien aus Pipeline exportieren

Die PowerShell verwendet ein eigenes XML-Format („CLIXML"), mit dem die Objekt-Pipeline in XML-Form (durch `Export-Cl iXml`) persistiert (serialisiert) werden kann, so dass diese später wiederhergestellt werden kann. Der folgende Befehl speichert die Objektliste der laufenden Systemdienste. Die Abbildung zeigt das Ergebnis.

```
Get-Service | Where-Object {$_.status -eq "running"} | Export-CliXml j:\demo\dokumente\
dienste.xml
```

Abbildung 33.12: Ausschnitt aus der Serialisierung einer PowerShell-Pipeline

Das Gegenstück zur Wiederherstellung der Pipeline ist `Import-CliXml`.

```
Import-CliXml j:\demo\dokumente\dienste.xml | Get-Member
```

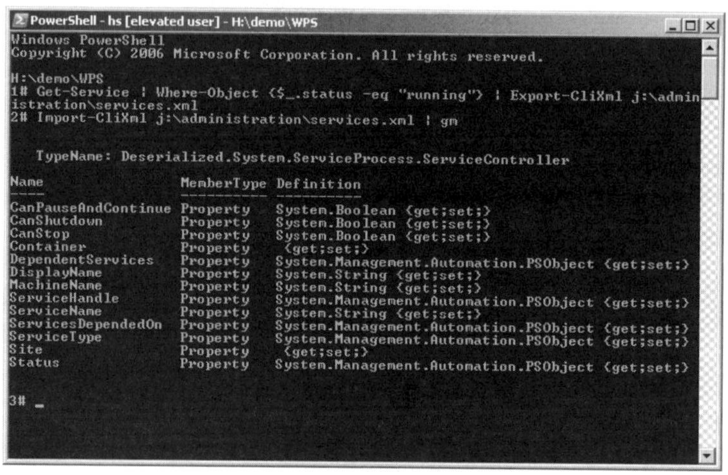

Abbildung 33.13: Deserialisierte Dienst-Objekte

ACHTUNG: Nach der Deserialisierung der Objekte können alle Attribute der Objekte wieder verwendet werden, nicht aber die Methoden der Objekte!

`ConvertTo-XML` (seit PowerShell 2.0) erzeugt genau wie `Export-CliXml` ein XML-Dokument aus einer Objektmenge. Der Unterschied ist aber, dass ConvertTo-XML die XML-Ausgabe nicht in ein Dokument schreibt, sondern innerhalb der PowerShell in drei Formen zur Weiterverarbeitung anbietet: Zeichenkette (`-as string`), Stream (`-as stream`) oder XML-Dokument (`-as document`) in Form einer Instanz von `System.Xml.XmlDocument`.

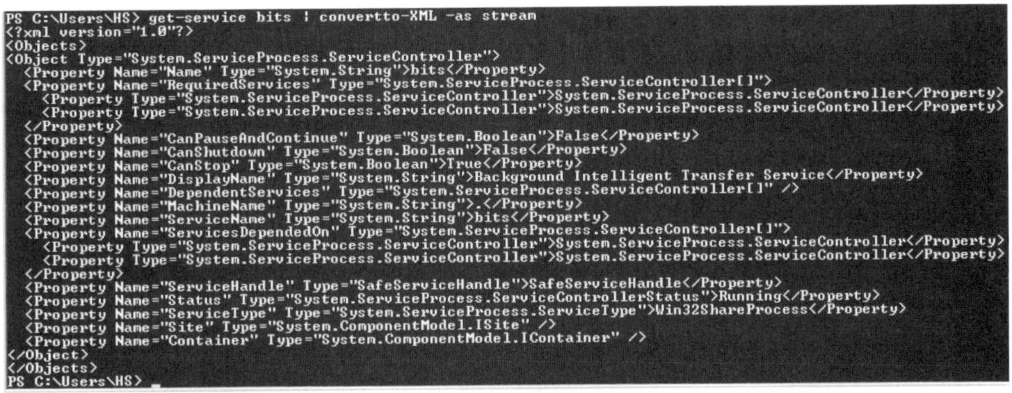

Abbildung 33.14: Ausgabe von ConvertTo-Xml bei Anwendung auf einer Instanz von System. ServiceProcess.ServiceController

XML-Dateien transformieren

Für die Anwendung des W3C-Standards XSLT (XML Stylesheet Transformation) steht in den PSCX das Commandlet `Convert-Xml` zur Verfügung. Alternativ kann man die .NET-Klasse `System.Xml.Xsl.XslCompiledTransform` verwenden.

Das folgende Beispiel zeigt, wie man die XML-Datei *Websites.xml* mit Hilfe der in der Abbildung gezeigten XSLT-Datei in eine XHTML-Datei konvertieren kann. Das Ergebnis wird gespeichert als *Websites.html*.

```
Convert-Xml h:\demo\powershell\xml\websites.xml -XsltPath H:\DEV\ITVisions_PowerShell_
CommandletLibrary\CommandletLibrary\Daten\
    WebsitesToHTML.xslt | Set-Content h:\demo\powershell\xml\websites.html
```

TIPP: Hilfe beim Entwickeln und Testen von XSLT-Dateien bietet Ihnen Microsofts Entwicklungsumgebung Visual Studio.

WebsitesToHTML.xslt

```
<?xml version="1.0" ?>
<xsl:stylesheet xmlns:xsl="http://www.w3.org/1999/XSL/Transform" version="1.0">
 <!-- Transformation -->
 <xsl:template match="Websites">
  <HTML>
   <body>
    <h2>Websites von Dr. Holger Schwichtenberg</h2>
    <ul>
     <xsl:for-each select="/Websites/Website">
      <li>
       <xsl:value-of select='Beschreibung'/>
       <br>
        <a>
         <xsl:attribute name="href">
          <xsl:value-of select="URL"/>
         </xsl:attribute>
         <xsl:value-of select="URL"/>
        </a>
       </br>
      </li>
     </xsl:for-each>
    </ul>
    <hr></hr>
    Konvertiert aus XML
   </body>
  </HTML>
 </xsl:template>
</xsl:stylesheet>
```

Abbildung 33.15: XSLT-Datei

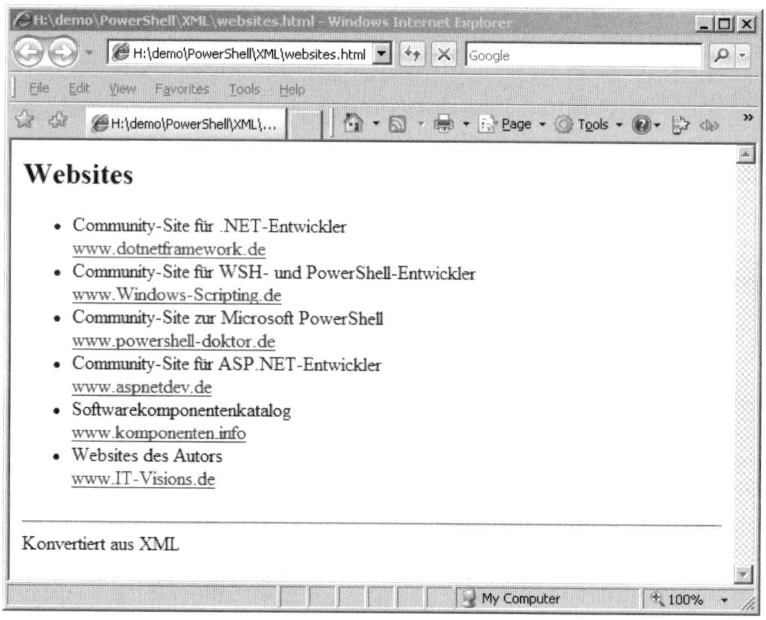

Abbildung 33.16: Diese HTML-Datei wurde aus der XML-Datei generiert.

33.6 HTML-Dateien

Das Commandlet `Convert-Html` konvertiert die Objekte der Pipeline in eine HTML-Tabelle. Der folgende Befehl speichert die Liste der Windows-Systemdienste als eine HTML-Datei.

```
Get-Service | ConvertTo-Html name,status -title "Diensteliste" -body "Liste der
Dienste" | Set-Content j:\demo\dokumente\dienste.htm
```

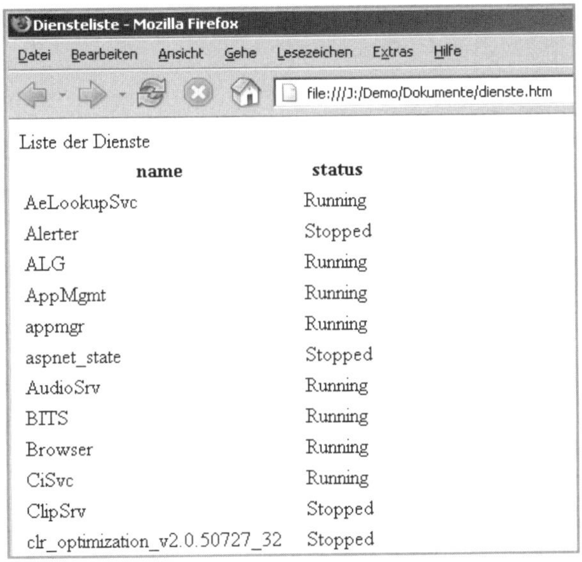

Abbildung 33.17:
Ergebnis der Konvertierung in eine HTML-Tabelle

34 Datenbanken

Die PowerShell besitzt keine Commandlets für den Datenbankzugriff und auch keinen Navigation Provider, obwohl es sich anbieten würde, auch Datenbanken ins Konzept der Navigation Provider einzubeziehen. Zum Datenbankzugriff kann man in der PowerShell auf ADO.NET zugreifen. Immerhin unterstützt die PowerShell beim Zugriff auf die einzelnen Tabellen, indem sie die Spaltennamen als Attribute des Tabellenobjekts anbietet (hier findet eine ähnliche automatische Abbildung statt wie bei WMI-Objekten).

Erst seit SQL Server 2008 gibt es einen eigenen Provider für die Arbeit mit dem Server und den Datenbanken.

HINWEIS: ADO.NET ist die Weiterentwicklung der COM-Komponente ActiveX Data Objects (ADO).

Im Folgenden werden zwei Wege gezeigt:

- Zuerst der direkte Zugriff auf ADO.NET
- Anschließend die Nutzung der Commandlets aus den *www.IT-Visions.de-PowerShell Extensions*, die den Zugriff kapseln

34.1 ADO.NET-Grundlagen

Dieses Kapitel vermittelt einige notwendige Grundlagen zu ADO.NET.

Providerarchitektur

Genauso wie die Vorgängerkonzepte ODBC und OLEDB verwendet ADO.NET auch datenquellenspezifische Treiber, die *ADO.NET Data Provider*, *.NET Data Provider* oder *Managed Provider* genannt werden. Data Provider für OLEDB und ODBC stellen dabei die Abwärtskompatibilität von ADO.NET für Datenquellen her, für die (noch) keine spezifischen ADO.NET-Datenprovider existieren.

Datenprovider von Microsoft

ADO.NET wird mit folgenden Datenprovidern (alias .NET Data Provider oder Managed Data Provider) ausgeliefert:

- `System.Data.SqlClient` (spezieller Treiber für Microsoft SQL Server ab Version 7.0; dieser Treiber wird auch innerhalb des SQL Server ab Version 2005 für Managed-Code-Anwendungen benutzt und löst `System.Data.SqlServer` der vorherigen Beta-Versionen ab)
- `System.Data.SqlServerCe` (spezieller Treiber für Microsoft SQL Server CE)
- `System.Data.OracleClient` (Spezieller Treiber für Oracle-Datenbanken, gilt aber als veraltet. Microsoft empfiehlt, hier den „ODAC"-Treiber von Oracle oder einen Treiber eines Drittanbieters wie DebArt oder DataDirect zu verwenden.)
- `System.Data.OLEDB` (Brücke zu OLEDB-Providern)
- `System.Data.Odbc` (Brücke zu ODBC-Treibern)

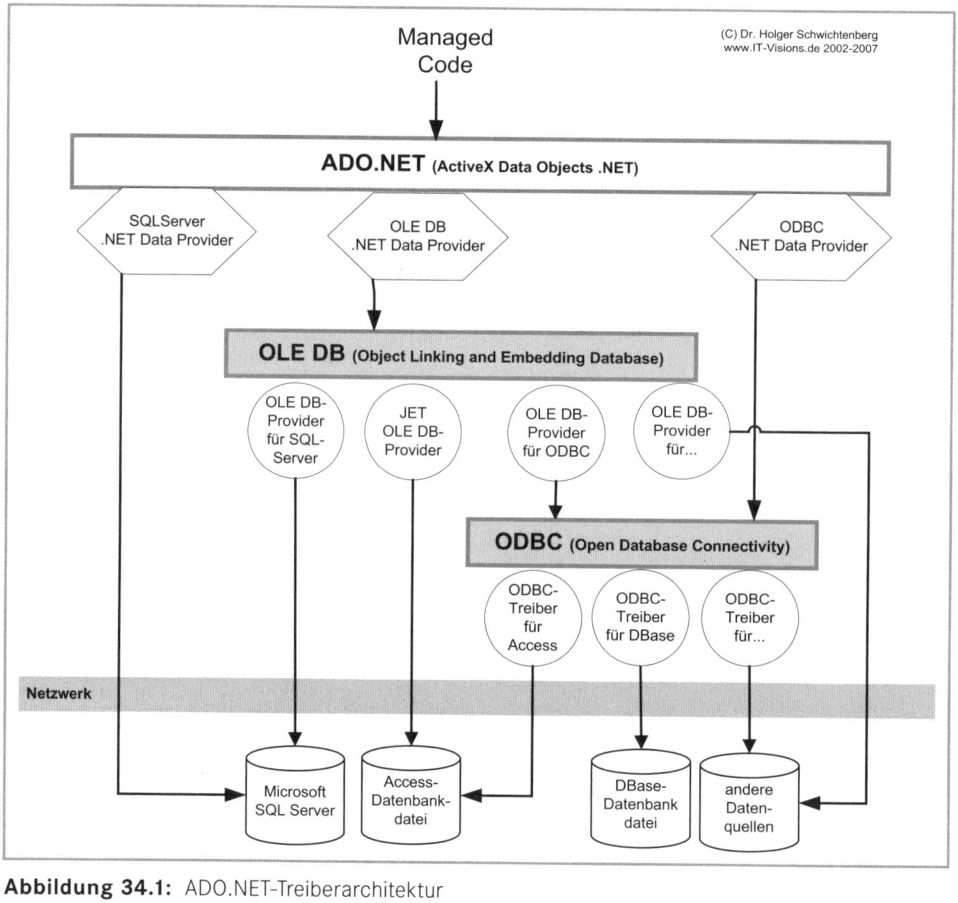

Abbildung 34.1: ADO.NET-Treiberarchitektur

Datenprovider von anderen Herstellern

Weitere Provider (z. B. für MySQL, DB2, Sybase, Informix und Ingres) werden von anderen Herstellern geliefert, eine Liste finden Sie unter [DOTNET02].

Ermittlung der installierten Datenprovider

Die auf einem System registrierten ADO.NET-Datenprovider können über die statische Methode `System.Data.Common.DbProviderFactories.GetFactoryClasses()` aufgelistet werden.

Der Zugriff in der PowerShell sieht so aus:

```
[System.Data.Common.DbProviderFactories]::GetFactoryClasses()
```

HINWEIS: Die installierten Provider sind nicht in der Registrierungsdatenbank, sondern – wie es sich für eine .NET-Anwendung gehört – in der zentralen XML-Konfigurationsdatei des .NET Frameworks (`machine. config`) abgelegt (Sektion `<system.data>` `<DbProviderFactories>`). ■

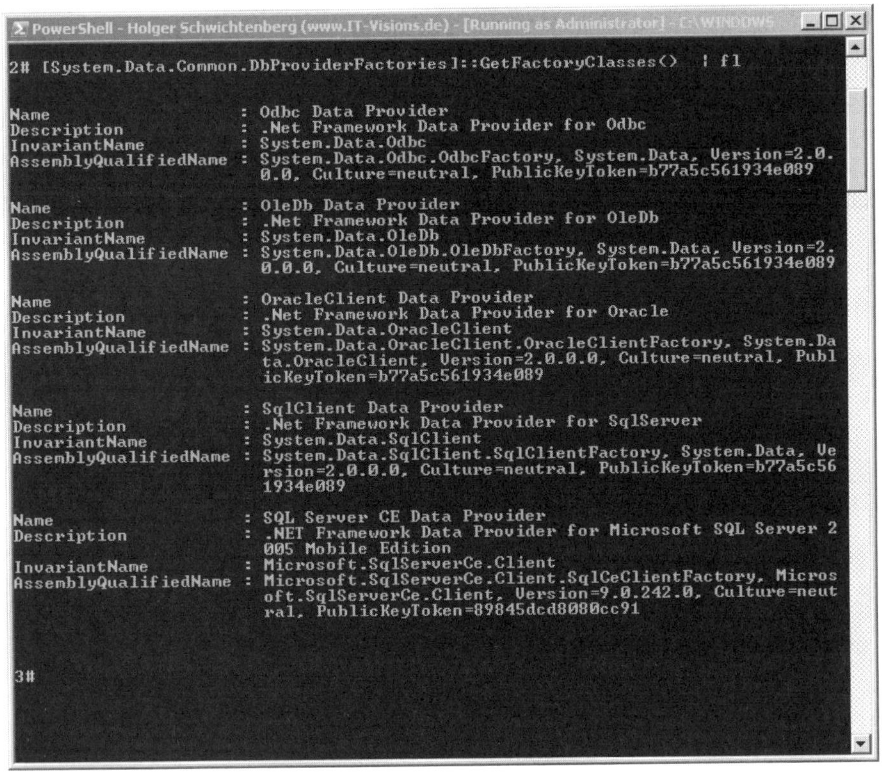

Abbildung 34.2: Auflisten der installierten ADO.NET-Treiber

Liste der verfügbaren SQL Server

Wenn Sie wissen wollen, welche Instanzen von Microsoft SQL Server in Ihrer Domäne in Betrieb sind, können Sie die .NET-Klasse SqlDataSourceEnumerator verwenden:

```
[System.Data.Sql.SqlDataSourceEnumerator]::Instance.GetDataSources()
```

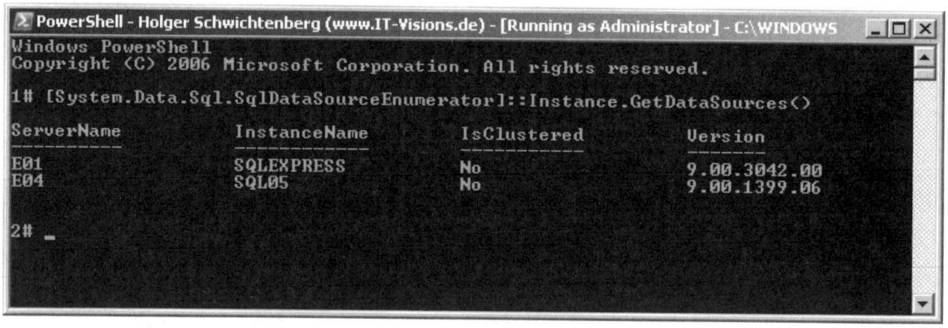

Abbildung 34.3: Liste der verfügbaren SQL Server

Datenwege

Die nachstehende Abbildung zeigt die möglichen Datenwege in ADO.NET von einer Datenquelle zu einem Datenverbraucher. Alle Zugriffe auf eine Datenquelle laufen auf jeden Fall über ein Command-Objekt, das datenproviderspezifisch ist. Zum Auslesen von Daten bietet das Modell zwei Wege: Daten können über ein providerspezifisches DataReader-Objekt oder über ein providerunabhängiges DataSet-Objekt zum Datenverbraucher gelangen. Das DataSet-Objekt benötigt zur Beschaffung der Daten ein DataAdapter-Objekt (nicht zu verwechseln mit einem PowerShell-Objektadapter), das wiederum in jedem Datenprovider separat zu implementieren ist.

Seit .NET 2.0 existieren Möglichkeiten, nachträglich noch von einem in das andere Zugriffsmodell zu wechseln. Datenänderungen erfolgen, indem der Datenverbraucher direkt Befehle an ein Command-Objekt sendet.

Seit .NET 2.0 stellt .NET sogenannte Datenquellensteuerelemente bereit, die dem Entwickler die Bindung von Daten an ein Steuerelement erleichtern. Diese Datenquellensteuerelemente sind Teil der Bibliotheken für grafische Benutzeroberflächen (Windows Forms und ASP.NET) und werden in diesem Buch nicht behandelt. Dazu sei auf [SCH02] verwiesen.

TIPP: Es ist möglich, aber etwas aufwendiger, den Zugriff auf eine Datenquelle so zu programmieren, dass die Art der Datenbank ausgetauscht werden kann.

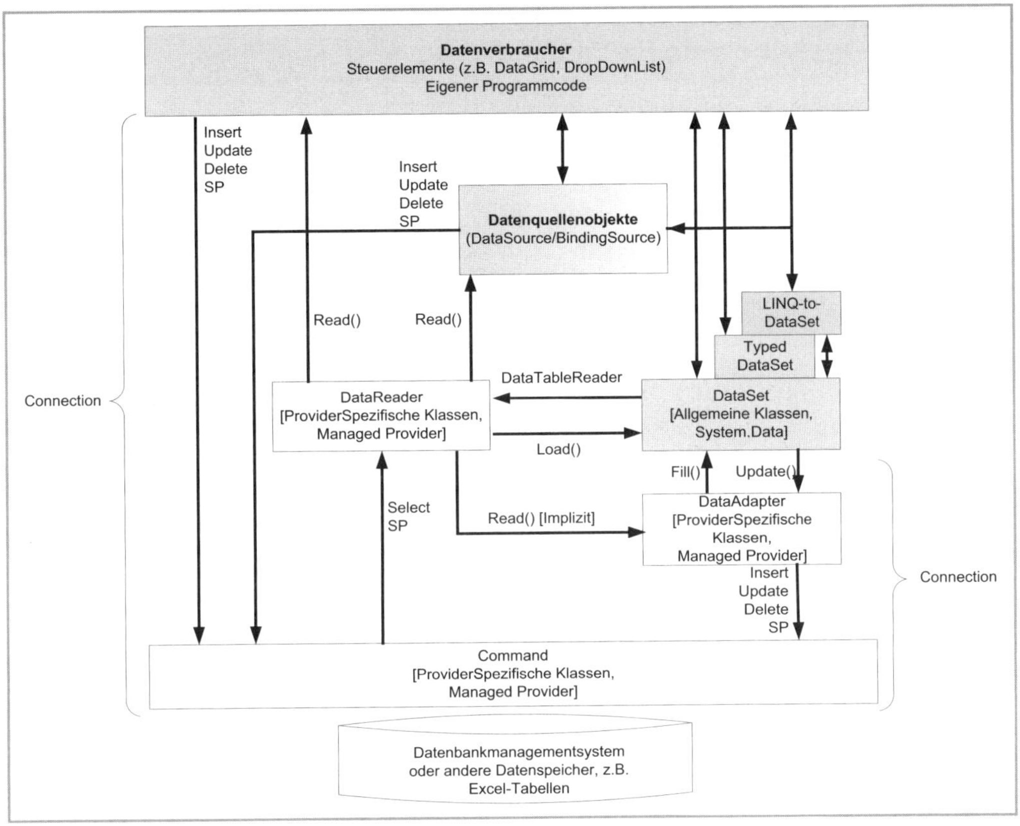

Abbildung 34.4: Datenwege in ADO.NET

Datareader versus Dataset

Bei der Beschreibung der Datenwege wurde zwischen Datareader und Dataset unterschieden. Die folgende Tabelle und die Grafik vergleichen die beiden Zugriffsverfahren im Detail.

Tabelle 34.1: Datareader vs. Dataset

	Datareader	Dataset
Modell	Server Cursor	Client Cursor
Implementiert in	Jedem Datenprovider	`System.Data`

Basisklassen	`DbDataReader`
	`MarshalByRefObject`
	`Object`
		`MarshalByValue`
		`ComponentObject`

Schnittstellen	`IDataReader,`
	`IDisposable,`
	`IDataRecord,`
	`IEnumerable`
		`IListSource,`
		`IXmlSerializable,`
		`ISupportInitialize,`
		`ISerializable`

Daten lesen	Ja	Ja

Tabelle 34.1: Datareader vs. Dataset *(Fortsetzung)*

	Datareader	Dataset
Daten vorwärts lesen	Ja	Ja
Daten rückwärts lesen	Nein	Ja
Direktzugriff auf beliebigen Datensatz	Nein	Ja
Direktzugriff auf beliebige Spalte in Datensatz	Ja	Ja
Daten verändern	Nein, nur über separate Command-Objekte	Ja (über Datenadapter)
Befehlserzeugung für Datenänderung	Komplett manuell	Teilweise automatisch (CommandBuilder)
Zwischenspeicher für Daten	Nein	Ja
Änderungshistorie	Nein	Ja
Speicherverbrauch	Niedrig	Hoch
Geeignet für Datentransport zwischen Schichten	Nein	Ja

HINWEIS: Es gibt im .NET Framework (bisher) keinen schreibenden Cursor.

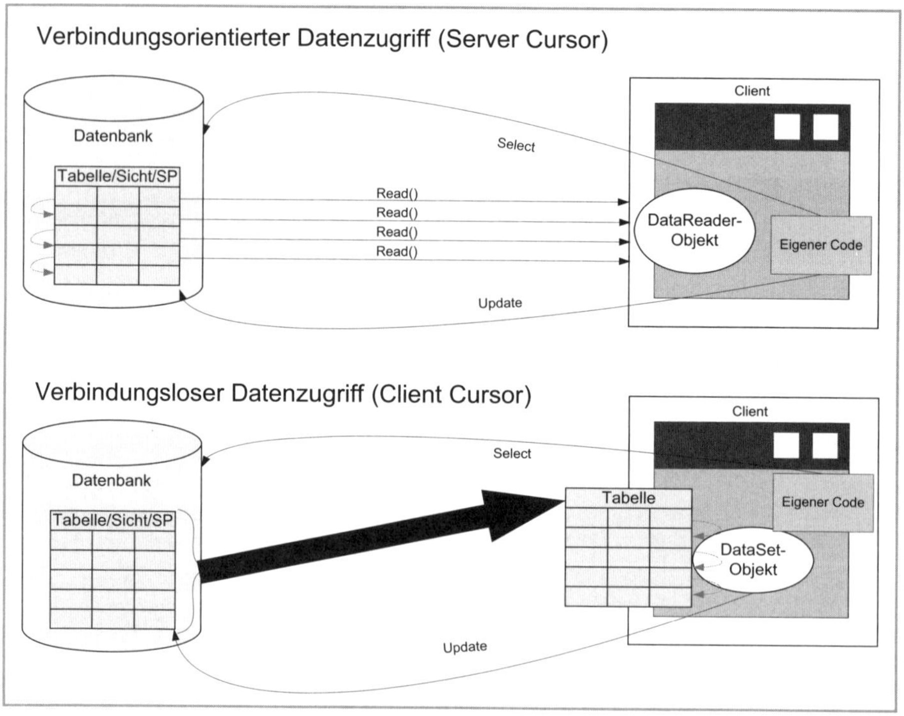

Abbildung 34.5: Vergleich von Datareader und Dataset

34.2 Beispieldatenbank

Die Beispieldatenbank ist aus dem Leben der Systemadministration gegriffen, denn sie enthält eine Liste von Benutzerkonten, die entweder aus einem Windows-System exportiert wurde oder die dazu dienen kann, eine Reihe von Benutzern per Skript anzulegen.

HINWEIS: Der Inhalt der Datenbank ist eine Liste von (zum Teil schon etwas „angestaubten") Politikern.

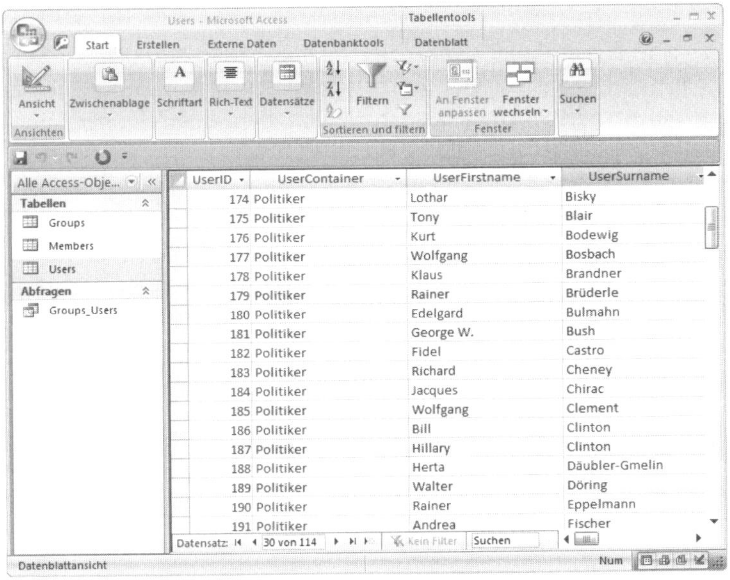

Abbildung 34.6: Datenbank mit Benutzerkonten

ACHTUNG: Bei der Verwendung von Microsoft Access gibt es generell im Programmcode (nicht nur für PowerShell) die Herausforderung, dass der verwendete Access-Treiber und die Access-Datenbankversion zueinander passen müssen.

Wenn Sie eine 64-Bit-Version von Microsoft Access installiert haben, müssen Sie die 64-Bit-PowerShell und den Treiber Microsoft.ACE.OLEDB.12.0 (*http://www.microsoft.com/en-us/download/details.aspx?id=13255*) verwenden.

Wenn Sie eine 64-Bit-Version von Microsoft Access installiert haben, müssen Sie die 32-Bit-PowerShell und den Treiber Microsoft.ACE.OLEDB.12.0 (*http://www.microsoft.com/en-us/download/details.aspx?id=13255*) oder den älteren Treiber Microsoft.Jet.OLEDB.4.0 verwenden. Es gibt leider bisher keine Möglichkeit, aus einer 64-Bit-PowerShell heraus auf ein 32-Bit-Access zuzugreifen. Sie erhalten bei den Versuchen eine Fehlermeldung wie diese „Der ‚Microsoft.Jet.OLEDB.4.0'-Provider ist nicht auf dem lokalen Computer registriert.".

34.3 Datenzugriff mit den Bordmitteln der PowerShell

Zunächst wird die Herstellung einer Verbindung behandelt. Danach folgt der eigentliche Datenzugriff.

Datenbankverbindungen (Connection)

Egal, welche Datenzugriffsform gewählt wird, und egal, welche Aktion ausgeführt werden soll: Für die Kommunikation mit dem Datenbankmanagementsystem ist immer eine Verbindung notwendig.

Jeder Datenprovider hat eine eigene Implementierung für die Verbindungsklasse: `SqlConnection`, `OracleConnection`, `OleDbConnection` usw. Bei der Instanziierung dieser Objekte kann die Verbindungszeichenfolge übergeben werden. Danach erfolgt der Aufruf von `Open()`. Eine Verbindung muss geschlossen werden durch `Close()`.

Die folgenden drei Beispiele zeigen jeweils den Verbindungsaufbau und -abbau zu drei verschiedenen Arten von Datenbanken:

- Microsoft-Access-Datenbankdatei
- Statische eingebundene Microsoft-SQL-Server-Datenbank
- Microsoft-SQL-Server-Datenbankdatei (funktioniert nur mit Microsoft SQL Server Express)

Listing 34.1: Verbindung zu einer Microsoft-Access-Datenbank aufbauen und schließen [Connection.ps1]

```
# Eingabedaten
$Conn = "Provider=Microsoft.Jet.OLEDB.4.0;Data Source=H:\demo\PowerShell\Datenbanken\
users.mdb;"
$SQL = "Select * from users order by UserSurname"

# Datenbank oeffnen
"Oeffne die Datenbank..."
$conn = New-Object System.Data.OleDb.OleDbConnection($Conn)
$conn.open()
"Zustand der Datenbank: " + $conn.State

# Datenbank schließen
$Conn.Close()
"Zustand der Datenbank: " + $conn.State
```

Listing 34.2: Verbindung zu einer statisch verbundenen Microsoft-SQL-Server-Datenbank aufbauen und schließen [Connection.ps1]

```
# Eingabedaten
$Connstring = "Data Source=.\SQLEXPRESS;Initial catalog=Users;Integrated
Security=True;"
$SQL = "Select * from users order by UserSurname"

# Datenbank oeffnen
```

```
"Oeffne die Datenbank..."
$conn = New-Object System.Data.SqlClient.SqlConnection($Connstring)
$conn.open()
"Zustand der Datenbank: " + $conn.State

# Datenbank schließen
$Conn.Close()
"Zustand der Datenbank: " + $conn.State
```

Listing 34.3: Verbindung zu einer dynamisch verbundenen Microsoft-SQL-Server-Express-Datenbankdatei aufbauen und schließen [Connection.ps1]

```
# Eingabedaten
$Connstring = "Data Source=.\SQLEXPRESS;AttachDbFileName=H:\demo\PowerShell\
Datenbanken\users.mdf;Integrated Security=True;"
$SQL = "Select * from users order by UserSurname"

# Datenbank oeffnen
"Oeffne die Datenbank..."
$conn = New-Object System.Data.SqlClient.SqlConnection($Connstring)
$conn.open()
"Zustand der Datenbank: " + $conn.State

# Datenbank schließen
$Conn.Close()
"Zustand der Datenbank: " + $conn.State
```

Providerunabhängiger Zugriff

In den bisherigen Beispielen kamen verschiedene Klassen vor, in Abhängigkeit davon, welcher Datenbankprovider (Microsoft Access oder Microsoft SQL Server) verwendet wurde. Dies ist unschön, wenn man auf verschiedene Datenbanken zugreifen muss oder die Datenbank später einmal wechseln möchte. ADO.NET unterstützt auch den providerunabhängigen Datenzugriff.

Beim providerunabhängigen Datenzugriff instanziiert man die Verbindungsklasse nicht direkt, sondern über eine sogenannte Providerfabrik. Die Providerfabrik erhält man von der .NET-Klasse `System.Data.Common.DbProviderFactories` unter Angabe des sogenannten „Provider Invariant Name" als Zeichenkette. Dieser ist:

- Für Microsoft Access: „System.Data.OleDb"
- Für Microsoft SQL Server: „System.Data.SqlClient"
- Für Oracle: „System.Data.OracleClient"

ACHTUNG: Bei dem providerunabhängigen Datenzugriff findet keine Übersetzung von SQL-Befehlen statt. Wenn Sie datenbankmanagementsystemspezifische Befehle nutzen, verlieren Sie die Providerunabhängigkeit.

Listing 34.4: Providerunabhängiger Verbindungsaufbau [/Datenbanken/Connection.ps1]

```
# Eingabedaten
$PROVIDER = "System.Data.SqlClient"
$CONNSTRING = "Data Source=.\SQLEXPRESS;AttachDbFileName=
   H:\demo\PowerShell\Datenbanken\users.mdf;Integrated Security=True;"
$SQL = "Select * from FL_Fluege"

# Fabrik erzeugen
$provider = [System.Data.Common.DbProviderFactories]::GetFactory($PROVIDER)

# Verbindungsobjekt erstellen und befüllen
$conn = $provider.CreateConnection()
$conn.ConnectionString = $CONNSTRING;

# Verbindung aufbauen
$conn.Open();
"Zustand der Datenbank: " + $conn.State

# Datenbank schließen
$Conn.Close()
"Zustand der Datenbank: " + $conn.State
```

Befehle ausführen

Jeder Datenbankprovider stellt ein providerspezifisches Befehlsobjekt (`SqlCommand`, `OracleCommand`, `OleDbCommand` usw.) zur Verfügung. Darüber hinaus gibt es ein providerneutrales Befehlsobjekt vom Typ `DbCommand`.

Das Befehlsobjekt bietet folgende Funktionen an:

- `ExecuteNonQuery()` zur Ausführung von DML- und DDL-Befehlen, die keine Datenmenge zurückliefern. Sofern die Befehle die Anzahl der betroffenen Zeilen zurückliefern, steht diese Zahl im Rückgabewert der Methode. Sonst ist der Wert -1.
- `ExecuteRow()` liefert die erste Zeile der Ergebnismenge in Form eines `SqlRecord`-Objekts (nur SQL Server).
- `ExecuteScalar()` liefert nur die erste Spalte der ersten Zeile der Ergebnismenge.
- `ExecuteReader()` liefert ein Datareader-Objekt (siehe nächster Abschnitt).

Über Providerfabriken kann mit dem Befehlsobjekt auch providerunabhängig gearbeitet werden, wie das nachstehende Beispiel zeigt. Hierbei ist das Befehlsobjekt von der Providerfabrik über `CreateCommand()` zu erzeugen.

In dem Beispiel wird erst die Anzahl der Benutzer gezählt, dann wird ein neuer Benutzer angelegt, dann wieder gezählt. Zum Schluss wird der angelegte Benutzer wieder gelöscht und erneut gezählt.

Listing 34.5: Ausführung von Befehlen mit providerunabhängigen Befehlsobjekten [/Datenbanken/Command.ps1]

```
# Parameters
$PROVIDER = "System.Data.SqlClient"
$CONNSTRING = "Data Source=.\SQLEXPRESS;AttachDbFileName=
   H:\demo\PowerShell\Datenbanken\users.mdf;Integrated Security=True;"
$SQL1 = "Select count(*) from users"
```

```
$SQL2 = "insert into users ( UserFirstName, UserSurname) values ('Hans', 'Meier')"
$SQL3 = "delete from users where UserSurname='Meier'"

# Create factory
$provider = [System.Data.Common.DbProviderFactories]::GetFactory($PROVIDER)

# Create connection object
$conn = $provider.CreateConnection()
$conn.ConnectionString = $CONNSTRING

# Open connection
$conn.Open();
"Database Connection State: " + $conn.State

# create command #1
[System.Data.Common.DbCommand] $cmd1 = $provider.CreateCommand()
$cmd1.CommandText = $SQL1
$cmd1.Connection = $conn
# execute command #1
$e = $counter = $cmd1.ExecuteScalar()
"Count before insert: " + $Counter

# create command #2 (INSERT)
[System.Data.Common.DbCommand] $cmd2 = $provider.CreateCommand()
$cmd2.CommandText = $SQL2
$cmd2.Connection = $conn
# execute command #2
$e = $cmd2.ExecuteNonQuery()
# execute command #1
$counter = $cmd1.ExecuteScalar()
"Count after insert: " + $Counter

# create command #3 (DELETE)
[System.Data.Common.DbCommand] $cmd3 = $provider.CreateCommand()
$cmd3.CommandText = $SQL3
$cmd3.Connection = $conn
# execute command #2
$e = $cmd3.ExecuteNonQuery()

# execute command #1
$counter = $cmd1.ExecuteScalar()
"Count after delete: " + $Counter

# Datenbank schließen
$Conn.Close()
"Database Connection State: " + $conn.State
```

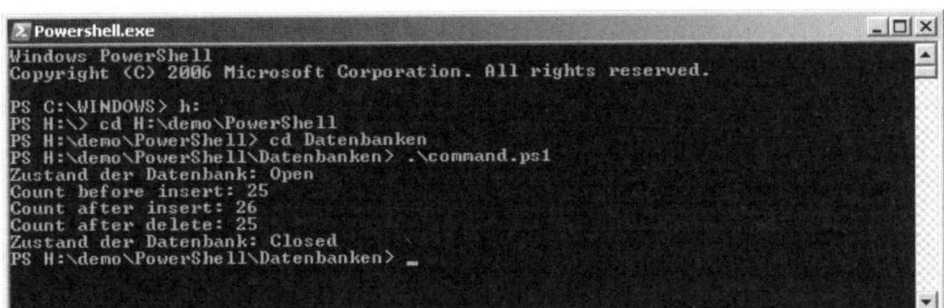

Abbildung 34.7: Ausführung des Skripts Command.ps1

Datenzugriff mit dem Datareader

Bei einem `DataReader`-Objekt handelt es sich um einen serverseitigen Cursor, der unidirektionalen Lesezugriff (nur vorwärts) auf das Ergebnis einer `SELECT`-Anwendung (Resultset) erlaubt. Eine Veränderung der Daten ist nicht möglich. Im Gegensatz zum `DataSet` unterstützt der `DataReader` nur eine flache Darstellung der Daten. Die Datenrückgabe erfolgt immer zeilenweise, deshalb muss über die Ergebnismenge iteriert werden. Verglichen mit dem klassischen ADO entspricht ein ADO.NET-`DataReader` einem „read-only/forward-only Recordset" (zu Deutsch: „Vorwärtscursor").

Jeder ADO.NET-Datenprovider enthält seine eigene `DataReader`-Implementierung, so dass es zahlreiche verschiedene `DataReader`-Klassen im .NET Framework gibt (z. B. `SqlDataReader` und `OLEDBDataReader`). Die `DataReader`-Klassen sind abgeleitet von `System.Data.ProviderBase.Db DataReaderBase` und implementieren `System.Data.IDataReader`.

Ein `DataReader` benötigt zur Beschaffung der Daten ein `Command`-Objekt, das ebenso providerspezifisch ist (z. B. `SqlCommand` und `OLEDBCommand`). Für die Verbindung zur Datenbank selbst wird ein providerspezifisches `Connection`-Objekt (z. B. `SqlConnection` oder `OleDbConnection`) benötigt. Die nachstehenden Abbildungen zeigen den Zusammenhang dieser Objekte am Beispiel der Datenprovider für OLEDB und SQL Server. Bei dem Provider für SQL Server (`SqlClient`) existiert seit .NET 2.0 eine zusätzliche Klasse `SqlRecord`, die einen einzigen Datensatz als Ergebnis eines Befehls repräsentiert.

Der DataReader kann auch providerunabhängig verwendet werden über eine Instanz der Klasse `System.Data.Common.DbDataReader`, die man aus einem providerunabhängigen Befehlsobjekt über `ExecuteReader()` gewinnt.

Das Beispiel liest alle Benutzer aus der Benutzertabelle aus.

Listing 34.6: Auslesen einer Datenbanktabelle mit einem providerunabhängigen Datareader [/Datenbanken/DataReader.ps1]

```
# Eingabedaten
$PROVIDER = "System.Data.SqlClient"
$CONNSTRING = "Data Source=.\SQLEXPRESS;AttachDbFileName=H:\demo\PowerShell\
Datenbanken\users.mdf;Integrated Security=True;"
$SQL = "Select * from users"

# Fabrik erzeugen
$provider = [System.Data.Common.DbProviderFactories]::GetFactory($PROVIDER)

# Verbindungsobjekt erstellen und befüllen
$conn = $provider.CreateConnection()
$conn.ConnectionString = $CONNSTRING

# Verbindung aufbauen
$conn.Open();
"Zustand der Datenbank: " + $conn.State

# Befehl erzeugen
$cmd = $provider.CreateCommand()
$cmd.CommandText = $SQL
$cmd.Connection = $conn
# Befehl ausführen
$reader = $cmd.ExecuteReader()
```

```
# Schleife über alle Datensätze
while($reader.Read())
{
$reader.Item("UserID").ToString() + ": " + $reader.Item("UserFirstName") + " " +
$reader.Item("UserSurname")
}

# Datenbank schließen
$Conn.Close()
"Zustand der Datenbank: " + $conn.State
```

Datenzugriff mit dem Datareader auf MySQL

von Peter Monadjemi

Das folgende Beispiel führt eine einfache SQL-Abfrage gegen eine *MySql*-Datenbank aus. Dieser Datenbanktyp wurde gewählt, um zu demonstrieren, dass das .NET Framework und damit auch die PowerShell in diesem Punkt sehr flexibel und keinesfalls nur auf Microsoft SQL Server-Datenbanken festgelegt sind. Voraussetzung ist, dass neben MySQL auch der MySQL-.NET-Provider von Oracle installiert wurde (und die Datenbank *LoginsDB* mit den Tabellen *Users* und *Logins* und den entsprechenden Feldern existiert).

```
<#
 .Synopsis
 Zugriff auf eine MySQL-Datenbank
#>

$AssPfad = "C:\Program Files (x86)\MySQL\MySQL Connector Net 6.5.4\Assemblies\v4.0\
MySql.Data.dll"

Add-Type -Path $AssPfad

$CnSt = "Server=localhost;Database=LoginsDB;Uid=root;Pwd="
$Cn = New-Object -TypeName MySql.Data.MySqlClient.MySqlConnection  -ArgumentList $CnSt
$Cn.Open()
$Cmd = $Cn.CreateCommand()
$Cmd.CommandText = "Select * From Users Inner Join Logins On Logins.UserID = Users.
UserID"
$Dr = $Cmd.ExecuteReader()
while ($Dr.Read())
{
  New-Object -TypeName PsObject -Property @{UserName=$Dr.GetString($Dr.
GetOrdinal("UserName"));
  LoginTime=$Dr.GetString($Dr.GetOrdinal("LoginTimeStamp"))}
}

$Cn.Close()
```

Im ersten Schritt wird ein Verbindungsobjekt (in diesem Fall vom Typ *MySqlConnection*) angelegt, mit der Verbindungszeichenfolge, die festlegt, welche Datenbank angesprochen werden soll, initialisiert und die Verbindung geöffnet. Im zweiten Schritt wird aus dem Verbindungsobjekt ein Befehlsobjekt (Typ *MySqlConnectionCommand*) abgeleitet und mit einem SQL-Kommando belegt, das die Datenbank „versteht". Im dritten Schritt wird das Kommando über die Methode `ExecuteReader()` ausgeführt und der zurückgegebene Data-

Reader in einer kleinen *while*-Schleife Datensatz für Datensatz angesprochen. Da die GetString-Methode zum Abrufen eines Feldinhalts die sog. *Ordinalnummer* (Ordnungsnummer) des Felds erwartet, wird dieser über die GetOrdinal-Methode mit dem Feldnamen geholt. Jeder Datensatz wird, auch wenn dies nicht zwingend notwendig ist, zur Weiterverarbeitung in ein Objekt vom Typ *PSObject* konvertiert, dessen Properties die Namen und Werte der abgefragten Felder erhalten.

Soll das Skript stattdessen auf eine Microsoft SQL Server- oder Access-Datenbank zugreifen, müssen lediglich die Verbindungszeichenfolge und die Klassen MySqlConnection gegen die Klasse SqlConnection ausgetauscht werden. Da alle übrigen Variablen ihren Typ erst bei der Ausführung des jeweiligen Befehls erhalten, ist das Anpassen des Skripts gegen einen anderen DBMS-Typ wirklich sehr einfach.

Datenzugriff mit dem Dataset

Ein DataSet enthält eine Sammlung von Datentabellen, die durch einzelne DataTable-Objekte dargestellt werden. Die DataTable-Objekte können aus beliebigen Datenquellen gefüllt werden, ohne dass eine Beziehung zwischen dem Objekt und der Datenquelle existiert; das DataTable-Objekt weiß nicht, woher die Daten kommen. Die DataTable-Objekte können auch ohne Programmcode zeilenweise mit Daten befüllt werden; eine Datenbank ist nicht notwendig. Ein DataSet bietet – im Gegensatz zum DataReader – alle Zugriffsarten, also auch das Hinzufügen, Löschen und Ändern von Datensätzen. Ebenfalls lassen sich hierarchische Beziehungen zwischen einzelnen Tabellen darstellen und im DataSet speichern. Dadurch ist eine Verarbeitung hierarchischer Datenmengen möglich. Im Untergrund verwendet ein DataSet übrigens einen DatenReader zum Einlesen der Daten.

Ein Dataset ist ein clientseitiger Datenzwischenspeicher, der die Änderung mitprotokolliert. Das DataSet nimmt keine Sperrung von Datensätzen auf der Datenquelle vor, sondern verwendet immer das sogenannte „optimistische Sperren", d. h., Änderungskonflikte treten erst auf, wenn man versucht, die Daten zurückzuschreiben. Das Konzept eines serverseitigen Cursors ist in ADO.NET nur durch die DataReader-Klasse realisiert. Einen serverseitigen Cursor mit Schreibfunktion und pessimistischem Sperren gibt es in ADO.NET bisher nicht.

ACHTUNG: Das Dataset verbraucht sehr viel mehr Speicher als eine selbst definierte Datenstruktur. Das Abholen von Daten mit einem Datareader, das Speichern in einer selbst definierten Datenstruktur und das Speichern von Änderungen mit direkten SQL-Befehlen machen zwar mehr Arbeit bei der Entwicklung, sind aber wesentlich effizienter bei der Ausführung. Dies ist insbesondere bei serverbasierten Anwendungen wichtig.

Objektmodell

Ein DataSet-Objekt besteht aus einer Menge von DataTable-Objekten (DataTableCollection). Jedes DataTable-Objekt besitzt über das Attribut DataSet einen Verweis auf das Dataset, zu dem es gehört.

Während die DataTable-Objekte in ADO.NET 1.x dem DataSet-Objekt noch völlig untergeordnet waren, besitzt die DataTable-Klasse in ADO.NET viele der Import- und Exportmöglichkeiten, über die auch die DataSet-Klasse verfügt.

Das DataTable-Objekt besitzt eine DataColumnCollection mit DataColumn-Objekten für jede einzelne Spalte in der Tabelle und eine DataRowCollection mit DataRow-Objekten für jede Zeile. Innerhalb eines DataRow-Objekts kann man die Inhalte der Zellen durch das indizierte Attribut Item abrufen. Item erwartet alternativ den Spaltennamen, den Spaltenindex oder ein DataColumn-Objekt.

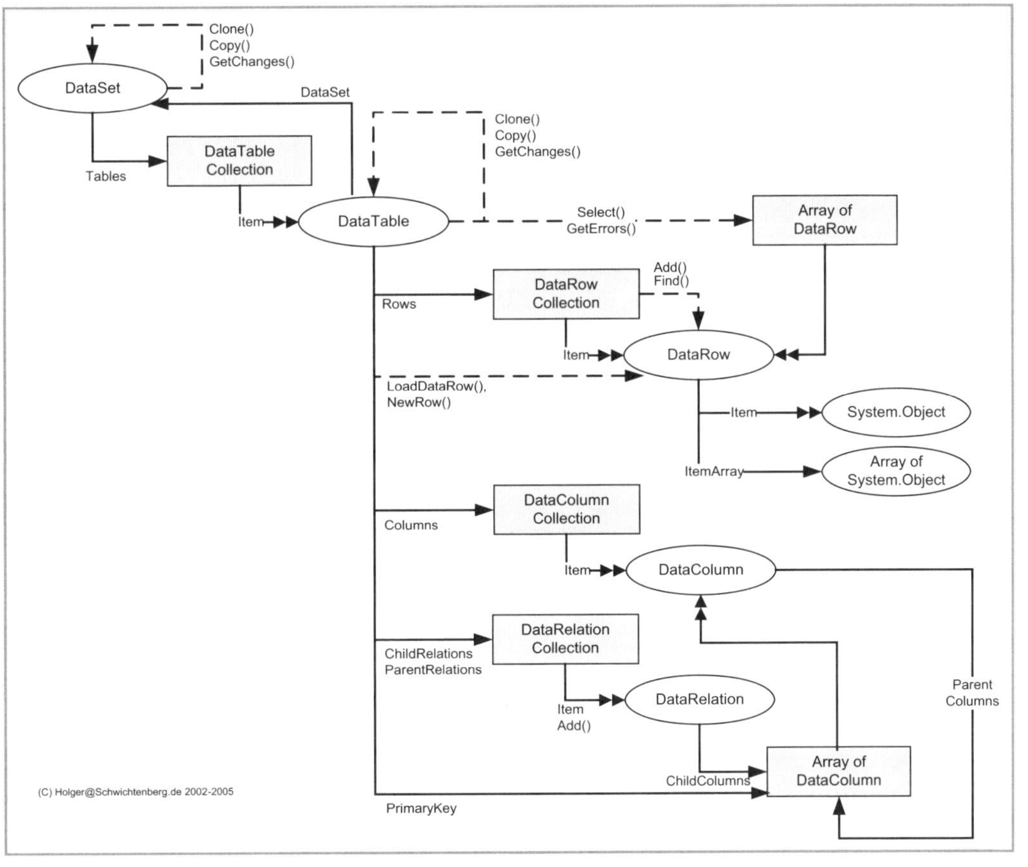

Abbildung 34.8: Objektmodell der DataSet-Klasse

Datenadapter

Ein Dataset benötigt zum Einlesen von Daten einen Datenadapter. Das Lesen von Daten mit einem DataSet läuft in folgenden Schritten ab:

- Aufbau einer Verbindung zu der Datenbank mit einem Connection-Objekt. Bei der Instanziierung dieses Objekts kann die Verbindungszeichenfolge übergeben werden.
- Instanziierung der Befehlsklasse und Bindung dieses Objekts an das Connection-Objekt über die Eigenschaft Connection

- Festlegung eines SQL-Befehls, der Daten liefert (also z. B. SELECT oder eine Stored Procedure), im OLEDBCommand-Objekt in der Eigenschaft CommandText
- Instanziierung des Datenadapters auf Basis des Command-Objekts
- Instanziierung des DataSet-Objekts (ohne Parameter)
- Die Ausführung der Methode Fill() in dem DataSet-Objekt kopiert die kompletten Daten in Form eines DataTable-Objekts in das DataSet. Als zweiter Parameter kann bei Fill() der Aliasname für das DataTable-Objekt innerhalb des DataSet angegeben werden. Ohne diese Angabe erhält das DataTable-Objekt den Namen Table.
- Optional können weitere Tabellen eingelesen und im DataSet miteinander verknüpft werden.
- Danach kann die Verbindung sofort geschlossen werden.

Providerspezifisches Beispiel

Das folgende PowerShell-Skript gibt aus einer Microsoft-Access-Datenbanktabelle alle Datensätze sortiert aus. Zum Einsatz kommt dabei der OLEDB-Provider für ADO.NET, der im .NET Framework ab Version 1.0 enthalten ist. Die Implementierung ist providerspezifisch.

Das Skript besteht aus folgenden Schritten:

- Festlegung der Verbindungszeichenfolge und der auszuführenden SQL-Anweisung
- Instanziierung eines Verbindungsobjekts (OleDbConnection) mit Hilfe der Verbindungszeichenfolge und Öffnen der Verbindung zur Datenbank
- Erstellen eines Befehlsobjekts (OleDbCommand) unter Angabe des Verbindungsobjekts und des SQL-Befehls
- Erstellen eines Datenadapters (OleDbDataAdapter) für den Befehl
- Instanziieren eines leeren Datencontainers (DataSet) zur Aufnahme der Daten
- Befüllen des Datencontainers durch den Datenadapter mit Hilfe der Methode Fill()
- Zugriff auf die erste Tabelle in dem Datencontainer (bitte beachten Sie, dass die Zählung bei 0 beginnt!)
- Ausgabe der Daten durch Pipelining der Tabelle

HINWEIS: Es ist nicht möglich, analog zu XML-Dokumenten mit $Tabelle.Spaltenname auf die Inhalte der Tabelle zuzugreifen, weil gemäß dem ADO.NET-Objektmodell das DataTable-Objekt nicht direkt die Spalten enthält, sondern DataRow-Objekte. Die PowerShell enthält aber den Automatismus, beim Pipelining eines DataTable-Objekts dieses automatisch in Zeilen und Spalten zu zerlegen. Bei den einzelnen DataRow-Objekten funktioniert dann durch die automatische Abbildung der Zugriff auf die Spalten über ihren Namen, z. B.:

```
$Tabelle | % { $_.Spaltenname }
```

Ebenfalls funktioniert:

```
$Tabelle | % { $_["UserSurname"] }
$Tabelle | % { $_."UserSurname" }
```

■

Diese beiden Syntaxformen braucht man aber nur, falls der Spaltenname ein Leerzeichen enthalten sollte.

Listing 34.7: Datenbankzugriff mit einem Dataset über einen providerspezifischen Datenadapter auf eine Access-Datenbank [DataSet Access.ps1]

```
# Eingabedaten
$Conn = "Provider=Microsoft.Jet.OLEDB.4.0;Data Source=h:\demo\dokumente\users.mdb;"
$SQL = "Select * from users order by UserSurname"

# Datenbank öffnen
"Oeffne die Datenbank..."
$conn = New-Object System.Data.OleDb.OleDbConnection($Conn)
$conn.open()
"Zustand der Datenbank: " + $conn.State

# SQL-Befehl ausführen
"Befehl ausfuehren: " + $SQL
$cmd = New-Object System.Data.OleDb.OleDbCommand($sql,$conn)
$ada = New-Object System.Data.OleDb.OleDbDataAdapter($cmd)
$ds = New-Object System.Data.DataSet
$ada.Fill($ds, "Benutzer") | out-null

# Verbindung schließen
$conn.close

# Ausgabe
"Anzahl der Tabellen im Dataset: " + $ds.Tables.Count
"Anzahl der Datensätze in Tabelle 1: " + $ds.Tables[0].Rows.Count

"Ausgabe der Daten:"
$ds.Tables[0] | select-Object -first 15 | ft UserFirstName, UserSurname, userid
```

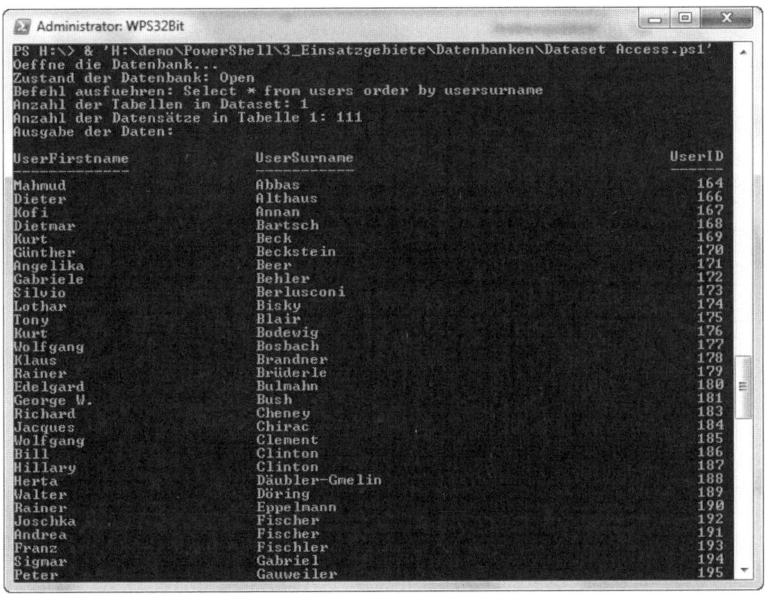

Abbildung 34.9: Ausgabe des Skripts

Providerneutrales Beispiel

Im zweiten Beispiel wird der Datenadapter von der Providerfabrik erzeugt.

Listing 34.8: Datenbankzugriff mit einem Dataset über einen providerneutralen Datenadapter auf eine Microsoft-SQL-Server-Datenbank [DataSet SQL Server1.ps1]

```
# Parameters
$PROVIDER = "System.Data.SqlClient"
$CONNSTRING = "Data Source=.\SQLEXPRESS;AttachDbFileName=H:\demo\PowerShell\
Datenbanken\users.mdf;Integrated Security=True;"
$SQL = "Select * from users"

# Create Factory
$provider = [System.Data.Common.DbProviderFactories]::GetFactory($PROVIDER)

# Create Connection
$conn = $provider.CreateConnection()
$conn.ConnectionString = $CONNSTRING

# Open Connection
$conn.Open();
"Zustand der Datenbank: " + $conn.State

# Create Command
$cmd = $provider.CreateCommand()
$cmd.CommandText = $SQL
$cmd.Connection = $conn

# Create Adapter
[System.Data.Common.DbDataAdapter] $ada = $provider.CreateDataAdapter()
$ada.SelectCommand = $cmd

# Create Dataset
$ds = New-Object System.Data.DataSet

# Retrieve data
$e = $ada.Fill($ds, "Benutzer")

# Datenbank schließen
$Conn.Close()
"Zustand der Datenbank: " + $conn.State

# Output
"Tabellenanzahl: " + $ds.Tables.Count
"Zeilenanzahl in Tabelle 1: " + $ds.Tables[0].Rows.Count

# Access table
$Tabelle = $ds.Tables[0]

# Print all rows
"Zeilen:"
$Tabelle | Select UserFirstName, UserSurname, userid
```

34.4 Datenzugriff mit den PowerShell-Erweiterungen

Die *www.IT-Visions.de-PowerShell-Erweiterungen* stellen folgende Commandlets zur Verfügung:

- `Test-DBConnection`: zeigt an (True/False), ob ein Verbindungsaufbau möglich ist.
- `Invoke-DBCommand`: führt eine SQL-Anweisung auf der Datenquelle aus. Rückgabewert ist eine Zahl, die angibt, wie viele Zeilen betroffen waren.
- `Get-DBTable`: liefert eine Datenmenge gemäß SQL-Anweisung aus einer Datenquelle in Form einer Menge von `DataRow`-Objekten.

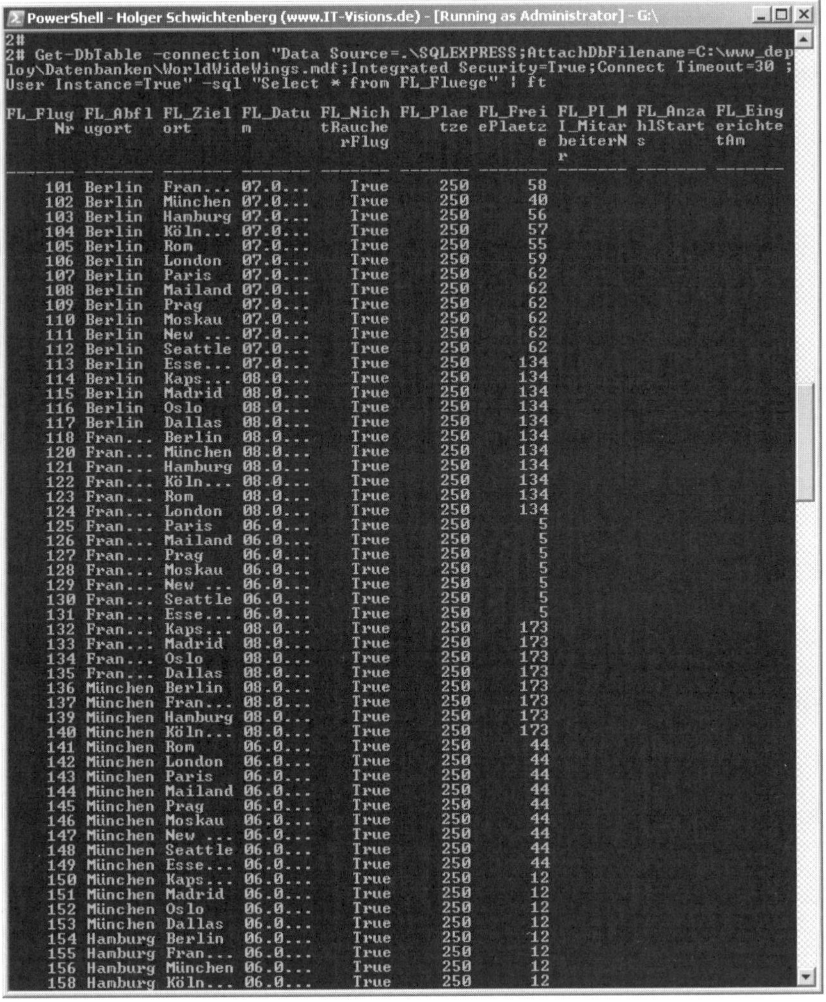

```
PowerShell - Holger Schwichtenberg (www.IT-Visions.de) - [Running as Administrator] - G:\
2#
2# Get-DbTable -connection "Data Source=.\SQLEXPRESS;AttachDbFilename=C:\www_dep
loy\Datenbanken\WorldWideWings.mdf;Integrated Security=True;Connect Timeout=30 ;
User Instance=True" -sql "Select * from FL_Fluege" | ft

FL_Flug FL_Abfl FL_Ziel FL_Datu FL_Nich FL_Plae FL_Frei FL_PI_M FL_Anza FL_Eing
     Nr ugort   ort     m       tRauche     tze ePlaetz I_Mitar hlStart erichte
                                  rFlug               e beiterN s       tAm
                                                        r
------- ------- ------- ------- ------- ------- ------- ------- ------- -------
    101 Berlin  Fran... 07.0...    True     250      58
    102 Berlin  München 07.0...    True     250      40
    103 Berlin  Hamburg 07.0...    True     250      56
    104 Berlin  Köln... 07.0...    True     250      57
    105 Berlin  Rom     07.0...    True     250      55
    106 Berlin  London  07.0...    True     250      59
    107 Berlin  Paris   07.0...    True     250      62
    108 Berlin  Mailand 07.0...    True     250      62
    109 Berlin  Prag    07.0...    True     250      62
    110 Berlin  Moskau  07.0...    True     250      62
    111 Berlin  New ... 07.0...    True     250      62
    112 Berlin  Seattle 07.0...    True     250      62
    113 Berlin  Esse... 07.0...    True     250     134
    114 Berlin  Kaps... 08.0...    True     250     134
    115 Berlin  Madrid  08.0...    True     250     134
    116 Berlin  Oslo    08.0...    True     250     134
    117 Berlin  Dallas  08.0...    True     250     134
    118 Fran... Berlin  08.0...    True     250     134
    120 Fran... München 08.0...    True     250     134
    121 Fran... Hamburg 08.0...    True     250     134
    122 Fran... Köln... 08.0...    True     250     134
    123 Fran... Rom     08.0...    True     250     134
    124 Fran... London  08.0...    True     250     134
    125 Fran... Paris   06.0...    True     250       5
    126 Fran... Mailand 06.0...    True     250       5
    127 Fran... Prag    06.0...    True     250       5
    128 Fran... Moskau  06.0...    True     250       5
    129 Fran... New ... 06.0...    True     250       5
    130 Fran... Seattle 06.0...    True     250       5
    131 Fran... Esse... 06.0...    True     250       5
    132 Fran... Kaps... 08.0...    True     250     173
    133 Fran... Madrid  08.0...    True     250     173
    134 Fran... Oslo    08.0...    True     250     173
    135 Fran... Dallas  08.0...    True     250     173
    136 München Berlin  08.0...    True     250     173
    137 München Fran... 08.0...    True     250     173
    139 München Hamburg 08.0...    True     250     173
    140 München Köln... 08.0...    True     250     173
    141 München Rom     06.0...    True     250      44
    142 München London  06.0...    True     250      44
    143 München Paris   06.0...    True     250      44
    144 München Mailand 06.0...    True     250      44
    145 München Prag    06.0...    True     250      44
    146 München Moskau  06.0...    True     250      44
    147 München New ... 06.0...    True     250      44
    148 München Seattle 06.0...    True     250      44
    149 München Esse... 06.0...    True     250      44
    150 München Kaps... 06.0...    True     250      12
    151 München Madrid  06.0...    True     250      12
    152 München Oslo    06.0...    True     250      12
    153 München Dallas  06.0...    True     250      12
    154 Hamburg Berlin  06.0...    True     250      12
    155 Hamburg Fran... 06.0...    True     250      12
    156 Hamburg München 06.0...    True     250      12
    158 Hamburg Köln... 06.0...    True     250      12
```

Abbildung 34.10: Einsatz von Get-DataTable zum Zugriff auf eine Microsoft-SQL-Server-Tabelle, die Flugdaten enthält

- Get-DBRow: liefert eine Zeile aus einer Datenquelle in Form eines ADO.NET-DataRow-Objekts. Sofern die angegebene SQL-Anweisung mehr als eine Zeile zurückgibt, wird nur die erste Zeile geliefert.
- Set-DBTable: speichert Änderungen in einem DataTable-Objekt in der Datenquelle.
- Set-DBRow: speichert Änderungen in einem DataRow-Objekt in der Datenquelle.

Alle Commandlets basieren auf providerneutraler Programmierung. Sofern Commandlets eine Verbindungszeichenfolge erwarten, erlauben sie auch die Angabe eines Providers (Parameter –Provider). Die Angabe des Providers ist optional, die Standardeinstellung ist „MSSQL". Andere mögliche Werte sind „OLEDB", „ODBC", „ORACLE" und „ACCESS". Bitte beachten Sie, dass diese Kürzel erwartet werden, nicht der vollständige „Provider Invariant Name".

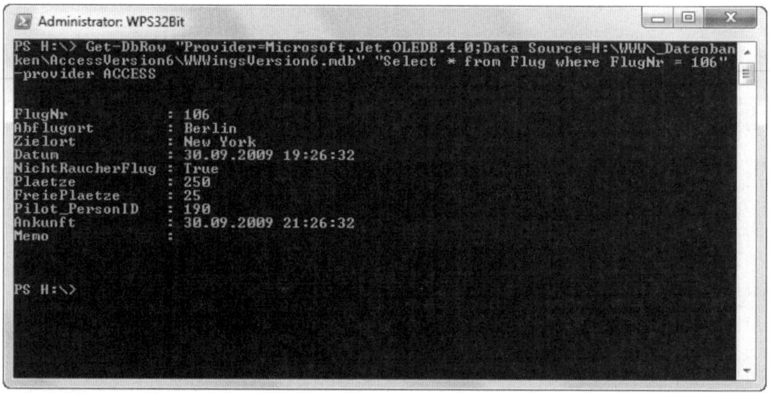

Abbildung 34.11: Einsatz von Get-DataRow zum Zugriff auf den ersten Datensatz in einer Access-Tabelle

Das folgende Skript zeigt die oben genannten Commandlets in Aktion. Das Skript erledigt alle Aufgaben der vorherigen Skripte – und das wesentlich prägnanter!

Listing 34.9: Datenbankzugriff mit den PowerShell Extensions von *www.IT-Visions.de* [/Datenbank/ITV Database Commandlet Demo.ps1]

```
# Requirements: www.IT-Visions.de Commandlet Extension Library
# http://www.powershell-doktor.de

# Parameters
$SQL = "Select * from users order by UserSurname"
$Conn = "Provider=Microsoft.Jet.OLEDB.4.0;Data Source=H:\demo\PowerShell\Datenbanken\
users.mdb;"
$Provider = "ACCESS"

"----------Test database connections:"
test-dbconnection -connection $Conn   -sql $SQL -provider $Provider

"---------- Execute Commands:"

$SQL1 = "Select count(*) from users"
$SQL2 = "insert into users ( UserFirstName, UserSurname) values ('Hans', 'Meier')"
$SQL3 = "delete from users where UserSurname='Meier'"
```

```
invoke-ScalarDbCommand -connection $Conn   -sql $SQL1 -provider $Provider
invoke-DbCommand -connection $Conn   -sql $SQL2 -provider $Provider
invoke-ScalarDbCommand -connection $Conn   -sql $SQL1 -provider $Provider
invoke-DbCommand -connection $Conn   -sql $SQL3 -provider $Provider
invoke-ScalarDbCommand -connection $Conn   -sql $SQL1 -provider $Provider

"---------- Get Data "

$table = Get-DbTable -connection $Conn   -sql $SQL -provider  $Provider
$table | ft

"---------- Select Row "
$row = $table | where  { $_.usersurname -eq "Müller" }
$Row

"---------- Change Row "
$row.UsercreateDate = [DateTime] "14/10/2009"
$Row

"---------- Update Data "
$table | Set-DbTable -connection $Conn -sql $sql -provider  $Provider  -verbose

"---------- Get Row"
$SQL = "Select * from users where usersurname = 'Müller'"
$row = Get-DbRow $Conn $SQL $Provider
$row
```

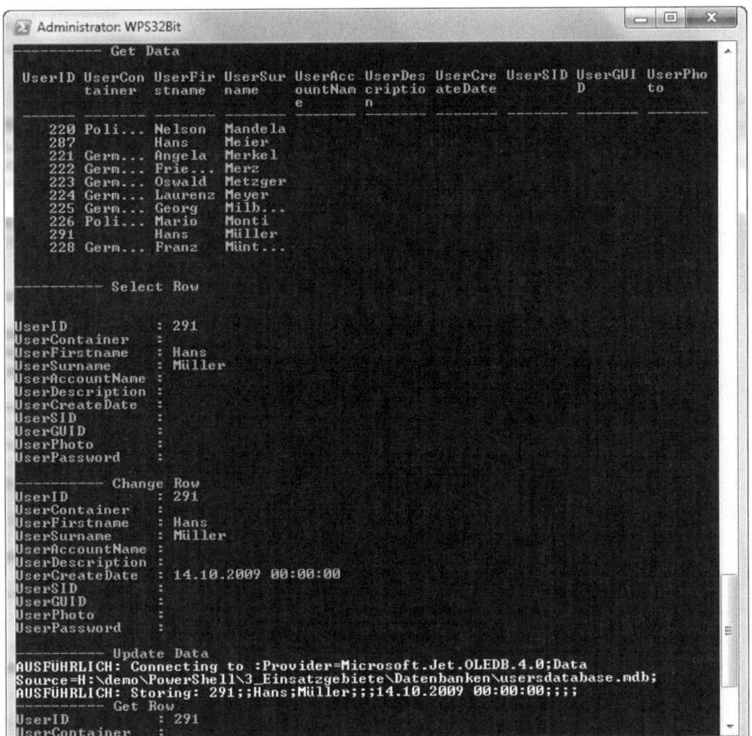

Abbildung 34.12: Ausgabe des obigen Skripts

34.5 Datenbankzugriff mit SQLPS

Mit Microsoft SQL Server liefert Microsoft seit Version 2008 ein Commandlet `Invoke-SqlCmd` aus, mit dem man beliebige SQL-Abfragen ausführen kann. Dieses Commandlet steckt im Modul „SQLPS" (ab Microsoft SQL Server Version 2012). Zuvor war dies ein PowerShell-Snap-In mit Namen „SqlServerCmdletSnapin100".

Der folgende Befehl listet mit Hilfe von `Invoke-SqlCmd` die Datensätze der Tabelle *Employees* der Datenbank *Northwind* auf dem SQL Server *.\SQLEXPRESS12* auf.

```
Invoke-SqlCmd -ServerInstance .\SQLEXPRESS12 -Database Northwind -Query "Select *
From Employees" | Select-Object -Property EmployeeID, LastName, City
```

34.6 Datenbankzugriff mit SQLPSX

Eine Alternative zu den *www.IT-Visions.de-Commandlets* ist das OpenSource-Projekt SQLPSX *(http://sqlpsx.codeplex.com/)*. Das folgende Beispiel entspricht dem Beispiel aus Kapitel 34.3.5 für einen Datenbankzugriff auf MySQL, nur dass dieses Mal das Modul `MySqlLib` aus dem `SQLPSX`-Modul zum Einsatz kommt. Es wird dadurch etwas kürzer und besser nachvollziehbar.

Listing 34.10: Datenbankzugriff auf MySQL mit SQLPSX

```
<#
 .Synopsis
 Zugriff auf eine MySQL-Datenbank per SQLPSX
#>

Import-Module MySqlLib

$Server = "localhost"
$User = "root"
$Pw = ""
$Database = "LoginsDB"
$Cn = New-MySQLConnection -Server $server -User $User -Password $Pw -Database
$Database
$Cursor = Invoke-MySQLQuery -Sql "Select * From Users Inner Join Logins On
Logins.UserID = Users.UserID" -Connection $Cn
foreach ($Rec in $Cursor)
{
  New-Object -TypeName PsObject -Property @{UserName=$Rec.UserName;
     LoginTime=$Rec.LoginTimeStamp}
}
```

35 Microsoft SQL Server-Administration

Die PowerShell-Unterstützung für die Administration des Microsoft SQL Server gibt es seit SQL Server Management Studio Version 2008. In Version 2008 und 2008 R2 gab es zwei Snap-Ins „SqlServerCmdletSnapin100“ und „SqlServerProviderSnapin100“ und eine spezielle PowerShell-Konsole „Sqlps.exe“. Seit SQL Server 2012 gibt es die Module „SQLPS“ und „SQLASCOMMANDLETS“. Während das Modul „SQLASCOMMANDLETS“ elf spezielle Commandlets für Aktivitäten rund um die „Analysis Services“ enthält, umfasst das Modul „SQLPS“ 30 ebenfalls recht spezielle Commandlets, die allgemeine Aufgaben wie das

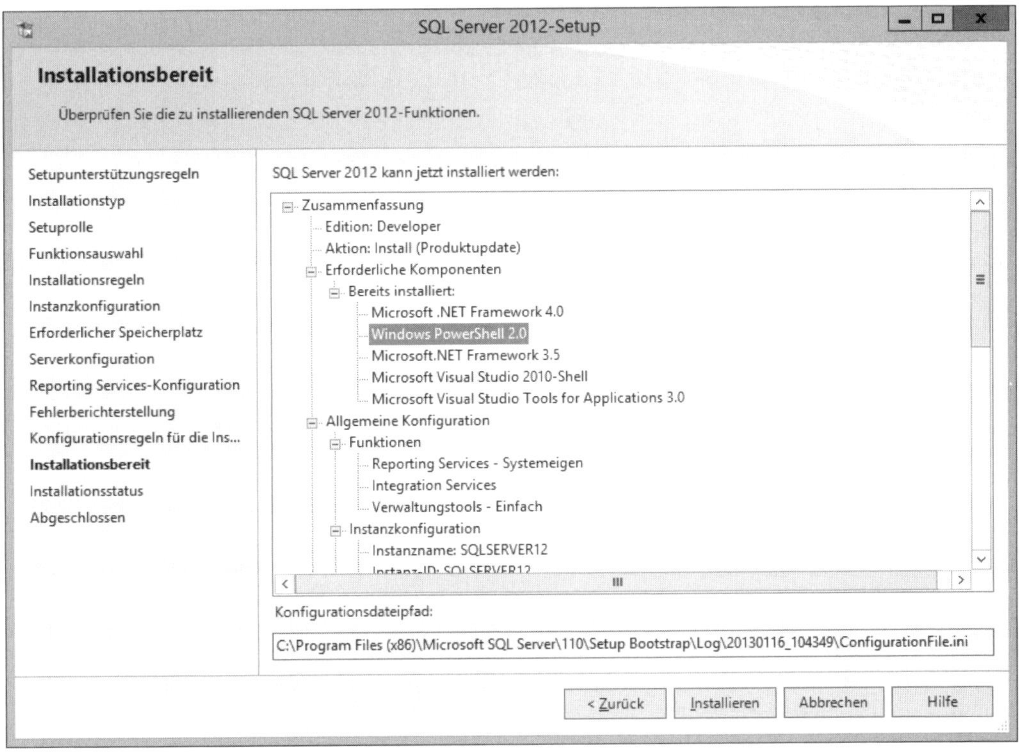

Abbildung 35.1: Mitinstallation der Windows PowerShell mit Microsoft SQL Server 2012, sofern die PowerShell auf dem Server noch nicht vorhanden ist

Sichern und Wiederherstellen einer Datenbank oder die Aktivierung des neuen Hochverfügbarkeitsfeatures („Always on") übernehmen. Im Mittelpunkt des Moduls steht das universelle Commandlet `Invoke-SqlCmd`, mit dem sich beliebige T-SQL-Kommandos oder T-SQL-Skripte an einen SQL Server schicken lassen.

Seit Version 2008 gibt es zudem einen Navigationsprovider, der das Laufwerk „SQLServer:" für den Zugriff auf die SQL-Server-Objekte bereitstellt.

HINWEIS: Die in Microsoft SQL Server 2008 bzw. 2008 R2 mitgelieferte PowerShell war eine spezielle als „Mini-Shell" bezeichnete Version, in der man zwar alle Standard-Commandlets aufrufen, aber keine Erweiterungen installieren kann.

Auch die in den aktuellen Modulen verfügbaren Funktionalitäten sind noch nicht sehr eingeschränkt. Wenn man die PowerShell in der SQL-Server-Administrationspraxis einsetzen will, muss man dann doch häufig direkt mit .NET-Objekten arbeiten, der Klassenbibliothek *Server Management Objects (SMO)*. Alternativ greift man auf die OpenSource-Bibliothek `SQLPSX` zurück, die auf der Basis der SMO knapp 300 Funktionen und Commandlets zur Verfügung stellt.

HINWEIS: Alle Datenbankbeispiele in diesem Kapitel beziehen sich, sofern es nicht anders angegeben ist, auf die Beispieldatenbank *Northwind*, die von einer Microsoft SQL Server 2012 Express-Instanz („.\SQLEXPRESS") verwaltet wird.

35.1 PowerShell-Integration im SQL Server Management Studio

Im SQL Server Management Studio (ab Version 2008) lässt sich eine PowerShell-Konsole direkt von einem beliebigen Ast im Baum der SQL-Server-Objekte starten.

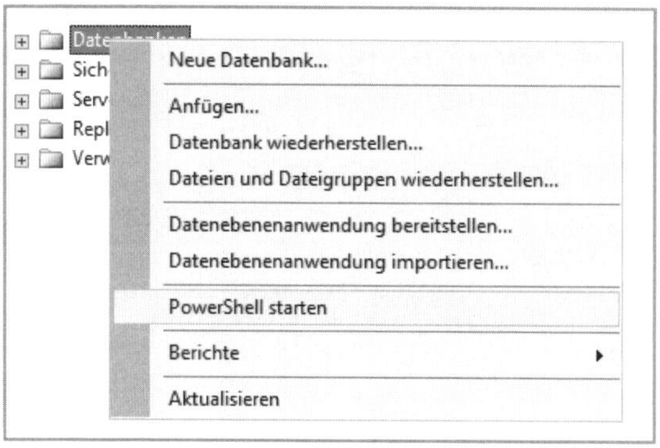

Abbildung 35.2: Die SQL-Server-PowerShell kann im Rahmen von SQL Server Management Studio gestartet werden.

Wenn man die PowerShell so im SQL Server Management Studio startet, werden die Module „SQLPS“ und „SQLASCOMMANDLETS“ geladen und das Laufwerk SQLSERVER: bereitgestellt. Je nachdem, von welchem Objekt die PowerShell im *SQL Server Management Studio* gestartet wurde, ist dieser Pfad bereits voreingestellt.

35.2 SQL-Server-Laufwerk „SQLSERVER:“

Das SQL Server PowerShell-Modul „SQLPS“ stellt einen PowerShell-Navigationsprovider für den Zugriff auf den Microsoft SQL Server bereit. Über das *SQLServer:*-Laufwerk, das beim Laden von SQLPS (siehe vorheriges Unterkapitel) bereitgestellt wird, werden die Objekte einer SQL-Server-Instanz angesprochen. Wenn man die PowerShell nicht aus dem SQL Server Management Studio heraus startet, muss man das Modul SQLPS mit `Import-Module SQLPS` laden, damit man das Laufwerk zur Verfügung hat. Die Warnung, dass Microsoft in diesem Modul für einige Commandlets Verben verwendet hat, die nicht zur offiziellen Liste der erlaubten Verben gehören, ist traurig, aber wahr. Zum Beispiel besitzt das Commandlet `Encode-SqlName` ein solches Verb, das nicht in der offiziellen Liste ist.

Diese Warnung kann man unterbinden mit

```
Import-Module –Name SQLPS –DisableNameChecking
```

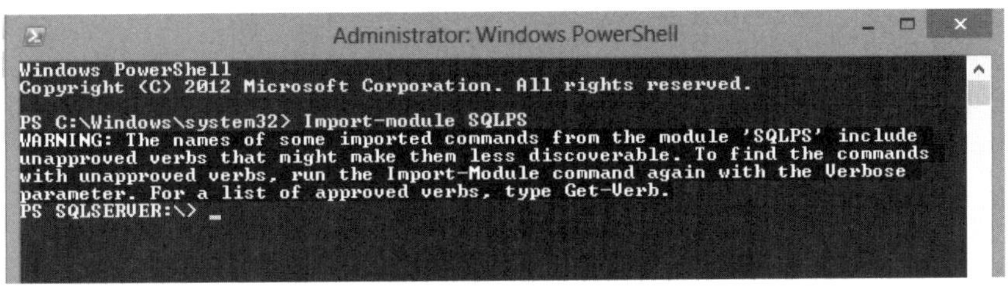

Abbildung 35.3: Importieren des Moduls SQLPS

HINWEIS: Dieser PowerShell-Navigationsprovider unterstützt aber nicht alle Möglichkeiten eines PowerShell-Laufwerks. Nicht unterstützt werden u. a. das Neuanlegen von Datenbankobjekten, das Kopieren von Objekten und das Abrufen von Properties über `Get-ItemProperty`. Das Löschen von Objekten ist jedoch möglich.

Auch der Zugriff auf in einer Datenbank enthaltene Daten ist mit dem „SQLSERVER:“-Laufwerk leider nicht möglich. Über das `Get-ChildItem`-Commandlet lassen sich nur die Tabellen und Felder einer Datenbank auflisten, nicht aber ihre Inhalte. Für den Zugriff auf die Inhalte wird das `Invoke-SqlCmd`-Commandlet benötigt, mit dem sich beliebige SQL-Kommandos an einen SQL Server schicken lassen.

Ein `Get-ChildItem` bzw. `Dir` macht deutlich, dass auf der obersten Ebene gleich neun Container existieren, über die die einzelnen „Elemente" eines SQL Server angesprochen werden.

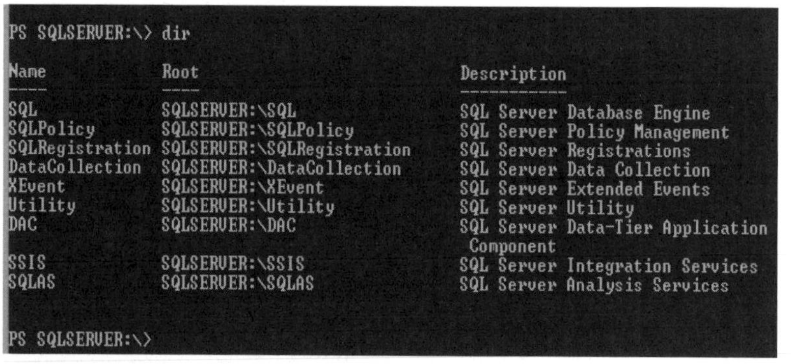

```
PS SQLSERVER:\> dir

Name             Root                          Description
----             ----                          -----------
SQL              SQLSERVER:\SQL                SQL Server Database Engine
SQLPolicy        SQLSERVER:\SQLPolicy          SQL Server Policy Management
SQLRegistration  SQLSERVER:\SQLRegistration    SQL Server Registrations
DataCollection   SQLSERVER:\DataCollection     SQL Server Data Collection
XEvent           SQLSERVER:\XEvent             SQL Server Extended Events
Utility          SQLSERVER:\Utility            SQL Server Utility
DAC              SQLSERVER:\DAC                SQL Server Data-Tier Application
                                                Component
SSIS             SQLSERVER:\SSIS               SQL Server Integration Services
SQLAS            SQLSERVER:\SQLAS              SQL Server Analysis Services


PS SQLSERVER:\>
```

Abbildung 35.4: Wurzelebene einer Microsoft SQL Server-Instanz

Der Befehl, der von der obersten Ebene alle Datenbanken einer Instanz auflistet, lautet:

```
dir sql\Server114\sqlexpress\Databases
```

Damit wird auf dem „Server114" die SQL-Server-Instanz „SQLExpress" angesprochen. Statt „SQLExpress" kann hier auch „Default" oder ein beliebiger anderer Name stehen, entsprechend des Instanznamens, den Sie bei der Installation des Datenbankservers vergeben haben.

Leider ist `Get-Childitem` bei der Verwendung im Laufwerk SQLServer eingeschränkt. So wird zum Beispiel der Parameter `–filter` nicht unterstützt. So ist dieser Befehl nicht möglich:

```
Get-ChildItem sqlserver:\SQL\E60\Default\Databases -filter North*
```

Er führt zum Fehler: „Get-ChildItem : Cannot call method. The provider does not support the use of filters.". Stattdessen muss man in der PowerShell mit `Where-Object` filtern:

```
Get-ChildItem sqlserver:\SQL\E60\Default\Databases | where name -like North*
```

Ein

```
cd sql\Server114\sqlexpress\Databases\Northwind
```

setzt das aktuelle Verzeichnis auf die angegebene Datenbank. Ein weiteres „dir" listet die Inhalte der Datenbank wie Benutzer, gespeicherte Prozeduren, Rollen, Tabellen usw. auf (siehe Abbildung).

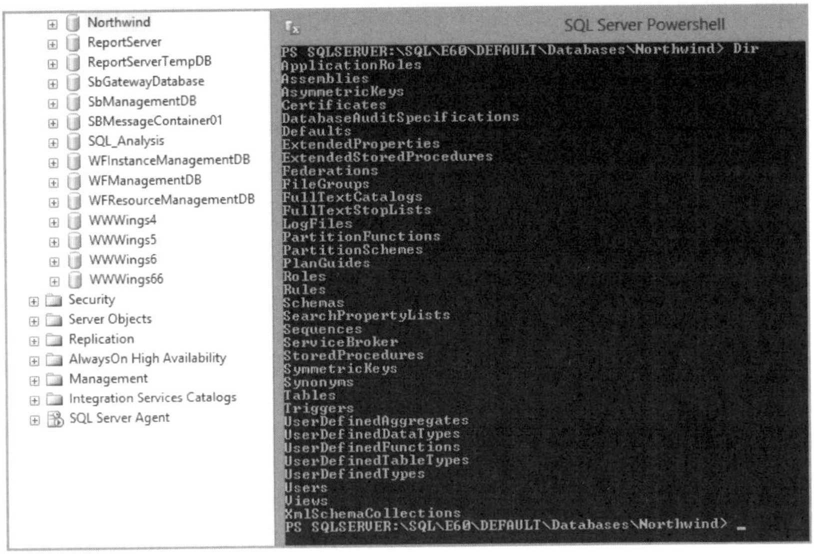

Abbildung 35.5: Auflisten des Datenbankinhalts mit Dir

Ein

```
dir sql\Server114\sqlexpress\Databases\Northwind\Tables
```

listet alle Tabellen der Datenbank „Northwind“ auf dem Computer „Server114“ auf, die von der Instanz mit dem Namen „SQLExpress“ verwaltet wird.

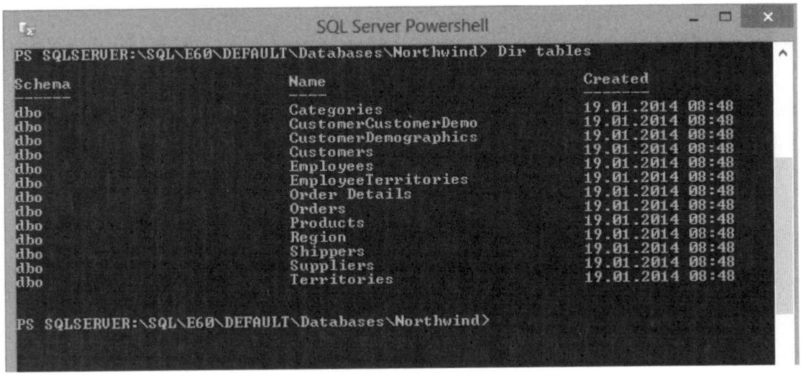

Abbildung 35.6: Auflistung der Northwind-Tabellen

Auch wenn bei dem Provider von Microsoft leider nicht alle Laufwerksoperationen implementiert wurden, das Löschen einer Datenbank per Remove-Item-Commandlet (oder einfach del) ist möglich.

Der folgende Befehl entfernt die Datenbank „Northwind“:

```
Remove-Item –Path Northwind
```

Auch das Umbenennen einer Datenbank ist per `Rename-Item` einfach durchführbar:

```
Rename-Item –Path Northwind –NewName NorthwindDB
```

ACHTUNG: Das Löschen und Umbenennen einer Datenbank erfolgt ohne Bestätigungsanforderung.

HINWEIS: Eine Möglichkeit, die von dem Navigationsprovider intern verwendeten SQL-Kommandos zu sehen, gibt es leider nicht.

35.3 Die SQLPS-Commandlets

Die folgende Bildschirmabbildung zeigt die zu SQLPS gehörenden Commandlets. Mit Ausnahme des Laufwerks `SQLSERVER:` und der Commandlets `Invoke-SQLCmd` und `Backup-SqlDatabase` werden diese Commandlets in diesem Buch nicht weiter besprochen, weil sie sehr speziell sind und den Rahmen des Buchs sprengen würden.

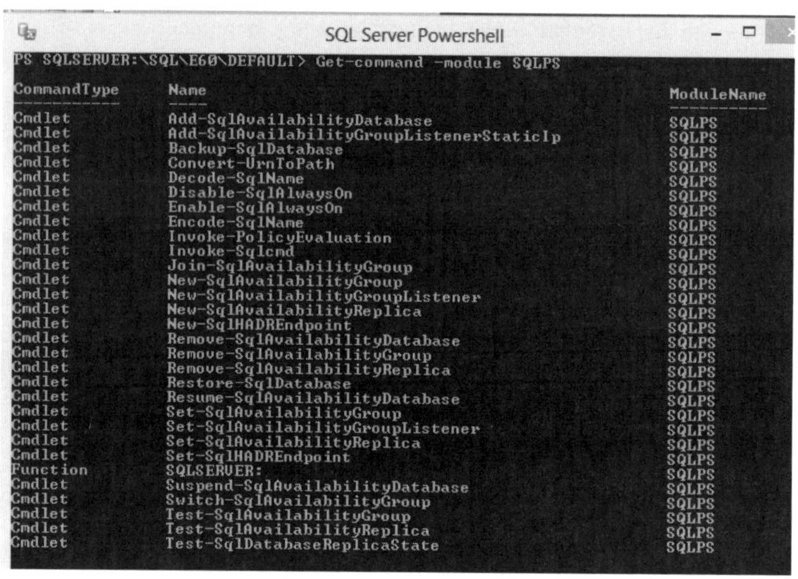

Abbildung 35.7: Liste der 30 Commandlets im Modul „SQLPS“

Invoke-SqlCmd

Das Ausführen von T-SQL-Skripten ist auf verschiedene Weisen möglich: über eine SqlCommand-Klasse (Namensraum System.Data.SqlClient) und deren Methode ExecuteReader, über die SMO, über das Invoke-SqlCmd-Commandlet aus dem SQLPS-Modul und über einen Aufruf von *Sqlcmd.exe*. Die einfachste Variante ist die Verwendung des Invoke-SqlCmd-Commandlets, dem lediglich der Name der Instanz, der Name der Datenbank und die auszuführenden T-SQL-Befehle übergeben werden.

Das Commandlet Invoke-SqlCmd bietet eine ähnliche Funktion wie das Kommandozeilenwerkzeug sqlcmd.exe. Es bietet aber nicht alle Funktionen von sqlcmd.exe.

Die zentrale Funktion von Invoke-SqlCmd ist das Ausführen beliebiger T-SQL-Skripte. Mit dem folgenden Befehl wird die Installation der Northwind-Datenbank im SQL Server ausgeführt.

```
$InstanzName = ".\SQLEXPRESS"
$TSQLScriptPath =  "C:\SQL Server Sample Databases\instnwnd.sql"
Invoke-SqlCmd -ServerInstance $InstanzName -InputFile $TSQLScriptPath
```

Das folgende Beispiel legt per T-SQL-Skript und Invoke-SqlCmd eine neue Datenbank mit dem Namen „TestDB“ in der angegebenen SQL-Server-Instanz mit einer Tabelle an und löscht diese zuvor, sollte sie bereits existieren. Das T-SQL-Skript wird durch einen Here-String im Skript untergebracht. Am Ende werden die Namen der Tabellen der Datenbank ausgegeben.

Listing 35.1: Einsatz von Invoke-SqlCmd

```
<#
 .Synapsis
 T-SQL per SMO und Invoke-SqlCmd ausführen
 #>

Import-Module -Name Sqlps –DisableNameChecking

$TSQL = @"
   Select LastName,City From Employees
"@

$TSQL = @"
USE master;
GO
IF EXISTS(SELECT * from sys.databases WHERE name='TestDB')
BEGIN
    ALTER DATABASE TestDB
    SET SINGLE_USER
    WITH ROLLBACK IMMEDIATE
    DROP DATABASE TestDB;
END

CREATE DATABASE TestDB
GO

USE TestDB
GO
```

```
CREATE TABLE dbo.Logins
   (LoginID int PRIMARY KEY NOT NULL,
    UserID int,
    LoginTime DateTime,
    Comment text NULL)
GO

"@

$SQLServerInstanz = ".\SQLEXPRESS"

Invoke-Sqlcmd -ServerInstance $SQLServerInstanz -Query $TSQL

$Server = New-Object -Typename Microsoft.SqlServer.Management.Smo.Server -ArgumentList
$SQLServerInstanz
$Server.Databases["TestDB"].Tables
```

Backup-SqlDatabase

Mit dem Commandlet `Backup-SqlDatabase` startet man ein Backup einer SQL-Server-Datenbank. Das folgende Beispiel erstellt ein Backup aller Datenbanken von Server114, deren Name mit „North*" beginnt. Dabei wird jedes Backup in einer Backupdatei gesichert, die wie die Datenbank heißt.

Listing 35.2: SQLBackup.ps1

```
Import-Module SQLPS
cd .\SQL\F114\Default\Databases

foreach($database in (Get-ChildItem | where name -like noth*))
{
$dbName = $database.Name
"Backup von $dbname..."
Backup-SqlDatabase -Database $dbName -BackupAction Database -BackupFile "W:\
temp\$dbName.bak" -Initialize
}
```

35.4 Die SQL Server Management Objects (SMO)

von Peter Monadjemi

Die *SQL Server Management Objects* (SMO) sind mehrere .NET-Framework-Assemblies, die eine Vielzahl von Klassen für den Zugriff auf Microsoft SQL Server-Instanzen und ihre Inhalte zur Verfügung stellen. Vereinfacht formuliert lassen sich mit ihrer Hilfe die Funktionen des SQL Server Management Studio im Rahmen einer Anwendung oder eines (PowerShell-)Skripts verwenden. Sie sind die offiziell von Microsoft zur Verfügung gestellte Funktionsbibliothek für das Scripting einer SQL-Server-Instanz und sind natürlich für den Einsatz im Rahmen eines PowerShell-Skripts prädestiniert. Sie lösen die *Distributed*

Managements Objects (DMO) ab, die in früheren SQL-Server-Versionen die Scripting-Schnittstelle gebildet hatten.

Überblick über die SMO

Die SMO werden bei SQL Server 2012 als Teil des *Client Tools SDK* installiert, das bei der Installation ausgewählt werden muss. Sie können als Teil des „Microsoft SQL Server 2012 Feature Pack", aber auch nachträglich einzeln installiert werden. Diese Option kann auch gewählt werden, wenn die SMO für SQL Server 2008 R2 installiert werden soll. Für die Express Editionen stehen die SMO (natürlich) auch zur Verfügung.

Die einzelnen Bestandteile des „Microsoft SQL Server 2012 Feature Pack" werden unter der Webadresse

http://www.microsoft.com/de-de/download/details.aspx?id=29065

aufgelistet. Für PowerShell-Anwender sind die folgenden Pakete interessant:

- *Microsoft Server 2012 Shared Management Objects.* Die MSI-Datei ist für jene Fälle interessant, dass ein PowerShell-Skript, das die SMO benutzt, auf einem Computer ausgeführt werden soll, auf dem die SMO noch nicht installiert sind. In diesem Fall müsste die MSI-Datei vor dem ersten Start des Skripts (z. B. auch als Teil des Skripts) ausgeführt werden.
- *Microsoft Windows PowerShell Extensions for Microsoft SQL Server 2012.* Die MSI-Datei installiert das PowerShell-Modul `SQLPS`.
- *Microsoft System CLR Types for Microsoft SQL Server 2012.* Dieses Paket ist Voraussetzung, um das PowerShell-Modul `SQLPS` installieren zu können.

Mit den SMO lassen sich auch ältere Versionen des SQL Server ansprechen (bis einschließlich SQL Server 2000).

Nach der Installation befinden sich die Assemblies im Verzeichnis *C:\Program Files\Microsoft SQL Server\110\SDK\Assemblies.*

Der Namensraum aller SMO-Klassen lautet „Microsoft.SqlServer.Management.Smo". Dieser Name muss jedem Typennamen, der auf den `TypeName`-Parameter von `New-Object` folgt, vorangestellt werden.

Die SMO in einem PowerShell-Skript laden

Der einfachste Weg, um an die SMO-Assemblies heranzukommen, besteht darin, das *SQLPS*-Modul zu laden, auch wenn die Commandlets des Moduls nicht verwendet werden sollen.

Die SMO können auch direkt über das *Add-Type*-Commandlet geladen werden, wobei aber der vollständige (und dadurch recht lange) Assembly-Name angegeben werden muss:

```
Add-Type -AssemblyName "Microsoft.SqlServer.Smo, Version=11.0.0.0, Culture=neutral,
PublicKeyToken=89845dcd8080cc91"
```

Ein einfacher „Test", um festzustellen, ob die SMO-Assemblies geladen wurden, besteht darin, die Liste der aktuell geladenen Assemblies nach dem Begriff „Smo" zu durchsuchen:

```
[System.AppDomain]::CurrentDomain.GetAssemblies() –match "SMO"
```

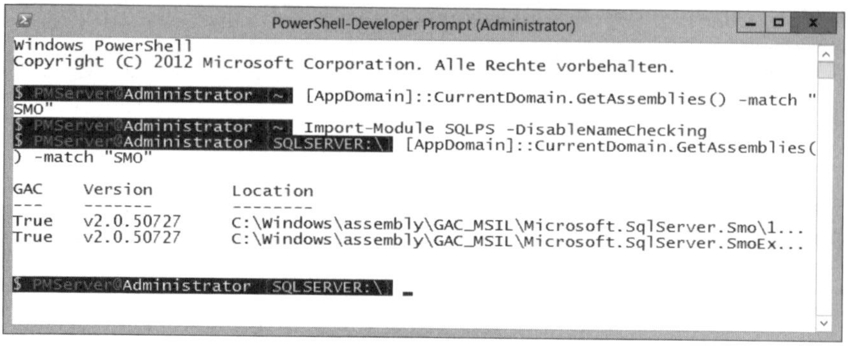

Abbildung 35.8: Die SMO werden über das SQLPS-Modul geladen.

Eine Übersicht über alle in der Assembly enthaltenen Klassen im relevanten Namensraum *Microsoft.SqlServer.Smo* liefert der folgende Befehl:

```
([System.AppDomain]::CurrentDomain.GetAssemblies() | Where Location -Match
"SqlServer.smo").GetTypes() | `
Where-Object { $_.IsClass -and $_.IsPublic -and $_.Namensraum -like
"Microsoft.SqlServer.Management.Smo" } |
 Select-Object -Property Name,Namensraum | Sort-Object -Property Name
```

Beispiel: Anmelden an einen SQL Server

Ein kleiner „Test" der SMO listet die Namen aller Datenbanken auf einem bestimmten SQL Server auf. Die Befehlsfolge, die alle Datenbanken auflistet, lautet wie folgt:

```
Import-Module SQLPS
$InstanzName = ".\SQLEXPRESS"
$Server = New-Object -TypeName Microsoft.SqlServer.Management.Smo.Server -ArgumentList
$InstanzName
$Server.Databases | Select-Object -ExpandProperty Name
```

Das letzte Beispiel ging von einer Windows-Authentifizierung des aktuell angemeldeten Benutzers beim SQL Server aus. Ist diese nicht möglich, müssen Benutzername und Kennwort separat angegeben werden.

Das folgende Beispiel listet ebenfalls die Namen aller Datenbanken einer SQL-Server-Instanz auf, nur dass dieses Mal die Anmeldung am SQL Server über das *sa*-Konto erfolgt. Dazu muss der SQL Server gegebenenfalls auf gemischte Authentifizierung umgestellt und das *sa*-Benutzerkonto aktiviert werden.

```
Import-Module SQLPS –DisableNameChecking

$InstanzName = ".\SQLEXPRESS"
$Server = New-Object -TypeName Microsoft.SqlServer.Management.Smo.Server -ArgumentList
$InstanzName

$Server.ConnectionContext.Set_LoginSecure($false)
$Cred = Get-Credential -UserName sa -Message "Kennwort für SQL-Server eingeben"
$UserName = $Cred.Username -replace "\\", "\"
```

```
$Pw = $Cred.Password
$Server.ConnectionContext.Set_Login($UserName)
$Server.ConnectionContext.Set_SecurePassword($Pw)
$Server.ConnectionString
$Server.Databases | Select-Object -ExpandProperty Name
```

35.5 SQLPSX

von Peter Monadjemi

SQLPSX ist ein OpenSource-Projekt, das bereits im Juli 2008 von *Chad Miller* (Projektusername „CMille19") gestartet wurde und seitdem bezüglich seiner Download-Zahlen zu den populärsten PowerShell-Erweiterungen beim *CodePlex*-Portal zählt. *SQLPSX* hat ein einfaches Ziel: den Umgang mit den SMO aus der Perspektive eines PowerShell-Anwenders so einfach und komfortabel wie möglich zu gestalten. Darüber hinaus erlaubt es das Anbinden anderer DBMS-Typen, wie *MySQL*, über eigene Module. *SQLPSX* ist der Sammelname für insgesamt neun Module (Tabelle 35.1), die durch das Importieren von *SQLPSX* der Reihe nach geladen werden. Das wichtigste Modul ist `SQLServer`, da es mit seinen insgesamt 76 Funktionen die Kernfunktionalität der SMO zur Verfügung stellt.

Tabelle 35.1: Die einzelnen Module von SQLPSX

Modul	Inhalt
SQLmaint	Bietet mit `Invoke-DBMaint` eine Funktion zur Ausführung eines Wartungsvorgangs.
SQLServer	Umfasst 76 Funktionen, die die SMO-Funktionalität zur Verfügung stellen.
Agent	Umfasst 14 Funktionen für die Ansteuerung des SQL-Server-Agenten, über den geplante Aufgaben, wie z. B. das Sichern einer Datenbank, durchgeführt werden.
Repl	Umfasst 20 Funktionen für die Steuerung einer SQL-Server-Replikation.
SSIS	Umfasst 15 Funktionen für die Verwaltung der SQL-Server-Paketierung im Rahmen der SQL Server Integration Services, mit der z. B. ein Import aus einer externen Datenquelle durchgeführt wird.
Showmbrs	Umfasst vier Funktionen für den Umgang mit lokalen Gruppen und Active-Directory-Gruppen.
SQLParser	Umfasst die Funktionen `Out-SqlScript` und `Test-SqlScript`, durch die ein T-SQL-Skript formatiert ausgegeben und auf seine syntaktische Gültigkeit geprüft wird.
adolib	Umfasst sechs Funktionen für den direkten Zugriff auf eine Datenbank (z. B. über *Invoke*-Query).

Auch wenn sich jede Aktion aus dem Modul `SQLServer`, die mit den Funktionen und Commandlets aus der SQLPSX-Erweiterung möglich ist, auch direkt mit den SMO-Objekten umsetzen ließe, in der Regel ist die Verwendung der SQLPSX-Funktionalität die deutlich einfachere und komfortablere Variante.

HINWEIS: Auf eine wichtige Einschränkung soll gleich zu Beginn hingewiesen werden. Das Modul *SQLISE*, das SQL-Abfragen direkt aus der PowerShell ISE heraus ermöglicht, funktioniert leider nicht in der PowerShell ISE.

Installation und Überblick

SQLPSX steht unter dem OpenSource-Projektportal *CodePlex* und der folgenden Adresse zur Verfügung:

http://sqlpsx.codeplex.com

HINWEIS: *SQLPX* setzt das .NET Framework 3.5 SP1 voraus. Wer das Modul unter Windows XP einsetzen möchte, muss das .NET Framework 3.5 SP1 gegebenenfalls nachträglich installieren.

Der Download besteht aus der Datei *SQLPSX.msi*, die lediglich ausgeführt werden muss, um *SQLPSX* zu installieren. *SQLPSX* ist ein OpenSource-Projekt unter der *Microsoft Public Licence*. Auf der Projektseite stehen daher auch die Quellen zum Download zur Verfügung. Darüber hinaus gibt es dort auch eine kurze Installationsbeschreibung. Sehr löblich ist der Umstand, dass zu jeder Funktion eine relativ ausführliche Hilfe existiert und dass ein Diskussionsforum zur Verfügung steht, in dem man Fragen stellen kann, die vom Autor des Moduls beantwortet werden. Die einzelnen Funktionen werden in einer Online-Hilfe unter *http://www.sqlpsx.com/* beschrieben.

SQLPSX ist (für PowerShell-Verhältnisse) eine umfangreiche Angelegenheit, die im Kern acht Module umfasst und es damit auf 218 Funktionen und Commandlets bringt (bezogen auf die Version 2.3.2.1). Zusätzlich gibt es das Modul *SQLISE*, das sich in die PowerShell ISE einklinkt und das Ausführen von SQL-Abfragen erlaubt, die dazu lediglich in ein Skriptfenster eingegeben werden müssen.

Geladen werden alle Module über ein

```
Import-Module SQLPSX
```

SQLPSX selber ist kein „richtiges" Modul. Die Modulskriptdatei *Sqlpsx.psm1* besitzt lediglich die Aufgabe, die einzelnen Module der Reihe nach zu laden (sollte kein Oracle-Provider installiert sein, was im Allgemeinen der Fall ist, erscheint eine Warnung).

Über ein `Get-Module` erhält man eine Übersicht der geladenen Module.

Die ersten Schritte

Um mit SQLPSX arbeiten zu können, werden entweder alle Module oder einzelne Module importiert. Die für das Kennenlernen der Möglichkeiten interessantesten Module sind `SQLServer` und `AdoLib`, die sich auch einzeln laden lassen:

```
Import-Module –Name SQLServer, AdoLib
```

Der zweite Schritt kann darin bestehen, sich die Versionsnummer einer SQL-Server-Instanz ausgeben zu lassen:

```
Get-SqlVersion –SqlServer .\SQLEXPRESS
```

`Get-SqlVersion` ist eine Funktion aus dem Modul `SQLServer`. Eine Liste aller `Get`-Funktionen dieses Moduls liefert ein

```
Get-Command –Module SQLServer –Verb Get
```

Die insgesamt 55 Funktionen bieten einen guten Überblick über die Abfragemöglichkeiten, die mit dem Modul einhergehen. Ein

```
Get-SqlEdition –SqlServer .\SQLEXPRESS
```

liefert die Edition des SQL-Servers.

Zugriff auf einen SQL Server und seine Datenbanken

Die häufigsten Aktivitäten, die im Rahmen eines Skripts durchgeführt werden, haben etwas mit dem Zugriff auf einen SQL Server und seine Datenbanken zu tun. Diese Funktionalität ist im Modul *SQLServer* mit seinen 76 Funktionen enthalten.

BEISPIEL: Das folgende Beispiel listet die Eckdaten aller Datenbanken auf der angegebenen SQL-Server-Instanz auf.

```
Import-Module SqlServer

$InstanzName = ".\SQLEXPRESS"

Get-SqlServer -Sqlserver $InstanzName | Select-Object -ExpandProperty
Databases
```

Der folgende Befehl listet alle Tabellen innerhalb einer Datenbank auf:

```
Get-SqlDatabase -Sqlserver $InstanzName -Dbname Northwind | Select-Object
-ExpandProperty Tables
```

Ähnlich sehen Befehle aus, die z. B. gespeicherte Prozeduren oder andere Objekte einer Datenbank auflisten.

Beim nächsten Beispiel, das alle gespeicherten Prozeduren einer Datenbank zurückgibt, kommt endlich der Pipe-Operator zum Einsatz, der sich natürlich auch bei Datenbankabfragen vorteilhaft einsetzen lässt:

```
Get-SqlDatabase -Sqlserver $InstanzName -Dbname Northwind |
Get-SqlStoredProcedure
```

■

SQL-Abfragen und Änderungen an einer Datenbank durchführen und gespeicherte Prozeduren ausführen

Zum Abschluss des ersten Überblicks über die Möglichkeiten des SQLPSX-Moduls soll natürlich auch gezeigt werden, wie sich SQL-Abfragen, SQL-Kommandos und gespeicherte Prozeduren ausführen lassen. Dafür gibt es mindestens zwei Möglichkeiten: über die Funktionen `Invoke-Query` und `Invoke-Sql` im Modul `Adolib` und über die `Get-SqlData`-Funktion im Modul `SqlServer`.

35.5.1.1 Ausführen einer SQL-Abfrage

BEISPIEL: Das erste Beispiel führt per `Invoke-Query`-Funktion eine einfache SQL-Abfrage gegen eine Datenbank aus. Da die Funktion nicht auf den SMO, sondern direkt auf den .NET-Basisklassen aufsetzt, wird die Verbindungszeichenfolge als Parameterwert übergeben.

```
Import-Module Adolib
Invoke-Query -Sql "Select * From Employees" `
 -Connection "Data Source=.\SQLEXPRESS;Integrated Security=true;Initial
Catalog=Northwind"
```

Die Rückgabe besteht in diesem Fall aus *DataRow*-Objekten, die über eine Typenerweiterung um die Feldnamen der *Employees*-Tabelle erweitert wurden (dies lässt sich über ein `Get-Member` feststellen). Damit lassen sich die Felder als Properties ansprechen.

Die folgende Abfrage gibt nur Datensätze der *Employees*-Tabelle aus, deren Feld *City* den Wert „Seattle“ besitzt:

```
Invoke-Query -Sql "Select * From Employees" `
 -Connection "Data Source=.\SQLEXPRESS;Integrated Security=true;Initial
Catalog=Northwind" |  Where-Object City -eq "Seattle"
```

■

TIPP: Wer etwas mehr über das „Innenleben“ einer SQLPSX-Funktion erfahren möchte, kann dies jederzeit tun. Wie bei allen Funktionen lässt sich ihr Inhalt über das `Get-Content`-Commandlet sehr einfach abrufen:

```
Get-Content –Path Function:Invoke-Query
```

■

Ausführen eines Update-Kommandos

Natürlich lassen sich auch SQL-Operationen ausführen, die keine Datensätze zurückgeben.

BEISPIEL: Das folgende Beispiel führt eine Update-Operation mit der Tabelle *Products* der *Northwind*-Datenbank aus, die den Wert aller Produkte um einen bestimmten Faktor senkt, deren *Discontinued*-Feld den Wert 1 besitzt.

```
function Update-Products
{
  param([Double]$Factor)
  $CnSt = "Data Source=.\SQLEXPRESS;Initial Catalog=Northwind;Trusted_
Connection=Yes"
  $TSQL = "Update Products Set UnitPrice = UnitPrice * $Factor Where
Discontinued = 1"
  Invoke-Sql -sql $TSQL -connection $CnSt
}

Update-Products -Factor 0.5
```

Konnte das Update-Kommando ausgeführt werden, wird die Anzahl der von der Aktualisierung betroffenen Datensätze zurückgegeben.

Der Parameter Connection erwartet einen Wert vom Typ SqlConnection, der ein Verbindungsobjekt repräsentiert. Für diesen Parameter darf aber auch eine Zeichenkette übergeben werden, wenn diese eine gültige Verbindungszeichenfolge darstellt (sich aus ihr ein SqlConnection-Objekt ableiten lässt). ■

Ausführen einer Abfrage mit Parametern

Bei einer parametrisierten Abfrage (Abfrage mit Parametern) werden einzelne Werte der Abfrage variabel gehalten. Auch wenn die SQL-Abfrage bei einem PowerShell-Befehl lediglich PowerShell-Variablen enthalten müsste, ist eine offizielle Parameterabfrage über die Invoke-Query-Funktion des Adolib-Moduls etwas flexibler.

BEISPIEL: Das folgende Beispiel listet alle Datensätze der *Employees*-Tabelle der *Northwind*-Datenbank über eine parametrisierte Abfrage auf.

```
Import-Module -Name AdoLib

$ConString = "Data Source=.\SQLEXPRESS;Trusted_Connection=Yes;Initial
Catalog=Northwind"

# Alle Mitarbeiter, die in einer bestimmten Stadt wohnen
$TSQL = "Select LastName, City From Employees Where City Like @City"

$Stadt = "Sea%"
Invoke-Query -Connection $ConString -Sql $TSQL -Parameters @{City=$Stadt}
```

■

Ausführen eines Insert-Kommandos und Rückgabe des Identitätswerts

Das folgende Beispiel fügt in die Tabelle *Employees* per Insert-Kommando einen neuen Datensatz ein und gibt den von der Datenbank erzeugten Identitätswert für das Feld EmployeeID (Primärschlüssel) zurück. Der „Trick“ besteht darin, an das Insert-Kommando ein Select-Kommando mit der Variablen @@Identity anzuhängen und das ganze Kommando über Invoke-Query und nicht Invoke-Sql auszuführen, um den Id-Wert zurückzuerhalten.

```
$TSQL = "Insert Into Employees (FirstName, LastName,City) Values('Peter','Monadjemi',
'Esslingen');Select @@Identity As EmployeeID"
$CnSt = "Data Source=.\SQLEXPRESS;Initial Catalog=Northwind;Trusted_Connection=Yes"
Invoke-Query -sql $TSQL -connection $CnSt
```

Ausführen eines T-SQL-Skripts

Über das Commandlet Invoke-SqlCmd aus dem SQLPS-Modul oder über die Funktion Invoke-Query aus dem AdoLib-Modul des SQLPSX-Moduls lassen sich auch mehrere SQL-Kommandos nacheinander ausführen.

BEISPIEL: Das folgende Beispiel ist etwas umfangreicher, denn es führt ein T-SQL-Kommando aus, das in der *Northwind*-Datenbank eine Tabelle mit dem Namen „CustomerRatings“ und den Feldern „CustomerID“ und „Rating“ einfügt. In diese Tabelle werden anschließend 100 Datensätze eingefügt.

```
<#
 .Synopsis
 Tabelle mit Daten anlegen per T-SQL und Invoke-Query
#>

Import-Module AdoLib
Import-Module -Name SqlPs –DisableNameChecking
$VerbosePreference = "Continue"

$TSQL = @"
 DROP TABLE Ratings;
 CREATE TABLE dbo.Ratings
    (CustomerID nchar(5),
    RatingValue real,
    RatingTime nchar(32));
"@

$InstanzName = ".\SQLEXPRESS"

# Invoke-Sqlcmd -ServerInstance $InstanzName -Database Northwind -Query
$TSQL

$CnSt = "Data Source=.\SQLEXPRESS;Initial Catalog=Northwind;Trusted_
Connection=Yes"
Invoke-Query -Sql $TSQL -Connection $CnSt

$TSQL = @"
  INSERT INTO Ratings VALUES ('$CustomerID',$Rating,'$Time')
"@

$Anzahl = 100
$i = 0
1..$Anzahl | Foreach-Object {
    $i++
```

```
    $Rating = 1..10 | Get-Random
    $CustomerID = "ALFKI", "ANTON","BLAUS","PARIS","WELLI" | Get-Random
    $TSQL = "INSERT INTO Ratings VALUES ('$CustomerID',$Rating,'$Time')"
    Invoke-Query -sql $TSQL -connection $CnSt
    Write-Progress -Activity "Füge Datensätze ein" -Status "Datensatz Nr.
$i" -PercentComplete (($i/$Anzahl) * 100)
    $Time = Get-Date
    Start-Sleep -Seconds 1
}

Write-Verbose "$Anzahl Datensätze eingefügt."
$VerbosePreference = "SilentlyContinue"
```

■

Die zweite Alternative für das Ausführen einer Datenbankabfrage bietet die Get-SqlData-Funktion aus dem SQLServer-Modul, der die auszuführenden T-SQL-Befehle als Zeichenkette über den Parameter Qry übergeben werden.

BEISPIEL: Der folgende Befehl führt eine einfache Select-Abfrage gegen die *Northwind*-Datenbank aus.

```
Get-Sqldata -sqlserver ".\SQLEXPRESS" -dbname Northwind -qry "Select
LastName, City From Employees"
```

Auch diese Abfrage gibt DataRow-Objekte (Namensraum System.Data) zurück, die um die Properties „LastName“ und „City“ erweitert wurden.

■

Aufruf einer gespeicherten Prozedur

Der Aufruf einer gespeicherten Prozedur fällt nicht in den „Zuständigkeitsbereich“ von SMO, dafür sind die .NET-Basisklassen zuständig. Die einfachste Möglichkeit für den Aufruf einer gespeicherten Prozedur bietet die Funktion Invoke-StoredProcedure aus dem AdoLib-Modul des SQLPSX-Moduls.

Das folgende Beispiel ruft die gespeicherte Prozedur „Sales by Year“ in der *Northwind*-Datenbank auf.

```
$CnSt = "Data Source=.\SQLEXPRESS;Initial Catalog=Northwind;Trusted_Connection=Yes"

Invoke-StoredProcedure -Connection $CnSt -StoredProcName "[Sales by Year]" -Parameters
@{Beginning_Date="1.1.1997";Ending_Date="31.12.1998"}
```

SQL-Abfragen direkt in der PowerShell ISE ausführen

Für das komfortable Ausführen von einfachen SQL-Kommandos sollte man nicht jedes Mal *SQL Server Management Studio* oder ein vergleichbares Tool starten müssen (eine empfehlenswerte Alternative für „das mal eben ein wenig SQL testen“ ist *Query Express* – Download unter *http://www.albahari.com/queryexpress.aspx*), theoretisch sollte das auch in der PowerShell ISE möglich sein. Diese Möglichkeit bietet das Modul SQLISE aus der SQLPSX-

Modulsammlung, allerdings nur für die ISE 2.0. Die folgenden Beispiele setzen daher voraus, dass sie in der PowerShell ISE 2.0 ausgeführt werden.

Im ersten Schritt wird das Modul in der PowerShell ISE importiert:

```
Import-Module SQLISE
```

Danach steht im (gegebenenfalls neu angelegten) *Add-Ons*-Menü der Eintrag „SQLIse“ zur Verfügung, der ein Untermenü mit über einem Dutzend Einträgen öffnet. Einer dieser Einträge ist „Execute“, über den der aktuelle Inhalt des Fensters als SQL-Kommando an die aktuell ausgewählte Datenbank geschickt wird. Die Datenbank wird über das *SQLIse*-Menü ausgewählt.

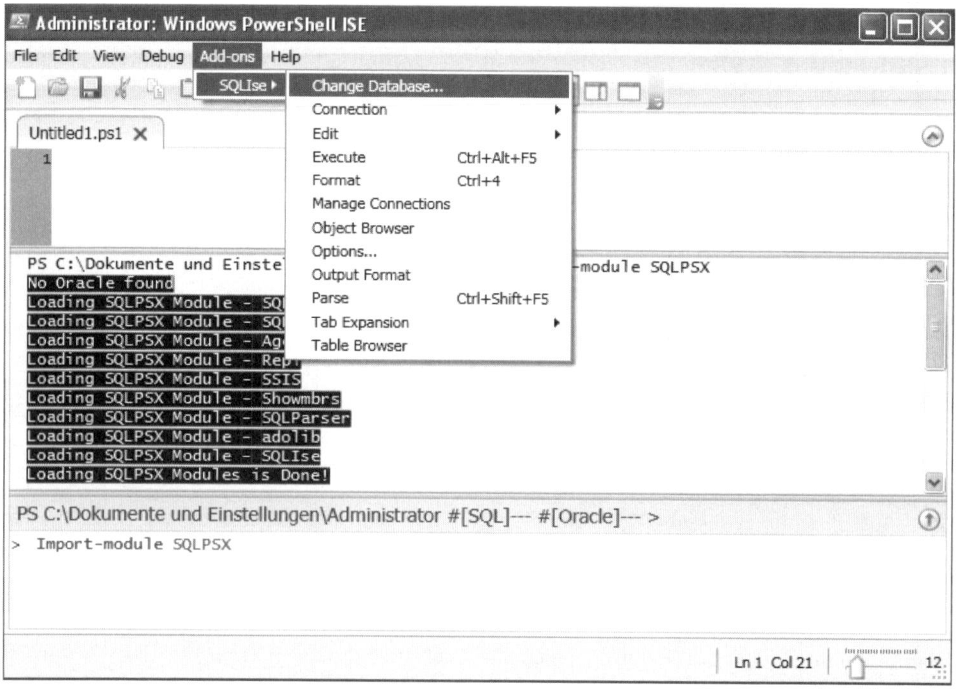

Abbildung 35.9: Nach dem Laden des SQLISE-Moduls wird eine Datenbank ausgewählt.

Nach Eingabe eines SQL-Kommandos wird es über Strg + Alt + F5 ausgeführt. Das Ergebnis sehen Sie im Ausgabebereich.

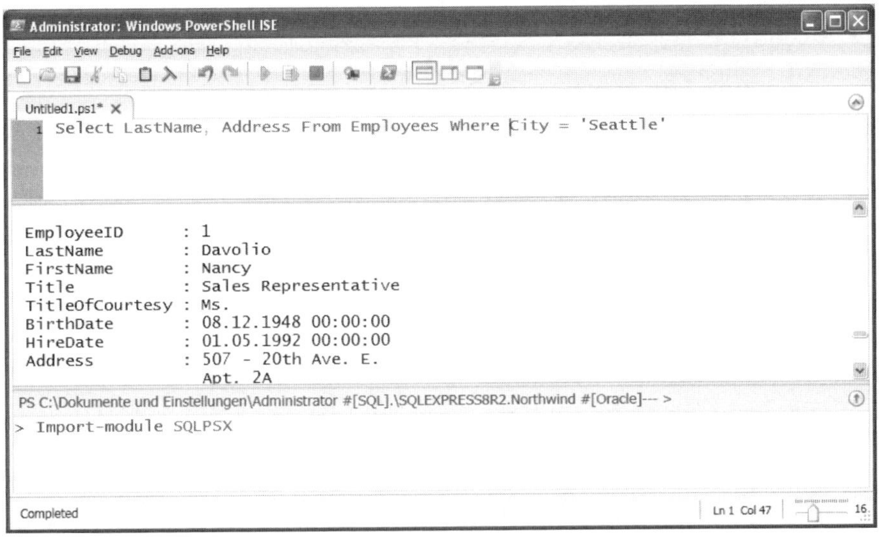

Abbildung 35.10: Eine SQL-Abfrage wird in der PowerShell ISE 2.0 ausgeführt.

35.6 Microsoft SQL Server-Administration mit der PowerShell in der Praxis

von Peter Monadjemi

In diesem Unterkapitel werden eine Reihe von Aktivitäten vorgestellt, die in die Kategorie „Datenbankverwaltung" fallen. Dazu gehört z.B. die regelmäßige Sicherung einer Datenbankdatei. Die Aktivitäten werden entweder per *Invoke-SqlCmd*-Commandlet, über die *SMO* oder die Funktionen des *SQLPSX*-Moduls umgesetzt.

Umgang mit Agenten

Über einen SQL-Server-Agent wird eine geplante Aufgabe (Job) angelegt, die zu einem festgelegten Zeitpunkt und/oder in regelmäßigen Intervallen eine bestimmte Aufgabe erledigt. Im *SQL Server Management Studio* werden die Wartungspläne eines SQL Servers auf der Grundlage von Agenten durchgeführt. SQL-Server-Agenten gibt es nicht bei der Express Edition vom SQL Server – hier fehlt der entsprechende Eintrag im *SQL Server Management Studio* und der SQL-Server-Agentendienst lässt sich nicht starten.

Das Modul `Agent` aus dem `SQLPSX`-Modul bietet 14 Funktionen für das Abfragen von Details, die mit Agenten-Jobs zu tun haben, und zum Starten eines Jobs. Das Anlegen eines Agenten-Jobs ist nur über die SMO möglich und stellt einen etwas umfangreicheren Vorgang dar, so dass das *SQL Server Management Studio* dafür im Allgemeinen die bessere Wahl ist, zumal hier alle Einstellmöglichkeiten übersichtlich angeboten werden.

BEISPIEL: Der folgende Befehl listet die Agenten-Jobs auf, die von dem Jobserver verwaltet werden, der mit der SQL-Server-Instanz „.\SQLServer12" verknüpft ist.

```
Import-Module -Name Agent

$InstanzName = ".\SQLServer12"
$JobServer = Get-AgentJobServer -Sqlserver $InstanzName
Get-AgentJob -jobserver $JobServer | Select-Object -Property Name, JobID,
NextRunDate
```

BEISPIEL: Das folgende Beispiel legt einen neuen Agenten-Job mit dem Namen „NwJob" an, der über das T-SQL-Kommando „DBCC CHECKDB" eine Konsistenzprüfung der *Northwind*-Datenbank auf dem SQL Server „.\SQLServer12" durchführt.

```
Import-Module SqlPs

try
{
 $InstanzName = ".\SQLServer12"
 $JobName = "NwJob"
 $Server = New-Object -TypeName Microsoft.SqlServer.Management.Smo.Server
-ArgumentList $InstanzName
 $JobServer = $Server.JobServer
 $Job = New-Object -TypeName Microsoft.SqlServer.Management.Smo.Agent.Job
-ArgumentList $JobServer, $JobName
  $Job.Create()
 $Job.ApplyToTargetServer($Server.Name)
 $JobStep = New-Object -TypeName Microsoft.SqlServer.Management.Smo.Agent.
JobStep -ArgumentList $Job, "Schritt1"
 $JobStep.Subsystem = [Microsoft.SqlServer.Management.Smo.Agent.
AgentSubSystem]::TransactSql
 $JobStep.Command = "DBCC CHECKDB('Northwind') WITH NO_INFOMSGS";
 $JobStep.OnFailAction = [Microsoft.SqlServer.Management.Smo.Agent.StepCompl
etionAction]::QuitWithFailure
 $JobStep.Create()
 Write-Host -ForegroundColor White -BackgroundColor Red -Object "Job
$JobName wurde angelegt..."
}
catch
{ "Fehler beim Anlegen des Jobs ($_)" }
```

Die angelegten Jobs werden sowohl im *SQL Server Management Studio* (im Zweig „SQL Server-Agent\Aufträge") aufgelistet als auch über das SQLServer-Laufwerk im Verzeichnis „\SQL\<Servername>\<SQL Server Instanz\Jobserver\jobs"). Dort wird auch angezeigt, ob der Job bereits ausgeführt wurde.

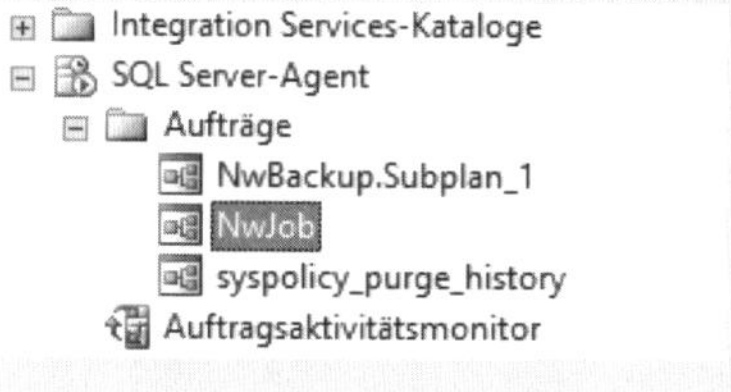

Abbildung 35.11:
Der neue Job wird im SQL Server Management Studio angezeigt.

Gestartet wird ein Job über seine `Start()`-Methode.

BEISPIEL: Das folgende Beispiel startet den Job „NwJob“ mit Hilfe der SMO.

```
<#
 .Synopsis
 Starten eines SQL Server-Job
 .Notes
 Steht unter der Express Edition nicht zur Verfügung
#>

Import-Module SqlPs –DisableNameChecking

$InstanzName = ".\SQLServer12"
$JobName = "NwJob"
$Server = New-Object -TypeName Microsoft.SqlServer.Management.Smo.Server
-ArgumentList $InstanzName
$JobServer = $Server.JobServer
$Job = $JobServer.Jobs[$JobName]
try
{
 $Job.Start()
 # Ein wenig warten
 Start-Sleep -Seconds 5
 $Job.Refresh()
  Write-Host -ForegroundColor White -BackgroundColor Red -Object "Job
$JobName wurde um $($Job.LastRunDate) gestartet..."
}
catch
{ "Fehler beim Starten des Jobs ($_)" }
```

Mit Hilfe der Funktionen aus dem Agent-Modul im SQLPSX-Modul geht das Starten etwas einfacher:

```
$JobServer = Get-AgentJobServer –SqlServer .\SQLServer12
$J = Get-AgentJob -Jobserver $JobServer -name NwJob
$J.Start()
```

■

Datenbankdateien sichern

Auch wenn selbstverständlich jeder Datenbankadministrator das Sichern einer Datenbank über einen Wartungsplan erledigen lässt und es für das Sichern von Datenbanken und anderen SQL-Server-Inhalten im großen Stil komfortable GUI-Tools gibt, das Backup einer einzelnen SQL-Server-Datenbank ist auch mit der Funktion `Invoke-SqlBackup` aus dem *SqlServer*-Modul des *SQLPSX*-Moduls sehr einfach möglich.

BEISPIEL: Das folgende Beispiel sichert die *Northwind*-Datenbank in ein Verzeichnis, das vorhanden sein muss.

```
Import-Module SqlServer

$InstanzName = ".\SQLEXPRESS"
Invoke-SqlBackup -Sqlserver $InstanzName -Dbname Northwind -Filepath
"C:\NwBackup\Northwind.bak"  -action Database -description "Nw-Backup"
-force
```

Datenbankdateien anhängen und entfernen

Für das Anhängen (engl. „attach") einer Datenbankdatei (diese trägt in der Regel die Erweiterung *.mdf*) an einen SQL Server gibt es mehrere Möglichkeiten. Die von Microsoft empfohlene Variante besteht in dem T-SQL-Kommando „Create Database" mit dem Anfang „For Attach".

BEISPIEL: Das folgende Beispiel hängt die *.mdf*-Datei für die *Northwind*-Datenbank an einen SQL Server. Das T-SQL-Kommando wird über das `Invoke-SqlCmd`-Commandlet ausgeführt.

```
$MdfPath = "C:\Databases\Northwnd.mdf"
$MdfLogPath = "C:\Databases\Northwnd_log.ldf"

$DBName = "NorthwindNeu"

$TSQL = @"
    CREATE DATABASE $DBName
    ON (FILENAME = '$MdfPath'),
    (FILENAME = '$MdfLogPath')
    FOR ATTACH;
"@

$InstanzName = ".\SQLEXPRESS"
Invoke-Sqlcmd -ServerInstance $InstanzName -Query $TSQL
```

Das „Abhängen" (engl. „detach") einer Datenbank von einem SQL Server beschränkt sich auf den Aufruf der `Detach`-Methode des SMO-Server-Objekts.

```
Import-Module -Name SqlPs –DisableNameChecking

$InstanzName = ".\SQLEXPRESS"

$Server = New-Object -TypeName Microsoft.SqlServer.Management.Smo.Server
-ArgumentList $InstanzName

$DBName = "NorthwindNeu"
try
{
 $Server.DetachDatabase( $DBName, $false)
}
```

```
catch
{
 "Datenbank $DBName kann nicht gelöst werden"
}
```

SQL-Server-Datenbanken kopieren

Das Kopieren einer Datenbank ist etwas umfangreicher, da mehrere Teilschritte abgearbeitet werden. Das Kopieren wird über die Methode `TransferData()` des SMO-Objekts `Transfer` durchgeführt, das mit der zu kopierenden Datenbank initialisiert wird.

BEISPIEL: Das folgende Beispiel kopiert die *Northwind*-Datenbank auf eine Datenbank mit dem Namen „Northwind2" innerhalb desselben SQL Server. Es verwendet dazu die SMO.

```
<#
 .Synopsis
 Kopieren einer Datenbank
#>

Import-Module -Name SqlPs –DisableNameChecking

$InstanzName = ".\SQLEXPRESS"
$DBName = "Northwind"

$Server = New-Object -TypeName Microsoft.SqlServer.Management.Smo.Server
-ArgumentList $InstanzName

$DB = $Server.Databases[$DBName]

$DBCopyName = "Northwind2"
$DBCopy = New-Object -TypeName Microsoft.SqlServer.Management.SMO.Database
-ArgumentList $Server, $DBCopyName
try
{
 $DBCopy.Create()
 Write-Verbose "Kopie-Datenbank wurde angelegt..."
}
catch
{
 Write-Host -ForegroundColor White -BackgroundColor Red "Fehler beim
Erstellen der Datenbank ($_)"
 break
}
  $DBTransfer = New-Object -TypeName Microsoft.SqlServer.Management.SMO.
  Transfer -ArgumentList $DB
  $DBTransfer.CopyAllTables = $true
  $DBTransfer.Options.WithDependencies = $true
  $DBTransfer.Options.ContinueScriptingOnError = $true
  $DBTransfer.DestinationDatabase = $DBCopyName
  $DBTransfer.DestinationServer = $Server.Name
  $DBTransfer.DestinationLoginSecure = $true
  $DBTransfer.CopySchema = $true
```

```
Write-Verbose "Erzeuge T-SQL-Skript für das Kopieren der Datenbank..."

$DBTransfer.ScriptTransfer()

Write-Verbose "Kopiere die Datenbank..."
try
{
 $DBTransfer.TransferData()
 Write-Host -ForegroundColor White -BackgroundColor Green "Datenbank wurde
kopiert..."
}
catch
{
 Write-Host -ForegroundColor White -BackgroundColor Red "Fehler beim
Kopieren der Datenbank ($_)"
}

$Server.Databases | Select-Object -ExpandProperty Name
```
■

36 ODBC-Datenquellen

von Peter Monadjemi

ODBC ist der Name einer Spezifikation, durch die unterschiedliche Datenbankentypen über einen einheitlichen Satz an Funktionen angesprochen werden können. Diese Funktionen werden von Anwendungen verwendet, um auf eine Datenbank zugreifen zu können. Seit Windows 2000 ist *ODBC* in Gestalt der *Microsoft Data Access Components* (MDAC) ein fester Bestandteil des Betriebssystems. Auch wenn die von Microsoft Anfang der 1990er-Jahre initiierte *Open Database Connectivity* (ODBC) bereits in die Jahre gekommen ist, werden über *ODBC* auch heute noch in Unternehmen und großen Organisationen z. B. DB2- oder Informix-Datenbanken oder Excel-Arbeitsmappen angesprochen. Auch Access-, FoxPro- und uralte dBase-Datenbanken können per *ODBC* genauso angesprochen werden wie eine Microsoft-SQL-Server-Datenbank. Damit eine Anwendung eine Datenbank über *ODBC* ansprechen kann, muss ein „Data Source Name" (DSN) vorhanden sein. Dieser fasst alle Einstellungen wie den Namen des ODBC-Treibers oder den Benutzernamen zusammen. Das Verwalten der DSN-Einträge war unter Windows in der Vergangenheit nur über das Verwaltungsprogramm *ODBC-Datenquellenverwaltung* möglich. Bei Windows Server 2012 ist dies nun auch per PowerShell möglich. Dazu stehen im Modul `WDAC` („Windows Data Access Components") insgesamt zwölf Funktionen zur Verfügung. Damit lassen sich u. a. DSNs für ODBC-Datenquellen anlegen, modifizieren und wieder entfernen. Außerdem lässt sich ein spezieller ODBC-Leistungsindikator ansprechen. Tabelle 36.1 stellt die wichtigsten Funktionen zusammen.

Tabelle 36.1: Die wichtigsten Funktionen aus dem WDAC-Modul

Funktion	Bedeutung
`Get-ODBCDriver`	Gibt alle installierten ODBC-Treiber zurück.
`Add-ODBCDSN`	Fügt einen neuen DSN hinzu.
`Get-ODBCDSN`	Gibt alle vorhandenen DSNs zurück.
`Enable-ODBCPerfCounter`	Aktiviert den Leistungsindikator, der den Zugriff auf eine ODBC-Datenquelle überwacht. Sein Zustand wird über Get-OdbcPerfCounter abgerufen.
`Remove-ODBCDsn`	Entfernt einen DSN.
`Set-ODBCDsn`	Ändert einzelne Einstellungen eines DSN über die Parameter SetPropertyValue und RemovePropertyValue.
`Set-ODBCDriver`	Ändert einzelne Einstellungen eines ODBC-Treibers über die Parameter SetPropertyValue und RemovePropertyValue.

36.1 ODBC-Treiber und -Datenquellen auflisten

Eine ODBC-Datenquelle (DSN) ist nichts anderes als eine Zusammenfassung von Einstellungen im Textformat, die für den Zugriff auf die betreffende Datenbank verwendet und in der Registry von Windows oder in einer Datei abgelegt werden. Der wichtigste Bestandteil der Datenquelle ist der Name des ODBC-Treibers. Dieser lautet für den Microsoft SQL Server 2012 z. B. „SQL Server Native Client 11.0“. Eine Liste aller aktuell installierten 32-Bit- und 64-Bit-Treiber liefert die Funktion `Get-OBDCDriver` aus dem WDAC-Modul:

```
Get-OdbcDriver | Select-Object -Property Name, Platform
```

Die Property `Platform` gibt an, ob der Treiber in einer 32- oder 64-Bit-Version oder in beiden Versionen vorliegt.

Eine Liste aller vorhandenen DSNs erhält man über die Funktion `Get-OdbcDsn`.

BEISPIEL: Der folgende Befehl listet alle Benutzer-DSNs (diese stehen nur dem aktuellen Benutzer zur Verfügung) auf.

```
Get-OdbcDsn -DsnType User
```

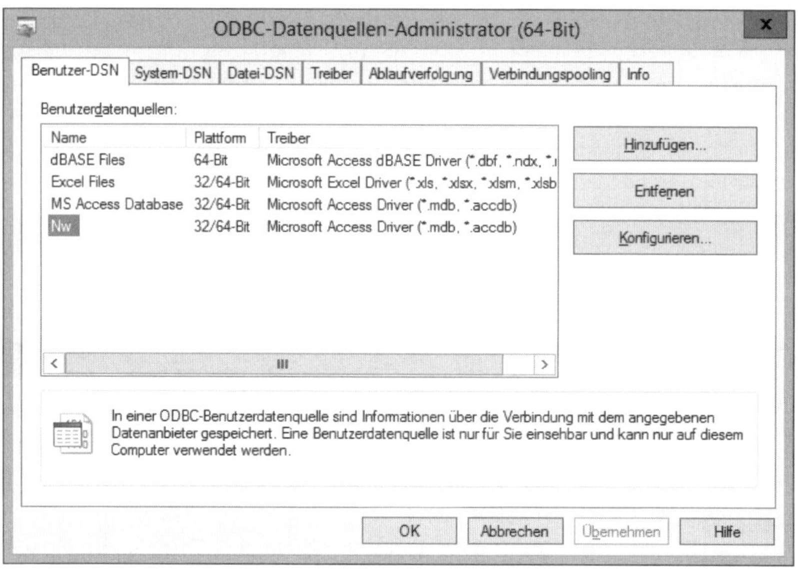

Abbildung 36.1: Die ODBC-Datenquellenverwaltung zeigt alle vorhandenen Datenquellen an und erlaubt das Anlegen neuer Datenquellen.

HINWEIS: Seit Windows 8 und Windows Server 2012 wurde der ODBC-Datenquellen-Dialog etwas verbessert. Treiber, die nur für eine der beiden Plattformen 32- oder 64-Bit verfügbar sind, können nicht konfiguriert werden, wenn das Verwaltungsprogramm für eine Plattform angezeigt wird, auf der sie nicht verfügbar sind – die Buttons *Entfernen* und *Konfigurieren* sind in diesem Fall nicht aktiv.

36.2 Anlegen einer ODBC-Datenquelle

Eine ODBC-Datenquelle (DSN) kann auf drei verschiedene Weisen angesprochen werden:

1. Als Systemeintrag, der entweder für den aktuellen Benutzer oder für alle Benutzer zur Verfügung steht (System- und Benutzer-DSN)
2. Als Textdatei (Datei-DSN), in der alle Einstellungen für den Zugriff auf die Datenbank enthalten sind
3. Als dritte Alternative können die Einstellungen direkt in die Verbindungszeichenfolge eingebaut werden. Die üblichste Variante ist ein System-DSN

BEISPIEL: Der folgende Befehl legt einen Benutzer-DSN mit dem Namen „Nw“ an, über den Access-Datenbanken angesprochen werden.

```
Add-OdbcDsn -Name Nw -DriverName "Microsoft Access Driver (*.mdb)" -DsnType
User
```

Soll der DSN eine bestimmte Datenquelle ansprechen, muss die DBQ-Property den Pfad der Datenbankdatei erhalten, was über den Parameter `SetProperty Value` geschieht, dem alle Einstellungen als Name-Wert-Paar-Array (und nicht als Hashtable) übergeben werden.

Der folgende Befehl legt einen DSN für eine Access-Datenbank an, deren Pfad in der Variablen `$MdbPfad` enthalten ist.

```
Add-OdbcDsn -Name Nw -DriverName "Microsoft Access Driver (*.mdb, *.accdb)
" -DsnType User -SetPropertyValue @("DBQ=$MdbPfad")
```

Der DSN-Name wird in die Verbindungsfolge eingebaut, die für den Zugriff auf die Datenbank zuständig ist.

Die folgende Verbindungszeichenfolge spricht mit Hilfe des DSN „Nw“ eine Access-Datenbank an.

```
$CnSt = "DSN=Nw"
```

Umfasst der DSN nicht den Pfad der Datenbankdatei, muss dieser in die Verbindungszeichenfolge aufgenommen werden.

Die folgende Verbindungszeichenfolge spricht eine Access-Datenbank an, deren Pfad in der Variablen `$MdbPfad` enthalten ist.

```
$CnSt = "Driver={Microsoft Access Driver (*.mdb)};Dbq=$MdbPfad"
```

Wie dieser DSN für den Zugriff auf eine Access-Datenbank genutzt wird, wird am Ende des Kapitels am Beispiel eines PowerShell-Skripts gezeigt.

36.3 Zugriff auf eine ODBC-Datenquelle

Zum Abschluss soll natürlich auch gezeigt werden, wie sich eine Datenbank per ODBC ansprechen lässt. Das .NET Framework bietet dafür im Namensraum `System.Data.Odbc` eine Reihe von Klassen, die sich im Rahmen eines PowerShell-Skripts relativ einfach ansprechen lassen. Für den Zugriff auf die Datenbank per ODBC wird das `WDAC`-Modul nicht benötigt. Sollte die ODBC-Datenquelle nicht existieren, können die Verbindungsinformationen auch direkt in die Verbindungszeichenfolge eingesetzt werden.

BEISPIEL: Die folgende Funktion ist etwas umfangreicher. Sie greift über eine zuvor angelegte DSN auf eine Access-Datenbank zu, deren Pfad in der Variablen `$MdbPfad` enthalten ist, und gibt den Inhalt des ersten Felds einer Tabelle aus, die über einen SQL-Befehl angesprochen wird. Für den Datenzugriff werden die Klassen im Namensraum `System.Data.Odbc` verwendet.

Der DSN-Eintrag wird entweder mit dem Verwaltungsprogramm „ODBC-Datenquellen (64-Bit)“ (bzw. „ODBC-Datenquellen (32-Bit)“) angelegt oder mit der WDAC-Funktion `Add-OdbcDsn`. Der auskommentierte Befehl zeigt eine Verbindungszeichenfolge, die ohne DSN auskommt, indem die Angaben zur Datenquelle direkt in die Verbindungszeichenfolge eingebaut werden.

```
function Test-DB
{
  param([String]$Sql)
  $CnSt = "DSN=Nw;Dbq=$MdbPfad"
  # Alternativ geht es auch ohne DSN
  # $CnSt = "Driver={Microsoft Access Driver (*.mdb)};Dbq=$MdbPfad"
  $Cn = New-Object -TypeName System.Data.Odbc.OdbcConnection -ArgumentList
$CnSt
  try
  {
    $Cn.Open()
    Write-Verbose "Datenbankverbindung steht."
    $Cmd = $Cn.CreateCommand()
    $Cmd.CommandText = $Sql
    $Dr = $Cmd.ExecuteReader()
    while ($Dr.Read())
    {
```

```
        $Dr.GetString($Dr.GetOrdinal("LastName"))
      }
    }
    catch
    {
      Write-Warning "Fehler beim Zugriff auf die Datenbank  ($_)"
    }
    finally
    {
      if ($Cn -ne $Null)
      {
        $Cn.Close()
        Write-Verbose "Datenbankverbindung wurde geschlossen."
      }
    }
}

Test-DB -Sql "Select * From Employees"
```

37 Registrierungsdatenbank (Registry)

Für die Windows-Registrierungsdatenbank (Registry) steht in der PowerShell ein PowerShell Provider zur Verfügung. Dies bedeutet, dass die Navigations-Commandlets (`Set-Location`, `Get-ChildItem`, `New-Item`, `Get-ItemProperty` etc.) in der Registrierungsdatenbank zur Verfügung stehen.

37.1 Schlüssel auslesen

Die Unterschlüssel eines Registrierungsdatenbankschlüssels listet man auf mit:

```
Get-ChildItem hklm:\software (Alias: dir hklm:\software)
```

Man kann auch mit CD den aktuellen Pfad in die Registrierungsdatenbank verlegen:

```
Set-Location hklm:\software (Alias: cd hklm:\software)
```

und dann einfach mit `Get-ChildItem` auflisten.
Zugriff auf einen einzelnen Schlüssel der Registrierungsdatenbank erhält man mit:

```
Get-Item www.it-visions.de
```

bzw. mit absolutem Pfad:

```
Get-Item hklm:\software\www.it-visions.de
```

Das Ergebnis sind .NET-Objekte des Typs `Microsoft.Win32.RegistryKey`. `Get-Item` liefert immer eine einzelne Instanz dieser Klasse. `Get-ChildItem` liefert keine, eine oder mehrere Instanzen.
In die Registrierungsdatenbank wechselt man mit dem Befehl:

```
Cd hklm:\software\www.it-visions.de
```

37.2 Schlüssel anlegen und löschen

Einen Schlüssel in der Registrierungsdatenbank erzeugt man mit:

```
New-Item -path hklm:\software -name "www.IT-visions.de"
```

oder

```
md -path hklm:\software\www.IT-visions.de
```

HINWEIS: New-Item steht auch als md zur Verfügung. md ist jedoch kein Alias, sondern eine eingebaute Funktion.

Man kann ganze Schlüssel kopieren mit Copy-Item:

```
Copy-Item hklm:\software\www.it-visions.de hklm:\software\www.IT-Visions.de_Backup
```

Einen Schlüssel aus der Registrierungsdatenbank zusammen mit allen enthaltenen Werten löscht man mit:

```
Remove-Item "hklm:\software\www.it-visions.de" -Recurse
```

37.3 Laufwerke definieren

Durch das Definieren eines neuen PowerShell-Laufwerks kann man eine Abkürzung zum schnellen Zugang zu Schlüsseln definieren:

```
New-PSDrive -Name ITV -PSProvider Registry -Root
 hklm:\software\www.it-visions.de
```

Danach kann man anstelle von

```
Get-Item hklm:\software\www.it-visions.de
```

auch schreiben:

```
Get-Item itv:
```

Zwei solcher Abkürzungen sind bereits vordefiniert (siehe Tabelle 37.1).

Tabelle 37.1: Definierte Abkürzungen für Registrierungsdatenbankhauptschlüssel

HKLM	HKEY_LOCAL_MACHINE
HKCU	HKEY_CURRENT_USER

37.4 Werte anlegen und löschen

Einen Zeichenkettenwert zu einem Schlüssel legt man an mit:

```
New-Itemproperty -path "hklm:\software\www.it-visions.de" -name "Inhaber" -value
"Dr. Holger Schwichtenberg" -type string440
```

Einen Zahlenwert zu einem Schlüssel legt man an mit:

```
New-Itemproperty -path "hklm:\software\www.it-visions.de" -name "Gruendungsjahr"
-value  1996 -type DWord
```

Eine Mehrfachzeichenkette zu dem Schlüssel legt man an mit:

```
$Websites = "www.IT-Visions.de", "www.IT-Visionen.de", "hs.IT-Visions.de"
New-Itemproperty -path "www.IT-visions.de" -name "Websites" -value $Websites -type
multistring
```

Einen Binärwert zu dem Schlüssel legt man an mit:

```
$Werte = Get-Content
   H:\demo\PowerShell\Registry\www.IT-Visions.de_Logo.jpg -encoding byte
New-Itemproperty -path "www.IT-visions.de" -name "Logo" -value $Werte
   -type binary
```

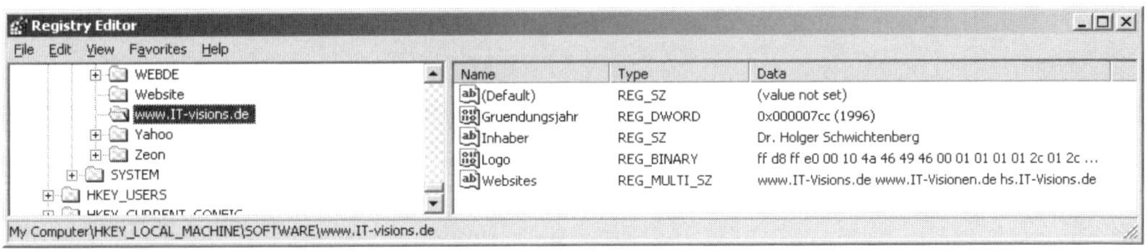

Abbildung 37.1: Ergebnis der Registrierungsdatenbankoperationen

Die folgende Tabelle zeigt alle möglichen Datentypen und deren Verwendung in der PowerShell.

Tabelle 37.2: Datentypen in der Registrierungsdatenbank

Registry-Datentyp	Bedeutung	Typbezeichner	Verarbeitung in der PowerShell
REG_BINARY	Array von Byte	Binary	Byte[]
REG_DWORD	Zahl	DWord	Int
REG_EXPAND_SZ	Zeichenkette mit Platzhaltern	Multistring	String[]
REG_MULTI_SZ	Mehrere Zeichenketten	ExpandString	String
REG_SZ	Einfache Zeichenkette	String	String

Einen bestehenden Wert ändert man mit `Set-ItemProperty`:

```
# Wert verändern
$Websites = "www.IT-Visions.de", "www.IT-Visionen.de", "hs.IT-Visions.de",
   "IT-Visions.de"
Set-Itemproperty -path "www.IT-visions.de" -name "Websites" -value $Websites
   -type multistring
```

Einen Wert aus einem Registrierungsdatenbankschlüssel löscht man mit `Remove-ItemProperty`:

```
Remove-ItemProperty -path "hklm:\software\www.it-visions.de" -name "Inhaber"
```

37.5 Werte auslesen

Die vorhandenen Werte in einem Registrierungsdatenbankschlüssel listet man auf mit:

```
Get-ItemProperty -Path "hklm:\software\www.it-visions.de"
```

Den Inhalt eines einzelnen Eintrags bekommt man durch:

```
(Get-Item "hklm:\software\www.it-visions.de").GetValue("Inhaber")
```

oder

```
(Get-ItemProperty  "hklm:/software/firmenname").Inhaber
```

37.6 Praxisbeispiel

Das folgende Skript speichert Daten über Website-Konfiguration in der Registrierungsdatenbank.

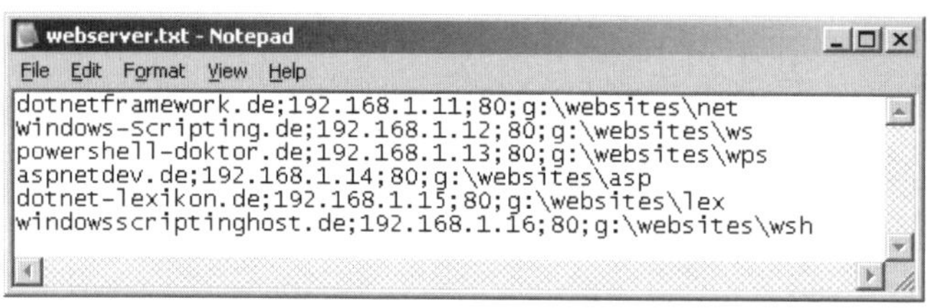

Abbildung 37.2: Eingabedaten

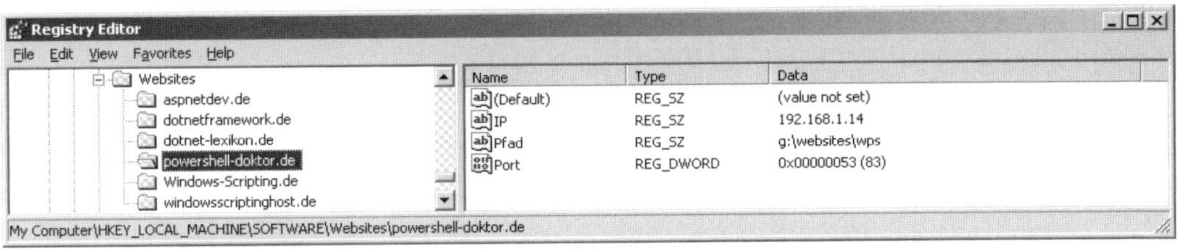

Abbildung 37.3: Ergebnis

Listing 37.1: Werte aus einer CSV-Datei in der Registrierungsdatenbank speichern [3_Einsatzgebiete/Registry/Registry_CreateWebsitesKeys.ps1]

```
# Registry-Schlüssel anlegen aus CSV-Daten

$Pfad = "hklm:/software/Websites"

if (Test-Path $Pfad) { del $Pfad -recurse -force }
if (!(Test-Path $Pfad )) { md $Pfad  }

$Websiteliste = Get-Content "H:\demo\PowerShell\Registry\webserver.txt"

foreach($Website in $WebsiteListe)
{
$WebsiteDaten = $Website.Split(";")
md ($Pfad + "\" + $WebsiteDaten[0])
New-Itemproperty -path ($Pfad + "\" + $WebsiteDaten[0]) -name "IP"
   -value $WebsiteDaten[1] -type String
New-Itemproperty -path ($Pfad + "\" + $WebsiteDaten[0]) -name "Port"
   -value $WebsiteDaten[2] -type dword
New-Itemproperty -path ($Pfad + "\" + $WebsiteDaten[0]) -name "Pfad"
   -value $WebsiteDaten[3] -type String
$WebsiteDaten[0] + " angelegt!"
}
```

38 Computerverwaltung

In PowerShell 1.0 wurde die Computerverwaltung nicht gut durch PowerShell Commandlets unterstützt. Neu seit PowerShell 2.0 ist die Unterstützung für Verwaltungsaufgaben rund um den Computer, die bisher nur aufwendiger über WMI möglich waren.

38.1 Computerinformationen

Für Informationen über den Computer gibt es kein eigenes Commandlet. Wichtige Informationen über den Computer und das installierte Betriebssystem erhält man mit den WMI-Klassen `Win32_Computersystem` und `Win32_OperatingSystem`.

```
Get-CimInstance win32_computersystem
Get-CimInstance win32_operatingSystem
```

Die Seriennummer des Betriebssystems erhält man mit:

```
Get-CimInstance Win32_OperatingSystem | select serialnumber
```

Die Versionsnummer des Betriebssystems erhält man über das Attribut `Version` in der WMI-Klasse `Win32_OperatingSystem` oder über die .NET-Klasse `System.Environment`:

```
Get-CimInstance Win32_OperatingSystem | select Version
[System.Environment]::OSVersion
```

Möchte man keine Versionsnummer, sondern den tatsächlichen Produktnamen, hilft das Commandlet `Get-OSVersion` aus dem Modul „PSSystemTools" aus dem PowerShellPack. `Get-OSVersion` übersetzt wie nachfolgend dargestellt.

Listing 38.1: Ausschnitt aus der Implementierung von Get-OSVersion

```
Switch -regex ($os.Version)
    {
        "5.1.2600" { "Windows XP" }
        "5.1.3790" { "Windows Server 2003" }
        "6.0.6001" {
```

```
            if ($os.ProductType -eq 1) {
                "Windows Vista"
            } else {
                "Windows Server 2008"
            }
        }
        "6.1."     { "Windows 7" }
        DEFAULT { Throw "Version not listed" }
    }
```

Noch etwas genauer ist `Get-WindowsEdition` (ebenfalls aus „PSSystemTools"). Hier erhalten Sie auch eine Information über die eingesetzte Variante (Home, Professional, Enterprise, Ultimate etc.).

Informationen über das BIOS gewinnt man über die WMI-Klasse `Win32_Bios`:

```
Get-CimInstance win32_bios
```

Die Startkonfiguration steht in `Win32_BootConfiguration`:

```
Get-CimInstance Win32_BootConfiguration
```

Das Windows-Systemverzeichnis steht wieder in `System.Environment`:

```
"Systemverzeichnis: "+ [System.Environment]::SystemDirectory
```

Den Status der Windows-Produktaktivierung findet man hier:

```
Get-CimInstance Win32_WindowsProductActivation
```

Es gibt auch Daten über die gewählten Wiederherstellungsoptionen des Windows-Betriebssystems:

```
Get-CimInstance Win32_OSRecoveryConfiguration
```

Die Umgebungsvariablen erhält man über das PowerShell-Laufwerk „env":

```
dir env:
```

Die Information über eine einzelne Umgebungsvariable erhält man, indem man den Namen der Umgebungsvariablen an das Laufwerk „env:" anfügt, z. B.:

```
dir env:/Path
```

Möchte man nur den Inhalt einer Umgebungsvariablen wissen, verwendet man am besten `Get-Content`:

```
Get-Content env:/Path
```

Den Wert, den `Get-Content` zurückliefert, kann man in eine Variable speichern, um diese weiterzuverwenden, z. B. zum Aufspalten der Path-Zeichenkette mit Hilfe der `Split()`-Methode aus der .NET-Klasse `System.String`:

```
$Pfade = Get-Content env:/Path
$Pfade.Split(";")
```

Wenn Sie wissen wollen, wie viele Dateien es in den Suchpfaden von Windows gibt, wäre folgender Befehl einzugeben:

```
(Get-Content env:/Path).Split(";") | Get-ChildItem | measure-Object
```

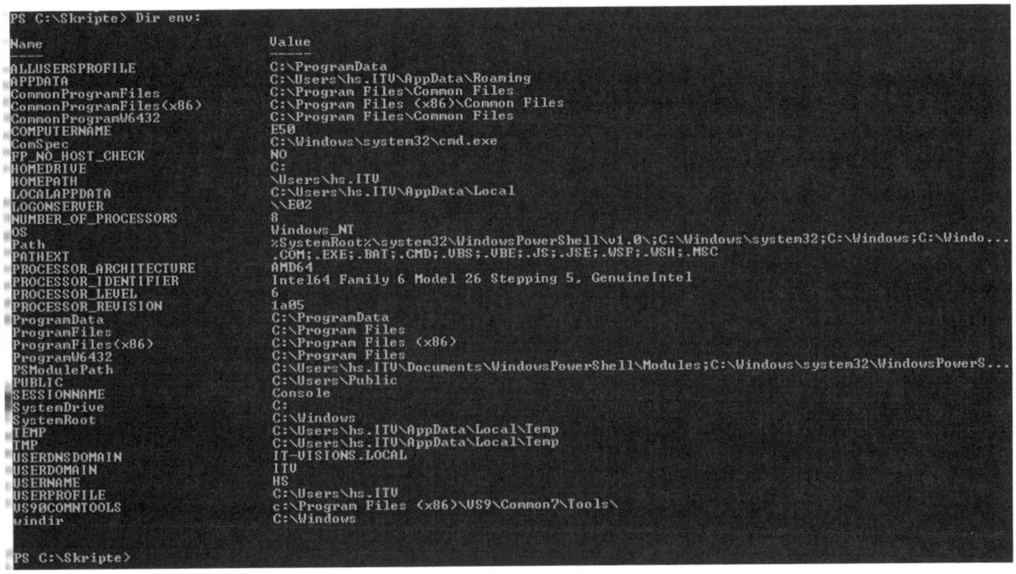

Abbildung 38.1: Auflisten der Umgebungsvariablen

Die installierten Schriftarten listet `Get-Font` aus dem Modul „PSSystemTools" (PowerShell-Pack) auf.

38.2 Computername und Domäne

Zum Umbenennen eines Computers bietet PowerShell ab 2.0 den Befehl:

```
Rename-Computer –NewComputerName NeuerName
```

Unter Angabe von `–ComputerName` kann man die Aktion auch für ein entferntes System ausführen:

```
Rename-Computer –ComputerName AlterName –NewComputerName NeuerName
```

Zum Hinzufügen des Computers zu einer Domäne oder Arbeitsgruppe steht zur Verfügung:

```
Add-Computer –DomainName fbi.org
```

Zusätzlich kann man mit `–Server` einen Domänencontroller und mit `–OU` einen Zielcontainer angeben. Alternativ kann man mit `–Workgroup` den Computer zu einer Arbeitsgruppe hinzufügen.

Auch das Entfernen aus einer Domäne ist möglich:

```
Remove-Computer
```

■ 38.3 Herunterfahren und Neustarten

Seit PowerShell 2.0 gibt es die Commandlets `Stop-Computer` und `Restart-Computer`.

Bei beiden Commandlets kann man mit `–ComputerName` einen entfernten Computer festlegen und mit `–Credentials` ein Rechte-Objekt für den Wechsel der Identität angeben. Mit `–force` erzwingt man die Aktion, selbst wenn Benutzer angemeldet sind (siehe Bildschirmabbildung).

Die folgende Abbildung zeigt den Einsatz von `Restart-Computer`.

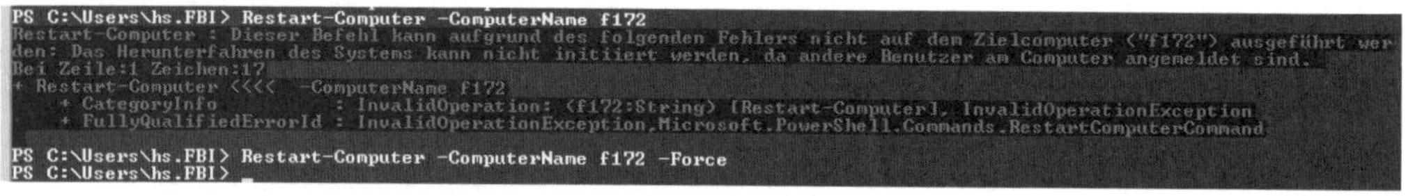

Abbildung 38.2: Herunterfahren eines entfernten Systems

Bei `Restart-Computer` gibt es seit PowerShell-Version 3.0 noch einen Parameter `–wait`, der dafür sorgt, dass das Skript angehalten wird, bis der Zielcomputer neu gestartet wurde. Das ist wichtig, wenn nach dem Neustart noch Aktionen erfolgen sollen. Mit `–Timeout` kann in Sekunden bestimmt werden, wie lange maximal gewartet wird. Mit dem `–For`-Parameter kann dann auch noch bestimmt werden, welche Dienste auf dem Zielsystem nach dem Neustart verfügbar sein müssen. Optionen sind hier WinRM, WMI und PowerShell.

■ 38.4 Wiederherstellungspunkte verwalten

Für den Umgang mit Wiederherstellungspunkten bietet PowerShell:

- `Checkpoint-Computer`: Wiederherstellungspunkt erstellen
- `Disable-ComputerRestore`: deaktiviert die Systemwiederherstellung auf einem Laufwerk (dieses Laufwerk wird bei einer Wiederherstellung nicht zurückgesetzt)
- `Enable-ComputerRestore`: aktiviert die Systemwiederherstellung für ein Laufwerk
- `Get-ComputerRestorePoint`: Liste der verfügbaren Wiederherstellungspunkte
- `Restore-Computer`: Zurücksetzen des Computers auf einen der Wiederherstellungspunkte

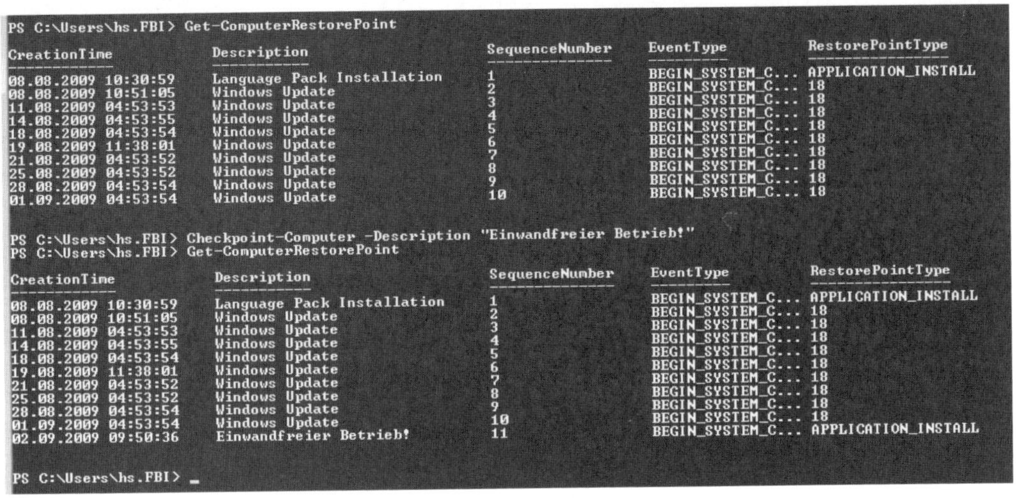

```
PS C:\Users\hs.FBI> Get-ComputerRestorePoint

CreationTime          Description                   SequenceNumber    EventType           RestorePointType
------------          -----------                   --------------    ---------           ----------------
08.08.2009 10:30:59   Language Pack Installation    1                 BEGIN_SYSTEM_C...   APPLICATION_INSTALL
08.08.2009 10:51:05   Windows Update                2                 BEGIN_SYSTEM_C...   18
11.08.2009 04:53:53   Windows Update                3                 BEGIN_SYSTEM_C...   18
14.08.2009 04:53:55   Windows Update                4                 BEGIN_SYSTEM_C...   18
18.08.2009 04:53:54   Windows Update                5                 BEGIN_SYSTEM_C...   18
19.08.2009 11:38:01   Windows Update                6                 BEGIN_SYSTEM_C...   18
21.08.2009 04:53:52   Windows Update                7                 BEGIN_SYSTEM_C...   18
25.08.2009 04:53:52   Windows Update                8                 BEGIN_SYSTEM_C...   18
28.08.2009 04:53:54   Windows Update                9                 BEGIN_SYSTEM_C...   18
01.09.2009 04:53:54   Windows Update                10                BEGIN_SYSTEM_C...   18

PS C:\Users\hs.FBI> Checkpoint-Computer -Description "Einwandfreier Betrieb!"
PS C:\Users\hs.FBI> Get-ComputerRestorePoint

CreationTime          Description                   SequenceNumber    EventType           RestorePointType
------------          -----------                   --------------    ---------           ----------------
08.08.2009 10:30:59   Language Pack Installation    1                 BEGIN_SYSTEM_C...   APPLICATION_INSTALL
08.08.2009 10:51:05   Windows Update                2                 BEGIN_SYSTEM_C...   18
11.08.2009 04:53:53   Windows Update                3                 BEGIN_SYSTEM_C...   18
14.08.2009 04:53:55   Windows Update                4                 BEGIN_SYSTEM_C...   18
18.08.2009 04:53:54   Windows Update                5                 BEGIN_SYSTEM_C...   18
19.08.2009 11:38:01   Windows Update                6                 BEGIN_SYSTEM_C...   18
21.08.2009 04:53:52   Windows Update                7                 BEGIN_SYSTEM_C...   18
25.08.2009 04:53:52   Windows Update                8                 BEGIN_SYSTEM_C...   18
28.08.2009 04:53:54   Windows Update                9                 BEGIN_SYSTEM_C...   18
01.09.2009 04:53:54   Windows Update                10                BEGIN_SYSTEM_C...   18
02.09.2009 09:50:36   Einwandfreier Betrieb!        11                BEGIN_SYSTEM_C...   APPLICATION_INSTALL

PS C:\Users\hs.FBI> _
```

Abbildung 38.3: Erstellen eines Wiederherstellungspunkts und Auflisten der Wiederherstellungspunkte

39 Hardwareverwaltung

Für den Zugriff auf Hardwareinformationen bietet die PowerShell 1.0 keine Commandlets. Hier bleibt aber der Zugriff auf WMI. Alternativ kann man einige Funktionen über die PowerShell-Erweiterungen von *www.IT-Visions.de* erreichen.

39.1 Hardwarebausteine

Informationen über die installierte Hardware erhält man innerhalb der Windows PowerShell über WMI, also über die Verwendung des Commandlets `Get-CimInstance` zusammen mit der entsprechenden WMI-Klasse (siehe Tabelle).

Tabelle 39.1: Abruf von Hardwareinformationen in der PowerShell

Hardware-baustein	PowerShell-Befehl (Standard)	*www.IT-Visions.de* PowerShell Extensions	PSSystemTools im PowerShell-Pack
Prozessoren	`Get-CimInstance Win32_Processor`	`Get-Processor`	`Get-Processor`
Hauptspeicher	`Get-CimInstance Win32_MemoryDevice`	`Get-MemoryDevice`	
Grafikkarte	`Get-CimInstance Win32_VideoController`	`Get-Videocontroller`	
Soundkarte	`Get-CimInstance Win32_SoundDevice`	`Get-SoundDevice`	
Festplatten	`Get-CimInstance Win32_Diskdrive`	`Get-Disk`	
Bandlaufwerke	`Get-CimInstance Win32_Tapedrive`	`Get-Tapedrive`	
Optische Laufwerke (CD/DVD)	`Get-CimInstance Win32_CDRomdrive`	`Get-CDRomdrive`	

Tabelle 39.1: Abruf von Hardwareinformationen in der PowerShell *(Fortsetzung)*

Hardware-baustein	PowerShell-Befehl (Standard)	*www.IT-Visions.de* PowerShell Extensions	PSSystemTools im PowerShell-Pack
Netzwerkkarten	`Get-CimInstance Win32_NetworkAdapter`	`Get-Networkadapter`	
USB-Controller	`Get-CimInstance Win32_USBController`	`Get-USBController`	`Get-USB`
Tastatur	`Get-CimInstance Win32_Keyboard`	`Get-Keyboard`	
Maus	`Get-CimInstance Win32_PointingDevice`	`Get-PointingDevice`	

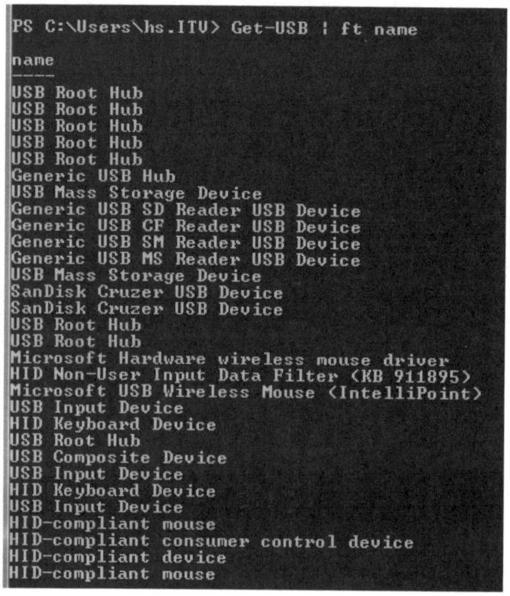

```
PS C:\Users\hs.ITV> Get-USB | ft name

name
----
USB Root Hub
USB Root Hub
USB Root Hub
USB Root Hub
USB Root Hub
Generic USB Hub
USB Mass Storage Device
Generic USB SD Reader USB Device
Generic USB CF Reader USB Device
Generic USB SM Reader USB Device
Generic USB MS Reader USB Device
USB Mass Storage Device
SanDisk Cruzer USB Device
SanDisk Cruzer USB Device
USB Root Hub
USB Root Hub
Microsoft Hardware wireless mouse driver
HID Non-User Input Data Filter (KB 911895)
Microsoft USB Wireless Mouse (IntelliPoint)
USB Input Device
HID Keyboard Device
USB Root Hub
USB Composite Device
USB Input Device
HID Keyboard Device
USB Input Device
HID-compliant mouse
HID-compliant consumer control device
HID-compliant device
HID-compliant mouse
```

Abbildung 39.1: Anwendung von Get-USB zur Anzeige der USB-Geräte

Prozessor

Die Anzahl der Prozessoren auf einem System erhält man auch über die .NET-Klasse `System.Environment`:

```
"Anzahl der Prozessoren: " + [System.Environment]::ProcessorCount
```

Die Frage, ob man ein 32- oder ein 64-Bit-System vor sich hat, kann man einfach über die Umgebungsvariable `$env:PROCESSOR_ARCHITECTURE` oder die Commandlets `Test-32Bit` und `Test-64Bit` aus dem Modul „PSSystemTools" aus dem PowerShellPack klären. Diese beiden Commandlets liefern `true` oder `false` als Ergebnis.

Details über die Prozessoren liefern `Get-CimInstance Win32_Processor` bzw. `Get-Processor` (aus den *www.IT-Visions.de* PowerShell Extensions oder im Modul `PSSystemTools` im PowerShellPack).

Anzeige

Informationen über die Grafikkarte liefert `Get-CimInstance Win32_VideoController` bzw. `Get-Videocontroller` (aus den *www.IT-Visions.de* PowerShell Extensions).

Die aktuelle Bildschirmauflösung liefert `Get-DisplaySetting` (aus dem Modul `PSSystemTools` im PowerShellPack) `Get-MultiTouchMaximum` (gleiches Modul) gibt die Anzahl der Finger wieder, die man zur Bedienung einsetzen kann. „0“ bedeutet, dass keine Multi-Touch-Funktion verfügbar ist.

Batterien und USV

Batterien in Notebooks und Unterbrechungsfreie Stromversorgungen (USVs) an Servern kann man mit der WMI-Klasse `Win32_Battery` abfragen.

```
Get-CimInstance Win32_Battery -ComputerName E10 | fl name, EstimatedChargeRemaining,
EstimatedRunTime
```

Abbildung 39.2: Einsatz der WMI-Klasse Win32_Battery zur Abfrage der USV

39.2 Druckerverwaltung (ältere Betriebssysteme)

Auf Betriebssystemen vor Windows 8 und Windows Server 2012 verwaltet man den Drucker mit WMI-Klassen `Win32_Printer`, `Win32_Printjob` und `Win32_TCPIPPrinterPort`.

Der Befehl

```
Get-CimInstance Win32_Printer
```

liefert eine Liste der verfügbaren Drucker.

Mit

```
Get-CimInstance Win32_Printjob
```

zeigt man alle aktuellen Druckaufträge.

Mit dem folgenden Befehl hält man alle Druckaufträge für einen bestimmten Drucker an:

```
Get-CimInstance Win32_Printjob -Filter "Drivername='HP LaserJet 2100 PCL6'" |
foreach-Object { $_.pause() }
```

HINWEIS: Zum Ausgeben von Informationen zum Drucker verwendet man in der PowerShell `Out-Printer`. Dieses Commandlet wurde bereits vorher in diesem Buch besprochen (siehe Kapitel „Ausgaben").

Zum Löschen von Druckaufträgen ruft man die `Delete()`-Methode auf:

Listing 39.1: Löschen von Druckaufträgen [Drucker/CancelAll.ps1]

```
"Vorher:"
Get-CimInstance Win32_Printjob -Filter "Drivername='Dell MFP Laser 3115cn PCL6'"
"Löschen aller Aufträge":
Get-CimInstance Win32_Printjob -Filter "Drivername='Dell MFP Laser 3115cn PCL6'" |
Foreach-Object { $_.Delete() }
"Nachher:"
Get-CimInstance Win32_Printjob -Filter "Drivername='Dell MFP Laser 3115cn PCL6'"
```

Mit Hilfe von WMI kann man auch Druckerports verwalten:

Listing 39.2: Anlegen eines TCP-Druckerports [Drucker/CreatePort.ps1]

```
$p = [WmiClass] 'Win32_TCPIPPrinterPort'
#oder: $p = New-Object system.management.managementclass Win32_TCPIPPrinterPort
$Port = $p.CreateInstance()
$Port.Name = "IP_192.168.1.224"
$Port.Protocol = 1
$Port.HostAddress = "192.168.1.224"
$Port.PortNumber = 1234
$Port.SNMPEnabled = $FALSE
$Port.Put()
```

39.3 Druckerverwaltung (Windows 8.x und Windows Server 2012/2012 R2)

Neu seit Windows 8 und Windows Server 2012 ist das Modul `PrintManagement` mit Commandlets zum Verwalten von Druckern und Druckaufträgen, was zuvor auch nur über WMI-Klassen möglich war.

Das Commandlet `Get-Printer` liefert eine Liste der installierten Drucker in Form von Instanzen der WMI-Klasse `ROOT/StandardCimv2/MSFT_Printer`. Gleichbedeutend kann man also schreiben: `Get-CimInstance MSFT_Printer -Namespace ROOT/StandardCimv2`. Oder man greift auf die „alte" WMI-Klasse `Win32_Printer` zurück (das geht natürlich auch ab Windows 8/Windows Server 2012 noch): `Get-CimInstance Win32_Printer`.

Der Benutzer kann die Ergebnismenge durch Angabe eines Druckernamens einschränken, Platzhalter sind erlaubt, z. B. `Get-Printer *großraumbüro*`.

Mit dem Parameter `-ComputerName` kann man auch Fernsysteme abfragen. Voraussetzung ist aber, dass dort PowerShell Remoting mit `Enable-PSRemoting` aktiviert wurde, denn sonst liefert `Get-Printer` die Fehlermeldungen „Der Spoolerdienst ist nicht erreichbar. Stellen Sie sicher, dass der Spoolerdienst ausgeführt wird.". Auf dem Fernsystem reicht aber eine PowerShell 2.0 und WMI Version 1, d.h., das Windows Management Framework 3.0 muss dort also nicht installiert sein.

Mit `Get-PrintConfiguration` und `Set-PrintConfiguration` kann man Druckereinstellungen auslesen und verändern. Für einige wichtige Einstellungen gibt es direkte Parameter in `Set-PrintConfiguration` (z.B. `PaperSize`, `Color`, `DuplexingMode`). Der folgende Befehl aktiviert den zweiseitigen Druck:

```
Get-Printer -Name "\\server21\Multifunktionsdrucker Großraumbüro" |
Set-PrintConfiguration -DuplexingMode TwoSidedLongEdge
```

Andere Einstellungen muss man in Form eines XML-Dokuments übergeben, das Microsoft Print Ticket XML nennt. Dazu findet man eine Spezifikation auf der Redmonder Website für Hardwareentwickler *[http://msdn.microsoft.com/en-us/windows/hardware/gg463385.aspx]*.

`Get-PrintJob` liefert die aktuellen Druckaufträge. Dieses Commandlet lässt sich nicht ohne Eingabeparameter aufrufen; der Benutzer muss entweder die ID eines Druckauftrags angeben oder auf einen Drucker einschränken, den man über den Namen oder durch ein Druckerobjekt festlegt. Mit der Verkettung

```
Get-Printer | Get-PrintJob
```

lassen sich dann dennoch alle Druckaufträge aller Drucker auf einem System ausgeben, einfach indem die PowerShell-Pipeline nacheinander alle Druckerobjekte an `Get-PrintJob` sendet.

Druckaufträge sind Instanzen der WMI-Klasse `ROOT/StandardCimv2/MSFT_PrintJob`. Jeder Druckauftrag hat einen Job-Status (z.B. Spooling, Printing, Error, Pause, Deleting), den man durch Commandlets (`Suspend-PrintJob`, `Resume-PrintJob`, `Restart-PrintJob`, `Remove-PrintJob`) verändern kann. Alle diese Commandlets empfangen den zu modifizierenden Druckauftrag über die Druckauftrags-ID oder ein Druckauftragsobjekt, das von `Get-PrintJob` kommt. Um alle Druckaufträge von allen Druckern zu löschen, kann man also schreiben:

```
Get-Printer | Get-PrintJob | Remove-PrintJob
```

ACHTUNG: Zu beachten ist, dass `Remove-PrintJob` zwar die Standardparameter `–confirm` und `–whatif` besitzt, aber diese entgegen der Dokumentation keine Wirkung haben. Bei `–confirm` sollte die PowerShell vor jedem Löschvorgang den Benutzer um Bestätigung ersuchen. Bei `–whatif` sollte das Commandlet lediglich ausgeben, was es tun würde, aber nicht wirklich etwas tun. In beiden Fällen löscht jedoch `Remove-PrintJob` die Druckaufträge leider ohne Nachfrage. ■

40 Softwareverwaltung

Zum Bereich Softwareverwaltung gehören:

- Inventarisierung der installierten Anwendungen
- Installieren von Anwendungen
- Deinstallieren von Anwendungen

Für die Softwareverwaltung bietet die PowerShell keine eigenen Commandlets. Die WMI-Klasse `Win32_Product` mit Informationen über die installierten MSI-Pakete steht zur Verfügung, sofern der „WMI-Provider für Windows Installer" installiert ist.

`Win32_Product` gilt aber nur für Anwendungen, die mit Windows Installer installiert wurden. Alle Anwendungen, die man in der Systemsteuerung sieht, bekommt man nur über den Schlüssel *HKLM:\SOFTWARE\Microsoft\Windows\CurrentVersion\Uninstall* der Registrierungsdatenbank.

40.1 Softwareinventarisierung

Die Klasse `Win32_Product` liefert die installierten MSI-Pakete:

```
Get-CimInstance Win32_Product
```

Natürlich kann man filtern. Der folgende Befehl listet nur die MSI-Pakete, deren Namen mit a beginnen:

```
Get-CimInstance Win32_Product | Where-Object { $_.name -like "a*" }
```

Der zweite Filter sortiert alle MSI-Pakete heraus, deren Hersteller Microsoft ist:

```
Get-CimInstance Win32_Product | Where-Object { $_.vendor -like "microsoft*" }
```

Sie können auch gezielt feststellen, ob eine bestimmte Anwendung installiert ist:

Listing 40.1: Prüfen, ob eine Software installiert ist [3_Einsatzgebiete/Software/InstallCheck.ps1]

```
function Get-IsInstall($Application, $Computer, $Version)
{
$a = (Get-CimInstance -Class Win32_Product -Filter "Name='$Application' and
Version='$Version'" -computername $Computer)
return ($a -ne $null)
}
$e = Get-IsInstall "QuickTime" "SERVERF112" "7.2.0.240"
if ($e) { "Software is installed!" }
else { "Software is not installed!" }
```

In einem Pipeline-Befehl kann man auch eine komplette Inventarisierungslösung schreiben, die nacheinander mehrere Computer gemäß einer Liste in einer Textdatei abgefragt hat und die gefundenen Anwendungen in eine CSV-Datei exportiert.

```
Get-Content "computernamen.txt" |
foreach { Get-CimInstance win32_product -computername $_ } |
where { $_.vendor -like "*Microsoft*" } |
export-csv "Softwareinventar.csv" –notypeinformation
```

Noch etwas verfeinern lässt sich die Inventarisierungslösung, indem man vor dem Zugriff auf den Computer mit einem Ping prüft, ob der Computer überhaupt erreichbar ist, um die lange Timeout-Zeit von WMI zu vermeiden. Da hierzu dann ein Pipelining-Befehl nicht mehr ausreicht und man ein Skript braucht, kann man auch direkt die Lösung besser parametrisieren.

Listing 40.2: Softwareinventarisierung per PowerShell-Skript [SoftwareInventory_WMI_WithPing.ps1]

```
$Hersteller = "*Microsoft*"
$Eingabedateiname = "computernamen.txt"
$Ausgabedateiname = "Softwareinventar.csv"

# Import der Computernamen
$Computernamen = Get-Content "computernamen.txt"
$Computernamen | foreach {

if (Ping($_))
{
Write-Host "Inventarisiere Software für Computer $_ ..."
# Auslesen der installierten MSI-Pakete auf allen Computern
$Software = foreach { Get-CimInstance win32_product -computername $_ } |
  where { $_.vendor -like $Hersteller }

# Export in CSV
$Software | export-csv "Softwareinventar.csv" -notypeinformation
}
else
{
Write-Error "Computer nicht erreichbar!"
}
}
# Ping ausführen
function Ping
```

```
{
$status = Get-CimInstance Win32_PingStatus -filter "Address='$args[0]'" | select
StatusCode
return $status.Statuscode -eq 0
}
```

Die Liste der installierten Softwareaktualisierungen (Patches, Hotfixes) erhält man mit:

```
Get-CimInstance Win32_Quickfixengineering
```

Die installierten Audio-/Video-Codecs kann man sich so anzeigen lassen:

```
Get-CimInstance Win32_CodecFile | select group,name
```

`Win32_Product` gilt aber nur für Anwendungen, die mit Windows Installer installiert wurden. Alle Anwendungen, die man in der Systemsteuerung sieht, bekommt man nur über den Schlüssel *HKLM:\SOFTWARE\Microsoft\Windows\CurrentVersion\Uninstall* der Registrierungsdatenbank heraus.

```
Get-ChildItem HKLM:\SOFTWARE\Microsoft\Windows\CurrentVersion\Uninstall
```

Vereinfachen kann man den Zugang dorthin, indem man ein neues PowerShell-Laufwerk definiert:

```
New-PSDrive -Name Software -PSProvider Registrierungsdatenbank -Root HKLM:\SOFTWARE\
Microsoft\Windows\CurrentVersion\Uninstall
```

Danach kann man einfach schreiben:

```
Get-ChildItem Software:
```

Beim Filtern muss man in jedem Fall beachten, dass die Eigenschaften (z. B. `DisplayName`, `Comments` und `UninstallString`) keine Attribute des Objekts vom Typ `Microsoft.Win32.RegistryKey` sind, sondern Unterelemente dieses Objekts. Daher muss `GetValue()` verwendet werden für den Zugriff auf die Daten.

```
Get-ChildItem Software: | Where-Object -FilterScript { $_.GetValue("DisplayName")
-like "a*"} | ForEach-Object -Process {$_.GetValue("DisplayName") ,
$_.GetValue("Comments"), $_.GetValue("UninstallString") }
```

Programme, die beim Systemstart automatisch gestartet werden, findet man in `Win32_StartupCommand`:

```
Get-CimInstance Win32_StartupCommand
```

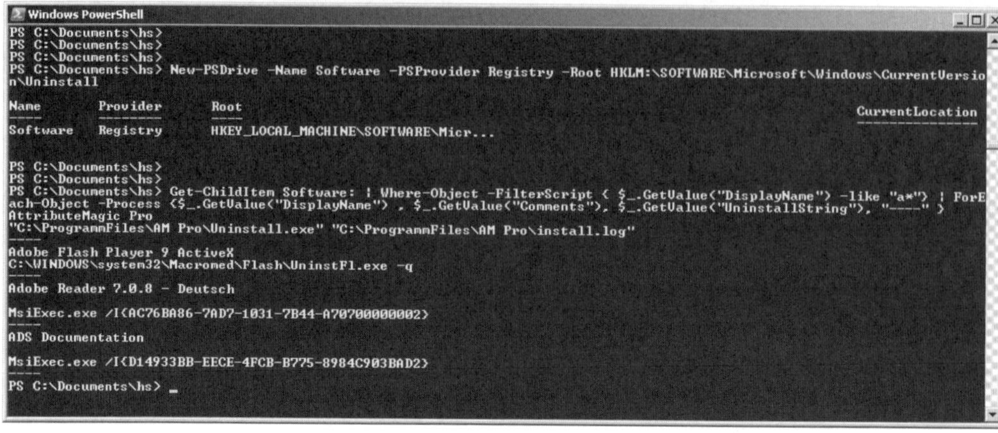

Abbildung 40.1: Auflisten der installierten Software, die mit „a" beginnt

40.2 Installation von Anwendungen

Eine skriptbasierte Installation ist bei vielen Anwendungen möglich, allerdings ist die Vorgehensweise abhängig von der verwendeten Installationstechnologie. Microsoft liefert in WMI eine Installationsunterstützung für Installationspakete, die auf Windows Installer (alias Microsoft Installer), abgekürzt MSI, basieren.

WMI erlaubt den Aufruf des Microsoft Installer, um ein beliebiges MSI-Paket zu installieren. Die Klasse `Win32_Product` bietet dazu die Methode `Install()` an. Die Methode erwartet einen oder drei Parameter:

- den Pfad zu dem MSI-Paket,
- an das Paket zu übergebende Kommandozeilenparameter,
- die Entscheidung, ob die Anwendung für alle Benutzer (`True`) oder nur den angemeldeten Benutzer (`False`) installiert werden soll.

Zu beachten ist, dass die `Install()`-Methode eine statische Methode der WMI-Klasse `Win32_Product` ist. Eine Ferninstallation ist möglich unter Bezugnahme auf diese Klasse auf einem entfernten System.

Listing 40.3: Installation eines MSI-Pakets [Software_Installation.ps1]

```
$Anwendung = "H:\demo\PS\Setup_for_HelloWorld_VBNET.msi"
"Installiere Anwendung..." + $Anwendung
(Get-CimInstance -ComputerName SERVERF112 -List | Where-Object -FilterScript {$_.Name
-eq "Win32_Product"}).Install($Anwendung)
"Fertig!"
```

40.3 Deinstallation von Anwendungen

Die WMI-Klasse `Win32_Product` bietet auch eine `Uninstall()`-Methode ohne Parameter zur Deinstallation von MSI-Paketen. Zu beachten ist, dass zur Identifizierung der zu deinstallierenden Anwendung nicht der Name des Installationspakets, sondern der Anwendungsname (`Name` oder `Caption`) oder der GUID (`IdentifyingNumber`) anzugeben ist. Im Fall von *Setup_for_HelloWorld_VBNET.msi* ist der Name „Hello World VB.NET".

Listing 40.4: Deinstallation eines MSI-Pakets [Software_Installation.ps1]

```
$Name = "Hello World VB.NET"
"Starte Deinstallation..."
$Ergebnis = (Get-CimInstance -Class Win32_Product -Filter "Name='$Name'" -ComputerName
SERVERF112).Uninstall().Returnvalue
if ($Ergebnis -ne 0) { Write-Error "Deinstallationsfehler: $Ergebnis"; Exit }
"Deinstallation beendet!"
```

Zu jeder Anwendung ist in der Registrierungsdatenbank ein sogenannter Uninstall-String angegeben, der sagt, was man ausführen muss, um die Anwendung zu deinstallieren. Dies funktioniert auch für nicht MSI-basierte Anwendungen.

Der folgende Befehl listet die Deinstallationsanweisungen für alle Anwendungen auf, deren Name mit „a" beginnt.

Listing 40.5: Installationsdaten aus der Registrierungsdatenbank [SoftwareInventory_Registry.ps1]

```
Get-ChildItem -Path HKLM:\SOFTWARE\Microsoft\Windows\CurrentVersion\Uninstall
| Where-Object -FilterScript { $_.GetValue("DisplayName") -like "a*"} | ForEach-Object
-Process {$_.GetValue("DisplayName"), $_.GetValue("UninstallString") }
```

40.4 Praxisbeispiel: Installationstest

Das folgende Skript installiert zum Test eine Anwendung und deinstalliert sie dann direkt wieder. Zu Beginn, nach der Installation und am Ende wird jeweils geprüft, ob die Anwendung installiert ist.

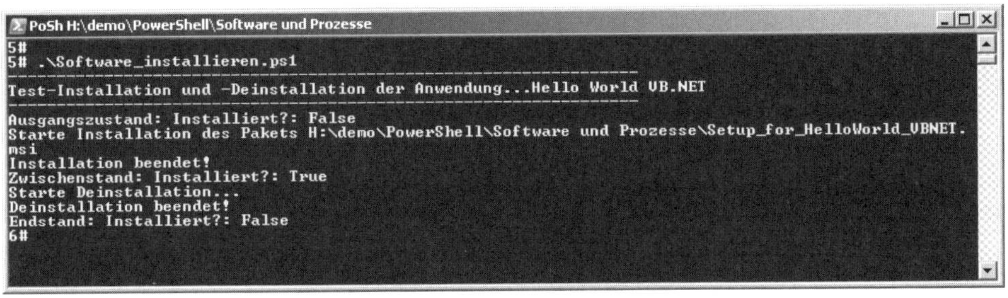

Abbildung 40.2: Ausgabe des Skripts

Listing 40.6: Testen einer Softwareinstallation [Software_Testinstallation.ps1]

```
function Get-IsInstall($Application, $Computer)
{
$a = (Get-CimInstance -Class Win32_Product -Filter "Name='$Application'" -Computer
$Computer)
return ($a -ne $null)
}

$Name = "Hello World VB.NET"
$Computer = "SERVERF112"
$Paket = "H:\demo\PowerShell\Software und Prozesse\Setup_for_HelloWorld_VBNET.msi"

"-----------------------------------------------------------------"
"Testinstallation und -deinstallation der Anwendung..." + $Name
"-----------------------------------------------------------------"

"Ausgangszustand: Installiert?: " + (Get-IsInstall $Name $Computer)

"Starte Installation des Pakets " + $Paket
$Ergebnis = ([WMIClass] "Win32_Product").Install($Paket).Returnvalue
if ($Ergebnis -ne 0) { Write-Error "Installationsfehler: $Ergebnis"; Exit }
"Installation beendet!"

"Zwischenstand: Installiert?: " + (Get-IsInstall $Name $Computer)

"Starte Deinstallation..."
$Ergebnis = (Get-CimInstance -Class Win32_Product -Filter "Name='$Name'"
-ComputerName SERVERF112).Uninstall().Returnvalue
if ($Ergebnis -ne 0) { Write-Error "Deinstallationsfehler: $Ergebnis"; Exit }
"Deinstallation beendet!"

"Endstand: Installiert?: " + (Get-IsInstall $Name $Computer)
```

40.5 Versionsnummer ermitteln

Die Versionsnummer einer ausführbaren Datei ermittelt man über Get-FileVersionInfo aus den PSCX (siehe folgende Bildschirmabbildung). Das Commandlet liefert eine Instanz der .NET-Klasse `System.Diagnostics.FileVersionInfo`.

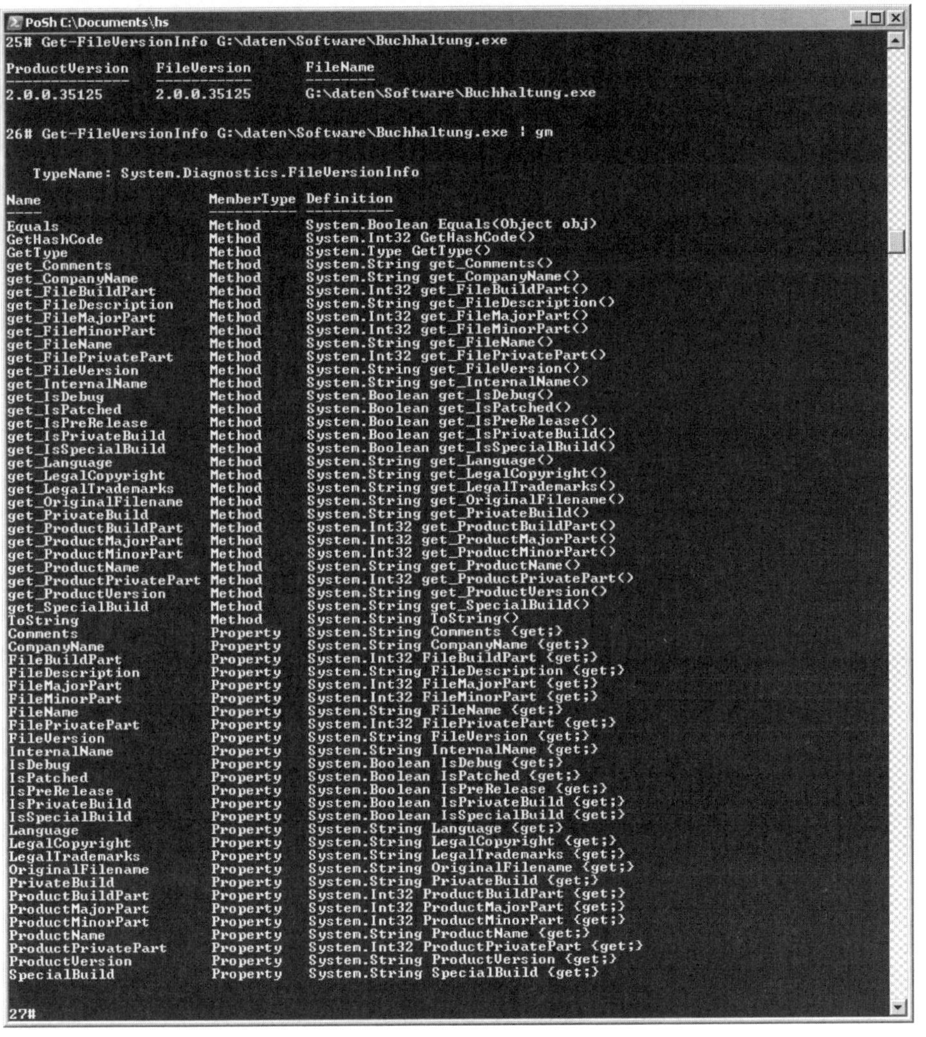

```
PoSh C:\Documents\hs
25# Get-FileVersionInfo G:\daten\Software\Buchhaltung.exe

ProductVersion    FileVersion      FileName
--------------    -----------      --------
2.0.0.35125       2.0.0.35125      G:\daten\Software\Buchhaltung.exe


26# Get-FileVersionInfo G:\daten\Software\Buchhaltung.exe | gm


   TypeName: System.Diagnostics.FileVersionInfo

Name                   MemberType Definition
----                   ---------- ----------
Equals                 Method     System.Boolean Equals(Object obj)
GetHashCode            Method     System.Int32 GetHashCode()
GetType                Method     System.Type GetType()
get_Comments           Method     System.String get_Comments()
get_CompanyName        Method     System.String get_CompanyName()
get_FileBuildPart      Method     System.Int32 get_FileBuildPart()
get_FileDescription    Method     System.String get_FileDescription()
get_FileMajorPart      Method     System.Int32 get_FileMajorPart()
get_FileMinorPart      Method     System.Int32 get_FileMinorPart()
get_FileName           Method     System.String get_FileName()
get_FilePrivatePart    Method     System.Int32 get_FilePrivatePart()
get_FileVersion        Method     System.String get_FileVersion()
get_InternalName       Method     System.String get_InternalName()
get_IsDebug            Method     System.Boolean get_IsDebug()
get_IsPatched          Method     System.Boolean get_IsPatched()
get_IsPreRelease       Method     System.Boolean get_IsPreRelease()
get_IsPrivateBuild     Method     System.Boolean get_IsPrivateBuild()
get_IsSpecialBuild     Method     System.Boolean get_IsSpecialBuild()
get_Language           Method     System.String get_Language()
get_LegalCopyright     Method     System.String get_LegalCopyright()
get_LegalTrademarks    Method     System.String get_LegalTrademarks()
get_OriginalFilename   Method     System.String get_OriginalFilename()
get_PrivateBuild       Method     System.String get_PrivateBuild()
get_ProductBuildPart   Method     System.Int32 get_ProductBuildPart()
get_ProductMajorPart   Method     System.Int32 get_ProductMajorPart()
get_ProductMinorPart   Method     System.Int32 get_ProductMinorPart()
get_ProductName        Method     System.String get_ProductName()
get_ProductPrivatePart Method     System.Int32 get_ProductPrivatePart()
get_ProductVersion     Method     System.String get_ProductVersion()
get_SpecialBuild       Method     System.String get_SpecialBuild()
ToString               Method     System.String ToString()
Comments               Property   System.String Comments {get;}
CompanyName            Property   System.String CompanyName {get;}
FileBuildPart          Property   System.Int32 FileBuildPart {get;}
FileDescription        Property   System.String FileDescription {get;}
FileMajorPart          Property   System.Int32 FileMajorPart {get;}
FileMinorPart          Property   System.Int32 FileMinorPart {get;}
FileName               Property   System.String FileName {get;}
FilePrivatePart        Property   System.Int32 FilePrivatePart {get;}
FileVersion            Property   System.String FileVersion {get;}
InternalName           Property   System.String InternalName {get;}
IsDebug                Property   System.Boolean IsDebug {get;}
IsPatched              Property   System.Boolean IsPatched {get;}
IsPreRelease           Property   System.Boolean IsPreRelease {get;}
IsPrivateBuild         Property   System.Boolean IsPrivateBuild {get;}
IsSpecialBuild         Property   System.Boolean IsSpecialBuild {get;}
Language               Property   System.String Language {get;}
LegalCopyright         Property   System.String LegalCopyright {get;}
LegalTrademarks        Property   System.String LegalTrademarks {get;}
OriginalFilename       Property   System.String OriginalFilename {get;}
PrivateBuild           Property   System.String PrivateBuild {get;}
ProductBuildPart       Property   System.Int32 ProductBuildPart {get;}
ProductMajorPart       Property   System.Int32 ProductMajorPart {get;}
ProductMinorPart       Property   System.Int32 ProductMinorPart {get;}
ProductName            Property   System.String ProductName {get;}
ProductPrivatePart     Property   System.Int32 ProductPrivatePart {get;}
ProductVersion         Property   System.String ProductVersion {get;}
SpecialBuild           Property   System.String SpecialBuild {get;}


27#
```

Abbildung 40.3: Get-FileVersionInfo

40.6 Servermanager

Das PowerShell-Modul „Servermanager“, das seit Windows Server 2008 R2 mitgeliefert wird, ergänzt die PowerShell nur um bescheidende drei Commandlets, die aber nützlich zur Einrichtung des Betriebssystems sind:

- `Get-WindowsFeature`
- `Add-WindowsFeature`
- `Remove-WindowsFeature`

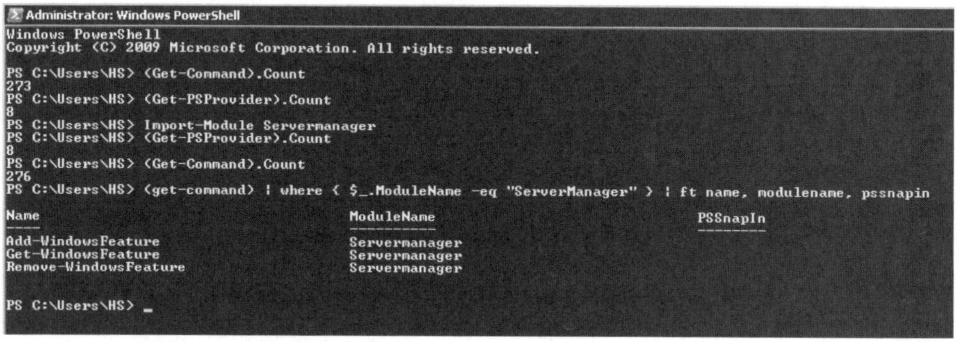

Abbildung 40.4: Importieren des Moduls „ServerManager“

Get-WindowsFeature

`Get-WindowsFeature` liefert eine sehr ausführliche Liste aller installierbaren Betriebssystemoptionen in Windows Server 2008 R2 und Windows Server 2012 (inkl. R2). Hierbei ist der Begriff „WindowsFeature“ in der PowerShell leider nicht gleichzusetzen mit „Feature“ aus der Sicht der Server-Manager-Benutzerschnittstelle. „WindowsFeature“ umfasst drei Konzepte der Benutzerschnittstelle:

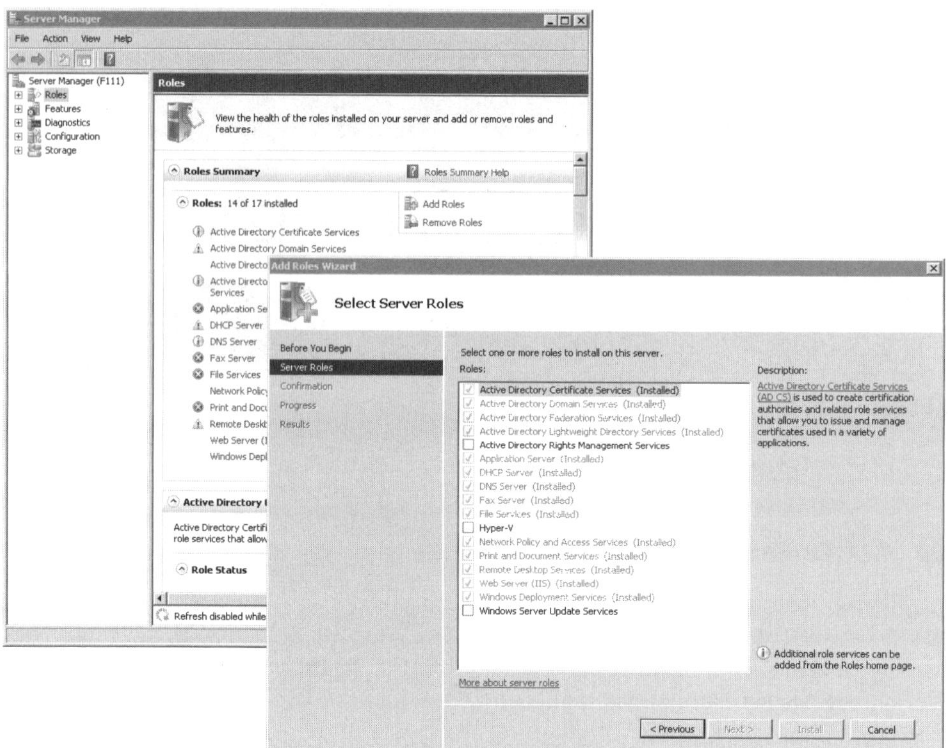

Abbildung 40.5: Rollen in Windows Server 2008 R2

- Rollen (Roles) sind zentrale Bereiche, z. B. Active Directory Rights Management Services.
- Rollendienste (Role Services) sind Teilbereiche von Rollen, z. B. „Identity Federation Support“, innerhalb der Active Directory Rights Management Services.
- Features sind kleinere Funktionen bzw. Hilfsbausteine wie z. B. .NET Framework 3.5.1. Features sind zum Teil hierarchisch aufgebaut. Features können außerdem bei der Installation von Rollen erforderlich sein, z. B. .NET Framework 3.5.1 für die Rolle „Application Server“.

`Get-WindowsFeature` zeigt alle installierbaren Rollen/Rollendienste/Features an – in einer hierarchischen Darstellung mit Markierung der installierten Teile.

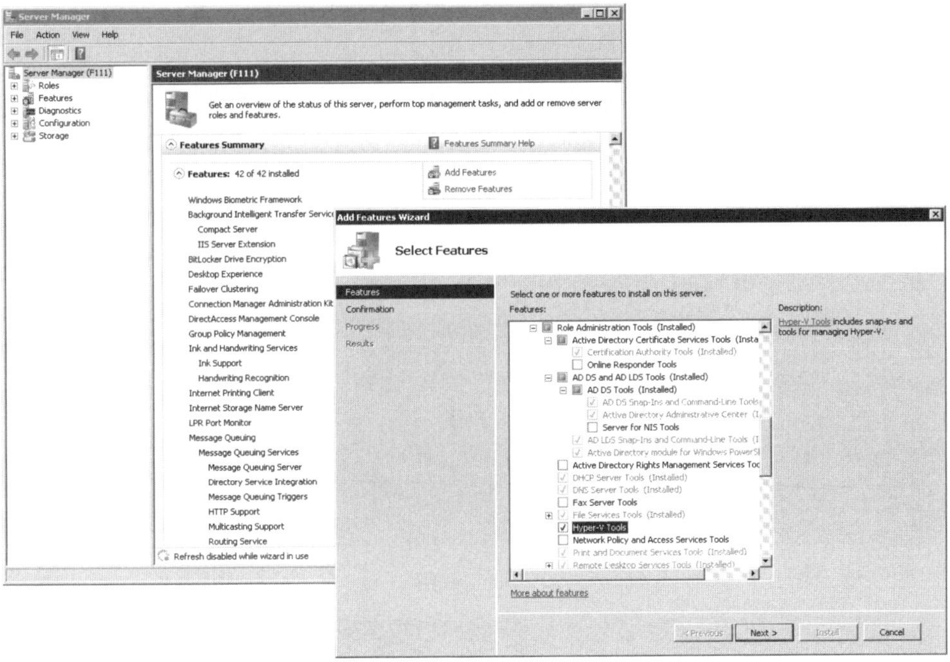

Abbildung 40.6: Features in Windows Server 2008 R2

Man könnte glauben, `Get-WindowsFeature` würde diese formatierte Darstellung direkt erzeugen (was den PowerShell-Prinzipien widersprechen würde). Dem ist aber nicht so: `Get-WindowsFeature` liefert (wie es sich für ein „ordentliches“ Commandlet gehört) nur Objekte des Typs `Microsoft.Windows.ServerManager.Commands.Feature`.

```
Administrator: Windows PowerShell
PS C:\Users\HS> Get-WindowsFeature

Display Name                                            Name
------------                                            ----
[X] Active Directory Certificate Services               AD-Certificate
    [X] Certification Authority                         ADCS-Cert-Authority
    [ ] Certification Authority Web Enrollment          ADCS-Web-Enrollment
    [ ] Online Responder                                ADCS-Online-Cert
    [ ] Network Device Enrollment Service               ADCS-Device-Enrollment
    [ ] Certificate Enrollment Web Service              ADCS-Enroll-Web-Svc
    [ ] Certificate Enrollment Policy Web Service       ADCS-Enroll-Web-Pol
[X] Active Directory Domain Services                    AD-Domain-Services
    [X] Active Directory Domain Controller              ADDS-Domain-Controller
    [ ] Identity Management for UNIX                    ADDS-Identity-Mgmt
        [ ] Server for Network Information Services     ADDS-NIS
        [ ] Password Synchronization                    ADDS-Password-Sync
        [ ] Administration Tools                        ADDS-IDMU-Tools
[X] Active Directory Federation Services                AD-Federation-Services
    [X] Federation Service                              ADFS-Federation
    [ ] Federation Service Proxy                        ADFS-Proxy
    [ ] AD FS Web Agents                                ADFS-Web-Agents
        [ ] Claims-aware Agent                          ADFS-Claims
        [ ] Windows Token-based Agent                   ADFS-Windows-Token
[X] Active Directory Lightweight Directory Services     ADLDS
[ ] Active Directory Rights Management Services         ADRMS
    [ ] Active Directory Rights Management Server       ADRMS-Server
    [ ] Identity Federation Support                     ADRMS-Identity
[X] Application Server                                  Application-Server
    [X] .NET Framework 3.5.1                            AS-NET-Framework
    [X] Web Server (IIS) Support                        AS-Web-Support
    [X] COM+ Network Access                             AS-Ent-Services
    [ ] TCP Port Sharing                                AS-TCP-Port-Sharing
    [X] Windows Process Activation Service Support      AS-WAS-Support
        [X] HTTP Activation                             AS-HTTP-Activation
        [X] Message Queuing Activation                  AS-MSMQ-Activation
        [X] TCP Activation                              AS-TCP-Activation
        [X] Named Pipes Activation                      AS-Named-Pipes
    [X] Distributed Transactions                        AS-Dist-Transaction
        [X] Incoming Remote Transactions                AS-Incoming-Trans
        [X] Outgoing Remote Transactions                AS-Outgoing-Trans
        [X] WS-Atomic Transactions                      AS-WS-Atomic
[X] DHCP Server                                         DHCP
[X] DNS Server                                          DNS
[X] Fax Server                                          Fax
[X] File Services                                       File-Services
    [X] File Server                                     FS-FileServer
    [X] Distributed File System                         FS-DFS
        [X] DFS Namespaces                              FS-DFS-Namespace
        [X] DFS Replication                             FS-DFS-Replication
    [X] File Server Resource Manager                    FS-Resource-Manager
    [X] Services for Network File System                FS-NFS-Services
    [X] Windows Search Service                          FS-Search-Service
    [ ] Windows Server 2003 File Services               FS-Win2003-Services
        [ ] Indexing Service                            FS-Indexing-Service
    [X] BranchCache for network files                   FS-BranchCache
[ ] Hyper-V                                             Hyper-V
[X] Network Policy and Access Services                  NPAS
    [X] Network Policy Server                           NPAS-Policy-Server
    [ ] Routing and Remote Access Services              NPAS-RRAS-Services
        [ ] Remote Access Service                       NPAS-RRAS
        [ ] Routing                                     NPAS-Routing
    [ ] Health Registration Authority                   NPAS-Health
    [ ] Host Credential Authorization Protocol          NPAS-Host-Cred
[X] Print and Document Services                         Print-Services
    [X] Print Server                                    Print-Server
    [ ] LPD Service                                     Print-LPD-Service
    [ ] Internet Printing                               Print-Internet
    [ ] Distributed Scan Server                         Print-Scan-Server
[X] Remote Desktop Services                             Remote-Desktop-Services
    [X] Remote Desktop Session Host                     RDS-RD-Server
    [ ] Remote Desktop Virtualization Host              RDS-Virtualization
    [X] Remote Desktop Licensing                        RDS-Licensing
    [X] Remote Desktop Connection Broker                RDS-Connection-Broker
    [X] Remote Desktop Gateway                          RDS-Gateway
```

Abbildung 40.7: Darstellung von Get-WindowsFeature

```
PS C:\Users\HS> Get-WindowsFeature | gm

   TypeName: Microsoft.Windows.ServerManager.Commands.Feature

Name                 MemberType Definition
----                 ---------- ----------
Equals               Method     bool Equals(System.Object obj)
GetHashCode          Method     int GetHashCode()
GetType              Method     type GetType()
ToString             Method     string ToString()
AdditionalInfo       Property   System.Collections.Hashtable AdditionalInfo {get;}
BestPracticesModelId Property   System.String BestPracticesModelId {get;}
DependsOn            Property   System.String[] DependsOn {get;}
Depth                Property   System.Int32 Depth {get;}
DisplayName          Property   System.String DisplayName {get;}
FeatureType          Property   System.String FeatureType {get;}
Installed            Property   System.Boolean Installed {get;}
Name                 Property   System.String Name {get;}
Notification         Property   Microsoft.Windows.ServerManager.Commands.Notification[] Notification {get;}
Parent               Property   System.String Parent {get;}
Path                 Property   System.String Path {get;}
SubFeatures          Property   System.String[] SubFeatures {get;}
SystemService        Property   System.String[] SystemService {get;}
```

Abbildung 40.8: Inhalt der Klasse Microsoft.Windows.ServerManager.Commands.Feature

Die Darstellung wird durch die Standardvorlage `Feature.format.ps1xml` erzeugt, die man unter `\Windows\System32\WindowsPowerShell\v1.0\Modules\ServerManager` findet. Weil das Einrücken und die „Häkchen" für andere Fälle interessant sein könnten, sei diese Vorlage hier abgedruckt.

```
<View>
    <Name>Feature</Name>
    <ViewSelectedBy>
<TypeName>Microsoft.Windows.ServerManager.Commands.Feature</TypeName>
    </ViewSelectedBy>
    <TableControl>
<TableHeaders>
    <TableColumnHeader>
<Label>Display Name</Label>
<Width>55</Width>
<Alignment>left</Alignment>
    </TableColumnHeader>
    <TableColumnHeader>
<Label>Name</Label>
<Width>23</Width>
<Alignment>left</Alignment>
    </TableColumnHeader>
</TableHeaders>
<TableRowEntries>
    <TableRowEntry>
<TableColumnItems>
    <TableColumnItem>
                <ScriptBlock>
                $indent=""
for ($i=$_.Depth; $i -gt 1; $i--)
{
    $indent += "    "
}

                if ($_.Installed -eq $TRUE)
                {
                    $indent += "[X] "
                }
                else
                {
                    $indent += "[ ] "
                }

                $indent + $_.DisplayName
        </ScriptBlock>
    </TableColumnItem>
    <TableColumnItem>
    <PropertyName>Name</PropertyName>
    </TableColumnItem>
</TableColumnItems>
    </TableRowEntry>
</TableRowEntries>
    </TableControl>
</View>
```

Ausschnitt aus Feature.format.ps1xml

Wie immer steht es dem PowerShell-Nutzer frei, eine von der Standarddarstellung abweichende Darstellung zu erzwingen, z. B. eine einfache Tabelle.

```
Get-WindowsFeature | ft name, installed
```

> **HINWEIS:** Wenn durch eine Konfiguration ein Neustart des Systems aussteht, können Sie `Get-WindowsFeature` nicht aufrufen.

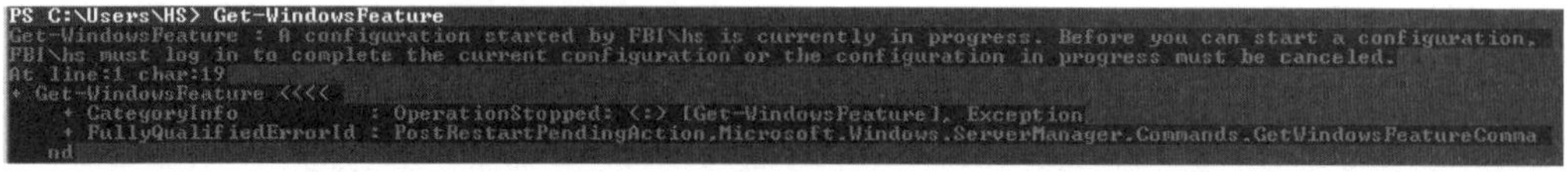

Abbildung 40.9: Get-WindowsFeature ist wegen eines ausstehenden Neustarts blockiert.

Add-WindowsFeature

Mit `Add-WindowsFeature` kann man Rollen, Rollendienste und Features hinzufügen. Abhängigkeiten werden dabei automatisch berücksichtigt. Anzugeben ist der „Name“ (z.B. AS-NET-Framework), nicht der „DisplayName“ (z.B. „.NET Framework 3.5.1“). Es können mehrere Features auf einmal installiert werden.

Der folgende Befehl installiert für die Internet Information Services (IIS) die Features Server Side Includes („Web-Includes“) und WebDAV-Publishing („Web-DAV-Publishing“).

```
Add-WindowsFeature Web-Includes, Web-DAV-Publishing
```

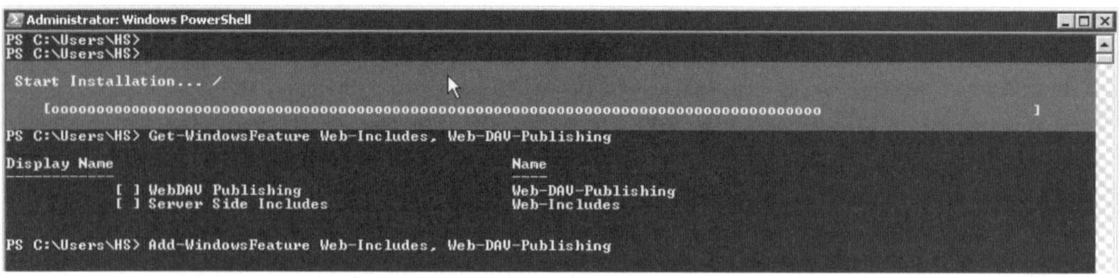

Abbildung 40.10: Während der Ausführung zeigt die PowerShell-Konsole eine Fortschrittsanzeige.

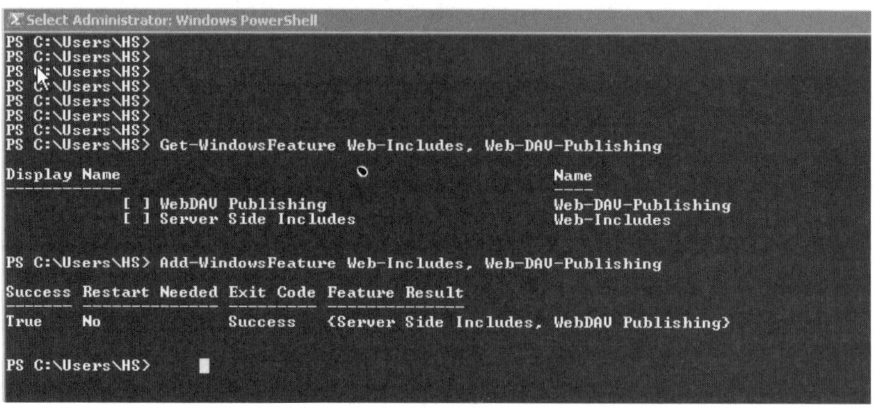

Abbildung 40.11: Ergebnis nach Abschluss von Add-WindowsFeature

TIPP: Mit dem Parameter `–IncludeAllSubFeature` kann man alle Unterfeatures zu einem Feature auch installieren lassen.

HINWEIS: Man kann `Add-WindowsFeature` nicht aufrufen, wenn währenddessen im Server Manager die Assistenten „Add/Remove Role“ oder „Add/Remove Feature“ gestartet sind. Gleiches gilt, wenn `Add-WindowsFeature` oder `Remove-WindowsFeature` schon in einer anderen Instanz der PowerShell laufen.

```
PS C:\Users\HS> Add-WindowsFeature Web-Includes, Web-DAV-Publishing
Add-WindowsFeature : Roles or features are currently being added or removed on this computer. Only one user can add or
remove roles or features at a time to prevent conflicting configurations.
At line:1 char:19
+ Add-WindowsFeature <<<<  Web-Includes, Web-DAV-Publishing
    + CategoryInfo          : OperationStopped: (:) [Add-WindowsFeature], Exception
    + FullyQualifiedErrorId : WizardLocked,Microsoft.Windows.ServerManager.Commands.AddWindowsFeatureCommand
```

Abbildung 40.12: Add-WindowsFeature kann nicht arbeiten, weil parallel bereits einer der Server-Manager-Assistenten gestartet ist.

HINWEIS: Man kann durch den Zusatzparameter –concurrent erzwingen, dass das Commandlet auch arbeitet, wenn einer der Assistenten gestartet ist. Dies sollte man aber vermeiden, um Inkonsistenzen zu verhindern!

Remove-WindowsFeature

Mit `Remove-WindowsFeature` kann man Features deinstallieren, z. B.:

```
Remove-WindowsFeature Web-Includes, Web-DAV-Publishing
```

Auch dabei sieht der PowerShell-Nutzer eine Fortschrittsanzeige.

Umgang mit Neustarts

`Add-WindowsFeature` und `Remove-WindowsFeature` können nach Abschluss der Arbeiten einen Neustart erfordern. Das Beispiel zeigt, dass `Add-WindowsFeature Fax` keinen Neustart erfordert, aber `Remove-WindowsFeature Fax`! Dies wird durch eine Warnmeldung sowie die zurückgegebene Instanz der Klasse `Microsoft.Windows.ServerManager.Commands.FeatureOperationResult` angezeigt.

```
PS C:\Users\HS> Add-WindowsFeature Fax

Success Restart Needed Exit Code Feature Result
------- -------------- --------- --------------
True    No             Success   {Fax Server}

PS C:\Users\HS> Remove-WindowsFeature Fax
WARNING: [Removal] Succeeded: [Fax Server] Fax Server. You must restart this server to finish the removal process.

Success Restart Needed Exit Code Feature Result
------- -------------- --------- --------------
True    Yes            Succes... {Fax Server}
```

Abbildung 40.13: Das Entfernen eines Features erfordert einen Neustart.

Man kann einen Computer mit `Restart-Computer` dann neu starten. Man kann aber auch bei `Add-WindowsFeature` und `Remove-WindowsFeature` den Parameter `–Restart` angeben. Dann findet ein Neustart automatisch statt, sofern er erforderlich ist.

Ausgabe des Befehls Get-WindowsFeature auf einem Beispielsystem

```
Display Name                                            Name
------------                                            ----
[ ] Active Directory Certificate Services               AD-Certificate
    [ ] Certification Authority                         ADCS-Cert-Authority
    [ ] Certification Authority Web Enrollment          ADCS-Web-Enrollment
    [ ] Online Responder                                ADCS-Online-Cert
    [ ] Network Device Enrollment Service               ADCS-Device-Enrollment
    [ ] Certificate Enrollment Web Service              ADCS-Enroll-Web-Svc
    [ ] Certificate Enrollment Policy Web Service       ADCS-Enroll-Web-Pol
[ ] Active Directory Domain Services                    AD-Domain-Services
    [ ] Active Directory Domain Controller               ADDS-Domain-Controller
    [ ] Identity Management for UNIX                    ADDS-Identity-Mgmt
        [ ] Server for Network Information Services     ADDS-NIS
        [ ] Password Synchronization                    ADDS-Password-Sync
        [ ] Administration Tools                        ADDS-IDMU-Tools
[ ] Active Directory Federation Services                AD-Federation-Services
    [ ] Federation Service                              ADFS-Federation
    [ ] Federation Service Proxy                        ADFS-Proxy
    [ ] AD FS Web Agents                                ADFS-Web-Agents
        [ ] Claims-aware Agent                          ADFS-Claims
        [ ] Windows Token-based Agent                   ADFS-Windows-Token
[ ] Active Directory Lightweight Directory Services     ADLDS
[ ] Active Directory Rights Management Services         ADRMS
    [ ] Active Directory Rights Management Server       ADRMS-Server
    [ ] Identity Federation Support                     ADRMS-Identity
[X] Application Server                                  Application-Server
    [X] .NET Framework 3.5.1                            AS-NET-Framework
    [X] Web Server (IIS) Support                        AS-Web-Support
    [ ] COM+ Network Access                             AS-Ent-Services
    [X] TCP Port Sharing                                AS-TCP-Port-Sharing
    [X] Windows Process Activation Service Support      AS-WAS-Support
        [X] HTTP Activation                             AS-HTTP-Activation
        [X] Message Queuing Activation                  AS-MSMQ-Activation
        [X] TCP Activation                              AS-TCP-Activation
        [X] Named Pipes Activation                      AS-Named-Pipes
    [ ] Distributed Transactions                        AS-Dist-Transaction
        [ ] Incoming Remote Transactions                AS-Incoming-Trans
        [ ] Outgoing Remote Transactions                AS-Outgoing-Trans
        [ ] WS-Atomic Transactions                      AS-WS-Atomic
[ ] DHCP Server                                         DHCP
[ ] DNS Server                                          DNS
[ ] Fax Server                                          Fax
[X] File Services                                       File-Services
    [X] File Server                                     FS-FileServer
    [X] Distributed File System                         FS-DFS
        [X] DFS Namespaces                              FS-DFS-Namespace
        [X] DFS Replication                             FS-DFS-Replication
    [X] File Server Resource Manager                    FS-Resource-Manager
    [ ] Services for Network File System                FS-NFS-Services
    [ ] Windows Search Service                          FS-Search-Service
    [ ] Windows Server 2003 File Services               FS-Win2003-Services
```

```
        [ ] Indexing Service                              FS-Indexing-Service
    [ ] BranchCache for network files                     FS-BranchCache
[ ] Hyper-V                                               Hyper-V
[ ] Network Policy and Access Services                    NPAS
    [ ] Network Policy Server                             NPAS-Policy-Server
    [ ] Routing and Remote Access Services                NPAS-RRAS-Services
        [ ] Remote Access Service                         NPAS-RRAS
        [ ] Routing                                       NPAS-Routing
    [ ] Health Registration Authority                     NPAS-Health
    [ ] Host Credential Authorization Protocol            NPAS-Host-Cred
[ ] Print and Document Services                           Print-Services
    [ ] Print Server                                      Print-Server
    [ ] LPD Service                                       Print-LPD-Service
    [ ] Internet Printing                                 Print-Internet
    [ ] Distributed Scan Server                           Print-Scan-Server
[ ] Remote Desktop Services                               Remote-Desktop-Services
    [ ] Remote Desktop Session Host                       RDS-RD-Server
    [ ] Remote Desktop Virtualization Host                RDS-Virtualization
    [ ] Remote Desktop Licensing                          RDS-Licensing
    [ ] Remote Desktop Connection Broker                  RDS-Connection-Broker
    [ ] Remote Desktop Gateway                            RDS-Gateway
    [ ] Remote Desktop Web Access                         RDS-Web-Access
[X] Web Server (IIS)                                      Web-Server
    [X] Web Server                                        Web-WebServer
        [X] Common HTTP Features                          Web-Common-Http
            [X] Static Content                            Web-Static-Content
            [X] Default Document                          Web-Default-Doc
            [X] Directory Browsing                        Web-Dir-Browsing
            [X] HTTP Errors                               Web-Http-Errors
            [X] HTTP Redirection                          Web-Http-Redirect
            [ ] WebDAV Publishing                         Web-DAV-Publishing
        [X] Application Development                       Web-App-Dev
            [X] ASP.NET                                   Web-Asp-Net
            [X] .NET Extensibility                        Web-Net-Ext
            [X] ASP                                       Web-ASP
            [X] CGI                                       Web-CGI
            [X] ISAPI Extensions                          Web-ISAPI-Ext
            [X] ISAPI Filters                             Web-ISAPI-Filter
            [X] Server Side Includes                      Web-Includes
        [X] Health and Diagnostics                        Web-Health
            [X] HTTP Logging                              Web-Http-Logging
            [X] Logging Tools                             Web-Log-Libraries
            [X] Request Monitor                           Web-Request-Monitor
            [X] Tracing                                   Web-Http-Tracing
            [ ] Custom Logging                            Web-Custom-Logging
            [ ] ODBC Logging                              Web-ODBC-Logging
        [X] Security                                      Web-Security
            [X] Basic Authentication                      Web-Basic-Auth
            [X] Windows Authentication                    Web-Windows-Auth
            [X] Digest Authentication                     Web-Digest-Auth
            [X] Client Certificate Mapping Authentic...   Web-Client-Auth
            [X] IIS Client Certificate Mapping Authe...   Web-Cert-Auth
            [X] URL Authorization                         Web-Url-Auth
            [X] Request Filtering                         Web-Filtering
            [X] IP and Domain Restrictions                Web-IP-Security
        [X] Performance                                   Web-Performance
            [X] Static Content Compression                Web-Stat-Compression
            [X] Dynamic Content Compression               Web-Dyn-Compression
```

```
    [X] Management Tools                                    Web-Mgmt-Tools
        [X] IIS Management Console                          Web-Mgmt-Console
        [X] IIS Management Scripts and Tools                Web-Scripting-Tools
        [X] Management Service                              Web-Mgmt-Service
        [X] IIS 6 Management Compatibility                  Web-Mgmt-Compat
            [X] IIS 6 Metabase Compatibility                Web-Metabase
            [X] IIS 6 WMI Compatibility                     Web-WMI
            [X] IIS 6 Scripting Tools                       Web-Lgcy-Scripting
            [X] IIS 6 Management Console                    Web-Lgcy-Mgmt-Console
    [ ] FTP Server                                          Web-Ftp-Server
        [ ] FTP Service                                     Web-Ftp-Service
        [ ] FTP Extensibility                               Web-Ftp-Ext
    [ ] IIS Hostable Web Core                               Web-WHC
[ ] Windows Deployment Services                             WDS
    [ ] Deployment Server                                   WDS-Deployment
    [ ] Transport Server                                    WDS-Transport
[ ] Windows Server Update Services                          OOB-WSUS
[X] .NET Framework 3.5.1 Features                           NET-Framework
    [X] .NET Framework 3.5.1                                NET-Framework-Core
    [X] WCF Activation                                      NET-Win-CFAC
        [X] HTTP Activation                                 NET-HTTP-Activation
        [X] Non-HTTP Activation                             NET-Non-HTTP-Activ
[ ] Background Intelligent Transfer Service (BITS)          BITS
    [ ] Compact Server                                      BITS-Compact-Server
    [ ] IIS Server Extension                                BITS-IIS-Ext
[ ] BitLocker Drive Encryption                              BitLocker
[ ] BranchCache                                             BranchCache
[ ] Connection Manager Administration Kit                   CMAK
[ ] Desktop Experience                                      Desktop-Experience
[ ] DirectAccess Management Console                         DAMC
[X] Failover Clustering                                     Failover-Clustering
[ ] Group Policy Management                                 GPMC
[ ] Ink and Handwriting Services                            Ink-Handwriting
    [ ] Ink Support                                         IH-Ink-Support
    [ ] Handwriting Recognition                             IH-Handwriting
[ ] Internet Printing Client                                Internet-Print-Client
[ ] Internet Storage Name Server                            ISNS
[ ] LPR Port Monitor                                        LPR-Port-Monitor
[X] Message Queuing                                         MSMQ
    [X] Message Queuing Services                            MSMQ-Services
        [X] Message Queuing Server                          MSMQ-Server
        [ ] Directory Service Integration                   MSMQ-Directory
        [ ] Message Queuing Triggers                        MSMQ-Triggers
        [ ] HTTP Support                                    MSMQ-HTTP-Support
        [ ] Multicasting Support                            MSMQ-Multicasting
        [ ] Routing Service                                 MSMQ-Routing
    [ ] Message Queuing DCOM Proxy                          MSMQ-DCOM
[X] Multipath I/O                                           Multipath-IO
[ ] Network Load Balancing                                  NLB
[ ] Peer Name Resolution Protocol                           PNRP
[ ] Quality Windows Audio Video Experience                  qWave
[ ] Remote Assistance                                       Remote-Assistance
[ ] Remote Differential Compression                         RDC
[X] Remote Server Administration Tools                      RSAT
    [X] Role Administration Tools                           RSAT-Role-Tools
        [ ] Active Directory Certificate Services Tools     RSAT-ADCS
            [ ] Certification Authority Tools               RSAT-ADCS-Mgmt
            [ ] Online Responder Tools                      RSAT-Online-Responder
```

```
        [ ] AD DS and AD LDS Tools                          RSAT-AD-Tools
            [ ] AD DS Tools                                 RSAT-ADDS
                [ ] AD DS Snap-Ins and Command-Line ...     RSAT-ADDS-Tools
                [ ] Active Directory Administrative ...     RSAT-AD-AdminCenter
                [ ] Server for NIS Tools                    RSAT-SNIS
            [ ] AD LDS Snap-Ins and Command-Line Tools      RSAT-ADLDS
            [ ] Active Directory module for Windows ...     RSAT-AD-PowerShell
        [ ] Active Directory Rights Management Servi...     RSAT-RMS
        [ ] DHCP Server Tools                               RSAT-DHCP
        [ ] DNS Server Tools                                RSAT-DNS-Server
        [ ] Fax Server Tools                                RSAT-Fax
        [X] File Services Tools                             RSAT-File-Services
            [X] Distributed File System Tools               RSAT-DFS-Mgmt-Con
            [X] File Server Resource Manager Tools          RSAT-FSRM-Mgmt
            [ ] Services for Network File System Tools      RSAT-NFS-Admin
        [ ] Hyper-V Tools                                   RSAT-Hyper-V
        [ ] Network Policy and Access Services Tools        RSAT-NPAS
        [ ] Print and Document Services Tools               RSAT-Print-Services
        [ ] Remote Desktop Services Tools                   RSAT-RDS
            [ ] Remote Desktop Session Host Tools           RSAT-RDS-RemoteApp
            [ ] Remote Desktop Gateway Tools                RSAT-RDS-Gateway
            [ ] Remote Desktop Licensing Tools              RSAT-RDS-Licensing
            [ ] Remote Desktop Connection Broker Tools      RSAT-RDS-Conn-Broker
        [X] Web Server (IIS) Tools                          RSAT-Web-Server
        [ ] Windows Deployment Services Tools               RSAT-WDS
    [X] Feature Administration Tools                        RSAT-Feature-Tools
        [ ] BitLocker Drive Encryption Administratio...     RSAT-BitLocker
            [ ] BitLocker Drive Encryption Tools            RSAT-Bitlocker-DriveEnc
            [ ] BitLocker Recovery Password Viewer          RSAT-Bitlocker-RecPwd
        [ ] BITS Server Extensions Tools                    RSAT-Bits-Server
        [X] Failover Clustering Tools                       RSAT-Clustering
        [ ] Network Load Balancing Tools                    RSAT-NLB
        [ ] SMTP Server Tools                               RSAT-SMTP
        [ ] WINS Server Tools                               RSAT-WINS
[ ] RPC over HTTP Proxy                                     RPC-over-HTTP-Proxy
[ ] Simple TCP/IP Services                                  Simple-TCPIP
[ ] SMTP Server                                             SMTP-Server
[ ] SNMP Services                                           SNMP-Services
    [ ] SNMP Service                                        SNMP-Service
    [ ] SNMP WMI Provider                                   SNMP-WMI-Provider
[ ] Storage Manager for SANs                                Storage-Mgr-SANS
[ ] Subsystem for UNIX-based Applications                   Subsystem-UNIX-Apps
[ ] Telnet Client                                           Telnet-Client
[ ] Telnet Server                                           Telnet-Server
[ ] TFTP Client                                             TFTP-Client
[ ] Windows Biometric Framework                             Biometric-Framework
[ ] Windows Internal Database                               Windows-Internal-DB
[X] Windows PowerShell Integrated Scripting Environm...     PowerShell-ISE
[X] Windows Process Activation Service                      WAS
    [X] Process Model                                       WAS-Process-Model
    [X] .NET Environment                                    WAS-NET-Environment
    [X] Configuration APIs                                  WAS-Config-APIs
[ ] Windows Server Backup Features                          Backup-Features
    [ ] Windows Server Backup                               Backup
    [ ] Command-line Tools                                  Backup-Tools
[ ] Windows Server Migration Tools                          Migration
[ ] Windows System Resource Manager                         WSRM
[ ] Windows TIFF IFilter                                    TIFF-IFilter
```

```
[ ] WinRM IIS Extension                    WinRM-IIS-Ext
[ ] WINS Server                            WINS-Server
[ ] Wireless LAN Service                   Wireless-Networking
[ ] XPS Viewer                             XPS-Viewer
```

40.7 Softwareeinschränkungen mit dem PowerShell-Modul „AppLocker“

Das AppLocker-Modul dient der Steuerung der Funktion „Application Locker“ (AppLocker) (alias: „Application Control Policies“) seit Windows 7 (wirksam nur in Ultimate und Enterprise) und seit Windows Server 2008 R2, mit der man den Start von Anwendungen einschränken kann. AppLocker ist der Nachfolger der Software Restriction Policies (SRP).

AppLocker basiert wie SRP auf Regeln, die man in Gruppenrichtlinien hinterlegt (siehe folgende Bildschirmabbildung). Es gibt dort Regeln für ausführbare Dateien (EXE), Bibliotheken (DLL), Windows Installer (MSI) und Skripte (Script). Regeln basieren wie bei SRP auf Kriterien (z. B. Standort, Datei-Hashwert, Hersteller). Anders als bei SRP kann es aber Ausnahmen von Regeln geben. Im Gruppenrichtlinieneditor kann man Standardregeln aktivieren, die verhindern, dass man sich selbst aussperrt. Außerdem kann man automatisch Regeln für Inhalte von Ordnern erstellen lassen („Automatically Generated Rules“). Regeln lassen sich als XML-Dateien importieren oder exportieren.

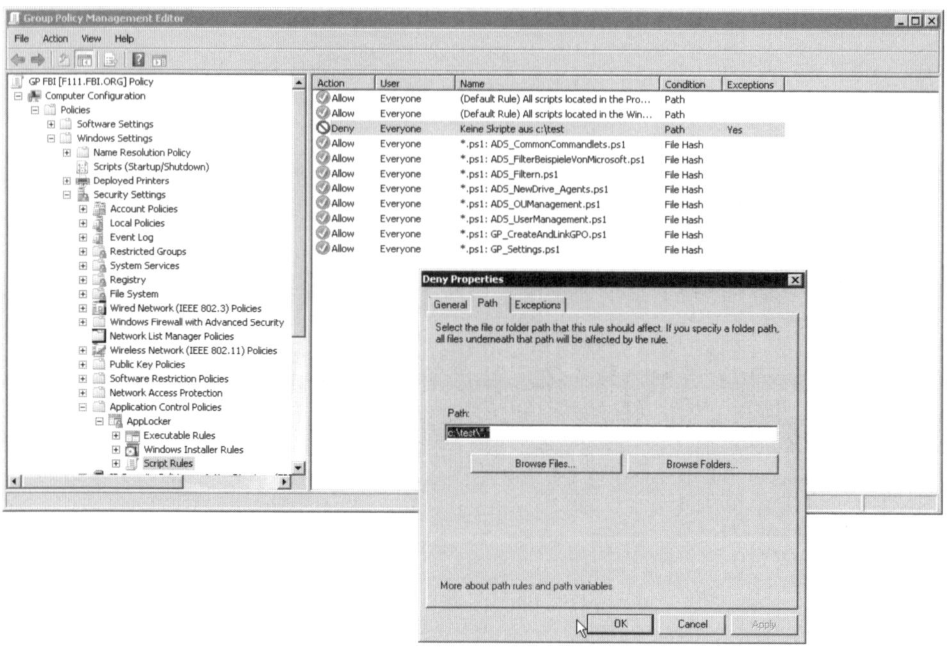

Abbildung 40.14: Definition einer Einschränkungsregel für Skripte

TIPP: Regeln gelten erst, wenn die Regelart unter „Configure Rule Enforcement“ auch aktiviert wurde.

DLL-Regeln sind im Standard nicht sichtbar. Diese muss man erst unter „Configure Rule Enforcement/Advanced“ aktivieren.

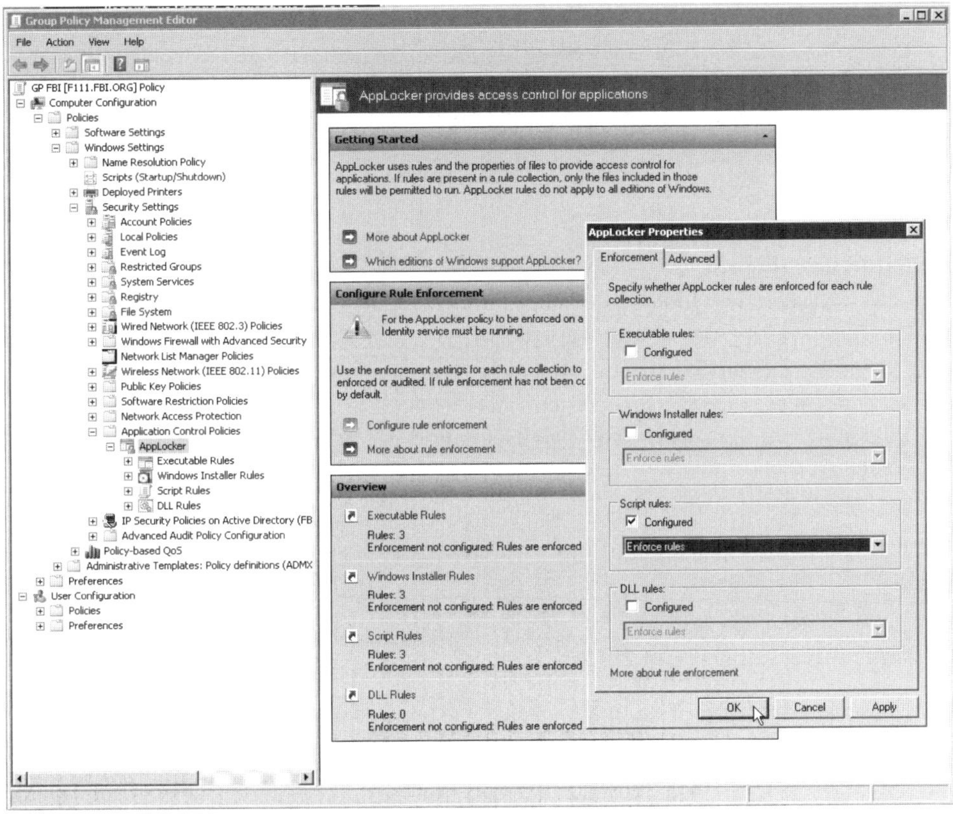

Abbildung 40.15: Aktivieren der AppLocker-Regeln

Das AppLocker-Modul enthält folgende Commandlets:

- `Get-AppLockerPolicy`: gibt eine Liste der AppLocker-Regeln aus, wahlweise den lokalen PC (`-local`) oder eine Gruppenrichtlinie (`-domain` zusammen mit `-ldap`). Man kann auch die aktuell wirkenden Regeln ausgeben (`-effective`).
- `New-AppLockerPolicy`: erzeugt eine neue AppLocker-Regel.
- `Get-AppLockerFileInformation`: liefert zu einer Datei ein Objekt des Typs `Microsoft.Security.ApplicationId.PolicyManagement.PolicyModel.FileInformation`, das dazu dienen kann, mit `New-AppLockerPolicy` eine neue Regel zu erstellen.
- `Set-AppLockerPolicy`: legt eine AppLocker-Regel in einer Gruppenrichtlinie fest.
- `Test-AppLockerPolicy`: prüft, wie sich Regeln auf bestimmte Dateien auswirken.

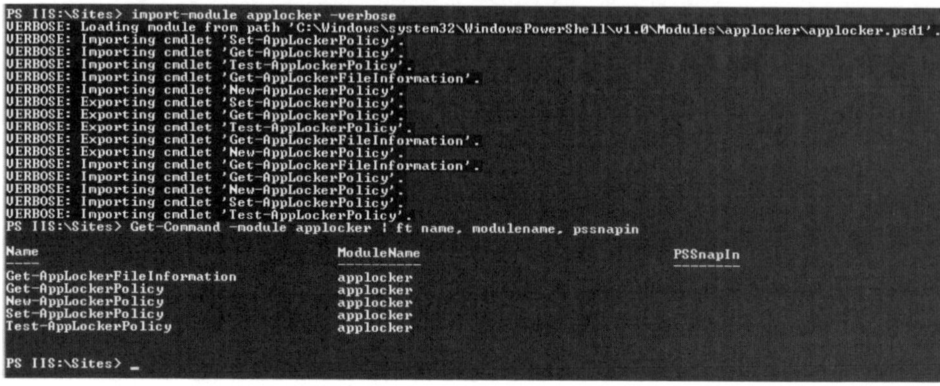

Abbildung 40.16: Inhalt des AppLocker-Moduls

Auflisten von Regeln

Get-AppLockerPolicy liefert ein einzelnes Objekt vom Typ AppLockerPolicy aus dem Namensraum Microsoft.Security.ApplicationId.PolicyManagement.PolicyModel. Hier ist das Attribut RuleCollections vom Typ RuleCollection interessant. Es gibt jeweils ein RuleCollection-Objekt für jede der vier Regelarten (EXE, DLL, MSI, Script). In dieser RuleCollection sind dann die Regeln enthalten (FilePathRule, FilePublisherRule, FileHashRule).

Mit Get-AppLockerPolicy –local fragt man die lokalen AppLocker-Einstellungen ab.

Mit dem Schalter -Domain kann man die AppLocker-Einstellungen aus einem einzelnen Gruppenrichtlinienobjekt abfragen, z. B.:

```
Get-AppLockerPolicy -Domain -LDAP "LDAP:// CN={685A9EAA-2CA5-4552-B553-92A027F9E2B6},
CN=Policies,CN=System,DC=FBI,DC=ORG"
```

Die wirkenden AppLocker-Regeln lassen sich wie folgt ermitteln:

```
Get-AppLockerPolicy -Effective
```

Um die einzelnen Regeln auszugeben, muss man zumindest die RuleCollections-Menge mit Foreach-Object aufspalten:

```
foreach { $_.RuleCollections }
```

Oder man schreibt noch ausführlicher:

```
foreach { $_.RuleCollections } | foreach { $_ }
```

Dann hat man Zugriff auf die einzelnen Regel-Objekte.

Das folgende Beispiel listet die einzelnen Regeln in Form einer Tabelle auf, in der man die Regelart und die Regelbedingung (nicht aber die Ausnahmen) sehen kann.

```
Get-AppLockerPolicy -Effective | foreach { $_.RuleCollections.GetEnumerator() } |
foreach { $_ } | sort name | ft Name, { $_.GetType().Name }, PathConditions,
HashConditions, PublisherConditions
```

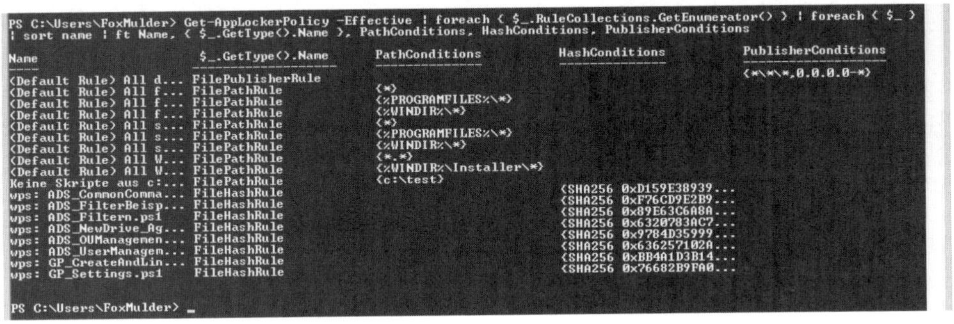

Abbildung 40.17: Ausgabe der wirksamen Regeln

Die folgende Bildschirmabbildung zeigt, wie sich durch Aktualisierung der Gruppenrichtlinien mit `gpupdate /force` die Anzahl der wirkenden Regeln verändern kann.

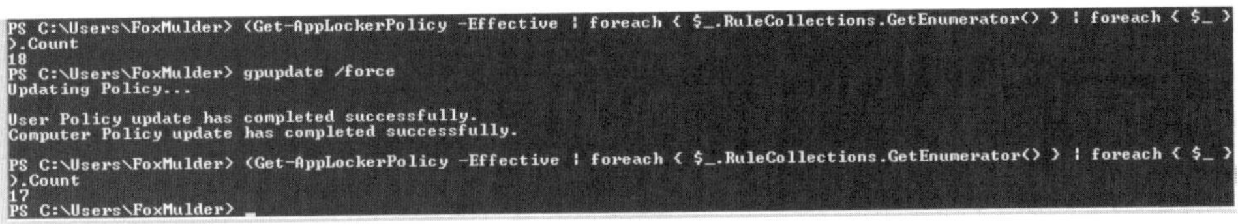

Abbildung 40.18: Nach dem Löschen einer Regel in einer der wirkenden Gruppenrichtlinien reduziert sich die Anzahl der Regeln von 18 auf 17.

Prüfen der Regelwirkung

Mit `Test-AppLockerPolicy` kann man prüfen, wie sich Regeln auf bestimmte Dateien auswirken.

Das Beispiel prüft, wie sich die wirksamen Regeln auf einen bestimmten Benutzer für die Skripte in `c:\test` auswirken.

```
Get-AppLockerPolicy -Effective | Test-AppLockerPolicy -path C:\test\*.ps1 -user FBI\
DanaScully
```

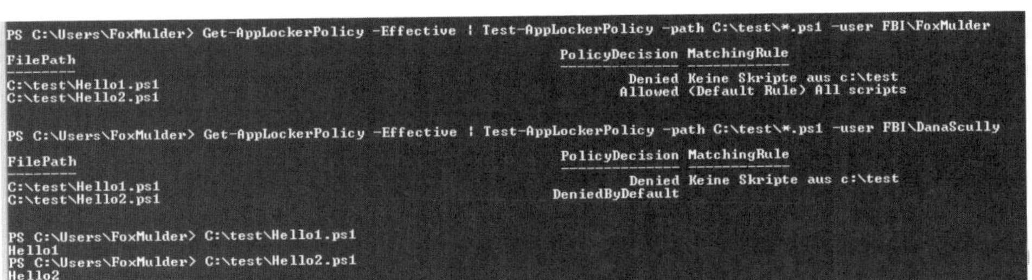

Abbildung 40.19: Testergebnisse für zwei verschiedene Benutzer

Erstellen neuer Regeln

Das Erstellen von Regeln kann aufwendig sein, wenn viele Anwendungen erlaubt sein sollen. Beim Erstellen von Regeln unterstützt die PowerShell. Mit `Get-AppLockerFileInformation` erhält man Informationen über Dateien in Form von Instanzen der Klasse `Microsoft.Security.ApplicationId.PolicyManagement.PolicyModel.FileInformation`. Diese Objekte enthalten zu der Datei den Path, Hash und Publisher. Aus den Instanzen der Klasse `FileInformation` kann man mit `New-AppLockerPolicy` Regeln generieren lassen. Diese Regeln kann man anschließend mit `Set-AppLockerPolicy` in lokalen Richtlinien oder Gruppenrichtlinien speichern.

Der folgende Befehl erstellt genau eine Hashregel für alle Skripte in dem Ordner `c:\wps` und seinen Unterordnern. Die Regel wird in einer Gruppenrichtlinie gespeichert. Die bestehenden Regeln der Gruppenrichtlinie bleiben erhalten, was `–merge` bewirkt.

```
Get-AppLockerFileInformation -Directory c:\Wps\ -recurse -filetype script |
New-AppLockerPolicy -RuleType Hash -User Everyone -optimize |
Set-AppLockerPolicy -merge
-LDAP:"LDAP://CN={685A9EAA-2CA5-4552-B553-92A027F9E2B6},CN=Policies,CN=System,DC=FBI,
DC=ORG"
```

TIPP: Dass hier nur eine Regel insgesamt und nicht eine Regel pro Skript entsteht, liegt an dem Parameter `–optimize`.

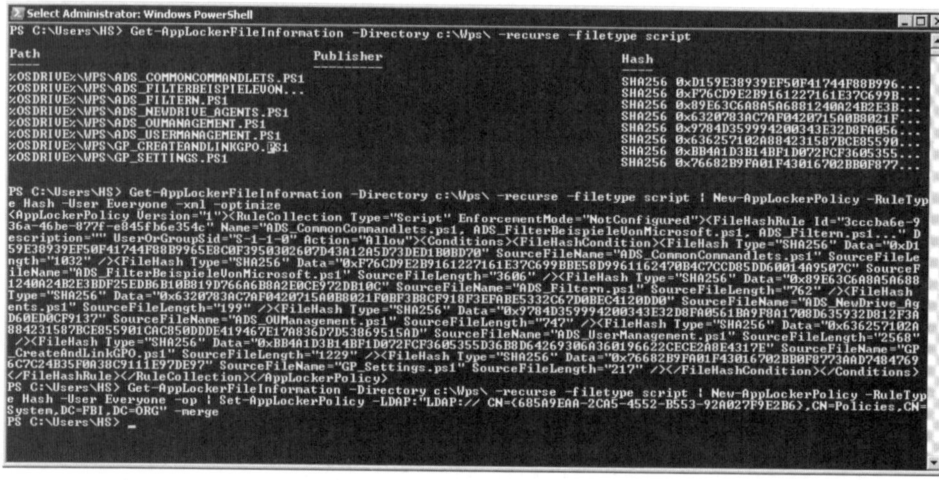

Abbildung 40.20: Der obige Befehl mit Zwischenschritten: Erst werden nur die Dateiinformationen ausgegeben, dann die erzeugte Regel in XML-Form (Parameter -xml). Zum Schluss wird die Regel in die Gruppenrichtlinie gesetzt (hier ohne -xml!).

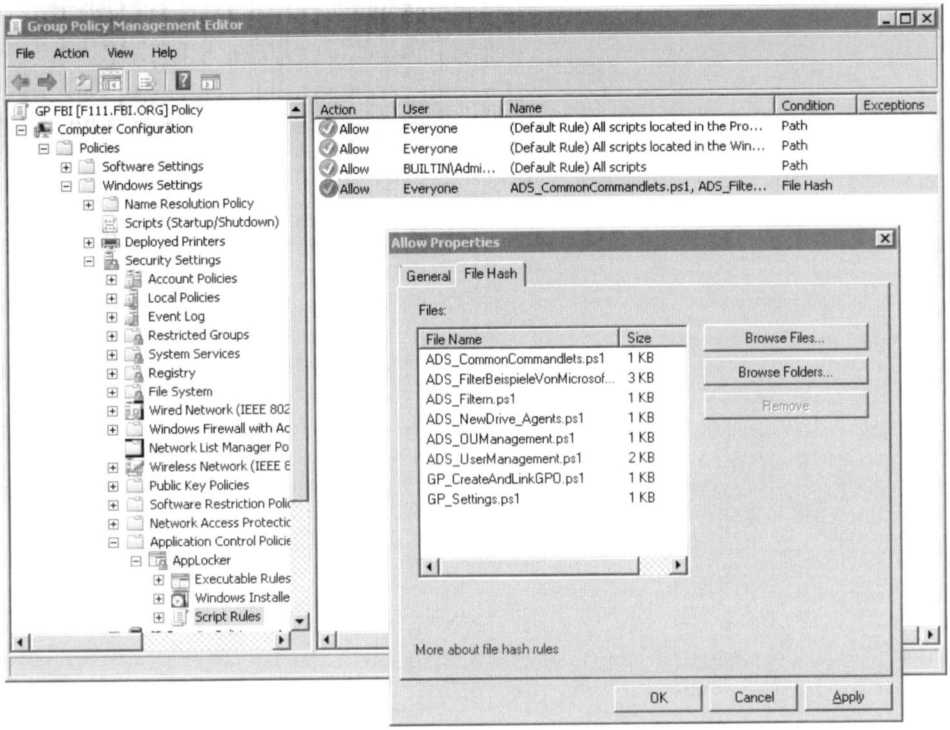

Abbildung 40.21: Ergebnis der Ausführung des Befehls zur Erzeugung von Regeln für die Skripte in c:\wps

41 Prozessverwaltung

Die Verwaltung der laufenden Prozesse ist im Kern der Windows PowerShell mit den Commandlets `Get-Process` und `Start-Process` sowie `Stop-Process` gut unterstützt.

41.1 Prozesse auflisten

Das Commandlet `Get-Process` (Aliase `ps` oder `gps`) wurde schon im Kapitel mit der PowerShell-Einführung sehr häufig verwendet. Es liefert Instanzen der .NET-Klassen `System.Diagnostics.Process`.

Eine Liste aller Prozesse erhält man mit:

```
Get-Process
```

Informationen zu einem Prozess liefert der folgende Befehl: `Get-Process iexplore`.

Eine Liste aller Prozesse, die mit einem „i" anfangen, erhält man so: `Get-Process i*`.

Ein interessanter Pipeline-Befehl ist:

```
Get-Process | Get-Item -ErrorAction SilentlyContinue | Group-Object Directory | Sort-
Object Count -Descending
```

Mit ihm erhält man eine Liste aller Verzeichnisse, aus denen aktuelle Prozesse gestartet wurden. Das kann hilfreich sein, wenn man sich wundert, dass man ein Verzeichnis nicht löschen, verschieben oder umbenennen kann.

Abbildung 41.1: Ausgabe des obigen Befehls

TIPP: Neu seit PowerShell-Version 4.0 ist bei `Get-Process` der Parameter `–IncludeUserName`. Dieser sorgt dafür, dass ein Note Property namens `User-Name` in den Ergebnisobjekten gefüllt ist mit dem Domänen- und Benutzernamen des Benutzerskontos, unter dem der Prozess läuft.

```
Get-Process -IncludeUserName | ft processname, username
```

41.2 Prozesse starten

Wenn man ein Commandlet oder eine Kommandozeilenanwendung in der PowerShell aufruft, dann starten diese im Prozess der PowerShell. Wenn man eine Windows-Anwendung (z. B. *Notepad.exe*) aufruft, dann startet diese in einem eigenen Prozess. In jedem Fall läuft der externe Prozess unter dem gleichen Benutzerkonto wie der aufrufende Prozess.

Mit `Start-Process` (Alias: saps) kann man seit PowerShell 2.0 Prozesse unter einer anderen Identität starten (vgl. runas.exe), d. h. mit anderen Rechten als denen des angemeldeten Benutzers. Man kann durch den Parameter `–Credential` ein Objekt vom Typ `PSCredential` mit anderen Anmeldedaten übergeben. Ein Objekt vom Typ `PSCredential` erhält man von `Get-Credential`.

Zum Starten eines zweiten PowerShell-Fensters unter einem anderen Benutzerkonto (als Administrator) gibt man also ein:

```
Start-Process PowerShell.exe -credential Get-credential
```

Dies dokumentieren die nachstehenden zwei Abbildungen.

Abbildung 41.2: Aufruf von Start-Process durch einen normalen Benutzer

HINWEIS: In PowerShell 1.0 konnte man `Start-Process` über die PowerShell Community Extensions nutzen.

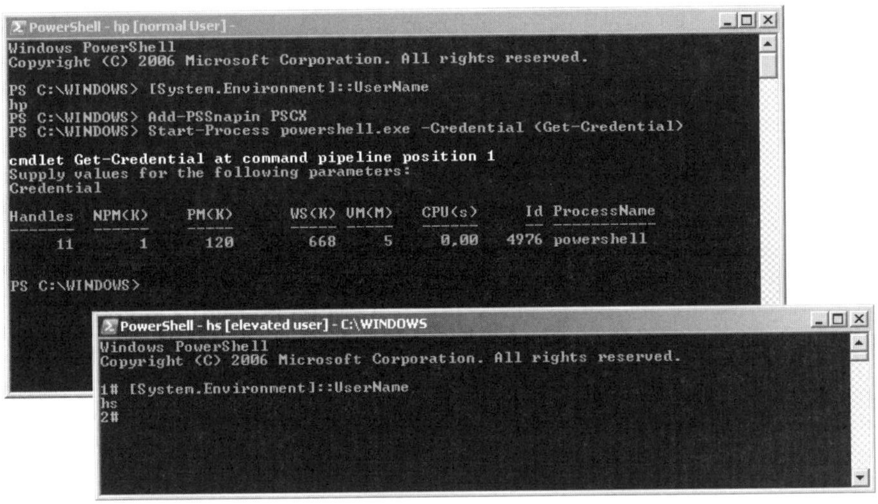

Abbildung 41.3: Nach Eingabe der Anmeldedaten erhält man ein zweites PowerShell-Fenster für einen Benutzer, der zur Administratoren-Gruppe gehört.

41.3 Prozesse beenden

Einen Prozess beenden kann man wahlweise durch Aufruf der Kill()-Methode:

```
Get-Process | Where-Object { $_.name -eq "iexplore" } | Foreach-Object { $_.Kill() }
```

oder prägnanter durch das Commandlet Stop-Process:

```
Stop-Process -name iexplore
```

Stop-Process erwartet als Parameter normalerweise die Prozessnummer. Wenn man den Prozessnamen angeben will, muss man den Parameter –name verwenden.

Weitere Beispiele:

- Beenden aller Prozesse, deren Name mit „P" anfängt:

```
Get-Process p* | Stop-Process
```

- Beenden aller Prozesse, die mehr als 10 Megabyte RAM verbrauchen:

```
Get-Process | where { $_.WS -gt 10M } | stop-process
```

41.4 Warten auf das Beenden einer Anwendung

Mit den folgenden Befehlen wartet die PowerShell darauf, dass Microsoft Outlook beendet wird:

```
Warten auf das Ende eines Prozesses
[Einsatzgebiete/Prozessverwaltung/WaitingForOutlook.ps1]
$p = Get-Process  outlook

if ($p)
{
$p.WaitForExit()
"Outlook wurde beendet!"
}
else
{
"Outlook war nicht gestartet!"
}
```

Dies kann man seit PowerShell 2.0 auch mit Wait-Process erreichen. Der Prozess wird durch seinen Namen, seine Prozess-ID oder ein Process-Objekt festgelegt.

Beispiele:

```
Wait-Process –id 4040
Wait-Process –name notepad
Wait-Process –name $p
```

Nicht vorhanden in der PowerShell 1.0 ist eine Prozessverwaltung für Hintergrundprozesse, wie man sie von Unix kennt. Dies kann der Administrator aber durch eigene Skripte erreichen, siehe [Truher01].

42 Systemdienste

Die Arbeit mit den Windows-Systemdiensten (oft auch „NT-Dienste“ genannt) unterstützt die PowerShell mit den Commandlets:

- `Get-Service`
- `New-Service`
- `Restart-Service`
- `Resume-Service`
- `Set-Service`
- `Start-Service`
- `Stop-Service`
- `Suspend-Service`

Darüber hinaus steht die WMI-Klasse `Win32_Service` zur Verfügung.

42.1 Dienste auflisten

Eine Liste der Systemdienste in Form von Instanzen der .NET-Klasse `System.ServiceProcess.ServiceController` liefert das Commandlet `Get-Service`.

Die Liste der laufenden Systemdienste erhält man mit:

```
Get-Service | Where-Object {$_.status -eq "running"}
```

Die Liste der gestoppten Dienste liefert dementsprechend:

```
Get-Service | Where-Object {$_.status -eq "stopped"}
```

Man kann per Skript prüfen, ob ein Dienst installiert ist:

Listing 42.1: Prüfung, ob der IIS installiert ist [3_Einsatzgebiete/Systemdienste/Is Service installed.ps1]

```
$service = Get-Service -name iisadmin
if ( ! $service ) { "IIS ist nicht installiert auf diesem Computer." }
else
{ "IIS Server hat Status: " + $service.Status }
```

In PowerShell 1.0 war die Fernabfrage mit `Get-Service` nicht möglich. Seit PowerShell 2.0 gibt es den Parameter `–ComputerName`.

```
Get-Service –ComputerName ServerF112| Where-Object {$_.status –eq "running"}
```

In PowerShell 1.0 ist lediglich über den Umweg über die Windows Management Instrumentation (WMI) ein Zugang zu anderen Systemen möglich. Dafür steht das Commandlet `Get-CimInstance` zur Verfügung. Der folgende Befehl liest die laufenden Systemdienste von dem Computer mit Namen „ServerF112“ aus:

```
Get-CimInstance Win32_Service -computer ServerF112 -filter "State='running'"
```

Zu beachten ist dabei, dass das Ergebnis der Operation nunmehr keine Instanzen von der .NET-Klasse `System.ServiceProcess.ServiceController`, sondern Instanzen der WMI-Klasse `root\cimv2\Win32_Service` sind, die in die .NET-Klasse `System.Management.ManagementObject` verpackt wurden. Das Commandlet `Get-Member` stellt diesen komplexen Typ wie folgt dar: `"System.Management.ManagementObject verpackt # root\cimv2\Win32_Service"`. `Get-CimInstance` hat eine andere Filter-Syntax (hier ist das Gleichheitszeichen anstelle von `–eq` zu verwenden) und außerdem steht der Zustand eines Dienstes in der WMI-Klasse im Attribut `State` und nicht wie mit der .NET-Klasse in `Status`. Einsteiger kommen hier schnell durcheinander.

Wenn man die abhängigen Dienste eines Dienstes ermitteln will, muss man auf die Eigenschaft `DependentServices` des .NET-Objekts `System.ServiceProcess.ServiceController` zugreifen:

```
Get-service WAS | % { $_.DependentServices }
```

Das Ergebnis für Windows Server 2012 Release 2 zeigt die folgende Bildschirmabbildung. WAS steht für Windows Activation Service und ist der Kerndienst für die Internet Information Services (seit Version 7.0; zuvor war dies der IISAdmin-Dienst).

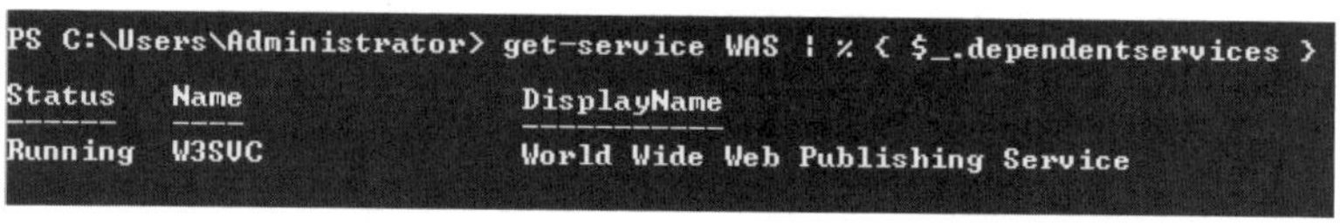

Abbildung 42.1: Die von Windows Activation Service (WAS) abhängigen Dienste

Die abhängigen Dienste eines Systemdienstes kann man alternativ auch in WMI durch die Methode `GetRelated()` in der Klasse `ManagementObject` in der .NET-Klassenbibliothek ermitteln. Der folgende Befehl ermittelt die Dienste, die von dem Dienst `"IISAdmin"` abhängig sind.

```
(Get-CimInstance win32_service -filter "Name = 'iisadmin'").GetRelated($null,"Win32_
DependentService",$null,$null,$null,"Antecedent",$false,$null) | select name
```

Die gleiche Objektmenge erhält man auch über eine WQL-Abfrage mit Bezug auf den feststehenden Ausdruck AssocClass:

```
([wmiSearcher]"Associators of {Win32_Service.Name='iisadmin'} Where AssocClass=Win32_
DependentService Role=Antecedent").get()
```

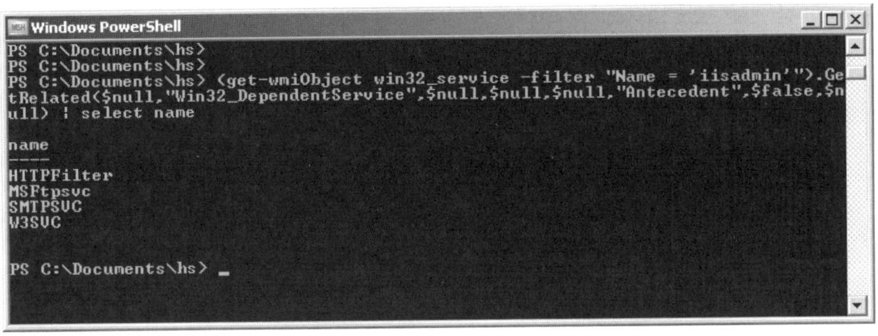

Abbildung 42.2: Ermitteln der abhängigen Dienste

42.2 Dienstzustand ändern

Zur Beeinflussung des Dienststatus stehen folgende Commandlets zur Verfügung: Suspend-Service, Resume-Service, Stop-Service, Start-Service und Restart-Service. Dabei ist jeweils der Dienstname als Parameter anzugeben.

Der folgende Befehl startet also den Dienst "IISAdmin":

```
Start-Service IISADMIN
```

Bei Systemdiensten, die abhängige Dienste besitzen, ist außerdem -force hinzuzufügen:

```
Start-Service IISADMIN –force
```

Da das Commandlet Start-Service (ebenso wie alle anderen Aktions-Commandlets rund um Dienste) nur für den lokalen Computer wirkt, muss man auf die WMI-Klasse Win32_Service zurückgreifen, um einen Dienst auf einem entfernten System zu starten. Leider wird bei diesen Commandlets der Schalter –ComputerName auch in der Version 2 der PowerShell noch nicht unterstützt.

Der folgende Befehl startet einen Systemdienst auf einem anderen Rechner:

```
Get-CimInstance -computer XY win32_service -filter "name='tlntsvr'" |
  foreach-Object {$_startservice()}
```

HINWEIS: Das Commandlet `Restart-Service` führt einen Neustart eines Dienstes (erst stoppen, dann starten) durch. Wenn der Dienst nicht gestartet war, wird er gestartet.

42.3 Diensteigenschaften ändern

Die Eigenschaften von Diensten, z. B. die Startart, beeinflusst man über `Set-Service`:

```
Set-Service IISADMIN -startuptype "manual"
```

Für weitergehende Änderungen, z. B. Setzen des Dienstkontos, braucht man dann wieder WMI.

Listing 42.2: ChangeServiceConfiguration.ps1

```
# Change Service Configuration

"Before:"
Get-CimInstance Win32_Service -filter "name='WWWAppServer'" | select startname,
startmode

$service = Get-CimInstance Win32_Service -filter "name='WWWAppServer'"
$service.change($null,$null,$null,$null,"manual",$null,"itv\hs", "secret+123")

"After:"
Get-CimInstance Win32_Service -filter "name='WWWAppServer'" | select startname,
startmode
```

43 Netzwerk

Dieses Kapitel thematisiert Automatisierungsaufgaben rund um Netzwerkfunktionen. Dazu gehören die Konfiguration der Netzwerkkarten, die Namensauflösung, die Prüfung der Erreichbarkeit, das Abrufen von Informationen per HTTP und das Senden von E-Mails.

43.1 Netzwerkkonfiguration (ältere Betriebssysteme)

Auf Betriebssystemen vor Windows 8 und Windows Server 2012 verwaltet man die Netzwerkverbindungen mit der WMI-Klasse `Win32_NetworkAdapterConfiguration`.

In der WMI-Klasse `Win32_NetworkAdapterConfiguration` sind die IP-Adressen als ein Array in `IpAddress` abgespeichert.

```
Get-CimInstance Win32_NetworkAdapterConfiguration -Filter "IPEnabled=true" | Select
Description,IPAddress
```

Die WMI-Klasse `Win32_NetworkAdapterConfiguration` ermöglicht auch zahlreiche Einstellungen für die Netzwerkkarten.

Praxisbeispiel: Umschalten zwischen statischer IP-Adresse und DHCP

Das folgende PowerShell-Skript wechselt für eine Netzwerkkarte zwischen DHCP und statischer IP-Adresse.

Listing 43.1: Änderung der Netzwerkkonfiguration [3_Einsatzgebiete/Netzwerk/Switch_DHCP_StaticIP.ps1]

```
# Wechsel zwischen DHCP und statischer IP-Adresse
$config = Get-CimInstance Win32_NetworkadapterConfiguration -Filter "IPEnabled=true" |
where { $_.Description -like "*Controller #2*" }
"DHCP-Status Vorher: " + $Config.dhcpenabled
Get-CimInstance Win32_Networkadapterconfiguration -Filter "IPEnabled=true" | select
Description,IPAddress
if (!$Config.dhcpenabled)
```

```
{
"Aktiviere DHCP..."
$Config.EnableDHCP()
}
else
{
"Aktiviere statische IP-Addresse..."
[array] $ip =   "192.168.1.15"
[array] $subnet = "255.255.255.0"
$Config.EnableStatic($ip, $subnet)
}
$config = Get-CimInstance Win32_NetworkadapterConfiguration -Filter "IPEnabled=true" |
where { $_.Description -like "*Controller #2*" }
"DHCP-Status nachher: " + $Config.dhcpenabled
Get-CimInstance Win32_Networkadapterconfiguration -Filter "IPEnabled=true" | select
Description,IPAddress
```

ACHTUNG: Die WMI-Methode `EnableStatic()` funktioniert nur, wenn die Netzwerkkarte aktiviert ist.

TIPP: Den aktuellen DHCP-Server ermitteln Sie durch das Commandlet `Get-DHCPServer` aus den PSCX.

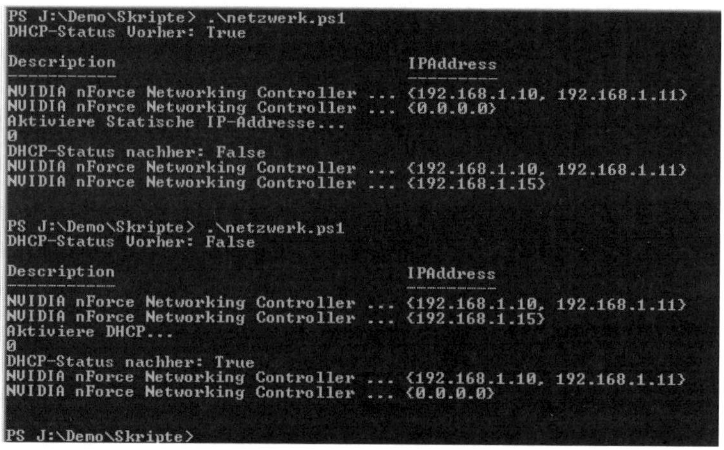

Abbildung 43.1: Ausgabe des Praxisbeispiels bei zweimaligem Aufruf

43.2 Netzwerkkonfiguration (ab Windows 8.x und Windows Server 2012 (inkl. R2)

Auch die Konfiguration der Netzwerkschnittstellen von Windows erforderte bisher einiges an Wühlereien in WMI-Klassen. Auch dafür gibt es jetzt ab Windows 8 und Windows Server 2012 aus den neuen WMI-Klassen heraus generierte Commandlets, die sich allerdings auf drei verschiedene PowerShell-Module (`NetAdapter`, `NetTCPIP` und `DnsClient`) verteilen, was die Arbeit etwas unübersichtlich macht.

Zudem ist ein Grundverständnis der Begrifflichkeiten auch hier notwendig. Das, was in der Windows-Benutzeroberfläche als „Netzwerkverbindung“ bezeichnet wird, ist aus der Sicht des PowerShell-Moduls `NetAdapter` eben ein solcher `NetAdapter`. Die Elemente einer Netzwerkverbindung (vgl. Eigenschaftendialog) nennen sich dort `NetAdapterBinding`. Das Commandlet `Get-NetAdapter` liefert also eine Liste aller Netzwerkverbindungen. `Get-NetAdapterBinding` liefert hingegen eine Liste aller Elemente aller Netzwerkverbindungen, die man in der Benutzeroberfläche im Eigenschaftendialog sieht (z. B. „Client für Microsoft-Netzwerke“ und „Internetprotokoll Version 4 (TCP/IPv4)“).

Typischerweise wird der Benutzer die Elemente filtern wollen, was über die Commandlet-Parameter `Name` und `Displayname` möglich ist, wobei `Name` den Namen der Netzwerkverbindung bezeichnet und `Displayname` den Namen des Elements. Um IPv6 für die Netzwerkverbindung „Ethernet“ zu deaktivieren, würde man also ausführen:

```
Get-NetAdapterBinding -Name Ethernet -DisplayName *tcp/ipv6* |
Disable-NetAdapterBinding
```

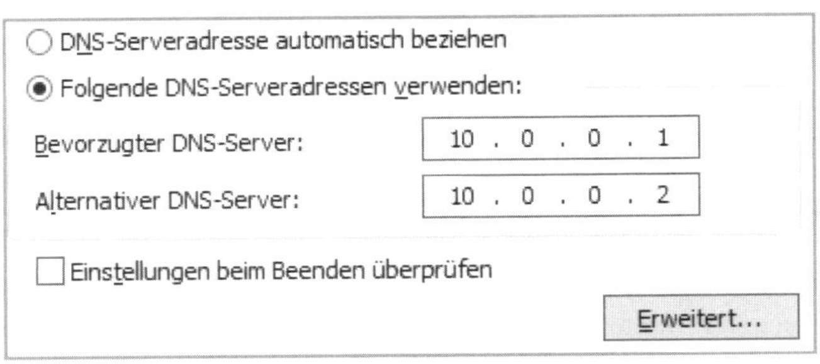

Abbildung 43.2: Ausgabe der Elemente einer Netzwerkverbindung und Deaktivierung von IPv6

Um die statistischen Daten (Anzahl gesendeter und empfangener Bytes) abzurufen, kann der Benutzer `Get-NetAdapterStatistics -Name Ethernet` verwenden. Der nachfolgende Befehl `Format-List *` sorgt dafür, dass man alle ermittelten Werte in der Ausgabe sieht (siehe Abbildung 43.3).

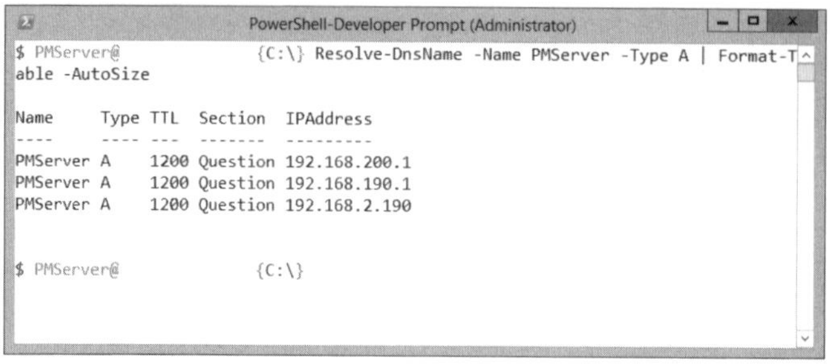

Abbildung 43.3: Beispielausgabe des Commandlets Get-NetAdapter-Statistics

Praxisbeispiel: Umschalten zwischen statischer IP-Adresse und DHCP

Für eine typische Netzwerkkonfigurationsaufgabe, wie dem Umschalten einer Netzwerkverbindung zwischen statischer IP-Adresse und DHCP-Betrieb (dynamische IP-Adresse), kommt man mit dem Modul `NetAdapter` leider nicht weiter. Hier braucht man vor allem das Modul `NetTCPIP`. Dort werden die Netzwerkverbindungen als ein „NetIPInterface“ angesehen. `Get-NetIPInterface` liefert den aktuellen Konfigurationszustand einer TCP/IP-Netzwerkverbindung.

Über `Set-NetIPInterface` kann der Benutzer mit dem Parameter `-Dhcp` die Verwendung einer dynamischen IP-Adresse ein- oder ausschalten.

Statische IP-Adresse und Gateways weist man hingegen über `New-NetIPAddress` zu. Der Parameter `IPAddress` erwartet genau eine IP-Adresse. Die Subnetzmaske vergibt man dabei über den Parameter `PrefixLength`, wobei 16 für die Subnetzmaske 255.255.0.0 und 24 für 255.255.255.0 steht. IP-Adressen entfernen kann man über `Remove-NetIPAddress`. Das Gateway wird man jedoch nur wieder los mit `Remove-NetRoute`.

Dann fehlt noch die explizite Zuweisung von DNS-Server-IP-Adressen. Das erledigt ein weiteres Modul, `DNSClient`, mit dem Commandlet `Set-DnsClientServerAddress`. Mit dem Parameter `-ServerAddresses` legt man eine oder mehrere Adressen fest. Mit `-ResetServerAddresses` löscht man sie wieder.

> **HINWEIS:** KRITIK: Hier ist leider einiges inkonsistent und nicht intuitiv zu verstehen: Bei `New-NetIPAddress` kann man immer nur eine IP-Adresse angeben, bei `Set-DnsClientServerAddress` direkt mehrere. Das Löschen erfolgt in einem Fall über ein „Remove“-Commandlet mit gleichem Substantiv, im zweiten Fall über ein „Remove“-Commandlet mit einem anderen Substantiv und im dritten Fall über einen Parameter eines Set-Commandlet. Die Dokumentation der PowerShell-Module (vgl. Kasten „PowerShell-Hilfe“) hilft auch nicht weiter, denn da wird jedes Commandlet nur für sich mit einfachen Einzeiler-Beispielen beschrieben und es fehlt ein Dokument, das Commandlets in konkreten Situationen im Zusammenspiel beschreibt.

Die also dann doch leider nicht so triviale Lösung für das Umschalten zwischen dynamischer und statischer IP-Adresse sieht man im folgenden Listing. Zudem ist zu berücksichtigen, dass die Remove-Commandlets nur dann ohne Nachfrage, also auch unbeaufsichtigt, arbeiten, wenn man `-confirm:$false` als Parameter mit angibt.

Listing 43.2: Umschalten einer Windows-Netzwerkverbindung zwischen statischer und dynamischer IP-Adresse

```
$dhcpEingeschaltet = (Get-NetIPInterface -InterfaceAlias ethernet).Dhcp
"Aktueller Status:"
if ($dhcpEingeschaltet) { "DHCP eingeschaltet" } else { "Statische IP-Adressen
aktiv" }
if ($dhcpEingeschaltet -eq "enabled")
{
 "DHCP wird ausgeschaltet..."
 Set-NetIPInterface -InterfaceAlias ethernet -Dhcp Disabled
  "Statische IP-Adressen werden eingeschaltet..."
 New-NetIPAddress -InterfaceAlias ethernet -IPAddress 192.168.1.209 -DefaultGateway
192.168.1.253 -PrefixLength 24 | out-null
 New-NetIPAddress -InterfaceAlias ethernet -IPAddress 192.168.1.210 -PrefixLength 24 |
out-null
 Set-DnsClientServerAddress -InterfaceAlias ethernet -ServerAddresses
192.168.1.10,192.168.1.20
}
else
{
 foreach($a in Get-NetIPAddress -InterfaceAlias ethernet -ea SilentlyContinue) {
 "Entfernt IP-Adresse: " + $a.IPAddress
 Remove-NetIPAddress -Confirm:$false -IPAddress ($a.IPAddress)    }

 #Get-NetIPAddress -InterfaceAlias ethernet -ea SilentlyContinue |
Remove-NetIPAddress -Confirm:$false
 "Entferne Gateway..."
 Remove-NetRoute -InterfaceAlias ethernet -Confirm:$false
 "Entferne DNS-Server-Einträge..."
  Set-DnsClientServerAddress -InterfaceAlias ethernet -ResetServerAddresses
 "DHCP wird eingeschaltet..."
 Set-NetIPInterface -InterfaceAlias ethernet -Dhcp Enabled
}
"Fertig!"
```

■ 43.3 DNS-Client-Konfiguration

von Peter Monadjemi

Für die Konfiguration eines DNS-Clients umfasst das Modul *DNSClient*, das unter Windows Server 2012 und Windows 8 zur Verfügung steht, 17 Funktionen und ersetzt damit Befehlszeilentools wie `Netsh` oder `Nslookup`. Unter älteren Windows-Server-Versionen oder unter Windows 7 gibt es zwei Alternativen zu den Funktionen: die DNS-Konfiguration per WMI oder der direkte Aufruf von `Netsh`.

Das DNSClient-Modul im Überblick

Die wichtigsten Funktionen des Moduls sind in Tabelle 43.1 zusammengestellt. Die wichtigste Funktion ist `Set-DnsClientServerAddress`, denn mit ihrer Hilfe werden die DNS-Adressen für einen Netzwerkadapter gesetzt. Wie bei allen Funktionen, die mit Netzwerkadaptern arbeiten, ist auch bei diesen Funktionen der Umstand praktisch, dass ein Netzwerkadapter dank des `InterfaceAlias`-Parameters über einen „Alias“ (einen Kurznamen) angesprochen werden kann und nicht der Index (`DeviceID`) oder der vollständige Name angegeben werden muss.

Tabelle 43.1: Die wichtigsten Funktionen aus dem DNSClient-Modul

Funktion	Bedeutung
`Get-DnsClient`	Gibt allgemeine DNS-Client-Einstellungen für die angegebenen Netzwerkadapter zurück.
`Get-DnsClientServerAddress`	Die wichtigste Funktion aus dem DNSClient-Modul. Sie gibt zu den angegebenen Netzwerkadaptern die Adressen der eingetragenen DNS-Server zurück.
`Register-DnsClient`	Aktualisiert alle IP-Adressen des Computers bei den konfigurierten DNS-Servern (entspricht einem `ipconfig /registerdns`). Die Funktion wird für alle Netzwerkadapter durchgeführt.
`Resolve-DsnName`	Führt eine Namensauflösung durch.
`Set-DnsClientServerAddress`	Legt die Adresse der DNS-Server für einen Netzwerkadapter zurück.

DNS-Einstellungen abrufen

Die Funktion `Get-DnsClient` ruft die DNS-Einstellungen für den angegebenen Netzwerkadapter ab.

BEISPIEL: Der folgende Befehl gibt die konfigurierten IPv4-DNS-Adressen für den Netzwerkadapter mit dem Alias „Ethernet“ aus.

```
Get-DnsClientServerAddress -InterfaceAlias Ethernet -AddressFamily IPv4 |
Select-Object -ExpandProperty ServerAddresses
```

Der folgende Befehl setzt die DNS-Serveradressen für den ersten und zweiten DNS-Server für den angegebenen Netzwerkadapter auf die per `ServerAddresses`-Parameter angegebenen Adressen.

```
Get-DnsCLient -InterfaceAlias Ethernet | Set-DnsClientServerAddress
-ServerAddresses „192.168.2.100","192.168.2.101"
```

■

DNS-Konfiguration per WMI

Einfache DNS-Konfigurationseinstellungen lassen sich auch über WMI und die Klasse `Win32_NetworkAdapterConfiguration` erledigen.

BEISPIEL: Das folgende Beispiel setzt die DNS-Server-Adressen für einen Netzwerkadapter per WMI.

```
$AdapterName = „Controller der Familie Realtek PCIe GBE"
$DeviceID = Get-CIMInstance -Class Win32_Networkadapter -Filter
„Name=‚$AdapterName'" -Property DeviceID | Select-Object -ExpandProperty
DeviceID

$NIC = Get-WmiObject -Class Win32_NetworkadapterConfiguration -Filter
„Index=$DeviceID"

$IPAdressen = „10.0.0.1", „10.0.0.2"
$Ret = $NIC.SetDNSServerSearchOrder($IPAdressen)
if ($Ret.ReturnValue -eq 0)
{
  Write-Host „DNS-Suchreihenfolge wurde gesetzt"
}
else
{
  Write-Host „Fehler: Return-Code: $($Ret.ReturnValue)"
}
```

Der Zwischenschritt bestehend aus dem Abfragen der Device-ID ist nicht unbedingt erforderlich, da sich auch der Name des Netzwerkadapters als Filterwert verwenden lässt bzw. der Netzwerkadapter einfach durch ein angehängtes `Where-Object` festgelegt werden kann. Dieser Schritt ist immer dann praktisch, wenn die DeviceID des Netzwerkadapters für weitere Aufrufe benötigt wird.

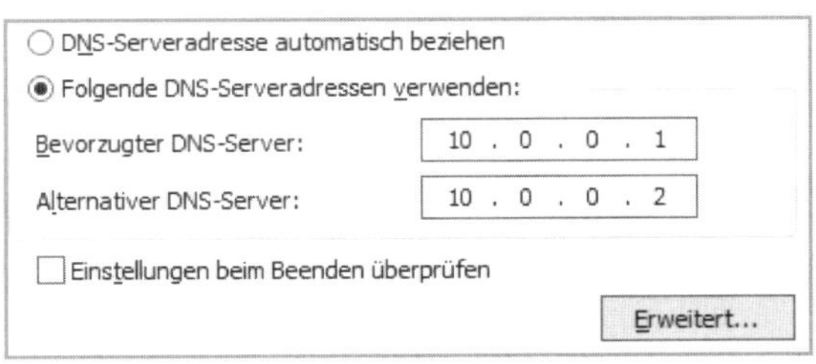

Abbildung 43.4: Die gesetzten DNS-Server-Einstellungen für einen Netzwerkadapter

Wie bei allen WMI-Aufrufen üblich, spielt der Rückgabecode eine Rolle. Ein Rückgabecode ungleich 0 bedeutet, dass beim Aufruf ein Fehler auftrat. Die Fehlercodes sind Teil der offiziellen Referenz der WMI-Klasse, in diesem Fall `Win32_NetworkAdapterConfiguration`.

Tabelle 43.2: Einige der Fehlercodes von Methoden der Win32_NetworkAdapterConfiguration-Klasse

Rückgabecode	Bedeutung
0	Funktion wurde fehlerfrei ausgeführt.
65	Unbekannter Fehler
70	Ungültige IP-Adresse
71	Ungültige Gateway-Adresse
74	Ungültiger Hostname

Der direkte Aufruf von Netsh

Für einen Aufruf von `Netsh` sollte es auch dann nur noch wenige Gründe geben, wenn das *DNSClient*-Modul nicht zur Verfügung steht. Er ist natürlich möglich und immer dann eine eventuell kürzere Alternative zu einem WMI-Aufruf, wenn lediglich eine Einstellung geändert und/oder ein Aufruf aus einer Stapeldatei per PowerShell ausgeführt werden soll. Auch wenn ein direkter Aufruf von *Netsh.exe* natürlich möglich ist, empfiehlt es sich, die Befehlszeile zusammenzusetzen und per `Invoke-Expression`-Cmdlet aufzurufen.

BEISPIEL: Das folgende Beispiel setzt die DNS-Server-Adressen über den Aufruf von `Netsh` für den angegebenen Netzwerkadapter.

```
$IPAdresse = „192.168.2.1"
$InterfaceName = „Ethernet 2"
$CmdLine = „netsh interface ip set dns ‚$InterfaceName' static $IPAdresse"
Invoke-Expression -Command $CmdLine

$CmdLine = „netsh interface ipv4 show dnsservers"
Invoke-Expression -Command $CmdLine | Select-String -SimpleMatch
$InterfaceName -Context 3
```

■

`Netsh` besitzt den praktischen „Subbefehl" `Show`, der die Einstellungen aller Netzwerkadapter im Textformat ausgibt, so dass sich der Output z. B. in eine Textdatei umleiten lässt.

```
netsh interface ipv4 show dnsservers
```

Diese Ausgabe lässt sich natürlich per PowerShell-Cmdlets ein wenig komfortabler durchführen, so dass sich die Ausgabe in andere Formate wie HTML konvertieren, sortieren und filtern lässt.

BEISPIEL: Der folgende Befehl listet die DNS-Einstellungen aller Netzwerkadapter per WMI auf.

```
$SBDNServerFilter1 = { if ($_.DNSServerSearchOrder[1] -ne $null)
{ $_.DNSServerSearchOrder[1] } else { „---" }}

Get-CIMInstance -ClassName Win32_NetworkAdapterConfiguration | Where-Object
DNSServerSearchOrder -ne $null |
```

```
 Select-Object @{Name="Adapter";Expression={$_.Description}},
               DNSHostName,
               @{Name="DNS-Server1";Expression={$_.DNSServerSearchOrder[0]}},
               @{Name="DNS-Server2";Expression=$SBDNServerFilter1}

Ein wenig einfacher geht es natürlich per Get-DnsClientServerAddress-
Funktion aus dem DNSClient-Modul.
$SBDNServerFilter2 = { if ($_.ServerAddresses[1] -ne $null)
{ $_.ServerAddresses[1] } else { „-----" }}

Get-DnsClientServerAddress -AddressFamily IPv4 | Where-Object ServerAddresses
-ne $null |
 Select-Object @{Name="Adapter";Expression={$_.InterfaceAlias}},
               @{Name="DNS-Server1";Expression={$_.ServerAddresses[0]}},
               @{Name="DNS-Server2";Expression=$SBDNServerFilter2}
```

43.4 DNS-Namensauflösung

Zur Unterstützung der Namensauflösung gibt es das Commandlet `Resolve-Host` in den PSCX. Das Ergebnis ist eine Instanz der .NET-Klasse `System.Net.IPHostEntry`. Das Ergebnis der folgenden drei Beispiele sehen Sie in der Bildschirmabbildung:

- `Resolve-Host E02`
- `Resolve-Host E02 | fl`
- `Resolve-Host www.IT-Visions.de`

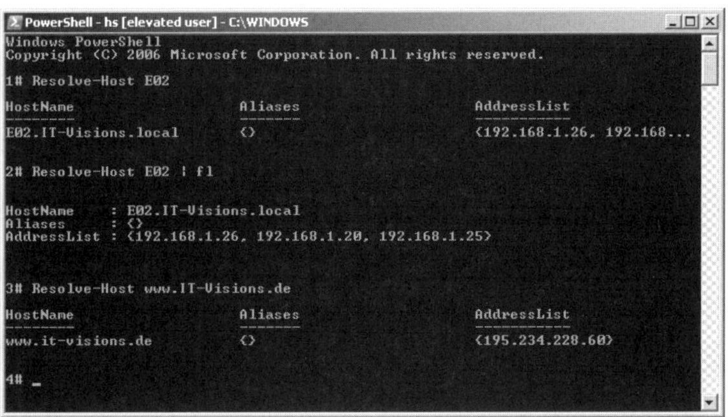

Abbildung 43.5: Einsatz von Resolve-Host

Ab Windows 8 und Windows Server 2012 bietet das `DnsClient`-Modul über die Konfiguration der DNS-Server-IP-Adressen hinaus (vgl. Kapitel „Netzwerkkonfiguration") noch einige sinnvolle Funktionen, z. B. die Namensauflösung mit `Resolve-DnsName`, die Auflistung aller

Namen im DNS-Zwischenspeicher mit `Get-DnsClientCache` und das Löschen des Zwischenspeichers mit `Clear-DnsClientCache`.

Über die Funktion `Resolve-DNSName` wird ein Hostname aufgelöst. Damit entspricht die Funktion der Grundfunktionalität des Befehlszeilentools `Nslookup`. Die Rückgabe besteht aus einem *DnsRecord_A*-Objekt (Namensraum `Microsoft.DnsClient.Commands`) mit den Eigenschaften `Address`, `IPAddress`, `Section` und `TTL`. Über den `Server`-Parameter wird ein DNS-Server explizit angegeben. Über den `Type`-Parameter wird festgelegt, welche Sorte von Einträgen abgefragt werden sollen.

BEISPIEL: Der folgende Befehl löst einen Servernamen im lokalen Netzwerk auf.

```
Resolve-DnsName -Name PMServer -Type A | Format-Table –AutoSize
```

■

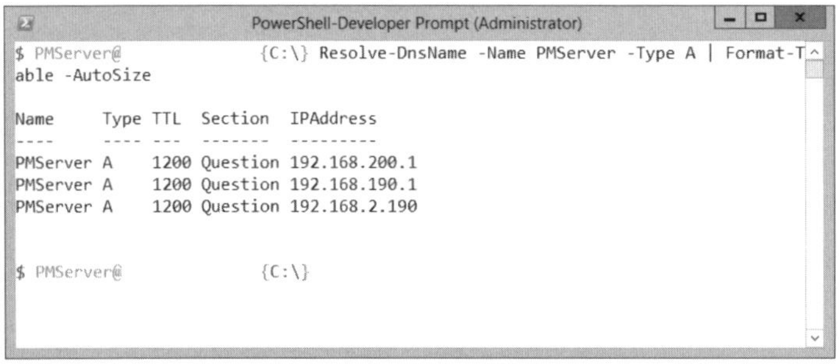

Abbildung 43.6: Das Ergebnis einer DNS-Namensauflösung

■ 43.5 Erreichbarkeit prüfen (Ping)

Einen „Ping" (Internet Control Message Protocol-/ICMP-Anfrage) zur Prüfung der Erreichbarkeit eines anderen Rechners (vgl. ping.exe) erzeugt man mit `Win32_PingStatus` oder `Test-Connection`.

Ping über WMI

Zur Prüfung der Erreichbarkeit eines Computers konnte man die WMI-Klasse `Win32_PingStatus` einsetzen:

```
Get-CimInstance Win32_PingStatus -filter "Address='www.Windows-Scripting.de'" | select
protocoladdress, statuscode, responsetime
```

Die PowerShell Community Extensions (PSCX) bieten auch ein Commandlet `Ping-Host`, das eine Datenstruktur des Typs `Pscx.Commands.Net.PingHostStatistics` liefert:

```
Ping-Host 'www.Windows-Scripting.de'
```

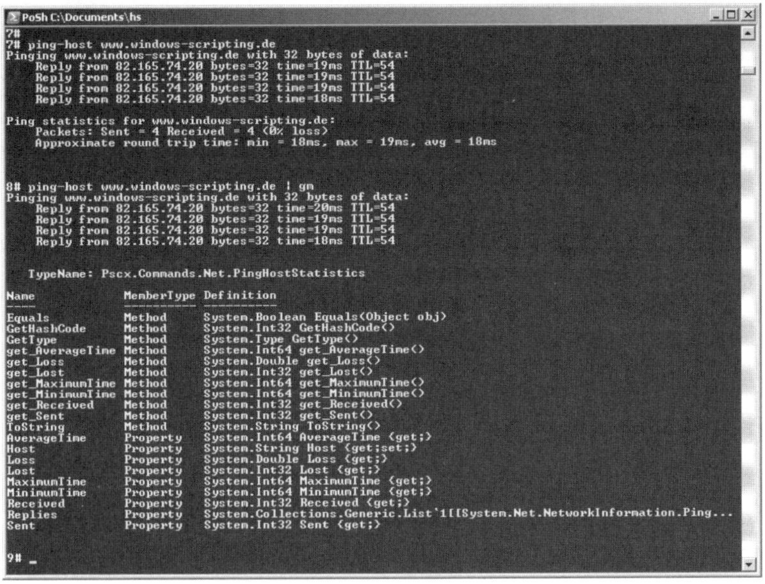

Abbildung 43.7: Anwendung von Ping-Host

Ping über Test-Connection

Seit PowerShell 2.0 gibt es ein eigenes Commandlet für „Ping". `Test-Connection` erwartet als Parameter mindestens einen Rechnernamen oder eine IP-Adresse. Beim Rückgabewert gibt es zwei Optionen: Entweder werden Instanzen der WMI-Klasse `Win32_PingStatus` geliefert oder aber nur ein Boolean-Wert (`True` oder `False`), wenn man dies mit `–Quiet` erzwingt.

Abbildung 43.8: Einsatz von Test-Connection

Mit `Test-Connection` kann man auch von einem oder mehreren dritten Computern einen Ping ausführen lassen. Der folgende Befehl führt jeweils zwei Pings von den drei Rechnern F171, F172 und F173 zu F111 aus.

```
Test-Connection -Source F171,F172,F173 -ComputerName F111 –count 2
```

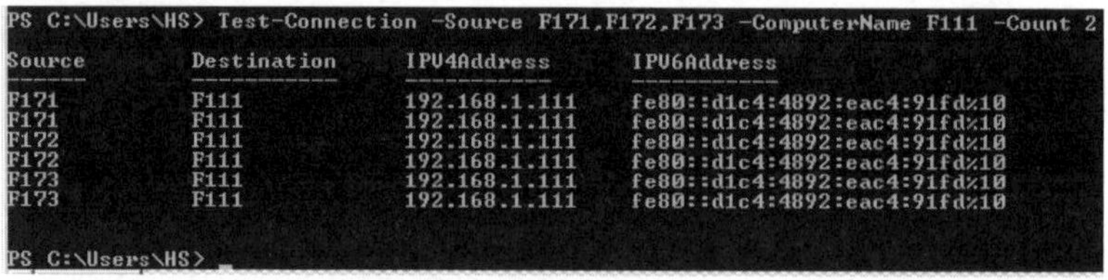

```
PS C:\Users\HS> Test-Connection -Source F171,F172,F173 -ComputerName F111 -Count 2

Source        Destination     IPV4Address      IPV6Address
------        -----------     -----------      -----------
F171          F111            192.168.1.111    fe80::d1c4:4892:eac4:91fd%10
F171          F111            192.168.1.111    fe80::d1c4:4892:eac4:91fd%10
F172          F111            192.168.1.111    fe80::d1c4:4892:eac4:91fd%10
F172          F111            192.168.1.111    fe80::d1c4:4892:eac4:91fd%10
F173          F111            192.168.1.111    fe80::d1c4:4892:eac4:91fd%10
F173          F111            192.168.1.111    fe80::d1c4:4892:eac4:91fd%10

PS C:\Users\HS> _
```

Abbildung 43.9: Beispiel für einen entfernten „Multi-Ping"

HINWEIS: Für die Fernausführung eines Pings muss PowerShell-Remoting nicht aktiviert sein.

43.6 Windows Firewall

von Peter Monadjemi

Die Windows Firewall war bereits in der Vergangenheit dank des `NetSh`-Kommandos bzw. einer einfach gestrickten Scripting-Schnittstelle per (PowerShell-)Skripts konfigurierbar. Seit Windows Server 2012 und Windows 8 stehen im Modul `NetSecurity` insgesamt 80 Funktionen und vier Commandlets zur Verfügung, mit denen sich die Einstellungen der Firewall und IPSec-Einstellungen setzen und abfragen lassen. Damit lassen sich z. B. vorhandene Regeln der Firewall sowohl lokal als auch im Netzwerk auflisten, ändern und neu anlegen oder Profile aktivieren und deaktivieren und mit Gruppenrichtlinien in Einklang bringen.

Ein erster Überblick

Tabelle 43.3 stellt zur ersten Orientierung einige der wichtigsten Funktionen aus dem umfangreichen Modul `NetSecurity` zusammen. Der „Einstieg" in ein neues Modul beginnt am besten mit dem Ausprobieren einiger der `Get`-Commandlets. Wer die Windows-Firewall kennt, weiß, dass sie aus einem Satz von Regeln (engl. „rules") besteht, die in Profilen organisiert sind. Es gibt die Profile „Public", „Domain" und „Private". Möchte man z. B. die Firewall deaktivieren, geschieht dies, indem einzelne oder alle Profile deaktiviert werden.

BEISPIEL:

Ein

```
Get-NetfirewallProfile -All
```

listet die Einstellungen zu allen Profilen auf. Die Eigenschaft `Enabled` gibt an, ob das jeweilige Profil aktiv ist, die Eigenschaft `LogAllowed` bestimmt, ob erlaubte Zugriffe protokolliert werden.

Das Aktivieren eines Profils übernimmt die Funktion Set-FirewallProfile. Der folgende Befehl deaktiviert das öffentliche Profil:

```
Get-NetfirewallProfile -Name Public | Set-NetFirewallProfile -Enabled False
```

Der folgende Befehl aktiviert die Protokollierung sowohl für erlaubte wie auch für nicht erlaubte Zugriffe:

```
Get-NetfirewallProfile -Name Public | Set-NetFirewallProfile -LogAllowed true
-LogBlocked true
```

Dass für den Wert der Parameter LogAllowed und LogBlocked „true" und nicht $True übergeben wurde, ist kein Zufall. Der Parameter ist vom Typ GpoBoolean und nicht vom Typ Boolean, so dass $True einfach der „falsche" Datentyp ist (und von der PowerShell nach der Eingabe keine implizite Typenkonvertierung durchgeführt wird).

Abbildung 43.10: Die Firewall-Einstellungen für ein Profil werden per Get-NetFirewall abgefragt und per Set-NetFirewall gesetzt.

Tabelle 43.3: Die wichtigsten Funktionen aus dem NetSecurity-Modul

Funktion	Bedeutung
Copy-NetFirewallRule	Kopiert eine Regel in einen anderen oder denselben „Policy Store" unter einem anderen Namen (dies ist mit dem Netsh-Kommando nicht möglich).
Disable-NetFirewallRule	Deaktiviert eine einzelne Regel.
Enable-NetFirewallRule	Aktiviert eine einzelne Regel.
Get-NetFirewallAddressFilter	Holt die Filtereinstellungen für eine Regel bezüglich der IP-Adressen.
Get-NetFirewallApplicationFilter	Holt die Filtereinstellungen für eine Regel bezüglich der Anwendungen.
Get-NetFirewallInterfaceFilter	Holt die Filtereinstellungen für eine Regel bezüglich der Netzwerkadapter.
Get-NetFirewallInterfaceTypeFilter	Holt die Filtereinstellungen für eine Regel bezüglich der Netzwerkadaptertypen.

Tabelle 43.3: Die wichtigsten Funktionen aus dem NetSecurity-Modul *(Fortsetzung)*

Funktion	Bedeutung
`Get-NetFirewallPortFilter`	Holt die Filtereinstellungen für eine Regel bezüglich der Ports.
`Get-NetFirewallProfile`	Holt die Einstellungen zu allen oder einem bestimmten Netzwerkprofil.
`Get-NetFirewallRule`	Holt alle oder eine bestimmte Firewall-Regel.
`New-NetFirewallRule`	Legt eine neue Firewall-Regel an.
`Remove-NetFirewallRule`	Löscht eine Firewall-Regel.
`Rename-NetFirewallRule`	Gibt einer Firewall-Regel einen neuen Namen.
`Set-NetFirewallPortFilter`	Ändert den Portfilter für eine bestimmte Firewall-Regel.
`Set-NetFirewallProfile`	Ändert einzelne Einstellungen bei einem Firewall-Profil.
`Set-NetFirewallRule`	Ändert einzelne Einstellungen bei einer Firewall-Regel.
`Show-NetFirewallRule`	Listet alle Firewall-Regeln im Stile des Netsh-Kommandos auf, was eventuell übersichtlicher ist als die Ausgabe per Get-Firewall.

Firewall-Regeln abfragen, anlegen und ändern

Das Abfragen vorhandener Regeln übernimmt die `Get-FirewallRule`-Funktion. Regeln können sowohl anhand ihres Namens als auch anhand ihres Anzeigennamens abgefragt werden, wobei sowohl beim `Name`- als auch beim `DisplayName`-Parameter Platzhalter erlaubt sind.

BEISPIEL: Der folgende Befehl prüft den Zustand der Firewall-Regel, die auch für PowerShell-Remoting zuständig ist.

```
Get-NetFirewallRule -DisplayName "Windows-Remoteverwaltung (HTTP eingehend)"
```

Da der Anzeigename einer Regel im Allgemeinen recht lang ist, kommen die PowerShell-Platzhalter als praktische Abkürzung ins Spiel:

```
Get-NetFirewallRule -DisplayName „*Remoteverwaltung*" | Select-Object
-Property Name, DisplayName, Enabled
```

Der Name der Windows-Remoting-Regel lautet „WINRM-HTTP-In-TCP".

Berücksichtigen der Gruppennamen

Jede Firewall-Regel gehört zu einer Gruppe, z. B. „Remotedienstverwaltung". Möchte man nur Regeln einer bestimmten Gruppe sehen, geschieht dies am einfachsten über die `GroupDisplay`-Property.

BEISPIEL: Der folgende Befehl listet nur die Regeln der Gruppe „Remotedienstverwaltung" auf.

```
Get-NetFirewallRule | Where-Object DisplayGroup -eq "Remotedienstverwaltung"
```

Abfragen der Filter

Möchte man z. B. die Ports oder IP-Adressen sehen, die einer Regel zugeordnet sind, erhält man diese über verschiedene `Get-NetFirewall<Typ>Filter`-Funktionen, wobei <Typ> für den Filtertyp steht. Das Filterkriterium für eine Firewall-Regel kann eine IP-Adresse, eine Portnummer, ein Programm- oder Dienstname, ein Netzwerkadaptername oder ein Netzwerkadaptertyp sein. Die Funktion `Get-NetFirewallAddressFilter` gibt z. B. die IP-Adressen des Filters zurück.

Der folgende Befehl listet alle Firewall-Regeln auf, für die ein Adressfilter gesetzt ist:

```
Get-NetFirewallRule | Get-NetFirewallAddressFilter | Where-Object LocalAddress -ne
"Any"
```

Der folgende Befehl listet alle Anwendungspfade auf, für die eine Firewall-Regel existiert:

```
Get-NetFirewallRule | Get-NetFirewallApplicationFilter | Where-Object Programm -ne
"Any" | Where-Object Program -ne "System" | Where-Object Program -ne "Any" | Select-
Object -ExpandProperty Program | Sort-Object  -Unique
```

Dank des praktischen `Unique`-Parameters bei `Sort-Object` werden mehrfach vorkommende Namen ausgefiltert.

Der folgende Befehl listet nur die numerischen TCP-Ports einer Firewall-Regel in aufsteigender Reihenfolge auf:

```
Get-NetFirewallRule -DisplayName "*Remoteverwaltung*" | Get-NetFirewallPortFilter |
Where-Object -Property Protocol -eq "TCP" | Where-Object { try { [int]$_.LocalPort
-gt 0  } catch {0} } | Select-Object -Property @{Name="Port";Expression={[Int]$_.
LocalPort}} | Sort-Object –Property Port
```

Der Befehl ist etwas umfangreicher, da die Property `LocalPort` als Zahl behandelt werden soll, damit eine Sortierung nach der Portnummer möglich ist. Außerdem werden nur jene Einstellungen ausgegeben, bei denen der Wert für `LocalPort` eine Zahl ist.

Anlegen neuer Regeln

Das Anlegen einer neuen Firewall-Regel übernimmt die `New-NetFirewallRule`-Funktion. Um sich mit den insgesamt 46 und damit zahlreichen Parametern der Funktion vertraut zu machen, empfiehlt es sich, einen Blick in das Verwaltungstool *Windows Firewall mit erweiterter Sicherheit* zu werfen und im Rahmen der GUI eine „Test-Regel" anzulegen, da die im Registerkartendialogfeld angebotenen Einstellungen 1:1 auf die Parameter von `NewFirewallRule` abgebildet werden.

BEISPIEL: Der folgende Befehl legt für alle Profile eine neue eingehende Regel für den TCP-Port 8088 an.

```
New-NetFirewallRule -Name PSMessengerClient -DisplayName „PSMessenger -
Erlaubt den PowerShell-Messenger" -Profile Any -Protocol TCP -LocalPort 8088
```

Da die Funktion das angelegte Regelobjekt in die Pipeline legt, kann es gleich von der nächsten Funktion weiterverarbeitet werden.

Im Vergleich mit dem „Vorläufer" `Netsh` unterscheidet sich das Anlegen einer neuen Regel nicht grundsätzlich, es ist aber dank benannter Parameter, der Parametervervollständigung per [Tab]-Taste, der Parameterauswahlliste in der PowerShell ISE und nicht zuletzt der Hilfe deutlich komfortabler. ■

Ändern von Regeln

Auch das Ändern von Firewall-Regeln ist ein wichtiger Vorgang. So muss bei einem Windows-Computer zuerst die Echoanforderungsregel („Echo Request") aktiviert werden, damit ein „Anpingen" des Computers möglich ist.

Der folgende Befehl listet zunächst alle in Frage kommenden Regeln mit ihrem aktuellen Wert der `Enabled`-Property auf.

```
Get-NetFirewallRule -DisplayName "*Echoanforderung*" | Select-Object
Name,DisplayName,Enabled
```

BEISPIEL: Die besagte Regel trägt den Namen „FPS-ICMP4-ERQ-In". Sie wird durch den folgenden Befehl aktiv:

```
Set-NetFirewallRule -Name "FPS-ICMP4-ERQ-In" -Enabled True
```

Praktisch gegenüber `Netsh` ist der Umstand, dass die Regel nicht nur über den Anzeigenamen, sondern auch über ihren internen Namen angesprochen werden kann, und dass bei beiden Parametern auch Platzhalter erlaubt sind, so dass sich mit einem Aufruf auch mehrere Regeln ändern lassen.
Der folgende Befehl ändert die Portzuordnung für die Regel „PSMessengerClient".

```
Get-NetFirewallRule -Name "PSMessengerClient" | Set-NetFirewallRule
-LocalPort 8089
```

Der folgende Befehl listet die neue Portzuordnung dieser Regel auf:

```
Get-NetFirewallRule -Name "PSMessengerClient" | Get-NetFirewallPortFilter
```

■

Regeln löschen

Eine Firewall-Regel wird über die Funktion `Remove-NetFirewallRule` gelöscht.

BEISPIEL: Der folgende Befehl löscht die Regel mit dem Namen „Test".

```
Remove-NetFirewallRule -Name Test
```

■

Aktivieren des Firewall-Protokolls

Damit die Windows Firewall durchgelassene und abgewiesene Pakete protokolliert, müssen die Einstellungen `LogAllowed` und `LogBlocked` auf „True" gesetzt werden.

BEISPIEL: Der folgende Befehl aktiviert die Protokollierung für alle Profile und setzt auch den Pfad der Log-Datei für alle drei Profile neu.

```
Set-NetFirewallProfile -All -LogAllowed True -LogBlocked True –LogFileName
(Join-Path –Path ($Env:AppData) –ChildPath "PFirewall.log")
```

Der voreingestellte Pfad der Firewall-Protokolldatei ist `C:\Windows\System32\LogFiles\Firewall\pfirewall.log`. Für das Auswerten der Logdatei gibt es keine Commandlets oder Funktionen. Dies lässt sich am besten mit Hilfe regulärer Ausdrücke bewerkstelligen, die z. B. IP-Adressen oder Portnummern herausfischen. Dass dies sehr einfach sein kann, beweist der folgende Befehl, der alle Zeilen der Log-Datei anzeigt, in denen die Portnummer „5985" (PowerShell-Remoting) enthalten ist.

```
$Logpfad = Get-NetFirewallProfile -Name Private | Select-Object –ExpandP
Select-String -Path $LogPfad -Pattern "5985"
```

Je nachdem, ob Firewall-Dienste Schreibberechtigungen auf das `System32`-Verzeichnis besitzen, kann es erforderlich sein, den Pfad für die Log-Datei auf das Benutzerverzeichnis umzulegen.

■

Firewall-Einstellungen im Netzwerk abfragen

Auf der Basis der CIM-Commandlets ist auch das Abfragen von Firewall-Einstellungen im Netzwerk möglich. Voraussetzung ist, dass auf dem Zielcomputer entweder PowerShell-Remoting aktiviert wurde oder die einzelnen Schritte der WinRM-Konfiguration einzeln durchgeführt wurden. Ansonsten wird es nicht funktionieren.

BEISPIEL: Der folgende Befehl listet im Rahmen einer zuvor angelegten CIM-Session die Firewall-Regeln auf dem Computer „Server1" auf. Die Angaben für Benutzername und Passwort müssen ebenfalls angepasst werden.

```
$ComputerName = "Server1"
$Passwort = "geheim"
```

```
$UserName = "Administrator"
$Pw = ConvertTo-SecureString -String $Passwort -AsPlainText –Force
$Cred = New-Object -Typename System.Management.Automation.PsCredential
$UserName, $Pw
$CIMSes = New-CimSession -ComputerName $ComputerName Credential $Cred
Get-NetFirewallRule -CimSession $CIMSes
```
■

Das Netzwerkkartenprofil setzen

Eine lästige Kleinigkeit bei der PowerShell 2.0 war der Umstand, dass die Aktivierung von PowerShell-Remoting über das Commandlet `Enable-PSRemoting` nur dann funktionierte, wenn kein öffentliches Netzwerkprofil vorhanden war. Seit der PowerShell-Version 3.0 existiert dieses kleine Problem nicht mehr. Zum einen ist das `Enable-PSRemoting`-Commandlet dank des `SkipNetworkProfileCheck`-Parameters, durch den die Netzwerkprofilprüfung ausgelassen wird, etwas großzügiger. Zum anderen ist es dank des neuen `Set-NetConnectionProfile`-Commandlet sehr einfach geworden, das Netzwerkprofil z. B. auf „Privat" zu setzen.

BEISPIEL: Der folgende Befehl setzt das Profil für den Adapter mit dem Namen „Ethernet" auf „Private".

```
Set-NetConnectionProfile –InterfaceAlias "Ethernet" –NetworkCategory Private
```
■

■ 43.7 E-Mails senden (SMTP)

Zum Versenden einer E-Mail über SMTP gibt es folgende Möglichkeiten:

- .NET-Klassen im Namensraum `System.Net.Mail`
- `Send-SmtpMail` aus den PSCX
- `Send-MailMessage` (seit PowerShell 2.0)

E-Mail senden mit System.Net.Mail

Zum Versenden einer E-Mail-Nachricht per SMTP können Sie die .NET-Klassen `System.Net.Mail.MailMessage` und `System.Net.Mail.SmtpClient` verwenden.

Listing 43.3: Beispiel für den Einsatz der .NET-Klassenbibliothek zum Senden einer E-Mail [3_Einsatzgebiete/Netzwerk/Email_FCL.ps1]

```
# Mail ohne Attachment
$client = New-Object System.Net.Mail.SmtpClient

$client.Host = "SERVERF112.IT-Visions.local"
```

```
$client.Send("hs@SERVERF112.IT-Visions.local","hp@SERVERF112.IT-Visions.local","Test2",
"Test TEst")

# Mail mit Anhang
[System.Net.Mail.MailMessage]  $message = New-Object System.Net.Mail.MailMessage(
               "hs@SERVERF112.IT-Visions.local",
               "hp@SERVERF112.IT-Visions.local",
               "Aktueller Auftragsbericht.",
               "Siehe anliegender Bericht.")

$data = New-Object System.Net.Mail.Attachment("C:\TEMP\Auftragsbericht.txt")

$client.Send($message)
```

E-Mail senden mit Send-SmtpMail

Send-SmtpMail ist ein Commandlet aus den PowerShell Community Extensions.

Listing 43.4: Beispiel zum Einsatz von Send-SmtpMail [3_Einsatzgebiete/Netzwerk/SendMail_PSCX.ps1]

```
# Parameters
$Subject = "PowerShell Skript"
$Body = "Your daily script executed succefully!"
$From = "script@SERVERF112.IT-Visions.local"
$To = "hs@SERVERF112.IT-Visions.local"
$MailHost = "SERVERF112.IT-Visions.local"

# Send Mail
Send-SmtpMail -SmtpHost $MailHost -To $To -From $from -Subject $subject  -Body $body
```

HINWEIS: Wenn eine Authentifizierung notwendig ist, können Sie diese mit dem Parameter -Credential und dem Commandlet Get-Credential anfordern. Dann aber fragt Windows immer durch einen Anmeldedialog nach einem Benutzerkonto und eine interaktionslose Ausführung ist nicht mehr möglich.

E-Mail senden mit Send-MailMessage

Mit Send-MailMessage (seit PowerShell 2.0) kann man eine E-Mail über SMTP senden. Die Parameter sind selbst erklärend. Auch hier gibt es den Parameter –Credential.

```
Send-Mailmessage -from "Alien Detection Skript <ADS@FBI.org>" -to "Fox Mulder
<fm@fbi.org>", "Dana Scully <ds@fbi.org" -subject "New Alien detected" -body "Please
see attachment" -Attachment "c:\data\log.txt" -priority High -dno onSuccess,
onFailure -smtpServer smtp.FBI.org
```

43.8 Abruf von Daten von einem HTTP-Server

Das folgende Skript zeigt, wie man eine HTML-Seite von einem Webserver abruft. Zum Einsatz kommt hier die Klasse `System.Net.WebClient` aus der .NET-Klassenbibliothek. Diese Klasse bietet eine Methode `DownloadString()` an, die den Inhalt der angegebenen URL in einer Zeichenkette liefert. Mit Hilfe des Commandlets `Set-Content` wird die Zeichenkette dann im lokalen Dateisystem abgelegt. Die letzten vier Zeilen sind die Fehlerbehandlung, die dafür sorgt, dass bei Fehlern in dem Skript eine Meldung ausgegeben wird.

Listing 43.5: Herunterladen einer Datei per HTTP [3_Einsatzgebiete/Netzwerk/HTTP-Download.ps1]

```
# Eingabeparameter
$Url = "http://www.powershell-doktor.de"
$Ziel = "c:\temp\hauptseite.htm"

# Skript
Write-Host "Lade Webseite " $url "..."
$html = (New-Object System.Net.WebClient).DownloadString($Url)
$html | Set-Content -Path $ziel
Write-host "Heruntergeladene Seite wurde gespeichert unter " $Ziel

trap [System.Exception]
 {
    Write-host "Fehler beim Laden der URL: `"$url`"" `n
    exit
 }
```

Das nächste Beispiel zeigt, wie man die Titel der letzten acht Nachrichten aus einem RSS-Feed (Weblog) abruft. Auch hier kommt wieder `DownloadString()` aus der Klasse `System.Net.WebClient` zum Einsatz. Da der Inhalt in XML-Form vorliegt, ist eine Auswertung über die direkte Notation `$blog.RDF.item` möglich.

Listing 43.6 Laden und Filtern eines RSS-Feeds [3_Einsatzgebiete/Netzwerk/RSS_Download.ps1]

```
Write-Host "Aktuelle Nachrichten im Weblog von Dr. Holger Schwichtenberg:"
$Url = " http://www.heise.de/developer/rss/dotnet-doktor/blog-atom.xml"
$blog = [xml](New-Object System.Net.WebClient).DownloadString($Url)
$blog.RDF.item | select title -first 8
```

```
<?xml version="1.0" encoding="utf-8" ?>
- <rdf:RDF xmlns:rdf="http://www.w3.org/1999/02/22-rdf-syntax-ns#"
    xmlns="http://my.netscape.com/rdf/simple/0.9/">
  - <channel>
      <title>iX Blog - Der Dotnet-Doktor</title>
      <link>http://www.heise.de/ix/blog/1/</link>
      <description>Aktuelle Artikel im iX-Blog</description>
    </channel>
  - <item>
      <title>Fachbücher zu ASP.NET 2.0 erschienen</title>
      <link>http://www.heise.de/ix/blog/artikel/77803/from/rss09</link>
      <description>Mein Buch zu ASP.NET 2.0 gibt es jetzt sowohl in einer Variante
        mit Visual Basic 2005 als auch C# 2005.</description>
    </item>
  - <item>
      <title>Release Candidate 1 für Windows Vista und das .NET Framework
        3.0</title>
      <link>http://www.heise.de/ix/blog/artikel/77660/from/rss09</link>
      <description>Microsoft hat einen "Release Candidate" für das neue
        Betriebssystem Vista und für das Microsoft .NET Framework 3.0
        veröffentlicht.</description>
    </item>
  - <item>
      <title>Visual Studio 2005 für .NET 1.1 nutzen mit MSBee</title>
      <link>http://www.heise.de/ix/blog/artikel/77534/from/rss09</link>
      <description>Mit dem kostenlosen Add-On MSBuild Extras - Toolkit for .NET
        1.1 (MSBee) kann man mit Visual Studio 2005 Projekte auch in .NET-1.1-
        Code übersetzen lassen.</description>
    </item>
```

Abbildung 43.11: Beispiel für ein RSS-Dokument

Invoke-WebRequest

Seit PowerShell 3.0 gibt es ein Commandlet `Invoke-webRequest`, das die Verwendung von `DownloadString()` kapselt.

```
Invoke-WebRequest "http://www.powershell-doktor.de"
```

Das Ergebnis ist eine Zeichenkette. Als Parameter kann man z. B. einen Proxy-Server, eine Browseridentifikationszeichenkette (UserAgent) für Websites, die verschiedene Inhalte für verschiedene Browser bieten, ein HTTP-Verb (GET, POST, MERGE etc.) oder eine Zeichenkodierung (Encoding) angeben. Auch das direkte Speichern in einer Datei ist möglich:

```
Invoke-WebRequest "http://www.powershell-doktor.de" -OutFile c:\Temp\default.htm
-UserAgent "·Mozilla/5.0 Gecko/20100101 Firefox/25.0" -TimeoutSec 10
-MaximumRedirection 1 -Method GET
```

■ 43.9 Aufrufe von SOAP-Webdiensten

`New-WebServiceProxy` (seit PowerShell 2.0) ist ein sehr mächtiges Commandlet zum Aufruf von XML-Webservices, die das SOAP-Format verwenden und eine Metadatenbeschreibung in WSDL besitzen. `New-WebServiceProxy` ist in der Lage, einen Webservice-Proxy dynamisch zur Laufzeit zu erzeugen und der PowerShell als Objekt zur Verfügung zu stellen.

HINWEIS: REST-basierte HTTP-Dienste, die Daten in „einfachem" XML- oder JSON-Format liefern, kann man über die im vorherigen Kapitel vorgestellte .NET-Klasse `System.Net.WebClient` verwenden.

Als Beispiel soll hier der öffentliche Webservice *http://www.it-visions.de/Webservices/leser.asmx* verwendet werden, über den sich Leser dieses Buchs für das Leser-Portal und den Newsletter registrieren können. Der Webservice bietet zwei Methoden:

- `RegisterReader(Buch, Name, Firma, E-Mail)` erlaubt die Registrierung eines Lesers. Rückgabetyp ist eine Zeichenkette.
- `GetBooks()` liefert eine Liste aller Bücher, zu denen es im Leser-Portal Unterstützung gibt. Rückgabetyp ist eine Instanz der .NET-Klasse `System.Data.DataTable`.

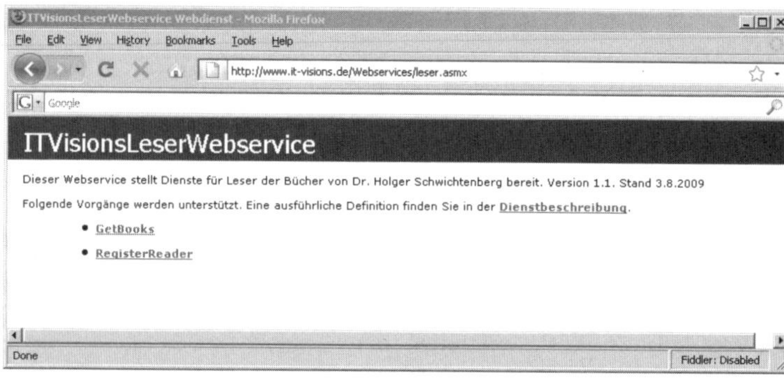

Abbildung 43.12: HTML-Informationsseite zum Leser-Webservice

Um einen Proxy zu erzeugen, muss man lediglich die URL angeben, unter der man die Dienstbeschreibung in der Web Service Description Language (WSDL) findet.

```
$ws = New-WebServiceProxy -URI http://www.IT-Visions.de/Webservices/leser.asmx?WSDL
```

HINWEIS: Bei einem .NET-basierten Webservice wie diesem dürfte man die Zeichenkette `?WSDL` am Ende auch weglassen.

Danach kann man sofort auf die von dem Webservice bereitgestellten Methoden zugreifen, z. B.:

```
$ws.RegisterReader("WPS4","Holger Schwichtenberg","www.IT-Visions.de","hs@IT-Visions.de")
```

HINWEIS: Sie können sich gerne tatsächlich auf diesem Weg für das Leser-Portal registrieren. Ihr Kennwort erhalten Sie per E-Mail. Mit Ihrer E-Mail-Adresse und dem Kennwort können Sie sich dann unter *http://www.IT-Visions.de/leser* anmelden. „WPS" beschreibt in dem obigen Aufruf das Buch „Windows PowerShell 4.0".

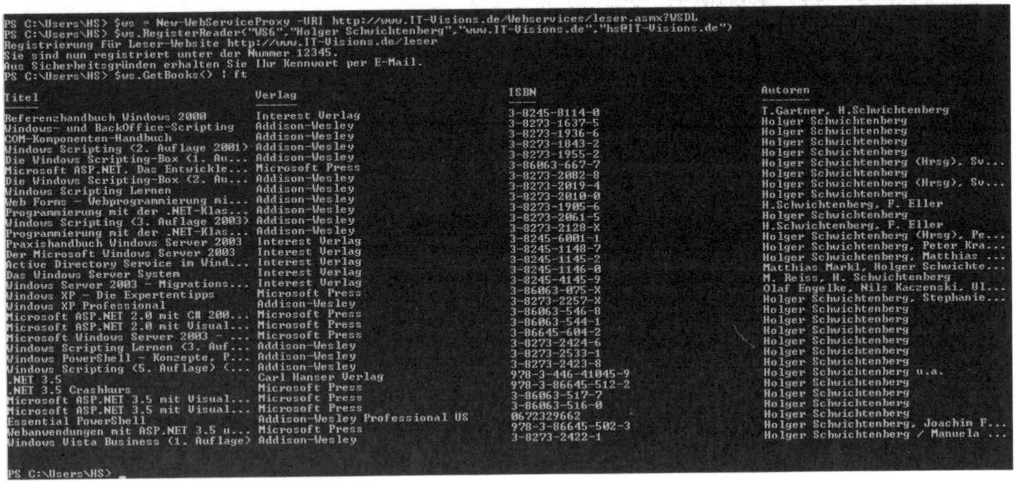

```
PS C:\Users\HS> $ws = New-WebServiceProxy -URI http://www.IT-Visions.de/Webservices/leser.asmx?WSDL
PS C:\Users\HS> $ws.RegisterReader("WS6","Holger Schwichtenberg","www.IT-Visions.de","hs@IT-Visions.de")
Registrierung für Leser-Website http://www.IT-Visions.de/leser
Sie sind nun registriert unter der Nummer 12345.
Aus Sicherheitsgründen erhalten Sie Ihr Kennwort per E-Mail.
PS C:\Users\HS> $ws.GetBooks() | ft

Titel                               Verlag                              ISBN                Autoren
-----                               ------                              ----                -------
Referenzhandbuch Windows 2000       Interest Verlag                     3-8245-8114-0       T.Gartner, H.Schwichtenberg
Windows- und BackOffice-Scripting   Addison-Wesley                      3-8273-1637-5       Holger Schwichtenberg
COM-Komponenten-Handbuch            Addison-Wesley                      3-8273-1936-6       Holger Schwichtenberg
Windows Scripting (2. Auflage 2001) Addison-Wesley                      3-8273-1843-2       Holger Schwichtenberg
Die Windows Scripting-Box (1. Au... Addison-Wesley                      3-8273-1955-2       Holger Schwichtenberg
Microsoft ASP.NET. Das Entwickle... Microsoft Press                     3-86063-667-7       Holger Schwichtenberg (Hrsg), Sv...
Die Windows Scripting-Box (2. Au... Addison-Wesley                      3-8273-2082-8       Holger Schwichtenberg
Windows Scripting Lernen            Addison-Wesley                      3-8273-2019-4       Holger Schwichtenberg (Hrsg), Sv...
Web Forms - Webprogrammierung mi... Addison-Wesley                      3-8273-2010-0       Holger Schwichtenberg
Programmierung mit der .NET-Klas... Addison-Wesley                      3-8273-1905-6       H.Schwichtenberg, F. Eller
Windows Scripting (3. Auflage 2003) Addison-Wesley                      3-8273-2061-5       Holger Schwichtenberg
Programmierung mit der .NET-Klas... Addison-Wesley                      3-8273-2128-X       H.Schwichtenberg, F. Eller
Praxishandbuch Windows Server 2003  Interest Verlag                     3-8245-6001-1       Holger Schwichtenberg (Hrsg), Pe...
Der Microsoft Windows Server 2003   Interest Verlag                     3-8245-1148-7       Holger Schwichtenberg, Peter Kra...
Active Directory Service im Wind... Interest Verlag                     3-8245-1145-2       Holger Schwichtenberg, Matthias ...
Das Windows Server System           Interest Verlag                     3-8245-1146-0       Matthias Markl, Holger Schwichte...
Windows Server 2003 - Migrations... Interest Verlag                     3-8245-4145-9       M. Reiss, H. Schwichtenberg
Windows XP - Die Expertentipps      Microsoft Press                     3-86063-075-X       Olaf Engelke, Nils Kaczenski, Ul...
Windows XP Professional             Addison-Wesley                      3-8273-2257-X       Holger Schwichtenberg, Stephanie...
Microsoft ASP.NET 2.0 mit C# 200... Microsoft Press                     3-86063-546-8       Holger Schwichtenberg
Microsoft ASP.NET 2.0 mit Visual... Microsoft Press                     3-86063-544-1       Holger Schwichtenberg
Microsoft Windows Server 2003 - ... Microsoft Press                     3-86645-604-2       Holger Schwichtenberg
Windows Scripting Lernen (3. Auf... Addison-Wesley                      3-8273-2424-6       Holger Schwichtenberg
Windows PowerShell - Konzepte, P... Addison-Wesley                      3-8273-2533-1       Holger Schwichtenberg
Windows Scripting (5. Auflage) (... Addison-Wesley                      3-8273-2423-8       Holger Schwichtenberg
.NET 3.5                            Carl Hanser Verlag                  978-3-446-41045-9   Holger Schwichtenberg u.a.
.NET 3.5 Crashkurs                  Microsoft Press                     978-3-86645-512-2   Holger Schwichtenberg
Microsoft ASP.NET 3.5 mit Visual... Microsoft Press                     3-86063-517-7       Holger Schwichtenberg
Microsoft ASP.NET 3.5 mit Visual... Microsoft Press                     3-86063-516-0       Holger Schwichtenberg
Essential PowerShell                Addison-Wesley Professional US      0672329662          Holger Schwichtenberg
Webanwendungen mit ASP.NET 3.5 u... Microsoft Press                     978-3-86645-502-3   Holger Schwichtenberg, Joachim F...
Windows Vista Business (1. Auflage) Addison-Wesley                      3-8273-2422-1       Holger Schwichtenberg / Manuela ...

PS C:\Users\HS> _
```

Abbildung 43.13: Ergebnis des Aufrufs der beiden Webservice-Methoden

Weitere Möglichkeiten des Commandlets `New-WebserviceProxy`: Über den Schalter `–UseDefaultCredential` können Sie Ihre aktuellen Windows-Anmeldedaten an den Webservice weitergeben, wenn dieser eine Authentifizierung verlangt. Über den Schalter `–Credential Get-Credential` können Sie auch eine andere Identität übergeben.

Zertifikatsprüfung

Beim Aufruf eines SSL-gesicherten Webservice beschwert sich die PowerShell, wenn die Zertifikatsprüfung nicht erfolgreich war. Mit dem folgenden Trick kann man zu Testzwecken die Prüfung ausschalten.

Wenn nun das Zertifikat eines SSL-gesicherten Webservice nicht erfolgreich geprüft werden kann (z. B. weil das Zertifikat der Zertifizierungsstelle fehlt), dann verweigert `New-WebServiceProxy` natürlich die Arbeit: „The underlying connection was closed: Could not establish trust relationship for the SSL/TLS secure channel."

Zu Testzwecken möchte man aber den Webservice vielleicht dennoch aufrufen. Das ist möglich, indem man die Zertifikatsprüfung vor dem Aufruf von `New-WebServiceProxy` ausschaltet:

```
[System.Net.ServicePointManager]::ServerCertificateValidationCallback = {$true}
```

ACHTUNG: Bitte diesen Trick nur benutzen, wenn man sicher ist, dass man wirklich mit dem gewünschten Webservice redet, dem man vertraut. Es besteht die Gefahr eines „Man-in-the-middle"-Angriffs!

■

44 Ereignisprotokolle

Für die Windows-Ereignisprotokolle gibt es seit PowerShell 2.0 zusätzlich zu dem `Get-EventLog` aus PowerShell 1.0 auch noch die Commandlets `New-EventLog`, `Remove-EventLog` und `Write-EventLog` sowie `Limit-EventLog`.

44.1 Protokolleinträge auslesen

Informationen über und aus Ereignisprotokollen stellt das Commandlet `Get-EventLog` bereit.

Eine Liste der auf dem System verfügbaren Ereignisprotokolle liefert:

```
Get-EventLog –list
```

Das Ergebnis sind Instanzen der Klasse `System.Diagnostics.EventLog`.

Ruft man hingegen das Commandlet `Get-EventLog` ohne den Parameter `–list` und stattdessen mit dem Namen eines Ereignisprotokolls auf, liefert das Commandlet alle Einträge in dem Ereignisprotokoll in Form von Objekten des Typs `System.Diagnostics.EventLogEntry`.

```
Get-EventLog Application
```

Hier ist eine Einschränkung sinnvoll, weil die Operation sonst sehr lange dauert. Das Commandlet besitzt eine eingebaute Filterfunktion:

```
Get-EventLog Application -newest 30
```

Mit einer kleinen Hilfsroutine ist es möglich, die Protokolleinträge auf die Einträge des heutigen Tages zu begrenzen:

Listing 44.1: Protokolleinträge von heute [3_Einsatzgebiete/Ereignisprotokolle/EventLog_Misc.ps1]

```
function isToday ([datetime]$date)
{[datetime]::Now.Date  -eq  $date.Date}

Get-EventLog Application -newest 2048 |where {isToday $_.TimeWritten}
```

Oder alle Einträge der letzten drei Tage abzurufen:

Listing 44.2: Protokolleinträge der letzten drei Tage [3_Einsatzgebiete/Ereignisprotokolle/EventLog_Misc.ps1]

```
function isWithin([int]$days, [datetime]$Date)
{
    [DateTime]::Now.AddDays($days).Date -le $Date.Date
}

Get-EventLog Application |where {isWithin -3 $_.TimeWritten}
```

Interessant ist es, die Einträge nach Ereignisnummer zu gruppieren, um wiederkehrende Probleme zu identifizieren:

```
Get-EventLog Application | Group-Object eventid | Sort-Object Count
```

`Show-EventLog` (seit PowerShell 2.0) ist ein außergewöhnliches Commandlet für eine konsolenbasierte Shell, weil es die grafische Benutzerschnittstelle der Windows-Ereignisanzeige öffnet.

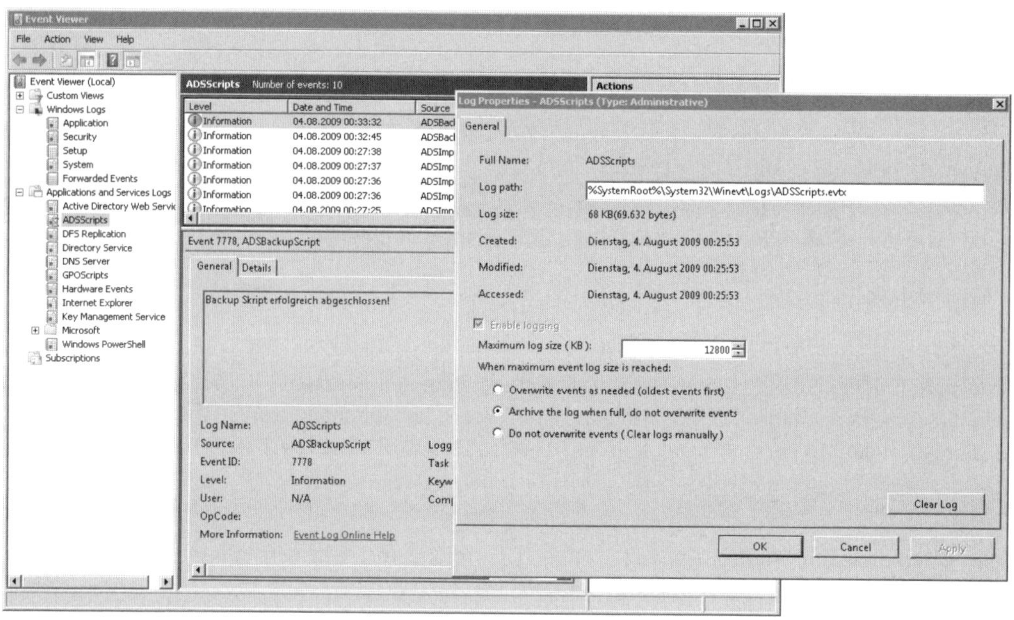

Abbildung 44.1: Ein neues Ereignisprotokoll mit Einträgen

44.2 Ereignisprotokolle erzeugen

Mit New-EventLog kann man ein neues Ereignisprotokoll mit einer Ereignisquelle in Windows anlegen:

```
New-EventLog -LogName "ADSScripts" -Source "ADSImportScript"
```

Um für ein bestehendes Ereignisprotokoll eine neue Quelle zu registrieren, wiederholt man den Befehl mit einer anderen Zeichenkette bei „-source“:

```
New-EventLog -LogName "GPOScripts" -Source "GPOBackupScript"
```

44.3 Protokolleinträge erzeugen

Mit Write-EventLog kann man in das Ereignisprotokoll schreiben:

```
Write-EventLog -LogName ADSScripts -Source ADSBackupScript -EventID 7778 -Message
"Backup Skript erfolgreich abgeschlossen!" -EntryType Information
```

44.4 Protokollgröße festlegen

Die Größe des Ereignisprotokolls kann man einschränken:

```
Limit-EventLog -LogName ADSScripts -MaximumSize 256KB -OverFlowAction OverWriteAsNeeded
```

44.5 Protokolleinträge löschen

Clear-Eventlog löscht alle Einträge aus einem Protokoll. Mit Remove-EventLog kann man das Ereignisprotokoll zusammen mit allen vorhandenen Einträgen löschen. Beide Commandlets haben im Standard keine Sicherheitsabfrage.

45 Leistungsdaten

Zum Zugriff auf Leistungsindikatoren gibt es zwei Möglichkeiten:

- Zugriff über WMI (seit PowerShell 1.0)
- Commandlets `Get-Counter` (seit PowerShell 2.0)

45.1 Zugriff auf Leistungsindikatoren über WMI

WMI ermöglicht über den *Performance Counters Provider* Zugriff auf zahlreiche Leistungsdaten des Windows-Systems. Die Klassen beginnen mit der Zeichenfolge `Win32_PerfRawData`. Wenn Sie diese Klassen nicht finden, starten Sie den WMI-Dienst einmalig manuell an der Kommandozeile mit `Winmgmt /resyncperf`.

Informationen über die Speichernutzung der laufenden Prozesse liefert:

```
Get-CimInstance Win32_PerfRawData_PerfProc_Process | select Name,Workingset
```

Daten über den verfügbaren Hauptspeicher gibt es hier:

```
Get-CimInstance Win32_PerfRawData_PerfOS_Memory
```

Die Auslastung des Prozessors kann man so auslesen:

```
Get-CimInstance Win32_PerfRawData_PerfOS_Processor
```

ACHTUNG: `Win32_PerfRawData` ist die abstrakte Basisklasse über alle Leistungsdatenklassen. Den Befehl `Get-CimInstance Win32_PerfRawData` sollten Sie aber nicht ausführen, da Sie sonst sehr, sehr viele Objekte erhalten.

45.2 Get-Counter

`Get-Counter` dient seit PowerShell 2.0 der Abfrage von Leistungsindikatoren (Performance Counter).

`Get-Counter` ohne Parameter liefert einige ausgewählte der vielen Leistungsindikatoren.

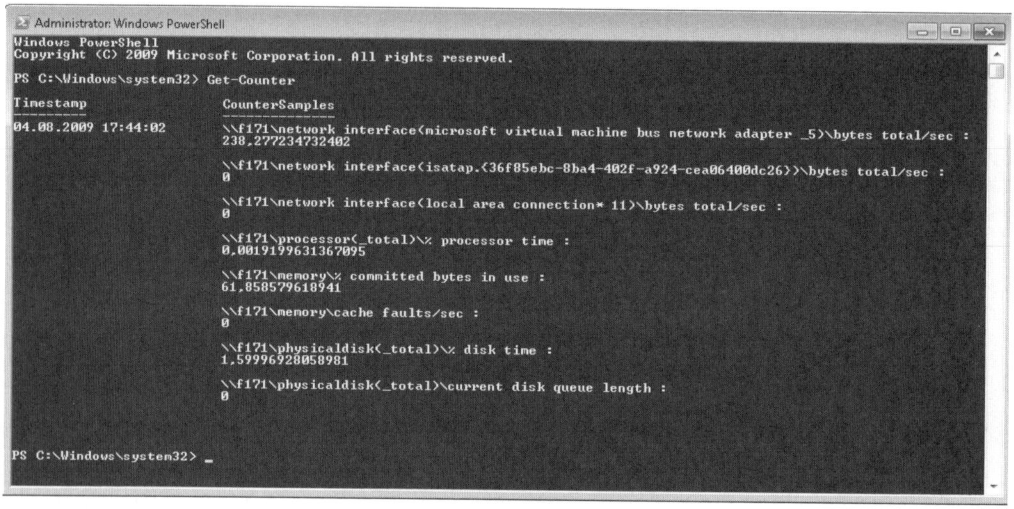

Abbildung 45.1: Standardausgabe von Get-Counter

Die Leistungsindikatoren sind in Mengen organisiert. Der Aufruf

```
Get-counter -listset *
```

liefert eine Liste der Mengen.

Eine Liste der einzelnen Leistungsindikatoren, die jeweils über einen Pfad adressiert werden, bekommt man über:

```
Get-counter -listset * | foreach { $_.Paths }
```

Unter Angabe des Pfads kann man gezielt einzelne Leistungsindikatoren abfragen:

```
Get-Counter "\processor(_total)\% processor time"
```

Auch Fernzugriffe sind möglich unter Angabe des Rechnernamens im Pfad oder im Parameter `–computername`:

```
Get-counter "\\F111\processor(_total)\% processor time"
Get-counter "\processor(_total)\% processor time" -computername f111
```

HINWEIS: Wenn man sowohl im Pfad als auch als Parameter einen Computernamen angibt, wird der Parameter ignoriert!

Durch die Angabe von `-Continuous` erhält man fortwährende Ergebnisse bis zum Abbrechen mit [STRG] + [C]. Das Intervall ist eine Sekunde. Dies kann man mit `-sampleinterval` ändern.

```
Get-Counter "\\F111\processor(_total)\% processor time"  -Continuous -sampleinterval 2
```

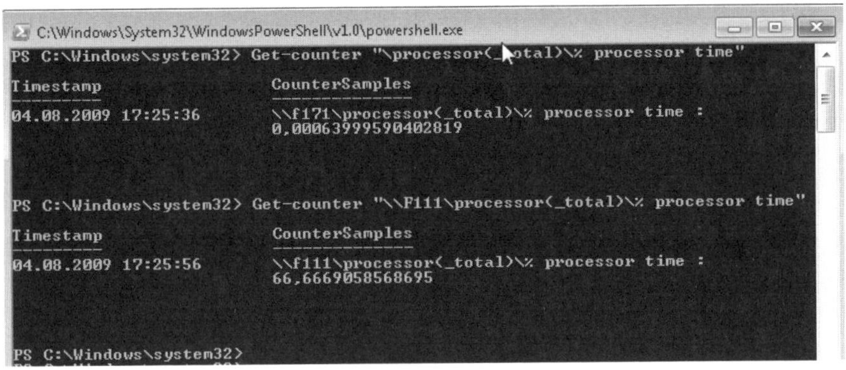

Abbildung 45.2: Get-Counter mit gezielten Pfaden

TIPP: Mit `Export-Counter` kann man Daten von Leistungsindikatoren exportieren als .blg-Datei (binäre Protokolldatei), .csv (Comma Separated Value) oder .tsv (Tabulator Separated Value). Diese Daten kann man später mit `Import-Counter` wieder importieren.

46 Sicherheitseinstellungen

Ressourcen wie Dateisystemobjekte und Registrierungsdatenbankeinträge werden durch Zugriffsrechtelisten (Access Control Lists – ACLs) geschützt. Die PowerShell bietet zwei eingebaute Commandlets für die Arbeit mit ACLs:

- `Get-Acl`
- `Set-Acl`

Diese erledigen die Grundfunktionen des Ladens und Speicherns einer Zugriffsrechteliste abhängig von dem abgegebenen Ressourcenpfad. Derzeit unterstützt werden aber nur das Dateisystem und die Registrierungsdatenbank.

HINWEIS: Neben den oben genannten Commandlets ist auch Wissen aus dem .NET-Namensraum `System.Security.AccessControl` erforderlich.

46.1 Grundlagen

Zum besseren Verständnis der Nutzung und der Veränderungen von Sicherheitseinstellungen seien an dieser Stelle kurz die Grundlagen der Windows-Sicherheit dargestellt.

Security Identifier (SID)

Jeder Benutzer und jede Benutzergruppe besitzen einen sogenannten *Security Identifier* (kurz: *SID*), der den Benutzer bzw. die Gruppe eindeutig identifiziert. Ein SID ist ein Zahlenarray variabler Länge.

Security Descriptor (SD)

Jedes Objekt (z. B. eine Datei, ein Dateiordner, ein Eintrag im Active Directory, ein Registrierungsschlüssel) besitzt zur Speicherung der Zugriffsrechte einen sogenannten *Security Descriptor* (kurz: *SD*; dt. Sicherheitsbeschreiber). Ein SD besteht aus drei Teilen:

- Aus dem *Security Identifier (SID)* des Besitzers. Ein SID ist ein Zahlenarray variabler Länge.
- Aus einer *Discretionary ACL (DACL),* welche die Zugriffsrechte beschreibt.
- Aus einer *System ACL (SACL),* welche die Überwachungseinstellungen enthält.

Access Control List (ACL)

Eine *Access Control List (ACL)* (sowohl DACL als auch SACL) besteht aus *Access Control Entries (ACE).* Eine ACE wiederum enthält folgende Informationen:

- **Identity** (alias **Trustee**): der SID des Benutzers bzw. der Benutzergruppe.
- **Access Mask**: Die Zugriffsmaske definiert die Rechte. Für jeden Objekttyp (z. B. Dateisystemeintrag, Registrierungsdatenbankeintrag, Active-Directory-Eintrag) gibt es unterschiedliche Rechte. Jedes Recht ist dabei ein Bit bzw. eine Kombination von Bits in diesem Long-Wert. Eine Zugriffsmaske besteht in der Regel aus der Addition mehrerer einzelner Zugriffsrechte.
- **Access Control Type**: Der Typ ist entweder Zulassen (ALLOW) oder Verbieten (DENY).
- **Inheritance Flags**: Über die Inheritance Flags wird die Vererbung der Rechte nach unten im Baum gesteuert. `ObjectInherit` bedeutet, dass die ACE ihre Einstellung an untergeordnete Blatt-Objekte (z. B. Dateien im Dateisystem) vererbt. `ContainerInherit` bedeutet, dass die ACE ihre Einstellung an untergeordnete Container-Objekte (z. B. Ordner im Dateisystem) vererbt. `ObjectInherit` und `ContainerInherit` können miteinander kombiniert werden. Alternativ kann keine Vererbung (NONE) definiert werden.
- **Propagation Flags**: Über die Propagation Flags erfolgt eine weitere Steuerung der Vererbung. `InheritOnly` bedeutet, dass die ACE nur vererbt wird, aber nicht bei dem aktuellen Objekt selbst wirkt. `NoPropagateInherit` bedeutet, dass die ACE vererbt wird, aber nicht von den erbenden Objekten nochmals weitervererbt werden darf.

Die folgende Liste enthält beispielhaft die möglichen Rechte für Einträge im Dateisystem.

HINWEIS: Die folgende Tabelle wird aus der MSDN-Dokumentation unverändert zitiert [MSDN51]. Autor der Tabelle ist Microsoft.

Tabelle 46.1: Zugriffsrechte auf dem Windows-Dateisystem (Quelle: [MSDN51]

Recht	Beschreibung
AppendData	Gibt die Berechtigung an, Daten an das Ende einer Datei anzufügen.
ChangePermissions	Gibt die Berechtigung an, die einer Datei zugeordneten Sicherheits- und Überwachungsregeln zu ändern.
CreateDirectories	Gibt die Berechtigung an, einen Ordner zu erstellen. Für diese Berechtigung ist der Synchronize-Wert erforderlich. Beachten Sie, dass der Synchronize-Wert beim Erstellen einer Datei oder eines Ordners automatisch festgelegt wird, wenn Sie ihn nicht explizit festlegen.

Recht	Beschreibung
CreateFiles	Gibt die Berechtigung an, eine Datei zu erstellen. Für diese Berechtigung ist der Synchronize-Wert erforderlich. Beachten Sie, dass der Synchronize-Wert beim Erstellen einer Datei oder eines Ordners automatisch festgelegt wird, wenn Sie ihn nicht explizit festlegen.
Delete	Gibt die Berechtigung an, einen Ordner oder eine Datei zu löschen.
DeleteSubdirectories AndFiles	Gibt die Berechtigung an, einen Ordner und sämtliche in diesem Ordner enthaltenen Dateien zu löschen.
ExecuteFile	Gibt die Berechtigung an, eine Anwendungsdatei auszuführen.
FullControl	Gibt die Berechtigung für einen Vollzugriff auf eine Datei oder einen Ordner an sowie die Berechtigung, die Zugriffs- und Überwachungsregeln zu ändern. Dieser Wert stellt die Berechtigung dar, jede mögliche Aktion für diese Datei durchzuführen. Er ist eine Kombination aller Werte dieser Enumeration.
ListDirectory	Gibt die Berechtigung an, den Inhalt eines Verzeichnisses zu lesen.
Modify	Gibt die Berechtigung an, den Inhalt eines Ordners zu lesen, zu schreiben und aufzulisten, Dateien und Ordner zu löschen und Anwendungsdateien auszuführen. Diese Berechtigung schließt die Berechtigungen ReadAndExecute, Write und Delete ein.
Read	Gibt die Berechtigung an, Ordner oder Dateien schreibgeschützt zu öffnen und zu kopieren. Diese Berechtigung schließt die Berechtigungen ReadData, ReadExtendedAttributes, ReadAttributes und ReadPermissions ein.
ReadAndExecute	Gibt die Berechtigung an, Ordner oder Dateien schreibgeschützt zu öffnen und zu kopieren und Anwendungsdateien auszuführen. Diese Berechtigung schließt die Read-Berechtigung und die ExecuteFile-Berechtigung ein.
ReadAttributes	Gibt die Berechtigung an, Dateisystemattribute einer Datei oder eines Ordners zu öffnen und zu kopieren. Dieser Wert gibt z. B. die Berechtigung an, das Erstellungsdatum oder das Änderungsdatum einer Datei zu lesen. Dies schließt nicht die Berechtigung ein, Daten, erweiterte Dateisystemattribute oder Zugriffs- und Überwachungsregeln zu lesen.
ReadData	Gibt die Berechtigung an, eine Datei oder einen Ordner zu öffnen und zu kopieren. Dies schließt nicht die Berechtigung ein, Dateisystemattribute, erweiterte Dateisystemattribute oder Zugriffs- und Überwachungsregeln zu lesen.
ReadExtendedAttributes	Gibt die Berechtigung an, erweiterte Dateisystemattribute einer Datei oder eines Ordners zu öffnen und zu kopieren. Dieser Wert gibt zum Beispiel die Berechtigung an, den Autor oder Inhaltsinformationen anzuzeigen. Dies schließt nicht die Berechtigung ein, Daten, Dateisystemattribute oder Zugriffs- und Überwachungsregeln zu lesen.

Tabelle 46.1: Zugriffsrechte auf dem Windows-Dateisystem (Quelle: [MSDN51] *(Fortsetzung)*

Recht	Beschreibung
ReadPermissions	Gibt die Berechtigung an, Zugriffs- und Überwachungsregeln für eine Datei oder einen Ordner zu öffnen und zu kopieren. Dies schließt nicht die Berechtigung ein, Daten, Dateisystemattribute oder erweiterte Dateisystemattribute zu lesen.
Synchronize	Gibt an, ob die Anwendung warten kann, bis ein Dateihandle mit dem Abschluss eines E/A-Vorgangs synchronisiert ist. Der Synchronize-Wert wird automatisch festgelegt, wenn der Zugriff gewährt wird, und automatisch ausgeschlossen, wenn der Zugriff verweigert wird.
	Für die Berechtigung, eine Datei oder einen Ordner zu erstellen, ist dieser Wert erforderlich. Beachten Sie, dass dieser Wert beim Erstellen einer Datei automatisch festgelegt wird, wenn Sie ihn nicht explizit festlegen.
TakeOwnership	Gibt die Berechtigung an, den Besitzer eines Ordners oder einer Datei zu ändern. Beachten Sie, dass Besitzer einer Ressource über einen Vollzugriff auf diese Ressource verfügen.
Traverse	Gibt die Berechtigung an, den Inhalt eines Ordners aufzulisten und in diesem Ordner enthaltene Anwendungen auszuführen.
Write	Gibt die Berechtigung an, Ordner und Dateien zu erstellen, Dateien und Daten hinzuzufügen und Daten aus Dateien zu entfernen. Diese Berechtigung schließt die Berechtigungen WriteData, AppendData, WriteExtendedAttributes und WriteAttributes ein.
WriteAttributes	Gibt die Berechtigung an, Dateisystemattribute einer Datei oder eines Ordners zu öffnen und zu schreiben. Dies schließt nicht die Berechtigung ein, Daten, erweiterte Attribute oder Zugriffs- und Überwachungsregeln zu schreiben.
WriteData	Gibt die Berechtigung an, eine Datei oder einen Ordner zu öffnen und in die Datei bzw. den Ordner zu schreiben. Dies schließt nicht die Berechtigung ein, Dateisystemattribute, erweiterte Dateisystemattribute oder Zugriffs- und Überwachungsregeln zu öffnen und zu schreiben.
WriteExtendedAttributes	Gibt die Berechtigung an, erweiterte Dateisystemattribute einer Datei oder eines Ordners zu öffnen und zu schreiben. Dies schließt nicht die Berechtigung ein, Daten, Attribute oder Zugriffs- und Überwachungsregeln zu schreiben.

Programmierschnittstellen

Der Namensraum `System.Security.AccessControl` enthält zahlreiche Klassen zur Verwaltung von Berechtigungen (Access Control Lists, ACLs). Dieser Namensraum wird insbesondere von den Klassen `System.IO.File`, `System.IO.Directory`, `Microsoft.Win32.RegistryKey` und `System.Threading.Semaphore` verwendet. Für jede Art von Ressource, deren ACLs verwaltet werden können, bietet der Namensraum `AccessControl` eine Klasse an, die von `System.Security.AccessControl.ObjectSecurity` abgeleitet ist. Beispielsweise dient `System.Security.AccessControl.FileSecurity` dazu, die ACLs einer Datei im Dateisystem zu lesen und zu verarbeiten.

Die folgende Abbildung zeigt diese Klassen im Vererbungsbaum der .NET-Klassenbibliothek. Die anderen dort genannten Ressourcen (z. B. Active Directory) können derzeit noch nicht über `Get-Acl` abgefragt werden. Hier ist aber eine direkte Ansprache über die .NET-Klassenbibliothek möglich.

Über die gesamte .NET-Klassenbibliothek verteilt findet man Klassen, die eine Methode `GetAccessControl()` besitzen, die ein von der Klasse `ObjectSecurity` abgeleitetes Objekt liefert. Beispiele für solche Klassen sind:

- `System.IO.File`
- `System.IO.Directory`
- `System.IO.FileInfo`
- `System.IO.DirectoryInfo`
- `Microsoft.Win32.RegistryKey`
- `System.Threading.Semaphore`

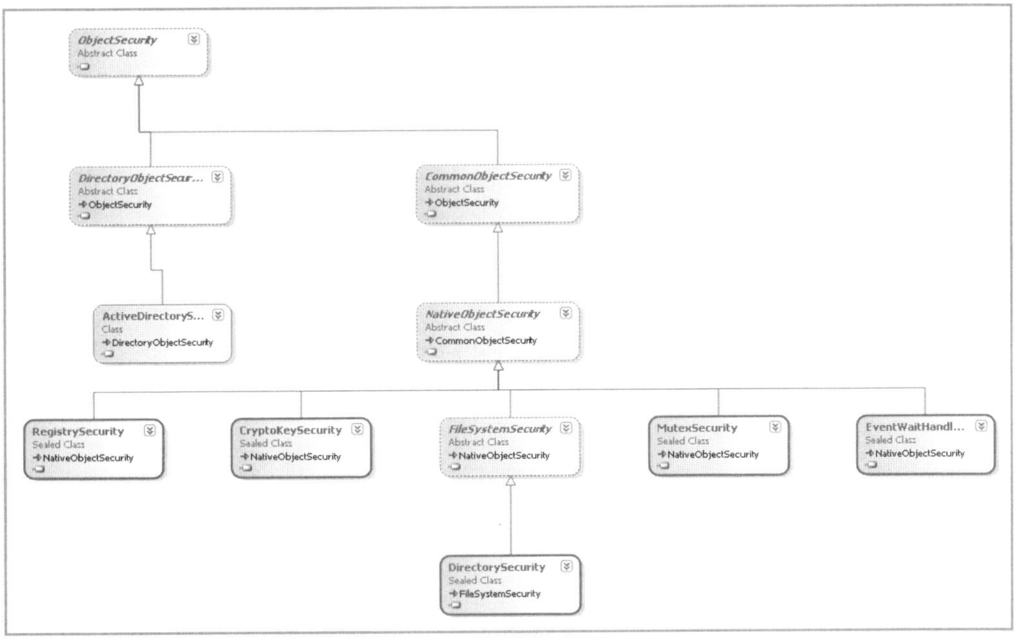

Abbildung 46.1: Vererbungshierarchie der Klassen zur ACL-Speicherung

Die Basisklasse `ObjectSecurity` vererbt u. a. folgende Mitglieder, so dass diese in allen untergeordneten Klassen zur Verfügung stehen:

- `GetOwner()`: ermittelt den Besitzer des Objekts
- `SetOwner()`: setzt den Besitzer
- `GetAccessRules()`: liefert eine Liste der Rechteeinträge (Access Control Entry – ACE). Der Rückgabewert hat den Typ `AuthorizationRuleCollection`. Die enthaltenen Ele-

mente sind vom Ressourcentyp abhängig (z. B. `FileSystemAccessRule` oder `RegistryAccessRule`).

- `GetAuditRules()`: liefert die Einträge der System-ACL (SACL).
- `IsSddlConversionSupported`: zeigt an, ob die Zugriffsrechteliste in SDDL ausgedrückt werden kann.
- `GetSecurityDescriptorSddlForm()`: liefert die Zugriffsrechteliste als SDDL-Zeichenkette.

Kontenname und SID

Der Namensraum `System.Security.AccessControl` verwendet Klassen aus `System.Security.Principal` zur Darstellung der Berechtigungsträger (Benutzer und Gruppen). `System.Security.Principal` unterstützt die beiden in Windows bekannten Bezeichner für Berechtigungsträger:

- Prinzipalname (z. B. „ITVisions\hs") durch die Klasse `System. Security.Principal.NTAccount`
- Security Identifier (z. B. `S-1-5-21-565061207-3232948068-1095265983-500`) durch die Klasse `System.Security.Principal.SecurityIdentifier`

Jeder Benutzer und jede Benutzergruppe besitzen einen sogenannten Security Identifier (kurz: SID), der den Benutzer bzw. die Gruppe eindeutig identifiziert. Ein SID ist ein Zahlen-Array variabler Länge. In Textform wird der SID mit einem beginnenden „S" dargestellt.

46.2 Zugriffsrechtelisten auslesen

`Get-Acl` liefert abhängig vom Ressourcentyp Instanzen folgender .NET-Klassen:

- `System.Security.AccessControl.DirectorySecurity` (für Verzeichnisse)
- `System.Security.AccessControl.FileSecurity` (für Dateien)
- `System.Security.AccessControl.RegistrySecurity` (für Registrierungsdatenbankschlüssel)

`Get-Acl` erwartet als Parameter den Pfad der Ressource, deren Zugriffsrechteliste ermittelt werden soll, z. B.:

- `Get-Acl hklm:/software/www.IT-visions.de`
- `Get-Acl g:\daten\kunden`
- `Get-Acl g:\daten\kunden\Kundenliste.csv`

Die Standardausgabe erfolgt mit `Format-Table`. Die Ausgabe mit `Format-List` bietet sich an, damit die Ausgabe besser lesbar ist.

Die folgende Abbildung zeigt die Anwendung von `Get-Acl` auf ein Verzeichnis im Dateisystem. Die folgende Bildschirmabbildung zeigt die gleiche Zugriffsrechteliste im Windows Explorer.

Abbildung 46.2: Beispiel für das Auslesen einer ACL

HINWEIS: Access ist keine Eigenschaft der .NET-Klasse `ObjectSecurity`, sondern ein PowerShell Code Property, intern wird hier `GetAccessRules()` aufgerufen. Der Rückgabewert ist in beiden Fällen eine `AuthorizationRuleCollection`. ■

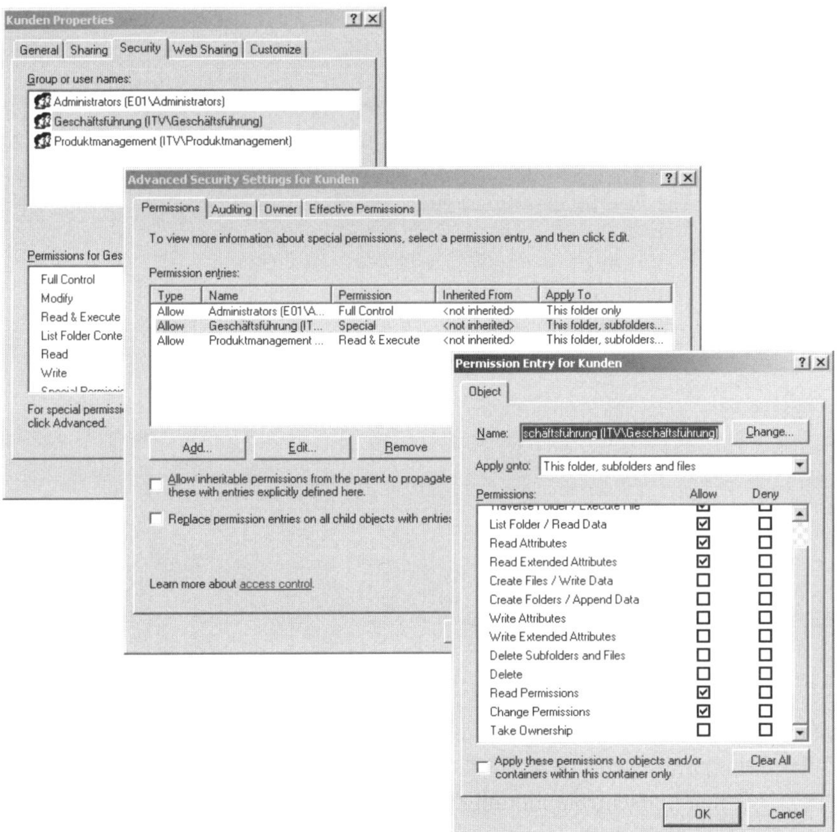

Abbildung 46.3: Tatsächliche Einstellungen

46.3 Einzelne Rechteeinträge auslesen

Möchte man die einzelnen Rechteeinträge eines Systembausteins genauer betrachten, dann sollte man selbst über die Rechteliste iterieren. Die von Access bzw. `GetAccessRules()` gelieferte Liste des Typs `AuthorizationRuleCollection` enthält im Falle des Dateisystems Objekte vom Typ `FileSystemAccessRule`. Diese Objekte enthalten wiederum folgende Attribute:

- `IdentityReference`: Subjekt (Benutzer oder Gruppe), das Rechte hat
- `FileSystemRights`: Rechte
- `AccessControlType`: Rechteart (erlaubt oder verboten)
- `IsInherited`: zeigt an, ob die Regel geerbt ist
- `InheritanceFlags`: zeigt die Art der Vererbung nach unten an

Benutzerkonten können in zwei Formen ausgedrückt werden: im Klartext oder durch Security Identifiers (SIDs). Bei der Verwendung von `GetAccessRules()` muss man angeben, wie man die Benutzer sehen will: `[System.Security.Principal.NTAccount]` (Klartext) oder `[System.Security.Principal.SecurityIdentifier]` (SID). Davor besitzt die Methode noch zwei Parameter, mit denen man steuern kann, welche Regeln man sehen will: die explizit auf dem Objekt gesetzten Regeln (erste Parameter) und/oder die vererbten Regeln (zweite Parameter). Die expliziten ACEs erscheinen immer zuerst in der Liste.

Der Zugriff auf das Code Property Access ist gleichbedeutend mit `GetAccessRules ($true, $true, [System.Security.Principal.NTAccount])`. Möchte man andere Informationen, muss man `GetAccessRules()` explizit nutzen. In dem folgenden Beispiel werden beim zweiten Ausgeben der Liste nur die geerbten Regeln in SID-Form aufgeführt.

Listing 46.1: Details aus ACEs auslesen [3_Einsatzgebiete/Sicherheitseinstellungen/Filesystem_ACL_Read.ps1]

```
$a = Get-Acl g:\daten\kunden

# Rechte als NT-Konten holen
$aces =$a.access
# entspricht: $aces =$a.GetAccessRules($true, $true, [System.Security.Principal.
NTAccount])

Write-Host "Alle Regeln:" -F yellow
foreach ($ace in $aces)
{
Write-host $ace.IdentityReference.ToString() "hat Zugang" $ACE.FileSystemRights $ACE.
AccessControlType "Vererbt?" $ACE.IsInherited
}

$aces =$a.GetAccessRules($true, $false, [System.Security.Principal.SecurityIdentifier])

Write-Host  "Nur die expliziten Regeln, in SID-Form:"  -F yellow
foreach ($ace in $aces)
{
Write-host $ace.IdentityReference.ToString() "hat Zugang" $ACE.FileSystemRights $ACE.
AccessControlType "Vererbt?"  $ACE.IsInherited
}
```

Abbildung 46.4: Ausgabe des obigen Skripts

46.4 Besitzer auslesen

Den Besitzer eines Systembausteins liest man über das Code Property `Owner` aus dem von `ObjectSecurity` abgeleiteten und von der PowerShell erweiterten Objekt aus, das `Get-Acl` zurückgibt. Alternativ kann man auch `GetOwner()` verwenden und hat dabei wieder die Wahl der Form. Zwischen den beiden Formen der Benutzerdarstellung kann man auch mit Hilfe der `Translate()`-Methode konvertieren.

Listing 46.2: Besitzerinformationen auslesen [3_Einsatzgebiete/Sicherheitseinstellungen/Filesystem_Owner.ps1]

```
"Besitzerinformationen:"
$a = Get-Acl g:\daten\kunden
$a.Owner
$a.GetOwner([System.Security.Principal.NTAccount]).Value
$a.GetOwner([System.Security.Principal.SecurityIdentifier]).Value

# Übersetzen zwischen Kontoname und SID
$konto = $a.GetOwner([System.Security.Principal.NTAccount])
$konto.Translate([system.security.principal.securityidentifier]).value

# Übersetzen zwischen SID und Kontoname
$konto = $a.GetOwner([System.Security.Principal.SecurityIdentifier])
$konto.Translate([system.security.principal.NTAccount]).value
```

46.5 Benutzer und SID

Möchte man für einen beliebigen Benutzer dessen SID ermitteln, kann man auch eine Instanz von `System.Security.Principal.NtAccount` unter Angabe des Benutzernamens in Textform erzeugen und dann `Translate()` aufrufen.

Umwandeln zwischen Benutzername und SID

Das folgende Skript zeigt die Umwandlung eines Prinzipalnamens in einen SID und umgekehrt mit Hilfe der Methode `Translate()` in der Klasse `IdentityReference`, welche die Basisklasse für `NTAccount` und `SecurityIdentifier` ist.

Listing 46.3: SID ermitteln [3_Einsatzgebiete/Sicherheitseinstellungen/SID.ps1]

```
# Umwandlung zwischen Kontoname und SID

# Hole Konto
$Account = New-Object system.security.principal.ntaccount("itv\hs")
# Übersetze in SID
$SID = $Account.Translate([system.security.principal.securityidentifier]).value
$SID

# Übersetze in Kontonamen
$Account = New-Object system.security.principal.securityidentifier("S-1-5-32-544")
$Name = $Account.Translate([system.security.principal.ntaccount]).value
$Name
```

Well-Known Security Identifier verwenden

Neben Benutzern und Gruppen kennt Windows auch Pseudo-Gruppen wie „Jeder", „Interaktive Benutzer" und „System". Diese Gruppen werden *Well-Known Security Principals* genannt. Im Active Directory sind die *Well-Known Security Principals* im *Configuration NamingContext* im Container `cn=Well Known Security Principals` abgelegt. Sie finden diese Benutzer jedoch nicht im *DefaultNamingContext*.

ACHTUNG: Verwechseln Sie die *Well-Known Security Principals* nicht mit den *BuiltIn-Konten* (z. B. *Gäste*, *Administratoren*, *Benutzer*). Letztere finden Sie in Active Directory im *DefaultNamingContext* in `cn=BuiltIn`.

Tabelle 46.2: SIDs der Well-Known Security Principals

Well-Known Security Principal	SID
Anonymous Logon	1;1;0;0;0;0;0;5;7;0;0;0
Authenticated Users	1;1;0;0;0;0;0;5;11;0;0;0
Batch	1;1;0;0;0;0;0;5;3;0;0;0
Creator Group	1;1;0;0;0;0;0;3;1;0;0;0
Creator Owner	1;1;0;0;0;0;0;3;0;0;0;0
Dialup	1;1;0;0;0;0;0;5;1;0;0;0
Enterprise Domain Controllers	1;1;0;0;0;0;0;5;9;0;0;0
Everyone	1;1;0;0;0;0;0;1;0;0;0;0
Interactive	1;1;0;0;0;0;0;5;4;0;0;0
Network	1;1;0;0;0;0;0;5;2;0;0;0
Proxy	1;1;0;0;0;0;0;5;8;0;0;0

Well-Known Security Principal	SID
Restricted	1;1;0;0;0;0;0;5;12;0;0;0
Self	1;1;0;0;0;0;0;5;10;0;0;0
Service	1;1;0;0;0;0;0;5;6;0;0;0
System	1;1;0;0;0;0;0;5;18;0;0;0
Terminal Server User	1;1;0;0;0;0;0;5;13;0;0;0

.NET stellt eine Auflistung `System.Security.Principal.WellKnownSidType` bereit, die man zur Instanziierung der Klasse `SecurityIdentifier` einsetzen kann. Man umgeht damit die sprachspezifischen Unterschiede des Betriebssystems („Guests"/„Gäste").

Listing 46.4: Zugriff auf ein Konto über die SID [3_Einsatzgebiete/Sicherheitseinstellungen/Accounts_and_SID.ps1]

```
# Bekannte Konten
$SID = [System.Security.Principal.WellKnownSidType]::BuiltinAdministratorsSid
$Account = New-Object system.security.principal.securityidentifier($SID, $null)
$Name = $Account.Translate([system.security.principal.ntaccount]).value
$Name
```

Einige eingebaute Benutzer und Gruppen beinhalten den SID der Domäne in ihrem eigenen SID. In diesem Fall muss bei der Instanziierung der Klasse `SecurityIdentifier` der Domänen-SID mit angegeben werden. Leider schweigt sich die Dokumentation darüber aus, woher man den Domänen-SID mit .NET-Methoden bekommt. Auch im WWW findet man noch kein Beispiel dafür.

SDDL verwenden

Eine andere Möglichkeit zum Zugriff auf eingebaute Benutzer und Gruppen besteht in der Verwendung der in der Security Descriptor Definition Language (SDDL) definierten Abkürzungen für die eingebauten Benutzer und Gruppen (siehe Tabelle 46.3).

Listing 46.5: Ermitteln einer SID aus einem SDDL-Kürzel [3_Einsatzgebiete/Sicherheitseinstellungen/SID.ps1]

```
# SDDL-Namen
$Account = New-Object System.Security.Principal.SecurityIdentifier("BA")
$Account.Value
```

Tabelle 46.3: SDDL-Abkürzungen für eingebaute Benutzer und Gruppen

SDDL-Abkürzung	Bedeutung
„AO"	Account operators
„AN"	Anonymous logon
„AU"	Authenticated users
„BA"	Built-in administrators
„BG"	Built-in guests

Tabelle 46.3: SDDL-Abkürzungen für eingebaute Benutzer und Gruppen *(Fortsetzung)*

SDDL-Abkürzung	Bedeutung
„BO“	Backup operators
„BU“	Built-in users
„CA“	Certificate server administrators
„CG“	Creator group
„CO“	Creator owner
„DA“	Domain administrators
„DC“	Domain computers
„DD“	Domain controllers
„DG“	Domain guests
„DU“	Domain users
„EA“	Enterprise administrators
„ED“	Enterprise domain controllers
„WD“	Everyone
„PA“	Group Policy administrators
„IU“	Interactively logged-on user
„LA“	Local administrator
„LG“	Local guest
„LS“	Local service account
„SY“	Local system
„NU“	Network logon user
„NO“	Network configuration operators
„NS“	Network service account
„PO“	Printer operators
„PS“	Personal self
„PU“	Power users
„RS“	RAS servers group
„RD“	Terminal server users
„RE“	Replicator
„RC“	Restricted code
„SA“	Schema administrators
„SO“	Server operators
„SU“	Service logon user

46.6 Hinzufügen eines Rechteeintrags zu einer Zugriffsrechteliste

Das folgende Skript zeigt das Ergänzen eines Rechteeintrags zu einer Rechteliste einer Datei im Dateisystem. Neue Rechteobjekte vom Typ `FileSystemAccessRule` benötigen fünf Angaben:

- Kontoobjekt (`NTAccount`-Objekte oder `SecurityIdentifier`-Objekte)
- Zu vergebende Rechte (Werte aus der `FileSystemRights`-Aufzählung)
- Ziele der Vererbung (Werte aus der `InheritanceFlags`-Aufzählung)
- Art der Vererbung (Werte aus der `PropagationFlags`-Aufzählung)
- Art der Regel: Erlauben oder Verbieten (Werte aus der `AccessControlType`-Aufzählung)

Das folgende Skript gewährt einem Benutzer Leserechte auf ein Verzeichnis:

Listing 46.6: ACE anfügen [3_Einsatzgebiete/Sicherheitseinstellungen/Filesystem_ACL_Write.ps1]

```
# ACL schreiben: Lese- und Schreibrechte fuer einen Benutzer setzen

# Eingabedaten
$DIR = "g:\daten\kunden"
$BENUTZER = "HS"

# Hole ACL
$ACL = Get-Acl  $DIR

"ACL vorher:"
$acl | format-list

# ACE definieren
$Rights = [System.Security.AccessControl.FileSystemRights] "ReadData,
ReadExtendedAttributes, ReadAttributes, ReadPermissions"
$Access=[System.Security.AccessControl.AccessControlType]::Allow
$Inherit=[System.Security.AccessControl.InheritanceFlags]::ContainerInherit `-bor
[System.Security.AccessControl.InheritanceFlags]::ObjectInherit
$Prop=[System.Security.AccessControl.PropagationFlags]::InheritOnly
$AccessRule = New-Object System.Security.AccessControl.FileSystemAccessRule `
($BENUTZER,$Rights,$Inherit,$Prop,$Access)

# ACE an ACL anfügen
$ACL.AddAccessRule($AccessRule)

# ACL speichern
Set-Acl -AclObject $ACL -Path $DIR

# Kontrolle
$ACL = Get-Acl  $DIR
"ACL nachher:"
$acl | format-list
```

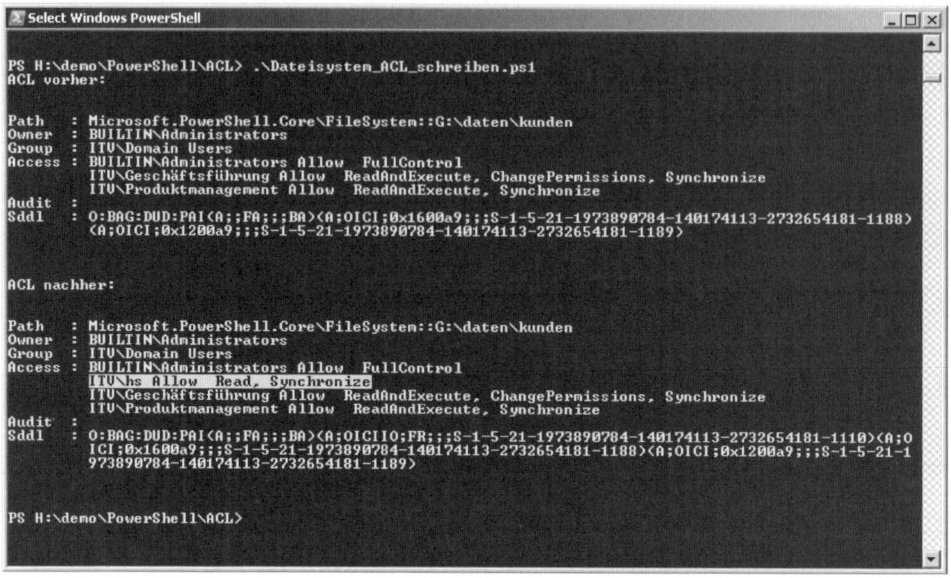

Abbildung 46.5: Ausführung des Skripts, das einem Benutzer Leserechte gewährt

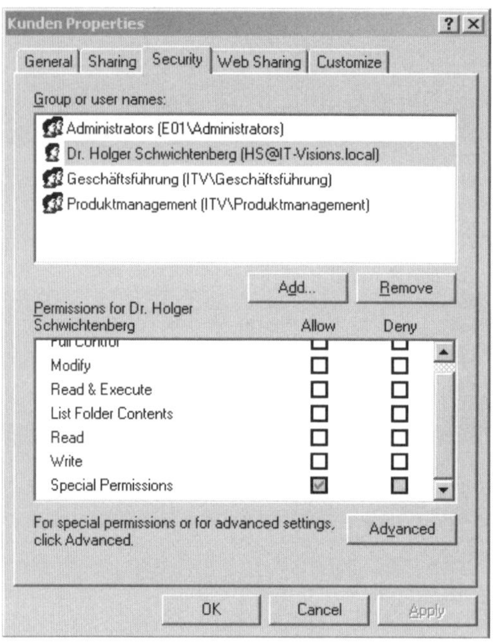

Abbildung 46.6: Ansicht der Rechte im Windows Explorer

TIPP: Wenn in einem Parameter mehrere Flags zu setzen sind, sind diese mit einem binären Oder zu verknüpfen (Operator -bor in der PowerShell-Sprache).

```
$Rights= [System.Security.AccessControl.FileSystemRights]::Read `
-bor [System.Security.AccessControl.FileSystemRights]::
ReadExtendedAttributes `
-bor [System.Security.AccessControl.FileSystemRights]::
ReadAttributes `
-bor [System.Security.AccessControl.FileSystemRights]::
ReadPermissions
```

Prägnanter kann man die Aufzählungswerte auch in eine durch Kommata getrennte Zeichenkette schreiben.

```
$Rights = [System.Security.AccessControl.FileSystemRights] "ReadData,
ReadExtendedAttributes, ReadAttributes, ReadPermissions"
```

46.7 Entfernen eines Rechteeintrags aus einer Zugriffsrechteliste

Zum Entfernen eines Rechteeintrags (Access Control Entry – ACE) aus der Zugriffsrechteliste dient die Methode `RemoveAccessRule()`, die von `NativeObjectSecurity` an alle Rechteklassen vererbt wird. Die Methode erwartet als Parameter ein Objekt vom Typ `AccessContolEntry`.

Möchte man alle Einträge zu einem Benutzer entfernen, kann man `PurgeAccessRules()` unter Angabe eines Benutzerkontoobjekts (nicht des Kontonamens!) verwenden.

Das folgende Skript löscht aus einer Zugriffsrechteliste alle Rechteeinträge zu einem bestimmten Benutzer.

Listing 46.7: ACL schreiben: Alle ACEs eines Benutzers löschen [3_Einsatzgebiete/Sicherheitseinstellungen/Filesystem_ACL_Delete.ps1]

```
# ACL schreiben: Alle ACEs eines Benutzers loeschen

# Eingabedaten
$DIR = "g:\daten\kunden"
$BENUTZER = "itv\HS"
$Count = 0

# Kontrollausgabe
$acl = Get-Acl  $DIR
"ACL vorher:"
$acl | format-list

# ACL holen
$acl = Get-Acl g:\daten\kunden
```

```
$Account = New-Object system.security.principal.ntaccount("itv\hs")
$acl.PurgeAccessRules($Account)

# ACL speichern
Set-acl -AclObject $ACL -Path $DIR

# Kontrollausgabe
$acl = Get-Acl  $DIR
"ACL nachher:"
$acl | format-list
```

Das folgende Skript löscht aus einer Zugriffsrechteliste alle Rechteeinträge, in denen das Lese- und Ausführungsrecht (`"ReadAndExecute"`) vergeben wurde.

Listing 46.8: Aus einer Zugriffsrechteliste alle Rechteeinträge löschen, in denen das Lese- und Ausführungsrecht vergeben wurde („ReadAndExecute“) [3_Einsatzgebiete/Sicherheitseinstellungen/Filesystem_ACL_ReadAllReadAndExecute.ps1]

```
# ACL schreiben: Aus einer Zugriffsrechteliste alle Rechteeinträge löschen, in denen
das Lese- und Ausführungsrecht ("ReadAndExecute") steht
# Eingabedaten
$DIR = "g:\daten\kunden"
$BENUTZER = "itv\HS"
$Count = 0

# Kontrollausgabe
$acl = Get-Acl  $DIR
"ACL vorher:"
$acl | format-list

# Zugriff auf ACEs
$aces =$acl.GetAccessRules($true, $true, [System.Security.Principal.NTAccount])

# Schleife über alle ACEs
foreach ($ace in $aces)
{
Write-host $ace.IdentityReference.ToString() "hat Zugang" $ACE.FileSystemRights
$ACE.AccessControlType "Vererbt?"  $ACE.IsInherited
# Selektives Löschen
if ($ace.FileSystemRights.ToString() -match "ReadAndExecute")
 {
  "...wird entfernt!"
  $Ergebnis = $acl.RemoveAccessRule($ace)
if ($Ergebnis) { echo "Wurde entfernt!"; $Count++ }
 }
}

# ACL speichern
Set-acl -AclObject $ACL -Path $DIR

echo ($Count.ToString() + " ACEs wurden entfernt!")

# Kontrollausgabe
$acl = Get-Acl  $DIR
"ACL nachher:"
$acl | format-list
```

46.8 Zugriffsrechteliste übertragen

Durch die Kombination von `Get-Acl` und `Set-Acl` kann man auf einfache Weise eine Zugriffsrechteliste von einem Dateisystemobjekt auf ein anderes übertragen.

Listing 46.9: Übertragen einer ACL zwischen zwei Dateien [3_Einsatzgebiete/Sicherheitseinstellungen/Filesystem_ACL_Transfer.ps1]

```
# Übertragen einer ACL von einer Datei auf eine andere
Get-Acl g:\daten\kunden | Set-Acl g:\daten\lieferanten

# Übertragen einer ACL von einer Datei auf eine Menge von Dateien
$acl = Get-Acl g:\Daten\kunden
Get-ChildItem g:\Daten | foreach-Object { Set-acl $_.Fullname $acl; "Übertragen auf $_" }
```

46.9 Zugriffsrechteliste über SDDL setzen

Die Security Descriptor Definition Language (SDDL) ist ein Textformat zur Beschreibung von Access Control Lists (ACLs) mit einzelnen ACEs in Windows (eingeführt mit Windows 2000).

Ein Beispiel für eine SDDL-Zeichenkette ist:

```
O:BAG:DUD:PAI(A;;FA;;;BA)(A;OICI;0x1600a9;;
;S-1-5-21-1973890784-140174113-2732654181-1188)(A;OICI;0x1200a9;;
;S-1-5-21-1973890784-140174113-2732654181-1189)
```

Das folgende Skript nutzt SDDL zur Übertragung einer Zugriffsrechteliste von einem Verzeichnis auf ein anderes. Zwischenzeitlich wird die Zugriffsrechteliste im Dateisystem gespeichert, so dass man das Auslesen und Setzen zeitlich entkoppeln könnte.

Listing 46.10: Übertragen einer ACL zwischen zwei Dateien [3_Einsatzgebiete/Sicherheitseinstellungen/SDDL.ps1]

```
# Übertragen einer ACL via SDDL

$QUELLE = "g:\daten\kunden"
$ZIEL = "g:\daten\lieferanten"

function replace-acl
{
Param (
  $sObject,
  $sSDDL
  )
  $acl = Get-Acl $sObject
  $acl.SetSecurityDescriptorSddlForm($sSDDL)

  Set-Acl -aclObject $acl $sObject
```

```
}

# SDDL lesen und in Textdatei speichern
(Get-Acl $QUELLE).SDDL > g:\Daten\acl.txt

# SDDL aus Textdatei lesen
$sddl = Get-Content g:\Daten\acl.txt
replace-acl $ZIEL $sddl

"Folgende Rechte wurden übertragen: " + $sddl
```

47 Active Directory

Die PowerShell-Version 1.0 stellte keine Commandlets für den Zugriff auf die Windows-Benutzerdatenbank „SAM", das Active Directory oder andere Verzeichnisdienste bereit. In der Beta-Phase gab es einen Active-Directory-Navigationsprovider, der wurde jedoch bis zur Version 1.0 entfernt.

Ein solcher Provider zur Navigation im Active Directory ist derzeit im Rahmen der PowerShell Community Extensions [CODEPLEX01] verfügbar. Dort gibt es auch das Commandlet `Get-ADObject` zur Suche im Active Directory.

Mit der PowerShell 1.0 (ohne PSCX) ist ein Zugriff auf Verzeichnisdienste nur mit klassischen Programmiertechniken möglich. Hier sind die .NET-Klassen aus dem Namensraum `System.DirectoryServices` der .NET-Klassenbibliothek und zum Teil auch die COM-Komponente Active Directory Service Interfaces (ADSI) zu verwenden. Wenige Funktionen stehen auch mit WMI zur Verfügung. Hier boten die Active-Directory-Erweiterungen von *www.IT-Visions.de* eine Verbesserung.

Seit Windows Server 2008 R2 und Windows 7 (mit Fernverwaltungswerkzeugen) gibt es ein PowerShell-Modul für das Active Directory („ADPowerShell"). Die „Remote Server Administration Tools (RSAT)" können hier heruntergeladen werden:

Remote Server Administration Tools for Windows 7

http://www.microsoft.com/en-us/download/details.aspx?id=7887

Remote Server Administration Tools for Windows 8

http://www.microsoft.com/en-us/download/details.aspx?id=28972

Remote Server Administration Tools for Windows 8.1

http://www.microsoft.com/en-us/download/details.aspx?id=39296

TIPP: ADPowerShell ist die beste Möglichkeit, die Sie nutzen sollten, wenn Sie eines der von ADPowerShell unterstützten Betriebssysteme verwenden.

HINWEIS: Fallbeispiel „FBI“

Dieses Kapitel verwendet als Fallbeispiel die Domänen „FBI.net“ (Windows Server 2003) und „FBI.org“ (Windows Server 2008).

Dieses Beispiel dreht sich komplett um das Active Directory für die Fernsehserie „Akte X“ (engl. X-Files). Die Domänen heißen mit dem NETBIOS-Namen „FBI“. Die Domänencontroller heißen „XFilesServer11“ und „XFilesServer2“. Die PCs sind mit „F171“ bis „F179“ benannt. Als Organisationseinheiten und Benutzer existieren bzw. werden im Rahmen dieses Kapitels angelegt:

- Organisationseinheit „Agents“ mit Benutzern wie „Fox Mulder“, „Dana Scully“, „John Doggett“ und „Monica Reyes“
- Organisationseinheit „Directors“ mit Benutzern wie „Walter Skinner“ und „Alvin Kersh“
- Organisationseinheit „Conspirators“ mit „Smoking Man“ und „Deep Throat“
- Organisationseinheit „Aliens“ mit zahlreichen Außerirdischen

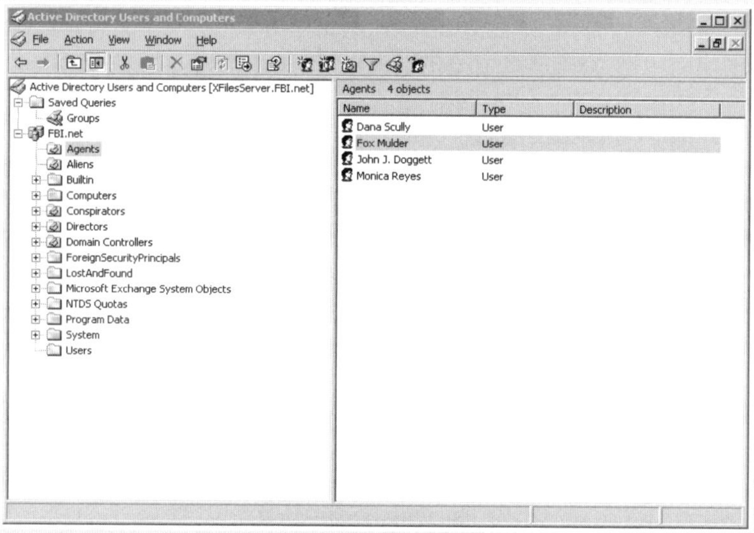

Abbildung 47.1: Das Active Directory für das „FBI“

47.1 Benutzer- und Gruppenverwaltung mit WMI

Die Möglichkeiten der Benutzerverwaltung mit WMI sind leider beschränkt. ADSI bzw. `System.DirectoryServices` bieten hier wesentlich mehr.

Der folgende Befehl liefert eine Objektliste der erreichbaren Benutzer und Gruppen:

```
Get-CimInstance Win32_Account
```

Nur die Benutzerkonten erreicht man mit:

```
Get-CimInstance Win32_UserAccount
```

Nur die Gruppen erreicht man mit:

```
Get-CimInstance Win32_Group
```

Natürlich kann man damit gezielt Objekte herausfiltern:

```
# Name und Domäne der Benutzerkonten, deren Kennwort niemals verfällt
Get-CimInstance Win32_useraccount | Where-Object {$_.Kennwortexpires -eq 0 } |
Select-Object Name,Domain
```

Dies kann man alternativ auch so ausdrücken:

```
Get-CimInstance Win32_Useraccount -filter "Kennwortexpires='false'" | Select-Object
Name,Domain
```

Die WMI-Klasse `Win32_Desktop` enthält Einstellungen der Benutzer. Mit dem folgenden Befehl bringt man in Erfahrung, ob der Benutzer „FBI\FoxMulder" einen Bildschirmschoner auf dem Computer „AgentPC04" aktiviert hat.

```
Get-CimInstance Win32_Desktop -computer AgentPC04 | where { $_.Name -eq
"DBI\FoxMulder" } | select screensaveractive
```

47.2 Einführung in System.DirectoryServices

Die Klassen des .NET-Namensraums `System.DirectoryServices` sind eine Kapselung des Active Directory Service Interface (ADSI). Leider sind in der .NET-Bibliothek nicht alle Funktionen gekapselt, so dass auch ADSI in der PowerShell eine Rolle spielt.

Die Klassen im Namensraum `System.DirectoryServices` funktionieren nur, wenn auch die ADSI-COM-Komponente installiert ist.

HINWEIS: Auf die ADSI-COM-Komponente wird in diesem Buch mit dem Begriff „klassisches ADSI" Bezug genommen.

Architektur

Die Klassen im .NET-Namensraum `System.DirectoryServices` bieten nur sehr allgemeine Mechanismen für den Zugriff auf Verzeichnisdienste. Es gibt keine spezifischen Klassen mehr für einzelne Verzeichnisdienste, wie sie in der ADSI-COM-Komponente vorhanden sind. Bestimmte Operationen (z. B. Ändern des Kennworts in einem Benutzerobjekt) müssen daher direkt oder indirekt über die ADSI-COM-Komponente aufgerufen werden.

Die folgende Grafik zeigt die Architektur von ADSI unter .NET. Ein .NET-Programm (Managed Code) hat drei Möglichkeiten, auf einen Verzeichnisdienst zuzugreifen:

1. Verwendung von Objekten im Namensraum `System.DirectoryServices` zur Ausführung von Verzeichnisdienstoperationen
2. Verwendung von Objekten im Namensraum `System.DirectoryServices` für den Aufruf von Operationen in der ADSI-COM-Komponente
3. Direkte Verwendung der ADSI-COM-Komponente via COM-Interoperabilität

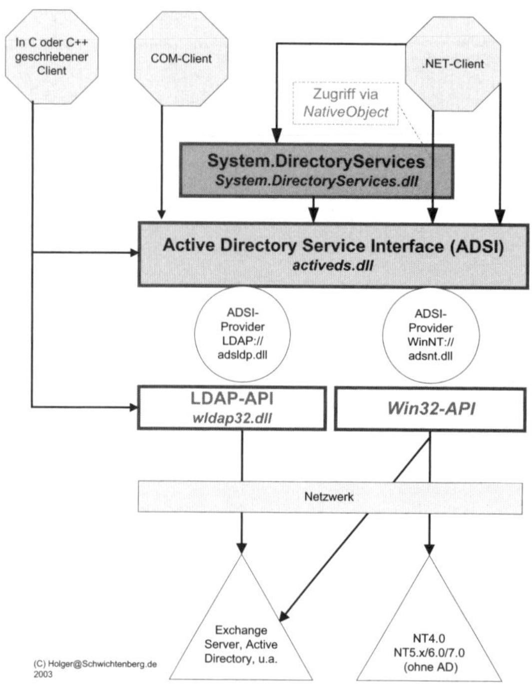

Abbildung 47.2: Programmierschnittstellen für das Active Directory

Weiterreichen an ADSI

Den Beweis dafür, dass alle Aufrufe in `System.DirectoryServices` in ADSI umgesetzt werden, liefern die Fehlermeldungen der .NET-Klassenbibliothek. Zum Beispiel liefert die Klasse `DirectoryEntry` beim Aufruf von `CommitChanges()` folgende Fehlermeldung, wenn das anzulegende Objekt bereits vorhanden ist:

```
System.Runtime.InteropServices.COMException (0x80071392):
Das Objekt ist bereits vorhanden.
at System.DirectoryServices.Interop.IAds.SetInfo()
at System.DirectoryServices.DirectoryEntry.CommitChanges()
```

Dies bedeutet nichts anderes, als dass der Aufruf `CommitChanges()` in der Klasse `DirectoryEntry` intern weitergereicht wurde an die Methode `SetInfo()` in der Schnittstelle `System.DirectoryServices.Interop.IADs`. Dabei ist `SetInfo()` die aus der klassischen ADSI-COM-Komponente bekannte Methode, um den Eigenschaftenzwischenspeicher (engl. Property Cache) an den Verzeichnisdienst zurückzuliefern und damit alle Änderungen persistent zu machen.

ACHTUNG: Der Namensraum `System.DirectoryServices.Interop` ist undokumentiert und im Objektkatalog von Visual Studio nicht sichtbar. In diesem Namensraum sind die aus dem klassischen ADSI bekannten Schnittstellen `IADs`, `IADsContainer` etc. definiert. Da in .NET eine Instanziierung von Schnittstellen nicht mehr möglich ist, mussten die Schnittstellen zu Klassen zusammengefasst werden. ■

Objektmodell

Die Klassen im Namensraum `System.DirectoryServices` lassen sich in zwei Gruppen einteilen:

- Allgemeine Klassen für den Zugriff auf Blätter und Container
- Klassen für die Ausführung von LDAP-Suchanfragen

Allgemeine Klassen

Die beiden zentralen Klassen in diesem Namensraum sind `DirectoryEntry` und `DirectoryEntries`.

Klasse „DirectoryEntry“

Die Klasse `DirectoryEntry` repräsentiert einen beliebigen Verzeichniseintrag, egal ob es sich um ein Blatt oder einen Container handelt. Diese Klasse besitzt ein Attribut `Children` vom Typ `DirectoryEntries`. Diese Objektmenge ist nur dann gefüllt, wenn das Objekt ein Container ist, also Unterobjekte besitzt. Die Objektmenge existiert aber auch in einem Blattobjekt; sie ist dann allerdings leer.

Die `DirectoryEntry`-Klasse besitzt im Attribut `Property` eine Objektmenge vom Typ `PropertyCollection`, welche die Menge der Verzeichnisattribute des Verzeichnisobjekts repräsentiert. Die `PropertyCollection` verfügt über drei untergeordnete Objektmengen:

- `PropertyNames` zeigt auf ein `KeysCollection`-Objekt, das Zeichenketten mit den Namen aller Verzeichnisattribute enthält.
- `Values` zeigt auf eine `ValuesCollection`, die wiederum einzelne Objektmengen vom Typ `PropertyValueCollection` enthält. Dies ist notwendig, da jedes Verzeichnisattribut mehrere Werte haben kann. Die `ValuesCollection` repräsentiert die Menge der Werte aller Verzeichnisattribute, die `PropertyValueCollection` steht für die einzelnen Werte eines Verzeichnisattributs.
- Das Attribut `Item(ATTRIBUTNAME)` liefert für einen als Parameter zu übergebenden Attributnamen die zugehörige `PropertyValueCollection`.

ACHTUNG: Der Zugriff über das Attribut `Values` kommt in der Regel nicht vor, da man normalerweise die Werte ohne die Namen der Attribute benötigt. Der normale Weg ist entweder die direkte Verwendung von `Item()`, wenn der Attributname bekannt ist, oder aber die Iteration über `PropertyNames` und darauffolgend die Verwendung von `Item()`, wenn alle Attribute mit ihren Werten aufgelistet werden sollen.

Jedes `DirectoryEntry`-Objekt besitzt ein Attribut mit Namen `NativeObject`, das einen Verweis auf das zugehörige ADSI-COM-Objekt liefert. Damit ist ein schneller Wechsel zur klassischen ADSI-Programmierung möglich.

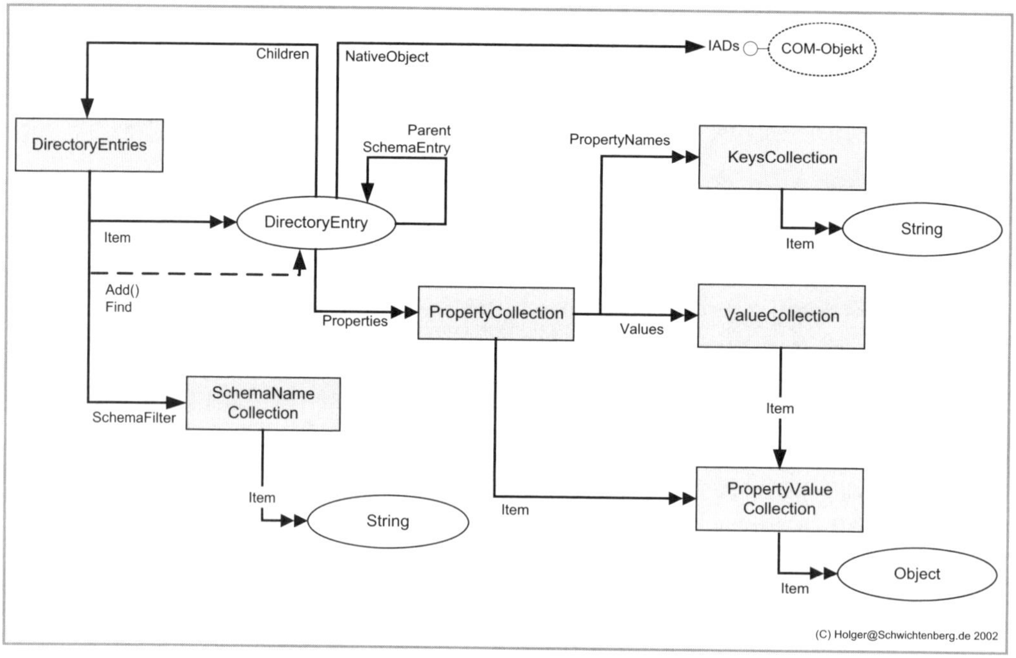

Abbildung 47.3: Objektmodell der Klassen im Namensraum „System. DirectoryServices" – Teil 1

Klasse „DirectoryEntries"

Die Klasse `DirectoryEntries` unterstützt die Schnittstelle `IEnumerable` und ermöglicht daher die Auflistung ihrer Mitglieder über eine `foreach`-Schleife. Die Menge kann gefiltert werden, indem über die `SchemaNameCollection` eine Menge von Verzeichnisdienstklassen spezifiziert werden, die berücksichtigt werden sollen. Die Methode `Find()` liefert ein `DirectoryEntry`-Objekt. Wenn das anhand des Namens spezifizierte Objekt nicht in diesem Container vorhanden ist, gibt es eine *InvalidOperationException*.

Die Klasse `DirectoryEntries` kann nicht instanziiert werden. Sie erhalten ein `DirectoryEntries`-Objekt immer nur über das Attribut `Children` eines `DirectoryEntry`-Objekts.

Klassen für die Ausführung von Suchanfragen

LDAP-Suchanfragen wurden in ADSI über die ActiveX Data Objects (ADO) bzw. einen OLEDB-Provider ausgeführt. In .NET gibt es nun eigene Klassen für die Ausführung von LDAP-Suchanfragen, die unabhängig von ADO.NET sind und direkt auf die LDAP-Implementierung von Windows zugreifen.

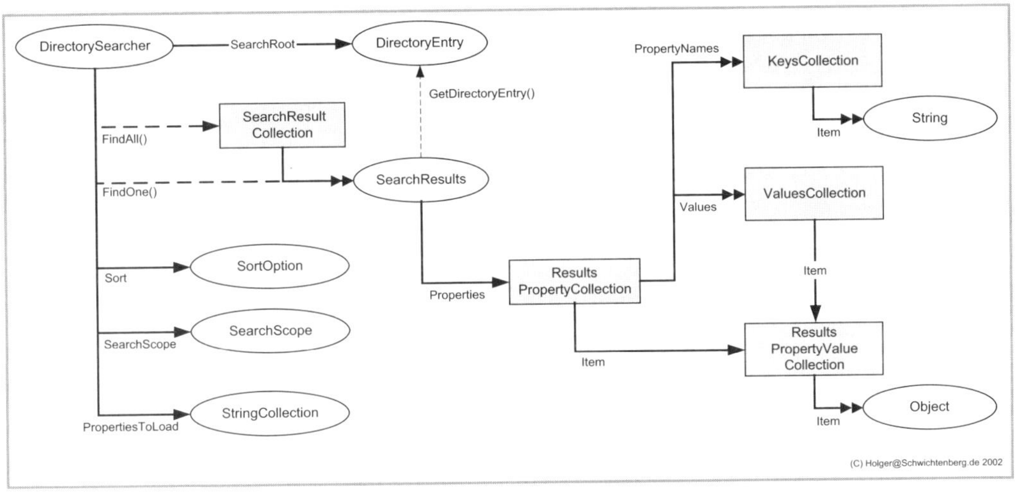

Abbildung 47.4: Objektmodell der Klassen im Namensraum „System.DirectoryServices" - Teil 2

Vergleich zwischen System.DirectoryServices und ADSI

Die folgende Tabelle zeigt, dass es für viele Schnittstellen aus der ADSI-COM-Komponente keine entsprechende spezifische Klasse in `System.DirectoryServices` mehr gibt.

Tabelle 47.1: System.DirectoryServices vs. ADSI

Verzeichniseintrag im Active Directory	ADSI in COM	ADSI in .NET (System.DirectoryServices)
Blatt	Schnittstelle `IADs`	Klasse `DirectoryEntry`
Container/Ast	Schnittstelle `IADsContainer`	Klasse `DirectoryEntries`
Klasse „`User`"	Schnittstelle `IADsUser`	`--- (DirectoryEntry)`
Klasse „`Computer`"	Schnittstelle `IADsComputer`	`--- (DirectoryEntry)`
Klasse „`Group`"	Schnittstelle `IADsGroup`	`--- (DirectoryEntry)`
LDAP-Suche	Klassen `ADODB.Connection` und `ADODB.RecordSet`	Klassen `DirectorySearcher` und `SearchResultCollection`

Unzulänglichkeiten der Implementierung

Leider hat Microsoft zwischen dem Release Candidate 1 und dem Release Candidate 2 der Windows PowerShell einen fundamentalen Richtungswechsel vollzogen, was die Unterstützung für Active Directory und andere Verzeichnisdienste angeht. Dieser Richtungswechsel kam nicht nur unerwartet, sondern führt nun auch in die falsche Richtung, weshalb an dieser Stelle massive Kritik an Microsoft angebracht ist.

Bis Release Candidate 1 der PowerShell 1.0 musste man für diese Scripting-Aufgaben direkt die .NET-Klassen aus dem .NET-Namensraum `System.DirectoryServices` verwenden. Diese Klassen basieren intern auf COM-Schnittstellen des Active Directory Services Interface (ADSI) und in einigen Fällen musste man für das Scripting auf ADSI „durchgreifen".

Ab Release Candidate 2 der PowerShell 1.0 hat Microsoft eine Vereinfachung einführen wollen mit dem eigenen PowerShell-Typ `[ADSI]`. Die Absicht ist gut, die Umsetzung ist jedoch eine absolute Katastrophe:

1. [ADSI] instanziiert den Typ `System.DirectoryServices.DirectoryEntry`, bietet aber nur Attribute und keine Methoden dieser Klasse an. Die Methoden werden über das Extended Type System (ETS) versteckt.
2. Das erzeugte PowerShell-Objekt bietet stattdessen die Methoden der zu Grunde liegenden ADSI-COM-Klasse an.
3. Das Analyse-Commandlet `Get-Member` zeigt weder die einen noch die anderen Methoden an.
4. Auch bei direkter Instanziierung von `System.DirectoryServices.DirectoryEntry` gilt das obige Methodenchaos.
5. Die Methoden der Klasse `System.DirectoryServices.DirectoryEntry` stehen über das Unterobjekt `PSBase` zur Verfügung.
6. `DirectoryEntry`-Objekte können in der PowerShell-Pipeline nicht mit den üblichen Commandlets `Select-Object`, `Format-Table` etc. weiterverarbeitet werden. Möglich ist nur der objektbasierte Stil.

Das ist eine sehr unlogische Implementierung. Schon im Windows Script Host (WSH) war das Verzeichnisdienst-Scripting nicht einfach, jetzt wird es noch schwieriger zu erlernen. Die folgende Abbildung dokumentiert noch einmal das konzeptionelle Chaos:

- Ein Verzeichnisdienstobjekt in einem Verzeichnisdienst besitzt eigentlich nur Attribute.
- Verzeichnisdienstoperationen werden durch das jeweilige Protokoll (z. B. LDAP) bereitgestellt. Ein ADSI-COM-Objekt kapselt diese Operationen für jeweils ein Verzeichnisobjekt in Methoden.
- Ein .NET-Objekt des Typs `DirectoryEntry` kapselt das ADSI-COM-Objekt, bietet dabei aber andere Methoden an (die intern wieder auf ADSI aufsetzen). Das Objekt `DirectoryEntry` eröffnet über das Unterobjekt `NativeObject` einen direkten Zugang zu den ADSI-Methoden.
- Das PowerShell-Objekt, das wiederum eine Kapsel um das `DirectoryEntry`-Objekt darstellt, verwendet nun aber nicht die Methoden von `DirectoryEntry`, sondern die Methoden des inneren ADSI-Objekts.
- Das PowerShell-Objekt bietet über das Unterobjekt `PSBase` einen Zugang zu den Methoden des `DirectoryEntry`-Objekts.

Aruk Kumaravel, Windows PowerShell Development Manager bei Microsoft, gibt in [Kumaravel01] zu, dass es unklug war, Methoden zu verstecken: „In retrospect, maybe we should have exposed these."

Außerdem ist übrigens noch sehr kritisch anzumerken, dass Microsoft eine solch fundamentale Änderung zwischen einem RC1 und einem RC2 vornimmt. Alle bis dahin geschriebenen PowerShell-Skripte für das Active Directory konnte man damit über den Haufen werfen. Eine solche Änderung erwartet man in der Beta-Phase, nicht aber kurz vor dem Erscheinen.

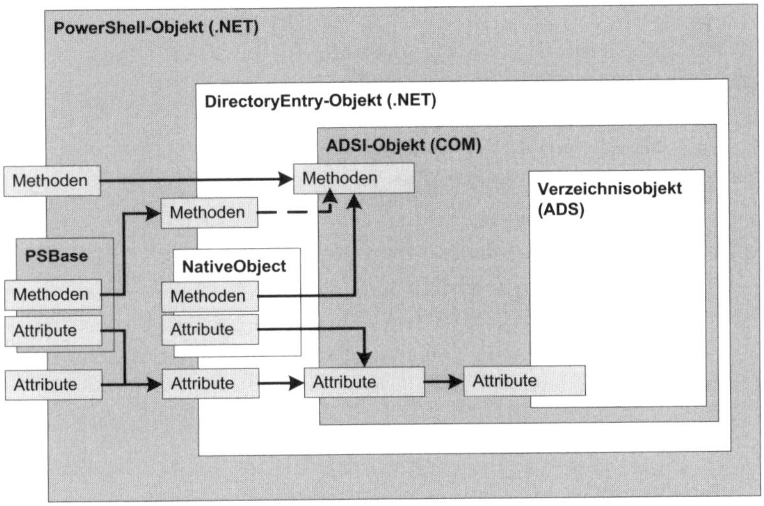

Abbildung 47.5: Chaos bei den Verzeichnisdienstoperationen

Objektidentifikation in Verzeichnisdiensten (Verzeichnisdienstpfade)

Zum Programmieren mit Verzeichnisdiensten ist es zwingend notwendig, die einzelnen Einträge im Verzeichnisdienst identifizieren zu können.

ADSI bedient sich für Pfadangaben auch unter .NET der sogenannten COM-Moniker (engl. für „Spitzname"), um einzelne Einträge in verschiedenen Verzeichnisdiensten anzusprechen und einen Zeiger auf das Stellvertreterobjekt zu erhalten. Der Moniker hat die Form

```
<Namenraum-ID>:<providerspezifischer Teil>
```

und wird in diesem Zusammenhang Verzeichnispfad (oder ADSI-Pfad) genannt.

> **ACHTUNG:** Bei der Namensraum-ID werden Groß- und Kleinschreibung berücksichtigt, also muss man „LDAP" statt „ldap" oder „Ldap" verwenden! ■

Der providerspezifische Teil des Verzeichnisdienstpfads enthält den Distinguished Name (DN) des Verzeichnisobjekts und dazu einen Servernamen (siehe folgende Tabelle).

Tabelle 47.2: Beispiele für ADSI-Pfade in verschiedenen Verzeichnisdiensten

Namensraum	Beispiele für Verzeichnispfade
Active Directory (via LDAP)	*LDAP://server/cn=Agents,dc=FBI,dc=NET* *LDAP://XFilesServer101.FBI.net/cn=Fox Mulder, OU=Agents,dc=FBI,dc=NET*
NT 4.0-Domänen und lokale Windows-Benutzerdatenbanken (SAM)	*WinNT://Domaene/Computer/Benutzer* *WinNT://Computername/Gruppenname* *WinNT://domaene/benutzer*
Novell 3.x	*NWCOMPAT://NWServer/Druckername*
Novell 4.x (NDS)	*NDS://Server/O=FBI/OU=Washington/cn=Agents*
Internet Information Services (IIS)	*IIS://ComputerName/w3svc/1*

Objektidentifikation im Active Directory

Für die Adressierung der Einträge in einem Active Directory werden Verzeichnispfade der Form *LDAP://server:port/DN* verwendet. Dabei sind alle Bestandteile optional:

- Ohne Servername wird der sogenannte *Locator Service* verwendet. Beim serverlosen Binden sucht der Active Directory Locator Service mit Hilfe des Domain Name Service (DNS) den besten Domänencontroller für den angegebenen Verzeichniseintrag. Dabei erhalten Domain Controller, zu denen eine schnelle Verbindung besteht, den Vorzug.
- Ohne Portangabe wird der Standard-LDAP-Port 389 verwendet.
- Ohne DN wird der *DefaultNamingContext* in der aktuellen Domäne angesprochen.

TIPP: Beim Active Directory sollten Sie immer den Namen des „nächstgelegenen" Domänencontrollers als Servernamen verwenden. Den Servernamen des Domänencontrollers ermitteln Sie über das Commandlet `Get-DomainController` (enthalten in den PSCX). Das Binden ohne Angabe eines Servers (serverloses Binden) ist möglich, aber aus Leistungsgesichtspunkten nicht empfehlenswert.

Bei der Adressierung über einen Textpfad besteht die Gefahr, dass Verzeichnisobjekte zwischenzeitlich umbenannt wurden. Active Directory ermöglicht daher die Bindung über einen GUID, der für ein Verzeichnisobjekt unveränderlich ist. Der GUID muss natürlich für ein Objekt bekannt sein.

```
LDAP://XFilesServer1/<GUID=228D9A87C30211CF9AA400AA004A5691>
```

Für die Standardcontainer in einem Active Directory gibt es eine besondere Unterstützung. Für diese sogenannten *Well-Known Objects* besteht ein vordefinierter GUID (Well-Known GUID), der in jedem Active Directory gleich ist.

```
LDAP://<WKGUID=a9d1ca15768811d1aded00c04fd8d5cd,dc=fbi,dc=net>
```

Bitte beachten Sie, dass hierbei die Ansprache über `WKGUID=` erfolgt und der dahinter angegebene GUID nicht der wirkliche GUID des Objekts ist. Auch die Standardcontainer erhalten bei der Installation eines Active Directory einen individuellen GUID; der WKGUID ist ein allgemeingültiger Alias.

Tabelle 47.3: Liste der Well-Known Objects

Well-Known Object	GUID
cn=Deleted Objects	18E2EA80684F11D2B9AA00C04F79F805
cn=Infrastructure	2FBAC1870ADE11D297C400C04FD8D5CD
cn=LostAndFound	AB8153B7768811D1ADED00C04FD8D5CD
cn=System	AB1D30F3768811D1ADED00C04FD8D5CD
ou=Domain Controllers	A361B2FFFFD211D1AA4B00C04FD7D83A
cn=Computers	AA312825768811D1ADED00C04FD8D5CD
cn=Users	A9D1CA15768811D1ADED00C04FD8D5CD

Überblick über die Programmiermechanismen

Dieses Kapitel dokumentiert die wichtigsten Mechanismen der Verzeichnisdienstprogrammierung mit `System.DirectoryServices`.

Bindung an einen Verzeichniseintrag

Voraussetzung für den Zugriff auf Objekte des Verzeichnisdienstes ist die Bindung eines ADSI-Objekts an einen Verzeichniseintrag. Während unter dem klassischen ADSI der Bindungsvorgang über die Methode `GetObject()` stattfand, wird dies in `System.DirectoryServices` über einen Parameter bei der Instanziierung der Klasse `DirectoryEntry` erledigt.

```
$o = New-Object system.directoryservices.directoryEntry("LDAP://XFilesServer1")
```

Hierfür gibt es auch eine Kurzform über den integrierten PowerShell-Datentyp `[ADSI]`:

```
$o = [ADSI] "LDAP://XFilesServer1"
```

Nach dieser Operation enthält die Variable `$o` die Instanz der Klasse `DirectoryEntry`. Beim Zugriff auf `$o` erscheint an der Konsole der relative Pfad.

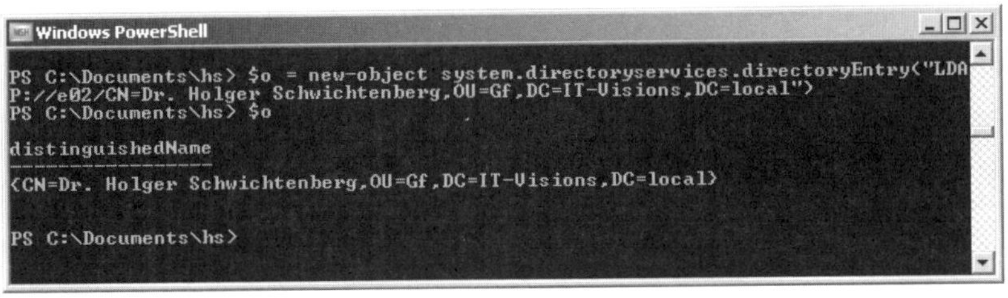

Abbildung 47.6: Zugriff auf einen Active-Directory-Eintrag

Ohne Angabe eines LDAP-Pfads wird bei der Instanziierung von DirectoryEntry eine Verbindung zum Standardnamenskontext (Default Naming Context) des Active Directory aufgebaut, zu dem der Computer gehört.

```
New-Object System.DirectoryServices.DirectoryEntry
```

Impersonifizierung

Im Standard meldet sich die Klasse DirectoryEntry unter dem Benutzerkonto beim Active Directory an, das den Befehl bzw. das Skript gestartet hat. Es ist aber möglich, durch Impersonifizierung einen anderen Benutzer für die Kommunikation mit dem Active Directory zu verwenden, wenn der startende Benutzer nicht genug Rechte besitzt.

Die Klasse DirectoryEntry verwendet den ADSI-Impersonifizierungsmodus durch Angabe eines Benutzernamens und eines Kennworts bei der Instanziierung der Klasse DirectoryEntry als zweiten und dritten Parameter. Bitte bedenken Sie, dass bei diesem Befehl das Kennwort im Klartext verwendet wird.

```
$o = New-Object system.directoryservices.directoryEntry("LDAP://XFilesServer1/CN=Fox
Mulder,OU=Agents,DC=FBI,DC=net", "FoxMulder", "I+love+Scully")
```

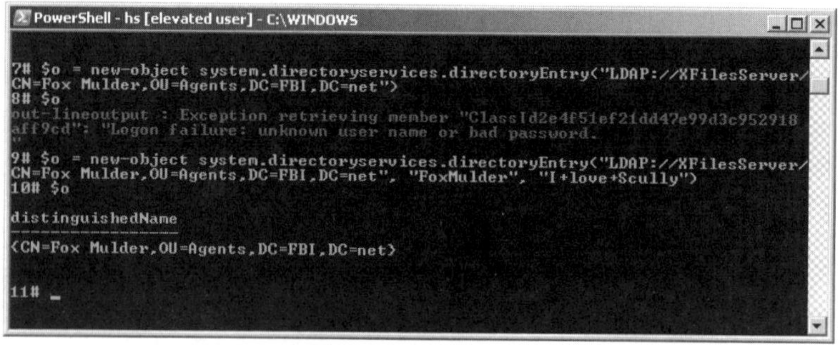

Abbildung 47.7: Zugriff ohne und mit Impersonifizierung

Prüfung auf Existenz eines Verzeichniseintrags

Das klassische ADSI hatte keine eingebaute Methode, um die Existenz eines Verzeichnisobjekts zu überprüfen. Man war dort auf die (zeitaufwendige) Methode „Versuch und Irrtum" [WPE01] angewiesen. Unter .NET bietet die Klasse DirectoryEntry die statische Methode Exists() an, mit der sich prüfen lässt, ob ein anhand seines ADSI-Pfads spezifiziertes Verzeichnisobjekt existiert.

```
$janein = [system.directoryservices.directoryEntry]::Exists("LDAP://XFilesServer1/
CN=Fox Mulder,OU=Agents,DC=FBI,DC=net")
```

Dies kann man abkürzen mit:

```
$janein = [ADSI]::Exists("LDAP://XFilesServer1/CN=Fox Mulder,OU=Agents,DC=FBI,DC=net")
```

Verzeichnisattribute lesen

Eigentlich ist das Objektmodell von `System.DirectoryServices` sehr kompliziert: In einem `DirectoryEntry`-Objekt sind die einzelnen Werte nur verschachtelt über die Mengen Properties und PropertyValueObjektmenge erreichbar. Die PowerShell kennt aber diesen Mechanismus und macht es dem Benutzer daher einfacher, er kann schreiben:

```
$xy = $obj.Attributname
```

Auch mehrwertige Attribute können so ausgelesen werden.

Im folgenden Beispiel werden Daten über einen Benutzer ausgelesen:

Listing 47.1: Auslesen eines Verzeichnisobjekts [ADS_Einzelobjekte.ps1]

```
New-Object system.directoryservices.directoryEntry("LDAP://XFilesServer1/CN=Fox
Mulder,OU=Agents,DC=FBI,DC=net")
"Name: "+ $o.sn
"Ort: " + $o.l
"Telefon: " +$o.Telephonenumber
"Weitere Rufnummern: " +$o.OtherTelephone
```

ACHTUNG: Der Zugriff auf ein Verzeichnisattribut, das es nicht gibt, führt nicht zum Fehler. Achten Sie also auf die genaue Schreibweise! ■

HINWEIS: Zum Auslesen des Verzeichnispfads eines Verzeichniseintrags, auf den Sie bereits einen Verweis in der Form einer Variable besitzen, müssen Sie auf `.psbase.path` zugreifen, z. B. `$o.psbase.path`. ■

ADSI Property Cache

Da ADSI-Objekte nur Stellvertreter für Verzeichniseinträge sind, werden die Attributwerte in einem Eigenschaftenzwischenspeicher verwaltet. Beim ersten Zugriff auf ein Attribut lädt ADSI alle Attributwerte in den Eigenschaftenzwischenspeicher. Schreibzugriffe sind durch Zuweisungen an die Attribute möglich.

Alle Schreibzugriffe müssen mit einem Aufruf der Methode `CommitChanges()` (`SetInfo()` unter klassischem ADSI) abgeschlossen werden. Erst dann wird der Eigenschaftenzwischenspeicher an den zu Grunde liegenden Verzeichnisdienst übergeben. Damit wird auch die Transaktionssicherheit gewährleistet: Entweder werden alle Änderungen ausgeführt oder keine. Auch für das Einlesen der Attribute in den Eigenschaftenzwischenspeicher gibt es eine Methode: `RefreshCache()` (entspricht `GetInfo()` unter klassischem ADSI). Das Programm sollte sie explizit aufrufen, wenn nicht sicher ist, ob die Werte im Eigenschaftenzwischenspeicher noch aktuell sind. Mit `RefreshCache()` können auch Änderungen verworfen werden, wenn zwischen den Änderungen und dem `RefreshCache()` kein `CommitChanges()` steht. Durch Angabe eines Arrays mit Attributnamen bei `RefreshCache(ARRAY_OF_STRING)` können vor einem ersten Attributzugriff gezielt einzelne Werte in den Eigenschaftenzwischenspeicher gelesen werden, um zur Verringerung der Netzwerklast die Übertragung aller Attribute zu vermeiden.

Im Gegensatz zu ADSI bietet `System.DirectoryServices` die Möglichkeit, den Eigenschaftenzwischenspeicher auszuschalten. Dazu ist nach der Instanziierung des `DirectoryEntry`-Objekts folgender Befehl notwendig:

```
$o.PSBase.UsePropertyCache = 0
```

HINWEIS: Die Abschaltung des Eigenschaftenzwischenspeichers funktioniert nicht beim Anlegen von Verzeichnisobjekten von Verzeichnisklassen, die Pflichtattribute haben, da der Verzeichnisdienst den Eintrag erst erzeugt, wenn alle Pflichtattribute übergeben wurden.

Verzeichnisattribute schreiben

Das Beschreiben eines Verzeichnisattributs ist ebenso einfach. Man weist dem betreffenden Verzeichnisattribut entweder einen einfachen Wert oder ein Array von Werten (bei einem mehrwertigen Attribut) zu.

Wichtig ist nur, dass am Ende der Eigenschaftenzwischenspeicher (Property Cache) auch geschrieben wird. Hier gibt es aufgrund des Methodenchaos nun zwei Alternativen:

1. Aufruf der COM-Methode `SetInfo()`
2. Aufruf der .NET-Methode `CommitChanges()` über das Unterobjekt `PSBase`

Die Methode heißt in der .NET-Welt nicht `SetInfo()`, sondern `CommitChanges()`.

Listing 47.2: Ändern eines Verzeichnisobjekts [ADS_Einzelobjekte.ps1]

```
$o.Telephonenumber = "+49 201 7490700"
$o.OtherTelephone = "+01 111 222222","+01 111 333333","+49 111 44444"
$o.SetInfo()
# oder:
$o.PSBase.CommitChanges()
```

47.3 Basiseigenschaften

Die Metaklasse `DirectoryEntry` besitzt einige wenige Attribute, die Basiseigenschaften eines Verzeichnisdienstobjekts enthalten. Dies sind:

- `Name`: Relative Distinguished Name des Objekts
- `Path`: Distinguished Name des Objekts
- `SchemaClassName`: Name der Verzeichnisdienstklasse im Schema des Verzeichnisdienstes
- `Guid`: Global Unique Identifier (GUID) des Metaobjekts
- `NativeGuid`: der Global Unique Identifier (GUID) für das Verzeichnisdienstobjekt

- `Children`: Liste der untergeordneten Objekte
- `UsePropertyCache`: Flag, das anzeigt, ob der Eigenschaftenzwischenspeicher verwendet werden soll

ACHTUNG: In der aktuellen endgültigen Version der PowerShell kann man diese allgemeinen Attribute leider nicht direkt abrufen, sondern nur über `PSBase`.

Listing 47.3: Zugriff auf Basiseigenschaften eines Verzeichnisobjekts [3_Einsatzgebiete\VerzeichnisdiensteADS_User_Misc.ps1]

```
$o = New-Object system.directoryservices.directoryEntry("LDAP://XFilesServer1/
CN=Fox Mulder,OU=Agents,DC=FBI,DC=net", "FoxMulder", "I+love+Scully")
„Klasse: „ + $o.PSBase.SchemaClassName
„GUID: „ + $o.PSBase.Guid
```

Zugriff auf Containerobjekte

Die Bindung an Containerobjekte und der Zugriff auf deren Verzeichnisattribute erfolgen vollkommen identisch zum Zugriff auf Blattobjekte, also über die Klasse `DirectoryEntry`. Sollen die Unterobjekte des Containers aufgelistet werden, muss jedoch das Unterobjekt `Children` angesprochen werden, das ein `DirectoryEntries`-Objekt liefert. Das `DirectoryEntries`-Objekt enthält eine Instanz der Klasse `DirectoryEntry` für jeden untergeordneten Verzeichniseintrag.

Wieder ist zu beachten, dass das Unterobjekt `Children` nicht direkt, sondern nur über die `PSBase` zur Verfügung steht.

Listing 47.4: Liste der Unterobjekte eines Containers [ADS_Container_List.ps1]

```
$pfad= "LDAP://XFilesServer1/OU=Agents,DC=FBI,DC=net"
$con = New-Object system.directoryservices.directoryEntry($pfad)
$con.PSBase.Children
```

Eigentlich besitzt die DirectoryEntries-Menge keinen numerischen Index. Die PowerShell macht jedoch mit einem Trick den Zugriff auf die Elemente der Liste möglich.

```
"Das zweite Element ist " + @($con.PSBase.Children)[1].distinguishedName
```

Alternativ kann man mit `Find()` auch ein Element in dem Container anhand seines CN suchen:

```
"Suche nach einem Element " + $con.PSBase.Children.find("cn=Dr. Holger
Schwichtenberg").distinguishedName
```

Verzeichnisobjekt anlegen

Ein Verzeichnisobjekt wird über den übergeordneten Container angelegt, weil nur dieser weiß, ob er eine bestimmte Verzeichnisklasse als Unterobjekt überhaupt zu akzeptieren bereit ist. Die Methode `Add()` der .NET-Klasse `DirectoryEntries` erwartet im ersten Parameter den Relative Distinguished Name (RDN) des neuen Objekts und im zweiten Parameter den Namen der Verzeichnisdienstklasse, die als Schablone für das Objekt verwendet werden soll. Nach dem Setzen eventuell vorhandener Pflichtattribute muss noch `CommitChanges()` aufgerufen werden.

Listing 47.5: Anlegen einer Organisationseinheit [ADS_OU_DeleteAndCreate.ps1]

```
"Anlegen einer OU..."
$pfad= "LDAP://XFilesServer1/DC=FBI,DC=net"
$con = New-Object system.directoryservices.directoryEntry($pfad)
$ou = $con.PSBase.Children.Add("ou=Directors","organizationalUnit")
$ou.PSBase.CommitChanges()
$ou.Description = "FBI Directors"
$ou.PSBase.CommitChanges()
"OU wurde angelegt!"
```

Verzeichnisobjekt löschen

Ein Objekt wird entweder durch einen Methodenaufruf auf sich selbst (`DeleteTree()`) oder über die Ausführung von `Remove()` auf einem übergeordneten Containerobjekt gelöscht. Dabei ist als Parameter das `DirectoryEntry`-Objekt, welches das zu löschende Verzeichnisobjekt repräsentiert, anzugeben. Der Aufruf von `CommitChanges()` ist nicht nötig. `DeleteTree()` hat den Vorteil, dass es rekursiv auch alle Unterobjekte löscht.

Listing 47.6: Löschen einer Organisationseinheit [ADS_OU_DeleteAndCreate.ps1]

```
$oupfad= "LDAP://XFilesServer1/ou=Directors,DC=FBI,DC=net"
$ou = New-Object system.directoryservices.directoryEntry($oupfad)
if ([system.directoryservices.directoryEntry]::Exists($oupfad))

{
"OU existiert schon und wird jetzt erst gelöscht!"
$ou.PSBase.DeleteTree()
}
```

47.4 Benutzer- und Gruppenverwaltung im Active Directory

Dieses Kapitel liefert Ihnen einige Beispiele zur Verwendung der Klassen des Namensraums `System.DirectoryServices` zum Zugriff auf das Microsoft Active Directory.

Die Active-Directory-Verzeichnisklasse „user"

Ein Benutzerobjekt im Active Directory (AD-Klasse `"user"`) besitzt zahlreiche Verzeichnisattribute. Ein Pflichtattribut, das alle Benutzerobjekte besitzen, ist `SAMAccountName`, das den NT3.51/NT 4.0-kompatiblen Anmeldenamen enthält.

Die folgende Tabelle zeigt weitere Verzeichnisattribute eines Benutzerobjekts im Active Directory. Es gibt sowohl unglaublich kurze Namen, wie z. B. „l" für Stadt, als auch unglaublich lange Namen wie „physicalDeliveryOfficeName" für das Büro.

Tabelle 47.4: Ausgewählte Attribute der Active-Directory-Klasse „user"

Name	Pflicht	Mehrwertig	Datentyp (Länge)
`cn`	Ja	Nein	DirectoryString (1-64)
`nTSecurityDescriptor`	Ja	Nein	ObjectSecurityDescriptor (0-132096)
`objectCategory`	Ja	Nein	DN
`objectClass`	Ja	Ja	OID
`objectSid`	Ja	Nein	OctetString (0-28)
`sAMAccountName`	Ja	Nein	DirectoryString (0-256)
`accountExpires`	Nein	Nein	INTEGER8
`accountNameHistory`	Nein	Ja	DirectoryString
`badPwdCount`	Nein	Nein	INTEGER
`comment`	Nein	Nein	DirectoryString
`company`	Nein	Nein	DirectoryString (1-64)
`createTimeStamp`	Nein	Nein	GeneralizedTime
`department`	Nein	Nein	DirectoryString (1-64)
`description`	Nein	Ja	DirectoryString (0-1024)
`desktopProfile`	Nein	Nein	DirectoryString
`displayName`	Nein	Nein	DirectoryString (0-256)
`displayNamePrintable`	Nein	Nein	PrintableString (1-256)
`distinguishedName`	Nein	Nein	DN
`division`	Nein	Nein	DirectoryString (0-256)
`employeeID`	Nein	Nein	DirectoryString (0-16)
`employeeType`	Nein	Nein	DirectoryString (1-256)
`expirationTime`	Nein	Nein	UTCTime
`dacsimileTelephoneNumber`	Nein	Nein	DirectoryString (1-64)
`givenName`	Nein	Nein	DirectoryString (1-64)
`homeDirectory`	Nein	Nein	DirectoryString
`HomeDrive`	Nein	Nein	DirectoryString
`homeMDB`	Nein	Nein	DN
`initials`	Nein	Nein	DirectoryString (1-6)
`internationalISDNNumber`	Nein	Ja	NumericString (1-16)
`l`	Nein	Nein	DirectoryString (1-128)

Tabelle 47.4: Ausgewählte Attribute der Active-Directory-Klasse „user" *(Fortsetzung)*

Name	Pflicht	Mehr-wertig	Datentyp (Länge)
lastLogoff	Nein	Nein	INTEGER8
LastLogon	Nein	Nein	INTEGER8
logonCount	Nein	Nein	INTEGER
LogonHours	Nein	Nein	OctetString
logonWorkstation	Nein	Nein	OctetString
manager	Nein	Nein	DN
middleName	Nein	Nein	DirectoryString (0-64)
Mobile	Nein	Nein	DirectoryString (1-64)
name	Nein	Nein	DirectoryString (1-255)
objectGUID	Nein	Nein	OctetString (16-16)
objectVersion	Nein	Nein	INTEGER
otherFacsimileTelephoneNumber	Nein	Ja	DirectoryString (1-64)
OtherHomePhone	Nein	Ja	DirectoryString (1-64)
physicalDeliveryOfficeName	Nein	Nein	DirectoryString (1-128)
PostalAddress	Nein	Ja	DirectoryString (1-4096)
postalCode	Nein	Nein	DirectoryString (1-40)
postOfficeBox	Nein	Ja	DirectoryString (1-40)
profilePath	Nein	Nein	DirectoryString
sAMAccountType	Nein	Nein	INTEGER
scriptPath	Nein	Nein	DirectoryString
street	Nein	Nein	DirectoryString (1-1024)
streetAddress	Nein	Nein	DirectoryString (1-1024)
TelephoneNumber	Nein	Nein	DirectoryString (1-64)
title	Nein	Nein	DirectoryString (1-64)
userWorkstations	Nein	Nein	DirectoryString (0-1024)
whenChanged	Nein	Nein	GeneralizedTime
whenCreated	Nein	Nein	GeneralizedTime
wWWHomePage	Nein	Nein	DirectoryString (1-2048)

Einige mehrwertige Eingabefelder aus den Dialogen des MMC-Snap-In „Active Directory-Benutzer und -Computer" werden im Active Directory in mehr als einem Attribut gespeichert. Ein gutes Beispiel dafür ist die Liste der Telefonnummern. Die Haupttelefonnummer ist in dem einwertigen Attribut `telephoneNumber` gespeichert, während die weiteren Telefonnummern in dem mehrwertigen Attribut `otherTelephone` stehen. Andere Fälle dieser Art sind:

- `mobile/otherMobile`,
- `mail/otherMailbox` und
- `logonWorkstation/otherLoginWorkstations`.

ACHTUNG: Übrigens handelt es sich bei den beiden letztgenannten Attributen nicht um Tippfehler des Buchautors (Login – Logon), sondern um Inkonsistenzen im Active Directory, für die man die Verantwortlichen in Redmond suchen muss.

TIPP: Eine komplette Liste aller Verzeichnisattribute findet man in der Dokumentation des Active-Directory-Schemas [MSDN59]. Dabei sind im Skript die LDAP-Namen der Eigenschaften zu verwenden, die in der Dokumentation als „LDAP-Display-Name" eingetragen sind (Abbildung 47.8).

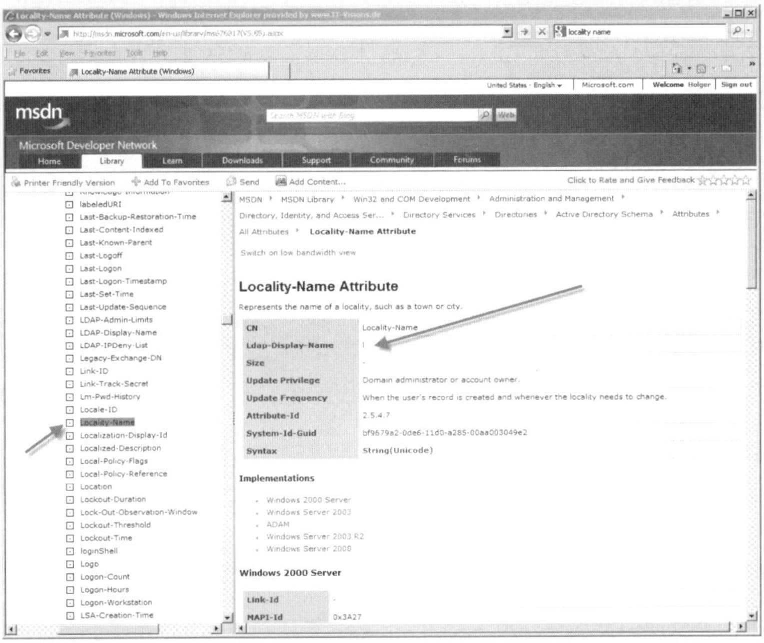

Abbildung 47.8: Dokumentation des Active-Directory-Schemas

Der LDAP-Eigenschaftsname ist leider zum Teil sehr weit entfernt von den Namen in der MMC-Konsole. Das Dokument „User Object User Interface Mapping" [MSDN60] hilft beim Auffinden der richtigen LDAP-Namen. Eine andere Möglichkeit ist, mit dem Werkzeug „ADSI Edit" aus den „Support Tools" für Windows Server direkt auf das „rohe" Verzeichnis zu blicken und dort die LDAP-Namen herauszusuchen.

Benutzerkonto anlegen

Da das Anlegen eines Objekts vom übergeordneten Container ausgeht, muss im ersten Schritt der Container an `DirectoryEntry` gebunden werden. Die Erzeugung eines neuen Objekts erfolgt mit `Add()`, wobei im ersten Parameter der RDN des neuen Objekts und im zweiten Parameter der AD-Klassenname `user` anzugeben sind.

Das Setzen der Eigenschaft `SAMAccountName` ist Pflicht. Sofern der Eigenschaftenzwischenspeicher nicht ausgeschaltet wurde, muss nach dem Setzen aller Eigenschaften `CommitChanges()` ausgeführt werden, da sonst das Benutzerobjekt nicht angelegt wird.

Im Standard ist ein neues Benutzerkonto im Active Directory deaktiviert. Die einfachste Möglichkeit zur Aktivierung ist der Zugriff auf das Attribut `AccountDisabled` in der COM-Schnittstelle `IADsUSer`.

In der folgenden Routine wird ein Benutzerkonto „Walter Skinner“ mit dem Anmeldenamen „WalterSkinner“ angelegt. Als optionales Attribut werden nur die Stadt (`l`) und die Beschreibung (`Description`) gesetzt.

Listing 47.7: Anlegen eines User-Objekts im Active Directory [ADS_User_Create.ps1]

```
# ADS-Benutzer anlegen
$pfad= "LDAP://XFilesServer1/OU=Directors,DC=FBI,DC=net"
$name = "Walter Skinner"
$NTname = "WalterSkinner"
$ou = New-Object DirectoryServices.DirectoryEntry($pfad)
$user = $ou.PSBase.Children.Add("CN=" + $name,'user')
$user.PSBase.CommitChanges()
$user.SAMAccountName = $NTname
$user.l = "Washington"
$user.Description = "FBI Director"
$user.PSBase.CommitChanges()
"Benutzer wurde angelegt: " + $user.PBase.Path
```

Kennwort des Benutzers setzen

Das Kennwort eines Benutzerkontos kann erst gesetzt werden, nachdem das Benutzerkonto im Verzeichnisdienst angelegt wurde. Auch bei dieser Operation ist unter .NET die Impersonifizierung notwendig. Hier kommt dem Nutzer nun einmal zugute, dass die PowerShell die ADSI-Methoden und nicht die COM-Methoden veröffentlicht, denn die Methode zum Setzen des Kennworts (`SetPassword()`) gibt es nicht in der .NET-Ebene. Als Parameter ist das neue Kennwort in Form einer Zeichenkette zu übergeben. Erst nach der Vergabe eines Kennworts sollte man den Benutzer aktivieren.

Listing 47.8: Kennwort für ein AD-Benutzerkonto setzen [ADS_User_Create.ps1]

```
$user.SetKennwort("secret-123")
"Kennwort wurde gesetzt"
$user.Accountdisabled = $false
$user.PSBase.CommitChanges()
```

Benutzerauthentifizierung

Leider gibt es keine eingebaute Methode, die eine Authentifizierung mit Benutzername und Kennwort gegen das Active Directory ermöglicht. Um dies zu realisieren, bleibt nur die Versuch-und-Irrtum-Methode [WPE01]: Man versucht einen Zugriff auf das Active Directory unter Anwendung der Impersonifizierung mit den zu prüfenden Anmeldedaten. Ist ein Zugriff auf das Attribut `NativeGuid` möglich, dann stimmen die Daten. Wenn die Daten nicht stimmen, erhält man eine Fehlermeldung. Dies ist in der nachfolgenden Hilfsroutine `Authenticate-User()` realisiert.

Listing 47.9: Authentifizierung beim ADS [ADS_Authentication.ps1]

```
Function Authenticate-User {

trap [System.Exception] { "Fehler!"; return $false; }
"Versuche, Benutzer " + $args[1] + " mit dem Kennwort " + $args[2] + " zu authentifizieren
bei " + $args[0] + "..."
$o = New-Object system.directoryservices.directoryEntry([string]$args[0],
[String]$args[1], [String]$args[2])

$o.PSBase.NativeGUID
return $true
}

$o = New-Object system.directoryservices.directoryEntry("LDAP://E02")
$o.get_NativeGUID()
$e = Authenticate-User "LDAP://XFilesServer1" "fbi\foxmulder" "I+love+Scully"
$e
if ($e) { "Benutzer konnte authentifiziert werden!" }
else { "Benutzer konnte NICHT authentifiziert werden!" }
```

Benutzerkonto löschen

Um einen Benutzer zu löschen, kann man wieder `DeleteTree()` einsetzen, auch wenn ein Benutzer ein Blattobjekt ist, d. h. keine Unterobjekte besitzt.

Listing 47.10: Löschen eines Benutzers [ADS_User_Create.ps1]

```
$pfad= "LDAP://XFilesServer1/CN=Fox Mulder,OU=Agents,DC=FBI,DC=net"
$benutzer = New-Object system.directoryservices.directoryEntry($pfad)
if ([system.directoryservices.directoryEntry]::Exists($pfad))
{
"Benutzer existiert schon und wird jetzt erst gelöscht!"
$benutzer.PSBase.DeleteTree()
}
```

Benutzerkonto umbenennen

Für das Umbenennen eines Verzeichnisdienstobjekts bietet die Klasse `DirectoryEntry` mit der Methode `Rename()` ein sehr einfaches Verfahren. Unter klassischem ADSI musste dazu die `IADsContainer`-Methode `MoveHere()` verwendet werden.

Im folgenden Beispiel wird das Benutzerkonto „Dana Scully" in „Dana Mulder" umbenannt (auch wenn es bisher weder in der Serie noch in den Filmen zu dieser Hochzeit kam).

Listing 47.11: Umbenennen eines AD-Benutzerkontos [ADS_User_Misc.ps1]

```
# Benutzer umbenennen
$pfad= "LDAP://XFilesServer1/CN=Dana Scully,OU=Directors,DC=FBI,DC=net"
$user = New-Object system.directoryservices.directoryEntry($pfad)
$user.PSBase.Rename("cn=Dana Mulder")
"Benutzer wurde umbenannt!"
```

Benutzerkonto verschieben

Als Äquivalent zur COM-Methode `IADSContainer.MoveHere()` gibt es in der FCL-Klasse `DirectoryEntry` die Methode `MoveTo()`. Sie verschiebt ein Verzeichnisobjekt in einen anderen Container. Der Zielcontainer ist in Form eines zweiten `DirectoryEntry`-Objekts als Parameter zu übergeben.

In der folgenden Routine wird der Benutzer „Fox Mulder" aus der Organisationseinheit „Agents" in den Standardbenutzercontainer „Users" verschoben (diese Degradierung kam in der Serie tatsächlich vor).

Listing 47.12: Verschieben eines AD-Benutzerkontos [ADS_User_Misc.ps1]

```
# Benutzer verschieben
$pfad= "LDAP://XFilesServer1/CN=Walter Fox Mulder,OU=Agents,DC=FBI,DC=net"
$ziel = "LDAP://XFilesServer1/CN=Users,DC=FBI,DC=net "
$user = New-Object system.directoryservices.directoryEntry($pfad)
$user.PSBase.MoveTo($ziel)
"Objekt verschoben!"
```

Gruppenverwaltung

In einem Verzeichnisobjekt des Typs `group` existiert ein Attribut `Member` mit den LDAP-Pfaden zu den Gruppenmitgliedern. Zum Anzeigen der Mitglieder einer Gruppe braucht man daher nur einen Einzeiler. Der folgende Befehl zeigt die Mitglieder der Gruppe aller FBI-Agenten:

```
(New-Object  directoryservices.directoryentry
("LDAP://XFilesServer1/CN=All Agents,DC=FBI,DC=net")).member
```

Dieser Befehl liefert aber nur die direkten Mitglieder. Wenn eine Gruppe aber eine andere Gruppe enthält, dann gibt es auch indirekte Mitglieder. Die im folgenden Listing implementierte Funktion `Get-Members` liefert rekursiv alle direkten und indirekten Mitglieder einer Gruppe im Active Directory.

Listing 47.13: Auflisten indirekter Gruppenmitglieder [ADS_Group_Create.ps1]

```
"Direct Group Members:"
$gruppe = New-Object directoryservices.directoryentry("LDAP://xfilesserver/CN=All FBI
Employees,DC=FBI,DC=net")
$gruppe.member

function Get-Members ($group){
  if ($group.objectclass[1] -eq 'group') {
   "-- Gruppe $($group.cn)"
    $Group.member | foreach-Object {
```

```
        $de = New-Object directoryservices.directoryentry("LDAP://xfilesserver/" + $_)

        if ($de.objectclass[1] -eq 'group') {
          Get-Members $de
        }
        Else {
          $de.distinguishedName
        }
      }
    }
    Else {
      Throw "$group is not a group."
    }
}
""
"All Members (including non-direct):"
Get-Members(New-Object directoryservices.directoryentry("LDAP://xfilesserver/CN=All FBI
Employees,DC=FBI,DC=net"))
```

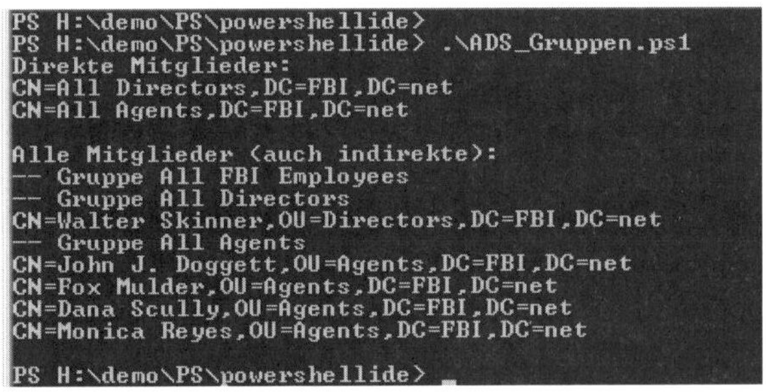

Abbildung 47.9: Auflisten direkter und indirekter Gruppenmitglieder

Anlegen und Befüllen einer Gruppe

Das Anlegen einer Gruppe erfolgt analog zum Anlegen eines Benutzers.

Beachten Sie beim Anlegen von Gruppen im Vergleich zum Anlegen von Benutzern den anderen Klassennamen (group).

Listing 47.14: Gruppe anlegen [ADS_GruppeAnlegen.ps1]

```
"Anlegen einer Gruppe..."
$pfad= "LDAP://XFilesServer1/DC=FBI,DC=net"
$con = New-Object system.directoryservices.directoryEntry($pfad)
$ou = $con.PSBase.Children.Add("cn=All Directors","group")
$ou.PSBase.CommitChanges()
$ou.samaccountname = "AllDirectors"
$ou.Description = "Group for FBI Directors"
$ou.PSBase.CommitChanges()
"Gruppe wurde angelegt!"
```

Für die Zuordnung von Benutzern zu Gruppen gibt es in der Klasse `DirectoryEntry` keine spezifischen Methoden. Hier ermöglicht das PowerShell-Objekt wieder den Zugang zu den in der COM-Schnittstelle `IADsGroup` definierten Methoden `Add()` und `Remove()`.

Listing 47.15: Hinzufügen von Benutzern in Gruppen [ADS_Group_Members.ps1]

```
# Hinzufuegen eines Gruppenmitglieds
$pfad= "LDAP://XFilesServer1/cn=All Directors,DC=FBI,DC=net"
$gr = New-Object system.directoryservices.directoryEntry($pfad)
$Benutzer = "LDAP://XFilesServer1/CN=Walter Skinner,OU=Directors,DC=FBI,DC=net"
$gr.Add($Benutzer)
"Benutzer " + $Benutzer + " wurde der Gruppe " + $gr + " hinzugefuegt
```

Listing 47.16: Entfernen von Benutzern aus Gruppen [ADS_Group_Members.ps1]

```
# Entfernen eines Gruppenmitglieds
$pfad= "LDAP://XFilesServer1/cn=All Directors,DC=FBI,DC=net"
$gr = New-Object system.directoryservices.directoryEntry($pfad)
$Benutzer = "LDAP://XFilesServer1/CN=Walter Skinner,OU=Directors,DC=FBI,DC=net"
$gr.Remove($Benutzer)
"Benutzer " + $Benutzer + " wurde aus der Gruppe " + $gr + " entfernt!"
```

Testen der Gruppenmitgliedschaft

Die Prüfung, ob ein Benutzer Mitglied einer Gruppe ist, erfolgt am einfachsten mit dem Commandlet `Test-UserGroupMembership` aus den PowerShell Community Extensions.

```
Test-UserGroupMembership -Identity hs -GroupName Administrators
```

47.5 Verwaltung der Organisationseinheiten

Das Erstellen und Löschen von Organisationseinheiten (Verzeichnisdienstklasse `organizationalUnit`) wurde bereits innerhalb des Überblicks über die Programmiertechniken gezeigt.

Beachten Sie beim Anlegen von Organisationseinheiten im Vergleich zum Anlegen von Benutzern den anderen Klassennamen (`organizationalUnit`) im ersten Parameter und den anderen Attributnamen (`OU`) im ersten Parameter bei `Add()`.

Listing 47.17: Skript zum Neuanlegen einer OU [ADS_OU_DeleteAndCreate.ps1]

```
# Skript zum Neuanlegen einer OU (Die OU wird geloescht, wenn sie schon existiert!)

$oupfad= "LDAP://XFilesServer1/ou=Directors,DC=FBI,DC=net"
$ou = New-Object system.directoryservices.directoryEntry($oupfad)
if ([system.directoryservices.directoryEntry]::Exists($oupfad))
{
"OU existiert schon und wird jetzt erst gelöscht!"
$ou.PSBase.DeleteTree()
}

"Anlegen einer OU..."
$pfad= "LDAP://XFilesServer1/DC=FBI,DC=net"
$con = New-Object system.directoryservices.directoryEntry($pfad)
```

```
$ou = $con.PSBase.Children.Add("ou=Directors","organizationalUnit")
$ou.PSBase.CommitChanges()
$ou.Description = "FBI Directors"
$ou.PSBase.CommitChanges()
"OU wurde angelegt!"
```

47.6 Suche im Active Directory

Im Active Directory können – wie in anderen LDAP-basierten Verzeichnisdiensten auch – Einträge, die bestimmten Kriterien entsprechen, containerübergreifend gesucht werden.

LDAP-Suchanfragen

Für LDAP-Suchanfragen existiert eine spezielle Syntax nach [RFC1960] und [RFC2254]. Dabei sind anzugeben:

- *Wurzel* – ein LDAP-Pfad inkl. *LDAP://*. Der Pfad kann sowohl in Little-Endian- als auch in Big-Endian-Form angegeben werden.

  Beispiel: `LDAP://XFilesServer101/dc=FBI,dc=net`
- *Filter* – eine Bedingung in umgekehrt polnischer Notation (UPN oder Postfix-Notation). Diese Notation zeichnet sich dadurch aus, dass die Operatoren am Anfang stehen. Erlaubte Operationen sind `&` (und), `|` (oder) und `!` (nicht). Zum Vergleich stehen =, <= und >= zur Verfügung, nicht aber < und >.

  Beispiel: `(&(objectclass=user)(name=h*))`
- *Attribute* – eine Attributliste der gewünschten Verzeichnisattribute, die in die Tabelle aufgenommen werden sollen. Diese Angabe ist nicht optional, der Sternoperator („*“) wie bei SQL ist nicht erlaubt.

  Beispiel: `AdsPath,Name,SamAccountname`
- *Geltungsbereich* – eine der in der folgenden Tabelle genannten Konstanten.

Tabelle 47.5: Suchtiefen bei LDAP-Suchabfragen

Konstante (LDAP-Syntax)	Erläuterung
BASE	Es wird nur auf der Ebene des angegebenen Eintrags gesucht. Die Ergebnismenge umfasst keinen oder einen Datensatz.
ONELEVEL	Es wird in den Einträgen gesucht, die dem angegebenen Eintrag untergeordnet sind.
SUBTREE	Es werden alle darunterliegenden Ebenen durchsucht.

EXKURS: In dem Active-Directory-MMC-Snap-In „Benutzer und Computer“ gibt es ab Windows Server 2003 einen neuen Ast „Gespeicherte Abfragen“, mit dem LDAP-Abfragen entworfen und ausgeführt werden können.

Programmierschnittstellen für die Suche

Im klassischen ADSI wurde die Suchfunktionalität durch einen OLEDB-Provider gekapselt. Dieser steht grundsätzlich auch in ADO.NET über den Managed Provider für OLEDB noch zur Verfügung. Allerdings bietet der Namensraum `System.DirectoryServices` eine elegantere Möglichkeit zur Ausführung von LDAP-Suchanfragen.

Während der OLEDB-Provider für ADSI-Anfragen sowohl LDAP-Query-Syntax als auch SQL-Befehle unterstützt, können mit den in der .NET-Klassenbibliothek eingebauten Klassen nur LDAP-Query-Syntaxanfragen gestellt werden.

Ebenso wie mit dem OLEDB-Provider lassen sich auch mit den FCL-Klassen nur LDAP-fähige Verzeichnisdienste abfragen. Die LDAP-Query-Syntax ist ein Standard ([RFC1960] und [RFC2254]) und daher nicht anders als bei der COM-Implementierung.

Ausführung einer Abfrage in der PowerShell

Eine LDAP-Abfrage wird mit .NET-Klassen in folgenden Schritten ausgeführt:

- Instanziierung der Klasse `DirectorySearcher`
- Festlegung des Ausgangspunkts der Anfrage durch Zuweisung eines Zeigers auf ein `DirectoryEntry`-Objekt, das an den Ausgangspunkt gebunden ist, an das Attribut `SearchRoot`
- Setzen des Filterteils der LDAP-Abfrage im Attribut `Filter`
- Festlegung der Attribute durch Füllen der Objektmenge `PropertiesToLoad`
- Festlegung des Geltungsbereichs in dem Attribut `SearchScope`
- Starten der Anfrage durch die Methode `FindAll()`
- `FindAll()` liefert eine Objektmenge vom Typ `SearchResultCollection` zurück.

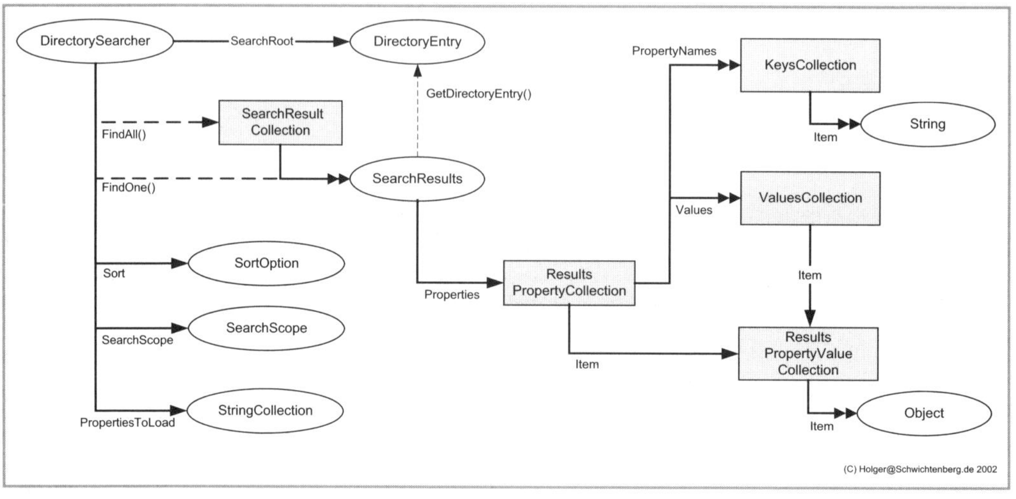

Abbildung 47.10: Objektmodell für LDAP-Suche

- Die SearchResultCollection enthält einzelne SearchResult-Objekte.
- Von einem SearchResult-Objekt kann man entweder lesend auf die abgefragten Attribute zugreifen oder aber man lässt sich von der Methode GetDirectoryEntry() ein DirectoryEntry-Objekt für den gefundenen Verzeichniseintrag liefern. Das so ermittelte DirectoryEntry-Objekt ermöglicht auch den Schreibzugriff.

Beispiel

- Die SearchResultCollection enthält einzelne SearchResult-Objekte.
- Von einem SearchResult-Objekt kann man entweder lesend auf die abgefragten Attribute zugreifen oder aber man lässt sich von der Methode GetDirectoryEntry() ein DirectoryEntry-Objekt für den gefundenen Verzeichniseintrag liefern. Das so ermittelte DirectoryEntry-Objekt ermöglicht auch den Schreibzugriff.

In dem folgenden Beispiel werden im ganzen Active Directory alle Benutzerkonten gesucht, deren Verzeichnisnamen mit dem Buchstaben „Alien“ beginnen.

Listing 47.18: Ausführen einer LDAP-Suche im AD [ADS_Search_NamePattern.ps1]

```
$Wurzel = New-Object system.directoryservices.directoryEntry("LDAP://XFilesServer1/
DC=FBI,DC=net", "FoxMulder", "I+love+Scully")
$Filter = "(&(objectclass=user)(name=alien*))"
$Attribute = "CN","ObjectClass","ObjectCategory","distinguishedName",
"lastLogonTimestamp",
"description","department","displayname"

# Suche zusammenstellen
$Searcher = New-Object DirectoryServices.DirectorySearcher($Wurzel)
$searcher.PageSize = 900
$searcher.Filter = $Filter
$searcher.SearchScope = "subtree"
$Attribute | foreach {[void]$searcher.PropertiesToLoad.Add($_)}
# Suche ausführen
$ergebnis = $searcher.findAll()
"Anzahl der Ergebnisse: " + $ergebnis.Count
$ergebnis
```

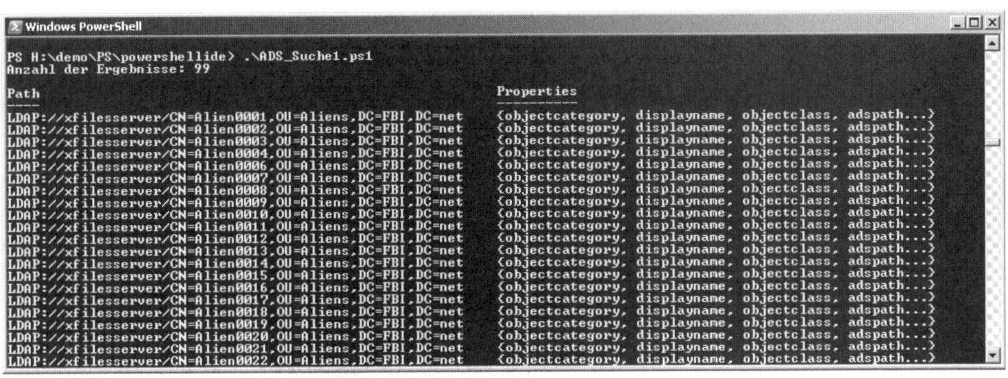

Abbildung 47.11: Suchergebnisse

Suche nach einem Benutzer mit seinem Anmeldenamen

Wenn für einen Benutzer dessen NT-4.0-kompatibler Anmeldename, aber nicht der Pfad des Verzeichnisdiensteintrags bekannt ist, dann hilft nur die Suche im Active Directory mit einer ADSI-Suchanfrage über das Attribut `SAMAccountName`. Wichtig ist dabei, dass hier nur der Benutzername, nicht auch der NT-4.0-kompatible Domänenname anzugeben ist.

Listing 47.19: Verzeichnisdiensteintrag zu einem Benutzer suchen, dessen SAMAccountName bekannt ist [ADS_Search_SamAccountName.ps1]

```
$Benutzername = "FoxMulder"
"Suche Benutzer " + $benutzername + "..."
$Wurzel = New-Object system.directoryservices.directoryEntry("LDAP://XFilesServer1/
DC=FBI,DC=net", "FoxMulder", "I+love+Scully")
$Filter = "(SAMAccountName=" + $benutzername +")"
$Attribute = "CN","ObjectClass","ObjectCategory","distinguishedName",
"lastLogonTimestamp","description","department","displayname"

# Suche zusammenstellen
$Searcher = New-Object DirectoryServices.DirectorySearcher $Wurzel
$searcher.PageSize = 900
$searcher.Filter = $Filter
$searcher.SearchScope = "subtree"
$Attribute | foreach {[void]$searcher.PropertiesToLoad.Add($_)}
# Suche ausführen
$searcher.findAll()
```

Tipps und Tricks zur Suche

Dieses Unterkapitel enthält Tipps und Tricks zur Suche im Active Directory.

Verwendung indizierter Attribute

Sie sollten möglichst viele indizierte Attribute in Suchanfragen verwenden. Welche Attribute indiziert sind, erfahren Sie in der Dokumentation des Active Directory. Die folgende Abbildung zeigt, wo Sie die Dokumentation der Active-Directory-Attribute im Active-Directory-Schema in der MSDN-Bibliothek finden. Der Eintrag „Is Indexed: True“ zeigt indizierte Attribute an.

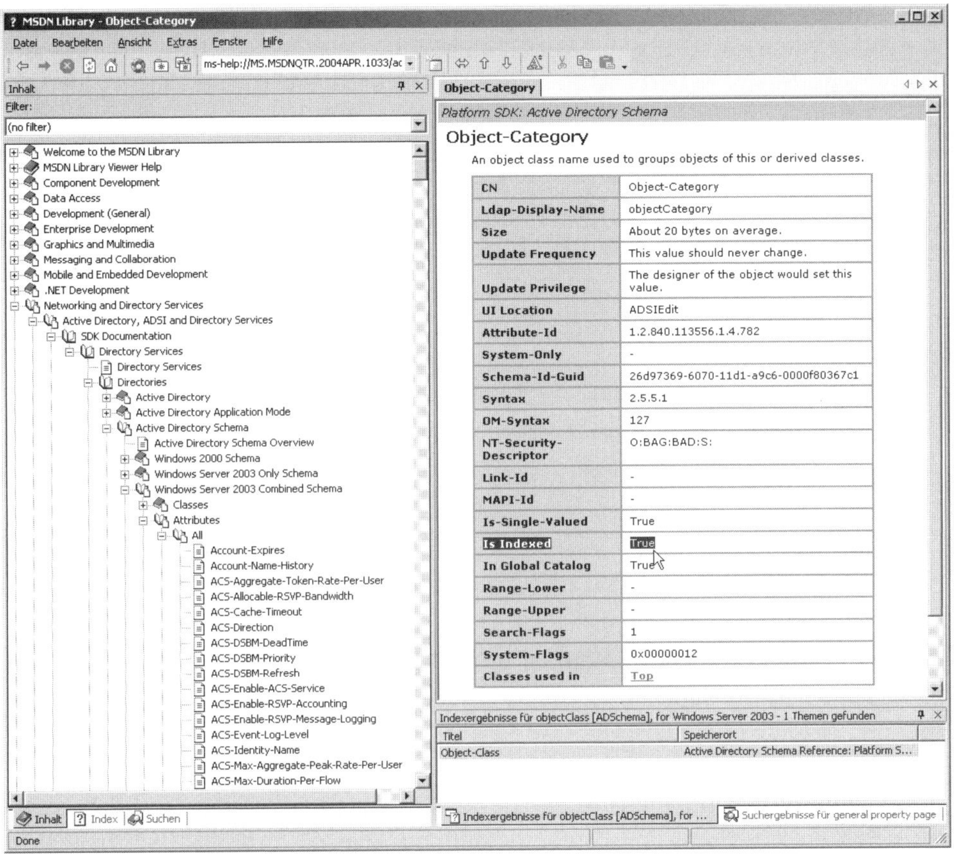

Abbildung 47.12: Dokumentation der AD-Attribute in der MSDN-Entwicklerbibliothek

Vermeidung mehrwertiger Attribute

Die Anfrage

```
(&(objectClass=user)(name=f*))
```

ist korrekt, aber aus Leistungsgründen nicht optimal. Schneller ist folgende Anfrage:

```
(objectCategory=person)(objectClass=user)(name=f*))
```

Sie werden feststellen, dass die zweite, längere Abfrage wesentlich schneller ausgeführt wird. Dabei ist die Reihenfolge der Attribute in der Bedingung beliebig; das Active Directory optimiert selbst.

Auffällig in dieser modifizierten Anfrage ist, dass neben der `objectClass` auch ein Bezug auf das Attribut `objectCategory` in der Anfrage enthalten ist. Der Grund dafür liegt darin, dass `objectClass` ein mehrwertiges Attribut ist, das die komplette Vererbungshierarchie der Verzeichnisklasse abbildet. Beispielsweise ist dort für ein `user`-Objekt „top, person, organizationalPerson, user" abgelegt. Bei einem `computer`-Objekt erkennt man interessanterweise, dass ein Computer eine Spezialisierung eines Benutzers ist, weil `objectClass` für einen Computer enthält: „top, person, organizationalPerson, user, computer". Eine Suche über ein mehrwertiges Attribut ist sehr zeitaufwendig. Leider existiert im Active Directory kein Attribut, das den Klassennamen in einem einwertigen Attribut enthält.

Neben der Klasse existiert aber auch eine Kategorisierung der Verzeichnisobjekte. Kategorien sind `person`, `group`, `computer` und `organizationalUnit`. `Person` umfasst die Klassen `user` und `contact`. Die Kategorie eines Verzeichnisobjekts ist in `objectCategory` abgelegt und `objectCategory` ist ein indiziertes Attribut, das eine sehr schnelle Suche ermöglicht. Aus diesem Grund ist es sinnvoll, sowohl `objectClass` als auch `objectCategory` in die Bedingungen aufzunehmen.

Die folgende Liste zeigt die korrekten Bedingungen für eine schnelle Suche für verschiedene Verzeichnisklassen:

- Kontakte: `(&(objectclass=contact) (objectcategory=person)`
- Benutzer: `(&(objectclass=user) (objectcategory=person)`
- Gruppen: `(&(objectclass=group) (objectcategory=group)`
- Organisationseinheiten: `(&(objectclass=organizationalUnit) (objectcategory=organizationalUnit)`
- Computer: `(&(objectclass=user) (objectcategory=computer)`

Vermeidung des Sternoperators

Als weiteren Tipp zur Optimierung von Active-Directory-Suchanfragen sollten Sie die Verwendung von Platzhaltern (Sternoperator *) am Anfang einer Zeichenkette vermeiden.

Begrenzung für Suchanfragen

Das Active Directory begrenzt in der Standardkonfiguration die Anzahl der Suchergebnisse auf 1000. Diese Einstellung können Sie in den Domänenrichtlinien ändern.

Listing 47.20: Änderung der Domänenrichtlinie für die Suchbegrenzung durch ntdsutil.exe

```
C:\> ntdsutil
ntdsutil: ldap policies
ldap policy: connections
server connections: connect to server SERVERNAME
Connected to SERVERNAME using credentials of locally logged on user
server connections: q
ldap policy: show values

Policy                          Current(New)

…MaxPageSize                     1000…
ldap policy: set maxpagesize to ##### (for example, 50000)
ldap policy: commit changes
ldap policy: q
ntdsutil: q
Disconnecting from SERVERNAME …
```

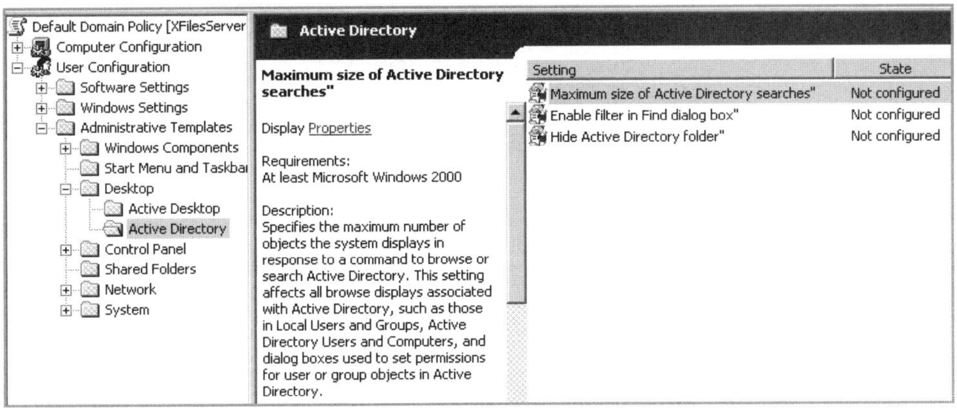

Abbildung 47.13: Änderung der Domänenrichtlinie für die Suchbegrenzung durch die MMC

Weitere Beispiele für LDAP-Suchanfragen

Die folgende Liste enthält weitere Beispiele für mögliche Filter bei der Suche nach Benutzerkonten:

- Alle Benutzer, deren Name mit s beginnt:

```
(&(objectCategory=person)(objectClass=user)(name=s*))
```

- Alle Benutzer, für die es keine Beschreibung gibt:

```
(&(objectCategory=computer)(!description=*))
```

- Alle Benutzer, die deaktiviert sind:

```
(&(objectCategory=person)(objectClass=user)
(userAccountControl:1.2.840.113556.1.4.803:=2))
```

  Die Herausforderung in diesem Fall besteht darin, dass die Deaktivierungsinformation in einem einzelnen Bit in `userAccountControl` abgelegt ist. Ein Vergleich auf einen bestimmten Wert nur mit dem Gleichheitszeichen würde nicht zum Ziel führen. Notwendig ist ein bitweises UND. Leider wird dies in LDAP kompliziert durch die Angabe „1.2.840.113556.1.4.803“ ausgedrückt. Ein bitweises ODER wäre der Wert „1.2.840.113556.1.4.804“.

- Alle Benutzer, bei denen „Kennwort läuft nie ab“ gesetzt ist:

```
(&(objectCategory=person)(objectClass=user)
(userAccountControl:1.2.840.113556.1.4.803:=65536))
```

- Alle Benutzer, die nach dem 10.11.2004 angelegt wurden:

```
(&(objectCategory=person)(objectClass=user)
(whenCreated>=20041110000000.0Z))
```

> **ACHTUNG:** Eine Abfrage, die nur aus der Bedingung `class=*` besteht, funktioniert nicht. Um alle Verzeichnisobjekte zurückzuliefern, muss der Sternoperator auf ein anderes Attribut angewendet werden.

Verwendung von Get-ADObject

Die PowerShell Community Extensions beinhalten das Commandlet `Get-ADObject`, mit dem man Einträge, die bestimmten Kriterien entsprechen, aus dem Active Directory filtern kann. Ausgabeobjekte sind vom Typ `System.DirectoryServices.DirectoryEntry`.

Tabelle 47.6: Beispiel für den Einsatz von Get-ADObject

`Get-ADObject -Class user`
Liefert alle Benutzerkonten (Instanzen der Verzeichnisdienstklasse „user")
`Get-ADObject -value "*domain*"`
Liefert alle Verzeichnisdienstobjekte, deren Name das Wort „Domain" enthält
`Get-ADObject -Filter "(&(objectCategory=person)(objectClass=user)(userAccountControl:1.2.840.113556.1.4.803:=2))"`
Liefert alle deaktivierten Benutzerkonten
`Get-ADObject -Server E02 -SizeLimit 10`
Liefert die ersten zehn Verzeichniseinträge von Domänencontroller E02
`Get-ADObject -Server E02 -Scope subtree -DistinguishedName "CN=Users,DC=IT-Visions,DC=local"`
Liefert alle Einträge in dem Container „Users" und seinen Untercontainern

47.7 Navigation im Active Directory mit den PowerShell Extensions

Durch Installation der PowerShell Community Extensions (PSCX) [CODEPLEX01] steht das Active Directory als Navigationscontainer (alias PowerShell Provider) bereit. Beim Start der PowerShell erzeugen die PSCX automatisch ein neues Laufwerk für das Active Directory, zu dem der Computer gehört. Das Laufwerk wird benannt wie der NT-4.0-kompatible Domänenname (also z. B. „FBI:" für die Domäne mit dem DNS-Namen „fbi.net").

Der folgende Befehl selektiert aus dem „users"-Container des Active Directory alle Gruppen, die das Wort „Domain" im Namen tragen, und gibt diese Liste nach Namen sortiert aus.

```
dir FBI:/users | where { ($_.name -match "domain") -and ($_.Type -match "group") } |
sort name
```

Um eine neue Organisationseinheit mit Namen „Directors“ anzulegen, braucht man nur einen Befehl:

```
New-Item -path FBI://Directors -type organizationalunit
```

47.8 Verwendung der Active-Directory-Erweiterungen von www.IT-Visions.de

Die Commandlet-Bibliothek von *www.IT-Visions.de* stellt einige Commandlets für die Verzeichnisdienstverwaltung bereit, welche die Arbeit wesentlich vereinfachen. Dort enthalten sind folgende Commandlets:

- `Get-DirectoryEntry`: Zugriff auf ein einzelnes Verzeichnisobjekt
- `Get-DirectoryChildren`: Zugriff auf den Inhalt eines Containerobjekts (listet die Unterelemente auf)
- `Add-User`: Anlegen eines Benutzerkontos mit Kennwort
- `Add-DirectoryObject`: Anlegen eines Verzeichnisobjekts, das kein Kennwort benötigt
- `Remove-DirectoryObject`: Löschen eines Verzeichnisobjekts
- `Get-DirectoryValue`: Auslesen eines Werts für ein Verzeichnisattribut
- `Set-DirectoryValue`: Festlegen eines Werts für ein Verzeichnisattribut

HINWEIS: Die Commandlets unterstützen sowohl den Commandlet-basierten Programmierstil:

```
Add-User -RDN $Name -Container ("WinNT://" + $Computer) -Password "geheim"
Set-DirectoryValue -Path ("WinNT://" + $Computer +"/" + $Name) -Name
"Fullname" -Value "Dr. Holger Schwichtenberg"
```

als auch den objektbasierten Stil, da die Commandlets die entsprechenden Objekte in die Pipeline legen:

```
$u = Add-User -Password "geheim" -RDN $Name -Container ("WinNT://" +
$Computer)
$u.Fullname
$u.PSBase.CommitChanges()
```

Das folgende Beispiel zeigt die Anwendung der Commandlets – wahlweise für eine lokale Windows-Benutzerdatenbank (getestet auf einem Windows-Server-2003-Mitgliedsserver) oder ein Active Directory (getestet auf einem Windows-Server-2003-Domänencontroller).

Listing 47.21: Beispiel für verschiedene Verzeichnisdienstoperationen mit dem Win-NT-Provider unter Verwendung der www. IT-Visions.de-Commandlets [3_Einsatzgebiete\Benutzer\LocalUser_IT-Visions_Commandlets.PS1]

```
############################################
## Testskript für Verzeichnisdienstzugriff mit den
## www.IT-Visions.de PowerShell Commandlets
## Dr. Holger Schwichtenberg 2007 - 2010
############################################

# Parameter

# WinNT
$Name = "FoxMulder"
$Computer = "F171"
$Container = "WinNT://$Computer"


# LDAP (ADS)
$Name = "cn=FoxMulder"
$Container = "LDAP://XFilesServer1/OU=Agents,DC=FBI,DC=net"

Write-Host "Zugriff auf Container" -ForegroundColor yellow
Get-DirectoryEntry $Container | select name
# Alternative: Get-DirectoryEntry "WinNT://$Computer" | select name

Write-Host "Benutzer anlegen" -ForegroundColor yellow
$u = Add-User -Name $Name -Container $Container -Password "sdd%24343423" -verbose

Write-Host "Attribute setzen - Commandlet-Stil" -ForegroundColor yellow
Set-DirectoryValue -Path $u.psbase.path -Name "Description" -Value "Autor
dieses Buchs"

Write-Host "Attribute setzen - Objektstil" -ForegroundColor yellow
$u.Description = "Autor dieses Buchs"
$u.PSBase.CommitChanges()
# Alternative: Set-DirectoryValue -Path ("WinNT://" + $Computer +"/" + $Name) -Name
"Fullname" -Value "Agent Fox Mulder"

Write-Host "Benutzer auslesen - Objektstil" -ForegroundColor yellow
$u = Get-DirectoryEntry $u.psbase.path
"Name: " + $u.Description

Write-Host "Benutzer auslesen - Commandlet-Stil" -ForegroundColor yellow
Get-DirectoryValue -Path $u.psbase.path  -Name "Description"

Write-Host "Benutzer löschen" -ForegroundColor yellow
Remove-DirectoryEntry $u.psbase.path

Write-Host "Liste aller Containerelement" -ForegroundColor yellow
Get-DirectoryChildren $Container | select name
```

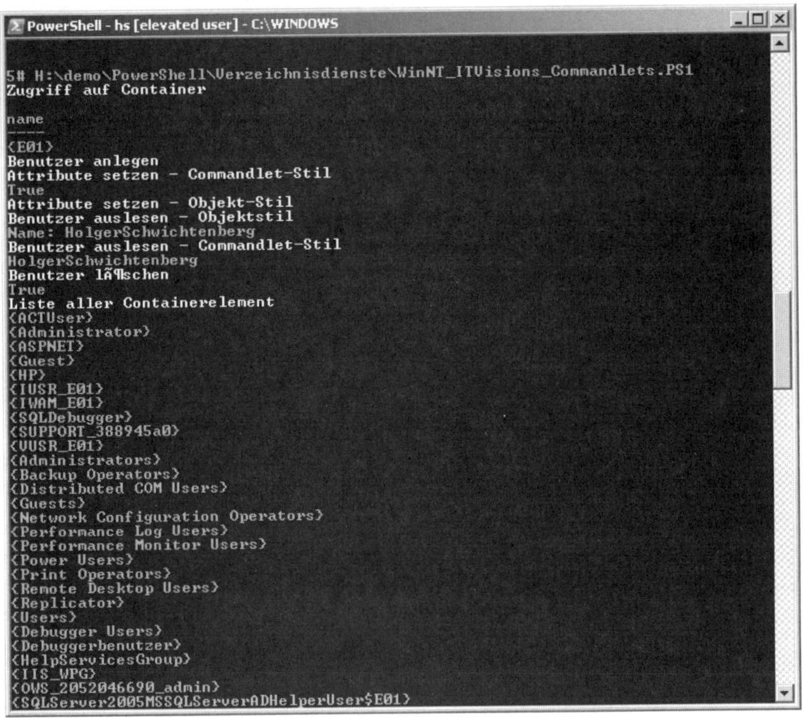

Abbildung 47.14: Ausschnitt aus der Ausgabe des obigen Skripts

47.9 PowerShell-Modul „Active Directory“ (ADPowerShell)

Windows Server enthält seit Version 2008 Release 2 ein Active-Directory-PowerShell-Modul mit 76 Commandlets und einem Navigationsprovider. Das Modul wird bei Microsoft „Active Directory PowerShell“ (kurz: ADPowerShell) genannt. Das Modul kann man im Rahmen von RSAT auch auf einem Windows Client (ab Version Windows 7) installieren.

HINWEIS: Man kann auch Instanzen von Active Directory Lightweight Directory Services (AD LDS) mit dem Modul verwalten.

HINWEIS: Das neue GUI-Werkzeug für das Active Directory seit Windows Server 2008 R2, das Active Directory Administrative Center (ADAC), basiert komplett auf dem ADPowerShell-Modul.

TIPP: Zu dem Active-Directory-Modul gibt es ein eigenes Weblog: *http://blogs.msdn.com/adPowerShell/.*

Architektur und Installation

Das Active-Directory-Modul nutzt für den Zugriff auf einen Domänencontroller nicht das LDAP-Protokoll, sondern Webservices. Voraussetzung ist daher, dass auf dem Domänencontroller die Active Directory Web Services (ADWS) installiert sind. ADWS werden automatisch auf einem Windows-Server-Domänencontroller (seit Windows Server 2008 R2) installiert. ADWS basieren auf der .NET-Kommunikationsinfrastruktur „Windows Communication Foundation (WCF)" und diversen W3C-Standards wie WS-Transfer sowie Microsoft-eigenen Erweiterungen (z. B. WS-Enumeration).

ADWS verwendet TCP-Port 9389 und ist implementiert im Windows-Systemdienst „ADWS" (Microsoft.ActiveDirectory.WebServices.exe). Das Installationsverzeichnis ist C:\Windows\ADWS. Die Konfiguration ist möglich über Microsoft.ActiveDirectory.WebServices.exe.config.

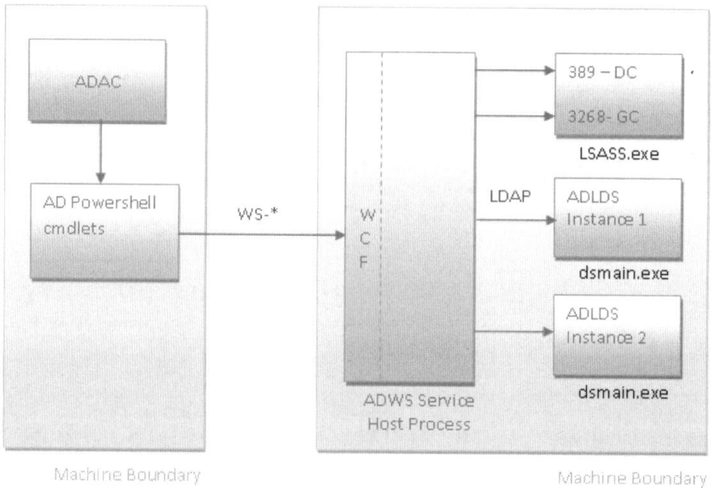

Abbildung 47.15: Das Schaubild zeigt den Weg vom Active Directory Administrative Center (ADAC) über die PowerShell und WCF bis zum Dienst lsass.exe (für Active Directory Domain Services) bzw. dsmain.exe (für Lightweight Directory Services). [Quelle: *http://blogs.msdn.com/adPowerShell/archive/2009/04/06/active-directory-web-services-overview.aspx*]

Beim Auftreten des Fehlers „Unable to find a default server with Active Directory Web Services running" prüfen Sie, ob der ADWS-Dienst läuft und erreichbar ist.

ADWS sind für Windows Server 2008 (mit oder ohne SP2) sowie Windows Server 2003 (auch R2, mit SP2) als Zusatzkomponenten verfügbar. Dazu muss man dort den „Active Directory Management Gateway Service" (ADMGS) installieren. ADMGS basiert auf .NET Framework 3.5 mit SP1, das vorher installiert sein muss [MS04].

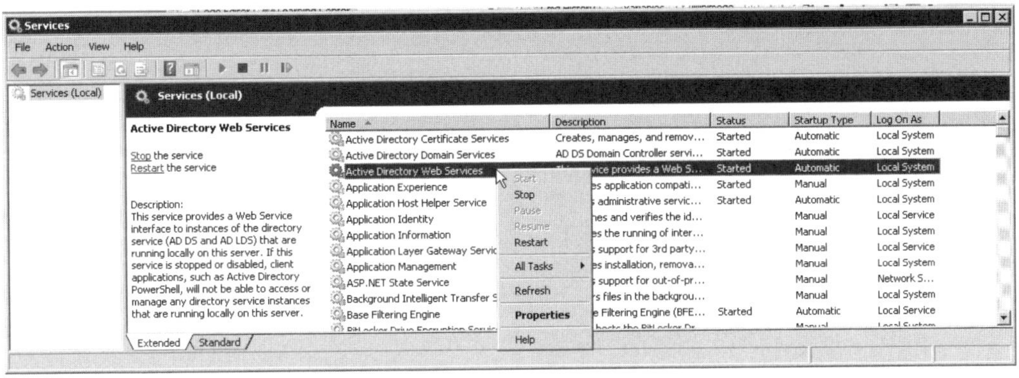

Abbildung 47.16: Der Systemdienst „Active Directory Web Services“ (Microsoft.ActiveDirectory.WebServices.exe), der ADWS realisiert

HINWEIS: ADMGS entspricht hinsichtlich der Funktionalität ADWS unter Windows Server seit Version 2008 R2. Warum hier zwei Namen notwendig waren, bleibt schleierhaft.

Auf einem Windows Server 2008 R2 oder Windows Server 2012, der nicht Domänencontroller ist, kann man das ADPowerShell-Modul einzeln (z.B. mit Hilfe des PowerShell-Moduls Servermanager) installieren (RSAT steht hier für „Remote Server Administration Tools“):

```
import-module servermanager
Add-WindowsFeature -Name "RSAT-AD-PowerShell" -IncludeAllSubFeature
```

Unter Windows Client (seit Version 7) kann man das AD-Modul ebenfalls nutzen (zum Zugriff auf entsprechend ausgestattete Domänencontroller). Hier muss man die Microsoft Remote Server Administration Tools (RSAT) für Windows Client installieren und danach unter den optionalen Features das „Active Directory Module for Windows PowerShell“ aktivieren (siehe folgende Bildschirmabbildung).

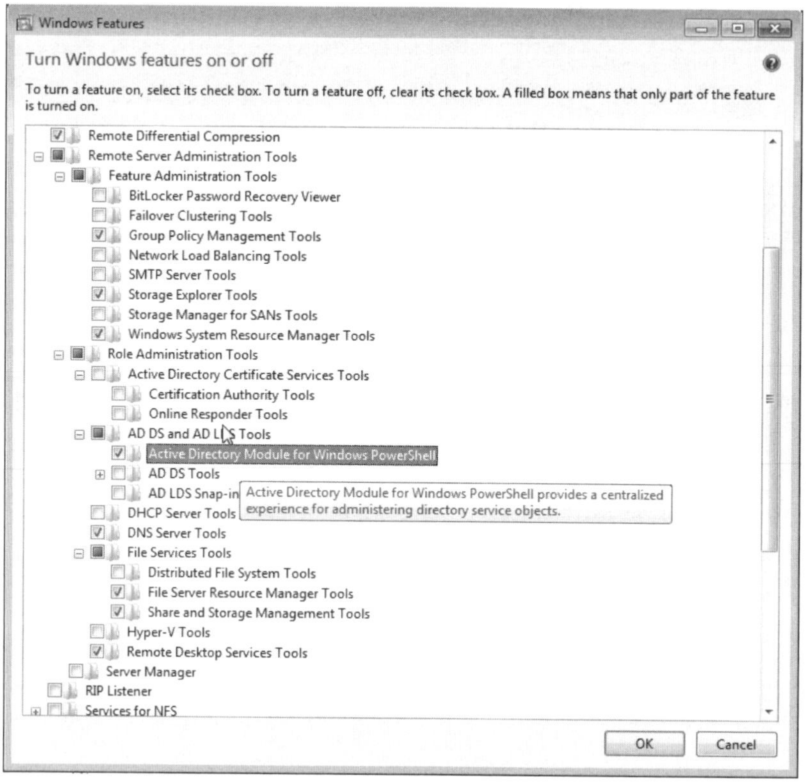

Abbildung 47.17: Aktivieren von ADPowerShell

Aktivieren des Active-Directory-Moduls

Das Active-Directory-Modul ist im Standard nicht aktiv, wenn man die Windows PowerShell auf Windows Server 2008 R2 oder 2012 (inkl. R2) startet. Es gibt zwei Möglichkeiten:

- Start des Eintrags „Active Directory-Module für Windows PowerShell“ unter „Administrative Tools“ im Startmenü. Dies startet eine PowerShell-Konsole mit aktiviertem Active-Directory-Modul.

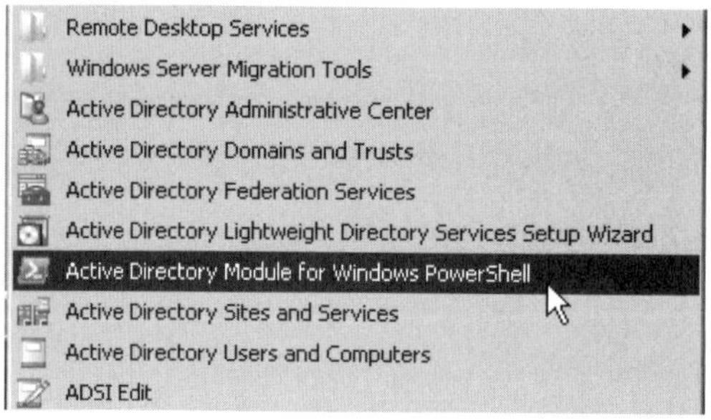

Abbildung 47.18: Active-Directory-Werkzeuge in Windows Server 2008 R2 und 2012 bzw. 2012 R2

- Eingabe von „Import-Module ActiveDirectory“ in einer normalen PowerShell-Konsole

Wie die folgende Bildschirmabbildung zeigt, erhöht sich die Anzahl der Commandlets/ Funktionen um 76 und die Anzahl der Navigationsprovider um eins.

```
Administrator: Windows PowerShell
Windows PowerShell
Copyright (C) 2009 Microsoft Corporation. All rights reserved.

PS C:\Users\HS> (Get-Command).Count
273
PS C:\Users\HS> (Get-PSDrive).Count
11
PS C:\Users\HS> Import-Module activedirectory
PS C:\Users\HS> (Get-Command).Count
349
PS C:\Users\HS> (Get-PSDrive).Count
12
PS C:\Users\HS> _
```

Abbildung 47.19: Veränderungen nach dem Import des Moduls

Active-Directory-Navigationsprovider

Der PowerShell-Navigationsprovider für das Active Directory trägt den Namen „ActiveDirectory“. Auf einem Windows-Server oder einem Windows-Client-System mit aktiviertem ADPowerShell-Modul wird durch die Aktivierung des Active-Directory-Moduls automatisch ein Laufwerk „AD:“ eingerichtet, das zur Wurzel des Active Directory, dem Element „rootDSE“, führt. Unter diesem existieren der DefaultNamingContext, der ConfigurationNamingContext und der SchemaNamingContext.

```
PS C:\Users\HS> Dir ad:

Name                ObjectClass         DistinguishedName
----                -----------         -----------------
FBI                 domainDNS           DC=FBI,DC=org
Configuration       configuration       CN=Configuration,DC=FBI,DC=org
Schema              dMD                 CN=Schema,CN=Configuration,DC=FBI,DC=org
DomainDnsZones      domainDNS           DC=DomainDnsZones,DC=FBI,DC=org
ForestDnsZones      domainDNS           DC=ForestDnsZones,DC=FBI,DC=org
```

Abbildung 47.20: Ausführung von Dir ad

TIPP: Zu beachten ist, dass zur Navigation im Active Directory der Provider nicht den Namen, sondern den DN (Distinguished Name) verwendet. Falsch ist also:

```
Dir ad:\FBI
```

(auch wenn die Anzeige von `DIR ad:` dies suggeriert), sondern richtig ist:

```
Dir ad:\"dc=FBI,dc=org"
```

(mit den Anführungszeichen!).

```
PS C:\Users\HS> Dir ad:\"DC=FBI,DC=org"

Name                     ObjectClass             DistinguishedName
----                     -----------             -----------------
Agents                   organizationalUnit      OU=Agents,DC=FBI,DC=org
Aliens                   organizationalUnit      OU=Aliens,DC=FBI,DC=org
Builtin                  builtinDomain           CN=Builtin,DC=FBI,DC=org
Computers                container               CN=Computers,DC=FBI,DC=org
Directors                organizationalUnit      OU=Directors,DC=FBI,DC=org
Domain Controllers       organizationalUnit      OU=Domain Controllers,DC=FBI,DC=org
ForeignSecurityPr...     container               CN=ForeignSecurityPrincipals,DC=FBI,DC=org
Infrastructure           infrastructureUpdate    CN=Infrastructure,DC=FBI,DC=org
Lone Gunmen              organizationalUnit      OU=Lone Gunmen,DC=FBI,DC=org
LostAndFound             lostAndFound            CN=LostAndFound,DC=FBI,DC=org
Managed Service A...     container               CN=Managed Service Accounts,DC=FBI,DC=org
NTDS Quotas              msDS-QuotaContainer     CN=NTDS Quotas,DC=FBI,DC=org
Program Data             container               CN=Program Data,DC=FBI,DC=org
Syndicate                organizationalUnit      OU=Syndicate,DC=FBI,DC=org
System                   container               CN=System,DC=FBI,DC=org
The Lone Gunmen          organizationalUnit      OU=The Lone Gunmen,DC=FBI,DC=org
Users                    container               CN=Users,DC=FBI,DC=org
```

Abbildung 47.21: Auflisten des DefaultNamingContext im Active Directory „FBI.org“

```
PS C:\Users\HS> Dir ad:\"OU=Agents,DC=FBI,DC=org"

Name                     ObjectClass             DistinguishedName
----                     -----------             -----------------
All Agents               group                   CN=All Agents,OU=Agents,DC=FBI,DC=org
Dana Scully              user                    CN=Dana Scully,OU=Agents,DC=FBI,DC=org
Fox Mulder               user                    CN=Fox Mulder,OU=Agents,DC=FBI,DC=org
John Doggett             user                    CN=John Doggett,OU=Agents,DC=FBI,DC=org
Monica Reyes             user                    CN=Monica Reyes,OU=Agents,DC=FBI,DC=org
```

Abbildung 47.22: Auflisten der Organisationseinheit „Agents“ im Active Directory „FBI.org“

Man kann mit dem PowerShell-Commandlet `Set-Location` (alias `CD`) den aktuellen Pfad ins Active Directory setzen

```
cd ad:"ou=Agents,dc=FBI,dc=org"
```

oder einen neuen Laufwerksnamen definieren:

```
New-PSDrive -Name Agents -PSProvider ActiveDirectory -Root AD:"ou=Agents,dc=FBI,dc=org"
Dir Agents:
```

Mit `Get-Item` kann man gezielt auf einzelne Active-Directory-Einträge zugreifen. Allerdings stellt man schnell fest, dass man auf diesem Wege nur die Basisinformationen für einen Eintrag, nicht aber die spezifischen Attribute erreichen kann.

```
PS C:\Users\HS> $fm = Get-Item ad:\"CN=Fox Mulder,OU=Agents,DC=FBI,DC=org"
PS C:\Users\HS> $fm | fl

Name              : Fox Mulder
ObjectClass       : user
DistinguishedName : CN=Fox Mulder,OU=Agents,DC=FBI,DC=org
ObjectGuid        : b0719f9f-721b-418d-ae85-b039a1a93e6f

PS C:\Users\HS> _
```

Abbildung 47.23: Einsatz von Get-Item

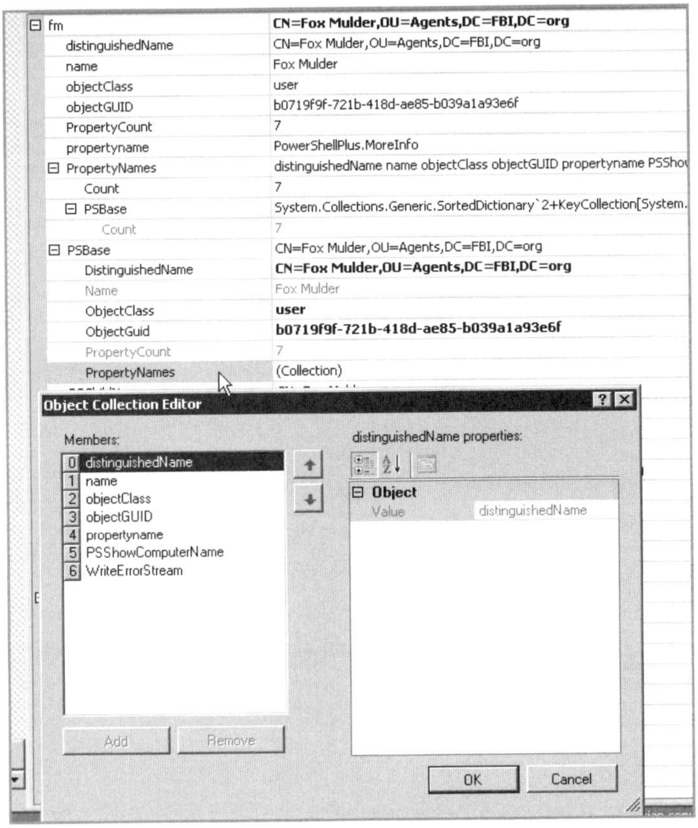

Abbildung 47.24: PowerShellPlus offenbart, dass es keine spezifischen Objektinformationen über den Navigationsprovider gibt.

Objektmodell

Die Commandlets des ADPowerShell-Moduls bieten mehr Möglichkeiten als der Provider. Die Commandlets verwenden ein eigenes Objektmodell zur Abbildung der ADS-Strukturen. Die Vererbungshierarchie der Datenklassen im Active-Directory-Modul entspricht nicht der Vererbungshierarchie im Active-Directory-Schema. Im AD-Schema ist z. B. „Computer“ eine Spezialisierung von „User“. Im ADPowerShell-Objektmodell sind `ADUser` und `ADComputer` auf gleicher Ebene Unterklassen von `ADAccount`.

```
ADEntity
  ADRootDSE
  ADObject
    ADFineGrainedPasswordPolicy
    ADOptionalFeature
    ADOrganizationalUnit
    ADPartition
      ADDomain
    ADPrincipal
      ADAccount
        ADComputer
        ADServiceAccount
        ADUser
      ADGroup
  ADDefaultDomainPasswordPolicy
  ADForest
  ADDirectoryServer
    ADDomainController
```

Abbildung 47.25: Das Vererbungsmodell der Datenklassen im Active-Directory-Modul (Quelle: Hilfe zum Modul „ADPower-Shell“)

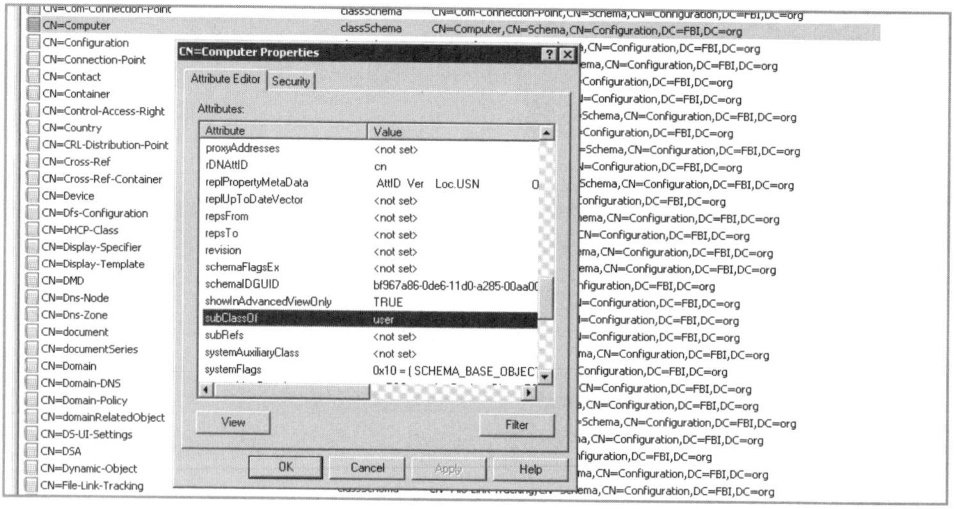

Abbildung 47.26: Im ADS-Schema ist „Computer" eine Unterklasse von „User" (hier angezeigt im Werkzeug ADSI Edit).

Die PowerShell-Klassen repräsentieren Klassen im Active Directory, z. B. ADUser entspricht User. Einige Eigenschaften eines Objekts werden aus dem Active Directory automatisch geladen, andere müssen explizit geladen werden.

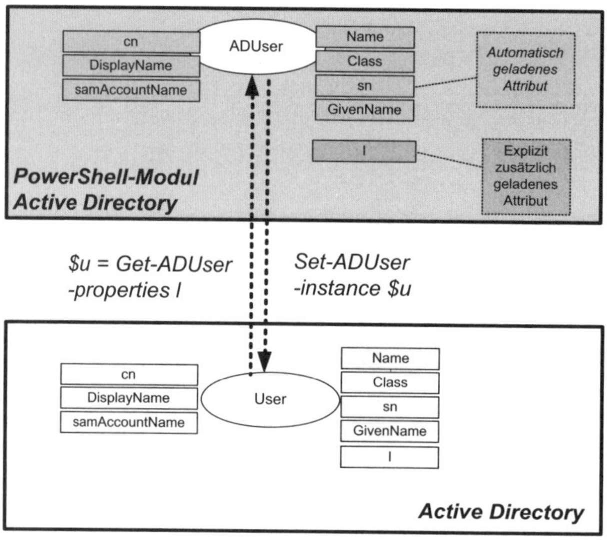

Abbildung 47.27: Abbildung der PowerShell-Klassen auf Active-Directory-Klassen

Die Datenklassen besitzen drei Arten von Attributen:

- Direkt aus dem Active Directory stammende Attribute (z.B. `ObjectClass`, `City`, `GivenName`)
- Die Attribute haben zum Teil von den LDAP-Namen abweichende **Alias-Bezeichnungen** (z. B. „City" statt „l"). Diese Alias-Namen unterstützen aber nicht alle Attribute. So kennt `Get-ADUser` den Alias „City", während das allgemeine `Get-ADObject` ihn nicht kennt.

- Zusammengesetzte Attribute, die mehrere Daten aus dem Active Directory zusammenfassen. Ein Beispiel dafür ist `ProtectedFromAccidentalDeletion`. Dieser Boolean-Wert (Ja-/Nein-Wert) ergibt sich aus `nTSecurityDescriptor`, `sdRightsEffective`, `instanceType` und `isDeleted`.

Tabelle 47.7: Abbildung von LDAP-Namen auf Namen im AD-Modul

Name des Attributs im AD-Modul	LDAP-Name
Name	name
ObjectClass	objectClass
ObjectGUID	objectGUID
CN	cn
DistinguishedName	distinguishedName
DisplayName	displayName
Description	description
Title	title
Surname	sn
GivenName	givenName
City	l
StreetAddress	street
Country	c
Office	physicalDeliveryOfficeName
Fax	facsimileTelephoneNumber
EmailAddress	mail
SamAccountName	sAMAccountName
HomeDrive	homeDrive
HomeDirectory	homeDirectory
ProfilePath	profilePath
ProtectedFromAccidentalDeletion	nTSecurityDescriptor, sdRightsEffective, instanceType, isDeleted

Überblick über die Commandlets

Die beim Active-Directory-PowerShell-Modul mitgelieferten Commandlets lassen sich in drei Gruppen unterteilen:

- Allgemeine Verwaltungs-Commandlets
- Kontenverwaltung (Organisationseinheiten, Benutzer, Gruppen, Computer) mit den Untergruppen:

  Lebenszyklusverwaltung

  Kontoeigenschaftenverwaltung

  Dienstkontenverwaltung

Gruppenmitgliedschaftsverwaltung

Kennwortrichtlinienverwaltung

- Topologieverwaltung

Verwaltung der Domänen und Wälder

Verwaltung der Domänencontroller

Verwaltung der optionalen Features

Verwaltung der Replikationsrichtlinien

In dem folgenden Schaubild sind zusätzlich die allgemeinen PowerShell-Commandlets für die Providerverwaltung erwähnt.

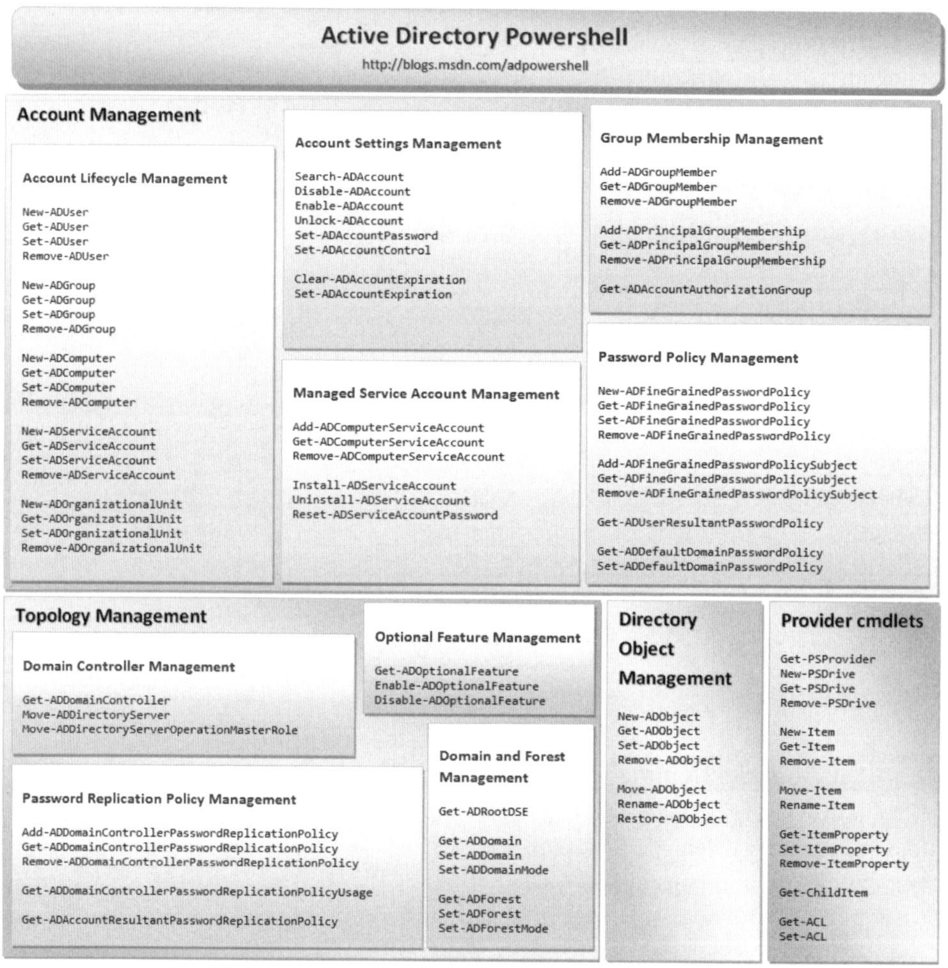

Abbildung 47.28: Commandlets aus dem Active-Directory-PowerShell-Modul [Quelle: *http://blogs.msdn.com/adPowerShell/archive/2009/03/05/active-directory-PowerShell-overview.aspx*]

Allgemeine Parameter

Bei den Active-Directory-Commandlets sind einige Dinge zu beachten, die zum Teil von den in anderen PowerShell-Modulen realisierten Vorgehensweisen abweichen:

- Im Standard von den Commandlets werden **nicht alle Eigenschaften des Active Directory** geladen, sondern nur wenige und die explizit angeforderten. Oft ist aber die Angabe „*“ (für alle) erlaubt.
- Einige Commandlets (z. B. zum Löschen von Objekten) fragen im Standard immer nach einer Bestätigung für die Aktion. Diese Nachfrage muss man ausschalten mit `-confirm:$false`. Den Parameter `-force` gibt es nicht.
- Bei rekursiven Aktionen muss man `-Recursive` statt wie sonst üblich `-Recurse` angeben.
- Ebenfalls abweichend von den üblichen Standards geben die New-Commandlets das erstellte Objekt nicht automatisch zurück. Sie geben es nur zurück, wenn man `-PassThru` angibt.
- Mit dem Parameter `-Server` benennt man den anzusprechenden Domaincontroller.
- Mit dem Parameter `-Partition` benennt man den anzusprechenden Namenskontext (z. B. `CN=Schema,CN=Configuration, DC=FBI, DC=Org`).
- Im Parameter `-Credentials` übergibt man optional ein WPS-Berechtigungsobjekt, wenn die Authentifizierung abweichend vom aktuellen Benutzer sein soll. (Das Berechtigungsobjekt kann man mit `Get-Credential` holen.)
- Das jeweils anzusprechende Objekt legt man durch den `-Identity`-Parameter fest. Hier sind verschiedene Angaben erlaubt:
  - Distinguished Name (DN)
  - GUID
  - ADEntity-Objekt
  - SamAccountName (nur erlaubt bei Kontenobjekten)
  - SID (nur erlaubt bei Kontenobjekten)

Die folgenden Codefragmente zeigen die verschiedenen Identitätsangaben am Beispiel des Löschens eines Benutzers mit dem Commandlet `Remove-ADObject`:

- `Remove-ADObject -Identity "cn=Walter S. Skinner,ou=Directors,dc=FBI,dc=org" -Confirm:$false`
- `Remove-ADUser -Identity "WalterSkinner" -Confirm:$false`
- `Remove-ADUser -Identity S-1-5-21-3934977428-1652703760-2451573622 -Confirm:$false`
- ```
  $u = Get-ADUser -Identity "WalterSkinner"
  Remove-ADUser -Identity $u -Confirm:$false
  ```

Allgemeine Verwaltungs-Commandlets (*-ADObject)

Das Active-Directory-Modul stellt folgende allgemeine Commandlets bereit, mit denen sich Active-Directory-Objekte unabhängig von der Verzeichnisdienstklasse verwalten lassen:

- `Get-ADObject`: holt ein AD-Objekt
  ```

- `Set-ADObject`: setzt Werte in einem AD-Objekt
- `New-ADObject`: erzeugt ein neues AD-Objekt (unter Angabe des Klassennamens)
- `Remove-ADObject`: löscht ein AD-Objekt
- `Rename-ADObject`: Umbenennen eines AD-Objekts
- `Move-ADObject`: Verschieben eines AD-Objekts
- `Restore-ADObject`: Wiederherstellen eines gelöschten AD-Objekts

Das folgende Listing zeigt ein Skript, das eine Organisationseinheit löscht, an einem anderen Ort unter anderem Namen wieder anlegt, dann verschiebt und umbenennt.

Listing 47.22: Beispielskript für den Einsatz der allgemeinen AD-Commandlets [WPS2_ADS_CommonCommandlets.ps1]

```
"Delete and Recreate an OU....."

$ou = Get-ADObject "ou=Agents,dc=FBI,dc=org"
$ou | fl

Set-adobject "ou=Agents,dc=FBI,dc=org" -protectedFromAccidentalDeletion $false
Remove-ADObject "ou=Agents,dc=FBI,dc=org" -confirm:$false -recursive

New-ADObject -type "OrganizationalUnit" -ProtectedFromAccidentalDeletion $false -name
"Alien-Agents" -Path "ou=Aliens,dc=FBI,dc=org"

"Move an OU..."

Move-ADObject -Identity "ou=Alien-Agents,ou=Aliens,dc=FBI,dc=org" -targetpath
"dc=FBI,dc=org"

Rename-ADObject "ou=Alien-Agents,dc=FBI,dc=org" -newname "Agents"

# Option #1
Set-ADObject "ou=Agents,dc=FBI,dc=org" -description "FBI Agents"
# Option #2
Set-ADObject "ou=Agents,dc=FBI,dc=org" -replace @{ManagedBy="cn=Walter Skinner,
ou=Directors,dc=fbi,dc=org"}
# Option #3
$newou = Get-ADObject "ou=Agents,dc=FBI,dc=org"
$newou.ManagedBy = "cn=Walter Skinner,ou=Directors,dc=fbi,dc=org"
Set-ADObject -instance $newou

"Ergebnis:"
$ou = Get-ADObject  "ou=Agents,dc=FBI,dc=org"
$ou | fl
```

Interessant im obigen Listing sind vor allem die drei Wege, auf denen `Set-ADObject` arbeitet:

- Option 1: Es gibt einige wenige AD-Attribute bzw. Attribute der AD-Modul-Klassen, die Parameter des Commandlets `Set-ADObject` sind (z.B. `Description` und `ProtectedFromAccidentalDeletion`). Diese können direkt gesetzt werden.
- Option 2: Andere Attribute können entweder unter Angabe im „Replace“-Parameter gesetzt werden (hier z.B. „Managedby“).

- Option 3: Oder diese Attribute können in objektorientierter Vorgehensweise in das Objekt geschrieben werden. `Set-ADObject` sorgt dann für die Übermittlung der Änderungen an das AD.

> **ACHTUNG:** Das Commandlet `Remove-ADObject` bietet leider nicht den sonst üblichen Parameter –Force, mit dem man schreibgeschützte AD-Einträge („ProtectedFromAccidentalDeletion") einfach löschen kann. Daher muss man vorher `-ProtectedFromAccidentalDeletion = $false` setzen, da sonst `Remove-ADObject` mit einem Fehler abbrechen könnte! Außerdem muss man –`confirm:$false` setzen, da sonst das Commandlet eine Nachfrage an den Benutzer stellt. ■

Filtern und Suchen

Mit `Get-ADObject` kann man Objekte suchen. Dabei bietet ADPowerShell wahlweise die LDAP-Filtersyntax (mit Präfix-Notation) oder eine vereinfachte Infix-Notation an, die an die PowerShell-Ausdruckssyntax angelehnt ist.

Mit `–searchbase` legt man den Ausgangspunkt der Suche fest, z. B.:

```
-searchbase "ou=agents,dc=fbi,dc=org"
```

Mit `–searchscope` legt man die Tiefe der Suche fest. Erlaubt sind: `Base`, `OneLevel` und `SubTree`, z. B.:

```
-SearchScope SubTree
```

Der folgende Befehl liefert aus dem aktuellen Active-Directory-Pfad die ersten fünf Einträge, deren Name mit „F" beginnt.

```
Get-ADObject -Filter 'Name -like "f*"' -SearchScope SubTree -resultSetsize 5
```

Der folgende Befehl liefert alle Einträge, was durch `$null` bei `resultSetsize` anzugeben ist (im Standard würden sonst nur die ersten 1000 ausgegeben!).

```
Get-ADObject -Filter 'Name -like "f*"' -SearchScope SubTree -resultSetsize $null
```

Der folgende Befehl listet alle Einträge auf, in denen der Vorname mit „F" und der Nachname mit „M" beginnt.

```
Get-ADObject -Filter 'givenname -like "f*" -and sn -like "m*"' -SearchScope SubTree
-resultSetsize $null
```

> **ACHTUNG:** Man muss die LDAP-Attributnamen (z. B. „sn") verwenden, nicht die Attributnamen der PowerShell (wie „surname"). ■

Anstelle der moduleigenen Filtersyntax kann man auch die LDAP-Suchsprache verwenden. Das folgende Beispiel sucht korrekt in allen Benutzerkonten, die mit „F" beginnen.

```
Get-ADObject -LDAPFilter '(&(objectCategory=person)(objectClass=user)(name=f*))'
-SearchScope SubTree -resultSetsize $null
```

TIPP: Die gleichzeitige Verwendung von `objectCategory` und `objectClass` in der Suchanfrage steigert die Leistung.

Die Tabelle zeigt die PowerShell-Filter und die äquivalenten LDAP-Filter.

Tabelle 47.8: Vergleich der Filtersprachen (Quelle: [MSBlog01])

PowerShell-Operator	LDAP-Operator	Beschreibung
-eq	=	Gleich
-ne	! x = y	Ungleich
-like	=	Mustergleichheit
-notlike	! x = y	Musterungleichheit
-le	<=	Kleiner gleich
-lt	! x >= y	Kleiner
-ge	>=	Größer gleich
-gt	! x <= y	Größer
-and	&	Und
-or	|	Oder
-not	!	Nicht
-bor	:1.2.840.113556.1.4.804:=	Bitweise Oder
-band	:1.2.840.113556.1.4.803:=	Bitweise Und

Die PowerShell-Suchsyntax kann viel einfacher als die LDAP-Syntax sein, wie ein abschließendes Beispiel zeigt. Aufgabe ist es, alle Benutzer zu finden, die sich in den letzten fünf Tagen angemeldet haben.

```
$date = (Get-date) - (New-Timespan -days 5)
Get-ADUser -Filter { lastLogon -gt $date }
```

Mit der LDAP-Syntax wäre dies (die Zeitangabe erfolgt in Einheiten zu 100 Nanosekunden seit dem 1.1.1601):

```
Get-ADUser -LDAPFilter "(&(lastLogon>=128812906535515110) (objectClass=user)
(!(objectClass=computer)))"
```

Verwaltung von Organisationseinheiten

Zur Verwaltung von Organisationseinheiten stehen folgende spezielle Commandlets zur Verfügung:

- Get-ADOrganizationalUnit
- New-ADOrganizationalUnit
- Remove-ADOrganizationalUnit
- Set-ADOrganizationalUnit

Die Neufassung des Skripts aus dem Unterkapitel „Allgemeine Verwaltungs-Commandlets“ unter Einsatz dieser Commandlets zeigt das folgende Listing. Die größten Unterschiede sind:

- Bei New-ADOrganizationalUnit muss man im Gegensatz zu New-ADObject keinen Klassennamen („Type“) angeben.
- Mit Set-ADOrganizationalUnit kann man das Attribut ManagedBy direkt setzen.

Listing 47.23: Beispielskript für den Einsatz der „OU“-Commandlets [WPS2_ADS_OUManagement.ps1]

```
"Delete and Recreate an OU....."

$ou = Get-ADObject "ou=Directors,dc=FBI,dc=org"
$ou | fl

set-adobject "ou=Directors,dc=FBI,dc=org" -protectedFromAccidentalDeletion $false
Remove-ADOrganizationalUnit "ou=Directors,dc=FBI,dc=org" -confirm:$false -recursive

"Create OU"
New-ADOrganizationalUnit -ProtectedFromAccidentalDeletion $false -name "Directors"
-Path "dc=FBI,dc=org"

"Move an OU..."
Move-ADObject -Identity "ou=Directors,dc=FBI,dc=org" -targetpath
"ou=Aliens,dc=FBI,dc=org"
Move-ADObject -Identity "ou=Directors,ou=Aliens, dc=FBI,dc=org" -targetpath
"dc=FBI,dc=org"

Rename-ADObject "ou=Directors,dc=FBI,dc=org" -newname "FBI-Directors"

Set-ADOrganizationalUnit "ou=FBI-Directors,dc=FBI,dc=org" -ManagedBy "cn=Fox
Mulder,ou=Agents,dc=fbi,dc=org"

"Ergebnis:"
$ou = Get-ADObject "ou=FBI-Directors,dc=FBI,dc=org"
$ou | fl
```

HINWEIS: Zu beachten ist, dass Remove-ADOrganizationalUnit auch ein -confirm:$false erfordert, da es sonst eine Benutzernachfrage gibt. Der Parameter –recursive ist notwendig, damit eventuell vorhandene Objekte in der Organisationseinheit auch gelöscht werden.

Verwaltung von Benutzerkonten

Zur Verwaltung von Benutzerkonten stehen im PowerShell-AD-Modul die folgenden Commandlets zur Verfügung:

- `Get-ADUser`: Benutzerkontenliste oder Daten eines Benutzerkontos
- `New-ADUser`: Benutzerkonto anlegen
- `Remove-ADUser`: Benutzerkonto löschen
- `Set-ADUser`: Eigenschaften eines Benutzers festlegen

Zugriff auf einzelne Benutzer oder Mengen von Benutzern ermöglicht `Get-ADUser`.

Der folgende Befehl holt den Benutzer „FoxMulder“:

```
Get-ADUser FoxMulder
```

Allerdings liefert `Get-ADUser` im Standard nur eine sehr kleine Teilmenge aller Attribute eines Benutzers (z.B. `GivenName`, `Surname`, `SamAcccountname`).

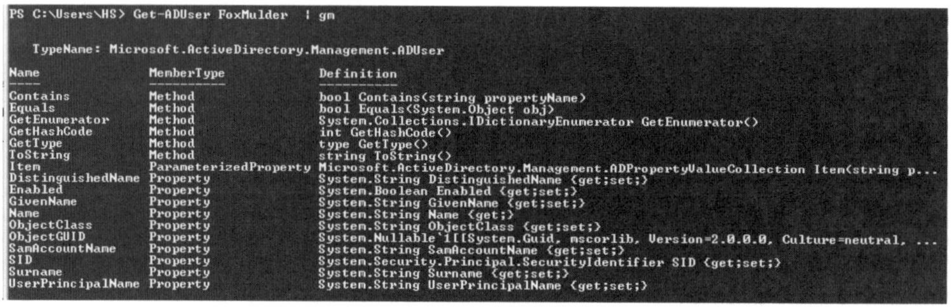

```
PS C:\Users\HS> Get-ADUser FoxMulder  | gm

   TypeName: Microsoft.ActiveDirectory.Management.ADUser

Name              MemberType            Definition
----              ----------            ----------
Contains          Method                bool Contains(string propertyName)
Equals            Method                bool Equals(System.Object obj)
GetEnumerator     Method                System.Collections.IDictionaryEnumerator GetEnumerator()
GetHashCode       Method                int GetHashCode()
GetType           Method                type GetType()
ToString          Method                string ToString()
Item              ParameterizedProperty Microsoft.ActiveDirectory.Management.ADPropertyValueCollection Item(string p...
DistinguishedName Property              System.String DistinguishedName {get;set;}
Enabled           Property              System.Boolean Enabled {get;set;}
GivenName         Property              System.String GivenName {get;set;}
Name              Property              System.String Name {get;}
ObjectClass       Property              System.String ObjectClass {get;set;}
ObjectGUID        Property              System.Nullable`1[[System.Guid, mscorlib, Version=2.0.0.0, Culture=neutral, ...
SamAccountName    Property              System.String SamAccountName {get;set;}
SID               Property              System.Security.Principal.SecurityIdentifier SID {get;set;}
Surname           Property              System.String Surname {get;set;}
UserPrincipalName Property              System.String UserPrincipalName {get;set;}
```

Abbildung 47.29: Standardattribute bei Get-ADUser

Möchte man mehr Attribute nutzen, muss man diese explizit angeben:

```
Get-ADUser FoxMulder -properties City, Company, Office
```

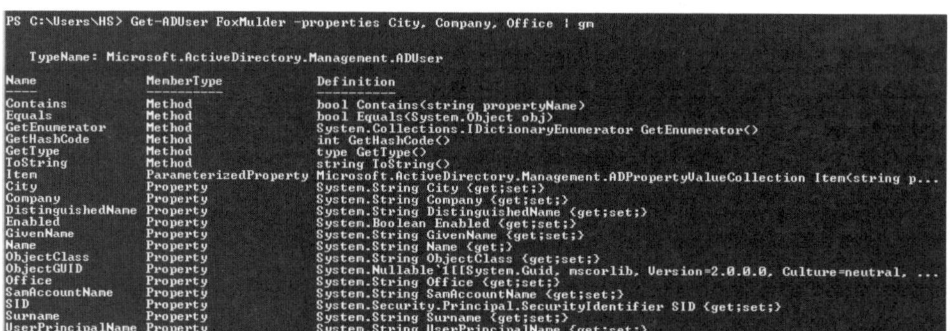

```
PS C:\Users\HS> Get-ADUser FoxMulder -properties City, Company, Office | gm

   TypeName: Microsoft.ActiveDirectory.Management.ADUser

Name              MemberType            Definition
----              ----------            ----------
Contains          Method                bool Contains(string propertyName)
Equals            Method                bool Equals(System.Object obj)
GetEnumerator     Method                System.Collections.IDictionaryEnumerator GetEnumerator()
GetHashCode       Method                int GetHashCode()
GetType           Method                type GetType()
ToString          Method                string ToString()
Item              ParameterizedProperty Microsoft.ActiveDirectory.Management.ADPropertyValueCollection Item(string p...
City              Property              System.String City {get;set;}
Company           Property              System.String Company {get;set;}
DistinguishedName Property              System.String DistinguishedName {get;set;}
Enabled           Property              System.Boolean Enabled {get;set;}
GivenName         Property              System.String GivenName {get;set;}
Name              Property              System.String Name {get;}
ObjectClass       Property              System.String ObjectClass {get;set;}
ObjectGUID        Property              System.Nullable`1[[System.Guid, mscorlib, Version=2.0.0.0, Culture=neutral, ...
Office            Property              System.String Office {get;set;}
SamAccountName    Property              System.String SamAccountName {get;set;}
SID               Property              System.Security.Principal.SecurityIdentifier SID {get;set;}
Surname           Property              System.String Surname {get;set;}
UserPrincipalName Property              System.String UserPrincipalName {get;set;}
```

Abbildung 47.30: Zusätzliche Attribute bei Get-ADUser

Alle Attribute bekommt man mit:

```
Get-ADUser FoxMulder -properties *
```

Man kann mit `Get-ADUser` auch Filter anwenden (vgl. Abschnitt 40.10.7 *„Filtern und Suchen“*). Der folgende Befehl liefert alle Benutzer in der Organisationseinheit „Agents“, deren Anmeldename mit „F“ beginnt:

```
Get-ADUser -searchbase "ou=agents,dc=fbi,dc=org" -Filter 'samaccountname -like "F*"'
```

Der folgende Befehl liefert alle Benutzer in der Organisationseinheit „Agents“:

```
$oupath = "ou=Agents,dc=FBI,dc=org"
Get-ADUser -Searchbase $oupath -Filter "*"
```

Benutzerkonto anlegen

Zum Anlegen von Benutzerkonten kommt `New-ADUser` zum Einsatz. Dabei kann man zahlreiche Kontoeigenschaften direkt setzen. Auf eine detaillierte Besprechung der Parameter wird hier zur Einsparung von Platz verzichtet, da diese größtenteils selbst erklärend sind.

Listing 47.24: Anlegen des Agenten „Fox Mulder“ unter Angabe des Kennworts im Skripttext [WPS2_ADS_UserManagement.ps1]

```
$fm = New-ADUser -path $oupath –Name "Fox Mulder" –SamAccountName "FoxMulder"
–DisplayName "Fox Mulder" –Title "Agent" –Enabled $true –ChangePasswordAtLogon $false
-AccountPassword (ConvertTo-SecureString "I+love+Scully" -AsPlainText -force)
-PassThru -PasswordNeverExpires:$true -Description "FBI Agent" -HomePage "www.xfiles.
com" -Company "FBI"
```

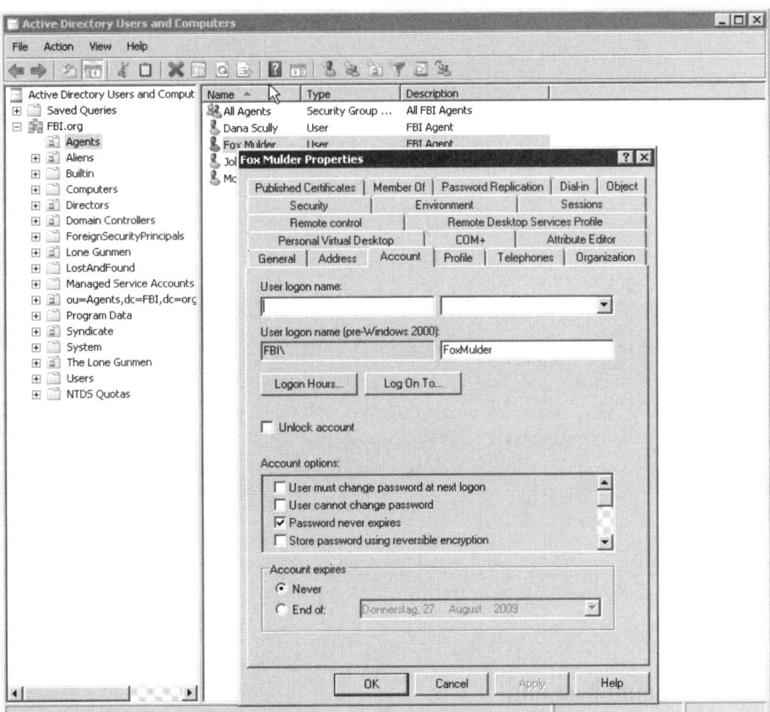

Abbildung 47.31: Ergebnis der Ausführung des oben genannten Befehls

Massenanlegen von Benutzerkonten

Das folgende Skript erwartet als Eingabedatei eine CSV-Datei mit Namen, Titel und Organisationseinheit:

Vorname;Name;Titel;Organisationseinheit

Fox;Mulder;Agent;Hauptdarsteller

Dana;Scully;Agent;Hauptdarsteller

John;Doggett;Agent;Nebendarsteller

Monica;Reyes;Agent;Nebendarsteller

Very;Grey;Alien;Subjekt

Für jede Zeile prüft das Skript zunächst, ob es die Organisationseinheit gibt, und legt diese gegebenenfalls an. Dann erzeugt das Skript den Benutzer und weist dabei ein zufällig gewähltes zehnstelliges Kennwort zu, das am Ende zusammen mit dem Benutzernamen auf dem Bildschirm ausgegeben wird.

Listing 47.25: Massenanlegen von Benutzern aus einer CSV-Datei [WPS2_ADS_UserCreateFromFile.ps1]

```
import-module activedirectory

$Eingabedatei = "H:\TFS\Demo\PowerShell\BuchDE\3_einsatzgebiete\verzeichnisdienste\
WPSModule\NeueBenutzer.csv"
$oupfad = "ou=test,dc=FBI,dc=org"

Function New-Password([int] $Anzahl)
{
$kennwort = ""
$zufallszahlgenerator = New-Object System.Random
for($i=0;$i -lt $Anzahl;$i++) { $kennwort = $kennwort +[char]$zufallszahlgenerator.
next(33,127) }
return $kennwort
}

"Einlesen der Benutzerliste..."
$benutzerliste = Import-Csv $Eingabedatei -Delimiter ";"
"Anlegen der Benutzer..."
$i = 0

foreach($benutzer in $benutzerliste){
$i++

$unteroupath = "ou=" + $benutzer.Organisationseinheit + "," + $oupfad

if (-not (Test-Path AD:"$unteroupath" -WarningAction silentlycontinue))
{
 $ou = New-ADOrganizationalUnit -Name $benutzer.Organisationseinheit -path $oupfad
-PassThru
 "OU angelegt: " + $ou.distinguishedname
}


# Eigenschaften des Benutzers
$verzeichnisname = $benutzer.Vorname + "_" + $benutzer.Name
```

```
$Anzeigename = $benutzer.Vorname + " " + $benutzer.Name
$SamAccountName = $benutzer.Vorname.Substring(0,1) + $benutzer.Name
$kennwort = New-Password 10
$title = $benutzer.Titel

# Benutzer anlegen
$benutzerObj = New-ADUser -path $unteroupath –Name $verzeichnisname –SamAccountName
$SamAccountName –DisplayName $Anzeigename –Title $title –Enabled $true
–ChangePasswordAtLogon $true -AccountPassword (ConvertTo-SecureString $Kennwort
-AsPlainText -force) -PassThru

if ($benutzerObj -ne $null){
    "Benutzer #" +$i + ":" + $Anzeigename + " angelegt: SID=" + $benutzerObj.Sid +
" Kennwort=" + $kennwort
    }
}

"Skript ist fertig!"
```

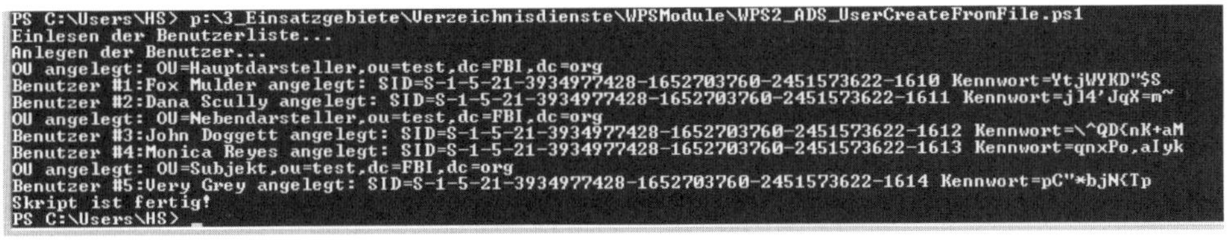

Abbildung 47.32: Ausgabe des obigen Skripts

Verwaltung von Benutzergruppen

Zur Gruppenverwaltung gibt es acht Commandlets, davon beziehen sich vier auf die Gruppen und vier auf die Gruppenmitgliedschaften:

- `Get-ADGroup`: Benutzergruppen auflisten
- `New-ADGroup`: Anlegen einer Benutzergruppe
- `Set-ADGroup`: Eigenschaften einer Benutzergruppe setzen
- `Remove-ADGroup`: eine Benutzergruppe entfernen
- `Get-ADGroupMember`: Auflisten der Mitglieder einer Benutzergruppe
- `Get-ADPrincipalGroupMembership`: Auflisten der direkten Mitglieder einer Benutzergruppe
- `Add-ADGroupMember`: Hinzufügen eines Gruppenmitglieds
- `Remove-ADGroupMember`: Entfernen eines Gruppenmitglieds

Das folgende Listing erzeugt die Gruppe „All Agents“ mit vier Agenten. Danach wird eine Agentin „entlassen“ und daher aus der Gruppe entfernt.

Listing 47.26: Verwaltung von Benutzergruppen [WPS2_ADS_UserManagement.ps1]

```
"--- Gruppe anlegen..."
New-ADGroup -path $oupath -Name "All Agents" -SamAccountName "AllAgents" -GroupScope
Global -GroupCategory Security -Description "All FBI Agents" –PassThru
"--- Mitglieder in die Gruppe aufnehmen..."
```

```
Add-ADGroupMember -Identity AllAgents -Members FoxMulder
Add-ADGroupMember -Identity AllAgents -Members DanaScully
Add-ADGroupMember -Identity AllAgents -Members JohnDoggett
Add-ADGroupMember -Identity AllAgents -Members MonicaReyes
"--- Gruppenmitglieder:"
Get-ADGroupMember -Identity AllAgents
"--- Mitglied entfernen..."
Remove-ADGroupMember -Identity AllAgents -Members MonicaReyes -Confirm:$false
"--- Gruppenmitglieder:"
Get-ADGroupMember -Identity AllAgents
```

Mit

```
Get-ADPrincipalGroupMembership -Identity FoxMulder
```

listet man alle Gruppen auf, in denen Fox Mulder direkt Mitglied ist.

Authentifizierung

Wenn man sich mit dem Active Directory mit einem anderen Benutzerkonto verbinden möchte oder muss, ist eine Authentifizierung notwendig.

Listing 47.27: Abruf des Wurzelobjekts eines Active-Directory-Baums mit einem anderen Benutzerkonto

```
$benutzer = "FoxMulder"
$kennwort = ConvertTo-SecureString "I+love+Scully" -AsPlainText -Force
$cred = New-Object System.Management.Automation.PSCredential($benutzer, $kennwort)
Get-ADRootDSE -Credential $cred
```

47.10 PowerShell-Modul „ADDSDeployment“

Seit Windows Server 2012 ist nun auch die Installation eines Active Directory (bisher über dcpromo.exe erfolgt) über PowerShell-Commandlets möglich. Dcpromo.exe verweist beim Start auf den Servermanager.

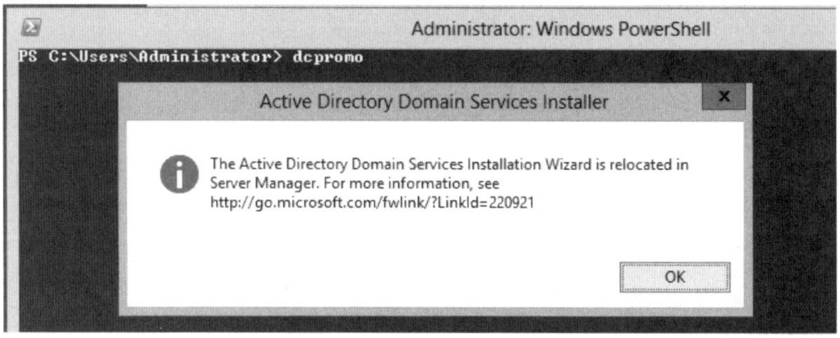

Abbildung 47.33: DCPromo weist Sie auf die neue Installationsart über den Servermanager hin.

Zunächst einmal sind per Server Manager die Rollen „Active Directory Domain Services" und „DNS" zu installieren. Dies kann man auch mit dem PowerShell-Modul „ServerManager" (vgl. auch Kapitel „Softwareverwaltung") erledigen:

```
Add-WindowsFeature DNS
Add-WindowsFeature Ad-Domain-Services
```

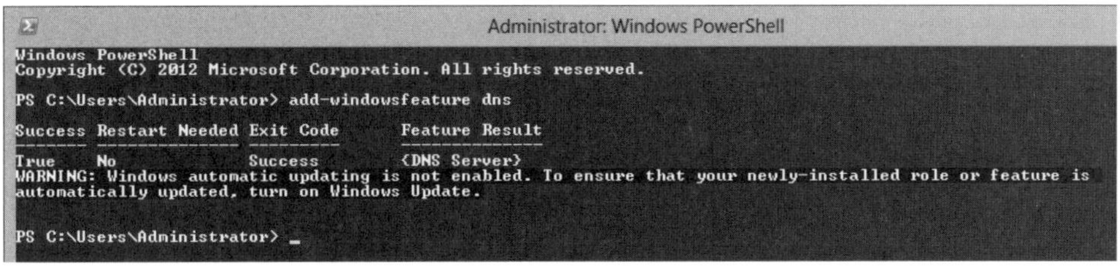

Abbildung 47.34: Active Directory Domain Services per PowerShell installieren

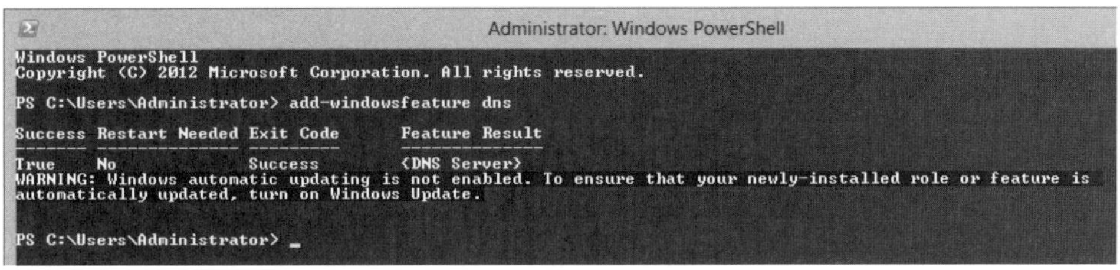

Abbildung 47.35: Domain Name Server per PowerShell installieren

TIPP: Man kann auch beides in einem Befehl installieren:

```
Add-WindowsFeature DNS, Ad-Domain-Services
```

Danach kann man im Server Manager die Domänenkonfiguration über einen Assistenten starten. Dieser Assistent erzeugt aber nun nach dem Vorbild der Microsoft-Exchange-Verwaltungskonsole ein PowerShell-Skript für alle zusammengeklickten Aktionen (siehe Abbildung 47.36).

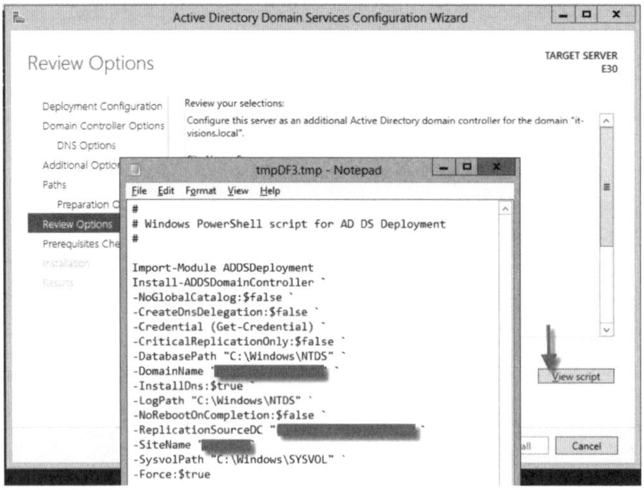

Abbildung 47.36: Ausgabe eines PowerShell-Skripts am Ende des ADS-Konfigurationsassistenten

Die folgenden Listings zeigen zwei Skripte für typische Szenarien:

- Installation eines neuen Active Directory (AD Forest)
- Hinzufügen eines Domain Controllers zu einer bestehenden Domäne

Listing 47.28: Installation eines neuen Active Directory (AD Forest)

```
Import-Module ADDSDeployment
Install-ADDSForest `
-DatabasePath "C:\Windows\NTDS" `
-DomainMode "Win2012" `
-DomainName "MeineDomain.net" `
-ForestMode "Win2012" `
-InstallDNS:$false `
-LogPath "C:\Windows\NTDS" `
-RebootOnCompletion:$false `
-SafeModeAdministratorPassword (Read-Host -AsSecureString -Prompt "Enter Password") `
-SYSVOLPath "C:\Windows\SYSVOL"
```

Listing 47.29: Hinzufügen eines Domain Controllers zu einer bestehenden Domäne

```
Import-Module ADDSDeployment
Install-ADDSDomainController `
-NoGlobalCatalog:$false `
-CreateDnsDelegation:$false `
-Credential (Get-Credential) `
-CriticalReplicationOnly:$false `
-DatabasePath "C:\Windows\NTDS" `
-DomainName "FBI.net" `
-InstallDns:$true `
-LogPath "C:\Windows\NTDS" `
-NoRebootOnCompletion:$false `
-ReplicationSourceDC "F111.FBI.net" `
-SiteName "Essen" `
-SysvolPath "C:\Windows\SYSVOL" `
-Force:$true
```

TIPP: Mit mehreren Test-Commandlets kann man vor der Installation prüfen, ob die Voraussetzungen erfüllt sind:

- `Test-ADDSForestInstallation`
- `Test-ADDSDomainInstallation`
- `Test-ADDSDomainControllerInstallation`
- `Test-ADDSReadOnlyDomainControllerAccountCreation`

Weitere Informationen zu den Optionen bei der Installation eines Active Directory mit dem PowerShell-Modul ADDSDeployment finden Sie hier: *[http://technet.microsoft.com/de-de/library/hh472162.aspx]*

47.11 Informationen über die Active-Directory-Struktur

Informationen über die Active-Directory-Struktur (z.B. Liste der Domänencontroller) gewinnt man über die .NET-Klassenbibliothek oder das ADPowerShell-Modul.

Informationen über die Domäne durch die .NET-Klassenbibliothek

Zusätzlich zu dem Namensraum `System.DirectoryServices`, der allgemeine Klassen zur Verzeichnisdienstprogrammierung enthält, gibt es in .NET seit Version 2.0 den Unternamensraum `System.DirectoryServices.ActiveDirectory` (alias Active Directory Management Objects – ADMO). Dieser Namensraum implementiert einige Active-Directory-spezifische Funktionen, die nicht auf andere Verzeichnisdienste anwendbar sind.

Insbesondere bietet dieser Namensraum Klassen zur Verwaltung der Gesamtstruktur eines Active Directory, beispielsweise `Forest`, `Domain`, `ActiveDirectoryPartition`, `DomainController`, `GlobalCatalog` und `ActiveDirectorySubnet`. Auch einige spezielle Klassen für den Active Directory Application Mode (ADAM), eine funktionsreduzierte Version des Active Directory zum Einsatz als Datenspeicher für eigene Anwendungen, werden mit Klassen wie `ADAMInstanceCollection` und `ADAMInstance` unterstützt.

Beispiel 1: Informationen über die Domäne und den Domänenwald

Das Beispiel liefert Informationen über die Domäne, zu welcher der aktuelle Computer gehört, und über die Gesamtstruktur (Forest), zu der diese Domäne gehört.

Listing 47.30: Informationen über die Domäne und den Forest [ADS_Domain_Info.ps1]

```
# Aktuelle Domain ermitteln
$d = [System.DirectoryServices.ActiveDirectory.Domain]::GetCurrentDomain();

# Informationen über aktuelle Domäne
"Name: " + $d.Name
```

```
"Domain Mode: " + $d.DomainMode
"Inhaber der InfrastructureRole: " + $d.InfrastructureRoleOwner.Name
"Inhaber der PdcRole: " + $d.PdcRoleOwner.Name

# Informationen über Forest der aktuellen Domäne
$f = $d.Forest;
"Name der Gesamtstruktur: " + $f.Name
"Modus der Gesamtstruktur: " + $f.ForestMode
```

Beispiel 2: Liste der Domänencontroller und ihrer Rollen

Im zweiten Beispiel werden alle Domänencontroller (und deren Rollen) aus einer speziellen Domäne aufgelistet.

Listing 47.31: Informationen über die Domänencontroller und ihre Rollen [ADS_Domaincontroller_Info.ps1]

```
# Aktuelle Domain ermitteln
$d = [System.DirectoryServices.ActiveDirectory.Domain]::GetCurrentDomain()
$DCs = $d.DomainControllers
# Schleife über alle Domänencontroller
foreach ($DC in $DCs)
{
   "Name: " + $DC.Name
   "IP: " + $DC.IPAddress.ToString()
   "Zeit: " + $DC.CurrentTime.ToString()
    "Rollen:"
   # Schleife über alle Rollen des DC
    foreach ($R in $DC.Roles)
    {
     "- " + $R.ToString()
    }
}
```

Informationen über die Domäne durch das Modul ADPowerShell

Folgende Commandlets im PowerShell-AD-Modul liefern Daten über die Domäne:

- Get-ADDomain: liefert Daten über die Domäne.
- Get-ADDomainController: liefert Daten über die Domänencontroller.
- Get-ADForest: liefert Informationen über die AD-Gesamtstruktur.
- Get-ADOptionalFeature: liefert eine Liste der optionalen Features des Active Directory.
- Get-ADRootDSE: liefert die Wurzel des Active Directory.

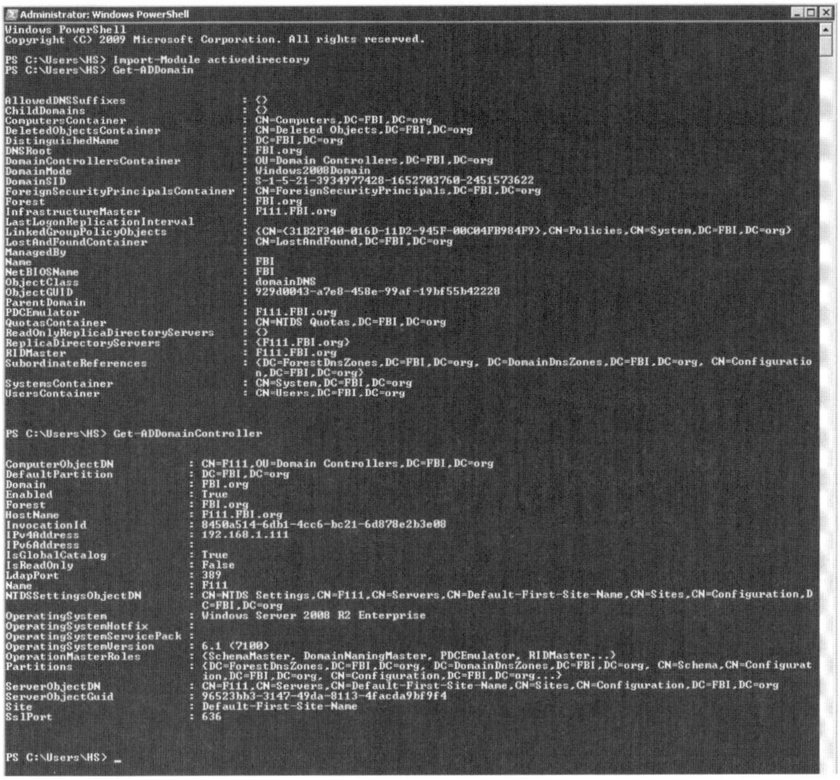

Abbildung 47.37: Ausgabe von Get-ADDomain und Get-ADDomainController in der Beispieldomäne FBI.org

48 Gruppenrichtlinien

Das PowerShell-Modul „Group Policy“ (seit Windows Server 2008 R2 und optional mit RSAT auch im Client seit Windows 7) bietet Commandlets, die den Funktionen der Gruppenrichtlinienverwaltungskonsole (GPMC) bzw. der zugehörigen COM-Komponente „GPM“ entsprechen.

```
PS C:\Users\HS> (get-command) | where { $_.ModuleName -eq "GroupPolicy" } | ft name, modulename, pssnapin

Name                               ModuleName                         PSSnapIn
----                               ----------                         --------
Backup-GPO                         grouppolicy
Copy-GPO                           grouppolicy
Get-GPInheritance                  grouppolicy
Get-GPO                            grouppolicy
Get-GPOReport                      grouppolicy
Get-GPPermissions                  grouppolicy
Get-GPPrefRegistryValue            grouppolicy
Get-GPRegistryValue                grouppolicy
Get-GPResultantSetOfPolicy         grouppolicy
Get-GPStarterGPO                   grouppolicy
Import-GPO                         grouppolicy
New-GPLink                         grouppolicy
New-GPO                            grouppolicy
New-GPStarterGPO                   grouppolicy
Remove-GPLink                      grouppolicy
Remove-GPO                         grouppolicy
Remove-GPPrefRegistryValue         grouppolicy
Remove-GPRegistryValue             grouppolicy
Rename-GPO                         grouppolicy
Restore-GPO                        grouppolicy
Set-GPInheritance                  grouppolicy
Set-GPLink                         grouppolicy
Set-GPPermissions                  grouppolicy
Set-GPPrefRegistryValue            grouppolicy
Set-GPRegistryValue                grouppolicy
```

Abbildung 48.1: Übersicht über die Commandlets im Group-Policy-Modul

HINWEIS: Anders als bei der „GPM“-COM-Komponente kann man mit den PowerShell-Commandlets auch Einstellungen innerhalb der Gruppenrichtlinien skriptbasiert erstellen. ■

48.1 Verwaltung der Gruppenrichtlinien

Folgende Commandlets dienen der Verwaltung der Gruppenrichtlinien:

- `Get-GPO`: listet alle Gruppenrichtlinien (Parameter `-all`) bzw. erlaubt Zugriff auf eine bestimmte Gruppenrichtlinie über die Angabe von `-Name` oder `-Guid`. Leider erlaubt `-Name` keine Platzhalter; suchen muss man also mit dem Commandlet `Where-Object`.
- `New-GPO`: erzeugt eine neue, leere Gruppenrichtlinie.
- `Remove-GPO`: entfernt eine Gruppenrichtlinie sowohl aus dem Active Directory als auch aus dem System Volume Folder (SysVol). Anders als bei der GPM-COM-Komponente werden dadurch auch alle Verknüpfungen entfernt.
- `Rename-GPO`: Umbenennen einer Gruppenrichtlinie
- `Copy-GPO`: Kopieren einer Gruppenrichtlinie (auch zwischen Domänen in einer AD-Gesamtstruktur). Beim Kopieren zwischen Domänen kann man Einstellungen abändern lassen.
- `New-GPStarterGPO`: Erstellen einer neuen, auf andere Domänen transferierbaren Gruppenrichtlinienvorlage („Starter GPO“, vgl. Gruppenrichtlinienmanagementkonsole ab Version 2.0)
- `Get-GPStarterGPO`: Auflisten der Gruppenrichtlinienvorlagen

Die Datenobjekte sind vom Typ `Microsoft.GroupPolicy.GPO` (siehe Bildschirmabbildung).

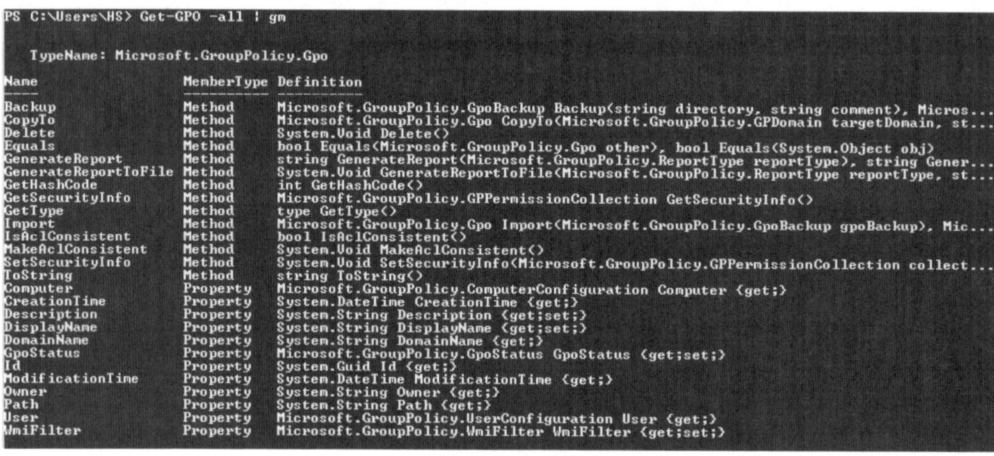
```
PS C:\Users\HS> Get-GPO -all | gm

   TypeName: Microsoft.GroupPolicy.Gpo

Name                  MemberType Definition
----                  ---------- ----------
Backup                Method     Microsoft.GroupPolicy.GpoBackup Backup(string directory, string comment), Micros...
CopyTo                Method     Microsoft.GroupPolicy.Gpo CopyTo(Microsoft.GroupPolicy.GPDomain targetDomain, st...
Delete                Method     System.Void Delete()
Equals                Method     bool Equals(Microsoft.GroupPolicy.Gpo other), bool Equals(System.Object obj)
GenerateReport        Method     string GenerateReport(Microsoft.GroupPolicy.ReportType reportType), string Gener...
GenerateReportToFile  Method     System.Void GenerateReportToFile(Microsoft.GroupPolicy.ReportType reportType, st...
GetHashCode           Method     int GetHashCode()
GetSecurityInfo       Method     Microsoft.GroupPolicy.GPPermissionCollection GetSecurityInfo()
GetType               Method     type GetType()
Import                Method     Microsoft.GroupPolicy.Gpo Import(Microsoft.GroupPolicy.GpoBackup gpoBackup), Mic...
IsAclConsistent       Method     bool IsAclConsistent()
MakeAclConsistent     Method     System.Void MakeAclConsistent()
SetSecurityInfo       Method     System.Void SetSecurityInfo(Microsoft.GroupPolicy.GPPermissionCollection collect...
ToString              Method     string ToString()
Computer              Property   Microsoft.GroupPolicy.ComputerConfiguration Computer {get;}
CreationTime          Property   System.DateTime CreationTime {get;}
Description           Property   System.String Description {get;set;}
DisplayName           Property   System.String DisplayName {get;set;}
DomainName            Property   System.String DomainName {get;}
GpoStatus             Property   Microsoft.GroupPolicy.GpoStatus GpoStatus {get;set;}
Id                    Property   System.Guid Id {get;}
ModificationTime      Property   System.DateTime ModificationTime {get;}
Owner                 Property   System.String Owner {get;}
Path                  Property   System.String Path {get;}
User                  Property   Microsoft.GroupPolicy.UserConfiguration User {get;}
WmiFilter             Property   Microsoft.GroupPolicy.WmiFilter WmiFilter {get;set;}
```

Abbildung 48.2: Datenobjekte, die Get-GPO liefert

Beispiele

Die folgenden Beispiele zeigen die Anwendung von `Get-GPO`.

Listing 48.1: Gruppenrichtlinien auflisten/suchen [WPS_GPOAnzeigen.ps1]

```
Import-Module grouppolicy

"Alle Gruppenrichtlinien  auflisten"
```

```
Get-GPO -all

"Eine Gruppenrichtlinien  anzeigen"
Get-GPO -name "developer policy"

"Alle Gruppenrichtlinien  mit D* auflisten"
Get-GPO -all | where { $_.displayname -ilike "d*" }
```

Zur Datensicherung und Wiederherstellung von Gruppenrichtlinien gibt es `Backup-GPO`, `Restore-GPO` und `Import-GPO`.

`Backup-GPO` erstellt eine Sicherung von einer oder mehreren Gruppenrichtlinien. Die Angabe einer Gruppenrichtlinie erfolgt durch `–Name` oder `–GUID`. Der Parameter `–All` liefert alle Gruppenrichtlinien. Man kann auch GPO-Objekte sichern, die in der Pipeline sind, z. B.:

```
# Datensicherung für alle bestehenden FBI-Gruppenrichtlinien
Get-GPO -all | where { $_.displayname -like "*FBI*" } | Backup-GPO -Path
"c:\wps\GPO_backups"
```

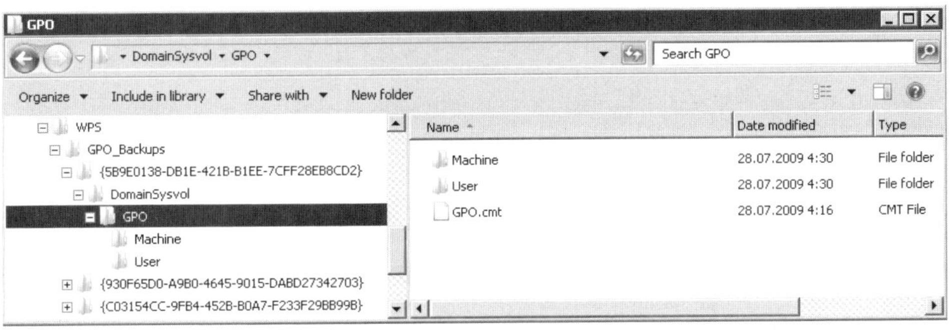

Abbildung 48.3: Ergebnis der Sicherung von drei Gruppenrichtlinien im Dateisystem

Die Wiederherstellung mit Restore-GPO erfolgt anhand des Namens, der GUID oder durch `–all` für alle gesicherten Gruppenrichtlinien.

```
Restore-GPO "GP FBI" -Path "c:\wps\GPO_backups"
Restore-GPO -all -Path "c:\wps\GPO_backups"
```

Import-GPO erlaubt durch `–TargetName` die Wiederherstellung unter einem anderen Namen.

48.2 Verknüpfung der Gruppenrichtlinien

Zur Verknüpfung der Gruppenrichtlinien mit Containern im Active Directory stehen zur Verfügung:

- `New-GPLink`: verknüpft eine Gruppenrichtlinie mit einem Container (Site, Domäne oder Organisationseinheit).

- `Remove-GPLink`: entfernt eine Verknüpfung zwischen Gruppenrichtlinie und Container, behält aber die Gruppenrichtlinie selbst.
- `Set-GPLink`: setzt die Eigenschaften Enabled, Enforced und Order für eine Verknüpfung.

Beispiel

Das folgende Skript legt drei leere Gruppenrichtlinien an und verlinkt diese mit zwei Organisationseinheiten. (Vorher wurden die Gruppenrichtlinien gelöscht, falls sie schon existierten.)

Listing 48.2: Beispiel zum Anlegen und Verlinken von Gruppenrichtlinien [WPS2_GP_CreateAndLink-GPO.ps1]

```
Import-Module grouppolicy

Remove-GPO "GP for FBI Agents"
Remove-GPO "GP FBI"
Remove-GPO "GP for FBI Directors"

New-GPO -name "GP FBI" -Comment "Standard Policy for all FBI Employees"
New-GPO -name "GP for FBI Directors" -Comment "Standard Policy for all FBI Directors"
New-GPO -name "GP for FBI Agents" -Comment "Standard Policy for all FBI Agents"

New-GPLink -name  "GP FBI" -target "dc=org" -Linkenabled Yes
New-GPLink -name  "GP for FBI Agents" -target "ou=agents,dc=fbi,dc=org" -Linkenabled
Yes
New-GPLink -name  "GP for FBI Directors" -target "ou=directors,dc=fbi,dc=org"
-Linkenabled Yes
```

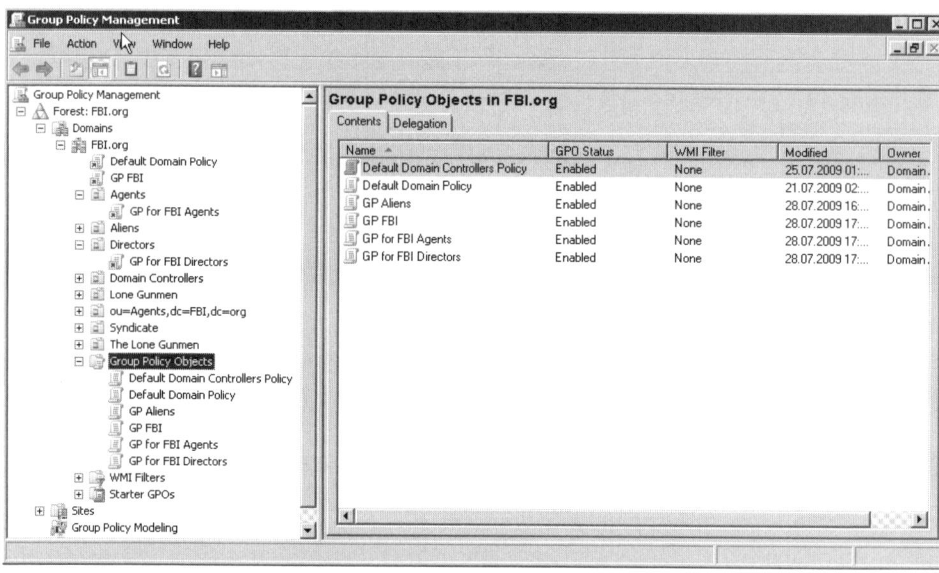

Abbildung 48.4: Zustand der Gruppenrichtlinien nach Ausführung des obigen Skripts

48.3 Gruppenrichtlinienberichte

`Get-GPOReport` erstellt einen Bericht über eine Gruppenrichtlinie inklusive ihrer Einstellungen und aller Verknüpfungen. Das Ausgabeformat ist wahlweise HTML oder XML.

```
Get-GPOReport "GP FBI"  -Reporttype html >c:\wps\go_report.htm
```

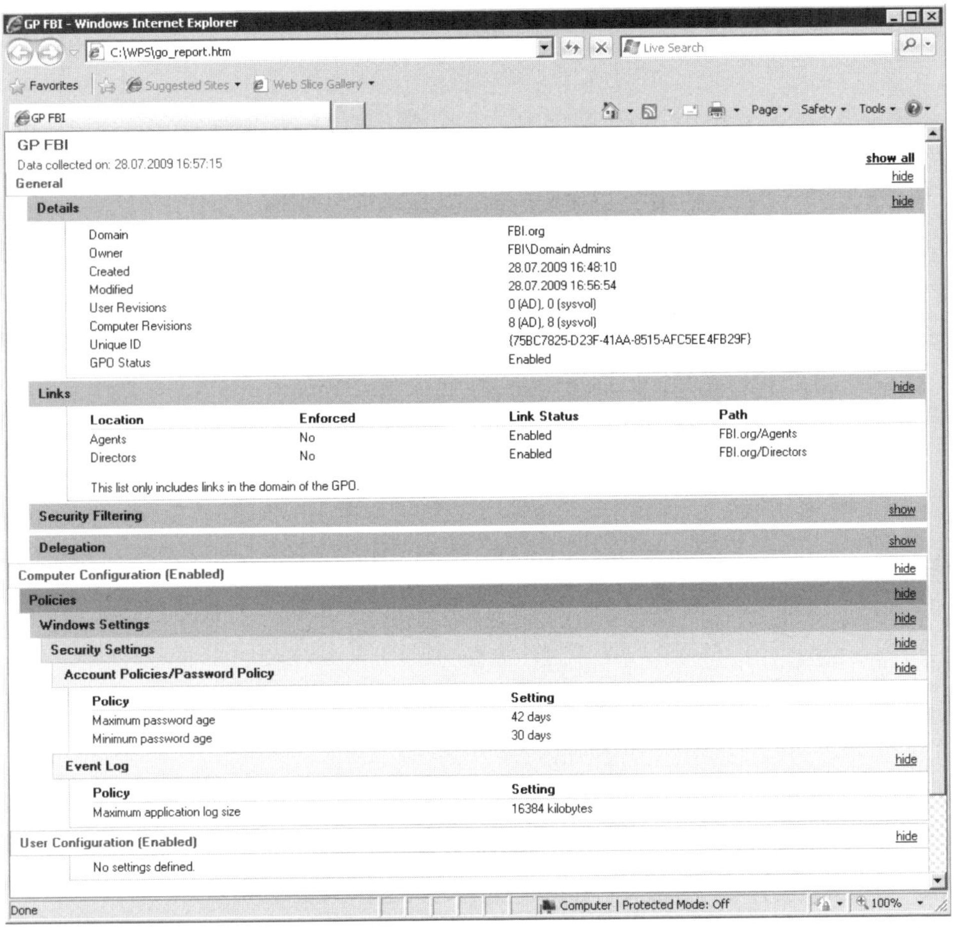

Abbildung 48.5: Gruppenrichtlinienbericht in HTML-Form

Ein Richtlinienergebnisbericht (engl. Resultant Set Of Policy) zeigt an, welche Gruppenrichtlinien auf einen Computer oder einen konkreten Benutzer eines Computers bei der Anmeldung an diesem Computer wirken.

Diesen Bericht erstellt das Commandlet `Get-GPResultantSetOfPolicy` in HTML- oder XML-Form.

Der folgende Befehl erstellt den Bericht für den Benutzer „Fox Mulder" auf dem Computer „F171":

```
Get-GPResultantSetOfPolicy -user "FoxMulder" -computer "F171" -ReportType HTML -path
c:\wps\rsop.htm
```

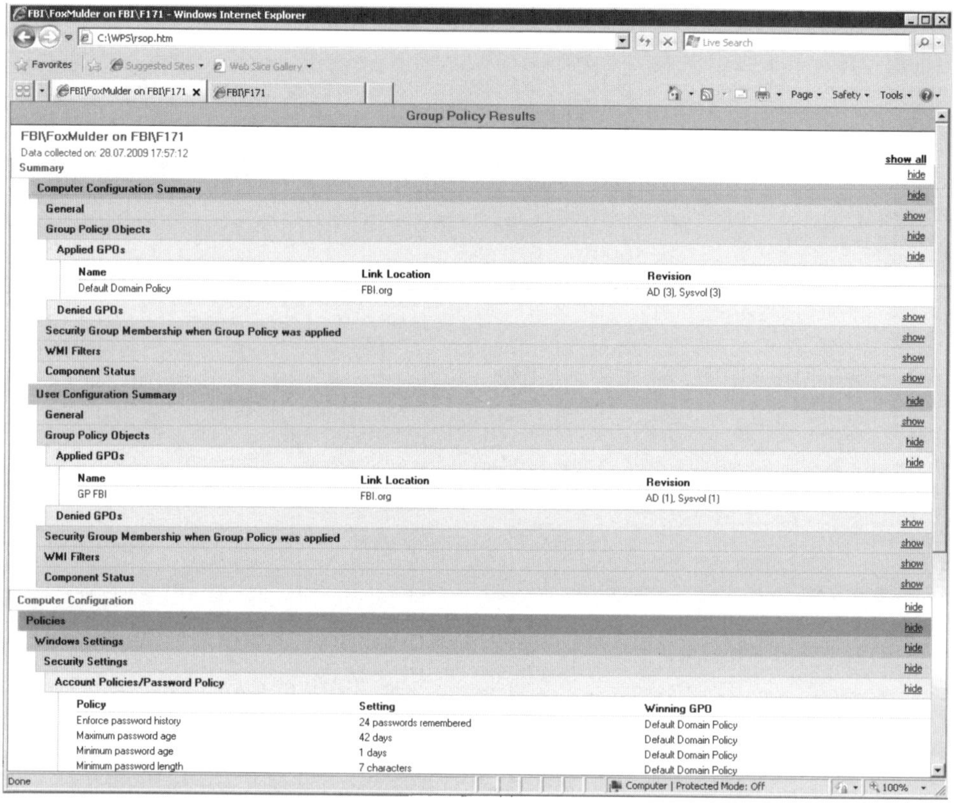

Abbildung 48.6: Richtlinienergebnisbericht in HTML-Form

48.4 Gruppenrichtlinienvererbung

Auf einen Container wirken Gruppenrichtlinien, die direkt verknüpft sind oder die geerbt werden. Mit `Get-GPInheritance` kann eine Liste aller wirkenden Gruppenrichtlinien für einen Container ermittelt werden.

```
Get-GPInheritance -target "ou=agents,dc=fbi,dc=org"
```

Die Bildschirmabbildung zeigt, dass „GP for FBI Agents" direkt verknüpft ist, während „GP FBI" und „Default Domain Policy" geerbt werden.

Abbildung 48.7: Ergebnis der Ausführung von Get-GPInheritance

TIPP: Mit `Set-GPInheritance` kann man steuern, ob ein Container Gruppenrichtlinien von übergeordneten Containern erben soll.

Der folgende Befehl verhindert, dass die „Aliens“ die Richtlinien „GP FBI“ und „Default Domain Policy“ erben:

```
Set-GPInheritance -target "ou=aliens,dc=fbi,dc=org" -isblocked yes
```

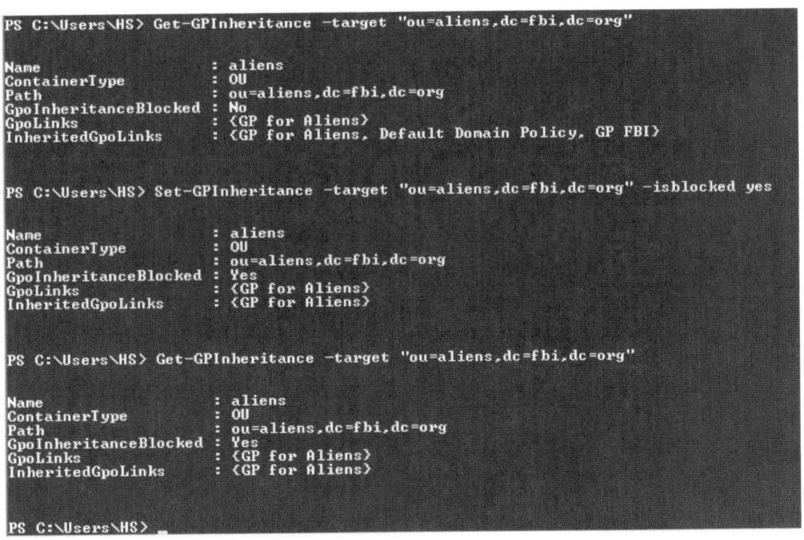

Abbildung 48.8: Veränderte Vererbung durch Einsatz von Set-GP-Inheritance

48.5 Weitere Möglichkeiten

Mit den folgenden Commandlets kann man Einstellungen in den Gruppenrichtlinien vornehmen, lesen oder löschen:

- `Set-GPRegistryValue`
- `Set-GPPrefRegistryValue`
- `Get-GPPrefRegistryValue`

- `Get-GPRegistryValue`
- `Remove-GPPrefRegistryValue`
- `Remove-GPRegistryValue`

Außerdem gibt es noch Commandlets zur Verwaltung der Zugriffsrechte auf Gruppenrichtlinien:

- `Set-GPPermissions`
- `Get-GPPermissions`

Eine Besprechung ist hier aufgrund der verlegerischen Seitenrestriktionen leider nicht möglich!

49 Virtuelle Systeme mit Hyper-V

von Peter Monadjemi

Hyper-V ist der Name der Virtualisierungstechnik von Microsoft, die die Ausführung mehrerer „Gast"-Betriebssysteme – alias „Virtuelles System" oder „Virtuelle Maschine" (VM) – unter einem „Host-Betriebssystem" ermöglicht. Das Host-Betriebssystem ist Windows Server (ab 2008) oder Windows Client (ab Version 8), die auszuführenden Client-Betriebssysteme können beliebige Betriebssysteme für x86- bzw. x64-Prozessoren sein. Neben Windows kommt z. B. auch Linux in Frage.

Der Kern der Hyper-V-Software ist der *Hypervisor*, der als Schicht unmittelbar oberhalb der Hardware des Computers sowohl das Host-Betriebssystem (auch Elternpartition genannt) als auch die verschiedenen virtuellen Maschinen (Kindpartitionen) ausführt. Neben Windows kommen für virtuelle Maschinen offiziell auch verschiedene Linux-Varianten wie *Red Hat Enterprise Linux* und *Suse Linux Enterprise Server* in Frage. Eine virtuelle Maschine besitzt, wie ihr physikalisches Pendant, einen Prozessor mit einer Typenbezeichnung, der auf Wunsch auch mehrere Kerne besitzen kann, ein BIOS und Arbeitsspeicher, dessen Größe beim Einrichten der virtuellen Maschine festgelegt wird. Der Zugriff auf das Netzwerk erfolgt bei Hyper-V über einen virtuellen Netzwerkadapter (Switch). Die physikalische Festplatte wird durch eine virtuelle Festplatte ersetzt (bei Hyper-V 2012 eine Datei im VHDX-Format, die eine maximale Kapazität von 64 TByte erlaubt). Eine ISO-Datei (eine Image-Datei einer kompletten CD/DVD inklusive Dateisystem nach ISO-Norm), über die z. B. ein Betriebssystem installiert wird, wird als virtuelles DVD-Laufwerk angesprochen. Auch andere Hardwaregeräte wie ein Lautsprecher oder ein USB-Laufwerk stehen im Rahmen einer virtuellen Maschine zur Verfügung. Die virtuellen Maschinen können sowohl in ein lokales Netzwerk als auch in eine Domäne eingebunden werden.

Hyper-V wurde erstmals mit Windows Server 2008 eingeführt und existiert sowohl als Serverrolle als auch als eigenständiges Produkt. Ein *Windows Server 2012 Hyper-V* ist ein Windows Server 2012 ohne eine grafische Benutzeroberfläche, aber mit PowerShell (als Alternative zu *Cmd.exe*) und dem Hyper-V-Modul mit seinen Commandlets. Hyper-V ist der direkte Konkurrent zur Virtualisierungslösung *vSphere* von *VMWare*, dem derzeitigen Marktführer in diesem Bereich. Auch ab *Windows 8 Professional* ist Hyper-V unter dem Namen „Client Hyper-V" dabei. Es löst den Virtual PC von Windows 7 ab. *Client Hyper-V* ist ein Hyper-V-Server ohne einige der fortgeschrittenen Merkmale wie Live-Migration oder die Möglichkeit, Fibre-Channel-Speichersysteme direkt einbinden zu können.

Mit Windows Server 2012 wurden bei Hyper-V wichtige Verbesserungen eingeführt, die sowohl mehr Komfort für Administratoren als auch mehr Möglichkeiten mit sich bringen.

Die wichtigste Neuerung ist die Möglichkeit einer unterbrechungsfreien Live-Migration von virtuellen Maschinen auf einen anderen Hyper-V-Server während des laufenden Betriebs. Anders als beim Vorgänger ist dazu kein ausfallsicherer Cluster mehr erforderlich. Weitere wichtige Neuerungen sind der Umstand, dass virtuelle Maschinen auf einer Freigabe eingerichtet werden können, und die Unterstützung für Fibre-Channel-Speichermedien.

Auch die technischen Daten von Hyper-V 2012 sind beeindruckend: Für eine virtuelle Maschine können bis zu 320 logische Prozessoren (beim Vorgänger 64), bis zu 64 virtuelle Prozessoren (beim Vorgänger 4), bis zu 4 TByte Arbeitsspeicher (beim Vorgänger 1 TByte) und bis zu 1TByte RAM (beim Vorgänger 64 GByte) konfiguriert werden.

■ 49.1 Das Hyper-V-Modul von Microsoft

Vor der Einführung von Windows 8/Windows Server 2012 gab es für die Hyper-V-Administration im Wesentlichen drei Alternativen:

1. Der direkte Aufruf von WMI-Funktionen des Hyper-V-WMI-Providers (diese Variante wurde im Zusammenhang mit VBScript und dem Windows Scripting Host genutzt).
2. Die PowerShell Management Library for Hyper-V von *James O'Neill* und *Mike Kolitz*, das als OpenSource-Projekt im *Codeplex*-Portal zur Verfügung steht (*http://pshyperv.codeplex.com*). Es basiert auf der Funktionalität eines Hyper-V-Servers 2008.
3. Die Verwendung von *System Center Virtual Machine Manager 2008 R2* (SCVMM). Hier steht ein umfangreicher Satz von PowerShell-Commandlets zur Verfügung, auf denen auch die SVMM-Verwaltungskonsole aufsetzt.

Seit Windows Server 2012 und Windows 8 gibt es (endlich) eine weitere Alternative, die allen Administratoren zur Verfügung steht: das Hyper-V-Modul mit seinen insgesamt 164 Commandlets. Dieses Modul wird über die Hyper-V-Server-Rolle installiert. Bei Windows 8.1 steht es zur Verfügung, wenn die *Remote Server Administration Tools for Windows 8.1 (RSAT)* installiert wurden.

Um einen besseren Überblick über das umfangreiche Modul zu geben, stellt Tabelle 49.1 die wichtigsten Commandlets zusammen, die für den Umgang mit virtuellen Maschinen (VM) zuständig sind. Damit ergibt sich eine Übersicht über jene Aktivitäten, die mit einer oder mehreren VMs durchgeführt werden können. Ein „Backup-VM"-Commandlet gibt es nicht. Die Komplettsicherung eines Hyper-V-Servers wird in der Praxis entweder im Rahmen einer Replikation einzelner VMs auf einen anderen Hyper-V-Server oder über die Windows-Server-Sicherung durchgeführt. Tabelle 49.2 stellt weitere Commandlets aus dem Hyper-V-Modul zusammen, die in der Praxis häufig zum Einsatz kommen.

Tabelle 49.1: Die Commandlets für den Umgang mit virtuellen Maschinen

Commandlet	Was macht es?
`Checkpoint-VM`	Speichert den aktuellen Zustand der VM als „Snapshot" ab.
`Compare-VM`	Prüft die Konfigurationsdatei einer VM auf die „Rahmenbedingungen" des aktuellen Hyper-V-Servers und gibt ein Objekt zurück, das mögliche „Inkompatibilitäten" umfasst. Dieses Objekt kann beim *Import-VM-* oder *MoveVM-*Commandlet angegeben werden.
`Export-VM`	Speichert die VM in einem angegebenen Verzeichnis ab, aus dem sie später wieder, eventuell auf einem anderen Server, importiert werden kann.
`Get-VM`	Holt ein Objekt, das die angegebene VM repräsentiert.
`Import-VM`	Importiert eine exportierte VM.
`Measure-VM`	Führt eine Leistungsmessung mit VMs durch. Die Leistungsmessung muss zuvor über das `Enable-VMResourceMetering`-Commandlet aktiviert worden sein.
`Move-VM`	Verschiebt eine VM auf einen anderen Hyper-V-Server.
`New-VM`	Legt eine neue VM mit einigen Voreinstellungen bezüglich seiner Eckdaten wie Speichergröße und Anzahl der CPUs an.
`Remove-VM`	Entfernt eine VM aus einem VM-Host und löscht alle Dateien der VM.
`Rename-VM`	Gibt einer VM einen anderen Namen.
`Repair-VM`	Ändert die Einstellungen einer VM auf der Grundlage eines zuvor angefertigten Kompatibilitätsreports.
`Restart-VM`	Startet eine VM neu.
`Resume-VM`	Setzt die Ausführung einer angehaltenen VM fort.
`Save-VM`	Schaltet eine VM aus und speichert ihren aktuellen Zustand, so dass die Ausführung bei einem erneuten Start an diesem Punkt fortgesetzt wird.
`Set-VM`	Ändert die Einstellungen wie Anzahl der Prozessoren, den Verzeichnispfad des Snapshots, den Namen der VM oder ihren Startmodus.
`Start-VM`	Startet eine VM.
`Stop-VM`	Beendet eine VM (entspricht dem Ausschalten im Hyper-V-Manager).
`Suspend-VM`	Hält eine VM vorrübergehend an.

Tabelle 49.2: Weitere wichtige Commandlets aus dem Hyper-V-Modul

Commandlet	Bedeutung
`Add-VMHardDiskDrive`	Fügt zu einer virtuellen Maschine eine Festplatte hinzu.
`Add-VMSwitch`	Fügt zu einer virtuellen Maschine einen virtuellen (Netzwerk-)Switch hinzu.
`Connect-VMNetworkAdapter`	Verbindet einen Netzwerkadapter mit einem virtuellen Switch.
`Convert-VHD`	Konvertiert eine virtuelle Maschine, z. B. in das neue VHDX-Format.

Tabelle 49.2: Weitere wichtige Commandlets aus dem Hyper-V-Modul *(Fortsetzung)*

Commandlet	Bedeutung
`Get-VMHost`	Holt den Host des Hypervisor als VMHost-Objekt (`Microsoft.HyperV.PowerShell`).
`New-VMSwitch`	Legt einen neuen Netzwerkswitch an, der auf einem vorhandenen Netzwerkadapter basiert.
`Resize-VHD`	Ändert die Größe einer virtuellen Festplatte.
`Test-VHD`	Testet eine virtuelle Festplattendatei auf ihre Brauchbarkeit für den Einsatz unter einer VM.

49.2 Die ersten Schritte mit dem Hyper-V-Modul

Die ersten Schritte zum Kennenlernen des Hyper-V-Moduls bestehen aus dem Abfragen vorhandener Hyper-V-Maschinen auf einem Server (die eventuell bereits im Rahmen der Hyper-V-Managementkonsole angelegt wurden).

HINWEIS: Alle Beispiele in diesem Kapitel, sofern nicht anders angegeben, gehen davon aus, dass sie auf dem lokalen Hyper-V-Server ausgeführt werden. Über den Parameter `ComputerName` kann jedes Commandlet aus dem Hyper-V-Modul auf dem angegebenen Hyper-V-Server ausgeführt werden.

Abfragen aller virtuellen Maschinen

Das Commandlet `Get-VM` listet alle virtuellen Maschinen auf dem lokalen bzw. per `ComputerName`-Parameter angegebenen Hyper-V-Server auf.

BEISPIEL: Der folgende Befehl gibt einige ausgewählte Eckdaten der VMs auf dem angegebenen Hyper-V-Server aus.

```
Get-VM | Select-Object -Property Name, Status, State, UpTime,
VMIntergrationService | Format-Table
```

Wie in anderen Bereichen profitieren Administratoren auch bei der Hyper-V-Administration von der Leichtigkeit, mit der sich bei der PowerShell beliebige Abfragen zusammenstellen lassen. Der folgende Befehl sortiert die virtuellen Maschinen mehrerer Server nach der Dauer, die sie bereits in Betrieb sind.

```
Get-VM –ComputerName Server1, Server2 | Where-Object Uptime –gt 1000 |
Sort-Object –Property Uptime –Descending
```

Sehr praktisch ist dabei der Umstand, dass die Property *Uptime*, die für einen `TimeSpan`-Wert (also eine Zeitspanne) steht, mit der Zahl 0 verglichen werden kann. ■

TIPP: Sehr praktisch ist in diesem Zusammenhang das `Out-GridView`-Commandlet, das seit der PowerShell-Version 3.0 auch eine Auswahlmöglichkeit bietet. Möchte man z. B. mehrere VMs für eine bestimmte Aktion, etwa eine Live-Migration, auswählen, ist das dank des Commandlets einfach und komfortabel möglich.

Der folgende Befehl zeigt alle VMs eines Hyper-V-Servers in einem Fenster. Nach der Auswahl eines oder mehrerer Einträge werden die ausgewählten Objekte in die Pipeline gelegt.

```
$HVServerName = "Server1"
Get-VM -ComputerName $HVSereverName | Out-GridView -Title "Wähle VM für
Live-Migration" -OutputMode Multiple
```

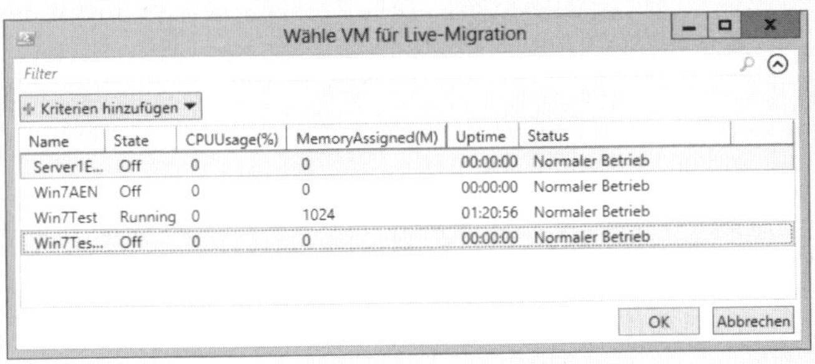

Abbildung 49.1: Die ausgewählten VMs werden in die Pipeline gelegt. ■

Abfragen von Details zu einer virtuellen Maschine

Ist man an technischen Details zu einer virtuellen Maschine interessiert, werden diese von Commandlets wie `Get-VMBIOS`, `Get-VMMemory` oder `Get-VMProcessor` geliefert.

BEISPIEL: Der folgende Befehl gibt die wichtigsten Eckdaten einer zuvor per `New-VM`-Commandlet angelegten virtuellen Maschine aus, die über die Parameter `NewVhdPath` und `NewVhdSizeBytes` bereits mit einer (neuen) virtuellen Festplatte ausgestattet wurde.

```
$VMName = "VMNTest"
$VM = New-VM -Name $VMName -MemoryStartupBytes 1GB -NewVHDPath
"C:\VHDS\VMTest.vhdx" -NewVHDSizeBytes 40GB
Get-VMMemory -VMName $VMName
Get-VMNetworkAdapter -VMName $VMName
Get-VMHardDiskDrive -VMName $VMName
```

■

Änderungen an einer virtuellen Maschine durchführen

Änderungen an den Einstellungen einer virtuellen Maschine nimmt das `Set-VM`-Commandlet vor.

BEISPIEL: Der folgende Befehl setzt den Pfad für Snapshots auf einen neuen Pfad.

```
$VM = Get-VM -Name VMTest
Set-VM -VM $VM -SnapshotFileLocation "C:\VMSnapshots"
```

■

Konfiguration der Integrationsdienste

Die Hyper-V-Integrationsdienste („Integration Services", kurz IS) stellen einen Satz von insgesamt fünf Diensten und einem optimierten Hypervisor-Treiber dar, durch die die Performance und die Verwaltbarkeit einer VM verbessert werden. Ein Beispiel für einen der Dienste ist der „Heartbeat-Service" (Taktdienst), der auf Anfragen antwortet, die der Hypervisor in regelmäßigen Abständen an alle VMs schickt, um auf diese Weise feststellen zu können, ob eine VM noch „am Leben" ist. Die aktuellen Einstellungen der einzelnen Integrationsdienste für eine VM liefert das `Get-VMIntegrationService`-Commandlet. Ob die Integrationsdienste auf einer VM installiert sind, verrät die Eigenschaft `IntegrationServicesVersion`, welche die Versionsnummer der Dienste angibt.

BEISPIEL: Der folgende Befehl gibt alle VMs auf dem aktuellen Hyper-V-Server aus, auf denen die Integrationsdienste installiert sind.

```
Get-VM -Name * | Where-Object IntegrationServicesVersion -ne $null
```

■

Die Versionsnummer der Integrationsdienste auf dem Hyper-V-Server ist in der Registry in einem Eintrag des Schlüssels *HKLM:\SOFTWARE\Microsoft\Windows NT\CurrentVersion\Virtualization\GuestInstaller\Version* hinterlegt.

BEISPIEL: Der folgende Befehl fragt die Versionsnummer der Integrationsdienste auf dem aktuellen Hyper-V-Server ab.

```
Get-ItemProperty -Path "HKLM:\SOFTWARE\Microsoft\Windows NT\CurrentVersion\
Virtualization\GuestInstaller\Version" |
 Select-Object -ExpandProperty Microsoft-Hyper-V-Guest-Installer
```

Die Versionsnummer der Integrationsdienste bei Windows Server 2012 ist 6.2.9200.16384.

■

Über die Commandlets `Enable-VMIntegrationService` und `Disable-VMIntegrationService` werden die Integrationsdienste auf einer VM aktiviert bzw. deaktiviert.

Die Integrationsdienste werden im Fenster der VM über das *Aktion*-Menü und den Eintrag „Installationsdatenträger für Integrationsdienste einlegen" installiert. Die Auswahl führt dazu, dass die ISO-Datei *Vmguest.iso* als DVD-Laufwerk eingebunden und die Integrationsdienste installiert werden.

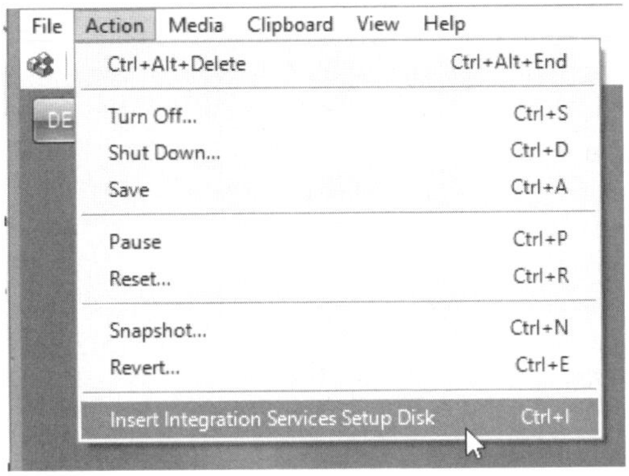

Abbildung 49.2: Installation der Hyper-V-Integrationsdienste in einer VM

Das Installieren der Integrationsdienste per PowerShell ist etwas aufwendiger, denn dafür gibt es leider kein Commandlet. Für die Installation muss die ISO-Datei *Vmguest.iso* (im Verzeichnis *C:\Windows\System32* des Hyper-V-Servers) mit einem DVD-Laufwerk der VM verbunden und die Datei *Setup.exe* im Verzeichnis *Support\x86* des Laufwerks auf der VM gestartet werden.

Die Hyper-V-Manager-Konsole zur besseren Orientierung

Wer sich dem komplexen Thema Virtualisierung auf der Grundlage von Hyper-V nähert, benötigt zuerst einen Überblick über die Möglichkeiten, die Administratoren zur Verfügung stehen. Bei 178 Commandlets (Windows Server 2012 R2) läuft man am Anfang Gefahr, den

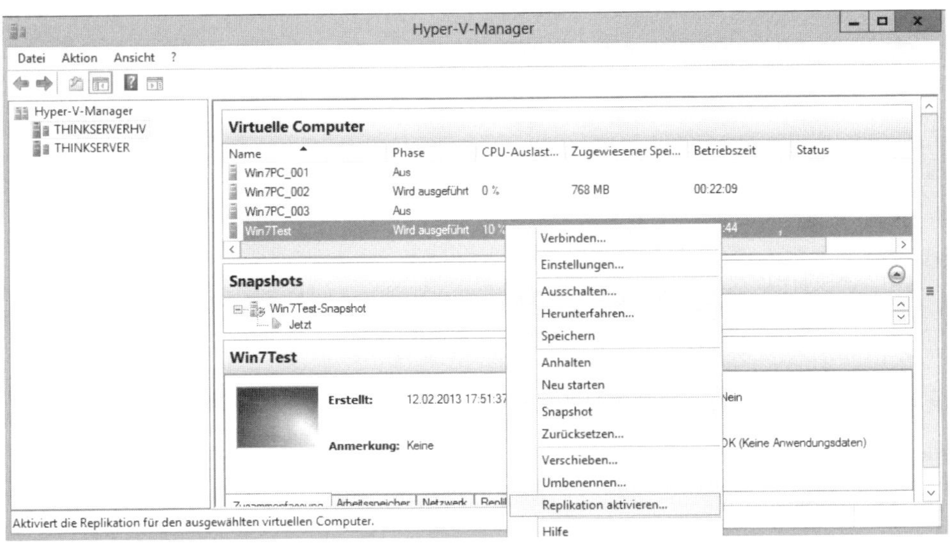

Abbildung 49.3: Die Hyper-V-Managerkonsole

sprichwörtlichen Wald vor lauter Bäumen nicht mehr zu sehen. Eine gute Gelegenheit, einen Überblick zu erhalten, bietet die *Hyper-V-Manager-Konsole*, die z. B. über den Server-Manager gestartet wird. Sie bietet zwar keine PowerShell-Schnittstelle, dafür macht sie sehr übersichtlich deutlich, welche Optionen z. B. beim Anlegen einer virtuellen Maschine oder eines virtuellen Laufwerks zur Verfügung stehen. Diese Optionen stehen auch über die PowerShell-Commandlets aus dem Hyper-V-Modul und ihre Parameter zur Verfügung. Über das *Aktion*-Menü oder das Kontextmenü, das sich nach dem Anklicken einer virtuellen Maschine mit der rechten Maustaste öffnet, werden die Aktionen angeboten, die mit der virtuellen Maschine durchgeführt werden können. Ein Doppelklick auf einen Eintrag öffnet die virtuelle Maschine in einem eigenen Fenster.

49.3 Virtuelle Maschinen anlegen

Das Anlegen einer neuen virtuellen Maschine ist grundsätzlich sehr einfach. Im einfachsten Fall wird das *New-VM*-Commandlet lediglich mit dem Namen der neuen virtuellen Maschine aufgerufen. Weitere Angaben sind nicht erforderlich. Soll die virtuelle Maschine mit einer vorhandenen Festplatte oder einer ISO-Datei in Gestalt eines DVD-Laufwerks verknüpft werden, über die nach dem Start das Betriebssystem installiert wird, wird es etwas aufwendiger, so dass die vertraute Hyper-V-Manager-Konsole eventuell als die etwas attraktivere Alternative erscheinen mag. Aber auch hier gilt, dass sobald ein halbes Dutzend virtueller Maschinen und mehr „in einem Rutsch" angelegt und konfiguriert werden sollen, ein PowerShell-Skript beinahe alternativlos ist, da sich nur auf diese Weise der Ablauf parametrisieren, beliebig oft wiederholen und protokollieren lässt. Sobald ein PowerShell-Skript die Aufgabe erledigt, lassen sich Abläufe in wenigen Minuten erledigen, die „zu Fuß" viele Stunden in Anspruch nehmen würden.

Anlegen einer neuen virtuellen Maschine

Das Anlegen einer neuen virtuellen Maschine beschränkt sich im einfachsten Fall auf den Aufruf des `New-VM`-Commandlets mit dem Namen der neuen virtuellen Maschine. Für technische Details wie die Größe des Arbeitsspeichers oder die Art des Netzwerkadapters werden Default-Werte eingesetzt. Es ist bemerkenswert, dass der Name einer VM mehrfach vorkommen kann, da die VMs intern anhand ihrer ID unterschieden werden.

BEISPIEL: Der folgende Befehl legt eine VM mit dem Namen „VMTest" an.

```
New-VM –Name VMTest
```

Das Ergebnis ist eine Konfigurationsdatei (Erweiterung *.Xml*) im „Virtual Machine"-Verzeichnis des Hyper-V-Servers, die alle Konfigurationseinstellungen enthält. Diese Datei repräsentiert die virtuelle Maschine auf dem Server (der Dateiname entspricht der ID der virtuellen Maschine) und kann z. B. dazu benutzt werden, die virtuelle Maschine auf einem anderen Hyper-V-Server über das `Import-VM`-Commandlet zu importieren.

HINWEIS: Anders als bei anderen Virtualisierungslösungen (u. a. Virtual PC) besteht eine virtuelle Hyper-V-Maschine nicht nur aus einer Vhd(x)-Datei (virtuelle Festplatte) und einer Konfigurationsdatei. Dazu gehören u. a. die Snapshots (sofern vorhanden) und der aktuelle Zustand, der in einem Unterverzeichnis, dessen Name der ID der VM entspricht, abgelegt wird. ■

BEISPIEL: Im folgenden Beispiel legt ein kleines Skript mehrere VMs auf einmal an. Ihre Namen werden beim Aufruf des Skripts über den `VMName`-Parameter übergeben.

```
<#
 .Synopsis
 Anlegen einer oder mehrere VMs
#>

[CommandletBinding()]

param([String[]]$VMName, [String]$ComputerName)

Import-Module -Name Hyper-V

$VMListe = @()
foreach($VM in $VMName)
{
  $VMliste += New-VM -Name $VM -ComputerName $ComputerName –Verbose
}

"$($VMListe.Count) virtuelle Maschinen wurden angelegt."
```
■

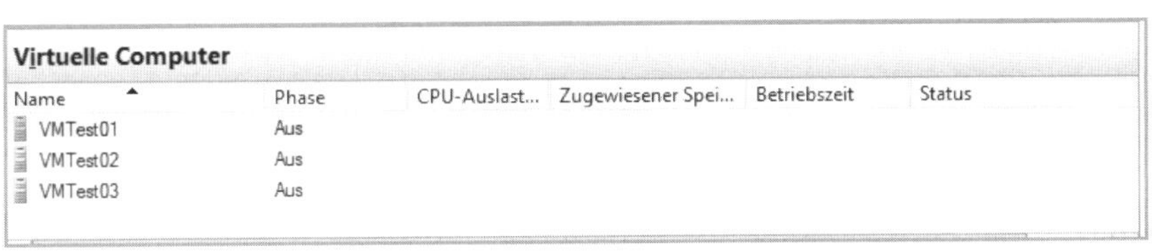

Abbildung 49.4: Die neu angelegten VMS werden in der Hyper-V-Manager-Konsole angezeigt.

Löschen „verwaister" Verzeichnisse

Im Laufe der Zeit kann es passieren, dass Verzeichnisse für nicht mehr existierende virtuelle Maschinen übrig bleiben, die gelöscht werden sollten. Da es im Explorer anhand der langen Verzeichnisnamen nicht ganz einfach ist zu erkennen, für welche Unterverzeichnisse keine XML-Konfigurationsdatei mit dem gleichen Namen existiert, wird das Löschen einem kleinen PowerShell-Skript übertragen.

BEISPIEL: Das folgende kleine Skript löscht alle Unterverzeichnisse im Verzeichnis der virtuellen Maschinen, für die es im selben Verzeichnis keine gleichnamige XML-Datei gibt. Vor dem Start des Skripts muss der Pfad der virtuellen Maschinen, der über die Variable `$VMPath` festgelegt wird, angepasst werden. Die Pfade der gelöschten Verzeichnisse werden in die Datei *C:\ VMLoeschProtokoll.txt* geschrieben.

Aus Sicherheitsgründen wird der `Whatif`-Parameter gesetzt, so dass das Skript in der aktuellen Fassung keine Verzeichnisse löscht. Die Benutzung geschieht auf eigenes Risiko.

```
<#
 .Synopsis
 Löschen nicht benötigter Hyper-V-Verzeichnisse
#>

$SB = {
    $VMPath = "C:\VMS\Virtual Machines"
    $XMLDateien = Get-ChildItem -Path $VMPath\*.xml | Select-Object
–Property
@{Name="Name";Expression={[IO.Path]::GetFileNameWithoutExtension($_.Name)}} |
     Select-Object -ExpandProperty Name
    # Jetzt alle Verzeichnisse durchgehen, für die es keine XML-Dateien gibt
    Get-ChildItem -Path $VMPath -Directory | Where-Object { $XMLDateien
-NotContains $_.Name } | Tee-Object -FilePath C:\VMLoeschProtokoll.txt |
Remove-Item -Recurse -Force -WhatIf
}

Invoke-Command -ScriptBlock $SB
```

Auch wenn das Skript lokal ausgeführt wird, wird es über das `Invoke-Command`-Commandlet und einen ScriptBlock ausgeführt, da dadurch lediglich der Name des Computers hinzugefügt werden muss, wenn es auf einem anderen Computer ausführen soll. ■

Anlegen von virtuellen Maschinen mit einer VHDX-Datei

Liegt eine fertige VHDX-Datei als virtuelle Festplatte bereits vor, gibt es beim Anlegen einer neuen virtuellen Maschine zwei Möglichkeiten: Die virtuelle Maschine legt eine neue virtuelle Festplatte vom Typ „Differenzierend" (`Differencing`-Parameter beim `New-VHD`-Commandlet) an, die auf der vorhandenen Festplatte aufsetzt. Oder die vorhandene Festplatte wird für jede VM in ein eigenes Verzeichnis kopiert und der VM hinzugefügt. Im Folgenden wird die zweite Variante umgesetzt.

BEISPIEL: Das folgende Skript legt eine festgelegte Anzahl an VMs (voreingestellt sind drei) in einem neuen Verzeichnis an und weist der VM eine bereits existierende VHDX-Datei zu, die zuvor in dieses Verzeichnis kopiert wurde. Das Skript ist so konzipiert, dass es das Kopieren der VHDX-Datei per Remoting auf dem Hyper-V-Server ausführt. Beim Anlegen der VM wird dieser Server angegeben. Wichtig: Vor der Ausführung des Skripts müssen noch verschiedene Einstellungen, wie der Basisname der VMs, das Verzeichnis mit der VHDX-Datei und der Name des Hyper-V-Servers, angepasst werden.

```
<#
 .Synopsis
 Anlegen von VMs mit einer existierenden VHDX-Datei
#>

Set-StrictMode -Version 2.0

Import-Module -Name Hyper-V

$AnzahlVM = 3
$VMBasisName = "Win7PC"
$SwitchName = "Standard"
$VHDPath = "C:\VHDS\Win7Test_VHD.vhdx"
$VMNr = 0
$ServerName = "Server1"

$VhdCopySB = {
               param([String]$VHDPath, [String]$VMName)
               $VMPath = "C:\VHDS\$VMName"
               if (!(Test-Path -Path $VMPath)) { MkDir -Path $VMPath }
               Copy-Item -Path $VHDPath -Destination (Join-Path -Path
$VMPath -ChildPath "$VMName.vhdx")
              }
1..$AnzahlVM | Foreach-Object {
        $VMNr++
        $VMName = "$VMBasisName`_{0:000}" -f $_
        $VMVHDPath = "C:\VHDS\$VMName\$VMName.vhdx"
        # VHDX-Datei auf dem Remote-Computer kopieren
        Invoke-Command -ScriptBlock $VhdCopySB -ComputerName $ServerName
-ArgumentList $VHDPath,$VMName
        Write-Progress -Activity "VMs werden angelegt" -Status "VM $VMName
wird angelegt." -PercentComplete (($VMNr/$AnzahlVM)*100)
        $VM = New-VM -Name $VMName -MemoryStartupBytes 768MB -SwitchName
$SwitchName `
         -VHDPath $VMVHDPath -ComputerName $ServerName
        Set-VM -VM $VM -ProcessorCount 2
}
```

■

Einrichten einer virtuellen Maschine mit einer vorbereiteten ISO-Datei

Soll eine virtuelle Maschine (VM) mit einer ISO-Datei eingerichtet werden, die als DVD-Laufwerk eingebunden wird, so dass auf diese Weise anschließend ein Betriebssystem installiert werden kann, sind ein paar zusätzliche Schritte erforderlich.

BEISPIEL: Die folgende Befehlsfolge richtet eine neue VM ein, verknüpft sie mit einer Windows-7-Installations-DVD in Gestalt einer ISO-Datei und startet die VM anschließend mit `Start-VM`, so dass dadurch die Installation von Windows 7 in Gang gesetzt wird. Damit die Installation nach dem Start der VM möglich ist, muss die neu angelegte Festplatte eingerichtet werden. Was vor Windows Server 2012 noch eine relativ knifflige Angelegenheit gewesen wäre, da für das DiskPart-Kommando eine Befehlszeile nicht nur hätte zusammengebaut, sondern auch getestet werden müssen, geht dank der Commandlets in dem neuen Storage-Modul sehr einfach. Diese werden im Rahmen einer CIM-Session auf dem Hyper-V-Server ausgeführt.

Damit die Befehlsfolge funktioniert, müssen außerdem wieder einmal die verschiedenen Angaben wie der Name des Servers und der Pfad der ISO-Datei angepasst werden. Auf dem Hyper-V-Server müssen ferner die Verzeichnisse *C:\VHDS* und *C:\VMS* existieren. Außerdem wird davon ausgegangen, dass ein Netzwerkswitch mit dem Namen „Standard" bereits angelegt wurde.

```
<#
.Synopsis
Anlegen einer kompletten VM mit einem ISO-DVD-Laufwerk
#>

Import-Module -Name Hyper-V

<#
Diese Eckdaten müssen vor dem Start angepasst werden, vor allem der
SwitchName ist kritisch
#>

# Name des Hyper-V-Servers
$ServerName = "PMServer"
# Name der neuen VM
$VMName = "Win7"
# Name des Switches
$SwitchName = "D-Link DGE-528T-Gigabit-Ethernet-Adapter - Virtual Switch"
# Pfad der virtuellen Festplattendatei
$VhdPath = "C:\VHDS\$VMName`_VHD.vhdx"
# Gewünschte Größe der virtuellen Festplatte
$VHDSize = 40GB
# Pfad der ISO-Datei für die Installation von Windows 7
$Win7ISOPath = "E:\ISOS\de_windows_7_ultimate_with_sp1_x64_dvd_u_677306.iso"
# Neue VM mit Eckdaten anlegen - wichtig sind der Name des Switch und der
Name des Computers des Hyper-V-Servers
$VM = New-VM -Name $VMName -MemoryStartupBytes 1GB -SwitchName $SwitchName
-ComputerName $ServerName
# Neue virtuelle Festplatte anlegen
New-VHD -Path $VhdPath -SizeBytes $VHDSize -Dynamic -ComputerName
$ServerName | Out-Null
# Zur VM ein Laufwerk hinzufügen
Add-VMHardDiskDrive -ComputerName $ServerName -ControllerNumber 0
-ControllerType IDE -VM $VM -Path $VhdPath | Out-Null
# Laufwerk mit der zuvor angelegten Festplatte verbinden
Mount-VHD -Path $VhdPath -ComputerName $ServerName
# Neue CIM-Session für Remote-Zugriff auf die VM
$CIMSession = New-CimSession -ComputerName $ServerName
# Das einzige Laufwerk der VM holen - FriendlyName ist voreingestellt
$D = Get-Disk -CimSession $CIMSession -FriendlyName "Microsoft Virtual Disk"
# Das Laufwerk initialisieren
Initialize-Disk -Number $D.Number -CimSession $CIMSession
-PartitionStyle MBR
```

```
# Eine neue Partition auf dem Laufwerk anlegen - Laufwerksbuchstabe wird
festgelegt - Alternative: z.B. -DriveLetter V-Parameter
$NewPart = New-Partition -DiskNumber $D.Number -UseMaximumSize -CimSession
$CIMSession -AssignDriveLetter
# Das Laufwerk formatieren - Vorsicht: Ohne Angabe einer CIMSession wird das
lokale Volume formatiert
Format-Volume -Partition $NewPart -FileSystem NTFS -NewFileSystemLabel
"Win7Main" -CimSession $CIMSession -Force
# Virtuelle Festplatte kann wieder vom Laufwerk entfernt werden
Dismount-VHD -Path $VhdPath -ComputerName $ServerName
# CIM-Session wird beendet
Remove-CimSession -CimSession $CIMSession
# ISO-Pfad mit virtuellem Laufwerk verbinden
Set-VMDVdDrive -VMName $VM.VMName -Path $Win7ISOPath -ComputerName
$ServerName
# Jetzt kann es endlich losgehen
Start-VM -VM $VM
```
■

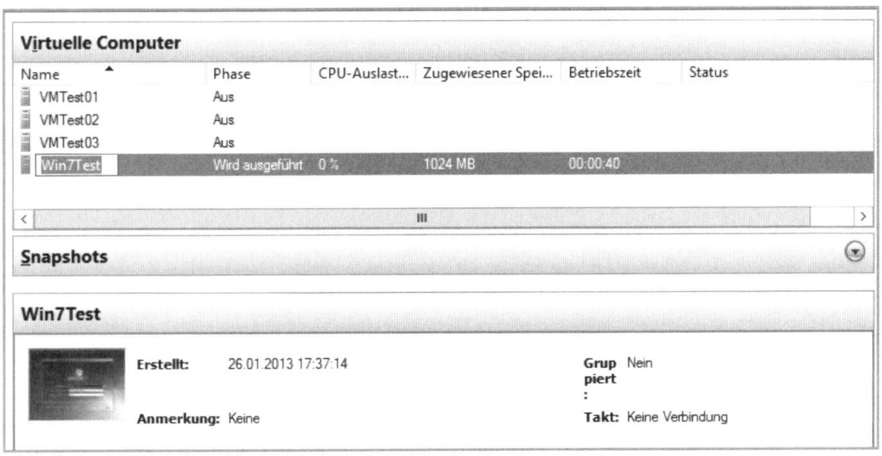

Abbildung 49.5: Die frisch angelegte VM wurde gestartet.

Entfernen von virtuellen Maschinen

Das Entfernen virtueller Maschinen übernimmt das `Remove-VM`-Commandlet. Dabei werden auch alle Konfigurationsdateien gelöscht, die im Zusammenhang mit der VM angelegt wurden (die VHD-Dateien bleiben natürlich erhalten).

BEISPIEL: Das folgende Beispiel entfernt eine im Betrieb befindliche VM. Durch das Verketten der beteiligten Commandlets per `Pipe`-Operator wird die Befehlskette kurz und zudem gut „lesbar".

```
Get-VM –Name Win7TestVM | Stop-VM –Force –PassThru | Remove-VM –Force
```

Der `PassThru`-Parameter bei `Stop-VM` sorgt dafür, dass für die beendete VM ein Objekt an das `Remove-VM`-Commandlet weitergereicht wird.

■

49.4 Umgang mit virtuellen Festplatten

Die virtuellen Festplatten einer virtuellen Maschine liegen als Dateien mit der Erweiterung *.vhdx* vor. Das VHDX-Format wurde mit Hyper-V-Server 2012 eingeführt und löst das VHD-Format ab. Virtuelle Festplatten im VHD-Format können aber auch bei Hyper-V-Server 2012 verwendet werden. Über das `Convert-VHD`-Commandlet wird eine VHD-Datei in eine VHDX-Datei oder umgekehrt konvertiert.

Das Hyper-V-Modul umfasst insgesamt zehn Commandlets für den Umgang mit virtuellen Laufwerken.

Tabelle 49.3: Die Commandlets für den Umgang mit virtuellen Laufwerken

Commandlet	Was macht es?
Convert-VHD	Konvertiert eine VHD-Datei in eine VHDX-Datei und umgekehrt.
Dismount-VHD	Hebt die Bindung eines virtuellen Laufwerks wieder auf.
Get-VHD	Holt das Objekt (Typ `VirtualHardDisk` im Namensraum `Microsoft.Vhd.PowerShell`), das ein virtuelles Laufwerk repräsentiert.
Merge-VHD	Fasst mehrere virtuelle Laufwerke, die „Kindlaufwerke" eines Differenzlaufwerks sind, zu einem virtuellen Laufwerk zusammen.
Mount-VHD	Verbindet ein virtuelles Laufwerk, so dass es als Laufwerk angesprochen werden kann.
New-VHD	Legt ein neues virtuelles Laufwerk an.
Optimize-VHD	Optimiert die Belegung eines dynamischen bzw. differenzierenden Laufwerks, indem Speicherblöcke so zusammengelegt werden, dass sich eine Reduzierung der Größe ergibt.
Resize-VHD	Ändert die Größe eines virtuellen Laufwerks.
Set-VHD	Ändert einzelne Einstellungen eines virtuellen Laufwerks wie z. B. die Zuordnung zu einem Eltern-Laufwerk.
Test-VHD	Testet die Einsetzbarkeit eines virtuellen Laufwerks.

Virtuelle Festplatten auflisten

Eine Liste aller virtuellen Festplatten liefert das `Get-VHD`-Commandlet.

BEISPIEL: Die folgende Befehlsfolge listet alle virtuellen Festplatten aller VMs mit einigen Eckdaten auf.

```
$Filter = "*"
foreach($VM in Get-VM -Name $Filter -ComputerName $HVServerName) {
  # Ausgeben der Eckdaten der VHD
  Get-VHD -ComputerName $HVServerName -VMId $VM.VMId | Select-Object
-Property @{Name="VM";Expression={$VM.Name}},VhdFormat, VhdType, Size,
Path | Format-Table -Property VM,VhdFormat,VhdType,@{Label="Size(GB)";
Expression={$_.Size/1GB};Format="n2"} -AutoSize
}
```

■

Virtuelle Festplatten neu anlegen

Das Anlegen einer neuen virtuellen Festplatte könnte einfacher nicht sein. Der Aufruf des New-VHD-Commandlets mit der Angabe des Pfads der VHDX- oder VHD-Datei und eine Größenangabe in Bytes genügen. Tabelle 49.4 enthält die wichtigsten Parameter des Commandlets.

HINWEIS: Der folgende Befehl legt eine neue virtuelle Festplatte mit 40 GByte Größe an.

```
New-VHD –Path C:\VHDS\Extra.vhdx –SizeBytes 40GB
```

■

Tabelle 49.4: Die wichtigsten Parameter des New-VHD-Commandlets

Parameter	Bedeutung
SizeBytes	Größe der Festplatte in Bytes
Dynamic	Legt fest, dass ein dynamisches Laufwerk angelegt wird (Switch-Parameter). Dynamische Laufwerke wachsen mit zunehmender Belegung. Die VHDX-Datei ist daher am Anfang nur wenige Mbyte groß.
Fixed	Legt fest, dass für das Laufwerk eine Datei fester Größe angelegt wird (Switch-Parameter). Dieser Laufwerkstyp bietet einen schnelleren Zugriff als ein dynamisches Laufwerk, dafür belegt die Datei von Anfang an die angegebene Größe, was z. B. bei einem Backup eine Rolle spielt.
Differencing	Legt fest, dass ein Differenz-Laufwerk angelegt wird (Switch-Parameter).

Virtuelle Festplatten hinzufügen

Das Hinzufügen einer virtuellen Festplatte zu einer VM übernimmt das Add-VMHardDiskDrive-Commandlet.

BEISPIEL: Der folgende Befehl fügt zu einer VM eine VHDX-Datei hinzu. Der Name der VM und der Pfad der VHDX-Datei werden über Variablen festgelegt.

```
# Laufwerk einer anderen VM zuordnen
$VMName = "VMName"
$VhdPath = "C:\VHDS\VHDNeu.vhdx"
$VM = Get-VM -Name $VMName
$VM | Add-VMHardDiskDrive -Path $VHdPath
```

■

Virtuelle Festplatten einrichten

Damit ein über das Add-VMHardDisk-Commandlet hinzugefügtes virtuelles Laufwerk eingesetzt werden kann, muss eine Partition eingerichtet und formatiert werden. Dies ist mit den Funktionen aus dem Storage-Modul von Windows Server 2012 zum Glück relativ einfach.

BEISPIEL: Das folgende Skript fügt zu einer VM eine neue virtuelle Festplatte hinzu und richtet auf dieser eine Partition ein. Vor der Ausführung des Skripts müssen die Variablen, über die der Name des Hyper-V-Servers, des Laufwerks und der virtuellen Maschine festgelegt werden, angepasst werden. Am Ende des Skripts wird die VM mit dem neuen Laufwerk an Bord gestartet.

```
<#
 .Synopsis
 Hinzufügen eines Laufwerks zu einer VM mit Einrichten der Partition
#>

Import-Module -Name Hyper-V

$HVServerName = "ThinkServerHV"
$DriveName = "ExtraDrive"
$VMName = "Win7PC_001"

# Anlegen einer neuen VHDX-Datei
New-VHD -ComputerName $HVServerName -Dynamic -Path C:\VHDS\$DriveName.vhdx
-SizeBytes 40GB -Verbose | Out-Null

# VM holen
$VM = Get-VM -Name $VMName -ComputerName $HVServerName

# CIM-Session für Storage-Commandlets anlegen
$CIMSession = New-CIMSession -ComputerName $HVServerName

# VHDX-Datei als Laufwerk bereitstellen
$VHD = Mount-VHD -ComputerName $HVServerName -Path C:\VHDS\$DriveName.vhdx
-Passthru

# Laufwerk holen
$Disk = Get-Disk -CimSession $CIMSession -Number $VHD.DiskNumber

# Laufwerk initialisieren
$Disk | Initialize-Disk -PartitionStyle GPT -CimSession $CIMSession
-ErrorAction  SilentlyContinue

# Neue Partition anlegen
$NewPart = New-Partition -DiskPath $Disk.Path -AssignDriveLetter
-UseMaximumSize -CimSession $CIMSession

# Partition formatieren
$NewPart | Format-Volume -FileSystem NTFS -CimSession $CIMSession
-NewFileSystemLabel "ExtraDrive" -Confirm:$False

# Laufwerk wieder "freigeben"
Dismount-VHD -ComputerName $HVServerName -Path C:\VHDS\$DriveName.vhdx –
Passthru

# Laufwerk zur VM anfügen
$VM | Add-VMHardDiskDrive -ComputerName $HVServerName -Path C:\
VHDS\$DriveName.vhdx

# VM mit neuem Laufwerk starten
$VM | Start-VM
```

■

Virtuelle Festplatten konvertieren

Das Konvertieren einer VHD- in eine VHDX-Datei und umgekehrt erledigt das `Convert-VHD`-Commandlet, das dazu am besten als Job gestartet wird, da die Konvertierung naturgemäß etwas länger dauert.

BEISPIEL: Der folgende Befehl konvertiert eine VHD- in eine VHDX-Datei.

```
Convert-VHD -Path .\Win7Test_VHD.vhd -VHDType Dynamic -DestinationPath .\
Win7Test_VHD.vhdx –AsJob
```

■

■ 49.5 Konfiguration virtueller Maschinen

In diesem Abschnitt werden allgemeine Konfigurationsaktivitäten beim Einrichten einer virtuellen Maschine beschrieben.

Einrichten einer Netzwerkverbindung

Das Einrichten einer Netzwerkverbindung ist bei Hyper-V etwas anders gelöst als bei anderen Virtualisierungslösungen wie *VMWare Workstation* oder *VirtualBox*. Voraussetzung ist ein (virtueller) Netzwerkswitch, der mit einer vorhandenen Netzwerkkarte verbunden wird.

BEISPIEL: Der folgende Befehl legt einen Switch mit dem Namen „Standard" an, der den Netzwerkadapter mit dem Namen „Ethernet 1" verwendet.

```
$NetAdapter = "Ethernet 2"
New-VMSwitch -Name Standard -NetAdapterName $NetAdapter
```

■

Umgang mit Snapshots

Ein Snapshot ist eine Momentaufnahme einer virtuellen Maschine. Mit einem Snapshot wird eine VM auf einen früheren Stand gebracht. Snapshots können daher auch als einfach zu erstellende Backups verwendet werden. Ein Snapshot einer VM kann sowohl offline als auch „online" erfolgen. Ein Snapshot führt dazu, dass in dem angegebenen Verzeichnis eine Reihe von Dateien angelegt werden (u. a. eine differenzierende VHD-Datei, die die virtuelle Festplatte enthält - zu erkennen an der Erweiterung *.avhd*). Beschrieben wird ein Snapshot durch eine XML-Konfigurationsdatei, die den Zustand der VM beschreibt. Ein Snapshot wird über das `Checkpoint-VM`-Commandlet erstellt, dem die VM und der Name des Snapshots übergeben werden.

Tabelle 49.5: Commandlets für den Umgang mit Snapshots

Commandlet	Was macht es?
Export-VMSnapshot	Exportiert einen Snapshot.
Get-VMSnapshot	Holt die Snapshots für eine virtuelle Maschine.
Remove-VMSnapshot	Entfernt einen Snapshot einer virtuellen Maschine.
Rename-VMSnapshot	Gibt einem Snapshot einen neuen Namen.
Restore-VMSnapshot	Stellt einen Snapshot für eine virtuelle Maschine wieder her.

BEISPIEL: Das folgende Beispiel legt für eine virtuelle Maschine einen Snapshot an. Zu Beginn werden alle für die VM bereits vorhandenen Snapshots über das Remove-VMSnapshot-Commandlet gelöscht (was natürlich nicht erforderlich wäre), am Ende wird der neu angelegte Snapshot über das `Get-VMSnapshot`-Commandlet aufgelistet. Vor der Ausführung des Skripts müssen der Name des Hyper-V-Servers und der Name der VM über die entsprechenden Variablen gesetzt werden.

```
<#
 .Synopsis
 Snapshot einer VM anlegen
#>

Import-Module Hyper-V

$HVServerName = "ThinkServer"
$VMName = "Win7Test"
$VM = Get-VM -ComputerName $HVServerName -Name $VMName

# Alle vorhandenen Snapshots entfernen
$VM | Remove-VMSnapshot

# Speicherort für Snapshots neu anlegen
Set-VM -VMName $VM.Name  -SnapshotFileLocation "C:\VMSnapshots"
-ComputerName $HVServerName

# Snapshot anlegen

$SnapshotName =  "$($VM.Name)-Snapshot"
Checkpoint-VM -VM $VM -SnapshotName $SnapshotName

# Snapshots auflisten
Get-VMSnapshot -VM $VM
```

■

Einen Snapshot wiederherstellen

Die wichtigste Daseinsberechtigung eines Snapshots ist natürlich, dass sich mit seiner Hilfe der Zustand einer VM wiederherstellen lässt. Das erledigt das `Restore-VMSnapshot`-Commandlet für eine ausführende VM.

BEISPIEL: Der folgende Befehl stellt für die angegebene VM den Snapshot mit dem angegebenen Namen wieder her. Die Angabe –Confirm:$False sorgt dafür, dass das Wiederherstellen nicht bestätigt werden muss.

```
$VMName = "Win7Test"
$SnapshotName = "$VMName-Snapshot"
$HVServerName = "Server1"
Restore-VMSnapshot -VMName $VMName -Name $SnapshotName -ComputerName
$HVServerName -Confirm:$False
```

■

Virtuelle Maschinen exportieren und importieren

Das Exportieren und Importieren einer VM geschieht mit den Commandlets Export-VM und Import-VM. Über den Export kann eine VM über einen anschließenden Import auf einen anderen Hyper-V-Server übertragen werden. Das ist eine einfache Alternative zu einer Migration, die zuerst konfiguriert werden muss.

BEISPIEL: Das folgende Skript exportiert die angegebene, nicht ausführende VM auf dem angegebenen Hyper-V-Server in das angegebene Verzeichnis (der Export einer VM kann sehr lange dauern).

```
Import-Module Hyper-V

$HVServerName = "ThinkServer"
$VMName = "Win7Test"

$VM = Get-VM -ComputerName $HVServerName -Name $VMName

Export-VM -Path C:\HyperVExport -ComputerName $HVServerName -Name $VMName
```

■

Beim Import einer VM über das Import-VM-Commandlet muss lediglich der Pfad der XML-Konfigurationsdatei der zu importierenden VM angegeben werden. Über den Parameter GenerateNewId erhält die importierte VM eine neue ID. Da der neue Hyper-V-Host in einer anderen physikalischen Umgebung ausführen kann, gibt es die Möglichkeit, dass über den CompatibilityReport-Parameter ein zuvor über das Compare-VM-Commandlet angelegter Kompatibilitätsreport berücksichtigt wird.

BEISPIEL: Der folgende Befehl importiert eine zuvor exportierte VM auf der Grundlage ihrer Konfigurationsdatei.

```
$ServerName = "Server1"
$VMConfigPath = "C:\Virtual Machines\EEDCC326-861B-4CAA-91E1-04AF691455D8.xml"
Import-VM -ComputerName $ServerName-Path $VMConfigPath -GenerateNewId –Copy
```

■

Anlegen eines Kompatibilitätsreports

Ein „Kompatibilitätsreport" einer VM enthält Angaben zur „Verträglichkeit" einer VM in Bezug auf die Ausführung unter einem Hyper-V-Host. Eine solche Inkompatibilität kann ein falscher VHD-Pfad sein, der auf dem neuen Host nicht existiert. Der Kompatibilitätsreport wird beim Importieren einer VM über das `Import-VM`-Commandlet angegeben und daher vor dem Importieren mit dem `Compare-VM`-Commandlet angelegt. Im einfachsten Fall wird das Commandlet mit dem `Path`-Parameter aufgerufen, der den Pfad der XML-Konfigurationsdatei der virtuellen Maschine angibt. Wichtig: Die VM darf nicht bereits mit einem Hyper-V-Server verbunden sein, ansonsten resultiert ein Fehler. Der Kompatibilitätsreport besteht aus einem Objekt (Typ `VMCompatibilityReport`), dessen `Incompatibilities`-Property alle Inkompatibilitäten zusammenfasst. Die Aufgabe besteht darin, die Inkompatibilitäten, eventuell durch Editieren der XML-Konfigurationsdatei, zu beheben.

BEISPIEL: Der folgende Befehl legt auf der Grundlage der Konfigurationsdatei einer VM einen Kompatibilitätsreport für eine nicht verbundene VM an.

```
Compare-VM -Path .\7F7460BE-22C6-40E3-B7EA-8D12C427DD3F.xml | Select-Object
-ExpandProperty Incompatibilities
```

■

Nicht benötigte ISO-Dateien auflisten

Um einen Überblick über alle aktuell als DVD-Laufwerke im Einsatz befindlichen ISO-Dateien zu erhalten, muss man lediglich jene ISO-Dateien auflisten, die aktuell keiner virtuellen Maschine zugeordnet sind.

BEISPIEL: Die folgende Befehlsfolge listet alle ISO-Dateien auf, die aktuell keiner virtuellen Maschine zugeordnet sind.

```
<#
 .Synopsis
 Auflisten nicht verbundener ISO-Dateien
#>

$HVServerName = "Server1"

$SB = {
  param([String]$HVServerName)
  $ISOOrdner = "C:\ISOS"
  $VMOrdner = "C:\VMS"
  $ISOFiles = Get-ChildItem -Path $ISOOrdner -Recurse -Include *.Iso
  $VMISOFiles = Get-VM -ComputerName $HVServerName | Get-VMDvdDrive |
Select-Object -Property Path | Where-Object Path -like "*.iso" | Select-Object
-ExpandProperty Path
  foreach($ISO in $ISOFiles)
  {
    if ($VMISOFiles -notcontains $ISO)
    {
      $ISO
    }
  }
```

```
}

Invoke-Command -ComputerName $HVServerName -ScriptBlock $SB -ArgumentList
$HVServerName
```

49.6 PowerShell Management Library for Hyper-V (für ältere Betriebssysteme)

Wer noch nicht auf Windows Server 2012 / 2012 R2 (oder Virtualisierung mit Hyper-V auf Windows 8.x nutzt) und auch nicht den *System Center Virtual Machine Manager (SCVVM)* als Teil von *System Center* einsetzt, für den ist die „PowerShell Management Library for Hyper-V“ von *James O'Neill* und *Mike Kolitz* eventuell eine Hilfe, da sie mit ihren Funktionen das Automatisieren von Aktivitäten im Rahmen einer Hyper-V-Administration ähnlich komfortabel gestaltet wie das Hyper-V-Modul von Microsoft. Die Download-Adresse ist:

http://pshyperv.codeplex.com

Die PowerShell Management Library for Hyper-V basiert auf WMI und Hyper-V Server 2008. Auch wenn sie unter Windows Server 2012 (allerdings mit kleinen Einschränkungen) eingesetzt werden kann, sollte man davon absehen, da die Hyper-V-Commandlets die deutlich bessere Alternative darstellen. Wer bereits Skripte mit der PowerShell Management Library for Hyper-V im Einsatz hat, sollte diese mit geringem Aufwand auf die Microsoft Hyper-V-Commandlets umstellen können. Für viele Funktionen gibt es namensgleiche Commandlets, wenngleich für einige der Funktionen aus der PowerShell Management Library for Hyper-V (noch) kein Pendant im Microsoft Hyper-V-Modul existiert. Ein weiterer Grund, der gegen den Einsatz des Hyper-V-Moduls unter Windows Server 2012 spricht, ist, dass es offenbar nicht mehr weiterentwickelt wird (die Veröffentlichung der neuesten Version datiert von Anfang 2011).

TIPP: Wer es trotzdem probieren möchte: Damit dieses Modul unter Windows Server 2012 fehlerfrei geladen wird, müssen in der Datei *Menu.ps1* im Modulverzeichnis zwei kleine Änderungen durchgeführt werden, die im Codeplex-Forum z. B. unter *http://pshyperv.codeplex.com/discussions/400194* beschrieben werden.

Die Installation dieses Moduls ist für ein PowerShell-Modul etwas ungewöhnlich. Sie besteht aus dem Auspacken der ZIP-Datei (das „Zulassen“ in den Eigenschaften der ZIP-Datei nicht vergessen) in ein leeres Verzeichnis und dem Ausführen der Cmd-Datei mit Administratorberechtigungen (etwaige Fehlermeldungen bitte ignorieren). Anschließend startet eine weitere PowerShell-Konsole, in der das Hyper-V-Modul mit seinen insgesamt 122 Funktionen enthalten ist.

HINWEIS: Dieser Hinweis wurde zu Beginn des Kapitels bereits gegeben, soll hier aber noch mal wiederholt werden: Das Modul Hyper-V als Teil von Windows Server 2012 von Microsoft und das OpenSource-Modul „PowerShell Management Library for Hyper-V", das oft auch kurz einfach „Hyper-V" genannt wird, können aufgrund ihrer Namensähnlichkeit leicht verwechselt werden.

Leider gibt es zu der PowerShell Management Library for Hyper-V keine eigene Dokumentation in Gestalt einer Einführung, aber zu jeder Funktion existieren ein paar Beispiele im Rahmen der Hilfe. Diese steht auf der *Codeplex*-Seite noch einmal in Gestalt einer PDF-Datei zur Verfügung. Da die PowerShell Management Library for Hyper-V auf dem Stand von Hyper-V-Server 2008 basiert, werden natürlich einige der mit der aktuellen Version eingeführten Merkmale, wie Live-Migration ohne das Vorhandensein eines Clusters, nicht unterstützt. Das Exportieren und Importieren von VMs wird unterstützt, der Umgang mit Snapshots ebenso und auch das Verschieben einer VM innerhalb eines Cluster-Verbunds ist möglich. Zusätzlich gibt es ein paar interessante Funktionen, die im Hyper-V-Modul von Microsoft nicht enthalten sind. Dazu gehört vor allem die Funktion `Get-VMBuildScript`, die aus einer laufenden VM PowerShell-Befehle ableitet, mit denen sich die VM neu anlegen lässt. Diese Funktion ist vor allem zum Kennenlernen der Hyper-V-Funktionen gut geeignet. Einen interessanten Ansatz bieten Funktionen wie `Show-HyperVMenu` und `Show-VMMenu`, die im Stile einer Windows Server Core-Administration ein textbasierendes Menü für die Konfiguration eines Hyper-V-Servers oder einer VM anzeigen und dem Administrator damit eine Menge Arbeit ersparen, da die einzelnen Funktionalitäten aus einem Menü ausgewählt werden können. Dies ist ein Ansatz, den Microsoft im Rahmen der PowerShell leider vernachlässig hat. Nett ist auch die Funktion `Get-VMThumbNail`, die ein Bildschirmfoto einer laufenden VM anfertigt und dieses im PNG-Format speichert.

Der wichtigste Unterschied zwischen der PowerShell Management Library for Hyper-V und dem offiziellen Hyper-V-Modul von Microsoft ist, dass Ersteres auf WMI unter Verwendung des DCOM-Protokolls basiert und daher die Regeln für die WMI-Verwaltung in der Firewall aktiviert sein müssen. Das Microsoft Hyper-V-Modul basiert auf WS-Management, so dass es „out of the box" funktioniert.

Ein paar Beispiele

Die folgenden Beispiele sollen den Umgang mit den Funktionen der Hyper-V-Bibliothek veranschaulichen und gehen nicht in die Tiefe, da davon ausgegangen wird, dass die PowerShell Management Library for Hyper-V aufgrund der stetig wachsenden Verfügbarkeit von Windows Server 2012 nur noch in Ausnahmefällen eingesetzt wird.

BEISPIEL: Der folgende Befehl legt eine neue VM ohne Konfigurationseinstellungen mit Hilfe der `New-VM`-Funktion auf dem angegebenen Server an.

```
$HVServerName = "Server1"
New-VM –Name TestVM –Server $HServerName
```

BEISPIEL: Das folgende Skript legt ebenfalls eine neue VM an. Dieses Mal werden ihr aber eine bereits vorhandene VHD-Datei (VHDX-Dateien werden offenbar nicht erkannt), ein DVD-Laufwerk, ein Netzwerkadapter, der auf einem bereits vorhandenen Switch basiert, und 1 GByte Arbeitsspeicher hinzugefügt. Nach dem Anlegen wird die VM gestartet. Vor der Ausführung des Skripts müssen die einzelnen Variablen mit passenden Werten belegt werden.

```
$HVServerName = "ThinkServer"
$VMName = "Win7Test"
$VhdPath = "C:\VHDS\Win7Test_VHD.vhd"
$VM = New-VM -Name $VMName -Server $HVServerName
$VM | Add-VMDisk -Path $VhdPath -ControllerID 0 -Server $HVServerName |
Out-Null
$VM | Add-VMDrive -ControllerID 1 -OpticalDrive -LUN 0 -Server $HVServerName
| Out-Null
$VM | Add-VMNic -Server $HVServerName -VirtualSwitch Standard | Out-Null
$VM | Set-VMMemory -Memory 1GB -Dynamic -Server $HVServerName | Out-Null
Write-Verbose "VM wurde angelegt." –Verbose
Get-VMState -VM $VM -Server $HVServerName
Start-VM -VM $VM -Server $HVServerName
```

■

Tabelle 49.6: Einige interessante Funktionen aus dem Hyper-V-Modul

Funktion	Bedeutung
`Add-VMDisk`	Fügt ein virtuelles Festplattenlaufwerk hinzu und hängt es als Laufwerk an.
`Add-VMDrive`	Fügt ein DVD-Laufwerk hinzu und verknüpft es optional mit einer ISO-Datei.
`Add-VMNIC`	Fügt einen Netzwerkadapter hinzu und verknüpft diesen mit einem Switch.
`Get-VMBuildScript`	Liefert ein PowerShell-Skript in Bezug auf eine laufende VM, mit der sich die VM neu erstellen lässt.
`Get-VMSummary`	Liefert eine Zusammenfassung der Eckdaten aller laufenden VMs.
`Get-VMThumbnail`	Liefert eine PNG-Bitmap einer laufenden VM.
`New-VM`	Legt eine neue VM an. Als Parameter werden nur Name und Server festgelegt.
`Ping-VM`	Testet die Erreichbarkeit einer VM.
`Set-VMMemory`	Setzt die Speichergröße einer VM.
`Start-VM`	Startet eine VM.

TIPP: Möchte man die Hilfe zu einer Funktion der PowerShell Management Library for Hyper-V abrufen, für die es ein gleichnamiges Commandlet im Hyper-V-Modul gibt, zeigt `Get-Help` lediglich die Namensvetter an. Um die Hilfe gezielt abzurufen, muss der Funktionsname durch den Modulnamen qualifiziert werden (z. B. `Get-Help hyperv\get-vm –Examples`).

■

50 Internet Information Server (IIS)

Das Modul „WebAdministration“ (seit Windows Server 2008 R2 sowie Windows Client seit Version 7 mit Installieren der Fernverwaltungswerkzeuge) dient der Verwaltung des in Windows Client und Windows Server integrierten Webservers „Internet Information Services“ (IIS). Mit dem Modul lässt sich aber nur der IIS 7.x/8.x verwalten, der ab Windows Vista bzw. Windows Server 2008 in Windows enthalten ist. Auch der in Windows Server 2008 R2 enthaltene IIS 7.5 sowie der IIS 8.x von Windows 8.x und Windows Server 2012/2012 R2 lässt sich damit verwalten.

50.1 Überblick

Das Modul „WebAdministration“ enthält einen gleichnamigen PowerShell-Navigationsprovider sowie zahlreiche Commandlets:

- `Add-WebConfiguration`
- `Add-WebConfigurationLock`
- `Add-WebConfigurationProperty`
- `Backup-WebConfiguration`
- `Clear-WebConfiguration`
- `Clear-WebRequestTracingSettings`
- `ConvertTo-WebApplication`
- `Disable-WebGlobalModule`
- `Disable-WebRequestTracing`
- `Enable-WebGlobalModule`
- `Enable-WebRequestTracing`
- `Get-WebAppDomain`
- `Get-WebApplication`
- `Get-WebAppPoolState`

- Get-WebBinding
- Get-WebConfigFile
- Get-WebConfiguration
- Get-WebConfigurationBackup
- Get-WebConfigurationLocation
- Get-WebConfigurationLock
- Get-WebConfigurationProperty
- Get-WebFilePath
- Get-WebGlobalModule
- Get-WebHandler
- Get-WebItemState
- Get-WebManagedModule
- Get-WebRequest
- Get-Website
- Get-WebsiteState
- Get-WebURL
- Get-WebVirtualDirectory
- New-WebApplication
- New-WebAppPool
- New-WebBinding
- New-WebFtpSite
- New-WebGlobalModule
- New-WebHandler
- New-WebManagedModule
- New-Website
- New-WebVirtualDirectory
- Remove-WebApplication
- Remove-WebAppPool
- Remove-WebBinding
- Remove-WebConfigurationBackup
- Remove-WebConfigurationLocation
- Remove-WebConfigurationLock
- Remove-WebConfigurationProperty
- Remove-WebGlobalModule
- Remove-WebHandler
- Remove-WebManagedModule
- Remove-Website

- Remove-WebVirtualDirectory
- Rename-WebConfigurationLocation
- Restart-WebAppPool
- Restart-WebItem
- Restore-WebConfiguration
- Select-WebConfiguration
- Set-WebBinding
- Set-WebConfiguration
- Set-WebConfigurationProperty
- Set-WebGlobalModule
- Set-WebHandler
- Set-WebManagedModule
- Start-WebAppPool
- Start-WebCommitDelay
- Start-WebItem
- Start-Website
- Stop-WebAppPool
- Stop-WebCommitDelay
- Stop-WebItem
- Stop-Website

50.2 Navigationsprovider

Das Modul „WebAdministration“ legt beim Import für den Navigationsprovider „WebAdministration“ ein „Laufwerk“ „IIS:“ an. Unterhalb des Wurzelordners gibt es die Unterordner: „AppPools“, „Sites“ und „SslBinding“. Sites enthält die HTTP-Websites (siehe folgende Bildschirmabbildung).

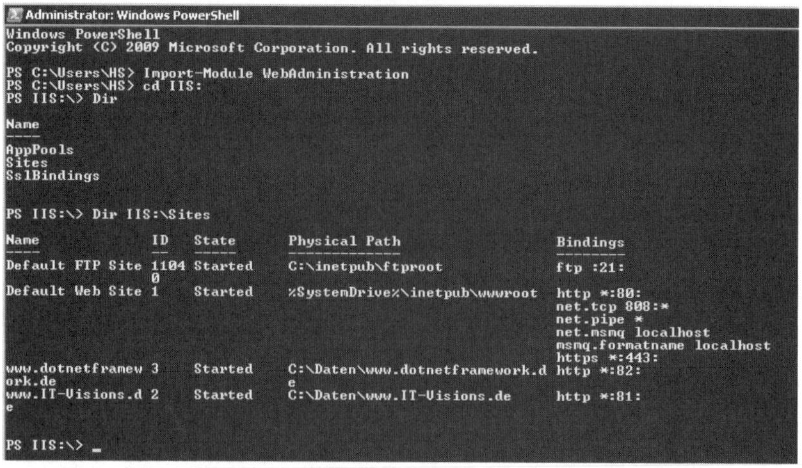

Abbildung 50.1: Auflisten der vorhandenen Websites

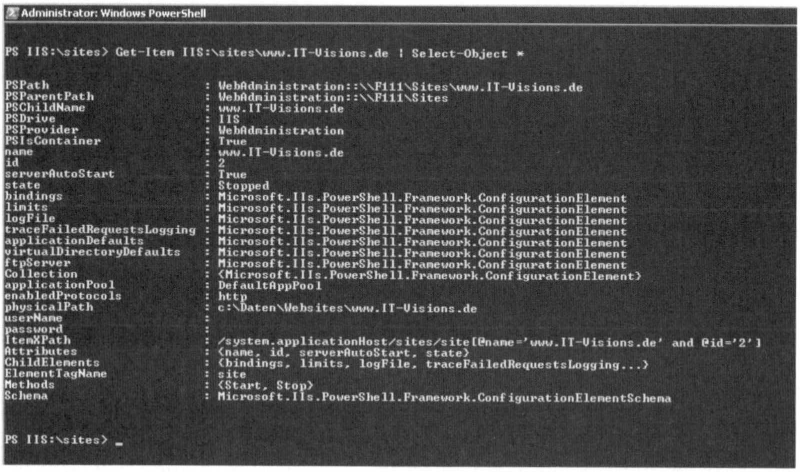

Abbildung 50.2: Mit Get-Item | Select-Object * sieht man Details über eine Website.

Alternativ kann man zum Auflisten der Inhalte die Commandlets `Get-Website`, `Get-WebvirtualDirectory` und `Get-WebApplication` verwenden.

Um dies zu umgehen, muss man `Where-Object` benutzen:

```
$ws = Get-Website  | where { $_.name -eq "www.IT-Visions.de" }
```

Grundsätzlich kann man auch `Get-Item` verwenden:

```
$ws2 = Get-Item "iiS:\sites\ www.IT-Visions.de".
```

Der Unterschied ist nur, dass im ersten Fall die PowerShell den Pipeline-Inhalt als Instanzen „Microsoft.IIs.PowerShell.Framework.ConfigurationElement#site“ identifiziert und im zweiten Fall die PowerShell dort lediglich „System.Object“ erkennt, obwohl die Attribute, die `Get-Member` anzeigt, in beiden Fällen gleich sind.

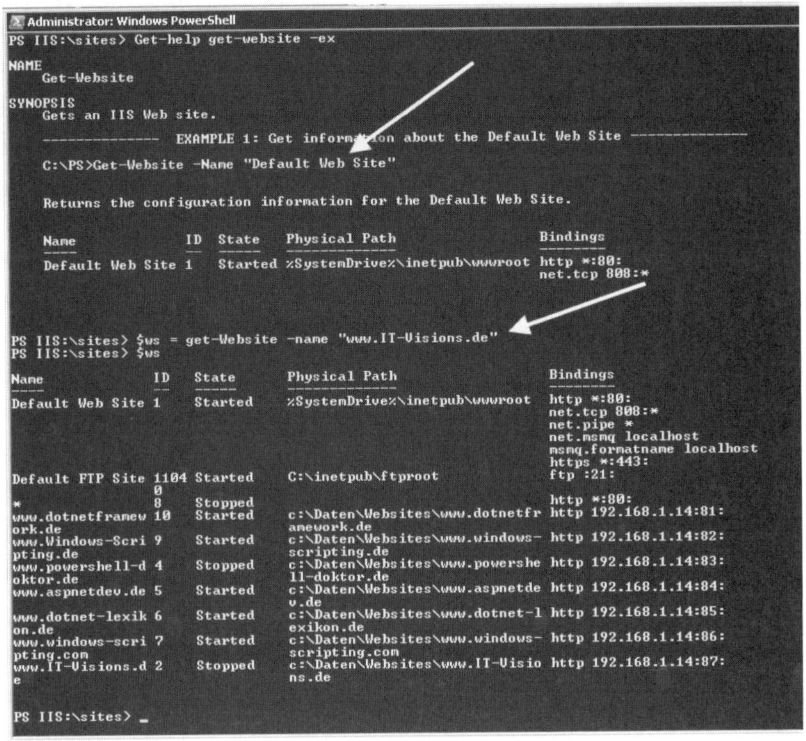

Abbildung 50.3: Get-Websites ignoriert den Parameter „-name“.

50.3 Anlegen von Websites

Zum Anlegen eines virtuellen Webservers („Website“) verwendet man `New-Website`, z. B.:

```
New-Website -Name "www.PowerShell-Doktor.de" -PhysicalPath "c:\Daten\www.PowerShell-
doktor.de" -Port 83
```

HINWEIS: Das angegebene Verzeichnis im Dateisystem muss vorher existieren!

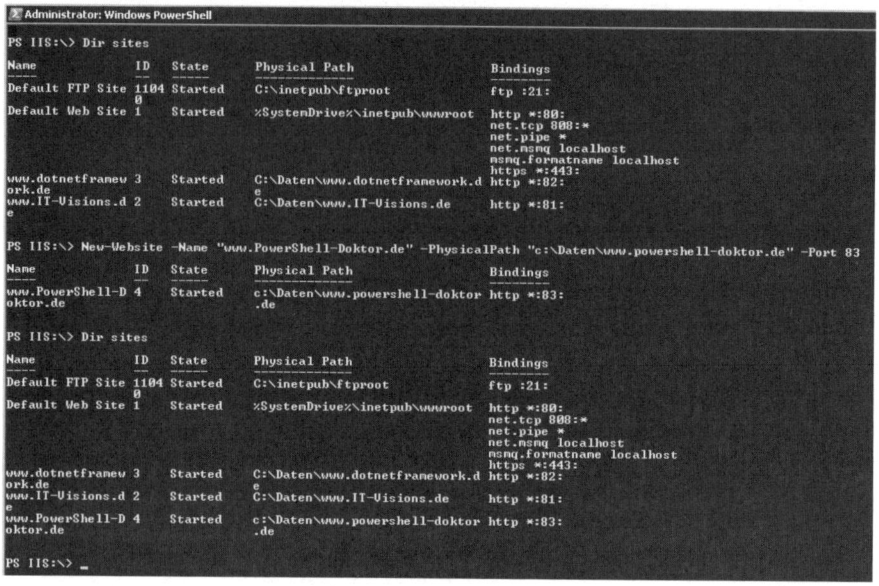

```
Administrator: Windows PowerShell
PS IIS:\> Dir sites

Name             ID   State      Physical Path                     Bindings
----             --   -----      -------------                     --------
Default FTP Site 1104 Started    C:\inetpub\ftproot                ftp :21:
                 0
Default Web Site 1    Started    %SystemDrive%\inetpub\wwwroot     http *:80:
                                                                   net.tcp 808:*
                                                                   net.pipe *
                                                                   net.msmq localhost
                                                                   msmq.formatname localhost
                                                                   https *:443:
www.dotnetframew 3    Started    C:\Daten\www.dotnetframework.d    http *:82:
ork.de                           e
www.IT-Visions.d 2    Started    C:\Daten\www.IT-Visions.de        http *:81:
e

PS IIS:\> New-Website -Name "www.PowerShell-Doktor.de" -PhysicalPath "c:\Daten\www.powershell-doktor.de" -Port 83

Name             ID   State      Physical Path                     Bindings
----             --   -----      -------------                     --------
www.PowerShell-D 4    Started    c:\Daten\www.powershell-doktor    http *:83:
oktor.de                         .de

PS IIS:\> Dir sites

Name             ID   State      Physical Path                     Bindings
----             --   -----      -------------                     --------
Default FTP Site 1104 Started    C:\inetpub\ftproot                ftp :21:
                 0
Default Web Site 1    Started    %SystemDrive%\inetpub\wwwroot     http *:80:
                                                                   net.tcp 808:*
                                                                   net.pipe *
                                                                   net.msmq localhost
                                                                   msmq.formatname localhost
                                                                   https *:443:
www.dotnetframew 3    Started    C:\Daten\www.dotnetframework.d    http *:82:
ork.de                           e
www.IT-Visions.d 2    Started    C:\Daten\www.IT-Visions.de        http *:81:
e
www.PowerShell-D 4    Started    c:\Daten\www.powershell-doktor    http *:83:
oktor.de                         .de

PS IIS:\> _
```

Abbildung 50.4: Vor und nach dem Anlegen einer Website

50.4 Massenanlegen von Websites

Es sei folgende Textdatei gegeben, aus der virtuelle Webserver („Websites") erzeugt werden sollen.

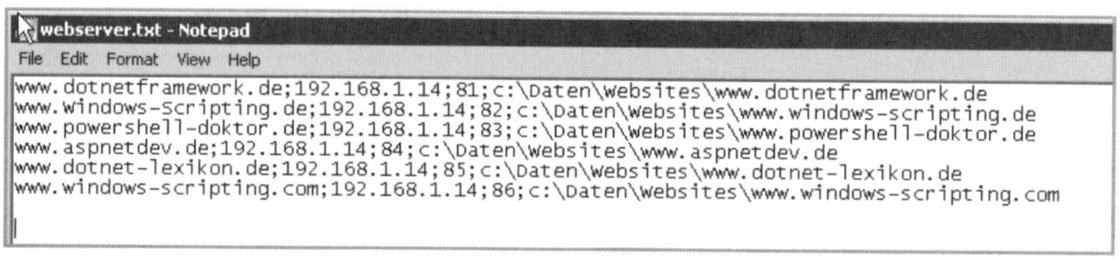

```
webserver.txt - Notepad
File Edit Format View Help
www.dotnetframework.de;192.168.1.14;81;c:\Daten\Websites\www.dotnetframework.de
www.windows-scripting.de;192.168.1.14;82;c:\Daten\Websites\www.windows-scripting.de
www.powershell-doktor.de;192.168.1.14;83;c:\Daten\Websites\www.powershell-doktor.de
www.aspnetdev.de;192.168.1.14;84;c:\Daten\Websites\www.aspnetdev.de
www.dotnet-lexikon.de;192.168.1.14;85;c:\Daten\Websites\www.dotnet-lexikon.de
www.windows-scripting.com;192.168.1.14;86;c:\Daten\Websites\www.windows-scripting.com
```

Abbildung 50.5: Datei webserver.txt

Ohne das WebAdministration-Modul müsste man das folgende Skript starten, das WMI verwendet.

Listing 50.1: Massenanlegen von Websites mit PowerShell ohne das WebAdministration-Modul [3_Einsatzgebiete\IIS\IIS_CreateSites.ps1]

```
# =====================
# IIS Script: Websites anlegen ohne das WebAdministration-Modul
# (C) Dr. Holger Schwichtenberg
# =====================

# === Get WMI Object with DCOM encryption
```

```
Function Get-WMIObjectEx($Namespace, $Path)
{
#Write-Host $Namespace $Path
$connection = New-Object System.Management.ConnectionOptions
$connection.Authentication = [System.Management.AuthenticationLevel]::PacketPrivacy
$scope = New-Object System.Management.ManagementScope($Namespace, $connection)
$path = New-Object System.Management.ManagementPath($Path)
$GetOptions = New-Object System.Management.ObjectGetOptions
$WMI = New-Object System.Management.ManagementObject($scope,$path,$GetOptions)
return $WMI
}

# === Get WMI class with DCOM encryption
Function Get-WMIClassEx($Namespace, $Path)
{
Write-Host $Namespace $Path
$connection = New-Object System.Management.ConnectionOptions
$connection.Authentication = [System.Management.AuthenticationLevel]::PacketPrivacy
$scope = New-Object System.Management.ManagementScope($Namespace, $connection)
$path = New-Object System.Management.ManagementPath($Path)
$GetOptions = New-Object System.Management.ObjectGetOptions
return New-Object System.Management.ManagementClass($scope,$path,$GetOptions)
}

# === Create Site
function New-IISVirtWeb ([string]$Computer, [string]$Name, [string]$IP, [string]$Port,
[string]$Hostname, [string]$RootDir)
{
$Namespace = "\\" + $Computer + "\root\MicrosoftIISv2"
$Path1 = $Namespace + ":ServerBinding"
$Path2 = $Namespace + ":IIsWebService='W3SVC'"


# Create Binding
$class = Get-WMIClassEx $Namespace $Path1
$binding = $class.CreateInstance()
$binding.IP = $IP
$binding.Port = $Port
$binding.Hostname = $Hostname
[array] $bindings = $binding

# Create Site
$Webservice = Get-WMIObjectEx $Namespace  $Path2
$Website = $Webservice.CreateNewSite($Name, $bindings, $RootDir)

Write-Host "Webserver" $Name "angelegt auf Computer" $Computer "!"
}


# --- Parameters
$InputFile = "H:\demo\WPS\B_IIS\webserver.txt"
$Computer = "F171"

# Read textfile and create a new webserver for each line
Get-Content $InputFile | Foreach-Object {
$a = $_.Split(";")
# Create directory if it does not exist!
mkdir  $a[3] -erroraction silentlycontinue
```

```
# Create Websitegm
New-IISVirtWeb $Computer  $a[0]  $a[1] $a[2] "" $a[3]
}
```

Mit dem WebAdministration-Modul ist diese Aufgabe wesentlich kürzer zu erledigen.

Listing 50.2: Massenanlegen von Websites mit PowerShell mit dem WebAdministration-Modul [WPS2_IIS-CreateWebsites_From_CSV.ps1]

```
# --- Parameters
$InputFile = "c:\wps\webserver.txt"
$Computer = "F111"

# --- Read textfile and create a new webserver for each line
Get-Content $InputFile | Foreach-Object {
$a = $_.Split(";")
# Create directory if it does not exist!
mkdir  $a[3] -erroraction silentlycontinue
# Create Website
New-Website -Name $a[0] -IPAddress  $a[1] -port $a[2] -PhysicalPath $a[3] -force
}
```

50.5 Ändern von Eigenschaften von Websites

Zum Ändern von Eigenschaften einer Website greift man auf die Website mit `Get-Item` (oder `Get-Website`) zu. Dann kann man auf die Attribute schreibend zugreifen. Nach dem Beschreiben sorgt man mit `Set-Item` für die Speicherung der Änderungen.

Achtung: Anders als der Dateisystemprovider der PowerShell speichert der WebAdministration-Provider erst nach einem expliziten Speichervorgang!

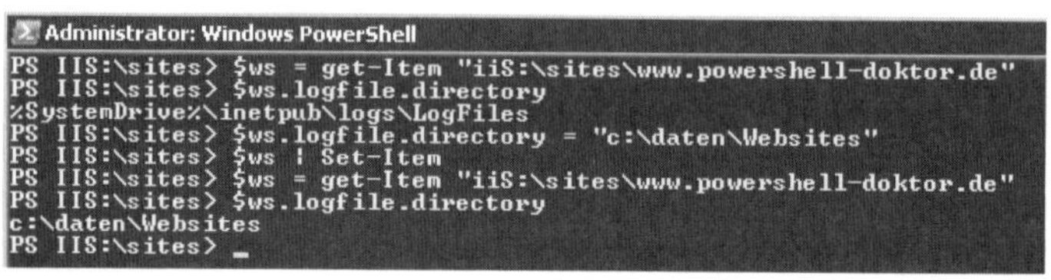

Abbildung 50.6: Verändern des Standorts für die Protokolldaten

HINWEIS: Ohne den Neuabruf der Daten mit `Get-Item` nach dem `Set-Item` hätte man in dem obigen Beispiel keinen Beweis, dass die Änderung wirklich gespeichert wurde.

50.6 Anwendungspool anlegen

Sofern man keinen Anwendungspool angibt, landet die neue Website im Standardpool. Alternativ kann man vorher mit `New-WebAppPool` einen Pool anlegen und bei `New-Website` den Namen des Pools im Parameter `–ApplicationPool` angeben:

```
$pool = New-WebAppPool -name "PowerShell-Doktor Pool"
$site = New-Website -Name "www.PowerShell-Doktor.de" -PhysicalPath
"c:\Daten\www.PowerShell-doktor.de" -Port 83 -ApplicationPool $pool.name
```

Außerdem kann man die Identität des Anwendungspools setzen:

```
Set-ItemProperty "iis:\apppools\PowerShell-Doktor Pool" -name processModel -value
@{userName="PSDoktor Pool User";password="Very!Secret!09";identitytype=3}
```

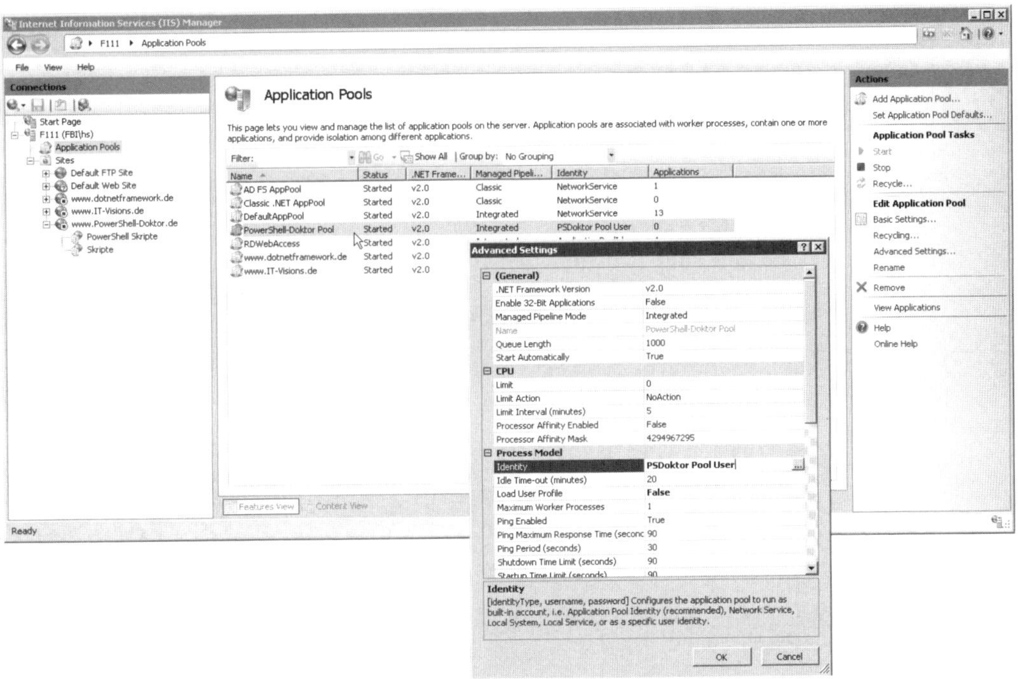

Abbildung 50.7: Nach dem Anlegen des Anwendungspools und dem Zuweisen der Identität

ACHTUNG: Die PowerShell-Commandlets prüfen nicht, ob die angegebene Identität existiert.

50.7 Virtuelle Verzeichnisse und IIS-Anwendungen

Das Anlegen eines virtuellen Verzeichnisses ist ebenfalls sehr einfach:

```
New-WebVirtualDirectory -Site "www.PowerShell-doktor.de" -PhysicalPath
"c:\Daten\WPSSkripte" -Name "Skripte"
```

Aus einem virtuellen Verzeichnis kann man eine IIS-Anwendung erzeugen:

```
ConvertTo-WebApplication -PSPath "IIS:\sites\www.IT-Visions.de\Skripte"
```

Oder man kann direkt eine IIS-Anwendung anlegen:

```
New-WebApplication -Site "www.PowerShell-doktor.de" -Name "PowerShell Skripte"
-PhysicalPath "C:\Daten\Skripte"
```

50.8 Website-Zustand ändern

Mit `Get-WebitemState` kann man abfragen, ob eine Website läuft oder gestoppt ist:

```
Get-WebitemState "IIS:\sites\www.PowerShell-doktor.de"
```

Mit `Start-Website` und `Stop-Website` kann man den Status einer IIS-Website ändern (siehe Beispiel in der Bildschirmabbildung).

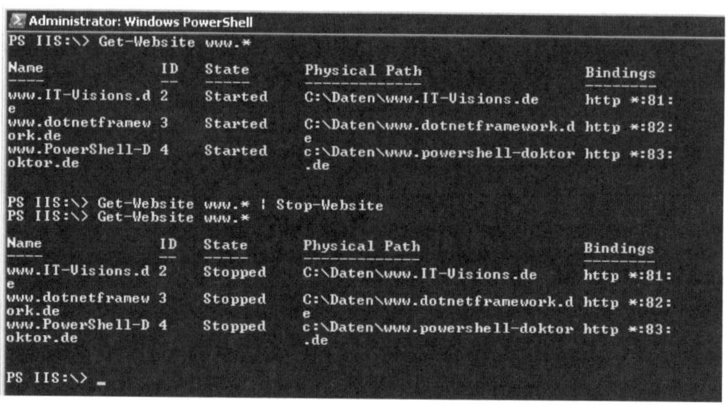

Abbildung 50.8: Anhalten einer Website, deren Name mit „www." beginnt

50.9 Anwendungspools starten und stoppen

Mit `Get-WebitemState` kann man auch den Status von Anwendungspools abfragen:

```
Get-WebitemState "IIS:\Apppools\PowerShell-Doktor Pool"
```

Hier erfolgt die Statusänderung mit `Start-Webitem` und `Stop-Webitem`, z. B.:

```
Stop-Webitem "IIS:\Apppools\PowerShell-Doktor Pool"
Start-Webitem "IIS:\Apppools\PowerShell-Doktor Pool"
```

Will man einen laufenden Pool einfach neu starten, kann man auch `Restart-Webitem` verwenden:

```
Restart-Webitem "IIS:\Apppools\PowerShell-Doktor Pool"
```

HINWEIS: Die Commandlets mit „Webitem" im Namen lassen sich auch auf Websites anwenden.

50.10 Löschen von Websites

Zum Löschen von Einträgen im IIS gibt es diverse Commandlets, z. B. `Remove-Website`, `Remove-WebApplication`, `Remove-WebVirtualDirectory` und `Remove-WebAppPool`.

Achtung: Die Commandlets arbeiten im Standard ohne Nachfrage. Der Befehl „Remove-WebSite www*" löscht alle Websites, deren Name mit „www" beginnt.

51 Microsoft Exchange Server

Microsoft Exchange Server 2007 war das erste Microsoft-Server-Produkt mit einer kompletten PowerShell-Unterstützung.

Nach dem Start der auf PowerShell basierenden Exchange Management Shell erhält man mit dem Befehl

```
Get-ExCommand
```

eine Liste der Exchange-Server-spezifischen Commandlets.

51.1 Daten abrufen

Eine Liste aller Postfächer erhält man durch:

```
Get-Mailbox
```

Die Liste der Datenbanken liefert:

```
Get-Mailboxdatabase
```

Und die Speichergruppen bekommt man mit:

```
Get-Storagegroup
```

Die Funktionsfähigkeit eines Exchange Servers kann man testen mit:

```
Test-ServiceHealth
```

51.2 Postfächer verwalten

Eine Speichergruppe legt man an mit:

```
New-Storagegroup "Autorenspeichergruppe" -server "E12"
```

Eine Datenbank für Postfächer erstellt man mit:

```
New-Mailboxdatabase "Autorenpostfachdatenbank" -storagegroup "Autorenspeichergruppe"
```

Zum Erstellen eines Postfachs kann man folgenden Befehl verwenden:

```
New-Mailbox -alias "HSchwichtenberg" -name HolgerSchwichtenberg –userprincipalname
HS@IT-Visions.de -database "E12\First Storage Group\Mailbox Database" -org users
```

Wenn der Benutzer im Active Directory schon existiert, ist der Befehl kürzer:

```
Enable-Mailbox hs@IT-Visions.de -database "E12\First Storage Group\Mailbox Database"
```

Nach dem Anlegen kann man mit `Get-Mailbox` bzw. `Set-Mailbox` auf die Eigenschaften des Postfachs zugreifen. Das nachträgliche Ergänzen einer E-Mail-Adresse funktioniert durch Neusetzen der Eigenschaft `EMailAddresses` unter Berücksichtigung der bisherigen Adressen:

```
Set-Mailbox HS@IT-Visions.de -EmailAddresses ((Get-Mailbox hs@IT-Visions.de).
EmailAddresses + "HSchwichtenberg@IT-Visions.de ")
```

Das Postfach kann man zu einer Verteilerliste hinzufügen:

```
Add-DistributionGroupMember Autoren -Member "hs@IT-Visions.de"
```

Das Postfach lässt sich in eine andere Datenbank verlagern:

```
Move-Mailbox hs@IT-Visions.de -targetdatabase "Autorenpostfachdatenbank"
```

Oder man begrenzt den Speicherplatz:

```
Get-Mailbox hs@IT-Visions.de | Set-Mailbox -UseDatabaseQuotaDefaults:$false
-ProhibitSendReceiveQuota 100MB -ProhibitSendQuota 90MB -IssueWarningQuota 80MB
```

Begrenzen kann man auch die Größe für eingehende E-Mails für eine Verteilerliste:

```
Set-DistributionGroup Autoren -MaxReceiveSize 5000KB
```

Auch zum Deaktivieren eines Postfachs gibt es ein Commandlet:

```
Disable-Mailbox hs@IT-Visions.de
```

51.3 Öffentliche Ordner verwalten

Eine Datenbank für öffentliche Ordner erstellt man mit:

```
New-PublicFolderDatabase "Autorenordnerdatenbank" -storagegroup "Autorenspeichergruppe "
```

Einen öffentlichen Ordner legt man an mit:

```
New-PublicFolder "\Dokumente" -Path \pubfolders -Server "E12"
```

Rechte auf einen Ordner vergibt man mit:

```
Add-PublicFolderPermission "\ManuScripte" -User hs -AccessRights "CreateItems"
```

Die Speicherplatzgrenzen für einen öffentlichen Ordner setzt man mit:

```
Set-PublicFolder "\Dokumente" -PostStorageQuota 20MB -MaxItemSize 2MB
```

Weitere PowerShell-Skripte zur Exchange-Verwaltung finden Sie unter [TNET02].

52 Optimierungen und Problemlösungen

Seit Windows 7 und Windows Server 2008 R2 gibt es zwei Module, die dabei helfen, das Betriebssystem optimal zu konfigurieren und Probleme zu lösen.

52.1 PowerShell-Modul „Troubleshooting-Pack“

Ein „Troubleshooting Pack“ (Problemlösungspaket) ist seit Windows 7 und Windows Server 2008 R2 eine Möglichkeit für den Windows-Benutzer, Problemunterstützung zu erhalten. Man findet die Problemlöser als Benutzer in der Systemsteuerung. Microsoft spricht auch von der Windows Troubleshooting Platform (WTP).

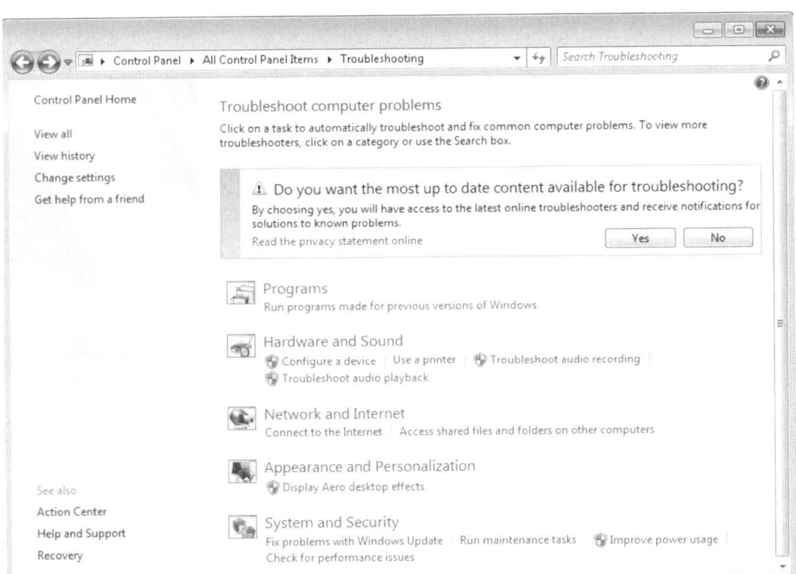

Abbildung 52.1: Problemlösungsangebote in der Windows-7-Systemsteuerung

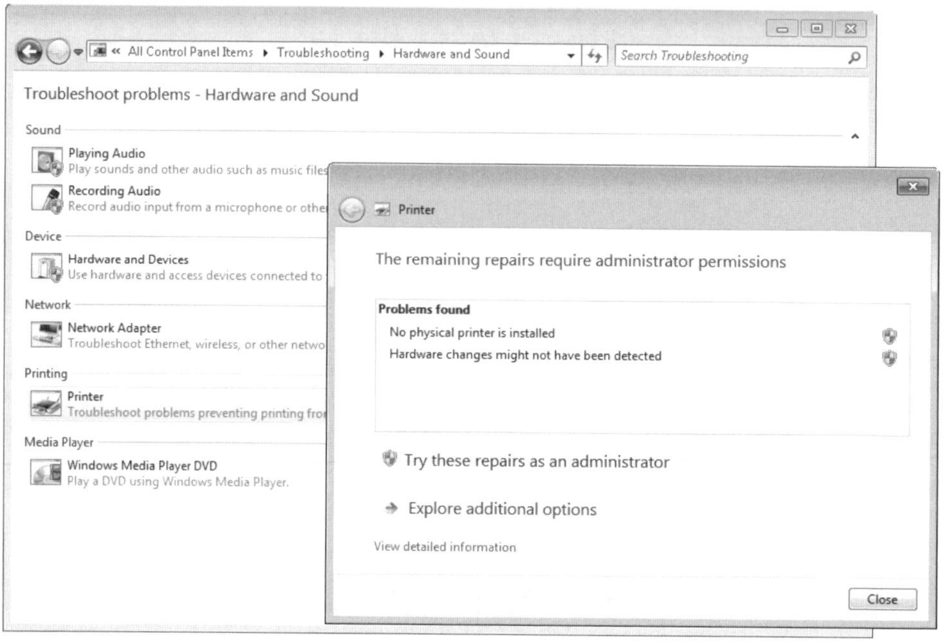

Abbildung 52.2: Der Problemlöser für den Drucker, der nicht gefunden wurde

Implementiert sind die Problemlöser in Form von DLLs und PowerShell-Skripten (die zum Teil wiederum aus C#-Programmcode bestehen, der ad-hoc kompiliert wird). Die Problemlöser liegen unter *C:\Windows\Diagnostics*.

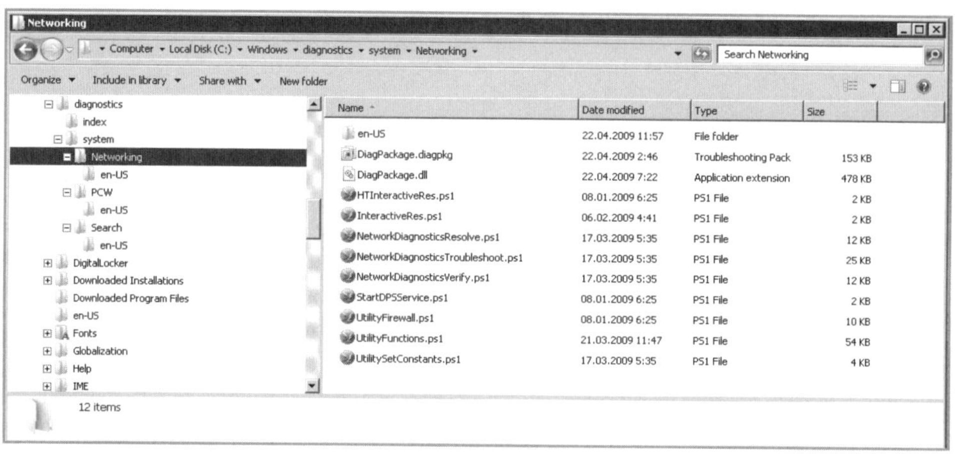

Abbildung 52.3: Troubleshooting Packs in Windows Server 2008 R2

Das Modul „TroubleshootingPack" enthält nur zwei Commandlets:

- `Get-TroubleshootingPack`
- `Invoke-TroubleshootingPack`

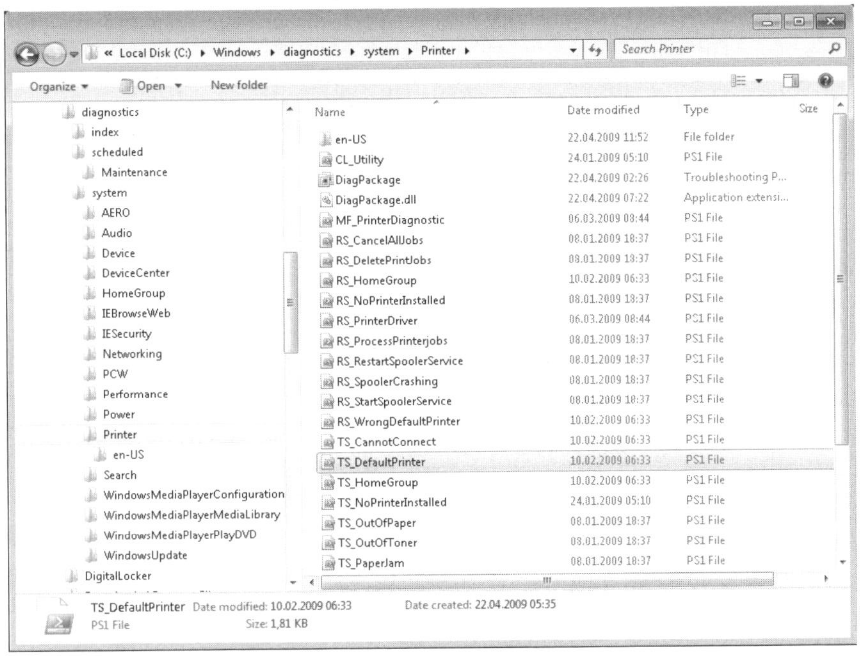

Abbildung 52.4: Troubleshooting Packs in Windows 7

Mit dem Commandlet `Get-TroubleshootingPack` kann man Informationen über ein durch den Standort im Dateisystem spezifiziertes Problemlösungspaket abrufen, z. B.:

```
Get-TroubleshootingPack C:\Windows\diagnostics\system\printer
```

Rückgabeobjekt ist eine Instanz der Klasse `Microsoft.Windows.Diagnosis.DiagPack`.

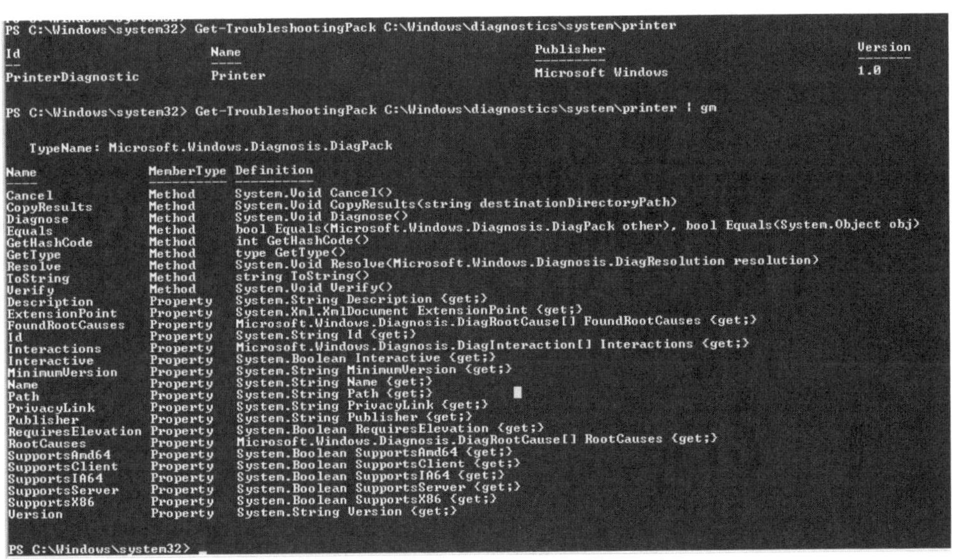

Abbildung 52.5: Aufruf von Get-TroubleshootingPack

Mit `Invoke-TroubleshootingPack` kann man ein zuvor mit `Get-TroubleshootingPack` geladenes Paket aufrufen, z. B.

```
Get-TroubleshootingPack C:\Windows\diagnostics\system\printer |
Invoke-TroubleshootingPack
```

Die Interaktion ist dann kommandozeilenbasiert (siehe folgende Bildschirmabbildung).

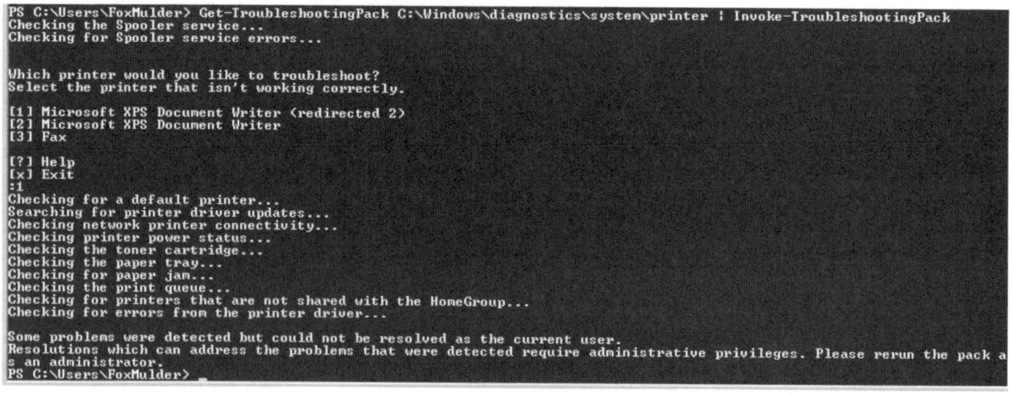

Abbildung 52.6: Aufruf des Problemlösers für den Drucker ohne Administratorrechte

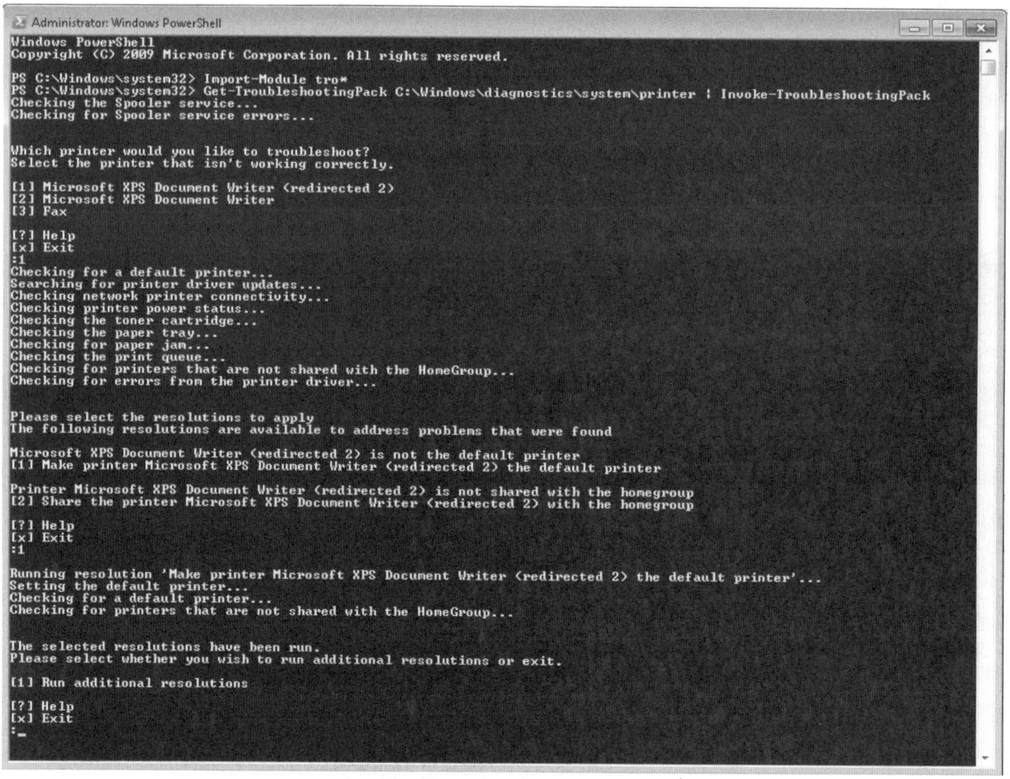

Abbildung 52.7: Aufruf des Problemlösers für den Drucker mit Administratorrechten

52.2 PowerShell-Modul „Best Practices“

Ein „Best Practices Analyzer-Modell“ (kurz: „BPA-Modell“) ist seit Windows Server 2008 R2 eine Prüfroutine, ob Windows-Funktionen gemäß den Richtlinien von Microsoft eingesetzt werden.

Das Modul umfasst vier Commandlets:

- `Get-BPAModel`: Liste der installierten Best-Practices-Modelle
- `Invoke-BPAModel`: Aufruf eines BPA-Modells
- `Get-BPAResult`: Anzeige der Prüfergebnisse eines BPA-Modells (es wird immer nur der letzte Prüfvorgang für das angegebene Modell gespeichert)
- `Set-BPAResult`: dient dem Ausschluss von Ergebnissen aus der Liste der Prüfergebnisse, die `Get-BPAResult` liefert

`Get-BPAModel` zeigt auf einem Windows Server 2008 R2 mit nahezu allen installierten Rollen und Funktionen (Ausnahme: HyperV und Active Directory Rights Management Services) die in nachstehender Bildschirmabbildung dokumentierten BPA-Modelle.

```
PS C:\Users\HS> Get-BpaModel

Id                                          LastScanTime
--                                          ------------
Microsoft/Windows/CertificateServices       Never
Microsoft/Windows/DirectoryServices         Never
Microsoft/Windows/DNSServer                 Never
Microsoft/Windows/TerminalServices          Never
Microsoft/Windows/WebServer                 Never
```

Abbildung 52.8: Anzeige der installierten BPA-Modelle

```
PS C:\Users\HS> Invoke-BpaModel Microsoft/Windows/Webserver

ModelId                     Success Detail
-------                     ------- ------
Microsoft/Windows/WebServer True    <InvokeBpaModelOutputDetail>
```

Abbildung 52.9: Aufruf eines BPA-Modells

Mit `Set-BPAResult` kann man einzelne Teilergebnisse („Results“) ausschließen. Der folgende Befehl schließt alle Ergebnisse mit einem bestimmten Titel aus:

```
Get-Bparesult Microsoft/Windows/Webserver | where { $_.Title -eq "Grant a handler
execute/script or write permissions, but not both" } | Set-BPAResult Microsoft/
Windows/Webserver -exclude $true
```

Die „Result“-Einträge werden dadurch nicht gelöscht, aber mit „Excluded: True“ markiert.

Anschließend kann man dann mit

```
Get-Bparesult Microsoft/Windows/Webserver | where { $_.excluded -eq $false }
```

auf die verbliebenen Ergebnisse zugreifen.

`Set-BPAResult` ist sinnvoll, um bei einer großen Menge von Ergebnissen den Überblick zu behalten, was man schon bearbeitet/erledigt hat bzw. was man ignorieren möchte.

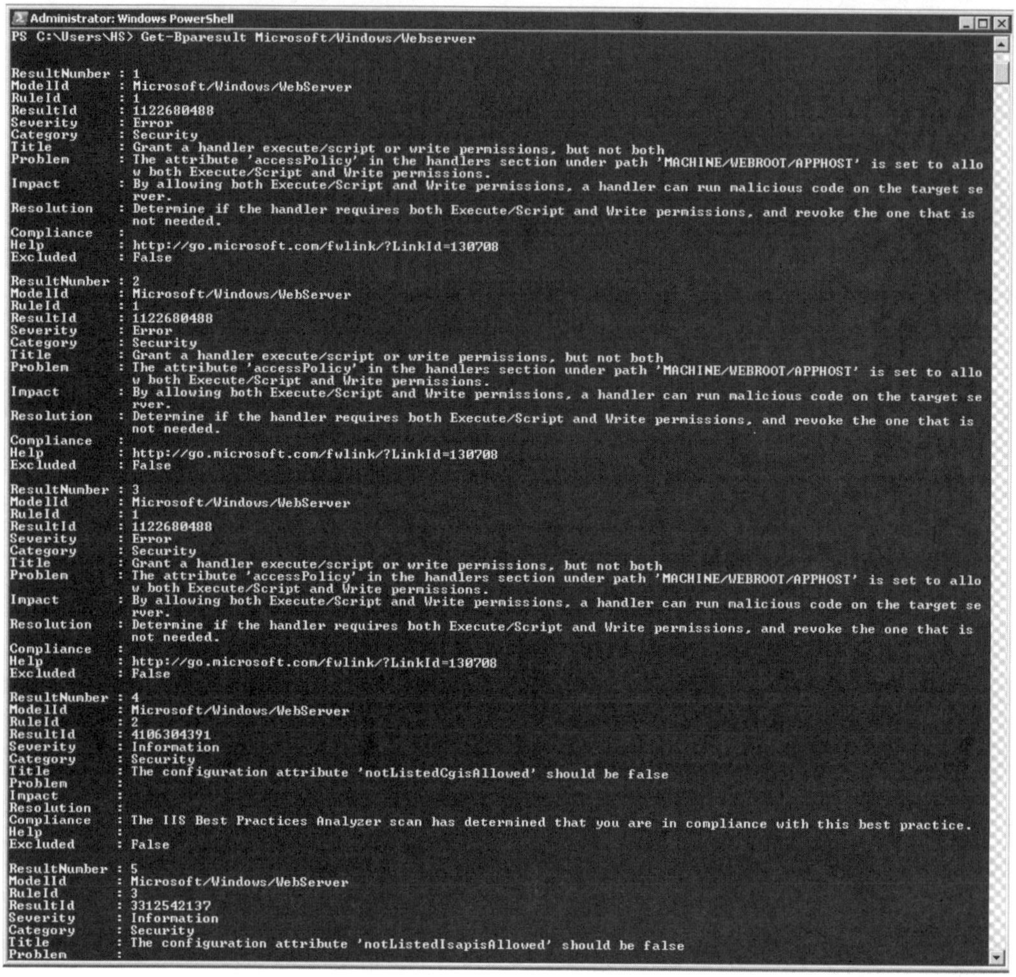

Abbildung 52.10: Aufruf der Prüfergebnisse mit Get-BPAResult

53 Grafische Benutzeroberflächen

Die Microsoft Shell besitzt keine eingebauten Commandlets zur Anzeige grafischer Benutzerschnittstellen. Es spricht aber nichts dagegen, die `System.Windows.Forms`-Bibliothek (kurz: Windows Forms oder WinForms) von .NET direkt zu nutzen. Auch die Windows Presentation Foundation (WPF) kann man verwenden. In dem PowerShellPack aus dem Windows 7 Resource Kit gibt es ein PowerShell-Modul, das in rund 700 Commandlets die Funktionen von WPF kapselt. Lesen Sie dazu das Unterkapitel „WPF PowerShell Kit (WPK)“.

HINWEIS: Für die ausführliche Erläuterung der Windows-Forms-Bibliothek (einige Hundert Klassen!) ist in diesem Buch kein Raum. Zwei Beispiele sollen den Ansatz erläutern.

53.1 Eingabemasken

Das folgende Skript erzeugt eine Eingabemaske für drei Werte. Zur Vereinfachung gelten folgende Einschränkungen:

- Die Eingabefelder werden automatisch angeordnet und nicht absolut positioniert („Flussgestaltung“, vgl. HTML).
- Das Formular kann nur über das Kreuz in der Fensterzeile geschlossen werden. Es gibt keine zusätzliche Schaltfläche (weil es kompliziert ist, in einem Formular mit der PowerShell Programmcode zu hinterlegen).

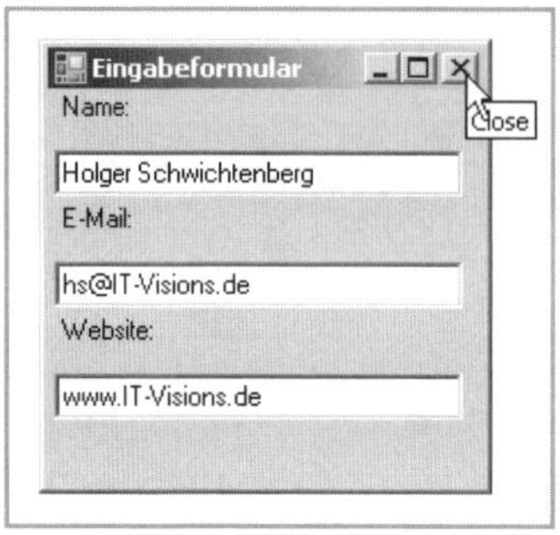

Abbildung 53.1:
Ein mit Windows Forms in der PowerShell erzeugtes Eingabefenster

Das folgende PowerShell-Skript zeigt das Beispiel, in dem ein Formular (`Form`), ein Flussgestaltungsbereich (`FlowLayoutPanel`), drei Beschriftungsfelder (`Label`) und drei Eingabefelder (`Textbox`) zum Einsatz kommen. Wichtig ist, dass der Bereich das Formular ausfüllt (`[System.Windows.Forms.DockStyle]::Fill`) und man die Steuerelemente korrekt hintereinander verschachtelt (`Controls.Add()`).

Listing 53.1: Eingabefenster anzeigen und auswerten [3_Einsatzgebiete\GUI\GUI_Form.ps1]

```
# Windows Forms laden
[System.Reflection.Assembly]::LoadWithPartialName("System.windows. forms")

# Fenster erzeugen
$form = New-Object "System.Windows.Forms.Form"
$form.Size = New-Object System.Drawing.Size @(200,200)
$form.topmost = $true
$form.text = "Eingabeformular"

# Bereich erzeugen
$Bereich = New-Object "System.Windows.Forms.FlowGestaltungBereich "
$Bereich.Dock = [System.Windows.Forms.DockStyle]::Fill
$form.Controls.Add($Bereich)

# Textfelder erzeugen
$L1 = New-Object "System.Windows.Forms.Label"
$L2 = New-Object "System.Windows.Forms.Label"
$L3 = New-Object "System.Windows.Forms.Label"
$T1 = New-Object "System.Windows.Forms.Texteingabefeld"
$T2 = New-Object "System.Windows.Forms.Texteingabefeld"
$T3 = New-Object "System.Windows.Forms.Texteingabefeld"
$B1 = New-Object "System.Windows.Forms.Schaltfläche"

# Texte setzen
$L1.Text = "Name:"
$L2.Text = "E-Mail:"
$L3.Text = "Website:"

# Größen setzen
$T1.Width = 180
$T2.Width = 180
$T3.Width = 180

# Elemente zum Bereich hinzufügen
$Bereich.Controls.Add($L1)
$Bereich.Controls.Add($T1)
```

```
$Bereich.Controls.Add($L2)
$Bereich.Controls.Add($T2)
$Bereich.Controls.Add($L3)
$Bereich.Controls.Add($T3)

# Fenster anzeigen
$form.showdialog()

# Werte ausgeben
"Eingegeben wurden: " + $T1.Text + ";" + $T2.Text + ";" + $T3.Text
```

53.2 Universelle Objektdarstellung

Wenn man ein Objekt mit vielen Eigenschaften darstellen möchte, ist die obige Vorgehensweise der einzelnen Erzeugung von Windows-Forms-Elementen sehr aufwendig. Einfacher geht es mit dem in Windows Forms definierten Steuerelement `PropertyGrid`, an das man jedes beliebige .NET-Objekt binden kann und das erfolgte Änderungen auch an das Objekt weitergibt.

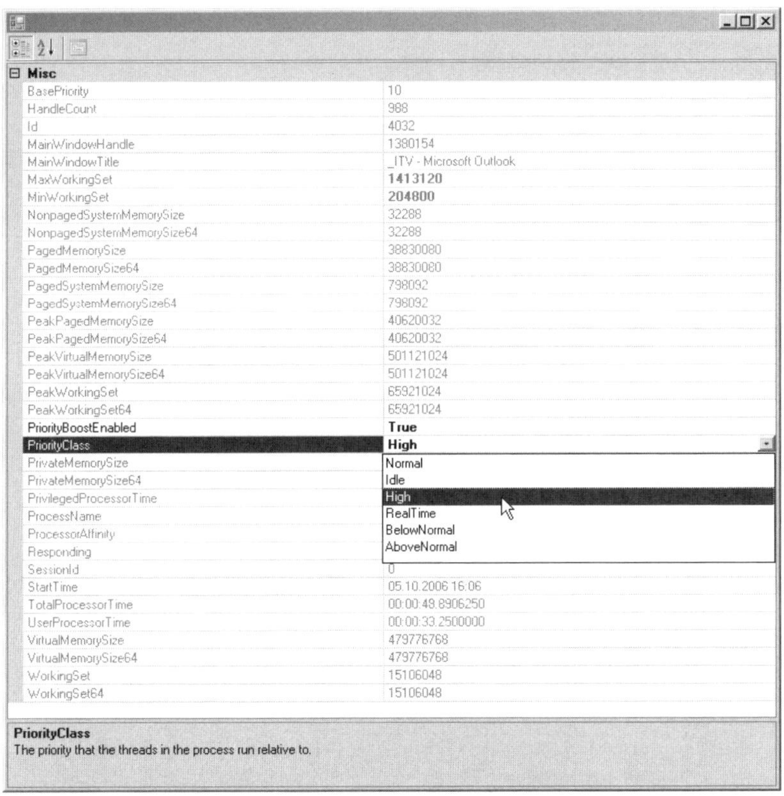

Abbildung 53.2: Anzeige und Änderung eines Process-Objekts mit einem Windows Forms Property Grid

Listing 53.2: Anzeige und Änderung eines Process-Objekts mit einem Windows Forms PropertyGrid [GUI_Propertygrid.ps1]

```
# Windows Forms laden
[System.Reflection.Assembly]::LoadWithPartialName("System.windows. forms")

# Fenster erzeugen
$form = New-Object "System.Windows.Forms.Form"
$form.Size = New-Object System.Drawing.Size @(700,800)
$form.topmost = $true

# PropertyGrid erzeugen
$PG = New-Object "System.Windows.Forms.PropertyGrid"
$PG.Dock = [System.Windows.Forms.DockStyle]::Fill
$form.Controls.Add($PG)

# Inhalt an PropertyGrid zuweisen
$i = Get-Process  outlook
$PG.selectedobject = $i

# Fenster anzeigen
$form.showdialog()
```

53.3 Zwischenablage

Zum Befüllen und Auslesen der Zwischenablage gibt es in den PSCX die Commandlets:

- `Write-Clipboard`
- `Set-Clipboard`
- `Get-Clipboard`

Abbildung 53.3: Einsatz von Set-Clipboard

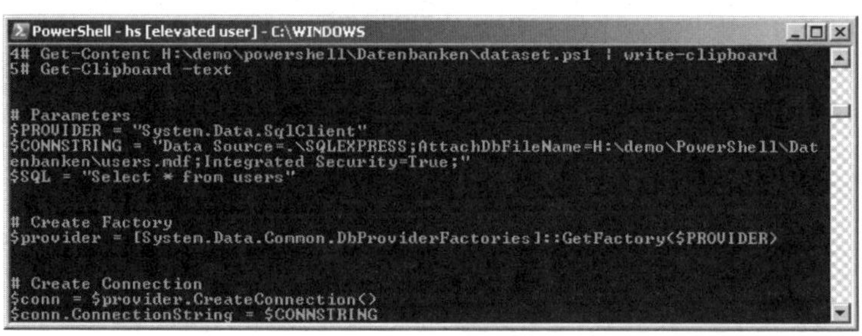

Abbildung 53.4: Einsatz von Write-Clipboard

53.4 WPF PowerShell Kit (WPK)

Die Verwendung der Windows Presentation Foundation (WPF) war in PowerShell 1.0 nicht möglich, weil das Thread-Modell der PowerShell (MTA) und von WPF (STA) nicht zueinander passten. In PowerShell ist MTA der Standard, aber die PowerShell lässt sich mit einem Schalter in den STA-Modus versetzen:

```
powershell.exe –sta
```

Die ISE hat das Problem nicht, denn da die ISE selbst in WPF geschrieben ist, verwendet sie im Standard „STA".

Man kann die WPF-Bibliothek (`System.Windows`) direkt verwenden. Sehr viel eleganter ist die Verwendung aber mit dem WPF PowerShell Kit (WPK) aus dem Windows 7 Resource Kit PowerShellPack. Dieses Modul enthält 716 Commandlets.

Das WPK-Modul aktiviert man mit `Import-Module WPK`. Dieser Import kann aufgrund seiner Größe einige Sekunden dauern.

Hello World mit WPF

Einführende Beispiele geben immer den Text „Hello World" auf dem Bildschirm aus. So soll es auch hier sein. Die Lösung ist mit einem einzigen Commandlet realisierbar.

```
New-Label "Hello World" -Show
```

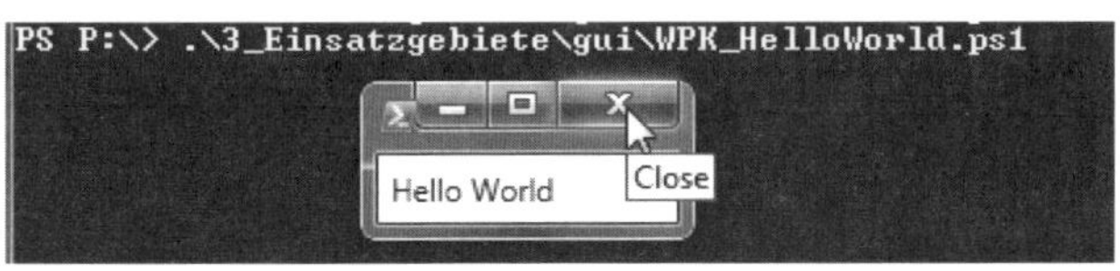

Abbildung 53.5: Hello-World-Bildschirm mit WPK

Es gibt zwar einen Parameter `–AsJob`, aber auch hierbei wird die PowerShell am Weiterarbeiten gehindert. (Es erscheint keine neue Befehlsaufforderung.)

Für das Bezeichnungsfeld stehen zahlreiche Formatierungen zur Verfügung, z. B.

```
New-Label "Hello World" -Show -FontSize 30 -Foreground red -Background yellow
-FontStyle Italic -FontWeight Bold
```

Unzureichende Dokumentation

Eine gravierende Schwäche des WPK ist, dass keine hinreichende Dokumentation mitgeliefert wird. Die nachfolgende Bildschirmabbildung zeigt die Dokumentation zu `New-Label`, die leider repräsentativ für die ganze Bibliothek ist.

Letztlich kann man WPK nur dann nutzen, wenn man auf die Entwicklerdokumentation im Microsoft Developer Network (MSDN) zum Namensraum `System.Windows` (*http://msdn.microsoft.com/en-us/library/system.windows.aspx*) zurückgreift. Aber auch hier ist das natürlich mühsam, denn `New-Label` gibt es hier nicht.

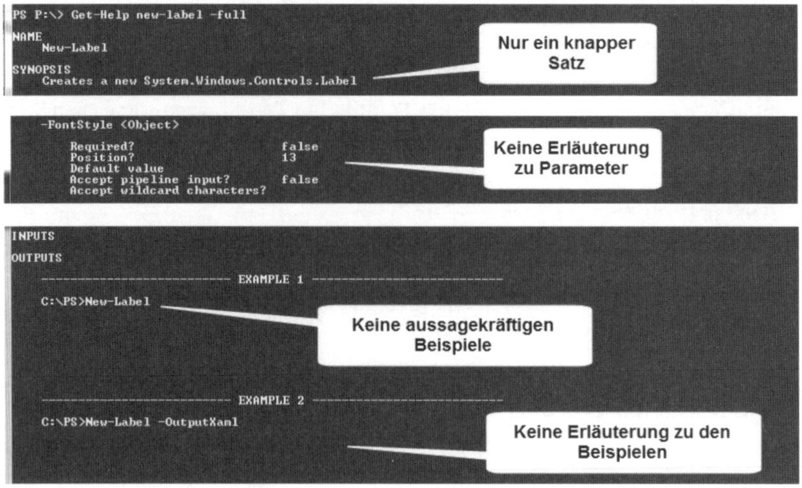

Abbildung 53.6: Ausschnitte aus der unzureichenden Dokumentation des WPK am Beispiel von New-Label

Um die MSDN-Dokumentation nutzen zu können, muss man insbesondere Folgendes verstehen:

- Die Commandlets der Form „New-XY" beziehen sich auf eine Steuerelementklasse, die man im Namensraum `System.Windows.Controls` findet. `New-Label` erzeugt also die Klasse `System.Windows.Controls.Label`. Den Namen der Klasse inklusive Namensraum erhält man auch mit `New-XY | Get-Member`.
- Die Attribute (Properties) der WPF-Klasse sind Parameter des Commandlets. In der Detailansicht der einzelnen Properties erhält man auch eine Liste der möglichen Werte.
- Ebenso sind die Ereignisse als Parameter verfügbar, aber mit vorangestelltem „On_", also „On_Click" statt „Click".

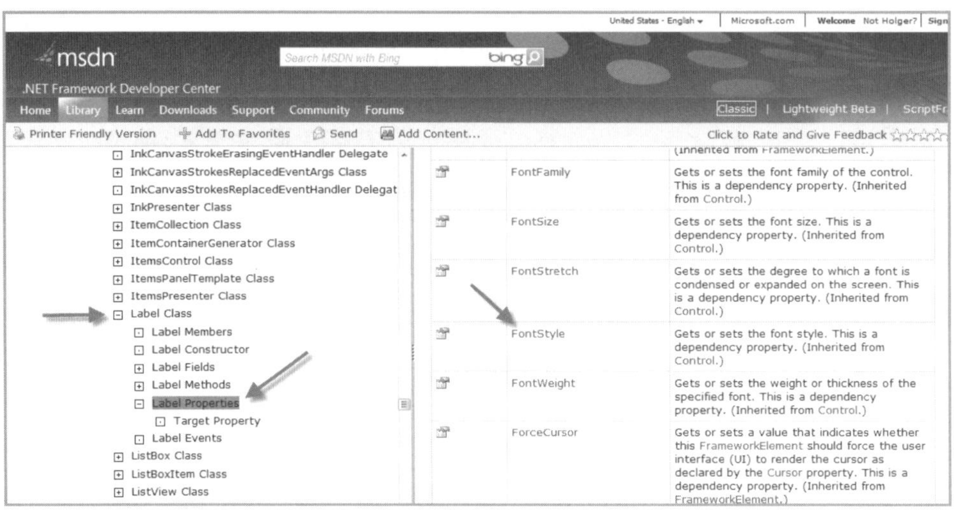

Abbildung 53.7: MSDN-Dokumentation zu zur Eigenschaft „FontStyle"

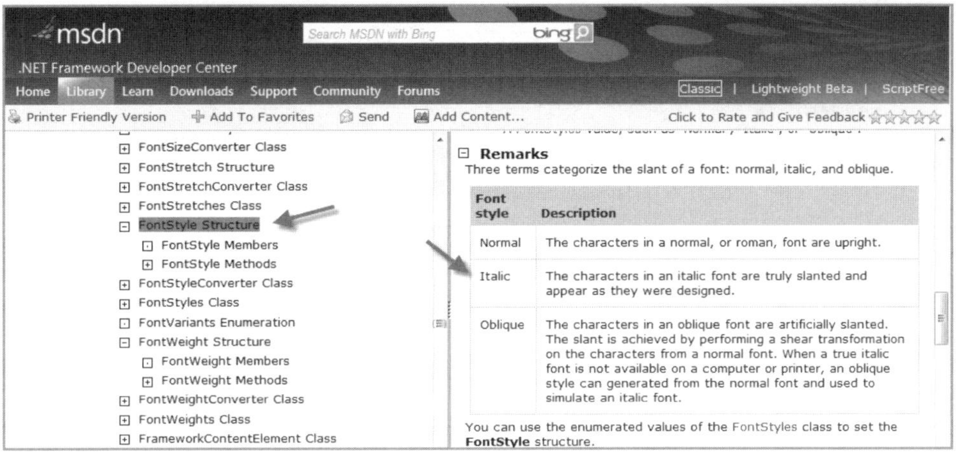

Abbildung 53.8: MSDN-Dokumentation zu den möglichen Werten für FontStyle

TIPP: Alternativ kann man sich auch durch Ausprobieren durcharbeiten. Nutzen Sie die Tabulator-Vervollständigungsfunktion der PowerShell-Konsole oder die IntelliSense-Unterstützung eines Editors wie PowerShellPlus, um die vorhandenen Attribute zu erforschen. Geben Sie dann einfach irgendeinen Wert an, z. B. `–FontStyle xy`. Die PowerShell wird Ihnen eine Fehlermeldung zeigen, die etwas weiterhilft: *Cannot convert value „xy" to type „System.Windows.FontStyle"*. Durch diese Fehlermeldung wissen Sie genau, wonach Sie suchen müssen. Wenn Sie „`System.Windows.FontStyle`" bei Google eingeben, steht der richtige Treffer meist direkt oben. Kurioserweise hat Microsofts Suchmaschine Bing die MSDN-Entwicklerdokumentation nicht so gut indiziert (siehe Abbildung 53.9).

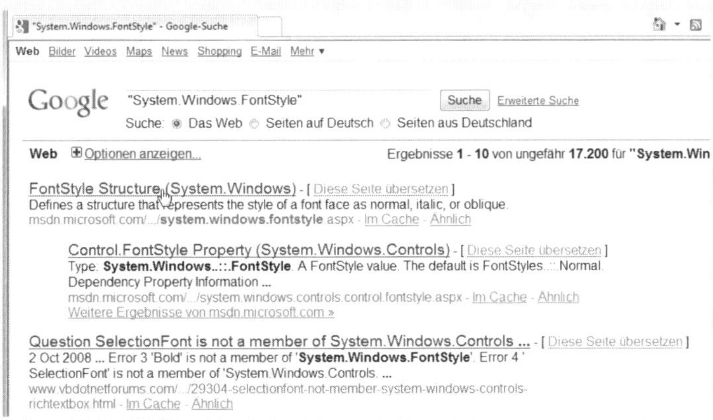

Abbildung 53.9: Die ersten beiden Google-Treffer führen zur Dokumentation in Englisch und Deutsch

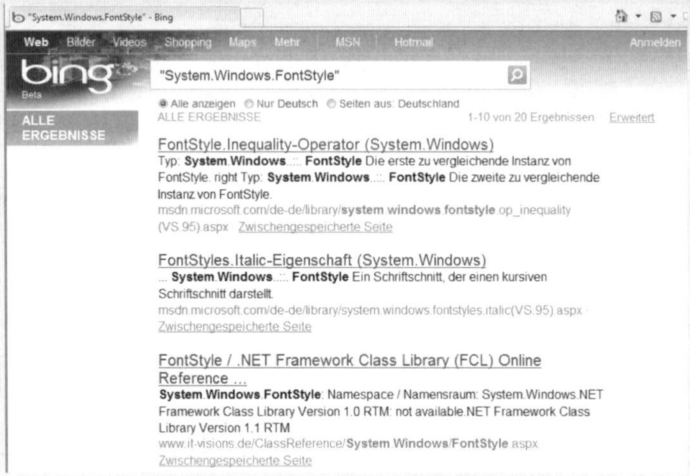

Abbildung 53.10: Bing kommt zwar in die Nähe der Lösung, findet aber nicht genau die richtige Seite.

Schaltflächen und Ereignisse

Eine Schaltfläche erstellt man mit `New-Button`. Wirklich Sinn macht eine Schaltfläche aber nur, wenn man auf das Klicken auch reagieren kann. Alle WPF-Steuerelemente stellen zahlreiche Ereignisse bereit. Zu einem Ereignis kann man eine Ereignisbehandlung hinterlegen, indem man den zugehörigen Parameter des WPK-Commandlets belegt. Diese Parameter beginnen alle mit „On_".

Mit `Get-Help new-button -parameter "on_*" | ft name` erhält man eine Liste der Commandlets-Ereignisse des Button-Steuerelements. Erschrecken Sie nicht: Es sind 95 Ereignisse! Vom Namen her ist „On_Click" das richtige Ereignis. In dem Parameter gibt man dann einen Skriptblock an.

ACHTUNG: Wichtig ist, dass der Skriptblock in der Zeile beginnt, in der auch der Parameter steht. Erst nach der geschweiften Klammer darf ein Zeilenumbruch erfolgen.

Falsch

```
New-Button "Klick mich" -Show -On_Click
{ Aktion
}
```

Richtig

```
New-Button "Klick mich" -Show -On_Click {
Aktion
```

Es folgt ein Beispiel.

Listing 53.3: Beispiel für die Ereignisbehandlung im WPK

```
Set-Variable -name count -Value 10 -Scope global

New-Button "Klick mich"  -Show -On_Click {
$this.Content = "Countdown: $Count" ;
$Count--;
if ($Count -lt 0) {
 [System.Windows.MessageBox]::Show("Ende!", "WPK-Beispiel:CountDown");
 $Window.Close();
 };
}
```

Abbildung 53.11:
Nach dem Start des Beispiels

Abbildung 53.12:
Nach dem ersten Klick

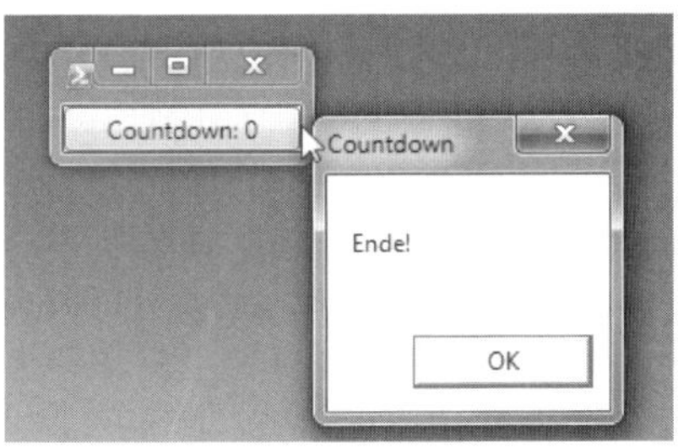

Abbildung 53.13:
Nach dem elften Klick

Zu beachten sind folgende Punkte:

- Die Ereignis-Skriptblöcke sehen nur Variablen aus dem umgebenden Skript, die mit `Set-Variable` den Gültigkeitsbereich „Global" bekommen haben. Eine alternative Syntax wäre: `$global:Variable = Wert`.
- Ebenso sieht das aufrufende Skript die in den Ereignisbehandlungsroutinen definierten Variablen nur, wenn diese global definiert sind.
- In der Ereignisbehandlung adressiert `$this` das das Ereignis auslösende Steuerelement, also hier die Schaltfläche.
- In der Ereignisbehandlung adressiert `$window` das aktuelle Fenster. Über die Methode `Close()` kann man es schließen. Eine Alternative wäre: `Close-Control $Window`.

Panel-Elemente zum Anordnen von Steuerelementen

Bisher bestand das Fenster immer nur aus einem Steuerelement. Das führt natürlich nicht sehr weit. Um mehrere Steuerelemente zu nutzen, muss man diese in einem sogenannten

Panel verwenden. WPF kennt mehrere verschiedene Panels, die eine unterschiedliche Anordnung der Elemente durchführen.

Tabelle 53.1: Panel-Elemente in WPF

Name	Erläuterung
Canvas	Positionierung mit relativen Koordinaten. Das Panel-Element legt keine Gestaltung fest; die enthaltenen Elemente müssen selbst die Position bestimmen (vgl. absolute Positionierung in CSS).
Grid	Gitternetz-Layout (Tabelle mit Zeilen und Spalten). Die Steuerelemente bestimmen die Position im Gitter durch die Attribute Row und `Column`. In einer Gitterzelle ist die absolute Positionierung möglich, so dass im Fall der Reduktion auf eine Zelle (Standardeinstellung) das Grid dem Canvas sehr ähnlich ist.
UniformGrid	Gitternetz-Layout mit gleich großen Zellen
WrapPanel	Aneinanderreihung von links nach rechts bzw. unten nach oben mit automatischem Umbruch (vgl. HTML-Standardlayout)
DockPanel	Horizontale oder vertikale Aneinanderreihung mit automatischem Umbruch nach jedem Element
StackPanel	Horizontale oder vertikale Aneinanderreihung
VirtualizingStackPanel	Ein Stackpanel, bei dem nur die wirklich sichtbaren Elemente auch verarbeitet werden (nur relevant bei Datenbindung)
TabPanel	Registerkarten in einem TabControl-Steuerelement

Zielsetzung soll es sein, das nachstehend abgebildete Anmeldefenster zu entwickeln. Das Fenster besteht aus zwei Label-Steuerelementen (`New-Label`), einem Texteingabe-Steuerelement (`New-TextBox`), einem Password-Steuerelement (`New-PasswordBox`) und einer Schaltfläche (`New-Button`). Als Panel kommt ein Grid (`New-Grid`) zum Einsatz. Das Ganze ist eingebettet in ein Fenster (`New-Window`). Der Farbübergang zwischen Hellgrün und Grün (möglicherweise in dem schwarzweiß gedruckten Buch schlecht zu erkennen) ist ein `LinearGradientBrush`.

HINWEIS: Fenster wurden in den bisherigen Beispielen implizit erzeugt. Die explizite Erzeugung ermöglicht Einfluss auf Größe und Überschrift.

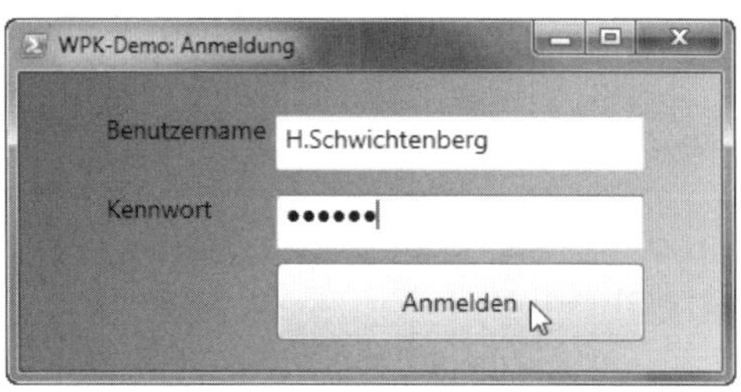

Abbildung 53.14:
Ein Anmeldefenster mit Hilfe von WPK

Die Verschachtelung der Elemente (Window enthält Grid, Grid enthält andere Steuerelemente) erfolgt durch geschweifte Klammern. Zu beachten ist dabei, dass eine Verschachtelung nur dann gebildet wird, wenn die geschweifte Klammer in der gleichen Zeile steht wie das Commandlet, das das übergeordnete Steuerelement erzeugt. Erst innerhalb der Klammer darf ein Zeilenumbruch erfolgen.

Falsch:	`New-Windows –Title "xy"`
	`{ New-Grid …`
	`}`

Richtig:	`New-Windows –Title "xy" {`
	`New-Grid …`
	`}`

Gleiches gilt für die Ereignisbehandlungsroutine, die für das `Click`-Ereignis um Button-Steuerelemente (`On_Click`) definiert wird.

Es folgt der PowerShell-Skriptcode für das Beispiel.

Listing 53.4: Implementierung des Anmeldefensters (im Schachtelungsstil)

```
Import-Module WPK

# Farbübergang für Hintergrund definieren
$global:b = New-LinearGradientBrush -GradientStops  {
New-GradientStop -color Green -Offset 0
New-GradientStop -color lightGreen -Offset 1
}

# Fenster mit Unterelementen definieren
New-Window -Title "WPK-Demo: Anmeldung" -background $b -Width 400 -Height 200
-WindowStartupLocation centerscreen -show {
 New-Grid -Rows 3  -Width 300 -Height 130 -Columns 'Auto','1*'  {
    New-Label "Benutzername" -FontSize 14
    New-TextBox -Name UserName -Column 1 -FontSize 14 -Height 30 -
    On_Loaded { Set-Variable C_UserName $this -Scope Global }
    New-Label "Kennwort" -Row 1 -FontSize 14
    New-PasswordBox -Name Password -Column 1 -FontSize 14 -Height
    30 -Row 1 -On_Loaded { $global:C_Password = $this }
    New-Button -Name Login -FontSize 14 -Content "Anmelden" -
    Column 1 -Row 2 -On_Click{
     $Window.Close(); } # Ende Event
 } # Ende Grid
} # Ende Window

"Eingegeben wurden folgende Anmeldedaten: {0} / {1}" -f  $C_UserName.Text,
$C_Password.Password
```

Die Schachtelung von Elementen kann unübersichtlich werden. Beim `LinearGradientBrush` ist das Schachtelungsprinzip schon zu Gunsten des Verweisprinzips durchbrochen: Der Pinsel ist erst definiert und dann später über eine Variable ($b) referenziert.

Man könnte das Skript auch so schreiben:

Listing 53.5: Implementierung des Anmeldefensters (im Verweisstil)

```
Import-Module WPK

# Farbübergang für Hintergrund definieren
$global:b = New-LinearGradientBrush -GradientStops  {
New-GradientStop -color Green -Offset 0
New-GradientStop -color lightGreen -Offset 1
}

$global:l1 = New-Label "Benutzername" -FontSize 14
$global:tb = New-TextBox -Name UserName -Column 1 -FontSize 14 -Height 30 -On_Loaded
{ $global:C_UserName = $this }
$global:l2 = New-Label "Kennwort" -Row 1 -FontSize 14
$global:pw = New-PasswordBox -Name Password -Column 1 -FontSize 14 -Height 30 -Row 1
-On_Loaded { $global:C_Password = $this }
$global:bt = New-Button -Name Login -FontSize 14 -Content "Anmelden" -Column 1 -Row 2
-On_Click { $Window.Close() }

$global:g = New-Grid -Rows 3  -Width 300 -Height 130 -Columns 'Auto','1*'
{ $l1, $tb, $l2, $pw, $bt }
$global:w = New-Window -Title "WPK-Demo: Anmeldung" -background $b -Width 400
-Height 200 -WindowStartupLocation centerscreen -show { $g }

"Eingegeben wurden folgende Anmeldedaten: {0} / {1}" -f
$C_UserName.Text, $C_Password.Password
```

Weitere Möglichkeiten

WPF ist eine derart komplexe Bibliothek, dass dieses Buch hier nur einen kleinen Ausschnitt wiedergeben kann. Zu erwähnen sind noch folgende Möglichkeiten:

- Weitere Eingabesteuerelemente wie `New-CheckBox`, `New-ComboBox`, `New-ListBox`, `New-Menu`, `NewRichTextBox`, `New-ScrollBar`, `New-TreeView`, `New-Slider`, `New-RadioButton`
- Weitere Textanzeigesteuerelemente wie `New-TextBlock`, `New-StatusBar`, `New-ProgressBar`
- Anzeige von Videos (`New-MediaElement`)
- Zeichnen mit Elementen wie `New-Line`, `New-Ellipse`, `New-Rectangle` und `New-Image`
- Transformationen von Elementen wie Kippen (z. B. Parameter `RenderTransform`)
- Animationen von Elementen (z. B. `New-Int64Animation` und `New-Storyboard`)
- Komposition von Elementen (z. B. ein Kontrollkästchen in einer Schaltfläche)
- Nahtlose Vergrößerung von Elementen (`New-ViewBox`)
- Datenbindung (z. B. `–ItemsSource`, `Get-PowerShellDataSource`, `ConvertTo-DataTemplate`)
- Definition von Oberflächen in XML-Form durch die XML Application Markup Language (XAML)

Listing 53.6: Das Anmeldefenster in XAML-Form

```
<?xml version="1.0" encoding="utf-16"?>
<Window Title="WPK-Demo: Anmeldung" WindowStartupLocation="CenterScreen" Width="400"
Height="200" xmlns="http://schemas.microsoft.com/winfx/2006/xaml/presentation"
xmlns:sma="clr-namespace:System.Management.Automation;assembly=System.Management.
Automation" xmlns:x="http://schemas.microsoft.com/winfx/2006/xaml"
xmlns:sc="clr-namespace:System.Collections;assembly=mscorlib">
  <Window.Background>
    <LinearGradientBrush>
      <LinearGradientBrush.GradientStops>
        <GradientStop Color="#FF008000" Offset="0" />
        <GradientStop Color="#FF90EE90" Offset="1" />
      </LinearGradientBrush.GradientStops>
    </LinearGradientBrush>
  </Window.Background>
  <Window.Resources>
    <sma:PSObject x:Key="Scripts" />
    <sc:Hashtable x:Key="TemporaryControls" />
    <sma:PSObject x:Key="Timers" />
  </Window.Resources>
  <Grid Width="300" Height="130">
    <Grid.ColumnDefinitions>
      <ColumnDefinition Width="Auto" />
      <ColumnDefinition Width="*" />
    </Grid.ColumnDefinitions>
    <Grid.RowDefinitions>
      <RowDefinition Height="*" />
      <RowDefinition Height="*" />
      <RowDefinition Height="*" />
    </Grid.RowDefinitions>
    <Grid.Resources>
      <sma:PSObject x:Key="Scripts" />
      <sc:Hashtable x:Key="TemporaryControls" />
      <sma:PSObject x:Key="Timers" />
    </Grid.Resources>
    <Label FontSize="14">
      <Label.Resources>
        <sma:PSObject x:Key="Scripts" />
        <sc:Hashtable x:Key="TemporaryControls" />
        <sma:PSObject x:Key="Timers" />
      </Label.Resources>Benutzername</Label>
    <TextBox FontSize="14" Name="UserName" Height="30" Grid.Column="1"
xml:space="preserve">
      <TextBox.Resources>
        <sc:Hashtable x:Key="EventHandlers">
          <RoutedEventHandler x:Key="On_Loaded" />
        </sc:Hashtable>
        <sma:PSObject x:Key="Scripts" />
        <sc:Hashtable x:Key="TemporaryControls" />
        <sma:PSObject x:Key="Timers" />
      </TextBox.Resources>
    </TextBox>
    <Label FontSize="14" Grid.Row="1">
      <Label.Resources>
        <sma:PSObject x:Key="Scripts" />
        <sc:Hashtable x:Key="TemporaryControls" />
        <sma:PSObject x:Key="Timers" />
```

```
      </Label.Resources>Kennwort</Label>
    <PasswordBox FontSize="14" Name="Password" Height="30" Grid.Column="1" Grid.
Row="1">
      <PasswordBox.Resources>
        <sc:Hashtable x:Key="EventHandlers">
          <RoutedEventHandler x:Key="On_Loaded" />
        </sc:Hashtable>
        <sma:PSObject x:Key="Scripts" />
        <sc:Hashtable x:Key="TemporaryControls" />
        <sma:PSObject x:Key="Timers" />
      </PasswordBox.Resources>
    </PasswordBox>
    <Button FontSize="14" Name="Login" Grid.Column="1" Grid.Row="2">
      <Button.Resources>
        <sc:Hashtable x:Key="EventHandlers">
          <RoutedEventHandler x:Key="On_Click" />
        </sc:Hashtable>
        <sma:PSObject x:Key="Scripts" />
        <sc:Hashtable x:Key="TemporaryControls" />
        <sma:PSObject x:Key="Timers" />
      </Button.Resources>Anmelden</Button>
  </Grid>
</Window>
```

D

Teil D: Profiwissen – Erweitern der PowerShell

In diesem Buchteil werden die Möglichkeiten zur Erweiterung der PowerShell behandelt.

Die PowerShell lässt sich wie folgt erweitern:

1. Entwicklung eigener Commandlets per PowerShell-Skript (siehe funktionsbasierte Commandlets)
2. Entwicklung eigener Commandlets per C# (alternativ auch Visual Basic oder eine andere .NET-Sprache)
3. Entwicklung eigener PowerShell-Provider per C# (alternativ auch Visual Basic oder eine andere .NET-Sprache)
4. Außerdem ist es möglich, die PowerShell in Anwendungen als Scripting-Umgebung zu integrieren (PowerShell-Hosting). Dies geht nur mit einer „richtigen" .NET-Sprache.

ACHTUNG: Der dritte Punkt in der Liste ist derart aufwendig, dass er nicht in diesem Buch behandelt werden kann.

Es ist besonders darauf hinzuweisen,

- dass hier Punkte behandelt werden, die über das hinausgehen, was die meisten Systemadministratoren mit der PowerShell unternehmen werden.
- dass einige dieser Möglichkeiten Kenntnisse in der Programmiersprache C# und der Entwicklungsumgebung Visual Studio erfordern. Diese Kenntnisse können in diesem Buch allein schon aus Platzgründen nicht vermittelt werden. Hier sei zum Beispiel auf [SCH02] verwiesen.

54 Entwicklung von Commandlets in der PowerShell-Sprache

Schon im Laufe des Buchs wurden an verschiedenen Stellen PowerShell-Funktionen erstellt (z. B. `Get-DirSize`), die wie Commandlets heißen und sich genau wie Commandlets aufrufen lassen. Diese Funktionen waren aber keine echten Commandlets. Echte Commandlets bieten noch einige weitere Möglichkeiten:

- Sie können Bedingungen für die übergebenen Parameter festlegen.
- Sie können festlegen, wie Inhalte der Pipeline auf die Parameter abgebildet werden, wenn sie in einer Pipeline verwendet werden.
- Sie können asynchron arbeiten, d. h., sie beginnen mit der Verarbeitung schon, wenn das erste Objekt angeliefert wird.
- Man kann mit `Get-Help` Hilfetexte abrufen.

PowerShell-Funktionen können aber auch echte Commandlets werden. Der Schritt zwischen einer PowerShell-Funktion und einem skriptbasierten Commandlet (auch „funktionsbasierte Commandlets" oder „Advanced Function" genannt) ist nicht sehr groß.

HINWEIS: Für dieses Kapitel dieses Buchteils werden keine C#-Kenntnisse benötigt.

54.1 Aufbau eines skriptbasierten Commandlets

Ein skriptbasiertes Commandlet besteht aus folgenden Teilen:

- Mindestens eine in der PowerShell-Sprache geschriebene Funktion, deren Name wie ein Commandlet aus Verb und Substantiv aufgebaut ist
- Eine Liste von Parametern
- Ein Unterblock mit dem Namen `begin`, der einmalig zu Beginn der Verarbeitung des Commandlets ausgeführt wird

- Ein Unterblock `process`, der für jedes Objekt in der Pipeline ausgeführt wird. ACHTUNG: `Process` wird auch bei leerer Pipeline genau einmal aufgerufen.
- Ein Unterblock `end`, der einmalig zum Ende der Verarbeitung ausgeführt wird

Beispiel: Test-Pipeline

Das folgende skriptbasierte Commandlet ist zunächst nur ein Test, um die Wirkungsweise eines solchen Commandlets zu demonstrieren. In jeder der drei Phasen macht das Commandlet eine Ausgabe. In `process` wird für jedes Objekt in der Pipeline der Typ ausgegeben. Das Commandlet besitzt einen Parameter. Der Skriptcode besteht neben der Definition der Methode mit den drei Verarbeitungsschritten aus zwei „freien" Befehlen, die bei der Installation ausgeführt werden: einer Alias-Definition und einer Meldung für die erfolgreiche Installation.

Der folgende Programmcode muss in einer PowerShell-Skriptdatei abgespeichert werden. Dann muss diese PowerShell-Datei mit einer speziellen Operation in die Shell eingebunden werden. Die Operation besteht aus dem Operator „`.`" und dem vollständigen Pfad zur Skriptdatei (das Verfahren heißt im Englischen „Dot Sourcing", übersetzt „Punktquelle"), z. B.:

```
. H:\demo\powershell\Test-pipeline.ps1
```

HINWEIS: Den obigen Befehl legt man üblicherweise in der *profile.ps1*-Datei ab, damit der Befehl immer beim Start der PowerShell schon ausgeführt wird.

Danach kann das skriptbasierte Commandlet wie ein normales Commandlet mit oder ohne Parameter und mit oder ohne Pipeline-Inhalt aufgerufen werden:

```
Test-Pipeline  "Hello Welt!"
Test
Get-Process a* | Test-Pipeline
```

Die dem Listing folgende Bildschirmabbildung zeigt die Reaktion der Shell auf die obigen drei Anweisungen.

ACHTUNG: Wichtig ist, dass das Skript nach jeder Änderung an seinem Quelltext neu in die PowerShell eingebunden werden muss.

Listing 54.1: Definition eines skriptbasierten Commandlets [Test-Pipeline.ps1]

```
# -----------------------------------------------------------------
# Author:       Dr. Holger Schwichtenberg
# Description:  Demo for a function based Commandlet
# Usage:        This file contains a function-based Commandlet.
#               In order to use
#               it, you must include the file into your shell:
#               PS> . c:\bin\Test-Pipeline.ps1
# Date:         09/25/2006
# Website:      http://www.PowerShell-Doktor.de
```

```
# -------------------------------------------------------------------

# Function
function Test-Pipeline {
    param([string[]]$Parameter)

    begin {

if ($Parameter)
      { "Commandlet starts with Parameter " + $Parameter + "..." }
    else
  { "Commandlet starts without Parameter..." }
}
    process {
if ($_)
 {
 "Commandlet receives a pipeline objekt of type " + $_.GetType()
     }
else
 {"The Pipeline is empty!"
 }
}
    end {
   "Commandlet ends..."
    }
}

# Define alias for function
Set-Alias test test-pipeline

# Confirm installation
"Function-based Commandlet Test-Pipeline (alias: Test) successfully installed!"
```

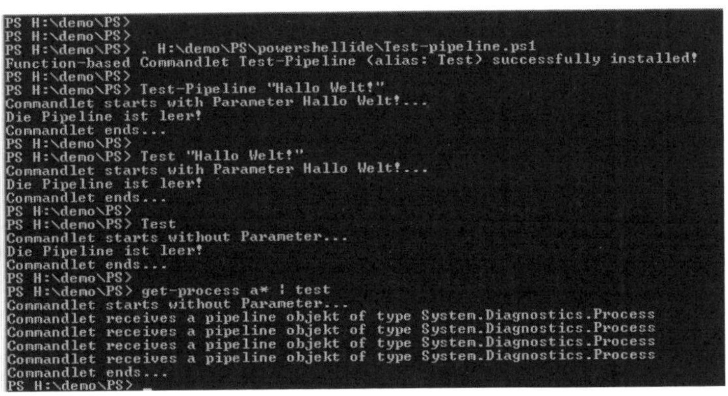

Abbildung 54.1: Beispiel zur Installation und Ausführung des funktionsbasierten Commandlets Test-Pipeline

HINWEIS: Das obige Commandlet `Test-Pipeline` dient der Veranschaulichung des Grundprinzips skriptbasierter Commandlets, bietet aber in der Praxis nur einen geringen Wert. Im Folgenden finden Sie skriptbasierte Commandlets zur Verzeichnisdienststeuerung.

54.2 Parameterfestlegung

Bei funktionsbasierten Commandlets kann man Parameter auf die gleiche Weise definieren und übergeben wie bei normalen Funktionen, also wahlweise im Funktionskopf, z. B.

```
function Add-LDAPObject([string]$Container, [string]$Class, [string]$RDN) {
   …
}
```

oder mit `param(…)` im Funktionsrumpf:

```
function Add-LDAPObject {
    param([string]$Container, [string]$Class, [string]$RDN)
…
}
```

HINWEIS: Die zweite Form bietet mehr Möglichkeiten, wie im Folgenden noch aufgezeigt werden wird.

Beispiel: Commandlets für den Verzeichnisdienstzugriff

Das Beispiel umfasst Commandlets zur Automatisierung von LDAP-basierten Verzeichnisdiensten wie dem Active Directory. Diese Commandlets kapseln die Möglichkeiten des FCL-Namensraums `System.DirectoryServices`.

HINWEIS: Dieses Beispiel wurde für die PowerShell 1.0 erstellt. Inzwischen gibt es für die PowerShell derartige Commandlets in Windows 7/8 und Windows Server 2008 R2/2012. Für ältere Betriebssysteme sind die Commandlets aber weiterhin eine wichtige Ergänzung.

Für den Administrator ist die Active-Directory-Automatisierung mit eigenen Commandlets einfacher als mit den FCL-Klassen. Sinnvoll ist z. B.:

```
Get-LDAPObject "LDAP://XFilesServer1/CN=Fox Mulder,OU=Agents,DC=FBI,DC=net" |
Select-Object sn, l, mail, telephonenumber
```

genauso wie:

```
"LDAP://XFilesServer1/CN=Fox Mulder,OU=Agents,DC=FBI,DC=net" | Get-LDAPObject |
Select-Object sn, l, mail, telephonenumber
```

zum Zugriff auf ein Einzelobjekt und

```
Get-LDAPChildren "LDAP://XFilesServer1/OU=Agents,DC=FBI,DC=net"
```

zum Auflisten eines Containers.

Am besten sollte man die beiden Commandlets auch kombinieren können:

```
Get-LDAPObject "LDAP://XFilesServer1/OU=Agents,DC=FBI,DC=net" | Get-LDAPChildren
```

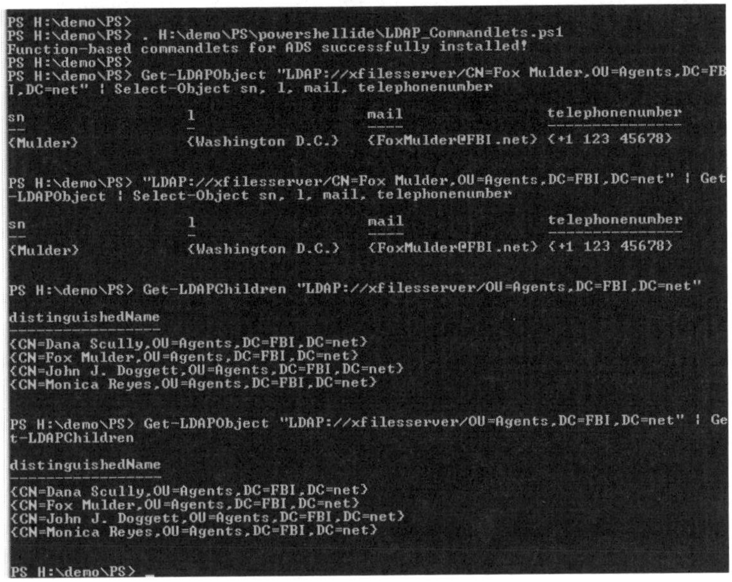

Abbildung 54.2: Die Commandlets Get-LDAPObject und Get-LDAPChildren im Einsatz

Auch das Anlegen und Löschen von Objekten wäre so viel schöner:

```
"OU anlegen..."
Add-LDAPObject "LDAP://XFilesServer1/OU=Agents,DC=FBI,DC=net" -class
"organizationalUnit" -rdn "ou=formerAgents"
"Benutzer anlegen..."
Add-LDAPObject "LDAP://XFilesServer1/ou=formerAgents,OU=Agents,DC=FBI,DC=net" "user"
"cn=AlexKrycek"
"Auflisten..."
Get-LDAPChildren "LDAP://XFilesServer1/ou=formerAgents,OU=Agents,DC=FBI,DC=net"
"Alle Objekte im Container löschen..."
Get-LDAPChildren "LDAP://XFilesServer1/ou=formerAgents,OU=Agents,DC=FBI,DC=net" |
Remove-LDAPObject | select name
"Container selbst löschen..."
Remove-LDAPObject "LDAP://XFilesServer1/ou=formerAgents,OU=Agents,DC=FBI,DC=net" |
select name
```

Das folgende Skript zeigt die Realisierung von vier skriptbasierten Commandlets zur Steuerung des Active Directory oder anderer LDAP-basierter Verzeichnisdienste aus der PowerShell heraus:

- `Get-LDAPObject`: Zugriff auf ein einzelnes Verzeichnisobjekt
- `Get-LDAPChildren`: Zugriff auf den Inhalt eines Containerobjekts (listet die Unterelemente auf)
- `Add-LDAPObject`: Anlegen eines Verzeichnisobjekts
- `Remove-LDAPObject`: Löschen eines Verzeichnisobjekts

Das Commandlet `Get-LDAPObject` akzeptiert als Eingabe ein Array mit LDAP-Pfaden als Zeichenketten als Parameter oder in der Pipeline.

Beide folgenden Befehle sind also gültige Anweisungen:

- `Get-LDAPObject "LDAP://XFilesServer1/OU=Agents,DC=FBI,DC=net"`
- `"LDAP://XFilesServer1/OU=Agents,DC=FBI,DC=net"| Get-LDAPObject`

`Get-LDAPChildren` und `Remove-LDAPObject` akzeptieren als Eingabe:

- ein Array mit LDAP-Pfaden als Zeichenketten als Parameter oder in der Pipeline und/oder
- eine Menge von `DirectoryEntry`-Objekten in der Pipeline.

Alle vier folgenden Befehle sind also gültige und gleichbedeutende Anweisungen:

- `Get-LDAPChildren "LDAP://XFilesServer1/OU=Agents,DC=FBI,DC=net"`
- `"LDAP://XFilesServer1/OU=Agents,DC=FBI,DC=net" | Get-LDAPChildren`
- `Get-LDAPObject "LDAP://XFilesServer1/OU=Agents,DC=FBI,DC=net" | Get-LDAP-Children`
- `"LDAP://XFilesServer1/OU=Agents,DC=FBI,DC=net"| Get-LDAPObject | Get-LDAP-Children`

Bei `Add-LDAPObject` können als Eingabe nur drei Zeichenkettenparameter verwendet werden.

HINWEIS: Bitte beachten Sie, dass die skriptbasierten Commandlets erst mit dem `.`-Befehl („Dot Sourcing") unter Angabe des kompletten Dateisystempfads eingebunden werden müssen:

```
. H:\demo\PS\LDAP_Commandlets.ps1
```

Listing 54.2: Commandlets für den Zugriff auf das Active Directory und andere LDAP-Server [LDAP_Commandlets.ps1]

```
# ---------------------------------------------------------------------
# Author:    Dr. Holger Schwichtenberg
# Desc:      PowerShell Commandlets for handling LDAP-Objects
# Usage:     This file contains a function-based Commandlet.  In
#            order to use it, you must dot source the file into
#            your shell e.g.:
#            PH> . c:\PSExtensions\LDAP_Commandlets.ps1
# Date:      10/05/2006
# Version: 2.0
# Host:      PowerShell
# ---------------------------------------------------------------------

# Get single LDAP object
function Get-LDAPObject {
    param([string[]]$LDAPPath)

    begin {
    }
    process {
 if ($_)
```

```
{
  if ($_ -is [string])
  {
   new-object system.directoryservices.directoryEntry($_)
  }
  else
  { throw "Pipeline input must be [string]."
  }
}
   }
   end {
       if ($LDAPPath) {
         foreach ($Path in $LDAPPath) {
           new-object system.directoryservices.directoryEntry($Path)
         }
       }
   }
}
# Hilfsroutine
function getContainer([string] $path)
{
$con = new-object system.directoryservices.directoryEntry($path)
$con.PSBase.Children
}

# Get content of an LDAP container
function Get-LDAPChildren {
    param([string[]]$LDAPPath)

    begin {      }

    process {
    if ($_)
 {
   if ($_ -is [string])
   {
       getContainer($_)
   }
       elseif ($_ -is [System.DirectoryServices.DirectoryEntry])
   {
     getContainer($_.PSBase.Path)
   }
   else
   { throw "Pipeline input must be [string] or [System.DirectoryServices.
DirectoryEntry]."
   }
 }
    }
    end {
        if ($LDAPPath) {
          foreach ($Path in $LDAPPath) {
           getContainer($Path)
          }
        }
    }
}
# Remove an object from an LDAP container
function Remove-LDAPObject {
```

```
    param([string[]]$LDAPPath)

    begin {

function remove([string] $path)
{
if ([system.directoryservices.directoryEntry]::Exists($path))
     {
  $obj = new-object system.directoryservices.directoryEntry($path)
      $obj.PSBase.DeleteTree()
  $obj
     }
else
 {
 throw "Object does not exists!"
 }
}
    }
    process {
    if ($_)
 {
   if ($_ -is [string])
   {
        remove($_)
   }
       elseif ($_ -is [System.DirectoryServices.DirectoryEntry])
   {
     remove($_.PSBase.Path)
   }
   else
   { throw "Pipeline input must be [string] or [System.DirectoryServices.Directory
Entry]."
   }
 }
    }
    end {
        if ($LDAPPath) {
          foreach ($Path in $LDAPPath) {
           remove($Path)
          }
        }
    }
}

# Add a new object to a LDAP container
function Add-LDAPObject {
    param([string]$Container, [string]$Class, [string]$RDN)

    begin {  }

    process { }


    end {
    if ($Container -and $Class -and $RDN) {

 Write-Warning "Adding Object $RDN of type $Class to $Container"
if ([system.directoryservices.directoryEntry]::Exists($Container))
```

```
    {
  $obj = new-object system.directoryservices.directoryEntry($Container)
  $newobj = $obj.PSBase.Children.Add([string]$RDN,[string]$Class)
      $newobj.PSBase.CommitChanges()
    }
else
 {
 throw "Container does not exists!"
 }
}
    }
}

# Define aliases for commandlet functions
Set-Alias LDP Get-LDAPObject
Set-Alias LDC Get-LDAPObject
Set-Alias RLDP RemoveLDAPObject
Set-Alias ALDP Add-LDAPObject

# Confirm installation
"Function-based commandlets for LDAP successfully installed!"
```

54.3 Auszeichnung der Parameterdefinitionen

Seit PowerShell 2.0 hat Microsoft die Möglichkeiten zum Erstellen von skriptbasierten Commandlets stark verbessert, so dass diese nun fast alle Möglichkeiten von .NET-basierten Commandlets haben. Insbesondere wurden zahlreiche Möglichkeiten ergänzt, die Parameter näher festzulegen. Solche Commandlets nennt Microsoft „Fortgeschrittene Funktionen" (Advanced Functions).

Eine Advanced Function muss durch den Zusatz `[CmdletBinding()]` nach der geschweiften Klammer und vor der Parameterfestlegung deklariert werden.

Die Möglichkeiten umfassen insbesondere die Festlegung:

- ob ein Parameter eine Pflichtangabe ist: `[Parameter(Mandatory=$true)]` oder seit PowerShell-Version 3.0 auch einfach `[Parameter(Mandatory)]`,
- dass ein Parameter seinen Wert aus der Pipeline erhalten darf, wobei das ganze Objekt gebunden wird `[Parameter(ValueFromPipeline=$true)]`,
- dass ein Parameter seinen Wert aus der Pipeline erhalten darf, wobei ein einzelnes Attribut des Objekts gebunden wird `[Parameter(ValueFromPipelineByPropertyName=$true)]`,
- einer Position für einen Parameter: `[Parameter(Position=0)]`,
- eines Hilfetextes: `[Parameter(HelpMessage="Eine Hexadezimalzahl mit 1 bis 5 Stellen")]`,
- der Anzahl der erlaubten Parameter: `[ValidateCount(2,5)]`,

- ob leere Werte erlaubt sind: [AllowNull()],[AllowEmptyString()], [AllowEmptyCollection()],[ValidateNotNull()],
- der Länge einer Zeichenkette: [ValidateLength(1,5)],
- des Aufbaus einer Zeichenkette, beschrieben durch einen regulären Ausdruck: [ValidatePattern("[0-9A-F]*")],
- eines Ausdrucks, der wahr sein muss: [ValidateScript({$_.Starts With("A")})],
- dass ein Parameter ein Wert aus einem Wertebereich sein muss: [ValidateRange (0,100)].

Beispiel: Validate-CustomerID

In dem folgenden Beispiel wird ein Commandlet Validate-CustomerID in Form einer erweiterten Funktion definiert. Das Command selbst macht nur Testausgaben. Alle Prüfungen erfolgen durch die Beschreibungen der Parameter. Erlaubte Eingaben sind zwei Buchstaben gefolgt von ein bis drei Zahlen.

Listing 54.3: Beispiel „Validate-CustomerID" als erweiterte Funktion

```
# -----------------------------------------------------
# Author:       Dr. Holger Schwichtenberg
# Description: Demo for a function based Commandlet
# Usage:        This file contains an advanced function. In order
#               to use it, you must include the file into your shell:
#               PS> . c:\bin\Validate-Customer.ps1
# Date:         09/25/2006
# Website:      http://www.Windows-Scripting.com/PowerShell
# -----------------------------------------------------

# Function

function Validate-CustomerID {
[CmdletBinding()]
param(
[Parameter(Position=0,Mandatory=$true, ValueFromPipelineByPropertyName=$true,
ValueFromPipeline=$true,HelpMessage="A Customer ID has two letters and one to three
digits.")]
[AllowNull()]
[ValidateLength(3,5)]
[ValidatePattern("[A-Z][A-Z][0-9]{1,3}")]
[ValidateScript({$_.StartsWith("A")})]
[string[]]
$CustomerID)

begin {

if ($CustomerID -eq $null)
{Write-Verbose "Commandlet starts without Parameter..." }
else
{Write-Verbose "Commandlet starts with Parameter $CustomerID ..." }
}

process {
Write-Verbose "Customer ID = $CustomerID"
if ($_)
```

```
{
Write-Verbose ("Commandlet receives a pipeline object of type " + $_.GetType())
}
else
{
Write-Verbose "The Pipeline is empty!"
}
# Add Logic here (e.g. check database)
return $true
}

end {
"Commandlet ends..."

}
}
```

Listing 54.4: Beispiele zum Aufruf „Validate-CustomerID“

```
# Define alias for function
Set-Alias CID Validate-CustomerID

# Confirm installation
"Function-based Commandlet Test-Pipeline (alias: Test) successfully installed!"

# Run Tests
"--- Test 1: (correct)"
CID "AB1"
"--- Test 2: (correct)"
CID "AB123"
"--- Test 3: (correct)"
"AB123" | CID
"--- Test 4: (wrong)"
"CD124" | CID
"--- Test 5: (wrong)"
"AB12456" | CID
```

Wie die nachstehende Bildschirmabbildung zeigt, schlagen die Tests 4 und 5 fehl, weil die PowerShell Verletzungen der für den Parameter `CustomerID` hinterlegten Regeln erkennt.

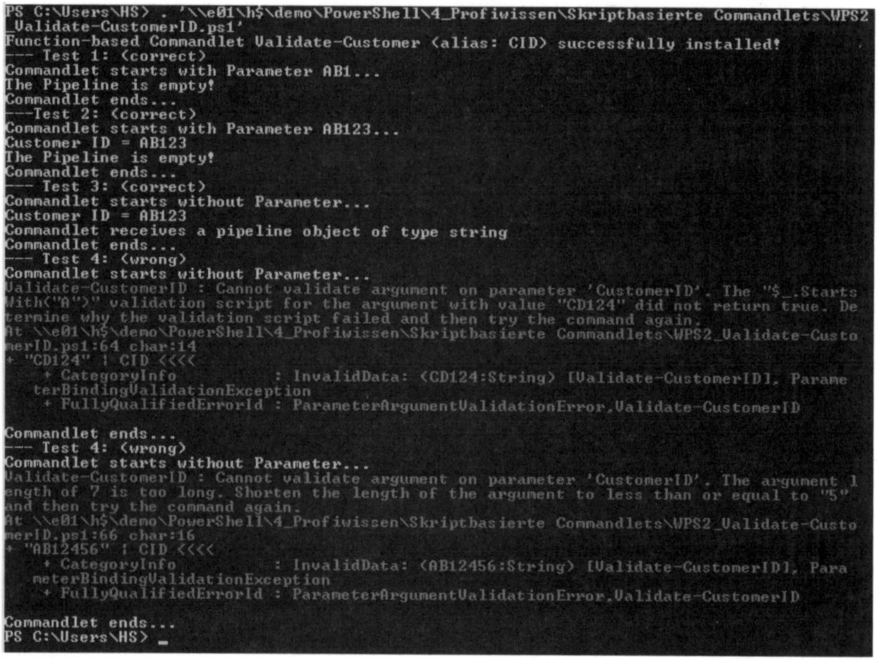

Abbildung 54.3: Ausgabe des obigen Skripts

54.4 Dokumentation

Advanced Functions erlauben eine eigene Dokumentationssyntax. Die Dokumentation steht in einem <# #>-Block zu Beginn des Funktionsrumpfs. Die Dokumentation kennt verschiedene Sektionen (`.Synopsis`, `.Description`, `.Parameter`, `.Notes`, `.Example`). `Get-Help` wertet diese Sektionen aus, wenn ein Nutzer Hilfe zu dem funktionsbasierten Commandlet aufruft.

Beispiel: Validate-CustomerID mit Dokumentation

Das folgende Listing zeigt `Validate-CustomerID` mit zusätzlicher Dokumentation.

Listing 54.5: Validate-CustomerID mit Dokumentation

```
# ---------------------------------------------------------------
# Author:       Dr. Holger Schwichtenberg
# Description:  Demo for a function based Commandlet
# Usage:        This file contains an advanced function. In order
#               to use it, you must include the file into your shell:
#               PS> . c:\bin\Validate-Customer.ps1
# Date:         09/25/2006
# Website:      http://www.Windows-Scripting.com/PowerShell
# ---------------------------------------------------------------
```

```
# Function

function Validate-CustomerID {
<#
    .Synopsis
    Validates if a given string is a valid customer ID

    .Description
The commandlets implements logic for checking if the customer ID exists.

    Return values are: $true or $false

.Parameter CustomerID
A Customer ID has two letters and one to three digits.

    .Notes
    This commandlet is a demo only.

    .Example
    C:PS> Get-CustomerID AB123

#>
[CmdletBinding()]
param(
[Parameter(Position=0,Mandatory=$true, ValueFromPipeline=$true,HelpMessage="A Customer
ID has two letters and one to three digits.")]
[AllowNull()]
[ValidateLength(3,5)]
[ValidatePattern("[A-Z][A-Z][0-9]{1,3}")]
[ValidateScript({$_.StartsWith("A")})]
[string[]]
$CustomerID)

begin {

if ($CustomerID -eq $null)
{Write-Verbose "Commandlet starts without Parameter..." }
else
{Write-Verbose "Commandlet starts with Parameter $CustomerID ..." }
}

process {
Write-Verbose "Customer ID = $CustomerID"
if ($_)
{
Write-Verbose ("Commandlet receives a pipeline object of type " + $_.GetType())
}
else
{
Write-Verbose "The Pipeline is empty!"
}
# Add Logic here (e.g. check database)
return $true
}

end {
```

```
"Commandlet ends..."

}
}
```

Den Vorteil der Commandlet-Dokumentation belegen die beiden nachfolgenden Bildschirmabbildungen.

Abbildung 54.4: Anzeige von Get-Help für Validate-Customer ohne Dokumentation

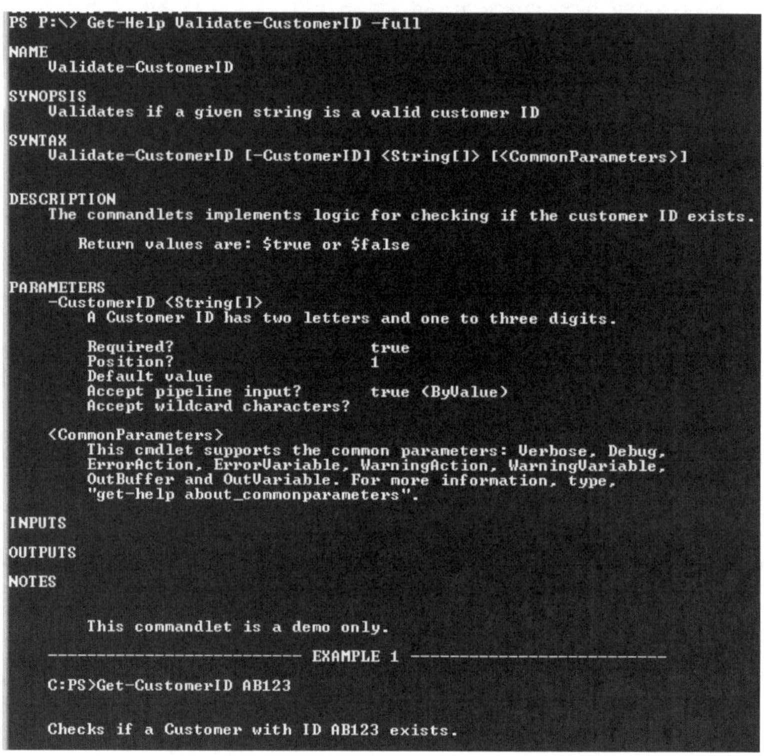

Abbildung 54.5: Anzeige von Get-Help für Validate-Customer mit Dokumentation

55 Entwicklung eigener Commandlets mit C#

Statt der auf PowerShell-Skriptfunktionen basierten Commandlets kann man Commandlets auch in einer beliebigen .NET-Programmiersprache erstellen und in kompilierter Form als eine DLL (alias „Snap-In") verbreiten.

HINWEIS: .NET-basierte Commandlets sind aufwendiger als die auf PowerShell-Skripten basierenden Commandlets, bieten aber mehr Optionen und den Vorteil, dass sie mit den komfortablen Möglichkeiten der Entwicklungsumgebung Visual Studio erstellt und in kompilierter Form verbreitet werden können.

HINWEIS: Dieses Unterkapitel verlangt Grundkenntnisse in den Programmiersprachen C# oder Visual Basic .NET. Leider kann dieses Buch diese Grundkenntnisse nicht vermitteln, denn Grundlagenbücher zu Visual Basic .NET oder C# sind zwischen 500 und 1000 Seiten dick. Unmöglich kann dieser Stoff mit in dieses Buch aufgenommen werden. Dieses Kapitel dürfen Sie also nur als Ergänzung zu den dicken Grundlagenbüchern sehen, die üblicherweise nicht das Erstellen von PowerShell-Commandlets behandeln.

HINWEIS: Grundsätzlich können Commandlets auch mit Visual Basic .NET, C++/CLI oder anderen .NET-Sprachen erstellt werden. Leider ist in diesem Buch kein Raum, die Beispiele in mehr als einer .NET-Programmiersprache abzudrucken. Der Autor hat sich für C# entschieden.

55.1 Technische Voraussetzungen

Zum Erstellen eines .NET-basierten Commandlets sollten Sie eine Variante von Visual Studio (ab Version 2008) verwenden. Es reicht dabei, wenn Sie eine der kostenfreien Express-Varianten (also Visual C# Express, Visual C++ Express oder Visual Basic Express) nutzen.

Grundsätzlich ist eine Erstellung von Commandlets auch mit einem einfachen Texteditor und den im .NET Framework mitgelieferten Kommandozeilencompilern möglich. Dies ist jedoch deutlich mühsamer als die Verwendung von Visual Studio.

ACHTUNG: Mit Visual Web Developer Express (VWD) können Sie keine Commandlets, sondern nur Webanwendungen erstellen.

HINWEIS: Aufgrund der vielen Übersetzungsfehler in der deutschen Version von Visual Studio verwendet der Autor nur die englische Version der Entwicklungsumgebung und alle Angaben zu Menüpunkten beziehen sich auf die englische Version.

Microsoft bietet Vorlagen für Visual Studio zur Erstellung von Commandlets *(http://psvs2008.codeplex.com/)*. Diese sind zwar auf dem Stand Visual Studio 2008 stehen geblieben, lassen sich aber in neueren Visual-Studio-Versionen auch installieren.

Diese Elementvorlagen ersparen ebenfalls Arbeit und sollten nach der Installation von Visual Studio zusätzlich aktiviert werden. Es gibt zwei Vorlagen:

- *Windows PowerShell (CS).vsi* enthält die Vorlage für die Erstellung von Commandlets in C#.
- *Windows PowerShell (VB).vsi* enthält die Vorlage für die Erstellung von Commandlets in Visual Basic .NET.

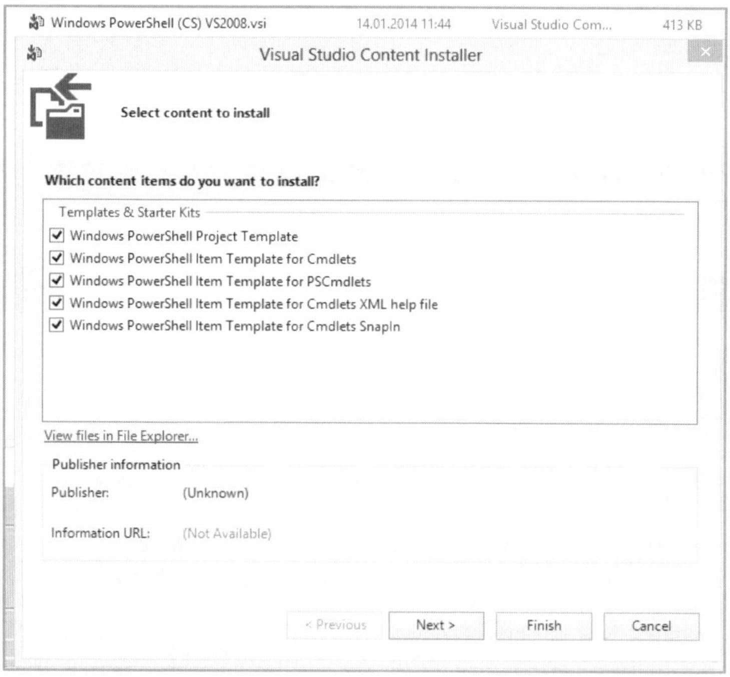

Abbildung 55.1: Installation der Visual-Studio-Vorlagen zur Erstellung von Commandlets

55.2 Grundkonzept der .NET-basierten Commandlets

.NET-basierte Commandlets werden in Form von Commandlet-Klassen im Rahmen eines sogenannten PowerShell-Snap-In erstellt.

Commandlet-Klassen

Jedes .NET-basierte Commandlet ist eine öffentliche .NET-Klasse (deklariert als `public`), die von einer bestimmten Basisklasse (`Cmdlet` oder `PSCmdlet`, beide im Namensraum `System.Management.Automation`) erbt und in einer DLL kompiliert wird. Die Commandlet-Klasse muss neben der Basisklasse auch noch eine Annotation `[Cmdlet]` besitzen, in welcher der Verbname und der Substantivname des Commandlets definiert werden. Der Name der .NET-Klasse ist für die Sichtbarkeit und die Anzeige in der PowerShell nicht maßgeblich.

HINWEIS: Die Basisklasse `PSCmdlet` bietet für das Commandlet mehr Möglichkeiten als `Cmdlet`, z. B. den Zugriff auf die in der PowerShell deklarierten Variablen. Commandlets, die von `Cmdlet` abgeleitet sind, haben aber den Vorteil, dass sie auch außerhalb der Windows PowerShell genutzt werden können. Commandlet-Klassen, die von `PSCmdlet` erben, funktionieren hingegen nur in der PowerShell.

Methoden

Die Commandlet-Klasse muss mindestens eine der Methoden durch Überschreiben der gleichnamigen Methode der Basisklasse implementieren und mit Code ausstatten:

- `BeginProcessing()`: wird genau einmal zu Beginn der Verarbeitung aufgerufen (vgl. „begin" bei funktionsbasierten Commandlets).
- `ProcessRecord()`: wird einmal für jedes Objekt in der Pipeline aufgerufen. Bei leerer Pipeline wird `ProcessRecord` jedoch auch genau einmal aufgerufen (vgl. „process" bei funktionsbasierten Commandlets).
- `EndProcessing()`: wird genau einmal am Ende der Verarbeitung aufgerufen (vgl. „end" bei funktionsbasierten Commandlets).
- `StopProcessing()`: wird nur dann einmal aufgerufen, wenn der Anwender den Abbruch der Verarbeitung anfordert.

HINWEIS: Mindestens eine der drei ersten Methoden muss implementiert sein.

Zusammenfassend gibt es also folgende Anforderungen an die Commandlet-Klasse:

- Die Klasse erbt von `System.Management.Automation.Cmdlet`.
- Die Klasse ist öffentlich.

- Das Verb-Substantiv-Paar, auf welches das Commandlet reagiert, gibt der PowerShell die Klasse über eine Annotation `[Cmdlet ("Verb","Substantiv")]` bekannt.
- Die Klasse implementiert mindestens eine der Methoden `BeginProcessing()`, `ProcessRecord()` oder `EndProcessing()`.

Ausgabe des Commandlets

Ein Commandlet kann in jeder der Methoden die Ausgabepipeline mit einzelnen Objekten befüllen. Hierzu kommt die aus der Basisklasse geerbte Methode `WriteObject()` zum Einsatz.

Commandlets erzeugen die Ausgabe in `ProcessRecord()`, wenn die einzelnen Eingabeobjekte unabhängig voneinander sind. Ein Beispiel dafür ist ein Filter-Commandlet wie `Where-Object`, in dem jedes einzelne Objekt für sich geprüft wird und die Reihenfolge der Ausgabeobjekte der Reihenfolge der Eingabeobjekte entspricht. Dagegen erzeugen Commandlets die Ausgabe in `EndProcessing()`, wenn die Ausgabe von allen (!) Eingabeobjekten abhängig ist, z. B. `Sort-Object`, wo das letzte Eingabeobjekt das erste Ausgabeobjekt sein kann.

> **ACHTUNG:** Die Ausgabeobjekte des Commandlets dürfen nicht mit dem C#-Sprachkonstrukt `return` an den PowerShell Pipeline Processor übergeben werden.

Snap-In-Klasse

Mehrere Commandlets können zu einer DLL zusammengefasst werden. Neben den Commandlet-Klassen muss es in der DLL auch noch eine Snap-In-Klasse (Basisklasse: `PSSnapIn` oder `CustomPSSnapIn`) geben.

Während die meisten .NET-basierten Anwendungen und .NET-Softwarekomponenten nicht mehr mit Einträgen in der Registrierungsdatenbank arbeiten und daher durch einfaches Kopieren verbreitet werden können (das sogenannte „XCopy-Deployment“), erfordert ein PowerShell-Snap-In Einträge in der Registrierungsdatenbank. Nach dem Kompilieren muss die DLL also erst in der PowerShell installiert werden. Dazu kann man ein MSI-Paket oder das Kommandozeilenwerkzeug *installutil.exe* verwenden. Nach der Installation ist ein weiterer Schritt notwendig, nämlich die Aktivierung des Snap-In in der PowerShell-Konsole mit `Add-PsSnapin`.

55.3 Schrittweise Erstellung eines minimalen Commandlets

Die Erstellung des ersten einfachen Commandlets wird relativ ausführlich beschrieben. Aus Platzgründen wird dann bei den weiteren Commandlets auf die schrittweisen Erläuterungen verzichtet.

Anlegen eines Visual-Studio-Projekts

Wenn Sie eine Variante von Visual Studio (ab Version 2010) installiert und zusätzlich die PowerShell-Vorlagen eingefügt haben, erscheint beim Anlegen eines neuen Projekts die Option „Windows PowerShell" (siehe folgende Abbildung).

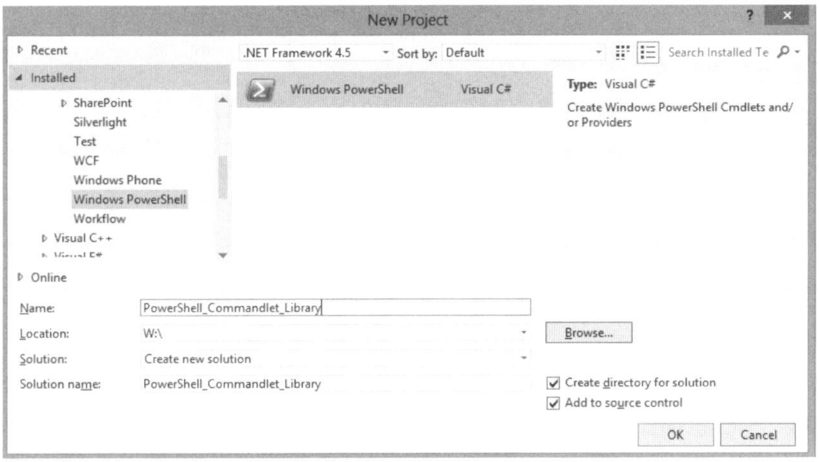

Abbildung 55.2: Anlegen eines neuen PowerShell-Projekts

Danach erscheint ein Visual-Studio-DLL-Projekt, das bereits folgende wichtige Voreinstellungen enthält:

- Eine Referenz zu der Assembly *System.Management.Automation.dll*
- Eine Datei *PSSnapin.cs*, welche die Snap-In-Klasse realisiert

Das folgende Listing zeigt einen Ausschnitt aus dem Standardinhalt der Datei *PSSnapin.cs*. Sie können die Namen anpassen.

```
using System;
using System.Collections.Generic;
using System.Text;
using System.Management.Automation;
using System.ComponentModel;

namespace PowerShell_Commandlet_Library
{
 [RunInstaller(true)]
 public class PowerShell_Commandlet_LibrarySnapIn : PSSnapIn
Automatisch generierte Snap-In-Klasse
```

HINWEIS: Wenn Sie die Projektvorlagen nicht verwenden wollen, können Sie, um zum gleichen Ziel zu kommen, auch selbst eine einfache Klassenbibliothek („Class Library"-Projekt) in Visual Studio anlegen, die Referenz auf die oben genannte Assembly einfügen und den Programmcode für die Snap-In-Klasse in Ihr Projekt aufnehmen.

Anlegen des Commandlets

Noch nicht in dem erstellten Projekt enthalten ist eine Vorlage für ein Commandlet. Wählen Sie dazu *Add/New Item* und dann *PowerShell Cmdlet*. Geben Sie „Get-Computername" als Namen an.

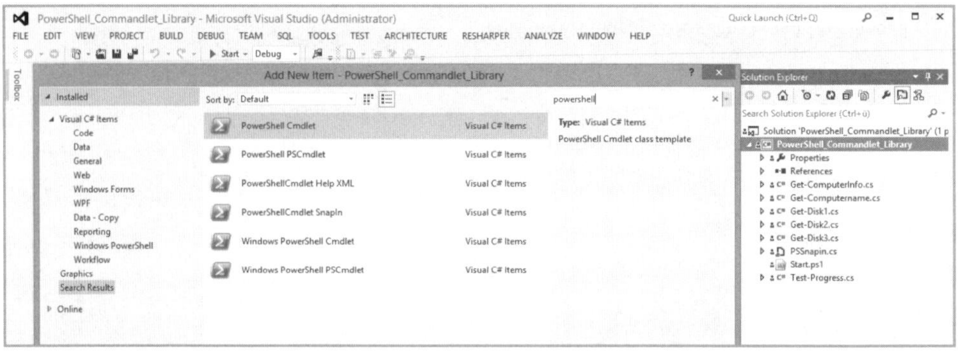

Abbildung 55.3: Anlegen eines Commandlets

Visual Studio erzeugt dann eine Datei *Get-Computername.cs* mit dem nachstehend dargestellten Inhalt.

Listing 55.1: Standardinhalt der Elementvorlage für Commandlet-Klassen

```
using System;
using System.Text;
using System.Management.Automation;
using System.Management.Automation.Provider;
namespace PowerShell_Commandlet_Library
{
 #region Get_ComputernameCommand

 /// <summary>
 /// This class implements the Get_Computername cmdlet
 /// </summary>
 [Cmdlet(VerbsCommon.Get, "",
    DefaultParameterSetName = "")]
 public class Get_Computername : PSCmdlet
 {
  #region Parameters

  //    [Parameter(
  //       Position = 0,
  //       ParameterSetName = "ID",
```

```
//          ValueFromPipeline = true,
//          ValueFromPipelineByPropertyName = true)]
//      [ValidateNotNullOrEmpty]
//      public string[] ID
//      {
//          get { return _ID; }
//          set { _ID = value; }
//      }

    #endregion Parameters

    #region Cmdlet Overrides
    protected override void BeginProcessing()
    {

    }

    protected override void ProcessRecord()
    {

    }

    #endregion Overrides
    #region Private Data


          #endregion Private Data

   } //Get_ComputernameComand

  #endregion
}
```

Implementierung des Commandlets

Das folgende Listing zeigt eine einfache Implementierung von `Get-Computername` in der Programmiersprache C#. Aufgabe des Commandlets ist es, den Namen des Computers zu ermitteln und diesen als eine Zeichenkette an die PowerShell zu übergeben. Diese Information findet man in der .NET-Klasse `System.Environment.MachineName`. Das Commandlet liefert als Rückgabe eine Instanz der Klasse `System.String` (also eine Zeichenkette).

Neben den notwendigen Pflichtangaben für eine Commandlet-Klasse enthält das Listing nur eine einzige Zeile, in welcher der Computername mit `WriteObject()` in die Ausgabepipeline gelegt wird.

HINWEIS: In diesem Beispiel macht es keinen Unterschied, ob die Ausgabe in `ProcessRecord()` oder `EndProcessing()` erzeugt wird. Sogar `BeginProcessing()` wäre möglich.

■

Listing 55.2: Implementierung des Commandlets Get-Computername

```
using System;
using System.Text;
using System.Management.Automation;

namespace de.ITVisions.PowerShell
{

 /// <summary>
 /// Commandlet-Klasse für das Commandlet Get-Computername
 /// </summary>
 [Cmdlet(VerbsCommon.Get, "Computername")]
 public class GetComputernameCommand : PSCmdlet
 {

  protected override void BeginProcessing()
  {
  }

  protected override void ProcessRecord()
  {
  }

  protected override void EndProcessing()
  {
   this.WriteObject(System.Environment.MachineName);
  }

  protected override void StopProcessing()
  {
  }
 }
}
```

HINWEIS: Sie können den Inhalt der Datei *Get-Computername.cs* entweder komplett löschen und an dieser Stelle das nachstehende Listing eintragen oder aber die bestehende Datei anpassen. Im Prinzip sind nur die fett markierten Zeilen zu übertragen. (Sollten Sie übrigens keine fett markierten Zeilen im Buch sehen, hat wahrscheinlich der Setzer eine Formatierung nicht beachtet.) Die leeren Methoden könnten Sie weglassen.

Kompilieren des Commandlets

Nach dem Kompilieren der DLL mit der Funktion *Build Solution* sollte Visual Studio „1 succeeded“ melden (siehe folgende Bildschirmabbildung).

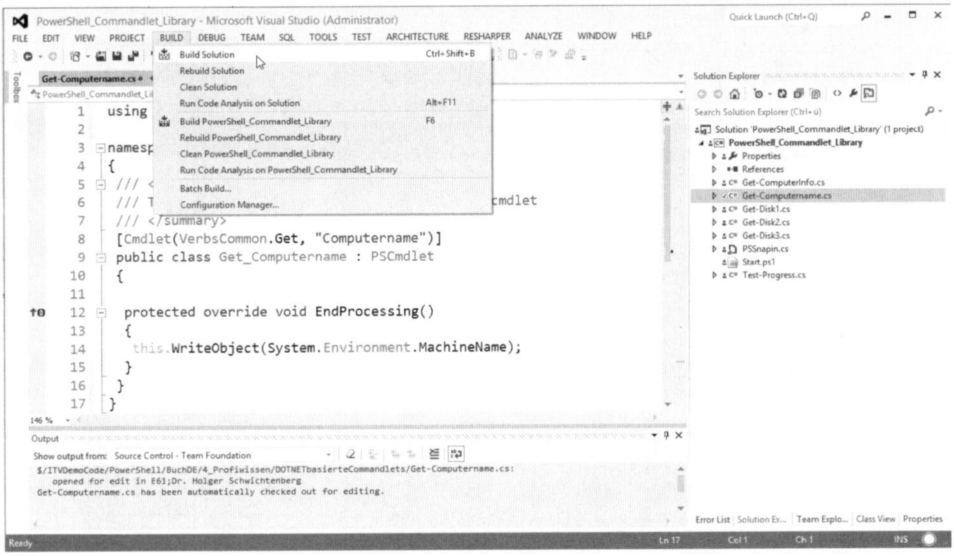

Abbildung 55.4: Kompilieren des Commandlet-Projekts in Visual Studio

Installation des Commandlets

Bereits in Teil A *„PowerShell-Basiswissen"* wurde die Installation von PowerShell-Erweiterungen angesprochen. Um Platz in diesem Buch für andere Themen zu sparen, soll das Thema hier nur kurz wiederholt werden.

Folgende Schritte sind sowohl auf dem Entwicklungssystem als auch später auf allen Zielsystemen notwendig:

- Registrieren der DLL (alias Assembly), welche die Commandlets enthält

```
installutil.exe G:\PowerShell_Commandlet_Library\bin\release\
PowerShell_Commandlet_Library.dll
```

- Hinzufügen des Snap-In zur PowerShell-Konsole

```
Add-PSSnapin PowerShell_Commandlet_Library
```

Zum permanenten Laden der Erweiterung beim Start der Konsole hat man zwei Möglichkeiten:

- Aufnahme der entsprechenden `Add-PSSnapIn`-Anweisungen in Ihre systemweite oder benutzerspezifische Profildatei (*Profile.ps1*, siehe auch Abschnitt *„Profileinstellungen für die PowerShell-Konsole"*)

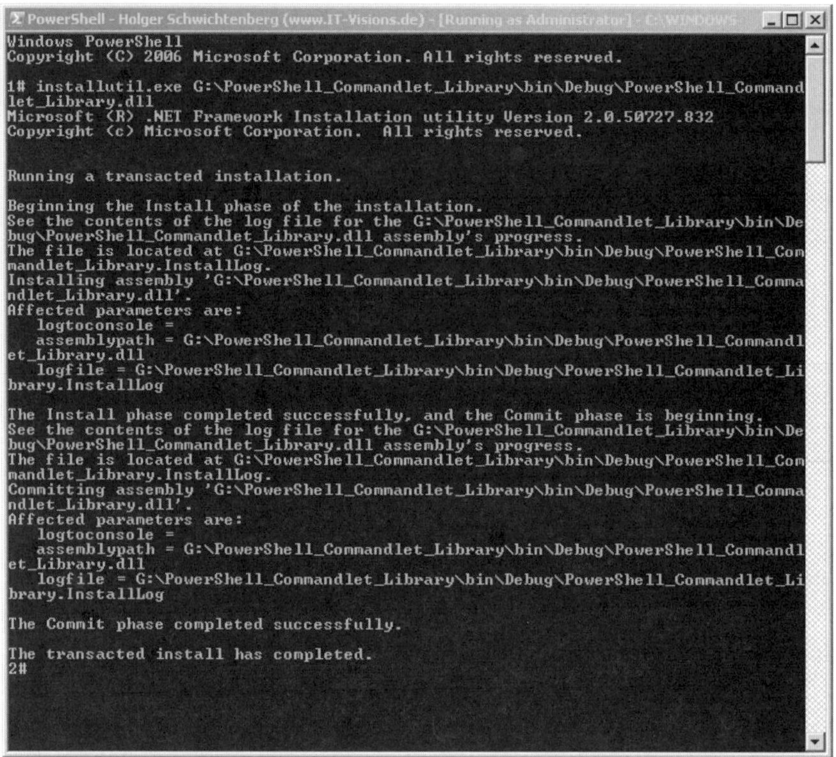

Abbildung 55.5: Ausgabe von InstallUtil.exe

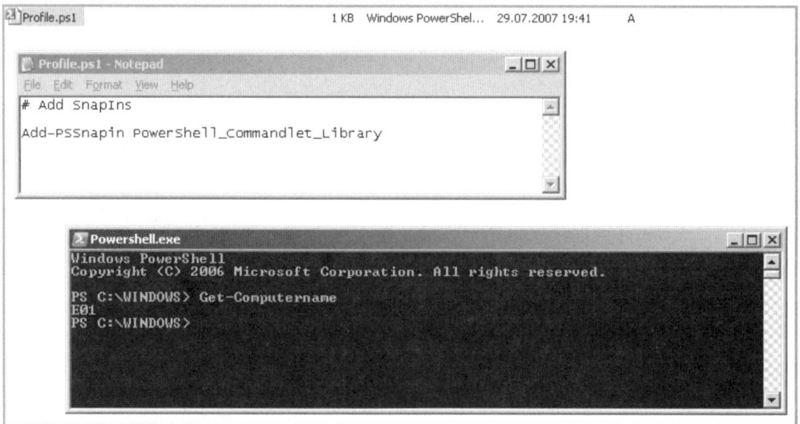

Abbildung 55.6: Laden eines Snap-In in der Profildatei

- Exportieren einer Konsolenkonfigurationsdatei mit `Export-Console`. Sie müssen allerdings vorher erst das Snap-In in der aktuellen Konsole hinzufügen und dann diese aktuelle Konsole exportieren. Dabei entsteht eine XML-Datei mit der Dateinamenserweiterung *.psc1*. Diese *.psc1*-Datei muss dann beim Starten der PowerShell über den Kommandozeilenparameter `PSConsoleFile` angegeben werden.

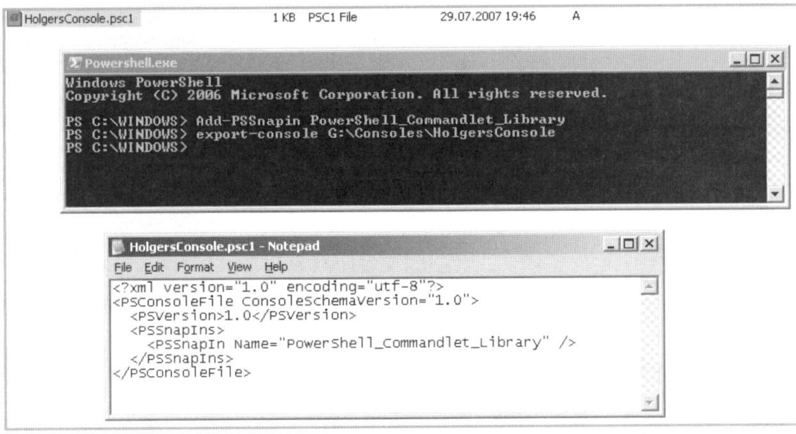

Abbildung 55.7: Exportieren einer Konsolenkonfigurationsdatei

Am besten legt man sich eine Verknüpfung im Dateisystem an mit folgendem Ziel:

```
%SystemRoot%\system32\WindowsPowerShell\v1.0\powershell.exe -PSConsoleFile
"G:\Consoles\HolgersConsole.psc1"
```

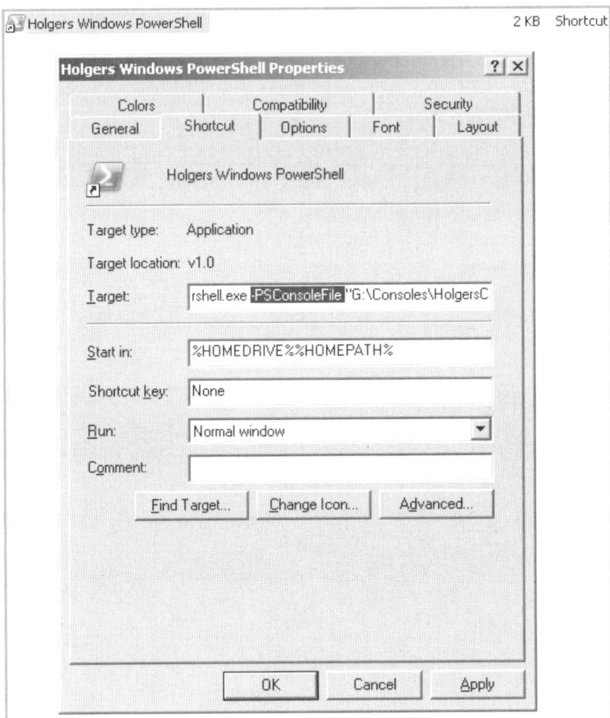

Abbildung 55.8: Anlegen einer Verknüpfung zur PowerShell-Konsole, die automatisch eine bestimmte Konsolenkonfigurationsdatei mitlädt

Verwendung des Commandlets

Die nachfolgende Bildschirmabbildung zeigt, dass das neue Commandlet sofort nach dem Start der PowerShell zur Verfügung steht, wenn die `Add-PSSnapIn`-Anweisung in die Profildatei aufgenommen oder eine Konsolendatei erstellt und eingebunden wurde.

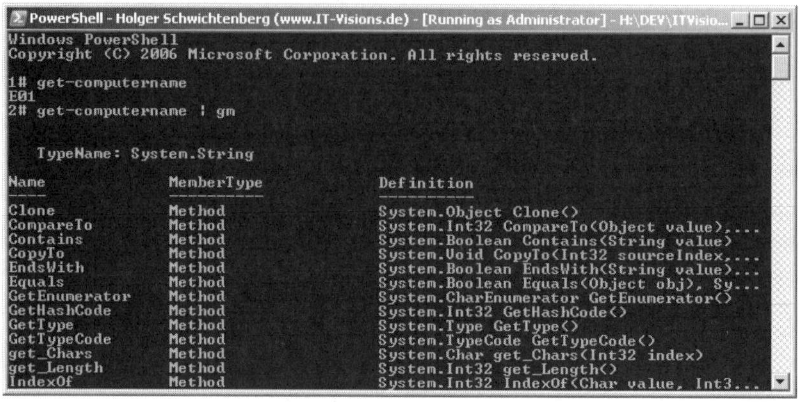

Abbildung 55.9: Einsatz von Get-Computername

Weiterentwicklung der Commandlet-Erweiterungen

Im Folgenden werden Sie weitere Commandlet-Implementierungen kennenlernen, die Sie in eigenen Commandlet-Bibliotheken oder in derselben Commandlet-Bibliothek speichern können. Wenn Sie dieselbe Command-Bibliothek verwenden, müssen Sie einige Schritte nicht wiederholen. Sie müssen immer nur ein neues Commandlet anlegen, dieses implementieren und kompilieren. Die Installation und das Laden der Commandlet-Bibliothek entfallen, solange Sie nicht die Pfade im Dateisystem ändern.

ACHTUNG: Wenn Sie die Commandlet-Bibliothek erneut kompilieren, darf die Bibliothek in keinem Konsolenfenster geladen sein. Falls die Commandlet-Bibliothek geladen ist, scheitert der Übersetzungsvorgang mit dem Fehler:

> *„Error2Unable to copy file „obj\Debug\PowerShell_Commandlet_Library.dll" to „bin\ Debug\PowerShell_Commandlet_Library.dll". The process cannot access the file ‚bin\ Debug\PowerShell_Commandlet_Library.dll' because it is being used by another process.PowerShell_Commandlet_Library"*

55.4 Erstellung eines Commandlets mit einem Rückgabeobjekt

Commandlets geben in der Regel nicht einzelne elementare Typen wie Zeichenketten, sondern komplexere Objekte zurück. Ein Commandlet kann Instanzen jeder beliebigen .NET-Klasse in die Pipeline legen. Es gibt keine besonderen Voraussetzungen. Die Klasse der Ausgabeobjekte (alias Rückgabeobjekte) muss weder öffentlich noch serialisierbar sein.

Beispiel

In dem folgenden Beispiel wird eine Datenstruktur mit Namen `ComputerInfo` durch das Commandlet `Get-ComputerInfo` geliefert. Die Datenstruktur ist in Form der selbst definierten Klasse `ComputerInfo` realisiert und wird mit Informationen aus verschiedenen Klassen der .NET-Klassenbibliothek (`System.Environment`, `System.Globalization.CultureInfo` und `System.Net.NetworkInformation.NetworkInterface`) „gefüttert".

Listing 55.3: Implementierung des Commandlets Get-ComputerInfo

```
using System;
using System.Text;
using System.Management.Automation;

namespace de.ITVisions.PowerShell
{

 internal class ComputerInfo
 {
  public string ComputerName;
  public int ProcessorCount;
  public string Domain;
  public string Culture;
  public bool Connected;
 }
 /// <summary>
 /// Commandlet-Klasse
 /// </summary>

 [Cmdlet(VerbsCommon.Get, "ComputerInfo")]

 public class GetComputerInfoCommand : PSCmdlet
 {

  protected override void BeginProcessing()
  {
  }

  protected override void ProcessRecord()
  {
  }

  protected override void EndProcessing()
  {
   ComputerInfo i = new ComputerInfo();
```

```
        i.ComputerName = Environment.MachineName;
        i.ProcessorCount = Environment.ProcessorCount;
        i.Domain = Environment.UserDomainName;
        i.Culture = System.Globalization.CultureInfo.CurrentUICulture.ToString();
        i.Connected = System.Net.NetworkInformation.NetworkInterface.
                      GetIsNetworkAvailable();
        this.WriteObject(i);
      }

      protected override void StopProcessing()
      {
      }

    }
  }
```

HINWEIS: Bitte beachten Sie, dass zu diesem Beispiel nicht noch einmal alle Schritte zum Anlegen eines Projekts, Kompilieren und Installieren besprochen werden können. Sie können `Get-ComputerInfo` und alle weiteren Commandlets in das bestehende Projekt als zusätzliche C#-Quellcodedatei einfügen.

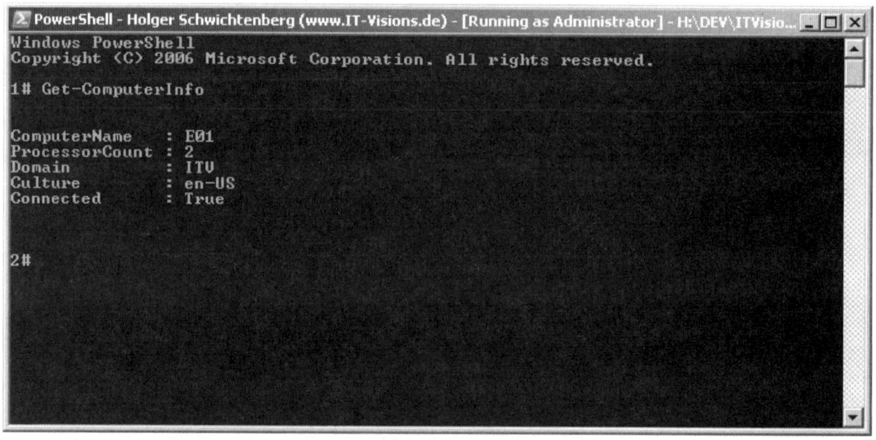

Abbildung 55.10: Einsatz von Get-ComputerInfo

55.5 Erstellung eines Commandlets mit mehreren Rückgabeobjekten

Ein einzelnes Commandlet darf beliebig viele Objekte in die Ausgabepipeline legen. Das folgende Listing implementiert `Get-Disk`, ein Commandlet, das Informationen über die verfügbaren Laufwerke liefert. Diese Information gewinnt das Commandlet aus der Windows Management Instrumentation (WMI) in Form von Instanzen der WMI-Klasse `Win32_LogicalDisk`.

ACHTUNG: Bitte verwechseln Sie nicht `System.Management.Automation` und `System.Management`. Der Namensraum `System.Management.Automation` gehört zur Windows PowerShell und enthält Klassen für die PowerShell, z. B. die Basisklasse `PSCmdlet`. Der Namensraum `System.Management` gehört zum .NET Framework und enthält Klassen für den Zugriff auf WMI, z. B. `ManagementClass`, `ManagementObject`, `ManagementObjectCollection`, `ManagementObject Searcher`. Hier muss sich Microsoft eine Namensgebung vorwerfen lassen, die Einsteigern das Leben nur erschwert. Nach einer Zeit des Arbeitens mit .NET hat man aber solche Ungereimtheiten verinnerlicht. ■

Aufspalten einer Menge

Die Instanzen der WMI-Klassen werden mit Hilfe einer WMI-Query-Language-(WQL-) Abfrage ermittelt und – genau wie die Einzelobjekte in den bisherigen Beispielen – durch `WriteObject()` in die Ausgabepipeline gelegt.

Bei `WriteObject()` sieht man in dem Beispiel eine Besonderheit: Neben der zurückzugebenden Menge ist noch als zweiter Wert ein `true` für den Parameter `EnumerateCollection` angegeben. Dies bedeutet, dass nicht die Menge der WMI-Objekte als solches in die Pipeline gelegt werden soll, sondern jedes einzelne in der Menge enthaltene Objekt.

Die beiden folgenden Bildschirmabbildungen zeigen, dass auf den ersten Blick kein Unterschied besteht, aber bei weiterer Verwendung diese Option einen großen Unterschied

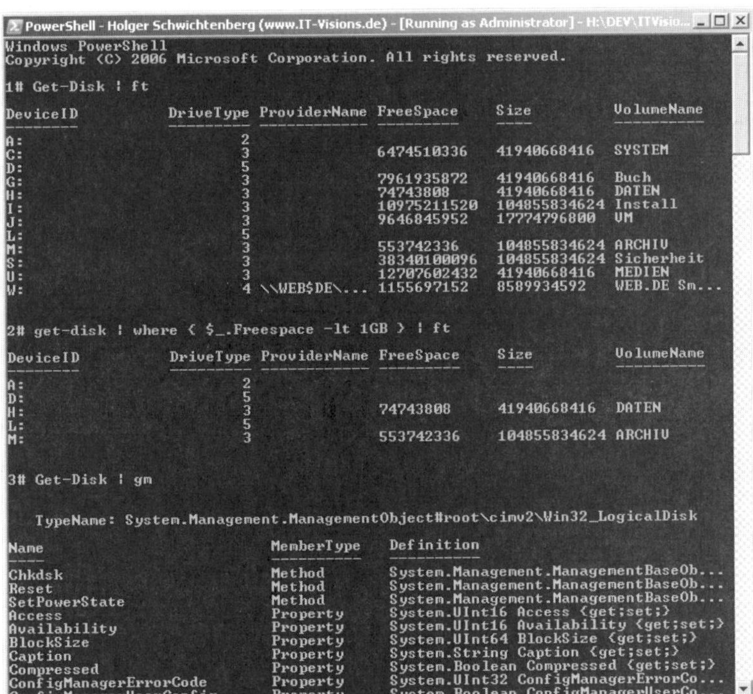

Abbildung 55.11: Verwendung von Get-Disk bei richtiger Implementierung

macht. Die Eingabe Get-Disk liefert – sowohl für den Fall, dass true gesetzt wurde, als auch im Fall, dass false gesetzt würde, das gleiche Ergebnis, weil am Ende der Pipeline die Standardausgabe der PowerShell Objektmengen in ihre Einzelteile zerbricht. Wenn man allerdings vorher in der Pipeline die Objekte verarbeiten möchte, z. B. filtern mit Where-Object, dann funktioniert die Pipeline ohne das „true" nicht wie gewünscht. Die Bildschirmabbildung zeigt, dass alle Laufwerke ungefiltert durch Where-Object gehen, auch wenn sie mehr als den in der Bedingung angegebenen Speicher von einem GB haben. Dies erklärt sich bei der Betrachtung des Pipeline-Inhalts mit Get-Member: Wenn EnumerateCollection auf true gesetzt ist, dann liegen Instanzen der Klasse System.Management.ManagementObject#root\cimv2\Win32_LogicalDisk in der Pipeline. Wenn false oder kein Wert angegeben ist, dann liegt eine Instanz von System.Management.ManagementObjectCollection in der Pipeline. Die Klasse System.Management.ManagementObjectCollection besitzt aber kein Attribut FreeSpace und die meisten Commandlets (so auch Where-Object) spalten Mengen nicht selbstständig auf. In diesem Fall müsste der Nutzer erst die Menge mit Foreach-Object spalten und das wäre unschön und entspricht nicht der Philosophie der PowerShell.

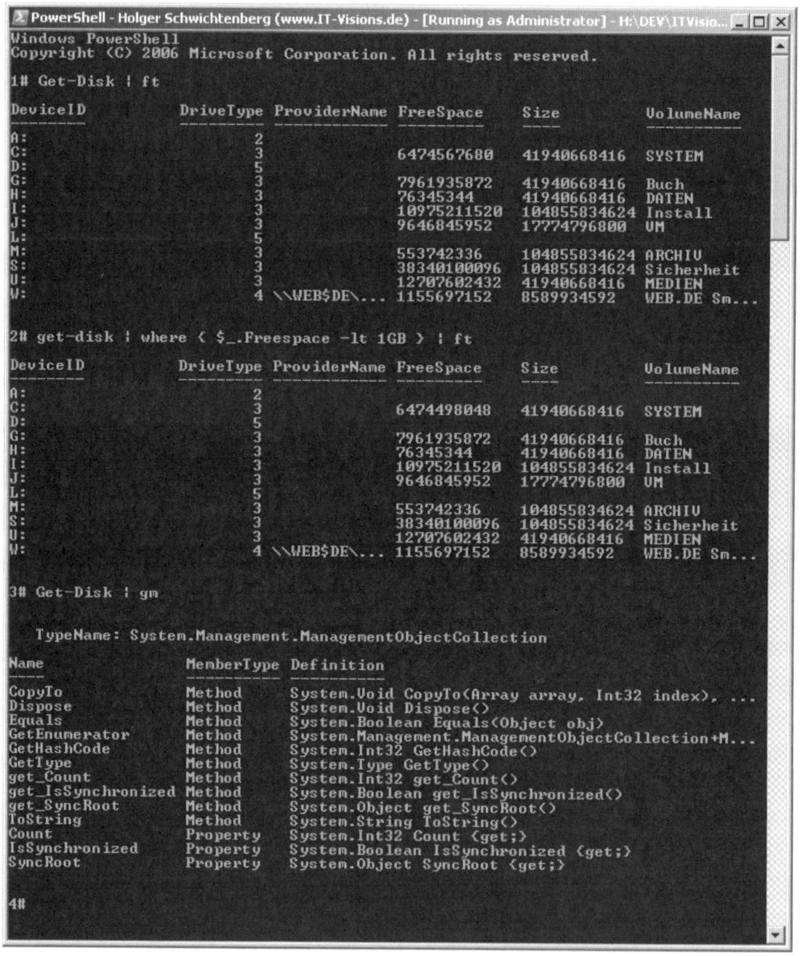

Abbildung 55.12: Verwendung von Get-Disk bei falscher Implementierung

HINWEIS: Alternativ zum Befehl `this.WriteObject(DiskMenge, true)` könnte man auch die Objektmenge selbst mit einer foreach-Schleife innerhalb des Commandlets aufspalten:

```
foreach (ManagementObject Disk in DiskMenge)
{
this.WriteObject(Disk);
}
```

Dies führt zum exakt gleichen Ergebnis aus der Sicht des Nutzers des Commandlets. Der Entwickler hätte hiermit also nur mehr unnötige Arbeit. An dieser Stelle ist diese Option nur wiedergegeben, um das Verständnis für die Funktionsweise von `WriteObject()` zu fördern. ■

Listing 55.4: Implementierung des Commandlets Get-Disk

```
using System;
using System.Text;
using System.Management.Automation;
using System.Management.Automation.Provider;
using System.Management;

namespace de.ITVisions.PowerShell
{

 [Cmdlet(VerbsCommon.Get, "Disk")]
 public class GetDiskCommand : PSCmdlet
 {

  protected override void BeginProcessing()
  {
  }

  protected override void ProcessRecord()
  {
   string ABFRAGE = "Select * from Win32_LogicalDisk";
   string Computer = ".";

   System.Management.ManagementObjectCollection DiskMenge;
   ManagementScope ms = new ManagementScope("\\\\" + Computer +
                                           "\\root\\cimv2");
   ObjectQuery oq = new ObjectQuery(ABFRAGE);
   System.Management.ManagementObjectSearcher suche =
         new System.Management.ManagementObjectSearcher(ms, oq);
   DiskMenge = suche.Get();

   // Objekte einzeln zurückgeben
   this.WriteObject(DiskMenge, true);

   // Alternative
   //foreach (ManagementObject Disk in DiskMenge)
   //{
   // this.WriteObject(Disk);
   //}
```

```
    }

    protected override void StopProcessing()
    {
    }

  }
}
```

55.6 Erstellen eines Commandlets mit Parametern

Alle bisherigen Commandlets besitzen überhaupt keine Parameter. Am Beispiel von `Get-Disk` soll die Parametrisierung gezeigt werden. Dies ist einfach realisierbar, da WMI den Fernzugriff auf andere Computer über das Protokoll Distributed Component Object Model (DCOM) unterstützt. An der WQL-Abfrage muss nichts verändert werden, es muss nur dafür gesorgt werden, dass der Computername nicht statisch im Programmcode gesetzt wird (bisher war das ein Punkt „." für den lokalen Computer), sondern von der PowerShell-Konsole als Parameter empfangen wird.

Dazu definiert man `Computer` nicht mehr als lokale Variable in `ProcessRecord()`, sondern als ein Attribut der Commandlet-Klassen. Damit dieses Attribut von der PowerShell mit Parametern befüllt werden kann, muss die Annotation `[Parameter]` hinzugefügt werden. Außerdem muss das Attribut öffentlich (`public`) sein.

```
[Parameter()]
public string Computer = ".";
```

Die obige Implementierung ist ausreichend, erzwingt aber immer einen benannten Parameter der Form:

```
Get-Disk –Computer E02
```

Soll der Anwender den Parameternamen auch weglassen können, muss der Entwickler des Commandlets eine Positionsangabe ergänzen, die wichtig ist, um bei mehreren unbenannten Parametern die Positionszuordnung zu machen.

```
[Parameter(Position = 0)]
public string Computer = „.";
```

Die folgende Bildschirmabbildung zeigt, dass nun `Get-Disk` bei sowohl benannten als auch unbenannten Parametern funktioniert und auf andere Systeme zugreifen kann.

HINWEIS: Die Standardvorgabe (= `"."`, wobei ein Punkt in WMI für den lokalen Computer steht) sorgt dafür, dass beim Weglassen eines Werts für diesen Parameter der Zugriff auf das lokale System erfolgt.

Alternativ kann der Parameter durch den Zusatz `Mandatory = true` in der Annotation als Pflichtattribut deklariert werden. Dann fordert die PowerShell bei ihrem Benutzer einen Wert an, falls er den Parameter weglässt.

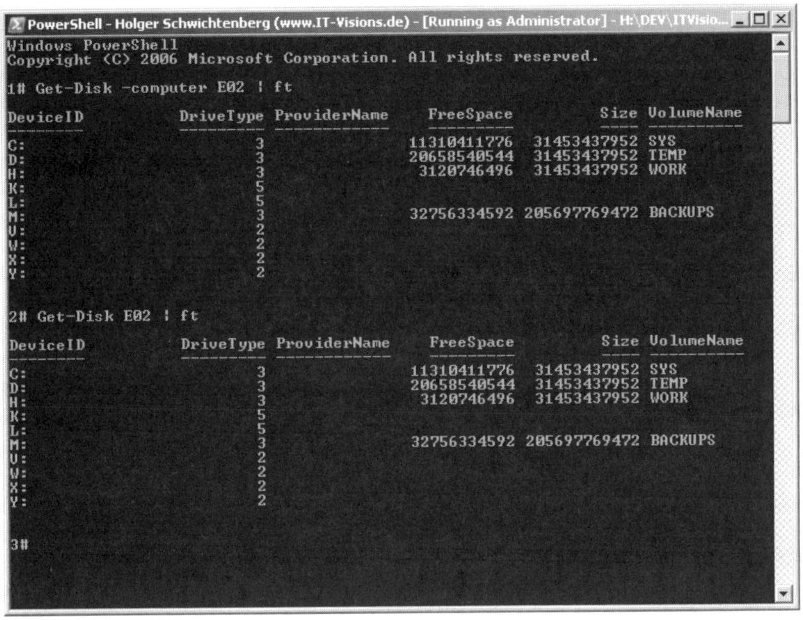

Abbildung 55.13: Get-Disk mit Parameter

Listing 55.5: Variante der Implementierung von Get-Disk mit einem Parameter

```
using System;
using System.Text;
using System.Management.Automation;
using System.Management.Automation.Provider;
using System.Management;

namespace de.ITVisions.PowerShell
{
 [Cmdlet(VerbsCommon.Get, "Disk")]
 public class GetDiskCommand : PSCmdlet
 {

  [Parameter(Position = 0)]
  public string Computer = ".";

  protected override void BeginProcessing()
  {
  }
```

```
    protected override void ProcessRecord()
    {
     string ABFRAGE = "Select * from Win32_LogicalDisk";

     System.Management.ManagementObjectCollection DiskMenge;
     ManagementScope ms = new ManagementScope("\\\\" + Computer +
                                             "\\root\\cimv2");
     ObjectQuery oq = new ObjectQuery(ABFRAGE);
     System.Management.ManagementObjectSearcher suche =
        new System.Management.ManagementObjectSearcher(ms, oq);
     DiskMenge = suche.Get();

     // Objekte einzeln zurückgeben
     this.WriteObject(DiskMenge, true);

     // Alternative
     //foreach (ManagementObject Disk in DiskMenge)
     //{
     // this.WriteObject(Disk);
     //}
    }
    protected override void StopProcessing()
    {
    }
   }
  }
```

55.7 Verarbeiten von Pipeline-Eingaben

Viele eingebaute Commandlets können Werte aus der Pipeline beziehen. Für das selbst definierte Commandlet `Get-Disk` würde man sich wünschen, den Namen eines Computers und auch die Namen mehrerer Computer über die Pipeline zu übergeben, z. B.:

```
"E02" | Get-Disk
"E01", "E02", "E04" | Get-Disk
```

Die Unterstützung für Parameter bedeutet nicht automatisch auch, dass ein Commandlet Eingaben von der Pipeline akzeptiert, wie die Fehlermeldungen in folgender Bildschirmabbildung zeigen.

Die Unterstützung für Eingabeobjekte aus der PowerShell-Pipeline ist jedoch sehr einfach herstellbar, indem man die Annotation `[Parameter]` um `ValueFromPipeline = true` ergänzt:

```
[Parameter(Position = 0, ValueFromPipeline = true)]
public string Computer = ".";
```

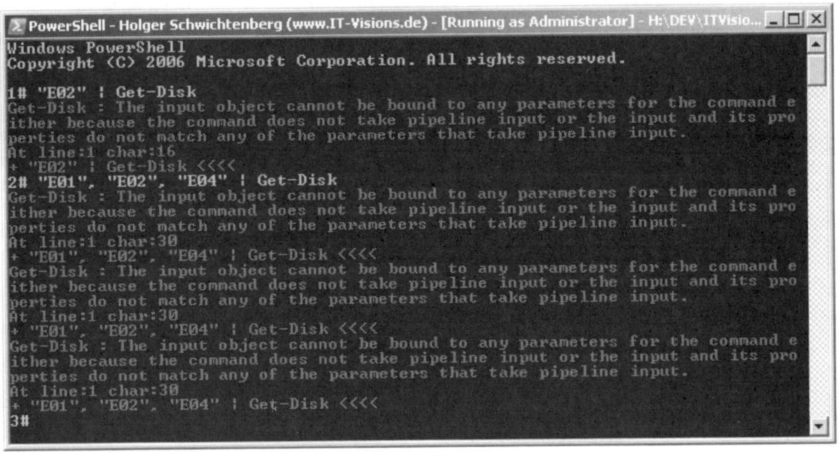

Abbildung 55.14: Get-Disk akzeptiert keine Pipeline-Inhalte – weder einzelne Zeichenketten noch Mengen.

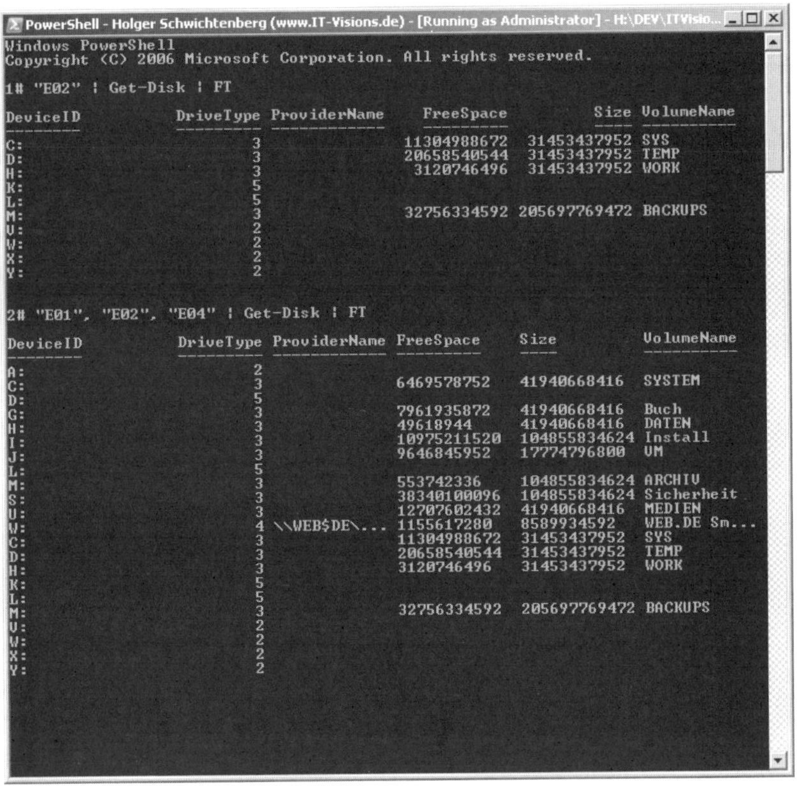

Abbildung 55.15: Get-Disk akzeptiert nun Pipeline-Inhalte.

Listing 55.6: Variante der Implementierung von Get-Disk mit Akzeptanz von Pipeline-Inhalten

```
using System;
using System.Text;
using System.Management.Automation;
using System.Management.Automation.Provider;
using System.Management;

namespace de.ITVisions.PowerShell
{


 [Cmdlet(VerbsCommon.Get, "Disk")]
 public class GetDiskCommand : PSCmdlet
 {
  [Parameter(Position = 0, ValueFromPipeline = true)]
  public string Computer = ".";

  protected override void BeginProcessing()
  {
  }

  protected override void ProcessRecord()
  {
   string ABFRAGE = "Select * from Win32_LogicalDisk";

   System.Management.ManagementObjectCollection DiskMenge;
   ManagementScope ms = new ManagementScope("\\\\" + Computer +
                                            "\\root\\cimv2");
   ObjectQuery oq = new ObjectQuery(ABFRAGE);
   System.Management.ManagementObjectSearcher suche =
      new System.Management.ManagementObjectSearcher(ms, oq);
   DiskMenge = suche.Get();

   // Objekte einzeln zurückgeben
   this.WriteObject(DiskMenge, true);

   // Alternative
   //foreach (ManagementObject Disk in DiskMenge)
   //{
   // this.WriteObject(Disk);
   //}
  }

  protected override void StopProcessing()
  {
  }

 }
}
```

HINWEIS: Alternativ zur Angabe `ValueFromPipeline = true` kann man durch `ValueFromPipelineByPropertyName = true` festlegen, dass nicht ein ganzes Objekt aus der Eingabepipeline auf ein Attribut der Commandlet-Klasse abgebildet wird, sondern nur ein einzelnes gleichnamiges Attribut des Eingabeobjekts. ■

55.8 Verkettung von Commandlets

Ihre ganze Macht können Commandlets im Zusammenspiel mit anderen Commandlets entfalten. Es gibt drei Kopplungsformen:

- Kopplung auf Basis elementarer Datentypen (insbesondere String)
- Kopplung auf Basis von typisierten Objekten
- Generische Kopplung

Kopplung auf Basis elementarer Datentypen

Die Kopplung auf Basis elementarer Datentypen (insbesondere String) ist die einfachste Verbindungsform, die aber die Möglichkeiten der PowerShell nicht ausschöpft. Viele Commandlets nehmen Eingaben als Zeichenkette entgegen und auch viele klassische Kommandozeilenwerkzeuge können damit arbeiten.

Die Akzeptanz von Pipeline-Inhalten funktioniert natürlich nur, wenn die Pipeline auch sinnvolle Daten enthält. Der Befehl `Get-Process | Get-Disk` würde zwar von der PowerShell ausgeführt werden, es würde aber so viele Fehler geben, wie es Prozesse gibt, denn `Get-Disk` würde Computer suchen, die „System.Diagnostics.Process (xy)" heißen, wobei xy der Prozessname ist.

In diesem Fall macht es keinen Sinn, die beiden Commandlets zu koppeln. Da es grundsätzlich aber sein könnte, dass ein Commandlet sinnvolle Textdaten für ein anderes Commandlet enthält, stellt sich die Frage, woher der Text „System.Diagnostics.Process (xy)" kommt. Hinter den Kulissen passiert Folgendes: `Get-Process` legt Instanzen von `System.Diagnostics.Process` in die Pipeline und übergibt diese nacheinander an `Get-Disk`. `Get-Disk` erwartet aber eine Zeichenkette und die PowerShell konvertiert nun mit Hilfe der Methode `ToString()` die Prozessobjekte in Zeichenketten. Im Fall von `System.Diagnostics.Process` werden der Klassenname und der Prozessname ausgegeben. Dies kann man leicht mit `gps | foreach { $_.tostring() }` ermitteln (siehe folgende Bildschirmabbildung).

Jedes .NET-Objekt besitzt eine Methode `ToString()`, denn `ToString()` ist in der „Mutter aller .NET-Klassen" `System.Object` implementiert und wird an alle .NET-Klassen und somit auch deren Instanzen weitergegeben. Ob `ToString()` eine sinnvolle Ausgabe liefert, hängt von der jeweiligen Klasse ab. Bei der Klasse `System.ServiceProcess.ServiceController`, deren Instanzen von `Get-Service` geliefert werden, ist die Konvertierung hingegen nicht so gut, denn die Zeichenkette enthält nur den Klassennamen, so dass die einzelnen Instanzen gar nicht unterschieden werden können.

HINWEIS: Die Konvertierung in den Klassennamen ist das Standardverhalten, das von `System.Object` geerbt wird, und dieses Standardverhalten ist leider auch üblich, da sich die Entwickler der meisten .NET-Klassen bei Microsoft nicht die „Mühe" gemacht haben, eine sinnvolle Zeichenkettenrepräsentanz zu definieren.

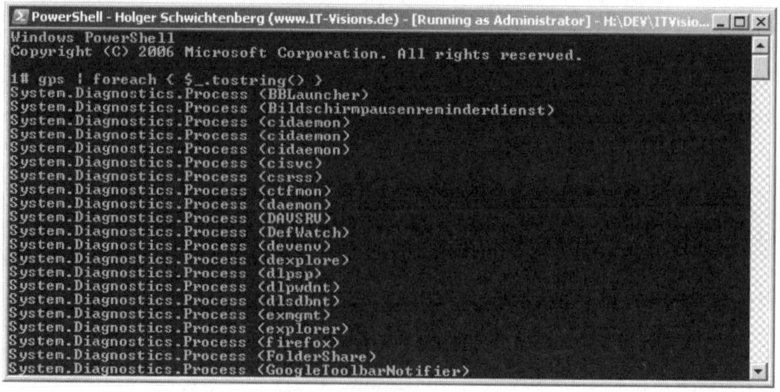

Abbildung 55.16: Anwendung von ToString() auf Instanzen der Klasse System.Diagnostics.Process

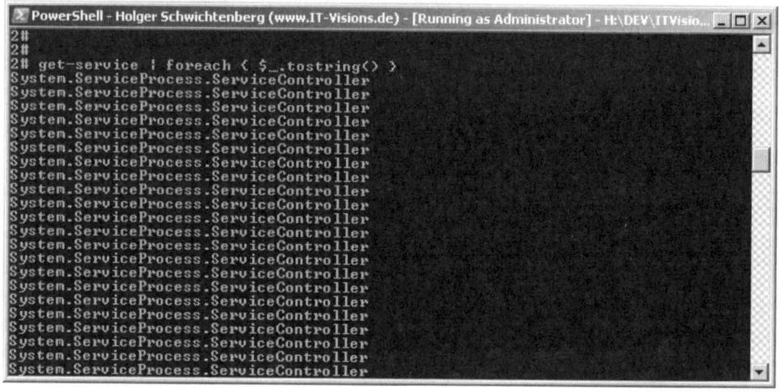

Abbildung 55.17: Anwendung von ToString() auf Instanzen der Klasse System.ServiceProcess. ServiceController

> **TIPP:** Die PowerShell Extensions von *www.IT-Visions.de* enthalten das Commandlet `Get-PipelineInfo`, mit dem man sowohl den Klassennamen als auch die Zeichenkettenrepräsentation aller Objekte in der Pipeline auf einen Blick sehen kann.

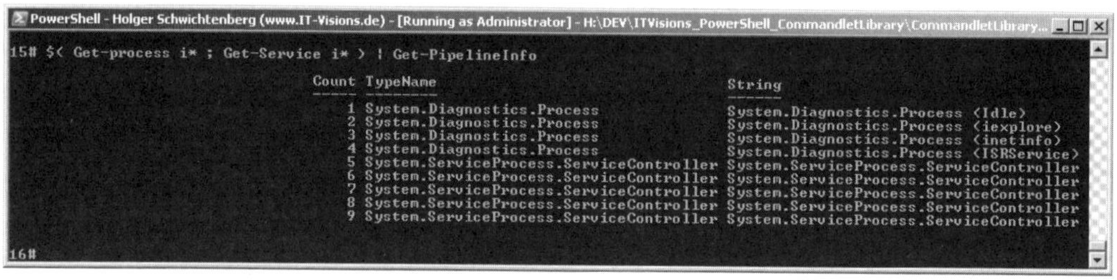

Abbildung 55.18: Anwendung von GetPipelineInfo

Kopplung auf Basis von typisierten Objekten

Typisierte Kopplung bedeutet, dass ein Objekt eines bestimmten Typs von einem Commandlet in die Pipeline gelegt und von einem anderen ausgewertet werden kann. (Beispiel: `Get-Process` erzeugt `Process`-Objekte, die `Stop-Process` verarbeiten kann.)

Für die typisierte Kopplungsform müssen beide Commandlets die betreffende Klasse kennen, d. h., die Klasse liegt entweder in der .NET-Klassenbibliothek vor oder die selbst definierte Klasse liegt zusammen mit beiden Commandlets in einem Snap-In. Das sendende Commandlet muss nicht deklarieren, welche Objekttypen es in die Pipeline legt. Genau genommen kann das sendende Commandlet das auch gar nicht deklarieren, denn einen solchen Mechanismus gibt es nicht in der PowerShell (was übrigens die Implementierung von komfortablen Entwicklungsumgebungen für die PowerShell erschwert bzw. das vorherige schrittweise Durchlaufen erfordert – vgl. Einzelschritt-Debugging im PowerShell Plus Editor). Das empfangene Commandlet muss einen Parameter dieses Typs deklarieren, der von der Pipeline empfangen werden darf. Diesen Parameter soll man laut den Commandlet-Konventionen [MSDN57] von Microsoft `InputObject` nennen. Ein anderer Name ist aber technisch möglich.

Beispiel

Als Beispiel finden Sie im folgenden Listing die Implementierung von `Get-DirectoryEntry` und `Remove-DirectoryEntry`. `Get-DirectoryEntry` besitzt ein Attribut `Path`, dem per Parameter oder Pipeline eine Zeichenkette mit der Pfadangabe für einen Verzeichniseintrag übergeben werden kann. `Get-DirectoryEntry` liefert als Rückgabe das zugehörige Verzeichnisobjekt.

Die Commandlet-Klasse `RemoveDirectoryEntryCommand` besitzt zwei Attribute:

- Wenn ein Verzeichnisobjekt über die Pipeline geliefert wird, landet es in dem Attribut `InputObject` und der Verzeichniseintrag wird durch Aufruf von `Remove()` bei Einzelobjekten bzw. `DeleteTree()` bei Containern gelöscht.
- Wenn kein Verzeichnisattribut geliefert wird, wird nachgesehen, ob es einen Inhalt im Attribut `Path` (entweder über Parameter oder aus einer Zeichenkette in der Pipeline) gibt. Wenn es einen Pfad gibt, wird das zugehörige Verzeichnisobjekt instanziiert, um dann den Eintrag zu löschen.

HINWEIS: `InputObject` hat durch die Reihenfolge der Bedingung im Programmcode Priorität, d. h., wenn es von der Pipeline schon ein Verzeichnisobjekt gibt, wird ein möglicher zusätzlicher Parameter ignoriert.

Bei der Ausführung von

```
Get-DirectoryEntry "WinNT://XFilesServer/FoxMulder" | Remove-DirectoryEntry
"WinNT://XFilesServer/DanaScully"
```

würde also nur das Konto „FoxMulder“ gelöscht. „DanaScully“ bliebe unangetastet. ■

Listing 55.7: Implementierung von Get-DirectoryObject

```
[Cmdlet(VerbsCommon.Get, "DirectoryEntry")]
public class GetDirectoryEntryCommand : PSCmdlet
{
 [Parameter(Position = 0, ValueFromPipeline = true)]
 public string Path = "WinNT://localhost";
 protected override void ProcessRecord()
 {
  System.DirectoryServices.DirectoryEntry d =
     new System.DirectoryServices.DirectoryEntry(Path);

  this.WriteObject(d, false);
 }
}
```

Listing 55.8: Implementierung von Remove-DirectoryObject

```
[Cmdlet(VerbsCommon.Remove, "DirectoryEntry")]
 public class RemoveDirectoryEntryCommand : PSCmdlet
 {
  [Parameter(ValueFromPipeline = true)]
  public System.DirectoryServices.DirectoryEntry InputObject = null;

  [Parameter(Position = 0, ValueFromPipeline = true)]
  public string Path = "";
  protected override void ProcessRecord()
  {
   System.DirectoryServices.DirectoryEntry d = null;
   if (InputObject != null)
   {
    d = InputObject;
   }
   else
   {
    if (Path != "")    d = new
    System.DirectoryServices.DirectoryEntry(Path);
   }
   if (d != null)
   {
    try
    {
     (d.Parent.Children as
        System.DirectoryServices.DirectoryEntries).Remove(d);
    }
    catch (Exception)
    {
     try
     {
          d.DeleteTree();
    this.WriteObject(true);
     }
     catch (Exception ex)
     {
      throw ex;
     }
    }
```

```
  }
  else
  {
   this.WriteObject(false);
  }
 }
```

Generische Kopplung

Bei der generischen Kopplung kann jedes beliebige Objekt weitergegeben werden. In der Regel wird durch Parametrisierung des empfangenen Commandlets definiert, was es in den Objekten in der Pipeline suchen soll. Beispiele für die zweite Kategorie sind `Where-Object` und `Select-Object`.

Wenn Sie eine generische Kopplung implementieren wollen, müssen Sie einen Parameter anlegen, der als Typ `System.Object` hat und der seinen Inhalt von der Pipeline beziehen kann:

```
Parameter(ValueFromPipeline = true)]
public System.Object InputObject;
```

Die Arbeit mit diesem Objekt erfordert einen Mechanismus namens Reflection. Dies sind höhere Weihen der .NET-Programmierung, für die an dieser Stelle auf [SCH01] und [SCH02] verwiesen sei.

55.9 Fehlersuche in Commandlets

Mit dem in Visual Studio integrierten Debugger können Sie PowerShell-Commandlets „debuggen", d.h. schrittweise ablaufen lassen und währenddessen die Zustände aller Variablen verfolgen und verändern.

Dazu sind folgende Schritte notwendig:

- Festlegung der *powershell.exe* als Startanwendung *C:\WINDOWS\system32\windowspowershell\v1.0\powershell.exe* (in den Projekteigenschaften – siehe Abbildung 55.19)
- Laden des Snap-In durch *Profile.ps1* oder durch Festlegung des Kommandozeilenarguments *-PSConsoleFile* (in den Projekteigenschaften – siehe Abbildung 55.20) oder durch `–noexit` und `–command` Angabe einer Skriptdatei, die `Add-PSSnapIn` aufruft.

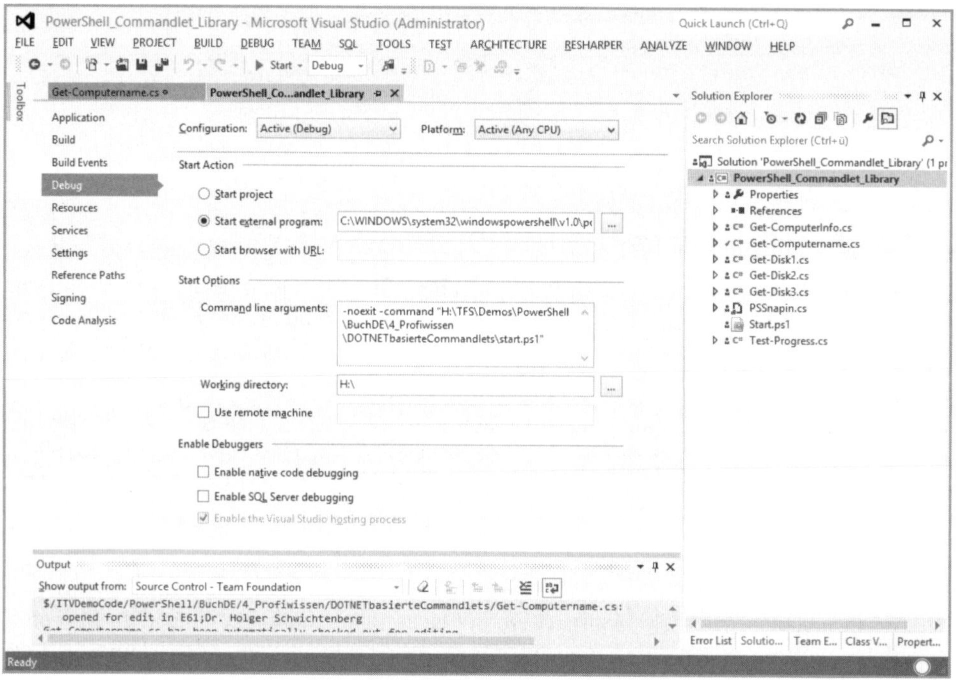

Abbildung 55.19: Konfiguration für das Commandlet-Debugging

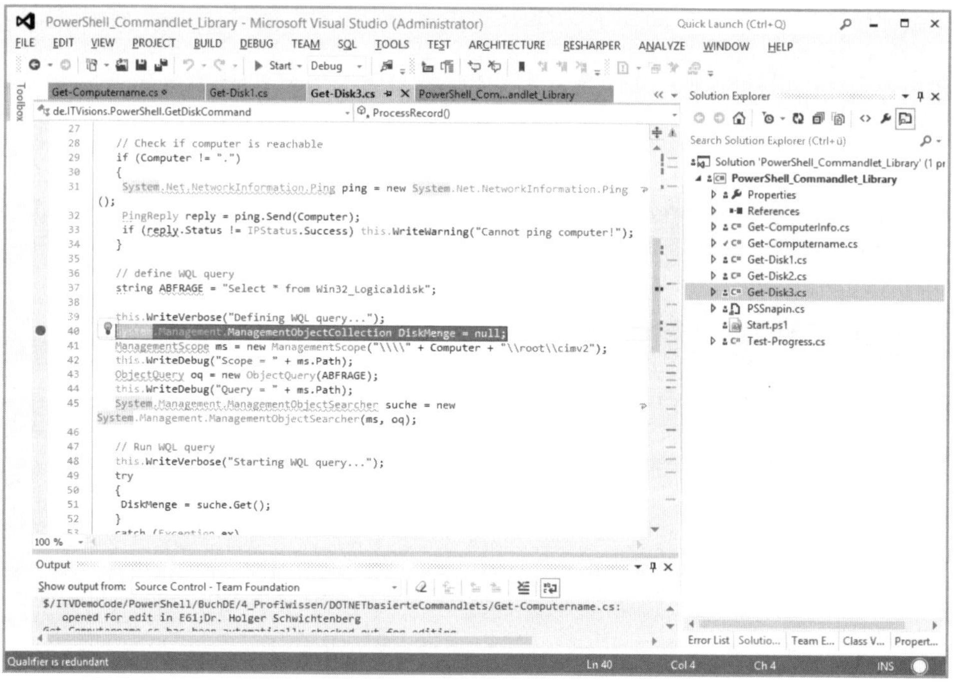

Abbildung 55.20: Start des Debuggings mit einem Haltepunkt

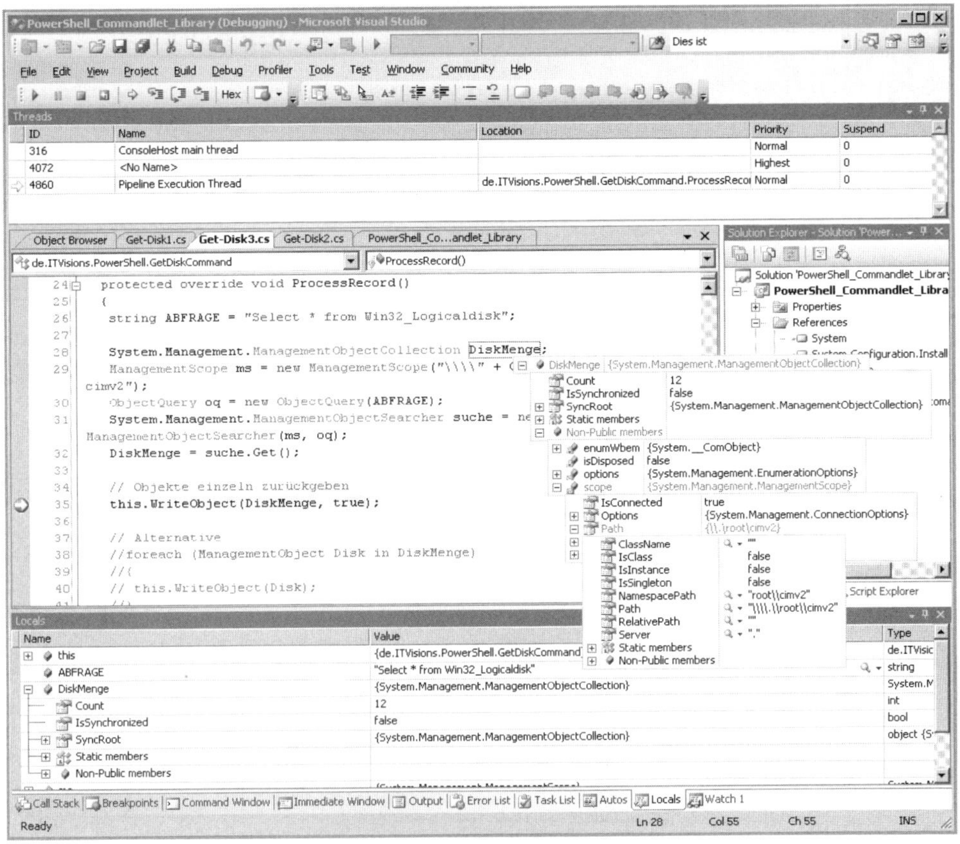

Abbildung 55.21: Ansicht von Variablen während des Debuggings

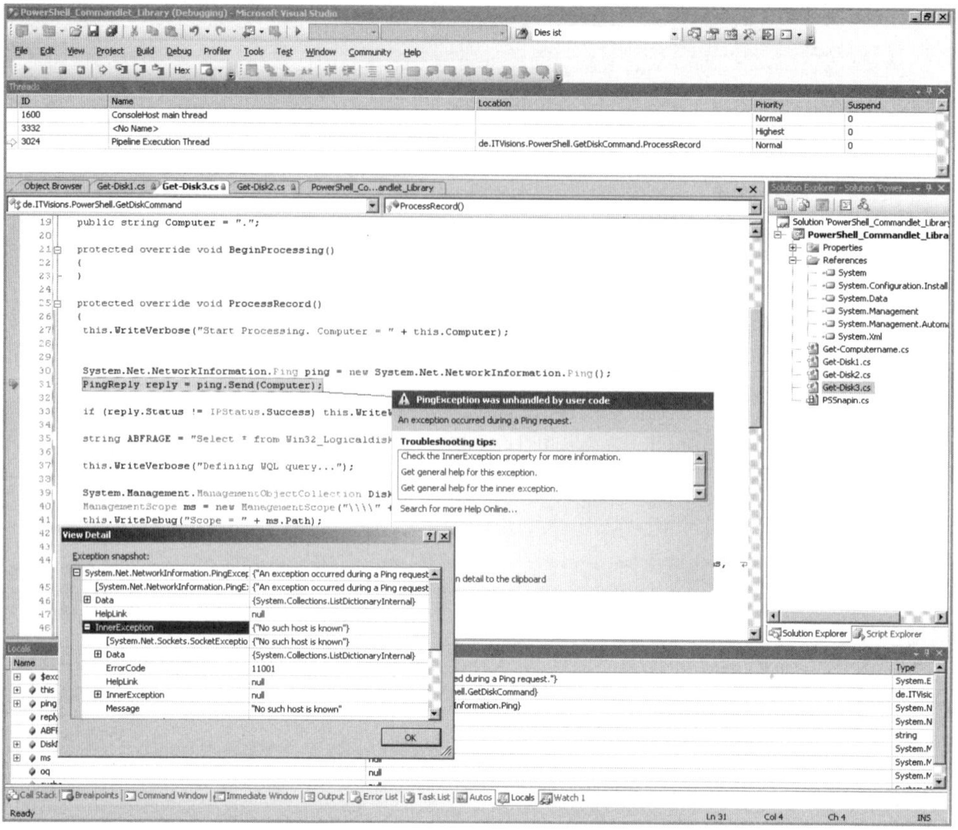

Abbildung 55.22: Im Fehlerfall zeigt der Debugger die Details zum Fehler direkt an der betreffenden Programmcodezeile an.

55.10 Statusinformationen

Ein Commandlet sollte niemand direkt ins Konsolenfenster mit `Console.WriteLine()` schreiben. Microsoft hat vorgesehen, dass es abseits der Übergabe von Objekten durch die Pipeline noch andere Wege gibt, wie sich ein Commandlet der Außenwelt mitteilen kann. Ob und wie diese Mitteilungen angezeigt werden, hängt von der PowerShell-Konsole ab. Der Endbenutzer kann das Verhalten durch die Parameter `–verbose` und `–debug` sowie die Umgebungsvariablen `$VerbosePreference` und `$DebugPreference` beeinflussen.

- `WriteVerbose(String)`: Texte werden ausgegeben, wenn das Commandlet mit dem Parameter `–Verbose` oder `–Debug` gestartet wird.
- `WriteDebug(String)`: Texte werden ausgegeben, wenn das Commandlet mit dem Parameter `–Debug` gestartet wird.
- `WriteWarning(String)`: Texte werden immer ausgegeben.

- `WriteError(ErrorRecord)`: Fehlerinformationen werden ausgegeben.
- `WriteProgress(ProgressRecord)`: wird in Form einer Fortschrittsanzeige ausgegeben.

HINWEIS: Der Unterschied zwischen `WriteError()` und dem Auslösen eines Fehlers mit dem C#-Sprachkonstrukt `throw` ist, dass nach `WriteError()` zwar ein Fehler ausgegeben wird, aber das Commandlet arbeitet weiter (Non-Terminating Error). Bei einem mit `throw` (oder `this.ThrowTerminatingError()`) ausgelösten Fehler (und allen vom .NET Framework ausgelösten Fehlern, die nicht abgefangen wurden) bricht das Commandlet sofort ab (Terminating Error). ■

Beispiel

In der folgenden Variante der Implementierung von `Get-Disk` sind Aufrufe von `WriteVerbose()`, `WriteDebug()`, `WriteWarning()`, `WriteError()` eingebaut. In der Implementierung wird eine Warnung ausgegeben, wenn ein Ping an einem Computer nicht möglich ist. Dennoch wird anschließend ein WMI-Aufruf probiert (da Ping gesperrt sein könnte, DCOM aber möglich ist).

Listing 55.9: Implementierung von Get-Disk mit Statusinformationen

```
using System;
using System.Text;
using System.Management.Automation;
using System.Management.Automation.Provider;
using System.Management;
using System.Net.NetworkInformation;

namespace de.ITVisions.PowerShell
{
 [Cmdlet(VerbsCommon.Get, "Disk")]
 public class GetDiskCommand : PSCmdlet
 {
  //   [Parameter()]
  //[Parameter(Position = 0, ValueFromPipeline = true)]

  [Parameter(Position = 0, ValueFromPipeline = true)]
  public string Computer = ".";

  protected override void BeginProcessing()
  {
  }

  protected override void ProcessRecord()
  {
   this.WriteVerbose("Start Processing. Computer = " + this.Computer);

   // Check if computer is reachable
   if (Computer != ".")
   {
    System.Net.NetworkInformation.Ping ping = new
       System.Net.NetworkInformation.Ping();
    PingReply reply = ping.Send(Computer);
```

```
    if (reply.Status != IPStatus.Success) this.
       WriteWarning("Cannot ping computer!");
   }

   // define WQL query

   string ABFRAGE = "Select * from Win32_LogicalDisk";

   this.WriteVerbose("Defining WQL query...");
   System.Management.ManagementObjectCollection DiskMenge = null;
   ManagementScope ms = new ManagementScope("\\\\" + Computer +
                                           "\\root\\cimv2");
   this.WriteDebug("Scope = " + ms.Path);
   ObjectQuery oq = new ObjectQuery(ABFRAGE);
   this.WriteDebug("Query = " + ms.Path);
   System.Management.ManagementObjectSearcher suche =
      new System.Management.ManagementObjectSearcher(ms, oq);
   // Run WQL query

   this.WriteVerbose("Starting WQL query...");
   try
   {
    DiskMenge = suche.Get();
   }
   catch (Exception ex)
   {
    ErrorRecord er = new ErrorRecord(ex, "WQL Query Error",
       ErrorCategory.ResourceUnavailable, Computer);
    this.WriteError(er);
   }


   if (DiskMenge != null)
   {
    this.WriteDebug("Count = " + DiskMenge.Count);
    // Put objects to pipeline
    this.WriteObject(DiskMenge, true);
   }

   // Alternative
   //foreach (ManagementObject Disk in DiskMenge)
   //{
   // this.WriteObject(Disk);
   //}

   this.WriteVerbose("Finished Processing. Computer = " + this.Computer);
  }

  protected override void StopProcessing()
  {
  }

 }
}
```

Die folgenden Bildschirmabbildungen zeigen die Auswirkungen der Statusinformationen.

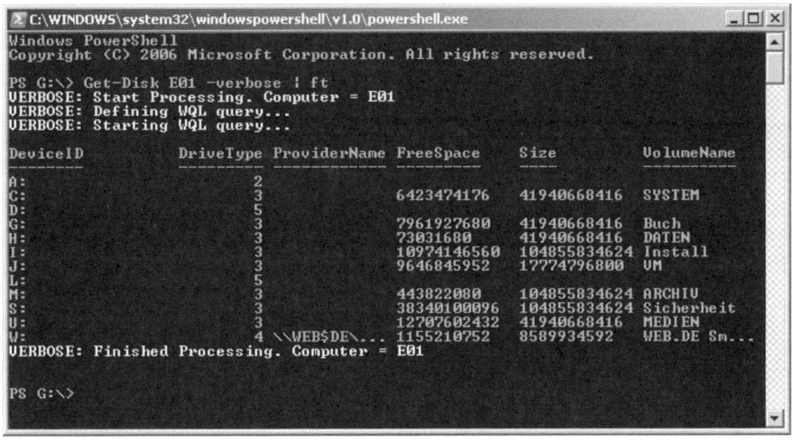

Abbildung 55.23: Start von Get-Disk mit der Option -verbose

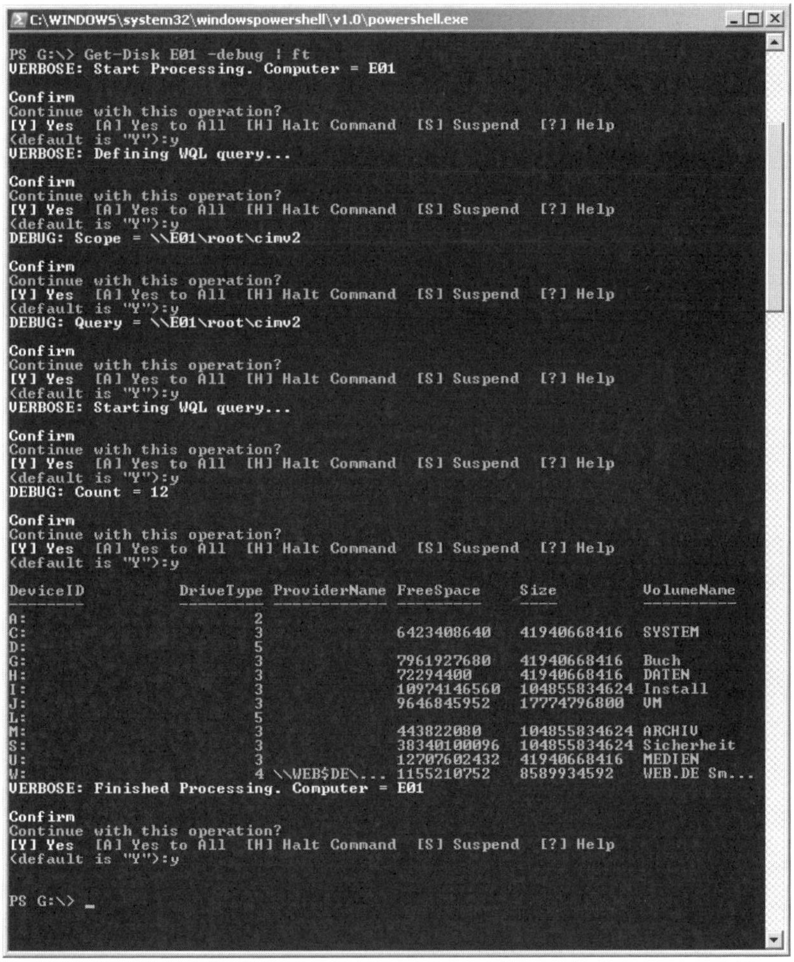

Abbildung 55.24: Start von Get-Disk mit der Option -debug

- Durch Angabe des Parameters `–verbose` werden alle Texte, die mit `WriteVerbose()` übergeben wurden, in gelber Farbe ausgegeben.
- Durch Angabe des Parameters `–debug` werden alle Texte, die mit `WriteVerbose()` und `WriteDebug()` übergeben wurden, in gelber Farbe ausgegeben. Außerdem erfolgt nach jeder Ausgabe die Nachfrage, ob die Ausführung fortgesetzt werden soll.
- An `WriteWarning()` übergebene Texte werden immer ausgegeben.
- Das an `WriteError()` übergebene Fehlerobjekt wird in roter Farbe ausgegeben. Danach wird die Abarbeitung fortgesetzt (Non-Terminating Error).

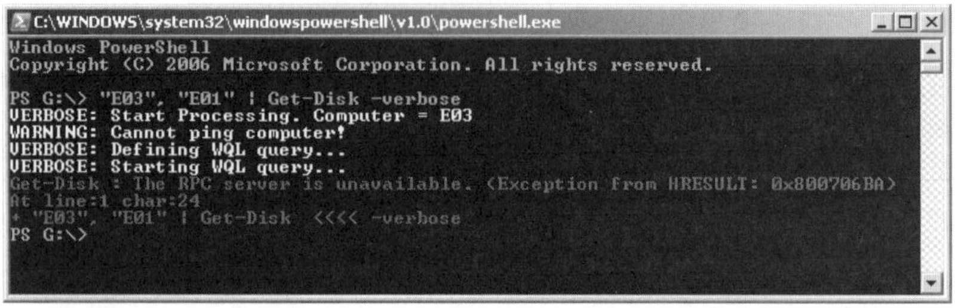

Abbildung 55.25: Wenn die Möglichkeit, dass ein Computer nicht erreichbar ist, nicht abgefangen wird, bricht das Commandlet ab. Alle folgenden Objekte in der Pipeline werden nicht mehr beachtet.

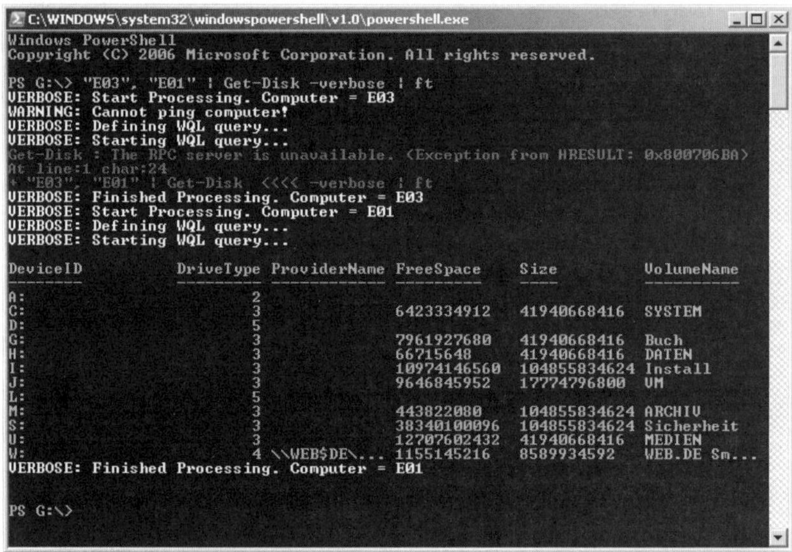

Abbildung 55.26: Wenn ein Fehler abgefangen und mit WriteError() ausgegeben wird, arbeitet das Commandlet weiter.

55.11 Unterstützung für Sicherheitsabfragen

Viele Commandlets, die Änderungen am System ausführen, unterstützen die Sicherheitsabfrage mit –Confirm und –WhatIf. Diese Sicherheitsabfrage kann man auch eigenen Commandlets hinzufügen. Dazu sind zwei Dinge zu tun:

- In der Annotation vor der Commandlet-Klasse ist der Parameter SupportsShouldProcess = true anzugeben.

```
[Cmdlet(VerbsCommon.Remove, "DirectoryEntry", SupportsShouldProcess = true)]
 public class Remove_DirectoryEntry : PSCmdlet
```

- Im Programmcode ist vor der eigentlichen Aktion, die das System verändert, ShouldProcess() aufzurufen. Dabei kann man wahlweise einen, zwei oder drei Parameter angeben, welche die Aktion beschreiben. ShouldProcess() erzeugt in Abhängigkeit von dem angegebenen Parameter die Ausgabe. Wenn ShouldProcess() den Wert false liefert, sollte das Commandlet die Aktion nicht ausführen. Im Fall von –whatif liefert ShouldProcess immer false. Bei –confirm kommt false, wenn der Benutzer die Aktion nicht explizit bestätigt hat.

Das folgende Beispiel zeigt ShouldProcess() mit einem Parameter und der zugehörigen Ausgabe von –WhatIf und –Confirm.

Listing 55.10: Bedingte Aktionsausführung mit einem Parameter bei ShouldProcess(), der den Pfad des zu löschenden Objekts enthält

```
if (ShouldProcess(d.Path))
{
// Aktion
}
```

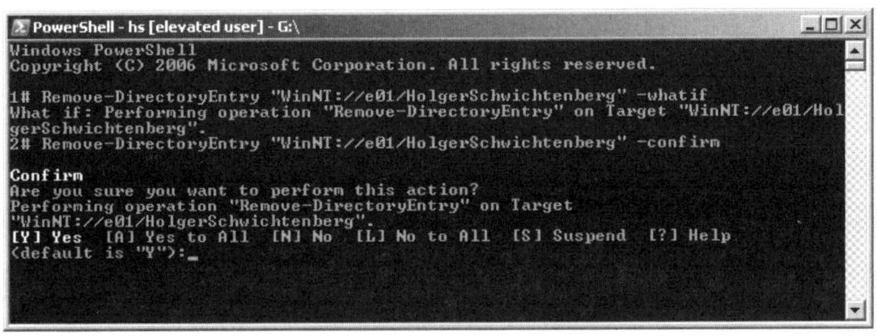

Abbildung 55.27: Auswirkungen der obigen Verwendung von ShouldProcess() auf -whatif und -confirm

Listing 55.11: Bedingte Aktionsausführung mit drei Parametern bei ShouldProcess()

```
if (ShouldProcess("Remove: " + d.Path, "Do you want to delete this
   entry permanently?", "Please confirm:"))
{

// Aktion
}
```

Abbildung 55.28: Auswirkungen der obigen Verwendung von ShouldProcess() auf -whatif und -confirm

Beispiel

Das folgende Listing zeigt ein komplettes Beispiel zur Anwendung von `ShouldProcess()`.

Listing 55.12: Einsatz von ShouldProcess() beim Commandlet Remove-DirectoryEntry

```
[Cmdlet(VerbsCommon.Remove, "DirectoryEntry", SupportsShouldProcess = true)]
 public class Remove_DirectoryEntry : PSCmdlet
 {
  [Parameter(ValueFromPipeline = true)]
  public System.DirectoryServices.DirectoryEntry DirectoryObject = null;

  [Parameter(Position = 0, ValueFromPipeline = true)]
  public string Path = "";
  protected override void ProcessRecord()
  {

   System.DirectoryServices.DirectoryEntry d = null;

   if (DirectoryObject != null)
   { // Input was a Directory Object
    d = DirectoryObject;
   }
   else

   { // Input was a Directory Path

    if (Path != "") d = new System.DirectoryServices.DirectoryEntry(Path);
   }

   if (d != null)
   {


    if (ShouldProcess("Remove: " + d.Path,
           "Do you want to delete this entry permanently?", "Please confirm:"))
    {
     try
     {
      (d.Parent.Children as
          System.DirectoryServices.DirectoryEntries).Remove(d);
     }

     catch (Exception)
```

```
    {
     try
     {
      d.DeleteTree();
      this.WriteObject(true);
     }
     catch (Exception ex)
     {
      throw ex;
     }
    }
   }
  }

  else

  {
   this.WriteObject(false);
  }
 }
```

55.12 Festlegung der Hilfeinformationen

Hilfeinformationen für die Commandlets, die durch `Get-Help` ausgelesen werden können, sind in XML-Dateien gespeichert. Das verwendete XML-Format heißt Microsoft Assistance Markup Language (MAML).

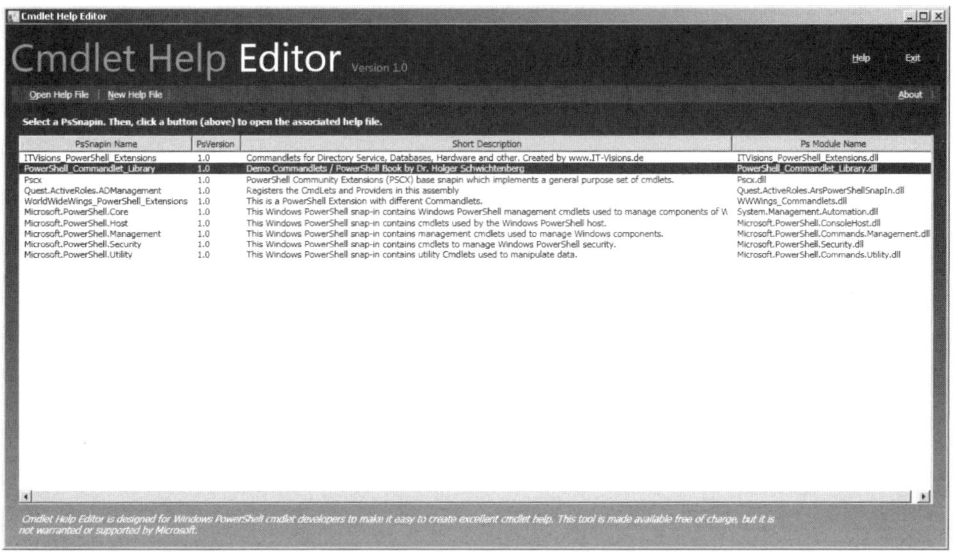

Abbildung 55.29: Auswahl der Commandlet-Bibliothek, für die eine Hilfedatei erstellt werden soll

Zur Erstellung solcher MAML-Dateien existiert eine Anwendung (Cmdlet Help Editor, siehe [FAY01]), die ein Microsoft-Mitarbeiter entwickelt hat, die aber keine offizielle Microsoft-Anwendung ist und nicht vom Microsoft-Support betreut wird.

HINWEIS: Eine Hilfedatei zu einer Snap-In-Assembly muss den Namen der Snap-In-Assembly mit angehängtem *-help.xml* haben, also: *PowerShell_Commandlet_Library.dll-Help.xml*

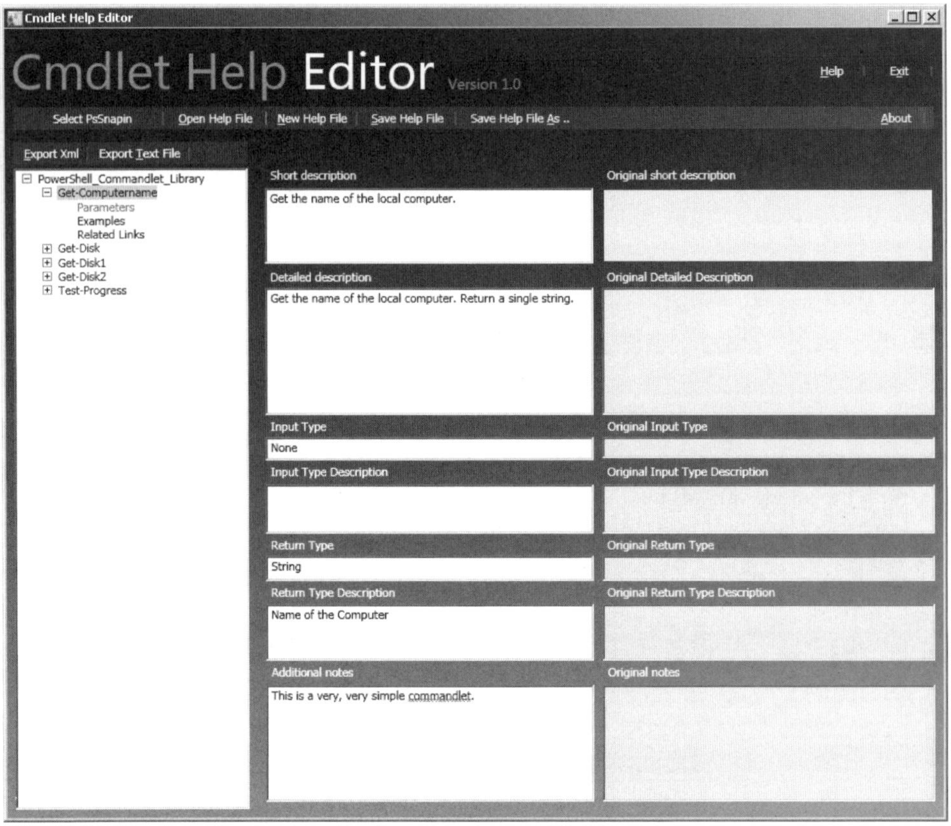

Abbildung 55.30: Festlegung der Hilfeinformationen für das Commandlet Get-Computername

HINWEIS: Die Hilfedatei muss in dem gleichen Verzeichnis gespeichert werden wie die DLL und den Namen der DLL mit dem Zusatz „-Help.xml“ tragen, z. B. *PowerShell_Commandlet_ Library.dll-Help.xml.*

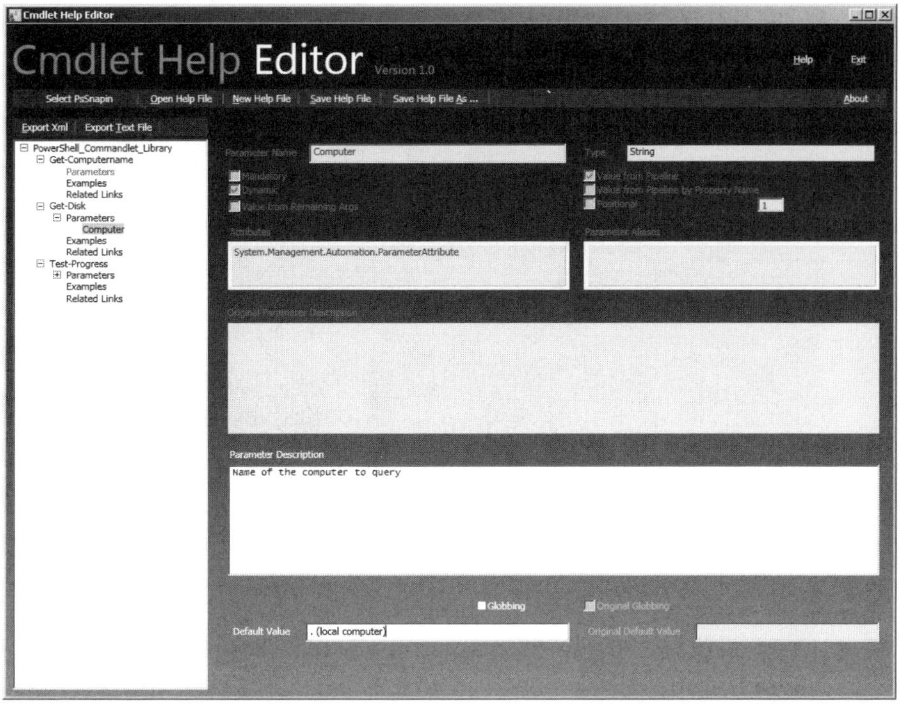

Abbildung 55.31: Festlegung der Hilfeinformationen für einen Parameter für das Commandlet Get-Disk

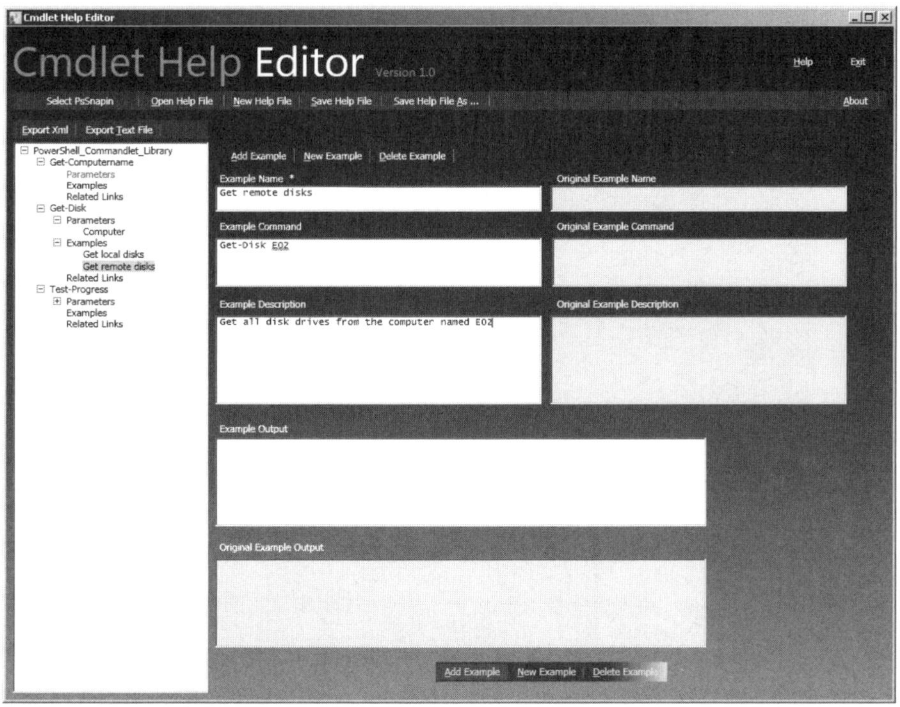

Abbildung 55.32: Definition eines Anwendungsbeispiels für das Commandlet Get-Disk

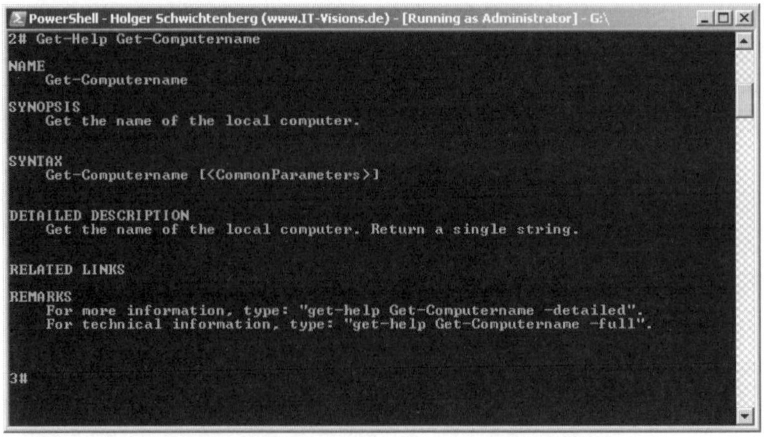

Abbildung 55.33: Ausgabe der Hilfeinformationen für das Commandlet Get-Computername

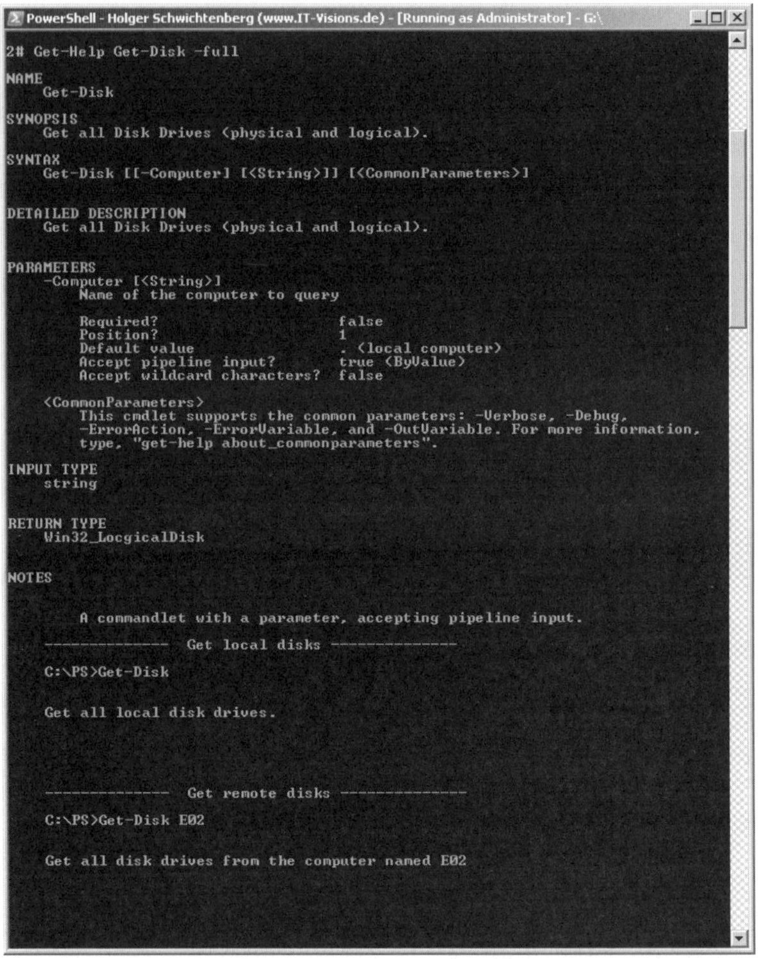

Abbildung 55.34: Ausgabe der Hilfeinformationen für das Commandlet Get-Disk

TIPP: Weitere Information über das MAML-Format der PowerShell-Hilfe finden Sie unter [MSDN52].

55.13 Erstellung von Commandlets für den Zugriff auf eine Geschäftsanwendung

Alle bisherigen Beispiele zur Erstellung eigener Commandlets in diesem Buch beziehen sich auf die Windows-Infrastruktur, also das Auslesen und Verändern von Systeminformationen. In Zukunft werden auch Geschäftsprozessanwendungen kommandozeilenbasierte Schnittstellen auf Basis der Windows PowerShell bereitstellen, um bestehende Geschäftslogiken für iterative Systemadministration und Scripting bereitzustellen.

Für eine Besprechung dieses Themas stehen leider in diesem Buchprojekt nicht ausreichend Seiten zur Verfügung. Sie finden im .NET-Musterprojekt World Wide Wings *(http://www.world-wide-wings.de)* ein mehrschichtiges .NET-Fallbeispiel, das auch eine Unterstützung für die PowerShell bietet.

„World Wide Wings" (kurz WWWings oder WWW) ist eine fiktive Fluggesellschaft, die als Fallbeispiel für eine mehrschichtige, komponentenbasierte .NET-Anwendung dient. Dieses Fallbeispiel wird vom Autor dieses Buchs in einigen .NET-Büchern sowie seinen .NET-Schulungen verwendet.

Die Fluggesellschaft World Wide Wings ist eine Charter-Fluggesellschaft. Sie bietet nationale, europäische und interkontinentale Flüge an. Die verschiedenen Desktop-, Konsolen- und webbasierten WWWings-Anwendungen verwalten Flüge, Passagiere, Flugbuchungen und Mitarbeiter der Fluggesellschaft.

In dem Beispiel sind u. a. folgende Commandlets für den Zugriff auf die Geschäftslogik realisiert:

- `Get-Flugziel`: liefert eine Liste der Abflughäfen, von denen die Gesellschaft losfliegt, oder bei Angabe eines Flughafens die Ziele, welche die Gesellschaft von dort ansteuert. Die Rückgabe ist immer eine Menge von Zeichenketten.
- `Get-Flug`: liefert Informationen über einen Flug anhand der Flugnummer, alle Flüge auf einer Route anhand zweier Flughäfen oder die Flugziele.
- `Get-Passagier`: liefert Informationen über einen Passagier inklusive einer Liste seiner Buchungen.
- `New-Buchung`: erstellt eine neue Buchung für einen Passagier.
- `Remove-Buchung`: löscht eine Buchung für einen Passagier.

Alle Commandlets haben direkt Auswirkungen auf die Geschäftsprozessdatenbank von World Wide Wings, die sich in einem Microsoft SQL Server 2005 befindet.

Die folgende Bildschirmabbildung zeigt den Einsatz dieses Commandlets, insbesondere auch die Kopplung der Commandlets durch typisierte Objekte. So nimmt z. B. das Commandlet `New-Buchung` wahlweise für den Flug eine Flugnummer oder ein `Flug`-Objekt und für den Passagier eine Passagiernummer oder ein `Passagier`-Objekt entgegen.

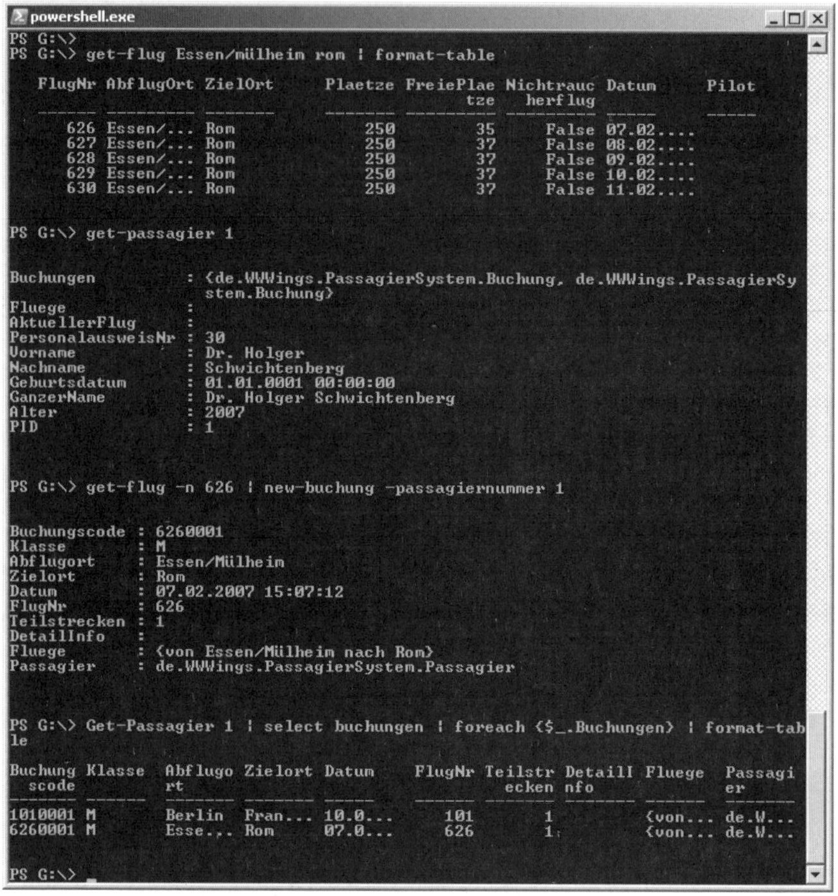

Abbildung 55.35: Einsatz der World Wide Wings-Commandlets

55.14 Konventionen für Commandlets

Bei den Verbnamen sollte man möglichst auf die bestehenden Verbnamen zurückgreifen, die Microsoft in sechs Gruppen vordefiniert hat (siehe Tabelle).

Tabelle 55.1: Vordefinierte Verben für Commandlets

VerbsCommon	Add	Clear
	Copy	Get
	Join	Lock
	Move	New
	Remove	Rename
	Select	Set
	Split	Unlock
VerbsCommunications	Connect	Disconnect
	Read	Receive
	Send	Write
VerbsData	Backup	Checkpoint
	Compare	Convert
	ConvertFrom	ConvertTo
	Dismount	Export
	Import	Initialize
	Limit	Merge
	Mount	Out
	Restore	Update
VerbsDiagnostic	Debug	Measure
	Ping	Resolve
	Test	Trace
VerbsLifeCycle	Disable	Enable
	Install	Restart
	Resume	Start
	Stop	Suspend
	Uninstall	
VerbsSecurity	Block	Grant
	Revoke	Unblock

Außerdem gibt es folgende Grundsätze für die Erstellung von Commandlets:

- Ein Commandlet sollte Objekte zurückliefern und keine Zeichenketten.
- Ein Commandlet sollte auch „in der Mitte“ in einer Pipeline eingesetzt werden können, d. h., es sollte Objekte entgegennehmen und wieder Objekte erzeugen.
- Ein Commandlet sollte niemals direkt Ausgaben mit .NET-Framework-Funktionen wie `Console.WriteLine()` etc. erzeugen.
- Ein Commandlet sollte Objekte zurückliefern und keine Zeichenketten.
- Ein Commandlet sollte die Ausgabeobjekte immer einzeln in die Pipeline legen.
- Nach der Übergabe von Objekten an die Pipeline sollte das Commandlet die Objekte nicht mehr verwenden, da diese bereits von dem nachfolgenden Commandlet bearbeitet werden könnten.

- Ein Commandlet sollte sich nicht auf eine bestimmte Ausführungsreihenfolge von Commandlets in einem PowerShell-Befehl verlassen.
- Wenngleich der Name der Commandlet-Klasse nicht maßgeblich ist, schlägt Microsoft vor, die Klasse nach der Konvention „VerbSubstantivCommand“ zu nennen, also für das Commandlet Add-DirectoryObject sollte die Klasse AddDirectoryObjectCommand heißen.
- Bei der Namensgebung für Parameter sollte PascalCasing (am Anfang und für jedes neue Wort ein Großbuchstabe) verwendet werden.
- Die folgenden Zeichen dürfen in Commandlet-Namen nicht verwendet werden: # , () {} [] & - / \ $; : " ' <> | ? @ `
- Für Ja-/Nein-Parameter (alias „Schalter“) soll die Klasse `SwitchParameter` anstelle von Boolean zum Einsatz kommen, damit man solche Schalter einfach durch `-Schalter` anstelle von `-Schalter true` setzen kann.
- Ein Commandlet sollte immer `-verbose` und `-debug` unterstützen.
- Ein Commandlet, das Veränderungen am System vornimmt, sollte `-whatif` und `-confirm` unterstützen.

TIPP: Weitere Empfehlungen finden Sie in den „Cmdlet Development Guidelines“ [MSDN57].

55.15 Weitere Möglichkeiten

Folgende Möglichkeiten bei der Erstellung von Commandlets können in diesem Buch aus Platzgründen nicht weiter thematisiert werden.

- Ein Commandlet kann Objekte, die es aus der Pipeline empfängt, um neue Attribute und Methoden anreichern. Anders als im Kern von .NET geht das nicht nur mit Methoden. Die PowerShell hat dazu ihr eigenes Extended Type System (ETS).
- Commandlets mit vielen Parametern können Parametergruppen (Parameter Sets) zur Festlegung unterschiedlicher Parametermengen definieren.
- Der Entwickler kann Bedingungen für Parameter deklarieren, die die PowerShell automatisch überprüft, z. B. `[ValidateLength(1,5)]`, `[ValidatePattern("[0-9A-F]*")]` und `[ValidateNotNull()]`.
- Die Standardformatierung für die von den Commandlets gelieferten Objekte kann man in der Typbeschreibungsdatei der PowerShell (*Produktname.Format.ps1xml*) festlegen.
- Ein Commandlet kann auch auf die laufende PowerShell-Konsole zugreifen, z. B. die belegten Variablen mit `this.GetVariableValue()`.
- Ein Commandlet kann in Parametern Platzhalter (Wildcards) unterstützen.

TIPP: Weitere Informationen zu diesen Punkten finden Sie im PowerShell SDK [MSDN53].

56 Hosting der Windows PowerShell

Die Windows PowerShell besteht logisch aus drei Schichten: den Windows-PowerShell-Grundfunktionen wie dem Pipelining und dem Providerkonzept, den Windows-PowerShell-Commandlets sowie -Providern und dem Windows-PowerShell-Host, der den Windows-Prozess und gegebenenfalls eine grafische Benutzeroberfläche bereitstellt. Microsoft liefert mit PowerShell zwei verschiedene Hosts aus: die PowerShell-Konsole (powershell.exe) und das Integrated Scripting Environment (powershell_ise.exe). Microsoft erlaubt es lizenzkostenfrei (!), die PowerShell-Grundfunktionen und die von Microsoft gelieferten Commandlets und Provider in eigene Anwendungen zu integrieren.

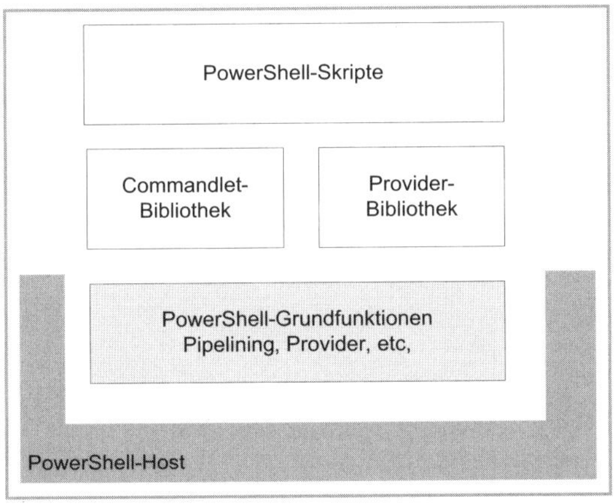

Abbildung 56.1: Schichtenmodell der Windows PowerShell

Neben der bereits in PowerShell 1.0 enthaltenen Hosting-Möglichkeit, die relativ komplex war, bietet die PowerShell seit Version 2.0 eine zusätzliche vereinfachte Hosting-Schnittstelle.

HINWEIS: Jede beliebige .NET-Anwendung kann PowerShell hosten, also sowohl Windows-Forms- und WPF-Anwendungen als auch Konsolenanwendungen und Dienste ohne Benutzerschnittstelle. ■

56.1 Voraussetzungen für das Hosting

Für das Hosting der PowerShell benötigt man die Assembly *System.Management.Automation.dll*. Unter Windows XP, Vista und Windows Server 2003/2008 findet man diese Assembly unter *C:\Windows\System32\WindowsPowerShell\v1.0*. In Windows 7/8.x und Windows Server 2008 R2/2012/2012 R2 muss man in den Global Assembly Cache sehen unter *C:\Windows\assembly\GAC_MSIL\System.Management.Automation\1.0.0.0__31bf3856ad364e35*.

ACHTUNG: Leider hat Microsoft die Versionsnummer der Assembly nicht hochgezählt. Auch in PowerShell 4.0 steht daher im Global Assembly Cache noch „1.0“. Man kann die DLLs aber anhand der Dateiversionsnummer unterscheiden: 6.0.6000 für PowerShell 1.0 und 6.1.7600 für PowerShell 2.0, 3.0 und 4.0.

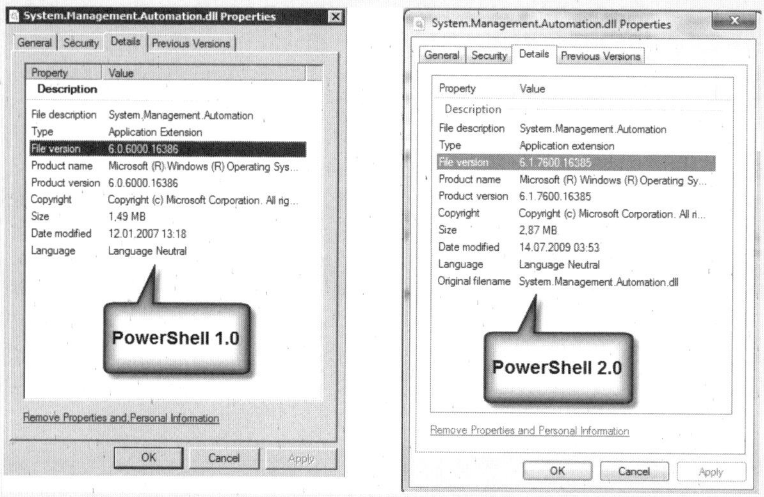

Abbildung 56.2: Vergleich der Versionsnummern der System.Management.Automation.dll

56.2 Hosting mit PSHost

Für die „ältere“ Form des Hosting sind drei Klasse zu implementieren:

- Eine Klasse, die von `PSHost` erbt. Hier sind einige wenige Attribute und Methoden zu implementieren mit Basisinformationen über den Host wie z. B. Name, Versionsnummer und aktuelle Sprache.
- Eine Klasse, die von `PSHostUserInterface` erbt. Diese Klasse realisiert die Entgegennahme von Eingaben (Prompt) sowie Ausgaben (Write).

- Eine Klasse, die von `PSHostRawUserInterface` erbt. Hierin sind Funktionen wie Farben und Fenstergröße abzulegen.

Alle drei Basisklassen findet man im Namensraum `System.Management.Automation.Host`. Eine detaillierte Diskussion jeder einzelnen zu implementierenden Eigenschaft muss hier aus Platzgründen entfallen. Vielmehr soll anhand eines Beispiels eine praktische Einführung gegeben werden.

Beispiel

Die folgende Bildschirmabbildung zeigt eine Windows-Forms-Anwendung mit einer Eingabezeile und einem größeren Ausgabebereich. Die Eingabezeile erlaubt beliebige PowerShell-Commandlets und auch andere Arten von Befehlen wie Berechnungen.

Abbildung 56.3: Hosting der PowerShell in einer Windows-Forms-Anwendung

Die folgende Abbildung zeigt die Architektur des Beispiels. Neben jeweils einer Klasse zur Implementierung der drei oben genannten Klassen gibt es zwei weitere Klassen. Die Klasse „Program“, die den PSHost und einen sogenannten Runspace erzeugt sowie die grafische Benutzeroberfläche startet. Der Runspace verweist dabei auf Host und der Runspace ist zu öffnen.

```
pshost = new WWWingsHost(this, w);
runspace = RunspaceFactory.CreateRunspace(pshost);
runspace.Open();
```

Die in `WWWingsHostWindow` implementierte Benutzeroberfläche weiß im Sinne guter Schichtentrennung gar nicht, dass die eingegebenen Befehle von der PowerShell ausgeführt werden. Nach einem Klick auf die Start-Schaltfläche (Name „C_Start“) erzeugt die Benutzeroberfläche ein Ereignis vom Typ `CommandEntered()`, wobei die in der Textbox `C_Eingabe` erfasste Zeichenkette als Parameter übergeben wird. Konsument des Ereignisses ist die Klasse `Program`.

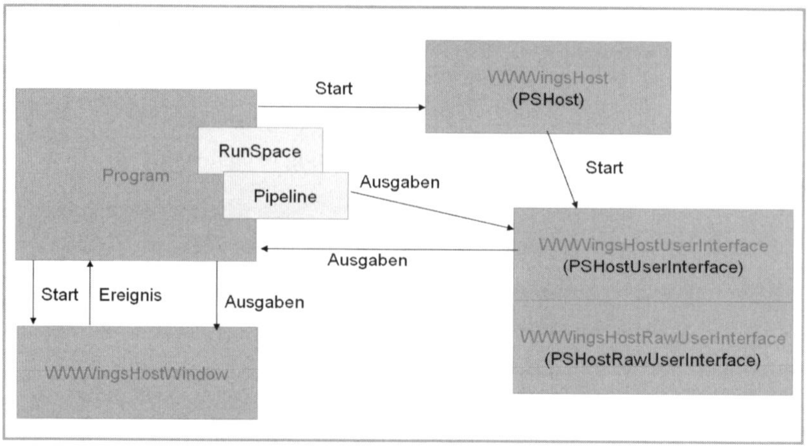

Abbildung 56.4: Architektur des Beispiels

`Program` erzeugt in der Methode `Execute()` eine neue Pipeline durch die Methode `CreatePipeline()` in dem `Runspace`-Objekt. Die eingegebene Zeichenkette wird dann durch `AddScript()` an die Pipeline übergeben:

```
currentPipeline.Commands.AddScript(cmd);
```

Durch das Hinzufügen von `Out-Default` an der Pipeline wird die Standardausgabe für viele Commandlets aktiviert.

```
currentPipeline.Commands.Add("Out-Default");
```

Die Ausführung der Pipeline startet man mit

```
currentPipeline.Invoke();
```

Diese Methode liefert kein direktes Ergebnis. Vielmehr sendet die Pipeline die Ausgaben an den Runspace, der Runspace an den Host und der Host nutzt zur Ausgabe das `PSHostUserInterface`, das sich wiederum zum Teil des `PSHostRawUserInterface` bedient. Das `PSHostUserInterface` sendet an das Programm die Ausgabe und das Programm sendet diese an die Benutzerschnittstelle.

Listing 56.1: Methode Execute() in der Klasse Program

```
void Execute(string cmd, object input)
        {
            // Just ignore empty command lines...
            if (String.IsNullOrEmpty(cmd))
                return;

            // Create the pipeline object and make it available
            // to the ctrl-C handle through the currentPipeline
                instance
            // variable

            lock (instanceLock)
```

```
            {
                currentPipeline = myRunSpace.CreatePipeline();
            }

            // Create a pipeline for this execution - place the
               result in the currentPipeline
            // instance variable so it is available to be stopped.
            try
            {
                currentPipeline.Commands.AddScript(cmd);

                // Now add the default outputter to the end of the
                   pipe and indicate
                // that it should handle both output and errors
                   from the previous
                // commands. This will result in the output being
                   written using the PSHost
                // and PSHostUserInterface classes instead of
                   returning objects to the hosting
                // application.

                currentPipeline.Commands.Add("out-default");
                currentPipeline.Commands[0].MergeMyResults(PipelineResultTypes.Error,
PipelineResultTypes.Output);

                // If there was any input specified, pass it in,
                   otherwise just
                // execute the pipeline...

                if (input != null)
                {
                    currentPipeline.Invoke(new object[] { input });
                }
                else
                {
                    currentPipeline.Invoke();
                }
            }
            finally
            {
               // Dispose of the pipeline line and set it to null,
                  locked because currentPipeline
                // may be accessed by the ctrl-C handler...
                lock (instanceLock)
                {
                    currentPipeline.Dispose();
                    currentPipeline = null;
                }
            }
        }
```

56.3 Vereinfachtes Hosting seit PowerShell 2.0

Die Windows PowerShell bietet seit Version 2.0 alternativ eine starke vereinfachte Möglichkeit zur Ausführung von PowerShell-Befehlen, bei der keine einzige der PowerShell-Basisklassen implementiert werden muss. Man erzeugt einfach eine Instanz der PowerShell (mit Hilfe der Klasse `System.Management.Automation.PowerShell`), übergibt den auszuführenden Befehl (oder die Befehlskette) und erhält eine Menge von Objekten zurück mit dem Inhalt der Pipeline nach Ende der Ausführung in Form von Instanzen der Klasse `PSObject`. Leider gibt es auch einen Haken: Um die Ausgabe muss man sich nun selbst kümmern. Dies bedeutet, dass weder die Standardausgabe mit `Out-Default` noch die Format-Commandlets funktionieren.

Das folgende Listing zeigt die Anwendung von `Get-Process` und die anschließende Ausgabe von drei Attributen der Klasse in einer Tabelle.

Listing 56.2: Vereinfachtes Hosting der PowerShell

```
public static void Run1()
  {
   PowerShell ps = PowerShell.Create();

   // Einzelbefehl
   ps.AddCommand("Get-Process");

   // Kopfzeile
   Console.WriteLine("Prozess                 ID        Speicher");
   Console.WriteLine("----------------------------------------");

   // Ausführung
   Collection<PSObject> ErgebnisMenge = ps.Invoke();

   // Ergebnismenge darstellen
   foreach (PSObject Ergebnis in ErgebnisMenge)
   {
    Console.WriteLine(
           "{0,-24}{1,-10}{2}",
           Ergebnis.Members["ProcessName"].Value,
           Ergebnis.Members["Id"].Value,
           Ergebnis.Members["WorkingSet64"].Value);
   }
  }
```

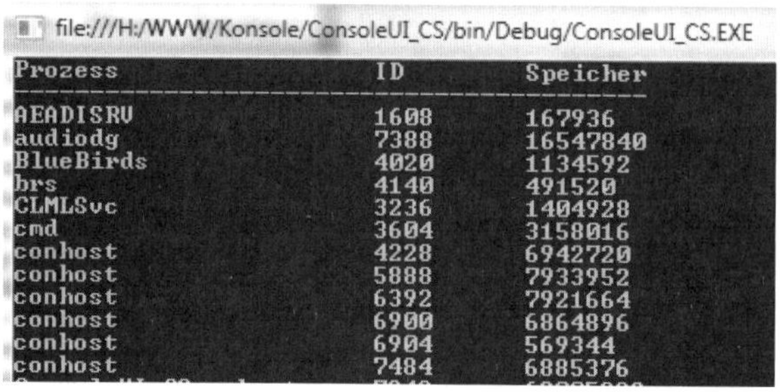

Abbildung 56.5: Ausgabe des obigen Beispiels

HINWEIS: Mit AddCommand() kann man nur einzelne Befehle der PowerShell übergeben. Mehrere Befehle, die durch eine Pipeline verkettet sind, muss man mit AddScript() übergeben:

```
ps.AddScript("Get-Process | where { $_.workingset64 -gt 100000000} ");
```

Das folgende Listing zeigt ein Beispiel für eine generische Ausgabe einer Menge von Instanzen der Klasse PSObject. Dabei kommt uns zu Gute, dass PSObject bereits Metainformationen über den Objektinhalt enthält. Über die Menge „Properties“ kann man den Namen der Attribute und deren Wert auslesen. Print() druckt aus Platzgründen jeweils nur die ersten fünf Attribute und verkürzt diese jeweils auf 15 Zeichen.

Listing 56.3: Funktionen für die generische Ausgabe für Mengen von PSObject-Objekten

```
const byte Spalten = 5;
  const byte ZeichenProSpalte = 15;
  /// <summary>
  /// Generische Ausgaben für Mengen von PSObject-Objekten
  /// </summary>
  /// <param name="Menge">Auszugebende Menge</param>
  public static void Print(Collection<PSObject> Menge)
  {
   bool HeaderPrinted = false;

   foreach (PSObject result in Menge)
   {

    if (!HeaderPrinted)
    {
     HeaderPrinted = true;
     byte hcount = 0;
     foreach (PSMemberInfo p in result.Properties)
     {
      hcount++;
      if (hcount > Spalten) break;
      Print(p.Name);
     }
     Console.WriteLine();
     Console.WriteLine("------------------------------------------------------------
-------------");
    }

    byte count = 0;
    foreach (PSMemberInfo p in result.Properties)
    {
     count++;
     if (count > Spalten) break;
     string value = "";
     try
     {
      value = p.Value.ToString();
     }
     catch (Exception)
     {
```

```
    }
    Print(value);
   }

   Console.WriteLine("");
  }
 }

/// <summary>
/// Ausgabe einer auf 15 Zeichen begrenzten Zeichenkette
/// </summary>
/// <param name="s">Zeichenkette</param>
public static void Print(string s)
{
 if (s.Length > ZeichenProSpalte) s = s.Substring(0, ZeichenProSpalte-3) + "...";
 Console.Write(string.Format("{0," + ZeichenProSpalte +"}", s));
}
```

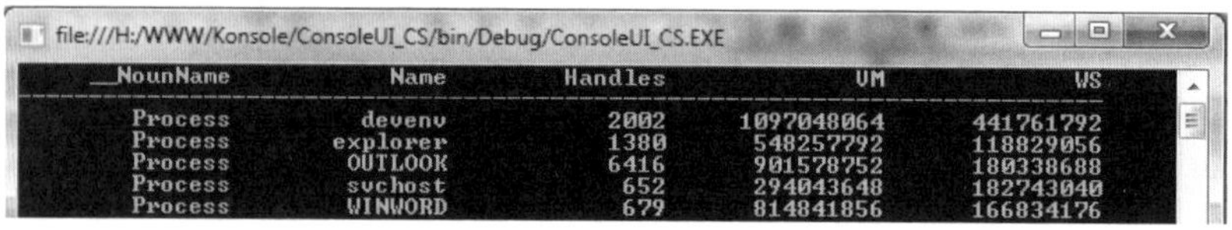

Abbildung 56.6: Generische Ausgabe der ersten fünf Attribute

57 PowerShell-Module erstellen

Die Grundlagen und die Anwendung von PowerShell-Modulen finden Sie bereits in Teil B *„PowerShell-Aufbauwissen"*. Dieses Kapitel behandelt nun das Erstellen von PowerShell-Modulen.

Bei der Erstellung von Modulen sind drei Fälle zu unterscheiden:

- Skriptmodul
- Binärmodul
- Manifestmodul

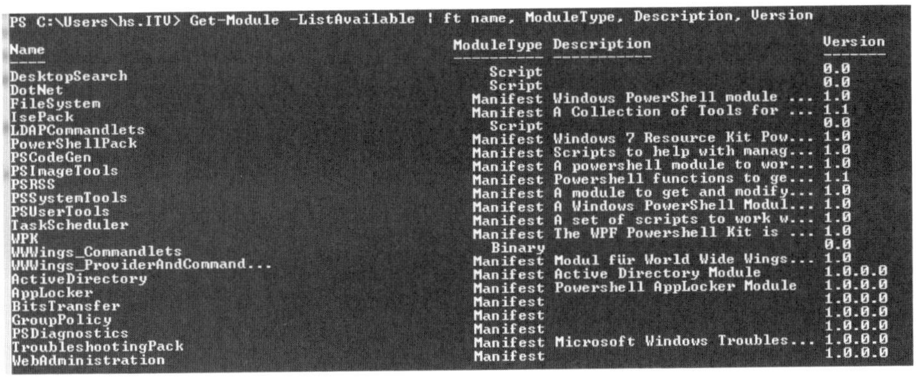

```
PS C:\Users\hs.ITV> Get-Module -ListAvailable | ft name, ModuleType, Description, Version

Name                               ModuleType Description                        Version
----                               ---------- -----------                        -------
DesktopSearch                          Script                                    0.0
DotNet                                 Script                                    0.0
FileSystem                           Manifest Windows PowerShell module ...      1.0
IsePack                              Manifest A Collection of Tools for ...      1.1
LDAPCommandlets                        Script                                    0.0
PowerShellPack                       Manifest Windows 7 Resource Kit Pow...      1.0
PSCodeGen                            Manifest Scripts to help with manag...      1.0
PSImageTools                         Manifest A powershell module to wor...      1.0
PSRSS                                Manifest Powershell functions to ge...      1.1
PSSystemTools                        Manifest A module to get and modify...      1.0
PSUserTools                          Manifest A Windows PowerShell Modul...      1.0
TaskScheduler                        Manifest A set of scripts to work w...      1.0
WPK                                  Manifest The WPF Powershell Kit is ...      1.0
WWWings_Commandlets                    Binary                                    0.0
WWWings_ProviderAndCommand...        Manifest Modul für World Wide Wings...      1.0
ActiveDirectory                      Manifest Active Directory Module            1.0.0.0
AppLocker                            Manifest Powershell AppLocker Module        1.0.0.0
BitsTransfer                         Manifest                                    1.0.0.0
GroupPolicy                          Manifest                                    1.0.0.0
PSDiagnostics                        Manifest                                    1.0.0.0
TroubleshootingPack                  Manifest Microsoft Windows Troubles...      1.0.0.0
WebAdministration                    Manifest                                    1.0.0.0
```

Abbildung 57.1: Den Modultyp kann man bei Get-Module erkennen.

57.1 Erstellen eines Skriptmoduls

Ein Skriptmodul besteht aus einer PowerShell-Skriptdatei mit der Dateinamenserweiterung .psm1. Die Skriptdatei muss so heißen wie das Modul, also lautet z. B. für das Modul LDAP-Commandlets der Dateiname LDAPCommandlets.psm1. An den Aufbau der .psm1-Datei gibt es keine Anforderung. Jede Skriptdatei, die Funktionen definiert, ist möglich. Die definierten Funktionen werden alle als funktionsbasierte Commandlets exportiert. So gesehen ist also für ein Skriptmodul nicht mehr zu tun, als eine .ps1-Datei in .psm1 umzubenennen und die Datei in ein Verzeichnis mit gleichem Namen unterhalb eines der PowerShell-Modulverzeichnisse abzulegen.

ACHTUNG: Anders als beim „DotSourcing" einer Skriptdatei werden aber „freie" Befehle in der .psm1-Datei nicht ausgeführt.

Bei einem Skriptmodul kann man ebenso wie beim „DotSourcing" nicht auswählen, welche Funktionen exportiert (d. h. zum Aufruf veröffentlicht) werden. Es werden alle enthaltenen Funktionen veröffentlicht.

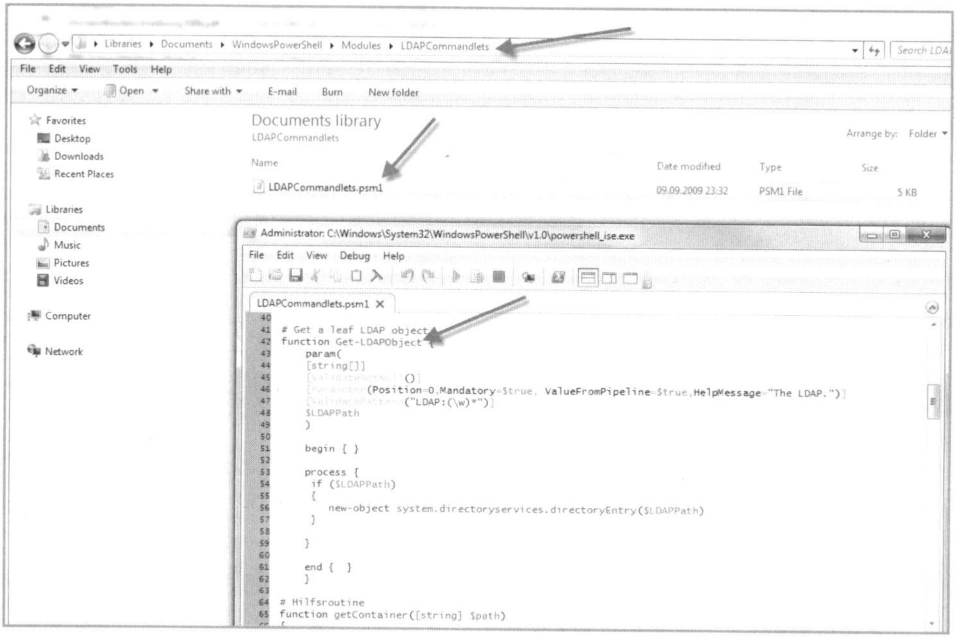

Abbildung 57.2: Ein PowerShell-Skript-Modul, das die Funktion Get-LDAPObject exportiert, von außen und innen

HINWEIS: Modulverzeichnisse sind im Standard `\Windows\System32\WindowsPowerShell\v1.0\Modules` sowie `$home\Documents\WindowsPowerShell\Modules` für jeden einzelnen Benutzer. Die Umgebungsvariable `PSModulePath` liefert den Pfad zu den Benutzermodulen. Man kann diesen Pfad ändern oder auch weitere Pfade hinzufügen, z. B. `$env:psmodulepath = $env:psmodulepath + „;h:\WPSModules"` (siehe auch Teil B *„PowerShell-Aufbauwissen"*).

57.2 Erstellen eines Moduls mit Binärdateien

Analog zum Skriptmodul ist ein Binärmodul ein Modul mit einer DLL, deren Name dem Modulnamen entspricht. Das Binärmodul kann weitere abhängige DLLs im gleichen Verzeichnis haben. Es werden aber nur die in der Haupt-DLL enthaltenen Commandlets und Provider exportiert.

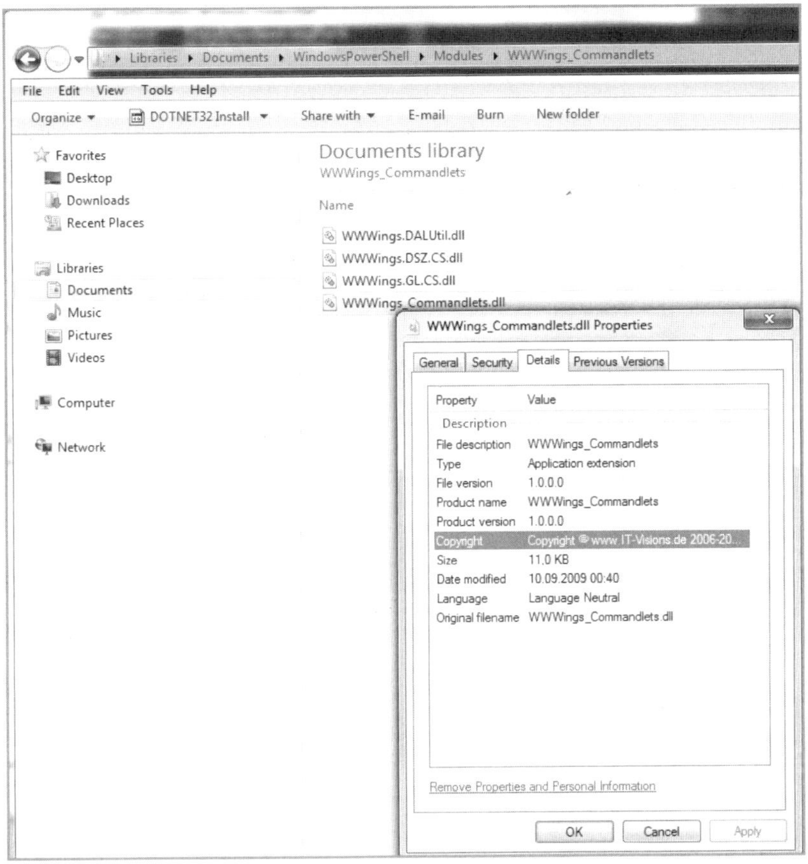

Abbildung 57.3: Ein Binärmodul

57.3 Erstellen eines Moduls mit Manifest

Ein Modul mit Manifest ist die flexibelste Form eines PowerShell-Moduls, weil hier zahlreiche Skript- und/oder Binärdateien in einem Modul zusammengefasst werden können. Ein Modul-Manifest ist eine Textdatei mit Meta-Informationen. Die wesentliche Information im Modul-Manifest sind die Dateien, die zu dem Modul gehören.

Das Manifest ist eine Textdatei mit der Dateinamenserweiterung (.psd1). Inhalt der Datei sind Name-Wert-Paare (in Form einer Hash-Tabelle) sowie optional Kommentare, die mit „#“ beginnen. Beispiele für Name-Wert-Paare sind:

- ModuleVersion = '1.0'
- Author = 'Dr. Holger Schwichtenberg'
- NestedModules = „Access_Provider.dll“, „WWWings_Commandlets.dll“, „Start.ps1“, „StartProvider.ps1“, „StartCommandlets.ps1“

Die folgende Tabelle zeigt alle möglichen Namen. Die einzige Pflichtangabe ist ModuleVersion. Alle anderen Angaben sind optional.

Tabelle 57.1: Elemente eines Modul-Manifests

Schlüssel	Datentyp	Beschreibung
ModuleVersion	Zeichenkette im Format von System.Version, z. B. 1.2.3.4	Version des Moduls
GUID	Zeichenkette in Form einer GUID, z. B. 0093ae2d-89e4-494c-81a6-35881fafb6f2	Global Unique Identifier für das Modul
Author	Zeichenkette	Name des Modulautors
CompanyName	Zeichenkette	Firma des Modulautors
Copyright	Zeichenkette	Hinweis auf Rechteinhaber
Description	Zeichenkette	Beliebiger Beschreibungstext
PowerShellVersion	Zeichenkette im Format von System.Version, z. B. 2.0	Notwendige Version der PowerShell. Diese muss mindestens 2.0 sein, denn vorher gab es noch keine Module.
CLRVersion	Zeichenkette im Format von System.Version, z. B. 4.0	Notwendige Version der Common Language Runtime, z. B. 2.0 oder 4.0. Zu beachten ist, dass die CLR-Version für .NET 2.0, 3.0 und 3.5 jeweils 2.0 ist, da sich die CLR in .NET 3.0 und 3.5 nicht verändert hat.
DotNetFramework-Version	Zeichenkette im Format von System.Version, z. B. 3.5	Notwendige Version des .NET Frameworks, z. B. 3.0, 3.5 oder 4.0
RequiredModules	Eine Liste von Zeichenketten in der Form @(„ModulName“, „ModulName“)	Liste von abhängigen Modulen, die bereits importiert sein müssen. Zu beachten ist, dass diese Anweisung nicht dazu führt, dass diese Module auch tatsächlich importiert werden.
RequiredAssemblies	Eine Liste von Zeichenketten in der Form @(„AssemblyName“, „AssemblyName“)	Liste von .NET-Assemblies, die geladen werden sollen. Die Assemblies können sich im Global Assembly Cache (GAC), dem zentralen Komponentenverzeichnis von .NET oder aber

Schlüssel	Datentyp	Beschreibung
		im Modulverzeichnis befinden. Der Assembly-Name darf mit oder ohne „.dll" am Ende angegeben werden.
ScriptsToProcess	Eine Liste von Zeichenketten in der Form @(„Skriptname.ps1", „Skriptname.ps1")	Liste von PowerShell-Skripten, die ausgeführt werden sollen, bevor der Import durchgeführt wird
TypesToProcess	Eine Liste von Zeichenketten in der Form @(„Typ. ps1xml", „Typ. ps1xml")	Liste von PowerShell-Typdateien (.ps1xml), die mit Hilfe von Update-TypeData ausgeführt werden sollen
FormatsToProcess	Eine Liste von Zeichenketten in der Form @(„Typ. ps1xml", „Typ. ps1xml")	Liste von PowerShell-Typdateien (.ps1xml), die mit Hilfe von Update-FormatData ausgeführt werden sollen
NestedModules	Eine Liste von Zeichenketten in der Form @(„Datei.dll", „Skript.ps1")	Liste von Skript- und Binärdateien (.ps1, .psm1, .psd1, .dll), die zum Modul gehören. Die Skriptdateien werden global verfügbar gemacht („DotSourcing") und die in den DLLs enthaltenen Commandlets und Provider werden aktiviert.
ModuleToProcess	String	Name des untergeordneten Moduls, das das Hauptmodul werden soll. Wenn hier nichts angegeben ist, wird das Manifest selbst zum Hauptmodul.
ExportedFunctions	Eine Liste von Zeichenketten in der Form @(„Funktionsname", „Funktionsname")	Liste von Funktionen, die das Modul exportieren soll. Das Exportieren ist die Voraussetzung dafür, dass eine Funktion in der PowerShell interaktiv oder in Skripten genutzt werden kann. Nicht exportierte Funktionen können nur innerhalb des Moduls selbst verwendet werden. Meist exportiert man alle Funktionen, was man durch die Angabe „*" festlegt. Eine leere Zeichenkette „" bedeutet, dass keine Funktionen exportiert werden sollen. In anderen Fällen ist die Liste der zu exportierenden Commandlets explizit anzugeben.
ExportedVariables	Eine Liste von Zeichenketten in der Form @(„Variablenname", „Variablenname")	Liste von Variablen, die das Modul exportieren soll. Das Exportieren ist die Voraussetzung dafür, dass Variablen in der PowerShell interaktiv oder in Skripten genutzt werden können. Nicht exportierte Variablen können nur innerhalb des Moduls selbst verwendet werden. Meist exportiert man alle Variablen, was man durch die Angabe „"*"" festlegt.

Tabelle 57.1: Elemente eines Modul-Manifests *(Fortsetzung)*

Schlüssel	Datentyp	Beschreibung
		Eine leere Zeichenkette „“ bedeutet, dass keine Variable exportiert werden soll. In anderen Fällen ist die Liste der zu exportierenden Variablen explizit anzugeben.
ExportedAliases	Eine Liste von Zeichenketten in der Form @ („Aliasname“, „Aliasname“)	Liste von Aliasen, die das Modul exportieren soll. Das Exportieren ist die Voraussetzung dafür, dass Aliase in der PowerShell interaktiv oder in Skripten genutzt werden können. Nicht exportierte Aliase können nur innerhalb des Moduls selbst verwendet werden. Meist exportiert man alle Aliase, was man durch die Angabe „*“ festlegt. Eine leere Zeichenkette „“ bedeutet, dass kein Alias exportiert werden soll. In anderen Fällen ist die Liste der zu exportierenden Aliasen explizit anzugeben.
FileList	Eine Liste von Zeichenketten in der Form @ („Datei.dll“, „Skript.ps1“, „Text.txt“)	Eine Liste aller Dateien, die zu dem Modul gehören
PrivateData	Object	Daten, die an das Hauptmodul übergeben werden sollen

57.3.1.1 Versionsanforderungen

Die Anforderungen an Versionen, die im Manifest hinterlegt sind, werden tatsächlich beim Importieren des Moduls geprüft. Wenn zum Beispiel dort gefordert ist, dass .NET Framework 4.0 installiert ist, dies aber nicht erfüllt ist, führt `Import-Module` zum Fehler: „The module 'C:\Users\hs.ITV\Documents\WindowsPowerShell\Modules\WWWings_ProviderAndCommandlets\WWWings_ProviderAndCommandlets.psd1' requires the following version of the .NET Framework: 4.0. The required version is not installed.“

57.3.1.2 Dachmodule

Ein Modul kann als „Dachmodul“ für andere unabhängige Module fungieren mit der Zielsetzung, eine Reihe von Modulen entweder einzeln oder zusammen importieren zu können. Dies macht das PowerShellPack vor. Das Modul „PowerShellPack“ ist ein Skriptmodul, das nur aus `Import-Module`-Befehlen für andere Module besteht.

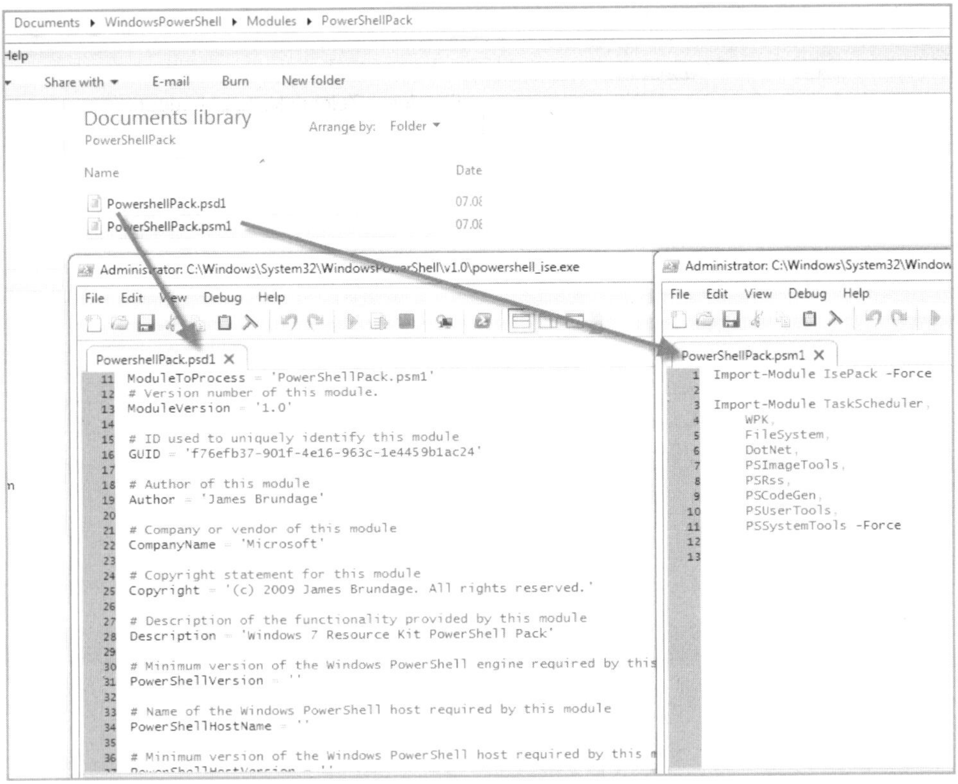

Abbildung 57.4: Aufbau des Moduls „PowerShellPack“

Es macht aber einen kleinen Unterschied, ob man `Import-Module PowerShellPack` oder einen Import eines Einzelmoduls durchführt: Die einzelnen Commandlets verweisen entweder auf das Einzelmodul oder das Dachmodul (siehe folgende Bildschirmabbildung).

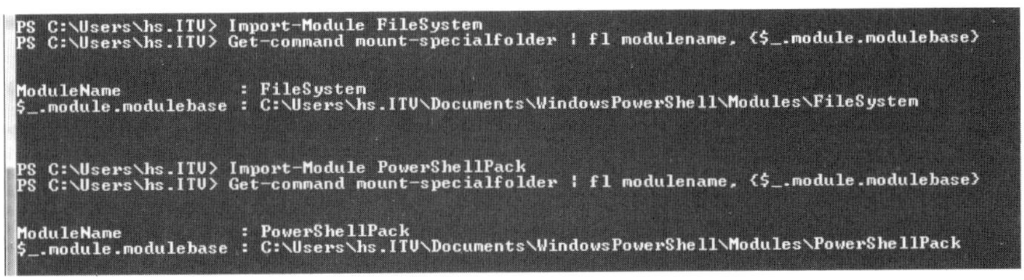

Abbildung 57.5: Auswirkungen des Imports eines Dachmoduls versus Import eines Einzelmoduls

57.3.1.3 Beispiel

Es soll ein Manifest für ein Modul mit den nachfolgend dargestellten Bestandteilen erstellt werden. Dabei haben die Dateien folgende Bedeutung:

- „ModulInit.ps1“ ist ein Skript, das vor dem Importieren ausgeführt werden soll (es zeigt einen Hinweistext).

- „Access_Provider.dll" ist ein PowerShell-Provider.
- „WWW_Commandlets.dll" implementiert zahlreiche Commandlets.
- „WWWings.DALUtil.dll", „WWWings.DSZ.CS.dll" und „WWWings.GL.CS.dll" sind Bibliotheken, die „WWW_Commandlets.dll" benötigt. Sie implementieren keine eigenen Commandlets.
- „WWingsVersion6.mdb" ist eine Beispieldatenbank für „Access_Provider.dll".
- „StartCommandlets.ps1" und „StartProvider.ps1" enthalten Skripte, die „Access_Provider.dll" und „WWW_Commandlets.dll" testen.

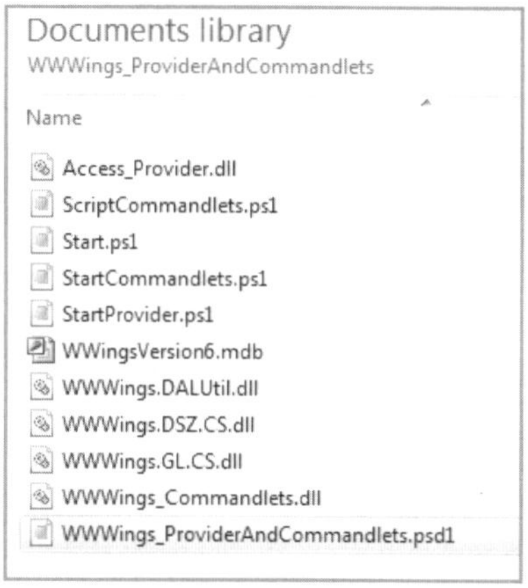

Abbildung 57.6: Inhalt des Modulverzeichnisses

Das folgende Listing zeigt die zugehörige Manifestdatei.

Listing 57.1: Beispiel für ein Modul-Manifest

```
#
# Module manifest
# Autor: Dr. Holger Schwichtenberg
# 18/01/2010
#

@{

# Script module or binary module file associated with this manifest
ModuleToProcess = 'WWWings_Commandlets.dll'

# Script files (.ps1) that are run in the caller's environment prior to importing this
module
ScriptsToProcess = @("ModulInit.ps1"  )

# Modules to import as nested modules of the module specified in ModuleToProcess
NestedModules     = @("Access_Provider.dll", "WWWings_Commandlets.dll",
"ScriptCommandlets.ps1", "StartProvider.ps1", "StartCommandlets.ps1")

# Version number of this module.
ModuleVersion = '1.0'

# ID used to uniquely identify this module
```

```
GUID = '0093ae2d-89e4-494c-81a6-35881fafb6f2'

# Author of this module
Author = 'Dr. Holger Schwichtenberg'

# Company or vendor of this module
CompanyName = 'www.IT-Visions.de'

# Copyright statement for this module
Copyright = '(c) 2009 www.IT-Visions.de. All rights reserved.'

# Description of the functionality provided by this module
Description = 'Modul für World Wide Wings PowerShell-Erweiterungen.'

# Minimum version of the Windows PowerShell engine required by this module
PowerShellVersion = '2.0'

# Name of the Windows PowerShell host required by this module
PowerShellHostName = ''

# Minimum version of the Windows PowerShell host required by this module
PowerShellHostVersion = ''

# Minimum version of the .NET Framework required by this module
DotNetFrameworkVersion = '3.5'

# Minimum version of the common language runtime (CLR) required by this module
CLRVersion = '2.0'

# Processor architecture (None, X86, Amd64, IA64) required by this module
ProcessorArchitecture = ''

# Modules that must be imported into the global environment prior to importing this module
RequiredModules = @()

# Assemblies that must be loaded prior to importing this module
RequiredAssemblies = @("System.Windows.Forms.dll", "WWWings_Commandlets.dll")

# Type files (.ps1xml) to be loaded when importing this module
TypesToProcess = @()

# Format files (.ps1xml) to be loaded when importing this module
FormatsToProcess = @()

# Functions to export from this module
FunctionsToExport = '*'

# Cmdlets to export from this module
CmdletsToExport = 'Get-Flug'

# Variables to export from this module
VariablesToExport = '*'

# Aliases to export from this module
AliasesToExport = '*'

# List of all files packaged with this module
```

```
FileList = @("Access_Provider.dll", "ModulInit.ps1","WWW_Commandlets.dll",
"StartCommandlets.ps1",  "StartProvider.ps1", "WWingsVersion6.mdb", "WWWings.DALUtil.
dll", "WWWings.DSZ.CS.dll","WWWings.GL.CS.dll" )

# Private data to pass to the module specified in ModuleToProcess
PrivateData = ''

}
```

TIPP: Das Commandlet `New-ModuleManifest` hilft beim Erstellen eines Manifests. Das Commandlet fragt die wichtigsten Name-Werte-Paare für das Manifest interaktiv ab. Alternativ kann man die Werte auch als Parameter des Commandlets angeben.

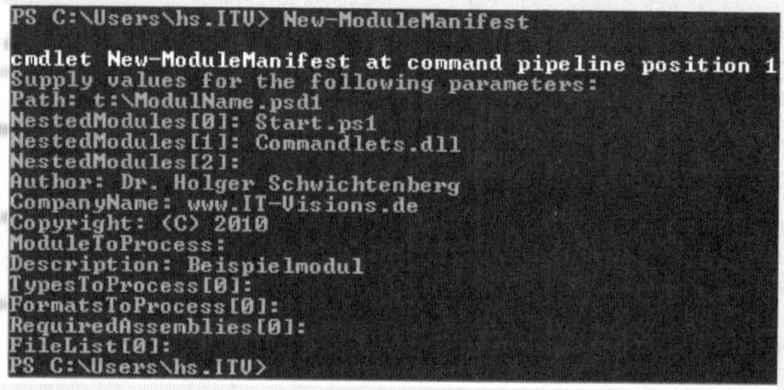

Abbildung 57.7: Interaktive Nutzung von New-ModuleManifest

Anhang

A Crashkurs „Objektorientierung“

Systemadministratoren sind oft mit dem Konzept der Objektorientierung (OO), das aus der Welt der Softwareentwicklung stammt, nicht vertraut. Dieser Exkurs bietet eine kompakte Einführung in die Basiskonzepte der Objektorientierung. Wenn Sie damit bereits vertraut sind, überspringen Sie diesen Exkurs.

Was ist ein Objekt?

In der Softwareentwicklung hat sich ein Konzept durchgesetzt, das sich Objektorientierung nennt. Dabei programmiert man mit sogenannten Objekten. Dieser Objektbegriff ist hier ähnlich zu sehen wie der Objektbegriff in der menschlichen Sprache:

- Ein Objekt hat Eigenschaften wie beispielsweise einen Namen, eine Farbe und eine Größe.
- Man kann mit einem Objekt Dinge tun, zum Beispiel es bewegen oder seine Farbe verändern.
- Objekte können Signale aussenden, beispielsweise Töne erzeugen.

Ein Objekt kann drei verschiedene Arten von Bestandteilen haben. Diesen Bestandteilen hat man folgende Fachbegriffe gegeben:

- Attribute (auch: Eigenschaften), engl.: Attributes/Properties
- Methoden, engl.: Methods
- Ereignisse, engl.: Events

Man sagt, ein Objekt **hat** (oder **besitzt**) Attribute, Methoden und Ereignisse, wobei ein Objekt jeweils **beliebig viele** Attribute, Methoden oder Ereignisse besitzen kann. Es ist nicht zwingend notwendig, dass ein Objekt alle drei Arten besitzen muss. Zusammenfassend werden diese drei Konzepte als „Mitglieder“ eines Objekts bezeichnet, damit man nicht immer „Attribute, Methoden und Ereignisse“ aufzählen muss.

Attribute sind die Daten des Objekts; sie können gelesen oder gesetzt werden. Methoden können aufgerufen werden und dabei Parameter übergeben bekommen. Sie können entweder einen, keinen oder mehrere Werte zurückliefern. Ereignisse löst das Objekt selbst aus. Auf Ereignisse kann man reagieren, indem man Programmcode hinterlegt, der für den Fall der Auslösung des Ereignisses abgearbeitet werden soll. Diesen Programmcode nennt man eine Ereignisbehandlungsroutine.

Objekte in der realen Welt sind z. B. ein Haus, ein Baum, ein Tisch, ein Auto oder ein Mensch (an dieser Stelle soll der Begriff „Objekt“ als Oberbegriff zu sehen und daher die Versachlichung des Menschen gestattet sein). Bei der objektorientierten Programmierung ist es üblich, Programm-Objekte zu bilden, die realen Objekten entsprechen: ein Haus-Objekt für ein Haus, ein Baum-Objekt für einen Baum etc. Es ist aber natürlich auch möglich, Programm-Objekte zu bilden, die es in der Realität nicht gibt.

Die PowerShell arbeitet durchweg mit Objektorientierung und Objekten. Objekte bei der PowerShell sind zum Beispiel eine Datei (engl. File), ein Benutzer (engl. User), eine Domäne (engl. Domain) oder eine Netzwerkkarte (engl. Network Adapter). Dies sind Objekte, die in der Realwelt „Betriebssystem“ vorkommen. Daneben gibt es bei der PowerShell auch Objekte wie `System.Environment`, das verschiedene Funktionen zusammenfasst, die in der Realwelt so nicht zusammengefasst existieren.

HINWEIS: Ein Konstruktor ist Programmcode in einem Objekt, der beim Erzeugen eines Objekts („Instanziieren“) aufgerufen wird. Ein Konstruktor enthält Initialisierungscode. Ein Destruktor ist das Gegenteil: Er wird durch die Vernichtung des Objekts aufgerufen, um „aufzuräumen“.

Was ist eine Klasse?

Es gibt Objekte (z. B. Datei, Benutzer), von denen nicht nur ein, sondern mehrere oder sogar beliebig viele Exemplare existieren können. Mit dem Begriff **Klasse** fasst man alle gleichartigen Objekte zusammen. Ein Beispiel: In der Klasse „Datei“ gibt es die Objekte „abc.doc“, „xyz.txt“ und „rst.xls“. Ein Objekt bezeichnet man auch als **Instanz** einer Klasse. Eine Klasse definiert, welche Mitglieder (Attribute, Methoden und Ereignisse) jede Instanz oder jedes Exemplar der Klasse haben soll. Und eine Klasse enthält auch den Programmcode, der ausgeführt werden soll, wenn eine Methode aufgerufen wird. Dieser Programmcode ist in

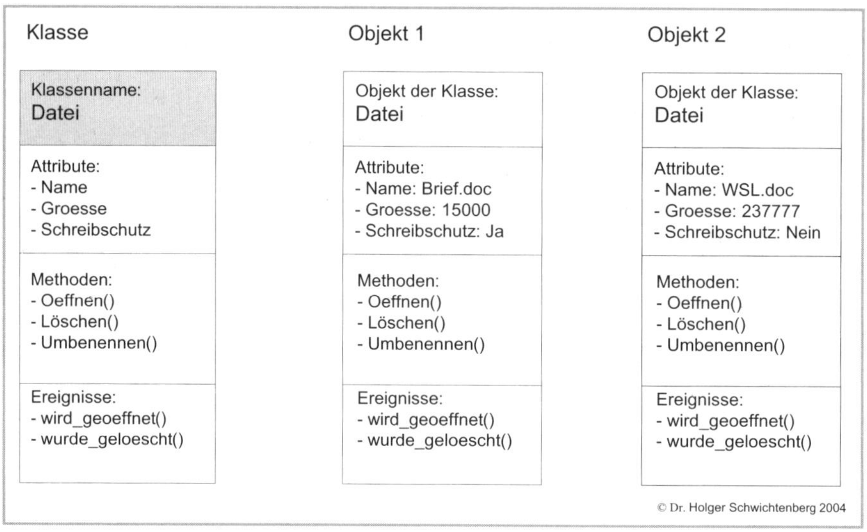

Abbildung A.1: Klasse vs. Objekt

allen Instanzen einer Klasse gleich (und wird daher auch nur einmal im Speicher abgelegt). Eine Klasse ist eine Schablone zur Erzeugung von Objekten. Synonym zur Klasse wird oft auch der Begriff **Objekttyp** verwendet.

> **HINWEIS:** Es ist eine Konvention, dass man nach dem Namen einer Methode und eines Ereignisses ein rundes Klammernpaar schreibt, unabhängig davon, ob hier Parameter erwartet werden. Zudem sind Umlaute in Namen zu vermeiden. ■

In der objektorientierten Programmierung geht man so vor, dass man zunächst eine Klasse definiert und danach Instanzen einer Klasse erzeugt, die man dann zur Programmierung verwendet. Den Vorgang, aus einer Klasse eine Instanz zu bilden, nennt man **Instanziierung** (teilweise in der Literatur auch mit einem i geschrieben: **Instanzierung**). Man sagt, eine Klasse wird **instanziiert**. Die Klasse ist eine Schablone für Objekte, die aus rohem Computerspeicher ein Objekt einer bestimmten Form erzeugt.

Beispiele für Instanzen sind:

- Der Opel mit dem Kennzeichen „E-GO123" ist eine Instanz der Klasse `Auto`.
- Der Benutzer mit dem Namen „HS" ist eine Instanz der Klasse `Benutzer`.

Abbildung A.2: Ein Objekt entsteht aus dem rohen Speicher durch die Anwendung einer Klasse als Schablone.

Bei der PowerShell arbeiten Sie mit Klassen, die Microsoft (oder andere Hersteller) definiert haben. Das Windows-Betriebssystem und das Microsoft .NET Framework erzeugen automatisch im laufenden Betrieb unzählige Instanzen dieser Klassen. Ihre Aufgabe als Skriptentwickler ist es lediglich, die gewünschte Instanz zu finden und gemäß Ihren Anforderungen auszulesen oder zu verändern. In vielen Fällen erzeugen Sie auch selbst Instanzen, z.B. wenn Sie eine neue Datei oder einen neuen Benutzer anlegen. Mit der Definition eigener Klassen haben Sie zunächst nichts zu tun: Dies erfordert eine höherwertige Programmiersprache wie C# oder Visual Basic und kommt nur im Teil D *„Profiwissen - Erweitern der PowerShell"* vor.

Die von Microsoft und anderen Herstellern definierten Klassen haben englische Namen (oder Kunstnamen), die oftmals aus mehreren Wörtern bestehen und zum Teil abgekürzt sind. Beispiele für Klassennamen sind:

- `Process`
- `DriveInfo`
- `FileInfo`
- `Service`

- `ManagementObject` (manchmal werden die Begriffe Class oder Object als Teil des Namens einer Klasse verwendet, was verwirrend sein kann)

Damit Sie Klassennamen im Text sofort erkennen, sind diese (ebenso wie Befehle, Variablen etc.) in diesem Buch in einer anderen Schriftart dargestellt.

HINWEIS: In der objektorientierten Programmierung gibt es einen Unterschied zwischen einer *Schnittstelle* (engl. *Interface*) und einer Klasse/einem Objekt. Da dieser Unterschied jedoch im Rahmen der in diesem Buch vorgestellten Beispiele kaum Bedeutung hat, wird im Folgenden auf die nähere Erläuterung und Verwendung des Begriffs Schnittstelle verzichtet.

Kapselung

Als Kapselung bezeichnet man in der objektorientierten Welt die Fähigkeiten einer Klasse, darüber zu entscheiden, wer die Mitglieder der Klasse sehen und nutzen darf. Hier werden nicht, wie man es aus dem Betriebssystem kennt, Zugriffsrechte auf Ebene von Benutzern oder Gruppen vergeben, sondern es wird recht pauschal definiert, wie andere Klassen damit umgehen dürfen. Die beiden Standardzugriffsmöglichkeiten sind:

- Privat (Private): Nur die Klasse selbst darf dieses Mitglied nutzen. Es handelt sich um interne Daten oder interne Routinen, die die Außenwelt nichts angehen oder die diese nicht sinnvoll nutzen kann.
- Öffentlich (Public): Auch andere Klassen dürfen dieses Mitglied nutzen.

ACHTUNG: Darüber hinaus gibt es die Zugriffseinstellung „geschützt“ (Protected), die man aber nur kennen muss, wenn man selbst Klassen definiert. Private und Public kann man auch auf Klassen anwenden.

Objektbeziehungen

In der Realität sind Objekte miteinander verbunden: Ein Baum hat Äste und Zweige, ein Auto hat einen Motor und Räder etc. Auch bei Betriebssystem-Objekten gibt es solche Zusammenhänge: Eine Domäne enthält Benutzer und Computer, ein Computer besteht aus einem Prozessor und mehreren Festplatten usw. Diese Zusammenhänge müssen durch Programmier-Objekte abgebildet werden.

Die Lösung zur Abbildung dieser Zusammenhänge ist einfach: Ein Mitglied eines Objekts kann selbst wieder ein Objekt sein. Zum Beispiel kann ein Attribut ein Objekt beinhalten oder eine Methode ein Objekt als Ergebnis liefern.

Daraus ergibt sich eine Objekthierarchie, die man in Form eines Objektbaums darstellen kann. Wir zeigen an einigen Stellen diese Objektbäume, weil sie gut geeignet sind, um die Zusammenhänge zwischen den Objekten zu verstehen.

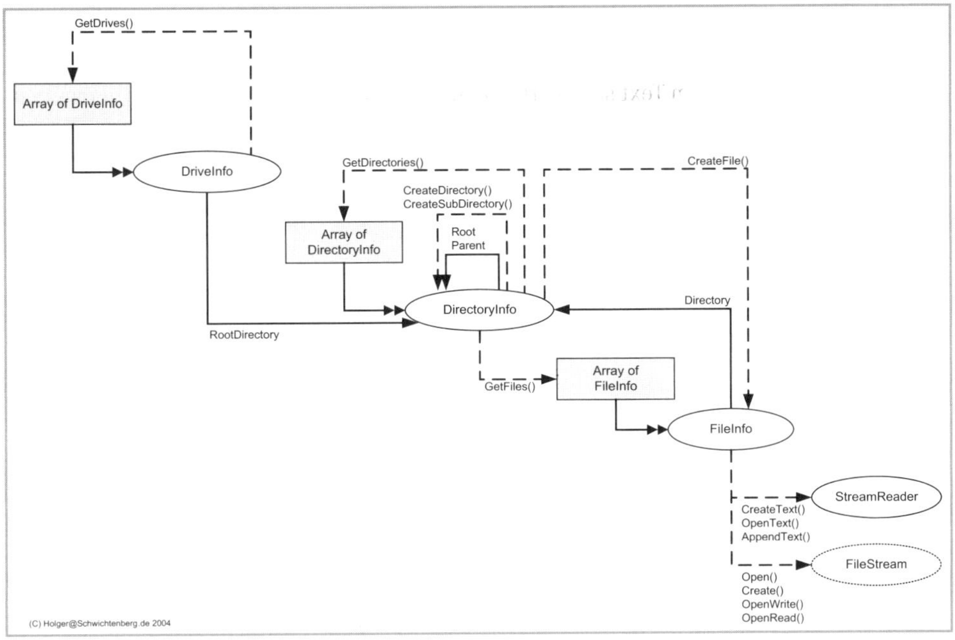

Abbildung A.3: Objektbaum für die Klassen, die ein Dateisystem repräsentieren

Die möglichen Zusammenhänge zwischen den Objekten sind in der Definition einer Klasse hinterlegt. In der Regel steht dort geschrieben, welche Arten von Objekten miteinander verbunden sind. Es ist aber auch möglich, dass in einer Klasse definiert ist, dass ein Mitglied ein beliebiges Objekt enthalten kann.

Bei den Mitgliedern einer Klasse muss man zwischen Mitgliedern unterscheiden, die einfache Daten – wie eine Zahl oder eine Zeichenkette – liefern, und Mitgliedern, die ein Objekt liefern. Mitglieder, die selbst wieder Objekte sind, haben nämlich wieder Mitglieder, so dass eine lange Befehlskette entstehen kann.

```
Objekt1.UnterObjekt2.UnterObjekt3.UnterObjekt4.Methode_von_Unterobjekt4()
```

HINWEIS: Die zur Darstellung eines Objektbaums verwendete Notation lässt sich in fünf einfachen Regeln erklären:

1. Einzelne Objekte sind durch Ovale dargestellt. In dem Oval steht der Name der Klasse.
2. Objektmengen (also Listen von mehreren Objekten) sind durch Rechtecke dargestellt. In dem Rechteck steht der Name der Klasse.
3. Durchgezogene Linien sind Attribute, die auf andere Objekte verweisen.
4. Gestrichelte Linien sind Methoden, die ein Objekt als Ergebnis liefern.
5. Eine einfache Pfeilspitze bedeutet, dass auf genau ein einzelnes Objekt verwiesen wird (1:1-Beziehung). Eine doppelte Pfeilspitze bedeutet, dass eine Objektmenge beliebig viele Objekte dieses Typs enthalten kann (1:n-Beziehung).

Vererbung

Vererbung in der Welt der Objektorientierung bedeutet, dass eine Klasse die Mitglieder (Attribute, Methoden, Ereignisse) einer anderen Klasse übernimmt. Ziel ist die Wiederverwendung: Wenn Klassen sich sehr ähnlich sind, dann soll man nicht alles das, was schon einmal in einer Klasse definiert wurde, erneut definieren müssen. Vererbung ermöglicht es, Attribute, Methoden und Ereignisse, die mehreren Klassen gemein sind, an einer zentralen Stelle zu definieren.

An der Vererbung (in der Welt der PowerShell) sind immer zwei Klassen beteiligt: die vererbende Klasse und die erbende Klasse. Die vererbende Klasse wird auch Oberklasse, Basisklasse, Superklasse oder Elternklasse genannt. Die erbende Klasse wird Unterklasse, abgeleitete Klasse, Subklasse oder Kinderklasse genannt. Unterklassen können wiederum Oberklassen für andere Klassen sein. Daraus ergibt sich eine baumartige *Vererbungshierarchie* (auch Klassenhierarchie genannt). Die visuelle Darstellung heißt Vererbungsdiagramm oder Klassendiagramm.

HINWEIS: Es gibt Programmierumgebungen, in denen eine Klasse mehrere Elternklassen besitzen kann. Dies bezeichnet man als Mehrfachvererbung. Mehrfachvererbung wird in .NET und in der PowerShell nicht unterstützt. Hier gibt es nur Einfachvererbung. ■

Die folgende Abbildung zeigt ein konkretes Vererbungsbeispiel aus dem Microsoft .NET Framework. Die Klasse `DirectoryInfo` repräsentiert ein Verzeichnis (Ordner) im Dateisystem. Die Klasse `FileInfo` repräsentiert eine einzelne Datei. Beide Elemente im Dateisystem haben zahlreiche gemeinsame Eigenschaften, z. B. Name, Pfad (`FullName`), Erzeugungsdatum (`CreationTime`) und letzter Zugriffszeitpunkt (`LastAccessTime`). Ebenso gibt es gemeinsame Aktionen, die man durch Methoden ausdrücken kann, z. B. Löschen (`Delete()`) und Aktualisieren (`Refresh()`). Diese Gemeinsamkeiten sind nicht in den Klassen `FileInfo` oder `DirectoryInfo` definiert, sondern in der gemeinsamen Basisklasse `FileSystemInfo`, von der beide Klassen erben. Die Klasse `FileSystemInfo` hat noch die Besonderheit, dass es keinen Sinn macht, von ihr selbst Instanzen zu erzeugen. Daher hat sie den Zusatz „`abstract`“. Eine abstrakte Klasse ist eine Klasse, von der man keine Instanzen erzeugen kann. Die Klassen `FileInfo` oder `DirectoryInfo` haben den Zusatz `sealed`, was bedeutet, dass man von diesen Klassen nicht mehr erben darf.

Die Klasse `FileSystemInfo` hat wiederum eine Basisklasse namens `MarshalByRefObject`. Die hier implementierten Mitglieder haben nur Bedeutung für die .NET-Infrastruktur und bleiben daher hier außerhalb der Betrachtung. Wichtiger ist dann aber wieder die Basisklasse `Object`, die über `MarshalByRefObject` steht. Die Klasse `Object` ist die ultimative Basisklasse aller .NET-Klassen. Jede .NET-Klasse muss von ihr erben. Sie stellt einige wenige Mitglieder bereit, die jedes .NET-Objekt braucht. Das wichtigste Mitglied ist die Methode `ToString()`, die es ermöglicht, dass man zu jedem Objekt eine Zeichenkette ausgeben kann, die Informationen über das Objekt liefert (oft allerdings nur den Klassennamen).

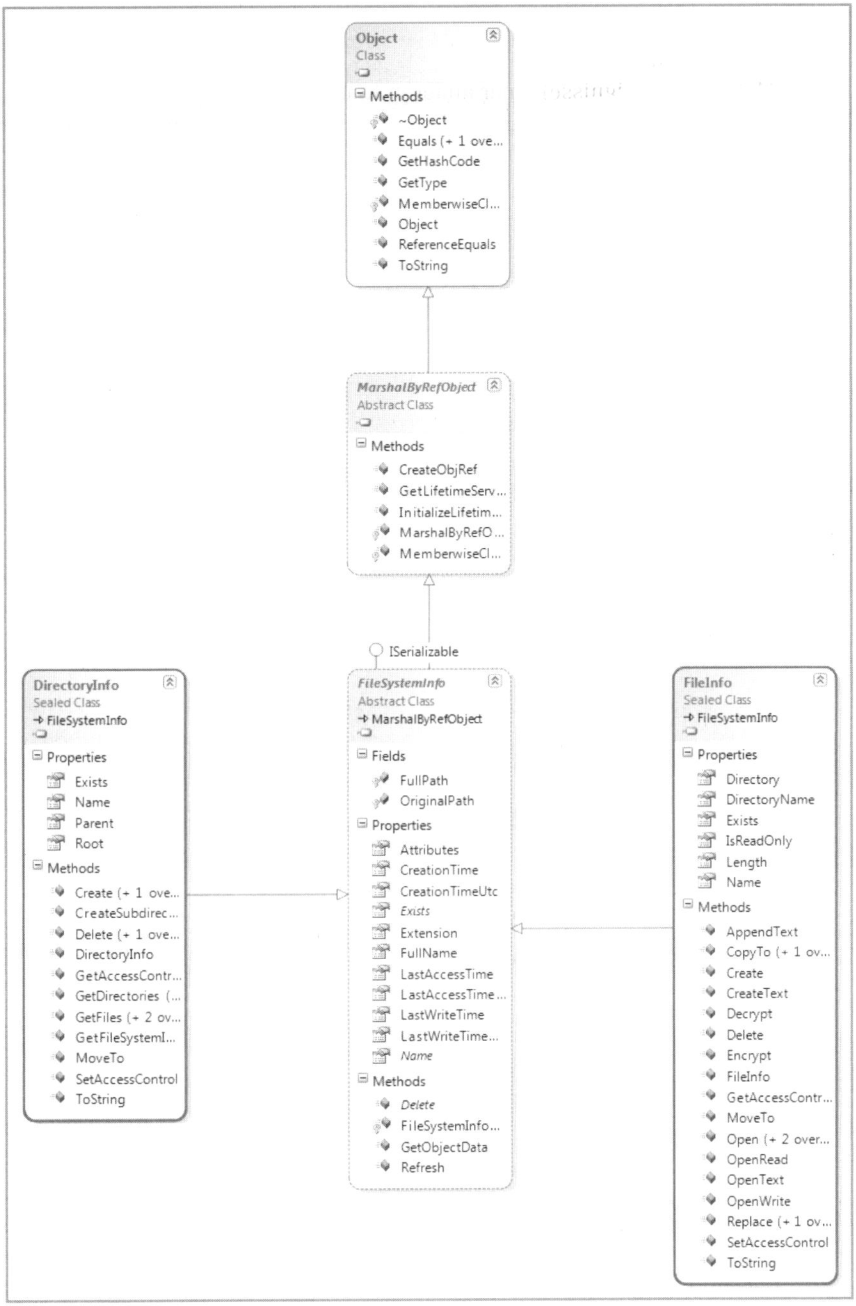

Abbildung A.4: Vererbungshierarchie für die Klassen FileInfo und DirectoryInfo im .NET Framework, erstellt mit der Klassendiagrammfunktion in Visual Studio 2008

HINWEIS: In der Grafik sind alle Mitglieder der Klasse dargestellt, auch wenn diese nicht „Public" sind. In der PowerShell können Sie ohne Weiteres nur die öffentlichen Mitglieder nutzen. Diese erkennt man daran, dass sie kein kleines Schlüsselsymbol neben dem Namen haben. ■

Weitere Konzepte

Es gibt weitere Konzepte der Objektorientierung (z. B. Schnittstellen und Polymorphismus), die jedoch nicht so wichtig für die PowerShell sind.

B Crashkurs „.NET Framework“

Die Windows PowerShell basiert (seit der ersten Version) auf dem Microsoft .NET Framework. Man kann wesentlich erfolgreicher mit der PowerShell arbeiten, wenn man Grundlagen des .NET Frameworks beherrscht.

Das Microsoft .NET Framework ist eine Laufzeitumgebung für Anwendungen, die mit einer sogenannten .NET-fähigen Programmiersprache (z.B. C#, Visual Basic ab Version 7.0, F#) entwickelt wurden.

Die aktuelle .NET-Version zum Erscheinen dieses Buchs ist Version 4.5.1.

HINWEIS: In Windows Vista und Windows Server 2008 R2 ist das .NET Framework in den Versionen 2.0 und 3.0 im Standardinstallationsumfang des Betriebssystems enthalten. In Windows 7 und Windows Server 2008 R2 inbegriffen ist .NET 3.5 Service Pack 1. Windows 8 und Windows Server 2012 enthalten .NET 4.5. Windows 8.1 und Windows Server 2012 R2 enthalten .NET 4.5.1. Die PowerShell 4.0 erfordert als Basis mindestens .NET Framework 4.5 (die aktuelle Version 4.5.1 ist aber auch möglich!).

Das Microsoft .NET Framework ist ein extrem komplexes Gebilde. Zum Versionsstand 4.5.1 besteht es aus 13 525 öffentlichen Klassen (nicht zu verwechseln mit den rund 12 000 WMI-Klassen), es gibt mehr als 40 Programmiersprachen und weit mehr als 1000 Werkzeuge und Erweiterungen von Drittanbietern. Die Dokumentation umfasst schätzungsweise mehr als 600 000 Seiten und eine seriöse Schulung dauert mindestens drei Monate. Jeglicher Versuch, hier auf drei Seiten .NET komplett erklären zu wollen, ist zum Scheitern verurteilt. Dieses Buch kann nur einige Begriffe in den Raum werfen, die Erinnerungen an Ihnen bereits bekannte Konzepte aus Java oder anderen objektorientierten Hochsprachen wecken.

TIPP: Eine kompakte Einführung in .NET auf rund 1000 Seiten finden Sie vom gleichen Autor in [SCH07].

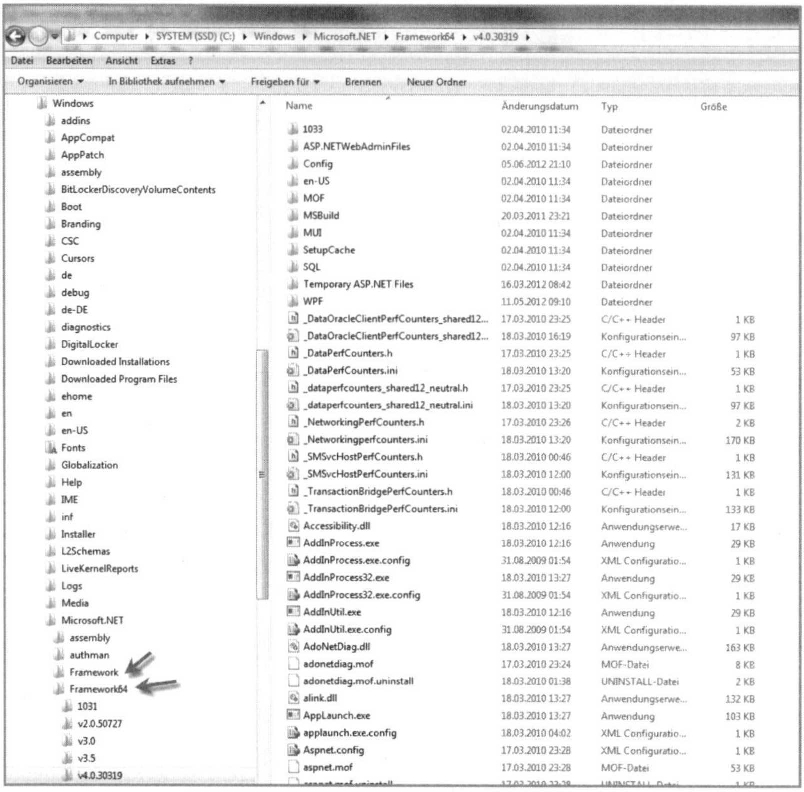

Abbildung B.1: Ein Blick in den .NET-Framework-Installationsordner (Hinweis: .NET 4.5 und 4.5.1 installieren sich kurioserweise im Ordner .NET 4.0.30319!)

Was ist das .NET Framework?

Das .NET Framework ist eine plattformunabhängige und programmiersprachenunabhängige Softwareentwicklungsplattform mit Unterstützung für die Programmierparadigmen:

- Objektorientierung (OOP)
- Komponentenorientierung (COP)
- Serviceorientierung (SOA)

Plattformunabhängig bedeutet, dass .NET-Anwendungen ohne Neukompilierung auf jedem Prozessor und jedem Betriebssystem laufen können. .NET-Anwendungen liegen normalerweise nicht in Maschinencode, sondern in einem neutralen Zwischencode (Common Intermediate Language – CIL) vor. CIL wird erst zur Laufzeit durch den Just-In-Time-Compiler der .NET-Laufzeitumgebung (Common Language Runtime – CLR) in plattformspezifischen Maschinencode umgewandelt.

Programmiersprachenunabhängig bedeutet, dass .NET-Anwendungen in einer Vielzahl verschiedener Programmiersprachen geschrieben werden können. Die Sprachcompiler müssen sich dazu lediglich an Regelwerke halten, die Common Type System (CTS) und Common Language Specification (CLS) heißen. Innerhalb einer Anwendung können verschiedene Programmiersprachen gemischt werden.

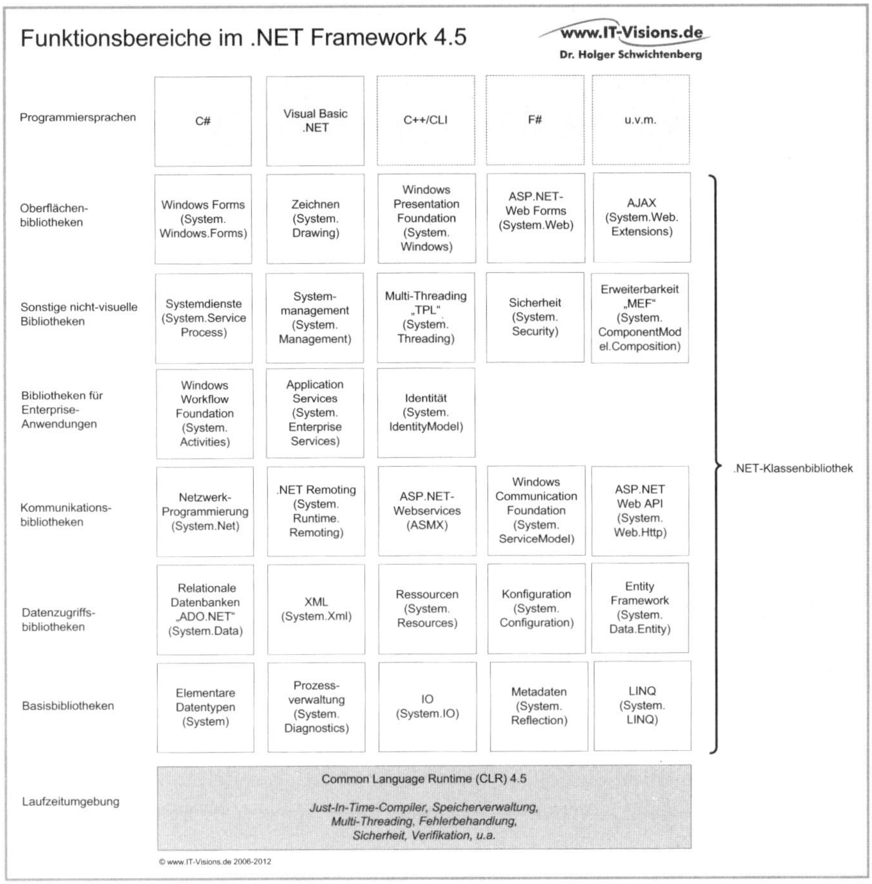

Abbildung B.2: Wichtige Bausteine und Abstraktionsebenen des .NET Frameworks

Softwareentwicklungsplattform bedeutet, dass .NET zur Entwicklung von Software eingesetzt wird. Mit .NET kann man fast alle Arten von Software (Konsolenanwendungen, grafische Desktop-Anwendungen, Webanwendungen, Dienste) entwickeln. Ausgenommen sind Betriebssystemtreiber.

Objektorientierung bedeutet, dass das .NET Framework konsequent die Konzepte *Klasse, Objekt, Schnittstellen* und *Vererbung* einsetzt. Objekte sind Instanzen von Klassen. Klassen erben von maximal einer Klasse (Einfachvererbung). Mehrfachvererbung wird nicht unterstützt. Klassen haben Schnittstellen, die sie an ihre Instanzen weitergeben. Eine Klasse bzw. Schnittstelle besteht aus Attributen (Daten), Methoden (Operation) und Ereignissen.

Komponentenorientierung bedeutet, dass das .NET Framework die Zerlegung von Software in wiederverwendbare Bausteine unterstützt. Diese Bausteine heißen Assemblies und sind von außen betrachtet Bibliotheken *(.dll)* oder startbare Anwendungen *(.exe)*.

Serviceorientierung bedeutet, dass das .NET Framework die Entwicklung verteilter Systeme (Verteilung von Programmcode auf mehrere Rechnersysteme) mit lose gekoppelten Diensten unterstützt.

Das .NET Framework ist der Nachfolger des Component Object Model (COM), wobei es mit diesem nicht mehr viel gemein hat. Das .NET Framework ist in weiten Teilen unter der Bezeichnung Common Language Infrastructure (CLI) bei der ECMA und der ISO standardisiert.

Eigenschaften des .NET Frameworks

Einige weitere Eigenschaften des .NET Frameworks sollen hier erwähnt werden:

- Die Ausführungsgeschwindigkeit von .NET-Anwendungen ist trotz der Zwischensprache hoch. Sie ist langsamer als in C++ geschriebene Anwendungen, aber weit schneller als Anwendungen, die mit Visual Basic 6.0 oder einer Skriptsprache wie VBScript geschrieben wurden.
- Mehrere Versionen des .NET Frameworks und mehrere Versionen einer in .NET geschriebenen Software können auf einem System (problemlos) koexistieren (Side-by-Side Executing).
- Die Laufzeitumgebung entlastet den Programmierer, indem sie Routineaufgaben automatisch erledigt (z.B. automatische Speicherverwaltung und -bereinigung, Verifikation des Codes) bzw. mächtige Grundfunktionen bereitstellt (z.B. Multithreading, Fehlerbehandlung).
- Die .NET-Klassenbibliothek stellt viele Funktionen bereit und ist konsistenter aufgebaut als die bisherigen C++- und COM-basierten Bibliotheken.
- Das .NET Framework setzt XML-Dateien zur Konfiguration von Anwendungen ein. Der Einsatz der Registrierungsdatenbank ist verpönt.
- Viele .NET-Anwendungen können durch einfaches Kopieren der Programmdateien auf einem System betrieben („installiert") werden. Man spricht vom sogenannten *XCopy-Deployment*.
- Jede .NET-Assembly enthält zahlreiche Metadaten über die enthaltenen Klassen. Diese Metadaten können durch einen Mechanismus mit Namen *Reflection* ausgewertet werden.
- .NET-Anwendungen werden durch die Laufzeitumgebung in ihrem Wirken beschränkt (Sandkastenprinzip, vgl. Java). In vielen Fällen müssen zunächst explizite Sicherheitsfreigaben erfolgen.
- Schnittstellenverträge sind in .NET weniger streng, so dass Ergänzungen an Komponenten möglich sind und die Komponenten dadurch inkompatibel zu Software werden, die ältere Versionen einer Komponente verwendet.
- Das .NET Framework ist interoperabel zu anderen Plattformen: COM, C/C++ (Win32API), XML-Webservices (Drittanbieter: Java, CORBA).

HINWEIS: .NET für Unix, Linux und Mac OS

Mit dem OpenSource-Produkt **Novell Mono** [MONO1] steht inzwischen eine kompatible Portierung des .NET Frameworks für andere Betriebssysteme zur Verfügung, so dass viele Anwendungen ohne Neukompilierung portiert werden können.

.NET-Klassen

Die PowerShell basiert auf .NET-Klassen. Ein Nutzer der PowerShell benötigt ein Grundwissen über den Aufbau von .NET-Klassen, wenn er die PowerShell optimal nutzen möchte.

Namensgebung von .NET-Klassen (Namensräume)

Klassen werden in .NET nicht mehr durch GUIDs, sondern durch Zeichenketten eindeutig benannt. Diese Zeichenketten sind hierarchische Namen (siehe folgende Bildschirmabbildung). Ein absoluter Klassenname besteht aus dem relativen Namen der Klasse und dem Namensraum (engl. Namespace). Ein Wurzelnamensraum (der Namensraum, der vorne steht im absoluten Klassennamen) kann auch Unternamensräume enthalten, so dass eine Namensraumhierarchie entsteht.

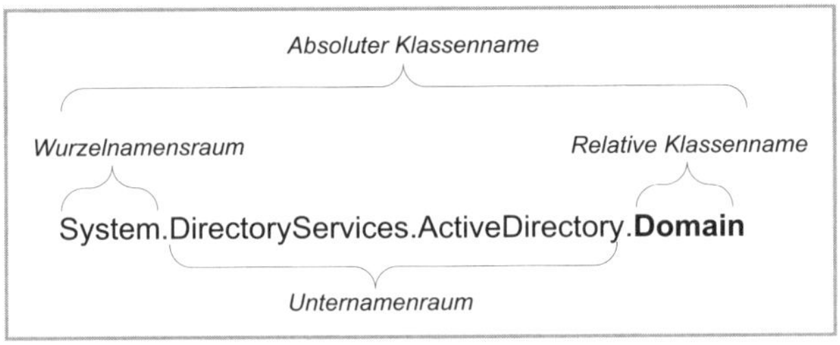

Abbildung B.3:
Beispiel für eine .NET-Klasse mit Namensraumhierarchie

Der relative Name muss nur innerhalb eines Namensraums eindeutig sein. Über alle Namensräume hinweg kann der Klassenname mehrfach vorkommen, denn der Namensraum ermöglicht im Zweifel die Unterscheidung. Dies ist vergleichbar mit Dateien und Ordnern in einem Dateisystem.

Im .NET Framework können beliebig viele Namensraumhierarchien parallel existieren, denn es gibt nicht nur einen, sondern mehrere Wurzelnamensräume. Die .NET-Klassenbibliothek besitzt zwei Wurzelnamensräume: `System` und `Microsoft`. Die speziellen Klassen für die PowerShell befinden sich unterhalb von `System.Management.Automation`.

Im normalen Programmcode (C#, VB.NET etc.) wird eine Klasse über den absoluten Klassennamen oder – wenn der Namensraum vorher eingebunden wurde – über den relativen Klassennamen angesprochen. In der PowerShell muss immer der absolute Klassenname verwendet werden, da es keine Abkürzungsmöglichkeit gibt.

Da es keine zentrale Stelle gibt, welche die Bezeichner für Namensräume vergibt, besteht grundsätzlich die Gefahr, dass es zu doppelten Typnamen kommt. Im Rahmen des CLI-Standards wurde deshalb folgende Notation festgelegt:

```
Firmenname.Technologiename
```

Beispiele für Namensräume sind:

```
Microsoft.Office
PowerSoft.PowerBuilder
Corel.CorelDraw
AddisonWesley.Scripting
```

Es ist auch üblich, den Internetdomänennamen in umgekehrter Reihenfolge zu verwenden, also z.B. `com.Microsoft.Office` oder `de.Hanser.Scripting`.

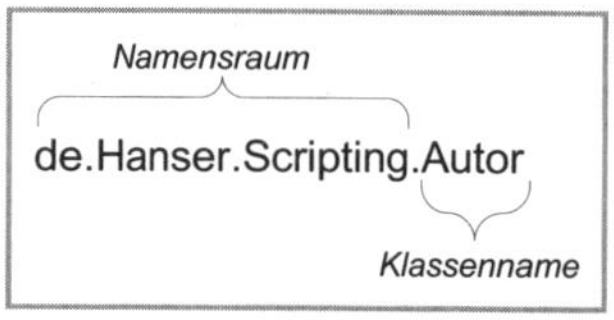

Abbildung B.4: Vergabe eines Namensraums

Auch für die Namensgebung von Typen gibt es Regeln, die im CLI-Standard manifestiert sind. Für die Groß-/Kleinschreibung gilt grundsätzlich *PascalCasing*, d.h., ein Bezeichner beginnt grundsätzlich mit einem Großbuchstaben und jedes weitere Wort innerhalb des Bezeichners beginnt ebenfalls wieder mit einem Großbuchstaben. Ausnahmen gibt es lediglich für Abkürzungen, die nur aus zwei Buchstaben bestehen. Diese dürfen komplett in Großbuchstaben geschrieben sein (z.B. `UI` und `IO`). Alle anderen Abkürzungen werden entgegen ihrer normalen Schreibweise in Groß-/Kleinschreibung geschrieben (z.B. `Xml`, `Xsd` und `W3c`).

Es gibt weitergehende Regeln, die aber weit über den Rahmen dieses Buchs hinausführen würden.

Namensräume und Softwarekomponenten

Ein Namensraum ist eine Gruppierung von Klassen, die in Assemblies (Softwarekomponenten) implementiert sind. Der Namensraum ist unabhängig von dem Namen der Assembly. Ein Namensraum kann in beliebig vielen Assemblies implementiert werden, ebenso wie jede Assembly Typen zu beliebig vielen verschiedenen Namensräumen beisteuern kann. In der nachstehenden Abbildung sind die vertikalen dreidimensionalen Kästen die Assemblies und die horizontalen flachen Kästen die Namensräume. Man sieht, dass `System.IO` in *System.dll* und *mscorlib.dll* implementiert ist, es also keine *System.IO.dll* gibt.

Die Gruppierung, also die Auswahl der Typen, die zu einem Namensraum gehören, sollte nach logischen oder funktionellen Prinzipien erfolgen. Im Gegensatz dazu sollte die Zusammenfassung von Typen zu einer Assembly gemäß den Bedürfnissen zur Verbreitung der Klassen (engl. Deployment) erfolgen.

ACHTUNG: Ein Durchlaufen aller Namensräume auf einem System ist nicht ohne Weiteres möglich, weil es kein globales Verzeichnis aller Namensräume gibt. Dies würde eine Registrierung von Komponenten voraussetzen und daher dem Gedanken des *XCopy-Deployment* widersprechen. Möglich wäre aber die Suche nach *.dll-/.exe*-Dateien im Dateisystem und eine Einzelprüfung dieser DLLs darauf, ob sie Typen enthalten. ■

Um die Klassen aus einem .NET-Namensraum nutzen zu können, muss die Assembly, die diesen Teil des Namensraums implementiert, in der Anwendung, welche die Klasse nutzen möchte, eingebunden (referenziert) werden. Man erstellt Referenzen auf Assemblies, nicht auf Namensräume. Die PowerShell referenziert automatisch alle wichtigen Assemblies der

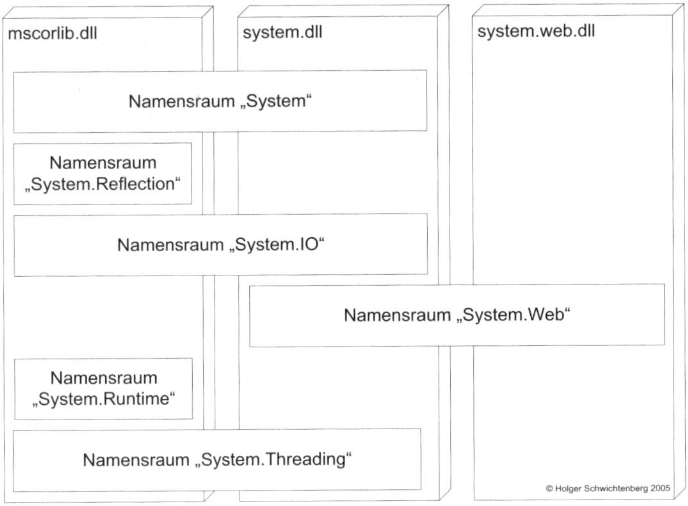

Abbildung B.5: Der Namensraum ist unabhängig vom Namen der Assembly.

.NET-Klassenbibliothek. Möchte man zusätzliche Assemblies (z. B. auch von Drittanbietern) nutzen, so muss man diese einbinden.

Bestandteile einer .NET-Klasse

Eine .NET-Klasse ist ein Typ im Sinne der objektorientierten Programmierung und besteht daher aus der Vereinigung von Daten und Operationen. Eine .NET-Klasse besteht aus fünf Arten von Mitgliedern: Attribute, Methoden, Ereignisse, Konstruktoren und maximal ein Destruktor.

- **Attribute**

  Attribute sind Datenmitglieder einer Klasse. Es gibt in .NET zwei Unterarten von Attributen: Felder (engl. Fields) und Eigenschaften (engl. Properties).

  Fields sind Attribute, bei denen der Nutzer des Objekts direkt einen bestimmten Speicherplatz innerhalb des Objekts beschreibt. Er kann alle dem Datentyp des Felds entsprechenden Werte in das Feld schreiben, ohne dass eine weitere Prüfung erfolgt.

  Im Gegensatz dazu wird bei einer Property bei jedem Schreib- und Lesezugriff Programmcode ausgeführt, bei dem z. B. Prüfungen durchgeführt werden können. So kann der Gültigkeitsbereich auf beliebige Werte beschränkt werden. Zu einer Property gehört eine *Getter*-Methode (`Get`) und/oder eine *Setter*-Methode (`Set`). Wie und ob überhaupt die übergebenen Werte verarbeitet werden, ist in diesen Methoden zu implementieren. In der Regel gehört zu einem Property ein privates, also nur innerhalb des Objekts zugängliches Feld.

  Aus der Sicht des Nutzers der Klasse gibt es fast keinen Unterschied zwischen Fields und Properties. Eine Property kann jedoch Parameter besitzen und wird dann *Indexer (indiziertes Attribut)* genannt. Der Lesezugriff sieht aus wie der Aufruf einer Methode:

  ```
  element = collection.item(0)
  ```

Beim Schreibzugriff fällt allerdings schon auf, dass es sich nicht um eine Methode handelt, denn einer solchen könnte kein Wert zugewiesen werden:

```
collection.item(2) = "Guten Tag"
```

Ein Indexer kann als ein Array von Attributen betrachtet werden.

- **Methoden**

  Methoden sind in Klassen implementierte Unterprogramme. Eine Klasse enthält in der Regel eine Implementierung zu den Methoden. Eine Klasse kann aber auch einzelne *abstrakte* Methoden (auch *virtuelle Methoden* genannt) besitzen oder aber komplett abstrakt (auch *rein virtuelle Klasse* genannt) sein. Eine abstrakte Klasse kann nicht instanziiert werden.

  Ein Konstruktor ist eine Programmroutine, die bei der Instanziierung der Klasse aufgerufen wird. Konstruktoren können Parameter haben, die bei der Instanziierung anzugeben sind.

  Auch ein Destruktor gehört zu den Programmroutinen. Jede Klasse kann einen Destruktor mit dem Namen `Finalize()` besitzen, der aufgerufen wird, bevor die automatische Speicherverwaltung die Instanz im Speicher freigibt.

- **Ereignisse**

  Nutzer eines Objekts können ihr Interesse an von der Klasse definierten Ereignissen bekunden, indem sie dem Objekt einen Zeiger auf ein Unterprogramm übergeben, welches das Objekt beim Eintritt bestimmter Bedingungen aufruft.

Mitglieder einer Klasse können den einzelnen Instanzen (Instanzmitglieder) und der Klasse selbst (Klassenmitglieder oder statische Mitglieder genannt) zugeordnet sein. Eine Klasse wird als statische Klasse bezeichnet, wenn sie nur statische Mitglieder besitzt. Statische Klassen und statische Mitglieder erfordern eine Sonderbehandlung in der PowerShell, die an gegebener Stelle erläutert werden wird.

Vererbung

.NET unterstützt (Einfach-)Vererbung zwischen Klassen, d. h., eine Klasse kann Mitglieder von maximal einer anderen Klasse übernehmen. Als Nutzer der PowerShell haben Sie zunächst wenig mit Vererbung zu tun, in der Dokumentation werden Sie aber auf Hinweise auf Vererbung stoßen.

Schnittstellen

.NET erlaubt die explizite Definition von Schnittstellen zur Entkopplung der Beschreibung der Mitglieder einer Klasse von der Implementierung dieser Mitglieder. Schnittstellen sind für den Nutzer der PowerShell nicht relevant. Wichtig ist nur, dass Sie wissen, dass man Schnittstellen nicht mit dem PowerShell-Commandlet `New-Object` instanziieren kann. Schnittstellen erkennt man an dem vorangestellten großen „I“, z. B. IDataAdapter.

C Literatur

Diese Liste enthält Bücher, Zeitschriftenartikel und Websites, auf die im Text verwiesen wird.

[CODEPLEX01] PowerShell Community Extensions
http://www.codeplex.com/PowerShellCX/

[CODEPLEX02] PowerShell SharePoint Provider
http://www.codeplex.com/PSSharePoint

[DOTNET01] .NET Framework Community Website
http://www.dotnetframework.de

[DOTNET02] .NET-Werkzeugliste
http://www.dotnetframework.de/tools.aspx

[FAY01] PowerShell Help Editor
http://www.wassimfayed.com/PowerShell/CmdletHelpEditor.zip

[Kumaravel01] Arul Kumaravel: AD access change/break in RC2
http://groups.google.de/group/microsoft.public.windows.powershell/browse_thread/thread/7cf4b1bb774dfb90/17ad75cae89a341 d?lnk=st&q=%22Folks%2C+I+know+that+many+of%22&rnum=6&hl=de#17ad75cae89a341d

[MON01] Novell Mono
http://www.mono-project.com

[MS01] Windows PowerShell Graphical Help File
http://www.microsoft.com/downloads/details.aspx?familyid=3b3f7ce4-43ea-4a21-90cc-966a7fc6c6e8&displaylang=en

[MS02] Benutzerdokumentation zur PowerShell
http://www.microsoft.com/downloads/details.aspx?familyid=B4720B00-9A66-430F-BD56-EC48BFCA154F&displaylang=en

[MS03] PowerShell 4.0 Download (Windows Management Framework)
http://www.microsoft.com/de-de/download/details.aspx?id=40855

[MS04] Active Directory Management Gateway Service (Active Directory Web Service for Windows Server 2003 and Windows Server 2008)
http://www.microsoft.com/downloads/details.aspx?FamilyID=008940c6-0296-4597-be3e-1d24c1cf0dda&displaylang=en

[MSBlog01]	Active Directory Powershell – Advanced Filter *http://blogs.msdn.com/adpowershell/archive/2009/04/14/active-directory-powershell-advanced-filter-part-ii.aspx*
[MSDN51]	.NET Framework-Klassenbibliothek FileSystemRights-Enumeration *http://msdn2.microsoft.com/de-de/library/system.security.accesscontrol.filesystemrights(VS.80).aspx*
[MSDN52]	How to Write Cmdlet Help *http://msdn2.microsoft.com/en-us/library/aa965353.aspx*
[MSDN53]	PowerShell Software Development Kit (SDK) *http://msdn2.microsoft.com/en-us/library/aa139691.aspx*
[MSDN54]	Windows PowerShell Extended Type System (ETS) *http://msdn2.microsoft.com/en-us/library/ms714419.aspx*
[MSDN55]	WMI Schema Class Reference *http://msdn2.microsoft.com/en-us/library/Aa394554.aspx*
[MSDN56]	Dokumentation zum .NET-Namensraum System.Management *http://msdn2.microsoft.com/en-us/library/system.management.aspx*
[MSDN57]	Cmdlet Development Guidelines *http://msdn2.microsoft.com/en-us/library/ms714657.aspx*
[MSDN58]	.NET Framework Regular Expressions *http://msdn2.microsoft.com/en-us/library/hs600312(VS.80).aspx*
[MSDN59]	Active Directory-Schema *http://msdn.microsoft.com/library/en-us/adschema/adschema/active_directory_schema.asp*
[MSDN60]	User Object User Interface Mapping *http://msdn.microsoft.com/library/default.asp?url=/library/en-us/ad/ad/user_object_user_interface_mapping.asp*
[MSSec01]	Malicious Software Encyclopedia: Worm:MSH/Cibyz.A *http://www.microsoft.com/security/encyclopedia/details.aspx?name=Worm: MSH/Cibyz.A*
[RFC1960]	A String Representation of LDAP Search Filters *http://www.ietf.org/rfc/rfc1960.txt*
[RFC2254]	The String Representation of LDAP Search Filters *http://www.rfc-editor.org/rfc/rfc2254.txt*
[SCH01]	H. Schwichtenberg, F. Eller: Programmierung mit der .NET-Klassenbibliothek, Addison-Wesley, 2003 *http://www.it-visions.de/books/fc2.aspx*
[SCH02]	Schwichtenberg, H: .NET 3.5 Crashkurs, Microsoft Press, 2008 *http://www.it-visions.de/books/n35.aspx*
[SCH07]	H. Schwichtenberg: .NET 4.0 Crashkurs, Microsoft Press, 2011
[STA93]	Stallings, W.: SNMP, SNMPv2 und CMIP. The Practical Guide to Network-Management Standards. Bonn: Addison-Wesley Longman, 1993.
[TNET01]	Dokumentation der Exchange Management Shell *http://technet.microsoft.com/en-us/library/bb124413.aspx*

[TNET02]	Exchange-Server-Scripte für die PowerShell *http://www.microsoft.com/technet/scriptcenter/scripts/message/exch2007/default.mspx?mfr=true*
[TNET03]	Converting VBScript Commands to Windows PowerShell Commands *http://www.microsoft.com/technet/scriptcenter/topics/winpsh/convert/default.mspx*
[Truher01]	J. Truher: Background Jobs and PowerShell *http://jtruher.spaces.live.com/blog/cns!7143DA6E51A2628D!130.entry?_c11_blogpart_blogpart=blogview&_c=blogpart#permalink*
[W3C01]	XML Path Language (XPath) Version 1.0 W3C Recommendation 16 November 1999 *http://www.w3.org/TR/xpath*
[WPE01]	Versuch und Irrtum (Englisch: trial and error) *http://de.wikipedia.org/wiki/Versuch_und_Irrtum*

D Weitere Informationen im Internet

Diese Liste enthält Websites, auf denen Sie weitere Informationen über die PowerShell erhalten können.

Websites zur PowerShell

- PowerShell-Community-Website des Buchautors:
  http://www.powershell-doktor.de
- Sammlung von PowerShell-Skripten:
  http://www.microsoft.com/technet/scriptcenter/scripts/msh/default.mspx
- PowerShell-Website:
  http://www.microsoft.com/technet/scriptcenter/hubs/msh.mspx
- Community-Website von Dr. Tobias Weltner:
  http://www.powertheshell.com

Weblogs zur PowerShell

- Weblog des Autors:
  http://www.dotnet-doktor.de
- Offizielles Weblog des PowerShell-Teams:
  http://blogs.msdn.com/PowerShell/
- James Truher (Microsoft):
  http://jtruher.spaces.live.com/blog/
- Aruk Kumaravel (Microsoft):
  http://blogs.msdn.com/arulk
- Lee Holmes:
  http://www.leeholmes.com/blog/
- Keith Hill:
  http://keithhill.spaces.live.com/
- Karl Prosser:
  http://www.karlprosser.com/coder/?cat=8

Stichwortverzeichnis

Symbole

A

B

C

D

H

I

J

K

L

M

N

O

P

Q

R

S

T

X

Y

Z